U0526593

中国皮革史

History of China Leather Industry

下 卷

主　编 ◎ 张淑华　徐　永　苏超英
副主编 ◎ 温祖谋　范贵堂　樊永红

中国社会科学出版社

目 录

下 卷

第八篇 地方篇

第一章 北京市 …………………………………………………………………… (845)
第一节 北京古代及近代皮革发展简史 …………………………………………… (845)
第二节 恢复改造时期（1949—1958年）………………………………………… (846)
 一 新中国成立后北京皮革工业的恢复（1949—1954年）…………………… (846)
 二 北京皮革业的社会主义改造（1955—1958年）………………………… (848)
第三节 调整、巩固时期（1959—1977年）……………………………………… (849)
 一 "大跃进"、三年自然灾害时期的北京皮革工业（1959—1962年）…… (849)
 二 三年调整时期的皮革工业（1963—1965年）…………………………… (850)
 三 "文化大革命"时期的皮革工业（1966—1977年）…………………… (851)
第四节 改革开放促进皮革工业快速发展（1978—1990年）…………………… (855)
第五节 适应都市工业发展 北京皮革产业逐步调整（1991—2009年）………… (861)

第二章 天津市 …………………………………………………………………… (864)
第一节 概述 ………………………………………………………………………… (864)
 一 天津近代皮革工业概况 …………………………………………………… (864)
 二 天津现代皮革工业概况 …………………………………………………… (864)
 三 新兴企业的兴起 …………………………………………………………… (867)
第二节 工艺与技术 ………………………………………………………………… (868)
第三节 产品与质量 ………………………………………………………………… (869)
第四节 经营与管理 ………………………………………………………………… (871)
第五节 行业分类 …………………………………………………………………… (872)
 一 制革 ………………………………………………………………………… (872)
 二 皮鞋 ………………………………………………………………………… (876)
 三 皮革服装 …………………………………………………………………… (879)
 四 箱包皮件 …………………………………………………………………… (880)

五　皮革化工 …………………………………………………………………………（882）
　　六　皮革机械 …………………………………………………………………………（884）
第三章　河北省 ………………………………………………………………………………（887）
　第一节　概述 ………………………………………………………………………………（887）
　　一　河北古代和近代皮革发展概况 …………………………………………………（887）
　　二　新中国成立后河北皮革业发展概况 ……………………………………………（889）
　　三　改革开放30年皮革业总体发展概况 ……………………………………………（890）
　第二节　制革 ………………………………………………………………………………（894）
　　一　发展概况 …………………………………………………………………………（894）
　　二　生产工艺 …………………………………………………………………………（897）
　　三　生产设备 …………………………………………………………………………（899）
　　四　主要产品品种 ……………………………………………………………………（900）
　　五　污染治理及环境保护 ……………………………………………………………（900）
　第三节　毛皮 ………………………………………………………………………………（902）
　　一　发展概况 …………………………………………………………………………（902）
　　二　工艺和设备 ………………………………………………………………………（904）
　　三　主要产品品种 ……………………………………………………………………（906）
　第四节　制鞋 ………………………………………………………………………………（906）
　　一　发展概况 …………………………………………………………………………（907）
　　二　生产工艺和设备 …………………………………………………………………（908）
　　三　主要产品品种 ……………………………………………………………………（909）
　第五节　皮件制品 …………………………………………………………………………（910）
　　一　发展概况 …………………………………………………………………………（910）
　　二　少数民族特需用品 ………………………………………………………………（912）
　　三　生产工艺和设备 …………………………………………………………………（913）
　　四　主要产品品种 ……………………………………………………………………（913）
　第六节　对外贸易 …………………………………………………………………………（913）
　　一　古代和近代皮革对外贸易概况 …………………………………………………（913）
　　二　新中国成立至改革开放初期皮革业对外贸易概况 ……………………………（914）
　　三　改革开放后至20世纪末皮革业出口概况 ………………………………………（915）
　　四　21世纪以后皮革业对外贸易概况 ………………………………………………（915）
　　五　重点出口产品品种 ………………………………………………………………（916）
　第七节　配套产业 …………………………………………………………………………（916）
　　一　皮革机械 …………………………………………………………………………（917）
　　二　专业市场 …………………………………………………………………………（917）
　第八节　行业管理 …………………………………………………………………………（918）

一　机构概况 (918)
　　二　计划体制下原皮供应变化概况 (918)
第四章　山西省 (920)
  第一节　历史沿革 (920)
  第二节　制革 (921)
  第三节　皮革制品 (922)
　　一　皮鞋 (923)
　　二　皮箱 (923)
　　三　皮衣、皮件 (924)
　　四　车马挽具 (925)
  第四节　毛皮 (925)
  第五节　技术进步 (926)
第五章　内蒙古自治区 (927)
  第一节　历史沿革 (927)
  第二节　资源 (930)
  第三节　制革 (931)
　　一　简述 (931)
　　二　原皮 (932)
　　三　工艺及设备 (933)
　　四　品种和质量 (935)
　　五　皮革化工 (938)
  第四节　皮革制品 (939)
　　一　皮鞋 (939)
　　二　皮革服装 (942)
　　三　其他革制品 (942)
  第五节　毛皮 (943)
　　一　简述 (943)
　　二　原皮 (945)
　　三　工艺与设备 (947)
　　四　品种和质量 (951)
  第六节　出口产品 (955)
第六章　辽宁省 (957)
  第一节　行业沿革 (957)
　　一　古代皮革（　—1840年） (957)
　　二　近代皮革业（1841—1949年） (957)
　　三　现代皮革工业（1950—2009年） (961)

第二节 产品 …… (974)
　　一　制革 …… (974)
　　二　皮鞋 …… (979)
　　三　皮件 …… (981)
　　四　毛皮及其制品 …… (983)
　　五　皮革服装 …… (984)
　　六　配套企业 …… (984)

第三节 行业管理 …… (986)
　　一　省皮革工业公司 …… (986)
　　二　辽宁省原皮收购管理站 …… (987)

第七章 吉林省 …… (992)

第一节 历史沿革 …… (992)
　　一　古代皮革 …… (992)
　　二　近代皮革 …… (994)
　　三　现代皮革业 …… (996)

第二节 产品 …… (999)
　　一　制革 …… (999)
　　二　皮鞋 …… (1004)
　　三　皮毛及制品 …… (1009)
　　四　皮件 …… (1013)
　　五　其他产品 …… (1016)

第三节 资源开发和行业管理 …… (1018)
　　一　自然资源和野生毛皮动物养殖 …… (1018)
　　二　牲畜饲养和猪皮开剥 …… (1020)
　　三　行业管理 …… (1022)

第八章 黑龙江省 …… (1024)

第一节 历史延革 …… (1024)
　　一　古代和近代概况 …… (1024)
　　二　现代概况 …… (1024)

第二节 制革 …… (1026)
　　一　重革 …… (1027)
　　二　轻革 …… (1028)
　　三　代用材料 …… (1028)

第三节 制鞋 …… (1029)
　　一　皮鞋 …… (1029)
　　二　鞋楦 …… (1031)

第四节　毛皮	(1033)
一　毛皮服装	(1034)
二　人造毛皮	(1035)
三　毛皮帽子	(1035)
四　毛皮杂件	(1038)
第五节　箱包皮件	(1038)
一　衣箱	(1038)
二　皮夹克	(1039)
三　皮手套	(1040)
四　车马挽具	(1040)
五　工业皮件	(1041)
第六节　原料收购和生产	(1041)
一　原皮收购	(1042)
二　猪皮开剥	(1042)
三　野生动物饲养	(1043)
四　酶制剂生产	(1043)
第七节　黑龙江省皮革行业的二次创业	(1045)
第八节　行业管理	(1046)
一　行政隶属	(1046)
二　皮革工业公司	(1046)
三　行业协会	(1047)
第九章　上海市	(1048)
第一节　历史沿革	(1048)
第二节　制革	(1053)
一　牛皮革	(1053)
二　猪皮革	(1056)
三　羊皮革	(1058)
第三节　制鞋	(1060)
一　普通皮鞋	(1060)
二　劳防皮鞋	(1064)
三　旅游鞋	(1065)
四　专业运动鞋	(1067)
五　鞋楦及鞋跟	(1069)
六　橡胶配件	(1071)
第四节　毛皮	(1072)
一　沿革	(1072)

6　目　录

　　二　工艺与技术装备 ……………………………………………………………（1073）
　　三　质量 ……………………………………………………………………………（1073）
　　四　原料与销售 ……………………………………………………………………（1074）
 第五节　皮手套及皮革服装 ………………………………………………………………（1074）
　　一　沿革 ……………………………………………………………………………（1074）
　　二　工艺与技术装备 ………………………………………………………………（1075）
　　三　质量 ……………………………………………………………………………（1076）
　　四　原料与销售 ……………………………………………………………………（1076）
 第六节　皮件 ………………………………………………………………………………（1076）
　　一　箱、包及票夹 …………………………………………………………………（1077）
　　二　机用皮件 ………………………………………………………………………（1079）
 第七节　皮革化工 …………………………………………………………………………（1082）
　　一　丙烯酸树脂 ……………………………………………………………………（1082）
　　二　揩光浆 …………………………………………………………………………（1083）
 第八节　皮革机械 …………………………………………………………………………（1085）
　　一　沿革 ……………………………………………………………………………（1085）
　　二　工艺与技术装备 ………………………………………………………………（1086）
　　三　质量 ……………………………………………………………………………（1087）
　　四　原料与销售 ……………………………………………………………………（1087）
 第九节　其他行业 …………………………………………………………………………（1087）
　　一　合成皮革 ………………………………………………………………………（1087）
　　二　皮革五金配件 …………………………………………………………………（1089）
 第十节　行业管理 …………………………………………………………………………（1090）
　　一　地方行业管理 …………………………………………………………………（1090）
　　二　同业公会 ………………………………………………………………………（1093）

第十章　江苏省 ……………………………………………………………………………（1097）
 第一节　概述 ………………………………………………………………………………（1097）
 第二节　行业发展 …………………………………………………………………………（1102）
　　一　皮革 ……………………………………………………………………………（1102）
　　二　皮鞋 ……………………………………………………………………………（1107）
　　三　皮件 ……………………………………………………………………………（1109）
　　四　皮革服装 ………………………………………………………………………（1111）
　　五　毛皮 ……………………………………………………………………………（1113）
　　六　配套行业 ………………………………………………………………………（1115）
　　七　皮革机械 ………………………………………………………………………（1117）
 第三节　行业管理 …………………………………………………………………………（1119）

一　行政隶属 …………………………………………………………………（1119）
　　二　工业公司 …………………………………………………………………（1119）
第十一章　浙江省 ……………………………………………………………………（1121）
　第一节　发展沿革 …………………………………………………………………（1121）
　　一　古代和近代发展概况 ……………………………………………………（1121）
　　二　新中国成立30年发展概况（1949—1977年） …………………………（1121）
　　三　改革开放初期发展概况（1978—1993年） ……………………………（1122）
　　四　快速发展时期概况（1994—2008年） …………………………………（1123）
　第二节　制革 ………………………………………………………………………（1125）
　　一　发展概况 …………………………………………………………………（1125）
　　二　主要产品品种 ……………………………………………………………（1128）
　　三　生产装备 …………………………………………………………………（1128）
　　四　生产工艺 …………………………………………………………………（1129）
　第三节　毛皮 ………………………………………………………………………（1134）
　　一　发展概况 …………………………………………………………………（1134）
　　二　生产装备及工艺 …………………………………………………………（1135）
　　三　主要产品 …………………………………………………………………（1135）
　第四节　皮鞋 ………………………………………………………………………（1136）
　　一　发展概况 …………………………………………………………………（1136）
　　二　原料结构变化及主要品种 ………………………………………………（1139）
　　三　生产装备 …………………………………………………………………（1140）
　　四　生产工艺 …………………………………………………………………（1140）
　第五节　皮件 ………………………………………………………………………（1141）
　　一　发展概况 …………………………………………………………………（1141）
　　二　主要品种 …………………………………………………………………（1143）
　　三　生产装备 …………………………………………………………………（1143）
　　四　生产工艺 …………………………………………………………………（1143）
　第六节　配套产业 …………………………………………………………………（1144）
　　一　皮革化工 …………………………………………………………………（1144）
　　二　皮鞋材料 …………………………………………………………………（1145）
　　三　皮鞋胶粘剂 ………………………………………………………………（1145）
　　四　再生革、明胶 ……………………………………………………………（1146）
　第七节　主要专业市场 ……………………………………………………………（1146）
　　一　海宁·中国皮革城 ………………………………………………………（1146）
　　二　崇福皮毛市场 ……………………………………………………………（1147）
　　三　中国·崇福皮草大世界 …………………………………………………（1147）

四　余姚中国裘皮城 ………………………………………………………… (1147)

　第八节　行业管理 …………………………………………………………………… (1148)
　　一　发展概况 …………………………………………………………………… (1148)
　　二　原辅材料供应变化情况 …………………………………………………… (1148)

　第九节　2009年行业基本情况 …………………………………………………… (1150)
　　一　经济数据 …………………………………………………………………… (1150)
　　二　主要经济指标 ……………………………………………………………… (1150)
　　三　行业状况特点分析 ………………………………………………………… (1150)

第十二章　安徽省 ………………………………………………………………………… (1152)
　第一节　历史沿革 …………………………………………………………………… (1152)
　　一　新中国成立前概况 ………………………………………………………… (1152)
　　二　新中国成立后30年 ………………………………………………………… (1152)
　　三　改革开放30年 ……………………………………………………………… (1153)

　第二节　制革 ………………………………………………………………………… (1154)
　　一　沿革 ………………………………………………………………………… (1154)
　　二　产品 ………………………………………………………………………… (1156)

　第三节　皮鞋 ………………………………………………………………………… (1157)
　　一　沿革 ………………………………………………………………………… (1157)
　　二　产品 ………………………………………………………………………… (1159)

　第四节　皮件 ………………………………………………………………………… (1159)
　　一　沿革 ………………………………………………………………………… (1159)
　　二　产品 ………………………………………………………………………… (1161)

第十三章　福建省 ………………………………………………………………………… (1163)
　第一节　历史沿革 …………………………………………………………………… (1163)
　　一　1985年前概况 ……………………………………………………………… (1163)
　　二　1995—2010年发展概况 …………………………………………………… (1163)

　第二节　制革 ………………………………………………………………………… (1164)
　　一　沿革 ………………………………………………………………………… (1164)
　　二　工艺水平 …………………………………………………………………… (1165)
　　三　环境保护 …………………………………………………………………… (1167)

　第三节　皮鞋 ………………………………………………………………………… (1168)
　第四节　皮件 ………………………………………………………………………… (1169)

第十四章　江西省 ………………………………………………………………………… (1170)
　第一节　历史沿革 …………………………………………………………………… (1170)
　第二节　制鞋、制革工艺 …………………………………………………………… (1174)
　第三节　行业管理 …………………………………………………………………… (1175)

一　生产管理 …………………………………………………………………………（1176）
　　二　计划物资 …………………………………………………………………………（1176）
　　三　猪皮补贴 …………………………………………………………………………（1176）
　　四　技术服务和质量 …………………………………………………………………（1177）
第十五章　山东省 …………………………………………………………………………（1178）
　第一节　历史沿革 ………………………………………………………………………（1178）
　　一　古代和近代概况 …………………………………………………………………（1178）
　　二　新中国成立三十年概况 …………………………………………………………（1179）
　　三　改革开放初期概况 ………………………………………………………………（1180）
　　四　快速发展时期概况（1988—2008年）…………………………………………（1182）
　第二节　制革 ……………………………………………………………………………（1184）
　　一　发展概况 …………………………………………………………………………（1184）
　　二　生产工艺 …………………………………………………………………………（1188）
　　三　生产设备 …………………………………………………………………………（1191）
　　四　主要产品品种 ……………………………………………………………………（1193）
　　五　污染治理 …………………………………………………………………………（1194）
　第三节　毛皮 ……………………………………………………………………………（1197）
　　一　发展概况 …………………………………………………………………………（1197）
　　二　工艺和设备 ………………………………………………………………………（1198）
　　三　主要产品 …………………………………………………………………………（1199）
　　四　毛皮养殖 …………………………………………………………………………（1200）
　第四节　制鞋 ……………………………………………………………………………（1200）
　　一　发展概况 …………………………………………………………………………（1200）
　　二　生产工艺 …………………………………………………………………………（1202）
　　三　生产设备 …………………………………………………………………………（1204）
　　四　主要产品 …………………………………………………………………………（1204）
　　五　产业集群 …………………………………………………………………………（1206）
　第五节　皮件 ……………………………………………………………………………（1206）
　　一　发展概况 …………………………………………………………………………（1206）
　　二　生产工艺 …………………………………………………………………………（1207）
　　三　生产设备 …………………………………………………………………………（1208）
　　四　主要产品 …………………………………………………………………………（1209）
　第六节　配套产业 ………………………………………………………………………（1210）
　　一　制革化工 …………………………………………………………………………（1210）
　　二　鞋用材料 …………………………………………………………………………（1211）
　　三　五金配件 …………………………………………………………………………（1212）

四　皮革机械 …………………………………………………………（1212）

　第七节　行业管理 ……………………………………………………（1213）

　　一　省皮革工业公司 …………………………………………………（1213）

　　二　行业协会 …………………………………………………………（1216）

　　三　计划体制下猪皮供应体制变化概况 ……………………………（1217）

　　四　计划体制下其他原皮及辅料供应体制变化概况 ………………（1220）

　第八节　2009年的基本情况 …………………………………………（1221）

　　一　行业经济运行情况 ………………………………………………（1221）

　　二　企业生产情况 ……………………………………………………（1222）

第十六章　河南省 ………………………………………………………（1223）

　第一节　历史沿革 ……………………………………………………（1223）

　　一　新中国成立前的皮革工业 ………………………………………（1223）

　　二　皮革工业的恢复和社会主义改造 ………………………………（1224）

　　三　调整巩固时期（1958—1977年）………………………………（1224）

　　四　改革开放初期（1978—1988年）………………………………（1225）

　　五　快速发展时期（1988—1998年）………………………………（1226）

　　六　全面繁荣时期（1998—2008年）………………………………（1227）

　第二节　制革 …………………………………………………………（1229）

　　一　概述 ………………………………………………………………（1229）

　　二　主要产品 …………………………………………………………（1230）

　　三　生产设备与工艺技术 ……………………………………………（1233）

　第三节　皮鞋 …………………………………………………………（1234）

　　一　概述 ………………………………………………………………（1234）

　　二　主要产品 …………………………………………………………（1235）

　　三　生产工艺与设备 …………………………………………………（1236）

　第四节　毛皮及其制品 ………………………………………………（1236）

　　一　概况 ………………………………………………………………（1236）

　　二　主要产品 …………………………………………………………（1237）

　第五节　皮革制品 ……………………………………………………（1238）

　　一　皮衣 ………………………………………………………………（1238）

　　二　衣箱 ………………………………………………………………（1238）

　　三　其他皮革制品 ……………………………………………………（1239）

　第六节　配套产业 ……………………………………………………（1239）

　第七节　环境保护 ……………………………………………………（1239）

　　一　概况 ………………………………………………………………（1239）

　　二　部分企业节能减排情况简介 ……………………………………（1240）

第八节　技术进步与人才培训 …………………………………………… (1242)
第九节　行业管理 ………………………………………………………… (1244)
  一　省皮革工业公司 ……………………………………………………… (1244)
  二　省皮革行业协会 ……………………………………………………… (1245)

第十七章　湖北省 ……………………………………………………………… (1247)
第一节　历史沿革 ………………………………………………………… (1247)
  一　古代和近代历史沿革（1949年之前）……………………………… (1247)
  二　新中国成立后皮革工业的发展（1949—1979年）………………… (1247)
  三　快速发展期的皮革工业（1980—1985年）………………………… (1249)
  四　行业萎缩阶段的皮革工业（1986—2005年）……………………… (1251)
第二节　制革 ……………………………………………………………… (1255)
  一　发展概况 ……………………………………………………………… (1255)
  二　生产工艺 ……………………………………………………………… (1257)
  三　生产设备 ……………………………………………………………… (1258)
  四　产品和品种 …………………………………………………………… (1258)
第三节　皮鞋 ……………………………………………………………… (1259)
  一　发展概况 ……………………………………………………………… (1259)
  二　工艺和产品品种 ……………………………………………………… (1260)
  三　武汉的皮鞋业 ………………………………………………………… (1261)
第四节　皮件 ……………………………………………………………… (1264)
  一　新中国成立前皮件业的状况 ………………………………………… (1264)
  二　新中国成立后30年皮件工业的发展 ………………………………… (1264)
  三　产品和品种 …………………………………………………………… (1265)
  四　皮件业现状 …………………………………………………………… (1266)
第五节　毛皮及制品 ……………………………………………………… (1266)
  一　基本情况 ……………………………………………………………… (1266)
  二　原料 …………………………………………………………………… (1267)
  三　工艺及设备 …………………………………………………………… (1267)
  四　产品品种 ……………………………………………………………… (1267)
第六节　皮鞋材料、皮革机械、皮革化工 ……………………………… (1267)
  一　皮鞋材料 ……………………………………………………………… (1267)
  二　皮革机械 ……………………………………………………………… (1268)
  三　皮革化工 ……………………………………………………………… (1269)
  四　其他配套产品 ………………………………………………………… (1269)
第七节　皮革资源的开发和利用 ………………………………………… (1270)
  一　猪皮资源的开发 ……………………………………………………… (1270)

二　牛皮、羊皮资源的开发利用 ………………………………………………（1271）
　第八节　行业管理 ……………………………………………………………………（1273）
　　一　机构设置 …………………………………………………………………（1273）
　　二　行业管理主要工作 …………………………………………………………（1274）
　　三　湖北省皮革工业协会 ………………………………………………………（1275）

第十八章　湖南省 …………………………………………………………………………（1276）
　第一节　发展沿革 ……………………………………………………………………（1276）
　　一　新中国成立前概况 …………………………………………………………（1276）
　　二　恢复时期（1950—1952年）………………………………………………（1276）
　　三　社会主义改造时期（1953—1957年）……………………………………（1276）
　　四　"大跃进"、三年自然灾害对湖南省皮革工业的影响（1958—1962年）
　　　………………………………………………………………………………（1277）
　　五　三年调整时期（1963—1965年）…………………………………………（1277）
　　六　"文化大革命"时期（1966—1976年）……………………………………（1278）
　　七　改革开放初期（1977—1980年）…………………………………………（1278）
　　八　改革开放深入发展时期（1981—1990年）………………………………（1278）
　　九　快速发展时期（1991—1998年）…………………………………………（1279）
　　十　二次创业（1999—2009年）………………………………………………（1279）
　第二节　产业及产品结构 ……………………………………………………………（1287）
　　一　制革 …………………………………………………………………………（1287）
　　二　制鞋 …………………………………………………………………………（1289）
　　三　皮件 …………………………………………………………………………（1291）
　　四　皮革配套行业 ………………………………………………………………（1294）
　第三节　科研成果与优质产品 ………………………………………………………（1298）
　　一　科研成果 ……………………………………………………………………（1298）
　　二　优质产品 ……………………………………………………………………（1298）
　第四节　出口创汇 ……………………………………………………………………（1300）
　第五节　科研机构及专业院校 ………………………………………………………（1304）
　　一　科研检测机构 ………………………………………………………………（1304）
　　二　专业教育 ……………………………………………………………………（1305）
　第六节　管理机构 ……………………………………………………………………（1306）

第十九章　广东省 …………………………………………………………………………（1310）
　第一节　历史沿革 ……………………………………………………………………（1310）
　　一　古代和近代概况（1949年以前）…………………………………………（1310）
　　二　恢复改造时期（1949—1957年）…………………………………………（1310）
　　三　调整巩固时期（1958—1977年）…………………………………………（1311）

四　改革开放初期（1978—1987年） ……………………………… (1311)
　　五　快速发展时期（1988—2000年） ……………………………… (1312)
　　六　全面繁荣时期（2001—2008年） ……………………………… (1313)
第二节　制革 ……………………………………………………………… (1316)
　　一　发展概况 ……………………………………………………… (1316)
　　二　产品和质量 …………………………………………………… (1318)
　　三　技术和设备 …………………………………………………… (1318)
　　四　环境保护 ……………………………………………………… (1319)
第三节　制鞋 ……………………………………………………………… (1320)
　　一　发展概况 ……………………………………………………… (1320)
　　二　技术设备和产品质量 ………………………………………… (1321)
　　三　产业集群和批发市场 ………………………………………… (1322)
第四节　皮件 ……………………………………………………………… (1323)
　　一　发展概况 ……………………………………………………… (1323)
　　二　技术设备和产品质量 ………………………………………… (1324)
　　三　产业集群和专业市场 ………………………………………… (1325)
第五节　皮革服装 ………………………………………………………… (1326)
第六节　行业管理 ………………………………………………………… (1327)

第二十章　广西壮族自治区 ………………………………………………… (1328)
第一节　历史沿革 ………………………………………………………… (1328)
第二节　制革 ……………………………………………………………… (1329)
　　一　历史沿革 ……………………………………………………… (1329)
　　二　工艺和设备 …………………………………………………… (1330)
　　三　猪皮制革 ……………………………………………………… (1330)
　　四　产品品种 ……………………………………………………… (1331)
第三节　皮革制品 ………………………………………………………… (1332)
　　一　皮鞋 …………………………………………………………… (1332)
　　二　皮件制品 ……………………………………………………… (1333)

第二十一章　重庆市 ………………………………………………………… (1336)
第一节　行业沿革 ………………………………………………………… (1336)
　　一　民族皮革工业的兴起与发展（1936—1945年） …………… (1336)
　　二　皮革工业的停滞时期（1946—1949年） …………………… (1338)
第二节　新中国成立后皮革工业的发展（1950—2008年） …………… (1338)
　　一　皮革工业恢复时期（1950—1953年） ……………………… (1339)
　　二　社会主义改造时期（1954—1957年） ……………………… (1340)
　　三　"大跃进"、三年自然灾害时期（1958—1963年） ………… (1341)

四　行业稳步发展时期（1964—1978年） ………………………………（1342）
　　五　行业兴旺发展时期（1979—1990年） ………………………………（1343）
　　六　在竞争中发展——中国西部鞋都崛起（1991—2008年） …………（1347）
第三节　皮鞋 …………………………………………………………………（1350）
　　一　生产工艺 ……………………………………………………………（1350）
　　二　技术设备 ……………………………………………………………（1351）
第四节　行业管理 ……………………………………………………………（1352）
　　一　制革同业公会 ………………………………………………………（1352）
　　二　行政管理 ……………………………………………………………（1352）

第二十二章　四川省 …………………………………………………………（1356）
第一节　四川近代皮革工业发展概况（1949年以前） ……………………（1356）
第二节　四川现代皮革工业发展概况（新中国成立以后） ………………（1357）
　　一　新中国成立后的皮革工业恢复与社会主义改造（1949—1962年） （1357）
　　二　皮革工业的三年调整（1963—1965年） ……………………………（1357）
　　三　"文化大革命"中的皮革工业（1966—1977年） ……………………（1358）
　　四　改革开放迎来皮革工业的春天（1978—1985年） …………………（1358）
　　五　皮革工业的全面繁荣（1986—2009年） ……………………………（1360）
　　六　皮革行业综合利用、节能减排和环境保护 ………………………（1367）
　　七　行业管理 ……………………………………………………………（1368）

第二十三章　贵州省 …………………………………………………………（1370）
第一节　历史沿革 ……………………………………………………………（1370）
第二节　制革 …………………………………………………………………（1373）
　　一　发展历程 ……………………………………………………………（1373）
　　二　技术装备 ……………………………………………………………（1376）
　　三　猪皮制革 ……………………………………………………………（1376）
　　四　工艺、技术 …………………………………………………………（1377）
　　五　产品开发 ……………………………………………………………（1381）
　　六　产品质量 ……………………………………………………………（1384）
第三节　皮鞋 …………………………………………………………………（1384）
　　一　发展过程 ……………………………………………………………（1384）
　　二　技术改造 ……………………………………………………………（1387）
　　三　工艺改革 ……………………………………………………………（1388）
　　四　产品开发 ……………………………………………………………（1389）
　　五　产品质量 ……………………………………………………………（1390）
　　六　出口产品 ……………………………………………………………（1392）
第四节　皮件 …………………………………………………………………（1392）

第五节　毛皮制品 …………………………………………………… (1392)

第二十四章　云南省 …………………………………………………… (1394)

第一节　历史沿革 …………………………………………………… (1394)

第二节　生产 ………………………………………………………… (1395)

　　一　制革 ………………………………………………………… (1395)

　　二　皮鞋 ………………………………………………………… (1396)

　　三　皮件 ………………………………………………………… (1397)

　　四　毛皮 ………………………………………………………… (1397)

第三节　工艺技术 …………………………………………………… (1398)

　　一　制革工艺 …………………………………………………… (1398)

　　二　制鞋工艺 …………………………………………………… (1400)

第四节　供销 ………………………………………………………… (1401)

　　一　原皮供应 …………………………………………………… (1401)

　　二　化工原料供应 ……………………………………………… (1402)

　　三　产品销售 …………………………………………………… (1402)

　　四　革制品出口 ………………………………………………… (1403)

第五节　猪皮开剥利用 ……………………………………………… (1403)

第六节　制革污水处理 ……………………………………………… (1404)

第二十五章　西藏自治区 ……………………………………………… (1406)

第一节　历史沿革 …………………………………………………… (1406)

第二节　拉萨皮革厂 ………………………………………………… (1406)

第三节　环境保护 …………………………………………………… (1408)

第二十六章　陕西省 …………………………………………………… (1409)

第一节　概况 ………………………………………………………… (1409)

第二节　制革 ………………………………………………………… (1411)

第三节　皮革制品 …………………………………………………… (1412)

　　一　皮鞋 ………………………………………………………… (1412)

　　二　皮件 ………………………………………………………… (1414)

　　三　车马挽具 …………………………………………………… (1415)

第四节　毛皮及制品 ………………………………………………… (1415)

第二十七章　甘肃省 …………………………………………………… (1417)

第一节　概述 ………………………………………………………… (1417)

　　一　古代皮革业的沿革与变迁 ………………………………… (1417)

　　二　近代皮革发展概况 ………………………………………… (1417)

　　三　新中国成立后皮革行业的发展历程 ……………………… (1419)

第二节　制革 ………………………………………………………… (1421)

一　发展概况 …………………………………………………………（1421）
　　二　生产设备及工艺 …………………………………………………（1421）
　　三　产品品种和质量 …………………………………………………（1422）
　第三节　毛皮 ……………………………………………………………（1422）
　　一　发展概况 …………………………………………………………（1422）
　　二　毛皮制品 …………………………………………………………（1423）
　第四节　制鞋 ……………………………………………………………（1423）
　　一　发展概况 …………………………………………………………（1423）
　　二　制鞋工艺 …………………………………………………………（1424）
　　三　主要产品 …………………………………………………………（1424）
　第五节　皮箱、皮件及其他制品 ………………………………………（1425）
　第六节　皮革资源 ………………………………………………………（1426）
　　一　产量与销量 ………………………………………………………（1426）
　　二　猪皮资源的开发 …………………………………………………（1427）
　　三　特色皮革资源 ……………………………………………………（1428）
　第七节　行业管理 ………………………………………………………（1430）
第二十八章　青海省 …………………………………………………………（1431）
　第一节　历史沿革 ………………………………………………………（1431）
　第二节　皮鞋、皮件 ……………………………………………………（1432）
　第三节　毛皮制品 ………………………………………………………（1433）
第二十九章　宁夏回族自治区 ………………………………………………（1435）
　第一节　古代皮革概况（1840年以前）………………………………（1435）
　第二节　近代皮革业（1841—1949年）………………………………（1435）
　第三节　新中国成立三十年发展（1949—1977年）…………………（1436）
　　一　恢复改造期间（1949—1957年）………………………………（1436）
　　二　"大跃进"、三年自然灾害期间（1958—1962年）……………（1437）
　　三　三年调整期间（1963—1965年）………………………………（1438）
　　四　"文化大革命"期间（1966—1977年）…………………………（1438）
　第四节　改革开放初期（1978—1988年）……………………………（1439）
　　一　制革 ………………………………………………………………（1439）
　　二　制鞋 ………………………………………………………………（1439）
　　三　毛皮 ………………………………………………………………（1440）
　　四　皮件 ………………………………………………………………（1441）
　第五节　全面繁荣时期（1998—2008年）……………………………（1441）
第三十章　新疆维吾尔自治区 ………………………………………………（1443）
　第一节　发展概况 ………………………………………………………（1443）

第二节　原料 …………………………………………………… (1445)
　　一　原料皮资源 ………………………………………………… (1445)
　　二　主要生产用皮 ……………………………………………… (1446)
　　三　其他生产用皮 ……………………………………………… (1446)
第三节　工艺技术及装备 …………………………………… (1447)
　　一　工艺技术 …………………………………………………… (1447)
　　二　装备 ………………………………………………………… (1448)
第四节　产品品种 …………………………………………… (1448)
　　一　皮革 ………………………………………………………… (1448)
　　二　靴鞋 ………………………………………………………… (1449)
　　三　皮件 ………………………………………………………… (1449)
　　四　毛皮及其制品 ……………………………………………… (1449)
　　五　优质产品 …………………………………………………… (1450)
第五节　外贸出口 …………………………………………… (1452)
第六节　专业市场 …………………………………………… (1452)
　　一　原料皮交易市场 …………………………………………… (1452)
　　二　制品交易市场 ……………………………………………… (1453)

第三十一章　香港特别行政区 ……………………………… (1454)

第三十二章　台湾地区 ……………………………………… (1457)
第一节　制鞋工业发展历程 ………………………………… (1457)
　　一　制鞋初始期（　—1963年）………………………………… (1457)
　　二　萌芽及成长期（1964年—1975年）……………………… (1457)
　　三　壮大发展期（1976年—1984年）………………………… (1460)
　　四　转型期（1985年—　）…………………………………… (1465)
第二节　制鞋工厂 …………………………………………… (1472)
　　一　一般特质 …………………………………………………… (1473)
　　二　工厂概况 …………………………………………………… (1473)
　　三　制鞋技术演进与现况 ……………………………………… (1476)
第三节　制革 ………………………………………………… (1476)
　　一　制革工业起始 ……………………………………………… (1476)
　　二　创业发展初期（1950—1970年）………………………… (1477)
　　三　较快发展时期（1970—1990年）………………………… (1477)
　　四　海外发展情况（1990—2008年）………………………… (1479)
　　五　台湾地区外建厂情况 ……………………………………… (1482)

第九篇　特色区域篇

中国鞋都·温州 …………………………………………………………………………（1485）
  一　温州鞋业"四把火"发展历程 …………………………………………………（1486）
  二　中国鞋都特点及优势 ……………………………………………………………（1488）
  三　以服务为宗旨的行业协会 ………………………………………………………（1491）

中国鞋都·晋江 …………………………………………………………………………（1493）
  一　晋江鞋业发展的基本情况 ………………………………………………………（1493）
  二　主要经验 …………………………………………………………………………（1494）
  三　国际金融危机影响及对策 ………………………………………………………（1495）
  四　晋江鞋业存在的问题 ……………………………………………………………（1496）
  五　晋江鞋业的发展思路 ……………………………………………………………（1496）

中国皮革之都·海宁 ……………………………………………………………………（1498）
  一　皮革业概况 ………………………………………………………………………（1498）
  二　延长产业链，不断培育新的产业增长点 ……………………………………（1500）
  三　未来发展规划 ……………………………………………………………………（1501）

中国皮革皮衣之都·辛集 ………………………………………………………………（1503）
  一　辛集市基本概况 …………………………………………………………………（1503）
  二　辛集皮毛皮革行业发展历史 ……………………………………………………（1504）

中国皮具之都·花都狮岭 ………………………………………………………………（1515）
  一　狮岭镇皮革皮具产业发展概况 …………………………………………………（1516）
  二　产业集群特色鲜明，竞争优势日益增强 ……………………………………（1517）
  三　政府加强引导，多措并举，推动产业升级 …………………………………（1519）
  四　展望：坚定信心，稳步发展 ……………………………………………………（1521）

中国皮草名镇·崇福 ……………………………………………………………………（1523）
  一　崇福皮草产业发展现状 …………………………………………………………（1524）
  二　崇福皮草产业的发展经验 ………………………………………………………（1525）
  三　崇福皮草产业未来发展战略 ……………………………………………………（1527）

中国裘皮之都·肃宁 ……………………………………………………………………（1528）
  一　毛皮产业发展历史、现状及特点 ……………………………………………（1529）
  二　毛皮产业发展的工作措施 ………………………………………………………（1531）
  三　产业发展规划 ……………………………………………………………………（1533）

中国女鞋之都·武侯 ……………………………………………………………………（1535）
  一　武侯鞋业发展情况 ………………………………………………………………（1535）
  二　发展现状 …………………………………………………………………………（1536）

三　产业布局 …………………………………………………………………… (1536)
　　四　武侯鞋业的发展方向 ………………………………………………………… (1538)
中国西部鞋都·璧山 ……………………………………………………………………… (1540)
　　一　中国西部鞋都基本情况 ……………………………………………………… (1540)
　　二　中国西部鞋都工业园区规划建设情况 ……………………………………… (1542)
　　三　中国西部鞋都发展的战略措施 ……………………………………………… (1542)
中国女鞋生产基地·惠东 ………………………………………………………………… (1547)
　　一　发展现状 ……………………………………………………………………… (1547)
　　二　存在的问题及原因 …………………………………………………………… (1548)
　　三　发展战略 ……………………………………………………………………… (1549)
中国箱包之都·白沟 ……………………………………………………………………… (1552)
　　一　白沟概况 ……………………………………………………………………… (1552)
　　二　白沟箱包特色产业的发展现状 ……………………………………………… (1553)
　　三　促进白沟箱包产业发展的措施 ……………………………………………… (1556)
中国鞋业名城·温岭 ……………………………………………………………………… (1558)
　　一　行业现状 ……………………………………………………………………… (1558)
　　二　存在的问题 …………………………………………………………………… (1560)
　　三　发展规划 ……………………………………………………………………… (1561)
中国毛皮之都·孟州桑坡 ………………………………………………………………… (1565)
　　一　孟州市情简介 ………………………………………………………………… (1565)
　　二　毛皮产业发展现状 …………………………………………………………… (1566)
　　三　发展毛皮产业的主要措施 …………………………………………………… (1566)
　　四　毛皮产业发展中存在的主要问题 …………………………………………… (1568)
　　五　毛皮产业发展规划 …………………………………………………………… (1569)
中国皮草科学发展示范基地·枣强 ……………………………………………………… (1571)
　　一　枣强县的基本情况 …………………………………………………………… (1571)
　　二　毛皮产业发展情况和行业优势 ……………………………………………… (1572)
　　三　皮毛产业发展思路 …………………………………………………………… (1573)
中国皮装裘皮产业基地·佟二堡 ………………………………………………………… (1575)
　　一　自然情况 ……………………………………………………………………… (1575)
　　二　皮装、裘皮主导产业发展情况 ……………………………………………… (1576)
　　三　市场的发展情况 ……………………………………………………………… (1577)
　　四　未来发展战略 ………………………………………………………………… (1579)
中国旅行箱包之都·平湖 ………………………………………………………………… (1581)
　　一　平湖市箱包产业基础好、成长性强、国内外知名度高 …………………… (1581)
　　二　平湖市政府大力支持箱包产业发展 ………………………………………… (1582)

三　平湖市箱包行业发展规范有序 …………………………………………（1582）
　　四　创品牌、拓市场是平湖箱包的发展方向 ……………………………（1583）
中国男鞋生产基地·鹤山 ……………………………………………………（1585）
　　一　鹤山市制鞋行业概况 …………………………………………………（1585）
　　二　发展优势与发展举措 …………………………………………………（1588）
中国制革示范基地·阜新 ……………………………………………………（1591）
　　一　阜新发展皮革产业优势齐聚 …………………………………………（1592）
　　二　阜新皮革产业基地发展前瞻 …………………………………………（1593）
　　三　阜新皮革产业基地与您和商共赢　共创未来 ………………………（1594）
中国箱包名城·瑞安 …………………………………………………………（1595）
　　一　箱包生产历史背景 ……………………………………………………（1595）
　　二　生产现状 ………………………………………………………………（1596）
　　三　"十二五"计划设想 …………………………………………………（1597）
中国箱包产业基地·东阳 ……………………………………………………（1600）
　　一　东阳概况 ………………………………………………………………（1600）
　　二　东阳箱包发展的历程 …………………………………………………（1601）
　　三　东阳箱包发展的现状 …………………………………………………（1601）
　　四　推动发展的工作举措 …………………………………………………（1602）
　　五　战略规划 ………………………………………………………………（1603）
中国鞋业生产基地·高密 ……………………………………………………（1605）
　　一　高密市制鞋行业发展历程及基本情况 ………………………………（1606）
　　二　高密市制鞋业有自身的优势 …………………………………………（1607）
　　三　发展目标 ………………………………………………………………（1608）

第十篇　资料篇

第一章　荣誉 …………………………………………………………………（1611）
　　一　中国皮革工业协会奖学金历年获奖名单 ……………………………（1611）
　　二　历届全国先进皮革工业协会和受表彰的皮革行业协会名单 ………（1628）
　　三　历届全国皮革行业巾帼标兵和优秀女职工名单（排名不分先后）………（1629）
　　四　中国皮革工业科技先导奖 ……………………………………………（1631）
　　五　中国皮革工业协会推动科技进步奖 …………………………………（1632）
　　六　中国皮革国际合作奖 …………………………………………………（1632）
　　七　张铨基金奖 ……………………………………………………………（1633）
　　八　段镇基科学技术奖 ……………………………………………………（1633）
　　九　中国皮革行业节能减排环保创新奖 …………………………………（1635）

十	中国皮革协会获得的主要荣誉	(1637)
第二章	**品牌战略**	(1638)
一	首批佩挂真皮标志企业及产品名单	(1638)
二	首批真皮标志生态皮革企业名单	(1639)
三	中国名牌产品	(1640)
四	工商局认定的驰名商标	(1643)
五	历届真皮标志排头品牌名单	(1645)
六	历届"真皮标志杯"全国皮革制品设计大奖赛获奖名单	(1656)
第三章	**重要文献**	(1712)

第一节 中国皮革工业发展规划 ……………………………………………… (1712)

皮革工业"八五"发展计划和十年规划 ……………………………………… (1712)
皮革工业"九五"计划和2010年长远规划 ……………………………………… (1716)
中国皮革工业"二次创业"发展战略 ……………………………………… (1721)
中国皮革工业"十五"计划和2015年长远规划 ……………………………………… (1728)
中国皮革行业"十一五"发展规划（2006—2010） ……………………………………… (1737)

第二节 中国皮革协会章程及规范性管理文件 ……………………………………… (1747)

中国皮革协会章程 ……………………………………… (1747)
关于授予中国皮革行业特色区域荣誉称号的行业规范（试行）（2001年） ……… (1752)
关于授予中国皮革行业特色区域荣誉称号的行业规范（2008年） ……………… (1755)
中国皮革行业诚信公约 ……………………………………… (1758)
中国皮革行业社会责任指南 ……………………………………… (1758)

第三节 真皮标志规范性文件 ……………………………………… (1759)

真皮标志章程（1994年） ……………………………………… (1759)
真皮标志章程（2006年） ……………………………………… (1764)
真皮标志生态皮革产品规范 ……………………………………… (1768)
真皮标志生态皮革实施细则 ……………………………………… (1771)

参考文献 ……………………………………………………………………… (1777)

后记 ………………………………………………………………………………… (1779)

下 卷

第八篇 地方篇

皮革行业与人们的生活密切相关，是从传统的手工作坊逐渐发展起来的，因此，全国各省、自治区、直辖市都积极发展皮革产业，特别是在计划经济时代，许多省市区建立了完备的产业基础，产品种类齐全。改革开放以来，特别是20世纪90年代后，我国皮革行业快速发展，产业向东部沿海省份聚集，内地许多省份的皮革产业逐渐式微。本篇收集了大陆除海南省外30个省、自治区、直辖市及台湾地区、香港特别行政区的行业发展历史，时间截止至2010年。由于历史资料的完整性不同，各地内容的详略有所不同。其中，山西、内蒙古、安徽、江西、广西、贵州、云南、青海等八个省、自治区的内容分别摘转自各省区的《轻工业志》，编者适当进行了增减。

本篇省、市、区以国家行政区划为序。

第一章 北京市

第一节 北京古代及近代皮革发展简史

北京的皮革产业发展有着悠久的历史，隋唐时期，制靴手工业产品就已大量生产和使用。辽金时期，燕京（北京）传统手工业、兵器、农具、手工工具、车马挽具等产品中大量使用了皮革、皮毛。生活在北方的游牧民族大量南迁，同时也把北方的家畜和皮革皮毛手工业品带到了南方各地，促进了中原地区皮革业的发展。

元代大都（北京）是中国北方最发达的手工业中心城市，集中了当时重要的手工业，裘衣作为高档手工业产品逐渐由皇权贵族转向民间大众，只不过在原料皮品种上与富贵阶层存在很大差异，华裘盛装依然是富贵权势的象征。

元末明初，北京地区皮革皮毛业生产方式为家庭个体手工业或小作坊。在万历年间（1573—1620年），双塔寺的李家冠帽、大栅栏的宋家鞋、东江米巷（现东交民巷）的党家靴等一批手工业鞋帽制成品，成为当时的著名产品。

清代皇城北京的皮毛皮革业已经形成了一个庞大的行业，出身关外苦寒之地的满族，由于民族爱好和生存的需要，对裘皮服饰非常喜爱，并用裘皮的种类、位置、皮毛用料多少以及所配丝绸的种类、色彩等区分皇家、名公、侯爵等贵族的不同等级，按照清朝的典章制度具体规定，紫貂是皇帝的专用品，其余人非赐不得用，皇后、亲王和贝勒等贵族只能用熏貂。这一时期最为流行的裘服是"出锋裘"。

地处皇城的北京，以加工制作高档细杂毛皮见长，有"北京裘皮甲天下"之美誉，其高档制品多为皇宫贵族、官僚阶层所有。民间皮毛业分为细毛皮货业和老羊皮货业，其中细毛皮货业以贩卖成品为主，老羊皮货业中的少数商户自行加工制作毛皮产品。以北京这个时尚之都为基础的裘服流行潮在全国传播。

20世纪30年代，北平地区近代民族皮革工业兴起，1932年军阀53军军长万福林开办私营制革厂，当时有人员20多人、厂房40多间，生产牛底革，日产20多张。日本帝国主义侵占北平后，在日本产业保管委员会统治下，该厂成为生产军用革的工厂，以华北皮革株式会社名义经营，有工人40多人，日产军用革40多张。此时期，皮革及制品被列为军需品，日军对皮革原料进行控制，禁止国人自由买卖，手工作坊纷纷倒闭。日本投降后，制革厂由国民政府北平市处理局接管，1947年改名为"振北制革厂股份有限公司"，由知名人士浦洁修任经理，加工生产鞣制皮革。此时期，皮革手工业略有恢复，其实力较强、资金大户进料质量较好，所制作的羊皮革每平方尺售价1万元（法币），多用于制作航空衣、帽等产品。一般小手工业户生产手段简陋、资金短缺，购进的原材料质量较次，制作的羊皮革每平方尺售价6000元（法币），多用于制作民用包、书夹等产品，个体手工业或作坊式生产一直延续至 1949 年北平市解放。

第二节 恢复改造时期（1949—1958 年）

一 新中国成立后北京皮革工业的恢复（1949—1954 年）

新中国建立后，北平改为"北京"，成为中华人民共和国的首都。迅速恢复与发展生产，为此时期工业发展的中心任务。据当时北平市私营工业统计，制革业情况见表 8-1。

表 8-1　　　　　　　　　　1949 年北平市私营皮革业统计

业别	工厂数（个）			电动机		职工人数（人）	资本额（万元）		
^	总数	有机器设备		无机器设备	座数	马力	^	总额	固定	流动
^	^	有动力	无动力	^	^	^	^	^	^	^
皮革业	165	22	—	142	31	228.5	712	10872.80	4127.50	6745.30
有动力设备	22	22	—	—	31	228.5	251	7916.00	3331.50	4584.50
无动力设备	143	—	1	142	—	—	461	2956.80	796.00	2160.80

当时的皮革业产品和产量统计见表 8-2。

表 8-2　　　　　　　1949 年北京市私营皮革业主要产品产量统计

生产品别	单位	生产数量		制造厂数	销售地区
^	^	五月份	过去最高月产量	^	^
1. 制革业					
牛底皮	张	1273	6287	45	北平、天津、唐山、太原、东北
牛面皮	张	551	1338	26	北京
羊皮	张	3226	18461	61	北京
带子皮	张	227	936	35	北京
轮带皮	张	—	40	1	北京
球皮	张	90	195	3	北京
手套皮	张	150	300	3	北京
鹿皮	张	67	227	5	北京
猪皮	张	205	260	3	北京 北京四乡
驴马皮	张	353	1025	30	北京 北京四乡
牛头皮	张	200	200	1	北京
牛皮心	张	184	409	3	北京

续表

生产品别	单位	生产数量 五月份	生产数量 过去最高月产量	制造厂数	销售地区
前截皮	个	810	2840	5	北京
边底皮	条	240	1000	2	北京
边面皮	条	457	1882	3	北京
工业用革	张	195	1080	2	北京
2. 革制品					
革锤	个	—	26600	1	京津
革圈	个	2000	9160	1	京津
轮带	英尺	—	32500	1	北京
皮轴	个	60	265	2	北京

组织起来走合作化道路是北京皮革行业发展的新起点，1950年1月5日成立的第一个北京市手工业生产合作社是制鞋联合社，下属单位有6个制鞋生产合作社，4个制鞋生产组，资金来源主要有三个方面：一是社员集体股金30股（每股50斤小米），共1500斤小米，折合人民币129元；二是折实贷款15万斤小米；三是向银行透支贷款1万元。至年底仅保留下制鞋生产合作社中的第五制鞋社，其余合作社由于经营不善而撤销。12月又成立北京市供销合作社制鞋厂和第一制鞋社。

1951年成立公私合营振北制革厂，此厂原为私营振北制革厂股份有限公司，有生产工人78人，主要生产底革、带子革、工业用革。同年9月由16名手工业者和无业人员组成了第一个肠衣生产合作社。

1952年年初，第一个皮件生产合作社成立。同年5月第五制鞋社与第一制鞋社合并组成五一制鞋生产合作社。由18人组成的制革生产合作社，隶属宣武区工业生产办事处，当时有股金3600元（每人400斤小米）主要生产里子皮，年产羊里子皮16464公尺，产值57624元，到1953年该合作社发展有50名成员。

1952年9月成立的地方国营制革厂——北京市人民制革体育用品厂，有职工363人，主要生产底革、面革、牛球革和手缝篮球、排球、足球、棒球等球类制品，此厂是由政务院6个机关生产单位与振北制革厂合并成立。

1953年是开始执行发展国民经济第一个五年计划时期，其核心是努力发展生产、挖掘原有企业潜力，逐步完成对资本主义工业和个体手工业的社会主义改造。人民制革体育用品厂开始生产手缝皮鞋，年产6943双，其中运动鞋4858双，手缝男鞋1085双。对当时的皮革行业调查统计显示，从业人员有6781人，其中国营企业1户632人，合作社（组）8户707人，私营企业234户2770人，个体户1023户2672人。资金总额2855万元，产值3130万元。年产皮鞋43万双、重革2227吨、轻革32.78万平方米、各类球1986万个、箱4564只、皮包195个、皮腰带4.98万条、皮手套1.57万副。

1954年成立北京市鞋帽皮件生产联合社，主管北京市集体所有制合作经济的皮鞋、布鞋、帽子、皮件等4个行业，有60多个生产合作社（组）隶属北京市手工业生产总社。人民制革体育用品厂，改名为"北京市制革厂"。同年10月，由3家个体户共10人联合组成制胶生产组。以废牛、羊、杂皮渣为原料，生产水胶，生产工具仅有3口大锅和通风灶，年产水胶12.2吨，产值3300元。该厂隶属宣武区手工业生产办事处。到年底全行业从业人员7425人，产值3500万元，年产皮鞋51万双、重革30万公斤、轻革37万平方米，皮包11259个、皮腰带19097条、皮手套9202副。

二　北京皮革业的社会主义改造（1955—1958年）

1955年北京成立皮鞋公司，负责组织了解225个私营皮革、皮鞋、皮件企业的生产经营情况，为迎接对私有经济改造高潮做好准备，该公司隶属北京市第二地方工业局领导。当年年底个体手工业者掀起了组织起来走合作化道路的高潮，个体户从1953年1023户2672人减少到779户1827人，而合作社由1953年的8户707人发展到28户2732人，产值由350万元增加到1386万元。

1956年废油提炼合作社成立，由废油行业个体户26户共33人组成，年产量160吨，产值2.1万元。成立的制毡生产合作社由原制毡合作小组又吸收9户家庭手工业者组成，人数达70人，后又成立第二制毡生产合作社，人数达40余人。

同年5月，在第二地方工业局的领导下，公私合营进入高潮，制革、皮毛、皮鞋、皮件四个行业分别进行改组，具体情况是，制革业：27户257人，资金195168元，其中公记兴制革厂（东义成、宝记、公记兴三个加工组11户）98人，永源祥制革厂（东胜魁、永源祥两个加工组12户）76人，利生制革厂（利生加工组3户）57人，裕仁制革厂26人。皮毛业：12户429人，资金103364元，组成公私合营皮毛厂。皮鞋业：原合营143户，人数1708人，资金812155元。移交给商业和医疗器械公司的个体户13户101人，实有130户1620人，按区域组成5个皮鞋厂，分别为：东单皮鞋厂，34户510人；前门皮鞋厂，33户443人；西单皮鞋厂，25户287人；崇文皮鞋厂，25户210人；东四皮鞋厂，12户146人。另由私营皮鞋户中选出的制鞋技术较强的人员集中起来成立公私合营千祥皮鞋厂。皮件皮箱业：53户488人，资金262086元，组成公私合营皮件厂。

以上公私合营性质的企业，全部由北京市第二地方工业局皮革工业公司领导。

同年4月，原地方国营北京制革厂由化工局下放给皮鞋公司，改名成立皮革工业公司，9月由皮革公司与橡胶公司合并成立橡胶皮革公司，负责管理全行业的公私合营厂工作，隶属于第二地方工业局。

9月成立的皮革皮毛生产合作社联合社负责领导皮革皮毛、毛毡、制胶、肠衣等集体所有制的合作社企业，其中皮鞋11个社，1358人，生产皮鞋256704双，产值371.2万元，利润312068元；皮件皮箱5个社460人，生产皮箱4310只，产值217.5万元，利润236365元；皮革皮毛33户4096人，其中生产社30个，4018人，小组3个78人；制革3个社499人，产值466.5万元，利润419986元，生产重革46543公斤，轻革35119平方公尺；皮毛13个社，2786人，产值592.8万元，利润42797元；胶鳔2个社，104人，产值40.2万元，利润39483元；肠衣2个社，189人，产值104万元，利润42686元。

1957年6月1日，北京市皮件厂成立，由5个皮件合作社、一个制件车间、一个皮件组组成，固定资产7.6万元，职工500人，年产值186.8万元，利润11.6万元。至当年年底，全行业产值988.4万元，职工3877人，利润121.9万元，固定资产净值149.6万元，原值204.4万元；皮革总产量折牛皮32.8万张，皮鞋81.3万双，皮箱4.4万只，三胶83.3吨。

1958年北京经济建设进入第二个五年计划时期，基本建设规模进一步扩大，出现了大办工业的新高潮。3月成立北京市第一皮鞋厂，由当时的"五一"鞋社、八鞋社、二十八鞋社、十九鞋社、三鞋社、北京市鞋帽生产联合社门市部6家企业合并组成。厂房仅有9间低矮平房和一间大席棚，机器设备有两台电动砂轮机和一些笨旧的缝纫机，资金折合20多万元，生产效率每人每日不足一双。到年底全厂有职工600人，年产量13.9万双，总产值187.2万元，利润10万元，固定资产原值18万元，净值15万元，隶属鞋帽皮件社领导。5月成立第二皮鞋厂，由当时第二社、第十一社、第十六社三个制鞋社合并建成，职工550人，总产值110万元，利润20万元，固定资产净值9万元，流动资金20万元，年产量11万双，实行自产自销，隶属鞋帽皮件联社领导。

6月，北京市肠衣厂成立，由两个肠衣生产合作社合并建成，主要生产肠衣、夜光粉、医用荧光屏、羽毛球拍弦、弓弦、乐器弦、医用羊肠线。该厂有职工229人，年产值35.4万元，利润15万元，隶属皮革皮毛联社领导。

11月，北京机制皮鞋厂成立，由总社制鞋厂、西单皮鞋厂、机制鞋厂筹备处3个单位联合组成，有职工700人，年产皮鞋20.4万双，产值238.7万元，利润13万元，隶属橡胶皮革公司，并首次从捷克引进一批较先进的制鞋设备。

废油提炼合作社开始土法生产骨胶，年产2.7吨，填补了北京骨胶生产的空白。

公私合营皮件厂（后为北京市皮件二厂）在厂长杨一本的领导下，由几名技术工人参加组成试制人造革新产品攻关小组，经过一年苦战，制成一套生产人造革的设备，并于1959年正式投产，填补了北京市人造革生产的空白，使皮件行业以皮革原料为主改为人造革为主，改变了产品结构，增加了新产品，当时北京市工业生产委员会书记贾庭三同志曾到厂祝贺。当年皮革行业开始承担北京市出口任务，对外出口皮鞋53.3万双，肠衣203.7万根，实现出口额743万元人民币。

年底北京市工业生产管理体制发生了变化，所有工业企业、合作社企业全部下放到各区管理，同时撤销了橡胶皮革公司、皮革皮毛联社、鞋帽皮件联社3个领导机构。

第三节　调整、巩固时期（1959—1977年）

一　"大跃进"、三年自然灾害时期的北京皮革工业（1959—1962年）

1959年，第一皮鞋厂、机制皮鞋厂先后由手工缝制皮鞋改为小流水生产和机械生产，机制皮鞋厂生产出胶粘鞋，从而结束了传统的手工业生产皮鞋的历史。同年，公私合营的东单皮鞋厂生产的带围子兜缝女单底鞋被评为全国标杆产品；9月份在北京百货大楼、国家体委的配合下，在国内首次研究成功爬山鞋，为我国登山运动员登上珠穆朗玛峰做出贡献，该厂被评为北京市皮革行业第一个红旗厂。

1960年1月，联社制革厂与利生制革厂合并成立第二制革厂，后又与北京制革厂合并，企业名称延用"北京制革厂"，职工人数为2248人。7月15日，由鞋楦生产合作社与公私合营鞋楦厂合并组成北京市鞋楦厂，此企业为全民所有制，隶属北京市手工业局领导，有职工146人，年产木鞋楦13.44万双，总产值66.4万元，利润11万元。该厂设备仅有进口、国产机器各1台。

北京市机械皮鞋厂开展群众性的技术革新、技术革命运动，提出技术革新1079项，实现288项，使全厂设备由62台增到241台，机械化程度由原来的18.9%提高到61.6%，年产值比1959年提高52.7%，产量提高35.4%，利润从1959年的13.4万元增加到37.1万元。

1961年，北京工业系统贯彻执行中央提出的"调整、巩固、充实、提高"的八字方针。北京市机械皮鞋厂改名为"北京市皮鞋厂"，并迁址到北京市新街口大街8号新厂址，结束了分散在全市31处生产的局面。

1961年下半年，北京市皮毛皮革工业公司成立，经理李良发兼任分党组书记，接收管理了17个企业，具体有北京制革厂、北京皮鞋厂、东单皮鞋厂、第一皮鞋厂、第二皮鞋厂、崇文皮鞋厂、合营皮鞋厂、西四皮鞋厂、北京皮毛厂、宣武皮毛厂、北京皮件厂、化工塑料厂、北京废油社、北京制胶厂、北京肠衣厂、南郊血料厂、北京鞋楦厂。该公司有职工29203人，年产值6210.5万元，利润529.8万元，固定资产原值998.9万元，净值680.2万元，流动资金1127.1万元。主要产品有皮鞋、皮毛、制革、皮件、鞋楦、肠衣、制胶、血料、毛毡。年产皮鞋211.8万双，三球1.8万个，鞣制皮革折牛皮30.4万张，箱子14.3万只。该公司隶属北京市手工业局。为了响应国家号召支援农业生产，全行业共分三批238人回乡参加农业生产。

北京制胶厂与废油社合并成立北京市制胶炼油厂，并将制胶工艺由过去原始土法生产改为酸碱新工艺，由大铁锅直接火熬改为锅炉供汽熬胶，由手摸眼看改为仪器化验检测，推动了生产的发展，年产量达到了127吨，产值280.7万元，利润51.3万元。

1962年，北京皮毛厂分出皮毛三厂、化工塑料厂分出合营皮件厂后，化工塑料厂转出北京皮革行业。同年，北京市第一皮鞋厂的硫化新工艺得到推广。

二 三年调整时期的皮革工业（1963—1965年）

1963年，北京市第一皮鞋厂刑德海同志写出了《皮鞋样板缩改法》，在"科技通讯"上登载，并在轻工业部召开的科技大会上做了现场表演，对全国制鞋行业产生巨大影响。

北京市皮件厂生产的安全带新产品和北京制革厂生产的再生革均填补了北京皮革行业的产品空白。

制胶炼油厂为了提高产品质量，用纯苯萃提油，增加了磨骨和洗骨新工序，皮胶由人工剁皮改为切皮机加工，产量提高97.1倍和6.7倍，减轻了工人的体力劳动强度。

1964年，皮鞋经营形式由商业包销改为企业自产自销，皮毛皮革公司组织职工大力推销积压的30万双皮鞋，同时大幅度地调整生产新品种。在中国皮革公司主办的全国第一次制革产品质量鉴定会上，利生制革厂生产的黄牛正面革被评为全国同类产品的一类第一名，北京市制革厂生产的黄牛外底革被评选为全国同类产品的三类第三名。由于以上两种产品质量较好，利生制革厂和北京市制革厂分别进入全国四种产品的八个先进企业行列。

第一皮鞋厂刑德海同志编写的《皮鞋模具设计原理》论文把皮鞋产品从手摸眼看进行设计提高到用科学数据进行设计，为皮鞋制造企业发展做出了贡献。

1964年4月，北京市制革厂分为北京市干祥皮鞋厂、利生皮革厂、北京制革厂，其中干祥皮鞋厂生产鞋、球、工业配件，有职工1273人，厂址在宣武区窑台；利生皮革厂主要生产牛、猪轻革，有职工人员300人，厂址在丰台区五间楼；北京制革厂主要生产牛、猪、羊轻、重革，有职工人员480人，厂址丰台区宋家庄。

经北京市轻工业局批准成立的北京市皮革皮毛机械修配厂，其前身是北京皮鞋厂的机修车间，主要生产外线机、片底机、大底压型机，为制鞋行业机械配套发挥了作用。

为适应皮革行业的持续发展，经批准成立北京市皮革工业研究所和北京市皮革皮毛工业公司职工学校及实验厂，同时撤销公私合营皮鞋厂，并接收毛毡厂、西四皮鞋厂改名为"北京市皮鞋生产合作社"。

北京市皮件厂生产的"双菱"牌造革底箱，年产2.6万只，产值350万元，利润135万元。

1965年，北京鞋楦厂从联邦德国引进鞋楦机等设备实现了半机械化生产，摆脱了繁重的体力劳动，年工业总产值达到了26.7万元。

经批准肠衣厂改名为"北京市皮件三厂"，停止生产肠衣，主要生产衣箱。该厂有职工305人，年产衣箱0.8万个，年产人造革包4.8万个，年产值181.6万元，利润32.3万元。同年，公私合营皮件厂改名为"北京市皮件二厂"，北京皮鞋社改名为"北京市第三皮鞋厂"。公私合营的东单皮鞋厂，经市轻工局决定抽出316名职工，转产乐器，剩余114名职工生产皮鞋，但历时3个月后又经市计委决定全面恢复皮鞋生产，经过转产又恢复，企业损失11.55万元。

北京市第一皮鞋厂在广交会上接受4万双模压鞋的定货，使北京市的制鞋水平在全国7个制鞋口岸中由第七位跃居第一位，生产的模压鞋开始进入国际市场。

三 "文化大革命"时期的皮革工业（1966—1977年）

1966年是我国经济发展的第三个五年计划时期，"文化大革命"运动使工业建设遭到了严重破坏，皮革工业广大职工在极其困难条件下，仍坚守工作岗位，排除和抵制各种干扰，积极从事生产和建设，全年完成工业总产值5039.7万元，从业人员有6824人，实现利润617.1万元。其时，皮革行业固定资产原值1287.3万元，净值897.7万元。北京市皮毛皮革工业公司改名为"北京市皮革总厂"。

北京市皮革皮毛机械修配厂改名为"北京市皮革机械厂"，为皮革行业配套生产制革，制鞋机械。

1967年，北京市第二皮鞋厂开始投产注塑皮鞋；利生制革厂改名为"北京市东风制革厂"成为全民企业；血料厂改名为"生化制药厂"，后移交北京市医药总公司管理。1968，干祥皮鞋厂改名为"北京市革制品厂"。同年12月经上级批准，北京市皮革工业研究所和北京市皮革皮毛工业公司职工学校及试验厂被撤销。在生产加工方面，东风制革厂开始生产主席著作书皮用"宝书革"，北京制革厂生产羊皮书皮革。皮革机械厂开始生产外援产品，主要产品是外线机。

1969年，北京市第三皮鞋厂并入第一皮鞋厂，并接收西城区百货管理处的皮鞋样品厂，有职工729人，固定资产原值110万元，净值83万元，当年皮鞋产量为57.4万双。工业总产值763万元，销售收入652万元，利润94万元。

1969年，北京市皮革五金厂成立，其前身为皮革机械厂的五金车间，厂址在宣武区黑窑厂，由二轻局投资160万元、公司投资30万元，职工人数近百人，生产的产品为皮革行业配套生产的五金制品部件。

1970年，北京制革厂研制生产的定音鼓革填补了国内空白，解决了全国20多个省市文艺团体的需要，并节省了大量进口外汇。第一皮鞋厂研制的绷楦机、15吨液压切胶机，开始投产使用，解决了绷楦、切胶的繁重体力劳动，提高工效20倍。东风制革厂新建成的厂房，车间宽敞、生产设备布局合理，初步改变了制革行业脏、臭、累的形象。

1971年1月，中共北京市皮革总厂召开第一次代表大会，出席代表171名，选出23名第一届党委委员，并建立了党委制。根据市革委会关于组织家属走"五七"道路的通知精神，有16个企业组建了"五七"家属连，使1580名家庭妇女走上了集体生产的劳动岗位。

北京市东单皮鞋厂试制成功的第一批双头液压下料机投入生产。同时，鞋楦厂试制成功铝楦产品，并编写了铝楦生产加工工艺。1972年7月索马里主席西亚德、也门共和国总理艾尼和意大利共产党总书记的夫人，先后到北京革制品厂参观。

1973年，二轻局党委任命李良发同志为北京市皮革总厂党委书记。同年3月召开了皮革总厂首届工会代表大会，出席代表366人，代表大会选举产生了首届工会委员会和主任委员。

经二轻局办字批准北京市皮革总厂改名为"北京市皮革工业公司"；1973年10月市皮革五金厂与毛毡厂合并，有职工474人，厂址在丰台区毛毡厂内，将毛毡产品转出，集中力量生产五金制品，为皮革行业配套，厂名延用"北京市皮革五金厂"。

皮革化工厂完成四项科研项目，分别为一号鱼油加脂剂投入生产、O2型加脂剂进行试产、阴离子合成加脂剂和改性丙稀酸粘连耐寒树脂试验成功，填补了国内生产的空白。

1974年，北京市第一皮鞋厂自制完成16台电子控制液压下料机，实现了下料机械化，提高了生产速度，并初步完成绷楦工序机械化，与下料工艺合并组成流水线，提高工效50%。

北京市东风制革厂引进先进设备，包括片皮机、震荡拉软机、超声喷涂机、通过式熨皮机等设备，初步实现制革生产的机械化。1975年，按照中央文件精神，各企业进行整顿，加强企业管理普遍建立两长五员和干部、工人岗位责任制，明确车间科室的职责范围，全行业有4800人参加班组管理占职工总数的45%。

北京市制革厂生产的黄牛犊定音鼓皮被评为北京市名牌产品；革制品厂生产的干祥鹿牌牛面皮底三接头获市名牌产品；皮革五金厂自制的铝口挤压机及配套设备，正式投产铝型材箱口，同时自制的一步法电镀生产线安装完毕，并投入生产使用；皮件二厂经过技术改造攻关，实现软箱生产机械化，改变了落后的生产方式，先后研制并改进了冲压窝帮机、定帮机、订铁口机、卡特大牙拉锁机、龙门下料机，其中油压窝帮机为国内首创。10月成立北京市皮革科技情报站，后改为皮革研究所。12月召开中共北京市皮革工业公司第二次代表大会,出席大会代表288名,新当选的党委常委有李良发等7位同志。

1976年在北京市召开的工业学大庆会议上,北京市皮鞋厂被授予"大庆式企业"称号,成为本市全行业第一个大庆式企业。

1977年,市第一皮鞋厂建立了3条生产线,即冷粘鞋生产线、制帮生产线、轧胶出型生产线。同时,该厂试制完成的整套炭黑风送自动称量密练加工脉冲除尘设备,解决了粉尘污染问题,该套装置处于国内领先地位。

1977年改革开放前北京皮革工业在产值、利润、人员、设备等经济基础如图8-1、图8-2、图8-3、图8-4所示。

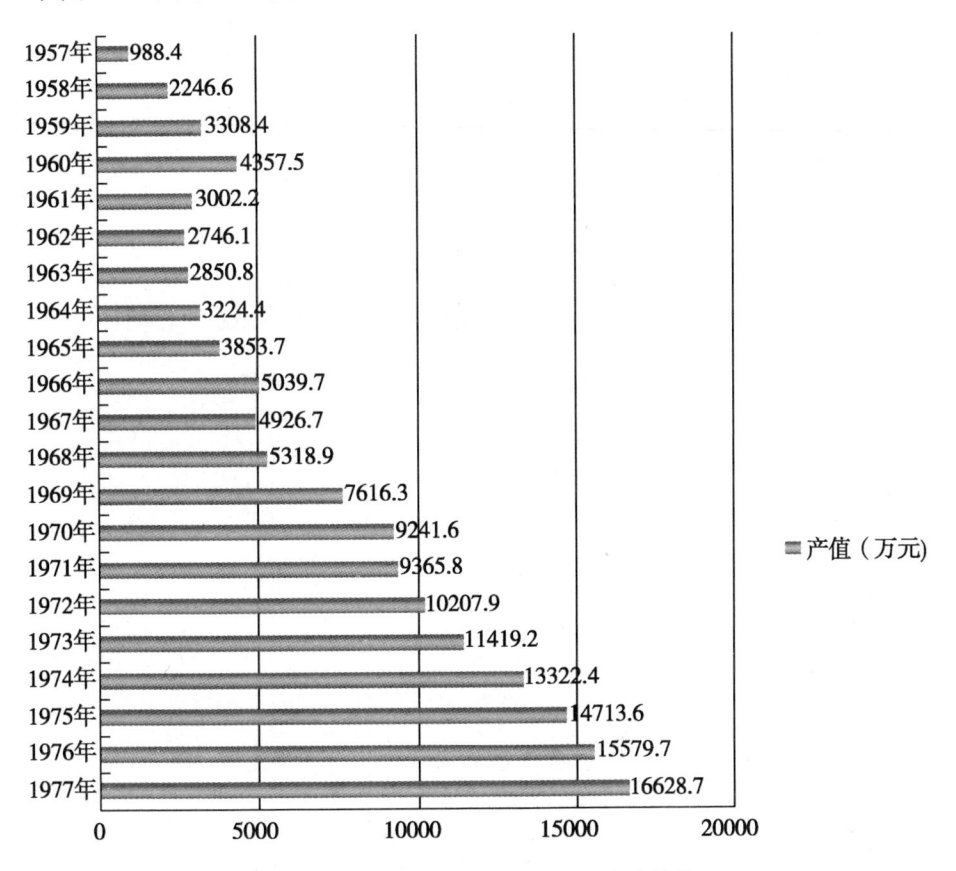

年份	产值(万元)
1957年	988.4
1958年	2246.6
1959年	3308.4
1960年	4357.5
1961年	3002.2
1962年	2746.1
1963年	2850.8
1964年	3224.4
1965年	3853.7
1966年	5039.7
1967年	4926.7
1968年	5318.9
1969年	7616.3
1970年	9241.6
1971年	9365.8
1972年	10207.9
1973年	11419.2
1974年	13322.4
1975年	14713.6
1976年	15579.7
1977年	16628.7

图8-1 北京皮革工业1957—1977年产值情况

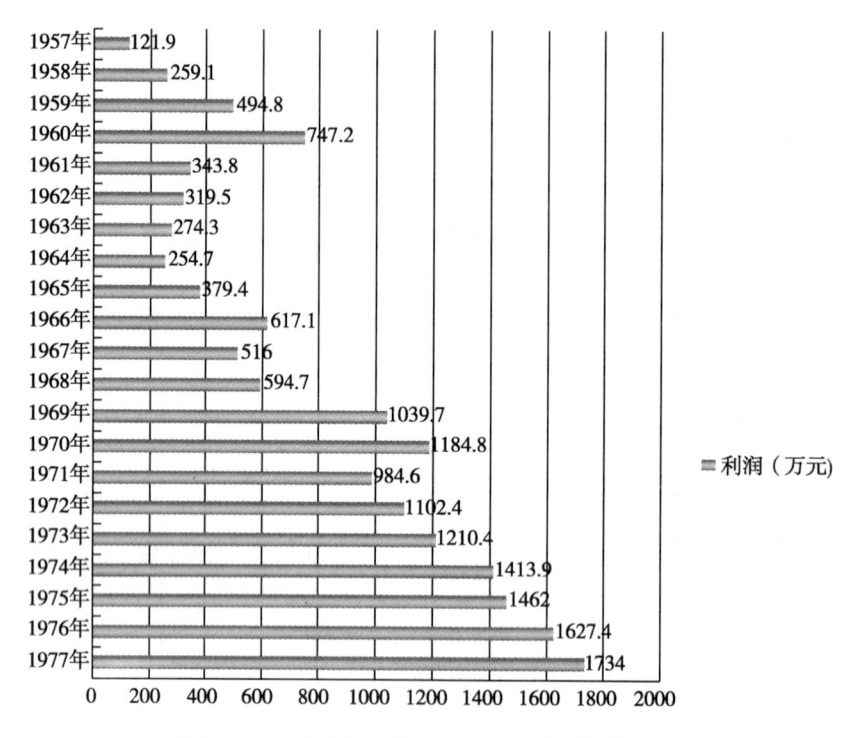

年份	利润（万元）
1957年	121.9
1958年	259.1
1959年	494.8
1960年	747.2
1961年	343.8
1962年	319.5
1963年	274.3
1964年	254.7
1965年	379.4
1966年	617.1
1967年	516
1968年	594.7
1969年	1039.7
1970年	1184.8
1971年	984.6
1972年	1102.4
1973年	1210.4
1974年	1413.9
1975年	1462
1976年	1627.4
1977年	1734

图 8－2　北京皮革工业 1957—1977 年利润情况

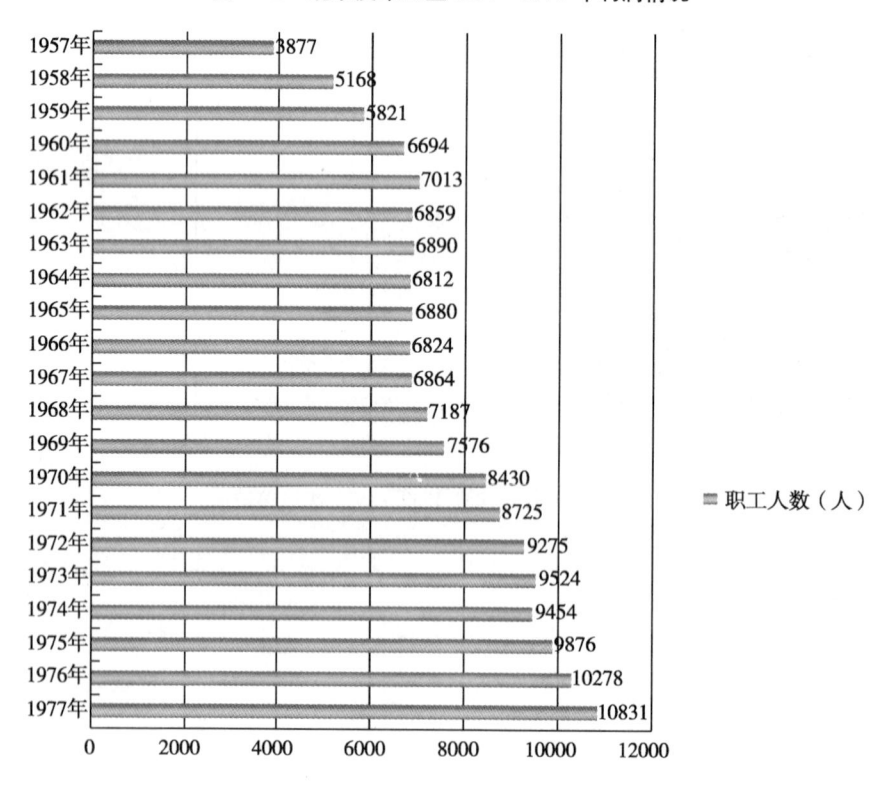

年份	职工人数（人）
1957年	3877
1958年	5168
1959年	5821
1960年	6694
1961年	7013
1962年	6859
1963年	6890
1964年	6812
1965年	6880
1966年	6824
1967年	6864
1968年	7187
1969年	7576
1970年	8430
1971年	8725
1972年	9275
1973年	9524
1974年	9454
1975年	9876
1976年	10278
1977年	10831

图 8－3　北京皮革工业 1957—1977 年职工人数情况

年份	货运汽车（辆）	金属切削机床（台）
1957年	0	4
1959年	3	8
1961年	3	21
1963年	4	40
1965年	8	71
1967年	9	93
1969年	11	118
1971年	17	196
1973年	39	270
1975年	54	327
1977年	68	324

图 8-4　北京皮革工业 1957—1977 年设备情况

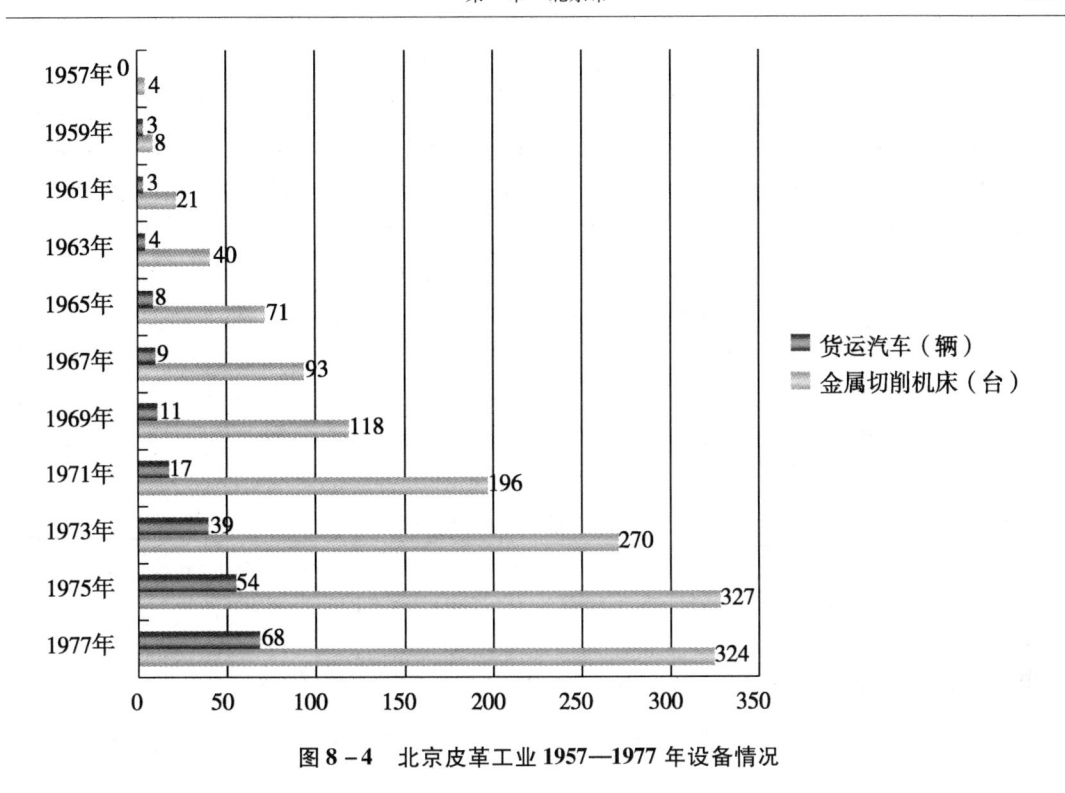

第四节　改革开放促进皮革工业快速发展（1978—1990 年）

1978 年，根据北京市工业按行业归口的原则，对城区工业的隶属关系进行调整，划给公司区属企业 12 个，职工 3194 人，产值 2424.9 万元，二轻局党组任命王维正同志为中共北京市皮革工业公司委员会书记，郑奎西同志为公司经理、党委副书记。北京市革制品厂生产的"骏马"牌手缝手球获市优质产品；皮件三厂投产合成革腰带，列入主要产品，年产 656.36 万条，产值 1111.6 万元，利润 65.3 万元；第一皮鞋厂自制的移动冲头式龙门裁断机获市科技二等奖，此设备可提高工效 5 倍，节约合成革 15%—20%；厂长邢德海同志被评为北京市劳动模范，轻工业部劳动模范和全国劳动模范。同年，厂址在海淀区苏州街的北京兰淀皮鞋厂并入第一皮鞋厂。

1979 年，海淀区东升皮鞋加工场被撤销，利用旧址开办北京市皮革工业公司中等专业学校和电大班。二轻局党委任命邢德海同志为北京市皮革工业公司总工程师。

北京市皮革五金厂由于治理电镀废水有成绩，先后被北京市革委会、轻工业部授予环境保护先进企业称号。北京东单制鞋厂通过轻工进出口公司与中国香港连氏有限公司签订《高级女装皮鞋来料加工协议书》，第一次确定以补偿贸易的方式引进西欧先进制鞋技术和设备，扩大生产能力、改变生产结构，全年创利 91.2 万元，后又与连氏企业公司组成"东连制鞋联合企业"形成了内外联合企业。同年 8 月该厂参加中国香港皮鞋博览会，参展 240 余种样品鞋，得到美、法、澳大利亚等国和中国香港地区客户的好评，提高了该厂的国际声誉。北京市第一皮鞋厂从捷克引进胶粘鞋底生产线，并安装试车投产，此套生产线在国内具有技术领先地位。该厂生产的"珠峰"牌牛面模压三接头男鞋在全国质量评比中被评为一类产品，并在1980年、1981年获得"部优质产品"称号。

北京市皮件二厂成立的知青合作社有138人参加，解决了部分待业青年的就业问题，在此基础上全公司先后共有14个企业成立了知青合作社，有667个待业青年参加就业。

1980年，经北京市经委和二轻局批准，北京市皮革工业公司将其所属北京市皮毛厂、皮毛二厂、皮毛三厂、皮毛四厂、皮毛五厂划出，由新成立的北京市皮毛工业公司领导。在年底召开的中共北京市皮革工业公司第三次代表大会上，该公司出席代表228名，选出党委常委王维正、郭子久、邢德海等7位同志，其中郭子久同志任皮革工业公司经理。

北京革制品厂生产的"骏马"牌手缝手球获部优质产品称号，该厂自制的长网再生革生产线获市三等奖；皮革研究所研制的合成鞋面革和热塑型聚氨脂仿皮底获轻工部三等奖；北京市第一皮鞋厂研制的聚氨热作胶粘剂获轻工部四等奖；鞋楦厂开始试制塑料楦和塑料鞋跟的生产。

1981年，北京市皮件厂、第一皮鞋厂试行民主选举厂长，后在北京市制革厂、东风制革厂、皮件二厂和皮革五金厂等单位推广。北京市革制品厂试行四税两费和职代会领导下的厂长负责制。市二轻局党委任命王维正同志为北京市皮革工业公司党委书记。

经市经委、计委和市农林批复同意利用通县稀土冶炼厂原址与通县局合办北京市联合制革厂，皮革公司经理部与南郊农场孙村分厂合办孙村皮革厂，后改名为"北京市第二联合制革厂"，企业性质为集体所有制。北京市皮件六厂与皮件二厂合并，沿用皮件二厂的厂名，撤销皮件六厂的建制。

北京市第二皮鞋厂生产的长城牌自行车赛鞋和市皮件二厂生产的泡沫革公文包获得"北京市优质产品"称号，市皮件厂生产的北京牌绵纶高空作业安全带获得市名牌产品、"双菱"牌木胎造革箱获局名牌产品，东风制革厂猪正面革少铬鞣制工艺获部三等奖，PV仿羊革小试的研究成果获市科技奖。该厂与建工学院合作试验的污水射流曝气获得成功，初步解决了污水治理问题，为当时的制革行业的清洁化生产和环境保护做了有益的探索。二轻局组织有关单位召开鉴定会予以肯定，此项目获部四等奖。全行业实现技术革新1436项，其中市第一皮鞋厂自制仿捷克起毛机和第二皮鞋厂自制的膛底机，提高工效在2倍以上。

这一年，全年基本建设开工面积为116567平方米，竣工面积为35376平方米，其中职工宿舍竣工6019平方米，为北京市皮革行业的广大职工从新中国成立初期开始30多年后第一次分配到自己建的宿舍楼。

1982年，二轻党委任命米庆杰同志任北京市皮革工业公司党委书记。北京市第四皮鞋厂和第五皮鞋厂合并，沿用第四皮鞋厂名称，撤销第五皮鞋厂建制；北京市制胶厂与中国国际信托公司合资建立北京制胶联合公司，隶属皮革公司管理，新建明胶车间，全部使用新设备进行试生产，提高了机械化程度；北京市革制品厂与卢沟桥公社传动轴厂合作，在其厂址联合建立北京市革制品厂分厂；北京市东单皮鞋厂生产的"八达岭"镶盖舌式仿皮底高跟胶粘女皮鞋获得"市优质产品"称号；皮革研究所的改性猪油加脂剂和可整饰坡跟底研究获市三等奖、仿皮底涂饰工艺获市四等奖；皮革化工厂的皮鞋顶层涂饰材料和第二皮鞋厂的热塑丁苯胶合成获轻工部二等奖；皮革研究所的催化燃烧苯治理装置获部四等奖；北京市皮件三厂生产的"红叶"牌泡沫人造革硬壳包获"二轻局名牌产品"称号；北京市制革厂的提高牛、羊面革弹性丰满新工艺获局三等奖。在轻工部组织的全国旅行衣箱质量评比鉴定会上,北京市皮件厂生产的"长城"牌 ABS 衣箱获塑料类衣箱第一名、"双菱"牌木胎衣箱和"天安门"牌纸胎衣箱获得人造革类第一名和第二名。

1983 年,北京市革制品厂生产的"鹿牌"仿皮底三接头,北京市皮件厂生产的"双菱"牌造革衣箱获轻工部优质产品,北京市皮革五金厂的"双环"牌二号插锁,皮件三厂的"红叶"牌硬壳包,皮件二厂的"长城"牌航空拉锁软箱,市皮件厂的"天安门"造革衣箱,北京市皮鞋厂的"金蕊"牌牛面女靴,革制品厂"鹿牌"仿皮底三接头及"骏马"牌手缝手球被评为北京市优质产品,北京市东单皮鞋厂生产的羊面男包底鞋被国家经委定为优质新产品,并获得金龙奖,成为北京市的畅销产品,为羊皮制鞋打开了销售市场。

同年 5 月,北京市第一皮鞋厂由海淀区的白石桥旧厂迁往魏公村新厂址,建筑面积为 26400 平方米,6 层生产主楼是国内和亚洲地区规模较大、设备比较先进的鞋类生产厂。

1984 年,根据中央和市委的文件精神,为了搞活企业、扩大企业自主经营、还权于企业,皮革行业进行了全面的整顿提高,在北京市皮件厂第一个验收合格的基础上,相继有东单皮鞋厂、第一皮鞋厂、第二皮鞋厂、皮件三厂、皮件五厂、皮件七厂、皮革五金厂、机械厂、制胶厂、化工厂等 11 个单位验收合格,占应验收企业总数的 75%。北京市皮件厂等 7 个企业被北京市评为文明单位。东单皮鞋厂与新疆伊利皮革厂签定《经济技术联合文明单位》开展了技术输出和皮革的采购业务,为制鞋原料开拓了渠道。第六皮鞋厂并入市第一皮鞋厂。在下半年召开的皮鞋产品订货会上,各厂展出 420 个新品鞋受到商业部门的好评,原计划销售 300 万双,实际销售 459 万双,扭转了市场销售不利的形势,开拓了新局面,为转轨变型打下了基础。在召开的中共北京市皮革工业公司第四次代表大会上,该厂出席代表 208 人,新选党委常委米庆杰等 7 位同志。

北京市东单皮鞋厂的"八达岭"牌男包底鞋、皮件三厂"红叶"牌学生包和"双环"牌皮腰带、革制品厂"鹿牌"仿皮底三接头、市皮件厂"玉兰"牌高频压花包、市制革厂手球革、东风制革厂牛修饰鞋面革、皮革机械厂的片帮机、皮革化工厂的 A-I 型加脂剂获北京市优质产品。

北京市制革厂生产的结合鞣猪皮内底革和国产黄牛皮正鞋面革、东风制革厂黄牛修饰鞋面革和猪正面革、市皮件厂生产的"天安门"牌纸板人造革衣箱和"长城"牌 ABS 塑料旅行衣箱获"部优质产品"称号,革制品厂的"骏马"牌手缝球获国优银质奖。1987年,北京市东单皮鞋厂更名为"北京市八达岭皮鞋公司",北京市革制品厂引进意大利制鞋技术和 80 台制鞋专用设备,与国产设备配套建成 3 套制鞋生产线及 3 条皮鞋标准部件生产线。

1988 年,北京皮革化工厂并入皮革公司。八达岭皮鞋公司生产的"八达岭"牌线缝羊面男包底鞋、市皮件厂生产的"双美"牌竹胎旅行衣箱、皮件五厂生产的"前门"牌皮革服装(猪皮、牛皮)和皮件四厂生产的"钟声"牌猪皮夹克获"轻工部优质产品"称号。

1989 年,北京皮革公司申请自营进出口权,组建北京皮革制品进出口公司。1990 年北京市皮革工业公司和北京市皮毛工业公司合并,皮毛公司所属企业并入皮革公司。至 1990 年年末,北京制革业研制成功多种颜色的皮革,改变了以前皮鞋黑一色的状况,开发生产了皱纹革、效应革、绒皮革、夹条革、修面革及出口皮衣革等新产品,年均试制新产品，新花色1800种以上，投产150种。皮毛业采用了褪色、增色、增光等新工艺，扩大了毛皮产品的花色品种，开发生产羊绒大衣、裘皮时装、毛皮靠垫、毛皮挂毯等工艺品和装饰品等新产品，款式花色不断翻新，主要产品有鞣制毛皮、剪染毛皮、毛皮筒子、毛皮褥子、毛皮领子、毛皮帽、裘皮服装、毛皮工艺品、毛皮装饰品等10多个系列200多个品种，80%以上的产品直接出口，行销欧美、亚洲等100多个国家和地区。制鞋业在用牛皮、橡胶生产皮鞋的同时，陆续开发生产了猪皮面皮鞋、牛猪皮和合成革橡胶底皮鞋、超细碳酸钙仿皮底鞋、热塑橡胶结合底鞋等新产品，由单一的黑一色增加了蓝、白、黄、棕、红、绿等色，主要产品有近千种4000多个花色。其中"鹿牌"牛皮面仿皮底三接头男皮鞋荣获国家质量银质奖；牛皮面皮底三接头皮鞋、牛皮面模压三接头皮鞋、自行车赛鞋、高跟胶粘女鞋、拉锁坤式皮棉鞋、牛皮面仿皮底胶粘女皮鞋、牛皮面三接头模压男鞋、镶盖舌胶粘高跟女鞋、牛皮面仿皮底半跟男装鞋等获部优产品奖。皮件产品在帆布、牛皮为基料生产的同时，陆续开发生产出人造革皮件、PU革皮件、尼龙面料皮件、尼龙刮胶面料皮件等，主要产品200余种700多个规格。其中，"双菱"牌人造革木胎衣箱、"骏马"牌手缝手球获国家优质产品银质奖，安全带、背提包、手缝手球、公事包、木胎衣箱、胶胎排球、两用背提包、人造革衣箱、泡沫塑料航空箱、牛皮面胶粘篮球、竹胎旅行衣箱、拉锁旅行软箱、猪皮夹克、人造革男士背提包、旅行软包、钢架旅行衣箱、真皮腰带、猪皮革服装系列等获部优产品奖。毛皮服装主要以加工制作各种高档细杂毛皮服装，产品有兔毛皮、猫毛皮、山羊毛皮、剪绒毛皮、染色毛皮、裘革混制毛皮服装等10多个系列200多种、1000多个花色。其中"熹熊"牌水貂毛皮一条龙大衣获国家质量金质奖，新艺牌银蓝狐毛皮大衣获斯堪的纳维亚毛皮AGA国际金奖，貂子毛皮加革裘皮大衣、原毛皮串龙短衣、貂子毛皮大衣、水貂毛皮串龙短衣、剪羊绒靠垫、兔毛皮串龙短衣、狐毛皮T型加革短衣、狐毛皮短大衣、水貂毛皮服装、猫毛皮服装、三北羔毛皮短大衣、滩羊毛皮服装、狐狸毛皮服装、狐毛皮加革服装、水貂毛皮一条龙大衣、狗毛皮加革服装、貂子毛皮加革服装、蓝狐毛皮加革服装、狐毛皮串刀服装、山羊毛皮褥子、狗毛皮褥子、细尾毛皮褥子等均获部优产品奖。水貂毛皮串刀服装、新艺牌裘皮服装获全国轻工业博览会金奖，水貂毛皮服装、貂子毛皮服装、滩羊毛皮服装、蓝狐毛皮服装、蓝狐毛皮加革服装、狗皮毛加革服装、貂子毛皮加革服装、羊绒挖花墙饰等获全国轻工业博览会银奖。

1990年北京市完成鞣制皮革（折合牛皮）78万张，皮鞋1221万双，革皮箱53万个，毛皮（折合羊毛皮）4.1万张。

经过改革开放，最先进入市场的北京皮革公司得到较大发展，其经济基础数据如图8-5、图8-6、图8-7、图8-8、图8-9所示。

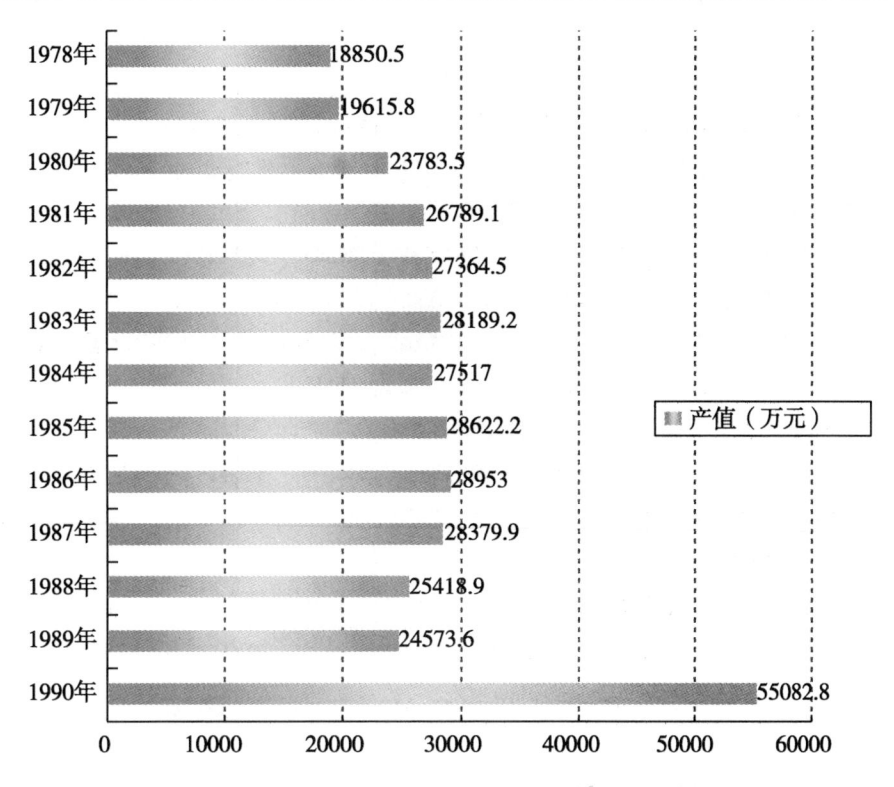

年份	产值（万元）
1978年	18850.5
1979年	19615.8
1980年	23783.5
1981年	26789.1
1982年	27364.5
1983年	28189.2
1984年	27517
1985年	28622.2
1986年	28953
1987年	28379.9
1988年	25418.9
1989年	24573.6
1990年	55082.8

图 8-5　北京皮革公司（1978—1990 年）产值情况

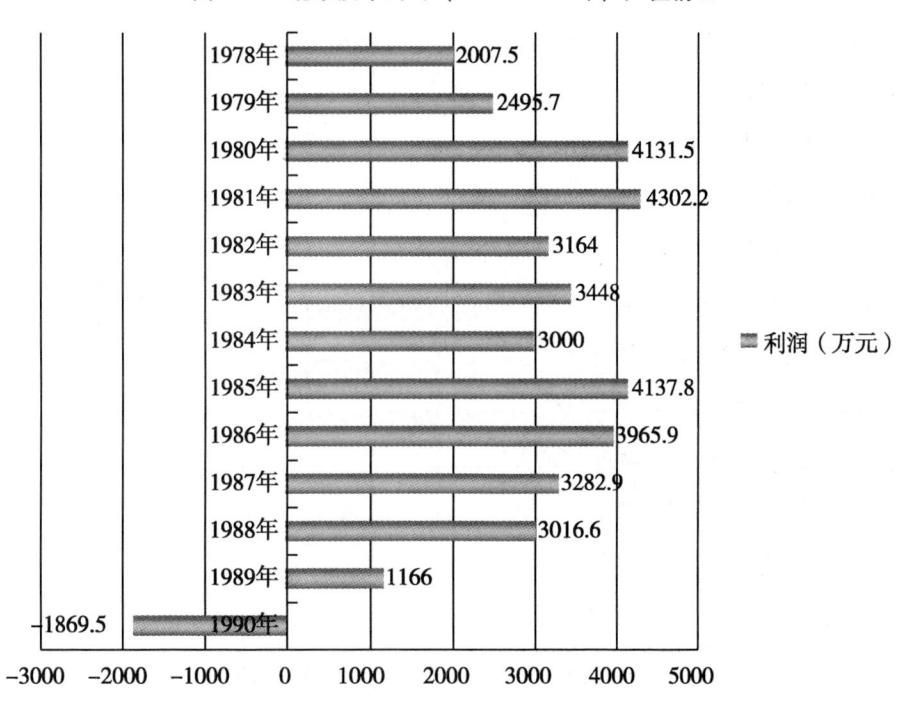

年份	利润（万元）
1978年	2007.5
1979年	2495.7
1980年	4131.5
1981年	4302.2
1982年	3164
1983年	3448
1984年	3000
1985年	4137.8
1986年	3965.9
1987年	3282.9
1988年	3016.6
1989年	1166
1990年	-1869.5

图 8-6　北京皮革公司（1978—1990 年）利润情况

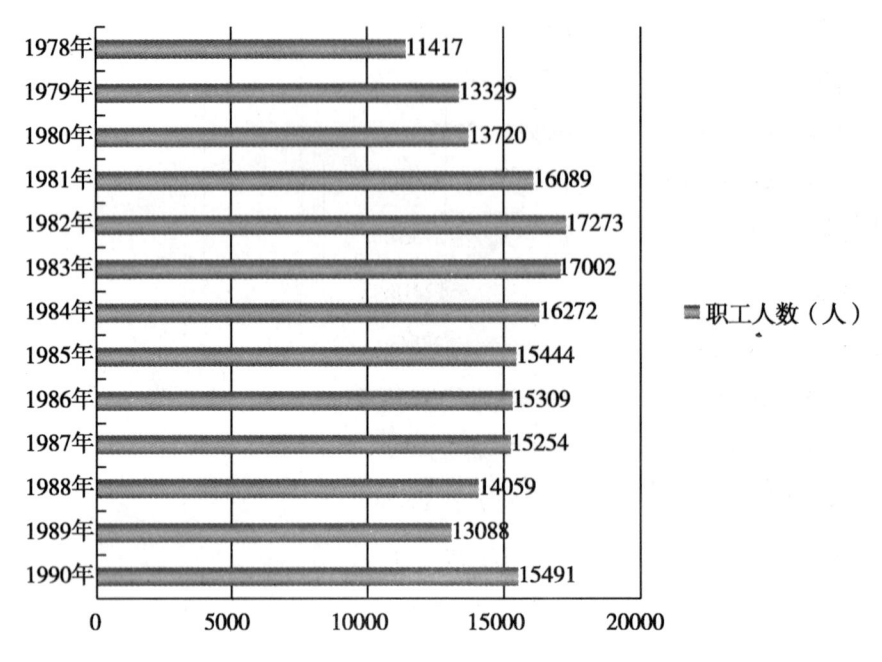

年份	职工人数（人）
1978年	11417
1979年	13329
1980年	13720
1981年	16089
1982年	17273
1983年	17002
1984年	16272
1985年	15444
1986年	15309
1987年	15254
1988年	14059
1989年	13088
1990年	15491

图 8-7　北京皮革公司（1978—1990 年）职工人数情况

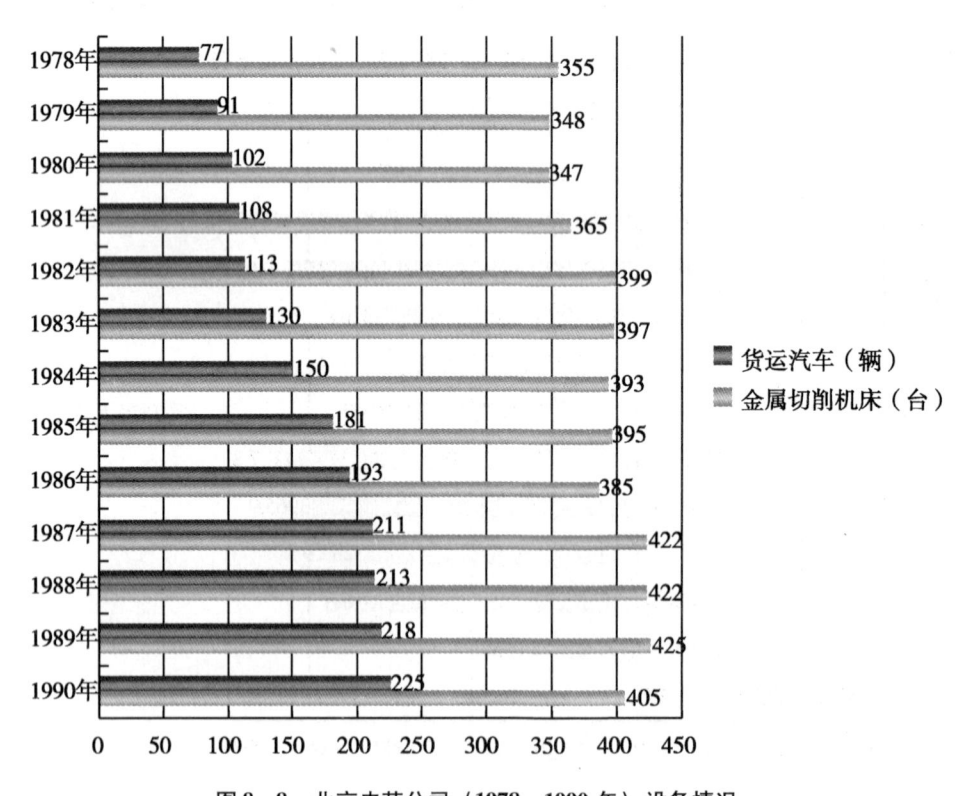

年份	货运汽车（辆）	金属切削机床（台）
1978年	77	355
1979年	91	348
1980年	102	347
1981年	108	365
1982年	113	399
1983年	130	397
1984年	150	393
1985年	181	395
1986年	193	385
1987年	211	422
1988年	213	422
1989年	218	425
1990年	225	405

图 8-8　北京皮革公司（1978—1990 年）设备情况

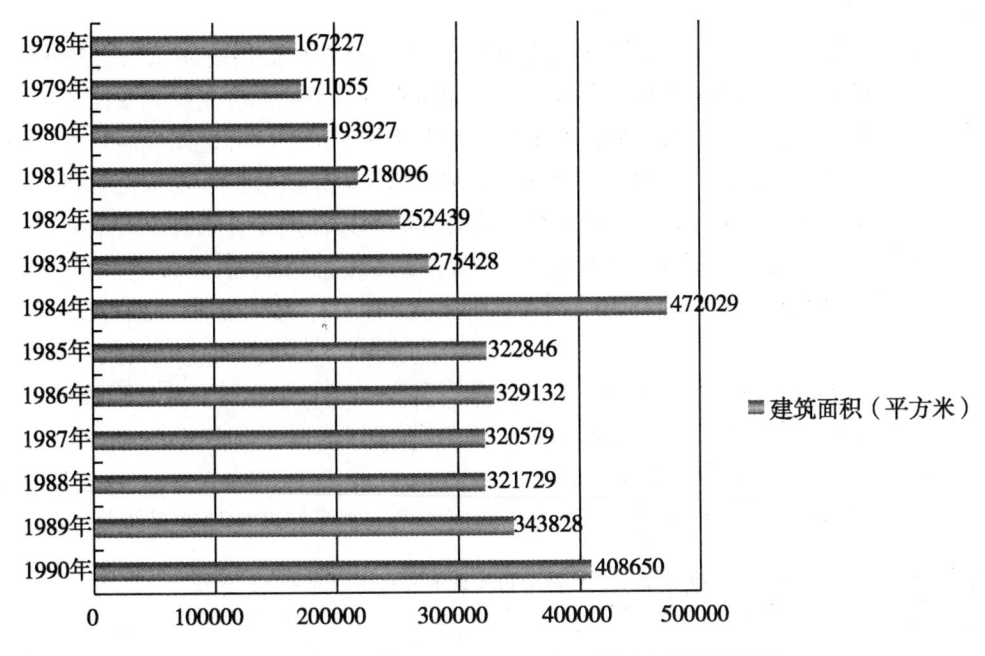

年份	建筑面积（平方米）
1978年	167227
1979年	171055
1980年	193927
1981年	218096
1982年	252439
1983年	275428
1984年	472029
1985年	322846
1986年	329132
1987年	320579
1988年	321729
1989年	343828
1990年	408650

图 8-9 北京皮革公司（1978—1990 年）建筑面积情况

第五节 适应都市工业发展 北京皮革产业逐步调整（1991—2009 年）

1991 年，我国企业继续推行承包制，大力转换经营机制，工业改革全力展开，通过施行利改税，把上缴利润改为税后还贷、税后承包的试点办法，以增强企业的留利水平，增强技术改造能力，提高企业的发展后劲。在扩大企业自主权方面积极推行政企职责分开，所有权与经营权适当分离，明确了工业企业是自主经营、自负盈亏的经济实体，在这个基础上贯彻落实国务院《全民所有制工业企业转换经济机制条例》，给予企业劳动用工权、人事管理权、工资奖金分配权、内部机构设置权、投资决策权等权力，并探索企业深层次改革，以建立产权明晰、权责明确、政企分开、管理科学的现代企业制度。

1992 年，北京市皮毛二厂更名为"北京倍得实业公司"，北京市皮毛三厂更名为"北京市环球皮毛公司"，北京市皮件二厂更名为"北京市通利达工贸公司"。

1993 年北京市第一皮鞋厂更名为"百花实业公司"，后改为"北京百花集团"，在集团内部兴办合资企业 10 余家，1000 多名职工进入合资企业，在北京、天津、石家庄、长春等地先后建立 13 家营销连锁店。北京市皮革行业协会在原皮革学会的基础更名注册，挂靠皮革公司开展工作，有会员单位 51 家。北京市鞋楦厂并入八达岭皮鞋公司。

1994 年，北京市制胶厂、皮件四厂、通利达工贸公司并入皮革公司，后改制为北京轻联皮革集团公司。

1995 年，北京市颁布《北京市实施污染扰民企业搬迁办法》，后续下发《北京市推进污染扰民企业搬迁加快产业结构调整实施办法》等文件，皮革行业企业调整搬迁陆续开始。通过搬迁，置换出城区企业占地，原有的厂址为发展第三产业提供了空间，生产企业搬迁至城外郊区。

1996年，北京市皮件七厂划归海淀区教委管理。随着企业所有制出现多种形式，民营企业、合资企业等多种经济性质并存，北京元隆皮草皮革有限公司、北京庄子工贸有限责任公司、北京卡巴奇皮革五金制品有限公司等企业注册成立，并逐渐发展壮大。轻联皮革集团公司进行了企业调整，构建了通利达工贸公司、北京制胶厂、皮革化工厂、玛特皮革制衣厂、皮革制品进出口公司、革兴生产服务中心、来泽皮革公司等全资子公司，年工业总产值2.22亿元、销售收入3.65亿元，主要产品100多种系列，8000种规格。

1997年，北京市皮革五金厂与发卡厂合并，企业名称为"北京长城日用品工业公司"。

1998年，北京市皮毛厂并入制革厂，企业更名为"北京市惠鼎皮业有限公司"。皮革集团公司拥有固定资产原值4.9亿元、固定资产净值3.4亿元、职工近万人，当年完成工业总产值1.54亿元，上缴税金654万元。

表8-3为1961—1998年北京二轻总公司皮革皮毛制品行业主要产量统计。

表8-3　　　　1961—1998年北京二轻总公司皮革皮毛制品行业主要产量统计

产品名称	单位	1961年	1971年	1981年	1991年	1998年
鞣制皮革	万张	30.74	63.33	106.30	94.00	—
重革	吨	756.00	626.00	750.40	579.00	0.05
轻革	万平方米	43.80	115.50	251.10	234.50	6.32
皮鞋	万双	211.10	262.30	883.50	1221.80	250.40
衣箱	万只	14.10	10.13	33.30	53.23	2.50
旅行包	万只	2.30	35.04	—	—	—
提包	万只	31.20	27.34	39.14		
背包	万只	96.32	152.30		15.70	
人造革包	万只	—	—	322.00	58.30	
鳔胶	吨	125.00	137.30	162.50	—	
三胶	吨	—	932.20	1565.20	450.00	
药箱	万只	1.10	10.80	1.04	1.91	
皮表带	万条	10.70	12.00	38.70	—	
三球	万只	—	16.10	60.30	90.86	91
手套	万副		59.80	303.60	2.00	
皮腰带	万条	—	34.10	243.40	—	
熟制皮毛	万张		596.10	446.50	12.00	
毛皮褥子	万条		35.33	33.80	0.86	
毛皮筒子	万条	—	16.15	14.00	1.10	
裘皮服装	万件	—	—	—	0.80	14.73

2000年，轻联集团公司完成工业总产值7714万元。

2002年1月，惠鼎皮业、长城日用品、北京市皮件三厂、环球皮毛四家企业划归轻联皮革集团公司管理。

2004年，轻联皮革集团公司改制更名为"北京楠辰皮革有限公司"，董事长为李曜，总经理为李乃晋。

2005年，环球皮毛公司更名为"北京市环球新艺皮毛公司"，北京市革制品厂完成关闭破产工作。

2008年，北京楠辰皮革有限公司完成销售收入1.9亿元，利润63万元。该公司资产总额为2.7亿元，在岗职工有338人。

自2009年初开始，按照北京市政府的城市整体规划要求和市国资委的指示精神，北京楠辰皮革有限公司加大了改革调整的力度，下属劣势国有企业和集体企业陆续退出皮革加工制造业，利用原有的房地产资源实行向商业物业有序战略转移。

第二章 天津市

第一节 概述

一 天津近代皮革工业概况

天津皮革工业发展有百余年的历史，是我国制革工业的发源地之一。新中国成立前，天津皮革行业的厂家多为小手工业作坊、私人资本家厂店和外商经营的厂家，但在全国来讲却有着重要的地位。当时，除上海的皮革工业外，就属天津最为著名。

1896年，吴懋鼎先生在天津创建了我国第一家近代制革厂——天津北洋硝皮厂。1915年，私人集资建立了当时规模最大的华北制革公司。1921年由孙润生先生集资创建了以生产皮制球革和皮制球的天津利生体育用品厂。据有关统计资料显示，到1931年天津已有制革厂十几家，皮革作坊十多个，到天津解放前，约有制革厂、皮作坊、皮鞋厂、皮件厂和制球厂300多家。

虽然厂家较多，但生产能力很低，产品品种极少，且工艺简单。皮革工人和手工业者的劳动强度很大，收入却很低，社会地位低下。

二 天津现代皮革工业概况

1. 恢复改造时期

新中国成立后，在党和政府的关怀下，天津皮革工业有了较迅速的发展。接管了官僚资本企业天津制革厂，1950年组建了地方国营企业津南制革厂，成为天津皮革行业的骨干企业，1955年的生产水平比1949年提高一倍以上，社会积累以每年25%的速度递增。

1956年社会主义改造工作基本完成以后，为了适应天津皮革行业的发展，天津市轻工业局组建成立了天津市皮革鞋帽工业公司，下属50多个企业，有职工3500多人，年产值4000多万元。至此，天津市的皮革行业形成了一个比较完整的工业体系。

1958年年末，天津皮革鞋帽公司撤销，部分厂归区管理，仅留较大的天津制革厂、天津制鞋厂、津南制革厂、利生体育用品厂等归日用化工管理处管理。1959年，天津市轻工业局和手工业局合并，重新成立了天津市皮革制品工业公司，下属制革、制鞋、皮件等26个企业，有职工9000多人，年生产皮革80万张（折牛皮），皮鞋年产量达到311万双，其中出口皮鞋129万双，占皮鞋总产量的41%。

2. 调整、巩固时期

经过第一个五年计划，天津市的皮革工业步入了正常发展阶段，20世纪60年代初已初具规模，门类基本齐全，配套趋向完善。在鞋类方面，除原来的工矿劳保用鞋、日用皮鞋外，又增加了满足专业运动项目需要的运动鞋和人民生活需要的各种旅游鞋。球类、皮件、箱包的品种和花色也更加齐全繁多。并改造组建皮革机械厂、皮革五金厂、皮革化工厂，增强了为制革和皮革制品配套服务的能力。

3. 改革开放以后

1979年改革开放以后，通过改革管理模式搞活生产经营，天津的皮革行业又有了新的发展，全行业的生产水平有了新的提高。到1988年工业总产值达到30327万元，比1979年提高50%，利税总额为4375万元，比1979年增长22%。

1988年，随着改革的深入发展，天津市对皮革制品工业公司的管理体制进行了改革，按照以名牌产品为"龙头"、以大厂为依托的模式，组建了天津制革公司、天津皮鞋集团公司、天津运动鞋制品公司、天津箱包皮件公司等4个企业化公司。

经过近40年发展的天津皮革工业已经显示出一定的实力，生产水平、技术水平、机械化程度、加工能力等与30年前比都有了突飞猛进的发展。截至1990年年底，天津皮革行业有企业34个、研究所2个、供销经理部1个、皮革工业学校1所，固定资产原值为16351.4万元，净值为10180.9万元，全部职工人数有15491人；实现工业总产值44520万元，销售税金1676.9万元，实现利润777.4万元（其中全民预算内企业590万元，集体所有制企业187.4万元）。

主要产品产量：投皮（折牛皮）98.5031万张，其中牛皮34.1841万张、猪皮108.913万张、羊皮59.0420万张；轻革285.2619万平方米；重革203.176吨；皮鞋403.24万双，其中出口199.801万双；革皮服装5.29万件，其中出口2.68万件；皮手套116万副，其中出口74.2万副；皮制球106.7万个，其中出口43.8979万个；各种箱22.83万个，其中出口43.8979万个；各种包44.37万个，其中出口22.14万个；皮票夹57.29万个，其中出口52.51万个；合成革70.1809万平方米。出口交货值6989万元，出口创汇1397.9万美元。

1991年年底，为更好地发挥天津皮革行业整体配套功能的优势，经天津市经济委员会批准，将以上4个公司又合并组建了新的皮鞋集团公司。至此，天津的皮革工业已经发展成为有制革、皮鞋、箱包、皮件、皮革体育用品、工业皮件、劳保皮件、皮革化工、皮革机械、皮革五金、皮革橡胶配件制品和鞋楦等十二大类，近2000种规格品种、门类齐全、专业协作配套比较完善的行业。天津的皮革工业逐步走向鼎盛时期。

当时的企业构成情况是：

全民企业有天津市京津制革厂、天津市第一制革厂、天津市第二制革厂、天津市工业皮件厂、天津市皮革机械厂、天津制鞋厂、天津市第二皮鞋厂、天津市第三皮鞋厂、天津市第四皮鞋厂、天津市第五皮鞋厂、天津市第六皮鞋厂、天津市第七皮鞋厂、天津市鞋楦厂、天津市运动鞋厂、天津市天津革制品厂、天津市利生体育用品厂、天津市第一皮件厂、天津市第三皮件厂、天津市劳保皮件厂、天津市皮革五金厂；

集体企业有天津市第八皮鞋厂、天津市中环制鞋厂、天津市第十皮鞋厂、天津市皮革橡胶配件厂、天津市第四皮件厂、天津市皮箱厂、天津市新华箱包厂；

全民集体联营企业有天津市天津皮件厂（与仪表十一厂联营）、天津市亚美皮箱厂（与联群皮件厂联营）、天津市佳悦衣箱厂（与新时代箱包厂联营）；

中外合资企业有环球革皮制品有限公司；

技工学校有 1 所为天津制鞋厂技工学校。

1992 年在全民集体联营企业中又增加了天津市第三皮件厂（与新华箱包厂联营）、天津市中环制鞋厂（与第六皮鞋厂联营）、天津市第一皮鞋厂（与第十皮鞋厂联营）、天津市皮革化工厂（与第七皮鞋厂联营）。

1993—1994 年是天津皮革行业开始较大变化的时期。1993 年，随着我国改革开放不断深化，一批中外合资企业随之兴起，在天津皮鞋集团建立了赫勃斯鞋业有限公司、亚马逊鞋业有限公司、福尼亚皮革制品有限公司、津辉鞋业材料有限公司。同时，随着国有、集体企业改革工作的不断深化，一批生存能力较差的企业先后进行了调整，先于 1991 年撤销了天津制革厂，原厂的两个牛革车间并入了第一制革厂，一个羊革车间并入了第二制革厂又于 1993 年将第五皮鞋厂、第八皮鞋厂并入了中环皮鞋厂，将工业皮件厂并入了第四皮鞋厂，将第四皮件厂并入了第一皮件厂。

1993 年 7 月，天津皮鞋集团公司与中国香港南华集团公司共同合资组建了天津津港集团有限公司，下设 18 家分公司。当时，皮鞋集团有限公司有 18 家企业参与到合资经营中来，这些企业分别是第一鞋业分公司（原天津制鞋厂）、第二鞋业分公司（原第一皮鞋厂）、第三鞋业分公司（原第二皮鞋厂）、运动鞋分公司（原天津运动鞋厂）、革制品分公司（原天津革制品厂）、革皮服装分公司（原第一皮件厂）、皮具制品分公司（原第三皮件厂）、劳保皮件分公司（原劳保皮件厂）、佳悦衣箱分公司（原佳悦衣箱厂）、亚美皮箱分公司（原亚美皮箱厂）、皮革化工分公司（原皮革化工厂）、皮革机械分公司（原皮革机械厂）、皮革五金分公司（原皮革五金厂）、第一制革分公司（原第一制革厂）、第二制革分公司（原第二制革厂）、第三制革分公司（原京津制革厂）、新技术开发分公司（原天津市皮革技术研究所和原橡胶配件厂）、利生运动制品分公司（原利生体育用品厂）。以上 18 家公司均为非独立核算公司，由津港集团统一对外。在经营运作过程中，又将第三制革分公司并入到第一制革分公司；将新技术开发分公司并入了第一鞋业分公司，撤消了革制品分公司，增加了销售分公司。至此，天津皮革行业的主要产品经营活动基本转入到津港集团中来。

1995 年，天津福尼亚皮革制品有限公司被撤销。

1996 年年初，由于津港集团在经营运行中出现了一些问题，经双方协商，在合资企业中分离出 6 家继续合资经营，并改为具有独立法人资格的合资公司，分别是天津南华利生体育用品有限公司（原利生运动制品分公司）、天津南华皮革有限公司（原第二制革分公司）、天津南华劳保皮件有限公司（原劳保皮件分公司）、天津南华制鞋有限公司（原第一鞋业分公司）、天津南华皮革化工有限公司（原皮革化工分公司）；天津南华亚美皮箱有限公司（原亚美皮箱分公司）。当年，天津南华亚美皮箱有限公司又退出了合资企业，恢复为国有企业。其余企业退出合资，成为皮鞋集团旗下的具有法人资格的全资子公司。

同年，天津皮鞋集团有限公司进行建立现代企业制度改革，并更名为"天津市隆庆集团有限公司"。借此，退出的 10 家企业更名为"天津隆庆制革有限公司"（原第一制革分公司）、"天津隆庆运动鞋有限公司"（原运动鞋分公司）、"天津隆兴皮鞋有限公司"（原第二鞋业分公司）、"天津隆盛皮鞋有限公司"（原第三鞋业分公司）、"天津隆庆衣箱有限公司"（原佳悦衣箱分公司）、"天津隆庆皮具制品有限公司"（原皮具制品分公司）、

"天津隆庆皮革五金有限公司"（原皮革五金分公司）、"天津隆庆革皮服装有限公司"（原革皮服装分公司）、"天津隆庆皮革机械有限公司"（原皮革机械分公司）、"天津隆庆皮革制品商贸有限公司"（原销售分公司）。加之天津隆庆亚美衣箱有限公司、天津皮件厂、第三皮鞋厂、天津鞋楦厂、天津市皮箱厂等企业，形成了新的天津皮革行业新格局。

是年，天津福亚实业有限公司成立，至此原第四皮鞋厂实现了跳产经营，专营实木地板产品，转向室内装饰产业。

由原18家合资企业母体厂组成的利生体育用品厂、第二制革厂、第一皮件厂、皮革化工厂宣告破产。

同时，由隆庆皮具有限公司与韩国公司合作，成立了天津金兴洋行皮衣有限公司，专门生产各式皮衣，年产量达到30万件。

1997年，第三皮鞋厂完成破产程序，退出历史舞台。

1998年，由隆庆制革与韩国公司合作的隆庆金兴制革有限公司成立，专营各种皮革，使皮革质量、产量都有了质的飞跃。

1999年，亚马逊鞋业有限公司被撤销。

2001年，天津隆庆制革有限公司宣告破产。

2002年，隆兴皮鞋有限公司被隆盛皮鞋有限公司兼并。

2004年，隆庆运动鞋有限公司被隆盛皮鞋有限公司兼并。

2007年，隆庆皮革机械有限公司在被并入隆庆集团有限公司列为分公司后，重新分立出来，更名为"隆庆双轮机械有限公司"，隆庆亚美箱包有限公司宣告破产。

2009年，天津市皮箱厂宣告破产。

至此，在天津以原有皮革行业系统内，还剩下为数不多的皮革及制品企业。

国有独资的企业有金章制鞋有限公司、隆庆双轮皮革机械有限公司、隆庆皮革五金有限公司、天津鞋楦厂、天津皮件厂、天津金兴洋行皮衣有限公司、天津福佰工贸有限公司、天津隆盛皮鞋有限公司。

中国港、澳、台合资经营企业有天津南华制鞋有限公司、天津南华利生体育用品有限公司、天津南华皮革有限公司、天津南华劳保皮件有限公司、天津南华皮革化工有限公司、天津赫勃斯鞋业有限公司、天津津辉鞋业材料有限公司；中外合资经营企业有天津环球革皮制品有限公司；中外合作经营企业有天津隆庆金兴制革有限公司。合计17家，其中金章制鞋有限公司、隆庆皮革五金有限公司、天津鞋楦厂、天津皮件厂、天津金兴洋行皮衣有限公司、天津福佰工贸有限公司、天津隆盛皮鞋有限公司、天津南华皮革有限公司、天津赫勃斯鞋业有限公司、天津津辉鞋业材料有限公司、天津环球革皮制品有限公司等11家企业由于各种原因已停产多年，有的正在进行退出工作，有的正在进行清算。

只有天津隆庆金兴制革有限公司、隆庆双轮皮革机械有限公司、天津南华制鞋有限公司、天津南华利生体育用品有限公司、天津南华劳保皮件有限公司、天津南华皮革化工有限公司等6家企业依然开展正常的生产经营活动。

三　新兴企业的兴起

改革开放以来，随着国家经济政策和产业政策的不断调整与完善，一批多种经济成分的皮革及皮革制品或相关配套企业，像雨后春笋般地成长起来，出现了以天津应大投资集团有限公司、天津炳胜集团有限公司、天津市阔佬皮业有限公司为代表的皮革服装、时装生产企业；以澳宇（天津）畜产制品有限公司、天津盛大动物养殖发展有限公司为代表的毛皮、羊毛绒制品企业；以天津市静海县惠岩皮革加工厂、天津隆顺制革有限公司为代表的皮革生产企业；以天津市群星化工皮革公司、天津市胜达化工厂、天津市宏强皮革涂饰剂厂、天津市同盛工贸有限公司、天津市巨丰皮革化工有限公司为代表的皮革化工企业；以卡德维拉（天津）皮革机械有限公司、天津市金林皮革机械有限公司为代表的皮革机械制造企业。

第二节　工艺与技术

天津皮革行业的工艺技术，经过几十年的探索，特别是新中国成立后在党和政府的关怀、支持下，广大工程技术人员不断研究、试制，有了很大的改进和发展，技术结构发生了深刻的变化。已经把皮革行业从一个脏、臭、累的行业初步改造整理成为具有整洁、明亮、文明的工作环境的行业，工人的劳动条件和劳动环境都得到很大的改善。

新中国成立前，皮革行业厂家的工艺、设备都很落后，厂房低矮、黑暗、潮湿，设备简陋。从制革到制鞋主要依靠手工操作，工人的劳动强度大、效率低。特别是重革的生产，虽然当时天津的重革在全国有着举足轻重的地位，有"南轻北重"的说法，但生产工艺还处于一种原始状态。

新中国成立后，特别是社会主义改造基本完成以后，皮革工业的生产手段和生产工艺有了根本性的变化。在制革方面通过技术革新和技术改造，部分工序实现了机械化，并采用了一些新的工艺配方，使生产条件有所改善。在制鞋方面，过去的生产工具主要是剪子、锥子、榔头"三大件"，基本是手工操作。社会主义改造以后，一部分企业开始采用裁断机下料，丢下了剪刀；在底工工序采用了内线机和外线机，打破了传统的锥子绱鞋手工操作方法，组织了流水生产，效率明显提高。

进入20世纪60年代，天津的皮革工业进入了正常发展阶段，工艺技术发生了根本的变化，日用鞋生产逐步采用新工艺新技术。天津制鞋厂和第四皮鞋厂率先采用模压工艺方法生产日用鞋，为全国皮鞋行业生产开创了新路子，使生产效率由人均日产1双一跃达到6双，打破了线缝工艺单一生产方式。随着新工艺的推广应用，皮鞋生产相继采用了胶粘工艺和注塑工艺等，有效地提高了制鞋的劳动生产率。在制球工艺技术上，除传统的线缝球外，采用了胶粘工艺，出现了胶粘球。皮件生产在保留硬皮件生产技术的同时，又开辟了软皮件生产技术，拓宽了皮件的生产品种。工艺技术的不断更新，使皮革产品品种不断增加。随着各种企业生产特长的发挥，出现了一批有特点和有一定声誉的皮革制品，如天津皮件的皮革服装、第一制革厂的猪革、第二制革厂的服装革、第二皮鞋厂的女鞋、第四皮鞋厂的男鞋、第八皮鞋厂的童鞋等，都形成了自己的特点。

在改进工艺的同时，皮革制品的生产设备也发生了很大的变化，机械化程度不断提高。特别是改革开放以来，皮革行业在固定资产投资上，开始引进一些新技术、新设备。从1978年至1990年，共引进国外先进设备814台套。在制革生产上，引进了意大利等国家的先进设备，提高了产品规格的精度，增加了得革量，减轻了劳动强度，提高了生产率。在制鞋生产上，通过引进国外生产线及关键设备，使男女浅鞋、运动鞋从产量到质量档次都上了一个新台阶。天津市皮革化工厂引进霍奇森公司软件技术合成鞣剂竣工投产，共有6个品种，年产规模4160吨。生产设备有的按英方设计由国内加工，有的选用国产标准设备配套。产品经使用鉴定效果明显，用该项目合成鞣剂复鞣的皮革，粒面紧密平滑，是生产白色革、软面革较理想的复鞣材料。新技术的引进改变了过去复鞣剂材料品种少、性能差的状况，天津市皮革化工厂是我国第一家引进国外技术生产皮化材料的企业。天津市佳悦衣箱厂于1987年使用工商分行外汇贷款64.4万美元，从中国台湾进口塑料挤出机、中空成型机、多工位一次冲孔机、自动弯角机、码钉机、铆钉机等生产配套设备，加快了该厂技术进步和产品结构调整的步伐，生产出ABS旅行衣箱、公文箱等系列产品。1990年该项目实现产值846万元，利税49万元，创汇2万美元。

工艺和设备改进配套，推动了产品开发工作的进程，制革产品由较单一的底革、修面革等产品向多品种、多花色、多规格方向发展，猪、牛、羊革的品种均发生了质的变化。猪皮产品先后开发了猪正面革、苯胺革、纳巴革、缩毛孔革、服装革等系列产品。其中猪纳巴革、苯胺革、正面革等产品与运动鞋配套打向出口，牛革产品研制并投产了软修面革、厚制修面革、军工正面革、青光革、效应革等，为皮革制品上档次、多样化奠定了基础。

第三节　产品与质量

天津皮革产品以坚固耐用、物美价廉、品种齐全著称，畅销天津、华北、西北乃至全国整个市场，并出口多个国家和地区。

新中国成立前后，天津的皮革产品主要以军需和工矿劳保鞋为主。社会主义改造基本完成以后，随着行业整体优势的发挥，产品品种在不断增加，销售渠道逐步扩大。随着制鞋工业生产能力和国内人民生活水平的提高以及国际贸易的发展，天津皮鞋生产也由工矿劳保鞋转向民用皮鞋。进入20世纪60年代以后，又增加了满足专业运动项目需要的运动鞋和人民生活需要的各种旅游鞋。球类、皮件、箱包的品种和花色也更加齐全繁多。

经过几十年的发展，天津皮革制品的产品已经发展成12大类，近2000个品种。主要产品有牛、羊、猪鞋面革、服装革、箱包革、沙发革和牛重革、工业用革、军用革、油鞣革等；各种包袋、小皮件、工业皮件、皮制球和皮革机械、皮革化工、皮革五金等。

近年来，天津皮革行业在发展过程中，注重以提高企业和人民素质为中心、以加强企业管理为重点、以科技发展为先导、以提高技术质量为前提，加强质量管理和监督工作，产品年年有更新，质量档次迅速提高，绝大部分产品已达到当代国际水平，产品已大量出口，年创汇额在2000万美元以上。

产品质量的提高，使不少产品创出了声誉，在国际、国内获奖。先后有天津皮件厂"冰宫"牌皮革服装于1988年在莱比锡国际博览会上获金奖；天津运动鞋厂"金杯"牌雪地鞋，1987年在布尔诺国际博览会上获金奖；利生体育用品厂的"金杯"牌手缝牛皮手球、足球在1979年北京国际博览会上获得金奖。其他获得国际金奖的还有天津运动鞋厂的"金杯"（跃羊）牌足球鞋、旅游鞋；第二皮鞋厂的"孔雀牌"羊皮包子鞋、"一枝花"牌女皮鞋；天津制鞋厂"雪山"牌牛面机制线缝靴。获得国际银奖的产品有天津制鞋厂"金百合"牌女皮鞋；第一皮鞋厂"天星"牌登山健身鞋；第四皮鞋厂"海河牌牛皮模压男浅鞋；天津运动鞋厂"金杯"牌旅游鞋；天津皮件厂"球星"牌皮手套；第一皮件厂"冰峰"牌皮手套。获国际铜奖的产品有中环制鞋厂的"耐久"牌牛油鞣革男浅鞋；第三皮件厂的"金园"牌皮包、皮票夹；佳悦衣箱厂的"新港"牌包袋；天津皮箱厂"天鹅"牌旅行衣箱。天津曾有9种皮革产品获国际金奖，10种产品获国际银、铜奖；3种产品获国家质量金奖，5种产品获国家质量银奖；共有部、市优产品78种。2004年"应大"品牌获得"中国名牌"、"中国驰名商标"和"中国国家免检"三大国家级荣誉称号。2000—2009年"应大"品牌五次获得"真皮衣王"称号。

"金杯"牌雪地旅游鞋是天津运动鞋厂生产的高档防寒旅游用品。该厂是我国最早生产运动鞋的厂家之一，已有30多年历史，能满足足球、田径、冰上、雪上等34个体育项目比赛、训练和旅游需要，有360多个花色品种。该厂生产的雪地旅游鞋是近年开发出来的新品种，其楦型是根据运动员的脚型结合矫形学而设计的，可减轻疲劳，有利于活动。在结构设计上根据雪地运动的需要，帮面采用耳舌一体化，帮底结合处粘有橡皮围条。在选材方面，鞋面采用20世纪80年代轻体、保温防寒，其抗张强度高，伸长率小，吸水性小，色泽鲜艳，柔软防寒；中底采用色泽与帮面协调的微孔材料，柔软且富有弹性，有减震性能；其外大底底型花纹选用组合图形，美观大方、耐磨、防滑性能好。绷楦时采用码缝工艺，冷粘成型，黏合牢固，内在质量好。该产品具有防风、防雪的功能，有着运动鞋的重量轻、坚固、美观、舒适等特点，适于冬季野外长途和旅游活动穿用，其剥离强度大于等于30，附着力为22，曲挠度大于等于3万次。

天津皮件厂是从20世纪50年代开始生产皮革服装，逐步发展成为生产高档皮革服装和皮革手套为主的综合性专业厂家，产品畅销全国各地，出口欧、美、亚30多个国家和地区。"冰宫"牌皮革服装是该厂生产的优质名牌产品。产品选用优质绵羊皮革，革身丰满，弹性适中，皮革粒面细，丝绸感强，缝制使用纯丝线，保证了缝合拉力和美观，各种缝线细直，无跳针漏针，无赶皱无线头，止口挺直，无弯曲和漏翻，驳茬部位采用国际通用的双面胶带粘合，贴边工艺采用国际先进工艺大勾身，提高了产品的价值，各道工序都按工艺严格把关，使成衣的色泽、皮纹、光亮度和厚薄一致。该产品结构设计合理、用料得当、缝制精细、外观整洁、款式新颖，有夹克型、宽松型、外衣型等品种，穿着舒适大方，保暖御寒，经久耐穿，适宜春、秋、冬三季穿用。该产品曾两次获天津市、轻工部优质产品称号；1984年在全国皮革服装质量评比中获一类产品第一名；1985年获国家质量银质奖；1988年在全国轻工业出口产品博览会上获金奖；1989年在莱比锡国际博览会上获金奖；同年获国家质量金质奖。

天津利生体育用品厂有70余年的生产史，该厂生产的"金杯"牌手缝5号牛皮足球，是足球运动员比赛和训练使用的专用足球。该产品选用优质牛皮皮心部位，精制成专用球革，手工缝制而成。手工缝制工艺精细，不漏线。该产品重量为425—455克，圆周长为68—70厘米，气密性在101325牛/平方米压力下停放24小时，允降10%，具有圆度好、不变形、球体柔软、耐磨、脚感舒适等特点，并采用先进的防水工艺制革，球体吸水性小，保证雨天正常使用。该产品通用款式为黑白32片型，其优质的性能和新颖的外观受到国内外足球界人士的好评。产品行销国内并销往国外70多个国家和地区。1979年，该产品被国际足球联合会批准为国际比赛用球；1979年、1984年两次荣获国家优质金奖；1989年在首届北京国际博览会上获金奖。

天津市第四皮鞋厂生产的"海河"牌牛面模压男浅鞋使用黄牛正面革为原料，经橡胶模压制底工艺制成的男式皮鞋，是国内用模压工艺生产的唯一获国家优质奖产品。牛面模压男浅鞋结构合理，在保持传统工艺产品造型的基础上，其大底墙子、大底花纹都有创新。大底配方科学，模压一次成型，缝帮采用反折里工艺。该产品采用日本国家的 JISS 5050—1984 工业标准生产。生产中采用了专料、专人、专机台的方法，有一整套较齐全的检测手段，确保了产品的质量水平。产品外观庄重大方，具有穿着舒适、不易变形、磨损低的特点。老、中、青年男子皆宜穿用，是国内外市场受欢迎的产品。自 1979 年后，"海河"牌牛面模压男浅鞋在全国皮革行业 6 次质量评比中均获一类产品第一名，两次被轻工业部评为优质产品，1984 年获国家优质产品银质奖，1989 年在首届北京国际博览会上又获得银质奖。

成立于 1992 年的应大皮革时装有限公司，核心产业为皮装与时装，长期致力于中国时尚产业的规划与发展，于 2006 年成立天津应大投资集团。应大集团以获得"中国名牌""中国驰名商标""国家免检产品"三大国家级荣誉称号的"应大"皮装为依托，实施"多品牌，国际化"的发展模式，不断提升产品的品质品位，在全国同行业中率先通过 ISO 9001 国际质量管理体系认证和 ISO 14000 环境管理体系认证。

第四节　经营与管理

新中国成立初期，天津皮革工业的生产总值只有 671 万元，到 1959 年达到 6447 万元，每年以 25.30% 的速度递增，20 世纪 90 年代已经达到 44520 万元，比解放初期提高 66 倍。皮鞋产量新中国成立初期只有 10 万双，1990 年已达到 403.24 万双，比解放初期提高近 40 倍。随着生产、质量的不断提高，销售市场也不断扩大，已发展到东北、华北、西北地区，80% 的企业都有出口产品，出现了一批外向型企业。如出口男、女日用皮鞋和劳工鞋的天津制鞋厂、第二皮鞋厂；出口运动鞋、旅游鞋的天津运动鞋厂和第一皮鞋厂；出口箱包皮件天津皮件厂、第一皮件厂、第三皮件厂和天津皮箱厂等。产品出口美国、意大利、中国香港等 30 多个国家和地区。1990 年出口交货值达到 6989.56 万元，占整个工业总产值的 16%。

经营工作的提高和完善，得益于企业管理工作的完善和加强。天津制鞋厂在行业内率先建立了一整套经济核算制度，从节约一根针、一尺线、一寸皮入手，核算成本，降低了费用，提高了效益。天津皮件厂通过加强管理工作，深挖企业潜力，节约每一寸皮，生产皮衣的下脚料被再次利用，皮革利用率由 66% 提高到 96% 以上，原材料综合利用创利近百万元。

在质量管理上，针对皮革产品多年来手工工艺操作中存在的问题，不断夯实管理基础，按照国际市场的行业标准，利用国内外先进的质量管理体系，使产品实物质量水平有了较大的提高，质量管理工作体现出新的特点。

第一，加强标准化管理。从制革、制鞋到箱包皮件产品，严格执行轻工部制定的质量标准，结束了皮革产品无标准可依的历史，产品质量合格率稳定在 98% 以上。

第二，加强对产品质量的监督。以前，对皮革产品的检验，主要依靠眼看、手摸，凭经验而定，缺乏科学依据。"七五"期间，天津皮革工业建立起产品质量检测中心，使产品质量检测工作走向科学化、专业化、现代化。与此同时，从公司到基层建立起质量监督网络，行业的质量管理走上了正规化。

经过几十年的发展，企业的管理素质和技术素质有了明显的提高，造就了一批专业管理和专业技术人才。到1990年年底，全行业有专业技术干部1511人，占职工总数的9.7%，其中具有高级职称的36人、中级职称的253人、初级职称的1222人。天津制鞋厂、第二皮鞋厂、运动鞋厂、第一制革厂、天津皮件厂等5个单位，被授予"国家二级企业"称号。

管理工作不断完善和加强，造就了一批为企业发展做出贡献的模范人物。自新中国成立以来，天津皮革行业先后出现了63名劳动模范。他们在各自的岗位上勤恳工作，为皮革行业的发展做出了贡献。

第五节　行业分类

一　制革

制革业是皮革行业的基础产业，以畜产品原皮加工成的各类皮革，是皮鞋、箱包、皮衣以及皮革制品的原料。

（一）制革工业的发展概况

1896年，吴懋鼎先生在天津创建的天津北洋硝皮厂是我国近代第一家制革厂；1915年，由私人集资建立的华北制革公司是当时规模最大的制革公司。到1931年天津已有制革厂十几家，皮革作坊十多个，但生产能力都很低，产品品种及工艺极少且简单。皮革工人和手工业者的劳动强度很大，收入却很低，社会地位低下。

新中国成立后，在党和政府的关怀下，天津制革行业有了较迅速的发展，接管了官僚资本企业天津制革厂，1950年组建了地方国营企业津南制革厂，成为天津皮革行业的骨干企业，1955年的生产水平比1949年提高一倍以上，社会积累以每年25%的速度递增。

1959年，天津市轻工业局和手工业局合并，重新成立了天津市皮革制品工业公司。下属制革企业年生产皮革80万张（折牛皮）。经过第一个五年计划，天津市的皮革工业步入了正常发展阶段，到20世纪60年代初已初具规模。

1979年改革开放以来，天津的皮革行业通过改革管理模式，搞活生产经营，又有了新的发展，全行业的生产水平有了新的提高。1988年，随着改革的深入发展，天津市对皮革制品工业公司的管理体制进行了改革，按照以名牌产品为"龙头"，以大厂为依托的模式，组建了天津制革公司。经过近40年发展的皮革行业已经显示出一定的实力，生产水平、技术水平、机械化程度、加工能力等与30年前比都有了突飞猛进的发展。截至1990年底，实现产量投皮（折牛皮）98.5031万张，其中牛皮34.1841万张、猪皮108.913万张、羊皮59.0420万张；轻革285.2619万平方米；重革203.176吨。

1991年年底，为更好地发挥天津皮革行业整体配套功能的优势，经天津市经济委员会批准，合并组建了新的皮鞋集团公司。当时其下属大型制革企业有天津市京津制革厂、天津市第一制革厂、天津市第二制革厂等。

1993—1994年是天津皮革行业开始较大变化的时期。1993年，随着我国改革开放不断深化，国有企业集体企业改革工作的不断深化，一批中外合资企业随之兴起，一批生存能力较差的企业先后进行了调整，先于 1991 年撤消了天津制革厂，原厂的两个牛革车间并入了第一制革厂，一个羊革车间并入了第二制革厂。1993 年 7 月，天津皮鞋集团公司与中国香港南华集团公司共同合资组建了天津津港集团有限公司，当时皮鞋集团有限公司有 18 家企业参与到合资经营中来，其中制革行业的企业有第一制革分公司（原第一制革厂）、第二制革分公司（原第二制革厂）、第三制革分公司（原京津制革厂）。以上公司均为非独立核算公司，由津港集团统一对外。在经营运作过程中，津港集团又将第三制革分公司并入到第一制革分公司。至此，天津皮革行业的主要产品经营活动基本转入到津港集团中来。

1996 年年初，由于津港集团在经营运行中出现了一些问题，经双方协商，在合资企业中分理处 6 家继续合资经营，并改为具有独立法人资格的合资公司，其中天津南华皮革有限公司（原第二制革分公司）为当时主要的制革合资企业之一。1998 年，由隆庆制革与韩国公司合作的隆庆金兴制革有限公司成立，专营各种皮革，使皮革质量、得量都有了质的飞跃。

改革开放以来，随着国家经济政策和产业政策的不断调整与完善，一批多种经济成分的皮革及皮革制品或相关配套企业逐渐成长起来，出现了以天津市静海县惠岩皮革加工厂、天津隆顺制革有限公司等单位为代表的皮革生产企业，这些新兴企业与原有的合资制革企业共同成为了天津市制革行业的支柱企业。

（二）制革生产工艺

民国初年，新法制革输入我国，传统制革方法逐渐被新工艺代替。特别是进入 20 世纪 70 年代，制革工业发展迅速，其工艺繁多，变化较快。为了叙述方便，将民国以来的制革工艺分为两个时期，即旧法制革时期和新法制革时期。但新法制革的开始并不表明旧法制革的结束，新旧交错甚至混杂跨越半个世纪。具有重大影响的新工艺、新材料的研究试验及应用推广及主要的制革方法如下。

1. 旧法制革

旧法制革指古老的传统制革方法，也是当时在国内普遍实行的制革方法，具体方法大致可归纳为 3 种。

第一，烟熏法。将浸灰脱毛净化原皮浸透芒硝或食盐，以草生烟熏之，约七八遍熟透即止，在木架上撑晒而成。制成之革多做鞋底。

第二，芒硝法。将浸灰脱毛净化原皮浸入芒硝溶液数日，浸透即成，俗称"白皮"。

第三，芒硝加"引子"法。所谓"引子"，即麸皮、鸽子粪、猪胰脏、五倍子等天然材料。将浸灰脱毛净化原皮浸入"引子"液数日，再下硝锅煮至八成熟，然后将皮刨至所求之均匀及厚度，擦豆油涂色，撑晾搓揉即成。制成之革属轻革。

近代制革工业兴起后，上述方法逐渐淘汰，一些制革作坊也学习采用新法或新旧结合，直至 20 世纪 60 年代才基本被摒弃。

2. 新法制革

新法制革指利用栲胶、红矾和其他化工材料鞣制皮革，简称"植鞣"和"铬鞣"，新法制革工艺可分为准备、鞣制、整理 3 道工序。

第一，准备过程（包括原皮浸水回软、去肉、脱毛、膨胀、片皮）。

20世纪50年代以前，全部是手工操作，使用简单工具及缸桶池之类，材料只有石灰。所以脱毛膨胀工序也称"浸灰工序"，所用方法称"池浸灰脱毛工艺"。有的采用"跳池法"浸灰或划槽浸灰，辅以少量硫化碱脱毛，可称初期的灰碱法工艺。周期为10—15天。

进入20世纪50年代，以转鼓助软，去肉机去肉，池浸灰，硫化碱脱毛，即灰碱法。在充分回软的基础上，加入硫化钠、氯化钙、消石灰、火碱等，整个过程只需2—3天，大大缩短了生产周期。

20世纪70年代后，出现了倾斜式铁制转鼓，采用快速浸水，加之厂房的改造和专用设备的大量增加，准备过程实现了转鼓化。灰碱法、盐碱法、双碱法、铵碱法及酶脱毛等工艺被广泛应用，周期为3—4天。由于引进了高性能、高精度片皮机，80年代初由片碱皮改为片蓝湿皮工艺，质量和得革率均有较大提高。

第二，鞣制过程（分重革和轻革）。

重革鞣制过程。20世纪50年代至60年代初，重革鞣制由缸（或木桶）鞣改为池鞣，以适应较大规模的生产。池鞣即重革卧池鞣工艺，周期30—60天，时间长、劳动强度大，是制革生产脏、臭、累的集中点。60年代中期改为吊鞣工艺，利用行车移池和压流法循环"色液"，减轻了劳动强度，但与卧池鞣工艺没有根本区别。进入70年代，采用池鼓结合鞣或鼓池结合鞣，利用机械作用加速浸透，周期为15—20天。

轻革鞣制过程。20世纪50年代以前，缸泡棍搅为轻革鞣制的主要方法。使用红矾、麸皮、猪胰脏等材料，以二浴法、三浴法鞣制，周期3—5天。50年代后，少数工厂使用转鼓或划槽，并大量应用化工材料。50年代中期，制革生产逐渐集中，转鼓鞣制被普遍采用，并设专职配料人员，二浴法改为一浴法。60年代采用机械片皮，增加削匀弥补片皮之不足。80年代，各厂广泛采用片蓝湿皮工艺，增加复鞣，周期为10—15小时。

第三，整理过程（包括漂皮、干燥、压光、整软、涂饰等）。

重革整理过程。新法制革初始不漂皮，晾干坯、下闷箱、手工挤水、抹油、自然干燥，人工压皮，较大厂家用底革压光机（俗称"底皮床子"）。20世纪40年代以后用木桶漂皮。50年代，一般制革厂利用锅炉蒸气结合自然干燥。70年代改为转鼓漂皮、机械挤水及伸展。至此，重革整理基本机械化。重革生产周期为15—20天。

轻革整理过程。轻革干燥在40年代采用自然干燥，挂晾或钉板。50年代，结合蒸气干燥。70年代初采用贴板干燥挂晾。整软在60年代以前采用铲、搓、推、压等手工操作，60年代逐渐采用自制或仿制机械，相当于国外三四十年代的水平。70年代以后，少数企业引进国外较先进的振荡拉软机、刮软机，工效较高，但个别部位仍需特殊处理。软革品种多用转鼓摔软。50年代中期，软革由手工刷色、熨平改用手持喷枪喷涂，利用干燥传送装置，俗称"连续化喷色"。1965年，又利用机械摆动喷头，制成摆动式喷涂设备。同时，开始引进熨皮机。进入80年代，引进淋浆、滚涂设备，涂饰工艺达到新的水平。修饰面革、绒面革等品种，增加了磨革、压花工艺。

3. 新工艺、新材料

第一，酶脱毛工艺。该工艺对猪软革产品应用效果较好，轻工业部及地方工业管理部门采取一系列技术性、政策性措施加以推广，至1980年，部分制革厂采用酶脱毛工艺。

第二，稀土鞣革工艺。氯化稀土适宜鞣革，以铬鞣结合纯稀土复鞣工艺制作的猪正面革，外观质量有所改善，可代替25%的铬液，得革率提高1.5%—1.8%，成本每张降低0.258元。3号稀土适宜鞣革，铬鞣结合稀土复鞣工艺制成的猪服装革，外观质量、理化指标均符合省定标准，达到或超过原产品水平，一级品率提高20.8%，复鞣废液含铬量下降为0.043克/升。

（三）制革生产设备

1. 旧中国制革生产设备

传统的旧法制革，设备简陋，主要用烟熏炉、木桶、盆缸、晾皮架、案子及刮肉弯刀、刨皮刀、压皮刀、铲皮刀、搓软板、刷子等手工工具。20世纪初，新法制革传入后，制革设备有明显进步。40年代直至新中国成立前，鞣池、转鼓、底革压光机、削匀机、打光机、刮软机仅少数较大厂家使用，且数量极少，有的还需人力驱动，大量的手工作坊仍沿用旧式设备和工具。

2. 新中国成立后的制革生产设备

从1949年中华人民共和国成立到20世纪60年代中期，制革生产集中，向工厂化大规模生产过渡。制革企业在去肉、拔毛、片皮工序上已使用国产或自制机械。制革重要设备，如悬挂式木制转鼓，由各企业自制。由于工艺改进，转鼓增多，水泥池子逐渐被淘汰。70年代后期，较大制革企业实现湿加工转鼓化，并自制容积较大的倾斜式铁制转鼓。

自60年代后，挤水、伸展、打光、刮软、扫毛、磨革、削匀、熨平、压花、压底等机械设备国内均可生产。因生产厂家少、供货不足，有条件仿制的设备，各企业自制。

70年代，制革厂自制贴板干燥设备和摆动式连续喷涂干燥设备，喷涂工序实现连续化、机械化。1974年，电子量革机仿制成功。至70年代末，制革生产机械化程度达80%以上。

60年代中期至1975年，制革厂开始从联邦德国、意大利、英国等国家引进片皮机、磨革机、熨平机、削匀机、振荡拉软机、伸展机、喷涂设备等制革设备。

3. 改革开放以后的制革设备

改革开放初期，制革企业陆续开始引进机械设备，如片皮机、磨革机等，从英、法、意、联邦德国等国引进制革设备。20世纪80年代中期，主要引进了真空干燥设备、通道式干燥设备、自动绷板干燥设备，刮软机、打光机、湿磨机、量革机、抛光机、压花机以及二层喷涂、旋转喷涂和连续滚涂等多种喷涂机械。进入90年代，制革企业开始大量引进片皮机、削匀机、挤水伸展机、熨平压花机、真空干燥机等关键设备，大幅提高了企业技术装备水平，提高了产品档次，增加了花色品种，开拓了国际市场。天津第一制革厂90年代初引进了西班牙、意大利的整体片皮机和自动绷板干燥设备，第一次实现了整体片皮、去肉片皮一次完成，结束了将原皮从中间分割开后再进行片皮的历史。该设备的应用，使皮心部位得到了有效保护，提高了成品质量等级，与自动绷板干燥设备结合，提高了成革得革率，使得革率从33—35平方尺/张一下提升到75平方尺/张以上，实现了质的飞跃，创造了新的经济效益。

（四）主要产品品种

1. 原皮种类

20世纪40年代，制革以牛皮为主，其次是杂皮、羊皮、猪皮。猪皮多制底革。50年代，国家实行保护耕牛政策，大力发展养猪业，鼓励开发猪皮制革，故猪革产量逐步增加。

2. 品种

新中国成立前，牛重革有底革（俗称"红底"或"花旗底"）、轮胎革和三色底革；牛轻革有鞋面革（俗称"纹皮"）、带革和球革；羊革主要是里革和箱皮革；猪革多是烟熏底革。

新中国成立后，产品品种繁多。据1979年统计显示，牛重革有底革、轮胎革、软底革、三色底革；牛轻革有修面革、球革、油封革、装具革、大油革、正面革、皱纹革、印花革、苯胺革、篮球革、排球革、加脂革、带子革；猪重革有底革、硬车座革、三色底革、码子革、碗革、软底革、蓝底革；猪轻革有正面革、软车座革、修面革、大油革、服装革、生活手套革、劳保手套革、带子革、球革、油封革、苯胺革、压花革、单面绒革、双面绒革、加脂革、半硝革、鼓革；羊轻革有面革、鞋面革、漆革、鼓革、风琴革、手套革、鞋里革、服装革、绒面革、帽子革、油革；剖层革有牛剖层修面革、绒面革、大油革、牛剖层底革、加脂革、猪剖层光里革、蓝里革、箱包革、栲里革、鞋用里革、修面革、美术革。

3. 20世纪90年代至今产品品种的变化

产品品种的变化主要是80年代末鞋面革、服装革，90年代中后期牛皮、羊皮的需求逐步增加，牛皮服装革、羊皮服装革也逐步取代了猪皮服装革的地位。

从90年代末到2008年前随着改革的不断深入，人们生活水平的提高，为满足人们对皮革高档产品的追求，牛、羊革产品产量在大幅度增加。为适应形势发展变化的需要，制革企业又加大了技术改造的力度，调整产品结构，增加大量的花色品种，以满足市场消费的需求，从90年代末牛皮制革又有了进一步的发展，牛皮沙发革、牛皮装具革应运而生，并开始生产皮毛一体的服装革。

二 皮鞋

(一) 发展概况

天津解放前拥有皮鞋厂几十家，都属个体分散作坊，生产能力低，产品品种极少且工艺简单，劳动强度很大，收入却很低，社会地位低下。

天津解放后，天津皮革工业有了较迅速的发展。1956年，天津市轻工业局将合营后的皮革行业组建成立了天津市皮革鞋帽工业公司，下属50多个企业，有职工3500多人，年产值4000多万元。1958年年末，天津皮革鞋帽公司撤销，部分厂归区管理，较大的天津制鞋厂归日用化工管理处管理。1959年，天津市轻工业局和手工业局合并，重新成立了天津市皮革制品工业公司，下属制革、制鞋、皮件等26个企业。

到20世纪60年代初，鞋类方面除原来的工矿劳保用鞋、日用皮鞋外，又增加了满足专业运动项目需要的运动鞋和满足人民生活需要的各种旅游鞋。1988年，随着改革的深入发展，组建了天津皮鞋集团公司。

截至1990年年底，天津制鞋行业主要产品产量：皮鞋403.24万双，其中出口199.801万双。1991年年底，组建了新的皮鞋集团公司。

当时的制鞋企业有天津市天津制鞋厂、天津市第二皮鞋厂、天津市第三皮鞋厂、天津市第四皮鞋厂、天津市第五皮鞋厂、天津市第六皮鞋厂、天津市第七皮鞋厂、天津市鞋楦厂、天津市运动鞋厂、天津市第八皮鞋厂、天津市第十皮鞋厂；技工学校一所，为天津制鞋厂技工学校。1992年在全民集体联营企业中又增加了天津市中环制鞋厂（与第六皮鞋厂联营）、天津市第一皮鞋厂（与第十皮鞋厂联营）。

1993年，在天津皮鞋集团建立了赫勃斯鞋业有限公司、亚马逊鞋业有限公司、津辉鞋业材料有限公司。1993年7月，天津皮鞋集团公司与中国香港南华集团公司共同合资组建了天津津港集团有限公司，下设18家分公司。其中制鞋分公司有第一鞋业分公司（原天津制鞋厂）、第二鞋业分公司（原第一皮鞋厂）、第三鞋业分公司（原第二皮鞋厂）、运动鞋分公司（原天津运动鞋厂）。1995年，撤消了天津福尼亚皮革制品有限公司。

1996年初，津港集团合资双方协商，天津南华制鞋有限公司（原第一鞋业分公司）成立；同年，天津皮鞋集团有限公司更名为"天津市隆庆集团有限公司"；是年，成立了天津福亚实业有限公司。至此，原第四皮鞋厂实现了跳产经营，专营实木地板产品，转向室内装饰产业。

随着部分企业的兼并和破产，在天津以原有制鞋行业系统内，还剩下为数不多的企业。金章制鞋有限公司、天津鞋楦厂、天津隆盛皮鞋有限公司、天津南华制鞋有限公司、天津赫勃斯鞋业有限公司、天津津辉鞋业材料有限公司。其中金章制鞋有限公司、天津鞋楦厂、天津隆盛皮鞋有限公司、天津赫勃斯鞋业有限公司、天津津辉鞋业材料有限公司等企业由于各种原因已停产多年，有的正在进行退出工作，有的正在进行清算。但同时又有部分个体制鞋企业不断兴起，成为天津制鞋行业的新生力量。

（二）生产工艺

皮鞋按品种，基本可分为五种生产加工工艺，即线缝、模压、硫化、注塑、胶粘。

20世纪50年代，皮鞋生产均采用传统的手工线缝工艺，效率低下。60年代初，模压工艺问世，提高了生产效率。1969年采用硫化工艺生产皮鞋，但产品较粗糙。从60年代中期开始采用胶粘工艺，皮鞋生产技术取得重大突破，为皮鞋半机械化生产线的建立创造了条件。70年代初，简单而高效的注塑工艺开始应用于低档皮鞋的生产。

1. 线缝工艺

线缝工艺，系采用手工将鞋帮料、底料缝制在一起。其种类可分为沿条鞋、透缝鞋、压条鞋等。手工码条皮鞋，缝制工艺复杂，加工精细。以25号皮鞋为例，规定码148个针码，上下误差不得超过2个针码。

2. 模压工艺

模压工艺，即在完成皮鞋粘帮、绷帮工艺后，采用模压机将配制好的橡胶混合物，通过一定的压力和温度，使之与皮鞋帮料牢固结合。此工艺可节约橡胶和劳动力。

3. 硫化工艺

硫化工艺，系将粘制好的皮鞋（绷楦或缝帮套楦）挂在铁车上，送入硫化罐内进行硫化。可分为热硫化和冷硫化两种，生产上主要采用热硫化。硫化工艺生产的皮鞋比较粗糙。

4. 注塑工艺

注塑工艺，系以聚氯乙烯（PVC）、聚氨脂（PU）等为主要原料，采用不同的注塑机，直接注塑皮鞋或注塑鞋底。该工艺简单，效率高，可生产化工用鞋或劳动保护鞋。

5. 胶粘工艺

胶粘工艺，系把绷好的皮鞋帮和预制好的鞋底，通过胶粘剂（氯丁胶、聚胺脂胶等）加压，使帮、底结合的工艺。此工艺是制鞋生产技术上的一项重大改革，推动了机械配套和胶粘流水线的使用。

随着改革开放不断推进，为满足人民对皮鞋的需求，美化人民的生活，20世纪80年代末许多制鞋企业开始采用先进技术和先进设备，生产工艺不断改进，从鞋类制作的制帮和组底两大工段来看，制帮工段安装了先进的流水制帮设备，开始了大流水的机械化生产。制帮工段分划料、披皮、贴夹里、缝制等工序，开始分工生产，劳动生产率有了提高。制帮工艺在传统的串、编、镶、嵌基础上，增加了抽筋、贴片、穿珠、起皱、镂刻、电脑绣花、金属件装饰等新技术。

1988年以后，组底工段由单干改为小流水乃至大流水操作，分出底料、钳帮、缝沿条、合外底、缝内外线、装跟、修底、打蜡、出植、整理等几道工序，分工协作，发挥工人的技术特长，使劳动生产率有了提高。

1990年前后引进了具有世界先进水平的组底设备和生产流水线，开始了组装现代化大流水生产。

1990年以后，从真皮皮鞋到PU、PVC代用革鞋，旅游鞋、运动鞋、时装鞋、休闲鞋甚至劳保鞋，一般均采用胶粘工艺。使劳动生产率从过去每人每天不到1双提高到5—6双，旅游鞋、运动鞋达到10双以上。

胶粘工艺流程：鞋帮→鞋底制作→胶粘帮→包边底和制帮脚投毛→涂胶→活化烘干→复底→压合→整理检验→包装。

至2000年，鞋类生产已从80年代初手工操作一人单干到底，发展为用具有国际先进水平的机械化大流水细装生产，不仅劳动强度降低了，劳动生产率也提高了。同时运用了新技术、新材料生产出高中档次、多款式、多花色的皮鞋产品，满足了消费市场的需求。

（三）生产设备

新中国成立初期，皮鞋业设备简陋，工艺落后，除制帮用脚蹬缝纫机外，其他全用剪子、刀子、锤子、钳子、锥子等工具，产品为单一的手工线缝皮鞋。新中国成立后，皮鞋生产厂家规模扩大，设备和技术得到迅速提高。

20世纪50年代中期，皮鞋厂职工具有改造落后设备和进行技术革新的强烈要求，在积极学习外地先进经验的基础上，自己动脑子进行技术革新，先后制成了内线机、暗缝机、外线机，从而改变了延续半个多世纪的手工缝制工艺。合作合营后，皮鞋生产进行了改造调整，但仍以手工操作为主。60年代初，模压机投入使用。60年代中期，皮鞋业采用了胶粘工艺，使用了裁断机、下料机，提高了机械化程度。

1980年前后引进了一些片皮机、针车机、湿热定型机等设备，使机械化程度有了进一步提高。

随着产品装备化迅速兴起。各厂根据装备化的要求，将皮鞋各部件，使用统一规定的型号、尺码下料、制作。尤其使用了从国外引进的先进制鞋设备后，生产效率得到大大的提高。如使用绷楦机，比手工操作提高效率15倍。

从1988年后制鞋企业才逐步引进了一些具有国际先进水平的各种制鞋设备，如裁断机、PED流水带，成型机、针车机、组底机、电脑绣花机、什车机、下料机、片皮机、起毛机、钉跟机、成型机、检验设备等。经过十几年的发展，天津市皮鞋行业的装备水平已基本达到了世界同行业先进水平。

（四）主要产品

按生产工艺划分，皮鞋可分为线缝皮鞋、胶粘皮鞋、模压皮鞋、硫化皮鞋和注塑皮鞋五大类。一般来讲，线缝和胶粘皮鞋为高档产品，模压、硫化和注塑皮鞋为低档产品。

胶粘皮鞋是20世纪60年代中期发展起来的新品种，因其具有花色品种变换容易、生产效率较高、适于现代化机械生产等特点，发展很快。从1980年始，胶粘皮鞋已占优势地位。总之，1980年前后，鞋类生产主要手工缆线真皮皮鞋，少量生产胶粘的真皮皮鞋及PU、PVC代用革皮鞋，产量少、品种不多。至1988年年底已从单一的普通皮鞋发展至普通皮鞋、运鞋（旅游鞋）、劳防鞋、特殊功能鞋等4个大类，几千个品种，上万种款式。

普通皮鞋是人们日常穿着的皮鞋，以用的材料分为真皮皮鞋、代用革皮鞋，以穿着对象分为男鞋、女鞋、童鞋、老人鞋，以穿着季节分为春秋时穿的单鞋、夏天穿的凉鞋、冬天穿的棉鞋。

运动鞋（旅游鞋）是以天然皮革或代用皮革做鞋帮，配以塑料发泡结合底或橡胶聚氨脂底制成，供人们在旅游健身或工作时穿着的流行鞋种，有的称健身鞋、健步鞋，也有叫休闲鞋、跑步鞋的，穿着行走舒服，国内外市场需求量特大。

劳防鞋是用于劳动时防护的特殊皮鞋。有用于带电操作工人穿的绝缘劳防鞋，有用于重工业工人穿的防砸耐热安全鞋，有用于化工生产工人穿的耐酸耐油劳防鞋，不同工种有不同要求，现已发展到医院护士穿的轻盈无声的医护鞋、宾馆服务员穿的工作鞋等。这类鞋一般鞋厂根据要求均能生产。

特殊功能鞋是一种特殊结构和其有某种功能的鞋，其采用的材料和工艺与普通皮鞋、旅游鞋、运动鞋大致相同。

经过改革开放的洗礼，全行业职工的积极性得到充分的发挥，使引进的先进生产工艺和设备与高昂的职工创新精神有机结合起来，皮鞋产品不论是质量、款式都达到了历史最好水平。天津运动鞋厂"金杯"牌雪地鞋，1987年在布尔诺国际博览会上获金奖；其他获得国际金奖的还有天津运动鞋厂的"金杯"（跃羊）牌足球鞋、旅游鞋，第二皮鞋厂的"孔雀牌"羊皮包子鞋、"一枝花"牌女皮鞋，天津制鞋厂的"雪山"牌牛面机制线缝靴。获得国际银奖的产品有天津制鞋厂的"金百合"牌女皮鞋，第一皮鞋厂的"天星"牌登山健身鞋，第四皮鞋厂的"海河牌牛皮模压男浅鞋，天津运动鞋厂的"金杯"牌旅游鞋。获国际铜奖的产品有中环制鞋厂的"耐久"牌牛油鞣革男浅鞋。

三 皮革服装

天津的皮革服装行业发展于20世纪50年代，先后建立了天津皮件厂、第一皮件厂、第三皮件厂、第四皮件厂、第五皮件厂。

1983年7月，第五皮件厂并入天津皮件厂，第四皮件厂并入第一皮件厂，第三皮件厂更名为"天津金兴洋行皮衣有限公司"。

天津的皮革服装行业从50年代的低产能一路走来，经过几十年的打拼，从产能、产量到技术、质量都有了质的飞跃。80年代中期，皮革服装的产量只有6.22万件。到了90

年代以后，天津的皮革服装行业步入了辉煌的年代。2003 年，天津的皮革服装产量达到 28 万件，创造历史最高水平。以天津皮件厂为代表的天津的皮革服装业以崭新的姿态展现在世人面前。

1992 年"冰宫"牌皮革服装被轻工部命名为"全国最受消费者欢迎的轻工产品"称号；1995 年 12 月中国轻工总会授予"冰宫"牌皮革服装产品为"中国真皮标志名牌产品"称号；同时中国皮革工业协会授予"冰宫"牌皮革服装产品"中国真皮衣王"称号。

1992 年，随着改革开放的不断深入，多种经济成分的皮革及制品企业应运而生。应大皮革时装有限公司就是随着改革开放的浪潮逐渐壮大起来的，从单一的皮革服装生产，发展至现在的应大投资集团。

四 箱包皮件

(一) 箱包皮件行业发展概况

箱包行业在新中国成立前不是一个独立的行业，个体分散作坊散落于民间，以手工制作皮箱、皮包、小皮件等，产量很低。新中国成立后箱包行业逐渐形成一个独立行业，新中国成立初期党在恢复国民经济时期制定了"一化三改"为中心的过渡时期总路线，天津皮件行业获得了新生，个体分散的手工业者以公私合营、合作化的形式组织起来了，当时有光复、吉顺、瑞记、广大、义巨、福昶兴、津联等皮件厂，1961 年先后并厂组建了和平皮件厂，即天津第二皮件厂。主要生产的产品是旅行包、药箱、皮腰带、小皮件及少量的人造革衣箱。第十一塑料厂的前身是建宁制图器械厂，1956 年合营后主要产品是各种学生用尺、计算尺，1973 年改建第十一塑料厂后除生产尺子外，还生产各种塑料日用品、皂盒、鞋底，并开始少量生产 ABS 塑料衣箱。1958 年在合作化高潮中，劳动生产力得到解放，一批公社企业相继成立。联华、联群、新时代、新华等都是由小厂小社逐渐扩大生产规模的。

这些企业隶属关系几经变动，个体手工业作坊 1956 年公私合营，统一了专业，建立了行业工会。1958 年统一行业归口手工业局，1962 年贯彻"调整、巩固、充实、提高"的方针，部分厂如第二皮件厂、皮革五金厂、第十一塑料厂归属二轻局。联群皮件厂、联华皮件厂、新时代等包厂留在区公社，1965 年归口于二轻局行业公司，1968 年转各区工业系统生产指挥部。随着区工业管理机构的变化，各厂又相继归区工业公司、区工业局管理，直至 1978 年市调整工业企业管理体制，按行业组建了箱包工业公司。

建立专业化公司后，供产销统筹计划安排，组织行业内技术协作配套，调节产品结构，协调生产和经营，箱包行业发展很快。1978 年组建公司有职工 1844 人，占地面积为 14006 平方米，建筑面积为 16914 平方米，固定资产原值 406 万元，净值 170 万元，年利润 248 万元，年工业总产值 25479 万元。当时主要产品有塑料制品如各种绘图尺、层压革腰带、化肥袋、塑料床单、鞋底、塑料本皮、人造革围裙等；箱包产品如塑料和人造革旅行衣箱、公文箱、办公包、公文包、帆布旅行包、学生包等；缝纫杂品如服装、工作服、套袖、手套等。由于产品的品种多、杂，不利于对箱包产品进行专一的工艺研究和新品设计，几年来款式变化还是缓慢的。以产品结构分析，各种箱子年产 17.3 万个，产值为 519 万元；包类产品年产 256 万个，产值为 1405 万元；其他产品产值为 623.9 万元。

专业化公司建立后，认真贯彻"调整、改革、整顿、提高"的方针，全行业发展较快,具有了一定的生产规模,形成了年产40万个衣箱、400万个包的生产能力,培养造就了一批专业技术设计人员,其中工程技术人员有28人,产品水平在国内名列前茅,1984年获轻工部全国包件产品优秀设计评比第一名。

(二) 生产工艺

包类工艺分5部分,即帮下料、粘合、清配、缝制和装配整理;箱类工艺以缝制成型和装配整理为主要加工工艺。

1. 包类工艺

包类工艺分5个部分,即帮下料、粘合、清配、缝制和装配整理。缝制为主要加工工序;粘合、清配则是缝制的辅助性工序;缝制工序又分缉拉练、缉大面明线、缉背带、缉里布、上牙子、包沿子、后缝包里子等几道小工序。以上工艺原采用手工缝制,从20世纪60年代起至今全部采用机缝。

2. 箱类工艺

箱类工艺以缝制、成型和装配整理为主要工序。

缝制分手缝与机缝。生产H7202和30寸×18寸等家用箱时,钎子与大面缝合主要采用手缝。后发展为用万用缝箱机缝合。生产30寸×16寸类模压箱,两片大面边缘的塑料条和支撑箱壳的铁口须用机器缝合。

成型,即箱子上下两面制作成型,分压凹和推凸两个主要部分。1970年,青岛研制成推凸机,取代人力推凸,减轻了劳动强度,提高了工艺水平。

装配整理,系将箱锁、箱把、箱盖边缘的沿口、箱铁角装配至相应位置。模压箱铝口的装配,原采用成型后套在箱口上的办法,铝口在成型过程中损坏率达30%,1983年改用直接将长条型铝材顺箱口镶装的方法,减轻了劳动强度,降低了铝口损坏率。

(三) 生产设备

1965年以前,皮件行业的生产以手工操作为主,生产设备主要是缝纫机、18K大轴机,专用设备很少。随着生产的发展,企业自制了压力裁断机、硬皮车座自动热压烫印机、皮带自动切割机等专用设备。皮件行业逐渐从手工操作转向机械化操作。20世纪80年代后期,随着改革开放的不断深入,逐渐开始引进一些国内外的先进的设备,如全自动电脑片边机、上胶机、折边机等,大量减少手工作业和提高了加工精度,使皮件行业机械化程度及质量水平大为提高。

(四) 产品

1. 产品种类

皮件制品产品品种繁多,款式变化快,大致分为皮箱类、皮包类、手套类、皮票夹类、皮车座类、革皮衣类、劳保用品类、小商品类(腰带、表带、工具袋等)。

新中国成立前,皮件产品有工农业用皮轴、皮圈、皮垫、皮结等;军工用枪刀套、子弹袋、图囊等;生活用箱包、腰带、票夹等。其中生活用品比重较小。新中国成立后,生活用皮件成为主导产品,军需产品改由军工企业生产,工农业用产品也大大减少,有些已被橡胶、塑料制品代替。生活用品的原料结构有较大变化,原以皮革为主要原料的箱包,从20世纪60年代以后大量改用人造革及软塑料制品做原料。

皮件产品品种繁多,共有10大品类:皮箱类,包括各种面料、不同规格的家用箱、模压箱、硬盖箱、方角箱、双盖箱;皮包类,包括各种款式的手提包、背包;手套类,包括生活手套、劳动保护手套；皮车座类，包括猪皮硬车座、软车座；工业皮件类，包括皮结、皮圈、皮垫、皮碗类；劳保用品类，包括安全带、护膝、套袖、围裙等；日用小商品类，包括烟包、腰带、表带；革皮衣类；皮票夹类；工具袋类等。各品种款式变化较快。

2. 主要产品产量

主要箱包皮件产品行销全国，尤其"三北"地区是主要市场。1980年销售额为3719.1万元，年销革皮箱30.79万个、革皮包86.92万个。出口产品远销至欧洲、东南亚、中东等10多个国家和地区，出口成交年份是1982年，成交额为1872万元，各种旅行箱12.7万个，各种包袋177万个。1990年主要产品销售量：皮手套：116万副，其中出口74.2万付；各种箱：22.83万个，其中出口43.8979万个；各种包：44.37万个，其中出口22.14万个；皮票夹：57.29万个，其中出口52.51万个。

3. 名优产品

市以上优质产品有"双喜牌"人造革衣箱、"叶牌"ABS塑料衣箱、"天鹅牌"人造革软箱、"双蝶牌"公文包、"松鼠牌"有机玻璃尺等，优质产品产值率达到23.3%。

五　皮革化工

天津的皮革化工行业以天津市皮革化工厂即现在的天津南华皮革化工有限公司为代表。

天津市皮革化工厂始建于1964年，厂址在天津市南开区渭水道，占地面积为6497平方米。该厂主要生产鹿羊牌揩光浆、颜料膏和奶子油（土耳其红油）等产品，是我国最早生产皮革化工产品的厂家。

1969年，按照中国轻工业部皮革处的规划，从天津市皮革研究所抽调我国最初从事皮革化工材料研究的工程技术人员支援天津市皮革化工厂，开发研制出合成加脂剂、合成鞣剂、丙烯酸树脂乳液等产品，天津市皮革化工厂成为我国较早正式生产皮革化工材料的企业。

随着我国制鞋行业的发展，该厂又开发研制了皮革粘合剂，解决了制鞋厂家底材从线缝到冷粘的工艺问题，从而使公司产品发展为合成鞣剂、合成加脂剂、皮革涂饰剂和皮革粘合剂四大类产品，成为生产制革、制鞋、皮件、毛皮用化工材料的专业企业，为全国皮革行业配套服务。

当时天津南北皮革化工有限公司客户遍布全国，除天津制革厂、天津市第一制革厂、天津市第二制革厂和天津京津制革厂外，主要客户有北京制革厂、北京东方制革厂、齐齐哈尔龙江制革厂、牡丹江制革厂、佳木斯制革厂、哈尔滨制革厂、长春制革厂、沈阳皮革厂、沈阳第一制革厂、锦州制革厂、大连金州制革厂、秦皇岛制革厂、唐山制革厂、石家庄井陉制革厂、太原制革厂、西安制革厂、新疆五家渠制革厂、青海制革厂、平顶山制革厂、郑州制革厂、漯河3515制革厂、济南制革厂、文登制革厂、青岛制革厂、南京制革厂、徐州淮海制革厂、杭州制革厂、上海皮革厂、上海益民制革厂、南昌制革厂、合肥皮革厂、蚌埠制革厂、阜阳坎堤制革厂、长沙制革厂、株洲寰球制革厂、福州皮革厂、厦门制革厂、广州人民制革厂、南宁制革厂、桂林制革厂、昆明皮革厂和贵州思懋制革厂等，为我国皮革行业的发展做出了巨大的贡献。

随着我国皮革行业的飞速发展，公司生产的皮革化工产品供不应求，远远不适应我国飞速发展的制革业的需求。在计划经济时期，按照轻工业部的统一部署，发扬社会主义大协作的精神，公司先后帮助筹建了上海皮革化工厂、上海新华皮革化工厂、北京皮革化工厂和泸州皮革化工厂等。方式主要是给予产品技术支持，公司负责培训该厂技术人员，并根据兄弟单位的需要派员前往，扶上马，送一程。如上海皮革化工厂的丙烯酸树脂，上海新华皮革化工厂的颜料膏、北京皮革化工厂的合成加脂剂等。公司产品按计划销售以"三北"地区为主，上海皮革化工厂销售以"江南"地区为主。

与此同时，为了扩大产品生产，满足市场需求，公司于 1988 年经市政府批准，在天津市东丽区程林庄工业区筹建新厂区，占地近 60000 平方米。

多年来，公司开发研制的产品多次获得了天津市和国家评选颁发的各种奖励、证书。如天然石油连续氯磺化氯化反应生产皮革加脂剂新工艺、高分散揩光浆和颜料膏分别于 1981 年和 1982 年获得天津市科学技术委员会颁发的科学技术研究成果证书，并获得技术改进二等奖；如无苯氯丁胶粘合剂于 1982 年获得天津市人民政府颁发的天津市科学技术研究成果证书，并获得科技成果二等奖；如 808 合成鞣剂、合成加脂剂 SOC 于 1983 年获得中国轻工业部颁发的在轻工业科学技术工作中取得重大成果奖；如无酪素涂饰树脂及制革涂饰工艺的研究于 1983 年获得天津市人民政府颁发的天津市科学技术研究成果证书，并获得科技成果二等奖；如替代性合成鞣剂 822# 于 1985 年被中国轻工业部评为全国轻工业优秀新产品；如 OES 复合型软革加脂剂于 1994 年被联合国技术信息促进系统中国国家分部颁发的发明创新科技之星奖；如特效柔软剂、耐酸多功能加脂剂、高含量乳化蜡、OES 系列复合型软革加脂剂于 1995 年获中国轻工总会颁发的中国轻工业新产品奖，并于 1997 年获得天津市科学技术委员会颁发的天津市科学技术成果奖；如 TU 系列水乳型聚氨酯皮革涂饰剂于 1998 年获得天津市科学技术委员会颁发的天津市科学技术成果奖；等等。

为了使我国皮革行业赶超世界先进水平，1984 年轻工业部批准拨款 1000 万元（后"拨改贷"）引进当时市场材料比较先进的英国霍奇森（Hodgson）化学有限公司（现与科莱恩公司联合）技术，生产皮革复鞣剂。经过认真的考察、论证、筛选、应用试验，最后确定引进 Neosyn 系列合成鞣剂 6 个品种，分别为分散渗透丹宁 Neosyn N、中和丹宁 Neosyn BS$_2$、漂白填充性丹宁 Neosyn WB、填充丰满性丹宁 Neosyn PFB、填充柔软性丹宁 Neosyn PFW、渗透预鞣性丹宁 Neosyn PTN（多用于重革），用于不同皮革产品生产，填补了我国当时的空白。从设备结构、原料选用、产品工艺到成品标准及检验仪器，都是严格按照英国霍奇森化学有限公司的标准进行的，在投产验收后，得到了英方专家的高度评价。

1993 年，天津市皮革化工厂所属天津皮鞋（集团）公司与中国香港南华集团全行业合资，更名为"天津津港（集团）有限公司皮革化工分公司"。

1996 年合资重组，与中国香港南华独立合资，更名为"天津南华皮革化工有限公司"。

公司设市场部、销售部、客户服务部和 TASS，负责产品销售和售前售后服务工作；生产技术部、品质控制部和设备工程部，负责产品开发、生产制造和质量管理工作；物料供应部、储运部和财务管理部，负责物资和资金的管理；此外，还有人力资源部、行政管理部，负责人力资源、劳动工资和办公管理、安全保卫和行政后勤方面的工作。

合资经营以后，公司把生产管理中心转移到东丽区程林庄新厂区。公司现有设备 900

台（套），年生产能力为 5000 吨化工材料。除此以外，公司还有自己的污水处理设备，具备了化工生产的良好条件。

作为知识密集型企业，公司发展成为不仅具有强大的设备潜力和开发力量，而且具有完善的化工实验室和制革实验室，同时化验分析仪器完备，检测手段齐全。同时，公司还具有一批造诣深专业水平高的工程技术人员和素质高、经验丰富的操作人员。

随着皮革化工产品的生产和实践，涌现出以李广平为首的 10 多名高级工程师，为我国皮革化工产品的发展做出了很大的贡献。尤其是李广平高级工程师，先后担任中国轻工业部技术委员会专家组专家，中国皮革协会皮革化工专业委员会常委、专家组副组长，中国轻工业部"七五""八五"科技攻关项目立项、鉴定、验收专家组专家，天津皮革协会理事、中国皮革协会常务理事等，为我国皮革技术的发展做出了卓越贡献。

随着中国改革开放形势的发展，通过自行开发和外部引进，产品更新换代发展较快，产品质量稳定，产品技术水平处于中国的领先地位，有的产品达到了国际先进水平。

近年来，经过不懈努力，公司克服了金融危机带来的重重困难，使企业稳步发展，在日益激烈的市场竞争中占有一席之地。

改革开放以后，1988 年诞生了天津胜达瑞泰化工有限公司。天津胜达瑞泰化工有限公司是生产高档皮革染料的专业制造公司。拥有员工 280 名，拥有国内皮革染料专家 40 名，拥有"皮革染料"研发中心，"皮革染料"生产线 6 条，年生产高档环保"皮革染料"4000 吨。"皮革染料"色谱齐全、技术力量雄厚、质量检测手段完善。产品畅销美国、欧盟、印度、越南、韩国、中国台湾、巴基斯坦以及中东等国家和地区乃至全国各地。

六　皮革机械

天津的皮革机械制造行业当以天津市皮革机械厂为代表。新中国成立前后至 1956 年属"裕恒"等 7 家作坊式小铁厂，1956 年公私合营以后组成为天津市皮革机械厂。物换星移，几度春秋，在经历了 50 多年的风雨变化后改制为天津隆庆双轮皮革机械有限公司。

（一）1956—1972 年

1956 年公私合营时组成的天津市皮革机械厂按合营前作坊式小铁厂所在地及工种的不同，厂址分别坐落在南开区掩骨会、南门西、二马路、西市大街等地。产品装配、钳工在掩骨会，车、铣、刨、磨机加工在二马路，木工及其他工种部门在南门西、西市大街。工人基本上是"裕恒"7 家小铁厂和从小缝鞋厂调整过来的人员。生产设备只有两台八尺皮带车床和台钳子、錾子、榔头等简易工具，技术落后、装备落后、产品落后是当时企业生产的真实写照。由于厂区分散又缺乏运输设备，产品部件转序需用地排车人拉肩扛，几件几件地运过去，那时候的工人大部分是从旧社会过来的人，他们备感新社会翻身解放当家做主，工人地位的提高给他们带来的优越感，所以在生产劳动中他们任劳任怨不怕苦不怕累，靠着朴素、实在、肯干的精神和高涨的工作热情，在极其简陋的生产条件下，生产出了简易片皮机、600 型磨革机、300 型削里机、打光机、蹬皮机等产品，为后期全国皮机行业的发展奠定了基础。

在克服了 20 世纪 60 年代三年自然灾害和"文化大革命"带来生产停滞不前的困难以后，天津市皮革机械厂逐渐发展成为隶属轻工部的部管企业。1972 年由轻工部牵头组织，国家投资规划在天津市南开区红旗路龙川路二号建设了新厂区，新厂区占地面积60亩，建有装配、机加工、铆焊、油工、铸造、木型、等车间，规模在当时全国皮机行业中首屈一指。

（二）1972—1998年

1972年天津市皮革机械厂整体搬到新厂区后，使过去分散的厂区集中在一起了，并先后购置了7部天车、4米龙门刨床、80部外圆磨床、滚齿机、动平衡机等大、精、稀设备，将生产效率和产品质量提升了一大步。

1978—1982年，为了培养后备力量做到可持续发展，企业还成立了技工学校，3年间共为企业和本系统企业培养出了300多名技术工人，为企业产品向精度高、技术型发展，充实了技术人才力量。

为了提高产品的知名度，1983年企业在国家工商行政管理总局商标局注册了"双轮"牌商标。从80年代到90年代即国家第七个五年计划期间，天津市皮革机械厂已成为了全国皮革机械行业的龙头企业，产品科技进步成绩全面开花，其中"双轮"牌2A4—180片皮机、150削匀机被评为部级、市级优质产品。180型挤水机在1990年首届全国轻工业博览会上荣获银奖，GJ3LI—220型挤水伸展机获博览会铜奖，通过式压花机、180型挤水机为"七五"国家重点科技攻关任务，并通过国家验收。计量工作被国家技术监督局认定为三级标准，产品销售形势在全国同行业厂家中名列前茅，产品基本达到尽产尽销。

面对大好形势广大干部职工和工程技术人员没有在功劳簿上睡大觉，抓紧研制新产品，加快更新换代步伐，并在1992年贷款960万添置了高、精、尖加工设备，包括意大利生产的镗铣加工中心、6米龙门铣床、数控车床、数显万能铣床、电脑控制的动平衡机，为生产出优质的产品增添了新的加工装备。为了适应市场经济的发展要求、提高企业的生产经营能力，1996年厂级领导班子调整由朱新运同志担任经理。朱新运同志上任后，利用自己丰富的生产经营工作经验，大胆地对企业管理体制和用人机制进行了改革，对生产成本和生产任务采取了车间分包的形式，收到了非常好的效果。

1998年，市政府为了对市区整体规划、展现大都市的风采，制定了工业东移的发展战略。企业在二轻工业总公司的指导支持下同时也为了盘活资产，经历了再一次搬迁，由南开区迁到了东丽区程林工业区登州路10号。在局、公司的大力支持下，在以朱新运同志为首的厂级领导班子的带动下实现了当年建厂、当年搬迁、当年恢复生产，当时市场竞争非常激烈，全国又增加了几十个皮革机械制造厂，为了扬长避短、充分发挥企业的自身优势，企业甩掉了生产成本高且附加值低的产品，精心研制开发了与国际接轨在国内绝对一流的CPCYI—180/270型液压剖层机、GJST1—270/300型通过式挤水机、GQR2—320型液压去肉机。在经过20多年不断改进、完善、提高的肉类屠宰加工机械GBPT2—180A型剥皮机，占国内市场销售份额的90%，畅销全国肉类食品加工行业，同时企业还瞄准了国外市场多次完成了对孟加拉、印度、印度尼西亚、越南等国家的出口任务。

（三）1998—2008年

1998年，随着国家对环境保护工作的加强，皮革市场面临着新的考验，作为皮革机械生产制造厂，企业也面临着严峻的挑战。在进入21世纪后，企业为了在皮机市场上继续站稳脚跟，努力在新产品研发上苦下功夫。2002年开发生产出了GPCY9—300型自动出皮剖层机，该机的研发生产填补了国内同类产品无自动出皮装置的空白，并且在2004

年度被天津市科委评为天津市产品科技进步三等奖。

企业驰骋皮机市场20多年的"双轮"牌商标，2009年获得天津市商委颁发的"津门老字号"称号，为"双轮"牌皮机装备驰名皮机行业增添了浓重的一笔。

2006年为了转变企业的经营机制、适应市场经济的发展要求、增强企业的发展活力，企业进行了整体改制，向深化企业改革的方向迈出了坚实的一大步。改制后的企业全员解除关系，进行了身份转换。使企业在生产经营中体现了产权清晰、责权明确的经营机制，为实现企业"观念创新、技术进步、品质第一、用户至上"的生产经营宗旨，迈出了体制创新的坚实步伐。

第三章 河北省

第一节 概述

一 河北古代和近代皮革发展概况

河北省皮革业源远流长，早在商代就有皮革加工制作的记载。《尚书》有"商比干制裘于广郡（今河北枣强县）"之说，据今已有3000余年，且世代相传至今。素有北国"皮都"之称的张家口，早在东汉建武二十五年间（公元49年）就出现了毛皮交易，到唐代中兴时期，张家口已成为中国北方的毛皮交易中心。元代顺德府（今邢台市）的前留庄、后留庄、西北留、中留和王村（号称四留一王村）一带的农民就已办起皮毛作坊，其生产方式是男人熟皮，女人裁缝。开始时，以种田为主兼营熟皮，后逐步发展成常年加工，世代相传。

明清时期的张家口、邢台毛皮加工业已初具规模，且闻名中外。据"皮都"史话第六辑记载：到了明代，两地已是全国有名的皮毛集散地了。张家口的毛皮加工业已基本形成行业，毛皮加工裘皮业（细皮）、粗皮（羊皮）、白货业（口羔皮），仅裘皮业就有150家，明隆庆四年（1570年），张家口被辟为蒙汉"互市之所"，万历四十一年（1613年）筑来远堡（今上堡），成为蒙汉贸易中心。明万历十六年（1588年）的顺德府毛皮业，也由家庭熟皮转变为经营性的熟皮作坊，皮毛交易市场开始兴起，每到购销旺季，全国各地客商云集顺德府，每年交易额高达1500万两白银以上，成为全国知名的皮毛交易中心。到清康熙、雍正年间，邢台家庭手工业作坊的农民开始走向城镇。西北留村路老王在邢台市羊市街开办了第一家皮店，店号为"同慎和"。尔后，又有"万顺""福大""广泰""永茂昌""日盛""德益""德昌""永康兴""兴太隆"等皮店相继开业（号称十大皮店）。清光绪十一年（1885年），德、美外商纷纷来邢大量收购皮货，德商洋行"美新太兴洋行""和平洋行"等收购生皮转销欧美各国，每年皮货贸易额为1200万两白银左右。1903年，京汉铁路建成通车，促进了邢台皮毛业的发展，羊市街皮毛店达50多家。清代的张家口毛皮业更趋兴旺，乾隆四十七年（1782年）日产裘皮达2000余张。特别是1909年京张铁路通车，张家口至库伦（今乌兰巴托）的公路修通，张家口毛皮贸易更是日盛一日，每年输入的各种皮张总计有800多万张，全国各地商人都来张市采购，年贸易额最高达白银1.5亿万两。随之，日、美、英、德等国也陆续到张家口设立洋行收购皮张。当时此地的毛皮加工业分工渐细，品类增多，制作日精，整个行业已分为皮裘、粗皮、白皮、毡坊、制革、蒙鞋、皮件、鞍鞯、制鞋等业。

崛起于明末清初的辛集镇（今辛集市）皮毛业，清朝中叶发展成为我国著名的皮毛集散中心，据清乾隆二十七年（1762年）《束鹿县志》载，辛集镇商贾云集，店铺林立，"绵亘往来五六里，货广人稠"，到光绪年间已成鼎盛之势，素有"河北一集"之称。辛集市至今还有一条东西街名"皮街"。清末民初时期，这条"皮街"上有40多家皮店、70多家皮社，与辛集镇相连的周围几十个村庄的从业人员达5万多人，毛皮制品达2000多个花色品种，每年来此谈生意、做买卖者有5000余人。来者，不仅有国内各省市的皮货商，而且还有来自英、法、德、意等西欧国家和日本的皮货商人，产品大量出口，其中牛皮革出口占生产总量的90%。

清雍正十二年（1734年），蠡县大百尺、留史一带，已相继建起皮店、皮毛作坊10家。道光初年，大百尺、留史一带的皮毛店越办越多，经营规模亦越来越大。清宣统三年（1911年），大百尺、留史一带已有"万通""泰昌""仁和""源昌""瑞盛""义兴""德源""泰和""玉泰""聚兴""丰泰""万兴""万隆"13家大皮店。清末民初，唐山皮革、皮毛制品业逐步兴旺发达起来，除唐山、胥各庄、开平、建昌营等地较为集中外，各县城及较大集镇均有分布，其中仅玉田县鸦鸿桥镇就有皮革作坊11家，鞣制白皮、黑皮、红皮和硝皮，并生产车马挽具、皮带皮囊等制品。

民国初期和中期，河北的皮革业已发展到相当规模。1925—1929年，张家口加工作坊已达600余户，从业人员5万余人，年加工毛皮260万张、粗细皮裘衣21万件、革皮5.6万张、蒙靴13万双。1930年张家口的毛皮加工主要有三业：粗细皮工业188家，资本170420元（银圆），工人1655人，年需各大小皮45.15万张，年产各种皮衣56360件；皮革工业57家，资本9480元（银圆），工人263人，年需牛皮5200张，年产各种皮革5170张；皮靴工业23家，资本8810元（银圆），工人118人，年需香牛皮原料4400张，生产皮靴17600双。1929年，邢台的生皮店已发展到72家，其中外籍洋庄占成交总额的40%以上，邢台当时的毛皮店有大、中、小之分，大皮店约占10%，一般拥有资金15万元（民国币），店员16—20人；中皮店约占70%，拥有资金4万—5万元，店员10余人；小皮店约占20%，拥有资金1万—2万元，店员5—6人。此时的辛集毛皮业出口日盛，到"七七"事变前夕，辛集镇毛皮成交额约占全国的70%，因而得到"辛集皮毛名天下"的誉称。民国十六年（1927年）蠡县留史村内已有较大皮毛店13家，至1937年"七七"事变前夕，留史一带的皮毛店已发展到24家，各种皮毛加工作坊271家，其经营的毛皮主要有牛、马、驴、猪、羊、兔、狗等土杂皮及狐狸皮、黄狼、猞猁、貉等细毛皮，加工和生产的主要产品有革皮、皮条、鞭头、车马挽具、裘皮、裘服、皮褥、皮帽等。此外，枣强、大营、邯郸、保定、唐山、深县、吴桥和张家口地区的大部分县以及承德地区的围场、兴隆、丰宁等县，亦为当时的毛皮制革重要产地。

七七事变后的1937—1945年日本侵华期间，河北皮革业基本被摧残殆尽，日军为加紧掠夺，在张家口、邢台、辛集等地设立了"华北皮毛统制协会"，对皮革、毛皮实行严格的管制，压榨和排挤毛皮作坊，货源中断，致使毛皮制革从业人员流离失所，生活无着。

1945年日本投降后，河北毛皮业有所回暖。据对辛集毛皮业的统计显示，当时有皮庄、皮件、底皮、皮轴、白皮、毛毡、鞭皮、水胶等8行41户，共271人。到1946年辛集镇解放，当时办起了合股白皮企业，字号"广聚兴"，到1947年年底，产品发展到白皮、制革、皮轴、皮件四大部分，厂名改为"万聚皮革厂"。1948年该厂一分为二，分别叫"万聚制革厂"和"万聚白皮厂"。但当时的毛皮业，仍然萧条冷落，至1949年全国解放时，河北皮革业的从业人员仅剩1438人。

二 新中国成立后河北皮革业发展概况

新中国成立后，濒临破产的河北皮革业获得新生。张家口市的毛皮皮革行业在市委、市政府的大力扶持下，得到迅速恢复和发展，停业歇业的私营作坊重新开业，到1950年12月全市皮毛业开业201户，从业人员1080人，资金为292973元，其中裘皮业70户，从业人员有625人，资金为109427元。新中国成立之初，邢台市内有5家皮毛作坊相继开业。1950年，邢台军分区生产合作社在西北留筹建了熟皮厂，除皮张外，还生产皮袄、航空服，作为军需品支援抗美援朝志愿军。1951年后，辛集的私人皮毛作坊逐步组成了白皮、皮轴、皮鞭、皮套、鞭鞘、鞭业、弓弦、制胶、毡工马尾等9个合作社。1952年，辛集的国营皮毛厂合并，将万聚、全兴、福利、公裕、公兴五个白皮厂合并为辛集白皮厂。1952年，大营皮毛业将"新华""民利""红星"等皮货店合并为大营皮毛部。同年，蠡县手工业联社组织几户较大的皮毛店和加工作坊，在留史村成立县内第一皮毛合作社。到1952年，全省皮革业企业已发展到310家，工业总产值达410万元，生产皮革（折牛皮）10万张、毛皮（折羊皮）4.05万张、毛皮服装和褥子2万件、皮鞋0.11万双。第一个五年计划期间，河北皮革业经过社会主义改造，逐步形成了有制革、白皮、皮轴、车马挽具等一支以合作组织为主体的皮革业生产队伍。1954年邢台市建立起第一个皮革生产合作社。1956年，辛集将白皮社、皮轴社、皮鞭社、皮套社、鞭鞘社、鞭业社、弓弦社、制胶社8个合作社合并为束鹿县皮革生产合作总社。1954年，蠡县建立县属公有制皮毛制革厂，促进了留史一带集体皮毛加工业的发展。1956年，留史皮毛业由多家合并为集体所有制的土产公司，后改留史畜产组，负责统一收购上市皮毛，手工业联社在留史成立"留史皮毛加工厂"，并开始取缔私有制皮毛店铺、作坊等，实行公有制"独家经营"。到1957年年底，全省皮革企业有24家，从业人员有2571人；生产皮革（折牛皮）23.4万张、皮鞋50.4万双；工业总产值1481万元，比1952年增长2.61倍；主要产品品种有牛底革、牛面革、羊面革及手套革、牛皮反毛革、各种工业革、三球、男妇童各种皮鞋、香牛皮、马毡、猪面革、猪底革、羊里革等。

自1958年大办县社工业以来，河北皮革工业持续发展，1958—1960年，尽管原皮供应紧张，但产品结构不断调整，品种日益丰富，增加了铬铝植结合鞣牛底革、防火革、透色羊革、铁鞣猪底革、猪绒面革、滤油革、钢琴革、猪修正粒面革、羊闪光革、静电植绒革等30余种产品。1958年，皮革产量126万张（含天津），占全国和华北地区的比重分别为15.14%、63.64%，皮鞋产量269万双（含天津），占全国和华北地区的比重分别为7.84%、50.95%。同时，产品质量不断提高，牛底革、牛面革、毛皮等产品达到国内外先进水平，成本逐渐降低，1959年保定制革厂黄牛底革成本为每吨3221.8元，居全国第二位，邯郸制革厂黄牛面革成本为每千平方公寸74.34元，居全国第三位。生产工艺逐步改进，1958年张家口第一制皮厂研究成功"甲醛鞣皮法"，改变了古老硝面熟皮法，解决了板皮臭的问题，1960年已在全国推广，该厂的干燥工序，在改革中创造的自动加板干燥转鼓，6小时可以干燥，防止了在日光下晒毛褪色，保证了质量，得到了轻工部毛皮考察参观团的好评。到1960年，全省皮革业生产企业达50家，从业人员达6454人；生产皮革（折牛皮）28.2万张，皮鞋74.1万双；工业总产值为6363万元，比1957年增长3.3倍。

20世纪60年代初期国民经济困难时期，河北省轻工业贯彻了调整、巩固、充实、提高的方针，压缩了以农副产品为原料的皮革业，生产水平一般下降30%—40%，同时停产关闭了部分企业。至1962年，全省皮革生产企业23家，从业人员3029人，工业总产值为1550.2万元；生产皮革折牛皮8.3万张，比1960年下降70.57%。直到1965年，随着国民经济的好转，国家对皮革工业实行对猪皮补贴、猪皮革免税政策，并建立河北省皮革工业公司，对全行业实行集中领导、统一管理。当年，全省皮革企业有183家，皮革产量达到33.2万张（折牛皮），工业总产值为3911.67万元。同时，皮革业加快新工艺的研究开发，1965年张家口市第一制皮厂研究的绵羊皮有机溶剂脱脂新工艺，利用低沸点溶剂浸收羊皮内脂肪，收回羊脂，代替黄土抹泥的方法，生产周期由192小时缩短到3—5小时，劳动力由33人减到12人，提高效率3.7倍，减少了劳动强度，消灭了破皮现象，每月可收回羊脂2公斤，占地面积减少50%，降低成本2.87%，成为我国毛皮工业中有一定经济价值和学术意义的科研项目。

70年代初期，皮革业发展迅速。皮革企业由手工操作逐步实现了机械、半机械化生产，鞣皮工艺由硝面鞣改为化学鞣制，部分企业开始用酶法脱毛代替落后的浸灰工艺，提高了产品质量，改善了生产条件。保定制革厂的猪球革、张家口制革厂的马裘皮及邢台制革厂的羊皮革等产品达到国内先进水平。许多企业积极开展综合利用，用废油、碎皮等下脚料制成硬脂酸、油酸、蛋白酶、农药、洗涤剂等多种化工产品。增加了羊修饰面革、猪皮服装革、手套革等几十种新品种、新花色。至1975，全省有皮革工业企业144个，职工11652人，工业总产值为10037万元，生产皮革108万张（折牛皮）、皮鞋151.9万双。

"四五"期间，皮革生产设备技术方面有了新突破。1973年，邢台市制革厂试制我省第一台电子量革机和开展制革污水处理实验；1974年，邢台市皮毛厂研制成功酶软化新工艺；1975年，张家口市第一制皮厂研制成功生皮脱脂工艺，同时毛革两用皮正式投产，解决了鞣制和染色两大关键问题，有利于连续化、自动化生产。

自1976年开始，各皮革企业加强管理，不断挖潜、更新、改造，加快基建步伐，皮革业得到进一步发展。到1978年，皮革业生产企业有123家，工业总产值为12742万元，比1975年增长26.95%，生产皮革112万张（折牛皮）、皮鞋226.7万双，比1975年增加74.8万双。

"五五"期间，皮革企业狠抓质量促生产。1978年，束鹿县皮毛制革厂的猪修面革在全国29个省市103个企业中居第一位，羊正面革居第二位。同年，邢台市皮毛厂的出口奶羊皮褥子和束鹿县皮毛制革厂的猪修面革被命名为省级名牌产品和质量信得过产品。综合各皮革企业的质量状况，河北省在全国处中间水平，存在机械伤残严重、涂饰剂配比不当、革面揭纹等问题，生产技术有待进一步提高。

三 改革开放30年皮革业总体发展概况

（一）改革开放初期河北皮革业发展概况

改革开放以来，河北皮革业呈现蓬勃发展之势。1979年，河北省对技术力量较强、规模较大的皮毛厂、制革厂和鞋厂等企业进行了重点改造，扩大了生产能力。当年，皮革新增生产能力15.06万张，皮鞋新增生产能力46.44万双。到1980年底，全省皮革企业有131家，主要分布在石家庄、张家口、邢台、衡水、邯郸等地，其中国营企业24家。全省皮革业从业人员2.15万人，其中工程技术人员58人，全员劳动生产率为7987元；生产皮革（折牛皮）193.23万张，为1975年的1.79倍，5年平均递增12.35%，列全国同业第九位；生产皮鞋364.65万双，为1975年的2.4倍，5年平均递增19.13%，列全国第十六位；完成工业总产值17673万元，占全省轻工业总产值的5.7%，为1975年的1.76倍，5年平均递增11.97%，其中制革业产值6629万元，皮鞋业产值4454万元。但产品档次较低，中高档皮革产品不足30%。

1982年和1983年，由于各地市、各系统盲目建立制革厂、皮毛厂，原料供应紧张，加上国际市场不景气，革制品出口受挫，制革原材料大量出口，皮革工业发展速度减缓，1983年到达"六五"时期低谷，完成工业总产值1.60亿元，比1980年下降9.39%。这期间皮革企业由单纯生产型向生产经营型转化，企业积极采用新技术，开发新产品，不断提高产品质量。1983年，秦皇岛市制革厂的耐温防水猪修面革、石家庄市制革厂的猪细面革、束鹿县辛集皮毛制革厂的山羊苯胺革、邯郸市制革厂的猪苯胺革、秦皇岛市皮革厂的猪二层修饰鞋里革、康保县皮革厂的羊皮毛司维革和仿豹皮剪绒、张北县制帽厂的全旱獭皮帽和新式皮帽4种、张家口宣化皮毛厂的毛革两用大衣等10余种新产品试制成功并于当年投产。1984年，河北省轻工业积极推行企业内部经济承包责任制，开展横向经济联合，促进了轻工各行业发展，当年皮革企业有120家，比1980年减少11家，完成工业总产值18491万元，比1980年提高4.63%。

到1985年年底，全省皮革工业企业有117家，其中制革企业为27家，皮革制品制造业企业为50家，毛皮鞣制及制品制造企业为40家；职工有2.24万人，其中工程技术人员为155人，全员劳动生产率为10108元。拥有固定资产原值9715万元、净值6949万元。皮革年生产能力达306万张（折牛皮），皮鞋年生产能力达746万双。全行业完成工业总产值22250万元，比1980年增长25.9%。其中，制革业产值为7418万元，占全省皮革业总产值的33.34%；皮革制品制造业产值为9535万元，占42.85%；毛皮鞣制及制品业产值为5297万元，占23.81%。完成出口交货值1068万元，占全省轻工业出口交货值的2.73%。实现利税总额2848万元，占全省轻工业利税总额的4.95%。生产皮革（折牛皮）164.35万张，列全国第十位，比1980年减少28.88万张；皮鞋659.58万双，比1980年增加295万双，5年平均递增12.5%。

"六五"期间，河北省先后成立了河北省皮革工业公司、河北省皮革工业情报站、省二轻工业研究所、皮革研究室、河北省皮革产品质量监督检验站、张家口市皮毛工业研究所，并于1984年在张家口市创办了全国第一所皮毛职工中等专业学校，培养专业人才。这时期，全省皮革业有重点地对张家口、束鹿、邢台、邯郸等地的重点骨干企业的制革后整理和皮革制品加工技术进行改造，引进了服装革和珍贵毛皮的鞣制整饰关键设备，提高了皮鞋等级率，增加了鞋面革、毛革、服装革、箱包革的比重，改善了皮革工业的技术状况。到1985年年底，2个项目获部四等科技成果奖、1个项目获省二等奖、2个项目获省四等奖，1种产品被评为部优秀新产品、4种产品被评为省优秀新产品，质量水平不断提高。自1979年全国发展产品质量"创优"以来，全行业创出了大批优质产品，到1985年年底累计获国家质量奖银牌2个，被评为轻工业部优质产品4个、河北省优质产品31个。

(二) 1986—1990 年河北皮革业平稳发展概况

"七五"初期，河北省皮革工业进一步完善管理体制，装备水平提高，技术力量增强，质量稳步提升，生产能力扩大。1986 年，皮革业完成更新改造投资 864 万元，占全省轻工业投资的 22.4%，新增生产能力毛皮服装 4.5 万件，革制貂皮 30 万张，仿珍贵皮 24 万张。1987 年，皮革业工业总产值为 26138 万元，占全省轻工业总产值比重为 5.38%，达到"七五"时期最高值。1990 年，在原材料、能源、资金紧张，市场疲软等发展环境影响下，省内皮革行业出现亏损。

至 1990 年，与"六五"末相比，全行业工业总产值由 22250 万元增加到 45152 万元，年均增长 15.2%，占全省轻工业总产值的比重由 5.21% 下降为 4.33%，企业数量由 117 家减少到 98 家。辛集市皮毛制革厂、邢台市制革厂、张家口市皮革制品厂等企业引进德国、法国、意大利等国外关键生产设备和先进生产线，产品档次质量提高，全员劳动生产率由 10108 元上升为 21033 元，低于全国皮革业 3334 元。出口交货值由 1068 万元增加到 10404 万元，年均递增 57.65%，占全省轻工业出口比重由 2.73% 提高到 10.77%。

"七五"期间，皮革业继续贯彻改革、开放方针，引进先进技术、设备，强化科技促发展。5 年间，防水鞋面革、绵羊皮光面两用皮、猪皮薄型服装革、静电植绒绵羊皮、正面涂饰印花革、聚氨酯复合裘皮等 21 种新产品试制投产，获得部优质产品 2 个、省优质产品 28 个、优秀新产品 12 个，获省科技成果四等奖 3 项、省二等 1 项、部级二等科技成果奖 1 项、部级金腾奖 1 项。

(三) 1991—2000 年河北皮革业调整发展概况

1991 年，在省厅"五个一批"产品结构调整方向指导下，邢台市制革厂等企业生产的有市场潜力的一批高值高利产品比重增加，低档劣质皮鞋等产品减少，皮革业工业总产值快速回升，1991 年年底达到 48816 万元，同时皮革及其制品出口交货值也实现较快增长，达到 12169 万元，占河北省轻工业出口交货值的 11.14%。1992 年，由于企业布局不合理，重复设厂、重复生产现象严重以及开放程度较低等原因，皮革业出现滑波，工业总产值下降，行业亏损 857 万元，1993 年、1994 年行业亏损加剧，系统内独立核算企业亏损额分别达到 5607 万元、5823 万元。

"八五"期间，辛集、白沟等重点产区开始建设皮革生产专业园区及专业商城。"中国辛集皮革城"于 1993 年开始建设，是由国内贸易部批准建设的省级重点项目。"白沟箱包交易城"也于 1993 年开工建设，于 1994 年建成并投入营业，实现了从地摊市场向专业市场发展的转变，拉动了皮革业上档升级。1993 年辛集制衣工业区开始建设，皮革业逐渐转向集中生产。这期间，相关专业展会、交易会开始举办。1992 年，首届中国辛集皮革展会、首届中国大营国际皮革交易会成功举办；1994 年 3 月和 11 月，第一、第二届中国留史皮毛交易会成功举办，进一步促进了河北省皮革业的发展。到 1995 年，全省皮革行业独立核算企业亏损额为 3833 万元，虽比前两年略有缓解，但发展形势仍然严峻，皮革业进入淘汰整顿期。

1996 年，由于盲目建厂，普通产品产能过剩，皮鞋产能利用率不足 17%；轻革利用率 59%，其中系统内利用率仅为 19%；重革利用率 72%，其中系统内仅为 0.78%。皮革企业有 67 家，工业总产值为 46571 万元，出口交货值为 23959 万元，行业亏损 4329 万元，亏损企业达到 26 家。1998 年的金融危机使皮革业进一步受到打击。至 2000 年，皮革业仍延续亏损状态，企业数量减少到 35 家（其中国统企业 16 家），工业总产值下降为 38664 万元（其中国统企业 35092 万元）。

"九五"期间，园区建设加强，继制衣工业区之后，为实现制革企业集中生产，1997 年辛集制革工业区开工建设，引导督促达到国家规定规模的企业进入市制革工业区发展，同时依法取缔了区外所有制革企业，并实行"统一规划、统一治污、统一供水电热、统一管理"的模式，实现了产业集聚发展。皮革业产品质量提升，企业实力增强，河北西曼实业集团有限公司、辛集束兰（集团）有限公司获 2000 年度"中国真皮衣王企业"称号。

（四）2001—2010 年河北皮革业快速发展概况

2001 年中国正式加入世界贸易组织。作为对外贸易中的优势行业，制革、皮革服装、皮件、毛皮及毛皮服装等主要行业产量和出口量都得到快速发展。产业结构调整步伐加快，质量和品牌战略成效显著，皮革业经济总量大幅增长，特色区域建设初具规模，产业集中度逐步提高。皮革业主要分布在石家庄地区的辛集、无极，衡水地区的枣强、故城，沧州地区的肃宁，保定的蠡县、白沟，张家口的阳原，邢台的南宫等地。

"十五"期间，河北省皮革业大中型建设项目累计完成投资 5.08 亿元，建成投产的重点项目或单项工程 9 个，新增建筑面积 15 万平方米，服装革年产 1050 万张，高档裘皮时装年产 2 万件，毛革一体化服装年产 4.4 万件；裘皮服装年产 50 万件，皮革手套年产 1000 万副。河北皮革、毛皮及其制品业规模以上企业数量由"九五"末的 16 家增至 290 家，从业人员由 3887 人增至 56695 人，资产总额由 44926 万元增至 595445 万元，年均递增 67.67%，工业总产值由 35092 万元增至 2286391 万元，年均递增 130.56%，出口交货值由 6379 万元增至 437649 万元，年均递增 132.96%，利润由 -112 万元增至 198347 万元。主要产品产量增长较快，轻革由 3241.95 万平方米增至 9978.21 万平方米，年均增长 25.21%，占全国轻革产量的 18.3%，居全国第二位；革皮服装由 341.56 万件增至 675.46 万件，年均增长 14.61%，占全国革皮服装产量的 10.17%，居全国第三位。

随着皮革业的快速发展，环保意识日益增强，行业集中生产步伐加快，园区建设规模扩大，皮革化工、皮革机械、皮革五金、皮革及制品专业市场、商场等配套行业同步发展，产业链条不断延伸。2001 年，辛集市被中国轻工业联合会和中国皮革协会授予"中国皮革皮衣之都"称号；2005 年，肃宁被中国轻工业联合会、中国皮革协会授予"中国裘皮之都"称号。

2006—2009 年间，河北皮革业投资加快，重点建设项目累计投资 47 亿元，建成投产的重点项目或单项工程 23 个，新增生产能力毛革一体服装革年产 570 万张，毛革一体鞋面革年产 330 万张，牛皮沙发革年产 90 万张，羊剪绒皮年产 200 万张，汽车用皮年产 180 万张，裘皮服装年产 387.5 万件，羊皮服装年产 220 万件，毛革一体服装年产 10 万件，中高档裘皮服装年产 9 万件，各类箱包年产 5000 万只，帽条年产 25 万米，成品鞋年产 500 万双，裘皮饰品年产 6.5 万件。

面对国际金融危机的冲击及原材料、能源和劳动力成本不断上升、国家货币政策从紧等多种不利因素，皮革业加大科研投入力度，加快高附加值产品的开发，加强毛革制品款式设计与开发，质量档次逐渐提高。皮革国内市场份额扩大，制品出口进入国际主流市场。专业市场扩容升级，知名品牌辐射能力增强，行业在调整中取得较快发展。2008 年，河北省皮革研究院研发的 0.25—0.35mm 超薄服装革，解决了由于产品"薄"带来的抗张强度和撕裂强度差等关键技术问题，为时尚服装提供了轻质面料，产品质量达到国内领先水平，该项技术被推广到 21 家同行企业，年产量提高 750 万张，增加产值 3.5 亿元。2009 年，该院研发的新型环保沙发革、鞋面革以及箱包革和服装革等绿色产品，顺利通过了环保部"十环"标志认证。

至 2010 年，全省皮革、毛皮及其制品业规模以上企业有 414 家，比 2005 年增加 124 家；从业人员有 80774 人，比 2005 年增加 24079 人；资产总额 176.54 亿元，为 2005 年的 2.96 倍，年均增长 24.28%；完成工业总产值 700.58 亿元，为 2005 年的 3.06 倍，年均增长 25.1%；实现利润 64.80 亿元，为 2005 年的 3.27 倍，年均增长 26.71%；完成出口交货值 40.25 亿元，比 2005 年减少 3.51 亿元；皮革服装产量为 2354.66 万件，比 2005 年增加 1679.2 万件，占全国总产量的 37.8%，居全国第一位；轻革产量 20216.78 万平方米，比 2005 年增加 10238.57 万平方米，占全国总产量的 27%，居全国第一位。

"十一五"期间，皮革业进一步推进品牌建设，产品竞争力增强。辛集"中国皮革皮衣之都"、肃宁"中国裘皮之都"、白沟"中国箱包之都"等区域品牌影响力扩大；"东明、依鹿奇、束兰、怡嘉琦"4 个品牌皮衣荣获"中国名牌产品"称号，"怡喜琦""梦米兰"2 个商标获得"中国驰名商标"称号；"博丹""佰立特"等 19 种产品获"河北省名牌产品"称号。

图 8-10 为河北省皮革业 1952—2010 年历年工业总产值情况。

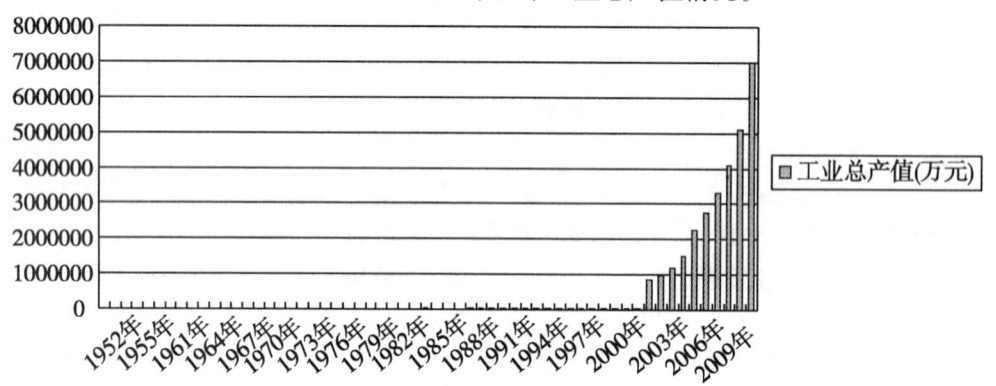

图 8-10 河北省皮革业 1952—2010 年历年工业总产值示意

第二节 制革

一 发展概况

河北省的制革及革制品生产起始于清代，较为集中的产区有张家口、邢台、辛集、保定、唐山等地。

（一）河北制革业的兴起

张家口的制革及革制品业，与外蒙古进京朝贡相连。在清代，外蒙古库伦活佛及 48 家王子每年进京朝贡，路经张家口宣化，因此这里的蒙靴、鞍鞴、车马挽具等用量日增，制革及革制品也逐渐发展起来。清朝末年，张家口市已有大铺10家，中小户铺90家，从业人员达2000余人，年用皮量2.71万张。到民国初年，张家口市制革业有长义诚、福增长鞔铺、祥亭益、义巨泰皮厂等30余家，宣化的皮坊亦有七八家。

邢台制革始于清光绪十一年（1885年），当时顺德府厌纯德、纪恩科首先经营了"三义会"（亦称"同盛德"）制革厂，开始用次牛皮做硝板皮，供鞋铺与民间作鞋脸及膏皮之用，日产50—100张，销往本地及东北各地。

进入民国时期，河北制革业有了较快发展，据《河北省工商统计》记载，到民国十八年（1929年），全省民营皮革业已发展到457家，皮革制品产量达60.87万件，总值574.76万元（旧币）。1921—1931年间，邢台的制革厂已有20多家，到1937年达50余家，由于军阀割据，以法兰皮做料的军用辕具用量大增，促进了制革业的发展。张家口的制革业，据《察哈尔省通志》记载，民国二十一年（1932年），已发展到57家，资本9480元，工人263人，年产法兰皮180张、红白底皮660张、香牛皮2730张。保定皮革加工业始于1923年5月，保定第二学校创建附属厂——广业皮革厂，年产牛皮1700余张，继广业皮革工厂之后，又有私人合资兴办的"义兴成""荣兴"皮革厂，各厂从业15—16人，到1936年已有7个手工作坊，其产品有法兰皮、花旗皮、英软皮，除销周围几县外，部分还销往上海、昆明、山东和山西等几个省市。

七七事变后，张家口、邢台、保定、辛集等地制革业沦陷，大部分作坊停产或倒闭。1945年日军投降后，河北制革业开始复苏，保定市皮革作坊增至20户，从业人员为119人，资本总额为3.54万元（旧币），但发展极其缓慢。

（二）新中国成立后河北制革业的发展

新中国成立之后，河北省的制革业得到人民政府的重视和支持，生产迅速恢复和发展。1949年底，邢台的制革作坊达到25家，年产量达54万平方米，开皮条铺、经营车马挽具、割弓弦三个行业30多家，70多人；1950—1953年，市内先后有6户制革作坊开业，年产牛皮革1000张左右。张家口市政府采取"两户保一户"的办法，适时给予贷款，到1950年4月，该市制革业发展到38户，从业人员64人，拥有资金37.55万元（旧币），宣化私营个体皮坊发展到20家。1953年，国家重申了原皮统购政策，并号召制革手工业劳动者积极参加社会主义改造。到1955年，全省各地成立皮革生产合作社（组），张家口市制革业有102户197人率先组织起来，成立了"二社一厂"，即硝皮合作社、制革生产合作社和公私合营蒙靴鞍鞔厂，拥有资金16.89万元。1956年12月，邢台市制革业成立鞭鞘社、皮革供销社、制革供销社、公私合营制革厂。到1957年，全省共建立皮革生产合作社（组）100个，职工2000余人。至此，河北制革业全部实现合作化、集体化。

1958—1959年，河北制革业在全国"大跃进"气氛中持续发展，黄牛底面革的质量已达到或超过了国际先进水平，新产品、新创新不断涌现，1958年保定皮革厂全包皮工人将浸灰法改为"包灰法"，缩短灰皮周期6天多，推广制革用硫酸铝代替红矾，年节约资金6850元。1959年，石家庄制革厂改重型双针机板为轻型缝纫针机，效率提高1倍，用内成机缝条代替合缝条，效率提高4倍。同年，邢台制革厂创造了木质兰球砸眼机和钻眼打毛两用机，分别提高工效3倍。到1959年，全省制革及革制品企业生产皮革（折牛皮）29.4万张，其中轻革26.62万平方米、重革709吨；三球3.2万个；皮鞋65万双，其中出口皮鞋17.1万双。

1960—1965年的6年中,经历了国家困难和国民经济三年调整两个时期,此时的制革业走过了生产下降和逐步回升发展的路程。1963年,全省制革业进行了关停并转之后,保留了唐山新华制革厂、张家口制革厂、保定制革厂、邢台制革厂、辛集和邯郸制革厂等7个基础较好的企业。同年,全省皮革、皮鞋行业归口轻工业部门实行集中领导、统一管理。1964年,国家决定对猪皮收购实行政策性补贴,河北省1965年开始执行。这一时期,对保留的企业进行了有计划、有重点的技术改造。由于以上两项措施的实施,制革业得到较快恢复和发展。1964年,唐山新华制革厂不断改进生产工艺,解决了产品过分松软及脱色裂浆等问题,质量大幅提升。1965年,邢台制革厂研制并生产出工业轮带革、山羊铬湿革、山羊半硝革和猪皮手套革4种新产品,其中后三种新产品全部出口,当年创汇57.6万美元,促进了皮革业的发展。1965年年底,全省制革企业增加到20多家,职工4000余人,拥有固定资产原值200万元,皮革产量(折牛皮)达到33.15万张,重革产量达342吨,轻革产量22.31万平方米。

随着猪皮的大量开剥,猪皮革生产能力增强,1972年猪皮革产量为132.72万张,出口57万张,创汇136.8万美元。1973年猪皮革生产能力达到250万张,品种由过去只产半硝革增加到正、绒、面、球、衣服、箱革等几十种,同时,牛正面革、羊考里革、羊衣服手套革、羊帽顶革等产品产量质量不断提高,1975—1976年开发了马鞋面革和猪、马箱包革,制革业取得较快发展。到1978年,全省制革业生产企业达到33家,工业总产值达4490万元。

(三) 改革开放30年制革业发展概况

改革开放以来,制革业基础建设加快,全省制革企业普遍采用了国内比较先进的设备和生产工艺,技术改造投资规模扩大,专业化生产和机械化水平明显改观。1980年,全省制革业生产企业有31家,占皮革业企业总数的23.66%;工业总产值6639万元,占皮革业工业总产值的37.51%。制革出口交货值为893万元,其中猪皮革506万元,羊皮革67万元。生产皮革193.23万张(折牛皮),其中猪皮352.22万张(自然张),重革1209吨,轻革343.68万平方米。皮革产量(折牛皮)居省前三位的地市分别为石家庄地区30.9万张、邢台市23.9万张、张家口市17.23万张。

1982—1983年,制革产品供过于求,皮革产量下降,其中1983年皮革产量132.79万张(折牛皮),比1980年下降31.28%,企业效益下滑,三成以上制革企业出现亏损,1984年,随着经济承包责任制的推行,行业状况逐渐好转,亏损企业减少,产品逐渐由低档向中高档产品发展,1984年张家口市制革厂转产革皮服装;邢台市制革厂1984年与西班牙签订补偿贸易,引进羊革生产线和先进制革生产工艺,1985年该厂生产的羊皮蓝湿革,被河北省外贸部和日本客商誉为世界一流产品。至1985年,有制革生产企业27家,皮革年产量为164.4万张(折牛皮),工业总产值为7418万元,占皮革业的33.34%。这一时期,增加了耐温防水猪修面革、猪细面革、山羊苯胺革、猪苯胺革、猪二层修饰鞋里革、山羊防水服装革、耐水洗山羊服装革、猪皮压花网眼革、软鞋面革、猪皮压缩毛孔正面革等10余种新产品。

1985年农产品统购派购政策放开后,牛皮、猪皮等各种原皮供应渠道增多,皮革产量得到较快增长。1987年,皮革产量达到385.24万张(折牛皮),比1985年增长

134.4%，居全国位次由1985年的第十位跃居第三位。同时，新品研发进一步加快，1986年，张家口市制革厂试制成功猪皮装饰革，邯郸市制革厂试制成功防水鞋面革和山羊打光型苯胺革，填补了河北省空白，邢台市制革厂试制成功的海绵滑爽型绵羊服装革达到国内先进水平。随后猪皮薄型服装革、软箱包革、牛皮服装革、猪皮仿古服装革、猪皮正软鞋面革、正面涂饰印花革、牛皮薄型服装革等产品陆续投入市场。1990年（90）财工字第30号文规定猪皮补贴自1990年起全部取消，给河北省制革业带来极大冲击，1990年年底，全省制革企业有24家，生产皮革（折牛皮）211.74万张，工业总产值为17133万元，占皮革业的37.95%，制革业全年亏损1129.8万元。

20世纪90年代，制革业发展一直处于低迷状态，到2000年，制革企业只有6家（国统企业），工业总产值24123万元。进入21世纪，皮革企业抓住入世的大好机遇，加大技术投入，加快产品结构调整，辛集、肃宁、大营、无极等地分别建立工业园区，产业集中度快速提升，制革业得到迅猛发展。羊毛服装革、牛皮沙发革、汽车坐垫革、装饰革、箱包手套革等产品产量增长。2006年，辛集皮革生产力促进中心研制成功羊皮漆皮产品，填补了国内相关产品的空白，随后又研制出具有完全知识产权的绵羊缩纹仿鹿皮服装革，当地制革企业纷纷采用这一技术，效益大幅增长。2009年，东明、宏四海、梅花等企业推出了超薄、布纹、水洗等高档系列服装革及植鞣羊皮鞋用面革、牛皮包袋革，梅花公司独立研发了高档次绵羊皮光面鞋面革，产品档次和附加值不断提升。无极的齐盛、金马等企业生产的牛皮沙发革、牦牛皮服装革已达到亚洲同类产品先进水平。中小企业逐步向差异化、特色化、品质化发展。到2010年，全省入统制革业生产企业109家，从业人员24647人，工业总产值345.45亿元，占皮革业的49.31%，出口交货值6.61亿元，占皮革业出口交货值的16.42%，主营业务收入330.37亿元，利润24.43亿元，利税29.68亿元。

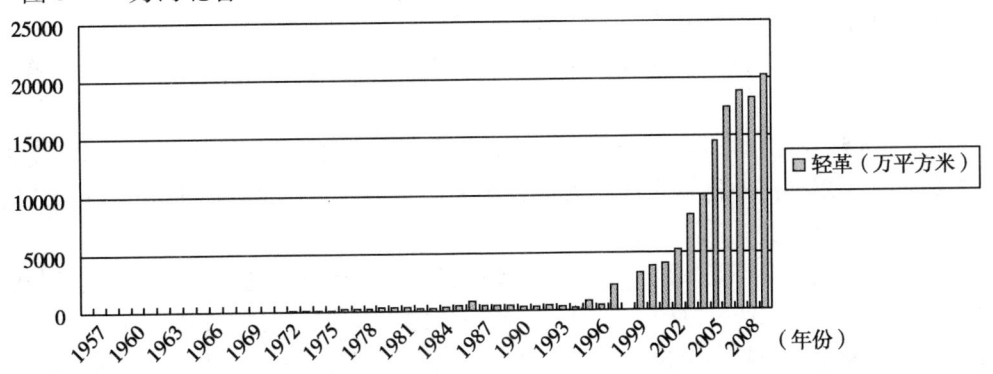

图8-11为河北省1957—2010年历年轻革产量情况。

图8-11 河北省1957—2010年历年轻革产量示意图

二 生产工艺

制革工艺可分为准备、鞣制、整理3道工序。准备工序包括原皮脱脂、去肉、脱毛、膨胀、软化等，鞣制过程包括静置、削匀、复鞣等，整理过程包括漂皮、干燥、压光、整软、涂饰等。

新中国成立以前，河北省制革工业一直沿袭"几把刀、几口缸"的简单生产模式，从原皮浸水、浸灰、去肉、铲皮、软化、鞣制、整饰，全系手工操作。

新中国建立之后，20世纪50年代沿用传统制革工艺、60年代改为灰碱法、70年代采用较先进的酶法，历年中的几个主要工序都有重大的改革。

脱毛：1959年年初至1966年采用灰碱法，1967年后对猪皮手套革使用高碱脱毛。70年代运用酶法脱毛，解决了脏、臭和废水污染问题。1977年研制成功堆制脱毛新工艺，运用酶法猪修面革。1978年又研制成功仿牛皮猪修面革新工艺，投产后合格率达100%，其中一级品率达92%。进入80年代，河北制革采用166酶补充脱毛软化，变型二浴鞣制使粒面毛孔清晰，成革更加丰满、富有弹性，1988年达到国内先进水平。酶软化脱毛新工艺在当时国际上处于先进水平，并被轻工部（83）密字第三号文件确定对国外保密技术。

片皮：新中国成立初期，用人工以刀片削匀，20世纪50年代末期开始使用片皮机和削匀机。70年代采用进口"特钠"液压片皮机，该机可将一张猪皮片成多层，在此基础上又开发了一皮变多皮的以片代削片蓝皮新工艺，从此结束了多年沿用的灰碱剖层旧工艺，此工艺具有薄厚均匀一致，合格率、得革率高，理化性能好等特点。

鞣制工艺：20世纪50年代以前，先是烟熏片，后是用植物根、皮硝渣做鞣料，采用鞣池渣制生产，进而采用丹宁液浸制淹生产。1959年开始采用吊鞣、平鞣，鞣期56天；1970—1975年，采用池鼓结合鞣制新法，即吊鞣与鼓鞣相结合，鞣期缩短为25天。1980—1981年学习济南市制革经验，采用速鞣猪皮新工艺，鞣期由7天缩短为2天，设备利用率和日产量均较前提高一倍。80年代初期，省二轻科研所与邢台制革厂联合开发了利用羧酸作为铬鞣交联剂用于制革的方法，节约原料（红矾）1/3，既降低成本，又提高了成革质量，同时还减少了废液污染，且用此生产的劳保手套革，革面丰满、柔软、细腻，稳定可靠。

拉软：20世纪60年代以前，一直采用人工铲皮，劳动强度大，工作效率低。60年代后期，采用了虎口拉软机，1975年后使用了较为先进的振荡拉软机，劳动环境改善，工作效率提高。

整饰：1965年采用以合成树脂为主的涂饰工艺，70年代后，采用以喷代刷或喷刷结合，材料方面采用国内外比较先进的合成鞣剂和涂饰剂。新鞣剂、涂饰剂和新工艺的应用，推动了制革业的发展。

轻革生产工艺：原料皮分档—称重—浸水—去肉—称重—脱脂—拔毛—浸灰—分档—片皮—水洗—脱灰—水洗—浸硝—削匀—脱硝—软化—水洗—浸酸—铬鞣—挤水—削匀—复鞣—中和—染色—加脂—干燥—回潮—摔软—铲软—绷板—磨革—除尘—刷浆—喷浆—熨平—喷浆—熨平—喷光亮剂—熨平—量尺—验质分级—量尺入库。

重革生产工艺：原料皮分档—称重—浸水—去肉—称重—脱酯—拔毛—浸灰—去肉—分割—水洗—脱灰—浸酸—浸硝—植鞣—称重—漂洗—挤水—称重—加脂—干燥—回潮—压光—干燥—验质—成品。

20世纪80年代主要产品工艺流程如下。

牛面革：选料—浸水—浸碱脱毛—去灰肉—复浸灰一天—净面复鞣制—脱灰软化—浸酸—鞣制—搭马静置挤水片皮甩麸皮或锯末—削匀—复鞣—中和—染色加油出鼓—搭马过

夜复整理—涂油—挂晾—静置—机伸展（二次）—挂晾—静置—回潮—剖皮—净面—刷浆（二次）打光—熨花板—喷浆—喷光—喷固定剂—修边—熨平板—上亮—量革、分级、验收、入库。

猪修面革：脱毛分革后接皮—分革—去肉—水洗—脱灰—软化—浸酸—鞣制—静置—挤水—甩折子—片皮—削匀—复鞣—中和—加脂—复整理—挂晾—鼓摔—钉板—磨革—扫尘—喷封闭—刷浆—喷浆—熨花板—喷浆—熨花板—喷浆—喷光—喷固定剂—熨平板—上亮—分级、验收、入库。

牛底革：浸水—开折—浸水—摔软—蹬皮—削边—浸水—蹬皮—浸水—包灰—浸灰—浸碱—浸灰—煺大毛—下浸灰池浸泡—刮皮—浸灰—净面—称重—水洗—脱灰—鞣制—漂洗—挤水—填充—晾干—加潮—滚压—回潮—滚压—验收入库。

淡黄色牛劳保手套革：选料—回软—片皮—挤水—摔折子—削匀—称重—流水洗—复鞣—搭马—流水洗—中和—染色—加脂在原染色液加脂—挂晾干燥—鼓甩软—磨绒—挂晾干燥—摔二次—铲皮—钉板—剪边—量尺验收入库。

香牛皮：浸水—开折—浸水—浸水—蹬皮—削边—浸水—蹬皮—浸水—包灰—浸灰—浸碱—浸灰—煺大毛—灰水洗—刮皮—浸灰—净面—称重—水洗（二次）—脱灰—净面—水洗—浸酸—鞣制—挤水—漂洗—挤水—挂晾—推水皮—上油—静置—晾干—推皮—晾干—压花—晾干—搓黄皮—刷色—晾干—上油—搓黑皮—上抓色—晾干—磨里—扫毛—搓软—剪边—上亮—量尺入库。

2000年以来，制革业更加注重清洁生产工艺的开发和应用。2007年，河北省东明集团所属河北省皮革研究院成功研发了在世界同行业具有领先水平的无灰浸灰、低硫脱毛、无铬鞣制等清洁生产工艺和废水循环使用、制革流水线新技术，2008年在制革企业推广应用。

三 生产设备

清末明初，河北制革多采用大缸、大锅、木桶、案板、月芽刀等简易工具。20世纪40年代中期，制革作坊自制了一些简单机器，但很少有机械设备。

60年代初，辛集皮毛制革厂、邢台制革厂、唐山制革厂、保定制革厂、邯郸制革厂、张家口制革厂等骨干企业开始研制部分简易制革设备，如木转鼓、底革抛光机、手摇压皮机等。60年代中期至70年代，经过一系列技术改造和设备更新，增添了打光机、冲皮机、拉软机、压皮机、片皮机、去肉机、削匀机、螺旋转鼓机等。1975年，邢台制革厂研制成功电子过程控制机，填补了河北省制革行业空白，大大提高了劳动效率。至1980年，全省已拥有转鼓2431/497立方米/个、片皮机58台、去肉机93台、磨革机69台、熨皮机47台。

80年代，部分制革重点生产企业先后引进具有国际80年代先进水平的剖层机、液压片皮机、气动去肉机、挤水伸展机、辊涂机、真空干燥机、超声波喷涂干燥机、喷浆机、滚筒熨皮机、磨革机、削匀机、电子量革机、双缸烫革机等专用设备。到1990年，全省制革业拥有转鼓4478/652立方米/个、去肉机92台、片皮机57台、磨革机75台、熨皮机69台、削匀机76台、喷浆机14台，机械化程度由20世纪60年代的60%提高到90%以上。

进入 21 世纪，随着电子信息技术的快速发展，制革设备自动化控制程度提高，制革污泥脱水机、制革废水处理设备、制革臭气处理设备等污染处理设备已被大量采用。河北东明实业集团有限公司等有关企业自行开发的节水转鼓、摔软转鼓、抛光机等 30 多种新设备在国内外得到广泛应用。部分制革重点生产企业，产业装备达到同时代国际先进水平，推动了河北制革业的快速发展。

四 主要产品品种

（一）主要品种

河北皮革的种类较多，按其所用原料分为牛皮革、猪皮革和羊皮革等；以革的用途分为生活用革、工业用革和国防用革；以其张幅的重量可分为轻革和重革，轻革主要包括鞋面革、服装革、手套革、衬里革、球革，重革主要包括轮带革、鞋底革、装具革等。

20 世纪 80 年代，河北省轻革以猪正面服装革、山羊服装革、山羊鞋面革、牛皮修饰面革、猪正鞋面革、猪反绒、猪二层革为主要品种，重革以猪底革、猪带革、黄牛皮工具革为主要品种。90 年代，河北省研制成功猪、牛压花双色效应鞋面革、猪皮压花磨绒服装革等新产品。

进入 21 世纪，牛皮沙发革、装具革、汽车坐垫革等产品发展较快，羊皮服装革、羊皮鞋面革、毛革一体、牛皮革等产品为主要品种。2006 年，辛集皮革生产力促进中心研制出绵羊缩纹仿鹿皮服装革。2008 年，河北省皮革研究院研发出 0.25—0.35mm 超薄服装革，原皮利用率提高，产品质量达到国内领先水平。2009 年，又研发出新型环保沙发革、鞋面革、箱包革和服装革等绿色产品，环保生态革成为皮革主导产品。

（二）20 世纪七八十年代优质产品情况

1979—1985 年，张家口市第一制皮厂生产的"古针"牌绵羊皮（铬鞣、甲鞣鞣）获轻工业部优质产品奖。束鹿县皮毛制革厂生产的"金凤"牌猪皮修饰鞋面革、邢台县制革厂生产的"金凤"牌猪皮修饰鞋面革、秦皇岛市制革厂生产的"白帆"牌猪皮修饰鞋面革、沧州市制革厂生产的猪皮压缩毛孔革 4 个品种获省优质产品奖。

1986—1990 年，邢台市制革厂生产的"GF"牌绵羊正面服装革、宣化制革厂生产的"金鼎"牌山羊正面服装革等 2 个品种获轻工业部优质产品奖。邢台市制革厂生产的"GF"牌绵羊正面服装革及"GF"牌牛皮修饰鞋面革、张家口市制革厂生产的"花影"牌铬鞣猪手套革、石家庄市古桥制革厂生产的"古桥"牌猪正面劳保手套革、辛集市皮衣制革厂生产的"集花"牌铬鞣黄牛修面革、宣化制革厂生产的"金鼎"牌山羊正面服装革等 6 个品种获省优质产品奖。沧州市制革厂生产的驴皮正面软箱包革获河北省优秀产品二等奖。

五 污染治理及环境保护

在制革业产生、发展的很长历史时期，制革业都是给环境带来较大污染的行业。新中国成立后，特别是改革开放以来，随着国家环保管理力度的加大，国内外先进的治污技术和工艺不断推广和应用，绿色环保已成为人们的共识，制革行业污水治理工艺和治理效果都有很大进步，骨干企业都建有较完善的污水治理系统，并逐步采用清洁生产工艺，清洁文明生产水平不断提高。

(一) 制革污染治理情况

从20世纪70年代起，制革业污染治理逐渐加强，部分重点制革企业改进生产工艺，利用"三废"取得成效。据记载，1973年邢台制革厂实行酶法制革，变害为利，变废为肥，用处理过的污泥沉淀肥料施田，每亩平均增产粮食100斤，用污水灌溉的粮田亩产达1400斤，同时积极开展铬液和酸碱的回收工作，并作为先进经验予以推广。80年代，制革企业污水处理多采用长循环多池自然沉淀方法达到国家排放标准。80年代初，承德市制革厂投资40万元建设污水处理工程。

90年代后，根据制革废水生化性能好的特性，制革厂污水一般采取物化加生化的处理模式，即先中和调节，加药沉淀，再生化处理，最后沉淀出水。这套工艺在技术上是比较成熟的，虽然各厂有个别差异，但是主要流程大同小异。近年来，制革企业环保意识不断加强，制革业污染治理投入加大，辛集制革工业区采用企业初级治理、园区专业治理、城市污水处理厂综合治理的三级治理体系模式，得到中国皮革协会充分肯定，并在全国皮革行业内推广。河北东明实业集团有限公司于2005年7月开始重点研究采用超载转鼓灰碱保毛脱毛法和浸灰废液循环利用，以及采用优化传统铬鞣技术和铬鞣废液循环利用技术，自行设计和建成浸灰废液和铬鞣废液循环利用装置。该项目于2007年6月1日通过由河北省科学技术厅组织和主持召开的专家组鉴定，该项目每年节水约10万立方米，节电约15万度，节省排污费和化工材料费约350万元，环境效益、经济效益、社会效益明显，研究成果达到国内领先水平，具有很好的示范作用。该项目于2008年获得中国皮革协会首届"节能减排环保创新奖"一等奖。该项目研究成功在全国制革界引起较大反响，全国轻工业总会和中国皮革协会领导、国家环保部有关负责人、国内和省内一些知名制革企业前来参观和考察。该项目研究内容已列入国家制革工业清洁生产推广项目。

2008年9月，华斯实业集团公司"污水的生化与物化综合处理工艺"项目获河北省轻工业企业管理现代化创新成果奖，本创新工艺根据裘革废水的特性，采取以生化法（水解酸化+生物接触氧化）处理为主，辅以物化法相结合的综合处理工艺。这一工艺的使用，为公司带来了巨大的经济效益：经过特殊处理的固体废弃物成为良好的有机肥料，可广泛用于农田、果园和花木，仅此一项每年为公司创造收入26万元；此外，含铬污泥经酸化处理可直接用于再生产，可节约13.5万元；水循环利用28万吨（用回收率按60%计算）可节省费用70万元。在获得巨大经济效益的同时，也取得了良好的社会效益。经过处理的污水，为城镇二级污水处理厂减轻了负担；同时，固体废物得到有效利用，既节省了资源，又保护了环境。

(二) 标准执行情况

我省制革企业1985—1997年12月31日执行GB 3549—1983《制革工业水污染物排放标准》，1998年1月1日起执行GB 8978—1996《综合污水排放标准》。2009年2月1日起执行《中华人民共和国国家环境保护标准 HJ 448—2008 清洁生产标准 制革工业（牛轻革）》，2010年5月1日起执行《中华人民共和国国家环境保护标准 HJ 560—2010 清洁生产标准 制革工业（羊革）》。

第三节 毛皮

一 发展概况

毛皮，系由羊、兔、狐、獭、貂等动物皮经带毛鞣制而成的革，具有轻、软、保暖、美观等特点，其广泛用于制作御寒服装。河北省自古至今都是中国毛皮生产和交易的重要集散地之一。

(一) 河北毛皮古代和近代发展概况

河北毛皮生产历史久远，早在商代，就有"商比干制裘于广郡之"说，到战国时期，河北毛皮已相当有名，据《中国古代服装史》第 4 章第 62 页记载："战国时期，孟尝君有价值千金的白狐之裘，赴邯郸的将军、大夫皆服貂服。"元至清代，河北已成为全国的毛皮生产和交易重点地区，这一时期，古称顺德府的邢台市，素有北国"皮都"之称的张家口和辛集、枣强的毛皮制造业已相当发达，其产品制作之精美已驰名中外。

进入民国时期，河北毛皮生产已形成具有相当规模的产业。民国十八年（1929 年），邢台的生皮店已发展到 72 家，从业人员约 700 余人，资本 350 余万元（银元）。民国二十二年（1933 年）的张家口毛皮业已发展到 347 家，主要有裘皮业、粗皮业、旅蒙皮毛业、生皮行业 4 个员会，年经营总额 517.2 万元（银元）。1935 年，毛皮、牲畜交易业发展到 496 家，营业额 622.47 万元，占全市商会各业营业总额的 26%。到 1937 年前，在张家口设立的外国公司就有 40 多家，张家口毛皮作坊增加到 500 余家，从业人员近万人。

古镇辛集历史悠久，清代的万舆图上，对辛集不仅有明显的标志，而且画出箭头，在图外加上了文字说明："辛集皮毛杂货集散之中心"。清光绪六年（1880 年）至民国二十六年（1937 年）七七事变之前这一阶段，辛集皮毛业有了较快发展，皮毛产品种类由几十种扩大到百余种，主要产品有白皮、羔子皮、山羊皮、毛绒、马褂、绒片大毡、皮褥等。据光绪三十一年（1905 年）《光绪束鹿县志》记载，"辛集一区，素号商埠，皮毛二行，南北互易，远至数千里"。到七七事变前，其皮毛原料来源遍及全国各皮毛产区，皮毛产品不仅畅销国内，而且远销日、俄、英、美、法、德等国家。随着毛皮业的繁盛，辛集出现了家家做毡、户户制革的繁忙景象，据统计，1935—1936 年，辛集镇皮毛业有 10 个行业 361 户，从业人员达 11640 人。此时，枣强大营、蠡县留史的毛皮业也相当发达。

"七七事变"后，日本侵华期间，河北毛皮业许多作坊纷纷倒闭，辛集这个数百年繁荣昌盛的皮毛集散中心，突然萧条下来。张家口的皮毛作坊十有八九倒闭，到张家口解放时，毛皮企业仅剩 18 家，减少了 97%，处于濒临破产的状态。邢台毛皮业也陷于停顿状态，到 1942 年，因久旱无雨，百姓离家逃荒，一个拥有几百年历史的邢台毛皮业彻底崩溃了。

(二) 新中国成立后河北毛皮业发展概况

新中国成立后，国家非常重视发展毛皮业，邢台市政府召集动员皮行匠人重操旧业，使毛皮业开始复苏。据调查，到 1949 年年底，该市的皮毛业发展到 25 家。辛集通过人民银行发放低息贷款给予扶持，逐步恢复起 70 多家皮毛作坊和皮毡厂。张家口市毛皮业迅速得到恢复和发展，1949 年底张家口市有裘皮业 31 户、从业人员 198 人，有粗皮业 31

户、从业人员144人，到1950年6月，张家口市裘皮业增至54户，从业人员增至349人，粗皮业增至46户，从业人员增至220人。

1956年在私营工商业社会主义改造高潮中，河北个体毛皮作坊组织起来，成立生产合作社，从此由个体走向集体化发展的道路。当年辛集镇的70多家皮毛作坊成立皮毛生产合作社，后转为国营束鹿皮毛厂，生产规模逐步扩大，品种增加到500多个，除生产民用品外，还生产军需产品和出口产品，年产值达到700万元，利润达100万元。到1957年，全省毛皮业生产企业有24个，职工约有3400人。设备操作技术方面也有所改进，张家口市制皮厂机磨里工序改用机器生产，用工仅为原来的11.5%；邢台熟皮厂采用快缸熟皮法后，劳动效率提高了一倍以上；辛集白皮厂用化学药品熟皮，比硝面熟皮提高生产效率140%，改善了劳动条件，提高了产品质量。但也存在着一些问题：少数厂（社）有机器设备，多数厂（社）为手工操作，大部分生产单位还采用着陈旧的鞣制方法，没有一定科学的产品质量标准和对产品质量分析检验的仪器设备，产品质量难以控制。

1958—1965年期间，虽历经"大跃进"和国民经济困难，但经过技术革新，部分工序实现了半机械化生产，劳动效率有所提高，产品品种不断增加。1958年9月张家口市皮毛厂研制成甲醛鞣毛皮法，代替了硝面鞣法，缩短鞣期5倍。1959年，承德市皮毛厂采用化学原料熟皮，熟皮时间由15天缩短到10小时，效率提高35倍，成本降低38.8%。同年，张家口市制皮厂剪毛机改装成功，在植皮、浸水、湿剪毛、刮毛、挤水、干燥、整修等工序实现了机械化（或土机械），并研究成功苯胺黑色剪绒兔绒、染绿色剪绒兔皮、兔皮模染貂皮、兔皮模染豹皮、羊皮仿制水獭等新产品，质量达到国内先进水平。到1965年，全省裘皮服装年产量达到5.23万件，比1958年的1.6万件提高3.2倍。

在"文化大革命"期间，河北毛皮业生产受到一定程度干扰，产量下降。1966—1976年，全省裘皮服装产量一直在3.1万—3.46万件之间徘徊，直到1975年，裘皮生产才逐步回升，年产量达到6.91万件。这一阶段，尽管产量增长缓慢，但生产工艺和产品品种都有所突破。辛集皮毛制革厂1970年2月开始采用铬鞣醛铝鞣法，产品也由内销为主，转向大部分生产出口产品，产品档次也由低档向中高档发展，并增加了兔皮服装、兔皮褥子和其他细皮产品生产。1974年，邢台皮毛厂试制成功酶软化新工艺，产品质量不断提高，出口产品占到80%以上。

（三）改革开放30年毛皮业发展概况

中共十一届三中全会以后，在国家改革开放方针的指引下，毛皮业有了长足的发展。毛皮业生产企业增加，宣化皮毛厂、大营皮毛厂、张家口市第一制皮厂等企业引进先进设备，采用先进生产工艺，水貂皮、兰狐皮服装、口羔皮褥子新高档产品不断增加。1983年邢台市皮毛厂研制出一毛三色的奶山羊皮裘皮出口服装；1983年宣化皮毛厂开发出剪绒皮褥，同年试制成功山羊皮仿珍贵毛皮新产品，1984年增加裘皮生产线；同年，张家口第一制皮厂和第二制皮厂分别组建裘皮服装生产线，深加工产品产能增长。至1990年，全省毛皮业生产企业有31家，年生产毛皮服装47.81万件，比1980年增加35.98万件，工业总产值12554万元，占全省皮革业工业总产值的比重为27.8%，出口交货值3415万元，占全省皮革业出口交货值的32.82%。

随着毛皮产业的发展，毛皮业技术质量不断提高。草上霜皮毛染色技术的试制成功，增加了花色品种，染色技术水平大幅提升。黑色生毛皮褪色技术、毛皮鞣制、染色过程控制、裘皮服装裁制和成装技术、渐变染色技术、聚氨酯复合裘皮等获得省部级科技成果奖。1979年，大营皮毛厂研制的山羊皮仿红狐大衣，获国家科技发明创造三等奖，并被评为部级优质产品。"六五"期间，张家口市第一制皮厂生产的"古针"牌绵羊皮、张家口市第二制皮厂生产的口羔皮褥子被评为轻工业部优质产品。1980—1990年，张家口市第一制皮厂生产的"古针"牌绵羊皮、狐狸皮、狗皮及羊剪绒皮，张家口市第二制皮厂生产的"恒通"牌大狐皮加革条服装、水貂皮服装、口羔皮及口羔皮褥子，张家口市皮毛综合厂生产的兔皮褥子，张家口市东风服装厂生产的"孔雀"牌翻毛女皮衣及兔皮里脱卸童猴，南宫市供销合作联合社皮毛加工厂生产的兔皮染色裘皮短大衣，南宫市裘皮服装厂生产的"万悦"牌32#兔皮里脱卸童猴，张北县皮毛制帽厂生产的"雪中笑"牌皮面硬胎青根貂帽及羊剪绒帽，康保县皮毛厂生产的"保星"牌羊剪绒，张家口市制帽厂生产的"山城"牌皮面硬胎羊剪绒帽，大营皮毛厂研制生产的"白猾皮仿彩貂、奶山羊皮仿青瑶"裘皮服装等18种产品获得"省优质产品"称号；邯郸县皮毛厂生产的奶羊皮仿7号色加革裘皮服装、奶羊仿20号色裘皮服装，张家口宣化皮毛厂和宣化皮革厂生产的山羊皮仿染红狐、蓝狐各式服装，沧州市复合裘皮厂生产的复合裘皮等产品获得"优秀新产品"称号。

进入20世纪90年代，由于边境皮衣贸易不景气，各毛皮企业管理水平相对落后，毛皮行业出现了亏损局面，部分毛皮企业停产，毛皮企业数量缩减。1997年，受亚洲金融危机的影响，毛皮业效益下滑，发展速度进一步放慢。到2000年，毛皮业生产企业仅有3家（国统企业），工业总产值1623万元。

21世纪，随着改革开放的深入进行及消费者生活水平的提高，毛皮主要产品产量增加，出口大幅增长，质量技术水平提升，国内市场份额扩大，狐、貉、貂等原料品种不断丰富。尤其近年来，激光、雕花、打薄新技术被广泛运用到裘皮制作过程中，编织与整皮结合工艺、拉网工艺、开条拼接工艺、皮张拼花工艺和皮张镶花工艺等新工艺不断得到应用，兔绒、貂皮、精剪羊剪绒等裘皮服装，雕花、剪花、印花、镶花等整皮服装及各种编织服装等新产品不断涌现，中高档产品比重提升，环保意识增强，毛皮制品逐渐向品牌化、时尚化、个性化方向发展。到2010年，全省有毛皮业生产企业126家、从业人员15968人，天然毛皮服装产量为78.25万件，工业总产值116.33亿元，占全省皮革业工业总产值的16.6%，其中毛皮制品工业总产值为103.94亿元，占毛皮业工业总产值的89.35%；出口交货值为12.05亿元，占全省皮革业出口交货值的29.94%，其中毛皮制品出口交货值为11.9亿元，占毛皮业出口交货值的98.76%；利税为10.16亿元，占全省皮革业利税总额的12.95%，其中毛皮制品业利税为9.1亿元，占毛皮业的89.66%。

二 工艺和设备

毛皮制造过程一般为浸水、去肉、脱脂、软化、浸酸、鞣制、染色、加脂、美化、整理。

河北的毛皮鞣制，至新中国成立初期，一直沿用硝皮法即硝面鞣法制作毛皮，用此法鞣制的皮毛制品易吸潮，怕水，皮板硬并有异味，不结实，质量较差，而且制作过程劳动强度大，耗费大量粮食。1953年，军需四〇七工厂（后改为"张家口市第一制皮厂"）开始探索铬鞣新工艺，浸酸鞣皮后，再刷铬液鞣制，1958年9月研究成功甲醛鞣毛皮法，取代了传统的硝面鞣皮旧工艺，用此法所制成的毛皮具有皮板柔软、有拉力、可塑性强、毛部松散、毛色洁白等优点，解决了板皮臭味大、易吸潮、物理性能差等问题，这一新工艺的成功，是河北省毛皮业制作的一次突破性变革。

1975年，张家口第一制皮厂在毛皮鞣制浸酸中采用酸性蛋白酶进行软化，使成品洁白柔软，在工艺技术上又上了一个新台阶。

1976年，束鹿皮毛制革厂研制成功用脲环树脂鞣制毛皮新工艺，用该工艺鞣制的毛皮毛被洁白、轻软丰满，延伸率、出材率都得到提高。当时，全省毛皮企业都采用重铬鞣、轻铬鞣、铝铬鞣、甲醛鞣等化学鞣制新工艺。1979年又采用了酶软化和水脂新工艺，此工艺鞣制的产品，皮板柔软、丰满，不吸潮，可水洗，毛色洁净，无灰无味，使毛皮鞣制工艺发展到了一个新阶段。

1983年，张家口市第一制皮厂采用酶软化和水脂工艺试鞣水貂皮一次成功，产品光亮、丰满、柔韧，质量属国内一流水平并达到澳门先进标准，受到外贸和国外客户的好评。

在脱脂工艺方面，20世纪50年代采用黄泥去油，一般油要抹泥5—6次，大油皮要抹泥10多次，才能起净皮板油，对皮子质量有很大影响。50年代末开始采用转鼓起油，1965年试制成功并采用有机溶剂脱脂的新工艺，1980年张家口市第一制皮厂试制成功生皮脱脂，毛皮脱脂新工艺的研制成功，填补了中国毛皮科学脱脂的空白。此项工艺的应用，缩短了生产周期，净化和简化了操作工序，并为羊皮生产机械化、连续化打下基础。束鹿皮毛制革厂于1981年、1982年配合轻工业部毛皮制革研究所进行了大油板油绵羊皮鞣前脱脂试验，并进行了MU低醛直毛固定技术研究，保证了质量，改善了羊剪绒皮梳、剪、烫等工序的操作环境。

在毛皮染、褪色工艺方面，60年代前均采用氧化染料，这种方法操作条件差，毒副作用大。1959年，张家口市第一制皮厂采用酸性染料，此种染色方法着色好，色泽鲜艳，毒副作用小，同年4月试制成细羊毛仿染水獭皮工艺，9月试制成兔皮仿染貂皮和豹皮。进入70年代后，张家口市皮毛行业在研究和使用染毛不染板、染板不染毛等新的染色工艺方面不断取得新进展。1976年，张家口市第二制皮厂研制成功"羔皮染色"新工艺，此工艺染出的羔皮光泽度强，色调一致，皮板柔软、丰满。1979年，张家口市第一制皮厂试制成功生皮一次性褪色工艺，填补皮毛行业一项空白；1980年该厂试制成功甲醛改良皮直毛染色工艺。1979—1980年，张家口市第一制皮厂和束鹿皮毛制革厂，用氧化还原法试验黑色毛皮褪色技术，使黑色狗皮变黄色狗皮。1980年，邢台市皮毛厂试制成功草上霜染色新工艺。1984年，大营毛皮厂研制成功"白奶山羊仿貉子"染色工艺。随着科技的进步，渐变染色、微风效应、一毛多色等新工艺不断涌现，推动了毛皮业工艺技术升级。

随着生产工艺的革新，毛皮业的装备水平逐步向现代化迈进。

新中国成立前，河北毛皮生产一直是手工操作。铲皮、磨里用大铲，鞣皮（旧称"泡皮"）用大木缸和小瓷缸。直到1958年，全省毛皮厂开始自制或购进削皮机、洗皮机、缝皮机等部分设备。到20世纪70年代中期，各生产企业又陆续购进和自制了缝纫机、搅料机、离心机、甩软机、脱脂机、去肉机、剪毛机、削匀机、烫毛机、电子量革机等部分专业生产设备，由于机械性能较低，仍有不少工序需手工操作。进入80年代，全省县以上毛皮生产企业大部分实现机械化、连续化生产，部分重点毛皮生产企业引进毛皮服装生产线，采用比较先进的液压片皮机、气动去肉机、超声波喷涂干燥机、真空干燥机、滚筒式烫革机等专业生产设备，装备水平大幅提升。至1985年，河北省毛皮业拥有专业生产设备928台，其中剪毛机78台、烫毛机76台、梳毛机23台、毛皮并缝机453台、毛皮刷酸机1台、毛皮削匀机34台、毛皮干燥机25台、其他专业设备238台。到1988年年底，全省毛皮行业机械化程度均达到80%以上。

近年来，为减少污染，毛皮企业不断采用现代化新设备，改进工艺条件，如采用较小液比、提高浸水温度、加强机械作用、缩短浸水过程，在此过程中加入低温高效脱脂剂，使浸水与脱脂工序合二为一，加脂工序分步实施，适当延长染色时间，降低染色液pH值等新工艺新技术，同时优选可生物降解表面活性剂、安全型鞣剂、毛皮专用染料等配套材料，减少污水排放量。随着环保意识的增强，毛皮加工逐渐推行清洁化生产，以使毛皮原料皮资源得到有效配置，毛皮生产过程更加节水，并达到环保排放，使毛皮成品满足"绿色"要求。

三　主要产品品种

河北省毛皮种类繁多，资源丰富。常见的有绵羊皮、山羊皮、家兔皮、口羔皮、貉子皮、猫皮、狗皮等，珍贵毛皮有狸子皮、貂皮、灰鼠皮、狐皮等。上述毛皮制成裘皮分为本色和染色两种，经剪裁、缝制加工、整修制成的制品分为传统产品和深加工产品两大类，花色品种达130余种。20世纪90年代前传统产品主要有奶山羊皮褥子、羔皮褥子、绵羊、羔皮甬（主要是指无吊面的绵羊皮袄、大衣、皮裤，山羊皮袄、皮裤）；深加工产品主要有奶山羊皮"草上霜"、奶山羊皮仿染、裘皮服装、剪绒制品等。随着科技的进步及原料品种的丰富，裘皮大衣、衣领、夹克服等各种高档、时尚裘皮制品增多，不断满足人们日益增长的消费需求。

羔皮褥子：此类产品根据毛花形状，一般分为口羔皮褥、改羔皮褥、珍珠毛褥3种，是采用各种优质羔皮，经鞣制、裁剪、缝制、整修而成。其特点是皮板柔软，毛花美观，色泽洁白，无异味、无灰尘，均匀一致，每条皮褥犹如一张皮制成，但各有特色。"口羔皮褥"毛花圆和，经久不变，状如春风掠水，逐波荡漾，之所以称之为"口羔皮褥"，除了表明本产品是"皮都"张家口的特产外，另一个说法就是毛被每个毛花全部都是一个花弯，世人为显示本产品质量的优良，统称为"一口花"。改羔皮褥子，形似螺纹，毛细而长。珍珠羔褥，毛短，呈颗粒状。

裘皮服装：裘皮服装是将原皮，经鞣制、染色、裁剪、机缝、吊里面而成，内销产品一般是毛向里，外销产品一般毛向外，其花色分本色和染色两种（染色有"草上霜"、三节毛、渐变色）。张家口一、二皮厂于1984年开始生产水貂、狐皮等材料的裘皮大衣及少量吊刀细皮大衣，染色羊绒及翻毛大小衣，吊面风雪衣、短衣、外套、女袍、坎肩、地勤服、民航服、坦克服、警服、领子、帽檐等各种高档裘皮制品。

第四节　制鞋

皮鞋古称"履"，其以猪、牛、羊等天然皮革为主要原料，经过机械加工或手工加工制作而成。皮鞋是最早文化产物之一，在人类还没有纺纱织布时，就曾用皮保护脚。史料记载：黄帝时期，臣子于则，用革造扇，用皮造履。经过多年发展，皮鞋制作技术设备水平大幅提升，产品品种大量增加。

一　发展概况

河北皮鞋生产起始于清光绪十三年（1887年）。当年，由邢台市"庆云斋"鞋店从北京学来制作技术，由北京、天津、上海、武汉等地采购原料，利用两台大轴机开始了皮鞋生产。当时，一双三结头皮鞋售价12块大洋，年产百余双，主销本市。至清末民初，保定习艺所开始生产手工皮鞋，宣统三年（1909年）曾在南洋参赛获金奖。继此之后，保定皮鞋生产逐步发展成行。鞋行大户丁竹林制作的皮鞋因坚固适足、永不变形，有"履万里而无损"之赞语，故有"万里皮鞋"之美称。1943年初，丁竹林在保定济善商场建立万里皮鞋店，专营万里皮鞋，一直畅销不衰。张家口市圈内清朝年间就有制鞋作坊，以制毡靴和蒙靴为主，民国二十一年（1934年）《万全县志》记载："张家口市皮靴工业共二十三家，资本八千八百一十元，工人一百一十八人。年产香牛皮皮靴一万七千六百双。"此外，其他各地也有小批量生产。日本侵华期间，河北省的皮鞋生产基本处于停滞状态。

新中国成立后，皮鞋生产得以较快发展。1953年，全省皮鞋产量达到5.37万双。在1956年合作化运动中，张家口先后组建了公私合营鞋厂（员工49人，资金3.72万元）、第三鞋社（职工106人，资金2.1万元）、桥西尚鞋社（职工76人，资金0.2万元）。邢台、保定、承德、石家庄地市的私人鞋店（铺）也都先后组织起来，组建了一批皮鞋生产合作组织，全省皮鞋生产规模扩大，生产工艺和设备有所改进，当年全省皮鞋产量达到28万双。到1957年，全省皮鞋产量已达50.4万双，比1953年增长8.4倍。1960年，全省皮鞋产量达到74.1万双，出口皮鞋25.09万双。20世纪60年代初，国民经济处于困难时期，企业减员转产，生产逐年下降，1963年全省皮鞋产量仅为10.75万双。此后，虽经历了"文化大革命"的波折，但一直呈发展势头。1970年以后，由于粘胶皮鞋等新的生产工艺的推行和猪皮制革的发展，同时机械化程度提高，皮鞋品种增加，生产持续上升，到1977年，皮鞋产量达到224万双，比1957年增长3.44倍。

改革开放初期，各企业普遍重视技术改造，安装生产流水线，生产规模逐渐扩大。1980年，皮鞋业生产企业有23家，生产皮鞋364.65万双，比1975年增加212.75万双；工业总产值为4454万元，占皮革业工业总产值的25.2%。随着技术和经营管理水平的改进和完善，皮鞋质量显著提高，并创出一批优质名牌产品。据统计，1979—1988年，先后有秦皇岛市皮革制品厂"金鳗"牌7918线缝三接头牛皮鞋、"星云"牌二型半男三接头皮棉鞋，唐山市东矿区皮鞋厂"玉华"牌男三接头皮鞋、"玉华"牌高跟（半高跟）女棉鞋，邢台市鞋厂的"邢海"牌女胶粘皮鞋，石家庄市皮鞋厂"羚羊"牌半跟牛皮三接头皮鞋、"铃虎"牌牛皮胶粘半跟方舌男皮鞋、"岭云"牌女式一型半胶粘牛皮鞋，张家口市第二鞋厂"双鸳"牌胶粘中年人棉皮鞋等10余种产品获河北省优质产品奖。

制革业的发展拉动了制品行业的发展，20世纪90年代初期，河北省制鞋厂加速机械化、自动化进程，生产能力显著提高。由于大规模集中建设，使皮鞋产能相对过剩，工业生产总值增速低于产量增速。1995年，全省皮鞋生产企业有28家，生产皮鞋1646万双，比1990年增加902.23万双；工业总产值8337万元，占全省皮革业工业总产值的21.21%，所占比重比1990年下降5.87个百分点。

进入21世纪，制鞋设备和工艺逐步升级，产品不断更新换代，皮鞋质量档次提高，高级休闲鞋、羊毛鞋等中高端产品比重增加，双密度作战靴、舰艇毛皮鞋、高勒作训鞋等军用鞋及具有耐腐蚀、抗静电、防水等功能的劳动保护鞋生产能力扩大。"梦米兰"被认定为中国驰名商标，"神行太保"被认定为河北省著名商标。2008年，际华三五一四制革制鞋有限公司的橡胶双密度技术研究及应用项目填补了国内橡胶双密度制鞋技术空白，被评为河北省轻工业管理创新成果一等奖，该项目中橡胶的流延技术和快速硫化技术，克服了传统模压工艺产生的下部过硫上部欠硫的问题，保证硫化均匀，提高了理化性能。随着市场需求的变化，我省皮鞋生产企业大大减少，与制革业、毛皮业相比，发展相对较慢，皮鞋业逐渐萎缩，在皮革业中所占比重下降。至2010年，全省皮鞋生产企业有10家，比1995年减少18家，从业人员2550人，生产皮鞋584.09万双，比1995年减少1061.91万双，完成工业总产值3.47亿元，仅占全省皮革业工业总产值的0.5%，所占比重比1995年降低20.71个百分点。

图8-12为河北省1953—2010年历年皮鞋产量情况。

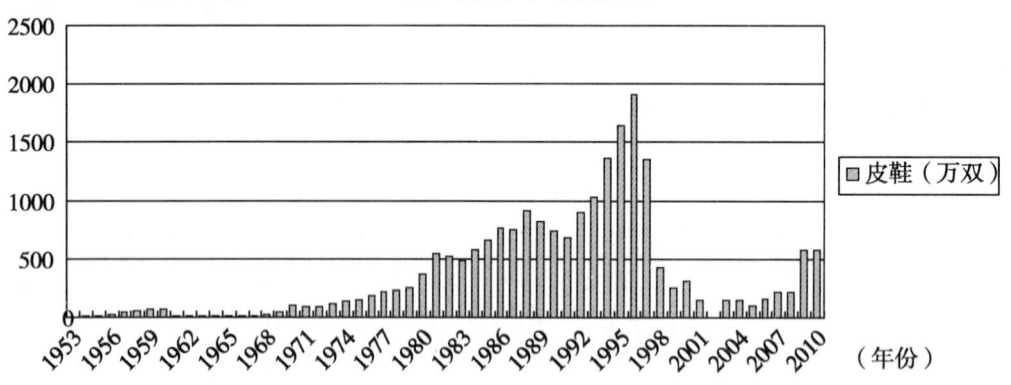

图8-12　河北省1953—2010年历年皮鞋产量示意

二　生产工艺和设备

皮鞋按品种基本可分为五种生产加工工艺，即线缝、模压、硫化、注塑、胶粘。

（一）线缝工艺

线缝工艺，系采用手工将鞋帮料、底料缝制在一起。其种类可分为沿条鞋、透缝鞋、压条鞋等。手工码条皮鞋，缝制工艺复杂，加工精细。以25号皮鞋为例，规定码148个针码，上下误差不得超过2个针码。

（二）模压工艺

模压工艺，即在完成皮鞋粘帮、绷帮工艺后，采用模压机将配制好的橡胶混合物，通过一定的压力和温度，使之与皮鞋帮料牢固结合。

（三）硫化工艺

硫化工艺，系将粘制好的皮鞋（绷楦或缝帮套楦）挂在铁车上，送入硫化罐内进行硫化。硫化可分为热硫化和冷硫化两种，生产上主要采用热硫化。省内自1969年采用此种工艺进行批量生产。硫化工艺生产的皮鞋比较粗糙。

（四）注塑工艺

注塑工艺，系以聚氯乙烯（PVC）、聚氨脂（PU）等为主要原料，采用不同的注塑机，直接注塑皮鞋或注塑鞋底。该工艺简单，效率高，可生产化工用鞋或劳动保护鞋。

（五）胶粘工艺

胶粘工艺，系把绷好的皮鞋帮和预制好的鞋底，通过胶粘剂（氯丁胶、聚胺脂胶等）加压，使帮、底结合的工艺。此工艺是制鞋生产技术上的一项重大改革，推动了机械配套和胶粘流水线的使用。

河北省皮鞋生产工艺，从1887—1936年，基本上均采用手工缝制。1937年开始用脚踏式缝纫机代替手工缝帮，但其他工序仍是人工用刀剪、锥子加钉锤完成。从1953年起，皮鞋沿条子线由原来的两个线头交叉缝成改为钩锥一次缝成。同时，缝纫机也由人力脚踏改为电力传动，每人每天可生产一双皮鞋。1960年后，生产企业陆续购置并应用了下料机、片帮机、片底机等制鞋专用设备。1965年开始推广应用模压鞋生产工艺，1966年从外省引进了硫化皮鞋、注塑皮鞋和胶粘皮鞋生产工艺，同时添置了内线机、高速压合机、硫化罐、模压机、橡胶出型机、注塑机、绷楦机等专用设备。至此，河北皮鞋生产工艺由单一线缝增加到5种工艺。

"六五"期间，石家庄、张家口、秦皇岛、邢台等重点皮鞋厂进行技术改造，并先后引进意大利皮鞋生产线，河北皮鞋生产技术装备水平有了显著提高。液压传动装置已普遍应用到制鞋设备中，射流控制、充电控制、数字过程控制、远红外线干燥等技术均在生产中应用。1988年，全省皮鞋行业机械化半机械化程度达到85%以上，液压裁断机、绷楦机、自动注胶机、自动压合机、自动胶粘机、主跟及内跟成型机等机械已初步成为河北省制鞋工艺的主导设备。1990年，全省皮鞋专业生产设备有裁料机182台、注塑机23台、外线机25台、模压机150台、绷尖机24台、绷勒机37台、绷跟机20台、黏合机44台。

主要产品生产工艺流程如下。

模压鞋生产工艺流程：下料—拨花—扎帮—扎气眼—扎铆钉—绷楦—码线—垫勾心—出楦—刷胶—压鞋—整修—验收—包装—入库。

冷粘鞋生产工艺流程：下料—拨花—扎帮—扎气眼—扎铆钉—绷楦—码线—垫勾心—打底—打帮—刷胶—粘底—气压—出楦—抖底—整修—验收—包装—入库。

20世纪80年代末，制鞋企业引进了中国台湾、意大利制鞋生产流水线，组底机、电脑绣花机、下料机、片皮机、绷帮机、钉跟机、内底整修机等专用设备逐渐得到广泛应用。进入21世纪，随着电子、激光等现代化技术的发展，制鞋企业开始采用多功能激光鞋材雕花下料机等先进设备，自动化控制水平不断提高，2010年河北省皮鞋行业的装备水平已基本达到了国内同行业先进水平。

三 主要产品品种

按生产工艺划分，皮鞋可分为线缝皮鞋、胶粘皮鞋、模压皮鞋、硫化皮鞋和注塑皮鞋5大类。一般来讲，线缝和胶粘皮鞋为高档产品，模压、硫化和注塑皮鞋为低档产品。

线缝皮鞋属传统产品。20世纪50年代，河北省所产均为线缝皮鞋。1980年线缝皮鞋产量占全省皮鞋总产量的12.38%，1985年此比重下降为8.93%。

1965—1982年，模压皮鞋、硫化皮鞋的年产量呈逐年递增趋势，1982年年产量达到163.5万双，占皮鞋总产量的31.35%。此后，随着人们消费水平的提升，模压、硫化皮鞋的产量逐渐下降，到1989年下降为116.44万双，占皮鞋总产量的14.16%。

注塑皮鞋的产量不大。1982年仅为0.9万双，1989年为80年代最高产量12.32万双。

胶粘皮鞋是1970年起在省内发展起来的新品种，因其具有外型美观、样式新颖、穿着轻便、牢固耐穿、生产效率较高、适于现代化机械生产等特点，产品取得快速发展，1970—1988年产量逐年增加，1975年产量为13.78万双，至1985年达到343.84万双，占全省皮鞋总产量的52.13%，1988年全省胶粘皮鞋产量为656.6万双，占皮鞋总产量的71.8%，成为省内皮鞋的主导产品。

普通皮鞋是人们日常穿着的皮鞋，以所用材料分为真皮皮鞋、代用革皮鞋，以穿着对象分为男鞋、女鞋、童鞋、老人鞋，以穿着季节分为春秋穿时单鞋、夏天穿的凉鞋、冬天穿的棉鞋。

运动鞋（旅游鞋）是以天然皮革或代用皮革做鞋帮，配以塑料发泡结合底或橡胶聚氨脂底制成，供人们在旅游健身或工作时穿着的流行鞋种，有的称健身鞋、健步鞋，也有叫休闲鞋、跑步鞋穿着行走舒服，国内外市场需求量特别大。

劳防鞋是用于劳动时防护的特殊皮鞋。有用于带电操作工人穿的绝缘劳防鞋，有用于从事重工业人员穿的防砸耐热安全鞋，有用于化工生产人员穿的耐酸耐油劳防鞋，有用于地质堪探人员穿的耐磨防穿刺劳防鞋。

特殊功能鞋是一种特殊结构和其有某种功能的鞋，如双密度作战靴、军官常服皮鞋、舰艇毛皮鞋、高靿作训鞋等具有阻燃性、防穿刺性、防水性、防沙性、防滑性、耐磨性、耐热性、耐寒性、耐老化性、耐水解性、耐微生物侵蚀性等特种功能性鞋产品。

第五节　皮件制品

皮件制品主要是用天然皮革或人造皮革为主要原料制成的除鞋类外的各种日用皮革制品及服装，主要包括球类、箱包、手套、革皮服装等民用、军用、工农业用产品。

一　发展概况

河北省皮件制品生产始于1925年，当时邢台牛市街厌纯德、纪恩科生产羊硝皮，兼产牛皮箱，字号以"同盛德"闻名全城，年产量200个。尔后，辛集、邯郸等地一些民用、军用的皮件产品也陆续得到了发展。

据河北省大宗出口产销数量统计显示，1929年河北省皮衣箱年产量51.2万件，生产区域人口2.7万人，出境数量占98.4%。又据1934年民营工业统计显示，束鹿有皮件站34家、资本1.43万元，年产皮件19.87万件，总值1.12万元，主要产品有背包、枪套、皮带等。到1937年，邯郸市的制件个体户已发展到6家。

1939年，邢台齐厚仁在前南街办起了"永兴厚"皮件作坊，雇用14人，年生产3.2尺牛皮箱1200个，还生产牛皮带、牛皮钱包等，年产量分别达到2500条和4200个，产品畅销本省各地。1942年，日本侵华，各地皮件店、作坊纷纷歇业，至新中国成立前夕所剩无几。

中华人民共和国成立后，通过社会主义改造，皮箱、皮件生产很快得到恢复和发展。1954年，邯郸市皮件生产合作社正式成立，当时有社员35人，皮件生产有两台大头缝纫机，产品主要有车斗篷、手套、皮带、皮箱等民用品。1956年保定市从事车马挽具、猪鬃加工等11家手工作坊实行公私合营，成立了保定市公私合营复聚皮毛厂，并从事"三球"（篮球、排球、足球）生产。到1956年年底，全省各地的皮件作坊都组建了皮件生产合作社，走上集体化发展的道路。1957年皮件产品中的"三球"，年产量已达6.4万个。

20世纪60年代初国民经济困难时期，牛、羊自然皮十分缺乏，牛皮使用范围被严格限制，皮件产品生产基本处于停滞状态。一直到1965年，以支农产品车马挽具为代表的皮件制品才有了较快发展。1965年年底，全省车马挽具产量达到616.42万件，1966年又增至760.1万件，其他皮件制品基本没有生产，此种状态在"文化大革命"期间尤为突出，1973年生产车马挽具1330万件，比1972年增长46%。1976年后，皮件生产逐步恢复正常，此时车马挽具已转乡镇企业生产，其他皮件和皮箱生产扩大，到1978年，全省皮件产量达到50万件，皮箱产量增至2万只，出口皮箱10224只，皮手套出口达80.32万副，皮帽出口达6.24万顶。

改革开放后，河北皮件制品发展加快，出口快速增加。据统计，1978—1980年，仅邢台市4家皮件厂皮革制品出口量已达209.57万件。1981年，邯郸市箱包厂开发出手提公文箱、公文包，适应了国际市场需求，提高了出口创汇能力。至1985年，全省生产革皮箱3.36万只，革皮包59.15万个，革皮手套127.18万副、车马挽具88.8万件；出口皮手套63.81万副，皮箱、包等皮件49.61万件。

"七五"期间，河北省皮件生产企业先后引进德国、意大利等国先进的加工工艺和设备，制造水平不断提升。1987年，张家口市皮革制品厂生产的猪皮软硬旅行箱被评为河北省优秀新产品。1990年，枣强县裘革制品厂生产的裘革工艺手套获省科技成果奖。皮革服装采用优质服装革，色彩逐渐丰富，抗皱性等各项功能指标提升。至1990年，全省皮件生产企业有14家，工业总产值为3237万元，占全省皮革业工业总产值的7.17%。

20世纪90年代，借助辛集皮革商城、白沟箱包等市场的发展，河北省皮件产业得到较快发展，到1995年，全省皮件业工业总产值达8217万元，占全省皮革业工业总产值的20.9%，所占比重比1990年提高13.73个百分点，皮件业在河北省皮革业发展中发挥着愈加重要的作用。

中国加入世贸组织以来，皮箱、皮革服装等皮件产业发展迅速，白沟国际箱包城、辛集国际皮革城等专业市场的建设加快，产品品种增加，款式新颖，"西曼""佰立特"等皮装品牌，"玉兔""福润德"等箱包品牌影响力增强，国内外市场占有率提升。到2010年，河北省皮件制品生产企业有159家，从业人员达36966人，工业总产值为229.47亿元，比2005年增长217.25%，占全省皮革业工业总产值的32.75%；出口交货值为21.45亿元，比2005年下降9.38%；实现利润31.01亿元，比2005年增长219.69%，占全省皮革业利润总额的47.86%。

图8-13为河北省1985—2010年历年皮革服装产量情况。

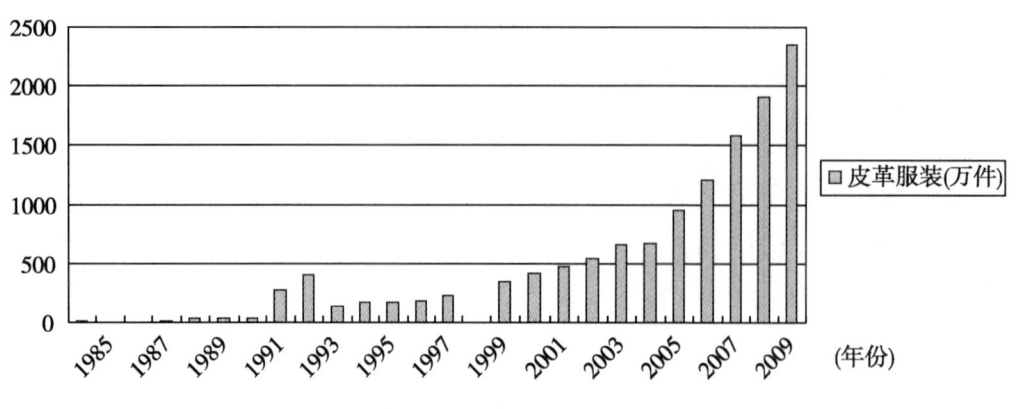

图 8-13　河北省 1985—2010 年历年革皮服装产量示意

二　少数民族特需用品

河北省的少数民族特需用品主要有蒙靴、鞍鞯、马镫以及车马挽具等，其产地主要在张家口。

据史料记载，早在明嘉靖年间，张家口便成了蒙汉互市之所，民族特需用品生产伴随毛皮业的发展而逐渐兴盛起来。到清朝中末时期，张家口的蒙靴、鞍鞯作坊店铺有一二百户，年产蒙靴10万余双，其中较有名气的"三发涌""双盛永""通德永"鞍子铺和"德兴斋""德盛元""双庆魁""公福成"等靴子铺。这些产品品种花色繁多，不少产品是集工艺与实用为一体的上乘精品，如"景泰蓝沙鱼皮马鞍""罗王府八根云鞍""中四平绒座上三件鞍"等都享有很高的声誉。此时，由于蒙靴的发展，其行会组织也随之诞生。张家口市以大境门为界，以内则叫"内行"，以外一般归化城则称"外行"，且各有团社组织，内行团社为"公益社"，外行称"永盛社"，蒙靴工人组织称"义和社"。1931年，白俄人拉兹夫、德国人白伯哥在张家口开设"德华洋行"经营绸缎、布匹、茶、蒙靴、鞍鞯等用老倌东（牛马）与外蒙古贸易，使外地制靴工人云集张家口，靴鞍业一度兴盛。1937年七七事变后，日军侵占张家口，至解放前夕，该行业日渐衰落。

新中国成立后，在党和政府的扶持下，蒙靴鞍鞯及车马挽具等的生产，逐年得到恢复，1953年部分蒙靴铺业主和工人组织成立了张家口市第一蒙靴生产合作社，社员20余人，全部资金9000多元。随后，部分鞍鞯作坊组织起来成立了张家口市第一鞍鞯生产合作社，资金3200余元。

1956年1月1日，手工业合作化运动高潮中，蒙靴和鞍鞯社及未组织起来的作坊成立了张家口市公私合营蒙靴鞍鞯厂，全厂职工有300余人，产品列入国家计划。后与其他企业几经分合，1984年建立了张家口市民族用品厂，继承和发扬民族用品生产的传统优势，在更新改造设备的同时，积极发掘老产品、开发新产品，汇集了本地区近200年来的传统技术和一些身怀绝技的老艺人，研究出具有独特风格的传统产品二官座红油鞍、大西苏红鞍、球鞍、大青海新疆鞍、骆驼鞍及各种马镫、座包、皮尾等马具皮件，蒙靴、藏靴等80余种民族用品，产品深受用户欢迎，一直畅销宁夏、东北、甘肃、青海、新疆、西藏、四川、内蒙等10多个少数民族地区。同时，该厂还根据不同地区、不同民族风格各异的特点，开发生产了为20多个少数民族所喜爱的特需用品。该厂健全了三级质量管理网络，逐渐完善质量保证体系，产品质量不断提高，大青海木马鞍于1983年荣获"河北省优质产品""轻工业部优质产品称号"，皮马鞍于1983年被评为河北省优质产品，于1985年被评为轻工业部优质产品。1988年该厂被国家民委、国家轻工业部评为先进企业。

三　生产工艺和设备

包类工艺分五部分，分别为帮下料、粘合、清配、缝制和装配整理；箱类工艺以缝制成型和装配整理为主要加工工艺；皮衣工艺分为下料、缝制、装配整理。

皮件制品生产，从20世纪50年代逐步由过去的手工制作转为半机械化。70年代后，特别是进入80年代，技术装备水平显著提高，一些比较先进的下料机、热合机、去皮机、冲皮机、大头缝纫机、皮结成型机、拉软机等设备用于皮件生产，部分工序实现连续化生产。80年代后期，逐渐引进全自动电脑片边机、裁断机、铆钉机等一些国内外的先进的设备，制品行业机械化程度及质量水平大幅提高。21世纪以来，数控皮革冲孔机、皮革皮包彩绘机等设备在生产中应用，逐渐实现机械化、自动化生产。

四　主要产品品种

(一) 主要产品品种

皮件制品共有10大品类：皮箱类，包括各种面料、不同规格的家用箱、模压箱、硬盖箱、方角箱、双盖箱；皮包类，包括各种款式的手提包、旅行包、公文包、背包；手套类，包括生活手套、劳动保护手套；皮票夹类；皮车座类，包括猪皮硬车座、软车座；革皮衣类；皮结、皮圈、皮垫、皮碗类；劳保用品类，包括安全带、护膝、套袖、围裙等；工具袋类；日用小商品类，包括烟包、腰带、表带等。

(二) 20世纪七八十年代名优产品

1977年，邢台皮件厂加工出口的劳保手套，被河北口岸、天津口岸誉为"质量信得过"免检产品，该厂生产的人造革旅行箱于1980年获邢台市新产品二等奖。

1983年，张北县皮毛制帽厂生产的"雪中笑"牌皮面硬胎羊剪绒皮帽获"河北省名牌产品"称号。

1985年，邯郸市箱包厂生产的"倩玖"牌手提公文箱获"河北省优质产品"称号，该产品于1988年获"全国轻工业优秀出口产品"称号，并获得铜牌奖。

第六节　对外贸易

一　古代和近代皮革对外贸易概况

制革、毛皮及毛、革制品是河北省传统出口商品。早在鸦片战争时期，英、法、俄等国皮货商人就通过天津洋行争相购买大营皮毛产品。清末，"营皮"以其优良的品质，广博外商的青睐。到1921年，英、俄、荷兰、美等国的皮货商人，都先后到大营设立办事处，其常驻人员达50余名，收购皮毛产品，运销世界十几个国家和地区。同时期，在天津开设洋行的本国商人，也竞相到大营收购产品，由天津口岸转运国外。清光绪十一年（1885年），德、美外商纷纷来邢大量收购皮货，德商洋行"美新太兴洋行""和平洋行"

等收购生皮转销欧美各国，每年皮货贸易额为 1200 万两白银左右。清光绪六年（1880年）至民国 26 年（1937 年）期间，辛集皮毛皮革产品畅销国内外，大的皮毛商在当时的北平、天津、中国香港等地区都有外庄经销，"聚泰皮庄"把外庄设在日本东京、大阪。清光绪二十六年（1900 年）后，资本主义国家的皮毛商人在辛集镇设洋庄 24 座，据统计，当时辛集镇 80% 的皮子运销出口，仅白皮一项天津洋行就收买辛集市场的 60% 运往国外，远销日、俄、德、美、英、法、葡萄牙、比利时、丹麦、挪威等国家。咸丰十年（1860 年），俄国商人开始在张家口出现。《万全县志》记载："清之中叶，商贾辐辏，市面繁荣，殷实商号麇集市圈，光绪二十八年《中俄条约》，大境门外元宝山开为通商场，遂国陆路大商埠"。京张铁路和张库公路修成后，张家口与库伦通商日繁一日，毛皮贸易达到鼎盛时期。八国联军大举入侵中国以后，派人到张家口开皮庄、皮局、掠夺皮毛资源。1921 年蒙古国独立，旅蒙商号多数倒闭，到 1930 年张家口与乌兰巴托的贸易才逐渐恢复。1937 年"七七事变"之后，河北省皮革业一落千丈。

二　新中国成立至改革开放初期皮革业对外贸易概况

新中国成立后，河北皮革业得以恢复发展。20 世纪 50 年代，各地纷纷建立皮革工作社（组），走上合作化道路，逐步探索新工艺，部分工序采用机械生产，皮革产品品种增加，质量提高，为出口创汇提供了物质基础。出口产品由土畜产品公司和外贸统一经营。大营皮毛厂在 1952 年建厂当年出口羊头腿褥子 3000 条，出口额为 45 万元。1953 年蠡县社土产公司在留史建立畜产组社，收购兔、牛、羊、驴、马、狐狸等皮张出口。张家口市制革厂 1954 年开始对蒙古人民共和国出口香牛皮、马鞲。邢台市鞋厂 1956 年向美国出口三接头男皮鞋。唐山市皮鞋厂 1957 年年底开始批量生产出口各种高勒马靴及童鞋，销往苏联、蒙古及西方一些国家。保定皮鞋厂 1957 年向苏联出口皮鞋，得到外贸奖旗鼓励，该厂 1958—1959 两年累计出口皮鞋 6.6 万双。张家口市第一制皮厂从 1957 年开始出口各种粗细毛皮产品，出口产品占 50% 左右。1949—1958 年，河北省累计出口皮褥子 75.89 万条、皮鞋 196.41 万双，1956—1958 年皮革制品出口交货值为 742.61 万元。

60 年代初国民经济困难时期，由于原料供应紧张，皮革业出口受到影响。1960 年全省皮鞋出口达到 25.09 万双，1962 年下降至 2.3 万双，1963 年皮鞋则无出口。其中，秦皇岛市皮革制品厂皮鞋出口由 1958 年的 1.43 万双降至 1961 年的 0.62 万双，1962—1963 年无出口。皮革出口同样呈下降趋势，张家口市制革厂皮革出口由 1957 年的 2.18 万张降至 1961 年的 0.24 万张，香牛皮出口由 1957 年的 2.42 万平方米降至 1961 年的 0.31 万平方米，1963 年该厂无出口产品。

70 年代初期，随着皮革业生产设备、技术、工艺的提高，各种皮革、革制品不断增加，皮手套、皮箱包等出口产品品种更加丰富，出口总量增长，质量有所提高。1972 年，全省出口产品达到 120 多种、皮革 47 万张（折牛皮），其中猪皮革出口 57 万张，创汇 136.8 万美元。当年，束鹿、邢台制革厂试制成功了出口猪皮衣服革和皮衣制件，保定制革厂试制成功了出口猪皮"三球"等新产品。1974 年，邢台皮毛厂增加图案褥子和地毯纱图案褥子，出口到美国、日本、联邦德国等国家。1975 年，故城县皮毛厂鞣制出达到出口要求的兔皮褥子，改变了皮革工业只能生产猪皮半硝革原料出口的落后面貌，提高了出口换汇率。至 1978 年，全省出口皮革 60.49 万张、皮褥子 35.52 万条、皮手套 79.53

万副、皮帽5.08万顶、皮鞋3.12万双、皮衣8950件、皮箱8400只,完成出口交货值2355.7万元。

三 改革开放后至20世纪末皮革业出口概况

改革开放后,河北省皮革业获得迅速发展,新建一批制革毛皮企业,引进先进生产技术设备,产品产量和质量大幅提升,出口增长加快。1980年,河北省皮革业出口交货值达到5517万元,比1978年增长134.2%,占全省轻工出口总额的12.95%;出口皮褥子99.5万条,占全国同类产品出口总量的26.75%,居全国第一位;出口裘皮衣12.36万件,占全国同类产品出口总量的15.96%,居全国第二位。1981年,河北省皮毛出口量占全国皮毛行业出口量的25%左右,张家口地区毛皮出口量占河北省毛皮出口总数的50%。张家口市第一制皮厂的羊剪绒皮、张家口市第二制皮厂的口羔皮、邯郸县皮毛厂的奶羊仿色裘皮服装、邢台市制革厂的山羊皮正面服装革和绵羊服装革、辛集市皮毛制革厂的奶山羊仿染加革条翻毛裘衣荣获"1981年全国轻工业优秀出口产品"称号。1982—1983年,受国际市场不景气影响,河北省皮革出口呈逐年下滑态势,至1985年,皮革业出口交货值仅为1068万元。

"七五"期间,农产品统购派购政策放开,原材料供应充足,同时绵羊光面两用皮、软箱包革、牛皮薄型服装革等新产品不断涌现,丰富了皮革产品品种,裘皮服装出口增加,出口产品结构逐渐改善。1987年,邢台市制革厂研制成功的绵羊防旧服装革组织出口。张家口第一、第二制皮厂,张家口皮毛综合厂,宣化皮毛厂等企业纷纷生产出口裘皮服装。1988年大营皮毛厂生产的各式裘服、帽子、壁毯等产品,有80%出口到美、英、法、德、日、苏、荷兰、芬兰等国家。1988年,张家口市皮鞋厂上马出口美国的运动鞋及出口中东的工作鞋,企业质量技术水平提升。到1990年,河北省皮革业出口交货值达10404万元,占全省轻工业出口总额的10.77%,其中制革出口交货值为3966万元,皮革制品出口交货值为3023万元,毛皮及毛皮制品出口交货值为3415万元,分别占全省皮革业出口总额的38.12%、29.06%、32.82%。

20世纪90年代初期,皮革业出口下滑。1996年,国际需求增长,河北省皮革业出口交货值快速增加到23959万元,比1995年增长44.53%。但由于经营管理粗放、研发投入不足,再加上1998年亚洲金融危机影响,使刚刚有所抬头的皮革出口贸易再次滑落,至2000年,全省皮革业出口交货值为6379万元,仅占全省轻工业出口总额的2.72%。

四 21世纪以后皮革业对外贸易概况

2001年中国正式加入世界贸易组织,政府职能逐渐转变,民营经济得到较快发展,许多企业获得自营进出口权,给皮革业发展带来机遇。辛集皮革、大营毛皮、肃宁裘皮、白沟箱包等特色区域建设初具规模,制革、皮革制品、皮件、毛皮及毛皮服装等行业产量和出口量大幅增长。2005年,河北省皮革业出口交货值达到43.76亿元,占全省轻工业出口总额的27.64%。

"十一五"时期,受人民币持续升值、出口退税下调、美国次贷危机延伸及由此引发的全球性金融危机、俄罗斯政府大力打击"灰色清关"等因素影响,河北皮革业出口交货值逐年下降,2009年降至18.01亿元,仅占全省轻工业出口交货值的7.47%,比2005

年下降 20.17 个百分点。

2002—2007 年，辛集皮革企业对俄罗斯市场贸易的海关登记数字，每年达到七八亿美元。2008 年 9 月 11 日，俄罗斯官方以打击"灰色清关"为由，对阿斯泰（ACT）市场进行突击检查，查封了华商储存在仓库里的鞋、服装、袜子等日用品。辛集皮革企业的皮货也牵涉其中。2009 年 6 月 29 日，俄方宣布俄罗斯最大的华商市场——莫斯科切尔基佐夫斯基集装箱市场无限期临时关闭。半个月后，莫斯科市长卢日科夫又宣告其永久关闭。近 1 年时间，辛集皮革业损失 10 亿元人民币，对俄贸易受到重创。以俄罗斯为最大外贸出口市场的大营，也遭受不小损失，年交易额骤降。

面对巨大冲击，河北省皮革业一方面逐步采取正规国际贸易方式，疏通购销渠道，巩固俄罗斯等东欧市场；另一方面加快建设国际皮革商城，吸引外商前来洽谈业务。同时，针对河北省皮革皮毛制品研发投入不足，款式创意相对落后等问题，通过参观参展，掌握国外市场需求，了解皮装流行趋势，加快开发高附加值生态新产品，积极开拓欧盟、北美、东亚等重点市场，不断提高国外市场覆盖面。2010 年，河北省皮革业出口交货值达到 40.25 亿元，占河北省轻工业出口总额的 10.95%，其中皮革毛皮制品出口占皮革业出口总额的 83.23%，比 2009 提高 28.47 个百分点，出口结构明显改善。

图 8-14 为河北省皮革业 1978—2010 的历年出口交货值情况。

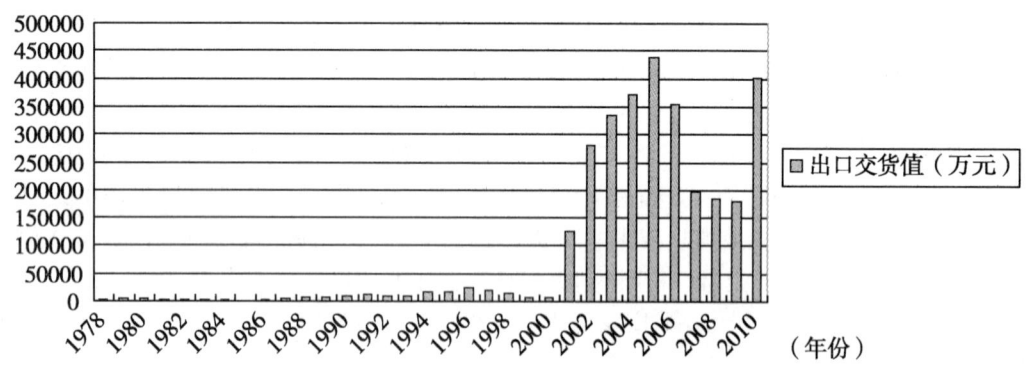

图 8-14　河北省皮革业 1978—2010 年历年出口交货值示意

五　重点出口产品品种

第一，皮毛及制品：主要有貂、猞猁、元皮、香鼠、貉等细毛皮及羊绒，羊头腿褥子、皮帽子、山羊褥子、兔皮褥子、剪绒刷、兔皮坐垫、羊绒背垫、狐皮巾、皮毛围巾、绵羊皮、羊绒拖鞋等。

第二，皮革及制品：包括羊革皮、猪革皮、革皮大衣、革皮服装。

第三，裘皮服装：包括翻毛狐皮大衣、灰鼠皮大衣、貂皮大衣、兔皮大衣和女上衣、皮猴、童皮大衣、羊皮大衣和上衣。

第七节　配套产业

与皮革主业相比，河北省皮革化工、鞋用材料、五金配件等配套产业专业生产厂家较为缺乏。

一 皮革机械

张家口市毛皮机械厂建于1962年，前身为张家口市桥西区机床铸造厂和张家口市铸造厂，1969年两厂合并，改称"张家口市机械修理厂"，1974年改称"张家口市毛皮机械厂"并开始转产毛皮机械，生产剪毛机、烫毛机、去肉机、干燥机、烘干机、梳毛机等6大类20多种产品，销往全国29个省区，尤其是西北、华北、东北等毛皮厂家集中地区基本上使用该厂产品。该厂生产的"飞狮"牌M5G1—60型烫毛机、"飞云"牌M5D1—120型剪毛机、M5G1—50型烫毛机分别于1984年、1985年、1986年获"省优质产品"称号，其中M5D1—120型剪毛机于1987年获"部优产品"称号。1986年，轻工部确定该厂为全国毛皮机械加工中心，并贴息贷款290万元对其进行技术改造，引进国外先进毛皮机械样机和技术，实现毛皮机械国产化。为配合该厂技术改造项目的实现，解决国内高档毛皮加工急需的关键设备，省轻工业厅日机轻机公司邀请部毛皮机械研究所、轻工部外事司与张家口市毛皮机械厂联合组成技术考察组，到西班牙奥星威尔——巴吐尔公司和长彼得拉公司进行技术考察。省科委1986年、1987年将该厂新产品开发列入省、国家星火计划，促进了毛皮机械的发展。

辛集巨龙皮革机械有限公司成立于1994年，位于"中国皮革皮衣之都"河北省辛集市，是中轻总公司重点生产皮机的民营骨干企业，中国皮革工业协会理事单位，拥有独立进出口权，科研开发技术力量雄厚，加工设备先进精良，质量监测控制严细。近年来，巨龙公司相继研发出具有国际领先水平的Y形不锈钢全自动复鞣染色鼓，圆形、八角形不锈钢全自动捧软鼓，水平式螺旋鼓等系列不锈钢鼓。该系列产品不仅填补了国内空白、获得国家专利，而且还是该产品国家行业标准的唯一起草单位。公司产品远销意大利、越南、泰国等国家和中国台湾地区，畅销国内20多个省市和地区，市场占有率达90%以上，深受客户的好评。

二 专业市场

随着河北制革业的蓬勃发展，辛集皮革商城、中国国际皮革城、尚村原皮交易市场、昌黎皮毛交易市场、白沟箱包市场、大营皮草交易中心、蠡县皮毛市场等一批专业市场逐渐发展壮大。

1992年，河北省开始规划建设"中国辛集皮革商业城"。中国辛集皮革商业城是"八五"期间建设的十大国家级初级市场之一。由于政策优惠、环境优越、效益显著，商业城的规模迅速壮大、日益繁荣，每年冬季皮货销售高峰期间，商城有商家1000多家、摊位1400多个、日成交额达600万元、日客流量达五六万人，来自国内十几个省市的购货汽车2000多辆，周日达到3500多辆。2009年，又规划建设了集批发零售、产品研发、信息发布、旅游购物、美食餐饮等多功能于一体的中国国际皮革城项目，该项目占地380亩，建筑面积50万平方米，投资10亿元，分两期建设。一期工程建筑面积16万平方米，已于2010年9月28日开业，并实现景区化建设，成为中国北方最大的皮革特色购物旅游基地，进一步促进了辛集皮革业的发展。

尚村原皮交易市场，占地187亩，位于河北省肃宁县，是我国最大的原皮交易市场，日客流量达3万多人，常驻的国内皮毛客商有300家，2010年交易额达80.3亿元；2006

年，建筑面积12.8万平方米的裘都商城启动运营，该商城是集生产加工、销售、研发、设计、包装、拍卖、展示及相关服务于一体的综合市场。

1994年5月8日，白沟箱包交易城建成并投入营业，是全国最大的箱包市场，2004年进行了升级改造，2010年白沟箱包市场由原来的白沟箱包交易城、国际箱包城近10万平方米两大交易市场发展到现在的包括白沟国际箱包城二期、银领国际箱包写字楼在内的4大箱包专业市场，营业面积扩展了2/3，经营国内外知名品牌700多个，本地注册品牌1400多个，箱包业发展步伐加快。

大营皮草交易中心，坐落于河北省枣强县大营镇，2006年4月建成使用，为大型皮草专业市场，占地50亩，建筑面积7万平方米，年营业额超过36亿元；2010年10月建成中国·大营国际裘皮城。两个专业市场的建立，进一步促进了大营皮毛业的发展。

第八节 行业管理

一 机构概况

1950年9月河北省人民政府工业厅成立，是工业管理的职能部门，内设机构轻工业处（局）为皮革行业主管部门。1956年6月组建河北省第一工业厅、河北省第二工业厅，第二工业厅主管轻工业，内设轻工处管理皮革行业。1958年6月河北省第二工业厅撤销河北省轻工业局成立，内设机构轻工处、手工业处，管理皮革行业。1962年11月河北省轻工业局和河北省化学石油工业厅合并组建河北省轻化工业厅，内设机构轻工局，皮革行业归轻工局管理。1965年6月，由省轻化工业厅管理的皮革行业划归河北省手工业管理局管理。1969年8月组建河北省轻工业局，主管一轻、二轻（手工业）、纺织、盐务、化工等行业，二轻工业（手工业）局主管皮革行业。1974年3月，从省轻工业局分出二轻工业部分，成立河北省第二轻工业局，内设机构皮塑处（1978年以前称"组"、1978年9月以后称"处"）管理皮革行业。1982年，河北省皮革行业协会成立。1983年7月，河北省机构改革，将河北省第一轻工局和河北省二轻工业局合并组建河北省轻工业厅，为省政府管理全省轻工业的职能部门。根据省编委冀编〔1983〕173号文件，河北省成立了河北省皮革工业公司，实施对皮革行业的相关管理职能。1999年11月河北省皮革工业公司转为股份制公司。2000年3月，根据河北省人民政府机构改革方案，撤销河北省轻工业厅，组建了河北省轻工业办公室，为河北省经贸委内设机构，协助省政府有关部门对制革行业发展实施行业指导。2003年8月河北省轻工业办公室撤销。

二 计划体制下原皮供应变化概况

皮革原料主要有猪皮、黄牛皮、水牛皮、牦牛皮、山羊皮、绵羊皮、骡皮、马皮、驴皮、骆驼皮等。

河北省制革业的原皮，20世纪50年代初自行收购。1952年国家对牛皮、羊皮实行统购后，由畜产部门供给，生产出口产品由外贸部门供给。自1964年开始，制革原皮转向以猪皮为主，主要靠当地各县和市冷冻厂、肉联厂开剥供给。

（一）牛皮

牛皮是制革质地最佳也是最先使用的原料。河北省每年有牛皮资源约10万张，本省收购量约20万张。自1952年开始，国家对牛、羊皮实行统一收购调拨，其供应顺序是军需、出口、民用品。1955年，牛皮压缩供应，国家对牛皮使用范围逐步加以控制，中央规定：沙发、椅子、皮包、皮箱、自行车座垫、服装、鞍带、体育用品、书面、各种机器仪器套及其他日用品不得使用牛皮；皮鞋底革不用牛皮，鞋面及蓝、排、足球的50%不得使用牛皮。从20世纪60年代起，分配河北的民用牛皮每年只10万张左右，以致牛皮革年年供应紧张。1980—1985年，除轻工业部每年分配进口牛皮革5万张外，河北省还自行进口牛皮革约5万张。1985年农产品统购派购政策放开后，牛皮来源渠道增多，当年全省生产民用牛皮革25万张，比上年增加5万张，牛皮革供应情况有所好转。随着消费水平的提高，社会需求由低档产品转向高档产品，牛皮制品需求增加，原料收购也大量增加，主要是到西北、东北、内蒙古等地收购。

（二）猪皮

新中国成立以来，中央一直重视利用猪皮制革，1951年，李富春副总理在全国轻工业会议上指出："制革业牛皮主要用于军需的工业上，民用消费品要以猪皮、杂皮、纸、布及其他代用品代替。"为鼓励猪皮制革，自1954年以来国家对猪皮实行了减免税制度。

河北猪皮原料充足，是发展皮革工业的优势。1951—1964年间，由于猪皮收购价格比牛皮价格高，全省收购猪皮平均每年仅在50万张左右，猪皮制革发展缓慢。

从1965年1月1日起，国家对制革厂收购猪皮每张补贴3元，猪皮收购逐年增多。1966年的收购量由上年60万张增到100多万张。1967年、1968年收购猪皮每斤补贴0.3元，1969—1970年，收购猪皮每斤补贴0.45元。随着猪皮补贴办法不断调整，猪皮收购数量大增，至1973年，猪皮收购量达到200万张。

1971—1985年，河北省财政采取按收购猪皮等级给予补贴，即收购1—3级的，每斤补贴0.65元，收购4级的，每斤补贴0.6元，平均每张猪皮可补贴10元，进一步调动了各地开剥猪皮的积极性。1972年，全省开剥猪皮135.7万张，占全国的25.1%，1973年，全省生猪存栏1378万头，手工开剥猪皮375万张。1980年猪皮开剥量增加到405万张，基本上解决了制革原料供应问题，以供定产变为以销定产、以产定供。猪皮占河北省制革工业原料比例达到90%以上。"六五"期间，国家发放猪皮补贴3000多万元，5年累计收购猪皮1000万张，平均每年达200万张。

1985年取消指令性猪派购后，社会上交售的猪皮量激增。1985年和1988年全省收购猪皮量分别为200万张和214.89万张，其中社会收购量占60%，由于原皮收购量增加，有力地推进了河北制革工业的发展。

第四章 山西省

第一节 历史沿革

山西皮革业在清代已较兴盛，尤以大同、交城为最。据交城县卦山天宁寺清康熙十二年（1673年）《古罕碑记》载，"吾邑山多水少，止东城却波一水，归为旗并饭洗皮革，奸商挟之为利，腥秽填壅"。可见交城皮革作坊分布之多。

山西省是我国传统产皮大省，相对皮革原料大省的地位，其皮革加工制作业稍逊一筹。但在清末民初，在各种社会经济条件的促成下山西省皮革业也有了一定的发展。皮革作坊主要分为两种，一是制革作坊，一是皮件作坊。皮革作坊主要分布于太原、大同、榆次、长治、平遥、临汾等地，著名的作坊有协兴永、福合永、通庆和、恒心聚、万兴厚、玉元成等，这几家均集中在太原。山西省皮革产品以皮件为特长，故其皮件手工作坊最众，据统计截至1919年，至少有15家之多。这15家是屯留的王皮坊，新绛的济义亨、三兴合、三兴成，长治的德盛、亨盛，忻县的源茂恒，长子的丁盛复、马兴正，河曲的运来泉、德盛亨，平遥的万泰成，夏县的李合盛、二合盛、福盛奎等。这些作坊共同点是产品质量可靠，可基本满足当地民用，但是雇工人数少（10人以下），生产规模小，资本小，产品单一。

1925—1926年分散在山西各地的皮革、皮毛作坊近300家，从业人员达1.5万人。1925年以前，山西制革业主要分布在交城、大同、新绛、太原等地。1926年日军侵华，绝大部分作坊停产，部分皮匠艺人流散于陕、甘、宁、青一带。

新中国建立后，分散在全省各地的皮匠艺人纷纷返乡，继续从事加工皮革、皮毛业，主要产品有牛底革、羊皮袄、烟包、车马挽具等。1953年，山西皮革业中组织了5个生产合作社，从业人员有81人，产值为8.5万元。到1957年，全省皮革行业生产合作社（组）发展到117个，从业人员有2719人，产值达720万元。1958年皮革工业合作厂（社）开展技术革新活动，制造各种专用机器和工具，提高了生产效率。太原市皮鞋制品厂职工创制了电动锯、钻两用机、锉眼机、暗刀铲皮机等10多种机器，仅花工料费780元。其中成本最高的机器为200元，最少的仅5元，创造价值为5000余元，提高劳动效率1—3倍。1962年全省皮革行业有企业101个、职工4465人，产值达1748万元，初步形成制革、皮鞋、毛皮、皮件4个自然行业。1965年开始执行猪皮补贴政策，为皮革工业扩大了新资源。1966年胶粘、模压、硫化3种制鞋工艺在山西推广应用，生产能力逐步上升。到1975年产值达到4722万元。

1978年，山西省调整产品结构，确定40个皮革定点企业，其中对10个企业进行了技术改造和技术培训。1980年皮革企业为73个，1982年至1983年由于盲目建厂，加上出口量减少，致使产量下降，1982年皮革（折牛皮）产量为38.8万张，1983年降为32.98万张；重革1982年产量为577吨，1983年下降为389.9吨；皮鞋1982年产量为156万双，1983年下降为151万双。

截至1985年年底，全省皮革行业有生产企业62个、职工9648人，产值达9263万元；主要生产设备2076台，利税958万元；革裘制品出口创汇420万元。这些企业主要分布在太原、大同、阳泉、忻州、榆次、临汾、晋城等市及河津、天镇、曲沃、长子、原平等县。

1990年，全省皮革行业有生产企业59个，实现产值14527万元。1990年后，随着市场经济的不断发展，皮革工业的布局发生了很大变化，出现了产业在沿海省市积聚的趋势，处于内陆的山西的皮革工业逐渐衰退。1995年，山西省有皮革企业47个，完成工业总产值16149万元；2000年，山西省皮革企业仅有7个，完成工业总产值3402万元。

第二节　制革

山西制革作坊统称"硝皮坊"，其产品可分为制革和皮件。

清嘉庆年间（1796—1820年），有外来回民到曲沃县经营制革，他们走村串户，收购皮张，加工后在集市上摆摊销售。此业本微利厚，逐渐发展起来，有了小铺面，人们惯称之为"皮条铺"或"鞍鞯铺"，计有常兴顺、福德隆、二和成等10余家铺坊，均为前门售货、后院加工的家庭作坊。鞣皮器具是瓮，配料用黄米面和土硝面，生产工具只有几件简陋的刀具，除销售皮子外，主要是车马挽具。清宣统元年（1909年），新绛县济义亨车马挽具作坊设立，原料以骡、驴、马皮为主，年产量为1950斤。宣统三年至民国二十一年（1911—1932年）又有14个皮件作坊设立。1933年8月西北实业公司皮革制作厂（太原市制革厂前身）设立，同年9月阳曲裕晋制革厂设立，主要产品有牛底革、牛轮带革、羊面革等。西北皮革制作厂年投皮量（折牛皮）2600张，年产牛重革16吨，年产值17.65万元。阳曲裕晋制革厂年产值2.3万元，年投产量（折牛皮）1300张，年产重革50吨。

据1937年版《中国实业志》记载，山西制革业较大的作坊主要分布在榆次、新绛、大同、太原等工商繁华区域，且多系独资经营，每户资金100元至800元（银圆）不等。

1935年，山西皮件产量计值45768元（银圆，下同），其中新绛县产品占24220元，平遥县产品占9900元，长治、芮城、绛县、忻县、河曲、榆次等各在千元以上，屯留、夏县、高平各数百元，和顺产品最少仅150余元。

1937年，日军入侵山西，皮革业受到严重摧残，西北皮革制作厂实行军事管制，成为生产军用品的专业厂，其他手工制革作坊大部分被迫停业，如大同城内的制革业80%倒闭，仅剩3家勉强维持生计。

新中国建立后，山西皮革业逐步得到恢复。据统计，1949年有制革作坊30家，生产重革50吨，轻革1.57万平方米，如西北皮革制作厂1949年产值为32.06万元，到1952年产值达111.32万元，增长2.47倍。1953年山西建起7个制革合作社和4个制革厂，年产重革267吨，轻革5.5万平方米。1955年太原市制革厂推广猪皮制革，利用猪皮代替牛皮，对山西制革业的发展起到了一定的推动作用。1957年制革原料均由国家计划供应，产品有轻革、重革两种。太原市制革社1957年产重革1.5万张、轻革696.6万平方米，产值为63万元。产品除供应太原市的制鞋社外，销至平遥、介休、太谷等40余县及东北、河北、上海、青岛等地。销售价格以质量分等、论价，重革每市尺售价2元、2.5元及3.6元三等，轻革每市斤为2元、2.5元和1.5元，销售方式是使用单位做出计划，由国家统一平衡分配。皮革制品生产地区很广，全省有60余县生产车马挽具的皮套具、坐鞯、笼头等。1957年全省生产车马挽具120.5万件，产值396.4万元。1958年，山西省皮革生产合作社（组）合并升级为14个企业。1960年，全省投皮量（折牛皮）32.71万张，其中猪皮（自然张）15.17万张，产品品种有48种。1961年，太原市制革厂试制成功再生革自行车鞍座，年产能力为120万个，1962年生产车马挽具111.5万个，1965年生产车马挽具174.84万件，支援了农业生产。1973年，因市场销路不畅产量下降，皮革（折牛皮）产量为9.14万张，重革产量为5.85吨，轻革产量为3.2万平方米，车马挽具130.34万件。

1975年，太原市制革厂用丁晴胶制造车马挽具，改变了以往用杂皮、边角料制作的状况，节省了原料，产量为148.17万件，皮革（折牛皮）产量为30.30万张；重革50吨，轻革46.34万平方米。1979年，榆次市制革厂首次批量生产出山羊正面服装革，在全国同类产品中评为一等品。1980年，全省车马挽具产量下降到94.95万件。1981—1984年全省制革工业普遍应用了国内先进设备和生产工艺，并对太原、大同、天镇3个制革厂进行了重点技术改造，引进国外先进设备16台（套），企业的专业化和机械化水平有了提高。1984年，全省车马挽具产量为34.65万件，到1985年，全省黄牛皮修饰面革年生产能力为9万平方米，猪皮修饰面革年生产能力为100万平方米，山羊正面服装革年生产能力为80万平方米。1990年，全省有制革企业11个，鞣制皮革22.63万张（折合牛皮），其中生产轻革75.85万平方米、重革71吨。1995年，全省有制革企业9个，鞣制皮革2.98万张（折合牛皮），其中生产轻革23.19万平方米、重革6吨。随着行业的发展变化，山西制革业逐渐萎缩，2000年时已没有企业生产了。

制革工艺分浸水、脱毛、鞣制、拉软、涂饰等工序，随着生产设备的更新，制革工艺不断改进。浸水：20世纪70年代采用水中渗入浸水助剂，加速了皮张软化。脱毛：20世纪50年代是浸灰中加入硫化钠碱法脱毛，工期需10天；60年代采用加入强碱和中性盐的盐碱脱毛法，工期缩短到几个小时；70年代后期采用酶脱毛法，减少了硫化物对环境的污染。鞣制：普遍沿用栲胶为主的植物鞣制生产重革，以红矾钠为主的矿物鞣制生产轻革，植鞣周期为3个月，逐步改革缩短到15—30天的池鼓结合鞣法，70年代后期无油转鼓工艺使鞣制周期缩短到2—3天。拉软：20世纪60年代以前一直沿用人工铲皮，劳动强度大，工效低；60年代后期使用拉软机；70年代后期使用了更为先进的振荡拉软机。涂料：20世纪70年代前一直是手工刷皮，70年代后期采用喷漆刷或喷刷结合。

第三节　皮革制品

山西省皮革制品主要有皮鞋、皮箱、皮衣、皮件、裘皮、车马挽具等。

一 皮鞋

山西皮鞋产品有胶粘男、女皮鞋，线缝男、女皮鞋，模压男、女皮鞋等 194 个花色品种，它是在生产布鞋的基础上发展起来的。靴鞋制造，早在清代就开始制作，太原有亨升久、隆泰成、聚源斋 3 家鞋店，到民国二十四年（1935 年）靴鞋制造业规模比较大的有136 家，从业人员有 1087 人，年产靴、鞋 37 万余双。当时产品品种甚少，生产技术落后，除用脚踏缝纫机缝帮外，其他工序全是手工操作，用剪刀、锥子、锤子简单工具来完成。生产经营模式为前店后场、自产自销。1938 年以后现代制鞋技术传入山西，太原亨升久鞋店成为第一家皮鞋作坊，有皮鞋匠人 15 人。1940—1949 年，太原陆续恢复和开办了 20 家皮鞋店，从业人员有 272 人，年产皮鞋 3 万双。

新中国建立后，山西皮革制造业得到了发展，1950 年皮鞋产量增至 5.84 万双。从1953 年起，皮鞋沿条子线由两个线头交叉缝制改为勾锥一次缝成，脚踏缝纫机改为电力传动缝纫机，每人每天可生产皮鞋一双。1957 年皮鞋年产量为 7.46 万双，1958 年年产量上升到 27.45 万双。1960 年，行业内陆续购置并应用了下料机、片帮机、片底机等制鞋专用设备，年产量增加至 41.03 万双。1966 年，首先在太原市皮鞋厂采用模压生产工艺，生产模压男、女夹皮鞋邡皮凉鞋。模压皮鞋采用牛、猪皮革为原料，以橡胶材料为底料，经机械模压绷楦定型而成。盂县皮鞋厂推广了模压新工艺，并添置内线机、高速压合机、硫化罐、模压机、绷楦机等专用设备，每人每天平均生产 2 双鞋。1966—1970 年，胶粘、硫化、模压 3 种制鞋工艺相继在全省推广，改变了过去以手工为主生产皮鞋的历史。1970年使用了皮鞋代用材料合成革、橡胶底、仿皮底。合成革的使用，增加了皮鞋的品种花色。1973 年皮鞋全省年产量为 12.49 万双。1975 年，按轻工业部颁发的《皮鞋产品质量标准》组织生产，全省皮鞋年产量为 14.47 万双，其中出口 1.7 万双。

1976 年，全省出口皮鞋增加到 3.42 万。1977 年轻工业部制鞋工业科学研究所提供了皮鞋帮样平面设计方法，使山西皮鞋的设计和制造走上了标准化的轨道。1977 年皮鞋年产量为 11.74 万双，其中出口皮鞋 4.38 万双。1978 年皮鞋年产量达到 56.71 万双。1979年皮鞋年产量为 67.14 万双，其中硫化模压皮鞋为 22.37 万双，粘胶皮鞋为 26.95 万双，线缝皮鞋 17.82 万双。1980 年皮鞋年产量为 107.87 万双，其中硫化模压皮鞋 26.54 万双，粘胶皮鞋 48.63 万双，注塑皮鞋 8.5 万双，缝绱皮鞋 21.89 万双。1983 年皮鞋年产量为151.81 万双，比 1978 年增长 1.7 倍其中硫化模压皮鞋为 17.24 万双，粘胶皮鞋为 103.92万双，线缝皮鞋为 30.65 万双。

1985 年年底，全省皮鞋企业已发展到 18 个，有职工 5537 人，专用设备 714 台（套），固定资产原值 2037.8 万元，年产量为 229 万双，其中胶粘男、女皮鞋产量为174.24 万双，线缝男、女皮鞋 23.84 万双，模压男、女皮鞋 30.92 万双。1990 年，全省皮鞋企业有 21 个，皮鞋产量为 297.94 万双，1995 年全省皮鞋年产量达到 563 万双。此后，由于产业发展变化，许多皮鞋企业或转产或关停，产量大幅下滑，2000 年全省皮鞋产量仅为 12.06 万双。

二 皮箱

山西省皮箱制造始于清光绪二十年（1894 年），由大同积成厚皮箱店生产。数年后义和厚、义和长两家亦开始生产。开始制作的皮箱产品粗劣，先用木板做成箱坯，然后在外面包上一层牛皮，嗣经逐渐改良，尚合时用。到1926年，这一时期皮革制造稍发达，年产值达3万元，货品销路远至太原及本省各县。1926—1936年绛县、忻县相继设立6家皮件作坊兼做皮箱。1936年山西省举办晋绥物产竞赛会，大同制作皮箱工人熊世良制作的手提皮箱参加了竞赛。1937年大同皮箱业增至7家，总资本132元（银元，下同），有职工26人，年产量为2950只，产值为7300元。不久日军入侵，各家损失甚大，加之销路不畅，日趋衰落，虽增加几家作坊，但各家资本不多，最多的400元，少则不满百元，营业状况不及以前之盛。产品分皮箱、皮包两种。皮箱又分特号、大号、二号数种。皮包分1—5个号，产品销售全凭零售。各作坊均系前店后场，所用原料一半由硝皮坊购进，一半自制。

新中国建立后，山西皮箱生产逐步发展起来，太原、大同等皮件厂都生产皮箱，1968—1975年，太原市皮件厂改进缝合机、粘压小条机等10余种专业设备，1976年出口衣箱7274个，1977年又增添了全张裁纸机、压壳机，提高了机械化水平，出口皮箱9761个，比1976年增长了34.1%。制作皮箱的原料主要是钢板纸、革板纸、三夹板，箱面材料为皮革、人造革、帆布。随着社会的发展，皮箱产量下降，取而代之的是人造革箱、塑料箱、帆布箱。1980年年产量为3794只，1981年年产量为3.23万只，1983年年产量为2.14万只。1985年，全省生产皮箱的企业有3个，年生产能力为5万只，实际产量只有1.45万只。1990年，全省皮箱产量为2.33万只，1995年达到3.91万只。

三 皮衣、皮件

山西省皮衣生产始于1958年，原料以羊皮革为主。到1985年有太原市大众、新兴、晋民皮件厂3个专业生产厂，此外太原、大同、天镇、忻州、榆次、阳泉、交城、临汾、曲沃、孝义、晋城、长子等制革厂也兼营生产。

1984年，阳泉市制革厂生产的羊皮革服装试销供不应求，当年开始批量生产，并于1985年获山西省优秀服装一等奖。1985年产量为8.75万件。山西皮革服装品种有夹克衫、猎装、摩托服、短上衣、中大衣、长大衣等；颜色有黑色、咖啡色等。

皮件包括钱夹、手套、公文箱、公文包、皮带等100多种，其中公文箱、劳保手套、钱夹、技巧鞋是1969年以后开始生产的。

1969年榆次市皮革厂建立皮件车间，购置缝纫机、剪裁机，利用自己生产的皮革制作钱夹、技巧鞋和劳保手套，产品陆续出口销往联邦德国、瑞典、伊拉克、挪威等国。1973年，阳泉市皮革厂开始生产出猪革劳保手套，猪革出口劳保手套上交利税从1973年的2.2万元增加到1980年的13.9万元，7年增长5.3倍。1974年与天津口岸签订2000打的出口合同，同时生产内销劳保手套2.2万副，电焊手套1.17万副。出口劳保手套以每年10%的速度上升，质量亦不断提高，并于1976年被天津口岸誉为免检产品。1976年鞣制猪皮1.08万张，仍不满足皮件的生产。1980年皮件年产量为20.99万件，其中出口劳保手套18万件，等于1974年的9倍。1982年阳泉市制革厂派人到天津学习出口钱夹的制作方法，当年抽出50名工人，生产出口钱夹。1985年山西省共出口劳保手套3.6万打，日用手套2000打，票夹2.28万打，创汇100万美元。1990年，全省生产皮手套174.25万副、革皮包27.85万个。1995年，全省生产皮手套209.23万副、革皮包16.92

万个。

四 车马挽具

山西省用皮革制作车马挽具始于清末。光绪末年，新绛济义亨制革作坊以骡、驴、马皮制作车马挽具，这是山西省第一家有文字记载的车马挽具作坊。该坊有皮匠4人，资本250元（银元，下同），年投皮90张（自然张），产值670元。以后，相继又有平遥、长治、长子、高平、和顺、夏县、芮城、绛县、忻县、河曲、榆次等13县数10家作坊制作。到民国二十四年（1935年），全省制作车马挽具总资本有1.8万元，有从业人员222人，年产各种车马挽具8700件，还生产皮条、皮绳等2.36万余斤，年产值为4.59万元。1937年，日军侵入山西，使这些作坊陷于困境，加之原材料短缺，产量开始逐年减少。

新中国成立后，在各级人民政府的扶持下，车马挽具的生产又重新得到恢复和发展。1953年，全省车马挽具产量达120.5万件。随着农业生产的发展，到1965年产量达174.84万件，1970年增至184.23万件。1975年以后，由于丁晴胶制车马挽具的出现，使皮制车马挽具逐年减少，1980年全省仅生产94.95万件，1983年降至44.75万件，1985年降为35万件。

第四节 毛皮

山西皮毛业发轫于大同、交城两地。在明末清初之际已有皮毛作坊经营，继之者有新绛、浑源、朔县（今朔州）、晋城、太谷、解县（今运城市）、忻县及广灵等县。皮毛业发达时期，在光绪二十二至二十四年（1896—1898年）之间，其时皮货国外贸易兴旺。交城、大同两地每年皮货销售总值都在百万两以上。交城皮毛庄由10余家增至100余家，大同由10余家增至80余家，可谓山西皮货业的黄金时期。至民国十年（1921年）以后，随着国外销路减少和国内销路不畅，兼之外蒙上路封锁，生皮来源缺乏。甘肃、宁夏、陕西、青海等产皮区域捐税奇重，影响货价成本增高，毛皮业逐渐衰落，家数也随之减少，到民国二十四年（1935年）交城皮货庄仅存38家，大同仅存14家，均处于艰难困苦之境。其时，全省皮毛业规模较大者计有84家。

硝皮生产季节为每年5—9月。硝好的皮子所制皮货有大褂、长袍、马褂、旗袍、女袄等。每件大褂约需羊皮8—9张，马褂需5—6张，女旗袍需7—8张，女袄需用5—6张不等。北路皮货以大同为代表，南路皮货以交城为代表，品质略有差异，销路亦因之不同。交城皮货以滩羊皮最为著名，做工精美，远在大同之上，每年以行销国外为大宗，国内市场有太原、北京、天津、汉口、上海等地。大同皮货少量出口，国内市场为上海、苏州、常州、汉口各大商埠。广灵皮货销往河北省一带，其他各县所产的皮货均在省内销售。1937年以后，各皮货坊因原料紧缺，以致亏损歇业者甚多。交城皮货业大衰，大批工人流落他乡，到民国三十八年（1949），交城皮货业只有4家作坊，除一家专营外，其余3家还兼布料和杂货方能维持生活。

新中国建立后，省内毛皮作坊逐渐恢复生产，到1952年已恢复到100余家。1953年，全省组成19个毛皮生产合作社，分布在太原、长治、榆次、交城等11个县市，主要产品有皮衣、皮褥、皮帽、皮领等；1957年生产各种软皮货7.7万件，产值为258万元。

1958年，皮毛生产合作社过渡升级成18个毛皮厂，随着全国皮毛机械工业的发展，毛皮专用设备被广泛应用，一些企业购置了去肉机、拉软机和伸展机，提高工效3.5倍。1960年企业又购置了离心甩干机、绷板干燥机等先进设备。1966年将铬铝鞣、甲醛鞣新工艺引进山西，提高了毛皮产量。1973年全省年产量为74.79万张（折羊皮，下同），1978年上升为107.13万张，1979年为160万张，比1973年增长53.26%。1979年山西省普遍推广了尿醛鞣制、781鞣制。1980年因销路不畅，产量下降为140.62万张，1982年又降为79.71万张。1983年以后，毛皮市场形势好转，到1985年产量回升为86.1万张。1990年，全省鞣制毛皮48.77万张，1995年鞣制76.55万张。此后，毛皮生产日渐式微，2000年仅鞣制8.12万张。

山西毛皮品种有绵羊皮、兔皮、羔皮、山羊皮、狗皮，以及其他小细杂皮等，它们是加工各种裘皮服装、裘制品的主要原料，大同、孝义、交城、阳高、新绛、临汾毛皮厂均可生产。皮褥、皮帽是大同、交城毛皮厂的主要产品，同时他们还可用山羊皮制作拔针、仿兰狐、仿貂等服装和皮褥、围脖等。

到1985年，山西省毛皮产品有300余个花色品种，裘皮衣、皮帽、皮褥子、裘皮半成品远销日本、英国、丹麦等7个国家及中国香港地区，国内销往13个省市。

第五节　技术进步

山西省皮革工业底子薄，生产能力弱，20世纪50年代初期只能购置、自制一些简单的机械设备以改善生产条件、巩固扩大生产，没有能力进行较大的技术改造。

50年代末，随着生产水平的发展，全行业普遍开展了技术革新和技术革命活动。1958年，太原制革厂自制出脱水机、划槽机、烫腊机等25台设备。其中，制革钝皮机代替了笨重的体力劳动，改善了劳动条件，使生产效率提高8倍。

60年代，大部分企业设立了专门从事生产技术研究的试验室、研究室、技术科等机构，配备了工程技术人员。1966年太原皮鞋厂开始试制模压皮鞋，1967年突破质量关，投入生产。1978年又试制成功硫化皮鞋生产工艺。1979年以后大部分制鞋企业从省外引进了胶粘皮鞋生产工艺，使皮鞋制造业发生了巨大的变化。

70年代后期，太原制革厂将重革速鞣工艺引入，推广应用了减少液比的无浴转鼓重革快速鞣制工艺，缩短了生产周期，提高了产品质量。

1979—1985年，皮革工业先后对29个企业67个项目进行了不同程度的技术改造。投入改造资金2021.26万元，其中国家补助340万元，省拨款419.97万元，贷款1056.07万元，自筹资金205.22万元，引进国外设备16台（套）。新增产值4000万元，新增税利400万元。

为了推动行业的技术进步，1982年2月，省内成立了以科普教育、科技咨询和技术培训为主要任务的山西省皮革工程学会，吸收了92名工程技术人员为会员。

1979年以后，山西省全行业确定了42个皮革定点企业，其中10个重点企业分期分批地抓了行业技术改造和技术培训工作。同时，省皮革公司每年组织一次行业产品质量评比和抽样检测，促进了皮革行业技术进步与产品质量的提高。

第五章 内蒙古自治区

第一节 历史沿革

我国皮革、毛皮业历史久远，相传在黄帝的时候，臣子于则"用革造扉，用皮造履"，这可以说是我国皮革的起源了。到了商周时期，皮革生产技术已很纯熟，许多西周铜器的铭文中都有关于生产皮披肩、皮围裙、生皮索、鼓皮、鞋筒子皮、染色皮和生板皮等的记载。周朝设有"金、玉、皮、工、石"五种官职，可见皮革生产在那时已相当发达，以至在朝廷中要设专职的官员加以管理。元朝是我国皮革生产的鼎盛时期，当时已有采用植物鞣料鞣制皮革的方法，并建有日产 2000 张羊皮的"甸皮局"。

内蒙古皮革、毛皮业发端久远。早在公元前 3 世纪（战国时期）至公元 1 世纪（东汉初）被称作"食畜肉、衣皮革、被旃裘"的匈奴人，已有制革、制裘技艺。《淮南子·原道训》说"匈奴出秽裘"；《南匈奴传》又载，"建武二十八年（公元 52 年），北匈奴遣使者至汉京城洛阳贡马及裘"。裘能做贡品，必为精工细作之珍品，可见匈奴人的制裘技艺已具一定水平。此外，匈奴人以皮革造铠甲，名曰"革笥"，以马皮造船，名曰"马革淞"。由此说明匈奴人已懂得皮革的坚韧性，能御刀箭、能耐水湿，说明他们对制革技术也初步掌握。

随着历史的进步和朝代的更迭，到公元 12 世纪，叫作"有毛毡帐裙的百姓"的蒙古人部落已开始了制革、制裘家庭手工业。据《蒙古秘史》记载，这些蒙古人部落已开始用皮革制甲胄、鞍鞯、皮囊（鼓风用具）和革囊（羊皮船）。元世祖忽必烈就是乘坐"革囊"渡过金沙江进入云南的。清人孙髯翁在著名的《昆明大观楼长联》中，曾用"元跨革囊"四个字概括忽必烈征服云南的壮举。

元代是内蒙古地区古代皮革、毛皮业的鼎盛时期。自成吉思汗出征开始，蒙古统治者便将在战争中俘虏来的工匠集中到后方进行生产，并设置专门机构进行管理。这个对工匠"俘而不杀，集中生产"的政策，促进了元朝手工业的迅速发展。据《元史》记载：上都省院宫署中，有软皮局、异样皮子局、斜皮局、杂造鞍子局等皮革毛皮手工业管理机构。其分工之细，已接近现代皮革毛皮工业的分工。上都遗址在今锡林郭勒盟正蓝旗境内，现名兆乃木苏城，是忽必烈建立元朝、定都大都（今北京）之前的都城。

元亡，内蒙古地方的城市手工业因连年封建战争的破坏已毁废殆尽，皮革毛皮业亦遭劫难。直到明代中后期，自俺答汗开发丰州地区，招揽汉藏工匠来漠南地区从事手工业生产后，内蒙古皮革毛皮业开始得以恢复，内蒙古已开始生产皮帽、皮袄、皮靴等。

清代，是内蒙古皮革毛皮业的复兴时期。在清代以前，内蒙古广大牧民所需的皮革毛皮制品一般由牧民开办的家庭手工业解决，产品单一，生产场地零散，而且因不是专业生产，所以技术提高也十分缓慢。进入清代，由汉商经营的手工作坊开始出现，并逐渐增多，从而使内蒙古近代手工业开始形成。其时，制革、制裘业率先得到发展，并在诸手工业中为最盛。《绥远通志稿·卷四十一》上说："在归化、包头二地手工业中，曾以皮靴、皮袄、皮裤各业为巨擘，或就地出售、或驼运外销，营业额极大，他项工业皆不及。"就连最为边远的海拉尔和满洲里等地，在光绪二十九年（1903年）随着中东铁路全线通车，内地手工业匠人也纷纷拥入开办制革制裘作坊。如山东陵县辛万明就在海拉尔与人合伙创办了玉成马具铺，生产马鞍具配套皮件。这时随着皮革毛皮手工业的形成，皮革毛皮手工业管理组织亦相继建立。又如包头以狐羊之皮缝制皮袄的"威镇社"成立于清道光四年（1824年），以牛羊皮制作靴鞋的"集义社"于清咸丰三年（1853年）成立。

进入民国时期，内蒙古皮革毛皮业又有了新的发展和提高。不仅手工作坊遍布各地，且产量除满足当地人们需要外，还大量销往内地。这一时期，位于内蒙古东北部的海拉尔和满洲里因为开放商埠，到民国九年（1920年）皮革毛皮作坊已达20户，最著名的是由俄商阿库洛夫在海拉尔开办的阿库洛夫实业公司，内分制革厂、皮货厂和靴鞋厂，年鞣制牛皮6000张、马皮2500张、羊皮92500张，制作各式皮靴鞋12500双、皮袄4000件、毛皮和皮革手套1.2万副。在内蒙古西部，民国十年（1921年）9月10日平绥铁路通车，山西和河北的大批匠人被吸引到归绥（今呼和浩特中心城区），纷纷开办黑、白皮坊。据《绥远概况》记载：民国二十一年（1932年）归绥县有皮革毛皮手工作坊14户、共有资金1680元（大洋），到民国二十五年（1936年）已达155家。1923年元旦，京包铁路正式通车。从此包头以新兴商埠著称于西北地区。到1928年，包头已有黑皮坊37户、白皮坊60户左右。

1931年9月18日，东北三省沦陷。日本侵略者实行皮张垄断，均由"畜产株式会社"统购，对当地皮革毛皮作坊所需皮张实行限量配给。据伪满西部国境地带调查材料记载：海拉尔皮革作坊，汉人经营的有18户，年需牛马皮1694张，只配给260张；需羊皮3552张，均未配给。苏侨经营的有6户，年需牛马皮600张，只配给80张；需羊皮950张，也未配给。到日本侵略者投降前，海拉尔毛皮业已全部倒闭，皮革业大部分歇业。

1937年，日本侵略者入侵内蒙古西部地区。在归绥通过"大蒙公司"，将大量掠夺来的优良原皮运往外地，劣质的残次皮供应当地皮坊，致使大多数皮坊因缺料而倒闭。归绥在沦陷前的1936年，有制皮业作坊26户，在沦陷的1938年只剩下14户，到日本侵略者投降前已所剩无几。在包头，日本侵略者为将掠夺来的皮张就地加工供应军需，1938年在包头南门外，由日本财阀集团集资150万元（伪蒙疆币），建起了"蒙疆皮革株式会社"包头工厂（包头皮革厂的前身），后改为"满蒙皮革股份有限公司包头工厂"。厂内管理人员10人（全为日本人），日产牛皮20—30张，产品为牛底革、牛带子革等军需革。此外日军还将掠夺来的毛皮经初步硝制、水洗、风干后，打捆运往日本。

抗日战争胜利后，为了支援解放战争，1946年2月，内蒙古东部区的乌兰浩特建成东蒙实业公司皮革厂，后改称"内蒙古第一皮革厂"。建厂初期生产白皮和车马挽具，1947年开始生产鞋面革、外底革和皮鞋、马靴等，产品全部供给内蒙古军区后勤部。同年，中国人民解放军后勤部在赤峰建成了赤峰皮革厂，1949年移交地方政府管理。其间东北军区还在海拉尔建成皮革厂、皮鞋厂各1个，年产军用皮鞋2万双、皮带5000条。

1949年，中华人民共和国成立，内蒙古皮革毛皮业开始复苏。1952年，内蒙古第一皮革厂和内蒙古第二皮革厂（厂址在张家口），以及扎兰屯、海拉尔的7个皮革厂合并，组建成海拉尔皮革厂，厂址设在海拉尔。1953年国家投资50万元，从捷克斯洛伐克购进制革成套设备，脱毛、去肉、片皮、削匀、磨革、熨皮、打光、挤水、重革伸展、压底等工序基本实现了机械化，为20世纪50年代全国制革最先进的设备和工艺。改造后年产重革由18吨增长到153吨，轻革由16082平方米增长到49110平方米，企业利润由25.5万元增长到77.3万元。1956年，内蒙古自治区包头皮革厂引进捷克斯洛伐克成套制鞋设备，年产劳保皮鞋和出口民用皮鞋25万双，开创了内蒙古机械化生产皮鞋的历史。1956年，皮革毛皮全行业实现社会主义改造，掀起合作化高潮，由个体手工业经过清产核资、工具作价组织成合作社，解放了生产力，改善了劳动条件，增添了机器设备，提高了生产技术，工人生活相应得到改善。到1957年，在手工业合作化基础上，全区相继建成锡林浩特皮革厂、呼和浩特市皮革厂、通辽皮革厂、呼和浩特市皮鞋厂、集宁皮革制鞋厂、赤峰皮毛厂、呼和浩特市皮毛厂等一批皮革毛皮及其制品的骨干企业。至此，内蒙古皮革毛皮工业已成为内蒙古自治区乃至全国的重点行业之一。

1958—1976年的18年中，经历"大跃进"、三年调整和"文化大革命"，自治区的皮革毛皮工业处于曲折发展阶段。1958年、1959年、1960年自治区的皮革产量（折牛皮）分别是16万张、17万张、19万张。1961年、1962年由于"大跃进"的折腾，其损失已显露出来，这两年的皮革产量下降为8万张和9万张。1961年中共中央根据"调整、巩固、充实、提高"的八字方针颁发了手工业三十五条，经过1963—1965年的三年调整，到1966年，自治区的皮革产量上升到28万张，为调整前1962年的3倍多。到1969年，自治区的皮革产量又下降为19万张。之后逐年增长，但速度不快，到1976年全区皮革产量达到49万张。这种曲折发展的趋势，一方面证明从1958年到1976年间"左"倾路线和"四人帮"给自治区的皮革工业带来了严重损失，另一方面也充分证明以集体所有制为主体的二轻工业由于其所有制性质决定，广大职工不能像国营企业那样"停产闹革命"，他们自觉不自觉地抵制了"左"倾路线的干扰，使自治区的皮革工业在艰难的岁月里得以发展。

1978年，党的十一届三中全会以后，自治区的皮革工业走上了健康发展的轨道。从第五个五年计划开始，内蒙古自治区着手对重点皮革毛皮企业投资进行技术改造，到"七五"初期的1987年，先后投资13960万元、外汇300万美元，完成了东胜皮鞋厂、包头第一皮鞋厂、包头第二皮毛厂、呼市皮革厂、呼市皮毛厂羊剪绒车间、集宁皮件厂、锡盟皮革厂羊革车间、太仆寺旗皮毛厂、赤峰皮革厂皮鞋车间、赤峰皮毛总厂、包头皮革厂、巴盟中旗皮毛厂、呼市皮毛厂细杂皮生产项目、呼市皮鞋厂、锡盟靴鞋厂、通辽皮革厂、乌兰浩特皮革厂、海拉尔皮革厂、海拉尔皮鞋厂、海拉尔皮毛厂等19个项目的基建、技改和"星火计划"。到"七五"末期，已建成包头皮革厂等9家企业制革生产线、包头第一皮鞋厂等4家企业制鞋生产线、集宁皮件厂等企业皮革服装生产线、呼市皮毛皮厂等6家企业毛皮及其制品生产线，初步形成具有技术装备较为先进的生产能力，达到年鞣制皮革（折合牛皮）170多万张，形成生产皮鞋440多万双的制革及革制品、制裘及裘皮制品完整的加工体系。到1987年，全自治区皮革毛皮及其制品行业共有企业263个，实现工业总产值（1980年不变价）21855.7万元、鞣制皮革（折牛皮）74.73万张，生产重革

677 吨、轻革 185.3 万平方米，生产毛皮服装 180 万件。重革合格率 99.62%，轻革合格率 99.03%，固定资产原值 15015.8 万元，实现利税 2347.5 万元。其中，轻工系统 1987 年皮革毛皮制品共有企业 186 个，有职工 25891 人，拥有固定资产原值 13808 万元。按 1980 年不变价计算，1987 年完成工业总产值 19599 万元，实现利税 2006 万元。鞣制皮革（折合牛皮）72.03 万张，其中牛皮 41.36 万张、猪皮 25.31 万张、羊皮 83.47 万张（自然张）。年产轻革 176.96 平方米、重革 676.24 吨、皮革服装 15.96 万件、皮鞋 278.15 万双。年鞣制毛皮（折合羊皮）187.94 万张，年产毛皮服装 17.37 万件、毛皮帽子 57.84 万顶、皮褥子 10.07 万条、车马挽具 19.07 万件。

1990 年后，随着市场经济的不断发展，皮革工业的布局发生了很大变化，出现了产业在沿海省市积聚的趋势，处于内陆的内蒙古的皮革工业逐渐衰退。1995 年，内蒙古全区有皮革企业 103 个，完成工业总产值 29035 万元；年产轻革 29.74 平方米、重革 170 吨、皮革服装 22.84 万件、皮鞋 173 万双；年鞣制毛皮（折合羊皮）86.10 万张，年产毛皮服装 11.59 万件。2000 年，全区皮革企业仅有 10 个，完成工业总产值只有 21223 万元；年产轻革 29.74 平方米、重革 170 吨、皮革服装 10.39 万件、皮鞋 58.81 万双；年鞣制毛皮（折合羊皮）1.14 万张，年产毛皮服装 0.71 万件。

第二节　资源

我国皮革、毛皮工业资源较丰富，原料种类繁多，有猪、牛、羊、马、驴、驼等饲养动物皮和有兔、貂、貉等野生动物皮数十种。全国制革工业的原料皮以猪皮为主，牛羊皮次之，内蒙古自治区制革的原料皮则以牛羊皮为主，猪皮次之。自制区毛皮工业的原料皮与全国一样，以绵羊皮为主，野生动物皮次之。

皮革毛皮资源，在全国省市中内蒙古自治区较为丰富。内蒙古草原面积 8667 公顷，占全国草原面积的 27.2%，为全国五大草原之冠，1987 年大牲畜和羊年中数为 4031.4 万头（只），年末数为 3275.5 万头（只），居全国第一位。其中，大牲畜合计（年中数）811.5 万头，包括牛 445.2 万头、马 194.2 万匹、驴 93.2 万头、骡 51.9 万头、骆驼 27 万峰；羊（年中数）合计 3219.9 万只，其中绵羊 2365.3 万只、山羊 854.6 万只；此外还有生猪（年中数）523.8 万头（年末 454.5 万头）。野生动物皮有草兔、旱獭、狐狸、黄鼠狼、麝鼠等。这些资源为发展自治区的皮革、毛皮工业提供了得天独厚的原料。

我国原是个出口原料皮、进口皮革制品的国家。从 1861 年开始出口羊板皮，1900 年前后开始出口牛皮。1949 年中华人民共和国成立之后，为了摆脱这种局面，我国开始限制原料皮出口，并制定了一系列合理利用牛皮、羊皮，大量开剥猪皮的政策。1950 年 12 月，在第一次全国制革会议上，国家就制定牛皮分配使用原则：一军（保证军用），二工（满足工业配套需要），三民（保证民用）。此外，还要求照顾牧区和少数民族地区的需用。1962 年 4 月，国务院在批转外贸部、轻工业部关于加强牛皮统一管理的报告中指出，必须把应该收购的牛皮全部收购上来，统一调拨，加强管理，合理使用，不准浪费。1978 年 9 月 14 日，国务院批转供销合作总社、轻工业部关于加强牛皮统一管理的报告中，再次强调要切实加强牛皮管理，实行国家统一收购、统一调拨。从 1973 年开始，国家计委会同对外贸易部、全国供销合作总社、轻工业部共同研究了少出口羊皮，多出口成品，有效利用羊皮资源的发展方向。自治区在国家有关政策的保护下，牛羊皮资源被有效地利用起来，促进了皮革毛皮工业的发展。

内蒙古自治区也和全国一样，重视猪皮开剥和猪皮制革工作，每年自治区补贴30万—35万张。1987年自治区猪皮开剥量为35.59万张，但由于自治区牛羊皮资源较多，养猪较少，不少猪皮连肉被一起吃掉了，猪皮资源没有很好地利用起来。

第三节　制革

一　简述

内蒙古自治区草原辽阔，水草丰美。据历史资料记载，早在新石器时代，人们就在这一地区从事狩猎和游牧等生产活动。世代生活在这里的蒙古、达斡尔、鄂温克等民族，历来以经营畜牧业为生，积累了丰富的养畜经验。随着畜牧业的发展，以畜产品为原料的皮革手工业产品逐渐问世，初期以兽皮为衣，随着时间的推移，皮革制甲胄、鞍鞯、皮囊等粗糙的革制品不断出现。追溯历代，在汉朝时期内蒙古一带从事游牧生活的人，穿着以皮革制品为主，以原始的方法用奶子、桦树皮鞣皮。元代是古代皮革生产的鼎盛时期，当时已采用植物鞣料鞣皮的方法。元朝至元七年（1270年）建立日产2000张羊皮的甸皮局。至元九年（1272年），建立上都（今锡盟正蓝旗境内）大都貂鼠软皮等局。至元十三年（1276年）建立上都软皮局及牛皮局。至元二十年（1283年）置貂皮局提举司，官为秩从五品。之后农村发展有烟熏皮、硝皮，一直生产到20世纪50年代初期。

1938年12月日本帝国主义为了装备侵华日军，掠夺内蒙古地区的皮张资源，成立了蒙疆皮革株式会社包头工厂（现包头皮革厂），1940年投产，生产黄牛底革、牛油皮、牛带子革等军用品，年产量牛皮革3万张。

日本投降后的1946年2月，乌兰浩特组建东蒙实业公司新胜皮革厂（现海拉尔皮革厂），分制革和制鞋2个车间，加工线缝军用皮鞋，支援解放战争。皮革工业是内蒙古自治区主要传统行业之一。解放前手工鞣制白皮制作车马挽具和鞣制少量粗糙的鞋底革和鞋面革。1952年包头皮革厂生产的牛带子皮革被列为华北皮革标准质量产品。1953年内蒙古第一皮革厂（今海拉尔皮革厂）从捷克斯洛伐克购进制革设备，使脱毛、去肉、剖皮、削匀、磨革、熨皮、打光、挤水、伸展、压底等工序实现了机械化，是我国20世纪50年代制革的先进设备，该厂生产的黄牛皮鞋底革，1956年在全国质量评比中荣获第一名，被列为国家标杆产品。1966年该厂制革专家李茂园首创盐碱脱毛法新工艺，废除了制革行业长期沿用的灰碱脱毛旧工艺，属国内首创，为全国各大制革厂公认的先进工艺，在全国推广应用；1975年赤峰皮革厂制革工程师霍汉良，将轻革铬鞣前剖层工艺改为铬鞣后剖层，达到一皮多用的效果，保一层、争二层、合理引用第三层，牛二层革得革率由25%增加到60%；1983年集宁皮件厂工程师李德茂采用灰脱毛、不浸酸、干铬鞣新工艺，研制成功用改良绵羊板皮制作服装革。经过40多年的发展，1987年末自治区轻工业厅归口的制革企业有26个，有职工5896人，工业总产值为4888万元，年产皮革（折牛皮）72.03万张，生产重革676.24吨、轻革176.96万平方米，主要产品有各种底革、里子革、服装革、带子革、箱包革，特种工业革等上百个品种。

为了使自治区皮革工业适应现代化发展的需要，在"六五""七五"时期，特别是"七五"期间，制革、制鞋、皮件企业进行了老厂技术改造，共用资金1396万元、外汇300万美元。其中，包头皮革厂引进法国、意大利等国20世纪80年代牛轻革先进设备26台（套），厂房设备在全国居一流水平。一些老厂经过技术改造，改进了工艺，更新了设备，提高了质量，增加了花色品种，一批骨干企业具备了现代化皮革工业的先进水平。

二 原皮

内蒙古自治区制革工业采用的原皮以牛羊皮为主，杂皮为辅。

牛皮："七五"时期以前，每年有牛皮资源约35万张，原由国家统一收购调拨，首先保证军需、出口和民族用品，每年分给自治区工业部门的牛皮约28万张。中共十一届三中全会以后，农牧业得到迅速发展，因此牛皮产量逐年稳步增长。全区1985年产24.73万张，1986年产35.98万张，1987年产55.64万张（干旱年）。1987年之后，原皮市场开放，国家不进行统购，牛皮流出区外的不少。

内蒙古地区的牛皮特点是粒面较厚、纤维粗、部位差大（臀部、正身、边肷的厚度相差大，尤其是边肷太薄）。由于没有有效地进行牛虻（虻蝇）的防治，牛皮的背脊部，80%以上有虻钉（长好的虻眼），虻洞面积约2平方市尺，严重地影响了制革质量和利用率，劣质牛皮多，不能生产高档皮革，给皮革工业造成的损失很大。这种情况引起了内蒙古自治区政府领导的重视，根据自治区副主席裴英武的指示，由轻工业厅牵头，商业厅、畜牧局、供销社四单位研讨，拟定了牛皮治理的系统工程，于1989年11月9日以（89）内轻二字第76号文件报送自治区人民政府和裴英武副主席，主要内容是消灭、防治牛皮蝇（虻蝇），改变原皮保存方法，由晒干改为盐腌湿皮。消除虻钉、虻孔洞，以求提高优质原皮率，提高制革成品的档次。

羊皮：内蒙古地区的羊皮以绵羊皮为主。自治区北部地区的绵羊皮粒面较粗、脂肪含量高，最高脂肪含量可达40%，狼针刺多；西部地区的绵羊皮粒面较细，脂肪含量较少，狼针刺亦少。但这两个地区绵羊的颈脊部位大多数均有痘疤，产生的原因主要是没有很好地进行药浴和病害防治。全区绵羊皮的产量逐年稳步增长。1985年产396.58万张，1986年产430.94万张，1987年产499.09万张。

自治区的山羊皮主要产地是西部地区，以伊克昭盟最多，占全区产量的2/5。西部地区的山羊皮皮张面积较小，基本为3.5—4.5平方尺，粒面较细，山羊皮残伤少，是制作高级服装革和高级鞋面革的好材料。北部地区锡林郭勒盟、呼伦贝尔盟等地区的山羊皮皮张面积较大，约4.56平方市尺，但粒面较粗。20世纪80年代中期后，由于山羊绒走俏，饲养山羊增多，山羊发展很快，大大超过了历史最高产量。山羊皮产量1985年为126.87万张，1986年为140.57万张，1987年为131.51万张。因山羊绒走俏进行梳绒，故出栏率低。

自治区可用于制革的杂皮主要有马皮、驼皮、驴皮、骡皮、猪皮等。

马皮：马是为农村耕地及运输役用，现在耕地运输大部分由机械代替，因此马由役用变为肉用屠宰量逐年增加，马皮相应增多。全区年产马皮约5万张，可制作服装革和鞋面革，已越来越受到重视。

驼皮：统计资料显示内蒙古地区1986年有骆驼27.45万头，约占全国骆驼总数的

50%。阿拉善盟有骆驼16.69万头，占内蒙古全区骆驼总数的60.8%。全区年产驼皮在1.9万张左右。因有驼峰必须分割生产。1985年以后，阿盟阿拉善左旗皮革厂利用驼皮制成修饰鞋面革或绒面革，质量都较好。驼皮纤维松弛，特别适于制作柔软的绒面革。其他工厂大多用驼皮做了鞋底革。

驴、骡皮：内蒙古全区年产驴、骡皮3万多张，一般情况下驴骡皮掺入马皮出售给制革厂做轻革，因作役用，伤残多，原皮质量较差。

猪皮：开剥猪皮，是自治区皮革工业原料来源之一。为了鼓励开剥猪皮，国家给予经济补贴。这一措施，在20世纪70年代末期和80年代初期起到明显效果。开剥猪皮最多的是1981年，年剥58万张。之后，由于诸多原因，1987年只开剥猪皮35.59万张（1989年猪皮开剥补贴率降低50%，每张补贴8元），1990年猪皮开剥补贴全部取消。在猪皮的质量方面，内蒙古猪皮毛孔大、粒面粗、部位差大（边肷薄、臀部厚）。因放养的猪多、圈养猪少，故猪皮伤残较多。

三　工艺及设备

（一）工艺

自治区的制革工艺与全国大体相同，分为植鞣、铬鞣（矿物鞣）两大类。

1. 植鞣革

分底革、工业用革、装具革和香牛皮。

第一，植鞣底革。20世纪50年代采取纯植鞣，分吊鞣、闷鞣（一层皮一层柯子、荆树及橡树子、再加植鞣液）、熟鞣3个工序。60年代纯植鞣工艺，分吊鞣、平鞣、鼓鞣、热鞣4个工序。进入70年代，大部分皮革厂鞣制牛、猪底革，采用铬—植结合鞣，也有浸酸、脱酸后再植鞣，或植—铬铝—植合成鞣剂预鞣后再植鞣。还有一部分工厂仍保持纯植鞣。由于制鞋工业大底（外底）、绱底（内底）代用材料发展很快，因此植鞣底革产量逐年下降，但高档皮鞋仍需植鞣大底革，如海拉尔皮革厂的纯植鞣底革在东北地区非常畅销。

第二，植鞣工业用革和装具革。工业用革和装具革在20世纪五六十年代产量大，后被不少代用材料所取代，因而产量也逐年减少。植鞣工业用革（包括一部分铬鞣革和含铬量高的铬鞣耐140℃以上的高温革）多用于工业设备配件方面，如机械厂垫圈、某些军用设备、纺织工业/面粉工业的机械配件等；装具革一般用于箱、包、皮带等。五六十年代采用纯植鞣、70年代以后有部分厂采用铬—植结合鞣，但大多数工厂仍采用纯植鞣。

第三，植鞣香牛皮。香牛皮是制造蒙古靴的专用革，为传统的民族用品，是压小方格花的多脂植鞣轻革。小方格的凸包是经过对角搓皮后呈圆凸包，要求花纹清晰，整齐不乱。生产此种产品保持了纯植鞣的传统工艺，经水洗、全脱灰、软化后进行纯植鞣。

2. 铬鞣革

第一，浸水与脱毛工序。

浸水工序（干皮浸水）：自治区制革工业的浸水工序在20世纪50年代采用少量硫化钠做助软剂、pH值控制在9—9.5；60年代以后采用表面活性剂或多硫化钠助软，或池内用多硫化钠，摔软转鼓内用表面活性剂的综合用法，以缩短浸水周期。

脱毛工序：自治区制革工业的脱毛工序在1964年以前采用灰碱法脱毛；1965年以后

海拉尔皮革厂研究成功盐碱法脱毛,在全国有67个企业推广应用,解决了牛面革松面的老大难问题。

第二,脱灰软化工序。1952年以前采用麦麸发酵,产生有机酸及细菌作为脱灰软化剂;1953年采用牛、羊、猪的鲜胰子加硫酸铵或氯化铵为脱灰软化剂,消除了延续几十年麦麸发酵工艺中的酸臭味,改善了劳动条件;1957年以后,采用工业胰酶加硫酸铵或氯化铵做脱灰软化剂,稳定了脱灰软化质量,缩短了生产周期;1970年以后,猪皮、山羊皮软化工艺中增用了1398等中性蛋白酶,使成品更加柔软。

第三,鞣制工序(分初鞣和复鞣)。

初鞣:1965年海拉尔皮革厂试验成功少浴快速鞣,成品边肷丰满、粒面较细、节约红矾(由原4%降至3%)。1984—1985年,李茂园高级工程师研究成功阴离子铬络合物鞣剂,将浸酸鞣制一步法少浴鞣应用于牛羊皮的鞣制,成品丰满、粒面细致,缩短鞣期50%,简化了操作工序,大大减少了三价废铬液的排放,减轻了环境污染。

复鞣:长期以来采用铬复鞣。自1985年以后,由于国内化工研究部门的努力,同时皮革化工企业引进了国外的部分先进技术,使皮革化工材料逐年增多。如含铬合成H鞣剂、树脂合成鞣剂、替代型合成鞣剂、助鞣剂等,作为复鞣剂与助鞣剂,应用于制革工艺,能使成品革柔软、粒面紧密、消除松面、边肷丰满、缩小部位差。

第四,加脂填充。20世纪80年代以前,加脂材料仅有硫酸化蓖麻油、软皮白油、丰满鱼油、合成加脂剂等常用的几种加脂剂。80年代以后,加脂剂的品种增加了很多,如芳香型服装革加脂剂、软革加脂剂、改性亚硫酸化鱼油、多功能加脂剂等,还有20几种型号不同的加脂剂与复合加脂剂。这些加脂剂应用于制革后,能使加脂后的革柔软、丰满、细腻,产品质量大为提高。

填充剂在20世纪70年代以前,一般采用栲胶、牛胶、酪胶,少数厂也有用蛋黄粉做填充剂,成革手感差,达不到软革要求。80年代以后,湿填充材料应用丙烯酸酯类填充树脂,含酚或萘的替代性合成鞣剂。填充后的成革手感好、革身柔软,增加抗张强度,为软革、薄型服装革打下了良好质量基础。有些填充树脂也可以用于填充,经过填充后的成革手感好、粒面紧密,革身丰满柔软,缩小了部位差。

第五,涂饰材料。自治区制革行业在1964年以前很长一段时间是用干酪素揩光浆掺入硫酸化蓖麻油涂饰剂,仅能应用于正面革。1964年,上海皮革化工厂生产丙烯酸树脂,以后发展为多种系列丙烯酸树脂及其延生物做涂饰剂。有的适合底、中、上层涂饰,有的适用于皮革填充等,还有水溶型聚氨酯与溶剂型聚氨酯涂饰材料、烯基酯类多元单体共聚乳液的补伤残剂、金属络合染料等,还有系列高细度彩色颜料膏,系列高细度揩光浆等。

在亮光剂方面,不再是单纯的干酪素、漆片、腊、蛋白等,已有改性干酪素CAAS系列产品、聚氨酯、硝化纤维等光亮剂。

(二)设备

内蒙古自治区在1952年以前包头皮革厂有转鼓和压底机;原厂址在张家口的内蒙第二制革厂也有转鼓和1台压底机(注:原内蒙古第二制革厂1952年并入海拉尔皮革厂);其他工厂全是手工操作。1952年以后逐渐由手工操作转为半机械化和机械化生产。

1. 浸水设备

制革的浸水设备是浸水池和转鼓。1952年之前,牛马皮浸水无助软剂,只浸清水或旧水，浆皮 2—3 次，既去肉，又浆软；羊皮则手工刮软去油、去肉和黄渣。1953 年以后，海拉尔皮革厂引进捷克斯洛伐克 Suit 工厂的去肉机，自制浆皮机，从此结束了劳动强度很大的手工操作，废除了沿用几千年的浆皮刀。之后，清水加助软剂，大大缩短了浸水时间。

2. 脱毛设备

1955 年以前，在静止的池子内脱毛，分老、中、新浸灰三槽法；1956 年以后改为活动半圆槽或转鼓脱毛，1—2 天即可完成，缩短了生产时间，消除了倒池的重体力劳动。

3. 处理皮革厚度设备

1953 年以前，做鞋面革等轻革靠手工刨皮，仅得一层革；1953 年，我国引进捷克斯洛伐克片皮机，片后仍需手工用平刃刨找平；1983 年 7 月以后，引进法国的片皮机，开始片蓝湿革，二层革的利用率增加到 50% 左右，较大幅度地提高了经济效益。

4. 皮革整饰设备

皮革整饰设备包括干燥定型、拉软、磨革、喷涂、打光、熨皮压花等设备。

第一，干燥定型设备。1974 年以前，定型全靠手工推平，要推 4 遍、晾 4 遍；1975 年以后，各皮革厂购进了真空干燥机与加热伸展机配套，提高了质量，增加了皮革面积，经济效益亦相应提高；1986 年包头皮革厂引进高频干燥设备，干燥后的革仍然柔软，不卷边，提高了质量。

第二，拉软设备。1952 年以前人工大铲刨软，劳动强度很大；1953 年以后用虎口拉软机拉软；1977 年以后用震荡拉软机拉软，提高了质量和产量。

第三，磨革设备。1967 年以后开发了修饰面革，要求磨革机精密度高，砂纸密度最细到 280—320 目，1986 年引进磨革除尘连续化通过式磨革机，精密度高，相应地提高了质量。

第四，喷涂设备。长期以来，自治区各厂均用手工喷涂，不但劳动强度大，而且工人易患气管炎等职业病。经过技术改造后，主要皮革厂均引进或应用了国产超声喷涂生产线，大大提高了劳动效率，消除了职业病。

第五，打光设备。1952 年以前，对面革推光是靠玻璃刀手工推光；1953 年以后引进捷克斯洛伐克打光机进行打光；20 世纪 80 年代初期，生产软面革，打光机不能进行操作，以后又引进抛光机进行皮革抛光。

第六，熨皮压花设备。1952 年以前，内蒙地区皮革厂是用碳熨斗或电熨斗熨皮；1953 年开始用熨革压花机进行压花和熨革，大大提高了产品质量；后又发展到圆滚通过式熨革压花机。

5. 皮革主要专业生产设备

1987 年年末内蒙古自治区的皮革主要专业生产设备有去肉机 124 台、片皮机 54 台、磨皮机 70 台、熨革机 58 台、鞣池 712 个、转鼓 499 个。

四 品种和质量

(一) 发展简况

内蒙古地区制革工业在 1952 年以前，仅能生产植鞣底革、植鞣鞋面革（俗称"油皮"）、植鞣带子革、植鞣羊皮栲里革、植鞣香牛皮等植物鞣革。1953 年，海拉尔皮革厂铬鞣黄牛正鞋面革投入生产，日产70多张大牛皮、铬鞣篮球革30张；1954年包头皮革厂铬鞣黄牛正鞋面革投产；1957年自治区猪皮底革投入生产；1958年包头皮革厂铬植结合鞣香牛皮投产；1959年工业用革投产（供纺织工业用）；1967年7月包头皮革厂军工用革投产与包头一、二机厂配套。

由于1964年上海皮化工厂开始生产丙烯树脂，1965年全国有的皮革厂领先生产牛、猪修饰面革，内蒙古自治区于1967年开始生产。经过磨面修饰，伤残皮也可以做鞋亮面革，次皮也能做出好革，扩大了原皮利用价值。

1974年，海拉尔皮革厂生产聚氨酯防水足球革与齐齐哈尔体育用品厂配套，做防水足球出口。

1982年3月，海拉尔皮革厂的绵羊亮面毛革两用鞋面革投入生产。

1986年11月，内蒙古自治区皮革研究所研究成功绵羊正鞋面革，解决了绵羊革抗张强度、撕裂强度小的关键性技术难题，达到山羊皮标准。1986年改良绵羊服装革在集宁皮件厂投产。1987年包头皮革厂试制成功黄牛纳帕鞋面革，是内蒙古地区最先生产牛正面软革的厂家。

（二）品种产量

内蒙古自治区制革工业主要产品分两大类：一是轻革，二是重革。根据内蒙古轻工业厅统计资料统计，全区从1946年起到1987年，轻革生产总量为2422.48万平方米，重革生产总量为12411吨。在这一时期共鞣制皮革（折牛皮）1377.58万张，其中猪皮为518.02万张。

1987年鞣制皮革（折牛皮）74.73万张，其中牛皮（自然张）41.36万张、猪皮（自然张）25.31万张、羊皮（自然张）83.47万张。

（三）产品质量

历史上内蒙古自治区的皮革质量在全国居领先地位。1965年，海拉尔皮革厂皮革专家李茂园在全国首创盐碱脱毛法新工艺，取代了皮革行业长期沿用的灰碱法脱毛旧工艺，解决了皮革生产中长期存在的"松面"这一老大难问题，被推行到全国制革行业，北京、上海、成都、广州、天津等皮革厂曾先后派人到海拉尔皮革厂参观学习。李茂园研究成功的盐碱法脱毛工艺1978年8月荣获黑龙江省委省革命委员会颁发的优秀科研成果奖（当时海拉尔归黑龙江省管辖）。1966年海拉尔皮革厂生产的铬鞣黄牛正鞋面革、海拉尔和包头皮革厂生产的植鞣黄牛外底革被中国轻工业部定为"标杆产品"。在全国皮革行业主要产品质量评比中，海拉尔皮革厂生产的铬鞣黄牛正鞋面革1978年和1979年被评为一类产品第一名，1980年因固定剂甲醛失效有轻微掉色被评为第二名。海拉尔皮革厂生产的铬鞣黄牛正鞋面革于1980年被评为轻工业部优质产品。海拉尔皮革厂李茂园等5人研制的带毛绵羊鞋面革和毛革鞋1982年获自治区科技进步成果二等奖。1985年李茂园研究成功阴离子铬络合物鞣剂，浸酸—铬鞣一步法，于1986年获海拉尔人民政府科技进步二等奖。呼和浩特市皮鞋厂于宝忠等3人1980—1981年研制成功橡塑仿牛底革1982年获自治区科技进步成果三等奖。1985年，赤峰皮革厂霍汉良等3人研制的铬鞣黄牛剖层革、阿拉善左旗皮革厂黄庭海等3人研制的驼皮鞣制工艺研究，获自治区科技进步成果3等奖。1986年集宁皮件厂李德茂等3人研制的改良绵羊服装革研究获自治区科技进步成果一等奖。1987年，乌兰浩特皮革厂张洪顺等3人研制的马皮修面革获自治区科技进步成果三等奖。

内蒙古轻工业厅副总工程师李茂园等3人研制的铬鞣绵羊正鞋面革1988年获轻工业部金龙腾飞奖,1990年获轻工业部科技进步三等奖,1991年获自治区科技进步三等奖。1989年,包头皮革厂钟镒东等3人研究的黄牛纳帕(软面)鞋面革获自治区科技进步三等奖。乌兰浩特皮革厂张玉生等5人研制的铬鞣猪正面服装革获自治区科技进步成果三等奖。这些科研成果对开发内蒙古自治区的牛、羊、猪、马、驼皮革制品品种、提高皮革产品质量,起到了开拓带头作用。

据自治区工业普查资料统计显示,1985年全区重革合格率为99.09%,轻革合格率为99.32%,轻革一级品率为26.53%。1987年,全区重革合格率为99.62%,轻革合格率为99.93%,轻革一级品率为25.06%。

自治区皮革行业有代表性的产品如下。

一是植鞣黄牛外底革,重点生产厂家是海拉尔皮革厂和包头皮革厂。海拉尔皮革厂生产的松牌黄牛外底革是该厂的传统产品。这个产品选用呼盟优良黄牛皮为原料,以落叶松、橡树子栲胶为鞣剂,采用池、鼓结合经过化学处理和机器加工,使成革丰满、弹性好、耐磨并有良好的透水气性。该产品色泽为浅棕色,是制作高级靴鞋,特别是蒙古马靴的优质底料。松牌黄牛外底革,各项物理和化学指标都超过部颁标准,1985年被评为自治区优质产品。最高年产量1960年为356吨,1987年产量为190.7吨。产品畅销华北、东北地区。

二是铬鞣黄牛正鞋面革,海拉尔皮革厂生产的鹰牌黄牛正鞋面革,也是该厂的传统产品。该产品以呼盟优质黄牛皮为原料,使用铬鞣剖蓝皮鞣制方法,经过几十道工序加工而成。成品革粒面细致,毛孔清晰,丰满柔软,真皮感强,厚薄均匀,有弹性,不裂面,不松面,不脱色,光泽好,理化性能均达到部标准要求,适于做各种皮鞋、马靴。除黑色革外,染色面革有米黄、大红、银灰、浅棕等14种颜色,是制作各种高档皮鞋的优质面料。鹰牌黄牛正面革在1965年、1978年、1979年、1980年全国皮革质量评比中,均被评为一类产品;1979年获自治区优质产品称号;1980年被轻工业部命名为优质产品。1986年,该产品因延伸率一项指标不合格,而被取消"部优产品"称号。

三是铬鞣黄牛修饰面革,1967年海拉尔皮革厂开始生产,包括牛二层修饰革。1969年包头皮革厂、赤峰皮革厂相继生产,质量属全国上中等水平,达到"次皮做好革"的效果。海拉尔皮革厂同时采用以广西水牛皮为原料,在工艺上采取重加工的方法,通过提高浸水温度,延长浸水时间,加大鞣制红矾用量等,使加工出来的修面革丰满、柔软、有弹性,革面平整、清洁,涂层牢固,色泽鲜艳,基本上消除了水牛皮粒面粗糙、皱纹多的缺陷,可与黄牛修饰面革媲美,是优良的制鞋面料。海拉尔皮革厂生产的鹰牌水牛修面革,1985年被评为自治区优秀新产品。

四是香牛皮,香牛皮是内蒙古自治区民族特需用品,通过纯植鞣加脂、压花、搓花、上亮等工序制成,是制作蒙古靴的皮革。由于亮面马靴为牧区青年牧民所喜爱,逐步取代了蒙古靴。

五是牛正软面革。这种面革,1985年包头皮革厂开始研究,1987年鉴定投产,为生产高档皮鞋提供了主要材料,填补了自治区空白,属全国上中等水平。

六是工业用革。1959年,包头皮革厂、海拉尔皮革厂同时试验生产工业用革,主要用于毛纺厂、棉纺厂的搓板皮、打梭带、辊皮、皮码子等。

七是防水足球革。按普通足球皮铬鞣，用溶剂型聚氨酯配油质涂料涂饰，1975年海拉尔皮革厂生产防水足球革，与齐齐哈尔体育用品厂配套生产防水足球，由大连口岸出口。

八是羊皮服装革。绵羊或山羊均能生产高级服装革。内蒙古自治区从1987年起，羊服装革因采用了新型的复鞣剂材料，质量大幅度提高。质量最好的产品有海拉尔市皮毛厂生产的服装革，制作"雪蓉"牌皮夹克使用的羊皮服装革，这种革张幅大、纤维柔韧、皮板丰满滑爽，经内蒙古质量监督检验所测试，该服装革理化指标符合SG36684铬鞣绵羊正面服装革标准。集宁市皮件厂研究成功改良绵羊板皮服装革，是针对改良羊皮板薄、性脆，制成革松、软、薄、脆、编织强度小、伸长率大的缺陷而开展的，旨在提高成革强度，改进成革身骨限制伸长率，防止成品变形，研究试验获得了成本低、效益高、周期短的良好效果，主要技术指标达到部标准。1983年，该产品通过自治区科委的鉴定验收；1985年获自治区科技进步一等奖。

九是羊皮鞋面革。羊皮鞋面革历来都是用山羊皮制作，1988年内蒙古轻工业厅副总工程师李茂园等研究成功绵羊正鞋面革，解决了绵羊皮纤维组织松弛、抗张强度撕裂强度小的关键技术问题，使之达到山羊皮的物理指标要求，成革粒面细致、丰满、弹性好，抗张强度高达22牛/平方毫米，已达到牛面革的指标，京、津、冀同行专家鉴定结论为"国内首创，国际先进"。

十是猪皮革。内蒙古自治区猪皮制革于1957年开始，当时主要生产猪底革、猪绒面革，之后生产猪修革、手套革、服装革、猪带子革等，1959年为美化猪革进行雕白印花、磨花套色、压花套色、抓花、闪光等，这些仅是小型试验，没有大量生产。

在猪皮制革方面，呼和浩特市皮革厂质量较好，在"六五"期间，每年平均开剥猪皮4.4万张，生产猪底革、猪面革、猪革劳保手套等。该厂生产的猪修面革，获"内蒙古自治区质量第一"的称号。

乌兰浩特市皮革厂生产的"晨鸣"牌铬鞣猪正面服装革，革面洁净平整、厚薄均匀柔软。产品除供应自治区各盟市，还畅销辽宁、吉林、黑龙江等省，市场需求量大，供不应求。1987年被自治区经委评为优秀新产品，1988年被评为自治区优质产品。

十一是骆驼皮革。内蒙古西部区的阿拉善盟素称"驼乡"，骆驼头数占全内蒙古的骆驼总数60%以上，驼皮产量质量均很高，该盟阿左旗皮革厂生产的骆驼皮修面革质量好，可制作皮鞋及皮件。驼皮绒面革质地柔软，也是制作皮鞋的好材料。其他皮革厂大都做驼底革。

十二是马皮革。这种皮革皮板较薄，只能生产马鞋面革、马服装革、马修饰鞋面革，产品质量较好。乌兰浩特皮革厂生产的马修面革获内蒙古自治区科技成果三等奖。

五　皮革化工

内蒙古自治区皮革化工生产是一个薄弱环节，只有矿物鞣料——重铬酸钠（商品名叫"红矾"）；植物鞣料——落叶松栲胶和涂饰材料颜料膏、光浆等。其余大部分化工材料需要由京、津、沪等地购进。

（一）植物鞣料

内蒙古大兴安岭林区盛产落叶松，以落叶松树皮为原料，经过浸提、沉淀、过滤、浓缩、喷粉等主要工序，制成植物鞣料。牙克石栲胶厂于1952年筹建，由原德意志民主共和国（东德）帮助建厂，包括电厂在内投资2000万元，年产落叶松栲胶5000吨，经过改建后达10000吨，为全国最大的栲胶生产企业，产品销往全国各制革厂。

（二）矿物鞣料

自治区的矿物鞣料只生产红矾钠一种。红矾钠是皮革工业的重要化工材料之一，20世纪60年代以前，我国全部靠进口。1959年包头皮革厂技术副厂长冯克，试制土法生产红矾钠成功。1960年筹建车间，1961年生产液体红矾钠，1962年生产固体红矾钠，纯度达到98%，符合化工部产品标准，由于污染环境，市环保局勒令停止生产。

1967年4月26日国家计委以（67）计字253号文件批复建设内蒙古巴彦高勒皮革工厂。1968年开始筹建，到1987年底建成正式投产，年产红矾2608.23吨，超过设计要求。

巴彦高勒皮革化工厂，建厂开始是1968年，正式投产是1987年，历经19年的建厂期。这样长的建厂时间，其重要原因之一，就是铬矿渣污染环境未能得到解决。1975年由汤寿、关寰、冯克3人多次研究，终于获得成功。方法是将全部铬矿渣掺入煤炭中燃烧发电，解决了环境污染。1980年10月汤寿等3人荣获内蒙古人民政府科技进步二等奖。

（三）涂饰剂及油脂材料

由于内蒙地区乳品工业发达，生产的乳酪素质量好；同时，自治区哲盟盛产蓖麻油，利用自治区资源生产的颜料膏、揩光浆、硫酸化蓖麻油等产品，由于质量好，销售到东北、华北等地；同对也生产皮革加脂剂等。生产的厂家有海拉尔乳品厂附属皮革化工厂、包头铁路皮革化工厂、哲盟科左后旗皮革化工厂等。

第四节　皮革制品

内蒙古自治区的皮鞋及皮革制品企业1987年共有93个，实现工业总产值（按1980年不变价）7245万元，其中全民所有制企业15个，工业总产值为2751万元；集体所有制企业78个，工业总产值为4494万元。皮鞋企业共有52个，产值为4604万元，分别占区内企业总数和工业总产值的55.91%和63.55%。在8盟4市中，产值超过1000万元的有3个盟市：锡盟产值1215万元，乌盟产值1312万元，包头市产值1429万元。

一　皮鞋

我国生产皮鞋和长筒皮靴已有3000年的历史。内蒙古自治区从事游牧生活的牧民穿着以皮革制品为主。皮靴是连筒的鞋，是古代内蒙古地区人们发明并穿着的一种鞋。据《隋书·礼仪志》上记载："靴，胡履也"，原为胡人穿着，战国以后传入中原，初称"络缇"，汉代以后称"靴"，原为军鞋，为征战的将士穿用，隋朝以后为百官常服。皮靴除用皮革制造外，也用绸缎布帛制造。元朝鼎盛时期，至元十三年（1276年）建立上都软皮局和牛皮局，从事皮革、皮靴、皮鞋生产。1949年新中国成立前，内蒙古自治区主要生产蒙古靴，生产皮鞋较少。新中国成立后，皮鞋制造工业蓬勃发展，由手工操作逐步改变为现代化流水线机械化生产，产量逐步增长。1953年，全区产皮鞋6000双，1987年产量达到308.3万双。1953年到1987年的35年皮鞋总产量累计3757.97万双。年产量最高的1987年皮鞋产量为308.3万双，其中生产牛面革皮鞋231.76万双、猪皮革皮鞋39.04

万双、合成革皮鞋 100 万双。1990 年后，自治区的部分皮鞋企业逐步关、停、并、转，产量不断减少，1995 年仅生产皮鞋 173 万双，2000 年生产皮鞋 58.81 万双。

（一）工艺

1964 年以前，内蒙古地区皮鞋生产工艺以手工缝制为主，部分工序上配备一些机械操作，缝制全牛皮鞋。1964 年以后开始生产模压鞋。1967 年开始生产硫化鞋。1978 年开始生产胶粘皮鞋。根据国家轻工业部关于"发展胶粘，保留线缝，取消硫化"的指示精神，自治区皮鞋生产绝大部分是胶粘流水线，占生产总量的 90% 以上，但仍保留了少部分线缝皮鞋，主要是民族用品——马靴和全牛高档皮鞋。

（二）设备

皮鞋的生产设备，1952 年以前仅有缝纫机，其他就是锤子、锥子、拉刀等原始性工具。1955 年期间增加了外线机、片帮机等，但生产效率仍不高。1956 年 12 月包头皮革厂引进了一条捷克斯洛伐克 Svit 工厂皮鞋生产线，生产线缝劳保鞋，产量由 300 双/日提高到 1000 双/日，为自治区第一个机械化生产皮鞋的厂家。1987 年 10 月，赤峰皮革厂引进意大利 SIDECO 公司的皮鞋生产线。同年，包头皮鞋厂引进英、法等国皮鞋生产线。1988 年，锡林浩特民族靴鞋厂引进捷克斯洛伐克 Svit 工厂、意大利等国皮鞋生产线。从而使全区部分皮鞋企业设备具有 20 世纪 80 年代国际先进水平，产品质量和劳动生产率大幅度提高，如赤峰、包头两厂原设计能力两班年产 100 万双皮鞋，1987 年一班生产已达到年产 60 多万双。

（三）代用材料

随着人们生活水平的提高，全区的皮鞋消费量不断加大，全部采用天然皮革制鞋远远满足不了要求，成本亦高。因此，研究代用材料逐渐引起皮鞋制造行业的重视。1964 年以前，内蒙古生产皮鞋绝大部分是全牛皮革材料，少数用旧轮胎经过片刀削薄以后，作为外底使用。1965 年以后，用硫化后的橡胶成型底做外底。1975 年以后用再生革或无纺布浸胶、干燥、熨平定型后做内底，仿羊革和聚氨酯发泡涂于织物底基上做鞋里革。合成革、聚氨酯贴膜的二层革做鞋面革的代用品。1980—1981 年，呼市皮鞋厂于保忠工程师等 3 人研制成功仿牛皮底革，获内蒙古自治区科技成果三等奖。

皮鞋代用品的研究，重点在外底的研究。内蒙古自治区在 1980 年以后采用橡塑仿底革，比天然皮革作底耐磨度高 20 倍，价格又低廉。因此，各制鞋厂家多采用作男女皮鞋底，但透气性差，穿着不舒适。1985 年以后，又发展了丁二烯甲苯乙烯橡胶底耐寒鞋底、聚氨酯泡沫底做软底革，与软面革配套作软面软底皮鞋，穿着舒适，是一种中高档皮鞋。真正的高档皮鞋，鞋面、鞋里、内底、外底应全部为天然皮革制造，具有透气、吸潮等优点，代用材料是解决不了的。1987 年制鞋厂家除生产极少数高档皮鞋全部采用天然皮革外，绝大部分皮鞋是鞋面为天然皮革，其他部件为代用材料。

（四）采用标准化新型号

1975 年以前，我国生产皮鞋长期所用的型号为英制或美制，不适合我国人民的脚型。轻工业部于 1965 年和 1968 年先后两次用半年时间测量了全国各地区（包括内蒙古自治区城镇、农村、牧区）各行业男女老少 25 万人的脚型，研究分析了我国人民不同性别、年龄、职业和地区的脚型变化规律。1975 年轻工业部颁布了新型皮鞋的鞋号标准和楦形尺寸系列，自治区按照轻工业部颁布的新标准生产皮鞋，使广大消费者能购到舒适合脚的皮鞋。

(五) 款式

随着人民生活水平的提高，皮鞋款式应与服装款式相配套、与季节气候变化相适应。内蒙古自治区加强了新颖款式鞋的设计工作。1946年以前，内蒙东部区严寒地带农村以烟熏皮制作，"趟土牛""趟土马"，鞋内塞靰鞡草。也有半高勒的"文德"内衬毡袜。牧区多穿用植物鞣制香牛皮做面、烟熏皮做底并上油的蒙古靴。1946年以后，生产植鞣底革做内外底、植鞣油皮做鞋面全牛线缝皮鞋供军用或城市居民用。1953年以后，生产铬鞣正鞋面革、植鞣底革的全牛手工线缝皮鞋、马靴等。1968年以后，生产京式三接头、五眼鞋、素头五眼鞋、盖鞋、胶筋鞋、女三眼鞋、女一带鞋、女船鞋等。之后，开发新产品有软面软底的老板鞋、护士鞋、猎式鞋，新添各式女鞋、高级运动鞋旅游鞋等。

(六) 质量

1949年中华人民共和国成立后，内蒙古自治区的皮鞋质量不断提高。在普遍提高产品质量的基础上，涌现出一批优质产品和地方名牌产品，除在自治区和国内销售外，还有一部分产品打入国际市场。据内蒙古自治区轻工业厅轻纺工业统计资料统计，1986年内销皮鞋合格率99.32%，出口皮鞋合格率98.93%；1987年内销产品合格率99.29%，出口皮革合格率98.96%。

自治区皮鞋有代表性的优质产品和地方名牌产品有"勇士"牌马靴、"白兰"牌女鞋，"驼铃"牌、"银杏"牌三接头皮鞋等。

"勇士"牌全牛皮马靴是海拉尔市皮鞋厂的传统产品。该厂生产马靴和各种皮鞋，已有40多年的历史。这个厂是从新中国成立前的手工作坊发展起来的。"勇士"牌马靴做工精细、革面柔软、光亮耐穿、式样美观，不仅牧民群众喜欢穿着，而且它的名声传到了区外。全国知名人士，如舞蹈家贾作光、莫德格玛，相声演员姜昆，独唱演员蒋大为，作家李准，体操健将李宁，排球名将郎平以及中国台湾归来的阿原和他夫人都专门购置了海拉尔皮鞋厂生产的马靴。该产品选用优质皮革制作，靴勒高度在膝盖以下，勒口前高后低，呈马鞍形。马靴足跟采用牛底和桦树皮粘接，硬度大、不变型，具有防潮性能。靴后勒由手工缝制，针距均匀、杀线紧密；靴后端和后跟里侧钉有木塞钉、皮疙瘩和刺马针，适合骑乘放牧。第三代产品——长流高勒高跟拉链男女马靴，靴高勒瘦，样式新、色泽正，富于健身美，1984年投放市场后，很快成为国内热门货，远销北京、上海、武汉、广州等地。"勇士"牌马靴在自治区质量评比中，多次名列前茅。1981年、1983年、1984年度均被评为一类产品第一名；1984年9月被评为自治区优质产品；1986年获"自治区地方名牌产品"称号；1987年9月在全国第三届少数民族特需用品产品评选会上，获轻工业部、国家民委全国少数民族特需用品优质产品奖。

(七) 鞋楦生产

内蒙古自治区生产鞋楦的厂家有呼盟额尔古纳左旗根河木鞋楦厂、巴盟五原鞋楦厂、赤峰市巴林右旗大板木器厂和赤峰皮革厂的鞋楦车间。呼盟额左旗根河木鞋楦厂全厂共有40人，年生产能力为3万双，1987年实产1.5万双。巴盟五原县鞋楦厂，全厂共有82人，年生产能力为5万双，1985年实产1.7万双，1987年生产1.17万双。赤峰皮革厂鞋楦车间1987年生产木靴楦1.15万双。呼和浩特市旋工木器厂1958—1962年生产的鞋楦供不应求，年平均产量3000多双，产品由内蒙古各地鞋厂定购，鞋楦销往包头、察素齐、丰镇、集宁、乌兰花、达茂联合旗、四子王旗等地。1962年以后，因原料烘干问题没有得到解决，再加上铝鞋楦问世，木制鞋楦逐渐被代替，木制鞋楦1963年就停止生产。1984年，国家曾投资在木材产区呼伦贝尔盟博克图镇建立木鞋楦厂，原工厂被大火烧掉，鞋楦生产断绝。自治区的皮鞋楦型设计水平较差，往往跟不上市场款式的需要，严重影响了内蒙古自治区及皮鞋工业的发展。

二 皮革服装

内蒙古地区土种绵羊皮毛粗板厚，不宜做裘皮，多做劳保服。在人们对劳保服的质量要求越来越高的情况下，大部分毛皮厂生产绵羊皮革服装，但产品多是低档品。皮革服装的质量要求是轻、薄、软、滑，因此服装革必须达到柔软、轻薄（薄而牢度大）、滑爽。自治区的绵羊皮服装以集宁皮件厂的质量较好。皮革服装的款式，随着市场的变化，不断更新。由大翻领、两兜、四兜、空军服发展到猎装。后又有宽松式男装和女皮短衣皮裙、皮大衣等。有正面、绒面、毛皮镶边或混合搭配、大翻领改为小领等，款式越来越新，档次越来越高。

皮革服装主要是皮夹克，又称为"皮卡衣"。自治区皮卡衣由1965年开始批量生产，当年全区生产1万多件。之后20多年，逐渐增加产量，到1987年全区产量达15.96万件。皮卡衣生产厂家遍布全区，其中年产量超过1万件的有6个盟市：乌盟4.40万件、锡盟3.06万件、呼盟2.68万件、兴安盟1.88万件、巴盟1.07万件、赤峰市1.05万件。

集宁皮件厂是生产皮革服装的骨干企业。该厂是20世纪60年代从上海支边迁至内蒙古自治区的，技术力量雄厚，生产经验丰富，产品在国内外市场上久享盛誉，每年在国内市场上销售3万多件，出口6000多件。"熊猫"牌皮卡衣是该厂的代表性产品，产品选料精良、工艺考究、款式新颖、规格齐全，行销中国香港、古巴、法国等20多个国家和地区。115—502型号的男女上衣，1984年获"轻工业部优质产品"称号；1986年全区质量鉴定评比获一类产品二项第一名；1986年全国质量鉴定评比，再次获绵羊皮服装第一名。集宁皮件厂生产的"熊猫"牌腈纶棉填充男夹克，1986年获轻工业部优质产品奖，国内销往北京、东北、山西等地，出口日本、法国、古巴、芬兰、中国香港等国家和地区；1986年在全国皮革服装质量鉴定评比会上被评为第一名；同年获轻工业部优质产品奖。

自治区皮革服装缝纫设备，长期是用单针平板缝纫的，质量难以控制。之后引进了德国百福（PFAFF）双针头（能自由拐弯的双针头）和自动剪边的缝纫机，提高了质量与劳动生产率，克服了针码不整齐的毛病，同时缝纫后减去了手工剪边的工序。

三 其他革制品

其他革制品包括皮箱、皮包、皮带、枪套、皮手套、小皮件、票夹等。有些小皮件是利用皮革服装的下脚料制作的。这些皮件产品，技术性比较简单，很多小皮件厂都能生产，但金属件配套差，大部分是低档产品，也有少量中、高档产品。一些箱、包全部是用人造革或仿羊皮制作，品种单调，价格较低，产量也不大。

自治区革制品中的皮手套为大宗产品，且质量较好。包头市第一服装厂生产的出口皮手套，1985年产5.88万副全部出口，1986年产44.84万副（其中出口37.1万副），1987

年产56.13万副（其中出口50.22万副）。这个厂生产的"金杯"牌运动皮手套是冬季体育运动爱好者和冬赛者理想用品，产品选料考究，精工细作，有圆、密、顺、直、平等特点，与各种运动服配套，协调大方，具有强烈的时代感。1980年评为自治区优质产品，1986年复查仍保持"区优"产品称号，深受国际市场的好评，是包头第一服装厂主要出口创汇产品之一。另如兴安盟科右中旗皮毛厂生产的"草原"牌羊革手套，精工细作、质量精美，1985年获"自治区优质产品"称号。此外全区生产其他革制品的有乌盟察右前旗生产革皮箱包，1985年产9200件；包头市东河区皮件厂生产人造革皮包，1985年产111000件。内蒙古全区1985年产革皮箱14000只，1986年产1万只，1987年产3万只。

第五节　毛皮

一　简述

毛皮生产在我国的历史上源远流长，早在石器时代，北京猿人已经用简单的石器剥取兽皮用以御寒。有了文字后，从甲骨文的记载可以查到"裘"字。周朝设有专门管理毛皮业的官吏。"裘氏"是古代制革工匠的一种。《周礼·考工记》上载："攻皮之工，函、鲍、韗、韦、裘。"被称为"衣冠之国"的唐朝，由于商业的发展，甘肃、宁夏、蒙古（内、外蒙古）各地的皮张都集中到张家口，张家口成了当时北方的毛皮集散地，对内蒙古地区毛皮行业的发展有很大影响。

内蒙古地区毛皮业早在春秋战国时期已经开始，匈奴人"表皮革被毡裘"。汉朝蔡文姬的《胡笳十八拍》中有"越汉国兮入胡城……毡裘为裳兮骨肉震惊"的句子。元代有庞大的官营手工业，其中以军事工业最为发达，皮革需要量很大。

元朝时期，内蒙古地区毛皮业已相当发达，成吉思汗（铁木真）曾把妻子孛儿帖拜见婆婆的礼物黑貂鼠皮袄献给克烈部首领王罕。元中统元年（1260年）六月，诏十路宣抚司造战袄、裘、帽各以万计，输开平。同年七月，敕燕京、北京、西京、真定、平阳、大名、车平、益都等路宣抚司造羊裘、皮帽、靴，皆以万计，输开平。

甲胄内层以水牛皮制造。当时全国有"不知其数"的将士，水牛皮甲胄、皮帽、皮盔和羊裘的需要数量当然是不少的。

元朝的陪都——上都（内蒙古正蓝旗，原称"开平"）的毛皮业十分发达。忽必烈在即位前，就命刘秉忠在那里营建了3年，它加强了和林（今乌兰巴托）同中原以至大都（北京）的联系。因为是陪都，商业和手工业都很繁荣。上都有庞大的官僚机构，在那里设置有匠人提举局，上都诸色匠人提举局、软皮局，都是加工皮革毛皮产品的官营机构。古代蒙古族男女服装款式相似，都穿长袍，衣肥大、长拖地。初以毡、皮毛、皮革制作。冬服二裘，一裘毛向内，一裘毛向外，以御寒。富有者以狐皮、狼皮等珍贵毛皮做皮袍，以布、绸、缎做衣面，穷人则只以狗皮或山羊皮做皮袍。

明代蒙古族有袍、裤、无袖短衣、毡斗篷、布衬衫、靴、长袜、帽、围腰等。"……积以虎、豹、水獭、貂鼠、海獭诸皮为缘。缘以虎豹不沾草也。缘以水獭不渐露也。缘以貂鼠、海獭为美观也。"袍子因质地不同，种类很多，除以羊皮、羔皮制作以外，还有绿绸锦缎袍，夏布长袍，虎、豹、狼、獾、狐、海狸、灰鼠、银鼠、貂、野猫、水獭等兽皮制作的袍子。

到了清代，专营的硝革、鞣皮等手工业得到发展，某些城镇出现了汉商经营的手工业小作坊，直到新中国成立前才发展成毛皮加工较大的手工业作坊，初步形成毛皮加工行业，素称"白皮坊"。内蒙地区毛皮加工业锡林郭勒盟多伦县（原称"喇嘛庙"）较为发达。在清朝雍正十年（1732年），多伦就已是交通枢纽的重镇，由北京、张家口、承德去往外蒙古的旅蒙商人、驼队、车马队必经多伦县。多伦县又是庙宇最多的旗县，当时多伦县城的人口超过10万。白皮坊在多伦到处可见。

内蒙古东部地区，毛皮业生产最早的是海拉尔市。清朝雍正十二年（1734年），呼伦贝尔建城后，就以丰富的畜产品资源和中原交流，旅蒙商人长途跋涉于呼伦贝尔草原、张家口、多伦等地，用骆驼、牛车驮运生活日用百货，把从牧民手中换取的皮张、羊毛等畜产品，运往内地加工。光绪三十一年（1905年），根据《中日满洲善后条约》，海拉尔、满洲里被开放为商埠。俄、日、英等国开办了诸如洋行一类的贸易机构，商人、手工业者日渐增多。民国五年（1916年），赵中原在海拉尔开办的"中原工厂"雇用劳工六七十人，为各商铺和居民缝制皮袄，或把羊皮熟成半成品卖给外国商人。满洲里市当时有志诚太制革厂，有资本3000银元，年销售熟好的旱獭皮1800张、羊皮上千张。俄国十月革命前后，俄商在海拉尔等地经营毛皮业，其中大部分产品为黑绒面毛革两用，黑绒面皮袄从此开始生产，此产品是由俄国十月革命后逃亡海拉尔的白俄人传入的。

1946年东蒙实业公司、新盛皮革厂（海拉尔皮革厂的前身）在乌兰浩特建立，生产皮大衣。此外西满军区在满洲里订购黑板皮袄10000件，由6家白皮坊承担，1947年满洲里成立西兴皮毛厂后改名为"瑞升祥皮毛厂"，有职工40人。1949年，海拉尔成立益民皮毛工厂，有皮衣业作坊23家，年生产皮袄12000件。1950年2月，海拉尔66名手工业者组建了第一个手工业生产合作社——海拉尔市皮毛生产合作社，他们将海拉尔制毡厂、海拉尔益民厂、乌兰浩特荣军厂、扎兰屯被服厂、满洲里毛皮厂合并成立了海拉尔毛皮厂，生产皮大衣等；1955年并入海拉尔皮革厂成为皮毛车间；手工业合作化时自制毛皮设备，率先试验成功低铬鞣的化学鞣制法，缩短了生产周期，年节约粮食70000斤，为自治区毛皮工业化学鞣制实行机械化生产奠定了基础；1980年由海拉尔皮革厂分出，成为地方国营海拉尔皮毛厂。

内蒙古西部地区，主要以呼、包两地为基础。包头在历史上是水陆码头，曾以"塞外通衢"、皮毛集散地而著称。因受张家口、宣化、山西交城、文水、清源的毛皮匠人传艺影响，早在清朝雍正年间至乾隆初期就已形成毛皮作坊。包头"九行十六社"之一的成衣社、威镇社，以狐皮、羊皮制作皮袄。民国十年（1921年）9月1日，平绥铁路正式通车，促进了内蒙古西部区毛皮工业的发展。当时包头有白皮坊60家，归绥有白皮坊50家。1937年日本侵占绥远省归绥、包头两市，垄断了毛皮行业的原料皮及制成品。日本人在归绥设立"大蒙公司"，在包头设立"蒙疆皮革株式会社包头工厂"（后改为"蒙满畜产股份有限公司包头工厂"），致使归、包两市的毛皮业全部倒闭，就连归绥历史最长（开业300多年）、规模最大的白皮坊"三胜玉"也随之关门改行。

1949年全国解放后，归绥、包头两市毛皮行业迅速恢复。呼市到1956年手工业合作化时，20多家皮坊组建了公私合营熟皮厂，包头市由许多个体手工业者和合作小组参加合作社，并组建了公私合营熟皮厂等7个企业，职工队伍发展壮大到1057人。毛皮生产发展，社员职工收入增加，充分体现了合作化的优越性。1958年，在"大跃进"的浪潮推动下，自治区毛皮行业的企业也出现了"升级过渡"，到1960年全区绝大多数合作社转为统负盈亏的合作工厂或国营联合厂，集体财产被平调。毛皮行业一度出现了半停产状态，出现了亏损。1961年6月19日，中共中央颁布了手工业三十五条，毛皮行业大多数企业先后两批转为工厂的又恢复为合作社，自治区保留了4个重点国营皮毛工厂，即海拉尔、赤峰、锡林浩特、包头四大皮毛厂，使生产关系适应了生产力的发展。1964年5月15日，自治区成立了皮革公司（第一任经理高锦纯），加强了行业管理，深入开展技术革新和增产节约运动，机械化半机械化水平进一步提高，企业的管理制度逐步健全，主管部门颁发了毛皮产品的技术标准。1965年8月，内蒙古自治区手工业管理局在海拉尔市召开了全区首届毛皮产品技术鉴定会议，总结了全自治区毛皮工业生产发展工作，制订了自治区毛皮行业的发展规划，并改革传统硝面法工艺，推广应用化学鞣制法和毛皮机械化生产。1966年2—5月，内蒙古手工业管理局委派呼盟手工业管理处在乌兰浩特市主持开办内蒙古自治区首届毛皮技术训练班，促进了毛皮工业的进一步发展。"文化大革命"期间，毛皮行业虽然也受到冲击，但在逆境中，对新的加工工艺和毛皮机械应用方面仍有所发展。粉碎"四人帮"后，在党的十一届三中全会精神指引下，国家对毛皮工业更加重视，相应成立了许多研究机构。在全国加强了毛皮机械、毛皮化工和大专院校毛皮专业等生产、设备、化工、教育等系列的配套工作，内蒙古自治区毛皮工业大踏步发展。全区毛皮内销产品繁多，出口产品大幅度增加，毛皮工业技术水平和产品质量步入了全国毛皮同行业的中上游水平，改革开放给毛皮行业注入了新的活力。1987年后，内蒙古的毛皮产品有9种被评为全国同行业前三名，并被评为部优产品。

二 原皮

毛皮工业制裘分四大类，一是粗毛皮，二是大毛细皮，三是小毛细皮，四是杂毛皮。

（一）粗毛皮类

1. 土种绵羊皮（蒙古羊皮）

土种绵羊皮约占全自治区绵羊皮的30%，其中20%左右可生产光面和绒面毛司维革（毛革两用）、仿貂绒皮，剩余的80%为防寒皮衣裤和光面服装革等产品的原料。此种原料皮板厚、纤维组织紧密，毛绒较粗，品种有乌珠穆沁蒙古羊皮、哈达蒙古羊皮、河套蒙古羊皮等。

2. 内蒙古细毛羊皮

内蒙古细毛羊皮约占绵羊皮的30%，是生产出口羊剪绒挖花大毯，羊剪绒素毯，羊剪绒靠背、坐垫和羊剪绒皮帽、大领子的上好原料。此种原料皮板薄、绒毛细且密度好，是自治区1953年在锡盟五一牧场开始培育、1976年培育成功的一种良种羊所产之皮，品种有鄂尔多斯细毛羊皮、科尔沁细毛羊皮、敖汉细毛羊皮等。

3. 内蒙古半细毛羊皮

内蒙古半细毛羊皮是内蒙古自治区开始在大青山靰鞡山以北地区培育的一种良种羊所产之皮，约占绵羊皮的20%，是生产各种剪绒裘皮服装及剪绒拖鞋的原料。其皮板较厚，毛绒细长。

4. 各种改良羊皮（又称"杂交羊皮"）

改良羊皮约占绵羊皮的20%，是生产各种裘皮服装及仿羔皮、仿野生动物皮及其他剪绒制品的原料。

5. 其他良种羊皮

如新疆细毛羊皮、东北细毛羊皮、吉林查干花细毛羊皮、澳洲美利奴羊皮、德国美利奴羊皮、高加索细毛羊皮、林肯羊皮、考利代羊皮、茨盖羊皮、罗姆尼玛许羊皮、边区来斯特羊皮、波尔华斯半细毛羊皮等良种羊所产之皮，在内蒙古自治区也有较大的收购量，所产的剪绒产品同内蒙古细毛羊皮、半细毛羊皮相同。

6. 滩二毛皮

滩二毛皮是河套临近宁夏地区的"滩二"羊所产之皮，其毛长有花弯、细而白，是生产裘皮服装的上等原料。

7. 三北羔皮（又称"波斯羔皮"或"卡拉库尔羔皮"）

三北羔皮主要产于伊、巴两盟，其原料具有美丽的蚕型卷曲毛被，除黑色外，还有灰色、褐色、金黄色。在国际上三北羔皮是毛皮的三大支柱之一，可制成翻毛裘皮服装、帽子等产品，价格极高。

8. 绵羊羔皮

其一是土种羔皮，是土种绵羊羔所产之皮，可制作各种本色、染色裘皮服装，出口外销备受欢迎。

其二是改良小毛羔皮（又称"珍珠羔皮"），是生产背心、衣筒、乌克兰帽及手套的原料。

其三是中毛羔皮，是生产皮夹克筒及裘皮服装的原料。

其四是大毛羔皮，也是生产皮衣筒及裘皮服装的原料。

其五是象羔皮（象胎皮），是土种改良羊流产胎羊所产的皮，此原料极为珍贵，是出口裘皮衣帽的高档原料。

9. 山羊绒皮

山羊绒皮在内蒙古的品种为华北路，是生产皮褥子、仿制玄狐皮、兰狐皮、貉子皮和拔针山羊绒皮制品的原料。

10. 猾子皮（又称"小山羊皮"）

猾子皮是山羊所产的羔皮。猾皮分为青猾、黑猾、白猾、杂猾四种，因带有花纹，故适合做各种裘皮服装。

11. 青羊皮（又称"斑羚"、"悬羊皮"）

青羊皮为野生稀有动物皮，一般为灰棕褐色，也有灰色、棕灰色。由于数量少、保温性强，极为珍贵，是制作皮褥子及裘皮服装的原料。

12. 黄羊皮

黄羊皮是野生毛皮，是生产大毯、帐篷、皮褥子的低档原料，但其毛被空心、疏松、防潮性极好，是冬季野外作业的上好保暖品。

13. 狗皮

内蒙古牧区产的狗皮称"蒙古狗皮"，又称"蹲门貂皮"，是生产裘皮服装和皮褥子的原料。

14. 驼羔皮

驼羔皮是从死亡的骆驼羔身上剥取的毛皮。其毛绒细密柔软。

（二）大毛细皮类

大毛细皮类有狐狸皮、貉子皮、沙狐皮、猞猁皮、狸子皮、玛瑙皮等，是内蒙古自治区珍贵的毛皮原料。自治区也已开展人工饲养狐狸（包括蓝狐、银灰狐）、貉子等大毛细皮动物，开发了更多的毛皮原料。这些原料是毛皮工业生产高档裘皮服装及高档民族皮帽、围巾等装饰品的珍贵原料。

（三）小毛细皮类

小毛细皮类有黄狼皮、灰鼠皮、松鼠皮、艾虎皮（鸡貂、臭狗皮）、水貂皮、紫貂皮、水獭皮、麝鼠皮（青根貂皮）、旱獭皮、香鼠皮等。以上也是内蒙古自治区珍贵毛皮原料，是生产高档裘皮服装、皮帽、披肩、领子的毛皮原料，其中麝鼠、水貂、旱獭已开始人工饲养。

（四）杂毛皮类

杂毛皮类有獾子皮、狼皮、野兔皮、家兔皮、黄鼠皮（又称"大眼贼皮"）、花鼠皮（五道眉皮）、小飞鼠皮、家猫皮等。以上杂皮是生产高、中、低档裘皮服装、皮帽及皮领的原料。

内蒙古自治区粗毛皮类的皮张平均每年可收购650万—700万张，各种细毛杂皮可收购100万张左右。原料皮一般采用的的防腐保存方法一是干燥法（自然晾晒、也叫甜干皮），二是盐腌法（盐湿皮），三是盐干皮（盐腌后再干燥）。毛皮常见的伤残缺陷，一种是自然伤残，如疥癣、癣癫、痘疱、疹痕、咬伤、食毛伤、勾毛伤、旋毛伤、擦毛伤、肋骨皮、龟盖皮、折疽等；另一种是人为伤残，如枪伤、箭伤、杠伤、套伤、夹伤、圈黄（尿黄）、卧栏、描刀、开偏、上翻尾、烟熏、油烧、虫蚀、陈板、霉烂等。

三　工艺与设备

（一）工艺

由原料皮到成品须经两大工艺，即鞣制工艺和裁制工艺。

1. 鞣制工艺

鞣制工艺是将原皮加工成半成品的工艺，大体有3个工段，一是准备工段，二是鞣制工段，三是染整工段。其鞣制工艺有以下4种鞣制法。

（1）传统鞣制工艺。此法是最古老的鞣皮方法，是用动物的油脂和脑髓涂抹在生皮上，并经常揉搓，使毛皮变软。此法实际是油鞣法的前身。

二是生钩法。此法是自治区农村牧区个体手工业皮匠熟皮的一种古老的方法，已有上千年的历史。用具是木叉钩子，中间加一片铁铧作刀具，将生皮回湿，刮去肉渣，再抹上黄米等，用钩子拉软，使皮张在拉软过程中失去水分。但其遇水分回生，实质是生皮暂时回软。

三是酸奶法。内蒙古广大牧区的蒙古族及其他少数民族很久以前就发明了奶鞣皮。酸奶法就是将牛奶加入食盐或芒硝，放在大缸内日晒几天，待牛奶变酸，然后将羊皮或其他动物皮放入缸内，浸泡半月至30天，甚至两月之久，再将皮捞出晒干，再回潮，再用大镰片刮去肉渣，即变为熟皮。此种皮性能尚好，但有酸臭味。这种鞣皮方法实际是乳酸将皮变软，属浸酸油鞣法。

四是面熟皮法（也称"米面熟皮法"或"硝面熟皮法"）面熟皮法是我国数千年前就沿袭下来的一种最古老的熟皮工艺，是一种发酵软化法，其原理就是用含淀粉和蛋白质的黄米面粉，加入少量的小米稀粥，并加入一定量的食盐或芒硝，产生有机酸进行熟皮，使生皮变软。这种熟皮法（实际是浸酸法）制成的皮子，可塑性较好，但是遇水回生，易虫蛀，有酸臭味，并消耗大量的粮食。在1966年全区首届毛皮技术训练班时，就提出淘汰此熟皮法（当时全自治区仍有50%以上的毛皮厂用此法熟皮），直到1979年全区毛皮行业才全部淘汰此法，但农村熟皮至今仍有少量使用。

面熟皮的工艺流程（以土种羊皮加工为例）：生皮回潮—抹泥沙（包泥）—蹬泥皮（铲肉渣）—干燥—抓毛—洗皮（皂洗）—面熟皮（配方：黄米面1斤/张、芒硝1斤/张或食盐0.5斤、硝0.5斤，时间7天，温度25℃—35℃）—干燥—回潮—铲皮。

（2）现代化学鞣制工艺。

一是硝酸法。利用硝酸法熟毛皮，是内蒙古自治区1955年合作化前期研究的一种代替硝面法的制作工艺，1959年"大跃进"期间推广到全区的毛皮行业。这种方法是利用硫酸膨胀皮板，用芒硝和食盐中性盐类来填充皮板的纤维间隙，所制毛皮皮板薄而软。这种方法虽然代替了粮食鞣制毛皮，开创了化学制毛皮的新阶段，但此法仍属酸性，不起鞣皮作用，不耐水、不耐穿。其工艺和面鞣相似，只是加硫酸和中性盐，鞣制时间由原来面鞣的7天缩短为5天。

二是硝铝鞣法。这种鞣法是海拉尔皮革厂毛皮车间研究成功的，随之在呼盟、哲盟、锡盟、昭盟四个地区推广，1966年在全自治区推广。此法采用浸酸、鞣制两步法，是用明矾作为鞣剂鞣制的工艺。有一些毛皮产品现仍采用此工艺生产。

三是铝铬鞣法。这种鞣制方法早在1958年"大跃进"时期，北京、天津、张家口等地的毛皮厂就已采用。内蒙古地区是在1960年由海拉尔皮革厂毛皮车间张耀明工程师、技工郭荣等人试验应用的，是当时较为先进的毛皮鞣制工艺。铝铬鞣是用铝代替部分铬进行鞣制，主要目的是为了减少铬的用量，可以降低成本、减少环境污染，同时可使皮张鞣出来颜色浅些，在工序配套采用科学的工艺流程方面迈上了现代化学鞣制毛皮的新阶段。这种工艺鞣制的毛皮，耐用、抗温、抗水，延伸性较好。这种工艺1966年在全区首届毛皮技术训练班上进行了推广。

四是纯铬鞣皮法。这种鞣皮工艺，是较为先进的鞣制方法，是在19世纪中叶发明的制革工艺，后在毛皮工业中使用。我国1950年抗美援朝时期，后勤军需部西安6031厂即现3513厂首先采用此法，当时是用刷铬液鞣制，而不是浸渍法。1955年，内蒙古自治区首先在海拉尔皮革厂用皮毛车间刷铬液鞣制生产成品皮大衣出口苏联。海拉尔皮革厂皮毛车间1964年采用低铬鞣（含Cr_2O_3 0.7—1克/升），由张耀明、郭荣、邱瑞亭等研究成功。此种方法1966年全区首届毛皮训练班重点推广，并采用了浸酸后低铬鞣方法鞣制毛皮。这种工艺鞣制的皮子，收缩温度高（皮在水中受热收缩时的温度），经复鞣后，可以直接染色，适合军工产品和染色产品的需要。铬鞣剂是比较好的一种鞣制，铬鞣法比较成熟，使用比较广泛，它可以根据产品的需求和其他鞣法如铝、醛等结合进行。

五是甲醛法。甲醛作为鞣剂鞣制毛皮在我国使用始于1958年"大跃进"时期，内蒙地区在1960年才开始推广应用。操作工艺是浸酸软化—醛鞣—中和，此种工艺鞣制山羊皮在当时全国毛皮行业是先进的鞣制工艺，所制的皮张、皮板毛清洁柔软，耐水洗、耐氧化、延伸性好，缺陷是拉力小。

六是锆鞣法。锆鞣法是1970年锡盟皮毛厂利用锆做鞣剂鞣制皮张的一种工艺，但未大量用于生产。

七是双氰胺鞣法。双氰胺鞣法是自治区1976年以后部分皮毛厂应用的一种新鞣剂鞣皮的方法，但未推广。

八是脲醛鞣法。脲醛鞣法是1978年后，内蒙古自治区部分皮毛厂应用的一种新鞣剂鞣皮的方法，亦未推广。

九是781合成剂鞣法。781合成剂鞣法是1978年后，内蒙古自治区首先在商都、集宁毛皮厂应用的一种新鞣剂鞣皮的方法。利用合成鞣剂鞣制，1966年曾在全区首届毛皮训练班上推广。当时锦州市毛皮厂曾用PO合成鞣剂鞣法，但是没有推广，直到1970年后才应用781及脲醛等合成鞣剂制毛皮，但仍未能推广应用。

十是油鞣法。油鞣法是古老的鞣皮方法，现代油鞣是利用鱼肝油、鱼油作为鞣剂鞣制毛皮，主要加工高档细皮，如水貂、黄狼皮等。此种方法在内蒙古地区虽有应用，但只是局限在试验和小批量生产，没有得到广泛应用。

以上是内蒙古自治区毛皮行业在化学鞣制中所采用的鞣制方法。根据产品质量要求和原皮种类，加工过程中采取结合鞣、单独鞣。作为现代科学先进的鞣制方法，主要是工艺的提高、工序的衔接、采用新的助剂表面活性剂、酶制剂等新的化工材料等。内蒙古自治区毛皮工业从1966年开始采用推广化学鞣制工艺，但赶上国内先进水平的鞣制工艺是从1974年开始的。将制革工艺移植到毛皮工艺，采用酶软化加脂的新工艺是1972年轻工业部举办的毛皮研究小组为了赶超世界先进水平而研究成功的。应用酸性蛋白酶软化毛皮，酶软化法大大提高了毛皮皮板的柔软性能，是一项重要革新，是大生产中的重要工序之一。加之采用鞣后水洗等工艺，使所制之皮，达到了薄、轻、软，具有延伸性好、耐老化、无灰无味等优点，所以此种工艺是国内较先进的鞣制工艺。

现代化学鞣制工艺流程（以改良羊皮加工羊剪绒皮半成品为例）：选皮—回潮—去头腿—抓毛—剪毛（有水剪机可在浸水洗皮后剪毛）—浸水—刮毛—洗皮—漂洗—去肉—复浸—脱脂—刮毛—漂洗—去肉—甩干—浸酸软化—静置—鞣制—静置—中和—静置—水洗—甩干—加脂—静置—干燥—堆置—拉软—净面—验收。

（3）毛皮染整。我们的祖先早在夏、商、周时期就已掌握了毛皮染色技术，但是毛皮染色技术在工业生产中应用距今已有近百年的历史。毛皮的染色包括染板、染毛。由于广大群众的审美观不断提高，美化毛皮的技术也在不断改进。

毛皮的染整，是将白色毛皮染制成各种颜色，或者印染、仿染成野生动物的花纹颜色，从而将低档动物皮提高为高档动物皮。内蒙古的毛皮染色技术是1917年苏联"十月革命"前后，沙俄部分白俄人逃到海拉尔、满洲里带来的，他们在满洲里和海拉尔加工制作黑板毛皮。解放后，海拉尔毛皮厂采用进口的苏木精、红矾，先刷苏木精，后刷红矾水，刷染毛皮绒面生产黑色绒面皮衣出口苏联。生产棕色绒面皮衣则是用槐子和直接染料染色。1956年，自治区部分毛皮厂采用氧化染料，染制羊剪绒皮及兔皮，生产对苏出口的栗棕色皮帽。

1960年，自治区部分毛皮厂采用酸性染料进行毛皮染色，刷染黑板绒面草皮衣。同时已有了漂白、褪色的染整技术应用于毛皮行业。1965 年，生产羊剪绒也采用酸性染色工艺。

1967 年，内蒙古开始生产仿染野生动物毛皮。1985 年，因国营海拉尔皮毛厂出口毛革两用革（当时称"毛司维革"）要求毛不上色，原用活性染料皮板染色后毛也上些色，不洁白，轻工业部与联邦德国斯帝豪森公司联系，并派工程师陪同联邦德国专家同去海拉尔国营皮毛厂现场从原皮到成品做了几批试验，全区主要皮毛厂的技术人员都参加了，试验了 3 种染料，即染板不染毛、染毛不染板、毛板都染，这对自治区的毛皮染色技术有很大的促进，使自治区的毛皮染整技术进入全国先进行列，毛皮绒面革的染色技术在国内属领先水平。

染整工艺流程：选皮—吹缝—剪大毛—吃气—干燥—剪毛—脱脂—漂洗—甩干—复鞣（或直接染色）—静置—水洗—甩干—染色—漂洗—甩干绷板干燥—拉大毛—剪毛—直毛—次—剪毛—直毛二次—剪毛—梳毛—拉大毛—剪毛—固定—次—剪毛—固定二次—剪毛—中和（水洗中和或干中和均可）—上光—验收。

2. 裁制工艺

我国毛皮裁制大约在公元前 770 年就有了记载。据春秋战国时期《慎子·知忠》记述："粹白之裘，盖非一狐之皮也。"当时有成语"集腋成裘"，是说狐狸腋下的皮虽然很少，但是多块拼集就可做一件皮衣。由于我国适于做皮毛的动物繁多，在裁制工艺上，可谓是看皮裁衣、粗皮细做、细皮精做、次皮巧做、碎皮拼做。

毛皮裁制工艺主要是如何运用好裁制的刀法，上料填材、加宽拉长、去残补洞、省时省料。传统的毛皮裁制有七十二刀法。内蒙古自治区毛皮产品种类数十种，裁制工艺上各有千秋，毛皮裁制的走刀刀法历史悠久。由于受东北辽宁的"关东刀法"，张家口、北京的"北路刀法"和山西、宁夏的"西路刀法"传授影响，因而全区从东到西各毛皮企业至今仍有不少老艺人在裁制工艺上保留了许多传统的裁制法。近几年推陈创新又发明了"串龙刀法"和"加带条""挖花"的工艺，并采取"套裁法""间裁法"。

自治区毛皮裁制常用的刀法有留刀、顶刀、穿刀、挤刀、抽刀、转刀、抹刀、补刀、正刀、反刀、错刀、提刀等。而这些刀法又有雅用的名称。如海底捞月、周仓扛刀、关羽上马、二龙戏珠、霸王举鼎、移花接木、火烙铁印、狗牙接口、双鸟抢蛋、苏秦背剑、挖洞补门、二龙吐须、玉女散花、二郎担山、寇准背靴、嫦娥奔月、腰横玉带、凤凰展翅、孔雀开屏、藏襟掩袖、猞猁抱月等。

1964 年，锡盟地区在西乌旗召开了毛皮裁制现场表演会；1970 年在太仆寺旗召开了毛皮裁制新工艺比武会，许多锡盟毛皮企业老艺人均表演了"北路刀法"裁制技艺。

(二) 设备

我国的毛皮加工虽然历史悠久，但发展到机械加工，则是沿用制革工业的原理，从借鉴制革工业设备开始的。制革与毛皮虽然在工艺上走着两条不同的路线，但是中国毛皮工业机械的兴起和毛皮工业的化学鞣制，都离不开制革工业的发展。中国机械化的制革工业距今只有 60 多年的历史，而毛皮加工的半机械化和机械化生产至今才有 40 多年的历史。由于毛皮产品种类繁多，加工技术复杂，在某些工序（如选皮、配制、裁制、检验等）仍离不开经验控制和手工操作。我国组建毛皮机械专业生产厂是在 1970 年以后，而毛皮加工企业此前的设备大部分是自己研究的土法制造或引进国外的，特别是对产品质量把关部分的机器，多为国外进口设备。

内蒙古自治区毛皮加工业，在1952年前只有祖先传下来的一些简单工具，羊毛抓子、羊毛剪子、洗皮手刮、大铲、小铲、铲胸、铲杆、搭钩、竹板、大锅、大缸、尺板、裁皮刀等（洗皮子则是用河水或井水）。以上工具到1960年前后大部分逐渐被淘汰，但是加工小毛细皮时，在去肉、铲软工序中，仍使用本铲铲皮去肉，为的是这些珍贵毛皮不受损伤或不伤毛尖。

1955年，海拉尔皮革厂毛皮车间邱瑞亭、马力田自制了去肉机、铲皮机、钩皮机、磨革机，用以生产黑绒皮出口大衣。1957年8月间，海拉尔市南山门外皮毛厂（原海拉尔市皮毛合作社）的工人宋石洞试制成功全区第一台刮皮机，提高工效3.3倍。1959—1964年大搞技术革新技术革命，海拉尔、赤峰、通辽、乌兰浩特、锡盟、包头、呼市等地部分皮毛厂相继研究成功适合本地区的毛皮加工机械，有去肉机、打皮机、吸尘器、抓毛机、铲皮机、洗皮池等。虽然比不上以后的设备先进，但总是部分工序实现了半机械化生产。随后，全区各地毛皮厂到海拉尔、通辽、乌兰浩特、赤峰等地参观学习。1966年，自治区手工业管理局在乌兰浩特市举办全区首届毛皮训练班时，除推广化学鞣制法外，还推广了这些自制毛皮土机械的经验。训练班由海拉尔毛皮厂工程师张跃明和乌兰浩特市皮毛厂技师那顺主讲，大大推动了毛皮设备更新。1966年，海拉尔、赤峰、乌兰浩特、包头、太仆寺旗的毛皮厂开始生产羊剪绒，同时购进剪毛机、烫毛机。从此，全区毛皮行业中羊剪绒产品大批量生产。1970年，海拉尔毛皮厂研究成功自治区第一台RT-155L溶剂离心式毛皮脱脂机，解决了毛皮脱脂难题。1972年后，自治区陆续引进了国内外一些较先进的毛皮专用设备，机械化程度逐渐提高，在国内可以属于中上等水平。如海拉尔国营皮毛厂1985年引进西班牙毛皮设备，呼和浩特和包头两市毛皮厂引进联邦德国S1150型脱脂机，联邦德国自动控制脱脂机，在国内属于一流设备水平。自治区毛皮行业按工序流程机械设备有抓毛机、打皮机、剪毛机、水剪机、脱脂划池、洗皮不锈钢、玻璃钢划槽、翻板机、去肉机、半自动液压去肉机、热风干燥机、转鼓、转笼、拉软机、钩皮机、伸展机、铲皮机、远红外线干燥机、圆盘削匀机、粘合机、开槽机、精剪机、烫毛机、半自动烫毛机、磨革机、毛皮有机溶剂脱脂机、自动脱脂机、梳毛机、合缝机、裁条机、量革机、平缝机以及理化分析专用设备等。1987年，全区毛皮主要设备有剪毛机183台，毛皮并缝机370台，自治区毛皮工业生产进一步向自动化、连续化、多功能化方向发展。

四 品种和质量

（一）羊剪绒皮

1. 产品概况

羊剪绒又称"剪羊绒"，是利用改良羊皮（细毛绵羊皮、半细毛羊皮）经过鞣制、染整、剪烫等深加工、精加工生产的，属于毛皮工业中的粗皮细作顿成为中档毛皮的产品。羊剪绒皮主要是指细剪绒皮（粗剪羊皮只经过染色后初剪一次，而不烫剪）。

羊剪绒皮属毛皮半成品，其特点是将原皮的弯曲毛变为直立毛，而且光亮，皮板柔软丰满，不裂面，无油腻之感，皮形完整，毛被平顺，松散灵活，无剪伤、啃伤、色泽一致，无花色，轻柔舒适，水浸受潮不变形、不变质，有弹性，美观。它适用于制作裘皮翻毛大衣、皮衣筒、皮帽、皮领、童装、手套、拖鞋、皮靴里、靠背、椅垫、挂毯、地毯等几十种产品。它既是防寒用品，又是衣物装饰品。尤其是印花、套染、挖花产品属于毛皮中的高档产品。

羊剪绒技术，1930年由匈牙利发明，20世纪40年代普及东欧各国。我国剪绒技术起步较晚，但40年代在上海曾有日本一毛皮商生产过服装衣领。50年代，我国引进绵羊良种加速绵羊改良。1956年天津皮毛厂、锦州皮毛厂开始研究试验生产羊剪绒，1958年成功地制出产品。当时工艺上用碱处理直毛，后改为酸处理直毛。60年代初期，轻工业部组团赴东欧、苏联学习羊剪绒技术，并引进了烫剪设备。到70年代初，我国开始现代化的剪绒加工，之后普及全国。

内蒙古自治区羊剪绒的生产是在1958年4月6日由赤峰皮毛厂派白克生、王国士、辛凤武三人去天津皮毛厂学习后，试验生产获得成功的，为自治区毛皮行业最早生产剪绒皮的厂家。同年包头皮毛厂从天津皮毛厂请来两位师傅，传授技术并试验成功投入生产。1966年，自治区乌兰浩特毛皮训练班后，羊剪绒技术逐步普及全区毛皮行业。

2. 质量

内蒙古自治区羊剪绒技术虽然起步较晚，但由于原料皮资源丰富、生产企业众多，因而产品数量位居全国同行业之首，年产200万张。产品质量由20世纪70年代中下游水平上升到全国上游水平。1987年，产品质量评比名列一类产品的前三名，如包头市皮毛厂的羊剪绒皮1988年全国评比获得第一名，集宁皮毛厂获第三名，均获"部优产品"称号。自治区利用羊剪绒皮生产的各种产品质量也获得全国之首，出口产品不论数量还是质量上均在全国名列前茅。

（二）拔针山羊毛皮

1. 产品概况

拔针山羊皮，又称"山羊绒毛皮"，是我国毛皮产品中独特的一个品种，在世界上是独一无二的一种毛皮。该产品是利用山羊绒皮为原料，经过特殊技术处理，使其针毛毛囊松动，将针毛除掉而使其细密的绒毛保留。制成的产品绒毛光亮、松软、光滑，既可刷水、甩花制成仿滩羊毛，又可经过染整、烫毛制成蓬松的拉毛品，也可染制成仿野生动物毛皮产品。该产品既是防寒用品，也是装饰品。拔针山羊毛皮主要产品有披肩、衣领、镶边、民族帽、翻毛服装、围巾、床毯、皮被等几十种产品，属毛皮粗皮细做的中档产品。

山羊拔针毛皮的拔针技术及鞣制工艺在我国起源于唐代，明代时在张家口形成大规模生产。"华北路"的山羊绒皮，尤其是内蒙路的山羊绒皮，板肥绒足，是加工拔针山羊皮的上等原料，内蒙古自治区生产的山羊拔针毛皮产品是内蒙古毛皮行业的一种拳头产品。

2. 质量

拔针山羊毛皮几百年来一直采用硝面鞣法，利用粮食的发酵，产生有机酸使皮板膨胀、松散，皮纤维使毛囊暂时松懈，然后除去针毛，保留绒毛，制成山羊绒皮。

1966年，由内蒙古自治区举办的乌兰浩特毛皮训练班，首次在乌兰浩特市皮毛厂试验化学鞣制拔针新工艺初步成功，为全区毛皮行业推行化学鞣制山羊皮拔针技术、淘汰粮食鞣制工艺打下了基础。在此基础上，太仆寺旗皮毛厂进行了醋酸、硫酸混合浸酸的浸酸后、鞣制前的半成品拔针工艺，在全锡盟地区现场会推行；1976年又进行了3942种中性蛋白酶先软化、后浸酸的拔针研究，取得良好效果。当年生产拔针皮5000张。1978年轻工业部毛皮研究小组在集宁市皮毛厂进行了酶软化甲醛鞣制拔针山羊皮的新工艺研究，获得成功并在全区和全国推广。之后包头市皮毛厂由苏殿臣、王宝银、高建平等人于1984年试制成功酶软化醛鞣,稀土助染增白拔针山羊皮新工艺,并被列为国家1986年"星火计划"重点开发项目,成为我国毛皮行业独一无二的产品。该产品1984年参加法兰克福国际裘皮博览会;1986年被评为自治区优质产品;1988年获国家"星火科技奖",并获得全国第一届稀土应用"神龙杯"奖、轻工部出口产品铜质奖。

内蒙古自治区毛皮行业能够加工生产拔针山羊毛皮产品的有20多个厂家,全区年产量5万张左右,生产能力可达50万张。

(三) 毛革两用

该类产品是毛皮工艺与制革工艺相结合的产品,分绒面毛革(英语名 Hair Suede-LeaTher,译名"毛司维革")、亮面毛革(英语名 Hair Nappa LeaTher,译名"毛纳帕革")。由于里面带毛为良好的保温品,外面具有美观、大方的真皮革性能,具有裘皮与皮革的两重特性,吊制成衣服为轻、软、色泽鲜艳、美观、毛被松散、保温性能好的高级冬装。

1980年北京外贸要出口毛司维革服装,委托几个企业加工均未成功,后来考虑海拉尔国营毛皮厂(当时还属于海拉尔皮革厂的毛皮车间),长期生产黑板毛司维革服装有较好的经验,因此来到国营海拉尔毛皮厂要求试验此种产品,要求是染色毛司维革,毛不上色皮板上色的橘黄色毛司维革,成品绒毛细致,皮板柔软,色泽鲜艳,毛被疏密适度、松散。接收委托任务后立即组织试验组进行试验。当时毛皮是轻铬鞣,在此基础上将毛皮成品进行肉面磨革,同时考虑色泽鲜艳,毛被不上色仅皮板上色,采用活性染料进行染色,遇到的关键问题是色泽不均匀。经过一年多的反复研究,加强了磨皮,使全张皮绒毛基本一致,通过加入匀染剂,严格控制染液系数、pH值、温度、时间,成品色泽达到均匀一致。通过加脂、晾干、拉软、起绒等工序,成品达到出口要求,为1982年我国第一家毛司维革出口企业;同年获自治区科技进步三等奖,获奖人杨盟、郭荣、邱瑞亭;1984年被评为自治区优秀新产品。

1984年轻工业部与北京外贸提出试验毛纳帕革,国营海拉尔毛皮厂在毛司维革成品的基础上进行试验,通过封底、喷涂丙烯酸树脂与颜料膏、晾干后喷光亮剂、熨皮等工序取得初步成功。1985年由轻工业部毛皮处组团到西班牙参观学习,该厂厂长兼书记陈同发为团员之一。西班牙生产的毛纳帕革是国际上最好的产品。陈回国后在该厂原有试验的基础上吸收了西班牙的先进经验,于1985年试验成功投入生产,使国营海拉尔毛皮厂为我国第一家出口毛纳帕革的企业。毛纳帕革服装皮板丰满、柔软、有弹性,色泽鲜艳、光亮、防水、真皮感强,穿旧了再进行涂饰,可整饰如新,在多方面优于毛司维革,是毛司维革的换代产品。

为了进一步提高毛纳帕革的质量、在国际上更有竞争力,轻工业部拨款40万元,将7548-04-04"光面绵羊毛革新技术的研究"列入国家"七五"攻关项目,研究单位有国营海拉尔毛皮厂(生产工艺)、西北轻工业学院(纤维组织切片)、沈阳皮革研究所(涂饰工艺)、张家口第一制皮厂(生产工艺)。以国营海拉尔毛皮厂为主,拿出的样品,投入了生产。1989年12月进行验收,国营海拉尔毛皮厂生产的产品接近西班牙的同类产品质量,参加验收人员有轻工业部毛皮制革研究所毛皮研究室主任陈明伦,部科技局成员,承担项目四单位的成员,内蒙古轻工业厅韩峭峰、李茂圆等。大家认为材料齐全,产品质量符合"七五"攻关项目的各项要求，一致通过了该项目的验收。

1987年毛纳帕革对苏联、匈牙利等国出口9.4万张，价值248万元，毛纳帕革服装900件，价值43.5万元。

（四）裘皮服装

裘皮服装是一种以野生及家养动物毛皮为原料生产的服装。裘皮服装在内蒙古地区毛皮行业生产的历史较长。1949年全国解放前除染黑板毛革两用衣和暗缝皮衣外，挂面（吊面）服装普遍流行于市场。翻毛裘皮服装从20世纪60年代后期才开始逐步发展起来。到1987年，自治区毛皮行业粗皮类裘皮服装、细皮类裘皮服装的产量已达17.37万件，质量居全国中上游水平，有棉、毛、化纤原料缝制和针织服装不可比拟的优点。

裘皮服装由于原料毛皮的种类多种多样，虽然近几年受到保护野生动物的局限，但转为人工饲养的动物品种也有几十种。内蒙古自治区裘皮服装的毛皮种类以羊剪绒皮、兔皮、羔皮、狗皮、拔针山羊皮服装为大宗，其次是水貂皮、旱獭皮、狐皮、紫貂皮、猞猁皮等。

海拉尔国营毛皮厂生产出口"冬青"牌亮面毛革裘皮服装，在国内国际市场上均享有盛誉，1984年获内蒙古自治区优秀新产品称号。赤峰市皮毛总厂、包头市国营毛厂的羊剪绒裘皮服装，以毛被疏密适度、松散、有光泽、皮板平展、色泽均匀而深受用户欢迎，穿着轻便舒适、价格便宜，是北方人御寒理想的皮衣服装。呼和浩特市皮毛厂由单一生产内销绵羊皮衣裤，不断发展生产出口产品，如兔皮、猫皮、羔皮、猞子皮、染色剪绒皮外衣、细杂皮、翻毛大小衣等，远销苏联、日本等十几个国家。该厂生产的旱獭皮和仿羔皮裘皮衣是具有特色的产品，色调协调、做工精细、款式新颖、轻便保暖、美观大方，受到国内和日本、美国、中国香港等国际市场青睐。突泉县皮毛厂、多伦县皮毛厂、东乌旗皮件厂生产的旱獭裘皮服装，鄂托克旗皮毛厂和卓资县帽厂生产的狗皮裘皮服装，太仆寺旗皮毛厂和商都县皮毛厂生产的家兔皮裘皮服装，通辽市皮毛厂和乌兰浩特市皮毛厂生产的水貂皮、黄狼皮裘皮服装，鄂托克旗皮毛厂和靰鞡特中旗皮毛厂生产的狐狸皮、羔狐皮裘皮服装，包头市第二皮毛厂、集宁市皮毛厂及靰鞡特中旗皮毛厂生产的拔针山羊皮裘皮服装，由于鞣制的各种毛皮质量上等，工艺操作精工细做，裘皮服装的款式新颖别致、美观、大方，很受国内外市场欢迎。包头市第一服装厂生产的"冬乐"牌兔皮童皮猴，是少年儿童冬季防寒理想外套，色卡面料、兔皮活里、活帽，配带肩章、袖带、腰带，大檐边点缀，产品款式新颖、工艺考究、质量稳定，出口经营十几年，赢得用户好评。1985年该产品参加全国儿童用品评比，获"全国优秀新产品"称号；1986年获自治区优质产品奖。

（五）裘皮帽

内蒙古自治区是一个多民族的地区，气候寒冷，各民族人民早在千百年前，就已制作各种各样的裘皮帽，用来防寒和装饰。1949年新中国成立后，全区毛皮加工技术与制帽技术不断发展，裘皮帽产量和质量已位居全国同行业之首，年产量达200万顶之多。全自治区一百多家毛皮厂和帽厂，几乎家家都生产裘皮帽。

裘皮帽子是毛皮、帽子、皮件、服装四个自然行业相结合的产品。不但具有防寒作用，而且有美化装饰作用，历来受人们重视。1949年新中国成立前，内蒙古地区只有少数皮帽铺生产野生动物毛皮布胎便帽，牧区、农区劳动人民自己缝制一些羊皮、狗皮、狐皮便帽和风帽。新中国成立后，尤其是1956年手工业互助合作化时期，内蒙古地区相继成立了毛皮合作社（厂）及制帽社（厂），开始由海拉尔、乌兰浩特、通辽、赤峰、太仆寺旗、包头、呼和浩特等皮毛、制帽厂（社）生产对苏出口的家兔皮染色、本色苏式全皮帽和乌克兰皮帽。

由于内蒙古自治区改良羊增多，1960年以后，全区各毛皮、制帽厂家，相继生产出粗剪、细剪羊绒皮帽，不但大大改变了军队装备，而且大批投入市场，美化了人民的生活。

自治区裘皮帽有几十个种类和品件。按性别分类有男式帽、女式帽、男女童帽；按毛皮分类有剪绒帽、细杂皮帽。裘皮帽中的高档帽有海龙水獭皮帽、水貂皮帽、滑雪皮帽、紫貂皮幅、黄狼皮帽等。

自治区的裘皮帽在做工上，有毛皮与布呢料结合，有毛皮与革皮结合，有里外均为毛皮俗名叫"里外发烧"，适用于严寒地带。1987年轻工业部在武汉市召开的第一次裘皮帽全国评比会上，内蒙古自治区参加评比的8个品种，全部被评为一类产品前三名。这次评比会全国总共有12个品种参加评比，内蒙古就获得8个一类产品，名列全国第一。

海拉尔市制帽厂生产的对苏出口珍珠羔乌克兰皮帽，通辽市皮毛厂生产的水貂黄狼土耳其帽，乌兰浩特市皮毛厂生产的京式皮胎羊剪绒皮帽、绒皮帽，赤峰市皮毛制品厂（制帽厂）生产的仿水獭、羊剪绒皮帽、獭兔皮少帅皮帽、剪绒民族礼帽，化德县制帽厂生产的染黑色家兔皮皮胎京式帽，太仆寺旗制帽厂生产的麝鼠皮胎京式幅，卓资县制帽厂生产的苏式青紫兰兔皮全皮帽，靰鞡特中旗皮毛厂生产的羊剪绒安全劳保帽等，在国内市场与国际市场上都享有盛名，很受消费者欢迎。

（六）其他裘皮制品

内蒙古自治区毛皮裘皮产品极其丰富，尤其是拔针山羊皮产品和毛皮拖鞋在国内外市场上供不应求。

拔针山羊皮制品如裘皮被、裘皮披肩、裘皮围巾等，在染色中加入稀土助染的新工艺，使产品色泽鲜艳，更加美观，获得日本、西欧、韩国等客户的好评。这些产品主要由包头市第二皮毛厂、靰鞡特中旗皮毛厂生产出口。

毛皮拖鞋是用各色羊剪绒皮、羔皮、兔皮、水貂皮、旱獭皮、猾子皮等和塑料绒面结合制成的一种国际上流行的室内拖鞋，是20世纪80年代初期开始生产投放市场的，前几年主要出口西欧和日本等国，后随着国内人民生活水平不断提高，在国内市场上也成为畅销品。1983年内蒙古自治区商都县皮毛厂艺商鞋业公司、乌海市工艺鞋厂分别学习引进生产这个产品。后来生产毛皮拖鞋及毛皮制品的企业有包头市光明皮鞋厂、武川县皮毛厂、化德县皮毛厂、赤峰市鞋厂、赤峰市郊区工艺厂、呼市回民区工艺厂、鄂托克旗皮毛厂等。其中，赤峰市郊区工艺厂和呼市回民区工艺厂生产的儿童玩具拖鞋，具有朦胧性和抽象性，在国际上极受欢迎。包头市光明皮毛厂生产毛皮拖鞋与奥地利合资经营，销路很好。商都县鞋业公司生产的羊剪绒皮拖鞋带有香味，别具一格。自治区1972年承担的毛皮拖鞋出口任务占全国出口量80%，年产量达100万双左右。

第六节　出口产品

内蒙古自治区皮革毛皮制品是自治区的传统出口产品，出口产品大约有35种，主要有皮鞋、皮帽、毛皮服装、翻毛皮衣、毛皮披肩、皮夹克、皮褥子、皮手套、毛司维革、毛司维革服装等。行销前苏联、日本、意大利、古巴、蒙古、沙特阿拉伯、澳大利亚、伊拉克、美国、法国、新加坡、中国香港、芬兰、匈牙利、联邦德国、巴布亚新几内亚等国及地区。

据1987年内蒙古自治区轻纺工业统计年报资料记载，1987年皮革皮毛及其制品出口交货总值为3483.45万元，其中毛皮产品为3357.17万元，占96.37%；皮革及其制品为126.28万元，占3.63%。可见毛皮制品出口比重占主要位置。按出口交货值划分，出口前八名的产品是：

第一名，皮剪绒拖鞋，出口交货值为856.5万元，出口数量为46.54万双；

第二名，毛皮毯，出口交货值为721.45万元，出口数量为4.75万条；

第三名，毛皮服装，出口交货值为441.2万元，出口数量为5.29万件；

第四名，皮剪绒垫，出口交货值为418.66万元，出口数量为18.64万块；

第五名，皮褥子，出口交货值为263.15万元，出口数量为5.3万条；

第六名，毛司维革，出口交货值为248.7万元，出口数量为9.41万张；

第七名，革皮手套，出口交货值为212.95万元，出口数量为64.62万付；

第八名，皮鞋，出口交货值为69.33万元，出口数量为5.23万双。

按地区划分出口产品交货值顺序是：乌盟第一（1116.73万元）；包头市第二（937.2万元）；呼盟第三（319.6万元）；乌海市第四（286.7万元）；赤峰市第五（252.83万元）；呼市第六（249.3万元）；锡盟第七（125.4万元）；哲盟第八（78.09万元）。

从历年生产出口产品的内蒙古地区看，呼和浩特市从1958年起为前苏联、蒙古两国承制出口皮鞋，一直延续到1962年，5年时间生产7个品种，出口皮鞋总数为11.5万双。1981年又继续出口皮鞋，主要是模压鞋，也有少量冷粘便鞋和拖鞋，到1987年年底，7年间又产出口皮鞋28.3万双。包头市1973年开始生产"金鹿"牌兔皮童猴和金杯牌运动手套，自行设计350多个品种，出口产量大增，平均每年出口兔皮童衣5万件、运动皮手套5万副。"金杯"牌运动皮手套、兔皮童猴，1985年、1986年获"自治区优质产品"称号；兔皮童猴1985年获全国儿童用品"金鹿奖"。出口兔皮童猴从1973年到1987年生产25.76万件；出口运动手套从1974年到1987年生产152.97万副。20世纪50年代末期到60年代扎兰屯毛皮厂生产的杂皮褥子、图案褥子、杂皮椅垫等，出口日本、澳大利亚等国。70年代，海拉尔制帽厂、毛皮厂、向华工艺皮毛厂生产图案皮褥子、羊腿皮褥子等销往美国、加拿大及东欧等国家。进入80年代，海拉尔市向华工艺皮毛厂生产黄羊皮褥子，已有小批量出口，1980—1987年，出口量分别达到4700条、3950条、6100条、7900条、9000条、10000条。1980—1987年，共出口毛司维革15.58万张、毛司维革服装8310件。赤峰市出口产品双羊牌山羊皮褥子，几十年来，以质量优良，工艺先进闻名欧美十几个国家，双羊牌山羊皮褥子1979年荣获内蒙古自治区质量评比第一名。赤峰市另一个出口产品雪松牌剪绒皮胎帽，1985年被评为自治区优质产品。这种出口皮帽精选优质毛皮，精工细做而成，皮胎剪绒帽型号准确，皮毛紧密，毛高度达到20毫米，光泽好、不褪色、富有弹性，曾大量出口苏联及蒙古人民共和国。

第六章 辽宁省

第一节 行业沿革

一 古代皮革（ —1840年）

皮革业是人类最古老的行业，皮革是人类最早的文化产物。在原始社会，人类的祖先处于"茹毛饮血"（连毛带血生吃）的时代，他们为了生存，将打猎获得的兽类，利用尖状石器剥其皮吃其肉。在长期的劳动中发现兽皮可以御寒，用兽皮裹足，可以保护足部皮肤在狩猎时及劳动中不受石块和热沙的伤害，可以说这种"裹足兽皮"，就是皮鞋的鼻祖。

据我国史料记载，古时将服饰分为上衣、下衣、足衣，足衣是鞋和袜子的统称。鞋古称"足衣"，出现最早的鞋就是"兽皮袜"和"脚皮"。

7200年前的新乐文化，就说明人类祖先已在辽宁地区生活。在凌源牛河梁红山文化遗址中，发现一件足穿短筒靴的裸体少女红陶像，说明早在3000多年前，生活在辽宁地区的先民就已经会制作靴鞋了。再看沈阳市郑家洼子出土的春秋时代的文物、辽代契丹人制作的马鞍、辽阳市北园汉墓与迎水寺古墓、大连营城子汉墓、北票市北燕大将军冯素弗墓等，都证明了东北文化与中原文化是一致的。古时东北地区以东胡为劲，东胡分布于辽西、辽东及白山黑水和大、小兴安岭的广大地区。辽宁是人类古代祖先生活和繁衍的地方，从远古到封建社会历史时期，生活在辽宁大地的人类先人，都在利用皮革制品，自唐、宋以来，经元、明至清代，辽宁皮革业已经很普遍了。

二 近代皮革业（1841—1949年）

（一）晚清时期（1841—1912年）

近代辽宁皮革业，可追溯到1851年，在盛京（现沈阳）大北门开业的德和胜鞍铺。清朝乾隆年间辽宁地区皮革手工业已经形成一个较大的行业了，当时以农用马具的需要为最多，城镇已开始有"皮庄"、"鞋帽庄"和"作坊"等。盛京当时商贾行市异常活跃，旧城一些胡同周围，行市林立。在八王寺附近曾有一条远近闻名的臭皮行胡同，那里大多数是熟皮子和做皮活儿的。昔日城内没有排水设施，据传说城里有"七十二条地煞"，所谓地煞就是当时排污水的通道，其中有一条较大通道正好在这条胡同里，因为熟皮子都得用水沤，所以当时熟皮子的店铺都用这个"地煞"的脏水沤皮子，胡同内平时污水横流，到了夏季更是奇臭无比，故叫"臭皮行胡同"。

到清朝后期，辽宁皮革业已很发达，盛京是中国北方皮革和毛皮的主要集散地之一，当时已有皮庄和鞋帽店等作坊20多家，并组成了"皮行"。1917年出版的《中国工艺沿革史略》一书说："制皮工场以直隶、山东、山西为较多，而奉天为最。"《奉天通志》亦称："关东皮货甲于全国，而毛皮业以本省为最，本省以奉天为最，锦县次之。"

光绪十一年（1885年）至宣统三年（1911年），在盛京（沈阳）较大的皮革作坊就有5家，其中庆祥店成立于光绪三十年（1904年），年产细皮7000多张；全顺成建于光绪三十二年（1906年），年产细皮革6000多张；宣统年间，成立了"辽宁制革公司"，奉天硝皮厂成立于宣统二年，年产熟革150000斤；永和皮店成立于宣统三年，年产细皮200000斤；总计年产量达到16000张和200000斤，总价值为350000元。其制作方法主要有烟熏法、硝皮法、张乾法。

1910年盛京有皮革作坊共236家，多集中于小北门、大北街一带，其中有硝皮房55间、白皮行7家、染皮铺4家、黑绿皮行31家、细皮房13家、靴鞋铺38家、靰鞡铺33家、毯毡铺8家、鞍鞯铺21家、鞭杆铺12家、套包铺8家、皮胶房6家。这些手工作坊虽然设备简陋，生产工艺落后，但表明当时奉天的制革、皮鞋、皮件和毛皮生产已经初具规模。同年，拥有资本5万两白银、官商合办的奉天硝皮厂建成开业，这是沈阳最早的新式制革厂，后因经营亏损而歇业。

清末辽阳制革、鞋帽业开始兴盛，生产的毡头帽、靴鞋深受消费者青睐。光绪十九年（1893年）9月创办的富有天鞋店，手工制作靴鞋，在各式鞋中独占鳌头。光绪二十三年（1898年）有白皮铺（生产的革用来生产靰鞡）21家、黑皮铺（生产的革用于生产皮鞋）22家、靴鞋铺17家、毡帽铺3家。建于光绪三十四年（1909年）6月的震升恒皮铺，资本400元，从业人员16人，是当时较大的皮铺。宣统二年（1910年）创办的宝隆盛帽店，真材实料，做工精巧，品种多样，颇为畅销。当时辽阳传有"头顶宝隆盛（帽），脚踩富有天（鞋）"之美称。

百余年前，安东（今丹东）就有鞣革的历史。新中国成立前没有大型皮革厂，均以家庭作坊为主，靠手工操作，即制革又贩卖皮革和生产革制品，前店后厂式家庭作坊达30多家。

（二）民国年间（1912—1949年）

民国五年（1916年）奉天（沈阳）有皮革作坊645家，1919年旧军阀张作霖在奉天北关开办的陆军被服厂制革厂生产军用革制品，是沈阳建厂较早、规模较大的近代皮革工厂；到民国九年（1920年）有皮革作坊695家，年生产各种皮革1748769斤，总价值为8547587元。同年奉天成立了帽行。1922年在小北门开办的东亚皮革厂、1927年开办的中华制革厂和1930年开办的华东制革厂，是民族资本开办的3家较大制革厂。1926年张作霖的陆军被服厂扩建后的皮革部中，有百余名工人生产车马装具、鞍鞯、武装带、炮衣等军用革制品。民国十六年（1927年）奉天有皮革作坊65家，年产细皮、法兰皮和各种熟革500000斤。

1927年锦州毛皮业达到兴盛时期，有皮铺130多家，有匠人2600人之多，年产毛皮130万张，为东北皮毛集散地，并享有"锦州毛皮天下第一"之美誉。

1929年奉天成立制革同业会，有会员82家，其中40家采用烟熏法和硝鞣法制革，其余42家开始采用新式铬鞣法制革。同年成立的细皮业同业会有会员66家，年产细皮11.2万张。

民国十一年（1922年）至十六年间（1927年），辽宁皮革出口英国、美国、德国、日本、朝鲜等国家日益增多，据统计经过安东（今丹东）出口的皮革达35627张，通过大连出口的有218319张，通过牛庄（今营口）出口的有10350张，总计出口264296张，出口各种毛皮皮革价额达到9400000元。

民国二十年（1931年），奉天有皮革作坊54家，年产法兰皮、细皮、芝麻皮共45000张，当时有工人454人。到1933年，私人资本开设的车马挽具业户有27家，主要生产鞭杆、皮鞭、鞍鞯等皮件产品。

沈阳近代皮鞋制作业是20世纪初兴起的。最早生产近代皮鞋的是老振武皮鞋店和兴业皮鞋店。老振武皮鞋店后来迁至哈尔滨；兴业皮鞋店则由郑跃延和宗子玉于1911年9月兴办。九一八事变以前，奉天已有制革作坊80多家、民族资本皮鞋作坊40家。

九一八事变后，皮革业同其他手工业一样受到摧残。民族资本皮鞋业中较大的中华制革厂被迫倒闭；华东制革厂被日资吞并；奉天陆军被服厂制革厂也被日本强占；其他制革作坊，多数被迫歇业。1931年年末皮革厂减少到25家，1933年恢复到55家，从业人员为675人，日产皮鞋469双、皮靴10双。日本帝国主义久已觊觎我国皮革毛皮资源，从1917年开始，染指奉天皮革毛皮，开办满洲制革会社、森川皮革部、日华制革公司3家制革厂。1921年在奉天经营皮革毛皮业的日资代理商多达20余家，到1931年，日资在奉天总共开办16个畜产、皮革商社和4个制革厂。

1933年在奉天有制革作坊127户、从业人员707人，主要分布在小西门里皮行胡同（俗称"西皮行"），其中预恒泰（1855年）开办于万宝盖胡同（现庆丰里，是制皮业较集中的地区），是较早的一家。另一家张进芝于1862年开办的协盛发。其后同聚合于1904年相续开业；另一个是中街皮行胡同，现中央路二段中和里，也称"东皮行"，有22户制革作坊；其他地区还有工业区五、六马路有20户；还有畜胡同、大红袍胡同有25户（现中央路三段钟楼东里、红袍东里）。这个时期奉天每日生产法兰皮、芝麻皮、红皮、白皮等共125张；有制鞋作坊55家、从业人员638人，日生产皮鞋469双和皮靴10双；有细皮作坊46家、从业人员335人。

当时生产的品种：一是底皮，又称为"红皮"，以及面皮、黑皮，又称为"里皮"；二是白皮，又称"硝皮"；三是细皮，称"软毛、带毛生皮"；四是法兰皮，又称"三色皮"，是底皮一种。奉天生产白皮的技术高手是赵瑞生和张德玉，生产底皮的高手是双合盛的孙金停。

大连于1913年建立了西野制帽店，20世纪20年代，大连地区先后建起大连畜产株式会社等皮革加工厂，主要加工牛皮、马皮、猪皮等。

辽阳民国年间民族工业兴起，皮革毛皮业逐步发展起来，1925年销售本地的毡鞋达10万双、毡耳帽10万顶，销往吉林和黑龙江两省靴鞵15万双，出口兽皮100万张，猪鬃、马尾2.5万公斤。1926年辽阳城乡有白皮铺9家，黑皮铺2家，靴鞵铺35家，皮鞋铺5家，靴鞍铺27家，毡鞋铺3家。1937年有皮革作坊2家，从业人员为97人，资本金22780元，生产白皮、黑皮、狗皮三类；有鞋铺45户，从业人员为274人，资本金13220元；当时大小靴鞍店分布辽阳城内繁华街道两旁，销售靴鞵和皮鞋。声誉较高的中洋皮鞋店，雇用60人做鞋，买卖十分兴隆。创办于民国前的永丰源鞋店，原名"同顺明"，掌柜张兴武，1920年其子张麟阁入永丰源执事，1935年资本金达3600元，从业人员为51

人，是辽阳最大的鞋店，后来一度停业，到1948年复兴，雇用技工、学徒17人。

日伪时期，日本帝国主义为了掠夺皮革资源。在奉天建立"满州畜产株式会社""满州皮革输入组合""满州靴鞋统制组合"等，实行严格的物资统制和"七二五"价格控制。这个时期辽宁皮革业处于奄奄一息的状态。

1934年日本侵略者将奉天陆军被服厂的皮鞋、皮件生产迁到该厂的制革厂内，并从德国购进24种制鞋机械43台，制鞋工人增加到400多人，主要生产军用皮鞋，是当时规模最大的制鞋厂。1935年日本人在铁西区笃工街开办满洲皮革株式会社。

1937年七七事变以后，日资皮鞋厂明显增多。同年开业的制革厂有日本皮革株式会社、东亚毛皮株式会社。1938年仅"商埠地"一带就有日资皮鞋厂25家。其中，日本人在北市区开办的东亚制靴厂拥有工人300多人，日产军用皮鞋和棉大头鞋500多双。

1938年又有亚细亚毛皮株式会社和满蒙殖产株式会社开业。1939年其职工达到564人，日产牛革200张。这时辽宁有革制品制造业（包括制革、靴鞋、马具等）有215家。

1938年以后，日本侵略者对东北实行全面的"经济统制"，民族制革业因短缺原料，到1940年减至38家，能勉强维持生产的皮鞋业户只有20家。到1943年在沈阳经营皮革毛皮的日资企业达11家。这些企业大肆掠夺我国皮革毛皮资源，生产大批军用革制品为其发动的侵略战争服务。

1934年7月1日，日本人在安东（今丹东）建皮革工业组合，地址在安东市金汤区官电街18号，第一工厂地址在今天元宝区天后宫街。第二工场在今天元宝区九江街。据1931年6月出版的《安东县志》记载，安东县制革业以重牛皮大宗制作靰鞡，骡马驴皮次之为皮条皮带用，羊皮为篓皮鼓皮之用。埠内皮铺计45家，产品行销本埠及奉天各地。

1946年4月，辽东军区后勤部接收日伪时期储存猪皮仓库，改修房屋，安设备转鼓3台、打光机1台，定名为"辽东军区供给部制革厂"，并于5月正式开始生产，有职工160人，主要生产底革、面革、带革、炮鞍革等，专供军用。10月间，辽东军区战略转移，将原材料及机械带走。1947年6月，安东第二次解放，安东军区后勤部生产科接管该厂，重新安装转鼓3台、打光机1台、荡动槽1台，于7月间进行生产，改名为"永胜制革厂"，主要生产底革、面革、毛皮革，专供军用，有职工20人；1948年3月，又改名为"军需科制革厂"，产品仍然供军需；1948年9月，军区后勤部将该厂移交给辽东省政府财政厅供给处领导，改名为"财政厅第一制革厂"，主要生产底革、面革、带革、毛皮革，专供地方机关供给制人员制鞋需用，因供给任务增加，扩充职工至100多人；1949年4月，由省财政厅又交给省工业厅领导，改名为"光华制革厂"，同时与省营光华制鞋厂合并，成为制鞋厂的附属工厂，统一领导、独立经营，生产底革、面革、带革、里革、毛皮革等，为供给制鞋用及市场销售。1950年，该厂产品为底革、牛面革、牛皮带革、鞋里革、毛皮革、机械用革等，半数供给制鞋厂，半数卖给公私营鞋店。

到20世纪40年代，大连皮革鞋帽厂已有90多家，其中当地人经营的有83家，主要产品有皮革、皮鞋、布鞋、满族鞋、运动鞋、五眼鞋、帽子、皮包、相机盒、挽具等。1945年大连解放初期，恢复整顿部分鞋店、帽子店和制革加工厂，主要生产军用皮鞋、腰带、枪套等皮革制品。

抗日战争胜利后，沈阳皮革业曾有短暂复苏，1947年有皮革企业224家，从业人员528人。后因国民党挑起内战，很快造成皮革行业萧条，解放前尚存制革、细皮业户140

家，私营皮鞋业 15 家。

新中国成立前沈阳皮革行业制革所需皮张多数是从内蒙地区运来的牛、马、骡、驴皮和羊皮，其中以黄牛皮和羊皮为主。新中国成立后由于牛皮资源有限，为充分开发利用其他皮革资源，从 20 世纪 60 年代起，开始采用猪皮制革。

1947 年大连市一部分个体手工业者，按照自愿互利的原则，组建了服装、鞋帽、原皮、针织和化妆品共 7 个生产合作社，这是辽宁最早组建起来的手工业生产合作社，成为大连地区个体手工业走合化道路的先行者；1949 年在大连畜产株式会社的基础上组建大连皮革厂，当时有职工 198 人，年产皮鞋 2.73 万双；同年成立大连制革厂金州分厂（后改为"金州制革厂"）。

三　现代皮革工业（1950—2009 年）

新中国成立时，辽宁皮革行业共有业户 800 多（户）（包括所有的皮铺、靴鞋作坊，一户有的只有 1 个人），共有从业人员 5200 人，实现产值为 1200 万元，投皮 1.4 万张，生产重革 192 吨、轻革 2.3 万平方米、皮鞋 10 万双。其中沈阳 1949 年年底全市就有个体制革业户 59 家，从业人数为 82 人；个体制鞋业户有 223 家，从业人数为 362 人；私营皮鞋店有 3 家，从业人员为 78 人；个体毛皮业户有 180 家。

（一）三年恢复时期（1950—1952 年）

到 1952 年辽宁省共有皮革业户 1000 户（包括个人），比 1949 年增加 200 户；共有从业人员 6000 人，比 1949 年增加 800 人；工业总产值 2350 万元，比 1949 年增长近 1 倍；投皮（折牛皮）14.8 万张，比 1949 年增长 9.57 倍，其中猪皮 5200 张（1949 年没有）；生产皮鞋 115 万双，比 1949 年增长 10.5 倍。

1949 年 10 月新中国成立时，辽宁省仅有日伪遗留下来的几个残缺不全的小制革和制鞋作坊。当时辽宁皮革工业以农用和民用为主。1950—1952 年正值抗美援朝的非常时期，主要是为军需服务，辽宁皮革工业肩负支援中国人民志愿军的繁重任务。1952 年总后军需生产部第一装具厂（后沈阳皮革综合厂）有职工近 4000 人，年生产陆战鞋 264 万双，军用装具 116 个品种 1224 万件。其中有车马挽具、武器装具、人身装具等都是抗美援朝的军需物资。同时，该厂还抽调 30 名工人赴朝，给志愿军修理皮鞋和各种装具，为期 3 年。

新中国成立初期，在"发展生产、繁荣经济、公私兼顾、劳资两利、城乡互助、内外交流"方针指引下，皮革业生产得到迅速恢复和发展。沈阳市于 1949 年就成立了市靴鞋生产合作社，主任王德生，共有七八十人。其中有陈尚林领导的靴鞋社、张尚勤领导的共力靴鞋社、王德生领导的市靴鞋社、刘中周领导的群力靴鞋社，还有北市、合力、华山、第十、第二十三靴鞋社等及装具、皮革、毛皮、制毡等合作社，归市手工业联合生产合作社管理。还有"内金生"等一批老字号鞋店。到 1952 年全市共有 19 个制鞋生产合作社，职工 1165 人，年产皮鞋 7.5 万双。原奉天陆军被服厂制革厂于 1948 年 11 月由东北军区军需部接管后改名为"沈阳市炮兵装备厂"，成为全市生产皮革制品的第一家国营企业。

锦州皮革厂始建成于 1948 年，到 1951 年锦州有辽西制革厂、皮毛厂和裕民皮毛厂 3 家国营企业，另外还有个体手工业户 276 家，生产品种有轻革、重革、皮衣、皮帽、毡鞋和马具等。

新中国成立前辽阳的制革、毛皮业都是个体经营的家庭作坊,有白皮铺、黑皮铺,最大的不超过一二十人,全市不超过百人。20世纪40年代就有大小皮鞋店30多家,1950年辽东省军分区后勤部皮革厂从安东(今丹东)迁到辽阳,有职工344人,主要生产军用棉大头鞋、军式皮鞋、元口布鞋等。

1951年安东市工业局主管下的永华制革厂,有职工11人,日产轻革、重革共15—20张,全部手工操作,没有专用设备。丹东皮件制品主要有各种日用手套、文件夹、皮箱、钱包等20多种。1952年6月5日安东市永华体育用品厂建立,主要生产缝制篮球、排球、足球。由于技术落后,全靠工人手工缝制,该厂每天只能生产40个左右。该厂为丹东制球厂的前身。

表8-4为1949—1952年辽宁省皮革业经济指标。

表8-4　　　　　　　　1949—1952年辽宁省皮革业经济指标

年度	总产值（万元）	投皮（折牛皮）（万张）	重革（吨）	轻革（万平方米）	皮鞋（万双）
1949	1	1.4	194	2.3	9.6
1950	2	5.16	574	9.06	28.3
1951	38	6.41	942	9.07	95.5
1952	233	7.14	941	13.67	115.7

(二) 社会主义改造期间 (1953—1957年)

到1957年辽宁省共有企业356家,共有职工21500人,比1952年增加15500人;实现工业总产值6660万元,比1952年增长1.83倍;投皮(折牛皮)40.2万张,比1952年增长1.7倍,其中猪皮28.5万张,比1952年增长111倍;生产重革2249吨,生产轻革64.4万平方米;生产皮鞋198.08万双,比1952年增长72.24%。

沈阳1955年皮革毛皮制品业户曾猛增到3236户,其中制革178户、靴鞋2785户、皮件223户、毛皮50户。经过公私合营,1956年皮革毛皮制品业户组成4个制革生产合作社、30个制鞋生产合作社和14个毛皮生产合作社。合作化后沈阳市皮革行业总人数达到1.3万多人。当时合作化的政策是:入社自愿,退社自由,按股金分红,退社时股金返还给个人。除了生产合作社以外,还有以老板陈子和的鞋铺和"内金生"及"大兴俊""中原""摩登"等老字号鞋店。

到1957年手工业合作化高潮后,经过公私合营,皮革企业规模明显扩大。其中沈阳共力靴鞋生产合作社达到700多人、沈河制鞋生产合作社有600多人、市制鞋生产合作社有700多人、合力制鞋生产合作社有1000多人、华山制鞋生产合作社有300多人。1957年原中国人民解放军总后勤部308厂移交给沈阳市管理,其成为全省皮革行业规模最大的一家国营企业。

经合作化后组织起来的生产合作社在1958年以后,有的转为地方国营,有的改为区属合作工厂。20世纪70年代末期,各国营皮鞋厂和街道、乡镇相继兴办的一批小型制鞋企业,使皮鞋制造业有了较大的发展大连中山皮鞋合作社于1956年成立（后改名"大连皮鞋三厂"），成为当时大连皮革行业三大重点企业之一。随后大连皮革制品厂、大连皮鞋二厂、四厂、五厂、大连劳保护具厂、大连布鞋厂、大连制帽厂、大连帆布制品厂等11个集体所有制企业又相继成立。同年大连已能试生产男女皮鞋、凉鞋、儿童鞋等70多种产品。但这一时期，生产工艺基本上处于手工操作阶段，生产设备简陋，技术落后。

锦州1953年至1956年有个体马具社69户，有从业人员126人，先后组建2个生产合作社，主要生产马具产品。还有一部分个体皮毛业户和制革业户加入毛皮厂和制革厂。

辽阳1954年有马具铺10家，有固定资产4072元、流动资金7200元、匠人18名。1956年组成马具生产合作社，同年公私合营后并到辽阳皮革厂，1956年又成立辽阳皮鞋二厂。

安东（今丹东）的皮革业经过恢复，公私合营，走合作化道路，促进了生产的发展。1954年11月，成立安东市手工业生产合作社联合社，1955年5月成立安东市手工业管理科，后改称"安东市手工业管理局"。1956年1月，全市开始对工商业进行社会主义改造，安东20多家制革业户组成了皮革马具社，社址在元宝区八道桥下，时有工人91人、设备9台，其中转鼓7台、轻革打光机1台、重革压力机1台。该社年产牛皮2.7万张、猪皮4.78万张、轻革1.61万平方米、重革190吨。

表8-5为1953—1957年辽宁省皮革业经济指标。

表8-5　　　　　　　　　　1953—1957年辽宁省皮革业经济指标

年度	职工人数（人）	总产值（万元）	投皮（折牛皮）（万张）	重革（吨）	轻革（万平方米）	皮鞋（万双）
1953	13421	646	14.63	1119	31.5	177.9
1954	15705	1080	12.9	1569	28.5	167
1955	17600	1097	17	1550	39.29	153
1956	15748	3415	34.1	1351	42.05	207
1957	17376	4121	40	1725	43.28	198

（三）"大跃进"和三年自然灾害时期（1958—1962年）

受自然灾害的影响，这一时期，皮革生产大幅下降。到1962年，辽宁省共有企业200家，比1957年减少156家；共有职工6470人，比1957年减少15000人；实现工业总产值1970万元，比1957年减少4690万元；投皮（折牛皮）24.08万张，比1957年减少16.12万张，其中猪皮3.62万张，比1957年减少24.88万张；生产皮鞋154.07万双，比1957年减少44.01万双；毛皮投皮（折绵羊皮）55.9万张；生产皮帽子102万顶。

1958年"大跃进"期间，大部分合作社升级过渡，如沈阳的共力制鞋生产合作社改为共力制鞋合作工厂、沈河制鞋生产合作社改为沈河制鞋合作工厂。1960年由市装具厂厂长张文明牵头成立了沈阳市皮革鞋帽工业公司，调机床一厂工会主席王天增任经理，当时归沈阳市第一轻工业局管理，但时间不长就划归手工业管理局管理。同年共力（四厂）、沈河（三厂）、华山（五厂）、及制革、皮毛、装具、皮革制品、皮件等企业都转制为大集体企业。有的企业关停并转，生产下降，造成市场皮革日用品供应十分紧张。

沈阳市1960—1962年因自然灾害的影响，皮革资源紧缺，制革产量在10万—13万张。

丹东皮件社1958年有职工120人；1961年，由于原材料紧张，产量大幅下降，改名为"安东皮革综合厂"，年产牛皮2000张、猪皮3600张；1962年4月，制革工人调出60多人，只剩16人留守。

表8-6为1958—1962年辽宁省皮革业经济指标。

表8-6　　　　　　　　　　1958—1962年辽宁省皮革业经济指标

年度	总产值（万元）	投皮（折牛皮）（万张）	重革（吨）	轻革（万平方米）	皮鞋（万双）	皮帽子（万顶）
1958	5010	43.5	1656	42.19	287.4	101.1
1959	6638	41.4	1039	40.96	315.2	317
1960	6514	51.9	1470	56.55	365.4	253
1961	2143	21.4	722	19.33	190.2	214
1962	1970	24.1	706	22.66	154.6	102

（四）三年调整时期（1963—1965年）

三年调整时期，在党的"调整、巩固、充实、提高"方针指引下，皮革生产快速发展，到1965年共有企业230家，比1962年增加30家；共有职工16860人，比1962年增加10390人；完成工业总产值6950万元，比1962年增长2.5倍；投皮（折牛皮）48万张，比1962年增长99.34%，其中猪皮36.5万张，比1962年增长9倍；生产重革1040吨，比1962年增长1556%；生产轻革62.9万平方米，比1962年增长1.12倍；生产皮鞋173.5万双，比1962年增长12.61%；毛皮投皮（折绵羊皮）122万张，比1962年增长1.18倍；生产皮帽子117万顶，比1962年增长14.7%。

1964年，从中央到地方，相继成立皮革工业公司，1964年辽宁省皮革工业公司成立，地点在和平区南京街33号。省公司直属企业实行党政双重领导体制，外地企业党的关系受地方党委领导。省公司成立后，在生产布局、产品生产分工等方面进行了全面调整。对上收全省26个重点企业实行了人、财、物、供、产、销六统一管理，其中有沈阳皮革综合厂、沈阳皮革装具厂、大连皮革厂、丹东皮革厂、锦州皮革厂、辽阳皮革厂、鞍山鞋革装具厂等7个制革厂，沈阳皮革综合厂、沈阳皮鞋二厂、沈阳皮鞋三厂、沈阳皮鞋四厂、沈阳皮鞋五厂、大连皮革厂、鞍山鞋革装具厂、抚顺制鞋装具厂、丹东制鞋厂、锦州皮鞋厂、辽阳皮革厂等11个皮鞋厂，沈阳皮毛厂、锦州皮毛厂、朝阳皮毛、义县皮毛厂等4个皮毛厂，沈阳皮件厂、沈阳皮革制品厂等2个皮件厂和沈阳皮革五金厂、沈阳鞋革材料厂。并对企业实行专业化分工，制革生产：金州、沈阳以牛皮为主，锦州以羊皮为主，鞍山、辽阳以猪皮为主；皮鞋生产：沈阳市皮鞋一厂、五厂以劳保鞋为主，皮鞋二、三厂以男鞋为主，皮鞋四厂以女鞋为主，大连、辽阳以出口鞋为主；毛皮生产：沈阳、义县皮毛厂生产细皮，朝阳、锦州皮毛厂生产大皮。如此调整后，使生产前进了一大步。

这一时期辽宁皮革生产规模仅次于上海居全国同行业第二位，产品质量也居全国先进水平。1964年大连皮革马具厂试制成功鲸皮修饰粒面革，受到国家水产部的奖励。1965

年大连皮革厂试制成功胶粘足球、排球及模压皮鞋和硫化皮鞋。锦州1965年生产小羊里子革、造革衣箱、鼠皮褥子等到产品出口到苏联、日本及东南亚的一些国家和地区。

为了提高行业配套能力，省公司先后在沈阳市建立皮革五金厂、鞋革材料厂（生产鞋楦），皮革机械厂；在丹东建立皮革化工厂、轻工机械厂（生产工业缝纫机）；在辽阳建立栲胶厂；在大连也安排生产制革机械、五金配件和鞋楦。为了培养科技人才，省公司又成立了辽宁省皮革工业技校；沈阳、大连市成立了皮革研究所、技术情报站等。省公司的成立，在加强行业管理、推动生产发展等方面，发挥了重要作用。

表8-7为1963—1965年辽宁省皮革业经济指标。

表8-7　　　　　　　　　1963—1965年辽宁省皮革业经济指标

年度	职工人数（人）	总产值（万元）	投皮（折牛皮）（万张）	重革（吨）	轻革（万平方米）	皮鞋（万双）	皮帽子（万顶）
1963	5938	2003	25.9	712	26.53	220.5	
1964	5887	2063	32.6	1123	32.37	227	415
1965	16860	6950	40	754	44.55	172	117

（五）"文化大革命"期间（1966—1978年）

1978年，辽宁省共有企业118家，比1965年减少112家；共有职工31293人，比1965年增加14433人。其中男职工占70%，为21905人；女职工占30%，为9388人；青年职工占30%，为9388人；直接生产工人占85%，为26599人；非生产人员占15%，为4694人；工程技术人员175人，占职工总人数的0.0559%，其中技术员142人，占工程技术人员总数的81.14%；工程师30人，占17.14%；高级工程师3人，占1.7%。当年实现工业总产值26445万元，比1965年增加19495万元，增长2.8倍；实现利税总额3235万元，其中利润1629.3万元；投皮（折牛皮）144.73万张，比1965年增加96.73万张，增长2倍多；其中猪皮200.81万张，比1965年增加164.31万张，增长4.5倍；生产重革768吨，比1965年减少272吨；生产轻革241.74万平方米，比1965年增加178.84万平方米；生产皮鞋850.94万双，比1965年增加677.44万双，增长3.9倍；毛皮投皮（折绵羊皮）78万张，比1965年减少44万张；生产皮帽子140万顶，比1965年增加23万顶；生产"三球"30.55万个，比1965年增加17.75万个。还生产手提箱39.75万个、旅行箱包锁45万把、木鞋楦11.2万双、加脂剂360吨。全行业共有设备4027台，其中增加设备2438台、国产2042台、引进国外396台；共投入资金4298万元，其中国家投入2280万元、贷款1340万元、地方和企业自筹678万元；占地面积为74.49万平方米，建筑面积为31.67万平方米。这个时期辽宁皮革产品质量在全国名列前茅。

十年动乱初期，由于林彪和"四人帮"的干扰和破坏，辽宁皮革生产再次遭到打击和摧残，各项工作都给"文化大革命"让路。从1966年"文化大革命运动"开始，首先是学校停课闹革命，红卫兵全国大串联，猛批封、资、修，影响到工厂，多数工厂停产闹革命，不少传统产品被视为封、资、修的产物，禁止生产，批斗走资本主义道路的当权派、资产阶级反动技术权威在企业中风行，当时整个行业处于停滞不前的状态。

沈阳在20世纪60年代皮鞋生产只保持在年产120万双的水平，其中1967年因为受"文化大革命"的影响而产量降低。

"文化大革命"前，丹东由于职工的增加、管理混乱、产品质量差，出现亏损，到1966年"文化大革命"初期生产任务完不成、质量上不去。

到"文化大革命"中、后期，在中央"抓革命、促生产"指示精神的引导下，皮革行业很快恢复了正常，并得到了较快的发展。

表8-8为1966—1978年辽宁省皮革业经济指标。

表8-8 1966—1978年辽宁省皮革业经济指标

年度	企业数（个）	职工人数（个）	总产值（万元）	投皮（折牛皮）（万张）	开剥猪皮（万张）	重革（吨）	轻革（万平方米）	"三球"（万只）	皮鞋（万双）	皮帽子（万顶）
1966	—	16971	9747	56.37	116.4	1058	77.48	—	188	—
1967	—	—	8857	75.14	116.8	898	90.22	—	167.18	
1968	—	—	7337	66.95	139.6	623	73.32	—	146.92	
1969	—	19790	11715	98.25	95.6	1234	113.23	—	344.41	
1970	150	22051	15701	98.38	85	1233	125.8	—	457.37	
1971	1465	15811	13649	105.61	128.5	1027	147.75	6.7	473.23	
1972	139	11281	13581	125.16	180	883	163.61	18.7	489.78	—
1973	141	11565	15362	137.72	165.6	889	196.6	26.64	551.21	128.76
1974	152	21511	16648	139.9	188.9	924	192.71	31.8	882.71	140.7
1975	180	25611	20064	143.62	211.8	1003	207.39	38.15	657	136.7
1976	188	25000	22332	146.68	204.3	—	—	35.98	740.64	153.24
1977	138	25000	23542	134.68	201			32	820.5	151.25
1978	118	31293	25319	137.65	212	—	—	30.55	830.12	140.42

（六）20世纪80年代皮革工业（1979—1990年）

1990年，辽宁省有皮革企业130家，共有职工33227人，比1978年的31293人，增加1934人。其中男职工为24920人，占75%；女职工8306人，占25%；青年职工13290人，占40%；一线生产工人占85%，为28243人；非生产人员占15%，为4984人；工程技术人员332人，占职工总人数的1%，其中技术员220人，占工程技术人员的66.26%；工程师88人，占26.5%；高级工程师24人，占7.23%。当年完成工业总产值29094.9万元，比1978年增长10%；投皮（折牛皮）186.29万张，比1978年增长28.72%，其中猪皮（自然张）332.68万张，比1978年增长65.67%；生产皮鞋725.98万双，比1978年下降14.68%；毛皮投皮（折绵羊皮）28.7万张；生产皮帽子29.3万顶；生产"三球"43.09万个。辽宁省皮革业效益从1987年开始出现明显滑坡，全行业利润只有8万元；1988年亏损239万元；1989年就亏损508万元；1990年全行业亏损总额为3631万元，有57个企业亏损，占企业总数的43.85%。在此期间，主要是国有企业步入困境。

1978 年，党的十届三中全会以后，皮革行业发展出现了空前的大好局面。1979 年辽宁省第二轻工业局设立皮革处，同年又成立了辽宁省皮革学会。该学会先后举办技术培训班 8 次，共培训 391 人次。沈阳、大连、丹东、辽阳、金州等地的制革厂都设有试验、化验室，这些对发展生产、提高技术，起到积极的推动作用。为了加强对全省的原皮管理和开发猪皮，省第二轻工业局还成立了省原皮收购管理站。1980 年恢复了省皮革工业公司建制。为了支援第三世界国家，当年用我国自行生产的设备，由沈阳市第一制革厂派出以王济民副厂长为团长和工程师及技术工人共 10 人的专家团，赴尼泊尔，帮助建立一个年产 15 万张牛皮制革厂——赫陶达皮革厂，该厂的建成在政治和经济上同时取得了良好的成效。

另外，沈阳市工大制鞋厂兼并后，成立沈阳市皮革实验厂，调整后省皮革公司直属企业达到 29 户，职工 16000 人。

1984 年，辽宁省有 7 个皮鞋产品在加全国评比，其中 6 个被评为一类产品，1 个为二类产品。通过这次评比，辽宁皮革产品"傻、大、黑、粗"的坏印象在人们的头脑中消失了。

这一年重点加强科学研究和人才培养，建立了三个中心，即以丹东轻化工研究所为主建立的皮革化工材料研究中心、以沈阳市皮革研究所为主建立的皮革工艺研究中心、以大连皮革研究所为主建立的皮鞋工艺及鞋用材料研究中心。全省还建立 4 个技术培训基地，即在金州制革厂建立的制革技术培训基地、在大连皮革厂建立的制鞋装配化技术培训基地、在锦州皮毛厂建立的毛皮技术培训基地、在沈阳皮革机械厂建立的皮革机械设备使用维修、保养培训基地。

为了提高全省猪皮制革水平，辽宁省于 1985 年 6 月 12 日至 24 日在锦州皮革总厂举办全省猪皮制革技术培训班，参加的培训班有沈阳市皮革公司、沈阳第一制革厂、市制革厂、皮革研究所、金州制革厂、丹东制革厂、鞍山制革厂、辽阳皮革厂、喀左县民族制革厂、瓦房店皮革厂、开原制革厂、北镇制革厂、锦州皮革总厂和省二轻学校等 14 个单位的 20 多名工程技术人员。中国对外友好协会副会长孙平化、中国人民对外友好合作中心总经理金苏城及省经委领导出席了开幕式。培训班由日方日本亚细亚文化交流中心总务理事、本田产业株式会社本田桂一、泛亚细亚文化教育交流中心会员、本田产业株式会社长板康男，泛亚细亚文化教育交流中心会员，本田产业株式会社清水贞辅三位制革专家指导，采用锦州地区猪皮，锦州皮革总厂的设备，共投皮四批 850 张，取得了很大收获：日本工艺一是注重加脂，二是各工序水温差小，三是水洗时间长，四是浸灰缓和，五是低温长间软化，六是机械作用小。以上几点，对提高质量都大有好处。

从 1985 年开始公司与开原制革厂搞联合，不但使一个亏损 300 多万元，只有 200 多人的小厂，一举变成开原市盈利大户。

1990 年国家对猪皮制革补贴全部取消（辽宁于 1991 年取消猪皮补贴），给全省制革企业带来极大困难，锦州、辽阳、鞍山、抚顺、阜新、丹东等 6 个制革厂停产，开原、北镇制革厂半停产，其他制革厂生产也不正常。导致全省亏损 3631 万元之多，其主要原因是：猪皮补贴取消的 1210 万元；每双皮鞋亏损 2 元，生产 725.98 万双，共计亏损 1451.96 万元。

"六五"和"七五"期间，技术改造总建筑面积为 61800 平方米，其中制革为 19500

平方米,皮鞋为 11000 平方米,毛皮为 3000 平方米,配套企业为 17800 平方米,其他为 2500 平方米;增添设备共 2438 台,其中购置国产设备为 2042 台,引进设备为 396 台。其中制革设备 251 台中购置国产设备为 215 台,引进为 36 台;皮鞋设备 431 台中购置国产设备为 285 台,引进设备为 146 台;毛皮设备的 428 台中引进设备为 178 台;配套企业设备为 63 台;其他设备为 30 台。共投入资金为 4298 万元,其中拨款 2280 万元、贷款 1340 万元、企业自筹 678 万元。其中,制革 1480 万元中拨款 980 万元、贷款 330 万元、企业自筹 170 万元;皮鞋 1560 万元中拨款 340 万元,贷款 600 万元,企业自筹 320 万元;毛皮 748 万元中拨款 450 万元,贷款 230 万元,企业自筹 68 万元;配套企业的 470 万元中拨款 220 万元,贷款 130 万元,企业自筹 120 万元;其他 210 万元为申请拨款。

"六五"期间增加的国内省内自产制革、制鞋专用设备有去肉机、伸展机、熨皮机、量革机、下料机、五眼机、内线机、裁底机等 500 多台,同时还从联邦德国、意大利、捷克斯洛伐克、日本等国家引进 100 多台先进设备,从而使全省制革机械化程度达到 60%、制鞋机械化程度达到 40%、大大改善了全行业的劳动条件。

表 8-9 为 1979—1990 年辽宁省皮革业经济指标。

表 8-9　　　　　　　　　　　1979—1990 年辽宁省皮革业经济指标

年度	企业数（个）	职工人数（个）	总产值（万元）	投皮（折牛皮）（万张）	开剥猪皮（万张）	重革（吨）	轻革（万平方米）	"三球"（万只）	皮鞋（万双）	皮帽子（万顶）
1979	112	32251	25714	157.36	365	1360	—	33	927.38	106.65
1980	124	41520	30823	200.4	395	1909	388.3	47.1	1140	99.9
1981	123	33000	35246	225.94	438	2005	470.79	43.1	1429.74	98.8
1982	138	34000	32960	192.98	340	2281	461.1	12.79	1224.53	82.48
1983	138	35000	32127	178	120	2180	377.25	15.2	1161.22	111.88
1984	136	41283	34440	156.4	231	2343	345.01	18.68	1266.41	74.03
1985	124	41504	36252	168.83	220.9	2486	373.61	38.16	1421.38	88.59
1986	128	38614	36424	210.2	341.13	2292	448.1	43.1	1388	105.2
1987	127	40500	35552	282.1	88	737	589.4	38.2	1629	—
1988	131	36900	32985	253.93	78	—	208.3	36.27	928.89	33.74
1989	134	35000	28413	208.63	115	—	370.05	40.36	725.98	7.78
1990	130	33227	52115	186.29	170	—	330.68	43.09	724.78	29.3

(七) 20 世纪 90 年代皮革工业 (1991—1998 年)

1. 行业概况

1998 年有企业和经营业户 10600 多家,其中有制革企业 49 家、皮鞋企业 1200 多家、毛皮企业 30 家、生产和经营箱包企业 1800 多家、生产和经营皮革服装企业 5000 多家、其他企业 20 多家。其中规模以上企业 300 多家。有从业人数 10 万多人,其中工程技术人员有 245 人,占行业总人数的 0.245%;技术员有 99 人,占工程技术人员的 40.4%;工程师有85人，占34.69%；高级工程师有61人，占24.9%。实现经营销售总值93亿元，比1990年增长30.96倍；生产皮鞋2600万双，比1990年增长3.6倍；生产箱包500万只，比1990年增长66.67%；生产皮革服装450万件，比1990年增长53倍。

辽宁皮革工业由制革、皮鞋、毛皮、皮革服装、皮件等5个主体专业和皮革机械、皮革化工、皮革五金、鞋革材料等配套专业及科研院所组成，制革年生产能力达到300多万张（折牛皮），皮鞋年生产能力达到3亿双，毛皮年生产能力达到200多万张（折绵羊皮）。辽宁皮革历来都是全国皮革行业重点生产地区之一。辽宁皮革生产多年以来以猪皮为主，服装革、修面革、沙发革等为猪皮革主要品种；牛皮以半粒面革、软面革为主；羊皮主要为服装革、手套革；皮鞋分男、女、童、棉、夹、凉各种款式，以胶粘工艺为主；毛皮及制品以羊剪绒、人造毛皮和水貂、麝鼠皮等细杂皮产品为主；皮件产品除皮革服装以外，还有"三球"产品及皮革机械和皮革化工等配套产品。这一时期辽宁皮革产品质量居全国同行业中等偏上水平，曾荣获省、部优以上优质产品53个。其沈阳市皮毛厂生产"孔翎"牌水貂皮、沈阳市皮鞋四厂生产的"共力"牌缝制女皮鞋、丹东制球厂生产的"箭牌"牛皮蓝球等3个产品获"国家银质产品"称号；金州制革厂的黄牛修面革等22个产品获"部优质产品"称号；沈阳市皮鞋二厂的"轻舟"牌皮鞋等28个产品荣获"辽宁省优质产品"称号。另外，丹东制球厂生产"箭牌"合成革手缝足球，于1988年春季莱比锡国际博览会上荣获金奖；大连成吉思汗皮装有限公司生产的"成吉思汗"牌皮革服装1996年、1998年连续两届获"中国真皮衣王企业"称号，2000年又获"真皮名装企业"称号；锦州华顺集团生产的"华顺"牌裘皮服装被农业部评为名牌产品；沈阳奥特鞋业公司生产的"奥特"牌皮鞋于1996年被国内贸易部推荐为市场名优商品。同时辽宁省皮革科研方面也硕果累累，丹东轻化工研究院获省部级以上科研成果奖25项；沈阳市皮革研究所获市级以上成果奖26项，其中"北方猪皮质次面粗制革新技术的研究"（与西北科大、烟台皮革研究所、烟台制革厂生等单位合搞）1990年荣获国家科技进步一等奖；1993年"鹅绒皮开发利用的研究"获国家科委国家级科技成果奖，1994年获联合国技术信息促进系统中国分布发明创新科技之星奖；丹东市皮革化工厂多年以来以科研为重点，荣获市"科技先导型企业"光荣称号。已有大连成吉思汗制衣有限公司、辽阳市安妮特皮装厂、辽阳市亿奇皮衣业有限公司3家企业佩挂真皮标志。

2. 巨大变化

从20世纪90年代初开始，特别是中后期，辽宁皮革工业发生巨大变化。一是在计划经济向市场经济转变的重大变革期间，全省皮革行业出现了多种经济体制共同存在和发展的新格局，国有企业在行业的主导地位在改变，由于企业负担沉重、资金短缺，以及管理体制不健全等原因，皮革行业步入困境。制革企业如鞍山、本溪、瓦房店、沈阳市制革厂等已经倒闭；制鞋企业有的开始化整为零，一般都由几个人自愿组合，自负盈亏；曾经是亚洲规模最大的制鞋厂——沈阳皮鞋一厂上报破产。全行业出现大面积亏损。二是三资企业的管理体制为行业的进一步发展带来了新的机遇。三是伴随着市场经济的发展，个体民营企业发展迅猛，在全行业中起到重要作用。出现了佟二堡皮革服装市场、海城南台箱包市场、沈阳市鞋革材料市场、沈阳中国鞋城等以产区优势为主的批发市场和以商业销售为主的城市批发市场，极大地激活了低迷的辽宁皮革工业。

辽阳佟二堡皮革服装市场：位于辽宁省辽阳灯塔市佟二堡经济开发区。辽阳佟二堡是全国三大皮革服装生产销售集散地之一。佟二堡经济特区于1992年建立，隶属于辽阳灯塔市（县级市），特区面积98平方公里，下辖18个行政村、1个社区，有4.1万人口，其中有2.4万人从事皮革服装生产和销售。佟二堡皮革服装兴起于20世纪80年代末期，其发展历程可分为5个阶段。

第一个阶段从20世纪80年代末至1992年，为起步阶段，当时只有几家做皮革服装、手套等，属于零星加工性质，而且都在户外摆摊设点销售，1991年建立第一处皮革服装马路市场，步入发展轨道。

第二个阶段从1992年至1999年，为发展兴盛阶段，开始建设大厅，商户入厅经营，条件得到改善。到1998年特区在"二次创业"思想指导下，皮革服装生产加工户迅速增加，工业园区的开发建设，推进了皮革服装产业化的进程。1999年全区已有8000多户生产、加工、经营、销售皮革服装，年产皮革服装达到450万件，实现产值32亿元，工商税收2900万元。在第二阶段，先后投入资金1.7亿元，建成功能齐全、设施先进的市场7处，总营业面积达到10万平方米，内设摊床6000多个、精品间2000多个、商业网点400多个，平均日上市各类皮革服装5万件，日参加交易最多达5万多人，日成交额2000多万元。此时"跑团"的足迹遍布全国各地，不但大大扩大了佟二堡皮革服装市场的知名度，而且也使佟二堡皮革服装在全国市场占有大量份额。另外还开辟了黑河、绥芬河、塔城、喀什、阿勒泰等边境口岸，把佟二堡的皮革服装销往东欧国家和韩国、俄罗斯、哈萨克斯坦、塔吉克斯坦、泰国、以色列、意大利等国家及中国港、澳、台地区，实现出口额1.5亿元。

沈阳皮革鞋料市场：东北地区最大的建设最早的皮革鞋料专业批发市场。20世纪80年代末期，开始时是在太清宫对面的小胡同里，自发地卖鞋堆、后跟等制鞋用的小零件，后来逐步扩大，面革、底革和各种制鞋材料应有尽有。邻街房成了鞋料店，店前摆摊，初步形成了马路市场。于1992年沈阳市政府决定兴建鞋革材料市场，由沈阳市大东区与辽宁省皮革工业公司所属的辽宁省皮革贸易中心合资建设，占地3750平方米，建筑面积为17727平方米，总投资3800万元，设有1000多个经营摊位，经营有皮革鞋料、制鞋辅料、鞋用五金配件、化工原料、制鞋机具等十大类2万余种商品。另外，还有帮样设计、皮革鞋类制品的国内外样本、资料等。商品主要销往东北三省和内蒙古的东四盟及河北、山东等地，年成交额均在15亿元人民币以上。

沈阳中国鞋城：位于沈阳市东陵区文化东路1号（南塔地区）。占地面积为5.5万平方公里，使用面积为12万平方米，2006年设有摊位4000多个，从业人员达1.5万人，经营全国各地皮鞋2000多个品种，是全国12个大型鞋类批发销售市场之一。沈阳鞋城的前身是1989年以前位于沈阳二中东侧的经营皮鞋、日杂和小百货的五爱马路牙子市场。1989年搬迁，近400业户辗转几个地方经营，最后来到东陵区南塔电子市场位置进行经营。东陵区工商局在政府的协调下，租用了南塔大队位于文化路1号、面积35000平方米的土地，于1988年兴建了以鞋类为主包括日杂、小百货综合性棚式露天市场（俗称"南塔鞋市"），1989年10月份投入使用。建成的南塔鞋市分南北两区，南区经营鞋类制品，经营面积25000平方米，设1800个档口；北区经营日杂和小百货类商品。进入市场的业户以五爱街业户为主，同时沈阳八大制鞋企业也进入了市场。市场的经营和管理属于东陵区工商局，除本地八大鞋企进入外，还远赴广东、福建等地进行招商工作。1989年、

1990年、1991年三年里大量制鞋户、地区性代理商和个体户入驻市场，到1991年年底经营业户近3000户，当时的南塔鞋市可以说是寸土寸金之地。1992年南塔鞋市进行改造，首先是将北区经营日杂和小百货迁走，南北两区全部经营鞋类产品，经营档口增加到4000多个。同年市场更名为"中国鞋城"。第一次改造后，仍然满足不了大量业户进入市场经营，于是在2000—2001年进行了第二次改造，即在原址上建起三层大楼，将原棚户式市场改建成为楼亭式市场，经营面积大幅提高，市场的硬件设施和经营环境得到很大改善。随着市场的改造沈阳中国鞋城的产权发生了变化，南塔大队和东陵区政府相继成为股东。沈阳中国鞋城由最初的南塔鞋市到沈阳鞋市再到沈阳中国鞋城，经历了20多个春秋。1993—1995年连续3年销售额在36亿元以上，1996年有所下降，至1998年为25亿左右，利税达1700万元。鞋城建立初期，以销售广东、浙江、福建等地产品为主，以低档产品、价格低廉、样式变化快的优势，占领市场。从1996年开始，不再以从南方长途运输为主，而是在当地建立生产基地，以沈阳市周边地区的汪家、方家栏、上下佰、新城子、清水台、苏家屯等地有14个专业村，先后建立加工厂点2000多家。到2006年已发展成为闻名海内外的现代化鞋类专业批发市场，日客流量平均达到6万人次，旺季时多达10万人次，产品还销往全国各地及朝鲜、韩国、蒙古、俄罗斯和东欧一些国家。

海城南台箱包市场：我国东北箱包生产销售最大的集散地，位于辽宁省海城市南台镇，北望鞍山，南接海城，沈大高速公路、哈大公路、哈大铁路均纵贯其境。箱包市场位于镇中心，是一个集批发、零售为一体的大型交易市场。它起步于1977年，树林子村农民陈香兰，到商店买回一个手提兜做样品，经过多次仿制成功。便带着兜子去鞍山市场出卖，由于成本低，价格便宜，销售一空，收入可观，于是她带动了四邻，开始制作箱包。到1983年全乡生产箱包加工户达到900多家，从业人员达到1700多人，生产经销量达到200多万件。1984年开始建成立南台箱包市场，箱包工业成为南台的支柱产业。

1992年，南台箱包市场经营业户已达1800户，年生产经销各种箱包300多万件，已注册的品牌30多个，占销售总量的70%，地产品牌占总销量的20%左右。

1995年箱包加工厂点达到3000多家，从业人员达到4200多人；为箱包工业配套的五金配件、辅料、美术印字等相关辅助企业达到200多家。市场年成交额在18亿元以上，年生产销售箱包500万件。该市场以品种全、样式新、价格廉而著称，备受各地客商的青睐。箱包销往全国20多个省区市，并已进入美国、俄罗斯、南非及东南亚市场。

2007年南台箱包市场进行综合档次提升，投资6000万元对市场进行重建。占地面积为19727平方米，建筑面积为29797平方米，是一座地上三层，全封闭式，拥有货物电梯、客户滚梯、步行梯、中央空调的高标准箱包交易市场。市场一楼有普通摊位1108个；二楼有精品间222个，精品主要经营广州品牌和地产名牌；三楼拥有8000多平方米的综合功能服务区。2009年市场日交额近千万元，日上市人数1万人以上，高峰时达2万多人。经营销售箱包达到700万件，经营总额达到25亿元。

2009年经海城市政府批准立项建设南台箱包工业园区，规划用地120万平方米，其中一期规划用地17.8万平方米，投资约1.2亿人民币，主要建设箱包加工企业、箱包五金制作企业、箱包辅助材料生产企业。

东北皮革交易中心：东北皮革交易中心是2004年沈阳重点引进项目，位于沈阳市西南部，是于洪新城的一部分，是沈阳建设浑河银带的重要地域，占地2500公顷。温州皮革业巨头投资4.8亿，规划占地总面积为20万平方米，分三期建成。一期工程占地8万平方米，建营业面积5万平方米，仓储中心4万平方米，停车场1万平方米，产业研发基地2万平方米。还有运输服务配套项目。拥有商户1500个，投资1.2亿，建成后年交易额在20亿左右，最终将建成20万平方米的皮革、皮具集散地，下设仓储中心、物流中心、品牌推广中心、信息中心、技术交流中心、培训中心，商会、银行、超市、餐饮等功能齐全。中心汇集皮革、布料、五金鞋材、辅料、鞋类、箱包、皮革家具等经营品种。"一站式"皮革交易中心，构筑东北皮革商业旗舰。以规模第一、品牌第一、配套第一的特点，成为东北亚区域最大的皮革展示窗口。

金马国际皮革鞋材交易市场：位于沈阳市东陵区东陵路，占地面积为50000平方米，建筑面积为10万平方米，由商品经营交易中心、中央电子商务中心、产业服务推广中心、国际会展中心、国际仓储物流中心五大功能集合构成，是一个大型的鞋材供应基地。市场分经营、商务办公、生产加工3个专营区，经营皮革、鞋料、合成革、制革机械、皮革化工、制鞋机械等六大类产品，可容纳上千经营业户，自建设以来有广州、温州、泉州、成都及韩国、日本等400多名牌品牌意向，如著名的鸿福五金鞋材、朋克鞋业、广州深巴午鞋业、深圳恒达鞋材、穗风皮革行等企业提前签定了意向书。建成后年交易额可达到40亿元，市场将是品牌化、规模化、科技化、信息化、现代化的大型商品交易中心。

3. 存在问题

一是制革与制品的矛盾十分突出。近几年来全省皮革服装和箱包发展很快，仅佟二堡市场年产皮革服装400多万件，需用服装革1.6亿平方英尺，折羊皮2000多万张，虽然全省有几十家制革厂，但都处于停产状态，所用服装革80%来自河北，其余从韩国进口；南台生产的箱包所用的原料60%是韩国的；另外，全省生产皮鞋所用鞋面革，都是南方各省生产的，而辽宁本地只占4%，这是当前存在的一个实际重大问题。

二是发展速度与先进省比有较大差距。据1997年统计显示，浙江省完成工业总产值为189亿，为辽宁省的9.5倍；河北省完成90亿，为辽宁省的4.5倍；投皮量（折牛皮）广东省投皮192.5万张，山东省投猪皮1200万张，投牛皮100万张，而辽宁省仅几十万张；福建省生产皮鞋12.6亿双，广东省生产12亿双，辽宁省仅3000多万双。

三是产品质量不高，以中低档产品为主，市场竞争能力差。辽宁省市场上的高档皮鞋大多数是南方产的，生产高档皮鞋用的面革和生产服装所用的服装革也都是从国外进口的或是南方厂家生产的。

四是国有企业负担沉重，历史包袱重，经济效益差，亏损面达70%以上，处境十分艰难。

五是环境污染治理难，成为制约行业发展的重要问题。污水治理投资大，运转费用高，企业难以承受，而技术成熟成本低的治理工艺技术尚在研究阶段。

（八）世纪之交皮革工业（1999—2009年）

1. 概况

2009年辽宁省皮革行业有生产和经营业户共13000多家，其中生产和经销皮鞋的2000多家，生产和经销箱包企业的2000多家，生产和经销皮革服装企业5000多家，共有从业人员10.3万人。其中，工程技术人员有150人，占从业人员总人数的0.0015%，其中技术员100人，占工程技术人员的66.67%；工程师35人，占23.33%；高级工程

15 人，占 10%。实现经销总值为 171 亿元，比 1990 年实现的工业总产值 2.9 亿元，增长 57.77 倍；比 1978 年实现的工业总产值 2.6 亿元，增长 63.66 倍；比 1949 年的工业总产值 1200 万元，增长 1424 倍。生产皮鞋 1 亿双，比 1990 年的 725.98 万双，增长 12.77 倍；比 1978 年的 850.94 万双增长 10.75 倍；比 1949 年为 10 万双增长 999 倍。生产经销皮革服装 600 万件，比 1998 年的 450 万件增长 33.33%；比 1990 年的 8 万件增长 74 倍。生产经销箱包 700 万件，比 1998 年的 500 万件增长 40%；比 1990 年的 300 万件增长 1.33 倍。

2. 现状

从 20 世纪末到 21 世纪初辽宁皮革工业得到蓬勃发展，主要是皮革服装和箱包生产飞速发展，皮鞋生产也大有提高，而制革生产基本不复存在了。

辽宁皮革工业度过了 20 世纪末期的最困难时期，21 世纪初辽宁皮革工业出现转机，生产布局出现了以沈阳鞋业及周边地区的佟二堡的皮革服装、海城南台的箱包集群为主，以大连合资和辽西绵羊皮生产集群为辅的新格局。

第一，沈阳正在建造全国第五大鞋业生产销售集散地：沈阳正在建筑中国"三州一都"四大制鞋集散地之后的第五大鞋业集散地。它包括东陵区制鞋集群的方家栏鞋业加工区、汪家鞋园、东西瓦窑鞋业加工区、凌云鞋业加工区等，有企业 700 多家；于洪区制鞋集群有企业 200 多家；苏家屯制鞋集群以林盛为主的红菱鞋业加工区有企业 100 多家；新城子制鞋集群的二井、清水台、蒲河加工区有企业 100 多家；还有辽阳刘二堡制鞋集群有企业 200 多家；盖县阎裕村制鞋集群有企业 400 多家和配套企业 200 多家。辽宁皮鞋工业共有从业人员 7 万多人，年生产皮鞋能力 1 亿双，可创产值 40 多亿元。

沈阳现已建造以沈阳为中心辐射整个东北地区的皮革制品加工基地。这些加工区多从农业转型为制鞋工业，从皮鞋的鞋底、鞋跟、鞋楦到各工序加工制作。企业规模都比较小，大的一般有二三百人，小的只有几十人。同时，外地客商也已在沈阳地区大量建鞋厂，改变了过去从南方运鞋为就地生产皮鞋的方式，目前已形成了一条具有现代化的、专业化的、规模化的皮革制品产业链。

目前，东陵区制鞋集群已投资 10 亿元，产业园区占地面积 300 亩，基础设施均已完备，已建成标准化厂房 27 万平方米，综合楼 2 万平方米，总面积为 35 万平方米。有规模配套企业 200 多家，已形成东北鞋业基地。其中汪家园区以恒泰有限公司为龙头，建于 2003 年 4 月，总投资 60 亿，占地 3.3 平方公里。一期工程占地 288 亩，累计投资 5.3 亿，已建成 21 万平方米的标准厂房，2.1 万平方米的综合大楼。现有企业 37 家，其中年产值在 5000 万元以上的有 23 家，并成功引进了乔丹、贵人鸟、安踏、361 度等知名制鞋企业。沈阳鞋业园与中国鞋城联姻，是在市场经济条件下创出的产、供、销一条龙的工商联盟的一种新形式。

以广宜街沈阳鞋革材料市场、于洪区的东北皮革交易中心、大东区的金马国际皮革鞋材交易市场和五爱市场鞋料经销的四分格局的制鞋材料供应基地。

以南塔鞋城，金马鞋城和中兴商业大厦、商业城等多处大商场形成了城市销售网络。

第二，大连市是以利用外资为主的发展模式，全市主要是发展三资企业，最高年份（2000 年前后）皮鞋产量曾达到 2 亿双，其中 90% 出口，形成了新的制鞋集群。

第三，辽西以盛产绵羊皮的优势，主要生产绵羊皮制品，形成了辽宁西部地区的绵羊皮生产集群。其中锦州华顺毛皮集团，主要以进口澳大利亚绵羊皮生产毛革两用皮为主，采用国外先进技术，产品大多数出口，年生产能力在几千万张；义县亨利毛皮厂是个体企业，专门生产对德国汽车内饰羊剪绒靠背产品等；义县毛皮厂主要利用当地资源，也生产绵羊皮各种产品。

第四，中国皮装裘皮产业基地·佟二堡（略，见特色区域篇）。

第五，承接转移——中国制革示范基地·阜新（略，见特色区域篇）。

第二节　产品

新中国成立前辽宁制革工业仅能生产低水平的牛、猪底革，面革，白皮；皮鞋只能生产手工缝制的。新中国成立后逐步发展为牛、猪底革，面革，羊面革，服装革，带革，修面革，反绒革，手套革，箱包革，栲里革，二层革，白皮等几十种制革产品；皮鞋除了传统的手工缝制外，发展了硫化、模压、注塑、胶粘等几种工艺生产的男、女、童、棉、夹、凉鞋和运动鞋、旅游鞋、休闲鞋，花色品种上千种。皮件产品有皮箱、皮包、公事包、人造革包、民用手套、皮带、劳保手套、钳子套、"三球"及车马挽具等几百种，另外还有为皮革制品配套的皮革机械、皮革化工、皮革五金、鞋革材料等产品。

一　制革

制革是动物皮经过化学处理及物理加工后，转变成为一种不易腐烂、具有柔软和良好的透气性能等特点的产品，它是皮鞋、皮件及各种皮革制品的主要原料。

（一）历史沿革（清代—1978年）

辽宁制革起源较早，近代生产马具的皮铺可追溯到19世纪30年代，清代辽宁地区制革手工业已经形成一个较大的行业了，并已开始转由中国香港开展皮革出口贸易。民国年间奉天（今沈阳）成立制革同业会，"九一八事变"后，民族资本中较大的制革厂有的被迫倒闭，有的被日资吞并；抗战胜利后，制革工业曾有短暂复苏，因国民党挑起内战，很快造成皮革行业萧条，到新中国成立前尚存制革、细皮业户为数不多。

在旧中国，辽宁制革业生产简陋，技术落后，在水坑里浸水脱毛，用刮刀刨皮削匀，在水缸里鞣制。新中国成立后，辽宁制革业得到迅速发展。在第一个五年计划期间，全省制革业户，经过社会主义改造，建起具有社会主义性质的制革合作社和制革工厂，1957年年投皮量（折牛皮）达40.2万张，其中猪皮28.54万张。第二个五年计划时期，全省制革工业因自然灾害，原料皮大量减少，投皮量（折牛皮）减少为24.28万张，其中猪皮减少到3.62万张。三年调整时期，于1964年成立辽宁省皮革工业公司，上收沈阳市皮革综合厂等7个主要制革厂，实行"人、财、物、供、产、销"六统一管理。到1965年投皮量达到48万张（折牛皮），其中猪皮（自然张）36.5万张。

（二）改革开放30年制革工业（1979—2009年）

1. 20世纪70年代制革工业

第一，基本情况。1978年有制革企业17家，其中包括沈阳第一制革厂、皮革装具厂、市制革厂、市制革二厂等4家，大连金州制革厂、瓦房店皮革厂、庄河皮革厂等3家，本溪皮革厂、本溪县皮革厂等2家，鞍山鞋革装具厂、抚顺皮革厂、丹东制革厂、锦州皮革厂、阜新皮革厂、辽阳皮革厂、开原制革厂、喀左民族皮革厂各1家。这些制革企业分布在全省各地，共有职工 2760 人，其中一线生产工人 1748 人，占总职工人数的 63.33%；工程技术人员 84 人，占制革职工总人数的 3.04%。其中技术员 67 人，工程师 14 人，高级工程师 3 人。职工平均年龄约为 40 岁，平均月工资约为 50 元。共实现工业总产值 4165 万元、利润 370 万元。投皮 144.73 万张（折牛皮），其中猪皮 200.81 万张（自然张）。全员劳动生产率最高的金州制革厂为 31500 元，进入当时全国先进行列。实物效率最高的金州制革厂平均每人每日制革（折标准张）6.3 张。

1979 年又对全省皮革行业进行了调整，沈阳皮革综合厂一分为三，原制革车间独立为沈阳第一制革厂；大连皮革厂一分为二，原制革车间独立为金州制革厂。

第二，生产的主要品种。生产的主要品种有黄牛正面革、黄牛修面革、牛结合鞣革、猪正面革、猪修面革、猪结合鞣革、猪绒面革、猪里革、猪手套革、羊服装革、牛轮带革、牛皮碗革、牛球革、猪球革等，但以牛修面革和猪修面革及猪劳保手套革为主要产品。这时凡是牛、猪、羊、马、骡、驴、骆驼、鹿等动物皮都能生产。

第三，生产工艺方面。猪皮生产大部分应用了酶法脱毛新工艺，金州、沈阳和锦州皮革厂正在研究牛面革和羊皮酶法脱毛新工艺；重革生产采用快速鞣，鞣制周期从 40 天缩短到 2 天；微波干燥在丹东制革厂试验成功，皮革加工器在沈阳第一制革厂采用初见成效。

第四，产品质量。牛修面革合格率为 93.77%，猪修面合格率为 95.72%，均达到一级产品水平，金州制革厂和沈阳第一制革厂的牛修面革和猪修面革达到国内先进水平。

第五，生产设备。共有设备 756 台，其中专业设备 550 台，其中有去肉机 39 台、片皮机 33 台、削里机 47 台、磨革机 36 台、熨平机 30 台、伸展机 23 台、转鼓 257 台；各种通用设备 74 台，其中车床 40 台、刨床 22 台、铣床 7 台、汽车 41 台；还有化验设备 106 台、锅炉 26 台。占地面积为 19.55 万平方米，制革厂房 73000 平方米。

2. 20 世纪 80 年代制革工业（1979—1990 年）

1990 年共有制革企业 18 家，职工 2500 人，一线生产工人 2000 人，占职工总人数的 80%，工程技术人员 95 人，其中技术员 65 人，工程师 22 人，高级工程师 8 人。完成工业总产值 5361.3 万元，亏损 1500 万元。投皮 186.9 万张，其中猪皮 332.68 万张。共有设备 1007 台，占地面积 19.55 万平方米，建筑面积 8.25 万平方米。产品质量有所提高，如黄牛修面革和箭牌篮球的合格率达到 100%，猪修面革合格率达到 99.9%。有鞍山鞋革装具厂的猪修面革、丹东制革厂的篮球革和喀左民族制革厂的山羊服装革等 3 个产品被评为省优质产品，金州制革厂的牛修面革、猪修面革、猪正面革，丹东制革厂的牛修面革及喀左民族制革厂的山羊服装革等 5 个产品被评为部优质产品。制革的产品质量在全国同行业属中上水平，但产品质量有所下滑。这个时期的技术改造，扩建、修建厂房面积 19500 平方米，增添设备 251 台，其中国产设备 215 台、引进设备 36 台。在技术改造投资的 1480 万元中，拨款为 980 万元、贷款为 330 万元、企业自筹为 170 万元。

沈阳第一制革厂等 8 个制革厂共引进捷克斯洛伐克、意大利、联邦德国、日本、英国、南斯拉夫等 8 个国家的转鼓、去肉机、片皮机、削匀机、拉软机、伸展机、干燥机、喷涂机、熨平机、抛光机、涂胶机等 11 种设备共 47 台，共花美元 57.5 万，合人民币 304.5 万元。

3. 20 世纪 90 年代制革工业（1991—1998 年）

到 20 世纪 90 年代初，由于猪皮制革财政补贴取消，为使行业较好地发展，对 11 个制革企业进行技术改造，投资额2001万元。其中丹东、辽阳、开原、鞍山、喀左等5个制革厂进行重点改造，使其技术装备水平基本上接近国内先进水平。对锦州、本溪、抚顺、阜新、北镇、海城等6个制革厂进行适当的改造。

4. 世纪之交制革工业（1999—2009年）

到2009年，全省几十家国有制革厂基本上关闭，制革设备有的拿出去搞合作办厂，有的卖掉设备，也有的闲置不用。49家制革厂中分3种情况。

一是原计划经济省管的国有和集体企业，沈阳3家是第一制革厂（国有）、沈阳皮革装具厂（国有）和沈阳市制革厂（国有），大连2家是金州制革厂（国有）和瓦房店皮革厂（集体），鞍山制革厂（国有），抚顺皮革厂（集体），本溪皮革厂（集体），丹东制革厂（国有），锦州皮革厂（国有）、北镇皮革厂（集体），辽阳皮革厂（国有），开原皮革厂（集体），喀左皮革厂（集体），共14家。其中沈阳第一制革厂在2004年整体搬迁平稳退出，现在还有几人留守；大连金州制革厂以厂地和厂房与台方合资，情况一般，略有亏损，现厂方有几名留守人员；丹东制革厂2000年改制后，由厂长张秀成买断，试合资合作，还从事制革，均未成功，现转行医药业及出租厂房；其余均破产或倒闭。

二是新上一些合资企业，如金州制革厂与台方合资；大连化工局与韩国合资兴建的伸进有限公司及金州金马有限公司都已停产；抚顺的裕德和龙美两家合资企业好景不长也已停产；只有大连开发区的独资企业柏德生产正常，但规模不大。总之，合资不算成功。

三是其他制革企业多属3万张以下小皮革厂，都已破产。

综上所述，目前辽宁制革企业基本不复存在，几乎全军覆没。

（三）生产工艺

制革生产工艺分为旧法和新法。

第一，旧法制革

一是熏烟鞣法，将浸灰脱毛之皮浸透皮硝或食盐中，用生草（多用稻草）烟熏，熟透即止，上架撑晒。制成之革谓之"红皮"，用以制作靰鞡和鞋底等。

二是硝皮鞣法，将浸灰脱毛之皮浸入皮硝溶液中，浸透即成，俗称"白皮"，主要用于车马挽具。

三是张乾鞣法，即将浸灰脱毛之皮浸入一些特别辅料液中浸数日后，入皮硝锅煮八成熟，刨皮以生油涂色，撑开晾干搓揉即成轻革。所谓特殊辅料多为麸皮、鸽粪、猪胰脏、五倍子等。

第二，新法制革

1. 制轻革，分为准备、鞣制和整理3个工段；也有的分为湿加工和干加工2个工段。

首先，准备阶段工艺流程包括：选料分路—浸水—脱脂—浸灰—脱毛—片皮—脱灰—软化—浸酸。

其次，鞣制阶段工艺流程：铬鞣—削匀—复鞣—中和。

再次，整理阶段工艺流程：染色—加脂——干燥—回潮—拉软—干燥—净面—熨平—涂饰—（压光）—成品。

最后，轻革工艺技术的演变过程：传统制革工艺和新法制革工艺并存，沿用半个多世纪。旧法制革自宋到明清沿用。烟熏法制革，多用芒硝五倍子法鞣制轻革；新法制革，用化工材料鞣制成革，简称"直鞣"和"铬鞣"。

20世纪50年代以前，缸泡辊搅为轻革鞣制主要方法，使用红矾、麸皮等天然材料，以二浴法、三浴法鞣制，需3—5天，50年代只有个别企业使用转鼓或划槽，并开始应用化工材料。

浸水浸灰脱毛：在20世纪50年代以前采用池浸水、池浸灰，全部手工操作，工具简单。用石灰为材料来膨胀脱毛的工序，称"浸灰工序"。有的采用"跳池法"，浸灰池或划槽浸灰，辅以少量硫化碱脱毛，此为最初期的灰碱法。以后的脱毛方法还有碱碱法、盐碱法、铵碱法、氧化法、酶法等。金州制革厂采用氧化脱毛法产品质量稳定，但得革率少些。

到60年代，新法制革工艺才被普遍掌握应用，开始使用转鼓、去肉机、拔毛机等设备。猪皮经过拔毛，用转鼓浸灰脱毛。转鼓鞣制也被普遍采用，并设专职配料员，二浴法改一浴法。

采用机械片皮后，手工刨皮被淘汰。采取用浸硝削匀技术和采用小浸灰、小软化、小浸酸等办法，解决了部位差异。60年代中期猪皮酶法脱毛试验成功，酶法脱毛是消除制革废水中硫化物污染源的一种工艺，到70年代末广泛应用。

20世纪70年代开始采用倾斜式转鼓进行快速浸水，准备过程实现转鼓化。80年代酶法脱毛新工艺由省公司组织在锦州皮革厂进行攻关成功，应用"堆置酶脱毛"，解决了成革"对褶印"和"毛穿孔"等质量问题。此种工艺在全省推广。

鞣制：19世纪70年代起国外开始采用铬鞣法制革，其特点是以铬明矾或重铬酸钠溶液为鞣剂，生产轻革产品。新中国成立后，我国采用铬鞣法后，因国产原料皮伤残较多，得革率低，所以实行重磨革、重涂饰等办法，因而颜料膏、丙烯酸树脂等化工材料得到开发使用。

到20世纪70年代，铬盐用石粉提碱的研究，稀土替代部分红矾的稀土—铬结合鞣工艺得到应用。同时还采用国外先进的皮革复鞣剂和金属铬合染料，辅以性能优良的聚氨酯涂饰材料、多功能加脂剂及耐光复鞣剂和耐水聚氨酯等化工材料。

80年代初已广泛采用少浴铬鞣法，改进复鞣和加脂技术、重复鞣、二次削匀，使成革具有薄、轻、软、丰满、弹性好的特点，突出真皮感。随着片皮机械化程度的提高，片碱皮逐渐改为片兰湿革工艺，提高了制革的质量档次和得革率，减少了环境污染。

90年代初研制究成功铝鞣、稀土—铬结合鞣的白湿皮新工艺，与传统工艺相比可节约红矾钠56%，废液中含铬量下降95%。

整理过程（包括染色、干燥、整软、涂饰等）：第一步，染色。早年皮革的传统色大都采用天然染料，即从植物、动物、矿物中提取的靛青、茜素、苏木黑、胭脂红等。

20世纪中期合成染料开始应用于皮革染色，主要为直接性染料、酸性染料、碱性染料等；到70年代引进金属铬合染料，使染色的皮革具有色泽饱满、光泽和谐、耐摩擦牢度好等效果；70年代末期推出糊状加油染色技术，将染料少量加水，加油脂和染色在同一鼓中进行。

第二步，干燥。20世纪50年代采用蒸气干燥；60年代前，轻革整软全部是铲、搓、推、压手工操作；60年代中期逐渐用机械替代，这些机械大多自制或仿制；70年代初采用贴板挂晾干燥；70年代后期，引进国外较先进的刮软机、震荡拉软机，工效较高，但个别部位仍需特殊处理，软革品种多用转鼓摔软；80年代引进了真空干燥设备和红外线干燥设备。

第三步，涂饰。皮革的涂饰材料在民国时期已采用干酪素，到20世纪50年代中期，开始应用硝化棉、丙烯酸树脂。轻革用手工刷色，熨平，延续了40多年。50年代中期，由手刷改用手持喷枪喷涂。

60年代喷涂由一人改为一次连续喷涂，利用干燥传送装置，俗称"连续化喷色"；60年代中期，又利用机械摆动喷头，制成"摆动式"喷涂设备。

70年代采用摆动式连续喷涂干燥设备，使喷涂工序实现连续化、机械化；70年代末，实现了湿加工转鼓化，还仿制成功了电子量革机、可倾斜转鼓。

进入80年代，引进淋浆、辊涂设备，涂饰工艺达到新的水平；80年代中后期采用聚氨酯树脂，使成革光亮、美观、耐酸、耐油和耐干湿擦，同期还引进硝化棉光油固色取代甲醛固色，还采用压花磨花新技术，产品柔软油滑，具有国际流行的石磨效应；80年代末期采用酶脱毛，糊状法染色加脂和聚氨脂涂饰技术。

2. 制重革。

早期的重革生产是沿袭古老的烟熏法。19世纪末，原始的烟熏法逐渐被植鞣法所取代，采用含有天然植物鞣质的根、茎、皮和果实等为鞣料。此法较烟熏法成品质量有提高，但生产周期长达1年左右。新法制革开始不漂皮，晾干坯，下闷箱，手工挤水，抹油，自然干燥，人工压皮。随着国外制革技术的传入，20世纪20年代（民国年间）改以进口栲胶为鞣料，使重革生产周期缩至半年左右，且成品质量精良。

20世纪五六十年代，鞣制由缸鞣（或木桶）改为池鞣，周期30—50天，甚至长达两个月以上至半年。60年代中期，水泥池子逐渐淘汰，改为吊鞣工艺，利用行车移池和压流法循环"色液"，减轻了劳动强度。进入70年代，采用池鼓结合鞣或鼓池结合鞣，利用机械作用加速浸透，周期为15—20天。70年代中后期，改进预处理干速鞣工艺，逐步改为转鼓漂皮，机械挤水及鼓型伸展机伸展，采用无浴速鞣法鞣制，重革鞣制只需3天左右，实现了重革鞣制转鼓化。

（四）生产设备

第一，传统制革工艺。传统制革设备简陋，主要是烟熏槽、木桶、盆缸、晾皮架、案子及刮肉弯子、刨皮刀、铲皮刀、搓软板、刷子等手工工具。

第二，新法制革。20世纪30年代的设备有转鼓、重革压光机、轻革打光机和磨革机。60年代中期有去肉机、拔毛机、片皮机，片皮工序上已使用国产或自制机械，如悬挂式木制转鼓，水泥池子逐渐被淘汰。同期引进液压精密片皮机、挤水伸展机、真空干燥机、绷板干燥机、自动喷干机、辊熨平展机、气流除尘机、自动喷浆机、打光机、抛光机、压花机、辊式熨烫机、电子量革机、自动加料系统、辊涂机等国外先进设备。

70年代，自制了贴板和摆动式连续喷涂干燥设备，实现了喷涂工序实现连续化、机械化；至70年代末，采用可倾斜转鼓，主要制革厂实现了湿加工转鼓化。

80年代，引进设备有通过式烫革机、挤水伸展机和真空干燥机、大型磨革机等。80年代还采用了先进的测试仪器，生产过程中以完善的理化检测手段对产品实行质量监控。

（五）原辅材料

制革主要原料分原料皮和化工材料两大类。

第一，制革用的原料皮主要有猪皮、牛皮、羊皮、马皮等。

第二，制革用的化工材料主要有酸、碱、盐等基本化工材料和鞣剂、加脂剂、涂饰剂、助剂、染料等其他化工材料。

（六）生产品种

第一，按张幅重量皮革可分为轻革和重革。

第二，按用途分可分为生活用革、工业用革、其他用革。

第三，按鞣制方法分铬鞣革、植物鞣革、油鞣革、醛鞣革、锆鞣革、铁鞣革、铝鞣革和各种结合鞣革等。

第四，按原皮分可分为牛皮革、猪皮革、羊皮革、马皮革、稀有动物皮革等。

（七）产品质量

辽宁制革产品质量，20世纪60年代处于全国领先地位，1965年全国质量评比，沈阳皮革综合厂生产的水牛外底革被评为标杆产品，是全国学习的榜样；大连皮革厂（金州制革车间）和沈阳皮革综合厂生产的黄牛修面革都达到全国先进水平。直至80年代辽宁制革产品的质量仍居全国同行业前茅，牛修面革合格率为93.77%，猪修面合格率为95.72%，均达到一级产品水平，达到国内先进水平。80年代辽宁的牛修面革、猪修面革和猪皮手套革等主要产品体现一黑一黄的基本特点，即黑色修面革和黄色猪皮劳保手套革等产品。90年代开始研制生产牛半粒面、全粒面革、苯胺革、羊服装革、猪服装革等中高档产品。90年代制革产品质量为全国同行业的中等偏上水平。但这个时期国有企业遇到前所未有的困境，到90年代后期，制革企业基本停产。

（八）污水处理

沈阳第一制革厂污水处理是全省乃至全国较早的。1977年该厂抽出一名技术员专搞污水处理，国家投资67万元、企业自筹3.3万元，共投资70.3万元，1978年开建污水处理车间，建筑面积1440平方米，采用除渣池—集水池—曝气池—沉淀池—生物转盘—沉淀池—清液排放顺序。并于1979年5月设备安装完成。主要设备有集水池、曝气池、沉淀池、生物转盘、高位池、污泥泵、空压机、生物转盘传动设备、真空吸滤机、水环式真空泵等，日处理污水100—160吨。运行3个月的效果为：进水pH值12，出水时pH值为8—8.6，COD去除率50%—80%，BOD去除率40%—70%，硫化物去除率40%—70%；铬进口为2—11mg/e，出口为1—0.4mg/e。该污水处理车间每年需运转费用5万元。该厂污水治理较早、方法对路，但效果一般。

二　皮鞋

皮鞋是指用皮革（真皮）或人工皮革（革皮）做面制作的各种鞋的统称。

（一）古代皮鞋业

东北地区的靰鞡是原始皮鞋，很早就有生产，清代辽宁已有现代皮鞋生产，但都是手工作坊。民国年间，在日本帝国主义的疯狂掠夺下，皮革资源不断减少，辽宁皮鞋店大批倒闭，到1931年沈阳由40家减少到25家。1941年太平洋战争爆发，日军在东北地区颁布了"七二五"价格令，建立了毛皮组合，将皮革列入统治品，专为军需生产，断绝了"鞋铺"的原料来源，皮鞋业再次走向萧条。有一部分被迫为军需工厂加工；部分店铺倒闭，业主进入伪工厂当工人。到1943年沈阳的皮鞋店只剩下20家、从业人员400人，比1931年前大为减少。

（二）现代皮鞋工业

1. 新中国成立初期

新中国成立初期皮鞋工业发展很快，经过三年恢复，又通过1956年的社会主义改造，皮鞋业逐步从个体走向集体化道路，到"一五"结束的1957年皮鞋年产量已达到198.28万双。1958年"大跃进"时有皮革企业的转为国营企业；有的组建市、区属合作工厂。1958年时皮鞋年产量达到287.39万双，1960年年产量达到365.44万双。三年自然灾害时，产量下降，到1962年年产量为154.57万双。

2. 三年调整和"文化大革命"期间

三年调整时期，皮鞋生产平稳发展，1963年为220.51万双，1964年为227万双，1965年为172.36万双。

"文化大革命"头三年生产下降，1966年皮鞋年产量为18805万双，1967年为167.18万双，1968年为146.92万双。随后皮鞋产量稳步提高，1976年为740.64万双。1977年为836万双。皮鞋工业随着生产的发展，逐步增添设备，并逐步实现部分工序流水化生产，机械化和自动化程度逐步提高。产品质量和生产效率，得到很大提高。花色品种增多，除线缝皮鞋外，还出现了模压皮鞋、注塑皮鞋、胶粘皮鞋和旅游鞋等品种。但这时皮鞋品种和花色还是比较单调，主要有女一代鞋、男青年式、男三接头、男三道桥凉鞋、男女五眼（二眼、三眼）鞋等。

3. 20世纪70年代皮鞋工业

1978年辽宁省共有皮鞋企业42家，分布于全省各地。共有职工19002人，其中一线生产工人12389人，占总职工人数的65.2%。工程技术人员30人，其中技术员23人、技师7人。职工平均年龄约在45岁左右，平均月工资约在50元左右。当年实现工业总产值13200万元，实现利润556.2万元。生产皮鞋850.94万双，共有设备2206台，其中专业设备2039台，通用设备167台。占地面积为23.82万平方米，建筑面积为14.2万平方米。这个时期皮鞋生产工艺有缝制、模压、硫化、注塑、胶粘等。

4. 20世纪80年代皮鞋工业

到1990年全省有皮鞋企业60个，有职工17800人，一线生产工人占68%，工程技术人员共65人，其中技术员45人、技师20人。实现产值11510万元。亏损1451.96万元。生产皮鞋725.98万双。

党的十一届三中全会后，人民生活水平不断提高，穿皮鞋的人日益增多，对皮鞋的花色品种和质量的要求也越来越高。

5. 世纪之交皮鞋工业

世纪之交辽宁正在沈阳周边建设全国第五大鞋业生产销售集散地。

此阶段的37家皮鞋厂中，大连皮革厂于1989年与中国台湾省农湘鞋业有限公司、中国香港西龙发展有限公司合资成立大龙发展有限公司，1990年完成出口鞋45.5万双，出口交货值为2100万元，创外汇437万美元，但因经营不善，外国人员撤走，不久垮了，厂地和厂房被银行收去，企业最后破产。到2009年只有丹东皮鞋厂还挂皮鞋厂牌子，但也已停产，其他原国有和集体的皮鞋企业全部破产了。一般情况是职工自谋职业，多数还从事制鞋业。有的自开门店；有的几个人组合，开办小厂店；有的另谋别业。

（三）产品质量

总体讲辽宁皮鞋质量处于全国较先进水平，沈阳皮鞋四厂生产的"共力"牌缝制女鞋 1985 年被评为国家银质产品；奥特鞋业公司生产的"奥特"牌皮鞋以排汗养脚的特点于 1996 年被国内贸易部推荐为市场名优商品。沈阳和大连的皮鞋生产厂家的质量水平处于全国前茅，先后被评为轻工业部优质产品。但在 20 世纪 70 年代，辽宁皮鞋有"傻、大、黑、粗"的评价，经过皮鞋行业全体职工的努力，在 1983 年在北京举办的有北京、上海、天津、江苏和辽宁五省、市的几百多家工厂参加的皮革鞋帽展销会和 1984 年举办的全国服装、鞋帽展销会上，辽宁皮鞋以造型新、花样多、价格廉、质量好备受欢迎，参会者纷纷抢购辽宁皮鞋，销售量和销售额都居首位，一举摘掉多年"傻、大、黑、粗"的帽子。

（四）生产工艺和设备及用料

皮鞋生产是从手工操作逐步向机械、自动化方向发展的，手工操作时绷、码、钉是皮鞋制作的真实写照，使用的工具十分简单，主要是刀子、剪子、钳子和锤子。在皮鞋生产工艺方面，经历了线缝、硫化、模压、注塑、胶粘工艺的不断发展，到 20 世纪中叶达到一定技术水平。线缝工艺效率低，硫化工艺粘合较差，模压工艺后又因塑料工业的发展，发明了注塑工艺。胶粘工艺是现在采用最广的一种工艺。

现代皮鞋生产，工序分工明确，各工序的设备有：一是裁断和部件加工设备——冲压裁断机、片茬机、起毛机、切条机、片料机、部件冲压机、片底料机；二是制帮加工设备——电动缝纫机、片皮机、折边机、打眼机、缝梗机、冲里机、帮角熨平机；三是制底设备——绷楦机（前尖、中腰、后跟）、拔楦机、内底压型机、钉内底机、胶粘压合机、帮角起毛机、钉跟机、缏鞋机、湿热固型机、印商标机。还有线缝工艺常用的外线机、内线机、铣墙机、烫烤机、刷胶机等；模压工艺常用的有模压机外、橡胶工业用的炼胶机等；胶粘工艺常用的有粘压机、烘干箱用排毒装置；硫化工艺常用的有铝质鞋楦、热空气硫化罐；注塑工艺常用的有注塑机、挤出机、造粒机、捏合机。还有沿条机、成型机、组底机、热风去皱机、烘干机、内里修边机、后帮口定型机、帮口敲平机、鞋面抛光机、靴筒定型机、五眼机、喷色机、电脑绣花机、刻楦机等。

现在皮鞋技术不断提高，从机械传动向气压、液压过渡；从电器控制向电子、计算机控制发展，极大地提高了生产效率，从而全面实现了皮鞋生产的现代化。

皮鞋生产面料主要有各种皮革（真皮）、各种人工皮革（革皮）；底料如皮革、橡胶及其他；辅料如再生革、布、线、钢纸板；胶粘剂；等等。

三 皮件

皮件是指除皮鞋和皮革服装以外的其他所有皮革制品的统称。皮件分为车马挽具、箱包、皮带、皮手套、工业用皮件等几类细化产品。

生产皮件的传统工艺主要使用针、锥、刀、榔头、敲棒、木蕈、墩板、钳子和披砖等简单工具，靠手工缝合成型。现代工艺主要生产设备有下料机（也叫冲床）、缝纫机、压床、熨手套机、翻手套机、包装机等。皮件生产用料，早期生产皮箱、包袋、票夹主要以牛、羊皮革为面料。20 世纪 30 年代开始以帆布做面料，生产旅行袋和少量衣箱。50 年代末，布基聚氯乙烯（PVC）人造革和无基薄膜成为生产中、低档箱、包、票夹的主要原料。80年代，为增加花色品种，箱、包除采用皮革外，面料应用扩大，有彩色帆布、彩色人工皮革、聚乙烯（PE）、聚氨酯（PU）革、尼龙牛津革、毛麻革、沙发布和牛仔布等，另外还增加了金属配件、拉锁（链）、各种锁（吊锁、号码锁）等。

辽宁的皮件业直到民国时期才开始使用天然皮革，这一时期箱包发展受国外影响极大。伪满大同二年（1933年），奉天（今沈阳）有皮箱工厂3家，占房50间，合计资本11000元（当时币），有工人86名，每月生产皮箱900个、提包30个，其中最早的"德巨兴"成立于清光绪11年（1885年），资本5000元，每月生产各种皮箱330个。另一家"兴盛源"，成立于民国17年（1928年），资本5000元，每月生产皮箱300个、提包30个，有工人35名。还有一家"元成号"，成立于伪满大同元年（1932年），资本1000元，有工人27名、学徒5人，每月生产皮箱300个。

抗美援朝期间，辽宁皮件行业为中国人民志愿军生产军用装具116个品种共1224万件，为抗美援朝的胜利做出巨大贡献。这些皮件产品有车马挽具类的乘鞍、龙头、磁头、大小肚带、三花、鞭鞘、搭腰、后鞦、扯手、驮鞍、镫皮、大小鞍、鞍磨等。武器具类有山炮挽具、野炮挽具、汤母生子弹袋、手枪套、二仓片袋、枪背带、冲锋枪子弹袋、手枪套背带、步枪背带、二八匣枪套、子弹盒、炮口帽、弹药包等。人身装具有武装带、腰皮带、行李袋、针线包、护腿、风镜盒、帐篷等。

辽宁省皮件行业发展较快，1978年共有皮件厂9家，主要分布在全省几个主要城市，如沈阳皮件厂、皮革制品厂、旅行包厂、大连皮件厂、丹东皮件帆布厂、锦州帆布造革制品厂、营口皮件厂、辽阳皮件厂、丹东制球厂等。共有职工2300人，一线生产工人占69%，完成工业总产值3300万元，实现利润270万元。职工平均月工资为49元，平均年龄45岁。全省共有各种设备305台，其中专用设备280台，通用设备25台。厂房占地面积2.69万平方米，建筑面积2.14万平方米。

到1985年全省年产皮箱207.7万个、生产旅行包805万个、人造革包667万个，"三球"25万个。

1981—1985年生产民用车马挽具416.5万件，为工农业生产和军事需要做出了重大贡献。

到1990年全省有企业9家，共有职工3500人，其中工程技术人员15人，实现工业总产值5200万元，亏损200万元，生产"三球"43.09万个。

辽宁皮件全国有名，沈阳皮革制品厂生产的ABS衣箱出口到国外，有"铁牛"之称；丹东制球厂生产的"箭牌"牛皮篮球获国家银质奖，丹东制球厂生产的"箭牌"合成革手缝足球，于1988年春季莱比锡国际博览会上荣获金奖。

20世纪80年代开始兴起的海城南台箱包市场，是全国四大箱包市场之一，是东北地区最大的箱包生产和销售集散地。素有"箱包之乡"之称的南台箱包市场，1983年产量达到200多万件。90年代中期，年成交额达20多亿元。2006年市场经销产各种箱包5000多种，共500多万件。日上市人数几万人。南台箱包集团是一个加工、销售专业化、系列化、一体化的企业集团，有固定资产5亿多元，年产值10多亿元，生产20多个品种销往全国各地。2009年市场经销品种达到7000多种共600多万件，经销值达到60亿元。

四 毛皮及其制品

毛皮及其制品是指经鞣制的毛皮及其制品的总称。

(一) 发展概况

毛皮制品与人民生活有着密切关系，毛皮制品从古至今，都是人们生活的必需品。毛皮制品不仅可以作为御寒衣物，而且还是人们不可缺少的珍贵的装饰品。辽宁毛皮产品数量多、价格低。新中国成立前，因制作方法陈旧落后，成品多有异味，浸水则腐。因此，各种毛皮原料皮大都出口英、美、德、日等国，每年竟以千万计买回制品（见《近代中国实业通志》）。以致市面上的斗蓬、皮大衣、水獭冬帽等产品，都得从国外进口，每年都要付出高昂的代价。

新中国成立后，辽宁省毛皮工业发展较快，到1978年毛皮及其制品有企业29家（沈阳3家、大连2家、丹东3家、锦州7家、阜新1家、朝阳2家、昭盟11家，这时期因昭乌达盟划归辽宁管理，小皮毛厂较多，所以毛皮企业增多），共有职工5000多人，实现工业总产值3990万元，实现利润198.2万元。其中主要企业有8家，他们分别是沈阳皮毛厂、朝阳皮毛厂、义县皮毛厂、锦州皮毛厂、开原皮毛厂、黑山皮毛厂、阜新皮毛厂和赤峰皮革厂（毛皮车间）等，这8家皮毛厂共有职工2765人，平均年龄43.5岁，每月平均工资48元，完成工业总产值3192万元（占29家的80%），实现利润178.4万元（占29家的90%）。辽宁省的毛皮及其制品企业占地面积19万平方米，建筑面积5.52万平方米，生产能力230万张（折绵羊皮），共有设备597台，其中专用设备542台，通用设备55台，生产的主要品种有皮甬、皮袄、皮帽子、皮褥子、毡片等。

到1990年全省共有企业29家（其中主要毛皮厂是沈阳皮毛厂、朝阳皮毛厂、义县皮毛厂、锦州皮毛厂、黑山皮毛厂、开原皮毛厂、和阜新皮毛厂7家），共有职工5600人、工程技术人员30人，其中技术员17人、工程师11人、高级工程师2人，实现工业总产值4600万元、亏损278万元，投毛皮（折标准张）28.7万张，生产皮帽子29.3万顶。全省企业共有设备597台，其中专用设备542台、通用设备55台，占地面积18万平方米，建筑面积5.52万平方米。

辽宁毛皮及其制品质量全国闻名，沈阳市皮毛生产的"孔翎"牌鞣制水貂皮被评为国家银质奖。该厂20世纪70年代引进多台国外先进设备，并派员去日本学习缝制技术，其制品出口日本，备受欢迎；锦州华顺集团生产的"华顺"牌裘皮服装被农业部评为名牌产品；朝阳皮毛厂生产的羊剪绒及制品处于全国先进水平，羊剪绒被评为轻工业部优质产品；义县皮毛厂生产的羊剪绒汽车坐垫一直出口德国。

1987年前后全国毛皮经济动物养殖业蓬勃发展，辽宁的营口、丹东、大连等地也随之发展起来。但因全球毛皮市场变化剧烈，1989年开始滑坡，营口老边区出现了打貂剥皮、收摊下马的形势，仅二道、老边两个乡410多户养貂24000多只，就有240户全部打貂剥皮了；养貂专业村薄家103户全部打貂的就有50多户；于家村有10户养貂户只剩1家；长海县石乡村43%的养貂户缩小规模，35%的养貂户放弃养貂。主要原因是卖皮难、收购要求严，另外种貂质量低、貂皮质量不好，卖不上好价钱，最后算账养貂赔钱。

省公司于1988年开始重点抓自身建设，曾从黑龙江购进种银狐40只、蓝狐60只、貂400只，在北镇县原皮站建立养殖场，共投资78万元，其中省皮革公司投资48万元，北镇投资 30 万元；1989 年又与大洼原皮站、大洼县清水农场联合，从加拿大引进种水貂 2900 只，从挪威引进蓝狐 200 只、银狐 200 只，计划投资 589 万元，其中省公司投资 20 万元、大洼二轻局投资 30 万元、清水农场投资 81 万元，建立第二个养殖场。后因国际毛皮市场变化，加之管理等问题，都没有成功。

（二）人造毛皮（沈阳人造毛皮厂）

沈阳东风皮毛厂原来主要生产男女皮筒、皮褥子、皮裤、皮手套等产品。1970 年该厂开始研究试制人造毛皮，经过科技人员和广大职工的积极努力，经过一年多时间，终于于 1971 年试制成功。人造毛皮的主要特点是轻便、保暖、美观大方、花色品种多。因此，人造毛皮产品市场供不应求，该厂就变为人造毛皮的专业生产厂。生产人造毛皮的主要原料是腈纶，人造毛皮主要生产设备是编织机、提花编织机等。当时该厂产品畅销全国各地，主要产品有人造毛皮皮筒、皮裤、皮手套、毛皮挂毯等。该厂因生产人造毛皮发展很快，1970 年只有职工 90 人，到 1975 年产值达到 617.4 万元，产品产量达 20 万平方米。1980 年产值为 1677.6 万元，比 1975 年增长 2.7 倍，产量为 88 万平方米，比 1975 年增长 4.4 倍。该厂生产的人造羊羔皮 1982 年获轻工业部优秀新产品奖。到 1985 年职工增为 462 人，产值为 3050 万元，产量为 286 万平方米。该厂固定资产原值 396 万元，净值 318 万元，拥有各种专用设备 81 台，其中从联邦德国进口提花编织机 4 台。

五　皮革服装

皮革服装的面料主要以羊皮、牛皮、猪皮为主。皮革服装的主流由过去的厚、重向轻、软、薄转变；由重涂向轻涂方向转变；颜色由黑、棕色为主向多种花色并存转变。皮革服装的生产已向多品种多样化方向发展。其功能由过去的单一的穿着保暖向时装方向发展。在款式上即有适合青年人穿的小翻领、明贴袋系列；也有中年人喜欢的平翻领、平袋或斜袋设计。从市场发展趋势来看，简洁明快的皮革服装款式仍然是发展的主流。

辽宁皮革服装在 1978 年以前，只有零星生产，沈阳东红革皮服装厂年产也只有两三万件。直到 20 世纪 90 年代佟二堡皮革服装市场兴起，辽宁皮革服装产业才得到快速发展。2010 年产量达到 600 多万件，成为全国生产销售皮革服装的重要集散地之一。辽阳佟二堡的皮革服装产品，90 年代以低档产品为主，主要生产的是猪皮夹克，出口到俄罗斯；到 20 世纪末期开始生产中档产品；21 世纪才向高档方向发展。大连成吉思汗皮装有限公司生产的"成吉思汗"牌皮革服装，1996 年、1998 年连续两届获"中国真皮衣王"称号，2000 年又获"真皮名装"称号。

六　配套企业

为了使皮革行业省内配套生产，20 世纪六七十年代省内先后建立了沈阳和大连两个皮革机械厂；在丹东、沈阳和金县建立皮革化工厂；还有在沈阳建立了皮革五金厂和鞋革材料厂及辽阳栲胶厂。

70 年代有 8 家配套企业，共有职工 1607 人、工程技术人员 40 人，职工平均年龄 40 岁，月平均工资为 52 元。实现工业总产值 1591.7 万元，实现利润 254.4 万元。当时共有设备 163 台，占地面积为 10.43 万平方米，建筑面积为 2.83 万平方米。

80 年代有配套企业 9 家，其中重点企业（沈阳皮革机械厂、大连红旗机械厂、丹东皮革化工厂、沈阳皮革化工厂）4家，共有职工3000人、工程技术人员40人，其中技术员19人、工程师15人、高级工程师6人。实现工业总产值2239万元，亏损179.04万元。共有设备163台，其中专业设备为150台，通用设备为13台。

（一）皮革机械

新中国成立初期，辽宁没有皮革机械专业生产厂，当时皮革工业主要是手工操作，到20世纪70年代中期，沈阳市皮革综合厂机械车间独立，成立沈阳皮革机械厂。此后，大连红旗机械厂对引进的剖层机研究仿制成功，沈阳市红旗机械厂研制了电脑控制压花机。这些企业不但是辽宁皮革机械主体生产厂，而且也成为全国皮革机械的重点企业。

沈阳皮革机械厂生产的内线机、五眼机，大连红旗机械厂生产的片皮机，沈阳红旗机械厂生产的熨平机、电子量革机均达到国内先进水平，受到用户好评。

（二）皮革化工

辽宁为了更好地发展皮革行业、实现省内配套，大力发展皮革化工产品。1976年在金州骨胶厂上马生产皮革化工材料，当时主要生产膏、浆、丙烯酸树脂、平平加等产品。金州骨胶厂是全民性质企业，隶属于县工业局，1976年全厂有职工650人，其中生产皮革化工部分只有15人，皮革化工产值50万元。因为该厂以生产骨胶为主，隶属于一轻局，划归一轻局管理后，皮革化工几年后就不生产了。辽阳栲胶厂隶属于辽阳市轻纺局，1976年全厂有职工186人，其中生产栲胶生产的为90人，实现产值150万元，其中栲胶75万元，设计生产能力为1000万吨，实际生产300吨，无利润，几年后就不生产了。而丹东皮革化工厂和沈阳皮革化工厂一度是皮革行业的主要企业。

（三）皮革五金配件和鞋革材料

皮革五金是指专门为皮革制品生产的金属配件。皮革五金配件和鞋革材料都是皮革制品的重要组成部分。

1966年，原沈阳市布鞋厂改为皮革五金厂，位于沈阳中心的太清宫，当时厂长陈丙林、副厂长董松林，又从其他厂调技术骨干20多人，向轻工业部借35万元（后来变为投资），购进仿型铣床一台、压铸机一台、坐标机一台。1975年该厂开始生产皮革五金产品，1977年有职工217人，占地2000平方千米，建筑面积2500平方米，年产值195万元，实现利润3.4万元。产品产量分别为箱锁48.6万件、箱式件190万件。1985年该厂有职工373人，有固定资产161万元，实现产值214万元、利税4万元。1988年倒闭，退休工人国家负责，其余人员随厂下放到沈河区管理。

1961年，由皮鞋二厂的鞋楦车间改建沈阳阳鞋革材料厂，当时厂长刘玉贵、书记王英成，主要为全省皮鞋企业配套生产木鞋楦和五眼。有6台五眼机，1968年生产木鞋楦100万双，供应全省皮鞋厂，耗用木材达33万立方米。1976年该厂有职工265人，职工平均年龄39岁，月平均工资57.6元。该厂占地1.07万平方米，建筑面积5300平方米。完成年产值1977万元、利润13万元。生产木楦9.9万双，铝楦119吨。1985年该厂有职工407人、固定资产269万元，实现产值221万元、利税22万元。1992年马英任厂长时，该工厂划归大东区管理，从此鞋革材料厂就不存在了。

第三节 行业管理

一 省皮革工业公司

该公司始建于1964年初，隶属于省轻工业厅，1964年中国皮革工业公司成立后，要求各省成立皮革工业公司，对皮革行业实行统一管理。当时只有沈阳皮革综合厂归省轻工业厅直属（原308厂），轻工业厅委派沈阳皮革综合厂厂长李树基负责组建省皮革工业公司工作，办公地点在沈阳市和平区中山路，其公司干部主要从皮革综合厂抽调，第一副经理李树基、副经理李青、张昭卿、张言语、李治田，后从大连复州湾盐厂调张成功任党委书记兼经理。从各市上收企业为公司直属企业，其中有大连皮革厂（金州制革厂为一个车间）、鞍山鞋革装具厂（制革为一个车间）、辽阳皮革厂（制革为一个车间）、丹东皮革厂、锦州皮革厂、皮毛厂、义县皮毛厂、朝阳皮毛厂、阜新皮毛厂、制鞋厂等《（64）计工字第三者69号文；（64）锦轻字第43号文辽宁省皮革工业公司上收锦州三个厂的通知》。在研究沈阳市抽调企业时，当时沈阳市皮革鞋帽工业公司意见全部上收归省直属，其中有皮鞋二、三、四、五厂、皮革装具厂、皮毛厂、皮件厂、皮革制品厂、制帽厂、还有3个布鞋厂（北陵、工农、市布鞋厂）。上收后全省各地企业统一了名称。1965年改为省手工业管理局管理。对28个企业实行"人、财、物、供、产、销"六统一管理，并对企业进行专业化分工生产。制革：牛皮安排在沈阳皮革综合厂、皮革装具厂和大连皮革厂；鞍山、辽阳、丹东皮革厂以猪皮为主；锦州皮革厂以羊皮为主。制鞋：出口皮鞋安排在大连、辽阳和沈阳；另外沈阳皮革综合厂以出口鞋和工业劳动保护鞋为主，二厂和三厂以男鞋为主，四厂以女鞋为主，五厂以模压鞋为主。皮毛：细皮只供沈阳和义县皮毛生产，朝阳、阜新、锦州皮毛厂只生产羊皮。到1967年全省皮革行业有很大变化，当时产值、产品质量都位列全国皮革行业第二位（上海第一）。"文化大革命"期间，1967年公司被撤销，下放由沈阳市代管，部分干部下放走"五七"。为了加强对全省皮革行业的管理，1978年省第二轻工业局成立了皮革处，1980年经省革委会批准，辽政（1980）135号文恢复了省皮革工业公司，办公地点暂借沈阳市皮鞋四厂（和平区延边街43号），编制70人，恢复后的公司第一届班子为经理李树基，副经理王国印、王荣纯、陈廷贵。(1980)辽编发120号文归省二轻工业厅领导，办公地点转到沈阳市皇姑区昆山西路二段22号。(1981)辽编发123号文人员编制从70人减为45人，办公地点转到沈阳市沈河区小西路1段8号（自建办公大楼）。此期间由省公司重点管理的沈阳第一制革厂等8家国有制革厂外，又将抚顺皮革厂、本溪皮革厂、开原制革厂、北镇皮革厂、瓦房店皮革厂5家大集体制革厂纳入计划中。1984年公司开始试点转轨变型，(1985)辽二轻24号文改名为"辽宁皮革经济技术开发总公司"。为加强公司自身实力，从1985年开始与开原制革厂搞联合办厂，双方签订三年联合协议，派技术科长范贵堂任副厂长具体抓联合，企业发生了深刻变化，3年迈了三大步，创产值、产量、效益、销售额和固定资产及人均收入6个历史最好水平，使一个200多人，负债300多万元的小厂，成为全县利税大户。公司也从联合办厂中得到实惠。1986年组建第二届班子为经理孟昭鹏，副经理王荣纯、陈廷贵、康德全、张永刚，(1986)辽社字第45号文又恢复辽宁省皮革工业公司名称。1987年又与义县锦州万里皮鞋厂开发新产品联合协议。公司提供价值28.35万的13台引进的先进设备（展览会留的展览样品）。1988年辽计经发第274号文公司转轨变型为企业性公司。公司成立时的主要任务是负责全省皮革行业的管理工作，到1988年以后重点抓公司的自身建设，曾从黑龙江购进种银狐40只、蓝狐60只、貉400只，在北镇建立养殖场，共投资78万元，其中省皮革公司投资48万元，北镇投资30万元；还与大洼原皮站联合，从加拿大引进种水貂2900只、蓝狐200只、银狐200只，计划投资589万元，其中省公司投资20万元，大洼二轻局投资30万元，清水农场投资81万元，建立第二个养殖场。后因国际毛皮市场变化，加之管理等问题，都没有成功。1989年组建第三届班子，经理张永刚，副经理陈廷贵、穆常显、范贵堂、李明森（先任副书记），副书记杨广顺。1992年公司第四次搬家到皇姑区岐山路57号2门，自建1000多平方米办公大楼。经全体员工的共同努力，经过三届班子，到1996年公司资产达到2000多万元，其中办公大楼500多平方米、职工宿舍1000多平方米及在广宜街皮革鞋料市场4000多平方米，还有在市北郊望花乡，占地面积10000多平方米，建筑面积1000多平方米仓库，还有汽车等交通工具多台及先进的办公设施等。为了加强对猪皮管理，早在1979年辽宁省成立了原皮收购管理站，1990年省轻工业厅又以辽轻字（1990）132号文批准将盘锦、凤城、兴城三个原皮分站上收为辽宁省原皮管理站直属分站。这是公司的鼎盛时期，当时在全国各省级公司中也名列前茅。1991年辽轻字第29号文重新恢复行使行业管理任务。1995年行业管理由省轻工业总会收回。1997年省轻工业总会拟筹建辽宁省皮革协会（由辽宁省皮革学会改为协会），并指定专人做此项工作（原皮革公司副经理范贵堂），当一切准备工作就绪时，因轻工业总会机构变动而终止。2001年辽企拖字（2001）31号文，关于辽宁省皮革工业公司脱钩转制方案的批复，公司实行股份制，由经理张永刚买断，9月21日公司按省文件发出个通知，离退休人员发5年采暖费，人事关系转到社区管理。2002年辽宁省皮革公司注销。

二　辽宁省原皮收购管理站

1971年辽宁二轻局为了加强对猪皮资源的经营管理，首先在各县成立了原皮收购管理站。

1979年又成立了辽宁省原皮收购管理站，隶属于辽宁省皮革工业公司，主要任务是负责全省猪皮的开剥、收购、调拨和补贴等管理。省财政厅拨600万专用资金，国家拨2300万元，用于收购猪皮周转金。

1979年辽宁省根据三部文件，以辽二轻（1979）242号、辽财工字（1979）454号文下发通知，实行斤皮斤肉原则（一斤猪皮补贴一斤猪肉价），城乡、市县有别，分3个价区：第一价区：10个省辖市肉联厂、屠宰厂每市斤鲜猪皮二级价1.25元，工业负担0.45元，财政补贴0.8元；第二价区：各县镇肉联厂，每市斤低于市价0.10元，财政补贴0.70元；第三价区：农村、机关、驻军、企事业及农场、社队社员，每市斤生猪皮收购价一斤六两计算，即二级猪皮为1.00元，财政补贴0.55元。

1989年辽政办发［1989］108号文关于进一步做好开辟猪皮资源工作的通知。由于近年来猪肉价上涨幅度较大，"斤皮斤肉"的作价办法已不尽合理，改变这一状况，可按皮肉比价1:2—1:2.5的幅度确定猪皮价和去骨去皮鲜肉价格，带皮猪肉和去皮猪肉差价可按每千克0.3元左右安排。

由于各级原皮站的努力，极大地促进了全省猪皮的开剥，从几万张达到400多万张，为解决辽宁原皮不足、促进全省皮革工业的蓬勃发展做出了极积的贡献。

为了建设辽宁原皮基地，1990年根据省轻工业厅辽轻字（1990）132号文件精神，将盘锦、兴城、凤城等三个分站上收为辽宁省原皮管理站直属单位，并以辽皮原字（1990）35号文正式下发。辽宁省计划委员会还以辽计技改字（1990）74号文下发，批准了"原皮基地技术改造"项目。项目总投资300万元，其中省财政借款250万元，自筹50万元。建设内容及规模：年加工猪皮180万张，储存猪皮40万张。补偿征用沈阳市制革二厂闲置土地12000平方米，建仓库2000平方米，原皮加工车间500平方米，辅助设施500平方米，设备购置及运输工具11台。辽宁省省原皮收购管理站站长先后由陈廷贵、王德华、范贵堂、兰德文担任。

表8-10为辽宁省新中国成立以后历年工业总产值、投皮量、皮鞋及其他产品产量完成情况。

表8-10　　历年工业总产值（千元）、投皮量（万张）、皮鞋及其他产品产量完成情况

年份	1949	1950	1951	1952	1953	1954	1955	1956	1957
职工人数（人）	—	—	—	11157	13421	15705	17600	15748	17376
总产值（万元）	1	2	38	233	646	1080	1097	3415	4121
投皮（折牛皮）	14	516	641	714	1463	129	170	341	400
重革（吨）	194	574	942	941	1119	1569	1550	1351	1725
轻革（万平方米）	23	906	907	1367	315	285	3929	4205	4328
"三球"（万只）	—	—	—	32	78	85	33	72	93
皮鞋（万双）	96	283	955	1157	1779	1670	1530	2070	1980
毛皮（万张）	—	—	—	—	—	—	—	—	—
皮帽子（万顶）	—	—	—	—	—	—	—	—	—

年份	1958	1959	1960	1961	1962	1963	1964	1965
企业数（个）	222							
职工人数（人）	—	—	—	—	6470	5938	5887	16860
总产值（万元）	5010	6638	6514	2143	1970	2003	2063	6950
投皮（折牛皮）	435	414	519	214	241	259	326	400
重革（吨）	1656	1039	1470	722	706	712	1123	754
轻革（万平方米）	4219	4096	5655	1933	2266	2653	3237	4455
皮鞋（万双）	2874	3152	3654	1902	1546	2205	2270	1720
"三球"（万只）	80	90	50	013	001	—	—	128
开剥猪皮（万张）	—	—	—	—	—	—	125	365
毛皮（万张）	—	—	—	—	—	—	—	122
皮帽子（万项）	1011	317	253	214	102	—	415	117

年份	1966	1967	1968	1969	1970
企业数（个）	—	—	—	—	150
职工人数（人）	16971	—	—	19790	22051
总产值（万元）	9747	8857	7337	11715	15701

续表

年份	1966	1967	1968	1969	1970
投皮（折牛皮）	5637	7514	6695	9825	9838
重革（吨）	1058	8980	6230	12340	12330
轻革（万平方米）	7748	9022	7332	11323	1258
皮鞋（万双）	1880	16718	14692	34441	45737
"三球"（万只）	2297	—	—	—	—
开剥猪皮（万张）	1164	1168	1396	956	85
毛皮（万张）	942	—	—	—	—
皮帽子（万顶）	162	—	—	—	—

年份	1971	1972	1973	1974	1975
企业数（个）	145	139	141	152	180
职工人数（人）	15811	11281	11565	21511	25611
总产值（万元）	13649	13581	15362	16648	20064
投皮（折牛皮）	10561	12516	13772	1399	14362
重革（吨）	1027	883	889	924	1003
轻革（万平方米）	14775	16361	1966	19271	20739
皮鞋（万双）	47323	48978	55121	88271	6570
皮帽子（万顶）	—	—	12876	1407	1367
"三球"（万只）	67	187	2664	318	3815
利税（万元）	—	—	—	—	—
开剥猪皮（万张）	1285	180	1656	1889	2118

年份	1976	1977	1978	1979	1980
企业数（个）	188	138	118	112	124
职工人数（人）	25000	25000	31293	32251	41520
总产值（万元）	22332	23542	25319	25714	30823
投皮（折牛皮）	14668	13468	13765	15736	2004
猪皮（自然张）	21028	1930	20081	2452	3461
轻革（万平方米）	—	—	—	—	3883
重革（吨）	—	—	—	—	1360
皮鞋（万双）	74064	8205	83012	92738	1140
皮帽子（万顶）	15324	15125	14042	10665	999
"三球"（万只）	3598	32	3055	33	471
利税（万元）	—	—	3235	2500	3723
开剥猪皮（万张）	2043	201	212	365	395

续表

年份	1981	1982	1983	1984	1985
企业数（个）	123	138	138	136	124
职工人数（人）	33000	34000	35000	41283	41504
总产值（万元）	35246	32960	32127	34440	36252
投皮（折牛皮）	22594	19298	1780	1564	16883
猪皮（自然张）	3720	26284	28119	17521	1982
重革（吨）	1909	2005	2281	2180	2343
轻革（万平方米）	47079	4611	37725	34501	37361
皮鞋（万双）	142974	122453	116122	126641	142138
投羊皮（折绵羊）	—	—	—	—	67
皮帽子（万顶）	988	8248	11188	7403	8859
"三球"（万只）	431	1279	152	1868	3816
利税（万元）	2495	19326	179833	2108	2701
出口交货值（万元）	929	—	—	—	—
开剥猪皮（万张）	438	340	120	231	2209
年份	1986	1987	1988	1989	1990
企业数（个）	128	127	131	134	130
职工人数（人）	38614	40500	36900	35000	33227
总产值（万元）	36424	35552	32985	28413	52115
投皮（折牛皮）	2102	2821	25393	20863	18629
猪皮（自然张）	2992	4182	41492	37005	33268
重革（吨）	2486	2292	737	—	—
轻革（万平方米）	4481	5894	2083	37005	33068
皮鞋（万双）	1388	1629	92889	72598	72478
投羊皮（折绵羊）	525	314	344	3751	287
皮帽子（万顶）	1052	—	3374	778	2930
"三球"（万只）	431	382	3627	4036	4309
利税（万元）	4096	3163	2309	-259	-3631
出品交货值（万元）	1469	1205	5905	7923	12400
开剥猪皮（万张）	34113	88	78	115	170

续表

年份	1991	1992	1993	1994	1995
企业数（个）	130	—	—	—	—
职工人数（人）	28036	—	—	—	—
产值（万元）	41572	—	—	—	—
投皮（折牛皮万张）	12919	—	—	—	—
皮鞋（万双）	6722	—	—	—	—
投羊皮（折绵羊万张）	2473	—	—	—	—
"三球"（万只）	66	—	—	—	—
利税（万元）	-4336	—	—	—	—

年份	1996	1997	1998	2000	2009
企业数（个）	—	—	—	106	13万
从业人数（人）	—	—	—	10万	103万
产销值（亿元）	—	—	—	93	171
生产皮鞋（万双）	—	—	—	0.26	10000
皮革服装（万件）	—	—	—	450	600
箱包（万只）	—	—	—	500	700

第七章 吉林省

吉林的皮革加工制造业，是一门具有悠久历史的手工业。

自有人类活动以来，生息于"白山黑水"之间的吉林先民们，在由"茹毛饮血"到"被毛寝皮"的漫长岁月中，逐渐学会了用刮削等工具修整动物皮张，用骨针将其缝合成需要的形状，用以蔽体御寒，于是最古老的皮革加工业就诞生了。经过几千年的传承、吸纳、融合、发展，吉林人逐渐掌握了由简单到复杂的皮革鞣制和加工技术。吉林地方的皮革加工业渐次脱离了狩猎业、游牧业、农业，形成了以手工操作为主体、以师徒薪火相传为传承方式的皮革加工制造业。20世纪后又发展成为工厂化生产为主体的现代皮革工业。吉林地方的制革、毛皮加工、皮靴鞋、靰鞡、皮革杂件（皮马具）的生产制造，在历史上留下了辉煌的记载，为中华民族皮革制造业的发展做出了应有的贡献。

第一节 历史沿革

一 古代皮革

吉林地区冬季漫长酷寒，为生存发展，当地人远古时就在"被毛寝皮"中学会了制作与使用皮革、皮毛制品。据《三国志·扶余传》载，汉代处于吉林中西部地区的夫余国人就已"履革踏""着皮靸"，"大人加狐狸、狖白、黑貂之裘"用以御寒。据《三国志》卷四《魏书》记载，景元三年（262年）肃慎国遣使重泽入贡，献其国弓30张，"长三尺五寸，苦矢长一尺八寸，石弩300枚，皮骨铁杂铠三十领，貂皮四百枚"。这是见于史籍中吉林地方关于皮革生产加工应用的较早文字记载。《三国志·魏书·乌桓传》载，当时肃慎国部族内部"各自畜牧治产、不相徭役"，"大人能作弓矢鞍勒、锻金铁为兵器，能刺韦，作文绣，织缕毡罽"。从这些记载中可以看出，当时，皮革、毛皮制作尚未走向专业化，部族内部成员大多数可自行制作弓矢鞍勒。

唐代，吉林的皮革制作技术有了很大的进步。皮革、皮毛制作的服装鞋帽已成为贵族和上流社会人们普遍的生活用品。据《新唐书·渤海传》载，当时建于吉林东部的渤海国成为富裕的海东盛国，牲畜饲养业有极大发展，"太白之兔、扶余之鹿、鄚颉之豕、率宾之马"，都负有盛名，加之境内狐、貂、狍、熊等自然毛皮资源极为丰富，为皮革加工生产提供了丰厚的原料基础。因此，畜牧业和制革业成为渤海国两大重要的经济产业。所生产的狐、貂、虎、熊等珍贵毛皮经常被作为贡品和对外贸易的大宗商品。《新唐书·渤海传》记载的渤海国对唐朝、后梁的133次朝贡，所献方物除马匹、金银、水产外主要是皮革、皮毛制品。渤海国聘使日本34次，出境物资绝大部分为皮革和毛皮制品，而尤其以貂皮为大宗产品。《吉林通鉴·历史卷》载："早在我国南北朝时，渤海人的先世一勿吉人就已是男子猪犬皮裘，渤海国建国后，人们已能利用虎豹熊貂狐等兽皮制成高级的皮革制品如皮裘、皮褥、皮靴等。有的产品如暗摸靴还享誉日本，备受人们珍爱。"20世纪后半叶在吉林省敦化市和龙井市、集安县等地发掘和发现的渤海国及高句丽的古墓壁画中，很多人物"穿皮靴、束革带、佩革囊"，并分有褐、绿、黑、白等多种颜色。这充分证明了当时在属地居民中，穿着皮革、皮毛制作的服装鞋帽是一种时尚，在上流社会中还比较普遍。据唐杜佑所著《通典·四方乐》所载，高句丽舞伎、乐工中，多有着赤、紫、乌等颜色皮靴、革带者，这就说明了当时的皮革制作技术已经达到了一定的高度，彩色皮革的生产和使用已达到很普遍的程度。

宋、元两朝，北方相继出现了契丹人建立的辽、东北女真人建立的金等强势的边疆少数民族政权。他们不断的侵扰中原，加快了中原地区和边疆的融合，推动了制革业的发展。金国的军队曾攻陷了北宋的京城汴梁，劫掠了包括皇帝在内的大批人员。其中有很多各种匠人，由此把中原比较先进的皮革制作技术带到了边疆。这一时期，吉林地方民族继承渤海国和辽国的制革技术，又融合了中原较为先进的制革技术，使当地的制革技术有了很大的发展，皮革、皮毛的鞣制技术日趋成熟，靰鞡皮的生产、缝制技术也日趋完善。据《金史·乌春传》载，当地居民除以麻毛进行纺织外，多靠毛皮加工，"作为秋冬服饰之用，富人秋冬以貂鼠、狐貉皮或羔皮为裘，贫者秋冬亦以衣牛、马、猪、羊、犬之皮，或以獐、鹿皮为衫"。

明代的皮革加工业得到了很大发展，尤其是毛皮（裘皮）加工业更是快速发展。明初到中期，吉林地方民族以海西女真的扈伦四部和长白山野人女真为主。已由游猎走向农耕。农业有较大发展，普遍推广应用牛耕。然而，所需耕牛多数是通过与辽东马市和属国朝鲜的边境贸易，以貂皮等物品交换的。据朝鲜《李朝燕山君日记》卷60载，明万历二十三年（1595年），"野人贵牛，两道之牛，尽于贸貂，民至有驾马而耕者"，"贸易皮物不可胜计，民持一牛换一貂皮，牛马几尽"。明《辽东残档》有开原、广宁等马市关于当时商贸盛况的记载，"皮张山积，商贾趋之若鹜"。每年北方入市的貂、鹿、狍等皮张数以万计。吉林境内的牛马等经建州（今吉林）、叶赫（今梨树）两条路径大量入市。吉林西部草原之泰宁卫（今洮南市）已成为经济文化发达的中心地区，其商贸物资多为马匹、貂鼠皮、土貉皮等，富贵者"一人所有貂鼠皮可至三百余张"。地产毡毼、挽具、靴鞋、毛皮等远近驰名，常以这些物资通过马市贸易换回他们所需要的锅口、布匹、粮食、生产工具及生活用品。明朝后期，努尔哈赤统一"建州女真"各部，建立后金国，后金统治者对被俘和来归的汉族和其他部族的知识阶层和有技术专长者给予信任、加以重用，"欣然接待，厚给杂物，牛马亦给"，"令其传艺带徒"（朝鲜《李朝实录》），并设立了专门机构组织生产供应"靰鞡"。

清朝建立后，朝廷把貂裘作为朝服的必备饰品，规定"貂裘可作常服，三品以上大臣及京堂翰詹官皆得用之。若为端罩，惟以供御，余则皇子诸王，亦得用为朝祭之服"（《吉林通志》卷6第27页）。为满足皇族对精细毛皮的需求，朝廷下令"无问官兵散户，身长五尺者，岁纳貂皮一张"。清初在吉林城东70里之靰鞡街设立专为宫廷采捕珍稀贡品的机构，称"打牲总管"管内居民千余户，总辖牲丁4313人。同时规定"每丁岁征貂皮十五张"（《吉林通志》卷50第11页）定制每丁岁输一貂于官。（《吉林通志》卷87《安珠湖传》）以此计算，每年征输貂皮总量约计10万张。大量皮张的熟制，全靠皮革匠人手工鞣制，推动了吉林皮革加工业的发展。清中、晚期吉林地方由山东、直隶（今河北）两省闯关东之流民日渐增多，吉林地方人烟日渐稠密，加之清初至嘉庆二十五年（1820年）逐年流放的人犯及随行人员，将关内的皮革鞣制加工技术带到吉林。到道光二十年（1840年），吉林地方包括吉林厅、长春厅、伯都纳（今松原）、宁古塔（今黑龙江宁安）、三姓（今黑龙江依兰）、阿勒楚喀（今黑龙江阿城）以及珲春、双城堡、五常堡、富克锦、拉林、额穆赫索罗（今吉林省舒兰县）、伊通等地总计人口已达32.4万人（《吉林省编年记事》上编第120页）。吉林地方冬季漫长寒冷，满州八旗兵丁及人民群众在室外劳作，为防寒保暖，必须要头戴皮帽，身穿皮袄、皮裤，脚踏皮靴或靰鞡，手戴皮手闷子。对皮革、毛皮制品需求量日增，广阔的市场成为皮革制品工业发展的原动力。据《永吉县志》载，康熙四十七年（1708年）"打牲总管"驻地靰鞡街"成太德"靰鞡铺开业，缝制牛、猪皮靰鞡，是吉林一带享有盛名的品牌靰鞡。乾嘉年间，吉林城已成为东北地区"北路皮"主要集散地，当时吉林城"靴、皮、铁、木"四大行业中皮革加工独占两个行业。城内红、白皮制革业非常兴盛，城内最大的靰鞡铺"德成号"年生产靰鞡4万双。吉林将军署为加强对皮革业的管理，曾设置近代吉林皮革工业唯一的官方管理衙门——皮硝局，以监控制革药料的经营。这一时期吉林地方的皮革加工业发展步伐加快，可鞣制牛、马、猪、羊、驴、鹿等各种动物皮张，仅红皮年产量就7万多张，并已摆脱了家庭生产的原始手工业形式，向作坊、店铺为主要形式的专业化生产方向发展。至此，吉林省的皮革的鞣制技术也日渐成熟。

二 近代皮革

1840年鸦片战争以后，随着通商贸易的发展，西方制革、制鞋技术逐步传入中国。1876年上海人沈丙根在上海开办沈记鞋店（前店后厂），生产西式皮鞋，开了西式皮鞋在国内生产的先河。清光绪二十年（1894年）吉林省的岳清山在吉林城河南街开设"永巨斋"以"直针散楦"工艺制作西式皮鞋，开了吉林省近代制鞋业之先河。宣统元年（1909年）吉林地方有制革、靰鞡、皮马具等专业店铺238家、从业人员1992人（《吉林省志》卷20"轻工业志"手工业，第140页）。较早的业户有光绪三十年（1904年）洮南府人汪永发以1500吊资本开设的"双胜和"号皮铺，徐凡刚以1000吊开设的"永顺长"号皮铺和孔广太以2500吊开设的"广德合"号皮铺。到宣统三年（1911年）洮南的皮革行业已有制革、靰鞡、靴鞋、鞍毡、帽铺52户。这一时期，吉林地方的皮革业户，多数为工商兼营，"前店后作"，资金雄厚者还兼营皮张收购、运销。其主要产品为车马挽具（含皮套、皮笼头、皮三花、肚带皮、肚带根、缰绳、鞍屉、鞍鞴、鞘皮、鞭鞘、鞭花等）、靰鞡、靴鞋（蒙古靴、马靴、洋靴、镗镗牛、温得）、皮袄、皮帽、皮裤、皮裤套、皮马褂、皮围脖、皮衣领、皮褥子、皮套袖、皮手闷子等。

民国初期，吉林地方的皮革生产作坊逐步增加。《吉林省志》卷20轻工业志手工业第140页载，民国七年（1918年）长春、吉林两市7人以上的皮革业户有86户，年投皮量达6.5万张以上。到民国十八年（1929年）在辽源、白城、延吉、通化等地，经营业户达460余家，从业人员3100余人。吉林省1929年的皮革制品行业作坊数比1922年增长2.6倍。（徐嗣同《日本帝国主义侵略下的东北产业》，中华书局1932年7月出版第103页）民国二十年（1931年）仅洮南一地，计有皮革业户163户，其中皮铺90户、鞍座铺3户、靴鞋铺20户、靰鞡铺11户、帽铺9户、皮铺9户、塾皮毛2户。随着近代皮鞋业的兴起，民国十年（1921年）天津皮匠张东升在吉林城开设了"东聚兴"皮铺，生产蓝皮，已采用"片皮机、磨皮机、挤水机等专用设备"。化学药料从沈阳"轩记洋行"以及长春"五洲""山城"等洋行购入，生产出红皮镗底、带子革、牛马皮面革，供城内皮鞋、皮件业户使用，这是吉林省现代制革业的第一家。1931年2月成立的龙井大东皮革株式会社，有工人30余人，主要产品有牛面皮、蓝光皮，日产量20余张牛皮，这是吉林省工厂化生产皮革首家。这一时期一是企业规模有所扩大，由作坊式生产向工厂化生产过渡；二是工艺和技术水平有所进步，化学药品鞣制逐渐取代旧式鞣制法；三是外来投资者增加，天津、直隶、山东的一些富商和皮匠看好吉林的资源、市场优势，纷纷来到吉林、长春、洮南等地投资兴办皮毛厂、靴鞋厂、制革厂等，"民国十八年（1929年）吉林省内有外资制革企业60家，皮毛商行22家，靴鞋及毛皮制品作坊115家"（徐嗣同《日本帝国主义侵略下的东北产业》）；四是产品花色品种不断增多，化学药剂鞣制机器制革，产品质量比手工制革明显提高，除供应本地制鞋户还销往关内并开始出口，极大地提高了市场的竞争能力。

1931年"九一八事变"以后，日本帝国主义全面侵占了东北，日资随之而入。民族制革工业遭遇了空前的排挤和打击，逐步衰落。至1934年全省制革业户减至46户，从业人员389人。（《吉林省志》卷二十轻工业志手工业第141页）1935年后，伪满政府为了发展日伪经济，制定了一些刺激政策，加之新京（长春）、吉林等中心城市，日伪机关不断增加，各种会社普遍设立，日本移民大量拥入，伪满政府出于政治上的需要，强行公职人员穿"协和服"着皮鞋，使皮鞋需求总量上升，上层统治阶级对生活用品和奢侈品的需求量越来越多。因此，对皮革制品，尤其是精细毛皮制品的需求不断扩大，刺激了皮革工业的恢复和发展。到1940年，达到东北沦陷时期的最高水平。工场数为81户，职工人数为1039人，比1934年分别增长76.1%、167.1%（《吉林省概况》大连档案馆M3521-5卷）。这是对注册企业的统计，不含农村和小集镇的零散业户。此时，企业规模扩大，平均人数已达13人。其中吉林市丹凤鞋店拥有职工56人，"新京"振兴合制鞋厂职工达70人。当时制鞋业已初步形成缝帮、绷楦、制底等工序分工，工艺装备也不断进步。1941年太平洋战争爆发后，日本侵略者为支持进一步扩大侵略战争之需要，对东北地区的皮革资源进行变本加厉的掠夺。先后实行了《物价及物资编制法》《七二五物资冻结法》，伪满政府畜产司颁布了《毛皮、皮革类编制法》、成立了"满洲畜产株式会社""满洲皮革、毛皮输入组合"等统制机构，强令"牛、马、骡、驴、猪的屠宰者对各种皮张未经官署许可不得自行使用、消费、加工、贩卖，统一由群商会、农业会社等日籍商社收购。重要化工原料则由日伪"满洲丹宁剂编制组合"控制。强迫华籍制革业户加入"精皮会社"，而后又明令华人制革户不准用牛皮制革，对经营牛皮者一律定为"经济犯"。1940年末日本人组建了"新京皮革加工贩卖组合"，对新京皮革业实行统制，对皮革生产经营者进行逐户登记，生产品种、生产计划、原料来源、产品价格、均列入控制范围。所供应的皮革原料锐减，1941年只有9900张，约合需要量的1/10。靴鞋定价却只有实际市场价格的一半左右。这样，绝大多数中国人兴办的皮革工场，因原料断绝，经营亏损不得不停产或转产。一些从事皮革皮毛制品加工的店铺也因无原辅材料而破产倒闭。总之，日本侵略者赤裸裸推行的掠夺式经济政策，从伪满洲国初期，日本掠夺者在吉林省西部毛皮集散中心洮南建立的"捆包场"仅昭和六年至昭和八年（1931—1933年）就掠夺羊毛近20万斤，各种皮张几十万张。到伪满洲国后期的各种统制使吉林省民族皮革加工业企业所剩无几，全部濒临崩溃。

1945年8月15日日本投降后，东北各地逐步解放。各地建立了人民政权，恢复发展经济，支援解放战争。皮革业生产得到了较快的恢复和发展。1946年吉林省军区接管了龙井大东皮革株式会社，更名为"大华皮革厂"，1948年归省财政厅管理，主要生产重革、轻革和皮鞋，支援部队。1947年辽西军区皮革厂迁入洮南，是时洮南已有皮革业户68户，其中生皮毛业13户，鞋帽业46户、皮袄业10户，主要生产狗皮帽子、靰鞡、皮袄以及枪套、皮带等军需品。1948年3月吉林解放后，人民政府采取保护、扶持工商业户发展的政策，并在税收、贷款上予以支持。7月已有63户制革业户复业，7月政府投资、派员成立了公营吉林市工农皮革厂，生产皮革、靰鞡、皮鞋、手套等产品。10月省财政厅建立的吉林省茂林皮革厂由蛟河县迁入吉林市菜市胡同，为省军区生产靰鞡、棉皮帽、皮手套、皮坎肩等军需用品。1948年年末，东北全境解放后，解放军挥师入关，吉林市工农皮革厂、省茂林皮革厂军需产品大量削减。吉林市工农皮革厂成立了蓝皮生产小组，手工试制成牛、马面革和鞋底革。1948年长春解放后，在人民政府大力扶持下，皮革业得到了迅速发展。1949年10月长春市制靴厂成立（市皮鞋一厂），这是长春市制鞋业第一个全民所有制企业，当时有职工73人，当年形成工业总产值26万元。从1945年光复至1949年中华人民共和国成立，吉林各地解放的时间不同，但人民政权成立后，恢复经济、支援解放战争的目标非常明确。吉林省各地皮革业大量生产军需产品，狗皮帽子、羊皮袄、牛皮靰鞡、皮手套以及大头鞋等成为重要的军用物资。人民解放军第四野战军百万大军入关，驻守北京、天津、河北的国民党军队惊呼"狗皮帽子入关了"，可见当时部队对皮革、皮毛制品的需求，这也极大地促进了吉林省皮革业快速恢复和发展。到新中国成立之前，省内吉林、长春、四平、通化、延边、洮南等地原有皮革业户在人民政府大力支持下，很快恢复了生产，并增加了许多新的业户。如洮南在1949年年末，皮革业户已恢复到了145户，从业人员达到338人，接近民国二十年（1931年）的水平，这对于恢复经济起到了促进作用。

三 现代皮革业

新中国成立后，吉林省的皮革业恢复发展很快。为给中国人民志愿军提供军需用品，省内皮革业厂家和业户加班生产。如长春市制靴厂至1950年已发展到职工758人，年产军用棉大头鞋10万双。到1953年职工增加到1285人，年产军用棉大头鞋33万双。吉林市的省茂林皮革厂、市工农皮革厂和丹凤等20余家皮鞋生产业户动员起来，加班加点生产军用大头鞋、翻毛皮鞋，有力地支援了抗美援朝战争。1950年，长春、四平等地相继出现了由个体皮革业户联合起来组成的各种合作社。如1950年5月15日，四平市18户22名工人组成了第一个制鞋合作社；1952年12月1日，长春市成立了"长春市马具生产合作社"。到1953年，对皮革行业个体手工业的社会主义改造进行得如火如荼。1954年，全省皮革业合作社达52户，入社职工为1211人，完成工业总产值323.3万元。到1956年企业数发展到112户，入社职工达4534人，完成工业总产值1192万元，已基本上完成了皮革行业私人业主的社会主义改造。合作化后皮革行业逐步走向专业化生产经营的发展方向，毛革分家，鞋革分厂，皮件、马具独立建社。走向集体化的广大皮革工人焕发出极大的生产热情和劳动积极性，大力开展技术革新，改造旧设备和创造新工艺，逐步减轻劳动强度，改善生产环境。到1957年年末，全省皮革工业企业107户，拥有职工3575人，实现工业总产值1381万元，主导产品中，年产皮鞋19.8万双、重革207吨、轻革16.9万平方米，比1953年分别增长9倍、1.5倍和3.7倍。（《吉林省志》卷20"轻工业志"手工业，第142页）

1958年的"大跃进"使吉林省的皮革工业损失很大，几乎全军覆没，转厂过渡使原有的企业被瓜分殆尽。一部分转制为地方国营企业，一部分过渡为联社合作工厂，还有一部分下放给人民公社管理，留在手工业系统的皮革及皮毛合作社就剩下4户，职工仅188人，年产值仅36万元。转厂过渡违背了客观经济规律，造成了生产力发展水平与生产关系的不协调，极大地束缚了生产经营。1961年国家提出'调整、巩固、充实、提高'的八字方针，用以纠正"大跃进"带来的后患，吉林省皮革行业被瓜分的企业，大部分又回到了手工业系统管理，所有制关系和生产经营机制也相应地恢复了集体经济的本来面目。纠正了"左"的错误，使皮革工业的生产得到了恢复和发展。1962年，省内全行业实有企业121户、职工5108人，实现工业总产值1564万元。1964年4月，吉林省委、省政府为加强对全省皮革工业的领导，成立了省皮革工业公司，公司是全民预算内企业，具有纵向托拉斯性质，对吉林省皮革、毛皮、制鞋、皮件等6个行业实施垂直领导，并具有一定的行政管理职能。到1966年年末，全行业职工数增加到7051人，实现工业总产值3024万元。

"文化大革命"时期，皮革行业生产经营受到一定程度的影响。尤其是初期，企业管理陷入混乱，规章制度大都被废止，经济效益下滑，大企业生产停滞不前，产量下降。1968年后，广大职工逐渐认识到，集体企业不开工生产，工人就没有饭吃，因此，大多数企业都恢复了生产，并充分发挥了集体经济自负盈亏、自主经营的管理优势，充分利用全民企业停产闹革命造成的市场供应紧张、断档的机会，上新项目，开发新产品，使生产有了长足的发展。工业总产值1973年为6645万元，1976年为9442.6万元；主要产品皮革投皮量78.7万标准张，产重革790吨、轻革114万平方米；生产皮鞋255万双。吉林省皮革行业的生产能力比"文化大革命"前的1966年有了大幅度增长。

1978年中共十一届三中全会以后，在改革开放的推动下，吉林省的皮革工业有了较快的发展，这一时期吉林省皮革工业发展有3个显著特点。一是对企业加快了技术改造的步伐。第五个五年计划期间，完成8项技改项目，总投资1067万元。第六个五年计划期间，全行业技改项目达到17项，总投资1509万元。全省7个规模较大的制革厂和9个重点鞋都相继进行了技术改造。随着设备的更新改造，大大地提高了生产能力。二是在企业中普遍推行以经营承包责任制、厂长负责制和岗位经济责任制等为主要内容的改革措施。各负其责，奖勤罚懒，在一定程度上抑制了"大锅饭"的弊病，机制的改变推动了企业的发展。三是打破了纵向管理的封闭状态，推行横向经济联合从狭隘的小天地走出去，学习别人的长处。长春皮鞋一厂到天津、上海等地学习，引进模压制鞋新工艺、新设备，成为东北突破手工缝制、生产模压皮鞋的第一家，随之又引进硫化机、胶粘机等，改变了皮鞋企业以手工缝制为主的历史。四平市一鞋厂请上海皮鞋厂派员指导，产品得以畅销；榆树县制鞋厂、吉林皮鞋三厂等厂和上海、本溪等地工厂联合，产品远销外地，供不应求；长春、吉林、四平等皮革厂先后与上海制革厂进行技术合作，生产新品种皮革，获得成功；洮南革厂聘请上海革厂技术人员来厂指导，生产猪皮服装革等新品种，使该厂经济效益跃居全省同行业第一位。1981年，全省生产皮革85.2万标张、重革1002吨、轻革147万平方米。1985年吉林省皮革行业独立核算工业企业有159户，职工人数达23484人，全行业实现销售收入16355.5万元，完成工业总产值15238万元、利税1556.1万元，全员劳动生产率为6488元。产值、利税在全国29个省市中占第18位。主要产品产量也有一定的增长。其中生产各种皮鞋448.5万双、皮革服装1.5万件、手提箱20.4万个。1985年比1981年投皮量下降，生产皮革50.2万标张、重革890吨、轻革129.6万平方米。皮革、皮毛制品种类达到了33项共370多个品种，并新开发了74种产品。产品质量不断提高，涌现出一批优质名牌产品。到了"七五"时期，吉林省皮革工业已经形成了以制革、制鞋、毛皮、皮件为主体行业，以皮革化工材料、皮革专用设备、鞋用材料、五金配件等配套行业组成的较完整的产业体系。

20世纪90年代以后，改革开放大潮席卷全国。我国东南沿海各省抓住世界皮革工业由发达国家向发展中国家转移的契机，利用得天独厚的地理环境和宽松的经济政策环境，使皮革加工业获得了飞速的发展，迅速改变了国内皮革工业的格局。企业全面进入市场后，在市场经济的激烈竞争中，吉林省的皮革工业以惊人的速度萎缩。到1995年，省内13家革厂只有两家生产，但也开工不足，全年投皮量锐减至9.6万标准张。长春、龙井、吉林3家年生产能力在20万—30万标准张的中型制革厂率先倒闭，生产能力10万标张的四平、大安革厂破产。省内55家鞋厂在南鞋北伐的剧烈冲击下，相继倒闭破产，年皮鞋产量仅116万双。33家毛皮企业和51家皮件、马具厂以及7家鞋材、皮革化工、专业设备等厂家也大多数在市场经济中败下阵来，省内皮革工业全军覆没。究其原因：一是思想滞后，对企业全面进入市场缺乏足够的思想准备，大多数企业的领导者和员工带着陈旧的思想观念，凭着对市场经济的一知半解，死守着国营和大集体的经营机制仓促地进入市场经济，一战而败是很正常的事；二是缺乏宽松的政策环境。国家税制改革后，制革业增加了税赋。以猪皮制革为例，税改前，每张平均负税0.39元，税改后增加到3.97元，增加了9.8倍。针对这种情况，国内一些皮革业发达省份大多采取变通的办法，而吉林省却不会变通。因此企业难以承受，倒闭破产也就不足为奇了。此外，征收原皮特产税对制革企业更是沉重的负担。吉林省内的一些政策，也对省内皮革工业迅速瓦解起到了催化剂的作用。如国家1990年取消猪皮制革补贴，而吉林省1988年即将这一补贴划为地方财政包干，挤占现象十分严重。据统计1988年、1989两年省内猪皮制革企业只拿到相当于划归前的30%的补贴，吉林制革厂两年只得到10万元。使省内猪皮制革企业提前两年失去了市场竞争力，加速了猪皮制革企业倒闭破产。另外，省内缺乏对皮革资源的立法，原皮大战愈演愈烈，掺杂使假、过度拉伸、降低原料皮质量，"黄牛工程"在牛皮上得利甚微。其他如收购地产原皮的抵扣政策、过多过重的行政事业收费，都对企业的倒闭破产起到了催化作用。

进入21世纪以后，吉林省内皮革工业格局发生了根本的变化。国营、集体企业在经济体制改革大潮的冲击下迅速消退，取而代之的是一批民营股份制企业。省内出现了皓月集团制革厂、洮安皮革有限责任公司等制革骨干企业和白山双星鞋业有限责任公司、辽源东亨鞋业集团公司、吉林宏丰鞋业有限公司等制鞋骨干企业及长春市皮革工艺制品有限责任公司、吉林东大集团公司等毛皮生产销售骨干企业。这些企业发展势头较好，成为吉林省皮革业振兴的龙头企业。2005年7月，吉林省委省政府依据省情做出了发展吉林省皮革工业的决策。吉林省经济委员会制定了《发展吉林省皮革工业实施方案》，方案中制定的工作目标是：经过10年努力建设，使全省皮革资源优势得到充分发挥和利用，引进和培育出多个国内名牌产品和在世界具有较高的知名度品牌产品，使省内皮革企业在国内和国际市场具有较强竞争力，最终推动吉林省皮革工业全面发展。发展全省皮革工业要坚持制革集中生产，皮革制品生产适度集中原则，走引进、培育和壮大名牌产品的发展道路。到2015年，吉林省皮革工业要实现以下目标：产值80亿元；皮革加工能力达100万平方米，皮鞋3000万双和皮衣100万件；生产出为汽车和家具配套的高档皮革制品。经过几年的努力，省内皮革工业虽未有大的起色，但省内制革龙头企业皓月集团制革厂和洮安皮革有限责任公司均完善了制革的污水处理装置，并通过了验收。为建设制革园区、招商引资做好了准备，辽源东亨鞋业集团的制鞋工业园区也在紧锣密鼓的筹建之中。一旦这些皮革特色园区建成，将使吉林省的皮革工业腾飞，将再创辉煌。

第二节 产品

吉林省皮革工业产品种类齐全，主要有制革、皮鞋、皮毛及其制品、皮件4大类，辅以皮革化工材料、皮革机械设备、鞋用材料等配套产品。

一 制革

制革即是将动物原皮（生皮）经过鞣制加工而得到的自然皮张（熟皮）。鞣制皮革种类习惯以颜色分为白皮、红皮、黑皮和蓝皮。制作工艺则有旧法和新法之分。20世纪前，"制革方法多用土法中的熏烟鞣法、皮硝鞣法及张乾鞣法等，蒙古族人则专用牛乳鞣法"（徐嗣同《日本帝国主义侵略下的东北产业》中华书局1932年7月出版第73页）。这些鞣制方法称为"植鞣"，起源于何时，至今未见诸于文献记载。但自明清以来一直延用到20世纪初。随着科学技术的进步，制革由作坊生产发展到工厂化生产，鞣制方法也改为新法制革，新法制革即采用栲胶、红矾钠和其他化工材料鞣制皮革，简称"植鞣"和"铬鞣"。

1. 行业沿革及现状

制革在吉林省具有悠久的历史，考古发现，唐代渤海国人已具有较高的制革技术。明代泰宁卫（今洮南）已成为吉林西部最大的商品集散地，当地所产毡褐、挽具、靴鞋、毛皮等远近驰名。大量物资的集散需庞大的畜力车队运送。车马挽具和护具的需求推动了制革业的发展。清康熙十五年（1676年）宁古塔将军移驻吉林城（《吉林省编年记事》上编第11页），吉林城逐步成为东北地区中部的政治中心、军事中心和商业中心，成为著名的北路皮集散地。到乾隆四十八年（1783年）吉林城人口超过14万人，驻防官兵有1.4万多人。由于驻防兵丁冬着满蒙式皮靴和靰鞡，吉林的旧式制革发展较快。此时红皮（熏烟鞣法）业集中在致和门外的熏皮灶胡同，白皮业集中在北京路益寿胡同和转心湖（鞍山街）以西的臭皮胡同。吉林将军署为加强制革业的管理，曾设置皮硝局，控制制革药料经营。到光绪三十三年（1907年）城内制革业户多达94户，有从业人员645人，可鞣制牛、马、猪、羊、驴、鹿等各种动物皮张，仅红皮产量多达 7 万张以上（《吉林市志》二轻工业志第 223 页）。民国七年（1918 年）长春市有黑、白、熏皮铺 30 户，年生产能力为 6.5 万张牛皮。是年，农安、怀德伯都纳（今扶余）、敦化、珲春、洮南等地制革业户均在 10 户以上。1921 年，天津皮匠张东升来吉，开设了"东聚兴"，用新式制革方式生产蓝皮，主要生产底革、带子革及牛、马皮面革，供西式皮鞋户用，这是吉林省现代制革业的开端。生产过程中已运用挤水机、片皮机、磨皮机等少量机械，但仍未脱离作坊式生产模式。到 1929 年，省内先后出现了美、俄、日、法等外资制革企业 60 户。1931 年 2 月，吉林省龙井县成立大东皮革株式会社，有工人 30 余人，日产 20 多张牛皮，这是省内首家具有一定规模的工厂化制革企业。

东北沦陷时期，吉林省内的制革业受日资排挤打压每况愈下，制革业户和从业人员迅速减少。到 1940 年，虽然略有上升，但 1941 年太平洋战争爆发后，日本军国主义加速对东北资源的掠夺，明令不准华人制革户用牛皮制革，制革业户纷纷倒闭，到 1945 年光复前，制革业户所剩无几。

1945 年抗战胜利后到 1949 年新中国成立前，吉林各地解放时间不同，但人民政府对工商业实行保护，实行扶持政策，省内制革业得到迅速恢复和发展。1946 年吉林省军区接管了龙井大东皮革株式会社，更名为"大华皮革厂"。同年，辽西军区皮革厂迁入洮南。1948 年 7 月，吉林市财政局拨 8 万斤高粱米为开办费，残疾军人姜永增等联合 50 余皮革业户成立了公营吉林市工农皮革厂，这是解放后新成立的最早制革企业。同年 10 月，省财政厅建立的吉林省茂林皮革厂由蛟河县迁入吉林市。到了新中国成立前，省内除上述 4 家公营制革厂外，还有许多个体制革业户也迅速地恢复了生产，有力地支援了解放军南下和解放全中国。这一时期，大多数制革业户仍是采用植鞣法制革，公营革厂则采用新式方法制革。1948 年，吉林市工农制革厂成立了恢复蓝皮生产小组，手工试制成牛、马面革和鞋底革。

新中国成立后，吉林省广大的制革业户响应党和政府的号召，走公私合营的道路。从 1952 年 12 月 1 日长春市马具生产合作社起到 1956 年年末，基本上完成了制革业个体业主的社会主义改造。其时，省内各地相继建起一批制革生产合作社（组），生产大部分沿用旧式制革法。1950 年，吉林省工业厅协助吉林工农皮革厂从上海请来 3 名制革技术人员，并购入转鼓、磨革机、削匀机等专用设备，提高了工厂机械化生产程度。1952 年手工试制成功马面革。1954 年又从大连制革厂请来工程师指导，7 月试制成功 35 张合格牛面革。1957 年长春制革厂进行第一次扩建改造，购置第一批制革专用设备，采用比较先进的工艺改进碱膨胀，实现转鼓生产连续化漂洗，褪鞣一次成功，提高了生产效率。1957 年全省生产重革 207 吨、轻革 16.9 万平方米。

1958 年在"大跃进"的狂热下，转厂过渡使省内制革业只保留了 4 户生产合作社。1961 年经过调整、充实，逐步解决了转厂过渡带来的后遗症，制革业得到了逐步恢复和发展。"文化大革命"初期，全省制革业受到一定的干扰和影响，多数产品产量下降。1959 年省工业厅根据牛皮资源短缺的状况，提出开剥猪皮、用猪皮制革，并派省厅邱宗玢工程师，以吉林革厂为基地，抽调长春、洮南、龙井、大安等厂技术人员，组织攻关，历时 3 个月，试制出猪带子革、猪油革、猪篮排球革、猪面革、猪绒革、猪皱纹革、猪剖层革、猪美术革等几十个猪皮制革品种。其中猪面革、猪绒面革、猪带子革、猪油革、猪篮排球革等几十个品种正式投产。省工业厅投资对吉林制革厂改造，成为省内猪皮制革重点厂家。

1976年到1980年期间，吉林省制革行业完成了技术改造7项，"六五"期间完成技术引进10项。省内主要制革企业，延边革厂、大安革厂、四平革厂、洮南革厂等完成技术改造，加之先期完成的长春、吉林革厂，省内多数制革厂的技术设备和生产环境得到改善，生产能力有所提高，并陆续开发出一批具有竞争力的新产品。1981年，全省生产皮革85.2万张、重革1002吨、轻革147.6万平方米。到1985年，吉林省制革业有13家制革企业，其中生产能力20万—30万标张的中型制革企业4家，整个行业生产能力达到了150万标张，形成了从生产到科研设计以及销售等配套体系。

制革业进入市场经济以后，先是1988年吉林省将猪皮补贴划归由地方管理，挤占严重，两年只得到以前省管理时的30%，使省内以猪皮制革为主的吉林、大安等革厂提前两年就退出市场竞争。到1995年，省内革厂只有洮南、通化维持生产，全年投皮量只有9.6万标张。2000年以后，在经济体制改革的浪潮中，省内国营、集体制革企业全部改制，民营、股份制、合资企业悄然而至，省内制革业出现了吉林省洮安皮革有限责任公司、长春皓月集团制革厂。

2. 工艺

制革工艺有新旧之分。旧法制革即传统制革方法，是中华民族几千年来逐渐摸索、创造的制革方法，至于起于何时，至今未见于史籍，但自明清以来，省内一直沿用。新法制革指用栲胶、红矾钠和化工材料鞣制皮革，吉林省内1921年开始采用，但直到20世纪60年代前，都是新旧法并用、旧法为主，新法并未被普遍采用。

旧法制革：旧法制革具体方法各地大同小异，吉林省内主要有以下几种方法。

一是熏烟鞣法，即将浸灰脱毛之净化原皮浸透皮硝或食盐，用生草（多用稻草）烟熏，熟透即止，上架撑晒。制成之革谓之"红皮"，用以制靴鞍和鞋底等。

二是皮硝鞣法，即将浸灰脱毛之净化原皮浸入皮硝溶液，浸透即成，俗称"白皮"，主要用于车马挽具。

三是张乾鞣法，即将浸灰脱毛净化之原皮浸入一些特别辅料液中浸数日后，入皮硝锅煮八成熟，刨皮以生油涂色，撑开晾干搓揉即成轻革，用于制满蒙式皮靴、镗镗马、温得等。所谓特殊辅料多为麸皮、鸽粪、猪胰脏、五倍子等。

四是牛乳鞣法，即将浸灰脱毛净化之原皮浸入发酵好的牛乳中浸透而成，多用以制蒙靴等。吉林省靠近内蒙古自治区，郭旗、洮南、镇赉等地以前有少量应用。

新法制革：新法制革工艺一般分为准备、鞣制和整理3道工序。

一是准备阶段。工艺流程包括原皮回软、去肉、脱毛、膨胀、刨皮（片皮）俗称"水场"或"水作"。20世纪50年代以前，全部手工操作，周期需要10—15天；70年代出现倾斜式铁制转鼓，采用快速浸水，准备过程实现转鼓化，而后为适应大批量生产采用划槽。灰碱法、盐碱法、双碱法、铵碱法以及脱毛等工艺广泛使用，周期3—4天。

二是鞣制阶段。重革：20世纪五六十年代，为适应较大规模的生产，重革鞣制由缸（桶）鞣改为池鞣，即重革卧池鞣工艺，周期30—60天；70年代后，逐步改进为池鼓结合鞣和转鼓鞣，周期也从15—20天减至3天左右。

轻革：20世纪50年代以前，缸泡棍搅为轻革主要鞣制方法，采用二浴法、三浴法鞣制，周期 3—5 天；70 年代后，采用转鼓或划槽，大量应用化工原料，二浴法改为一浴法；80 年代后，增加复鞣，周期 10—15 小时。

三是整理阶段。工艺流程包括漂皮、干燥、压光整软、涂饰等。

重革：新法制革初始，不漂皮、晾干坯、下闷箱、手工挤水、抹油、自然干燥、人工压皮（较大厂有底皮床子压光）。到了 20 世纪 70 年代有小改进如漂皮、干燥，但一直未脱离手工作业。70 年代中期后，逐步改为转鼓漂皮，机械挤水及鼓型伸展机伸展，重革整理实现机械化，生产周期 15—20 天。

轻革：轻革干燥在 20 世纪 50 年代前后，多采用自然干燥，挂晾或钉板；到 70 年代采用贴板干燥挂晾；80 年代后，逐步采用真空干燥或红外线干燥。整软在 20 世纪 60 年代前采用铲、搓、推、压等手工操作；70 年代后使用振荡拉软机、刮软机等，但个别部位仍需特别处理，软革品种多采用转鼓摔软。涂饰在 20 世纪 70 年代前多采用手工刷色，手工喷涂；1975 年洮南革厂试制成功超声波喷浆机、微波干燥机，实现喷浆、烘干流水作业；80 年代后，逐步引进喷浆、辊涂等新设备，使涂饰工艺达到新水平。

成型工艺简述如下。

第一，1948 年吉林市工农皮革厂手工试制牛、马鞋面革和鞋底革工艺。

其一浸水：用陈水、臭水中微生物以加速皮革回软。

其二浸灰：用老、中、新三种灰池，先后将皮张浸入，使其膨胀脱毛。

其三片皮：将浸灰后的皮张，置在斜式木床上，用刀刮削去肉，熟练工日可刮 6—7 张。

其四脱灰与软化：用鸽子粪、麸子发酵，使裸皮脱灰软化。

其五浸酸：将皮张浸入硫酸和食盐溶液的大缸浸泡。

其六鞣制：采用变浴法（红矾钠、硫酸、海波混合液鞣制）和一浴法（用红矾钠、硫酸、葡萄糖还原液鞣制）进行鞣制。

其七整理：将鞣制干燥后的皮革经喷漆后，再用酪素蛋白制成的揩光浆和由蛋白、动物血浆制成的光亮剂，用打光机打光。

第二，2000 年前后洮安皮革有限责任公司牛皮制革（汽车座椅革、服装革、软面及修面革）工艺。

工艺简述：采用盐湿牛皮为原料，分级组批，按原皮质量和成品品种，分别采用片灰皮、片蓝皮等不同工艺，加强复鞣、填充、加脂、重染轻涂。采用阳离子涂饰技术，人工补伤技术，提高产品附加值。

工艺流程：划槽浸水→去肉→二次浸水→脱毛膨胀→去肉→片皮→脱灰软化→浸酸→鞣制→蓝湿革陈化→分类→挤水→削匀→水洗→酸化→复鞣→水洗→染色→填充→加脂→搭马→挤水伸展→真空干燥→挂晾干燥→回湿→振软→绷板→真空干燥→修边→分级→磨革→除尘→填充→底涂→压花→中涂→压花→顶涂→光亮→检验→量革→成品入库。

第三，1998 年前后，吉林省皮革服装工业公司洮南制革厂绵羊皮制革（服装革、鞋面革、包袋革）工艺。

工艺简述：以盐湿绵羊皮为原料，采用转鼓浸水、脱脂、包灰、脱毛、灰碱膨胀、脂肪醛与高吸收铬盐鞣制、聚胺鞣改性的鞣剂复鞣、阳离子打底涂饰等。

工艺流程：分路→组批→称重→浸水→脱脂→包灰脱毛→膨胀→去肉→称重→水洗→

脱灰→水洗→软化→净面→闷水→浸酸→鞣制→挤水→削匀→称重→脱脂→水洗→复鞣→中和→水洗→染色填充→加脂→搭马→挂晾干燥→回潮→摔软→绷板→涂饰→检等→检尺→入库。

第四，1995年前后，吉林省皮革服装工业公司洮南制革厂鹿皮制革（服装革、鹿皮绒面革、鹿皮绒面服装革以及鹿皮擦拭革）工艺。

工艺简述：以盐湿鹿皮为原料，采用铬鞣、铬复鞣、磨干革的方法生产鹿皮反绒服装革。

工艺流程：组批→称重→浸水→去肉→水洗→涂碱→称重→浸碱→复灰→去肉→称重→水洗→脱灰软化→浸酸→铬鞣→挤水滚木屑削匀→称重→水洗→铬复鞣→中和→预加脂→干燥（贴板、挂晾）→伸展修边→磨革→称重→回软→染色加脂→搭马→挂晾干燥→摔软→绷板→修边→检等→检尺→入库。

第五，1987年前后，洮南皮革厂猪皮制革（服装革、沙发革、包袋革）工艺。

工艺简述：以盐湿猪皮为原料，采用转鼓浸水、充分脱脂加强臀部处理、削硝皮、温和长时间软化、变型的浴法鞣制，加强复鞣填充、多次加脂、阳离子打底涂饰等。

工艺流程：组批→称重→浸水→去肉→称重→脱脂→拨毛→毁毛浸灰包→水洗→剖臀部→臀部包酶→水洗→复灰→水洗→脱灰软化→水洗→浸酸→铬鞣→静置→挤水→补肉面描刀伤→剖蓝湿革→削匀→称重→脱脂→复鞣→水洗→中和→水洗→染色加脂→挂晾干燥→回潮→臀部剖软→摔软→绷板干燥→修边→净面→点补→揩涂→喷中涂浆→喷顶涂浆→喷手感剂→修边→分级→检尺→入库。

3. 设备

旧法制革，主要是用木桶、缸盆、烟熏槽、晾皮架、案子及斜床、刮肉弯刀、刨皮刀、压皮刀、铲皮刀、搓软板、刷子等简陋的手工工具。新法制革传入后，制革设备进步明显。1921年吉林第一家兰皮铺"东聚兴"已有片皮机、磨皮机、挤水机等专用制革设备。但直到新中国成立前鞣池、转鼓、底皮床子、削匀机、打光机、刮软机仅少数大厂家使用，数量少，有些需人力驱动，绝大多数手工作坊仍沿用旧式设备及手工工具。

20世纪50年代末期到60年代初期，省内制革企业，长春革厂（1957年）、吉林革厂（1959年）、洮南革厂（1962年）等实施第一轮改造，除改造厂房外，购买和自制大批制革专用设备，初步实现了制革半机械化生产。70年代后，吉林省制革业进入第二轮技术改造，长春制革厂改造后实现转鼓生产连续化，使生产能力达到年20万标张。1974年洮南革厂试制成功东北三省第一台电子量革机，翌年又试制成功超声波喷浆机和微波干燥机，实现了喷浆烘干流水作业，提高了工效，扩大了生产能力。80年代以后，吉林省制革企业完成了第三轮技术改造。从国外引进了一批制革专用设备。到1985年长春制革厂拥有各种生产设备275台（套），其中制革专用设备28台（套），有19台是从意大利等国家购进的较为先进的设备。洮南制革厂1982年从联邦德国、意大利等引进"液压联合控制片皮机"、"辊涂机"和"三板真空干燥机"等27台（套）专用设备。到1985年，吉林皮革行业动力机械总能力达1860千瓦，设备总数295台，其中专用设备81台，年生产能力达25万标准张。

4. 产品

吉林省制革原料皮以地产黄牛皮为主（少量外省区购水牛、牦牛），猪皮次之，另有部分羊（山羊、绵羊）、马、驴、骡、鹿、犬皮等。

省内皮革产品种类齐全，品种繁多。新中国成立前主要有红皮：靰鞡革、牛头面革、牛底革、牛面革、马面革、山羊面革、驴皮面革等；白皮：鞍鞯、缰绳、笼头、肚带、鞑鞯、三花、鞭鞘、套皮等车马挽具；黑皮：蒙式靴、满式靴、温得、镗马、手套、围裙。

新中国成立后，随着吉林省制革业的发展，皮革产品日渐繁多，据2008年统计轻革类有：黄牛正面革、黄牛修面革、黄牛正面软革、黄牛二层革修面革、黄牛反绒革、黄牛苯胺革、黄牛油革、黄牛带子革、黄牛球皮革、黄牛服装革、黄牛汽车座椅革、黄牛装饰革、黄牛牛巴克革、黄牛开边珠革、黄牛摩擦变色革、黄牛疯马革、黄牛油变革；马皮正面革、马皮修面革、水牛皮修面革、牦牛皮面革、猪皮正面革、猪皮修面革、猪皮反绒革、猪皮二层修面革、猪皮服装革、猪皮沙发革、猪皮箱包革；山羊正面革、山羊绒面革、绵羊鞋面革、猪马牛羊苯胺鞋面革、猪马牛羊服装革、帽面革、手套革、衬里革、猪牛鼓皮革、羊皮仪表革、牛羊工业件革、狗皮网革、鹿皮服装革、羊鹿皮擦拭革、猪马牛羊沙发革、背包革、猪马牛羊皮夹革、书包革等。重革类有：黄牛、水牛、牦牛、猪皮鞋底革，黄牛头面革、黄牛皮轮带革、黄牛皮护油圈革、黄牛皮打梭皮带革、黄牛皮碗革、猪马牛皮箱包革等。

长春制革厂生产的黄牛正面革从1979年起一直为省一类产品，获得"省优质产品"称号，1986年被轻工业部评为优质产品；1980年吉林市皮革厂生产的"巨鹿"牌猪正鞋面革获得"省优质产品"称号；1981年大安革厂生产的"山水"牌猪皮手套革获得"省名牌产品"称号；洮南革厂的黄牛修饰面革1984年在全省行业产品评比中夺魁。

二 皮鞋

吉林地方皮鞋分为旧式皮鞋和新式皮鞋（西式皮鞋）。旧式皮鞋主要品种有满式皮靴、蒙式皮靴、靰鞡、温得、镗头马、靸鞋、勾鞋等；新式皮鞋按工艺分有线缝、胶粘、硫化、模压、注塑等。

1. 行业沿革及现状

吉林地方的皮鞋制造业历史久远。据《后汉书》载，"扶余出国则尚缯绣罗袍、履革踏"，"以皮靸之历雪碛峻逐兽如驰"。"革踏""皮靸"则是较为古老的皮制履物。考古发掘渤海国及高句丽时期墓室壁画中人物皆"足蹬革靴"。唐杜佑《通典·四方乐》中所记述的高句丽舞伎服饰，脚穿"赤皮靴""紫皮靴""乌皮靴"，这说明了当时部族上流社会达官显贵穿彩色皮靴时尚和盛行。

明朝后期，东北地方政权"后金"已设专司管理"靰鞡"生产和供应的机构。清初由于军事上的需求，康熙年间，吉林将军驻地吉林城旧式制鞋业已经很发达。乾嘉年间，制鞋已成为城内"靴、皮、铁、木"四行业之首。到光绪三十三年（1907年），吉林城内有制鞋店铺225户、从业人员1735人，其中靰鞡铺46户、从业人员363人；皮靴铺94户、从业人员645人；鞋铺85户、从业人员727人。宣统元年（1909年）增至284户。

清光绪二十年（1894年）岳清山在吉林城河南街西段开设"永巨斋"鞋店，以"直针散楦"工艺生产西式皮鞋。这是吉林省近代制鞋业的开端。民国初年，吉林城开设的

"裕华新"鞋店，已生产皮鞋兼制皮件。到1931年，城内西式皮鞋店已有7户，从业人员达200余人。

清末民初，由政府出资兴办的"旗务工厂""省立工艺厂""游民习艺所""陆军工厂"等均设有制鞋科，并已有德产"44""15"缝纫机用以制帮。其中"旗务工厂"在1916年可制作缎、布、呢、绒官尖皂式各种靴鞋，可谓"单夹棉无不齐备"。同年4月"省立工艺厂"生产的"芝麻皮操靴"获得吉林省国货展览三等奖，并以第89号政府文告予以公布。这一时期生产的皮制靴鞋，原料以红、黑皮为主，工艺为直针散榾，样式以满、蒙式皮靴这主，多为王公贵族和军官富绅所穿，而农民、猎户、兵丁、驭手则多穿着以红皮制作的"靰鞡"。这一时期的生产方式，除少数官办工厂外，私营业户多为前店后做的作坊式生产，普遍规模不大。靰鞡铺一般8人左右，靴鞋铺6人左右。民国年间吉林城有靰鞡铺50余户，年产靰鞡85万双左右、耗牛皮7万余张，成为东北地区靰鞡的主产地，最大业户吉林城"德成号"年产靰鞡4万多双。

1931年，九一八事变后，日本帝国主义侵入吉林全境，日伪政权规定公职人员要穿"协和服""着皮鞋"，新式皮鞋需求量急骤上升，新京（长春）、吉林以及较大的市镇，新式皮鞋制造业畸形发展起来，据伪《满洲国工场名簿》统计，"1934年吉林境内拥有制作皮鞋、皮靴业户35户，职工337人"，而到1940年仅新京、吉林二市，业户计有45户，职工825人。这一时期皮鞋生产已基本走向工厂化，工艺装备有一定进步，制鞋过程中已出现缝帮、绷榾、制底的工序分工。企业规模较大，平均人数在13人以上，其中规模较大的工厂职工多至50—70人。据《吉林市志》二轻工业志载，"1939年市内皮鞋业增加到70余户，从业人员400人，仅河南街就多达17户"（统计数字不同是因日伪政权只统计注册过的较大店铺，而未注册的业户不在统计数字之内）。1934年，吕范如在吉林城创办的"丹凤鞋店"以其独特的经营理念，如高薪聘用技工、预借工资、伙食好等吸收了一批能工巧匠，职工人数达56人，所产皮鞋因选料精良、做工精细、样式新颖、穿着不下次样而一举成名。随着新式皮鞋业兴起，旧式（满蒙式）皮靴产量锐减，后只有零星生产。

在新式皮鞋畸形发展起来的同时，由于日本向殖民地大量倾销棉胶鞋（俗称"水靰鞡"），皮靰鞡的产量急骤下降，1940年后对牛皮的统制，使许多业户因牛皮原材料断绝而纷纷停业、转产或倒闭，只有零星业户生产。

1945年"8·15光复"后，到1948年10月，吉林省全境解放，在人民政府的扶持下，私营制鞋业户纷纷复业，吉林市1948年3月解放后到8月就有30余户复业，人员达435人。1949年10月，长春市制靴厂（皮鞋一厂）成立，这是吉林省制鞋企业中首家全民所有制企业。为支援解放军入关、解放全中国和支援抗美援朝，制鞋企业不断发展，加班加点生产军用棉大头鞋、翻毛皮鞋和其他防寒用品。如长春市制靴厂（皮鞋一厂）到1953年职工人数达1285人，年产军用棉大头鞋33万双。吉林市的省茂林皮革厂、市工农皮革厂和"丹凤"等私营皮鞋生产业户都加班加点赶制棉大头鞋、翻毛皮鞋及皮帽、手套等防寒用品，为支援解放军解放全中国和志愿军入朝作战做出了应有的贡献。

自1950年5月15日，四平市18户22名工人组成第一个制鞋合作社起，拉开了全省私营制鞋业户社会主义改造的序幕。1951年上半年，长春市相继组织了鞋帽合作社和靴鞋合作社，1954年吉林市"丹凤""华宾盛"两个较大皮鞋店合并，成立公私合营吉林市丹凤皮鞋厂。到1956年末，基本完成了制鞋行业私营企业的社会主义改造任务。各合作组织内部普遍实行独立核算、自负盈亏，各尽所能、按劳取酬的原则和民主管理的制度，促进了生产的发展。吉林市丹凤鞋厂生产的编皮网眼凉鞋、尖五眼革勾单鞋、丁字皮鞋、苏式五眼鞋、中人鸭条鞋等品种，在1960年以前一直出口苏联。1957年，省内皮鞋年产量为19.8万双。

1958年在转厂过渡、升级转制中，省内许多小厂小社被拼凑到一起，转为大而杂的地方国营企业或是统负盈亏的联合社工厂。经营方式、管理模式和分配形式都是国营的路子，由于完全照搬国营的做法，严重挫伤了集体职工的生产积极性，不少企业停产下马。1961年吉林省贯彻中央"调整、巩固、充实、提高"八字方针，经过3年的全面调整、整顿，制鞋业生产得以恢复，并逐步呈现上升势头。长春市生产的网鞋和男三接头的皮鞋出口苏联。1962年全省生产皮鞋16.4万双，1966年年产量达61.3万双。

"文化大革命"初期，制鞋行业受到严重冲击，企业生产秩序被打乱，不少企业停产，行业产量下降，效益滑坡。1970年省内贯彻中央在抓革命，促生产方针，行业形势逐步好转，年末，皮鞋产量达到179万双。1971年，许多制鞋企业抓住了市场商品短缺、皮鞋供不应求的有力时机，扩大生产，使皮鞋生产获得超常的发展。长春市皮鞋一厂年生产皮鞋83.7万双，实现工业总产值1139万元、利润101.5万元。到1977年，吉林省皮鞋年产量达到298.6万双，是1966年的4.8倍。

1978年党的十一届三中全会以后，改革春风吹遍吉林大地。吉林省委、省政府颁发了《关于二轻集体所有制企业若干问题的暂行规定》，经过对企业全面整顿，吉林省皮鞋生产出现了前所未有的好形势，其表现：一是深化企业改革，引进先进的经营机制，增强了企业的活力；二是经营思想有很大转变，破除闭关自守、墨守成规、不思改革的陈规陋习，引进了先进的生产经营理念；三是抓紧对重点企业的技术改造，引进关键性技术设备，大大提高了企业的生产能力；四是企业自身注重上规模、上档次、上水平，大力开发新产品，提高产品竞争能力和市场占有率。在此期间，先有四平中人鞋厂引进硫化鞋工艺设备、长春市皮鞋一厂引进胶粘皮鞋工艺设备、吉林市皮鞋三厂引进注塑鞋工艺设备，后又有辽源东亨运动鞋厂、蛟河县制鞋厂、延边革厂制鞋分厂等引进了一批具有先进水平的制鞋设备，使全省制鞋工业生产面貌发生了根本性变化。皮鞋生产出现持续、稳定发展势头。最高生产年份1981年皮鞋年产量达到了477.8万双，1985年年产皮鞋448.5万双，在全国同类产品评比中已达一类水平。五大类产品均有厂家生产，全省皮鞋总产量居全国第16位。

20世纪90年代以后，我国东南沿海各省皮鞋制造业迅速崛起，他们充分利用改革开放的大好形势、市场经济的便利条件，以各种新式代作材料，生产出样式新颖，价格便宜的皮鞋，南鞋北伐势不可档，一举占领了北方大部分皮鞋市场，给北方的皮鞋厂家带来了强烈冲击。到了1995年，全省55家鞋厂只有长春二鞋、吉林一鞋、辽源运动鞋厂、浑江鞋厂等十几家鞋厂维持生产，年产皮鞋116万双，不足80年代平均水平的1/4。号称三个一（产能100万双，产值1000万元，利润100万元）的省内最大制鞋企业——长春市皮鞋一厂亦倒闭破产。2000年以后，随着企业改制，省内制鞋企业出现了白山双星鞋业有限责任公司、吉林宏丰鞋业有限公司、辽源东亨鞋业有限公司等一批民营股份制企业，他们靠着吉林制鞋业的看家本领——线缝工艺，生产线缝皮鞋和出口工作鞋，使企业逐步站住脚,并不断地发展,如白山双星鞋业有限公司年生产出口鞋50万双,这些企业成为振兴吉林省制鞋业的骨干企业。

2. 工艺

吉林地方的皮鞋生产工艺,无论是生产旧式皮靴,还是从1894年开始第一家新式鞋店,生产工艺均采用直针散楦,也就是传统的手工线缝工艺,直到20世纪60年代。1966年初,吉林市制鞋厂采用过氯乙烯树脂为胶粘剂,试成线缝胶粘皮鞋,次年改用氯丁胶粘合剂。1967年8月该厂试产模压皮鞋、硫化皮鞋。80年代,吉林市皮鞋三厂建成年产15万双注塑鞋生产线。至此,线缝、模压、硫化、注塑、胶粘五大类皮鞋,吉林省均有厂家生产。

第一,线缝工艺。系采用手工将鞋帮、底缝制在一起成型,种类有沿条鞋、透缝鞋、压条鞋等。手工码条皮鞋,缝制工艺复杂,要求严格,做工精细,多用于生产高档皮鞋。

第二,模压工艺。即在完成皮鞋帮制作后,采用模压机将配好之底料(多为橡胶混合物),通过一定的压力和温度,使之与鞋帮牢固结合在一起成型。省内自1967年才采用模压工艺进行批量生产。

第三,硫化工艺。系将粘制好的皮鞋(绷楦、缝帮、套楦),入硫化罐内进行硫化。硫化分为热硫化和冷硫化两种,生产上多采用热硫化。1967年,吉林市皮鞋厂在试制硫化皮鞋时,采用比原设计要求温度低15℃的低温缩短硫化时间的新工艺,解决了皮鞋裂面的技术难题。1968年长春市皮鞋一厂生产硫化鞋6000双。

第四,注塑工艺。即以聚氯乙烯(PVC)、聚氨酯(PU)等为主要原料,采用不同的注塑机直接注塑皮鞋或鞋底。该工艺简单易操作,效率高。吉林皮鞋三厂1984年建成年产15万双注塑鞋生产线,当年竣工,生产注塑鞋5万双。产品被评为吉林省优秀新产品。

第五,胶粘工艺。系将绷好的鞋邦和预制好的鞋底,通过胶粘剂(氯丁胶、聚氨酯胶等)加压使帮底结合成型,此种工艺为制鞋技术上的重大改革,利于机械配套和胶粘流水线的使用。吉林皮鞋厂1966年试制成功,1967年改为氯丁胶粘合剂,并建成日产胶粘皮鞋2000双的生产线。

3. 设备

制鞋业是沿着家庭制作、作坊制作、工厂生产而发展起来的。20世纪50年代以前,除用缝纫机制帮外,基本上是手工制作,主要工具为剪子、刀子、锤子、钳子、锥子等。吉林地方民国初年官办工厂用德产"44""15"缝纫机制帮。

50年代后期始,鞋厂职工在技术革新中,先后制造了内线机、外线机、暗缝机、修底机、压合机等小型设备。60年代末陆续购置了硫化、炼胶、模压设备。70年代省内较大的制鞋企业,如长春第一皮鞋厂、吉林市皮鞋一厂、吉林市皮鞋三厂、榆树皮鞋厂、通化皮鞋厂、白城皮鞋厂、九台皮鞋厂等相继建成半机械化皮鞋生产流水线。80年代后,主要制鞋企业在技改中,陆续引进国外制鞋设备。如吉林市皮鞋一厂1985年自捷克斯洛伐克引进该国光明制鞋厂生产的绷尖机、拉帮机、卡钉机等36台制鞋设备,提高了制鞋生产线的机械化程度。

4. 产品

一种是新式皮鞋。皮鞋按生产工艺划分,可分为线缝皮鞋、胶粘皮鞋、模压皮鞋、硫化皮鞋和注塑皮鞋。一般情况线缝鞋和胶粘鞋能生产出高档产品,其他种类则档次较低。

第一,"丹凤"牌线缝男鞋。吉林市丹凤皮鞋厂(吉林市皮鞋厂、吉林市皮鞋一厂)生产。1956年获"省荣誉产品"称号。该产品首创于1934年,以其用料考究、做工精良、款式新颖、牢固耐穿、将皮鞋放在水中浸泡24小时不变样、用摩托车压过不坏而闻名。丹凤皮鞋几十年都畅销不衰。一是严选制鞋技工,必须是有做鞋实践经验的五级工以上者才有资格缝制。二是用料考究、选料严格,鞋面革不准有伤痕、松面和掉浆,厚度1.4至1.6毫米之间,柔软、精细、弹力好,裁面时不准横裁。每双鞋耗面革1.6平方尺(一般鞋为1.4平方尺)。鞋底革要求选用牛臂部有鸡爪花部位做大底。表层要光滑、硬度相当。用时经水浸泡得当,整形后才能缝制。三是严格工艺要求,认真操作。全鞋缝制需经过25道工序,每道工序都有专人把关,按传统工艺制作。制帮要求片茬均匀一致,拨茬齐正,缝制时必须用高强度丝线(或涤纶线)。帮的缝制针码明显,鞋的反脑底茬要有相当硬度,三接头边要深,穿着才感到舒适。绷好楦后用手锤反复敲打2—3遍。打足百下留平与鞋楦相符后,条子针码寸缝不得少于3—5针,且针码要均匀。缝鞋用线,需经蜡团打光(蜡团用松香、豆油、蜂蜡加热制成),线像条辊一样方可使用。这样缝制时由于摩擦生热,蜡、油起润滑作用,缝时省力,冷却后松香发涩,防止松线,且防腐,延长鞋穿着时间。鞋后跟用好底革堆制,刀削不滑,烫蜡均匀。皮鞋制成后认真整理去污打油,装盒出厂。

第二,烈马牌缝制男鞋。面革采用优质猪、牛面革。长春市皮鞋一厂生产,1955年评为吉林省名牌产品。

第三,群芳牌线缝牛面猪底男勾鞋。东丰县制鞋厂生产,1984年被评为省优质产品。

另一种是旧式皮鞋。

第一,芝麻皮操靴。1916年吉林省工艺厂生产。采用一种特制的带芝麻粒大小花点的牛皮谓之"芝麻皮"为面料,式样为满蒙式皮靴。专为军校、警校学员出操训练时穿着。获1916年吉林省国货展览三等奖。

第二,靰鞡。靰鞡,满语是东北特有的一种履物,用牛皮、猪皮缝制而成。

靰鞡皮的制作工艺:将鲜牛皮(干皮需水浸)制作为白皮,再放入特别的熏烟槽,用生草(一般用稻草)熏烤。呈黑(褐)棕色,用刀轻刮,再用棉织物磨擦,变成黄色,即成靰鞡皮。

靰鞡的缝制工艺:靰鞡是用整皮制成,先按图样规格下料,裁好后用麻绳连帮缝制成型。鞋前脸有一排呈辐射状的褶,俗语称穿靰鞡迈门槛——先进者(褶)。连接一个突起呈三角形的鼻脸。两帮各缝一对皮套穿绳固定,底后跟钉两枚铁制的靰鞡钉,即为成品靰鞡。比鞋、靴要肥大宽敞。

靰鞡的规格、型号:靰鞡一般有4种规格型号,大号长1.18尺,2号长1.07尺,3号长0.96尺,4号长0.85尺。号外还可根据客户要求尺寸缝制。

靰鞡的穿着方法:穿靰鞡需要在内絮上靰鞡草。靰鞡草有两种,都是多年生草本植物,一种叫"羊胡墩子",本身松软,割下即可用;一种叫"塌头草",草身坚硬,需用木槌锤软方可用。用靰鞡绬子(质地细密,结实的织物)衬在靰鞡内里,然后絮好松软的靰鞡草,脚穿上后,松紧适宜,裹紧绬子,用绳子固定绑在腿上。靰鞡穿着轻便、舒适,保温性能良好。不冻不滑,适宜于寒冷季节在野外、田间作业穿着。

靰鞡作为一种履物,产生于何时,至今未见于史籍。但吉林地方穿靰鞡可以追溯到更远的时期。汉代吉林地方夫余人穿着的革踏、皮靰也许即为靰鞡的雏形。后金时期，已设立专门机构组织生产供应。（《吉林省志》卷20，"轻工业志"手工业，第154页）清中叶到民国为其鼎盛时期。据《永吉县志》载清康熙四十七年（1708年）打牲靰鞡府，就有"成太德靰鞡铺"，所产牛、猪皮靰鞡成为吉林一带享有盛名的品牌靰鞡。乾隆年间，吉林城内德成号靰鞡铺年产靰鞡达4万余双。到清光绪三十三年（1907年）吉林城内靰鞡铺已有89户，从业人员522人。是时除省城吉林外，吉林省（1907年4月东北改为行省制）辖下三姓、宁古塔、珲春、伯都纳、阿勒楚喀五个副都统驻城以及长春厅、新城府（伯都纳）、伊通州、榆树厅等城，靰鞡业户均在10户左右，从业者数以百计。民国年间，吉林省靰鞡生产达到了鼎盛时期，仅省城吉林年产靰鞡85万双左右。

1931年"九一八事变"后，日本占领吉林后，一方面大量倾销棉胶鞋（俗称"水靰鞡"），加之皮布、棉、毡鞋业的发展，靰鞡产量急剧下降。另一方面日本人对牛皮的统制，大多数业户由于原料断绝而停产、转产、歇业，只有零星业户生产。

1945年光复以后，吉林各地陆续解放，在人民政权的扶持和军需民用需求下，靰鞡生产有所恢复，个体业户不断增加。1948年吉林解放后，部分业者相继加入市工农皮革厂和省茂林皮革厂，生产军用靰鞡。工农皮革厂1950年产量为4.26万双。1950年吉林市私营业户55户，从业人员164人，年产量为3.2万双靰鞡。1952年以后省内各地相继组织起各种合作社。1954年全省靰鞡生产合作社产量为8.6万双。1956年全行业社会主义改造完成后，产量增至31.2万双。尔后逐年下降，1962年产量为8.1万双。随着制鞋工业的发展，棉皮鞋、大头鞋、棉胶鞋等适应现代生活节奏的冬鞋占领了全部市场，穿着费时费力的靰鞡逐步走向没落，原有的生产厂家均转产其他产品。20世纪70年代仅边远地区有零星手工艺人缝制，80年代后绝迹。至此，曾经盛极一时的靰鞡完成了其历史使命，退出了历史舞台。

三　皮毛及制品

吉林省得天独厚地处北纬45°上下，是世界公认的野生毛皮动物皮张质量最佳区域。东部长白山绵延起伏，山深林密，野生毛皮动物种群繁多，珍贵毛皮动物比比皆是。古今驰名、被称为关东三宝之一的貂皮，蜚声海内外；中部松辽平原地肥粮丰，家畜、家禽的养殖有悠久的传统，尤其以好养豕而久负盛名；西部素有八百里翰海之称的科尔沁大草原，水草葱茏，草丰水美，畜牧业发达，牛、马、羊的饲养量极大。因而吉林地方的毛皮加工制造业，历代皆以资源丰富、产量较高、做工精细而闻名于世。世居部族无不具有狩猎熟制加工毛皮和穿着裘皮服装的传统习俗。

1. 行业沿革及现状

三国时期，吉林地方民族，肃慎国曾遣使向魏王进贡"皮骨铁杂铠三十领，貂皮四百枚"（《三国志》卷4《魏书》）。唐代吉林地方政权渤海国更是以貂、狐、狍、熊、虎等自然毛皮的加工为主要产业，其时，貂皮已成为进贡、商贸大宗产品。明代裘皮服装已成为贵族士大夫阶层喜爱的服饰，"凡取兽皮制服，统名曰裘，贵至貂、狐，贱至羊、麂，值分百等"（宋应星《天工开物》）。因而毛皮的需求量大增，毛皮的生产有了广阔的市场，毛皮成为边疆民族与外界交易的主要物资。据明《辽东残档》所载，万历十一年（1583年）7月至9月和万历十二年（1584年）1月至3月，在这6个月中海西女真（吉林地方民族）进入开源马市易货人员共计11874人次，卖出的货物中，除马匹、药材、木器之外，有貂皮4774张、狐皮577张、狍皮761张、羊皮1743张，还有鹿皮、水獭皮、狼皮及其他毛皮制品等。

清初，由于朝廷对东边外实行封禁政策，只允许打牲总管这类的皇庄在龙兴之地捕猎。清顺治四年（1647年）吉林贡交貂、狐、獭皮840张。此后由于皇族及贵族对精细毛皮的需求，规定"每丁岁征貂皮十五张"（《吉林通志》卷50，第11页）。定制每丁岁输一貂于官。此后吉林每年入贡貂皮6万余张。康熙二十一年（1682年），玄烨帝东巡入吉，高士其纂写的《扈从东巡录——乌喇鸡陵》载有，"鸡陵人夏取珠，秋取参，冬取貂皮，其食甚鄙陋。其衣富者不过羔裘锦缘细布，贫者唯粗布及猫、犬鹿、牛、羊之间，间有以大鱼皮为衣者"。乾嘉年间，随着封禁逐步解除，户籍迅速增加，乾隆四十八年（1783年）吉林城人口已超过14万，驻守兵丁有1.4万余人。军用民需大增，毛皮加工业迅速兴旺起来。当时吉林将军所辖宁古塔（今黑龙江宁安）、三姓（今黑龙江依兰）、伯都纳（今松原）、阿勒楚喀（今黑龙江阿城）、吉林五个副将驻地，有吉林、宁古塔、三姓及奉天将军管辖之泰宁（今吉林省洮南）成为北路皮重要的集散中心，每年贡貂之余，皆奉行以毛皮交易为主的楚勒罕盟会。是时"商贾趋之若鹜，入市皮张山积。岁至交易者二万余张"（《黑龙江述略》卷27）。吉林兽皮向外输送经海参崴者为多，有貂、狐、羊、狗、水獭、猞猁、豹、虎等皮，皆良好，而价高贵也。（《满洲地志》1894年版吉林地方毛皮作坊称为"帽子铺"和"精皮铺"，从事毛皮加工之人称为"熟皮毛匠"。）康熙年间吉林城已经有了此类作坊，到乾隆元年（1736年）城内已有十余户。是时以水獭制成的坤秋帽，以其帽毛光亮、色泽呈黑、做工精细成为名牌产品。光绪三十三年（1907年）吉林城毛皮作坊达22户，从业人员202人，光绪三十一年（1905年）洮南就有两户帽铺开业。

民国元年（1912年），吉林城有毛皮作坊28户。产品销往沈阳、营口、上海、北京等地，部分销往国外。民国七年（1918年）洮南外销毛皮2万余张。民国十年（1921年），天津外商经营的瓦利洋行在洮投资1万奉票开设国义兴皮毛行，年经营额达10万奉票。同年，长春城有17户皮毛业户，其中有安藤、三顺、牛林三家日资洋行。民国二十年（1931年）洮南就有毛皮作坊39户，其中帽铺9户、皮袄铺9户、熟皮毛21户。据《洮南府志》记载：1925年到1927年三年期间洮南共集散牛、马、羊、猪、狗、猫、狐、元（黄鼠狼）等皮张44.4万张，毛60万斤。民国期间，吉林各地均有毛皮作坊，以貂、水獭、狐、海龙等名贵皮张制做高档衣帽的称为"精皮铺"，以羊、犬、猫、兔等大路货为原料生产的称为"帽子铺"。主要产品有各种棉皮帽、皮袄、皮裤、皮褂子、皮筒子、皮围脖、皮手套等，花色品种齐全。仅棉皮帽就有绒面帽、呢面帽、军民帽、美式帽、英式帽、大众帽、大四喜帽、火车头帽等。产品大量销往奉天（今沈阳）、天津、营口、北平（今北京）、上海等地，部分销往国外。

1931年"九一八事变"后，日本帝国主义侵占了吉林全境，在日本帝国主义的掠夺下，省内毛皮业迅速滑落。直到1940年，长春由于是伪满洲国新京，日伪机关林立，各种会社多如牛毛，日本侨民大量拥入。对精细毛皮制品大量需求，刺激毛皮业生产，是年长春城内有各种毛皮工厂38户，从业人员616人。而后由于《毛皮皮革类统制法》的严刻统制，伪满洲毛皮统制组合等统制机构对工厂的资金、资材、劳务、年度计划、生产价格、销售价格的全面统制，毛皮业户逐渐倒闭，到光复前夕，长春、吉林等城毛皮业户只有七八户，全省毛皮加工业普遍衰落。

1945年抗日战争胜利以后，吉林各地相继得到解放，在人民政府的扶持下，伪满洲国后期倒闭的毛皮作坊相继复业，为支援大军入关、解放全中国，各地毛皮作坊大量生产狗皮帽子、羊皮大衣、皮大哈（无面皮大衣）、皮手套、皮坎肩等军用品。在军用民需的推动下，全省的毛皮生产得到了恢复和发展。中华人民共和国成立后，1950年为支援志愿军赴朝鲜作战，吉林省主要毛皮厂家大量生产棉军帽、皮手套等军需品。从1951年12月由吉林市永盛和帽铺侯永希和毛皮匠谢久山、张彬组织几十家业户组建吉林市帽业联合厂始，直到1956年年底，吉林省毛皮业私营业主的社会主义改造基本完成。1958年由于组织冬季生产大会战需要，使棉皮帽的年产量增至112.2万顶，1959年产量继续上升，产各种棉皮帽192.8万顶。到1962年在羊剪绒新工艺的推动下，全省棉皮帽产量达379万顶，创历史最高水平。其间，白城市毛皮厂生产的草原牌羊剪绒帽受到好评，吉林市郑锡德制作的苏式皮帽、鲁进德生产的大众式皮帽评为省名牌产品。此后，新开发的毛皮新产品，出现了良好的销售势头。1965年，吉林市毛皮厂生产的1000张兔皮褥子全部外销。而后省内各毛皮制品厂生产的图案精美，即是生活用品又是高档的工艺美术作品的挂毯（壁挂）、沙发垫、汽车靠背、坐垫等远销日本、联邦德国、美国、中国香港等国家和地区，深受用户欢迎。

"文化大革命"开始后的几十年中，省内毛皮产业受到了比较严重的冲击，许多工艺性出口产品被勒令停产，内销也有所下降。到了1969年，主导产品棉皮帽年产量为138.2万顶，与1962年比下降63.5%。1974年国务院向毛皮行业提出生皮变熟皮、粗皮变细皮、低档变高档、原料变成品、一皮变多皮的五变发展方针。吉林省认真贯彻执行。先是加大了对重点企业——吉林毛皮厂和长春毛皮厂的技术改造投入，添制了关键设备，提高鞣制机械化水平，采用新的工艺流程，改变了企业脏、乱、臭的生产环境，形成了从投料鞣制到缝制成品的完备生产线。提高了产品档次和附加值，使之适应扩大出口的需要。吉林市毛皮厂加大技术投入，组织科研组，研制成功以四剂（合成剂、加脂剂、渗透剂、酶脂剂）作为鞣制原料，代替硝、面、盐鞣制的新工艺，缩短了鞣制时间，降低了自然损耗。1979年又采用铬铝鞣制法，翌年在国内首创冷水鞣制法，使毛皮鞣制染色、加工工艺处于国内领先地位。该厂生产的羊剪绒、狗皮、细杂皮畅销国外，累计创汇1047万美元。该厂的产品质量受到外商普遍好评，从未发生过外商索赔事件。

吉林省野生动物资源丰富，年产元、狐、貂、艾虎、香鼠等精细皮毛数量可观，1980年全省收购84万张（流失之数未统计）。但自1978年，国家改变了毛皮收购政策，毛皮由国家二类物资变成三类物资，进而全部放开，实行自由购销，南方皮货商蜂拥而至，毛皮大战烽烟四起，高价抢购，毛皮价格猛涨，资源日益短缺。国家实施保护野生动物政策以来，严禁捕杀保护动物，使细杂皮产量锐减。根据这种情况，外贸部门组织进口一批羊毛皮板，但平均售价较地产羊皮高出三四倍。而产品又严禁提价，省内多数毛皮企业难以承受，经济效益明显下滑。虽然吉林省政府曾在1979年的计价字77号文件中规定毛皮企业因生产内销棉皮帽而亏损的部分，采取商业倒挂政策解决，但这一政策迟迟未能到位，使吉林省的毛皮企业在进入市场经济之前受到沉重的打击。大多数企业都没有恢复原气，带着累累伤痕，吉林省毛皮企业仓促地进入市场经济大潮，至此一蹶不振。到1985年，吉林省33家毛皮企业只有几家继续生存，企业改制以后，吉林省毛皮企业更是一枝独秀，唯有原长春市毛皮厂改制后重组的长春皮革工艺制品有限责任公司，靠不断创造新产品，产品畅销，企业实力不断壮大。在此期间，民营企业则不断发展状大，出现了长春东大集团公司等一批集生产与销售为一体、发展规模逐步扩大的毛皮企业，成为吉林省毛皮业的生力军。

2. 工艺与设备

吉林地方的毛皮鞣制，到新中国成立初期一直沿用硝、面、盐的传统鞣制工艺。1953年吉林市毛皮厂化学染色工艺研究成功，同年11月首次用化学方法染成兔皮22万张，成为吉林毛皮行业工艺改革的开端。这一工艺在全省推广应用后，相继生产出染羊帽、染狗帽等染色产品。1955年5月，该厂又研究成功旱獭、小兔皮、猫皮"熟染一缸成"工艺，生产周期缩短两倍，提高了生产效率。

进入20世纪60年代，吉林省毛皮生产厂家普遍推广应用羊剪绒新工艺，既在传统工艺基础上、以剪绒设备替代手工操作。制品具有表面平整光亮、色泽鲜艳、绒毛滑润柔软、厚薄均匀等特点，除提高了工效外，还使毛皮制品提高了档次，增加了附加值。

1974年省毛皮企业普遍推广使用酶软化工艺，即节省了化料、缩短了工序时间，又大幅度地提高了鞣制质量，尤其是用酶软化工艺生产出的细杂皮，更是具有皮板柔软、皮张丰满、延伸性能好、有丝绸感、无灰、无味、不吸潮、毛灵体轻等特点，而受外商青睐。

1976年，吉林市毛皮厂研究成功四剂鞣制法新工艺，即以合成剂、加脂剂、渗透剂、酶脂剂按不同比例作为鞣剂鞣制毛皮，比旧工艺缩短了鞣制时间，自然损耗由原来6%降低到1%。同年，该厂又研究成功带里鞣制工艺，成品合格率比原来提高23个百分点。灰鼠皮由原来月产能力8000张提高到5万张，月生产能力提高6倍多。

1977年省内毛皮企业先后解决了鞣制澳大利亚羊皮裂面问题和细杂皮鞣制流针、脱毛等质量难题，采用染色代替刷色，两次脱脂延长鞣制时间，提高脱脂温度等工艺改革办法，使毛皮七项质量指标全部达到技术标准要求。而后，又成功试制生产元皮仿制貂皮、狗皮仿狐皮、狗皮仿狼皮等新产品。1979年吉林市研究成功的铬铝鞣制法获得吉林省重大科技奖。翌年在国内又首创冷水鞣制法，使毛皮鞣制、染色、加工工艺处于国内领先水平。

吉林的毛皮制品工业是由手工作坊逐步走向工厂化生产。直到1958年，毛皮鞣制工具仍以大锅、缸、盆、刀、剪、棍棒、大铲等为主。1958年后各厂开展群众性技术革新，企业开始自制铲皮机、去肉机、转鼓等小型机械。长春毛皮厂提出拔掉橛子、甩掉大铲、制造铲皮机的口号。在没有图纸、没有样机的情况下，反复试验，制成铲皮机，提高了生产效率7倍。到"文化大革命"前，该厂自制专用设备45台（套），实现熟皮、铲皮、剪绒、抓皮、打皮、染色、压遮、净口等工序的机械化和半机械化生产。70年代，各毛皮企业，通过自制和购置液压去肉机、干燥机、剪绒机、伸长机、鼓式磨皮机等设备，基本实现了机械化生产，吉林市毛皮厂添置各种设备52台（套），提高毛皮鞣制机械化水平，形成细杂皮由鞣制到缝制生产线。80年代以后，吉林省毛皮企业开始引进国外的先进设备。吉林市毛皮厂1984年自联邦德国引进脱脂机、剔油机、伸长机等6种共13台（套）设备，提高了自动化生产能力。

3. 产品

吉林地方的毛皮制品，历来以历史久远、品种齐全、做工精细著称于世。明代狐、貂裘就受朝廷达官贵人的喜好。晚清毛皮行业内就已经以产品分为精皮铺、帽子铺、皮货铺。到了民国年间，这种行业内专业生产分工更为明确。精皮铺以高档的狐、貂等皮张制作裘皮服装和帽子。而帽子铺，皮货铺则多以羊、狗、猫、兔等大路货，生产衣帽手套等大众产品。花色品种繁多，仅棉皮帽子就有各种皮张，各种式样的几十种。

新中国成立以后，吉林省的毛皮业获得快速发展，产品不断创新，到20世纪80年代末就有棉皮帽、毛皮褥子、精裱壁挂、旅游用品（毛皮工艺品）、裘皮服装、围脖手套等类别几百个品种。

1964年吉林市服装厂郑锡德制作的苏式皮帽、鲁进德制作的大众式皮帽被评为省名牌产品。

1977年吉林市毛皮厂鞣制的元皮、灰鼠皮分别获全国毛皮行业质量评比一类产品第一名。

1979年长春市毛皮厂生产的狗皮褥子在全国质量评比会上荣获同类产品第一名。

1980年长春市毛皮厂生产的羊皮褥子获全国质量评比同类产品第一名。

1979年白城市毛皮厂生产的"草原"牌羊剪绒帽被评为省优质产品。1981—1985年，连续被评为轻工部优质产品。

1981年吉林市毛皮厂生产的鞣制元皮、毛皮褥子获全国毛皮行业评比第一名。

1982年吉林市毛皮厂生产的元皮褥子获省优称号。

1984年吉林毛皮厂鞣制元皮被评为部优产品。

1984年海龙县毛皮厂生产的"海龙"牌羊剪绒棉皮帽获省优称号。

四 皮件

皮件制品原系采用真皮制做的除皮帽、皮衣、皮鞋之外的箱、包、套、带及杂件。后来，又有了以帆布、呢绒、人造革、合成革等为原料制成的软胎兜、包及劳保用品，俗称"杂缝"，亦统属于皮件的范畴。

1. 行业沿革及现状

吉林地方的皮件制品起源较早，《三国志·乌桓传》载："大人能做弓鞍勒，锻金铁为兵器。"这是见于史籍的北方民族车马挽具生产的最早文字记载。从中可见当时挽具的制作未形成专业化，部族内成员均会制作。此后，各朝代吉林地方民族政权都注重养马、造车。《三国志·魏书·东夷传》载："扶余多出名马，其国殷富。"到明代夫余人更以善养牲，而驰誉国内外，朝鲜李民焕《建州见闻录》载："六畜惟马最盛，将胡之家千百为。"明清两代盛极一时的开原、广宁（今兴城）马市贸易中，主要商品即为建州卫（今吉林）、泰宁卫（今洮南）大量入市的马匹。所以称为"马市"。永乐十五年（1417年），兀良哈（洮儿河流域）地区大旱，农牧民饥馑，泰宁卫指挥使率员前往广宁马市，以马千匹易米，用车三百辆。（《吉林省志》"轻工业志"，手工业第145页）吉林地方民族能骑善射，所乘坐骑均需鞍饰，畜力车运送货物，负载较重，皮制装具所需量极大，因此推动了鞍辔马具业的发展。吉林地方的车马挽具制造在挽具制造史上占有重要的地位，始终处于领先水平。是时吉林各地方已相继出现了专业性的生产作坊，所产挽具远近驰名。乾隆年间，吉林城业户逐渐增多，最著名的德成马具店，出师艺徒，遍布省城各地。到光绪三十三年（1907年）吉林城已有业户23户，从业者200余人，仅鞍鞴铺就有16户，从业人员159人。民国初年，业户增至60余户，从业人员600人。这一时期，牛皮原料充足，产销皆旺，利润颇丰，故有"宁舍爹和娘，不离臭皮行"之说。然而吉林省皮件制品规模生产，则起于清晚期，光绪八年（1882年），吉林机器局建立，生产火铳、弹药，皮件业为其配套，制作枪背带、子弹袋。民国后，军、警、宪、特和政界人员增加，对腰带、枪套、驮囊、子弹袋的需求量增多，促使该业有了较快发展，是时吉林旗务工厂军工科，大量承制暗锁皮箱、提包、枪套、药盒等皮件制品。吉林城、长春城及省内其他城镇，专业店铺逐步增加，一些较大的皮鞋店也兼营皮件。

东北沦陷时期，吉林省的皮件行业日渐式微。尤其是1940年以后，日本帝国主义加速对东北资源的掠夺，对牛皮等重要物资实行配给制，所配原料不及需求的1/10，迫使绝大多数从事皮件生产的业户停产、转产或倒闭。

1945年抗战胜利后，吉林省各地陆续建立人民政权。发展生产，支援解放战争是第一要务，省内各地皮件业户相继恢复生产。这一时期，主要为部队生产皮带、枪套、背包、军用马具等产品。先后为四野南下和志愿军入朝作战予以有力的支援。如长春市由5位个体业户组成的工友皮件社，加班加点为志愿军生产军用皮件，年产背包4000个、帆布兜1万个、军用马具1500套、皮带15万条。自1952年12月1日，长春市成立第一家马具生产合作社起，吉林省内各地逐步掀起轰轰烈烈的私人工商业社会主义改造，到1956年基本上实现了皮件行业的社会主义改造。1956年全省年产车马挽具375万件，创历史新高。

1958年在"大跃进"中刮起转厂过渡风，许多小而活的皮件企业被硬行划并，强制升级。吉林市皮件社被并入市工农革厂，长春市5个合作社并为一个厂。盲目的升级过渡，违反了客观经济规律，造成企业所有制形式与职工觉悟程度、生产力发展水平不相适应，使生产受到一定挫折和束缚。1961年手工业认真贯彻中共中央、国务院提出的调整、巩固、充实、提高的八字方针，对全省皮件生产企业进行了适当的调整，对转制不适当、划并不合理的企业进行了纠正。吉林市皮件社分出后与杂缝社合并，组建吉林市劳保皮件厂，后吸纳市皮革综合厂部分技工，改称"吉林市皮件厂"。其他市县也划分并重新组建了一些独立核算、自负盈亏、自主经营的小型皮件企业，皮件生产走上了正轨。1963年，车马具生产达到了创纪录的430万件。

"文件大革命"初期，大多数皮件企业处于混乱状态，不能进行正常生产。1969年以后逐步恢复，企业生产走向正常。吉林市皮件厂试制成功人造革衣箱和猪绒革劳保手套并成功打入国际市场。长春市皮件厂自制压鼓设备，试制出压鼓衣箱等新产品，出口国外，销量逐年增加。1976年，全省人造革衣箱和其他手提箱产量3万个，出口近万个，成为东北地区一项大宗出口产品。

改革开放以后，吉林省的皮件生产企业，在改革开放的推动下，转变思想观念和经营方式，深化企业内部改革，推行各种形式的经济责任制。着力加强技术改造，提高机械化程度和生产能力，努力开发新产品，向外向型经济发展。1978年后，陆续开发出人造革高档衣箱、BS垫压成型衣箱、单铝口衣箱等，深受用户欢迎。这些新材料、精工艺、造型美观，坚固耐用的衣箱还出口到坦桑尼亚、赞比亚、中国香港等国家和地区。到1985

年吉林省手工业系统共有皮件生产企业34家、职工2798人，实现工业总产值2345万元，创利润71.2万元，主要产品种衣箱20.4万个、手套7.96万打、兜包6.71万件、杂缝皮件11.2万件。

企业全面进入市场经济以后，在激烈的市场竞争中，省内皮件企业一是由于思想观念陈旧；二是由于对市场经济缺乏足够的了解；三是死守国营和集体经营机制，不思改变。大多数皮件企业都极不景气，只有少数几家企业勉强维持。1998年以后，在经济体制改革大潮冲击下，国营集体皮件企业迅速消退，大批民营股份制企业发展起来，省内出现了一批皮件骨干企业，这些企业发展势头较好，将成为吉林省皮件业振兴的龙头企业。

2. 工艺及设备

第一，生产工艺。皮件生产工艺有包类和箱类工艺之分，但主要加工工序为缝制。

包类工艺分为下料、缝制（含粘合、清配等辅助工序）、装配整理。缝制为主要工序，可分为缉拉练、缉大面明线、缉背带、缉里布、上牙子、包沿子、后缝包里子等。清末民初以来，作坊多采用手工缝制，官办工厂用机缝；20世纪60年代后则全部用机缝。

箱类工艺分为下料、缝制、成型和装配、整理。缝制根据不同类别分为手缝和机缝。成型即将箱子上下两面制作成型，20世纪60年代末期，各厂自制压鼓设备，取代了手工操作。装配整理即将锁、把、沿口、铁角、装配至箱子的相应位置。

第二，生产设备。20世纪60年代以前，皮件行业的生产主要以手工操作为主。官办工厂和一些较大的综合店，生产设备也主要是缝纫机和18K大轴机，甚少有专用设备。60年代末期，省内各主要皮件厂开始生产出口衣箱，购置和自制液压压鼓机、片皮机、煨帮机、切割机、转鼓机、绮铁口机等专用设备，形成生产线。

3. 产品

吉林省皮件生产主要产品分为日用皮件，工业皮件和车马挽具三大类。

日用皮件：各种规格型号的皮箱、衣箱、柳条包、手提包、背包、旅行袋、皮包，各种生活手套、劳保手套，以及票夹、钱包、烟包、腰带、表带、自行车座垫等。

工业皮件：各类工具箱、仪表箱、电工皮带、钳子套、枪套、档刀带、密码公文箱、各种皮碗、皮垫、皮囊、搓皮、梭子皮、皮结子、帐篷、塔衣、苫布、汽车蓬布、汽车座垫、脚垫、水箱套等。

车马挽具：车马挽具即指用白皮制作的用于车杖使用和牲畜配载的皮制器具。如鞍鞴、缰绳、笼头、肚带、三花、套皮、鞭鞘等。车马挽具的主要原料是生皮经过皮硝法制作的白皮。熟好的皮要求是：皮要片均、盘油抹匀，皮板鞣均，晾挂摊平，晾干透油，擦净后方可做马具原料。制作工艺：主要为手工缝制。鞭子是用牛皮制作，分为大鞭、小鞭。大鞭长5.1尺，小鞭长3.8尺，大小鞭各有三股鞭和二股鞭。牛皮条编为三段，上节5.5个花，中节5个花，下节7.5个花。鞭杆以竹条缠制，鞭鞘则用鹿麂、驴、狗皮制成。割制鞭条方法是将皮张固定，不用划线，徒手用刀由外向内割，割出皮条细如挂面，不偏口、不滚刀，没有雁脖子弯者为最佳。

车马挽具历史久远，有籍可考的是自三国时期，吉林地方民族，大人可做"弓失鞍勒"（《三国志·乌桓传》）。此后，各朝代吉林地方民族已由游猎走向农耕，养马、造车在国内素享盛誉。鞍辔马具的制造，一直处于领先水平，"他处虽有，终不及"。明末清初，吉林地方人口日渐增多，车马挽具业日渐发达。各地相继出现了专业性的生产作坊。

其中专制鞍饰的称为"鞍鞴铺",以制作鞭子为主的称作"鞭杆铺"。乾隆年间,吉林城的德成号马具店规模较大,出师世徒遍布吉林各地。到光绪三十三年(1907年)此业已有23户,从业者200余人。民国初年,吉林各地操此业者渐多,吉林城有业户60户,从业人员近600人,长春、四平、通化、洮南、延吉等地,此业户多则30余户,最少不下10户,当时,牛皮原料充足,此业利润颇丰,产销两旺。

东北沦陷时期,由于日伪政府实施日本侵略者疯狂掠夺皮革资源,日伪政府实施皮革统制,该业日见萧条。

1945年八一五光复后,吉林省各地陆续建立人民政权,翻身农民有了土地,争相拴车买马,大军扩编南下,支前任务繁重。新中国成立后经济建设迅速恢复,交通运输日渐繁忙,多重因素促使白皮马具业迅速兴旺起来,到1949年白城以及解放较早的通化、农安等市县,已有白皮店铺170余户,从业人员400余人。新中国成立后,随着农业生产的发展和农村合作化的进程,对车马挽具需求大增,此业迅速发展。1954年产68.63万件,1956年更达到375万件。

1958年的"大跃进"运动,使车马挽具生产下降,当年仅产155万件,比1956年减少了58.7%。而后,经过调整、恢复了马具合作社的优良传统,车马挽具业获得发展,产量逐年提高,到1963年年产量达到了创纪录的430万件。"文化大革命"初期,此业受到波及,1966年年产量降至262万件。1969年以后,年产量稳定在400万件以上。到1973年达到了历史最高产量,年产595.9万件,空前绝后。此后,随着农业机械化程度的逐年提高,机动车辆运输完全取代了畜力运输。车马挽具的社会需求量逐年下降,到1985年总产量仅为6.3万件,而后除边远地区尚存在一些畜力运输,有零星工匠自制外,全省已没有专业性厂家生产,历史上曾辉煌一时的车马挽具制造业已完成其历史使命。

五　其他产品

吉林省皮革工业经过七个五年计划的建设发展,在第七个五年计划后期,已形成了生产、科研、专用材料、专用设备以及专业人才培训等较为完整的工业体系。除制革、毛皮、制鞋、皮件4个主体行业外,皮革化工材料、皮革专用设备、鞋用材料等配套行业也取得了较大发展。

1. 皮革化工材料

吉林省的皮革化工材料生产未能自成行业,其基本化工材料及染料,生产属于化工行业,专用材料、鞣剂、加脂剂、涂饰剂生产厂家则分散于化工、轻工、森工、乡企等各行业。

吉林省的无机化学工业品类齐全,包括所有的无机酸、无机碱、无机盐,20世纪80年代即已形成完整的工业体系。1985年制酸生产能力27万吨,制碱生产能力8.3万吨,无机盐生产能力40多万吨,60多个品种,涵盖了所有制革所需要的基本化工材料。

吉林省的染料工业,20世纪七八十年代其规模居全国首位,品种齐全。主要生产厂家吉化染料厂、吉林市第三化工厂,制革所需的直接染料、酸性染料以及活性染料等都是该厂主打产品,如直接耐晒黑,1974年产量即达到670吨,直接耐晒黑G1985年产量达620吨,酸性黑ATT1985年产量为225吨。吉林省制革专用化工材料生产规模小,品种、产量较少,且生产不稳定。鞣剂类产品:安图县化工厂于1972年开始生产矿物性鞣剂材料，重铬酸钠（红矾钠）年生产能力为1000吨。最高年产量是1982年生产972吨，以后逐年减少，1985年生产551吨。舒兰矿物局在20世纪80年代生产铬粉年产量几十吨，而且纯度也较低。植物性鞣剂生产只生产过落叶松栲胶。加脂剂类产品：省内动物油脂、植物油脂资源丰富，牛油、羊油、猪油、鸡油、大豆油、葵花油产量可观，但没有专业加脂剂生产厂家。2007年吉林省五环化工科技有限责任公司引进韩国技术，利用省内白城地区特产天然蓖麻油和鸡油、大豆磷脂等为原料开发复合功能加脂剂，生产出"高碳醇磷酸脂皮革加脂剂"，年生产能力为500吨。涂饰剂类产品，省内生产厂家不多，20世纪80年代中后期，省皮革研究所和洮南革厂合建皮化厂生产丙烯酸树脂，年产量150吨；90年代后生产聚氨酯涂饰剂，年产量100吨。除此之外，省内东丰皮革化工厂等4个厂家在80年代生产氯丁胶粘合剂，1985年产量为720吨，其中东丰皮革化工厂年产量为600吨。

2. 皮革机械

吉林省皮革机械正式生产始于1967年12月，辽源市皮机厂承接轻工业部订货加工生产1.4米、1.6米毛皮去肉机、刨皮机等，正式列入轻工部生产计划。除辽源市皮机厂外，省内还有长春市皮毛机械厂、通化轻工机械厂、图们轻工机械厂等厂家，主要产品有去肉机、刨皮机、烫绒机、剪绒机、梳毛机、皮革下料机、拼缝机、三线包缝纫机、皮机链条、悬挂式铁转鼓、绷板干燥机、削匀机、熨平机等。最高年产量是1979年总产量1112台共307吨。其中去肉机17台（套），52吨；皮机链条14678米，107.8吨；皮革下料机63台，64.5吨；拼缝机726台（套），70.2吨。1980年以后，省内多数皮革、毛皮企业生产陷入困境，与之配套的皮革机械生产企业也出现了产品滞销、库存积压，不少品种相继停产，部分企业濒临倒闭。1984年辽源皮机厂，通化、图们轻工机械厂等企业面对市场，开发出铁转鼓、干燥机、削匀机、烫平机等新产品。1985年总产量为512台（套），装机总容量为319吨。20世纪90年代以后，企业全面进入市场，这些企业走上了破产、倒闭、改制的路子。

3. 合成革及代用材料

第一，合成革。1958年长春市第八橡胶厂塑料车间在省内首先生产出人造革，年产50万平方米（385吨）。1965年辽源市人造革厂建成后，成为省内最大的人造革厂，生产设备68台（套），年生产能力为814万平方米（7000吨）。主要产品有宽幅针织泡沫革、地板革、普通革三大类120多个花色品种。1980年到1982年共出口120万平方米（531吨）。1984年省内生产人造革厂家有5家，产量为426万平方米（3403吨）。主要品种有帆布革、针织泡沫革、高发泡沫革、地板革、贴膜革、市布泡沫革等。20世纪90年代以后，企业全面进入市场后，市场竞争激烈，产品滞销，企业生产逐步下降、停产、倒闭、改制，现省内已无人造革厂。

第二，人造毛皮。人造毛皮服装是1978年从吉林省发展起来的一种新型服装，是通化市第四服装厂选用通化市人造毛皮厂生产的腈纶人造毛皮作为原料生产的。人造毛皮的花色，多系仿照虎、豹、貂、狐、貉、水獭等珍贵裘皮的花纹而设计生产。其质地松软、手感爽滑、不折不皱，仿效逼真。用这种代用材料生产的服装一经问世，受到市场的喜爱和欢迎。通化第四服装厂选用电子提花高档仿兽人造毛皮做衣料生产的"对红"牌人造毛皮童装、T恤衫、高档仿兽人造毛皮女大衣，成为市场上走俏产品，被评为吉林省优质产品。其中人造毛皮童装还荣获全国童装"金鹰奖"。浑江市服装厂生产的人造毛皮夹克衫也被评为省优质产品。省内生产人造毛皮服装只有这两户企业。1985年生产45万件，其中出口14.5万件。20世纪90年代以后，随着人们生活水平的提高，穿着高档裘皮服装成为时尚和高贵的象征，人们对人造毛皮喜爱逐渐冷了下来。

第三，木鞋楦。吉林省的木鞋楦业始于清末，清光绪三十三年（1907年）吉林市孙姓业主聘请山东来吉林的张旋匠撑作，开设"孙记旋匠铺"，而后又有"林森茂鞋楦铺"，由名师"王楦头"旋制的各式鞋楦，著名于省内。新中国成立后，单一的木制品铺走上了合作道路，建起许多厂、社。在国民经济调整中，又进行合理归并，把小厂小社并入大厂。1972年长春市成立了纺织器材厂，当年生产鞋楦5万双、纺织配件210万件。20世纪80年代集安县成立了鞋楦厂，购置先进设备，年产鞋楦10万双，成为轻工业部定点生产厂。1985年全省共生产鞋楦75万双。主要厂家有长春市纺织器材鞋楦厂、集安县鞋楦厂、汪清鞋楦厂、通化木旋厂等。80年代后期，木制鞋楦逐步被新型合成材料鞋楦所取代。省内的木制鞋楦厂都转型生产其他产品，木制鞋楦完成了历史使命。

第三节　资源开发和行业管理

吉林省地处中国东北松辽平原腹地。省内西部为水网草原地貌，农、牧、渔业发达；中部为板状平原，是世界上著名的黄金玉米带，家畜、家禽的饲养有着悠久的历史传统；东部长白山脉，山深林密，野生动物、植物资源丰富，种群繁多，是驰名中外的关东三宝（旧指人参、貂皮、靰鞡草，后以鹿茸角取代靰鞡草）的主要产地。

吉林省地处北纬45°上下，是野生毛皮动物毛皮质量最佳区域。优越的地理位置和丰富的自然资源，为历代皮革制造业的发展奠定了物资基础、提供了最为有利的条件。

一　自然资源和野生毛皮动物养殖

1. 自然资源

吉林省皮革、毛皮自然资源极为丰富。起伏绵延的长白山脉，森林苍茫，河川众多，为野生动物的栖息繁衍提供良好的生存环境，野生动物种群众多。据明正统八年（1443年）纂修的《辽东志》载：长白山区野生兽类有20种；清乾隆元年（1736年）纂修的《盛京通志》则绘图说明长白山区有野生动物为48种。20世纪50年代初中国科学院动物调查队对长白山区的动物进行普查，查到长白山区有51种兽类，其中许多珍稀毛皮动物驰名于古今中外。关东三宝之一的貂皮，蜚声海内外。《吉林通志》载，"貂形似鼠而大，喜食松子，又名松狗"，"貂以丰厚纯黑者为上，紫次之，黄又次之"。自古以来，吉林地方各族人民擅长捕貂，每年捕获量极为可观。狐皮、水獭皮、灰鼠皮4000张及貂尾全部没收入官。由此可见民间貂皮贸易数量之大。据《新唐书渤海传》载，唐代渤海国，朝贡和贸易物品主要为皮革、毛皮制品，而尤以貂皮为大宗。明代《辽东残档》关于开原、广宁马市记载："吉林地方每年入市交易的貂鼠皮数以万计。"清朝吉林每年入贡貂皮6万张。除此之外，民间捕猎售卖之数亦不下数万张。据《吉林省编年记事》载：乾隆四十五年（1780年）永平府人于章一次收购貂皮747张，经查无黑貂皮等违禁物，遂发给执照放行。同年，查获民人李振寺等5人违禁贸易貂皮，分别给予枷号、杖责处分，并将貂皮没收。除貂皮以外，元皮、灰鼠皮也很有名。元皮，学名黄鼬，俗称黄鼠狼、黄皮子，主要产于东部山区、半山区，以敦化、蛟河最多，每年小雪以后，入山捕猎。灰鼠皮主要产地多在桦甸县山里森林茂密之处，"每年约得一千五百余张"（《吉林省概况》1935年版大连图书馆E2-53卷）。除此之外，香鼠皮、麝鼠皮、艾虎皮、狐皮、貂皮、猞猁皮、獾皮、水獭皮、旱獭皮等精细毛皮，鹿皮、獐皮、狍皮、虎皮、熊皮、豹皮、狼皮等粗毛皮也很有名。另外，山狸皮、青猾皮、犬皮、猫皮、羊皮、兔皮等大路货数量极大，全省各地都有产出。明清以来，由于连年大量捕杀，加之东北沦陷时期，日本军国主义疯狂掠夺吉林的木材资源，致使长白山区原始森林遭到过量砍伐，野生动物生态环境逐步恶化，种群数量急骤减少，东北虎、梅花鹿、猞猁、貂等珍稀动物处于濒危境地。新中国成立后，人民政府发展畜牧业和狩猎生产，采取鼓励和保护政策。1950年全省收购细杂皮12万多张，其中元皮6万张、香鼠皮5万张、狐皮3000张、猞猁皮3000张、貉子皮4000张、水獭皮40张、貂皮20张、虎皮10张。到1956年，全省收购细杂皮65.4万张，但除草兔皮51.7万张，其他狐、灰鼠、貂皮等数量大体相当，而猞猁、貉子、水獭、虎皮等品种收购量极小或为零。为了更有效地保护野生珍贵毛皮动物种群繁衍。20世纪六七十年代，省内贯彻护、养、猎并举的方针，每年按狩猎计划严格执行，如1973年计划狩猎各种毛皮35万多张，数量较多的如元皮17万张、山兔皮7.45万张、香鼠皮3.06万张、灰鼠皮3万张、艾虎皮2.62万张。到了1977年，冬季狩猎计划则降至20.457万张，其中元皮1.69万张、香鼠皮2万张、灰鼠皮7.8万张、艾虎皮1.59万张、獾皮0.6万张、狐貉皮0.617万张、草兔皮3.66万张、其他野生杂皮2.5万张。而且明令规定不准到自然保护区狩猎，狩猎者持证入山，各种皮张不准进入自由市场等。80年代以后，对狩猎规定越来越严格。1982年吉林省政府《关于加强保护珍稀野生动植物的布告》规定，严格限制收购种类、数量等。到1986年，明令禁止挂牌收购国家一、二类保护动物皮张。90年代后则进入了禁猎期。至此，每年收购的自然皮张越来越少。

2. 野生毛皮动物养殖

吉林地方对野生毛皮动物的驯养历史悠久，据史籍载，唐代渤海国就开始养兔，谓之"太白山之兔"（《辉南县志》）。《盛京围场考》载：明末清初，努尔哈赤先后灭海西女真的辉发、叶赫两个部落将其地置为"盛京围场"，包括现在的吉林省梅河口市（海龙县）、东丰（东平县）、辽源市（西安县）、辉南县以及辽宁省西丰县，围场内设专门猎鹿的鲜围14个。是时，东丰大肚川鲜围"鹿达官"赵振山开始对梅花鹿人工驯养。到1912年已有鹿圈3处、畜鹿130余头，驯养成功逐步扩散到伊通、双阳以及省内各地。中华人民共和国成立后，为贯彻护、养、猎并举的方针，1956年省商业系统在永吉县左家建立了特产研究院，先后饲养银狐、北极狐、水貂、海狸、黑貂等5种毛皮动物；1959年又在长春市东郊拉拉屯建立养殖场，饲养狐、貉、海狸等。1960年省供销社从黑龙江引进海狸鼠500只，散放于珲春、汪清、海龙、通榆、梨树等7处地方，到1963年珲春已发展到9万只。1965年11月，省外贸部门从苏联引进种水貂，在永吉县旺起乡的大小石头河建种貂场；5月在大安县建种貂场，11月在辽宁金州引进种貂736只，到1985年存栏8840只。从20世纪60年代到80年代中期，梅花鹿、狐、貉、貂、海狸鼠等珍贵毛皮动物只有省农业、供销、外贸系统建的公办养殖场繁养，发展较慢。而民间养殖大宗为兔，其品种也只有当地草兔，以及当年日本开拓团带来的安哥拉兔和青紫兰兔等有限的几个品种，野生毛皮动物养殖的数量也较少。1986年省内梅花鹿养殖量为8万头；1987年省内貂养殖量只有1万只，狐、貉、海狸鼠养殖量不足10万只。

1985年为解决省内毛皮企业原料短缺问题，省皮革公司大力开展野生珍贵毛皮动物饲养。从北欧丹麦、挪威等国家引进北极银狐、蓝狐8000只，在长春、吉林建立3个养殖场，采用公司带养殖专业户的方法，逐年向社会扩散。1988年又以易货形式从朝鲜换回海狸鼠1000多只，全部扩散到省内养殖户。20世纪80年代初省内长春、农安等地曾出现养殖獭兔热，农安县1983年即出栏獭兔23.7万只，年末存栏16.7万只。后由于獭兔肉出口受阻，养兔热逐步冷了下来。90年代以后，国营、集体养殖企业已相继解体，但养殖专业户在省内生根开花，发展壮大起来，各地陆续建起养殖小区。到2009年末，省内已有鹿养殖小区264个，5个品种鹿养殖量达到了58万只；狐貉貂养殖小区95个，20多个品种，存栏量达425万只；兔的品种6个，种兔场11个，年末存栏数量415万只；犬的饲养品种5个，养殖数量达165万只。省内鹿的养殖主要在长春市双阳区、东丰县、伊通县等地，其他地区零星养殖。狐貂的养殖集中于省内水产品资源丰富的大安、镇赉、松原、长岭等地。吉林市昌邑区水貂养殖量达50万只；大安市2008年存栏达到120万只；镇赉县2009年存栏59.75万只。野生毛皮动物养殖，随着人们对高档裘皮服装的青睐而方兴未艾，前途不可限量。

二　牲畜饲养和猪皮开剥

1. 牲畜饲养

吉林省西部科尔沁草原，水草丰美，历代皆为放牧之地，马、牛、羊蓄养量很大。以黄牛为例，1954年白城地区存栏数占全省26.8%，1978年占全省32.5%，1985年占全省22.1%。中部处松辽平原腹地，是世界上著名的黄金玉米带，地肥粮丰，历代牲畜饲养业较为发达。古代由于征战、狩猎、农耕、交通和通信的需要，吉林省养马业历来都很发达。《三国志》卷30《魏书东夷传》载："扶余多出名马。"扶余人把所产名马和赤玉、貂皮、美珠作为四大名产进贡朝廷。(《吉林通志》长白山丛书影印本) 金代把牛马视为农耕之资，于大定二十一年（1183年）令各牧所把牛借给缺少耕牛的女真户或赈贫户，令民养畜。(《金史兵志》卷44) 宋代官员苏颂于1077年《使辽诗》中载："科尔沁草原的契丹族，羊以千百为群，纵其自就水草。天复栏栅，而生息极繁。"（李振权《吉林省地理》）明代的开原、广宁马市，主要是吉林地方的马、牛和土特产品经建州（吉林）、叶赫（梨树）两路进入马市进行贸易。永乐十五年（1417年）泰宁卫（今洮南市）指挥使前往广宁马市以马千匹易米《辽东残档》。可以看出，马市交易的兴旺和交易量之大，也说明了泰宁卫养马业的发达。民国初期，每年出自吉林省的牛马皮约计各10万张上下。（徐嗣同《日本帝国主义侵略下东北的产业》第74页，中华书局1932年7月版）东北沦陷期1942年到1945年，日本军国主义在4年间强征军马39万匹。1930年吉林省大牲畜马、骡、驴存栏100.7万匹。到1935年下降至87.6万匹。1949年恢复到100万匹。新中国成立后，吉林省农牧业发展迅速，省内明令保护耕牛及大牲畜，严禁宰杀。农耕、运输使役的大牲畜逐年增加，到1954年马牛驴骡达到了231.8万匹，其中牛101.1万头、马91.9万匹、骡15.1万头、驴23.7万头。从1955年合作化开始，到1980年，吉林省牲畜饲养缓慢增长，1980年全省大牲畜存栏236.8万头，其中牛112.4万头、马85万匹、驴15.4万头、骡24万头。这一年省内按计划收购牛皮8万张、马皮4.5万张、猪皮70万

张、羊皮16万张、狗皮12万张、兔皮160万张。（计划外收购及外流未计入）

1978年党的十一届三中全会以后，随着改革开放的深入，省内大牲畜饲养从观念到机制都发生了很大有变化。一是过去饲养马、牛、骡、驴主要是为了使役和骑乘。随着机械化的发展，马、牛等作为耕畜被农业机械取代，马、骡等运输和骑乘功能被汽车和拖拉机取代。大牲畜用途越来越少，最后只剩下观赏和食用。于是役牛被肉牛逐步取代，马、骡等肉质较差逐渐减少，猪、羊的养殖量大增。1985年省内马、驴、骡大牲畜存栏127.8万头，20世纪90年代逐年下降年均114万头。2000—2006年年均95.5万头，2006年84.4万头，和1985年比下降34%，其中马53.2万匹、驴16.8万头、骡14.4万头，分别下降40.4%、39%、11.7%。二是养殖方式发生了根本变化，农业合作化以来的公办养殖场和生产队集体养殖的模式被打破，先是养殖户，而后发展到养殖专业户，规模化养殖户，逐步发展到养殖小区。1996年以后，在吉林省委、省政府建设三大一强省（粮食大省、畜牧业大省、农产品加工大省和农业经济强省）的推动下，牲畜养殖列入了各级政府的议事日程，省内牲畜养殖业发展迅速。2009年，省内生猪养殖小区达1081个，养殖量超过百万头的有农安366.3万头、榆树342.18万头、公主岭323.57万头、梨树294.8万头、德惠240.1万头、九台174.89万头等7个市县成为养殖专业县。养殖量超过40万只的长岭、大安、镇赉、通榆4个县市成为养羊专业县。2009年，全省猪养殖量4000万头、羊915万头、马万匹、骡万头、驴万头。庞大的牲畜饲养量每年向市场提供的大量原皮，有力地支持了皮革工业的发展。三是以发展养牛为主的肉牛工程工省内逐步开展，带动了牲畜饲养业的发展。1996年以后，在建设三大一强省的战略目标下，省内采取了各种措施加强畜牧业发展。从1997年开始的肉牛工程，在省内各市、县扎扎实实地展开，力度大，见效快，养殖产业的效益增长迅速。经过几年的努力，吉林省肉牛工程已取得了较大的效果。肉牛养殖区域生产格局已形成。到2009年，省内有16个养牛超过30万头的县市被确定为养牛专业县。而尤以中部的长春、吉林、四平、辽源发展较快。榆树市饲养量达到了140万头，梨树县达到85万头，桦甸县76.82万头。全省已有规模化标准化肉牛养殖小区658个，规模饲养户10多万户。饲养肉牛效益好，在利益纽带的推动下，从1996年起，省内牛养殖量增长迅速，年年有新突破。1996年达到531.8万头。1998年达到740万头，2003年770万头，2007年突破千万头达1050万头，2009年达到1205万头。出栏量逐年提高，2003年出栏295万头，其中活牛外销85万头；2007年出栏385万头，其中活牛外销154万头。2009年出栏420万头。实施肉牛工程以来，吉林省的养牛业发生了根本变化，一是数量增长快，从1995年的415.2万头增加到2009年的1126万头，增加271%；二是效益好，附加值高，据有关部门测算2008年饲养一头肉牛可赢利500—800元。肉牛无论从体形、重量、肉质都是役牛无法相比的，因而附加值高，效益好。三是为皮革业提供优质牛皮，肉牛皮张幅大、伤残少是制革的优质原料皮。肉牛在省内的宰杀量逐年提高，为制革业生产提供了充足的优质牛皮，有力地推动制革业的发展。

2. 猪皮开剥

第一，猪皮资源。猪皮是制革的重要原料之一。开剥猪皮制革做衣，是吉林地方民族专长。《后汉书》卷85《东夷传·挹娄》载：好养豚，食其肉，衣其皮，冬以豚膏除身，厚数分，以御风寒。《晋书·四夷传·肃慎》载，"多畜猪，食其肉、衣其皮"。因此吉林地方民族的善养猪、食肉得革的优良传统，世代相传。辽金时期吉林各地养猪业已较发达，女真人的吃穿很大部分仰赖于养猪。《吉林省志》卷16"农业志"畜牧，第40页）元代以后，猪已是城乡人民普遍饲养的家畜。（《吉林省志》卷16"农业志"畜牧，第40页）清代随着农业发展，养猪已是农民重要家庭副业。民国时期养猪发展很快，到1930年吉林省养猪量达到235万头（《伪满洲铁道株式会社调查课统计资料》）而后，由于日本帝国主义疯狂掠夺，到1943年养猪降至80万头。1949年存栏数达到198.8万头。到1952年全省生猪存栏数达到239.7万头的历史新高。1956年到1965年年均存栏191.2万头，1966年到1975年年均存栏378.8万头，1976年到1985年年养殖826.13万头（1975年前均为年末存栏数，不含当年出栏数）。1986年到1995年年均养殖1020.96万头，1996年到2005年年均养殖2196万头。省内猪皮资源十分丰富。

第二，计划开剥。吉林省的计划猪皮开剥工作始于1966年，根据1965年12月国家计委、经委、国务院财办批转财政部、商业部、第二轻工业部、对外贸易部《关于大力开剥猪皮、利用猪皮制革问题的报告》，吉林省计划经济主管部门就省内开剥计划、开剥方法、收购方法、货款结算、财政补贴等做了具体规定，至此，全省的猪皮开剥工作纳入了统一领导、计划发展的轨道。1967年根据国务院《关于改变猪皮补贴的通知》精神，省内决定每开剥一张猪皮由财政给商业部门补贴人民币3元（根据斤皮斤肉作价原则，每张猪皮以10市斤计算，每市斤补贴0.30元，当时国内肉价每市斤0.75元，猪皮收购价每市斤0.45元）。以后，根据代皮猪肉价格又调整为每市斤猪皮补贴0.75元。从1978年到1985年省财政共补贴7130万元，最高年份1980年补贴2256万元。这项工作由吉林省皮革工业公司具体组织衔接，省皮革工业公司全力推动省内计划猪皮开剥工作，除对剥皮、腌制、储存、保管以及运输等项业务进行具体指导，还先后在开剥计划落实好的四平、通化、双辽等市县召开现场会议，有力地推动了全省的计划猪皮开剥工作。1976年，吉林省工交办针对猪皮开剥中存在的问题，发出了《关于认真抓好猪皮开剥工作的通知》，要求进一步做好此项工作，省内猪皮开剥量逐年增长。到1980年，开剥量达到139.8万张，开剥率达到44%。而后由于补贴政策规定不能如期兑现，长期拖欠各地屠宰部门的补贴款项。屠宰部门开剥积极性越来越低，开剥数量逐年减少，1981年133.1万张，开剥率40.05%，1982年锐降至59.8万张，开剥率只有17%，1983年更是少到20.2万张。国家从1990年取消了猪皮开剥的财政补贴，放开猪皮收购，计划收购改为自由选购。至此，吉林省的计划猪皮开剥工作全部终止。

三 行业管理

皮革行业是我国轻工业45个行业中较大的行业，是一个具有悠久历史的传统行业。20世纪80年代吉林省皮革业形成了以制革、制鞋、毛皮、皮件4个主体行业，以及皮革化工、专用设备、鞋用材料、五金配件等配套行业。以动物皮为原料进行系列制造、加工的轻工业行业，形成了从生产到科研、设计、专用材料及设备制造、专业人才培训的初步体系。

1. 管理机构

第一，吉林省皮革服装工业公司。1963年10月29日，国务院批转轻工业部关于皮革、皮鞋工业集中管理的报告，同意成立中国皮革工业公司。1964年4月，经吉林省计划经济委员会批准，省轻化工局组建了吉林省皮革工业公司，1965 年其划归省手工业管理局管理，1966 年 9 月手管局改名为"省二轻工业厅"，省公司归省二轻工业厅领导。公司是全民预算内企业，具有纵向托拉斯性质，对全省皮革、皮毛、皮鞋、皮件、马具等行业企业实施垂直领导。公司在 1966 年开始的"文化大革命"中解体。1979 年吉林省革命委员会下发了 120 号文《关于在省内五个工业厅局恢复成立专业性公司的决定》，吉林省皮革工业公司恢复成立。该文明确公司是企业性质，按事业单位管理。公司坚持以生产为中心，对直管企业实行人、财、物、供、产、销统一管理，对归口企业实施供、产、销业务管理，主要管理全省皮革、毛皮、皮鞋、皮件、马具行业 100 多家企业。

这一阶段，公司对全省皮革行业管理取得较大成效：一是注重行业的技术改造，主要革厂、鞋厂、毛皮厂、皮件厂都完成改造，全行业产能迅速提高；二是解放思想，推进企业内部改革，焕发行业的积极性和创造性；三是行业的产值利润创历史新高，1985 年从业人员 3 万多人，完成产值 2 亿多元，实现利润 1600 多万元；四是行业的主要产品产量取得历史最好水平，投皮量达到了 85 万标张，皮鞋产量达到 477.8 万双，毛皮投量达到 78.7 万张，重革产量达到 1143 吨，轻革产量达 147.63 平方米。

1983 年省二轻工业厅将服装行业划归公司管理，同年 11 月经上级批准公司更名为"吉林省皮革服装工业公司"。1988 年服装行业管理职能划归纺织工业厅。1989 年公司完成了由管理型向经营型转变，转变为经营性公司后，公司经济效益下滑：1985 年为 140 万；1986 年为 90 万；1987 年为 40 万；1988 年、1989 年为 20 万。1990 年以后，到公司改制前，主要做以下几件事：1994 年公司按现代化企业制度的要求改造，组成集团公司体制，有皮革、原皮、化工、服装、经贸等 8 家子公司；1995 年分别组建了 3 家中外合资公司；1997 年完成了对吉林省洮南皮革厂的兼并工作；2001 年根据国企改革精神，经省轻工行办批准开始改制。2002 年 1 月组建吉林省恒达皮革有限责任公司（民营股份制）。同年 3 月组建吉林省洮安皮革有限责任公司（民营股份制），至此，吉林省皮革服装工业公司完成其历史使命。

第二，吉林省皮革协会。2004 年，在原吉林省皮革工业协会、吉林省皮革研究所、吉林省洮安皮革有限责任公司、长春皓月集团皮革厂、辽源东亨鞋业集团等 10 余家省内皮革行业骨干企业发起下，省内各地区七十余家皮革生产、经营、科研企事业单位参加，经省经济主管部门同意，省民政厅批准，注册成立吉林省皮革行业协会。协会的性质是以省内已形成的皮革业生产、经营体系为基础，由生产、经营企业、科研单位、社会团体、大专院校等单位自愿组成的非营利性的全省性社会团体，具有法人地位；宗旨是为皮革行业服务，推动皮革行业发展；主要任务是做好行业的协调管理工作，发挥政府和企业间的桥梁纽带作用。

第八章　黑龙江省

第一节　历史延革

一　古代和近代概况

皮革工业是手工业中古老行业之一。几千年前，居住在黑龙江地区的少数民族，在与大自然的斗争中，逐渐学会了利用动物毛皮蔽体御寒的本领。当时人们以捕猎动物为食，以骨针缝制兽皮为衣，这就是黑龙江最早的皮革生产的起源。

经过历代漫长岁月，黑龙江地区的皮革生产脱离了狩猎业和农业，自成行业，生产力有所发展，但生产方式仍沿续原始的手工操作。

1903年，黑龙江地区的皮革业开始出现使用机器生产。1917年以后，哈尔滨市陆续建起40多个小作坊和小型皮革厂，黑龙江西部的13个县就有皮革作坊118个，开始形成黑龙江皮革工业的雏形。

1921年，由哈尔滨市总商会会长张廷阁创办了双合盛皮革厂，引进国外先进制革机，用化学制革方法制造皮革，用于皮鞋、制帽生产。1922年，哈尔滨市有皮革制造业78家，其中以熟毛皮为主业的工厂有45家。

东北沦陷时期，由于日本侵略者把皮革作为军需物资，实行统制配给，原料皮严重不足，黑龙江的皮革业日趋衰落，生产奄奄一息。

二　现代概况

中华人民共和国成立以后，黑龙江地区有从事皮革及其制品的手工业小作坊4048户、从业人员7532人，年产值达112万元。1956年，黑龙江省完成了对农业、手工业、私营工商业的社会主义改造，组织皮革业个体劳动者走合作化的道路，生产有了很大发展。1956年，皮革投皮量19.5万张（牛皮和折合牛皮），比1949年的7.78万张增长1倍多，皮鞋产量也由1949年15万双提高到82.1万双，增长4倍多。

1958年"大跃进"期间，黑龙江省皮革工业进一步发展，皮革投皮量34.9万张，皮鞋产量达180.8万双。然而，皮革工业的技术水平仍然很低。从1958年到1960年的3年中，黑龙江皮革工业的科技人员和老技工多次到关内省市学习生产技术和经验，重点皮毛厂先后建立毛皮染色车间，改变了过去毛皮不能染色的状况，由只能加工羊皮、狗皮，到可以批量加工貂皮、兔皮、狐狸、貉子、旱獭、灰鼠、艾虎、獾子等40多种细毛皮。产品品种也不断增加，坦克帽、京式帽开始投入市场，并受到用户的喜爱。重点企业的技术革新活动也有发展。齐齐哈尔市皮毛厂先后研制出铲皮机、剪绒机、梳毛机、洗毛机等

15种71台（套）毛皮加工机械，有15道工序实现机械化或半机械化生产。1960年，该厂制作的铲皮机、刮里机等5种机械被列为全国推广项目，先后加工40多台（套），支援北京、青海、辽宁等地的同行企业。

1964年4月，黑龙江省委、省政府决定将隶属于化工轻工业、手工业、商业等3个系统的皮革、制鞋企业统一归口省化工轻工业厅，同时成立省皮革工业公司；同年，将哈尔滨制革制鞋厂、齐齐哈尔黑龙江制革厂、牡丹江制革厂、黑河制革厂、鸡西革鞋厂、依兰皮革厂、宁安皮革厂、延寿皮革厂、绥化皮鞋厂、通河鞋楦厂等10个企业上收为省皮革工业公司的直属企业。1965年7月，省皮革工业公司及其所属企业划归省手工业管理厅，1966年又将直属企业下放到地方管理。

"文化大革命"时期企业管理混乱，企业的规章制度被破坏，大企业生产停滞，一些集体所有制的小企业为了能开工资仍坚持生产。

1975年，生产有了转机。首先由哈尔滨制鞋厂试制的模压鞋、胶粘鞋，开始投入大批量生产，并在全省推广。齐齐哈尔、肇东皮毛厂改革传统的毛皮硝面鞣制工艺，开始采用化学鞣制方法。猪皮开剥也有进展，1971—1976年的6年内，共开剥猪皮510万自然张，平均每年开剥猪皮85万张。皮革机械的产量也有增加，仅1976年就生产片帮机、裁断机、硫化罐、模压机、外线机等350多台（套），除武装省内制鞋企业外，还支援了省外企业。

1976年，皮革工业企业由1966年的137家发展到211家，工业总产值完成12719万元，比1966年增长两倍；皮革产量71万张，比1966年增长近一倍；皮鞋产量277.7万双，比1966年增长2.4倍。

中共十一届三中全会以后，在改革开放方针指引下，皮革工业得到蓬勃的发展。1980年以后，黑龙江省皮革工业经过综合治理，重新建立健全企业规章制度，恢复企业的经营自主权、财产所有权和民主管理权。企业普遍实行计件工资、岗位工资、职务工资、联产联利工资等工资形式，改革分配奖励办法，初步解决了"吃大锅饭"问题。1983年，企业普遍建立各种形式的经济责任制，实行责、权、利相结合的企业管理制度，开始试行厂长负责制、厂长任期目标责任制和承包经营责任制，均收到较好的效果。到1985年，齐齐哈尔黑龙江制革厂等一些较大的皮革厂、制鞋厂建立了研究所、设计室等科研机构，厂办科研成果显著，共开发新产品、新品种花色200多种，其中齐齐哈尔黑龙江制鞋厂研制的内加高皮鞋、哈尔滨市皮毛厂生产的貂皮川刀裘皮服装、狐狸皮镶革条大衣、折叠走轮箱包等获轻工业部优质新产品设计奖；齐齐哈尔黑龙江制革厂皮革研究所试制成功猪苯胺服装革、猪正面手套革等新品种30多种，改变了品种单调的落后面貌。模压、胶粘、硫化等制鞋新工艺已得到普遍推广，同时还采用合成革、代用革等新材料生产皮鞋。在延寿县制革厂扩建的代用革车间，1987年产量提高到818吨。1979—1990年，全省皮革行业有166种产品分别被评为轻工业部、黑龙江省的优质产品，其中轻工业部优质产品8种，省优质产品154种。1990年，优质产品创产值3920万元，占全行业总产值的10.1%。

1981—1985年"六五"期间，黑龙江省皮革行业作为全省二轻工业支柱性行业，对其进行了技术改造，此期间的技术改造重点放在扩大行业的生产能力上，利用国家投资、银行贷款和自筹资金，总投资4100万元，对30个企业进行了改造，其中引进项目 10 项，从国外引进制革、制鞋、毛皮专用设备共 151 台（套），同时对辅助设备进行了国产配套，使全行业的生产能力扩大了 2.5 倍，机械化水平达到了 30%。1986—1990 年"七五"期间，黑龙江省皮革行业的改造重点转到了产品提档升级和提高产品质量上，共对牡丹江制革厂、齐齐哈尔黑龙江制革厂、牡丹江皮鞋厂、齐市黑龙箱包厂等 9 个重点企业进行了技术改造，总投资 1590 万元，引进精密专用单机设备 70 台（套），使黑龙江省皮革工业有 20% 的设备达到了国际 80 年代先进水平，提高了全行业竞争实力，与此同时，各企业相继调整了产品结构，新产品、新品种迅速增加，1990 年年底，投产品种达 350 多种。

到 1990 年年末，黑龙江省皮革工业包括制革、制鞋、毛皮和箱包杂件 4 大行业共有企业 151 个，职工 23758 人（工程技术人员占职工总数的 2%），全年实现工业总产值 52645 万元，其中皮革、毛皮及其制品产值 39109 万元（按 1990 年不变价），实现利税 1075 万元。

主要产品产量完成：皮革（折牛皮）102.96 万张，其中猪皮（自然张）92.67 万张，牛皮 55.65 万张；重革 9.8 吨；轻革 300.31 万平方米；皮鞋 667.17 万双，其中童鞋 49.95 万双；鞣制毛皮（折羊皮）17.33 万张；毛皮帽子 34.48 万顶；裘皮服装 8.31 万件；箱包 39.39 万只；革皮服装 5.41 万件；皮革手套 359.92 万副；木制鞋楦 8.9 万双；代用重革 268 吨。（说明：此统计口径为轻工系统，不包括乡镇农场所属企业。其他系统所属皮革企业的工业产值仅占黑龙江省皮革工业总产值的 6.5%）。

第二节 制革

1990 年，黑龙江省有制革企业 19 个、职工 9046 人，主要生产重革、轻革和代用革 3 大类产品，完成产值 5352 万元，实现利润 689 万元。制革工业以哈尔滨制革厂、哈尔滨市龙江制革厂、齐齐哈尔黑龙江制革厂、牡丹江制革厂、佳木斯制革厂等 5 家企业为骨干，此外则为鸡西、双鸭山、五常、双城、依安、延寿、甘南、拜泉、黑河等市县的皮革厂，生产能力为皮革 200 万张（折合牛皮）。1990 年，皮革投皮量为 102.96 万张，生产重革 9.8 吨，轻革 300.31 万平方米，供应全省制鞋、皮件行业的生产需要。

表 8-11 为黑龙江省 1949—1990 年历年皮革产量情况。

表 8-11 黑龙江省 1949—1990 年历年皮革产量情况

年度	皮革投皮量（折牛皮）（万张）	其中（自然张）			重革（吨）	轻革（万平方米）
		牛皮（万张）	猪皮（万张）	羊皮（万张）		
1949	7.78	—	—	—	—	—
1956	19.5	—	—	—	—	—
1960	36.7	—	—	—	—	—
1967	53.7	5.4	79.7	7.2	467.8	52.0

续表

年度	皮革投皮量（折牛皮）（万张）	其中（自然张）牛皮（万张）	其中（自然张）猪皮（万张）	其中（自然张）羊皮（万张）	重革（吨）	轻革（万平方米）
1968	51.0	5.8	75.5	5.2	371.0	60.2
1969	66.9	9.5	95.0	—	572.0	71.2
1970	54.9	12.8	61.3	—	392.3	56.4
1971	58.1	3.0	63.7	18.8	357.9	67.4
1972	52.8	10.5	67.4	—	348.8	56.3
1973	56.7	9.7	80.3	—	413.3	70.0
1974	61.8	9.6	84.0	—	453.8	79.5
1975	65.5	8.4	91.3	—	482.7	88.4
1976	71	6.9	108.8	—	556.2	95.3
1977	78.5	9.5	114.2	—	683.0	116.3
1978	85.4	12.3	115.9	—	627.0	127.8
1979	88.4	9.1	128.4	—	841.6	126.6
1980	109.1	9.6	169.5	—	1106.4	199.2
1981	129.4	12.8	200.8	—	1487.5	219.5
1982	104.0	23.5	121.8	—	1536.0	195.8
1983	74.3	27.6	66.4	—	1199.7	175.0
1984	77.9	22.8	62.5	—	774.6	166.0
1985	86.6	35.8	90.9	33.9	928.1	231.1
1986	111.17	48.7	160.6	39.9	1254	354.89
1987	135.41	49.44	155.91	40.5	1332	322.2
1988	136.5	50.6	135.91	41.6	980	331.9
1989	110.10	52.45	99.70	42.9	210	310.7
1990	102.96	55.65	92.67	43.2	9.8	300.31

一　重革

黑龙江省生产重革用的原皮，以猪皮为大宗，牛皮次之，此外有少量的骡马皮。生产的重革的品种有21种，近50种花色规格，主要品种有牛大底革、牛底革、牛带子革、猪大底革、猪底革、猪带子革、栲胶重革、内底革、合成内底革、蓝底革等。用于制作皮鞋的鞋底、内底和各种皮件、腰带以及工业配件。

中华人民共和国成立初期，除哈尔滨制革厂外，大部分皮革厂只能生产牛熏皮和生产车马挽具用的白皮。20世纪50年代初，各制革厂开始生产反绒面革、少量正面革、牛蓝底革。50年代后期，牛正面革产量开始上升，主要产品仍是栲胶重革和蓝底革。1964年以后，各制革厂增加了生产设备和化验设备，品种开始增加，特别是 1979 年以来，各制革厂经过技术改造，各厂的生产品种显著增加。

由于"六五""七五"期间制革企业进行了产品结构调整，将宝贵的天然原料转到轻革的生产上，到 1990 年生产重革的企业只有哈尔滨制革厂等五家企业，生产品种有牛底革和猪底革，产量减少到 9.8 吨。

二　轻革

轻革，是以牛、猪、羊和骡马皮为原料制成的鞋面革、服装革、手套革、衬里革等产品，主要用于制作皮鞋的鞋面、革皮服装（皮夹克、皮坎肩、皮裙）、皮手套、鞋里、箱包等。产品品种主要有牛鞋面革、牛反绒革、牛里革、猪正面革、猪修面革、猪反绒服装革、猪正面服装革、猪手套革、羊正面革、羊反绒革、羊服装革、羊手套革，以及压花革、箱包革等 30 余种。

黑龙江省生产轻革的厂家主要有哈尔滨制革厂、哈尔滨龙江制革厂、齐齐哈尔黑龙江制革厂、牡丹江制革厂、佳木斯制革厂以及双鸭山、鸡西、双城、依安等地的皮革厂，年产能力为 350 万平方米。1990 年，全省生产轻革 300.31 万平方米。

三　代用材料

黑龙江省生产代用材料的企业有 3 家，主要生产代用材料的是延寿县皮革厂，还有哈尔滨市二轻局和哈尔滨市农场局的皮革厂。代用材料，主要代替皮革用于制鞋行业加工鞋底、膛底和用于皮件生产。

延寿县皮革厂是生产代用材料最早的厂家。1976 年，该厂在原皮革厂的基础上进行技术改造，1977 年正式投产，当年生产代用材料 138 吨，1978 年生产 228 吨，1979 年生产 278 吨，1985 年提高到 710 吨，占全省代用革总产量的 80% 以上，年生产能力为 1000 吨。1980 年，哈尔滨市二轻局的皮革厂也开始生产代用材料，1981 年生产 113.5 吨，1982 年生产 82.4 吨，1983 年生产 120 吨。哈尔滨市农场局的皮革厂也于 1981 年生产代用材料，但产量很小，1983 年仅生产 11.3 吨。

1990 年，全省生产代用材料 268 吨，全部是延寿县皮革厂生产的。该厂生产的合成内底革于 1983 年被评为黑龙江省优质产品。

表 8-12 为黑龙江省 1977—1990 年全省代用材料产量情况。

表 8-12　　　　　　　　　黑龙江全省代用材料产量（1977—1990 年）

年度	产量（吨）	年度	产量（吨）
1977	138.0	1984	665.5
1978	228.0	1985	710.0
1979	278.5	1986	830.1
1980	439.8	1987	818.2
1981	585.5	1988	612.0
1982	501.4	1989	302.0
1983	644.3	1990	268.0

第三节　制鞋

黑龙江地区生产皮鞋的历史只有80多年。清末，哈尔滨等城市出现了皮鞋店铺和作坊，中华人民共和国成立后，制鞋行业才有较大的发展。

1990年，全省有制鞋企业72个、职工9295人，全省制鞋工业中较大的有哈尔滨制鞋厂、哈龙江制鞋厂、哈万里制鞋厂、齐齐哈尔黑龙江制鞋厂、牡丹江制鞋厂等，1990年已形成年产各种皮鞋1000万双的生产能力，生产各种皮鞋677.17万双，其中童鞋49.95万双。

一　皮鞋

黑龙江地区从1904年开始生产皮鞋。山东人胡廷芳、胡廷芬两兄弟来哈尔滨，在道里西十道街开办"德兴永鞋店"，有工人30多人。建厂初期，工具简陋，全部为手工操作，技术十分落后，如缝鞋用嘴拽锥线、用木料画脚型刻鞋楦、尖刀片皮子、收边用碗碴等。制鞋的面革是从山东购进的，每天工作10多小时，平均每人日产男鞋1—1.5双或女鞋1—2双。所生产的"巴金克"皮鞋质量好，很受顾客欢迎。20世纪20年代后期，从美国进口1台（套）左轮机，改变了传统的手工制帮的操作方法。到1930年，全市有鞋店和制鞋作坊24家，制鞋工人达到1000多人，其中规模最大的是永盛源鞋店，有工人130多人，产品大都销往欧美。

1921年，齐齐哈尔有了皮鞋厂，沈阳人范振武来齐市与当地姚老七等3人合伙开办"振武鞋店"。到1928年，齐齐哈尔已有皮鞋店7家，增加了复兴昌鞋店、瑞华馨鞋店、德昌鞋店、华鑫鞋店和义泰长鞋店等，总资本为8660元，从业人员为88人，年产各种靴鞋15780双。

日本侵占时期，佳木斯生产皮鞋的有福兴泰等几家大商店的制鞋部和独一处鞋店、振兴久鞋店等。当时，日本帝国主义将皮革及其制品列为军需，实行统制配给，由于原料缺乏，生产皮鞋的店铺生意萧条，纷纷倒闭。

1949年，中华人民共和国成立后，据不完全统计，黑龙江有制革制鞋店铺、作坊400多家。制鞋工业的生产技术仍很落后，使用的工具仍是刀子、锥子、锤子、钳子、马扎子。

解放战争和抗美援朝战争期间，哈尔滨制鞋厂和齐齐哈尔黑龙江制鞋厂等鞋厂，主要生产军需用品支援前方，抗美援朝战争胜利后，改军需产品为民用产品生产。

1956年，全省制革、制鞋行业完成了对手工业和私营工商业的社会主义改造，全省皮鞋产量由1949年的15万双增加到82.1万双。

1958年"大跃进"期间，全省制鞋工业也有一定的发展。1958年生产各种皮鞋180.8万双，比1956年增长1.2倍，皮鞋出口量也有增长，仅哈尔滨制革制鞋联合厂从1955年到1961年就向苏联出口高跟女浅鞋、男五眼皮鞋、童皮鞋、拖鞋等共70万双。

1964年，为解决牛皮、马皮资源不足，省皮革公司积极组织哈、齐、牡、佳等城市的制鞋厂使用猪革生产皮鞋，要求对猪革制品的优越性进行广泛宣传，消除消费者对猪皮的偏见，大力提倡利用猪皮，生产皮鞋用的大底、膛底、条子、主跟、反脑尽量改用猪革。

"文化大革命"时期，全省制鞋行业管理混乱，生产停滞，产量下降，到1976年生产开始有转机,产量达 277.7 万双。

全省制鞋行业的大发展还是在实行改革开放的 1980—1990 年。

1980 年后,全省制革行业推行各种形式的经济责任制,改革企业工资、奖励、人事制度,进行有计划的技术改造。企业的技术装备得到改善,产量和品种增加,质量有所提高。企业改革了只能用手工生产线缝皮鞋,采用模压、胶粘、硫化、注塑等制鞋新技术、新工艺,并在全省推广。

在此期间,省内轻工机械企业已把注意力转向皮革、制鞋专用设备生产,主要品种有片帮机、裁断机、硫化罐、模压机、外线机等,年产量在 200—350 台(套),武装了全省制鞋工业。各专业制鞋厂还革新和制造一些专用设备投入生产,如哈尔滨龙江制鞋厂从 1958 年到 1990 年,共研制成功缝底机、破条机、液压模压机、冷压冷粘流水线、压底成型机等 21 台(套)专用设备以及各种专用模具,在生产中都发挥了重要作用。有些厂还从国外引进先进技术和设备,如哈尔滨制鞋厂投资 200 万元,从捷克斯洛伐克、联邦德国引进制鞋设备 93 台(套),1982 年又从国外引进拉紧机、绷头机、绷跟机、熨平机、片跟机等制鞋设备 28 台(套),使该厂机械化水平显著提高,建立了胶粘、模压、硫化 3 条生产线。胶粘鞋生产线安装机器 36 台(套),日产皮鞋达 1200 多双;模压鞋生产线,装有自动、半自动和手动机械 24 台(套),日产皮鞋 4000 多双。1990 年,该厂生产各种皮鞋 190.3 万双,比 1965 年的 23.7 万双提高 8 倍。

1990 年,黑龙江省生产的皮鞋品种已增加到 150 多种,上千种花色规格。哈尔滨市龙江制鞋厂、哈万里制鞋厂每年都有几十种到上百种新产品上市,产品行销省内外,还有部分产品远销到欧美和东南亚各地。

皮鞋品种主要有牛皮鞋、马皮鞋、猪皮鞋、羊皮鞋和人造革鞋;按生产工艺划分有线缝鞋、胶粘鞋、模压鞋、硫化鞋和注塑鞋。皮鞋的式样:男皮鞋有三接头皮鞋、男勾子皮鞋、五眼鞋、拉紧鞋、盖鞋、平跟鞋、半高跟鞋、高勒皮鞋、矮皮靴、拖鞋、凉鞋;女式皮鞋有平跟、高跟、半高跟皮鞋,浅鞋、盖鞋、带鞋、五眼鞋、舌式女鞋、女皮靴、凉鞋、拖鞋等。其中,"飞碟"牌三接头皮鞋、"双羽"牌女坡跟鞋、"双足"牌胶粘坤式女浅鞋、"双风"牌坤牛皮面胶粘二棉鞋等 61 种产品被评为黑龙江省优质产品。

1990 年,全省共生产皮鞋 667.17 万双,比 1949 年的 15 万双增长 44.5 倍,在 1990 年的总产量中,牛皮鞋为 574.3 万双,占总产量的 86%;采用胶粘工艺生产的皮鞋产量为 590.8 万双,占总产量的 88%;童鞋产量为 49.95 万双,占总产量的 7.5%。

表 8-13 为黑龙江省 1949—1990 年历年皮鞋产量情况。

表 8-13　　　　　　　　黑龙江省历年皮鞋产量情况(1949—1990 年)

年度	产量(万双)	年度	产量(万双)
1949	15.0	1970	202.3
1950	26.6	1971	198.7
1951	39.5	1972	189.1
1952	41.1	1973	213.7
1953	57.1	1974	234.0

续表

年度	产量（万双）	年度	产量（万双）
1954	66.4	1975	295.5
1955	62.0	1976	277.7
1956	82.1	1977	340.7
1957	114.9	1978	404.7
1958	180.8	1979	462.1
1959	221.8	1980	606.1
1960	184.0	1981	740.2
1961	135.0	1982	864.0
1962	104.8	1983	780.3
1963	115.0	1984	755.4
1964	82.6	1985	785.0
1965	67.6	1986	903.67
1966	78.3	1987	979.49
1967	88.1	1988	915.1
1968	86.4	1989	880.4
1969	136.4	1990	667.17

二　鞋楦

黑龙江地区鞋楦生产始于1928年。由厂主刘思若、刘宁宽两人在哈尔滨道里西五道街开办永丰鞋楦厂，当时有工人10人、6台设备，资产5万元，只生产木鞋楦。1934年，工厂迁到道外南和街，增加了木跟产品，工人增加到15人，有生产设备9台、固定资产增加到7万元。但在日伪统治下，企业生产举步维艰。

中华人民共和国成立后，在党和政府的关怀下，企业得到了新生。该厂除生产民用产品供应各鞋厂使用外，主要为军鞋厂生产军用鞋楦。1955年11月，该厂改名为"公私合营永丰鞋楦厂"。1956年又与王成公鞋楦厂合并，有职工31人、生产设备17台、固定资产8万元。1957年，工厂经过搬迁扩建，改产玩具，企业更名为"地方国营哈尔滨玩具厂"，职工增加到300多人，只保留1个车间生产鞋楦。

1960年，为了解决生产鞋楦的原料问题，将玩具厂的鞋楦车间下放到通河县，成立了地方国营通河县鞋楦厂，有职工84人。1964年，通河鞋楦厂上收归省皮革工业公司领导，并经省计委批准将该厂迁到绥化县，与绥化制鞋厂合并，易名"绥化鞋楦厂"。1979年4月，主管部门决定两厂分开，分别成立绥化皮鞋厂和绥化鞋楦厂。

1966年，该厂铝鞋楦试制成功并投入生产；1984年，又完成塑料鞋楦和塑料鞋跟的试制任务，并于当年投产。1990年，该厂有职工150人、各种设备44台（套），包括从联邦德国引进的设备7台，扩建了铝楦生产线，固定资产（原值）增加到114万元，全年生产木鞋楦17.3万双、铝鞋楦0.2万双（3.3吨），塑料鞋楦0.95万双（14.2吨）、塑料鞋跟200双（0.01吨），创产值55万元，实现利润23万多元。该厂年产鞋楦能力已由1979年的4万双提高到50万双，成为全国五大鞋楦厂家之一。

表8-14为绥化鞋楦厂生产发展状况。

表8-14　　　　　　　　　　绥化鞋楦厂生产发展状况

年度	职工（人）	产值（万元）	产量				
			木楦（万双）	铝楦（万双）	塑楦（万双）	木跟（万双）	塑跟（万双）
1963	69	8	3.4	—	—	—	—
1965	140	40	4.0	—	—	—	—
1970	206	169	6.4	0.5	—	—	—
1975	198	80	8.8	4.1	—	1.1	—
1980	140	61	18.0	2.2	—	—	—
1981	148	58	18.0	2.4	—	—	—
1982	148	48	20.2	0.3	—	—	—
1983	150	58	22.7	0.4	—	—	—
1984	150	49	18.2	0.5	—	—	—
1985	150	55	17.3	0.2	—	—	—
1987	150	60	17.82	—	0.20	—	0.10
1990	150	55	8.9	0.2	0.95	—	0.02

注：1. 1975年、1980年两个年份的产值中包括鞋和布鞋的产值。
　　2. 1975年、1980年的职工人数中也包括生产皮鞋和布鞋的职工。

1981—1983年，全省鞋楦生产发展较快，各地利用林业资源，开始生产鞋楦初加工产品，称为"荒楦"（鞋楦的半成品）。1981年全省生产荒楦15.4万双，1982年生产荒楦18.45万双，1983年生产16.3万双。以后各地荒楦产量逐渐减少，主要由绥化鞋楦厂和五常县山河鞋楦厂生产。山河鞋楦厂建于1983年，1985年有职工98人、资产55.5万元，主要生产鞋楦木荒，也生产少量鞋楦，年生产能力为25万双。

1987年以后，由于黑龙江省皮鞋产量逐年减产，森林资源也开始节约利用，省外采用新型材料生产鞋楦的厂家也冲击了本省木制鞋楦的生产，1990年全省鞋楦总产量为8.9万双。

表8-15为黑龙江省各地木鞋楦生产概况。

表8-15　　　　　　　黑龙江省各地木鞋楦生产概况（1981—1983年）

生产地区	1981年		1982年		1983年	
	成楦（万双）	荒楦（万双）	成楦（万双）	荒楦（万双）	成楦（万双）	荒楦（万双）
松花江地区	0.73	13.10	15.90	14.70	7.80	5.70

续表

生产地区	1981年 成楦（万双）	1981年 荒楦（万双）	1982年 成楦（万双）	1982年 荒楦（万双）	1983年 成楦（万双）	1983年 荒楦（万双）
绥化地区	17.30	—	20.10	—	22.70	—
牡丹江地区	—	—	3.14	2.50	0.90	3.00
伊春地区	—	2.30	7.20	—	1.90	—
大兴安岭地区	—	—	0.02	0.75	—	7.60
黑河地区	—	—	—	0.50	—	—
合计	18.03	15.40	46.36	18.45	33.30	16.30

第四节 毛皮

1990年，黑龙江省有毛皮工业企业17家、职工2917人，有固定资产原值1256.3万元，净值748.3万元。毛皮工业主要以哈尔滨、齐齐哈尔、牡丹江、佳木斯、肇东等地的毛皮厂为重点，还有肇源、讷河、拜泉、鸡西、七台河、勃利、安达等市县的毛皮企业，具有年产毛皮（折绵羊皮）200万张的生产能力；1985年鞣制毛皮（折绵羊皮）35.12万张，其中羊皮13.75万自然张、狗皮4.67万自然张、兔皮25.6万自然张；加工羊皮服装7.14万件，其中翻毛大衣1.44万件、挂面大衣2.37万件、毛皮帽子131.7万顶，完成工业产值1678万元。1987年以后，由于黑龙江省在皮革行业"六五""七五"期间的企业技术改造中忽略了毛皮企业，尤其是对细毛皮加工的技术改造和南方发达省份拉开了距离，使毛皮的加工产量急剧缩小，1990年全省鞣制毛皮（折绵羊皮）17.33万张。

表8-16为黑龙江省1985年各地市鞣制毛皮产量情况。

表8-16　　　　　　　黑龙江省1985年各地市鞣制毛皮产量　　　　　　单位：万张

地市级	鞣制毛皮合计（折合羊皮）（万张）	其中（自然张）羊皮（万张）	其中（自然张）狗皮（万张）	其中（自然张）兔皮（万张）
全省合计	35.12	13.75	4.67	25.60
哈尔滨市	6.66	2.41	3.01	7.52
齐齐哈尔市	19.30	5.50	0.80	11.10
牡丹江市	2.92	2.60	0.05	0.15
佳木斯市	2.24	0.27	—	
鸡西市	0.55	0.55	—	
七台河市	0.88	0.77	0.17	
松花江地区	0.30	—	0.30	
绥化地区	2.27	1.65	0.34	6.83

一 毛皮服装

黑龙江毛皮工业生产毛皮服装的品种主要有各种毛皮衣裤、吊面大衣、劳保大衣、裘皮大衣（翻毛大衣）和各种羊皮衣筒、皮衣领、出口毛皮背心、坎肩、衣片等，花色品种达50多种。

生产毛皮服装的主要厂家有哈尔滨市毛皮厂、齐齐哈尔皮毛厂、肇东皮毛厂、牡丹江市皮毛厂等企业，其他市县的毛皮厂和大城市的服装厂也生产部分毛皮服装。

1903年，中东铁路通车后，哈尔滨市的外国人急剧增多，西服（当时称"洋服"）开始传入了哈尔滨。冬天外国人喜欢穿着裘皮服装，因此制作西服和裘皮服装的技术也开始在哈尔滨兴起，到20世纪20年代末更为盛行。

裘皮服装使用的原料，绝大部分为细毛皮，制成毛朝外的翻毛大衣，所用的毛皮有灰鼠（松鼠）皮、元皮（黄鼠狼）、艾虎皮、麝鼠皮、水獭皮、水貂皮、狐狸皮、猞猁皮等，绒厚的水獭皮要拔掉大针。用带花纹的黑色、烟色马驹皮做裘皮大衣，不仅结实而且美观华贵；一件元皮裘皮大衣一般要用120—160张元皮的同一部位拼凑成裘。

新中国成立前，哈尔滨市制作裘皮服装的大都是一家一户的夫妻店和一个师傅带几个徒弟的洋服店，多集中在道里中央大街一带，主要为皮货商店加工。

1956年合作化时期，哈尔滨市道里中央大街一带的个体洋服店组成了服装生产合作社，并由6家服装生产合作社合并组成了哈尔滨市服装三厂，这是哈尔滨市生产裘皮服装的主要厂家。

1976年，哈尔滨市土畜产进出口公司为了出口创汇，需要加工一批裘皮服装，于是找到哈尔滨市服装三厂和服装四厂，因服装三厂有10几名制作裘皮服装的老技工，技术力量比较雄厚，就承揽了这批任务。这是中华人民共和国成立以后黑龙江省第一批生产出口服装，哈尔滨市服装三厂由此成为哈尔滨市土畜产进出口公司的裘皮服装定点生产厂家。制作裘皮服装的原料，主要由外贸部门组织供应，狐狸皮由哈尔滨市毛皮厂供应，灰鼠皮由肇东毛皮厂供应，麝鼠皮使用齐齐哈尔皮毛厂产品，狗皮则使用呼兰县毛皮厂产品。裘皮中最贵重的要数紫貂皮、水貂皮、狐狸皮和貂脑门（十字貂）等。裘皮服装主要出口联邦德国、英国、日本、波兰等国家。为了增加出口产品的生产能力，哈尔滨市服装三厂设立了裘皮服装专业生产车间，由老技工带出一批生产裘皮服装的技术骨干，裘皮车间职工最多时达40多人。1980年，还从联邦德国、英国、美国引进各式毛皮拼缝机，改进工装设备、扩大出口创汇能力。该厂在生产裘皮服装的同时，也制作了一些适合内销的裘皮服装。

随着裘皮服装出口任务的增加和内销裘皮服装势头看好，齐齐哈尔、牡丹江等城市的毛皮厂和服装厂也开始试作裘皮服装。

1990年，全省共生产裘皮服装8.31万件、羊皮服装5.45万件。

表8-17为黑龙江1990年各地市毛皮服装产量情况。

表8-17　　　　　　　　　　黑龙江省1990年各地市毛皮服装产量

地市别	裘皮服装（万件）	羊皮服装（万件）
全省合计	8.31	5.45
哈尔滨市	3.55	1.12

续表

地市别	裘皮服装（万件）	羊皮服装（万件）
齐齐哈尔市	1.80	1.44
牡丹江市	0.66	0.11
佳木斯市	0.60	0.29
鹤岗市	1.10	0.35
鸡西市	—	0.05
七台河市	0.05	0.01
松花江地区	—	0.60
绥化地区	0.28	0.78
大兴安岭地区	0.21	0.70
黑河地区	0.06	—

二　人造毛皮

人造毛皮是黑龙江省20世纪70年代后期发展起来的新产品，主要由齐齐哈尔市人造毛皮厂、肇东县人造毛皮厂等企业生产。

齐齐哈尔市人造毛皮厂生产的"赫鹤"牌仿紫貂皮，可代替野生动物皮张制作裘皮服装和用来做吊面大衣、皮夹克挂里，还可用于家庭和客厅的装饰。产品毛绒丰满、手感柔软、纹理细腻精致，有高贵的毛皮感，它体轻、经济、耐磨、耐洗、耐酸碱、染色牢度高、不受虫蛀。该牌仿紫貂皮1984年被评为黑龙江省新产品二等奖。

肇东县人造毛皮厂是全国早期生产人造毛皮的五大厂家之一。1983年，该厂从联邦德国引起一套具有20世纪80年代先进水平的电子提花毛皮编织机、烫剪联合机和拉幅上浆烘干定型机等设备，开发了仿虎、豹、狐、貂等72个人造毛皮花色品种。

人造毛皮系用合成纤维聚丙烯腈或用其他化学纤维做绒毛、棉纱做底布编织而成。具有轻便柔软、底绒充足、保暖性好、剪裁方便等特点，既可做服装面料、鞋帽和手套面料，还可做沙发靠垫以及室内装饰品。该厂的产品行销25个省、市、自治区，颇受消费者的欢迎。

三　毛皮帽子

毛皮帽子是毛皮行业的传统产品，有悠久的历史。生产毛皮帽子的企业主要是毛皮厂，随着生产的发展和专业化分工，有的从毛皮厂分出来，有的则由制鞋厂和服装厂兼营。特别是县镇小企业，一般实行多种经营，既生产毛皮帽、布帽和布鞋，也生产皮鞋、皮件和帐篷等产品，有的则鞋帽兼营，成为综合性的皮革毛皮综合加工企业。

1990年，生产毛皮帽的企业主要有哈尔滨市制帽棚靠厂、哈尔滨市毛皮厂、肇东皮毛厂、齐齐哈尔皮毛厂、牡丹江市皮毛厂、佳木斯市皮毛厂、依兰县毛皮厂、富锦县毛皮厂、克山县制帽厂、安达市皮毛厂、绥化市制帽厂、望奎县制帽厂等30家企业，其中包括20多家制帽专业工厂。生产的品种主要有苏式帽、坦克帽、平顶帽、警式帽、京式帽、龙江帽、苏式疙瘩绒、民族帽等。按毛皮分类，还可分羊剪绒帽、麝鼠皮帽、狗皮帽、兔皮帽、旱獭皮帽、狐狸皮帽、狗皮京式帽、羊剪绒坦克帽、麝鼠皮平顶帽、猾子皮平顶帽、马驹皮全毛民族帽等。1985年全省生产各种毛皮帽131.7万顶，产品行销省内外，还有麝鼠皮京式帽、羊剪绒坦克帽和各种皮帽扇出口。

省内生产毛皮帽最大的企业是哈尔滨市制帽棚靠厂、哈尔滨市毛皮厂和肇东皮毛厂。这3家企业都有职工500多人，技术力量比较雄厚，3家生产的毛皮帽产量占全省总产量的40%左右。

哈尔滨市制帽棚靠厂建于1952年，前身是哈尔滨市衣帽生产合作社，1956年与私营中立帽庄、恒祥东帽庄、振化帽庄、荣誉帽庄、仁和帽庄合并，成立了哈尔滨市第一制帽生产合作社，社员增加到300多名，接着又经过几次分合，1968年改名为"哈尔滨市制帽棚靠厂"。1985年，该厂共有职工502人，有各种设备249台，自有资金240万元，其中固定资产（原值）115万元，主要生产各种毛皮帽、粗细毛皮衣筒、毛皮大衣、毛皮衣裤和皮夹克等。

全省毛皮厂和制帽厂经过技术改造，产品产量质量逐步提高，1985年达到历史最高水平，毛皮帽子产量为133万顶。

1985年以后，随着气候逐年变暖、人们生活习惯的改变，毛皮帽子的产量开始减少，到1990年，全省毛皮帽子总产量为34.48万顶。

表8-18为黑龙江省1985年毛皮制帽业主要生产企业概况。

表8-18　　　　黑龙江省毛皮制帽业主要生产企业概况（1985年）

企业名称	职工（人）	固定资产（净值）（万元）	产值（万元）	产量（万顶）
哈尔滨市毛皮厂	755	217.0	410	6.90
哈尔滨市毛皮制品厂	73	7.0	66	2.25
哈尔滨市制帽棚靠厂	502	71.0	650	31.00
肇东皮毛厂	575	218.6	480	12.60
佳木斯市皮毛厂	283	20.0	111	16.00
安达市皮毛厂	105	32.3	59	17.50
依兰县皮毛厂	39	4.0	4	1.00
克山县制帽厂	137	6.3	80	18.90
密山县制帽厂	53	11.0	45	1.10
望奎县皮毛厂	133	11.8	76	4.93
青冈县毛皮厂	165	21.1	225	6.50
依安县制帽厂	71	11.3	62	9.25
鹤岗市制帽厂	43	3.0	11	0.80
绥化市制帽厂	70	10.0	21	2.00
富锦县皮毛厂	58	15.3	17	0.94

黑龙江省主要皮帽品种如下。

1. "江鸥"牌羊剪绒平顶帽

哈尔滨市制帽棚靠厂生产的"江鸥"牌羊剪绒平顶帽是1970年设计生产的，10多年来，产品生产数量大、质量好、销路广，深受消费者的欢迎，被评为省优产品。

该产品采用优良的黑色皮革为面料，羊剪绒做帽扇，美丽绸和雨纱绸做帽里，各部位配合紧凑，防寒性能强、戴着舒适，特别适用于东北寒冷地区。该产品行销北京、天津、河北等7个省市。

2. "洪塔"牌革面旱獭平顶帽

"洪塔"牌革面旱獭平顶帽是哈尔滨市北方毛皮制帽棚靠厂设计和生产的，由于选料精良、做工精细，有4项技术指标超过部颁标准，1985年被评为轻工业部优质产品。

该产品选用优质羊皮做帽面，旱獭裘皮做帽扇，结构紧密，帽面平整，皮板柔软，耐磨，不易变形，毛色协调，具有轻软、耐寒、美观、舒适等特点，产品适应年龄范围广，产品在黑龙江、吉林等7个省市一直供不应求。

3. "牡丹"牌仿水獭绒京式帽

牡丹江市毛皮厂生产的"牡丹"牌仿水獭绒京式帽，是黑龙江省毛皮行业适应人们对高档毛皮商品的需求而设计生产的，他是粗皮细作、低档变高档的一个新的突破，1985年被评为省优产品。

该产品用改良细毛羊毛皮为原料，经染整加工，毛绒平齐，保温性能好而且价格便宜，产品行销辽宁、吉林、天津、北京等7个省市，深受用户欢迎。

4. "山萌"牌本色、染色兔皮全皮帽

齐齐哈尔皮毛厂生产的"山萌"牌本色、染色兔皮全皮帽于1983年试产，当年在全国同行业评比中被评为一类产品第一名，1985年被评为黑龙江省优质产品。

该产品以地产兔皮为原料，经精工制作，适应冬寒地区需要。他用国外进口三氯乙烯脱脂，具有皮板柔软、毛被光亮、无味、无油脂、体轻舒适等特点，不仅为国内消费者欢迎，还远销苏联、美国等地。

5. "雄狮"牌革面平顶麝鼠帽

肇东县皮毛厂生产的"雄狮"牌革面平顶麝鼠帽于1984年设计投产，1984年达到省内先进水平，1985年在全省同行业评比中获一类产品第一名，并被评为黑龙江省优质产品。

该产品是采用优质羊面革和麝鼠皮做原料制成的高档防寒用品，具有皮板柔软、毛被灵活、有光泽、耐水洗、不受虫蛀等优点，产品畅销省内各地。

6. "江鸥"牌马驹皮全毛民族帽

哈尔滨市制帽棚靠厂生产的"江鸥"牌马驹皮全毛民族帽，以黑龙江省优质马驹裘皮为主要原料精工制成，投入市场后，深受少数民族欢迎。在1982年全国少数民族用品展销评比会上受到好评，1984年被评为民族优质产品。这一产品，是根据蒙古、维吾尔等少数民族的需要设计生产的新产品，适用于各少数民族地区，产品质地优良，行销北京、新疆、内蒙古和黑龙江省等省市。

四 毛皮杂件

毛皮杂件的品种主要有毛皮褥子、毛皮方子和毛皮挂画等产品。这些产品主要是为出口生产的。

哈尔滨市毛皮厂从1966年开始生产，品种主要有香鼠皮衣片、香鼠皮褥子、香鼠背心衣片[①]、灰鼠背心衣片、灰鼠衣片、灰鼠全灰色衣片、灰鼠皮褥子、全灰鼠皮背心、灰鼠坎肩、灰鼠无袖衣片、花鼠挂子等，1966—1990年出口产值达2400多万元，产品远销东南亚、英国、美国、法国等国家。

肇东毛皮厂从1978年开始出口各种裘皮服装和毛皮杂件，1978—1985年共出口元皮大衣、毛皮方子[②]、山羊皮方子、兔皮方子61436件。

齐齐哈尔皮毛厂1979年生产出口产品，1979—1985年共出口毛皮帽子、毛皮褥子、靠背等140800件，产值1482万元，换汇494万元。

第五节 箱包皮件

1990年，黑龙江省皮件工业有皮件生产企业52家、职工5826人，有固定资产（原值）1426.9万元，净值800.1万元，主要生产箱包、革皮服装、皮手套、腰带、"三球"（排球、篮球、足球）和各种工业配件等产品，对外贸易较活跃，经济效益也比较好。

一 衣箱

1990年，全省皮革工业中生产衣箱的企业主要有哈尔滨市东光皮革帆布制品厂、哈尔滨市皮件一厂、哈尔滨市皮件二厂、齐齐哈尔市黑龙箱包厂、齐齐哈尔市革制品一厂、牡丹江市箱包厂、佳木斯市革制品厂等企业。1990年全省生产革皮箱39.39万只，其中哈尔滨市30.3万只、齐齐哈尔市2.7万只，牡丹江市3.82万只，佳木斯市2.14万只，双鸭山市区街工业0.35万只。

全省生产衣箱最早的厂家是哈尔滨市东光皮革帆布制品厂。该厂建于1952年，1958年又与皮具二社合并，以后市轻化机械厂的五金车间、星火鞋厂、动力刺绣厂先后并入该厂，逐渐发展成为全省最大的箱包专业工厂。

1990年，该厂有职工731人，主要产品有人造革箱、出口帆布箱、医药箱、仪器箱、各种造革帆布包、男女皮夹克、旅行袋、造革包、工具袋等20多种产品。

该厂经过技术改造，设备不断增加，1990年拥有各种设备300多台，其中通用设备11台、专用设备135台、缝纫设备145台，固定资产净值增加到90多万元。这个厂产品分内销产品和出口产品两大类，内销衣箱又分为5类：一是方角衣箱；二是二牙衣箱；三是四牙衣箱；四是小铁角衣箱；五是大铁角衣箱，有21—33英寸五种规格。1981年，"红灯"牌小铁角30英寸造革衣箱被评为省优质产品；1983年，红灯牌全包铁角30英寸造革衣箱被评为省优质产品。产品行销21个省区市。

[①] 毛皮衣片，是以毛皮剪裁的，毛皮服装半成品。
[②] 毛皮方子，是用毛皮拼接的方形毛皮料，供厂家加工毛皮服装。

该厂从1972年开始生产出口衣箱，由于产品花色独特、造型质量俱佳，一直是外贸部门的免检产品，并被省市局命名为"信得过"产品，远销巴林岛、新加坡、沙捞越、南斯拉夫等32个国家和地区。1972—1983年累计出口各种衣箱36万只，换汇400多万美元。

牡丹江市箱包厂是生产箱包的专业工厂，1990年有职工160人、各种专用设备32台（套）、固定资产（原值）22万元。该厂主要生产人造革衣箱和少量革皮箱，花色品种达20多种，年产能力为4万只。1990年该厂生产衣箱3.15万只，完成产值234.8万元，实现利润13.2万元。1983年，该厂生产的"喜凤"牌手提衣箱被评为省优质产品，产品畅销东北各地。

表8-19为黑龙江省重点企业1980—1987年衣箱生产情况。

表8-19　　　　　　　　　黑龙江省重点企业衣箱生产情况

生产企业	产量（万只）						
	1980年	1981年	1982年	1983年	1984年	1985年	1987年
哈尔滨市东光皮革帆布制品厂	15.2	24.0	20.3	14.7	17.8	23.5	25.6
哈尔滨市皮件一厂	1.6	6.1	5.0	6.0	6.2	6.5	6.7
哈尔滨市皮件二厂	—	1.6	2.4	3.0	3.6	—	—
齐齐哈尔市皮件一厂	—	—	—	—	—	12.3	13.6
牡丹江市箱包厂	0.8	2.8	2.5	3.0	2.8	3.2	5.5
佳木斯市革制品厂	—	1.1	2.8	1.7	2.0	3.0	4.2

二　皮夹克

皮夹克是中华人民共和国成立后引进国外服装样式生产的一种皮革服装，省内初期产量不多，大部分产品出口。1980年以后，随着社会需要量的增加，皮夹克的产量增长较快。生产企业主要有哈尔滨市皮件二厂和三厂、齐齐哈尔黑龙江制革厂、齐齐哈尔市皮件一厂和二厂、鹤岗市皮件厂、哈尔滨市毛皮厂、阿城县皮件鞋帽厂等企业。生产皮夹克用的原料主要是猪服装革、羊面革和合成革，1990年全省产量为5.41万件。

黑龙江制革厂从1981年开始生产皮夹克，产品品种有猪革皮夹克和羊面革皮夹克，规格花色逐渐增加到12种，产品大部分向苏联出口。

哈尔滨市皮件二厂1972年开始生产皮夹克，当年生产2000件；到1982年产量增加到4900件；1983年改产警式夹克，产量增加到15328件；1984年生产皮革服装（包括皮夹克）7500件。

阿城县皮件鞋帽厂从1979年试生产皮夹克，1981—1982年共生产皮夹克500多件，1983—1985年共生产各种皮夹克22562件，形成年产3万件的生产能力。

1985年齐齐哈尔市革制品一厂生产的"飞雪"牌羊革男上衣、哈尔滨市皮件三厂生产的"金鹿"牌女式上衣和阿城县皮件鞋帽厂生产的"黑龙"牌男警式皮夹克，分别被

三 皮手套

皮手套是皮革工业的传统产品，黑龙江省年产量在300万副左右。全省生产皮手套的企业主要有哈尔滨市东光皮革帆布制品厂、哈尔滨市皮件二厂、哈尔滨市皮件三厂、齐齐哈尔市革制品一厂和二厂、牡丹江市皮件厂、佳木斯市革制品厂、双鸭山市皮件厂、齐齐哈尔皮毛厂、甘南县制革厂、依安县制革厂、汤原县皮革厂、鸡西市皮件厂和五常县制革厂等14家企业，1990年共生产各种皮手套359.92万副。

1979—1980年，国际市场劳保手套需要量增加，一时形成劳保手套出口热，黑龙江省生产企业一哄而上，购置工装设备，扩建厂房，调配人员组织生产。当时全省有40多家皮革厂和皮件厂生产劳保手套。1981年后，国际市场购销形势发生了变化，出口量急剧下降，一些新上马的企业，不得不又转产其他产品，造成了一定的经济损失。

双鸭山市皮件厂，由于生产经营有方和产品质量好，在国际市场上站住了脚，进而成为全省生产出口劳保手套的重点企业。

双鸭山市皮件厂，原是双鸭山皮革厂的一个手套车间，1978年8月从皮革厂分出单独建厂，主要生产出口工作手套。国际市场产销形势变化后，仅1981年、1982年两年，产品积压金额达44万元，企业亏损30多万元。1983年该厂改进产品设计，加强质量管理，产品品种由3种增加到17种，产品合格率提高到99.1%，产品在国际市场上赢得了信誉。1990年该厂生产出口工作手套9万打，"真皮"牌出口工作手套还被评为省优质产品。

表8-20为双鸭山市1979—1990年皮件厂生产发展情况。

表8-20　　　　双鸭山市皮件厂生产发展情况（1979—1990年）

年度	职工（人）	产值（万元）	出口产品交货量（万打）
1979	80	74	1.48
1980	140	170	3.80
1981	140	74	—
1982	120	53	—
1983	180	140	2.80
1984	220	260	5.20
1985	240	300	6.00
1990	240	450	9.00

四 车马挽具

皮革工业中车马挽具的生产出现得比较早，几乎有皮革厂或皮革作坊时，就有车马挽具生产。1949年共有生产车马挽具的农村手工业皮革作坊和皮铺、鞭杆铺1461家，从业人员2930人，分别占全省皮革业个数和从业人员数的35%、40%。这些皮革作坊和皮铺，主要在县镇和农村集镇，以生产硝白皮为主，主要产品是车马挽具、鞭杆和靰鞡，就地取材、就地生产、就地销售，为当地农村和农业生产服务。

1956年，经过对手工业社会主义改造，个体手工业劳动者和皮匠组织起来，创办手工业生产合作小组和手工业生产合作社。全省组织起来的皮革生产合作社有196家，投皮量达19.5万张。农村的皮革生产合作社主要生产靰鞡和车马挽具。城市的皮革厂、皮革生产合作社主要生产皮革和皮鞋以及车马挽具。如由个体和工业劳动者组织起来的佳木斯市回民马具生产合作社，开始有计划地生产各种车马挽具，品种有搭腰、肚带、鞭杆等产品，畅销广大农村。1957—1961年成立的齐齐哈尔市中华街皮革社、西大桥皮革社和东风皮革社，都是以生产车马挽具为主的合作企业，1962年3家合并成立齐齐哈尔市马具生产合作社，1966年改名为"马具制品厂"。

20世纪70年代后期到80年代初，皮革行业生产的车马挽具，逐渐被橡胶制品、化学纤维制品和塑料制品所取代，生产车马挽具的企业，逐渐改产其他皮件生产以及转产其他产品，重新选择自己的发展道路。

五 工业皮件

中华人民共和国成立初期，全省皮革工业中生产工业皮件的厂家不多，只有大城市的皮革厂和制鞋厂按用户特殊需要生产皮件为工业服务。随着社会生产的发展，生产工业皮件的厂家有所增加。1985年，生产工业皮件的厂家主要有哈尔滨制鞋厂、哈尔滨市东光皮革帆布制品厂、齐齐哈尔市革制品一厂、牡丹江市皮件厂和佳木斯市革制品厂等企业。主要产品有安全带、电器套、仪表盒、工具袋、钳子套、药箱、皮带等，有的企业则为化工、机械行业生产各种密封圈、皮碗、皮带条或按用户特殊需要生产的其他皮件。

1964年，哈尔滨制鞋厂组建成全省皮革行业第一个专业化皮件车间，增加各种专用设备，省内所需的各种工业皮件其均能生产。到1985年，该厂产品品种增加到30多种，完成产值近100万元。

第六节 原料收购和生产

黑龙江省是我国重要的畜牧业基地之一，有广大的山区、林区和辽阔的草原，为发展畜牧业提供了一个十分有利的环境，也为发展畜产品加工业、皮革工业创造了极为有利的条件。

中华人民共和国成立后，黑龙江畜牧业发展很快，到1985年年末，全省大牲畜存栏为305.5万头（匹），比1949年的168.3万头（匹）增长81.5%，其中马存栏117.86万匹、黄牛存栏149.85万头、猪存栏592.92万头、羊存栏198.8万只。20世纪90年代以来，黑龙江省成为国家肉牛生产基地之一，全省肉牛存栏数成倍增长。1997年，全省肉牛存栏已达到531.6万头，比1990年的182.8万头增加1.9倍；出栏牛总数为241.9万头，比1990年的32.5万头增加6.4倍。畜产商品量有很大增长，收购各种皮张也有明显增加。按国家规定的方针，黑龙江省积极开展猪皮开剥和野生动物饲养业、加快原料基地建设，为加快毛皮加工业的发展创造了条件。

一 原皮收购

皮革工业的原料以省内资源为主，不足部分则从山东、四川、陕西、新疆等省采购。全省畜牧业发展水平和收购原料皮张的数量和质量都不能适应皮革工业发展的需要。一是省内提供的原皮数量少，二是原皮的质量差。按照皮革工业 1990 年生产能力计算，制革工业年加工原皮能力为 200 万张（折合牛皮），需供应牛皮 40 万张、猪皮 200 万张，而省内每年仅能供应牛皮 10 万—15 万张、猪皮 30 万—60 万张、羊皮不足 10 万张。而且牛皮质量粗糙、伤残多，猪皮鬃眼大、伤残多、厚薄相差悬殊、得革率低。一些皮革厂不愿加工省内猪皮，而到省外采购，采购量约占企业需要量的 50%—70%。

二 猪皮开剥

我国广大农村有养猪肥田的悠久历史，养猪数量居世界首位，猪皮资源极为丰富。但是，把猪皮作为工业原料加以开发利用，还是始于中华人民共和国成立。

1950 年 12 月，全国第一次制革工业会议确定了利用猪皮开辟制革新资源的方针，黑龙江省从此开展猪皮开剥工作，这对解决皮革工业原料不足的问题起到很大作用。

1960 年后，由于遭受三年自然灾害，生猪饲养量减少，猪皮开剥也随之停止。

省皮革工业公司成立后，非常重视猪皮开剥和利用猪皮制革工作。一方面动员制革厂组织猪皮开剥，并在各地区设立原皮收购站组织收购猪皮；另一方面动员有关方面支持猪皮开剥和猪皮的利用。1964 年 12 月，省皮革公司要求哈尔滨、齐齐哈尔和牡丹江等市制革厂研制和生产美化猪皮，日投皮量要达到 100 张以上；要求各市制鞋厂生产猪皮鞋；还要求各制鞋厂大力提倡利用猪皮，生产皮鞋所用的大底革、腔底革、条子、主根、反脑等尽量利用猪革，其他皮件也要采用猪皮生产，以拓宽猪革的应用范围。

1966 年 1 月，根据国家的规定，全省开始实施对制革厂利用猪皮由财政补贴的政策，每剥一张猪皮国家补贴 3 元，后改为每收购 1 市斤鲜猪皮补贴 0.3 元，从而调动了各方面开剥猪皮的积极性。

1981 年，是全省收购猪皮最多的一年，共收购猪皮 229.36 万张，平均每张猪皮补贴 13 元，补贴总金额达 3000 多万元。

1983 年以后，由于国际和国内市场购销形势的变化，猪革制品出口量减少，使猪皮开剥受到影响，猪皮收购量开始下降。

表 8-21　　　　　　　　黑龙江猪皮开剥情况（1965—1985 年）

年度	猪皮收购量（万自然张）	年度	猪皮收购量（万自然张）
1965	17.82	1976	121.67
1966	67.65	1977	112.03
1967	78.95	1978	123.49
1968	—	1979	136.75
1969	—	1980	185.34
1970	50.90	1981	229.36
1971	61.28	1982	131.61

续表

年度	猪皮收购量（万自然张）	年度	猪皮收购量（万自然张）
1972	71.46	1983	46.22
1973	84.09	1984	89.10
1974	77.73	1985	45.21
1975	93.14	—	

注：1985年不包括哈尔滨市。

三　野生动物饲养

我国野生动物毛皮资源，历史上主要靠猎捕为主，而饲养野生动物是从中华人民共和国成立以后开始的。

20世纪50年代，省外贸部门开始在省内建立野生动物饲养场。省皮革公司从1984年开始发展人工饲养野生动物。1984年，省皮革工业公司在集贤、宝清、鹤岗、饶河、哈尔滨、德都、绥棱、汤原、北安、嫩江、逊克、依兰等12个市县，建立了野生动物饲养场点，集中饲养貉、貂、赤狐、獭兔等种兽1万多只，1985年发展达到2万只。

由轻工业部和省皮革公司贷款投资兴建的集贤县野生动物养殖总场，规模比较大，饲养条件比较好，1985年被列为国家"183"专项技改项目。饲养品种已由建场初期的单一品种发展到乌苏里貉、水貂、赤狐三大品种，种兽存栏由287只发展到5000多只，并可向社会饲养户提供优良种兽，为发展群众性的野生动物饲养业和为逐步建成野生动物饲养基地创造了条件。

野生动物饲养发展较快的是饶河县。1985年，全县饲养乌苏里貉达1.2万多只，养貉专业户和个体户有1300多家。该县还成立国营种貉场和野生动物饲养服务公司，全县种貉产值达160多万元，相当于全县畜牧业总产值的一半。

四　酶制剂生产

酶制剂是皮革工业的化工材料，蛋白酶和淀粉酶主要用于原皮脱毛和软化毛皮，是20世纪70年代初期我国皮革行业普遍推广的一项新技术。

黑龙江省皮革工业酶制剂生产始于1970年，最早生产酶制剂的厂家是肇东县皮毛厂。1970年，该厂用液母体发酵、喷雾干燥法研制成功碱性蛋白酶和淀粉酶生产工艺，1972年由轻工业部投资扩建，在皮毛厂内建成一个专门生产酶制剂的车间。至1975年，产量达到70多吨，除供应本厂制革车间使用外，还支援省内皮革厂和皮毛厂。1978年酶制剂产量达89.3吨，其中蛋白酶为40.8吨。1979年，蛋白酶、淀粉酶滞销，企业开始研制和生产糖化酶，主要为省内白酒厂生产配套。

1980年，该厂酶制剂生产车间从皮毛厂分出，成立肇东酶制剂厂，当时有职工112人，年生产能力近千吨，年产值达100多万元。1985年，肇东酶制剂厂完成扩产改建项目，经过技术改造，糖化酶年产量提高到3000吨，产值上升到240多万元。

表8-22为1957—1990年黑龙江省皮革工业发展概况，表8-23为1949—1990年黑龙江省皮革工业产量增长情况。

表8-22　　　　　　　　黑龙江省皮革工业发展概况（1957—1990年）

年度	企业（个）	职工（人）	产值（万元）	利税总额 合计（万元）	其中利润（万元）
1957	191	—	3525	—	—
1965	160	9800	3415	—	—
1978	173	24400	9619	723	163
1980	216	25400	17175	2273	1211
1981	134	28200	20138	2113	1181
1982	133	30500	20621	1687	713
1983	150	24138	19669	1752	767
1984	150	22854	19001	1774	685
1985	150	21783	23004	2528	1125
1987	—	—	—	—	—
1990	—	—	—	—	—

表8-23　　　　　　　　黑龙江省皮革工业产量增长情况（1949—1990年）

年度	皮革 投皮量（折牛皮）（万张）	轻革（万平方米）	重革（万平方米）	皮鞋（万双）	革皮服装（万件）	毛皮服装（万件）	衣箱（万只）	皮帽（万顶）
1949	7.78	9.5	146	15.0	—	—	—	—
1957	39.73	51.0	724	114.9	—	—	—	—
1965	25.16	19.4	443	67.6	—	—	—	—
1978	85.40	127.8	627	405.0	—	13.0	9	197
1980	109.10	199.3	1106	606.0	—	14.3	18	131
1981	129.40	219.6	1488	740.0	—	12.0	38	150
1982	104.00	195.8	1536	864.0	—	12.0	37	157
1983	74.30	175.0	1200	780.0	—	9.6	32	152
1984	77.90	166.0	775	755.0	3.1	7.4	38	110
1985	87.00	231.0	928	785.0	7.7	4.8	55	133
1987	135.41	322.2	1332	979.5	—	2.2	55.89	94.9
1990	102.96	300.31	9.8	667.2	5.4	8.31	39.39	34.48

第七节　黑龙江省皮革行业的二次创业

黑龙江省皮革工业的鼎盛时期是20世纪80年代，随着国家"七五""八五"国民经济规划的实施，皮革行业被列为黑龙江省二轻工业发展的重要行业，国家和省级政府给予了皮革行业很大的支持和投资。全行业及时抓住了有利时机，采取了一系列改革措施，对部分重点制革、制鞋和毛皮企业进行了改造和技术更新，扩建了原有的厂房面积，先后从意大利、德国以及捷克斯洛伐克等皮革加工先进国家引进了制革、制鞋和毛皮加工设备共70台（套），提高了全行业的生产能力和技术水平，使最终产成品的档次得以提高，改变了"傻、大、黑、粗"的单一产品结构。

随着我国改革开放的不断推进，黑龙江省的皮革工业受到了前所未有的冲击，由于黑龙江地处偏远地区，气候、交通等诸多因素使皮革产品的成本远高于其他先进的沿海地区。信息闭塞造成了生产技术引进和新材料的引进应用，远落后于其他省份。外省、市的皮革、毛皮品牌制品相继进入黑龙江市场，它们以其款式和材料的新颖以及灵活多变的销售手段等诸多优势条件，很快就赢得了龙江大众的喜爱，迅速占领了黑龙江主要销售市场。

特别是由于黑龙江省皮革行业的企业90%以上是国有企业和国有模式的大集体企业，受体制和机制的制约，没能在有效的时间内及时地改变观念、调整经营策略、改变产品结构；没能采取有力的应对措施而错失良机，失去了原有资源和市场的优势，在市场经济形势下，丧失了竞争能力。在由计划经济向市场经济转轨的过程中，原有在册的国营、集体企业只有少部分转让给民营资本转产变型，而更多的企业是停产、倒闭。黑龙江省原有中型以上重点制革、制鞋、毛皮企业无一幸免，全部倒闭或转产。黑龙江省皮革行业的民营企业在当时又没有培植起来，整个行业陷入了谷底，近于瘫痪状态。

2003年以后，我国的皮革加工行业遵循着从劳动力、土地成本高的地区向成本低的地区转移的客观规律，由东南沿海逐步向内地转移。黑龙江省委、省政府及有关部门对黑龙江省皮革行业给予了高度的重视和政策扶持，确定了皮革行业为黑龙江省轻纺行业6个重点行业之一。黑龙江省皮革行业抓住了"皮革工业由南向北梯次转移"和"振兴东北老工业基地"的历史机遇，以大庆市肇源皮革工业园区为龙头，发挥黑龙江省皮革、毛皮资源优势，走绿色生态、资源节约、环境友好的新型皮革工业发展道路，开始了黑龙江省皮革工业的"第二次创业"。

大庆市肇源皮革工业园区于2003年12月由大庆市发改委批准立项，2004年5月启动建设。规划建设了制革、皮革制品加工、生产辅助、综合利用、仓储交易、生活服务和污水处理等7个功能区，建有厂房及附属用房14万平方米，建有3.5万伏变电所、日供水6000吨给水站、日供气6000立方米天然气供暖系统，并建设了日处理能力5000吨、具备国家一级排放标准的现代化污水处理厂，水、电、路、气、通信等设施逐步配套，基本实现了"七通一平"。到2008年年底园区资产总值达14.76亿元，其中固定资产7.29亿元，流动资金7.47亿元。园区服务功能不断完善。2004年4月，县政府在园区设立了管委会，管委会下设企业服务局、规划建设局、招商局、派出所等组织机构；2008年11月，注册成立了隶属园区管委会的国有企业黑龙江龙革投资集团有限公司，园区资产由公司所有，并由公司通过市场化方式运营。该公司下设黑革经贸有限公司、宏泰物业有限公司、庆革科技服务有限公司、源革信息服务有限公司、顺革劳务派遣有限公司等 5 个子公司，园区以这些公司为核心组建了龙革集团，目前集团共有皮革企业 26 家。园区由行政式管理向市场化运行逐步过渡。

园区规模不断扩大，经济实现高速增长。目前，园区已引进企业 26 户，其中制革企业、皮革制品加工企业、皮革配套企业等 18 户，金融、科技、信息等服务性企业 8 户。驻园企业来自浙江、河北、河南、辽宁、黑龙江、北京以及意大利、中国台湾等国内外的皮革投资商。园区自 2006 年 9 月投入运行以来，经济效益始终保持着高速增长势头，其增长速度列全省八大轻工产业之首，到 2008 年年底已累计实现产值 14.5 亿元、利税 1.3 亿元，上缴各项税金 2000 多万元，吸纳劳动力就业 2000 多人。园区企业现已具备了年加工 100 万张牛皮、300 万张羊皮、300 万张猪皮、300 万张鱼皮、3000 万张细杂皮的生产能力，成为东北地区规模较大的皮革加工基地和承接产业转移的重点工业园区之一，带动黑龙江省皮革行业在"第二次创业"中迈出了坚实的第一步。

第八节 行业管理

一 行政隶属

中华人民共和国成立初期，黑龙江省皮革行业企业没有统一的管理、公营企业、公私合营企业统一由地方工业局管理，合作社与手工业个体企业由各地手工业生产合作联社负责。

1960 年以后，全省皮革企业开始由黑龙江省化工轻工业厅管理，1965 年全省皮革行业交由黑龙江省手工业管理厅进行行政管理。

1974 年黑龙江省手工业局更名为"黑龙江省第二轻工业厅"，皮革行业随之归由黑龙江省第二轻工业厅管理。

1987 年黑龙江省政府撤消了省第二轻工业厅与省轻工业厅合并，至此黑龙江省皮革工业开始统一由黑龙江省轻工业厅管理。

二 皮革工业公司

1964 年由国家轻工业部同意、黑龙江省人民委员会批准，黑龙江省皮革工业公司于同年 2 月 10 日正式成立。

黑龙江省皮革工业公司成立后，根据国家当时"关于皮革、皮鞋集中管理的方案的报告"精神，将哈尔滨制革制鞋厂、齐齐哈尔黑龙江制革厂、牡丹江制革厂、黑河制革厂、鸡西革鞋厂、依兰皮革厂、宁安皮革厂、延寿皮革厂、绥化皮鞋厂、通河鞋楦厂等 10 个企业上收为省皮革工业公司的直属企业，并对全省的制革、制鞋及皮杂件企业实行全面的行业管理，加强了对皮革，皮鞋工业的集中领导，统一安排出口与内销革制品的生产，对制革用原材料合成革进行统一分配与调拨，对行业有计划、有重点地进行技术改造。在此期间，省皮革工业公司起到了举足轻重的作用。当时黑龙江省皮革行业共有企业 56 个、职工 868 人，皮革年生产能力为 30 万张，皮鞋年生产能力 144 万双。

1965年7月，省皮革工业公司及其所属企业划归省手工业管理厅，1966年又将直属企业下放到地方管理。1970年以后在省手工业厅和省二轻厅设立了皮革处，代替原省皮革工业公司的行政职权。1985年省第二轻工业厅重新设立了行政性质的省皮革工业公司，负责全省皮革行业的生产、基建、技改的长远规划和年度计划；生产调度、检查生产计划的执行完成情况；负责皮革行业原材料、设备的计划、申报，组织进货供应和调拨分配工作；负责皮革行业生产企业的定点、调整、合理布局；指导企业的生产、经营和管理；负责进口牛皮补贴和猪皮补贴的管理；平衡行业的生产和销售。

20世纪80年代后期，随着国家经济体制的改革，市场经济管理模式逐渐取代了计划经济管理模式，1987年黑龙江省皮革工业公司由行政性公司转变为企业经营型公司，自负盈亏，只承担上级主管部门交办的部分行业管理工作职能。1989年进口牛皮取消了补贴；猪皮补贴也从1989年开始逐年减少，到1991年全部取消。行业内企业由计划经济时期的以产定销转为以销定产，皮革原材料计划供应全部放开，革制品由二级站包销转为全部自销。

90年代末期，国有企业改革力度进一步加大，黑龙江省皮革工业公司发生了巨大变化，由于公司一直靠计划经济生存，转型后公司陷入了困境，2000年后黑龙江省工业公司的经营全面停止，2005年公司全体员工实行了并轨转制。

三 行业协会

1988年10月，省轻工业厅批准成立了黑龙江省皮革工业协会，协会隶属于黑龙江省轻工业厅，挂靠在黑龙江省皮革工业公司，并与其合署办公，主要负责全省皮革、皮鞋、革制品、毛皮及其制品生产企业的行业管理和技术咨询工作，具有部分行业管理职能。

第九章 上海市

第一节 历史沿革

上海是中国近代皮革工业的发轫地之一。19世纪50年代，上海的制革和皮革制品行业已初步形成。沿旧城河、西门和斜桥一带，生产栲皮及箱子皮的作坊鳞次栉比，其中陈财记、韩裕茂和裕新等皮坊已有相当规模。清光绪元年（1875年），浙江海盐人朱鸿元在南市小东门内东街176号开设朱合盛皮箱号，生产皮箱、皮包等产品。清光绪二年（1876年），上海浦东人沈炳根、王生堂相继开设沈记皮鞋作坊和王记鞋楦作坊，开始生产皮鞋。

19世纪70年代，外国商人在沪陆续兴办机制皮革工厂。清光绪四年（1878年），英商全美洋行开设上海熟皮公司。清光绪三十年（1904年），英商上海机器硝皮厂和日商江南制革公司相继开业。20世纪初，外商皮革厂的皮革产量约占上海总产量的50%以上。

清光绪三十二年（1906年），浙江宁波籍人方液仙创办龙华制革厂，是中国民族资本创办采用近代工艺生产熟革的第一家。清宣统二年（1910年）又有8家制革厂先后开业。浙江宁波籍人周文林于民国三年（1914年）投资15万两银子开办的精益制革厂成为全国民族资本最大的皮革企业；民国五年（1916年）组建的源大制革厂，率先采用"铬鞣"生产牛皮面革，使皮革质量发生了一个飞跃；民国七年（1918年）开设的孙荣记制革厂最先制成箱包纹皮，使上海率先采用国产纹皮制造"西式"皮箱。1919年金燮麟开设金燮记皮厂制成羊皮革，为1919年开设的永利皮衣号提供原料，制成羊皮革服装，为我国利用羊皮革制造日用服饰开了先河。制革工业的发展，带动了皮革制品业的发展。从民国初年至20世纪20年代初，皮革制品企业迅猛增加，生产品种齐全，形成一批具有一定规模的工厂。如民国初年创办的巩昌皮革厂专业生产皮结、轮带和皮辊，为机械、纺织等配套；1913年，国内第一家球厂李高记球厂诞生；1920年，傅降临创设了国内最早的运动鞋厂——傅中兴运动鞋店。到民国十年（1921年），上海已有制革和皮革制品厂（坊）300多家，经销皮革制品的商店有400多家，其中部分商店设有工厂，承接定货业务。

民国十四年（1925年）"五卅"运动后，在提倡国货、反帝爱国运动的有力促进下，上海皮革工业在与外商同行竞争中，出现了时缓时速、时退时进的局面。抗日战争前夕，上海皮革工业已有大小工厂1000多家，其中协源昌制革厂的"麒麟"牌牛皮底革，"地球"牌牛皮面革，李高记皮球厂的"国际"牌足球，协兴运动器具厂的"火车"牌篮、排球，傅中兴运动皮鞋店生产的"火炬"牌皮制运动鞋，北京鞋厂的"方趾"牌男皮鞋等成为国货名牌产品，行销国内市场，部分销往东南亚地区。

上海皮革工业经过半个多世纪的发展，到民国二十三年（1934年）达到了一个高峰，并在全国占有重要地位。据民国二十三年（1934年）资料显示，当时上海机器制革工业资产总额占全国46%、工业产值占44.97%、工厂数占全国的45%。新中国成立前夕，上海皮革工业共有大小厂（坊）2021家，从业人员13864人，其中有制革业402家、从业人员2101人，包括1家国民政府经济部中央工业试验所制革鞣料示范实验工厂，1家军需系统"联勤总部"被服总厂的制革厂；有皮鞋业约1000家、从业人员5500多人；有皮件业619家、从业人员5688人。

新中国成立后，经过3年经济恢复时期，上海皮革行业有了较大的发展，原中工制革厂在上海解放后实行军管，改名为"地方国营益民制革厂"。原联勤总部制革厂由解放军接管，后改名为"中国人民解放军3516工厂"。1953年年底上海共有皮革厂（坊）2683家、职工17652人，完成工业总产值8191万元，为1949年的2.65倍，是当时上海轻纺工业"八大支柱行业"之一。

1953年起，上海陆续对1676家个体手工皮作坊进行了社会主义改造，走合作化道路。至1956年年底，共组建制革、皮鞋和皮件生产合作社（组）102家。1956年1月，上海皮革工业中的私营工厂连同从业人员4人以上的手工业作坊实行了全行业公私合营；同年建立上海市皮革工业公司和上海市皮革生产合作社联合社筹备处（1958年并入上海市皮革工业公司），分别对国营、公私合营和集体所有制的制革、皮鞋和皮件等企业实行行业管理，并在1956年底前把731家公私合营工厂裁并改组成271家企业，促进了生产的发展，1957年总产值为1955年的1.72倍，为1919年的3.7倍。

从1958年起，上海皮革行业又进行了较大规模的企业改组和产品结构调整，将102家合作社（组）由集体所有制企业过渡为地方国营，随后连同270家公私合营企业和1家老国营厂改组成为82家工厂；扩建了上海红光制革厂，新建了上海皮革化工厂，改组了上海皮革金属厂、上海皮革机械厂和上海鞋楦厂等。通过调整改组，加强了制革原料生产，开发了皮革化工新领域，充实了业内配套协作，使行业生产结构趋于合理完善。

由于我国牛、羊皮原料皮短缺，猪皮资源丰富，猪皮已经成为我国制革工业的主要原料。1959年，上海在新中国成立初期益民制革厂首先试制成功了猪皮正面革和绒面革的基础上，开发和美化猪皮革的生产，试制成功了31种猪皮革新品种。同年6月15日，轻工业部在上海召开猪皮革生产现场经验交流会。会议认为上海开发美化猪皮革的实践经验，对于解决我国牛皮资源紧缺、利用猪皮发展皮革工业创出了路子。会上，轻工业部明确"利用猪皮制革是发展中国皮革工业的方向"。当年，上海生产猪皮革达62.1万张，比1958年增长63%。

"三年调整"期间，为贯彻国民经济"调整、巩固、充实、提高"的方针，上海皮革行业进行了一系列的调整工作，对企业管理差、原料消耗高的"一差二高"的22家厂进行改组，并按专业化协作组建企业，使全行业有了很大的变化。上海皮革行业已成为门类齐全、行业结构合理、专业化协作配套，产品品种达2000多种的大行业。1965年上海皮革工业产值为1949年的5倍。

"文化大革命"延误了上海皮革行业向现代化前进的步伐。由于广大老干部和职工的努力，使"文化大革命"对生产的破坏受到一定程度的限制。同时，也由于国家每年计划外调拨上海牛皮20万张满足市场需求，使这期间的上海皮革行业生产水平仍有增长，1976年完成工业总产值3.2亿元，比1965年增长1.78倍。

1978年12月，中国共产党召开了十一届三中全会。在这次会议制定的路线、方针、政策指引下，上海皮革行业开始了新的发展阶段，在改革开放中取得了新成绩。

进入20世纪80年代，上海皮革工业引进国外先进技术，依靠科技力量，加快了技术进步的步伐。1981年4月至1990年4月，联合国开发计划署和工业发展组织应我国政府请求，对在上海的轻工部上海皮革技术中心进行了项目援助。3期项目共投入200万美元，建立了一个质量控制室；建成生产男、女皮鞋的两个实验工厂和皮件实验工厂；派遣年轻科技人员赴国外接受短期专业培训，并举办了多期各类技术讲座，为皮革行业培训了一批专门人才。全行业还扩建和移地新建皮鞋厂10家、皮件厂8家、配套件厂6家，引进具有80年代水平的机械设备1608台（套），消化吸收和自制国内配套设备364台（套），使上海皮革工业机械化程度达到80%。与此同时，制革行业也进行了迁建改造。1986年12月23日，作为上海市43项工业重点建设项目之一的上海皮革公司制革行业迁建改造项目在宝山县南大路破土动工。该项目总投资13227万元，用汇90万美元，占地311亩，建设面积56131平方米，新建猪革厂、牛革厂、羊革厂、污水厂及综合厂。1991年年底，工程基本完成。市区6个制革厂全部迁到新厂区，使制革企业的面貌得到改变，使市区制革污染源彻底得到解决。据统计，到1990年，上海全皮革行业更新改造项目投资累计达2.4亿元，是前30年总投资的3倍多。

为了加速技术改造，开发高、精、尖新品种，上海皮革行业以开发"新颖、高档、轻软、舒适"的"八字皮鞋"为龙头，以生产优质皮革为基础，全面推动了皮革制品的升档升级。上海皮革行业承担了国家科委下达的《高档猪正面革生产工艺技术研究》《南方低次猪皮制革新技术研究》《高档皮鞋机械化、装配化生产线的研究》等"六五""七五""八五"科技攻关项目，通过项目攻关，实现了产品升级换代。

1990年，上海中高档皮革产量（折合牛皮）达到125.66万张，是1978年30万张的4.18倍；中高档皮鞋产量达到1656.3万双，是1978年358.81万双的4.6倍。全行业花色品种有8000多种，为1978年的10倍。皮革制品的门类发展到33种，全行业皮革产品获国家质量奖金质奖7项，银质奖10项。

1990年年底，上海共有制革及皮革制品工业企业224家、职工44843人。

随着改革开放的不断深入，上海皮革行业加快了招商引资的步伐。主要的中外合资企业有：1985年，行业内首家中外合资企业上海兴中皮鞋有限公司成立，主要生产"狼牌"运动鞋；1988年11月，上海爱思旅行用品有限公司由友谊箱包厂与日本ACE株式会社合资兴建，主要生产ACE箱包；1992年，建立中日合资尤尼恩鞋业有限公司，主要生产男女皮鞋；1995年，上海富国皮革有限公司成立，主要生产牛革革。"三资企业"的建立和发展，使上海皮革行业的经济结构发生了明显的变化，呈现出以国有工业为主导，各种经济成分竞相发展的格局。1995年工业普查结果显示：国有皮革工业企业有58家，占全行业工业企业总数的10.21%；乡镇工业企业有373家，占65.67%；"三资"工业企业有137家，占24.12%。国有皮革工业企业完成总产值（按1990不变价）5.6亿元，占全行业工业总产值的8.16%；乡镇工业企业完成总产值（按1990不变价）39.24亿元，占全行业工业总产值的57.11%；"三资"工业企业完成总产值（按1990不变价）23.87亿元，占全行业工业总产值的34.73%。国有皮革工业企业实现销售收入11.73亿元，占全行业工业销售收入的17.91%；乡镇工业企业实现销售收入29.29亿元，占全行业工业销售收入的44.73%；"三资"工业企业实现销售收入24.46亿元，占全行业工业销售收入的37.36%。国有皮革工业企业完成出口交货值1.17亿元，占全行业出口交货值的3.61%；乡镇工业企业完成出口交货值15亿元，占全行业出口交货值的46.14%；"三资"工业企业完成出口交货值16.34亿元，占全行业出口交货值的50.25%。

为支援全国皮革工业的发展，上海皮革行业输出了大批的技术人才。据不完全统计，在20世纪80年代，上海皮革行业组织530余人次到全国14个省市，特别是老少边贫地区的60多个中小企业进行了技术服务和咨询，签订了47个技术咨询服务项目，为全国皮革工业的发展做出了一定贡献。

上海皮革工业的快速发展，带来了皮革流通领域的繁荣。

解放初期，上海鞋业市场以布鞋和解放鞋为主，皮鞋销售量减少。1956年鞋商业实行全行业公私合营，归口上海市鞋帽公司。当时，政府提倡美化人民穿着，皮鞋的款式向"尖、扁、翘、窄"方向发展，销量回升。1956年，全市销售皮鞋126.6万双，比1955年的75.8万双上升64.38%。之后，皮鞋销量逐年剧增，为控制皮鞋外流，上海市曾于1961年和1973年先后对皮鞋采取凭日用工业品购买证和日用工业品购货券供应办法。"文化大革命"期间，皮鞋款式受到种种限制，鞋店不准出售尖、扁、翘、窄的男女皮鞋，只供应"大众化"的"工农式"皮鞋。改革开放后，鞋帽行业的大店、名店陆续恢复原名，上海鞋业实行工商联营，连销经营、定牌监制、"引厂进店"总经销、总代理经营方式，上海的皮鞋零售量逐年增大。全市皮鞋零售量，1978—1985年为10571万双，年平均为1321万双；1986—1995年为18582万双，年平均为1858万双；后10年的年平均零售量比前8年的年平均零售量增长40.7%，1995年全年皮鞋零售量为1852万双，比1978年的987万双增长87.6%。在这一时期，境外和外省市的皮鞋品种陆续进入上海各大百货商店、服装商店和皮鞋店。据上海市商业信息中心对49家上海市零售额超亿元的鞋业商店（场）皮鞋销售的统计，50支男皮鞋品牌，1995年总零售量为86.97万双，零售量前十名分别为远足、登云、牛头、爱乐、保罗斯、克类、华东、康奈、鹤鸣、凯凯，占总零售量的61.1%，50支女皮鞋品牌，1995年总零售量为134.64万双，零售量前十名分别为美申、花牌、飞机、达芙妮、淑女、依妮、奇美、芭芭拉、黛安娜、鹤鸣，占总零售量的57.65%。上海和外省的名、特、优产品占据了上海大部份鞋业市场。境外的老人头、力天龙、花花公子、先力高等皮鞋品牌以及芭芭拉、黛安娜、法拉利等女皮鞋品牌的零售量也居前二十名。

随着市场经济的发展，上海皮革工业产品的销售方式也由统购统销变为企业自销。原来作为上海鞋业商业流通主渠道之一的上海鞋帽批发部销量逐年下降，1995年的女鞋销售量为57.34万双，比1980年下降了75%。企业通过各大百货商店、服装商店、皮鞋店和批发市场实现销售。1994年10月，上海市第一家鞋业批发市场——申鹿鞋业批发市场在斜土东路226号开业，共有158个商铺供鞋业企业设摊销售。由于地段适中、交通方便，相继又开出"大集成"、"八达"、"众汇发"和"大都"等4个鞋类批发市场，形成了上海市著名的最大最密集的鞋类批发交易中心。

上海皮革鞋料五金业与上海鞋业市场同步发展。新中国成立初期，安徽地区遭受水灾后大批来沪灾民，不少在大王庙皮革鞋料市场设摊糊口，不久骤增至400多个。1951年，上海市人民政府整顿原有摊位，数量大幅度减少；同年3月，全行业只有163户。1956

年全行业公私合营时,全市皮革鞋料业有127户,主要分布于新成、闸北、蓬莱、榆林、江宁、徐汇等区。合营后,经过调网撤并,合作商店、合作小组仅存111户。皮革鞋料货源由中国畜产公司上海市公司控制,鞋料市场货源减少。1957年6月起,上海对全市皮革摊贩采取"凭证定分"办法,鞋料同业归口上海市鞋帽公司管理。大王庙115户皮革摊贩合并成立新成区大王庙皮革合作商店(后改称"成都皮革鞋料店"),股金5.8万元。1958年,北海路皮革摊和鞋摊共83户,组建北海鞋料合作商店,股金4万元。从此,成都北路大王庙和北海路一带的皮革鞋料摊、店都纳入这两家合作商店。改革开放后,上海皮革、鞋料业户数逐渐减少,但企业规模不断扩大,其中规模较大的有南市区的蓬莱实业公司,黄浦区上海为民皮塑鞋料机械贸易公司和北海皮塑鞋料商场,既经商又生产,既经营皮革鞋料又经营其他皮塑制品。1992年,上海市皮革鞋料批发部组建成立了上海东方皮革鞋业公司。至年底,大王庙皮革、鞋料市场有皮革鞋料店8户、摊贩44户,其中成都路上的为民皮革鞋料五金商店规模较大,经营品种达十大类共数千种。上海皮革鞋料批发部(1992年改称"东方皮革鞋业公司")1990年销售额为11450万元,至1995年累计销售额为37432万元,年平均销售额为6239万元。

与此同时,上海皮服装、裘皮业市场呈现竞争激烈、繁荣发展的局面。解放后,皮服装、裘皮业生意清淡,尤其是裘皮大衣,国内人士极少穿着,裘皮业的门市商店改营一般大众化服装。1956年,全行业实行公私合营后,不少皮货店资金短缺,生意清淡。唯大集成皮货局资金雄厚、库存足、实力强,经过整顿后调整,专做翻毛皮大衣出口加工任务,成为全市闻名的"皮货大王";1962年,改名为"大集成服装皮货商店"。改革开放后,上海中青年妇女开始穿着各类长短翻毛皮大衣。皮货商店除供应外销外,还供应各种款式的男女皮夹克、皮大衣、皮风衣等皮革服装。这些皮革服装式样新颖、穿着轻巧,风行市场,一度出现排队争购的现象。

20世纪80年代后期,上海市场流行皮服装、裘皮服装,以羊、豹、虎等动物命名的皮草行和各类皮革服装公司纷纷开设,外省市的皮装品牌相继进入上海市场,国外的皮装品牌也进入上海各大商场和服装商店或设立专卖店。1994年大集成服装皮货公司、第一西比利亚皮货公司被国内贸易部列为中华老字号商店。上海一批著名皮货商店的特色得到恢复和发扬。进入90年代,上海裘皮面料以羊皮为主,改变以往粗、重、易皱的状况,向轻、薄、挺发展,皮装呈现款式新颖、色彩丰富、装饰点缀的特点。女装有喇叭袖、袖口打褶、下摆波浪式的水貂皮中大衣、袖口肩部及袖外缝镶拼浅色银狐皮的蓝狐裘皮中大衣、高腰短扣皮夹克、西装领切线中风衣、低圆领紧身背心等;男装有翻立领两用领、水貂青果领、单双排扣、斜插袋等款式的加长风衣、大衣、镶拼夹克等,有些皮装还配上不同形状的水钻或饰扣等,点缀得更加典雅。上海裘皮业发展迅速,自1992年起,大集成服装皮货公司先后开设了3家分公司、1家经营部,与中国香港锦龙企业集团合资创办了上海锦龙大集成服饰公司,还开设了制衣公司、服饰有限公司、针织时装有限公司、皮件厂等企业。"大集成"1993年销售额为5578.56万元,比1987年增长2.8倍。与"大集成"同为中华老字号的第一西比利亚公司1995年销售额达到5946万元,比1992年增长50.79%。

1992年,上海确立"一个龙头、三个中心"发展的战略目标,提出了"三、二、一"的产业发展方向,调整工业布局。1996年,根据市委、市政府"抓大放小"工作的统一部署，上海皮革行业 11 家市属企业划转到 6 个区，由区统一管理。2004 年 6 月，上海皮革有限公司整建制下放到金山区。2005 年 2 月，上海皮革有限公司整体被外商收购，标志着上海皮革行业基本上退出了国有序列。

2005 年，上海皮革毛皮及其制品业共有各类企业 232 家，比 2000 年的 279 家减少 47 家；有从业人员 56660 人，比 2000 年的 43950 人增加 12710 人；完成工业总产值（按 1990 不变价）94.7855 亿元，与 2000 年的 48.5271 亿元相比增长 95%。其中制革业 7 家、从业人员 3105 人、工业总产值 12.2619 亿元；皮革制品制造业 221 家、从业人员 52718 人、工业总产值 80.8470 亿元；毛皮鞣制及制造业 4 家、从业人员 837 人、工业总产值 1.6766 亿元。

第二节　制革

制革是皮革制品工业的基础。产品按工艺及用途不同分轻革和重革两个大类，按原料不同又有天然皮革和合成皮革之分。天然皮革常见的有牛皮、猪皮和羊皮等。在制革工业的发展过程中，皮革机械和皮革化工的发展对制革工业起着极大的推动作用。

一　牛皮革

1. 沿革

早期上海的手工皮坊，均以牛皮为主制成熟革，供应靴鞋、鞍具和箱箧等业，他们沿用传统工艺，本小利微，劳动生产率十分低下。清光绪四年（1878 年），英商在沪设熟皮公司，采用化工材料和机器制革，开创近代制革工业之先河。清光绪三十二年（1906 年），国人先后在沪开设龙华制革厂、怡源皮毛有限公司、启新制革厂和巩革制革公司等企业。至民国四年（1915 年）上海新增厂（坊）达百余家，但规模都很小，年产牛皮革仅 4 万余张，且以底革、机用皮革等重革为主。在此期间，外商来沪办厂亦有增加，民国十四年（1925 年）共有 13 家外资制革厂，规模较大，占当时牛皮革总产量半数以上。民国二十一年（1932 年）产量达 16 万张。民国二十四年（1935 年）5 月《申报年鉴》登载，上海制革业的资本和产值总额均居全国首位。民国二十六年（1937 年）11 月日军侵占上海，开设在南市、闸北及近郊一带的制革工厂和作坊大多数毁于炮火。其后不久，租界人口激增，经济畸形繁荣，新开设的皮鞋、皮件等厂坊也迅速增加，使皮革售价上涨五成以上，刺激了制革业的恢复和发展。民国二十九年（1940 年）上海制革厂坊增至 340 家。民国三十年（1941 年）12 月 8 日太平洋战争爆发后，日军对沦陷区的生牛皮实行全面统制，并胁迫大中型制革厂为其加工生产军需物资。因舶来品皮革暂告绝迹，皮革市场供不应求，手工皮坊乘隙发展民用皮革，制革厂坊随之增加，民国三十三年（1944 年）达 434 家，年产量达 20 多万张，其中"蝴蝶"牌面革、"龙虎"牌加脂面革和"麒麟"牌底革等皮革在国内市场上销路颇佳。抗日战争胜利后，上海经济虽一度有所恢复，但美国剩余物资充斥市场，通货膨胀，制革行业又陷绝境。厂坊倒闭、歇业或减产者数以百计，所存 351 家中开工的只有 200 家左右，年产量不足 10 万张。

新中国成立后，制革业恢复生机，1949 年底有厂坊 402 家、从业人数 2101 人，年产重革 1544 吨、轻革 37 万平方米，折合牛皮革 25.28 万张，其中重革占 51%、轻革占

49%。产品包括牛皮底革、工业用革和面革等。1951年制革业厂坊增至769家,职工有3170人,生产重革3264吨、轻革116.23万平方米,折合牛皮革65.9万张。

1952年2月4日,政务院为发展农业生产,颁发了禁宰耕牛的命令,制革业牛皮资源受到影响,产量减少。为使有限的牛皮资源物尽其用,上海市皮革工业公司所属的制革行业进行裁并改组,到1961年年底有上海益民制革厂、蓬莱制革厂、红旗重革厂、中和制革厂等4家牛皮制革厂有职工861人,当年产量为42.95万张。1966年产量为29.28万张,1979年产量为45.98万张,产品包括面革、球革、底革和工业用革等四大类。由于重革类的底革、工业用革逐渐被橡胶、塑料和合成皮革取代,牛皮重革的比例缩小,1979年产量仅占总产量的17%。

1980年起,上海制革业大力开发新产品。到20世纪80年代末,牛皮革产品形成了面革、球革、服装手套革、重革和工业用革等五大类、近百种品种,其中中高档产品达75%以上。

1990年年底,上述4家牛皮制革厂共有职工1500人,占地面积5.68万平方米,建筑面积6.19万平方米,固定资产(原值)1.59亿元,年产值为5372.43万元(包括合成皮革等),利润570.05万元,年产量32.87万张,其中轻革占86.1%、重革占13.9%。

1995年11月,中外合资上海富国皮革有限公司成立,主要生产牛皮革。2005年,投料(折合牛皮)158万张,年产轻革604万平方米,在全国制革行业内位居第二。

2. 工艺

自19世纪初以来,皮革鞣制方式主要有烟熏法、植鞣法和铬鞣法等3种。牛皮革生产按其品种和生产过程的不同分为重革、轻革两大工艺。

早期的重革生产是沿袭古老的烟熏法。19世纪末,原始的烟熏法逐渐被植鞣法所取代,采用含有天然植物鞣质的根、茎、皮和果实等为鞣料。此法较烟熏法成品质量有提高,但生产周期长达1年左右。随着国外制革技术的传入,民国九年(1920年)后改以进口栲胶为鞣料,使重革生产周期缩至半年左右,且成品质量精良。1970年以后,重革工艺在植鞣法的基础上,以酶脱毛代替灰碱脱毛,并采用无浴速鞣法鞣制,重革生产周期仅需1个月,并减少了污染。

19世纪70年代起,外商制革厂率先采用铬鞣法,其特点是以铬明矾或重铬酸钠溶液为鞣剂,生产轻革产品。用此工艺生产的黄牛面革,身骨柔软、丰满而富有弹性。但国产原料皮伤残较多,产革率低。随着业内颜料膏、丙烯酸树脂等化工材料的开发使用,上海益民制革厂于1958年对面革工艺进行修改,首创黄牛修饰面革工艺,皮革利用率提高15%。70年代,上海益民制革厂又采用氧化脱毛新工艺,进一步提高了黄牛修饰面革的质量。80年代,上海的牛皮制革厂采用国外先进的皮革复鞣剂和金属铬合染料,辅以性能优良的聚氨酯涂饰材料、多功能加脂剂等,开发出牛皮全粒面系列产品,进一步提高牛皮面革的档次。1982年,东方制革厂在铬鞣球革工艺的基础上,采用耐光复鞣剂、加脂剂和耐水聚氨酯等化工材料,试制成防水足球革,为上海球厂提供生产获国家质量奖金质奖的足球原料。1985年,上海沪光制革厂选用进口染料和油脂,结合抛光处理,开发了铬鞣棒球手套革,填补了国内空白。1986年,又采用"变型二浴法"鞣制工艺,生产牛皮服装手套革,丰富了牛皮革的花色品种。

3. 技术装备

1950年前，上海牛皮制革以手工操作为主，设备仅有2台（套）去肉机、3台（套）剖皮机、2台（套）挤水机、2台（套）削匀机、4台（套）磨革机、5台（套）打光机和20只转鼓。20世纪60年代，制革厂自制一批简易设备，1969年机械化程度仅为30%，重革实物劳动生产率为人均日产1.3张。70年代，行业对原有设备进行改造，并配合"无浴速鞣"新工艺，投资100万元，增添15台（套）木转鼓、15台（套）可倾式铁转鼓、2台（套）高精度剖皮机，自制2条静电喷龙。到1979年，主要设备增至340台（套），机械化程度提高到60%，重革实物劳动生产率为人均日产3.8张。

80年代，上海的牛皮制革厂共引进进口设备68台（套），有捷克斯洛伐克的通过式烫革机、意大利的挤水伸展机和真空干燥机、日本的大型磨革机等。1987年，为生产棒球手套革，企业投资630万元，购买17台（套）机器，改制11台（套）设备。1990年，上海皮革公司所属牛皮革各厂共有设备750台（套），机械化程度达80%，重革实物劳动生产率为人均日产7.5张。

4. 质量

早期的制革行业凭经验评估产品质量，延伸率靠手拉、涂层牢度用湿布擦等。自20世纪50年代起，各厂先后设立化验室，配置温度计、测试纸、巴克表和拉力仪等简易设备。60年代初，根据"看皮做皮"的要求，行业创立了"三、五、八"操作法，即对"生皮、灰皮、绿皮"进行分类，对"生皮、浸水皮、灰皮、复鞣前的皮、中和前的皮"进行称重，对"滚灰前的浸水皮、剖皮前的灰皮、初鞣后的绿皮、复鞣后的绿皮、油皮、真空皮、磨革后的皮、震荡后的皮"进行挑选，通过严格按工艺要求操作，加强对职工进行技术培训，产品质量得以稳定。

80年代，各生产厂根据用户对皮革质量的要求，添置一批先进的测试仪器，并对各类产品制订和修订了企业质量标准。生产过程中以完善的理化检测手段对产品实行质量监控，并在"三、五、八"操作法的基础上，修订了"四、四、八"操作法，形成"自检、互检、专职抽检"的检测网络，开展全面质量管理，产品质量显著提高。东方制革厂的"三宝牌"黄牛修饰鞋面革自1979年后在全国皮革产品质量鉴定评比中获6次第一，并于1981年获国家质量奖银质奖；黄牛服装手套革于1990年获上海市优质产品二等奖。

5. 原料

牛皮革的主要原料是生牛皮（包括黄牛皮和水牛皮）和化工材料两大类。

1956年前，上海各厂所需的生牛皮自行向河南、安徽和山东等地采购，以后则由上海市皮革工业公司按国家调拨计划，统一分配给各制革厂，1958—1976年共购生牛皮747.9万张，年均39.4万张。改革开放后，进口生牛皮增多，1977—1986年共购生牛皮486.5万张，年均48.6万张，其中进口皮占52%，主要来自美国、澳大利亚、新西兰。1987年起生牛皮恢复由各厂自行采购，1987—1990年共购生牛皮155.56万张，年均37万张。

制革所需的化工材料，主要有红矾钠、栲胶、树脂、颜料膏、酸和碱等，由业内的上海皮革化工厂、新华皮革化工厂及物资系统的上海化工轻工公司供应。

6. 销售

新中国成立前，牛皮革均由各厂自设的发行所、门市部进行销售，主要供应制鞋、皮件等行业。1949年上海销售重革1000吨、轻革37万平方米。20世纪50年代，特别是私营工商业社会主义改造后，皮革生产计划性加强，产品被列为轻工业部计划产品，生皮熟革通过计划统一调拨。1956年上海市皮革工业公司成立后，产品由公司供销经理部统购统销。80年代以来，随着计划体制的改革和企业自主权的扩大，各厂又逐步恢复自产自销。1989年，牛皮革约有70%供给业内20家皮鞋、皮件厂，30%销往广东、北京、浙江、福建、安徽和江苏等地的80多家皮革制品厂。1990年上海共销售轻革76万平方米、重革476吨，共创利税1069万元。

2007年，上海富国皮革有限公司销售额达15亿元，产品基本上出口，远销美国、南美、欧洲、东南亚、日本、澳洲等国家。

二　猪皮革

1. 沿革

上海制革业素以牛、羊皮为主要原料，猪皮革档次低、销路窄。民国二十一年（1932年），金福记国货机制皮件厂生产少量猪皮箱包。民国三十一年至三十四（1942—1945年），牛皮资源由日伪统制，供应紧张，上海南阳桥杀牛公司开剥少量猪皮，供制革厂生产底革、带革等。

新中国成立后，为了发展皮革工业、补充牛皮资源的不足，益民制革厂首先试制成功猪皮正面革和绒面革。1950年年底在北京召开的全国首届制革专业会议上，上海益民制革厂厂长兼总工程师马爕芳做了猪皮制革的学术报告。鉴于国内拥有丰富的猪皮原料，轻工业部决定推广上海猪皮制革的经验，并将猪皮制革作为今后皮革工业的发展方向。1952年，上海有19家制革厂生产猪皮面革、底革、油浸革和装具革等，年产量达3.98万张。1954年，占全市制革业半数以上的300多家厂坊均兼产猪皮革，当年猪皮革产量占行业皮革总产量的30%。为鼓励生产猪皮革，于同年11月起，政府免征猪皮革的商品流通税，进一步推动了猪皮革的生产和销售。1955年，上海猪皮制革业共生产猪重革1006.7吨、猪轻革19.06万平方米，品种有皮鞋、箱包、皮球革和工业用革等10余种。

为了弥补猪皮毛孔大、粒面粗等缺陷，1959年2月，轻工业部在太原召开的第二届全国制革专业会议决定，在上海进行"美化猪皮革"试点，上海制革业在工程师张西林、石祥麟和魏庆元等人的试制下，通过运用磨面、起皱、喷涂和压花套色等新技术，使猪皮革化丑为美，生产的21种新产品供不应求。同年6月，轻工业部在上海召开现场会，向全国推广上海美化猪皮革的先进技术。1966年，上海红光制革厂和上海新兴制革厂被定为猪皮革生产专业工厂，共有职工465人，年产猪皮革85.5万张，品种25种。经过12年的发展，到1978年，职工增至728人，年产量达184.46万张，产品有猪鞋面革、猪箱包革、猪服装手套革、猪底革和猪球革等5大类产品，共35种品种、110种花色。1979年后，上海猪皮制革厂继续依靠科技进步，开发了高档猪正面革、服装手套革、软包袋革、苯胺箱包票夹革、软面皱纹革、猪皮修饰面革和皱纹球革等8大类产品，共50多种品种、250种花色。中高档产品的比例由1978年的10%提高到1990年的75%。

1990年，上海红光制革厂和上海新兴制革厂共有职工1173人，占地面积6.15万平方米，建筑面积4.93万平方米，固定资产（原值）2781万元、净值1779万元，年产猪皮革242.25万张，成为全国最大的猪皮革生产厂。

2. 工艺

猪皮制革工艺按准备工段脱毛、膨胀工序的不同，分为浸碱法和酶脱毛两种。

20世纪60年代之前采用的浸碱法工艺系灰碱法，是先将石灰与硫化钠的混合物涂于猪皮肉面静置1天，再手工铲毛，然后将皮浸入灰池使其膨胀，劳动强度大，工时长达10天左右。60年代初改进浸碱法工艺，以硫化钠和氢氧化钠为原料，将皮投入转鼓中脱毛、膨胀，操作简便，工时缩短至1天，且消除了石灰污染。为了进一步解决硫化物污染，1965年在轻工业部毛皮制革研究所的协助下，上海猪皮制革业首创酶脱毛工艺，使制革污水中不含或少含硫化物，而且生皮与酶作用后分解出大量蛋白质，能变害为利，支援农业生产。另外，与灰碱法相比，用酶脱毛工艺制成的猪绒面革，抗张强度提高25%；猪底革的浸灰、脱毛和软化等合并为一道工序，设备利用率提高1/3。因此，酶脱毛工艺很快推广到江苏、浙江、安徽、辽宁和陕西等地。

猪皮带油率较牛皮高10倍左右，投料前首先要经过去油的工序。20世纪60年代以前手工去油，每人日均去油30张，又脏又累；后改用机械刮油，每人日均去油达到900张。到60年代末，猪皮拔毛、剖层、鞣制、削匀、干燥和喷涂等工序都用机器操作，猪轻革生产周期由原一个月缩短至两个星期。1979年生产猪皮革225.6万张，比1970年的176.82万张增长28%。

1983年，上海猪皮制革业承担了国家"六五"（1981—1985年）时期科技攻关项目"高档猪正面革生产工艺技术研究"，由工程师兰幼民、祝明先、曹德演、温祖谋和吴鹤年等人对猪皮革生产工艺进行系统的研究，运用"多阶段脱脂、脱毛浸灰两步法、戊二醛预鞣、聚合物复鞣、剖蓝湿皮、苯胺整饰"等新技术，丰富和完善了猪皮制革工艺，使原猪正面革身骨板硬、涂层偏厚和塑料感重等缺陷得到改进，产品档次得到提高，平均售价由每平方米20.7元上升到36元。1988年，行业又承担了国家"七五"（1986—1990年）时期科技攻关项目"南方低次猪皮制革新技术研究"，在高级工程师祝明先、赖人纯、曹选惠、吴鹤年和杨雨滋等人的努力下，进一步完善了"多阶段脱脂、灰碱脱毛、臀部涂酶堆置、混合酶低温长时间软化，多种鞣剂复鞣填充和多阶段加脂、整饰"等技术，减轻了猪皮的部位差异，改善了南方低次猪皮粒面粗糙、伤残多等外观缺陷，使原来只能做劳保手套革、夹里革等低档产品的原料，也能做成绒面服装手套革等中高档产品，每平方米获利比攻关前提高2.37倍。这两项科技攻关项目，均获上海市科技进步一等奖和国家科技进步二等奖。

3. 技术装备

上海制革行业大多为硝皮手工作坊，生产以手工操作为主。20世纪60年代，行业内自制去肉机、拔毛机、搓软机和打光机等专用设备。到1966年，上海红光制革厂和上海新兴制革厂共有主要设备114台（套），机械化程度达45%，年人均劳动生产率为1.8万元。1970年和1973年，上海新兴制革厂试制成功电子量革机和可倾式转鼓，人均量革由每天500张提高到1000张；每台转鼓容量由500公斤提高到1000公斤。1980年，行业主要设备增至335台（套），其中自制设备197台（套），机械化程度达60%，年人均劳动生产率为3.6万元。

80年代，上海的两家猪皮制革厂引进一批国外先进设备。到1990年年底，共拥有主要设备515台（套），其中进口设备24台（套）、自制设备231台（套），机械化程度达80%以上，年人均劳动生产率达4.7万元，在全国同行业中名列榜首。

4. 质量

猪皮制革初期，全靠手感目测评估皮革质量好坏。1962年轻工业部颁发了皮革成品检测标准，上海制革企业按部颁标准制定了产品标准，并建立化验室，对皮革进行pH值、油脂、盐基度和水分等含量的测试。1980年以后，企业先后对20多种猪皮革制定、修订了产品标准，健全和完善了包括原材料、化工材料、在制品和成品等各项质量验收制度，添置了20多种理化检测仪，对猪皮革进行物理、化学性能检测。1980—1990年，猪皮革主要品种获轻工业部优质产品质量奖5项，获上海市优质产品质量奖3项，在全国皮革产品质量鉴定评比中，6次被评为第一。上海红光制革厂"飞轮牌"猪绒面服装手套革于1984年获国家质量奖银质奖。

5. 原料与销售

猪皮来源及熟革的销售和牛羊皮一样，在新中国成立以来40多年中，经历了市场调节—计划分配—市场调节的阶段。为了解决猪皮与猪肉的收购差价，大力推广猪皮制革生产，财政部、商业部、轻工业部于1966年出台了猪皮财政补贴的政策。

1980—1988年，上海财政补贴总额为4.14亿元。自1989年起，猪皮财政补贴逐年减少，至1992年全部取消补贴。1990年，上海猪皮制革业采购生猪皮223万张，其中江苏占60%、四川占25%、上海占15%；销售猪轻革300.74万平方米，重革80.6吨，其中市内销售占54%，外省市占46%。

三 羊皮革

1. 沿革

19世纪末，上海已有专业生产羊皮革的皮坊。民国元年（1912年），浙江绍兴人陈永兴开设的陈永兴皮坊，有从业人员6人，生产羊皮夹里革，年产量约2000张。民国八年（1919年）后，又有元兴皮坊、金燮记制革厂和马永记皮厂等相继开设，均以羊皮为主。民国二十五年（1936年），上海生产（包括兼制）羊皮革的厂坊有64家，从业人员有271人，年产量约10万张，品种有鞋面革、羊绒革和服装革等。抗日战争爆发后，上海皮革行业遭到破坏，皮革生产减少。民国三十四年（1945年），上海专业生产羊皮革的厂坊减至31家，有从业人员107人，产量约5万张。

新中国成立后，经过1956年的社会主义改造高潮，私营制革厂（坊）和个体皮坊通过公私合营和合作化，生产规模变化很大，30多家（包括兼制）羊皮制革厂合并建成久新、恒兴和金燮记等3家羊皮制革厂，有职工350人。由于羊皮革粒面细致、质地轻软、色泽艳丽，是高档皮鞋、手套和服装的理想材料，很受消费者欢迎，生产发展较快。1956年产量约100万张。1963年，恒兴制革厂改组为上海新艺制革厂。1970年，金燮记制革厂转产塑料制品。保留的两家羊皮制革厂产品作了专业分工，上海新艺制革厂生产鞋面革，上海久新制革厂生产服装手套革，时年产量150.54万张。1978年，两家厂有职工310人，年产羊皮革226.39万张，品种有羊皮鞋面革、服装革和手套革等3个大类，共15种品种、30多种花色。

进入20世纪80年代后，上海新艺制革厂和上海久新制革厂为了拓宽国际市场，努力提高档次、增加品种，先后试制成功具有国际水平的黑色打光革，开发生产了金银面革、珠光革、荧光革、纳帕革、抛光变色革和 KC 革等 25 种品种的高档产品，共有 250 种花色，使羊皮革中高档产品由 1978 年的 20% 提高到 1990 年的 75%。

1990 年年底，上海新艺制革厂和上海久新制革厂共有职工 496 人，固定资产"原值"943 万元、净值 526 万元，年产量 236.88 万张。

2. 工艺

羊皮革生产分服装（手套）革和鞋面革两大生产工艺。初期的羊皮制革沿袭了牛皮的制革方法，到 20 世纪 60 年代逐步形成了一整套完整独特的生产工艺。

服装（手套）革的生产工艺有浸灰工序。20 世纪 50 年代前是将皮浸在瓦缸内，不断翻动，生产周期 8—10 天。60 年代改用划槽浸灰，俗称老灰、中灰、新灰三池法，生产周期缩短到 6—7 天。但三池法工序往返、操作笨重，产品质量不易控制。到 1973 年，上海久新制革厂技术员吴连元等人改用转鼓滚灰，通过加强机械运动，加速皮张的化学反应，生产周期缩短为 2 天，工时效率提高 3 倍。鞣制软化工序，1950 年前一直是靠米糠发酵两昼夜完成。1958 年，吴连元把牛皮胰酶软化方法移植到羊皮上，只需 2—3 小时。虽然生产周期缩短，但皮面粒纹较粗。1965 年，上海久新制革厂率先应用胰酶加蛋白酶的方法软化山羊皮，使皮面细致，呈平纹状，产品质量显著提高，生产周期缩短到 1 小时，完善了羊皮革的软化工艺。酸皮削匀工艺，20 世纪 70 年代前沿用灰皮削匀，但背脊部位差，降低了皮革利用率。80 年代初，移植牛皮酸皮削匀方法成功，使整张羊皮纤维伸展伸平，革身丰满柔软，利用率提高 5%，生产成本下降。

1963 年前，上海羊皮鞋面革生产基本仿照牛皮革生产工艺，成品质量粗糙、颜色单调。20 世纪 70 年代初，采用复鞣工艺，使革身丰满、平整、挺括，内在质量明显提高。70 年代末，在整理生产中，采用打光新技术，使革面外观质量明显改进。80 年代，随着新技术的开发应用，鞋面革生产工艺进一步完善，采用金属铬合染料涂饰新技术，开发成功苯胺鞋面革，革面光亮度提高，达到国际先进水平；研究采用多色效应新技术，开发具有变色效应的双色鞋面革；此外，还生产了暗光革和纳帕革，提高了皮革身价。中高档产品由原来的 20% 上升到 75%，售价相应提高 50%。

3. 技术装备

新中国成立前，上海羊皮制革和牛皮一样，主要靠手工操作，全市设备仅有木转鼓 3 台、削匀机 2 台（套）、去肉机 2 台（套）、铲皮机 3 台（套）。1958 年自制了磨革机、轧水机和打光机等 19 台（套），电动机有 12 台（套），机械化程度为 10%，人均日产羊皮约 4—6 张。1963 年开展技术革新，用自制的简式飞轮铲皮机、理毛机等逐步取代劳动强度大的刨皮、理毛和铲皮等手工操作，机械化程度提高到 25%—30%，人均日产达 8 张左右。

20 世纪 70 年代后期，上海开始引进、购置一批专用设备逐步取代老设备。1979 年，上海新艺制革厂和上海久新制革厂制革设备增加到 70 台（套），其中引进设备 2 台（套），机械化程度提高到 40%—50%，人均日产 10 张以上。

80 年代，上海羊皮制革的技术改造列入国家项目，投资 400 万人民币和 140 万美元，引进法国、意大利等国的喷浆机、伸展机、去肉机、绷板干燥机和抛光机等 24 台（套），自制设备 4 台（套）。1990 年年底上海共有设备 363 台（套），其中羊皮革专业设备 317

台（套），机械化程度占72%，人均日产23张。

4. 质量

新中国成立初期，羊皮革由各制革厂兼业生产，产品质量均凭操作工人手感目测判断。产品按专业分工后，各厂均先后建立了质量检验机构，产品质量逐年有所提高。

1980年后，上海新艺制革厂和上海久新制革厂参照国际羊皮革标准，先后3次修订了抗张强度、收缩温度、蛋白酶活力、油脂含量、在制品水分，以及pH值、硫化钠等理化指标和色泽、革面粒纹等外观指标，作为企业内控质量标准。同时购置一批对皮革质量实施科学监控的检测仪器，有效地控制了产品在各道工序的质量。

新艺制革厂的"豹牌"鞋面革，久新制革厂的"丰满牌"服装革、手套革，获轻工业部、上海市优质产品质量奖8项，其中"豹牌"山羊鞋面革于1986年获轻工业部科技进步三等奖。这些产品在20世纪80年代全国羊皮质量的历届评比中，8次被评为一类产品。

5. 原料与销售

羊皮制革厂的生皮供应与熟革销售渠道的变化和发展与牛、猪皮基本相同。1990年，销售山羊鞋面革59.5万平方米，山羊平纹服装、手套革39万平方米，折合鞋面革160万张、服装革59万张、手套革33.5万张，其中上海久新制革厂KC高档山羊平纹手套革55772张，合1.7万平方米，首次直接出口到菲律宾，创汇20.8万美元。

第三节　制鞋

鞋，品种众多，以天然皮革为主要原料制成的统称"皮鞋"。包括人们日常穿着的普通皮鞋、用于劳动防护的特种皮鞋、专业运动鞋和旅游鞋4大类产品。

一　普通皮鞋

1. 沿革

清光绪二年（1876年），浦东鞋匠沈炳根仿照西方款式，做出了上海第一双皮鞋。次年开设前店后场的沈记皮鞋作坊，收了十多个徒弟，皮鞋制作技术从此传播开来。之后，上海的皮鞋店日益增多，有清光绪十六年（1890年）方其泰开设的泰昌皮鞋店、民国六年（1917年）余华龙开设的中华皮鞋店等，均附设有七八人的小工厂。民国八年（1919年），上海首家皮鞋厂——北京皮鞋厂在广东路山东路口开业，生产"方趾"牌男式皮鞋，有从业人员15人，年产皮鞋3500双。到民国二十六年（1937年），上海已有皮鞋厂坊500多家、从业人员3500人，年产皮鞋13万双，并有少量外销南洋。抗日战争爆发后，皮源紧缺，上海有100多家厂坊停产歇业。1940至1950年以及民国三十四年（1945年）后的两年，上海皮鞋业曾一度畸形繁荣，到20世纪40年代末共有皮鞋厂坊近千家、人数约4500人，年产皮鞋50万双。当时，上海的鹤鸣鞋帽商店、大不同皮鞋店和蓝棠皮鞋店等名牌鞋店均自设工场，自产自销，皮鞋的制作均采用缝线工艺，品种以沿条式和缚带式为主。

新中国成立后，人民政府为了恢复经济，组织全市失业工人生产自救。1949年10月，经上海市总工会皮鞋分会常委会决定，由唐瑜、刘鹤亭等50多人在浦东警局路10号青年会小学内创建惠工皮鞋生产合作工厂，1950年3月改名为"上海市手工业第一生产合作工厂"（上海皮鞋厂前身）。1950年9月1日，上海制鞋业同业公会成立，当时有成员1167家厂坊、从业人员3788人。20世纪50年代初，为了接受国家加工订货，在同业公会的指导下，众多的小作坊先后组成15家联营厂。1953年，随着加工订货业务的不断扩大，皮鞋业发展迅速，皮鞋厂坊有1079家，从业人员增加到6686人，年产皮鞋119万双，其中羊绒高跟女鞋和白呢靴等品种出口到苏联及东欧国家。1956年，上海市轻工业局所属上海皮革工业公司成立后，将312家公私合营的皮鞋厂进行裁并改组为143家企业；同年市手工业局所属皮革生产合作联社将614家小作坊组建为26家生产合作社。商业部门的蓝棠、华东、鹤鸣等名牌鞋店依然保留着前店后工场的经营特色。1958年，26家皮鞋生产合作社全部转为地方国营企业，统一划归上海市皮革工业公司管理。60年代，上海皮鞋业形成上海皮鞋厂、上海宝展皮鞋厂、上海第一皮鞋厂、上海第二皮鞋厂、上海亚洲皮鞋厂和上海光明皮鞋厂等一批骨干企业，开始生产胶粘皮鞋，品种有编结式、镂空式、搭襻式、船式和系带式等上百种。1965年，开发了以猪皮为主的模压、硫化皮鞋和人造革注塑鞋，年产量24.54万双。1979年后，模压硫化鞋年产量达501.37万双。

80年代初，上海皮鞋业对产品结构进行了调整，提出"翻新低档、发展中档、创优高档"的目标，以消费者的需要为出发点，以国外同类产品质量为目标，冲破传统落后的技术标准和操作习惯，组织专门力量生产新颖、高档、轻软、舒适的"八字皮鞋"。

1990年年底，上海皮鞋业共有企业119家，分属工业、商业和乡镇企业等3个系统，全年生产皮鞋2456.7万双（包括运动鞋459.6万双）。

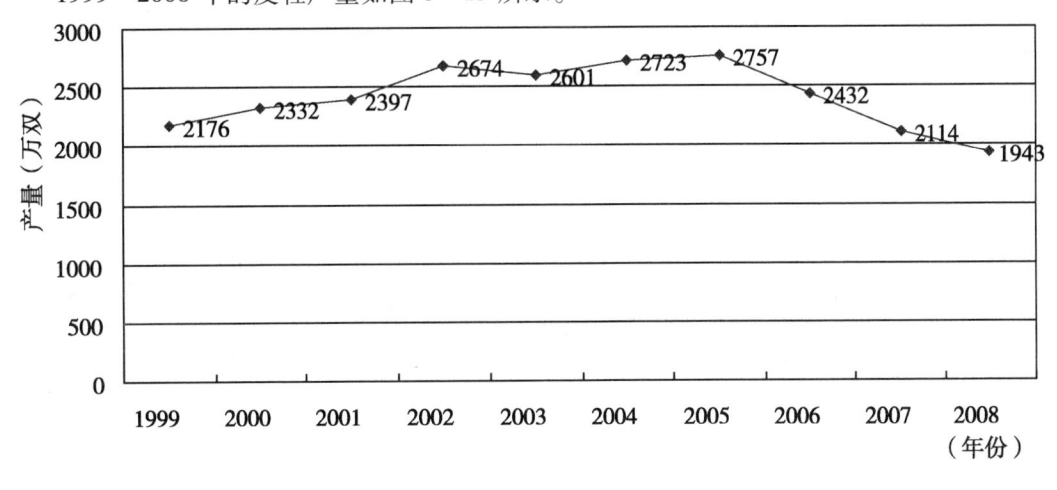

1999—2008年的皮鞋产量如图8-15所示。

图8-15　1999—2008年上海皮鞋业皮鞋产量示意

2. 工艺

皮鞋制作分制帮和配底两大工段。

新中国成立前，整双鞋帮从出样到制成大都由1个人独立完成。1956年后，制帮工段分划料、片皮、挹脚（折边）、制夹里和缝纫等5道工序，开始流水生产，劳动生产率提高60%以上。20世纪80年代以后，制帮工艺在传统的串、编、镶、嵌基础上，又创出捏筋、贴片、串珠、起皱、批裥、镂刻、电脑绣花和金属件装饰等新技术，帮样款式由

50多种发展到3000多种。

配底工段有缝线、模压、硫化、注塑和胶粘等5种工艺。1957年以前，该工段普遍采用缝线工艺，常用的方法有压条法、缝条法和透缝法，人均日产0.8双。公私合营以后，配底也将单干改为小流水乃至大流水生产。配底分出底料、钳帮、缝沿条、装勾心、填底心、合外底、缝内外线、装跟、修底、打蜡、出楦和整理等10多道工序，分工协作，发挥工人的技术特长，人均日产量提高到1.5双。

1964年，模压硫化工艺问世。这是一种利用橡胶热硫化原理，使帮底一次成型的新工艺，一改传统的配底方法，将烦琐的操作程序通过机器一次粘合成型。与缝线工艺相比，模压硫化工艺的效率提高10倍，同时还使成本降低，每双猪皮模压男皮鞋零售价仅7.65元，使中国丰富的猪皮资源得到充分利用，开创了皮鞋大众化的先例。1965年2月，上海第一皮鞋厂试制成功注塑配底工艺，以聚氯乙烯为鞋底原料，加热熔融注入底模，冷却后即与鞋帮结合成型，人均日产量达到76双。注塑工艺以塑料代皮革，缓解了国内皮革资源紧缺的矛盾。注塑鞋晴雨两用，价格便宜，在中国南方及东南亚一带有一定市场，1990年外销30万双。

胶粘工艺最早出现于民国十八年（1929年）。当时上海的陈嘉庚公司经过10年的悉心研究，发明橡胶胶粘工艺并用于制鞋。1959年，上海宝屐皮鞋厂利用废影片和丙酮制成胶粘剂，生产首批外销东欧的2万双胶粘皮鞋。1960年，上海皮鞋厂试制氯丁胶获得成功，使上海的制鞋工艺有了新的突破。胶粘工艺吸收缝线工艺牢固挺括的优点，克服了模压等工艺透气性差的弊病，楦型的变化不受工艺限制，品种更新换代快，同时还为皮鞋生产实现装配化、机械化开辟了道路。1963年，上海宝屐皮鞋厂吸收国外经验，结合自己的生产条件，实现皮鞋标准件装配化生产。该厂将皮鞋划分为外底、内底、支跟、包头和后跟等零部件，严格按工艺图纸的要求加工成标准件，最后统一装配成型，效率比原来提高1—2倍，并使皮鞋质量稳定在部颁标准以上。1981年，上海光明皮鞋厂采用冷胶装配工艺，使"红蕾"牌童皮鞋质量明显上升。1984年，上海亚洲皮鞋厂实现了卷跟鞋的全装配化生产，年产量增长40%。为了进一步摆脱手工操作、实现皮鞋的机械化生产，1986年，上海宝屐皮鞋厂、上海皮鞋厂等单位共同承接轻了工业部"七五"时期（1986—1990年）科技攻关项目——高档皮鞋机械化、装配化生产线的研究课题。通过4年对绷楦定位、机械帮样设计、鞋用轻质材料和热熔型胶粘剂等方面的研究，不断完善了装配化工艺，并形成年产高档女皮鞋15万双、高档男皮鞋10万双的生产流水线各1条。使皮鞋配底生产从手工、半机械化过渡到机械化，全员实物劳动生产率由手工的日产1.5双提高到4—5双，其中配底劳动生产率达到男鞋10双、女鞋17双的水平。

由于胶粘工艺在生产实践中不断发展提高，成为上海制鞋业的主要工艺。1990年，胶粘鞋的装配化生产在全行业推广，胶粘皮鞋产量由1960年的186万双，提高到1990年的1335.62万双。

3. 技术装备

新中国成立前，上海皮鞋业大都是家庭小作坊。除了榔头、钳子和锥子外，脚踏缝纫机是主要设备。20世纪50年代初，皮鞋业虽然进行了改造调整，但仍以手工操作为主。直到50年代末的技术革新运动中，脚踏缝纫机改为长轴电动缝纫机，并自制抛光机、披皮机、钉跟机、打蜡机和内外线机等制鞋设备，皮鞋业才逐步走上了机械化道路。1961

年，上海皮鞋业拥有专业设备546台，机械化程度为21.93%，工人日产量为2双左右。

六七十年代，随着模压、硫化和注塑工艺的诞生及生产规模的扩大，技术装备也不断加强。到1978年，行业内有注塑机、模压和硫化机320台，产量由1964年的4.65万双上升到485.6万双。

进入80年代，制鞋业引进了部分国外先进设备，有电解铸模机、带刀片皮机、双针和六针缝纫机、绷楦机、湿热定型机和配底流水线等。1990年，全行业拥有各类制鞋设备2531台，机械化程度提高到80%，达到国际80年代中期水平。

4. 质量

传统的皮鞋制作以实样为标准，由于工人技术高低不同，皮鞋质量优劣悬殊、风格迥异。20世纪50年代初，上海皮鞋开始外销后，参照进口皮鞋实样拟定了质量条例。直到1965年国家统一制定了皮鞋质量标准后，上海皮鞋业才有了正式成文的标准条例。由于检测主要采用目测、手捏、弯曲和拉伸等老方法，产品质量时好时差。

进入80年代后，上海皮鞋业参照国际制鞋标准，先后3次制定和修改了高于部颁标准的行业技术质量标准，并引进一批现代化检测仪器和设备，主要有剥离机、A型硬质机、阿克隆磨耗机、曲挠机、电光分析天平、可塑度试验机和橡胶疲劳龟裂试验机等，检测手段逐渐趋向科学、合理和高效。到1990年，全行业拥有各类检测设备106台（套），检测机械电子化程度达85%。

1980—1990年，上海皮鞋业生产的男、女、童皮鞋，35次被评为上海市优质名牌产品，获国家、轻工业部和上海市三级优质产品质量奖216项。1984年，上海宝屐皮鞋厂的"金鹤"牌女皮鞋获国家质量奖金质奖，1988年又蝉联国家质量奖金质奖；上海亚洲皮鞋厂的出口女皮鞋于1985年获出口产品免检证书，"美申"牌女皮鞋于1990年获国家质量奖金质奖；上海市服装鞋帽公司所属远东皮鞋厂生产的"凯凯"牌男皮鞋和"仙鱼"牌女皮鞋、卢湾皮鞋厂的"三角"牌男皮鞋均获国家质量奖银质奖。

5. 原料与销售

1956年之前，皮鞋业主都自行到大王庙、北海路和蓬莱市场一带的鞋料五金店、拆皮店（以一张或半张皮出售）采购原料，购买一两张牛皮即可进行生产，产品自产自销。

公私合营后，原料供应和产品销售按计划进行，这种经营方式一直延续到20世纪70年代末。80年代起皮鞋业供销环节恢复市场调节的灵活机制。1989—1990年上海皮鞋业自销皮鞋2500万双。

上海皮鞋出口已有60年历史，20世纪30年代鞋首次外销南洋，年销量1000双左右。50年代外销量不断上升，1957年销往苏联、东欧等国家49.86万双，1958年增至190.13万双，1959年达到191.04万双，1960年为162.37万双。1961年后，外销逐渐转向西欧及中国港澳地区。1974年首次出口到美国，以后又扩展到30多个国家和地区。1980—1990年，上海皮鞋业共出口皮鞋约2000万双，创汇达1.37亿美元，外销业务从20世纪50年代起以上海市畜产品进出口公司为主渠道办理。自1988年开始，上海皮鞋业小量自营出口，拓展了出口渠道。

1999—2008年的上海皮鞋销量如图8-16所示。

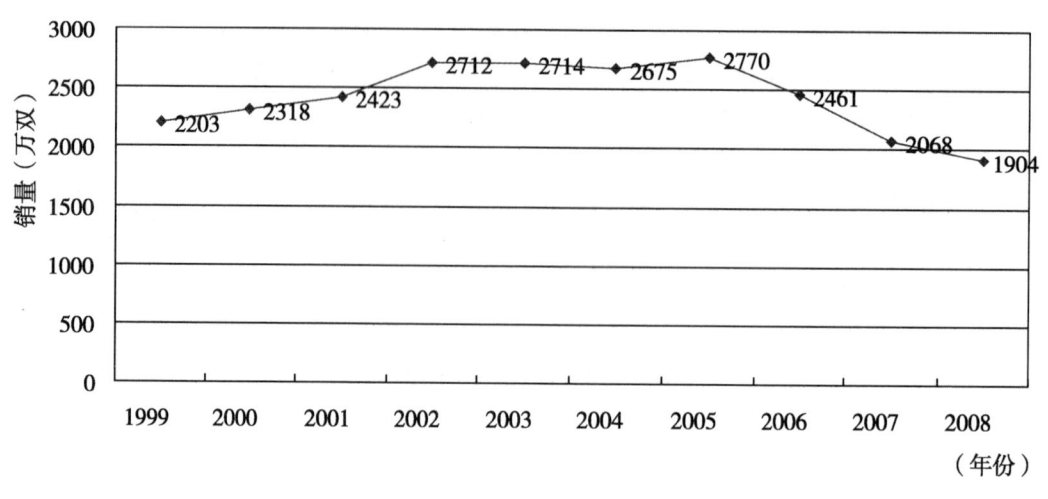

图 8-16　1999—2008 年上海皮鞋销售量示意

二　劳防皮鞋

1. 沿革

1950 年,上海生产劳动防护皮鞋的有长征制鞋厂等 15 家厂坊,年产量 3000 双。1954 年,劳动部发布《厂矿企业编制安全技术劳动保护措施计划的通知》后,上海劳防用品生产进入一个新的发展阶段,1955 年劳防皮鞋产量达到 1 万双左右。

1956 年全行业公私合营后,上海市皮革工业公司将 15 家皮鞋作坊、2 家皮鞋店和远东皮鞋厂合并成上海长征皮鞋厂,专业生产劳防皮鞋,有职工 290 人,1957 年产量为 1.39 万双。根据不同使用要求,劳防皮鞋的品种日益增多,20 世纪 60 年代有供钢铁工人使用的帆布镶牛皮车胎底劳防鞋、化工行业用的牛二层革车胎底劳防鞋;70 年代开发的有电工鞋、煤矿鞋和翻砂工鞋等品种;80 年代开发的有特种钢包头皮安全鞋、低压电工操作用的绝缘电工鞋、石油勘探用的耐油耐酸鞋、纺织女工用的健步鞋和地矿业用的地质鞋等。劳防皮鞋的产量随着国民经济的发展而日益增加,1960—1969 年产量为 100 万双,年均 10 万双;1970—1979 年产量为 145.7 万双,年均 14.5 万双;1980—1989 年产量为 385 万双,年均 38.5 万双。

1990 年年底,上海长征皮鞋厂共有职工 285 人,占地面积 2906 平方米,建筑面积 5300 平方米,年产值为 8421 万元,利润为 85.5 万元,固定资产(原值)186.5 万元、净值 116.3 万元,年产量 37.46 万双,是上海唯一生产劳防皮鞋的专业工厂。

2. 工艺与技术装备

一般劳防皮鞋的工艺和技术装备与普通皮鞋的制作大体相同。但是,适应特定条件下使用的特种劳防皮鞋的制作则有其特殊要求。1985 年,为适应电力工人在 380 伏以下低压带电作业的需要,上海长征皮鞋厂承接"低压绝缘电工劳动保护皮鞋"的开发项目,经反复研究试制,使橡胶底部绝缘性能标准以鞋内底与鞋底面耐压 5 千伏,试验 2 分钟内不击穿,漏泄电流每千伏不超过 0.7 兆安,鞋帮和鞋膛的透气性增强,完善了绝缘鞋的制作工艺。1987 年,该厂承接宝山钢铁总厂高温防砸安全鞋的试制任务,在上海市劳防研究所的配合下,制成散热快的耐燃橡胶鞋底,并采用特种轻型钢材制作鞋包头,突破了高温、防砸工艺的难点。这种安全鞋可耐 250℃—300℃ 高温，能承受 450 千克的静压力和 23 千克的冲击力，超过国外同类产品的性能，1988 年获上海市科技进步三等奖、优秀新产品二等奖、全国轻工业产品首届博览会铜质奖。1989 年，该厂又采用制鞋胶粘工艺，选用轻质弹性材料，研制成自重量仅 300 克的纺织女工劳动保护鞋，1990 年获轻工业部优秀新产品奖。

1985—1990 年，上海长征皮鞋厂引进和自制专用制鞋设备 220 台（套），其中引进放样机、裁断机等 6 台（套），全厂机械化程度达 86%，人均日产劳防皮鞋 2.5 双。

3. 质量

一般劳防皮鞋的产品质量检验标准和质量管理制度与普通皮鞋大体相同，但特种劳防皮鞋由于关系到人身安全，在质量上要求更高。上海长征皮鞋厂在 1980—1990 年中，先后 6 次制定、修订高于国家技术标准和国际劳防鞋标准的企业内控质量标准，内容包括大底的绝缘系数、耐燃指标、包头的硬度、内腔的温度和帮面抗张强度等 20 多项物理指标，并购置、自制了 18 台检测仪器，对劳防皮鞋质量实施科学检测，确保不合格产品不出厂。到 1990 年，上海长征皮鞋厂的劳防皮鞋质量检测机械化程度达 96.8%，"双盾牌"劳防皮鞋曾获轻工业部、上海市优质产品质量奖。

4. 原料与销售

劳防皮鞋的主要原料是天然皮革、合成皮革、橡胶和棉布等，供应渠道及变化与一般皮鞋相同。

"双盾"牌劳防皮鞋 70% 由上海市劳动防护用品商店专业销售，30% 用户订货，生产以销定产，供应上海市 100 多家工厂。"七五"期间共销售此种劳防皮鞋 240.5 万双，其中 1990 年销售 47.5 万双。

三　旅游鞋

1. 沿革

20 世纪 60 年代末，鞋底部不装钢钉、球齿的专业运动训练鞋，因穿着舒适，首先被美国鞋业制造商推广作为人们日常旅游穿用。此种鞋大底中间插有一层发泡塑料，穿着轻软舒适，富有弹性，鞋底防滑，适应平地跑跳、爬山越岭。到 70 年代，此鞋更是供不应求，畅销不衰。1978 年，有 58 年生产历史的上海运动鞋厂，根据上海市轻工业品进出口公司提供的国外样品，试制成猪绒面革为鞋帮的"火炬"牌旅游鞋，当年生产 10 万双供应出口。1979 年，外贸要货猛增，大大超过当时生产能力，因此上海市皮革制品公司将上海运动鞋厂、上海第十皮件厂等 4 家企业合并组建成拥有 1160 个职工的上海运动鞋总厂，主要生产外销皮制旅游鞋。1980 年，以生产普通皮鞋为主的上海皮鞋厂、上海第一皮鞋厂和上海第二皮鞋厂等也开始兼产外销皮制旅游鞋。

1982 年后，随着国内旅游和健身活动的兴起，旅游鞋消费热逐渐出现，旅游鞋生产进一步得到发展，上海市皮革制品公司系统形成"火炬"牌、"五圈"牌和"登云"牌等三大畅销牌号，到 1984 年，年产量上升到 210 万双，并进一步向高档化发展。自 80 年代开始，作为出口旅游鞋生产基地的"亚洲四小龙"，纷纷将劳动密集型的产品进行转移，大陆沿海城市生产旅游鞋的合资企业先后成立，发展迅速，1985 年以后有上海兴中皮鞋有限公司、上海金海鞋业有限公司、大伟力鞋业有限公司和华溪鞋业有限公司等 8 家合资企业相继开业。其中除兴中皮鞋有限公司（商标为"狼牌"）是上海第二皮鞋厂与港商合资的企业外，其余是外商与外贸公司、乡镇企业合资举办的企业。

1990年年底，上海共有旅游鞋生产企业14家，年产旅游鞋共443.02万双，这些企业中出口189.58万双。其中中外合资企业8家，年产130.67万双，其中出口50.15万双，分别占总产量的29.5%、出口数的26.5%。

2. 工艺与技术装备

1978年，首批开发生产的皮制旅游鞋是采用专业运动训练鞋生产工艺，将猪绒革鞋帮与块状橡胶成型底经胶粘压合而成。之后，在制帮、配底和帮面设计上先后出现多次发展变化，使旅游鞋的内在性能和外观造型日臻完美。

20世纪70年代末生产旅游鞋的主要生产设备是下料机、缝纫机、红外线烘箱、压床和抛车等。随着生产工艺的改进，80年代中期企业增加了炼胶机、发泡机、注塑机等设备，并按下料刀模化、缝纫机械化、胶粘支线组合化、配底装配化组建车间和配置流水线。1990年，上海旅游鞋生产行业拥有各类生产设备2405台，其中引进设备有189台，形成34条生产流水线，具备年产400万双旅游鞋的生产能力。

3. 质量

1978年，上海运动鞋厂开始生产皮制旅游鞋时，只是参照专业运动训练鞋的制作方法。在产量不断增加的情况下，1981年上海运动鞋总厂生产的9万余双旅游鞋出现鞋帮脱胶、断裂和鞋面松软等严重质量事故，遭外商退货索赔。国家有关领导对此提出严肃批评，上海运动鞋总厂为此停产整顿。为了保证产品质量，该厂重新研究、制定了工艺路线、技术操作规程和质量检验标准，并按全面质量管理要求，强化质量检验机构，添置一批测试仪器和设备，在厂、车间、小组三级组建较为完善的质量保证体系。1982年下半年，"火炬"牌皮制旅游鞋主要质量指标之一的鞋底胶粘剥离力由原来低于每2.5平方厘米4公斤，上升每2.5平方厘米5.7公斤，重新赢得出口信誉。1983年以后，"五圈"牌、"火炬"牌和"登云"牌皮制旅游鞋多次获轻工业部和上海市优质产品质量奖，"五圈"牌旅游鞋于1984年获国家质量奖银质奖；"火炬"牌皮制旅游鞋在1984—1988年期间连续5次获优质出口产品银质奖，1991年获国家质量奖银质奖；"登云"牌皮制旅游鞋于1990年获在北京举行的首届国际博览会金质奖。

4. 原料与销售

生产旅游鞋的主要原料由两部分构成，以牛、猪、羊等天然皮革和各种化纤合成革、尼龙布制做鞋帮，以EVA发泡材料与橡胶或聚氨酯制作鞋底。

1978—1981年，上海生产的皮制旅游鞋通过中国轻工业进出口公司上海市分公司销往欧美、澳大利亚、日本等国家和地区，外销量由1978年的10万双上升到1981年的107.2万双。人们通过穿着皮制旅游鞋，直接了解到皮制旅游鞋特有的轻柔、舒适和富有弹性的优点，加上城市居民由温饱型向小康型过渡中出现的旅游、健身热，皮制旅游鞋内销市场迅速被打开，销量与日俱增。仅"五圈"牌、"登云"牌和"火炬"牌旅游鞋，内销量从1983年的35万双猛增到1989年的151万双。1990年，上海共销售皮制旅游鞋441.8万双，其中外销189.58万双，创汇1119万美元。

四 专业运动鞋

1. 沿革

20世纪初，川沙籍鞋匠傅降临通过为外国人修理多种运动鞋掌握了运动鞋的制作技术，民国九年（1920年）在东汉璧礼路（现名"虹口区汉阳路460号"）创设了中国第一家运动鞋生产企业——傅中兴运动皮鞋店（1935年注册"火炬"牌商标），专业生产经营各类皮制跑跳鞋、足球鞋等运动靴鞋。民国十四年（1925年）时，该店生产的跑跳鞋、足球鞋和竞走鞋已很出名，年产量达3000双。民国二十年（1931年），曾在傅中兴运动皮鞋店当工人的唐芝山，在东大名路百乐坊开设协记运动鞋工场，主要生产皮制足球鞋。到民国二十三年（1934年），傅中兴运动皮鞋店和协记运动鞋工场共生产各类运动鞋7200双。八一三淞沪抗战爆发时，傅中兴运动鞋店毁于战火，后于民国二十八年（1939年）在愚园路485号复业。到民国三十四年（1945年），傅中兴运动鞋店和协记运动鞋工场生产的品种扩大到棒球鞋、举重鞋和橄榄球鞋等。新中国成立前夕，运动鞋生意清淡，定货锐减，上述两家企业裁员仅剩11个职工，年产量下降到2400双。

新中国成立后，体育事业蓬勃发展，专业运动鞋供不应求。1952年，履新皮鞋店、达美皮鞋作坊、维新皮鞋工场和裕昌皮鞋店等先后转产运动鞋，年产量达到5000双。在1956年公私合营高潮中，上述6家运动鞋厂和杨顺兴钢钉厂共同组成公私合营协记运动鞋厂，当年年产量增到5万双，品种扩大到拳击鞋、摔跤鞋和冰刀鞋；1958年，改名为"公私合营上海运动鞋厂"，有职工人数增加到228人，产品统一使用"火炬"牌商标，当年运动鞋产量达到8.8万双。1959年，第一届全国运动会召开前夕，上海运动鞋厂开发出国内第一批垒球鞋、手球鞋和射击鞋，并使跑跳鞋、足球鞋形成系列，年产量骤升到18.44万双。

20世纪60年代，企业开发出烫塑足球鞋、排球鞋、铁饼鞋、训练鞋、链球鞋、标枪鞋、投掷鞋和跳伞鞋等一批新鞋种，填补了中国专项运动鞋的空白。1960—1969年，上海运动鞋厂共生产各类运动鞋123.3万双，其中出口69.52万双，平均年产量为12.33万双，年均出口6.9万双。

自70年代起，中国和世界各国的体育交往更趋活跃，上海运动鞋厂的生产规模已难以满足迅速增长的内外销订货量。1973年，上海第九皮鞋厂并入该厂，职工人数增至330人，企业相继开发出注塑足球鞋、尼龙胶粘足球鞋和跑跳鞋等一批新品种。到70年代末，上海运动鞋厂生产的专业运动鞋已形成跑跳鞋、足球鞋、训练鞋和各类专项运动鞋共四大系列，鞋种达50多种，款式超过500种。1970—1978年该厂共生产各种运动鞋330万双，其中出口304.71万双，年均产量和年均外销量分别达到36.7万双和33.85万双的历史最高水平。1978年，上海外贸部门旅游鞋要货量骤增，上海市皮革制品公司调整企业结构，组建上海运动鞋总厂，下辖一、二、三、四分厂，职工总数达到1160人，其中运动鞋一分厂仍继续生产专业运动鞋，有职工333人，时年产量为48.5万双。

进入80年代，上海运动鞋总厂在重点开发旅游鞋产品的同时，仍然努力开发并组织生产国内外市场热销的专业运动鞋，1984年专业运动鞋产量仍达到48.75万双。自1985年起，各省市新办专业运动鞋厂增加，上海运动鞋总厂在国内专业运动鞋生产经营中的垄断地位受到挑战，产量逐年下降。因此，1986年二分厂和四分厂划出，改名为"环游皮鞋厂"和"宇宙皮鞋厂"。上海运动鞋总厂职工减至540人，其中150人生产专业运动鞋。

1990年年底，上海运动鞋总厂迁至宝山区南大路700号，新厂房占地面积为4395.6平方米，建筑面积为13000平方米，新增固定资产1400余万元，生产的集约化程度和规模效益得到显著的提高，工艺技术、生产条件、装配化程度、劳动条件都得到明显改善。1990年，该厂生产专业运动鞋16.58万双。

2. 工艺与技术装备

专业运动鞋品种繁多，工艺却大都雷同，1958年前以手工制作为主，之后随着技术进步，机器设备引入运动鞋生产过程，在工艺等方面不断有所改进。

足球鞋采用手工钳帮，帮与内底的结合采用手工缝线联结，帮与外底的结合采用手工钉钉工艺，鞋的头部加装包头并用刮浆烘干法硬化，鞋底部装的"球齿"是手工用刀把硬皮革削成圆形小块层叠而成。

跑跳鞋钳帮采用反套楦手工钳帮，经过手工缝线、拔楦、翻帮、排楦和装钢钉等工序完成全部手工工艺要求。

专业运动鞋生产工艺经过70年的发展，尤其是20世纪80年代以后，不断吸收现代皮鞋制作工艺的长处，已经与皮鞋制作工艺十分接近，区别主要在于各专业鞋在工艺上有特殊要求，跑跳鞋、足球鞋底部加装钢钉和球齿，举重鞋帮面要加固，乒乓鞋与网球鞋的底部要有防滑功能等等。1990年年底，上海企业专业运动鞋生产设备为224台（套），其中引进设备6台（套），机械化程度达70%以上。

3. 质量

新中国成立前，傅中兴运动鞋店和协记运动鞋工场对质量把关极严，生产的跑跳鞋、足球鞋驰名沪上数十年。中国20世纪20年代著名竞走名将、人称"神行太保"的周余愚和球王李惠堂，足坛精英贾幼良、张邦伦以及参加奥运会的著名短跑选手刘长春等都曾穿着这两家厂的产品创造过辉煌的成绩。

新中国成立后，企业发扬了为运动员测量脚样并按特殊要求定制的经营特色，满足运动员对赛鞋提出的质量要求。上海运动鞋厂生产的各种专业运动鞋，得到上海市体育系统运动员的广泛好评，其中田径鞋、青年式足球鞋和152式、103式足球鞋达到国际水平。自70年代起应用新材料、新工艺、新设备生产的羊皮尼龙底活络钢钉跑跳鞋和牛皮活络球齿足球鞋，每双重量只有360克，比新中国成立前的同类产品每双降低140克。因而穿着更为裹脚、舒适，且牢度、弹跳性、耐磨性和曲挠强度等指标都有提高。从20世纪50年代到80年代，郑凤荣、朱建华等打破世界跳高纪录的名将都长期穿着"火炬"牌各式跳鞋。"火炬"牌各类运动鞋的性能质量多次受到国家体委和国家队各专项运动高级教练和著名运动员的肯定，并成为国家队男、女组比赛指定专用鞋。1985年，上海运动鞋总厂与广州体育学院根据运动力学原理联合研制了背越式跳高鞋——斜底鞋，走出了一条依靠科学技术提高运动鞋内在质量的道路，产品经过试穿，获得运动员的一致好评。

鉴于"火炬"牌各类运动鞋40年来为新中国体育事业发展作出的成绩，上海运动鞋总厂于1989年获国家体委颁发的体育事业贡献奖。1990年，原国家体委副主任荣高棠为上海运动鞋总厂题写了厂名。1991年，"火距"牌线缝胶粘运动鞋获国家质量奖银质奖。

4. 原料与销售

专业运动鞋所需原料及供应渠道与皮鞋、旅游鞋基本相同。

销售对象主要是体育界和大中专学校的运动员。新中国成立前产品主要通过永安、先施和新新等三大公司及华东、连长记等体育用品专业商店向上海市内和外省市销售。民国十九年（1930年）起，厦门、南京等地也有商店经销。民国三十四年（1945年）前后，产品出口东南亚和日本等国家和地区，年外销量在2000双以上。新中国成立初，运动鞋销售量逐年增加。1956年销售量达5万双左右，同年被上海市文化用品采购站列为统购包销商品。1958年销售量增加到8.8万双，并首次向西欧、北欧出口冰刀鞋3万双，向苏联出口足球鞋6000双、跳高鞋2000双。20世纪60年代中后期，出口地区扩大到瑞典、英国、荷兰、日本、缅甸、中国香港、新加坡、澳大利亚等20个国家和地区。70年代，外销量进一步扩大，1978年达到50万双，占全年销售总量的95%，出口扩大到50个国家和地区。进入80年代，国际市场竞争日益激烈，上海运动鞋总厂的产品成本高，加上款式陈旧，不能满足外商在价格和款式上的要求，导致订货量逐年减少。1990年专业运动鞋的销量仅为16.5万双，其中出口7万双。

五 鞋楦及鞋跟

1. 沿革

鞋楦有直脚型和弯脚型两类。前者为生产布鞋、钉鞋等传统鞋类所用，后者为适应西式皮鞋造型而制造。鞋楦由直脚型向弯脚型发展是制鞋工艺的一大进步。

浦东人王生堂原在其父王阿荣于清咸丰元年（1851年）开办的王记鞋楦作坊学制楦技艺。清光绪二年（1876年），他和鞋匠沈炳根合作，仿照外国皮鞋款式，制作了弯脚型鞋楦，从而使西式皮鞋在上海首先问市。民国初期（1912—1915年），上海皮鞋工场所用的鞋楦、鞋跟，多数由王生堂的徒弟顾三生（新中国成立）开设的顾生记鞋楦作坊生产。鞋楦、鞋跟行业历来随着制鞋行业的兴衰起伏而变化。20世纪30年代末，上海全市的鞋楦作坊已发展到近百家。按照产品特色分为浦东帮——制作皮鞋楦、苏北帮——制作重鞋楦、常州帮——制作女式翻鞋楦和绍兴帮——制作布鞋楦等。新中国成立前，上海有鞋楦、鞋跟手工作坊60余家、从业人员150余人，其中较有名气的有顾生记、发记和包兴昌等鞋楦作坊。

1950年，上海在市工商业联合会推动下，建立了鞋楦木跟木屐同业公会。1954年，上海有鞋楦作坊67家、木跟作坊13家、职工190人，年总产值20.66万元。经过1956年手工业合作化高潮，组成5家手工业生产合作社，1958年均过渡为地方国营工厂，当时有上海鞋楦木跟厂、东方鞋楦厂、群力木跟厂和沪江木跟厂等4家。同年年底群力木跟厂并入东方鞋楦厂，沪江木跟厂并入上海皮鞋厂。1958年，上海鞋楦木跟厂和东方鞋楦厂生产鞋楦19.81万双、木跟42.09万双，总产值60.61万元。1969年年底，上海鞋楦木跟厂和东方鞋楦厂合并为上海鞋楦厂，成为上海市唯一生产鞋楦鞋跟的专业工厂，有职工209人，1970年生产鞋楦25.9万双、鞋跟45万双。从1975年起，上海鞋楦厂开展"以塑代木"的研制工作，率先用ABS树脂和改性聚苯乙烯制成鞋跟；1981年该厂技术人员郁重明等开始用高、低压聚乙烯混合料制成塑料鞋楦；1990年试制成功并投产新品种塑料2节弹簧鞋楦。

1990年年底，上海鞋楦厂共有职工282人，年产鞋楦54.1万双（其中塑楦11.6万双）、鞋跟278.4万双（其中塑跟198.6万双），品种达150种。该厂拥有固定资产原值565.3万元，占地面积3975平方米，建筑面积6860平方米，成为全国最大的制楦、制跟专业工厂。

2. 工艺与技术装备

上海鞋楦、鞋跟生产分木制和塑料两大工艺。

早期的楦、鞋跟原料均是木材，全为手工制作，生产效率低、品种少、式样单调。20世纪40年代末，制楦师傅林成达将方盖楦改为圆盖楦，克服了皮鞋脱楦难的缺点。50年代合作化后，上海开始采用木楦毛坯断料机和鞋跟扦底机。1962年后，逐步使用刻楦机、带锯机、毛坯机、砂轮机、磨底机和刻跟机等，有效地解决了鞋楦、鞋跟仿型扩缩比例失真大的问题。至1976年，全市拥有购置、自制生产设备55台（套），机械化程度达到80%。

塑料鞋楦鞋跟工艺。塑跟生产采用注塑工艺，依据各种模具一次成型，具有表面光滑、含钉力强、变形性小和抗冲击强度大等特点。1982年，上海鞋楦厂郁重明率先采用锌合金浇铸成型模具新技术，使模具制作由25天缩短到5天，开模速度提高4倍，塑跟品种由50多种增加到近百种。塑料鞋楦生产采用加温注塑冷却工艺，按照模具先制作毛坯楦，后经机械加工精刻成楦。塑料制楦工艺的试制成功，使毛坯楦生产周期由木楦的40天缩短为1天，减少了大量的流动资金及堆放场地。塑楦像木楦一样能铣、刨、锯、钉，又比木楦的含钉力强、稳定性好，从根本上解决了木材资源日趋紧缺与鞋楦需要量不断增长的矛盾。1986—1990年，郁重明等人研制成功塑料2节弹簧鞋楦，解决皮鞋脱楦时"门口"崩裂和脱楦难问题，为制鞋业实现机械化生产创造了条件。

20世纪80年代，上海鞋楦厂重点发展塑料鞋楦、鞋跟新品种，投资233万元，先后从英国、意大利、联邦德国引进双头鞋跟注塑机、十工位鞋跟注塑机、塑料楦坯成型机、弹簧楦铣槽机和放样机等16台（套）重点设备。同时，该厂自行设计改造塑楦生产流水线有关专用设备，其中由上海鞋楦厂朱福顺为主设计和监制的SJJ014型刻楦机于1985年获上海市科技进步三等奖。到1990年，共吸收、消化和自制设备53台（套），使制楦、制跟基本上实现机械化和半自动化。

3. 质量

鞋楦、鞋跟早期是照来样把大小、长短做得基本相似即可，全凭经验判断质量好坏。1958年始用卡钳检测鞋楦后跟高低、头势厚度，对楦身和楦底宽度用纸板标准样测定。1972年始，上海鞋楦厂制定了鞋楦、鞋跟质量标准，内容除规格尺寸公差、检测方法外，还包括材料种别、含水率、硬度、含钉力、抗弯程度、复钉次数、热塑稳定性、比重和含油脂等10项物理指标，以及鞋楦的造型、色素和光洁润滑等3项外观指标。20世纪80年代，为严格质量检验纪律和监控质量标准的实施，该厂购置、自制了11台（套）先进的质量检测仪器和设备，主要有鞋楦测量仪、示弧器、拉力机和磨耗机等。到1990年，上海的鞋楦、鞋跟质量检测实现了机械化。

4. 原料与销售

制作鞋楦、鞋跟的原料主要是木材和塑料，其中木材的材种有柞木、椴木和桦木等。1975年开始生产塑跟、塑楦，所用原料为ABS树脂、改性聚苯乙烯、高低压聚乙烯和聚氨酯等。

鞋楦、鞋跟以销定产，供需双方直接订货。销售对象为以上海为主、江浙等省为次的近千家鞋厂。1958年以后，销售量增长较大，当年销鞋楦19.81万双、鞋跟42.09万双；1970年销鞋楦25.9万双，鞋跟48.2万双。

自1975年起开发了塑跟、塑楦新产品后，销售形势更好。1981年销售鞋楦35.1万双，木跟125万双，塑跟145.9万双；1990年销售鞋楦54.1万双（其中塑楦11.6万双）、塑跟198.6万双、木跟79.8万双。

1980—1990年，上海鞋楦厂共销售塑楦73.9万双、塑跟2197.4万双，共节约木材2.1万立方米，1983年获上海市木材节约代用先进单位称号。

六　橡胶配件

1. 沿革

20世纪30年代，上海就有以"开发司"（旧轮胎内层）配底的皮鞋问世，由于价格低廉、穿着牢固，颇受一般市民欢迎。之后有橡胶厂专门生产橡胶底供应鞋厂，声誉较好的有上海工程橡胶厂生产的"喜喜底"等。50年代皮鞋行业社会主义改造后，上海皮鞋企业生产能力大大提高。为解决皮鞋和橡胶制品分属两个主管部门带来协作上的不便，1965年2月，原属上海市橡胶工业公司的大裕橡胶厂划入上海市皮革制品公司，并改名为"上海皮革橡胶厂"，有职工168人，专业生产鞋用橡胶配套件。

1966年，皮鞋行业发展模压皮鞋，该厂专为鞋厂炼制橡胶，供应橡胶大底料。自1970年起，生产各种款式的橡胶成型皮鞋底，当年产量7.39万双；1980年生产橡胶型运动鞋底、皮鞋底和运动鞋底的总产量达82.86万双。

为了增强橡胶配套件的生产能力，上海皮革橡胶厂与胜利汽车附件厂于1981年6月实行国集合营，扩大了生产场地，职工人数增加到504人；1982年开发了透明橡胶底，并应用上海皮革研究所的科研成果，制成橡胶与塑料粒子合成的橡塑型仿牛皮底革的高档鞋底；1985—1990年，又先后试制和投产了双色、多色运动鞋底、网球鞋底、橡塑插层复合底、工艺鞋底等20多种鞋底。

1990年年底，上海皮革橡胶厂生产各种鞋底114.5万双，工业总产值1347.3万元，有职工635人，固定资产（原值）871万元、净值739万元，占地面积1.874万平方米，厂房建筑面积1万平方米。

2. 工艺与技术装备

鞋类橡胶配件成型的硫化工艺和一般橡胶制品基本相同，而复合硫化工艺则是1982年新创，即把橡胶仿皮底分为面料和底基2层，分别加工成半制品后，再经高温、高压进行复合硫化，成为分层清晰的制品。1983年，上海又首创国内印刷技术，直接把面料印刷到底基上（底基表面印刷面层图案），经复合硫化为牛皮纹高级仿皮底。1986年，采用各种面料套模的方式进行复合硫化成型，创制了双色网球鞋底和多色运动鞋底，并于1989年获轻工业部优秀新产品奖。

上海皮革橡胶厂的生产设备和一般橡胶制品厂基本相同，有炼胶机、硫化机和硫化罐等。1990年10月，该厂为提高配件生产能力，投资700万元在大场南路690号新建厂房6238平方米，新装密炼机2台（套）、大型开炼机6台（套）、各种平板硫化机30台和2

吨、4吨锅炉各1台（套），形成年产橡胶配件200万双的生产能力，较20世纪80年代初增长1倍。

3. 质量

自1965年起，上海皮革橡胶厂对橡胶配件制定了技术质量标准，但检测仪器不全、管理制度不严、产品质量不够稳定。1981年，上海运动鞋总厂的出口运动鞋发生事故，由上海皮革橡胶厂配套生产的鞋底有43%出现断裂，使运动鞋总厂蒙受退货损失50多万元。为了吸取教训，该厂健全、建立了严格的质量管理制度。1989年，该厂又参照国际橡胶鞋底的质量标准，修订了各种鞋底的扯断力、伸长率、磨耗、比重、硬度和曲挠等物理性能指标，以及外观质量方面（表面杂质、气泡、缺胶、花纹）等企业内控技术标准，使产品质量得以稳定和提高。1982—1990年，该厂共获5项轻工业部和上海市产品质量奖。

4. 原料与销售

鞋用橡胶配件的原料主要是橡胶和各种化工产品。

1984年开始自产自销，除业内配套60%外，40%自销给各地200多家企业。1990年销量为114.5万双。

第四节 毛皮

裘皮是指取自野生动物和家畜身上能制裘的各种动物毛皮。中国能制裘的野生动物有黄鼠狼、貂、艾虎、猸子、獾、水獭、狐、香狸、猞猁、草兔、灰鼠、旱獭等几十种，家养动物能制裘的有绵羊、小湖羊、山羊、家猫、狗、水貂、蓝狐、海狸鼠等10多种。中国利用毛皮的历史悠久，除国内消费外，还大量出口，是传统出口商品之一。

一 沿革

从清咸丰九年（1859年）起，上海就有裘皮及其制品出口。上海解放后，上海市畜产进出口公司的前身中国皮毛公司华东区公司从1950年就开始出口裘皮及其制品，至1995年，共出口货值4.76亿美元。1973—1982年，上海出口的裘皮及其制品有5年为全国第一（1976年、1977年、1978年、1979年、1982年），4年为全国第二（1973年、1975年、1980年、1981年），1年为全国第三（1974年）。进入20世纪90年代，国际上开展保护绿色运动，全球气候转暖，上海裘皮出口呈下降趋势。

为了发展上海的毛皮及制品工业，1954年年初，中国畜产公司华东区公司在大场镇南大路征地建仓库，至1958年年初，畜产大场仓库已形成初具规模的中型仓库及综合性畜产加工整理厂。1956年1月公私合营时，上海市的硝皮行业有12家，染皮行业有9家，裘皮批发商行业有16家，先后划归该厂。另有黄狼皮、裘什皮、猪鬃、羽毛整理等均搬到大场集中加工。1958年7月征用土地建造硝皮车间、羽毛晒毛棚和猪鬃晒毛场。同年8月正式成立大场加工整理厂。此后，先后更名为"中国畜产进出口公司上海市分公司皮张加工厂""上海皮张厂"，1987年3月21日，改为"上海皮毛总厂"。

上海皮毛总厂主要经营皮毛鞣制、皮毛制品制造以及革制品、皮鞋、皮革服装等。主要加工生产水貂皮、黄狼皮、小湖羊皮、银狐皮、蓝狐皮、貉子皮、国产狐皮等各种高、中档出口及内销裘皮服装、皮领、皮革制品、皮鞋，兼各种裘皮原料的收购、验收、化验、检疫、加工整理、出口检验、仓储运输以及裘皮商品国内购销业务等。经过 40 余年的发展，该厂已成为上海市主要的以硝染裘皮服装制品为主，革制品经营为辅的综合性外贸生产企业。

1996 年 3 月，上海皮毛总厂和上海鬃刷厂改制合并成有限责任公司。2001 年，皮毛总厂关闭，标志着皮毛鞣制业基本上从上海市场中退出。

二　工艺与技术装备

在 1958 年以前，裘皮的硝制方法，一直采用古老的米、面硝制法。这种古老的硝皮方法，硝出的裘皮容易发霉且有灰、有臭味。从 1958 年开始，上海畜产进出口公司皮张加工厂摸索化学硝皮的新配方。经过 4 年多对铬鞣、醛鞣、酸鞣、铝醛鞣等 10 多种化学硝皮配方不断反复试验，总结出甲醛鞣制配方较为理想。但 1964 年创造的甲醛鞣制配方由于采用麸皮软化配方，有时会出现皮张发黄、有油渍、有气味、有灰等，还带有粮食硝皮的尾巴。为了克服这一缺点，该公司采用工业胰酶代替麸皮，并经过 80 多次试验，控制了酸碱度（pH 值），严格掌握硝皮的时间和温度，终于在 1969 年 4 月革新成功一种"酶软化醛鞣新工艺"。这项硝皮工艺的革新，以企业年硝 150 万张皮计算，可节省粮食 10 多万斤，而且克服了米硝灰多、发臭、不柔软、落水后皮板发硬等缺点，使我国的硝皮技术达到了国际水平。

皮张硝皮过去均采用人工铲大刀的原始方法，皮张加工厂硝皮车间的水作铲皮大刀，自古相传已有 3000 年的历史，据说还是周朝时代的操作工具，硝皮工人几千年来一直是使用笨重的大刀铲皮，劳动强度大。1958 年该厂先后创制出人字式、八一式、五一式铲皮机器，结束了过去硝皮采用人工铲大刀的原始方法，大大减轻了工人的劳动强度。1960 年 4 月，铲皮大刀被送进中央革命博物馆作为历史陈迹收藏。除了铲皮机器外，皮张加工厂还研制出除灰机、黄狼皮量尺机、喷油机、电动划水机、水平拉长机、系列玻璃钢划槽、系列裘皮开条机、裘皮印花机、双头毛货机等机器。

缝制裘皮制品的主要工具是缝毛机。

三　质量

毛皮品质检验，1950 年开始均按照标准抽样检验，1953 年改为驻厂检验，直至 1958 年 6 月，出口毛皮类商品检验工作转移给上海市畜产进出口公司大场皮张厂自行负责检验，商检局派员下厂进行监督检查，出口时凭厂检结果单经审核后出证放行。商检局下厂检查时，按生产环节抓重点，将厂方已分好级别、尺码的皮张，抽取数百张鉴别等级、丈量尺码或在包装完好的成品中抽查，检查是否符合合同规定的等级尺码比例，色泽是否均匀，产地是否一致，并核查存样，发现问题及时做出处理。根据历年来抽验情况，一般都能符合规定，无返工情况发生。

1980 年以后，上海皮毛总厂生产的"金叶"牌水貂皮串刀大衣荣获国家金质奖。"金叶"牌黄狼皮串刀大衣、小湖羊皮大衣、硝制小湖羊皮、硝制狐狸皮、水貂皮等 7 个产品获"部市级优质出口商品"称号。黄狼皮串刀大衣、水貂皮大衣、狐皮大衣、珍珠羔皮镶革短大衣、水貂皮大衣、貉子皮大衣、小湖羊皮披肩、蓝狐皮嵌革长大衣等 90 个产品荣获全国毛皮行业及全国出口裘皮服装质量评比奖，其中一等奖 5 个、二等奖 3 个、三等奖 1 个。

四　原料与销售

中国能制裘的野生动物和家养动物有 30 种左右，主要原料有黄狼皮（从野生动物黄鼬剥取的皮张，是中国的特产）、小湖羊皮（未经哺乳的湖羊幼体毛皮，毛色洁白光润，具有天然波浪形花纹，制裘后可染成各种颜色）、水貂皮（从人工饲养的水貂身上剥取的皮张，有"裘皮之王"的美称），还有家养的低档裘皮如兔皮、猫皮、狗皮等，野生的草兔皮、旱獭皮、水獭皮、猸子皮、狸子皮、獾皮、艾虎皮等，在 1962 年国家还没有颁布保护野生动物资源条例之前，还有少量价值很高的老虎皮、豹皮等。

上海的裘皮及制品除了少量供应本地市场外，主要是出口。从清咸丰十四年（1888 年）至民国三十八年（1949 年），上海口岸出口裘皮半成品有狗皮垫等 10 种共 120.96 万条，出口裘皮成品有各种裘皮服装 20.65 万件。1950—1995 年上海出口裘皮半成品货值 15299.09 万美元，出口裘皮成品货值 17083.98 万美元，其中裘皮褥子是上海的传统出口商品，在 20 世纪 70 年代达到鼎盛时期，销往地扩大到五大洲 26 个国家和地区，出口量达到 418 万条、7250 万美元，分别是 20 世纪 60 年代的 4 倍和 14 倍。80 年代是上海畜产进出口公司裘皮服装出口的全盛时期，出口 141.76 万件，货值 8545.46 万美元。比 70 年代量值分别增长 286.48% 和 219.86%。20 世纪 70 年代，上海畜产进出口公司及所属皮张厂利用各种裘皮碎料作原料，精心制作小猫、小狗、老虎等各种立体小动物，形象逼真、栩栩如生，他既是一种可供摆设的艺术品，又可供孩子们作为玩具用，经出口推销后一举成功。1975 年开始向中国香港、日本等地试销，至 1979 年，出口货值 79.11 万美元。1975—1995 年，裘皮立体动物出口累计货值 752.28 万美元。

第五节　皮手套及皮革服装

一　沿革

上海生产皮手套和皮革服装始于 20 世纪初。民国元年（1912 年），上海已有人仿照舶来品用羊皮革制作服装。民国八年（1919 年）1 月，嘉定人甘信孚在爱多亚路（现名"延安东路"）391 号开设专业生产皮革服装的永利皮衣号，有从业人员 5 人，年产量 200 件左右。20 世纪 30 年代，南市旧校场一带逐步形成兼营生产日用皮手套的皮件作坊群，其中以信华皮革制品厂和祥生皮件工业社较有影响。30 年代中期，与外货相比，国产皮革手套已无逊色，颇受国内外用户欢迎。在皮件行业中，皮革服装发展较晚，40 年代后期，制造皮革服装的作坊才发展到 16 家，以猎装、大衣和夹克等 3 种品种为主，其中华昌祥皮革服装厂生产的"飞鹰"牌皮革服装较为著名。直到新中国成立初期，皮手套、皮服装仍属高档商品，消费市场狭小。

1952 年，上海兼产皮手套的私营作坊和合作社有 78 家，年产量仅为 5.4 万副，品种款式单调；同年，为维持生产，经上海市贸易信托公司订货扶持，开始生产劳防皮革手套。1954 年，上海 39 家生产皮革服装的厂坊生产皮革服装 1.94 万件、皮帽 2000 顶。

1956年在社会主义改造高潮中，32家皮革手套厂合并为信华皮件厂、庆华皮件厂和张洪茂皮革制品厂；42家个体手工业户组建成上海第十三皮革制品合作社，生产经营皮革手套；39家皮革服装厂（坊）经裁并改组成立专产皮革服装的华昌祥皮革服装厂。随着第一个五年计划的完成，国民经济日渐好转，皮革手套、皮革服装的生产有了一定程度的发展。1958年，皮革手套年产量达47.84万副、劳防皮革手套29.6万副，皮革服装年产量上升到3.85万件、皮帽7.90万顶。1959年，皮革手套业开始以PVC人造革制作中、低档手套，但劳防手套的产量仍占多数。1960年，生产劳防皮革手套421万副、皮革手套53.58万副，皮革服装产量也迅速上升到12万件。1961—1963年，皮革资源紧缺，皮手套、皮服装生产陷入困境，其中1962年皮革手套、劳防手套和人造革手套仅生产21.48万副，皮服装也骤降至0.47万件。直到1965年，生产方有所回升。此后10余年里，除1967年开发生产皮裙、裤、背心等新品种供应出口外，上海皮革手套、服装行业变化不大。华昌祥皮革服装厂于1967年改名为"上海第五皮件厂"。1979年，该厂皮革手套总产量达到1014.44万副，其中皮革手套74.94万副、人造革手套721.11万副、劳防手套218.39万副。1984年，上海第五皮件厂改名为"上海皮革服装厂"。20世纪80年代中期，皮手套、皮服装业注重调整产品结构向附加值较高的中、高档产品发展，采用尼龙绸、TC布和塔丝龙等针织新面料，生产国际市场畅销的运动型手套和新潮套装、时装。

80年代后期，随着改革开放的不断深入，皮手套、皮服装行业相继出现一批属于商业、乡镇和地区办的企业。1990年年底，上海共有皮手套、皮服装生产企业21家（生产皮服装的企业为11家），共生产皮革服装82.18万件、皮手套886.82万副。其中商业和乡镇办企业有18家（著名的有第一西比利亚皮货公司、豹王皮草行、东方皮革服装厂和华达皮件服装厂等），生产皮革服装66.53万件、皮手套245万副，分别占全市总量的80.95%和27.62%；上海皮革公司有上海皮革服装厂、上海第四皮件厂、上海皮鞋厂手套车间和上海皮革手套厂等4家，生产皮革服装15.65万件、皮手套641.82万副，分别占全市总量的19.04%和72.37%。

二　工艺与技术装备

皮革手套和皮革服装均系用传统缝合制作工艺。

初期制作手套的工艺分为全内缝和全外缝两种，20世纪30年代末引进日本内外缝缝制工艺，使手套既具一定牢度，又兼顾套戴舒适。1963年，PVC人造革手套的手指两侧采用纱线条并缝工艺，适度解决了透气性能差的缺点。70年代后期，又从日本引进手套弓型设计新技术，根据人手在自然状态下的弯曲特点，设计制作了弓型手套，比传统的直指手套穿戴更为舒适。在皮革服装制作上，1979年采用国际流行的刀划面料新工艺，代替以往几十年用剪刀裁料的传统方式，使料片制作的生产效率提高25%—30%。自80年代起，随着手套向中、高档装饰和配套型发展，在生产运动型日用手套时，采用拼、镶、嵌、印（丝网印刷）、压（高频热压）、绣（电脑绣花）等新技术。1983年，上海市皮革制品公司组织皮革手套生产行业与复旦大学、上海自然博物馆联合组成人体手型调查组，对全国10多个省市各行业4万人进行了手型测量，收集数据120万个，制定了手套的新号型，开发出"净样板"出样新技术，1986年和1987年分别获上海市和轻工业部科技二等奖。1989年12月，上海皮革手套行业又会同上海大学工学院计算机应用教研室联合开发研制 SLG-1 微机辅助手套优化设计系统，将传统的手工设计改为计算机辅助设计，实现设计科学化、排料高效率。

20 世纪 60 年代前，上海生产日用皮革手套和皮革服装的主要工具是缝纫机。70 年代，企业购置切纸机、烫线机、花色背筋车、电动裁里机和喷光机等应用于生产。1979 年，皮手套和皮服装的全员劳动生产率达 29767 元。80 年代从英国、日本等国引进下料机、各种类型缝纫机和电脑绣花机，缩短了同国外的技术差距，提高了竞争能力。1990 年，上海皮革公司系统的 4 家手套、服装厂共有各种设备 2132 台（套），拥有固定资产（原值）1106.4 万元，全员劳动生产率达到 40894 元，比 1979 年增长 37.4%，比 1969 年增长 2.32 倍。

三 质量

1984—1990 年，上海皮革服装厂的"金羊"牌皮革服装获上海市、轻工业部、国家经委三级优质产品奖 29 项，其中山羊平纹革皮革服装于 1985 年 12 月获国家质量奖银质奖、绵羊革皮夹克于 1986 年 9 月获德国莱比锡国际博览会金奖、绵羊革皮革服装于 1987 年获国家质量奖金质奖。上海第四皮件厂的"金冠"牌上海皮革手套厂的"海鸥"牌、"金猫"牌皮革手套也分别获上海市和轻工业部优质产品奖 6 项。

四 原料与销售

生产皮革手套和服装的主要原料是羊皮革，原料来源及变化和前述其他皮革制品行业相同。

新中国成立前，皮手套和皮服装的销售市场主要在国内，20 世纪 30 年代约有 20% 的皮手套销往新加坡、菲律宾等地。新中国成立后，皮手套、皮服装逐步由自销转为由中国百货采购供应站统购包销，劳防手套则由上海市贸易信托公司加工订货。自 1954 年起，部分产品由上海市畜产品进出口公司通过中百站订货收购出口到苏联及东欧。60 年代以后，外销市场逐步转向欧美及日本、中国香港、东南亚等国家和地区。80 年代后期，内销主要依靠自设门市部销售网点和市内外各皮件经营单位。1990 年，上海皮革公司皮手套总销量为 611.52 万副，其中外销 499.97 万副，占 81.76%；皮服装总销量 137059 件，其中外销 100958 件，占 73.66%，共创税利 953.56 万元，创汇 1505.20 万美元。

第六节 皮件

皮件，习惯泛指以天然皮革为原料制成的、除皮鞋外的各种日用品和军需品，有皮箱、包袋、票夹、手套、服装、裤带、表带、刀鞘和马鞍等。20 世纪初，随着上海现代工业的发展，出现为机器配套的机用皮件，属于生产资料中一个新的门类。民国三十七年（1948 年），上海皮件业有大小皮件厂、坊 560 家。

20 世纪 50 年代初，皮件生产逐渐复苏。1955 年，皮件厂发展到 238 家，另有个体手工业作坊 560 家。按大类产品分为大件、软件、机用皮件、中式皮箱、樟木箱和旅行袋等 6 个小行业，从业人员 5385 人，拥有固定资产 118.4 万元，年营业额 350 万元。1956 年在社会主义改造过程中，樟木箱归口木制家具行业，其余经裁并改组为 72 家公私合营皮件厂和 30 家皮件生产合作社（组）。之后，上海皮件业逐步摆脱手工作坊式生产经营方式，向专业化、机械化方向发展。80 年代中，皮件业向增加品种、提高档次和外销等为主发展。

1990 年年底，上海皮件生产企业有 67 家，分属市二轻局、商业、地区工业和郊县乡镇工业等不同系统，有职工 1.21 万人，完成工业总产值 2.82 亿元，实现利税 3826 万元。皮件行业的产品除本章所述外，还有裤带、表带、照相机皮袋，以及配套产品箱架、箱锁等。

一 箱、包及票夹

1. 沿革

清光绪元年（1875 年），浙江海盐人朱鸿元在南市小东门内东街 176 号，开设朱合盛皮箱号，生产经营以木板为骨架外包皮革的传统中式皮箱和以纸板为骨架外包皮革的西式提箱。当时因西式皮箱轻便美观、款式新颖，颇为盛行，业内纷纷仿制。以皮革为主要原料的包袋、票夹，也开始生产。一个以皮箱为主品种的箱、包、票夹生产行业逐步形成。20 世纪 20 年代，上海生产皮箱和包袋、票夹的专业作坊已发展到八九十家，兼营的百余家，从业人员有 1200 余人，产品开始向南洋出口。民国二十三（1934 年）年前后，固本制革厂、金福记国货机制皮件厂、三民皮件厂、益兴祥制革厂和徐瑞兴皮件制革厂等 11 家较具规模并经登记注册的企业，年产各式皮箱 6 万余只、包袋 2 万余只、票夹 38 万只，品种有牛皮软硬盖箱、鞋帽箱、化妆箱、大扛箱、雀牌箱、手提包、新老式文书包、军用挎包、图囊袋、旅行袋、文皮票夹、角子夹、小钱包等。抗日战争和解放战争期间，上海市场时起时伏，箱、包、票夹和其他产品一样，迭经盛衰，到新中国成立前夕，虽有各类箱、包、票夹厂 200 家左右，但从业人员不足 2000 人，年产皮箱仅万余只，基本处于歇业和半歇业状态。

新中国成立初，包括箱、包、票夹业等在内的千余个皮件失业工人，为恢复生产，增产日用品，1951 年在上海市失业工人救济委员会的关怀下，由张志祥等 176 个皮件失业工人组织起来生产自救，创建了最早的上海皮革制品生产合作社，生产箱、包、票夹及其他日用皮件。以后随着经济的逐步复苏和市场的逐步繁荣，箱、包、票夹的生产形势好转，1954 年仅包袋生产企业就发展到 124 家，年生产能力达 410 万只。到 1956 年社会主义改造时，上海有私营箱、包、票夹企业 89 家实行公私合营，个体手工业作坊 358 家组建成 21 家生产合作社（组）。1957—1958 年，这 21 家生产合作社均转为地方国营，并由市手工业联社划归上海市轻工业局皮革工业公司管理，以后又按产品专业化协作的原则，调整为箱包厂 15 家、票夹厂 6 家。1958 年，箱、包、票夹的年产量分别上升到 22.7 万只、161.08 万只和 412.94 万只。

1964 年，上海第七皮件厂改进产品设计，开发了轻巧实用的钢圈软箱。1965 年，上海东华皮件厂在国内率先制成以彩色猪面革和人造革为主要面料、造型新颖的模压箱，丰富了市场供应。到 1965 年年底，上海箱、包、票夹行业经多次裁并改组成 15 家企业，有职工 1663 人，年产皮箱 22.28 万只、包袋 324.36 万只、票夹 780.17 万只。"文化大革命"期间，生产虽有所增长，但品种款式变化不大。

1977 年，上海东华皮件厂经过 10 年摸索，研制成功国际流行的 ABS 塑料板箱。进入

20世纪80年代,上海市皮革制品公司所属的箱、包、票夹生产企业,重点调整产品结构,推陈出新,由传统的实用型向装饰化、配套化、多样化和高档化转变,生产一批反映各种新潮款式的跳舞包、夜宴包、架子包和多层袋、装饰性的票夹等新品种,使上海箱、包、票夹在激烈的市场竞争中,不断前进。在开发高档产品方面,上海东华皮件厂技师、上海市劳动模范陆义家于1982年设计成功高级拉杆滑轮ABS箱,达到20世纪80年代国际制箱业的先进水平。

箱、包、票夹类都系劳动密集型产品,国内外市场需要量大。进入20世纪80年代,上海市乡镇、地区工业纷纷上马,其中有些原是上海皮革公司箱、包、票夹生产企业的加工协作单位,脱钩后自立门户;有的是外贸部门扶植的出口基地企业包括合资企业。较有影响的区属企业有东方箱包厂、友谊箱包厂、环球皮件厂和康福皮件厂,乡镇企业有航头、六灶、宅东和奉城等箱包厂。

1990年年底,上海共有箱包生产企业33家、职工4884人,当年完成工业总产值1.34亿元,其中乡镇、地区工业企业29家、职工3396人,完成工业总产值7077.8万元;上海皮革公司所属箱包企业有4家,职工有1488人,生产皮箱121种共82.34万只,包袋2000余种共216.61万只,当年完成工业总产值6322.2万元,占全市总量的47.2%。全市共有票夹生产企业12家,年产票夹300万只,其中乡镇和地区工业11家,生产票夹189.04万只,外销53.62万只,分别占全市总量的63%和17.9%;亚东皮件厂年产票夹110.96万只,出口103.18万只,分别占全市总产量的37%和34.4%。

2. 工艺与技术装备

生产箱、包、票夹传统工艺主要使用针、锥、刀、榔头、敲棒、木蕈、墩板、钳子和披砖等简单工具,靠手工缝合成型。20世纪20年代开设的固本制革厂、金福记国货机制皮件厂等较具规模的箱包、票夹生产企业,已采用脚踏缝纫机,个别企业还有半机械化的切纸机等设备。自1958年开始,业内开展技术革新活动,制成各种专用小设备。1964年,上海东华皮件厂把45种国产工业缝纫机改装成缝合皮箱用的抨针机,实物劳动生产率提高近5.5倍;同年采用弹撑缝纫缝合工艺制成钢圈软箱,以人造革、布料为箱体面料,通过缝纫缝合制成箱体,再以Q215A带钢挤压成钢圈为骨架,在箱体空腔内以钢圈弹撑定型而成,劳动生产率为传统皮箱的1.5—2倍。1965年,上海市皮革工业公司组建新产品联合设计组,在剖析国外模压箱原理的基础上,经过反复试验,由上海东华皮件厂自行设计制造电加热四柱压机和各种不同规格模具,首创了箱体骨架模压成型新工艺,制成了模压皮箱、人造革箱。应用模压工艺制成的箱体,棱角弧度增大,箱体的耐冲击力得到加强,自1968年起,模压箱配有滑轮,款式品种增加到近20种。

1979年,上海东华皮件厂采用真空吸塑新工艺研制成功ABS箱体真空阳吸成型机,这是上海皮箱生产走向高档化的一个标志。吸塑制箱工艺把箱体的胶粘、拼接、重叠和缝纫组合等工序融为一体,实现了皮箱制作的组装化。1987年,上海东华皮件厂又投资63.36万美元,从意大利引进ABS箱用板材生产流水线,实现了从塑料粒子进厂到ABS塑料箱成品出厂的全套功能。

20世纪80年代,包、袋、票夹产品逐步向装饰性、工艺性和中高档转变,采用镶、嵌、编、串、贴、装等工艺手法,进行多色拼接、角边编串、斜纹编结、线条纵横,形成1000多种品种。与此同时,上海皮革公司箱、包、票夹行业加大技术改造步伐。上海东华皮件厂、上海皮箱厂、上海皮革箱包厂、上海工业防护用品厂和亚东皮件厂等5家箱、包、票夹生产企业，投资100万美元和300万元人民币，引进一批先进水平的专用设备。1990年底，箱、包、票夹行业共拥有各种设备2116台（套），全员劳动生产率从1957年的0.66万元，提高到4.01万元，增长5.08倍。

3. 质量

上海生产箱、包、票夹，一般均注意精工细作。20世纪30年代，益兴祥制革皮件厂生产的箱、包、票夹获国民政府实业部国货嘉奖。箱、包、票夹的质量检测，历来采用眼看手摸的方法，英尺是唯一的质量检测工具。

1957年起，上海市皮革制品工业公司组织箱包等行业进行一月一次的质量互查和评比。自20世纪60年代起，已制定80多道质量扣分工序。1963年，上海箱、包、票夹生产厂制定企业标准，从而使质量管理走上有章可循的轨道。自1978年起，企业为了自身发展需要，健全质量管理机构、建立质量管理制度、完善售后服务，产品质量实行"三包"等一系列措施。由于长期以来受重数量轻质量的影响，造成1981年出口人造革箱质量事故。此后，上海市皮革制品公司会同生产企业狠抓基础建设，分期分批开展全员技术培训，提高职工技术素质，在坚持开展全面质量管理的同时，修订和完善箱、包、票夹各品种的企业标准。1984年秋，轻工业部在上海召开的全国皮箱质量评比会议上，向全国推广应用上海东华皮件厂研制的衣箱走轮测试机、箱子耐冲击的负重测定器。1985年5月20日，轻工业部发布由上海箱包行业参与起草制定的旅行衣箱、旅行软箱部颁标准，从而在严格执行工艺和质检纪律方面有了准则。1980—1990年，上海皮革公司箱、包、票夹行业共获上海市、轻工业部、国家质量奖审定委员会和国家经济委员会三级优质产品奖25项，其中上海东华皮件厂生产的"长征"牌ABS塑料旅行箱和上海皮箱厂的"象"牌人造革旅行箱分别于1985年、1989年获国家质量奖银质奖。

4. 原料与销售

上海早期生产皮箱、包袋、票夹主要以牛、羊皮革为面料。自20世纪30年代始以帆布作面料，生产旅行袋和少量衣箱。50年代末，上海塑料制品一厂生产的布基聚氯乙烯（PVC）人造革和无基薄膜成为生产中低档箱、包、票夹的主要原料。80年代，为增加花色品种，箱包除采用皮革外，面料应用扩大，有彩色帆布、彩色人造革、聚乙烯（PE）、聚氨酯（PU）革、尼龙牛津革、毛麻革、沙发布和牛仔布等。

早期生产的箱、包、票夹主要在国内销售，20世纪20年代开始销往南洋。50年代时，产品主要通过中国百货公司上海市采购供应站和上海百货公司销往国内市场。外销通过上海市畜产品进出口公司、上海市轻工业品进出口公司、上海市文教体育用品进出口公司和上海市工艺品进出口公司出口到苏联、东欧等国。60年代中期后，皮箱、票夹75%销往国外。1990年，上海皮革公司生产的箱、包、票夹75%—80%的产量销往中国香港、东南亚、美国、英国、德国、法国、日本、澳大利亚、荷兰以及中东、非洲、东欧等国家和地区，创汇1163.1万美元，人均创汇近6413美元。

二　机用皮件

1. 沿革

上海开埠后，近代工业逐步兴起。起初，机用皮件随机器设备一并从国外进口，由于在使用中易损耗，需要经常补给，始有外商在沪设立专厂生产，继而国人也有设厂从事生产。20世纪20年代，上海机用皮件行业中较著名的企业有巩昌德记皮结厂、同兴皮结厂、隆泰丰记轧花皮辊厂、南华皮厂和徐福兴印刷皮辊厂等，产品为机械传动轮带、纺织机投梭系统皮结皮仁、轧花机和印刷机用皮辊。民国二十年（1931年），上海皮辊生产企业发展到20余家，年产皮辊20余万只。以后，随着上海现代工业的发展，各种机用轮带和纺织机用皮件需量激增。民国三十七年（1948年）上海生产机用皮件的企业有28家，有从业人员近900人，仅各种机用皮带一项年产量就达305万米，但在品种和质量上仍不能满足需要，有相当部分依赖进口。

新中国成立后，上海全市纺织、造纸、水泥、橡胶、火柴和肥皂等数千家工厂在恢复生产过程中，由于配套的平型轮带、皮结、密封圈和皮辊等10多种皮件进口中断，不能开工，机用皮件行业为此适时承接了试制任务。1950年，该行业生产纺织皮结和缓冲皮圈190.3万只、平型轮带1.66万平方米、圆轮带2.1万米，支持全市工业生产的恢复。从事机用皮件生产的工厂也从1950年的31家发展到1953年的69家。1956年全行业实行公私合营，当时62家企业裁并改组为同兴机用皮件厂（后改名"上海伟星机用皮件厂"）和鼎新皮件厂（后改名"上海机用皮件厂"）2家中心厂，5家独立厂。之后4年中，机用皮件行业发展很快。1959年，上海机用皮件行业生产纺织机用皮结、皮仁和缓冲皮圈382.3万只、平型轮带2.17万平方米、圆轮带108.8万米。1966年，上海生产机用皮件的工厂调整为上海机用皮件厂和上海伟星机用皮件厂2家。20世纪60年代，机用皮件行业配合主机革新的需要，试制新产品，在原材料使用上有了新的突破。上海机用皮件厂于1966年试制成功高分子塑料皮结。同年，伟星机用皮件厂研制成功丁腈皮仁，既解决天然皮革日趋紧缺与机用皮件生产不断发展的矛盾，又适应棉纺织业高速织机对皮结、皮仁耐冲击的要求。60年代后期，上海机械工业发展液压传动的各种机械设备，对承压密封圈提出了更高要求，伟星机用皮件厂于1969年试制成功聚氨酯浇注型密封圈，1975年发展成注塑密封圈，比皮制密封圈延伸率小、弹性大，耐油、耐低温和耐臭氧性约为天然橡胶的5—10倍，动静状态密封性能好。该产品不仅用于液压传动，还被油田、矿山、航海和仪表等特殊行业广为采用。70年代末，该厂开发出更高性能的密封圈，为中国国防尖端技术的突破做出贡献。为配合上海纺织行业，采用高技术气流纺机，伟星机用皮件厂于1970年研制投产尼龙片基型气流纺龙带，适应纺织机械每分钟3.6万转高速运转的需要，填补了国内空白，替代了进口产品，获上海市重大科技成果三等奖。80年代，上海工业生产门类增多，根据特殊机用配套件的需要，从高科技新材料着手，开发投产高强度布机、纺机用节电轮带、织物轻型输送带，为宝山钢铁总厂冷轧带钢厂研制投产耐磨擦、耐曲挠和耐油柔性的助卷带等。1986年，上海机用皮件厂并入上海伟星机用皮件厂。至1990年，上海机用皮件产品形成带、结、圈、碗四大系列，共21种品种、436种规格。

1990年年底，上海伟星机用皮件厂共有职工315人，厂房占地面积1903平方米，建筑面积4630平方米，固定资产（原值）494.1万元、净值340.2万元，实现年工业总产值1651.8万元、利税599万元。

2. 工艺

机用皮件品种多，工艺不一，随着技术进步，在取材、配方和工艺等方面不断有所改进。20世纪20年代至50年代末，机用皮件均用牛皮作原料。制作皮辊用手工将皮革制成条形后钉在木轴上，再用木车床车成圆轴形即成。1956年之前制作皮带和纺织机投梭系统零件是将皮革按产品要求成型后，再用胶粘剂粘接、压平而成。

1966年后，企业相继采用塑料、丁腈橡胶、聚氨酯等原料，以替代牛皮，使手工生产工艺向机械生产工艺发展。纺织厂用的打梭皮结，采用增强塑料和添加剂混炼成料后，注入模具加热成型即制成塑料皮结，产品使用寿命比牛皮结提高3.9倍。60年代末，国内工业建设采用气压、液压和油压等新技术，皮革类密封圈的密封性和承压力较差。1969年初，上海承接航天部门的耐油、耐冲击能力强的聚氨酯密封圈试制任务。在有关科研单位的帮助下，采用聚氨酯混溶合成橡胶，交联固化剂浇注成型工艺，首创了浇注型密封圈；1975年，在有关科研部门的帮助下，改革了原料配方，采用注塑工艺制成注塑型密封圈，不仅使工艺流程缩减2道，且耐油、耐磨、机械性能和弹性等指标得到了进一步提高。

自70年代起，上海伟星机用皮件厂承接"气流纺机的龙带"研制任务。在纺织科技研究所的合作攻关下，精心筛选了特殊尼龙原料的配方，经拉伸定向工艺处理后为"龙带"的芯体，制成一种复合橡胶胶布，经硫化工艺涂括在芯体两面，硫化复合，突破了"延伸"难关，既具有抗张强度大于每平方厘米1280公斤，又具有延伸小于等于1.8%、使用寿命大于1年的国际先进水平。1982年以来，以拉伸定向处理的尼龙片基为芯体、两面复合牛皮或聚氨酯胶布等制成不同要求的平皮带，为现代工业提供了大功率、高速度、大转动的输送器材。

3. 技术装备

国产机用皮件问世以来，多以手工制作为主，辅以简单机械设备。1954年，有压平车、打眼车和轧皮结车等158台，其中电动设备30台。1956年公私合营后，一些手动设备陆续改为电动，以后又添置了油泵轧车、开料机和拉毛机等。到1963年，上海机用皮件行业共有电动设备46台，全员劳动生产率为0.24万元。1966年后，随着塑料皮结、丁腈类零件投入生产和聚氨酯密封圈、尼龙片基型平皮带陆续研制成功，机用皮件生产技术装备得到较快改造和更新。生产企业先后添置注塑机、炼胶机、挤出机和牵伸机，自制硫化机、刮浆机等，全员劳动生产率达到2.67万元。到1990年，上海伟星机用皮件厂共投入设备更新资金214万元，自制和添置设备94台，建成6条生产流水线，1990年全员劳动生产率达4.97万元。

4. 质量

1966年前，投梭系统机用皮件质量是按照织机要求，以磅秤控制分量，以卡尺控制外形尺寸，以手感衡量光洁度和软硬度，以目测检查是否有脱胶现象。密封圈、圆轮带和传动平型皮带的质量按有关设备、工具不同要求控制，检测手段大致相同。1980年，企业制定和修订了全部产品质量标准，并建立了产品质量测试室，先后购进可塑度测验机、橡胶比重仪、磨耗测验机、拉力测验机、旋转式黏度仪、冲击测验机、弹性测验机、曲挠测验机、硫化测定仪和橡胶粘合测定机等13台（套）现代化检测仪器。20世纪80年代中，上海机用皮件行业产品获纺织工业部气流纺一等奖2项；丁腈圆轮带、橡胶尼龙传动输送带和气流纺龙带获上海市优秀新产品奖。1990年，上海伟星机用皮件厂产品测试电子化机械化率达100%，产品质量稳定提高。

5. 原料与销售

1966年以前，黄牛轮带革、水牛油仁革和猪皮油仁革是生产机用皮件的主要原料，

1956年前在上海市内制革厂采购。以后主要由上海市皮革工业公司按计划统一分配。1966年以后，布类材料和丁腈橡胶、各种塑料均由企业自行采购。20世纪80年代部分原料皮恢复自行采购。

由于机用皮件有较固定的供需协作关系，企业主要按订货自销为主、上门推销为辅。1990年，上海销售丁腈皮仁、缓冲皮圈126.5万只、丁腈零件230余万元、各种平型轮带3.7万平方米、聚氨酯密封圈合3.4万公斤、油机用皮碗和机用皮垫合10万平方米。

第七节　皮革化工

一　丙烯酸树脂

1959年1月，轻工业部为充分利用皮革资源、提高成革质量，立项开发丙烯酸树脂。该产品化学名称为"聚丙烯酸酯共聚乳液"，是一种新型皮革涂饰剂，国外制革行业在20世纪50年代初已开始应用；同年3月成立上海皮革化工材料厂筹建组，调集上海市轻工业研究所化工室技术员陈鸿宾等人组成丙烯酸树脂试制小组。经过上百次试验，于年底取得小试成功，1960年中试成功，并于11月1日正式投产，产品命名为"软性1号"和"硬性1号"。1961年丙烯酸树脂产量为0.9吨。1961年，企业科研人员针对牛皮革松面和光泽度不佳的质量问题，研制成功具有高度分散性和放置稳定性的"丙烯酸树脂软2"，缓解了牛皮革松面现象，提高了革面的光亮度。1962年该产品产量为16吨。1964年，上海市轻工业研究所小试成功能使皮革具有防水、耐磨等功能的75号树脂（即20世纪80年代的"中1"），经上海皮革化工材料厂中试后正式批量生产。同年12月23日，轻工业部在上海召开鉴定会，并确定上海为全国制革行业生产丙烯酸树脂的基地。1965年年初，上海皮革化工材料厂改名为"上海皮革化工厂"，当年年产量为262.3吨，到1969年已增加到521吨。

20世纪70年代，上海皮革化工厂继续对产品质量攻关研究，研制了能进一步解决皮革松面现象的丙烯酸填充树脂和具有交联、接枝分子结构的丙烯酸树脂BN及有耐曲挠、耐磨、耐湿擦、耐有机溶剂的丙烯酸树脂SB。1978年，丙烯酸树脂品种有10种，年产量达1117吨。

进入80年代以后，为配合国内制革行业实现皮革质量升级换代的目标，经过科研人员精心研制，于1985年制成丙烯酸清光树脂RF及具有交联分子结构的新型系列产品丙烯酸树脂BC、TC、MC。是年，丙烯酸树脂生产量突破5000吨。1989年，上海皮革化工厂研制成功全候型丙烯酸树脂，品种有AB-1、AM-1和AT-1，扩大了薄膜的耐热耐寒幅度。另外，防冻软性1号和防冻填充树脂等产品的诞生从根本上解决丙烯酸树脂的冬运问题。1990年年底，上海皮革化工厂生产的产品形成皮革涂饰剂、皮革加脂剂、皮革鞣剂和其他助剂等四大系列，品种有42种，产量达1万吨。该厂厂房占地面积4.19万平方米，建筑面积2.24万平方米，有固定资产（原值）1305.9万元、净值853.41万元，有职工608人，实现利税1475万元，年人均创利税2.5万元，是全国规模最大的皮革化工专业生产厂，1989年和1990年连续两年被评为全国500家经济效益最佳企业之一。

1964年前期的丙烯酸树脂生产工艺是氰化、酯化和聚合等3道工序。生产设备仅有反应锅 10 只、冷冻机 1 台、辅助设备 37 件。用剧毒的氰化钠和氯乙醇合成氰乙醇作主要原料，合成丙烯酸甲酯和丙烯酸丁酯，含量在 90%—95%，在聚合过程中稳定性差，产品经常结块。1964—1965 年，技术人员和工人在实践中总结生产经验，对聚合反应锅采用夹套蒸汽加热和滴加新工艺，改变了一次放热和数次投料工艺，使树脂的总固体含量由原来的 25% 提高到 38%。丙烯酸树脂水解工艺设计成功于 1972 年，是上海丙烯酸树脂生产工艺发展过程中的一项突破性进步。工艺改革促进了设备的更新改造，采用 1000 升搪瓷反应锅、无离子水设备和粗甲酯、粗丁酯精馏装置，生产设备仪器、仪表装备率达 50% 以上。水解工艺消除了生产过程中对环境的污染，生产周期由 5 天缩短为 3 天，产品质量显著提高，产量由月产 1.6 吨增加到 50 吨，生产成本有所下降。1980 年，为适应国内皮革工业发展，上海又投资 333 万元新建年产量 2400 吨丙烯酸树脂车间投产。经过 20 世纪 80 年代 10 年的不断技术改造，上海丙烯酸树脂生产技术装备进一步得到发展，1990 年共有设备 348 台（套），其中自制设备 36 台（套）。

丙烯酸树脂自 1961 年年底投产，初期的产品质量检测采用一般化学分析和物理测试两种方法，主要进行总固体、溴值、稳定性、pH 值、黏度、树脂薄膜抗张强度和延伸脆折等 7 项指标测定。1965 年，企业自建产品质量测试化验室，加强了检测手段，并采用 0.5% 十二烷基硫酸钠水溶液检测，使树脂的溴值测定由原来 4 小时缩减到 1 小时，进一步加强了产品质量的监控。这种检测方法一直延用到 20 世纪 70 年代末。1980—1988 年，"爱使"牌丙烯酸树脂参照国际皮革化工原料生产质量指标，先后 4 次修订，制定了树脂的化学、物理和外观等 9 项指标，以高标准作为企业内控质量标准。80 年代引进购置一批对树脂质量实施科学监控的检测仪器和设备，主要有脆折温度测定仪、表面张力测定仪和气相色谱仪等。1990 年，丙烯酸树脂质量检测全部采用仪器仪表。1990 年，"爱使"牌丙烯酸树脂系列产品先后有 8 种品种获得轻工业部、上海市科研质量奖 9 项，其中丙烯酸树脂 SB 获轻工业部科技成果四等奖，SF 获上海市重大科研成果二等奖，填充性丙烯酸树脂获上海市优质产品证书等。

丙烯酸树脂生产初期的主要原料有氰化钠、氯乙醇、硫酸、丁醇、甲醇、十二烷基硫酸钠、过硫酸胺、丙烯腈、氯化钠、对苯二酚和蒸馏水，除氰化钠是从意大利进口外，其余均属国产，由上海市化工轻工公司供应。从 1963 年起全部采用国产原料生产。1972 年上海水解新工艺投产，丙烯腈取代了氰化钠，同时新增了丙烯酰胺、苯乙烯、铜铁灵、对羟基本甲酸、甲醛、氨水、焦磷酸钠、乙二胺四乙酸二钠和 732 阳离子交换树脂等原料。除丙烯腈由上海金山石油化工厂计划调拨外，其余均由上海市化工轻工供应公司供应。

丙烯酸树脂销售面向全国，1962—1978 年产量不断增长，销售势头不减，1978 年共销 1117 吨。20 世纪 80 年代的 10 年中，随着中国皮革工业的发展，产品始终处于供不应求的状态，产品行销全国 29 个省市的 400 多家制革厂及其他行业。1990 年，各类产品共销售 7702 吨，"七五"（1986—1990 年）期间，共销售 40203 吨。

二 揩光浆

20 世纪初，上海制革工业使用的揩光浆均为英国和德国等国的舶来品。国人自产揩光浆始于嘉定人徐雪尘开设振华制革厂。该厂从分析德商"耕牛"牌白克拿（音译，即揩光浆）着手，试制成功"制革药水"，并于民国十九年（1930 年）在嘉定北门创设国内第一家皮革揩光浆生产企业——信诚行，年产"牛头"牌揩光浆0.09吨。民国二十一年（1932年），浙江绍兴颜料掮客（经纪人）郦之瑞在上海南市剪刀桥仿制外国揩光浆成功。是年自设长发祥行，商标为"三羊"牌，年产揩光浆0.04吨。民国二十五年（1936年）12月，信诚行和长发祥行合并为信发化学工业社，产品注册商标"牛羊"牌。合并后全社职工只有4人，年产揩光浆9吨。抗日战争爆发后，信发化学工业社迁至福煦路慈惠南里17号（现名"延安中路930弄17号"），年生产下降至5吨。到民国三十八年（1949年）5月，上海生产揩光浆的工厂、社共有5家，有从业人员23人，年产揩光浆70吨，有8种花色。1957年企业裁并改组，生产揩光浆的开利化工厂、信裕行、正大行、新光化学工艺社和立信化学工业社等5家厂社并入信发化学工业社，有从业人员23人，年产揩光浆70吨。1963年6月，为了扩大生产规模，信发化学工业社从南京西路原静安剧场所在地迁至杨宅路20号，改名为"信发皮革化工厂"，从业人员增至32人。20世纪60年代初该厂试制成功颜料膏，形成皮革涂饰剂的第二大类产品。1966年9月，信发皮革化工厂改名为"上海新华皮革化工厂"。至1978年，该厂有职工233人，年产揩光浆423吨、颜料膏243吨，有10种品种。同时该厂还开发了皮革加脂剂软皮白油、丰满鱼油等新品种。80年代初，为配合制革行业提高产品档次的需要，该厂于1987年研制成功提高粒面皮纹透明度的高细度揩光浆和高细度颜料膏、增加皮革柔软度的填充加脂剂等新产品，形成皮革涂饰剂系列产品共11种。1990年年底，上海新华皮革化工厂占地面积3734平方米，建筑面积6486平方米，固定资产原值457.2万元，净值303.6万元，有职工424人，年生产各种涂饰剂产品4000吨，花色品种有24种，是全国规模最大的揩光浆生产厂。

初期的揩光浆生产是手工操作，使用的工具为研钵、石磨、漏斗和竹竿，在一间20平方米的厢房内完成生产、包装和储存等生产全过程。从民国三十三年（1944年）起采用部分机器生产，购置了20英寸的三辊轧墨机，自制了电动搅拌机，但整个生产过程还是笨重的体力劳动。这种生产方式延续到民国38年。建国后相当长的时间里，揩光浆的生产工艺变化不大。直至1978年上海新华皮革化工厂余培功、郦桂芳和戴志清等人根据轻工业部下达的项目，对高细度颜料膏工艺技术进行研究，通过机械破碎改变颜料膏聚集体界面性能，减少界面张力及分子引力而达到提高颜料膏中所含颜料的分散度的效果。采用新的工艺使颜料膏在生产过程中除擦碎作用外又增加冲碎、撞击和剪切的作用，从而将分散细度从原15微米提高到3.5微米以下。1978年该产品通过鉴定投产，用于猪面革提高得革率10%—15%，并使面革提高一个档次。自1980年以来，为适应全国各地皮革工业高速发展，上海新华皮革化工厂对皮革揩光浆、颜料膏工艺设备进行更新改造；1983年投资120万元以砂磨机替换三辊机，实现研磨工序机械化；1987年投资27万元，吸收国际先进技术，自行设计自动化程度较高的先进工艺——管道化生产。建成投产后使原料按配方投料到成品全过程在封闭的管道中完成，大大提高了产量和质量。1990年该厂产量达到4000吨，全员实物劳动生产率为18吨。

生产揩光浆初创阶段企业将产品抽样送到上海海关化验室进行色泽检验，并将检验合格证书与产品同时送交用户。日常检验则是由有经验的工人对色泽、黏度等进行目测。由于当时生产批量不大，精心操作、配方准确、选料上乘，故"牛羊"牌产品历来保持着名牌信誉。1962年开始制定产品操作规程和质量标准；1963年起建立了质量检测制度和企业质量标准。每批产品经过检验合格方能出厂，原料进仓也需通过各项指标的严格化验。1980年采用砂磨机生产以后，质量水平提高。生产的揩光浆、颜料膏细度均小于5微米，黏度100mm²/s为大于220，pH值7.2—7.8，使产品达到国际同类产品水平。1983年以来，使用新型的1500倍显微镜、旋转式黏度计、1/1000的自动分析天平和微粒粒径仪等，使测试手段达到国际水平。20世纪80年代的10年中，"牛羊"牌各种皮革涂饰剂共获得轻工业部和上海市科研质量奖3项，其中高细度颜料膏获轻工业部科研成果四等奖。

揩光浆、颜料膏的原料以色素、酪素和硫化蓖麻油为主。建厂初期除蓖麻油购自上海油行外都靠进口，干酪素采用美国的SWEFT牌，色素氧化铁红购自德商的德孚洋行，"百结"牌墨灰购自美商协和行。新中国成立以来，原料都采用国产货。干酪素由轻工业部分配额度，向内蒙古海拉尔乳品厂采购；碳黑由市内吴泾碳素厂供货；氧化铁红由上海氧化铁红厂供货；其他化工原料都由化轻公司上海站供给；菜油由上海市油脂公司供应。

揩光浆在20世纪50年代初系自产自销。包装分1磅、5磅、10磅和20磅等4种，使用马口铁听装。1952年销售量约65吨。1953年起由中国化工原料公司上海市采购供应站收购包销，包装每桶为25公斤，1962年收购量约180吨。1963年起产品改为工厂自销，供应全国100余家制革厂和上海制革行业。1964年共销售270吨。1980年销往全国23个省市，揩光浆全年销售量为660吨，颜料膏为590吨。1983年以后在原料价格上涨、成本上升的情况下，"牛羊牌"揩光浆、颜料膏保持了销售价格的相对稳定。产品销往全国各地的400多家制革厂。1983—1989年共销售2.02万吨，年平均销售量2900吨。1990年共销售各种涂饰剂3800吨，其中揩光浆902吨、颜料膏1876吨，实现利税483万元。1980年以来11年间完成税利4800万元。

第八节　皮革机械

一　沿革

上海最早生产皮革机械的是钱荣记制革机器厂。该厂于民国十九年（1930年）前承包祥生制革厂和巩益制革厂的机器修理业务，以修带造。1930年开始，该厂参照国外样机制成转鼓及轻革打光机等，产量甚低。抗日战争胜利后，上海制革工业一度发展，新开业的奚顺兴、邹宜兴、永和昌、福生等机器厂相继制成剖皮机、削匀机和圆刀片皮机等，年产量不足50台。1953年，福生机器厂首先制成X625下料机。1956年行业经裁并组合，成立上海市皮革工业公司机械修配厂，有职工30余人，年产X625下料机、圆刀片皮机和削匀机等60余台。1960年该厂已发展成为初具规模的皮革机械修配厂。两年后，该修配厂划归上海市轻工业局技工学校，成为实习工厂。为了补缺，上海市皮革工业公司将所属生产红矾的淮海化工厂改建为机械修配厂。1966年改名为"上海皮革机械厂"，又先后开发了G311熨革机、B1400机械剖皮机和剥猪皮机；同年研制皮革真空干燥机，填补了国内空白。到20世纪60年代末，上海皮革机械厂已有职工154人，年产皮革机械120台，并有少量出口。

进入70年代，上海皮革机械厂参照行业引进的部分设备加以消化吸收，研制成功适合本行业特点的皮革机械。1972年制成GJ2A2-270液压剖皮机，1976年制成振荡拉软机、X1A1—3吨液压下料机，还生产水槽台面加长型的GJ4C2型真空干燥机，并少量出口。到70年代末该厂有职工207人，共发展了5种新产品，产量达到120台（套）。

1986年，上海江湾机械厂为配合制革行业生产，开始生产1.9米皮革真空干燥机；1990年又新开发1.9米多层皮革真空干燥机，4年间共生产144台。1981—1990年，上海皮革机械厂先后试制成M2型宽台面真空干燥机、磨刀架在上面的剖皮机、带刀片皮机和液压下料机等4种系列产品共30多种品种，并通过了国产化设计的市级鉴定。1990年该厂产量达到329台（套），产品质量达到国际70年代末的水平。

二　工艺与技术装备

20世纪40年代前，上海的皮革机械业以修为主，兼造简易的制革设备，仅有皮带车床2台（套），钻床和电动刨车各1台（套）。1957年建立皮革公司机械修配厂时有机床15台（套）。

1964年配合制革行业开发猪皮革产品，投资8.5万元购置各种机床16台（套）；1965年又投资12万元，购置大型龙刨等机床，开始试制较为精密的设备。由上海市轻工业研究所皮革室立项，新兴制革厂、上海红光制革厂和皮革公司的机械修配厂共同研制的皮革真空干燥机，采用往复长气缸加工工艺，提高了加工精度，解决了干燥机左右自动移动的关键问题，于1966年底试制成功，使上海制革行业结束了皮革干燥靠太阳晒干的落后面貌，皮革干燥从2—7天减少到2—3分钟。1969年，上海皮革机械厂针对干燥机的缺陷采用防腐蚀工艺对台面进行镀铬抛光，高位真空泵改为低位真空泵，使真空干燥机性能更完善，改进后的机械厂被轻工业部定型为G3011真空泵，列为轻工业部部管产品。1970年该厂投资6.3万元，添置T68镗床等2台（套）设备后，承接轻工业部立项的2.7米精密剖皮机试制任务。在吸收国外机器液压系统的优点，完善铸造、金加工、工夹具和装配等全部工艺后，于1972年底试制成功并通过轻工业部鉴定，定型GJ2A2-270剖皮机。1973年起每年制造5—10台（套），满足制革业一张皮能剖2—3层的需要，皮革得革率提高14.7%，二层革得革率85%。GJ2A2-270剖皮机的成功，不仅替代了进口剖皮机，每台节约外汇6万美元，而且提高了皮革的利用率和经济效益。

20世纪80年代的10年间，上海皮革行业引进国际上节能、高效和低噪声的高质量机械设备。为配合行业技术改造，更新老设备，1984年吸收国外液压下料机的长处，对国产X1A3—18吨下料机进行改进，改齿轮油泵为凸轮转子叶片泵，改电气为时间继电器控制，使产品定位精度明显提高，噪声由85分贝下降至78分贝，产品性能优于国际上同类产品，对行业内使用的600台（套）20世纪50年代X625下料机全部进行了更新换代。为配合皮鞋行业调整产品结构、发展中高档男女皮鞋，上海皮革行业吸收英国带刀片皮机大面积片皮的优点，在完善压刀板的镀铬工艺和提高带刀轮的精度后，制成XJ1D3-40型带刀片皮机，片皮均匀度达±0.045毫米，最薄量为0.17毫米，为皮鞋帮样的精细工艺和皮鞋的升级升档提供了优良设备，填补了制鞋设备的空白。

1980—1990年，上海皮革机械厂共投资30万元，添置大型龙刨等8台设备，更新了20世纪70年代时使用的全部旧机床。1990年，上海皮革机械厂有各种主要设备107台（套），设备原值152万元，成为上海唯一的制造皮革机械的专业厂。

三 质量

皮革机械生产采用国家标准量具、量规和量仪测量零部件，但成品检验长时间内仍凭感观。直到20世纪80年代，上海皮革机械厂对测试量具定期进行检查鉴定，并增添点温计、声级计和拉力计等量仪，计量室通过了国家三级计量单位的评定。对机械加工过程中的质量实施严格的科学监控，使皮革机械产品合格率达100%。X1A3-18吨液压下料机于1989年获上海市和轻工业部优质产品证书、XJ1D3-40型带刀片皮机于1990年获轻工业部优质产品证书和上海市科技进步三等奖、M2型真空干燥机于1992年获上海市科技进步二等奖。

四 原料与销售

皮革机械所用生铁、钢材、有色金属和焦炭等原料，1956年以后按生产计划由上海皮革工业公司分配数量，向上海市金属公司供应站采购。1980年供应生铁钢材350吨、焦炭24吨、有色金属1.5吨。20世纪80年代随着经济体制改革，统配额度减少，市场采购数增加。

皮革机械系专用设备，一向以销定产。1958年后，产品为轻工业部和上海皮革工业公司管理，实行每年由轻工业部和上级公司下达产品数量计划，并由国家计划分配。1979—1985年上海共销售皮革机械743台（套），产品销往全国300家企业，少量出口马里和尼泊尔。80年代以来，皮革机械改由全国皮革机械销售中心和企业经营部多渠道销售，每年召开全国性订货会，产品销往全国28个省市的1200家皮革企业。1986—1990年上海共销售皮革机械2119台（套），为前7年的2.85倍。

上海皮革机械厂为了更好地为用户服务，对产品实行"三包"，专门设有产品售后服务部，10年来共派出1986人次，走访了345家企业，解决了135个有关设备方面的疑难问题，使皮革机械产品在用户中树立了良好的信誉。

第九节 其他行业

一 合成皮革

1. 沿革

为开发合成皮革，弥补天然皮革的不足，1970年轻工业部对合成皮革（湿法）生产工艺及设备的研究进行立项，由上海益民制革厂、上海市纺织科学院等单位承接；同时，投资100万元筹建合成皮革生产车间。经过4年的研制，上海益民制革厂于1974年试生产合成内底革、合成支跟包头革，是年产量2万平方米，能代用牛皮革约1万张。1976年，上海重革厂也开始试生产合成内底革和支跟包头革。1977年合成内底革开始大批生产，年产量为31万平方米。1980年4月，合成面革中试项目通过鉴定，上海益民制革厂和上海重革厂的合成皮革车间分别正式成立。

20世纪80年代初，为扩大代用原料门路，上海益民制革厂组建了合成皮革试验室，专门从事新品种开发及新材料研究。经过10年探索，到1990年该厂试制成功抛光材料、合成球革、合成手风琴革和尼龙传送带等10余种品种的新型材料，并通过鉴定，投入生产。1990年各种合成皮革产量达50万平方米，折合牛皮相当于上海制革行业的牛皮革产量32.87万张的76%，为发展皮鞋生产提供了丰富的优质新材料。

2. 工艺与技术装备

合成皮革的主要产品有内底革和支跟包头革，采用现代无纺布技术和气流成网工艺，并运用针刺加密、收缩、浸胶成型、烘干和真空干燥等工艺。

1982年，益民制革厂针对部分合成皮革产品生产过程"三废"污染严重的现象，研制成功水溶性工艺，减少了"三废"污染，生产成本降低5%。1988年，该厂为实现连续化生产，改收缩工艺为不收缩工艺，又加强针刺，缩减了材料裁剪环节，提高材料厚薄均匀度，改善了合成皮革生产工艺。

为使合成皮革的生产设备符合工艺特点，上海益民制革厂经过10年探索，投资200万元将纺织设备用于底基生产，添置了清花成卷机、梳棉机、气流成网机、并卷机和针刺机等42台主要设备。在后道工序中，自制2台（套）收缩锅和6台（套）真空干燥机，使生产实现机械化。

1980年，合成皮革立为上海市科学技术委员会成果推广项目。同年，上海市经济委员会拨款100万元，委托上海机电设计院设计、上海重型机床厂制造和安装一套大型合成涂复机组；1985年设计安装了DMF液体回收装置，用于涂复机组废液的综合利用，自行设计制造了凹板印花机、压花辊机等配套装置。1985年年底，益民制革厂又自筹资金41万元，从日本国引进大型自动磨革机用于尼龙传送带、合成手风琴革等新材料的精密磨革，合成皮革生产设备渐趋完善。

3. 质量

合成皮革在1980年正式投产后，制定了产品质量企业标准和各项工艺操作管理制度，每天进行生产抽样测定，包括底基厚薄均匀度、材料密度、抗张强度和吸水性等，全面评定产品质量。产品一级品率从1980年的85%提高到1990年的95%。合成皮革在1980—1990年获得国家、轻工业部和国防工办科技成果奖3项，其中双层结构抛光材料，填补国内空白，质量达到美国RODEL公司同类产品水平，获得轻工业部科技成果二等奖、国家科技成果三等奖。

4. 原料与销售

合成皮革主要原料是化学纤维、聚氨酯、合成乳胶、聚苯乙烯乳液、丁苯胶乳、三聚氰甲醛树脂、聚乙烯醇、填料和707黏合剂等化工原料。化学纤维由上海化纤十二厂供应50%，福建南平化纤厂供应50%；化工原料由上海高桥石油化工公司和上海市化工轻工公司供给。

1987年前，合成革的销售是由上海市皮革制品公司供销经理部收购，分配供应上海市各制鞋厂；1987年实行自销，除了满足市内20余家鞋厂的需要外，还行销江苏、浙江和安徽等省市的30余家企业。合成抛光材料供应全国电子、地质、煤炭、光学玻璃等80余家科研单位和企业。1974—1990年，共销售各类合成皮革700万平方米，相当于天然牛皮350万张，产值累计1.2亿元。

1990年，生产合成皮革的上海益民制革厂和上海重革厂共有职工200人，年产量为50万平方米，产品销售额为1013.5万元，实现税利66.1万元。

二 皮革五金配件

1. 沿革

上海皮革五金产品始于19世纪末,有曹庭记五金工场生产象牌西式皮箱铁对锁、复昌五金工场仿制生产大号铁克马锁。20世纪30年代又有3家工场生产英机锁、铁小克马锁和锌箱锁等产品,全系仿制舶来品;民国三十七年(1948年)发展到19家,生产品种有皮箱包角、对锁、骑马铜锁、女式皮包提手架和裤扣等。

1950年后,上海皮革五金工业发展较快,1956年有72家作坊工场,品种有对锁、金属扣和金属架等54种。公私合营后,上海市日用五金工业公司将其裁并改组成孙记五金铜作和吕鸿记五金工业社2家,共有职工162人,主要生产包袋五金配件和各类裤扣。1958年,孙记五金铜作划归上海市皮革工业公司改组成上海皮革金属制品厂,开发了鞋扣、鞋眼和泡钉等产品。至1962年,品种发展有密扣架、铜箱锁、铜克马、铜泡钉、铜扁钉和高档皮鞋勾心(鞋钢条)等120种左右。1965年,吕鸿记五金工业社划入上海市皮革工业公司,改名为"长江皮革五金厂",从而在皮革行业中组成上海皮革金属制品厂生产包袋、鞋五金配件为主和长江皮革五金厂生产裤扣、箱锁、箱架等箱包配件为主的2家专业配套厂。1965年,试制成国内第一只四筋铝镁合金箱架;1970年又开发高精密号码锁,产品质量达到了国外同类产品水平,结束了箱包配套号码锁全部依赖进口的历史。

进入20世纪80年代,上海皮革五金行业又先后开发了蟹壳锁、铜方锁、软箱配件、密码对锁和磁性扣等高档精密产品,尤其是磁性扣的设计打破了传统的机械结构,为箱锁发展开辟了新的途径。

1990年年底,上海皮革五金业完成工业总产值2083.5万元、利润200.6万元,厂房建筑面积8605平方米,固定资产(原值)480.5万元,有职工593人。皮革五金配件产品共分鞋类、皮箱锁类、包袋类和箱架等19大类,近千个品种。

2. 工艺与技术装备

皮革五金配件生产工艺分产品成型和表面处理两大部分,其工艺和技术装备和一般日用五金行业的企业相同。较为突出的是为了加工金属箱架和生产号码锁,先后采用铝合金热挤压工艺和锌合金压铸工艺。20世纪80年代,为了发展高档五金产品,还重点加强模具制造能力,投资150万元购置曲线磨床、电脉冲、座标镗床和程控线切割机床等117台(套)设备,使模具制造能力提高3—4倍。

1990年,上海皮革行业的2家五金配件生产厂共拥有设备281台(套),其中引进设备4台(套)、自动化设备29台、半自动流水线3条。皮革五金产品的表面处理有电镀工艺和镏金工艺。

3. 质量

皮革五金行业的产品质量,随着新技术新设备的采用和企业管理的加强逐步提高。20世纪80年代购进的用以测验铝合金纯度的3200原子吸收分光光度计,能衡量30多种金属元素,精确度为百万分之一到万万分之一,干扰元素少,铝合金型材纯度得以控制,质量得到保证,在提高金属表面处理质量方面也有所突破。1979年,HEDP无氰电镀工艺获上海科技成果三等奖;1988年,黑镍电镀获上海市优秀新产品三等奖。产品方面,磁性锁获1989年上海市新产品三等奖;1990年,在全国皮革五金产品评比中,8805铝型材、中间号码锁等产品获轻工业部部优第一名5项。

4. 销售

上海皮革五金配件的销售除对口供应业内40多家工厂外，还销给商办和乡镇企业50多家。1980年改革开放以来，30%的产品供应江浙2省的200多家厂；1988年始部分产品直接出口，1990年生产的275万只磁性锁有90%出口日本和中国香港地区，票夹金属架出口美国。

第十节　行业管理

一　地方行业管理

1. 行政隶属

1956年1月19日，上海市皮革工业公司成立，隶属上海市轻工业局。1968年10月，上海市制笔塑料工业公司的塑料制品部分划归上海市皮革工业公司，改组成上海市皮革塑料制品公司。1977年10月5日，上海市皮革塑料制品公司划归上海市手工业局管理领导。1978年12月26日，根据行业归口，塑料制品部分划出，上海市皮革塑料制品公司改为上海市皮革制品公司。1986年4月18日，上海市手工业管理局改名为"上海市第二轻工业局"。1995年12月22日，上海市轻工业局、上海市第二轻工业局撤销，组建上海轻工控股（集团）公司。2004年6月上海皮革有限公司整建制下放到金山区。同年10月12日，上海皮革有限公司由国有企业转为外商控股的合资企业。2005年2月2日，上海皮革有限公司由"中外合资企业"变更为"外商独资企业"。

2. 工业公司

上海市皮革工业公司成立于1956年1月19日。1956年7月，上海市皮革工业公司分为上海市皮革工业公司和上海市制鞋工业公司。1957年4月，上海市皮革工业公司与上海市制鞋工业公司合并为上海市皮革工业公司。

上海市皮革工业公司建立后，对全市的制革、皮件、皮鞋等企业实行全面的行业管理，统筹平衡上海皮革工业的发展。

上海市皮革工业公司在1956年对行业进行裁并改组，组成271家企业。到1958年6月底，上海市皮革手工业合作社联合社所属转为地方国营的企业，划入上海市皮革工业公司。1958年年底经进一步裁并改组成135家工厂，其中制革厂34家（化工、金属厂2家）、皮件厂44家、皮鞋厂57家。1959年扩建了红光制革厂，新建了上海皮革化工厂，改组了上海皮革金属厂、上海皮革机械厂和上海鞋楦厂等，加强了制革生产，开发了皮革化工新领域，充实了业内配套，使行业生产结构趋于合理完善。

在计划经济时期，上海皮革工业的生产实行直接计划。年度计划的编制以内外贸、供产销平衡为基础，外贸平衡在市计委的领导下由上海市皮革工业公司同外贸公司衔接，外贸公司主要是上海市畜产品进出口公司、上海市轻工业品进出口公司、上海市工艺用品进出口公司等。内贸生产任务由上海市皮革工业公司同中国百货公司上海采购供应站、上海市文化用品采购站、上海市鞋帽批发部、上海劳防用品商店等衔接。通过综合平衡编制出上海皮革工业的季度、年度计划。上海市皮革工业公司所属企业的工业总产值、品种、产量等计划，均由公司下达，原材料包括牛皮、羊皮、猪皮、橡胶、塑料等由公司按计划分配供应。

1968年10月，上海市制笔塑料工业公司的塑料制品部分划归上海市皮革工业公司，并改组成上海市皮革塑料制品公司。1978年12月26日，根据行业归口，塑料制品部分划出，改成上海市皮革制品公司。

1980年后，随着改革开放的深入，计划管理体制进行了改革，上海皮革行业实行以指导性计划为主和市场调节相结合的原则，计划供应的原材料逐步放开，1986年羊皮退出国家调拨计划，实行市场价格；1988年进口牛皮由国家计划供应改为代购制，取消了其中的补贴；猪皮从1989年始减少国家财政补贴，至1991年全部取消国家财政补贴。企业由以产定销转为以销定产，皮革制品全部实行了自销。

随着市场经济的不断发展，上海市皮革制品公司加快了技术进步的步伐。从1980年开始引进国外的先进设备，到1990年共投资3320.53万元、用汇990.57万美元，引进设备906套（台），占全公司1990年设备原值的24.38%。其中制革业投资1155.43万元，引进的有宽幅削匀机、压花机、挤水伸展机、抛光机、去肉机、烫革机等59台（套）；制鞋业投资1252.17万元，引进设备有电解铸模机、带刀披皮机、龙门下料机、包头成型机、钳帮机、多功能缝纫机、聚氨酯发泡机等335台（套）；制件业投资789.49万元，引进设备505台（套）。这些先进设备的引进，大大提高了劳动生产力，促进了产品的升档升级，提高了产品在国内和国际市场的竞争能力。

为了加速皮革行业技术改造、实现产品升级换代、开发高、精、尖新品种，上海市皮革制品公司承接了国家科委下达的"六五""七五""八五"一系列科技攻关项目。

一是1983年的"高档猪正面革生产工艺技术研究""六五"攻关项目。项目运用"多阶段脱脂、脱毛浸灰两步法、戊二醛预鞣、聚合物复鞣、剖蓝湿皮、苯胺整饰"等新技术，丰富和完善了猪皮制革工艺，使原猪正面革身骨板硬、涂层偏厚和塑料感重等缺陷得到改善，产品档次提高，平均售价由每平方米20.7元上升到36元。该项目获上海市科技进步一等奖和国家科技进步二等奖。

二是1988年的"南方低次猪皮制革新技术研究""七五"攻关项目。项目进一步完善了"多阶段脱脂、灰碱脱毛、臀部涂酶堆置，混合酶低温长时间软化，多种鞣剂复鞣填充和多阶段加脂、整饰"等技术，减轻了猪皮的部位差异，改善了南方低次猪皮粒面粗糙、伤残多等外观缺陷，使原来只能做劳保手套、夹里革等低档产品的原料，也能做成绒面服装手套革等高档产品，每平方米获利比攻关前提高2.37倍。该项目获上海市科技进步一等奖和国家科技进步二等奖。

三是1986年的"高档皮鞋机械化、装配化生产线的研究""七五"科技攻关项目，由上海宝屐皮鞋厂、上海皮鞋厂等单位共同承接。通过4年对绷楦定位、机械帮样设计、鞋用轻质材料和热熔型胶粘剂等方面的研究，完善了装配化工艺，并形成年产高档女皮鞋15万双、高档男皮鞋10万双的生产流水线各1条；使皮鞋配底生产从手工、半机械化过渡到机械化，全员实物劳动生产率由手工的日产1.5双提高到4—5双，其中配底劳动生产率达到男鞋10双、女鞋17双的水平。

四是1990年"皮革服装缝制及后整理技术""八五"攻关项目，由上海皮革服装厂承接。该成果技术标准高，具有实用价值，使手工加工方式进入工业化生产，提高了产品附加值,带动了国内整个皮革服装业的发展,使只能生产内销皮革服装的企业有条件把产品打入国际市场。该项目得到轻工业部科技进步二等奖。

五是1990年"ABS高档衣箱装配技术研究""八五"攻关项目,由上海东华皮件厂承接,该项目获得轻工业部科技进步三等奖。

随着技术进步和新产品的开发,上海市皮革制品公司以开发集新颖、高档、轻软、舒适为一体的"八字皮鞋"为龙头,以生产优质皮革为基础,全面启动了皮革制品的升档升级。1986年开发成功"新颖、高档、轻软、舒适"的男女皮鞋(简称"八字皮鞋")。由于"八字皮鞋"的款式花色不断变化、不断翻新,很受消费者的青睐。1990年,中高档皮革产量是1978年的4.18倍。中高档皮鞋产量1656.3万双,是1978年358.81万双的4.6倍,全公司花色品种有8000多种,为1978年的10倍,皮革制品的门类发展到33种。至1991年,全公司皮革产品获国家质量奖金质奖5项、国家质量奖银质奖9项、部优质奖61项、市名牌产品39项。

通过企业整顿,上海皮革公司的企业素质逐步提高,至1990年年底有上海皮鞋厂、上海红光制革厂、上海球厂、上海皮革服装厂、上海光明皮鞋厂、上海亚洲皮鞋厂、上海第一皮鞋厂和上海宝履皮鞋厂等8家企业被批准为国家二级企业,上海新艺制革厂被批准为市先进企业。

上海市皮革工业公司自1956年1月建立后一直是行政性公司,公司管理机构人员的工资和其他费用,由市财政事业拨款,所属企业直接与财政部门进行利税结算。1987年1月16日,上海市皮革制品公司经上海市经济委员会批准,转为企业性质的上海皮革公司。

1988年3月6日,为了贯彻上海市《关于全民所有制大中型企业实行承包经营责任制的几点意见》,上海皮革公司与上海市第二轻工业局、上海市财政局签订了综合承包经营合同。承包形式是保上交利润、保技术进步、保出口创汇、工资总额同经济效益挂钩浮动。承包基数是年度上交利润3534.5万元。一订5年不变,承包期限从1988年1月1日起至1992年12月31日止。随着公司对国家实行一头综合承包,公司有了企业性公司的实质内容,1988—1991年的4年内,公司年年完成3534.5万元的承包任务。1992年,随着经济体制改革的深化,公司又被上海市政府批准为税利分流试点企业,承包提前1年终止。由于公司与财政实行一头承包、一头清算、一头结算,使行业得到优惠政策,增加了留利、增强了生产后劲。

上海皮革公司在1990年共有企业49家,占全市皮革企业数21.1%,有职工18354人,占总数的40.93%,完成工业总产值7.368亿元,占总数的80.1%,实现税利1.31亿,占全市皮革企业完成数的93.5%。在全市皮革工业中,上海皮革公司的经济效益和综合实力占绝对优势。上海皮革公司所属企业占地面积为37.34万平方米,建筑面积为41.46万平方米,固定资产(原值)2.14亿元,固定资产净值1.54亿元,有工程和经济技术人员1361名,占公司职工总数的7.1%,各项经济技术指标名列全国榜首。上海皮革公司成为全国500家最大工业企业之一,全国毛皮制品业50家最大经营规模工业企业第一名、经济效益第二名,同时也被列为上海市50家大型企业产品销售收入第15位、出口交货值第10位、利税总额第21位,被上海市统计局列为大型企业一头统计单位和全国大一型企业之一。上海皮革公司在长期的发展中已经逐步形成制革、皮鞋、皮件、皮革化工、五金配件、机械以及鞋楦等门类齐全、协作配套的生产体系,是全国皮革工业的重要基地。

1992年9月，国家对皮革行业的外贸体制进行了改革，经国家外经贸部批准，上海皮革公司自营进出口业务。主要出口产品有皮革服装、篮、排、足球，男女皮鞋以及箱包、袋、手套、票夹等。到1992年年底，当年出口创汇达319万美元。上海外经贸委对1994年度实际出口、进口到货进行评比，上海皮革公司获工业自营企业二等奖，并荣获"中国轻工出口创汇十佳企业"称号。

为积极推进现代企业制度试点、进一步转换企业经营机制、理顺公司内部的资产关系、以名牌为龙头发挥行业整体优势、加快企业结构调整步伐、促进生产力的发展，1996年9月18日，上海轻工控股（集团）公司沪轻控企［1996］060号文批复，同意上海皮革公司改制为上海皮革有限公司。

1996年年底，根据上海市的"抓大放小"工作部署，上海皮革公司所属11家小企业划转到区、县，上海益民鞋用材料厂划转到杨浦区，上海长征皮鞋厂、上海鞋楦厂、上海皮箱厂、上海工业防护用品厂划转到闸北区，上海皮革手套厂划转到徐汇区，上海第四皮件厂划转到浦东新区，上海皮革橡胶厂划转到长宁区，上海沪光制革厂、上海亚东皮件厂、上海光明皮鞋厂划转到卢湾区。划转的11家企业有职工5330人，其中在职职工3082人、离退休职工2248人；总资产20506万元，包括固定资产原值5480万元，固定资产净值3549万元；占地面积50686平方米，建筑面积62280平方米。同时，一批小企业进行了股份合作制等多种形式的改制。1996年12月，上海工业防护用品厂改制为股份合作制企业，成为上海第二轻工业局第一批以效益责任制为核心、转换经营机制的内部改革试点企业。

1997年3月，上海轻工控股（集团）公司再就业服务中心正式成立。同年6月3日，上海皮革有限公司再就业分中心建立。再就业工程开展5年，进中心托管5165人，占1997年年初整个公司在册职工总数11531人的45%，分流率为100%。实际分流安置5308人（包括未进中心人员），其中享受政策分流1296人，占24.4%；协保分流2272人，占42.8%；自谋出路628人，占11.8%；企业内退449人，占8.5%；其他分流663人，占12.5%。

2004年2月，上海市政府对上海轻工控股集团公司的国有资产管理体系进行"抓大放小"改革。根据上海市委、市政府同意的《市区联手、抓大放小，推进国资国企改革与区县特色产业发展试点方案》，2004年6月上海皮革公司被整建制下放到金山区。同年10月12日，上海市外国投资工作委员会批复上海轻工控股集团公司，同意富国太平洋（中国）投资有限公司收购上海皮革有限公司90%股权，上海皮革有限公司由国有企业转为中外合资企业。2005年2月2日，上海轻工控股集团公司将其在上海皮革有限公司中所持有的10%股权转让给英属维尔京群岛富国企业控股有限公司，上海皮革有限公司由"中外合资企业"变更为"外商独资企业"。

二　同业公会

1. 制革业同业公会

上海最早的制革工业同业团体——"牛皮公所"——成立于1914年。由南京帮人士吴继复、徐光复等人发起组织，起初不设会所，后来稍有发展便筹款在南市区丽园路建屋，里面供有关帝塑像。牛皮公所的行规规定，在南市地区的制革厂坊及职工都须加入公会，每年上交一定费用，并到关帝像前烧香4次；凡外埠人士要到南市地区来开业设厂，必须一次付费75元，俗称"上大行"。这些规定在一定程度上限制了南市地区制革业的发展，一些新开的厂坊都选址闸北地区，闸北制革业因此逐渐兴旺起来。

1929年，绍兴帮在卢湾区徽宁路、听西路口也组织了一个"上海硝皮业公会"，发起人是李锦奎、马水有等，公会免去了某些强制性规定，成为业内人士谈生意、交流制革技术信息的场所，受到了制革业主和职工的欢迎。

1932年，南京帮在闸北地区又成立一个硝皮公会，发起人是章兴吉，杜华芳任秘书。1937年抗日战争爆发，闸北地区的皮坊全部毁于炮火，制革业迁至沪西苏家角、长寿路一带，闸北地区的硝皮公会改成"沪西硝皮公会"。不久杜华芳又将其扩展成全市性的同业团体——"上海特别市皮革制造业同业公会"，规定所有机制底革厂、南市同业及绍兴帮同业全部加入公会，并登报声明：不加入公会的厂坊不准营业。由于当时制革原料——生皮受日本人控制，公会可代为会员厂坊向"日华皮革统制会"办理生皮采购证、熟革运销证，并代日本商人分配加工订货任务，所以业内人士为发展生产也愿意入会。1943年公会易名"上海特别市制革业同业公会"，会所搬至六合路海定路口。1945年抗日战争胜利后，公会被新成立的"上海市制革业同业公会整理委员会"接管，张善璋任理事长。1947年国民政府将全国制革业划分成若干区，上海属第四区，公会定名为"第四区制革工业同业公会"，1948年又更名为"上海区制革工业同业公会"。当时公会的主要工作是为会员厂坊代购生皮、代收货物税，分配限额外汇（用于购买进口栲胶）、协调劳资纠纷等。

新中国成立初期，人民政府指示旧公会维持原状，业务照常进行。1950年5月22日，上海市制革工业同业公会筹备会成立，接管了旧上海区制革工业同业公会，马锡缓任主任委员。筹备会下设组织业务、总务、文教四厂委员会。1951年8月4日同业公会正式成立，公会组织章程规定：组织原则是民主集中制，最高权力机关为会员代表大会，下设执行委员会及监察委员会，执行委员25人，监察委员7人，均由会员大会以不记名投票方式选举产生。其中，执行委员会主任委员马锡缓，副主任委员马燮芳、谢贻豪、沈鸣青；监察委员会主任委员周永余，副主任委员孙定鹤。1952年5月公会第一次研究加工产品的成本，通过了黄水底革、鞋面革等8种产品的销售价格。1954年8月，公会制定了14种产品的等级规格，并规定每张皮革出厂时均需刷贴等级标记。1954—1955年，公会曾组织两次行业调研，听取了业内各方面的意见，做出全业申请公私合营的决定。1956年1月，制革业全行业公私合营。同年上海市皮革工业公司成立，一切技术业务由公司管理，同业公会划入上海市工商联，不再办理业务工作。

2. 制鞋业同业公会

清光绪二年（1876年）上海第一双皮鞋便已诞生。随着制鞋技术的传播与发展，至20世纪初，上海制鞋行业初具规模，但企业以前店后工场和大量的个体生产作坊，产品大多通过商业渠道出售。1914年，在南市老城厢金家棋杆弄福绥里4号，由靴鞋业同人发起组织了一个名为"履业公所"的鞋商业同业团体。业主和工人都可入会，会员可以在此交流信息、互通商情等。1928年，该团体改组成"履业同业公会"。此时，上海已有制鞋厂坊200多家，其中外商开设的有近10家，总资本额约80万元，有从业人员约2400

人，年产皮鞋10万双。至1935年，皮鞋厂坊有300多家。此时，上海形成了商业系统的鞋商业、工业系统的制鞋业。1939年，商业系统又成立了一个"皮鞋业同业公会"。1946年，上述两个公会合并为"鞋商业同业公会"。

工业系统的制鞋业于1938年成立了"皮鞋制造业同业公会"，当时上海制鞋作坊增至700余家至1946年发展达900多家，制鞋业同业组织改成"制鞋作场同人联谊会"。新中国成立后，奉上海市工商联合会转奉工商局核准，于1950年9月1日，在淮海中路567弄14号成立了"上海市制鞋业同业公会筹备会"，共有委员23名，赵壁城任主任委员，游亦广、张继生、焦开华任副主任委员，下设组织、业务计划、法规研究、文教、财务等5个委员会，入会的制鞋作坊计有1366家。根据产品的不同，分为皮鞋组（占58%）、翻鞋组（主要是生产布鞋、拖鞋等，占20%）、童鞋组（包括童皮鞋和童布鞋，占18%）、其他组（主要是代客上鞋、加工半成品或修理皮鞋的鞋摊等占4%），从业人数共计7950人。1954年，制鞋组增至8092户（93%以上是3人以下的散户），从业人员增至16189人。

1956年1月17日，制鞋业同业公会筹委会公私合营工作委员会成立，由任子安、顾宝卿等9人组成，代表会员向政府申请公私合营，1月底全行业合营后，上海市皮革工业公司成立，制鞋业同业公会完成了历史任务。

3. 皮件业同业公会

20世纪20年代，日用皮件已形成一个独立的行业体系，但生产企业多数是作坊，设有一个松散的"皮件作业组"的组织，皮件同行相聚一起饮茶闲聊、交流买卖信息、议磋技艺。1929年，在局门路成立了皮件业商民协会，当时入会会员有59家，未入会的有三四十家。1936年时，有自然形成的以区域籍贯划分的4个产业帮会，分为本帮（上海）、宁波帮、桐卢帮、安徽帮，其中本帮势力为最大，宁波帮次之，帮会之间矛盾迭起，相互诋毁，竞争十分激烈。众多有识同人，纷纷建议成立皮件业同业公会，以便有一个统一协调指导的组织。于是，由上海帮和宁波帮牵头筹组，先后有百余厂家积极响应，并参与筹备，于1937午2月底，正式成立第一届皮件业同业公会，同业公会会员，除皮件制造业外，也包括皮件商业在内，会址设在南市（老城厢）高敦街51号，大陆皮件公司经理浙江人滕延陵（又名"闲陵"）任理事长，金福记皮件厂经理金文照等4人任常务委员，三民皮件厂经理浙江人池传樾等10名任执行委员。八一三事变后，由华记皮件厂经理宁波人陈宝华任理事长，益兴祥皮件厂经理陈慕三等4人任常务理事，戎镒昌皮件厂经理丹阳人戎德勤、三江皮件厂经理盛国香等9人分别担任理事、监事。抗日战争期间，同业公会解体，敌伪时期被鞋业同业公会兼并吸收，称为"皮革制品同业公会"。1942年8月25日，上海特别市机用皮件制造业同业公舍会在广西路福来饭店举行成立大会，天丰机用皮件厂经理陈瑞生任理事长。直至1945年6月抗日战争胜利以后，原任皮件业同业公会的理事长、常务委员滕延陵、朱晋廷（中达皮件厂经理）、徐国均（沅昌皮件厂经理）和叶遗红、夏汉祥、张汝舟等6人负责重建皮件业同业公会的工作，会址设在东新桥宝裕里4号，五丰皮件厂经理朱贤良被选为理事长。1948年7月，皮件业同业公会举行改选，陈宝华被选为第二届皮件业同业公会理事长。1948年10月，上海市皮件业同业公会会员名录中有560家会员，由日用皮件业、机用皮件业、军装皮件业3个部分组成。1949年4月，袁呈祥发起申请组织皮箱制造商业同业公会，但虽经批准未及成立。

新中国成立后,皮件业同业公会在新的历史时期,即着手改组,于1950年6月8日成立上海市皮件业同业公会。会址设于浙江南路70弄4号,选举武昌皮件商店经理夏汉祥为主任委员,同业公会仍为工商联合会性质。在1956年社会主义改造高潮前,皮件业同业公会主要任务是组织会员定期学习,拥护党的领导,积极参加各项政治活动,督促会员遵纪守法、依法纳税,代表同业向政府反映情况,提出建议和要求,协调供、产、销业务及对行业调查等诸多工作,在这些方面同业公会发挥了很大作用。社会主义改造高潮以后,皮件业归上海皮革公司领导,同业公会的作用为专业公司代替。

第十章 江苏省

第一节 概述

江苏皮革、毛皮及其制品业历史悠久。唐朝时期，广陵郡（今扬州市）已开始生产水牛皮甲、皮袋等贡品。明洪武十三年（1380年），朱元璋从各地调集手工业匠4.5万户约20万人赴京城（今南京）服役，建立规模庞大的官营手工业，这些匠户按不同行业分别集中在城南18个作坊，这18个作坊其中有鞍辔坊、皮作坊、毡匠坊等。明清时期，南京地区皮坊众多，是全国重要的皮革生产交换基地，并形成擅长制作驴马皮箱包革的"京帮"。从清光绪二年（1876年）开始，江苏省内及上海等地相继生产西式线缝皮鞋。皮革制品则以苏州"戎镒昌"最负盛名，该店生产的各式箱、包、带于1911年荣获南洋劝业会一等奖。民国初期，省内有皮坊200个左右，有的已开始采用国外先进技术和化工原料鞣制皮革，逐步淘汰用植物、明矾和传统的烟熏方法鞣制皮革。南京的七家湾、三山街，徐州的英市街、兴仁街，苏州的齐门、阊门，扬州的皮坊街、皮市街，是省内颇有名气的皮革专业街市。民国三十四年（1945年）后，在日军侵略下遭到极大破坏的江苏皮革业有所复苏，多数县有小型皮坊，沪宁线城市开设较多的皮鞋、皮件店坊。不久，由于通货膨胀，市场萧条，许多店坊关闭歇业，省内皮革业日趋萎缩。1949年，全省生产皮革（折牛皮，下同）1.13万张、皮鞋2.63万双。

20世纪50年代初，各级政府采取加工订货、包销代销、发放贷款等扶持措施，省内皮革业有一定程度的恢复。至1954年，全省皮革、毛皮及其制品业计有3724户，有从业人员4935人，其中私营3642户共4266人。1956年，经过社会主义改造，全行业基本实现公私合营和合作化，生产发展较快，当年计有厂（社）122个、从业人员6537人，个体手工业者548人，次年生产皮革30.67万张、皮鞋64.94万双。1958年，在"面向公社，遍地开花"的思想指导下，江苏省大办皮革工业，到60年代初，原料皮不足的矛盾十分突出。1962年，全省仅生产皮革13.33万张、皮鞋75.74万双，全行业基本处于半停产状态。

1964年，江苏省皮革工业公司成立，同时对全行业进行调整。1966年，国家对猪皮开剥实行财政补贴，促进了省内猪皮开剥量的提高，初步缓解了原料皮不足的困难。各企业陆续添置一批机械设备，积极推进新工艺，开发新产品，省内生产经营得到迅速发展。1966年，全省生产皮革81.48万张、皮鞋114.67万双。"文化大革命"期间，省皮革工业公司停止工作，猪皮开剥发展缓慢，市场上皮革制品货源不足，供不应求。70年代初，各地对老企业进行技术改造，同时兴办一批乡镇制革厂、皮鞋厂，尤以扬州、镇江、南通市为多。1978年，全省轻工业系统有皮革企业75个、职工17910人；生产皮革161.01万张，其中猪皮革折合134.26万张（猪皮革2张折牛皮革1张，下同），生产皮鞋1055.69万双。

1979年，省皮革工业公司恢复，其总结多年来的经验教训，对行业管理进行改革，根据省内猪皮资源丰富的优势，重申行业经济政策和管理办法。省皮革工业公司动员各市、县大力开剥猪皮，以猪皮为主发展皮革工业；制革（裘）企业由省定点，革（裘）制品企业由市、县定点，合理布局，协调发展；猪皮熟革由省统一计划，实行全额分成、省市分级管理；生猪皮开剥收购实行核定指标，划区收购、定额调出，从而调动了各地发展皮革工业的积极性。南京、苏州、无锡、常州、盐城、徐州、连云港、扬州等市相继建立皮革公司（总厂）。1980年，全省生猪皮收购达到1015万张，生产皮革437.63万张，其中猪皮革折合406.8万张，占制革量的93%，跃居全国第一位；生产皮鞋1956.56万双，位居全国第二位。

在改革开放方针的指引下，省内全行业积极推广多种形式的经济承包制和横向协作联合，积极开展对外经济技术交流，加快技术改造的步伐。1980—1987年，全行业基本建设和技术改造投资4.85亿元（约为1949—1979年投资总额的5倍），其中用外汇2172.31万美元，引进倾斜转鼓，精密片皮机，挤水伸展机，通过式磨革机，真空干燥机，静电、超声波喷涂机，胶粘皮鞋生产线等先进设备833台（套）、生产线7条，并新增国内配套设备4950台（套）。一些老企业（重点是制革及出口皮鞋、皮件、裘制品企业）通过技术改造，基本实现机械化、半机械化操作；并积极采用酶脱毛、水综合利用、铬回收，从制革废液中提取皮蛋白等技术措施，使制革"三废"（废液、废气、废渣）得到初步的控制和治理，并促进了生产能力的提高和产品结构的优化，经过技术改造后的皮革行业，提高了制革和革制品的质量，减轻了劳动强度。省内初步拥有了一批名牌优质产品，南京制革厂"玉兔"牌猪修饰面革获国家质量奖银质奖。全省有28个产品被评为部优质产品，39个被评为省优质产品，40个被评为一类产品。同时建立了3个中外合资企业。1987年江苏皮革业共有企业1017家、10.8万职工，年产皮革669.33万张，其中猪皮1119.9万张、皮鞋3699.44万双，分别占全国总产量的11.8%、13.56%、11.96%；均位居全国第一位。

江苏皮件制品有箱、包、袋、票夹、腰带、皮衣、手套、车马挽具等。从1985年起，省内皮件类出口量连续3年居全国第一位。

20世纪80年代，江苏乡镇企业的迅速发展，出口创汇政策的推行，促进了江苏皮革工业的快速发展。1988年4月，经省计经委批准，以扬州皮毛服装总厂为龙头，有江苏、上海、安徽以及日本、美国、中国香港等国内外100多个工商企业参加，组成了跨省市、跨国界的"江苏飞翅集团"；苏州达胜皮鞋总厂年产量达90万双；江苏森达集团"森达"皮鞋荣获部优称号，年产量达到130万双，成为江苏皮鞋第一强。"七五"末期，江苏皮革行业有规模以上企业727家，完成工业总产值24.19亿元，实现利税总额0.9亿元，从业人数为（1989年）10.18万人，生产皮革599.54万张，其中猪皮革342.26万张，生产皮鞋2065.4万双。

步入"八五"后，国家对猪皮补贴全部取消，国家对制革企业实行先免税两年，后实行减八征二的扶持政策，江苏省制革企业步入市场经济，行业面临调结构、抓扭亏、扩出口、抓技改的任务。1993年11月，省皮革工业公司在南京召开部分企业家座谈会，分析行业面临的形势、江苏的现状及与全国的差距，当时江苏制革在全国位居第二位，但革制品的比例全国为1：4，而江苏省为1：3，其中轻工系统为1：1.43，低于兄弟省市。1992年，江苏省制革产量为667.3万张，占全国总产量11.45%，位居第三位，其中牛皮产量占全国总产量的13.52%（第二位）、猪皮占11.19%、羊皮占12%，而皮面皮鞋占5.92%、手套占4.4%、皮包占3.5%，分居全国四位、五位、六位，出口交货值占全国10.56%，位居全国第三位。会议提出以名牌产品为龙头，带动行业发展，积极扩大出口。1994年，国家对制革企业实行新的增值税并征收农副特产税，制革企业税赋增加10—15倍。公司通过对南京、扬州、镇江等制革厂调查，向省轻工厅报告，省轻工厅分别以苏轻发〔1994〕22号和〔1995〕51号向省政府和轻工部报告。此时，行业皮源紧张、价格飞涨，全省制革企业在加强管理，降低能耗，做了很多工作，但大多数厂仍处于亏损状态。至1995年年底，全省有企业948家，实现工业总产值104.26亿元、利润1.05亿元、利税总额4.16亿元。在此期间，无锡"奇美"的黄牛软面革、"靖江"猪票夹等、"桃源"的山羊面革、镇江皮革制鞋总厂的皮鞋、常州箱包拉链厂的包袋等也通过多口岸、多渠道开拓外销市场。"八五"期间，江苏省轻工系统皮革行业产值以23.9%幅度递增，鞣制皮革以11%幅度递减，其中猪皮以11%速度递减，鞋（含旅游鞋）以24.5%递增，出口交货值以48%速度递增，出口创汇以31%速度递增，但全行业亏损。

"九五"期间，江苏制革企业除了镇江、扬州、徐州淮海先勉强维持生产后也步入停产破产之列外，其余制革厂都已停产了，这也影响了皮革制品的发展。但韩资在南通、江阴建立了制革厂。制品企业多为民营、合资企业，处于快速发展时期。农业部和对外贸易部建立出口商品基地，出口带动了行业发展，在1996年中国最大出口创汇乡镇企业前一百名中，江苏桃源、富昌和无锡百乐皮件分排六十七位、七十位、九十位，在1995—1997年出口创汇先进企业名单中，江苏美迪洋、无锡百乐皮件、江苏森达、富昌等10家皮革制品企业名列其中；而江苏张家港贝贝橡胶总厂、江阴富昌、启东等4个厂分赴境外办皮革制品厂。"九五"期间，省内规模以上制革企业由64家减少为21家，产值由1997年的18.69亿元下降到2000年的8.82亿元，减少了52.8%；制品由491家减少到205家，产值由83.58亿元到84.10亿元。至2000年年末，全行业规模以上企业实现产值127.32亿元、出口交货值64.08亿元，实现利润3.42亿元、利税总额7.55亿元，有从业人员8.71万人，规模企业由1995年948家减少为285家。工业总产值平均增长速度仅为4.08%，实际上是止步不前的。

步入21世纪，江苏皮革业有了较快发展，突出表现在一是规模以上的企业数由2000年的285家发展到2008年的525家，其中国有企业全部退出，合资、民营企业大幅度增加；二是在行业发展中，制品主要为制鞋占主导地位，制品部分产值一般占行业总产值的80%左右；三是制革业中除了徐州南海皮厂有较快发展外，其余因污染治理大多处于萎缩和关闭状态，徐州南海鞋面革多为省内外名鞋配套；四是江苏出口交货值一般占销售产值的46%—52%，内销市场较好；五是品牌意识增强，开发能力增强，省内森达、万里、凯森被评为鞋王或名鞋，40多家企业佩挂真皮标志，千百度的1.5万平方米开发中心在国内首屈一指，南通的"菱光"，江阴的"奥丽雅"，盐城的"霸威""秦圣""好人"，江都的"金自豪""拿得劳""索奇""魅之源""玖玖"，丹阳的"戎氏""派克""丹乐""丹森""根牌""华翔"，高邮的"千禧龙"……一大批骨干鞋厂的快速发展，使江苏皮革业充满生机活力。

此外,徐州姑娘生产的十二生肖鞋和奥运福娃鞋获得14项外观设计专利,南京高淳汪家的传统布鞋、连云港鑫玛鞋业等厂生产的工艺拖鞋行销国内外市场。

2001年以后的8年,江苏省制革制鞋及毛皮产值分别以19.84%、18.4%、14.94%速度递增,皮面皮鞋以7.8%速度递增。2008年全省生产皮面皮鞋9939.75万双、轻革2810.5万平方米、皮衣341.27万件,完成工业总产值424.46亿元,产品销售收入405.81亿元,实现利润16.43亿元、利税30.16亿元。

表8-24为江苏省皮革行业1949—1996年完成工业总产值情况。

表8-24　　　　江苏省皮革行业（1949—1996年）完成工业总产值统计

年份	总产值（亿元）	年份	总产值（亿元）
1949	0.05	1986	9.75
1952	0.06	1987	12.80
1957	0.12	1988	16.32
1965	0.49	1989	21.79
1978	2.61	1990	25.11
1979	3.0	1991	29.05
1980	4.45	1992	38.96
1981	5.22	1993	66.95
1982	4.72	1994	97.56
1983	4.93	1995	104.26
1984	5.74	1996	125.87
1985	7.78		

表8-25为江苏省皮革行业1997—2008年规模以上企业生产经营情况。

表8-25　　江苏省皮革行业1997—2008年规模以上企业生产经营情况统计　　单位：亿元

年份	企业数（个）	总产值（亿元）	产品销售收入（亿元）	利润总额（亿元）	利税总额（亿元）	出口交货值（亿元）	年从业平均人数（万人）
1997	694	131.19	104.91	1.43	5.23	—	—
1998	316	112.22	99.92	2.06	5.62	51.43	8.34
1999	308	113.41	103.65	2.5	5.97	47.12	8.56
2000	285	127.32	118.11	3.42	7.55	64.08	8.71
2001	314	143.86	132.7	3.65	8.47	70.85	8.94
2002	338	170.09	161.16	5.55	10.37	79.24	9.66
2003	386	252.05	235.55	8.53	17.23	89.05	13.01

续表

年份	企业数（个）	总产值（亿元）	产品销售收入（亿元）	利润总额（亿元）	利税总额（亿元）	出口交货值（亿元）	年从业平均人数（万人）
2004	414	292.62	282.98	12.54	21.85	135.38	14.22
2005	403	247.02	236.67	8.95	17.9	125.52	12.30
2006	452	294.24	285.85	11.65	19.84	132.72	13.25
2007	504	390.28	373.03	15.11	27.02	161.15	14.69
2008	525	424.46	405.81	16.43	30.16	165.48	13.9

表8-26为江苏省皮革行业1990—2008年主要产品完成情况。

表8-26　　　　江苏省皮革行业1990—2008年主要产品完成情况统计

年份	皮鞋（万双）	皮革（万张）	其中：猪皮革	轻革（平方米）	皮革服装（件）
1990	2065.01	599.54	342.26	—	—
1991	3191.96	881.2	492.07	—	—
1992	3566.02	741.39	471.11	—	—
1993	4155.25	625.77	555.8	—	—
1994	4884.11	678.38	—	—	—
1995	—	—	—	—	—
1996	5808.95	616.94	—	—	—
1997	6665.35	—	—	14910512	—
1998	5882.84	—	—	6876372	2993626
1999	5514.21	—	—	8825398	3050943
2000	5449.54	—	—	18457834	4268673.3
2001	5496.83	—	—	6594299	4521562
2002	4878.75	—	—	7744456	3095183.38
2003	5784.38	—	—	6376905.69	4173052.8
2004	6083.61	—	—	6756882	8121376
2005	6560.54	—	—	14752253	4908061
2006	8585.86	—	—	21068277	4553772
2007	9110.28	—	—	23730267.6	4751648.9
2008	9939.75	—	—	28105062	3412712

第二节 行业发展

一 皮革

（一）牛皮革

20世纪以前，江苏的牛皮革有生货、熟货两大类。生货主要是皮筋，用手搓制弓弦、扎制竹器、床绷等。熟货主要是烟熏革，用于制作靴鞋、车马挽具等，原料皮以黄牛皮为主。20世纪初，开始用栲胶生产底革、箱包革、带革等品种。当时的皮坊一般以家庭为主，有的也招收徒工、雇工。工具以陶缸、木板、烟熏灶为主。人工挑水、赤脚踩皮、刨皮、推皮、烟熏等工序全部为手工操作。原料皮自行采购，产品自产自销。民国二十七年（1938年）后，侵华日军攫取原皮就地加工，河南、青岛、上海等地制革业主相继到江苏开皮坊。20世纪40年代初，徐州有制革厂坊100多家，年产牛皮革10万张。40年代中期，南京有各类皮坊140多户、从业人员200多人。这一期间，南京、苏州、徐州等地的皮坊开始采用进口红矾钠生产鞋正面革，有的皮坊开始采用电动磨革机、转鼓、木质打光机、喷色机等专用设备鞣制牛皮革，改变了旧的生产工艺，提高了皮革质量。1949年，全省生产牛皮革约1万张左右。

中华人民共和国成立后，国家对牛皮革实行统一管理，将牛皮、羊皮列为一类商品，所有的收购、销售、调拨、出口、库存指标皆由国务院外贸部门集中管理；将猪皮、兔皮、黄狼皮等列为二类商品，由国务院确定商品购销政策，统一安排，实行差额调拨；省内由农产品采购厅执行收购和调拨，后采购厅撤销，1958年并入省商业厅外贸处，牛皮一直由供销合作社代购。1972年，国家将牛皮调为二类商品，仍实行派购，民用牛皮资源逐渐减少，各类皮坊主要是接受国家委托加工和军工部门的来料加工。1952年，国家禁止屠宰耕牛，制革业仅以少量血皮维持生产，困难较大。江苏牛皮（包括黄牛皮、水牛皮）收购量1952年为6.24万张，1957年为25.9万张，1962年由于受自然灾害影响，牛皮收购降为5.97万张，1978年后收购量均在10万张左右，1985年至1990年累计收购牛皮37.24万张。全省收购牛皮由江苏省畜产公司统一计划调拨给生产技术条件较好的徐州淮海制革厂（1958年更名为"徐州淮海皮革制品厂"，1976年又恢复原名）、苏州光明制革生产合作社、南京坚鞣和坚韧制革社生产。1957年，省手工业生产合作社联合社、省工业厅轻工业局联合印发《淮海制革厂牛面革、底革、带革、球革的制品质量检验标准（草案）》，要求各制革企业学习执行。

1962年，省内牛皮革开始由国家下达生产计划，省外贸畜产部门供应原料皮，熟革优先供应出口产品和为工农业配套产品的生产。1963年，国家对制革的税率由40%降低为30%，省物价委员会调低牛皮熟革的出厂价格。70年代初，省轻工业局对牛皮制革实行定点生产，省定点的厂有徐州淮海、南通、常州皮革厂和南京制革厂。其中徐州淮海皮革厂的产量约占全省产量的80%左右，主要产品为鞋底革、鞋面革；南通、常州两厂主要生产皮仁、皮结、缝纫机带等配套革。1974年，省内重革生产推广快速鞣法，过去池鞣生产周期45—180天，改为转鼓鞣后缩短为4—5天。由于分配的原料皮中水牛皮渐多，70年代后期，省内制革企业开始研制生产水牛皮修饰面革。

1982年，中央和地方扩大牛皮进口，牛皮制革有一定的发展。省内全年生产牛皮革31.27万张。1984年，国家放开牛皮市场，对生牛皮和熟革实行议购议销。各制革企业积极采购原料皮，扩大牛皮革生产。南京的江宁、六合、扬中、句容、武进、如皋等地兴办制革厂，规模大多在年产10万张牛皮标张。淮海制革厂于1987年投资60万元在沛县新建制革分厂，全省牛皮革生产企业增加到40多个。由于各方争购原料皮，熟革价格随生皮价格猛涨，黄牛鞋面革每平方米价格在60—90元之间。80年代，徐州淮海制革厂经过多年的技术改造，引进了捷克斯洛伐克、德意志联邦共和国、意大利、英国、芬兰等国的先进设备20多台（套），又学习国外先进的技术，经过扩建与技改，成为设备先进、检测设施完备、产品花色齐全、能生产牛皮革45万张、猪皮革70万张、牛皮和猪皮重革1000吨的全国规模最大制革企业。自1986年至1992年，该公司又先后与美国格拉瑞尔、澳大利亚、中国香港成立鹰球、苏维、海龙等公司，1997年完成工业总产值22354万元，投皮23.57万张，生产轻革36.91万平方米，出口交货值为10294万元，亏损1764万元，成为省内牛皮革的主要生产工厂。所生产的"鹰球"牌黄牛修面革，1986年被评为部、省优质产品。1987年，由江阴皮革厂、江苏省轻工进出口公司、美国华美发展公司、奇利威公司合资经营的无锡奇美皮革有限公司开业，以生产牛皮革为主，年产牛皮革40万张左右。同年，江阴市第二皮革厂的"天马"牌铬鞣黄牛修饰面革被评为省优质产品。1992年，全省牛皮制革产量达到164.75万张，占全国13.52%，位居第二位。

为了认真贯彻国家环保政策，治理"五小"企业，自1997年，全省先后关闭58家制革厂。

1995年，粤海公司收购并改造徐州睢宁三利皮革有限公司，建立徐州南海皮厂有限公司，生产牛皮鞋面革、汽车沙发革，月产量可达300万平方英尺，产品深受各鞋厂、革制品厂欢迎；后又进行技术改造，投资2.5亿元，生产能力达6000万平方英尺，配套建有污水处理设施，是江苏省当时最大的牛皮制革厂。此外常熟美迪洋、扬州创利，也生产牛皮革。2008年，全省皮革鞣制产值达37.53亿元，利税为2.29亿元。全省有皮革鞣制企业30家，生产轻革2810万平方米。2009年全省生产轻革4553.04万平方米。

（二）羊皮革

20世纪40年代，江苏已有羊皮制革，主要是夹里革。

1950年前后，苏州的一些皮坊开始用铬鞣法，生产湖羊皮服装、手套革。1954年，羊板皮统归省外贸畜产公司收购供应。由于省内的山羊板皮质量好，多数择优出口；土种绵羊板皮由军工部门择优制裘，不符合制裘要求的供工业制革。1955年，全省收购羊板皮88.5万张，调出79.5万张，供给省内制革的不足10%。1957年，因对苏联出口皮革的需要，苏州光明制革生产合作社试产山羊鞋面革。1963年，徐州淮海皮革厂学习上海生产山羊面革变形二浴法、染色配方等先进经验，并在省内进行推广，初步解决江苏山羊面革粗糙、色花、裂浆等问题，羊皮革质量有了提高。

江苏山羊板皮生产发展较快，据省供销社统计，1952年收购16万张，1960年收购40万张，1970年增加到122万张。从80年代开始江苏先后确定丰县、宿迁、滨海等28个县为山羊基地县，这28个县每年收购山羊板皮皆在5万张以上，1980年达到266万张，从1952年到1983年收购4413万张供外贸出口。1984年收购274.2万张，1985年收购223.5万张，1987年收购320.7万张，1990年收购323.99万张。收购的板皮约有1/3供出口，其余皆供省内制革厂生产羊皮革。1970年以后，省内定点苏州制革厂、南京制革厂生产，计划由外贸部、第二轻工业部下达，板皮由省外贸畜产部门供应。产品以鞋面革、夹里革、服装革为主，供出口产品用。省内收购的绵羊皮除调出外，由苏州制革厂生产出口手套革，每年约10万张左右。1980年，全省生产羊皮革92.01万张。1981年、1983年，南京制革厂的"玉兔"牌山羊面服装革和鞋面革被评为省优质产品。1983年，南通制革厂抽出一部分技术骨干，参加组建中法合资苏桑皮革有限公司，这是江苏省也是全国第一家外商合资企业，引进全套进口设备，年产羊皮革能力为100万—120万张。

1984年，国家放开羊皮市场，制革企业开始多渠道收购羊板皮，羊皮革生产厂除南京制革厂、苏州制革厂外，增加六合县皮革厂、吴江县皮革一厂、无锡市制革厂、江阴县皮革厂、句容县制革厂等企业外，一些乡镇制革企业也开始生产羊皮革。由于各方面争购生羊皮和熟革，价格随之猛涨，羊鞋面革每平方米价格在100元左右。1986年，中法合资经营的南通苏桑皮革有限公司成立，以生产出口羊皮革为主。同年，南京制革厂的"玉兔"牌山羊鞋面革、正面服装革被评为部优质产品。

1987年，全省生产羊皮革260.5万张，其中轻工业系统生产242.3万张。当年羊皮革出口21.58万张。

1992年，全省羊皮革产量为526.77万张，占全国总产量的12%，位居全国第二位。

1990年以来，吴江桃源制革厂（后改制成金不焕皮革集团有限公司）生产绵羊皮服装革一直以色泽均匀、质量上乘深受外贸出口企业欢迎。南通苏桑皮革有限公司于2000年清盘后改制成南通新益佳皮革有限公司，生产山羊皮鞋面革、袋鼠皮鞋面革，生产经营稳定，备受欢迎。

（三）猪皮革

1949年以前南京即有猪皮制革，但数量极少。

1952年，南京各皮坊开始批量试产猪皮革，品种以重革为主。与此同时，南通、徐州等地也试产猪皮革，但底革透油、断裂，面革掉色。徐州淮海制革厂学习上海猪皮制革操作技术，并在实践中总结经验，提高了猪皮革质量。1954年，国家采用免税和提高熟革价格等措施，鼓励猪皮制革。扬州、苏州、泰兴等地开始试产猪皮革，由于质量较差、与牛皮革差价不大，不受消费者欢迎，有的企业产品积压，有的企业亏本，猪皮制革发展困难。

1955年，省工业厅、省畜产公司、省手工业生产联合社筹备委员会召开全省制革工业会议，决定在全省推广猪皮制革，以弥补牛皮革的供应不足。对猪皮制革，根据以料定产的原则，开始统一安排生产任务，生猪皮由省外贸土畜产部门统一收购供应。1956年，省工业厅、省手工业生产合作社联合社举办提高制革质量学习班，组织有关制革企业到徐州淮海皮革厂学习猪皮制革的操作技术，促使制革企业工艺改革，增加品种。南京制革厂也采用酶法脱毛的新工艺，使猪皮革质量大为提高，并相继研制出猪正面革、猪帽圈革等新品种，猪皮革销路逐渐好转。但由于生猪皮的收购价格低于肉价，开剥猪皮亏损，加上一些地方有吃带皮肉的习惯，生猪皮开剥收购量较小，限制了猪皮制革的发展。20世纪60年代初的国民经济困难时期，生猪饲养量下降，猪皮资源更少，1962年全省仅收购生猪皮6.36万张。

1964年，全省猪皮熟革开始由省皮革工业公司统一分配，调拨经营。1965年，国家进一步推广猪皮制革，省内猪皮开剥收购计划由省轻工业厅、商业厅共同下达。同年，省有关部门确定，生猪皮由定点的淮阴皮革厂、东台皮革厂、泰州制球厂、南通联益制革厂、常州联业制革厂、苏州光明皮革厂、南京制革厂、徐州淮海皮革厂、连云港市皮革厂直接收购。这期间，省内制革企业推广酶法脱毛、盐碱法脱毛等生产新工艺，猪皮革质量显著提高。苏州制革厂学习外地技术，相继试产猪皮服装、手套革、淡黄手套革、正绒革、反绒革、日用手套革等新品种，推动了省内猪皮革新品的开发。因猪皮革与牛皮革差价不大而影响销售，故此省轻化工业厅、省手工业管理局决定调低猪皮价格，使之低于牛皮革价的40%左右，从而调动了各地开剥猪皮和猪皮制革的积极性。1965年，全年收购生猪皮42.38万张，比1962年增长5.7倍，生产猪皮革31.25万张。

1964年，财政部决定每开剥1张猪皮补贴3元，省手工业管理局、商业厅发出《全面开剥猪皮的通知》，并增列盐城皮革厂、扬州皮革厂、镇江鞋厂（制革车间）、黄桥肉联厂（商业系统）、如皋肉联厂（商业系统）、江阴县澄江皮革社、吴江县震泽皮革社、淮安县皮革社、六合县皮革社等为省猪皮制革定点企业，大力推广猪皮开剥、发展猪皮制革。各制革企业开始生产猪修鞋面革，克服了猪皮毛孔粗大的缺陷，使猪皮近似牛皮，深受消费者欢迎，促进了猪皮革的生产和销售。1966年，全省收购猪皮248.5万张，生产猪皮革137.24万张。盐城制革厂采用"灰碱法"工艺，开发了猪皮劳保手套革；东台皮革厂与上海有关企业联合，生产猪皮油仁革；南通联益皮革厂在美化猪皮上下功夫，解决了底革断裂、面革掉色等毛病，并试制成猪皮皮圈、皮仁、油仁等纺织用革制品。江苏开始走上以猪皮为主发展皮革工业的路子。1967年，猪皮财政补贴改为皮革工业部门按"皮肉同价"的政策，每收购1公斤鲜猪皮，由中央财政补贴0.6元，超收补贴。1968年以后，省内又增加新沂县皮革厂、滨海县皮革社、大丰县大中皮革社、靖江县皮革社、句容县制革厂、常熟县皮革社、无锡皮箱皮件厂（制革车间）等猪皮制革定点企业。1973年，生猪皮开剥工作在全省基本推开，共有开剥点3500多个，当年开剥生猪皮73.93万张。

1977年，省轻工业局决定，猪皮革的分配供应实行统一计划，采取超剥多供、欠剥少供的办法。即按各地生猪皮开剥计划完成实绩，超计划增加供应相应数量的猪皮革，未完成计划的相应减少供应。1979年，省内生猪价格提高，生猪皮的收购价每公斤相应提高0.16元，由中央财政予以补贴。省轻工业局、商业局印发的《关于生猪皮和熟皮革管理的试行办法》规定，全省生猪皮和熟皮革的生产和使用，均由省皮革工业公司统一计划管理、统一调拨经营，并按多剥猪皮多用革的原则，对完成开剥收购生猪皮计划的地、市奖励熟革5%；超计划开剥收购的生猪皮，按省5%，地、市10%，县85%的比例分配熟革。1980年，全省收购生猪皮1015万张，为1978年的3.39倍，跃居全国第一位。全省猪皮制革平均每张得重革3.39公斤、轻革0.88平方米、二层革0.25平方米、财政补贴8.278元、利润1.803元。

1982年4月，鲜猪皮收购价格工业负担部分由每公斤0.9元提高为1元，相应减少国家财政补贴。10月，省皮革工业公司在全省推广东台县皮革厂生猪皮管理的细盐转鼓腌制、大堆堆放、文明管理仓库等经验改变了制革企业生皮仓库脏乱差的状况。同年，苏州制革厂的"狮球"牌猪绒服装革、南京制革厂的"玉兔"牌猪修面革被评为部、省优质产品。如东县制革厂被列为省猪皮制革定点企业，至此省猪皮制革定点企业为26个。

1983年，南京制革厂生产的"玉兔"牌猪皮革获国家质量奖银质奖。常州皮革机械厂的仿编织猪皮压花革，获国家经委全国优秀新产品"金龙"奖。翌年，省内生猪皮收购价提高，差额部分由省财政给予补贴。1985年，为促进各地进一步多剥皮多用革，省轻工业厅确定对全省猪皮熟革采取统一计划、全额分成、省市分级管理的办法，即对各市生产的猪皮熟革，省分成30%，用于出口产品的原料和内销产品的品种调剂；市分成70%，其中制革企业分成20%左右，用于发展地方皮革工业。同年，江阴县皮革厂的"国冠"牌植鞣猪皮票夹革、靖江县制革厂的"大发"牌铬鞣猪皮票夹革被评为省优质产品。1986年，为合理利用生猪皮财政补贴，省内开始实行"两定一包"的补贴办法，即对省定点猪皮制革企业核定收购量，核定每张猪皮的补贴金额，实行总额承包、超额不补、余额留用，并由财政退库改为财政列支。为了充分利用有限的猪皮原料和财政补贴、提高猪皮制革的经济效益，省内各猪皮制革工厂充分发挥进口设备加工精度高的作用，广泛开展多层利用。头层制作档次高的服装革、箱包票夹革、软面革等品种；二层制作修饰鞋面革等；大力开发利用三层，提高了经济效益。同年，徐州淮海制革厂的"鹰球"牌铬鞣猪修饰鞋面革、南通制革厂的"骏马"牌铬鞣猪修饰鞋面革，被评为部、省优质产品。苏州制革厂的"狮球"牌猪修饰鞋面、猪绒面服装革被评为部优质产品，南通制革厂的"骏马"牌铬鞣猪正面革被评为省优质产品。1987年，省内生猪皮财政补贴开始试行"补革不补皮"的办法，实行以销售的熟革量进行补贴，把生猪皮补贴与企业的生产经营挂钩。当年，全省猪皮制革平均每张财政补贴9.92元。猪皮得革率重革为4.17公斤、轻革为0.89平方米、二层革为0.35平方米，利润1.52元。1987年，全省生产猪皮革（自然张）1119.9万张，位居全国前列。

1990年，猪皮补贴取消，制革厂进入过渡期。1994年实施新增值税和特产税，税赋增加10—15倍。靖江制革厂1993年每张猪皮纳税0.25元，1994年达到纳税4.19元；扬州制革厂过去一张猪皮利润仅1元多，而1994年纳税每张5元多；经测标全省1993年猪皮纳税0.49元，而1994年达到4.49元，全省以年产750万张计算，不包括原材料、费用上涨因素，仅税款就增加3000万元。省公司经过调查，将情况通过省轻工厅、省政府汇报，后虽有减半的政策，但制革厂大多停产、关闭，仅镇江、扬州制革厂、红宇皮革集团维持生产，但后也无法生产。自实施补贴政策以后，江苏共补贴9.12亿元。其中"六五"期间补贴3.5亿元，"七五"期间补贴3.42亿元。目前，仅有如皋红宇、南京浦口等厂在使用蓝皮生产猪皮革。

表8-27为1997—2009年江苏省规模以上制革企业完成情况。

表8-27　　　　　　　　　1997—2009年规模以上制革企业完成情况

年份	企业数（个）	产值（亿元）	销售收入（亿元）	轻革产量（万平方米）	利润（亿元）	利税（亿元）
1997	64	18.69	14.39	1491.05	-0.37	-0.03
1998	29	15.0	12.89	687.64	-0.22	0.13
1999	28	13.96	12.83	882.54	-0.08	0.20
2000	21	8.82	8.64	1845.78	-0.15	0.02

续表

年份	企业数（个）	产值（亿元）	销售收入（亿元）	轻革产量（万平方米）	利润（亿元）	利税（亿元）
2001	27	13.29	12.21	659.43	-0.02	0.38
2002	28	23.02	21.85	774.45	1.02	1.64
2003	29	26.71	28.21	637.69	0.96	1.43
2004	25	30.85	29.86	675.69	1.72	2.11
2005	27	26.89	26.74	1475.23	1.4	1.75
2006	34	31.57	33.39	2106.83	1.90	2.18
2007	33	38.76	38.27	2373.43	1.68	2.19
2008	30	37.53	37.24	2810.51	1.2	2.29
2009	31	32.29	31.74	4553.04	1.97	2.77

二 皮鞋

（一）线缝皮鞋

19世纪70年代以前，皮革制鞋工艺简单，产品主要是皮靴、钉鞋，晴雨两用，底型是不分左右的"直脚"。清光绪二年（1876年），上海鞋匠沈炳根因常替外国人修理皮鞋，掌握了西式皮鞋的制作技术，即开设制鞋工场，生产线缝皮鞋。由于线缝皮鞋分左右脚，帮与底用线缝合，设计合理、造型美观、结实耐用，很受消费者欢迎。清光绪二十八年（1902年），苏州市萃成祥操衣鞋帽店聘请上海技工、制作线缝隙皮鞋。此后，省内制鞋业逐渐生产线缝皮鞋，以男式为主，面皮多为牛皮。所需面皮、麻线、鞋钉、胶底等材料，大部分在上海购买，夹里皮、底革基本上使用本地产品。除做帮使用脚踏缝纫机外，其他工序全部为手工操作，使用铁锤、钳子、劈皮刀等简单工具。"低头弯腰背朝天，锥子榔头加刀钳，两腿并拢当锤垫"，是当时制鞋工人辛勤劳动的写照。当时，每人日产不到1双。20世纪40年代，开始生产各种跟型的女式皮鞋。

1949年，南京军事学院学员，参加中华人民共和国开国大典检阅所穿的高勒牛筋皮靴，由南京、公泰、新亚、永昌皮鞋店设计承制，这一式样后称为"将军靴"，在市场十分流行。1950—1952年，中国人民解放军3521工厂组织南京制鞋业制作抗美援朝军用鞋，开始实行按工序分工的流水作业法，提高了生产效率，很快在全省制鞋业中推广。一些制鞋企业也逐步使用内线机、外线机、片皮机等专用设备，皮鞋生产由各人独立制作转为集体流水操作。1958年，南京、无锡、南通、盐城等地皮鞋厂开始批量生产对苏联出口的手工线缝皮鞋。1959年，全省生产线缝皮鞋128.4万双，占皮鞋总产量的95.2%，其中出口53.46万双。到60年代，省内胶粘、硫化皮鞋发展较快，线缝皮鞋产量逐渐减少。1972年，根据轻工业部关于改革制鞋工艺，发展胶粘工艺，改造硫化工艺，巩固模压工艺适当保留手工缝制皮鞋的要求，线缝皮鞋以手工生产的中高档产品为主。1978年，全省轻工业系统生产线缝皮鞋561.17万双，占皮鞋总产量的53.61%。1984年，省轻工业厅印发《关于内销皮鞋作价若干意见》，确定省内销皮鞋价格由企业自定，以鼓励企业的产品经常翻新。由于线缝皮鞋用料多，工艺复杂，不便实行装配化和成型化，生产效率低，加上新材料新工艺的出现，传统的线缝皮鞋产量逐年下降。

1987年，全省轻工业系统生产线缝皮鞋234.65万双，占全省轻工业系统皮鞋总产量的22.3%，比1978年下降58.19%。南京万里皮鞋厂的"万里"牌男线缝皮鞋、无锡市鹤鸣皮鞋厂的"锡鹤"牌男线缝皮鞋、扬州皮鞋厂的"金燕"牌男线缝皮鞋，均被评为省优质产品。

1988年，南京万里鞋厂特制一只男鞋，全长2.55米，宽0.82米，高0.87米，重110公斤，当时号称"鞋王"，在国内引起了强烈反响。

目前丹阳市六都鞋业有限公司等厂生产的劳保防护用鞋仍采用先胶粘后侧缝工艺生产。高邮千禧龙鞋业公司引进德国的聚氨酯注塑成型工艺生产劳保鞋。劳保用鞋主要突现其功能，如防静电皮鞋、电绝缘三防皮鞋、耐油三防皮鞋、耐高温四防皮鞋等功能，其产品标准已达到欧盟标准，产品有的出口到欧、美、澳等国家。

（二）胶粘皮鞋

1960年，南京万里皮鞋厂以丙酮胶、红丁胶为胶粘剂，试产胶粘皮鞋，因胶粘时间长、生产效率低而停产。1962年，为适应出口皮鞋生产的需要，无锡皮革制品厂以氯丁胶为胶粘剂压合皮帮与胶底，试产胶粘皮鞋。由于胶粘皮鞋生产效率高，成鞋轻便，不仅用于出口，而且很受国内市场欢迎。20世纪70年代初，省内皮鞋厂陆续生产胶粘皮鞋，且发展较快。苏州光明皮鞋厂等企业自行设计，建成胶粘皮鞋生产线；南京万里皮鞋厂、南京长城皮鞋厂、徐州市皮鞋厂、常州市皮革厂等企业先后从国外引进绷帮机、主跟成型机等先进设备，建成胶粘皮鞋生产线。1978年，全省生产胶粘皮鞋83.91万双，占皮鞋总产量的7.95%。

十一届三中全会以后，江苏大办乡镇企业，南京、苏州、扬州等地开办了一批鞋厂，以朱相桂、肖水根为代表的一批农民企业家开办鞋厂，"森达""达胜""金陵"等企业带动和促进了制鞋行业的发展。从80年代起，胶粘皮鞋生产开始采用合成革、再生革、仿皮革、树脂布、钢板纸等新材料，吸取国外的设计造型，讲究装饰配件的使用和帮面的拼色镶嵌，花色品种不断翻新，旅游鞋、健身鞋、漫步鞋等新品种相继投产。1981年11月，经国家外国投资管理委员会批准，由南通市二轻局、中国信托投资公司和日本国力王株式会社共同投资建立中国南通力王有限公司，总投资142万美元，注册资金88万美元，外资比例60%，年产劳保鞋120万双，产品全部返销日本。这是江苏省第一家合资鞋厂，也带动和推进了全省制鞋业的合资、合作。1982年，南京万里皮鞋厂制成氯丁乳胶黏合剂一号（鞋用水基性），无苯毒污染，改善了胶粘鞋生产条件，1983年获轻工业部科技成果四等奖。翌年，南京万里皮鞋厂的"万里"牌皮胶粘男女皮鞋、镇江皮革制鞋厂的"金鹏"牌牛皮胶粘男皮鞋，被评为部、省优质产品。1986年，无锡皮鞋厂的"红狮"牌胶粘男女皮鞋，被评为省优质产品；无锡鹤鸣皮鞋厂的"兰鹤"牌牛皮胶粘男皮鞋、无锡皮鞋厂的"红狮"牌牛皮胶粘男皮鞋，被评为部优质产品；建湖县皮鞋二厂的"孟蓝桥"牌牛皮男鞋、吴江县皮鞋二厂的"达胜"牌胶粘牛皮女鞋、邗江县制鞋一厂的"白浪"牌胶粘女皮鞋、江都县华美皮鞋厂的"美"牌胶粘女中筒牛皮棉鞋、丹阳市"丹乐"牌女鞋等皆被评为农林渔业部优质产品。

步入"八五"后，江苏制鞋厂星罗棋布。1994年，丹阳陵口开办华东皮鞋市场，时任省委书记的江渭清为其题名；1995年江都市建苏中商贸城，并开建创业工业园；"森达""百乐""富昌"等荣获"出口创业先进企业"称号。这些为制鞋发展增加了动力。这期间，党和国家领导人先后到森达、金陵等厂视察，对全省皮革行业支持鼓舞很大。现在江都制鞋业达759家，3万人就业，以女鞋成型底为主。丹阳陵口镇500多家制鞋企业，工业总产值占全镇总产值的72%。全省已形成了以南京美丽华、南通的菱光、江阴的奥丽雅、盐城的秦圣、好人，江都的金自豪、拿得劳、索奇、魅之源、丹阳的戎氏、丹森、派克、丹乐、根牌、华翔等一批骨干制鞋企业。泰州保龄鞋业过去以制球为主，现生产保龄球鞋、足球鞋，为我国为数不多的保龄球鞋专业厂家，年产36万双，产品销往欧美市场，广受用户好评。吴江的华东集团公司已发展为有自营进出口经营权的现代制鞋企业。至2008年，江苏有规模以上制鞋企业400多家，年生产皮鞋9939.75双。步入21世纪以后，全省规模以上制鞋企业产量以7.86%速度递增，产品销往国内外市场，出口交货值占销售收入的比例从2001年的54%下降到40%，以内销为主。

（三）硫化皮鞋

1964年，常州市皮革制品厂（1965年改称"皮革厂"，1982年更名为"常州市皮鞋厂"）开始试产硫化皮鞋，于1966年形成批量生产。由于硫化皮鞋采用不用钉、不用线的帮底套楦硫化工艺，生产效率较高，而且以猪皮为帮面，价格低廉、晴雨两用，很受市场欢迎。无锡皮鞋厂等企业相继安装生产线，投产硫化皮鞋，每工日生产10双左右。1971年，全省生产硫化皮鞋163.54万双，占皮鞋总产量的53.3%。1972年，省轻工业局发出《进一步搞好硫化皮鞋生产的通知》，明确南京万里皮鞋厂、无锡皮鞋厂、常州皮革厂、苏州光明皮鞋厂、南通利民皮鞋厂、连云港市皮鞋厂、镇江市皮革制鞋厂、扬州皮鞋厂、泰州市皮鞋厂、淮阴市皮革制品厂硫化皮鞋生产纳入计划。1974年，南通利民皮鞋厂的硫化皮鞋开始出口。1978年，全省生产硫化皮鞋230.24万双，占皮鞋总产量的21.8%。1983年，无锡皮鞋厂的"无锡"牌猪皮硫化男皮鞋被评为部优质产品。1984年，镇江市皮革制鞋厂的"金鹏"牌男女硫化皮鞋被评为部、省优质产品。此后，由于硫化皮鞋透气性和吸湿性较差，销量逐年减少，多数企业先后停产。

1987年，全省轻工业系统生产硫化皮鞋77.48万双，占轻工业系统皮鞋总产量的7.4%。

三 皮件

（一）皮箱

19世纪以前，皮箱以木板为框架，布为夹里，外覆牛、驴、马等皮革，省内各地均有生产。20世纪初，外国生产的以黄板纸为框架的西式皮箱在国内市场出现，此种皮箱轻便、美观，家用外出都很适宜，省内皮箱业逐渐转产西式皮箱。20年代，苏州的戎镒昌、常州的久昌、镇江的裕隆昌生产的皮箱比较著名。

50年代，江苏皮箱生产的主要品种有航空箱、软盖箱、医药箱、皮包角帆布箱等，基本上是手工操作。

1957年，徐州皮件厂开始生产出品马皮箱、猪皮箱，日产20只左右。随后，南京坚强皮革厂、南京皮件厂、扬州皮件厂、无锡皮箱皮件厂、苏州皮件厂、常熟皮革制品厂相继生产各式出口皮箱。1959年，全省生产出品皮箱6500只。60年代中期，因皮革原料紧缺，内销产品的面料基本上以人造革、帆布代替，皮箱以出口为主。1978年，全省生产出口皮箱2.05万只，交货值61.38万元。

80年代初，省内开始试产模压箱，面料为ABS塑料、人造革，提高了机械化生产程度。但由于技术水平低、五金配件性能差、结构不够合理，产品会出现掉把、开裂、滚轮失灵等质量问题。1981年，省皮革工业公司召开旅行衣箱座谈会，组织有关企业研究国外先进产品，落实五金配件的开发，试行《轻工业部旅行衣箱标准（草案）》。此后，牛津布、钢骨架等新材料逐渐被采用，促进了新产品的开发和产品质量的提高。1984年，南京坚强皮革厂的"航天"牌G-014模压旅行箱被评为省优质产品。1986年，徐州市皮件厂与江苏省联营贸易公司、美国格拉瑞尔公司，合资建立徐州淮海皮革有限公司，引进国外公文箱生产线，生产的革皮公文箱以出口为主。

1987年，全省计有皮箱皮包生产企业127个，生产革皮箱338.66万只，其中轻工业系统生产49.95万只，出口革皮箱13.04万只，出口交货值为438.44万元。

1992年6月，溧阳皮件箱包厂成立，经过十几年发展，成为江苏军荣集团有限公司。2006年该公司完成销售额7.9158亿元，创汇8409万元，在中东设立办事处，在德国设立分公司，已成为一家旅行箱专业生产公司，是全省当时最大的旅行箱生产企业。

（二）皮手套

20世纪50年代以前，省内一些皮件企业兼产手工缝制手套，数量很少。1959年，苏州市皮革制品厂等企业开始出口皮手套，主要靠手工缝制，当年全省生产出口皮手套9万副。60年代初，常熟、无锡等地皮革（件）厂（社）也开始生产日用手套和劳工手套，并相继建成缝纫生产流水线。1963年，省内猪皮劳工手套开始出口。同年，苏州皮件厂试验成功刀模下料、电烫板平整等工艺，并引进德意志联邦共和国手套背筋车等专用设备，提高了生产效率。70年代初，东台、新沂、江阴、南京坚强等皮革制品厂和皮革厂也生产出口皮手套。1978年，全省生产出口手套179.6万副，出口交货量为175.64万副。1980年以后，由于猪皮革原料丰富，出口皮手套发展迅速。苏州市、无锡市皮件厂等又先后从国外引进链条车、万能缝纫机、下料机等专用设备，改造厂房，扩大生产能力，发展皮手套等出口产品。江苏手套主要以劳保手套为主，主要产地在如皋市。

1987年，全省生产皮手套992.82万副，比1978年增长4.53倍，其中出口交货979.88万副，增长4.58倍。

（三）皮票夹

皮票夹是皮件小产品，省内少数皮件厂零星生产。1967年，常熟县虞山镇皮革制品生产合作社等企业，开始生产出口皮票夹。此后，省内皮票夹生产量逐步增加，基本上以出口为主。1967年，全省生产出口皮票夹1.32万只。从70年代始，南京坚强、江阴、靖江、盐城县皮革厂和常州市皮箱皮件厂、扬州市皮件厂等，相继生产出口皮票夹，基本上都是手工操作。1985年，江阴县皮革厂的国冠牌猪皮票夹、靖江县皮革制品厂的"大发"牌猪皮票夹和多用眼镜盒，被评为省优质产品。1987年，常熟市皮革制品厂的"常美"牌猪皮角子包被评为省优质产品。

1987年，全省生产出口票夹520.25万只，其中靖江县皮革制品厂、常熟市皮革制品厂生产258.72万只，占全省出口量的51.5%。

无锡百特皮件有限公司经过30年努力，已成为专业票夹生产企业，产品以外销为主，深受外商欢迎，目前有固定资产4500万元，年销售收入已过亿元。盐城、靖江等地也有生产企业的产品主要以内销为主。

（四）工业皮件

民国三十五年（1946年），省内纺织业复苏，南通、常州等地的皮件业开始试生产皮结、皮条、皮仁、轧花机传递带等纺织机械配件，以替代进口配件。

20世纪50年代，南通市联益制革厂、徐州淮海皮革制品厂、常州市联业制革厂、江阴县皮革厂、苏州市皮件厂、南京市坚强皮革厂、东台县皮革制品厂等企业都批量生产工业用皮件。产品有皮仁、皮圈、皮结、擦皮板、皮碗、三角带、电工安全带、工具带、仪器带、电工爬杆带、煤矿用风桶等。60年代中期，猪皮制革开始发展，有些皮革企业利用猪皮生产纺织机械配件。省纺织工业厅定点南通市制革厂、江阴县皮革厂、东台县皮革制品厂生产纺织皮件。1965年，全省生产工业皮件232.5万件，其中出口5.2万件。1970年，省轻工业局定点南通市制革厂专业生产无梭织机气缸用皮碗，为纺织工业有梭织机改为无梭织机配套。80年代，纺织皮件逐渐被塑料、尼龙配件代替，只有南通、江阴等地少数企业生产缝纫机皮带、传递带、照相机壳以及各种规格的皮碗、皮垫圈等产品。泰州制球厂生产的篮球、排球及皮风机受到欢迎。1987年，江阴市皮革厂的"江流"牌结合鞣皮革强力传动带被评为省优质产品。

（五）农业皮件

传统的农用配套皮件主要是皮筋和车马具。将生皮去油浸灰，绷干割成细条后即为皮筋，用于扎制篮子、簸箕、笆斗、箩筐、犁纤等，一般由制革作坊生产。车马挽具由皮件作坊生产。

20世纪五六十年代，徐州淮海皮革制品厂、南京前进皮件劳保用品社、南京先峰皮碗厂等，是省内生产车马挽具的主要企业。产品主要有马笼头、外腰带、垫肩、搭腰、皮扎、套包、鞍子、后革鞧、鞭子、鞭鞘、肚带等。1957年，全省生产车马挽具13.02万件，1966年为68.22万件。产品主要销往新疆、河南等地。随着农业机械的逐步推广，车马挽具的生产量逐年减少，各种农用机械皮带、皮碗、皮垫产量增加。70年代，农用皮件逐渐被橡胶、塑料、尼龙等配件代替。80年代，全省仅有3个小企业共44人从事车马挽具等农用皮件的生产，年产值仅9.9万元。

四 皮革服装

20世纪50年代以前，省内皮革服装只有少量生产，1958年，南京坚强皮革厂生产1000多件对苏联出口的羊皮革服装，并有少量产品内销。以后，南京皮件厂和南京服装一厂也相继生产一部分皮革服装出口和内销。1974年，无锡市皮件厂试产出口皮革服装，此后徐州东方制衣厂等企业也相继生产出口皮革服装，但批量不大。到80年代，随着人民生活水平的提高和皮革原料的充裕，皮革服装内销量增加，省内许多皮件厂均生产皮革服装，面料以猪、羊皮革为主。1984年、1986年，无锡市皮件厂的"山虎"牌猪正面革皮服装和山羊皮服装，先后被评为部优质产品。1987年，南通制革厂皮衣车间批量生产猪皮夹克衫，年产量万件左右。南通苏桑皮革有限公司也选用优质山羊服装革，制作夹克衫、女套装（衣裙）、皮裤、马夹等共20多种款式，受到消费者的欢迎。

1987年，全省有革皮服装生产企业25个，轻工业系统企业生产皮革服装8.15万件，出口6.98万件。

"八五"期间,镇江皮鹿丹生产皮衣佩挂真皮标志。吴江金不焕集团公司生产的皮革、裘皮服装荣获中国名牌,并获得真皮标志设计大奖。江阴富昌的皮夹克在德国、俄罗斯市场销售很好。但皮革服装主要靠外销,产量在萎缩。江苏皮革服装在2004年产量达到812.3万件,但2008年全省只有341.3万件,下降了61.3%。

表8-28为江苏省皮革行业1978—1995年皮件出口创汇情况。

表8-28　　　　江苏省皮革行业1978—1995年皮件出口创汇统计

年份	创汇(万美元)	年份	创汇(万美元)
1978	225	1988	1272
1979	526	1989	1031
1980	1223	1990	867
1981	1136	1991	902
1982	806	1992	818
1984	—	1993	1395
1985	990	1995	2219
1986	—	1996	4498
1987	1279	—	—

表8-29 江苏省规模以上皮件制品企业1997—2008年完成情况。

表8-29　　　　1997—2008年规模以上皮件制品企业完成情况

年份	企业数(个)	产值(亿元)	销售收入(亿元)	利润(亿元)	利税总额(亿元)
1997	491	83.58	67.16	1.34	4.06
1998	218	73.26	66.05	2.09	4.52
1999	214	74.8	68.8	2.25	4.7
2000	205	84.10	78.2	2.85	5.79
2001	212	90.31	83.95	2.70	5.80
2002	235	100.79	94.41	3.42	6.39
2003	275	143.67	135.86	5.39	10.99
2004	302	159.23	152.86	6.35	12.49
2005	308	178.13	168.51	6.64	13.97
2006	333	204.56	197.34	8.16	13.92
2007	387	274.18	259.66	10.33	18.66
2008	414	324.30	308.68	13.62	23.57
2009	—	—	—	—	—

五 毛皮

(一) 制裘

南京禄口是我国裘皮的制作发源地之一,从朱元璋时代"集天下皮匠于江宁"开始,禄口就一直是我国江南地区著名的皮毛养殖加工生产的集散地。禄口的皮毛工艺精湛,历代以来,禄口工匠漂洋过海,向世人展示了其精湛的毛皮加工工艺。禄口镇从事裘皮业的,在邻近各县、乡镇中是最多的。1912—1915 年间,禄口镇裘皮业已享有盛誉,影响较大。1931—1946 年是禄口裘皮的鼎盛时期,除一般经营裘皮者以"通海"为龙头,有较大影响的字号还有在上海的永沅泰、大吉成批发栈、张茂祥皮毛店、大发皮毛店等 7 家。当时,南京禄口裘皮业居众家之首。

江苏的狗、羊、兔、水貂、黄狼等各种皮张资源比较丰富,20 世纪 50 年代以前,制裘多由制革作坊兼作,规模很小。

50 年代初期,徐州市有 11 个毛皮作坊和聚昌祥、恒记 2 个裘皮、制裘店;无锡市制裘业只有 2 户共 2 人。当时的制裘生产以狗、兔、猫、绵羊等皮张为主,采用硝面鞣工艺,以陶缸、铁锅、剪刀、铲子为主要工具,手工操作,"下河洗皮,弯腰铲皮,热锅熟皮"。毛皮成品有异味、不耐水、不结实,质量较差。从 1955 年起,毛皮原料统由供销社收购,省外贸部门统一调拨经营,制裘企业的生产主要是接受外贸部门的加工,产品由外贸部门统购统销。

1955 年,徐州市的 11 个毛皮户计 21 户组成团结制裘合作社,为当时省内生产规模最大的毛皮生产企业。该社在制裘生产中不断采用新工艺、新技术,推动了全省制裘技术的发展。1957 年,徐州市团结合作社试验成功硝铝鞣工艺,并在全省推广,不仅提高了制裘质量,而且节约了大量的粮食。该社于 1957 年试验成功铬鞣兔皮和氧化染料染色工艺,改变了裘皮产品长期花色单调的状况。1957 年,全省生产毛皮 10.15 万张。1959 年,徐州市制裘厂添置离心式脱水机、自制木转鼓、转笼、砸皮机、去肉机、铲干机等设备,制裘开始用机械生产。1965 年,全省有毛皮厂 12 个,年生产毛皮 126.5 万张。徐州皮毛厂在铬鞣工艺的基础上,1970 年又推广使用"酶软化鞣制绵羊皮工艺"和"酸性金属结合染料染色工艺",既简化了染色工艺,又减轻了环境污染。1976 年,徐州皮毛厂在轻工业部毛皮制革工业科学研究所的帮助下,在国内首先采用涂刷褪色法,使狗皮变色,提高了产品档次。

70 年代后期,全省各地开办了一批社队毛皮企业,并控制原料皮,以发展地方毛皮工业;轻工业系统的市属毛皮企业因原料缺乏而开工不足。1978 年,徐州皮毛厂在轻工业部、外贸部、全国供销合作社毛皮研究小组的协助下,推广中性酶软化醛鞣工艺,制裘周期从原来的 10 天缩短为 6 天,成品具有皮板柔软丰满、延伸性大、颜色鲜艳、无异味、防蛀、耐水洗等特点。1979 年,吴江县皮革二厂研制成功毛皮印花染色新工艺。1980 年,徐州皮毛厂的"山花"牌酶软化甲醛制狗皮被评为部、省优质产品,绵羊皮被评为省优质产品。同年,该厂改造鞣制车间,生产能力从年产狗皮 40 万张提高到 100 万张。

80 年代初,毛皮业发展较快,全省有生产毛皮的企业 70 多个,职工 7000 余人。产品工艺和质量也有较大的提高。徐州毛皮厂和轻工业部毛皮制革工业科学研究所共同研制成功黑花狗皮褪色、增色新工艺，1983年获轻工业部科技成果四等奖，并被省人民政府授予开发苏北优秀科技项目二等奖；吴江县皮革二厂研究成功裘皮板面静电植绒工艺等，均有较高的实用价值。1984年、1985年，徐州皮毛厂的"企鹅"牌甲醛鞣猫皮，甲醛鞣绵羊皮、狗皮，先后被评为部、省优质产品（绵羊皮和狗皮为省优）。

省内毛皮大多是乡镇企业生产。1985年轻工业系统的主要毛皮生产厂的徐州皮毛厂有职工407人、各种专业设备149台（套），其中进口设备36台（套）；年产能力为狗皮100万张、绵羊皮20万张。乡镇办江都县皮毛厂有职工100多人，年产各种裘皮300万张左右。

1987年，全省轻工业系统生产绵羊皮9.74万张、狗毛皮13.29万张、兔毛皮9.05万张。

由于裘皮原料紧缺、价格上涨，镇江、苏州、南京等市属皮毛厂先后转产关闭。1997年以后，毛皮行业受外销市场影响与制约，2000年规模以上企业仅为9家，产值为3.92亿元；步入21世纪，2008年有企业26家，产值11.94亿元。

（二）裘制品

江苏传统的裘制品，多由皮货店、服装店以前店后坊的形式零星生产，分布于省内各地，主要产品为手工缝制的衣裤、大衣、褥子、领子、耳套等。

1956年以后，裘制品由毛皮厂从制裘到裘制品组织全过程生产，主要接受外贸部门的加工，产品以出口皮褥子为主。1959年，徐州市制裘厂进口美国缝纫机，开始用机器缝制裘制品。同年，全省生产出口皮褥子5700条。1961年，镇江市鬃裘厂开始生产出口兔皮帽、裘皮童装等产品。1965年，江都县张岗皮毛厂建立，生产耳套、鞋里之类的小产品。1969年起，徐州市皮毛厂、江都县张岗皮毛厂利用狗皮裁制壁画，改变了长期以来狗皮只做服装、褥子的传统。1972年，徐州皮毛厂制成彩色羊剪绒壁画《嫦娥奔月》。20世纪70年代后期，省内各地一批社队办毛皮企业兴起，发展裘制品生产。1981年，全省毛皮企业生产皮褥子50万条、服装6万件左右，还有挂毯、坐垫等产品，出口到法国、英国、美国、德意志联邦共和国等20多个国家和中国香港地区，创汇1000多万美元。

1982年，江都县皮毛厂的黄狼皮串刀大衣被评为省优质产品。江苏的小湖羊皮重点产区为常熟市、吴江市，两市的小湖羊皮收购量约占全省的80%左右，1954年收购1万张、1960年为3.21万张、1980年为31.46万张、1984年已达34.3万张，收购后由外贸部门安排加工成裘衣、褥子等产品外销。1983吴江县皮革二厂生产的羊皮褥子，由于采用杭嘉湖地区特有的小湖羊皮精制而成，花纹美丽、柔和闪光、轻盈舒适，有"中国软宝石"之称，被评为部、省优质产品。同年，徐州皮毛厂的兔皮染色仿水貂皮串刀大衣、江都县皮毛厂的水貂串刀大衣，被国家经委授予全国优秀新产品"金龙"奖。1984年，全国首次毛皮制成品新产品展评会，评出10件产品参加国际裘皮博览会，江都县皮毛厂的兔皮染色短衣、黄狼皮染棕刷背串刀短衣两件入选。

1987年，全省生产毛皮服装6.88万件，其中出口5.41万件；生产毛皮帽子7600顶，其中出口6500顶；生产皮褥子4.11万条。

表8-30为江苏省毛皮及其制品规模以上企业1997—2009年完成情况。

表 8-30　　　　　1997—2009 毛皮及其制品规模以上企业完成情况

年份	企业数（个）	产值（亿元）	销售收入（亿元）	利润（亿元）	利税总额（亿元）
1997	35	6.53	5.06	0.16	0.33
1998	13	2.05	1.72	0.06	0.12
1999	11	1.91	2.34	0.04	0.11
2000	9	3.92	3.46	0.14	0.20
2001	15	6.71	6.53	0.17	0.35
2002	18	11.22	13.09	0.48	0.75
2003	26	13.07	12.70	0.79	1.28
2004	26	16.22	15.77	1.0	1.37
2005	27	8.22	8.31	0.31	0.53
2006	28	8.84	8.73	0.43	0.77
2007	28	11.33	11.44	1.02	1.43
2008	26	11.94	10.46	0.41	0.78
2009	31	13.61	13.14	0.64	1.03

六　配套行业

（一）五金配件

皮革五金配件种类多，专业性强。1965 年，省皮革工业公司曾定点南京建筑五金厂生产箱包配件，直供用户（20 世纪 60 年代后期转产），其他皮革五金配件到上海等地采购。1975 年，常州横林皮革五金厂生产箱轮等箱包五金配件，为上海土畜进出口公司的出口皮箱配套。

从 1980 年起，省皮革工业公司定点供应该厂一部分原材料，产品开始为省内的箱包生产配套。主要产品有箱包滚轮、把手、克马、铰链、号码锁、软箱配件、对销等 30 多种，电镀从铜、镍、铬发展到仿金、仿古铜等，产品除为本省配套外，还供应上海、浙江、安徽等地。1987 年，常州横林皮革五金厂有职工 216 人、固定资产（净值）56.57 万元，年产值为 347.6 万元，利润为 36.35 万元。

（二）仿皮材料

1980 年，常州市皮鞋厂研制成功鞋用仿皮底，具有天然皮革的外观、类似真皮的手感，具有强力高、硬度高、抗屈挠性能强等特点，是制作中高档发皮鞋底的理想材料，1981 年获第二届省轻工优秀新产品一等奖。1983 年，该厂在引进北京皮革研究所小试成果的基础上，研制成功国际市场流行的印刷皮纹仿皮革材料厂，被省内外皮鞋厂广泛采用。1984 年，该厂仿皮底车间划出，成立常州市皮革材料厂，为江苏轻工业系统唯一专业生产仿皮底的工厂。1985 年后，该厂陆续研制生产透明底、彩色胶底、各式橡胶成型底、假沿条、双色底等新品种。1987 年，该厂有职工 152 人、固定资产（原值）156.7 万元，年生产仿皮底 52 万张，年产值为 386 万元，利税为 42.8 万元。仿皮的代用材料还有内底合成革、再生革等。内底合成革，省定点邗江合成革厂生产；再生革原是南京坚强皮革厂生产，后转给江都大桥再生革厂生产。

合成革是发展迅速的产品，"九五"期间以来，常熟、昆山、江阴等地兴办了一批合成革厂，如无锡宏得利及昆山协浮、元峰等合资民营企业，品种丰富，基本满足市场需要。

（三）皮革化工

南京皮革化工厂1966年开始生产软皮白油，年产1400吨左右。1979年开始生产合成加脂剂，年产500吨左右。同时还生产颜料膏、揩光浆等产品。20世纪70年代，省皮革工业公司定点武进邹土区化工厂，利用猪毛生产毛骆素，加工成揩光浆和颜料膏。70年代末期，由于揩光浆和颜料膏基本满足需要而转产。1984年，南京皮革化工厂研制生产的FL多性能加脂剂，替代SWS加脂剂的进口，同时开始批量生产丙酸脂系列产品，其中FL-07树脂获省科技成果四等奖。1987年，该厂进行扩建改造，总投资486万元，建成后可新增生产能力1200吨，生产加脂剂类、涂饰类、鞣剂类等19种皮革化工产品，2000年已改制转产。镇江、太州生产皮革化工材料，无锡市同拜尔合作生产助剂。

泰州科力化工有限公司成立于2005年，其前身为1978年成立的泰州化工研究所，该所是江苏省最早的皮化企业，早在1982年与中科院成都有机所联合成立皮革科技开发中心，开发了皮革补伤消光剂、复鞣剂、皮革防绞剂、丙烯酸改性树脂等，为全行业普遍推广应用，深受欢迎。后该所破产。科力化工有限公司成立后，依据原有的基础和条件，加速产品开发和市场开拓，目前已拥有比较完善的产品研发和市场服务体系，年产各类高中档皮革化学品5大类，40多个品种近3000吨，公司在全国各主要的市场都设有办事处和经销点，用科技和服务为行业做贡献。

镇江市意德精细化工有限公司创立于1982年，是行业里的老企业，一直致力于皮革化学品的生产和研究，并与意大利皮化巨头合作，不断向新的领域迈进。公司不仅有皮革化学品研究中心和规范的技术服务中心，既从事前沿领域的化学研究，又为客户提供技术咨询、技术辅导、合作开发、人才培训等技术服务，并已在福建、广州、河北等地设立了分公司或经营服务部。

（四）鞋楦木跟

长时期以来，鞋楦一般由木作坊兼制，或制鞋工自制，均为木质，手工生产，斧劈刀削，每工日生产1双左右。民国期间，南京、苏州等地开办少数鞋楦作坊，生产规模很小。

1958年，南京万里皮鞋厂引进德意志联邦共和国半自动刻楦机1台，开始用机械制作鞋楦。1965年，南京万里皮鞋厂的鞋楦车间划出，建立南京鞋楦厂，生产纳入省计划，每年专供木材800立方米，为省内唯一定点的鞋楦专业生产厂，产品为全省皮鞋、布鞋、工艺拖鞋等生产配套。1966年，该厂有职工33人，生产鞋楦3.61万双。"文化大革命"中，省供木材计划中断，生产逐年下降，1971年仅产木鞋楦1.15万双。同年，该厂试产成功铝楦，当年生产2万双，并逐年增加。与此同时，省内制鞋业推广全国统一新鞋号和新楦型，逐步淘汰旧楦型。

从1972年起，南京鞋楦厂的生产重新纳入省计划，每年供应专用木材400立方米左右。70年代中期，该厂进行技术改造，先后引进意大利刻楦机2台，刮头机2台，刮跟机、吸尘机各1台，形成年产木鞋楦20万双的生产能力。

进入20世纪80年代，国家放开木材市场，制鞋业日益发展，省内相应开办一批乡镇鞋楦生产企业。除镇江市鞋楦厂外，其余生产规模都较小，全省鞋楦生产仍以南京鞋楦厂为主。为适应出口皮鞋和生产高跟皮鞋的需要，1980年，南京鞋楦厂自制木跟机，当年生产木跟15.82万双。1983年该厂又引进意大利注塑机，当年生产塑跟9.85万双，并于1985年研制成功彩色仿皮纹喷涂跟。1987年，南京鞋楦厂有职工235人、主要机械设备33台，当年生产木楦、塑楦26万双，木跟、塑跟、喷涂跟98.06万双，产值达192.83万元。除此之外，省皮革工业公司还确定镇江市金山木跟厂专门生产出口皮鞋木跟，为有关生产厂配套。

1981年江苏沙州塑料厂聘请陈国学承担了江苏省"以塑代木"塑料鞋楦科研项目，1982年该项目获得省科技四等奖，省优秀新品，开始普及生产，使用塑料鞋楦。1991年省内成立中外合资无锡华崎鞋楦有限公司，为江苏、上海等鞋厂设计并提供塑料鞋楦。目前，该公司已成为民营最优秀的鞋楦企业。

七　皮革机械

（一）制革机械

1966年，常州市制革厂试制生产了1台皮革试验设备。1967—1969年，该厂又先后试制成功450毫米削匀机、简易式片皮机和液压片皮机等。产品销往省内各地，但未能形成专业化生产，产量很少。1970年，扬州五金机械厂从常州市制革厂引进轻革伸展机的技术资料，开始生产制革机械，同时试制去肉机。同年，常州市制革厂生产振荡拉软机。1971年，常州市皮革机械厂建立，该厂被列为省轻工业厅制革机械生产定点厂，同时生产革制品，当年完成工业总产值92万元。翌年，扬州五金机械厂列为轻工业部制革机械生产定点厂，常州市皮革机械厂的制革机械生产纳入轻工业部计划。

1978年，邗江县皮革机械厂开始生产转鼓，当年完成工业总产值50万元。1981年，江苏省盐业机械厂改名为"连云港皮革机械厂"，开始生产制革机械。至5月份，第一台通过式熨皮机问世，填补了国内制革机械的一项空白。该皮革机械厂生产的全乐牌GJZA$_2$-150液压片机补评为部、省优质产品。该厂被轻工业部列为"六五"期间全国轻工业机械行业重点技术改造单位，扩建车间、引进主要制革设备、研制新产品、治理环境，共投资921万元，使用外汇90万美元。该厂承担轻工业"六五"国家科技攻关项目，于1986年研制成GJ$_3$H$_2$-160双排振荡拉软机。经制革厂使用，生产效率高，增加得革率5%—7%，效益显著。同年，该厂的"全乐"牌GJ$_3$H$_1$-150通过式振荡拉软机被评为部、省优质产品；连云港皮革机械厂的"连环"牌通过式熨皮机，被评为省优质产品。至1987年，双排振荡拉软机共生产8台（套），并被评为部优秀新产品。该厂生产的磨革机、挤水机、喷浆机、辊印涂饰机、烘干机等供应各制革厂。

全省制革机械生产企业，分别以压花机、磨革气流除尘机组、片皮机、振荡拉软机、通过式熨皮机、去肉机、挤水机、伸展机、木转鼓等系列制革机械为主，形成各具特色、专业化生产的格局。1978年，全省制革机械企业有4个，生产各类制革机械2795吨，完成工业总产值1466.31万元，实现利润191.58万元。

全省皮革机械专业厂家在扬州、如皋、海安、连云港、无锡等地品种齐全，为制革厂服务。其中扬州扬宝机械有限公司引进了国外一些先进技术，生产出各种规格的液压去肉机、皮革伸展机、磨革除尘机、振荡拉软机、真空干燥机、辊印涂饰机等，邗江皮革机械厂生产的各种规格木制转鼓、泰兴皮革机械厂生产的简易片皮机等皆属经济价廉、实用。

（二）制鞋机械

丹徒县制鞋厂于1970年引进常州市制革厂圆刀劈皮机的技术资料，开始生产制鞋机。翌年增挂丹徒县轻工机械厂牌子，1972年被列为省制鞋机械生产定点企业。1976年，盐城轻工机械厂仿制8吨龙门下料机，丹徒县轻工机械厂试制主跟成型机。1978年，盐城轻工机械厂自行设计制造圆刀劈皮机，解决了手工劈口劈削不匀的难题，提高了加工速度和产品质量。同年，丹徒县轻工机械厂生产的主跟成型机受到省科学大会的表彰。20世纪70年代末，盐城轻工机械厂经过对市场进行调研，针对用户空缺的设备，更新改造老产品、生产新产品，逐步由以生产农具为主改为以生产制鞋机械为主。1985年，该厂的制鞋机械生产已初具规模，厂内设有制鞋技术研究所，形成以胶粘鞋底生产流水线为基础，配有10多种不同规格、型号的制鞋机械系列产品，当年生产制鞋机械1109台（套），销往国内28个省、自治区、直辖市。同年，丹徒县轻工机械厂生产制鞋机械150台（套），盐城工具厂生产合布机25台，盐城皮革机械厂生产龙门下料机、沿条折边机等423台（套）。

盐城市盐都区大冈镇的鞋机制造业起步于20世纪50年代初期，是全国三大鞋机生产基地之一。1992年，大冈鞋机被列为"国家级星火计划支柱产业"和省级星火计划密集区。经过几十年的发展，大冈鞋机现有闳业、华英、晨龙、发达、吉龙、雄鹰、华森、坤鹏、远东、鸿鹏等各类鞋机企业120多家，从业人员达6500人，拥有各类机械加工设备1300台（套），年产值达3亿元，年产各类鞋机10万台（套），出口10000台套，现已形成下料、片削、制帮、绷楦、抛削、定型、压合、复合、流水线、刀模具等十大系列，150多个品种，可广泛适用于皮鞋、运动鞋、工艺鞋、硫化鞋的生产全过程自动流水作业。在不断研制开发高新技术鞋机产品提升我国制鞋水平基础上，大冈鞋机企业加速与国际同行进行技术合作，先后与英国BU公司、英国倍德利公司、意大利阿利土公司、捷克斯威特公司、中国台湾泽口公司等国际著名鞋机制造商合作，引进国外先进技术，改进生产工艺，提高鞋机整体技术水平，产品远销英国、美国、日本、意大利、俄罗斯及东南亚等20多个国家和地区。

（三）皮革机械配件

1974年，扬州工具二厂研制成功片皮机刀板，被轻工业部列为定点生产厂。1975年，海安县轻工机械刀片厂根据轻工业部的要求，仅用3个月的时间就制造出皮革刀和去肉机刀，当年投入批量生产。1981年，省内皮机配件生产增长较快。扬州工具二厂工业总产值为150万元，海安县轻工机械刀片厂工业总产值为96.33万元。1982—1984年间，皮机配件市场竞争激烈，以上两个厂的皮机配件生产出现滞缓状况。为了在竞争中站稳脚跟，扬州工具二厂由专人负责开展了带刀创优活动；海安县轻工机械刀片厂先后与南京轻工研究所、南京工学院等单位合作，改进工艺，提高了产品质量。1985年，扬州工具二厂"金利"牌带刀被评为部、省优质产品。

1987年，皮机配件生产开始回升。扬州工具二厂生产片帮机圆刀、片皮机刀板、带刀、片底革机刀等，其中XJD112圆刀被评为省优质产品；海安县轻工机械厂生产的削匀机刀片等配件产值达530.91万元，利润达51.12万元。目前，这些厂皆已改制有的生产配件、有的已转产。

第三节　行业管理

一　行政隶属

皮革行业属于传统的手工业，1949年6月，苏南、苏北人民政府公署及南京市人民政府确定其所属合作总社负责领导手工业。1953年1月，江苏省人民政府成立，手工业生产和合作组织由江苏合作总社统管，以后各市成立手工业生产合作联社筹委会。1955年2月，省委决定单独成立手工业领导管理机构，召开代表会议，成立省手工业联社筹委会；同年5月，会同省工业厅、畜产公司召开联席会议，传达中央关于皮革工业生产方针，介绍徐州淮海制革厂猪皮制革经验，拟订全省原料皮分配计划，此后制革原料开始纳入计划供应。1956年3月，江苏省召开第一届手工业社员代表大会，选举产生理事会，成立江苏省手工业管理局，与联社合署办公。1958年7月至1965年，手管局先后经历被撤消、合并、恢复等变动。1964年，江苏省皮革工业公司成立，属手管局领导。1966年开始执行猪皮补贴政策，7月成立江苏省塑料工业公司，与省皮革工业公司合署办公，一套班子，两块牌子，原属于省轻工业公司，后改名为"省轻工厅"。1979年12月，恢复成立江苏省皮革工业公司，为轻工厅下属县处级公司，代轻工厅行使全省皮革行业管理职能，并从事经营活动。1999年，省直机关改革，撤销省轻工业厅，成立江苏省轻工资产管理公司，行业管理划归省经济贸易委员会。2009年机构改革，省经贸委同信息化委员会合并，成立江苏省经济和信息化委员会，内设消费品工业处，负责对轻工、纺织、医药的行业管理，其中包括皮革。

二　工业公司

江苏省皮革工业公司是1979年经省政府批准并由省工商局登记注册的具有法人地位的经济实体。隶属轻工厅，其主要职能一是管理，二是经营。公司承担了全省皮革行业的管理职能，制订全省皮革行业发展计划，协助有关部门制定产品标准；进行质量检查、评比、创优；检查、落实行业基本建设和技术改造项目的实施；进行技术交流和技术协作，并对行业所需原辅材料和成品革进行调拨、批发服务，开展技术咨询服务等。公司于1980年建立了江苏省皮革产品质量检测站（站址设在南京制革厂内），1986年4月同中国香港中国广告公司在南京联合举办了国际皮革加工技术及机械展览会，1989年又同中国香港精艺贸易公司合资成立江苏精艺皮革有限公司生产皮革服装和皮鞋（2003年清盘），主要从事服务、生产、经营活动，陈醒民、贾安健先后担任总经理。1993年3月省轻工厅调派高行胜担任总经理。1998年8月，省轻工业厅决定由省工艺美术工业公司对省皮革工业公司托管，马达兼任总经理。2000年省政府机构改革，撤消省轻工厅，组建省轻工资产管理公司，轻工资产管理公司决定撤消对皮革公司的托管，此后省皮革工业公司也停止了经营活动，又分批进行人员分流，完成体制改革。至 2001 年 3 月，轻工资产管理公司又委任高行胜为公司总经理、党总支书记，负责公司债权债务、离退人员管理等事务。2005 年 5 月，高行胜退休，资产公司又决定将公司同省食品工业公司合并管理，姚文光兼任总经理。至此，省皮革工业公司已有名无实。

第十一章 浙江省

第一节 发展沿革

一 古代和近代发展概况

浙江省皮革、皮毛及其制品工业是一个古老的行业，据《宋史》记载，南宋时临安（今杭州）已较兴盛，官府设有"皮百场"，掌收皮革、筋角，以供作坊之用。毛皮硝皮于南宋乾道八年（1172年）记载有"湖羊兴，硝皮始之传"，至今已有800多年历史。明弘治年间（1488—1502年），衢州贡赋便有皮张1973张，金华有皮、棉布、麻等手工业品记载。明万历年间（1573—1619年），义乌有熟皮匠2户，年产杂色皮710张。清道光年间（1821—1850年）衢州首家皮箱作坊王万泰开张；清光绪元年（1875年）杭州沈德顺皮厂创建；同年温州的皮革制品生产也逐渐兴起。当时皮革多为军戎所用，采用手工制作烟熏皮、钉靴、油靴等。制革采用原始的烟熏和传统植物鞣制。皮鞋问世于清末，最早为杭州太旭皮鞋店的手工钳帮、针线缝绱西式皮鞋。

20世纪20年代末，西方制革工艺技术经上海、武汉等地传入浙江，新式鞣法逐步推行，轻革采用矿物鞣（用红矾钠），重革仍为植鞣，开始采用进口栲胶为原料。30年代杭州广合顺皮厂从上海购进5台转鼓和重革压光机、轻革打光机、磨革机各1台。民国二十三年（1934年）海宁双山皮厂（今海宁制革厂前身）拥有空压机、打光机、转鼓等设备，形成现代制革业的雏形。清末民初，曾是浙江省皮革业的鼎盛时期，随着国外新材料、新技术的传入，化学制革和西式皮鞋、皮件开始生产。衢州、金华、嵊县等皮坊行业所生产的马靴、枪套、军用皮革和民用皮革、裘皮革、皮鞋、皮箱享有一定的声誉。1949年，全行业共有企业1059个，其中制革241个；有从业1670人，年产值451万元（新币），生产重革200吨、轻革7万平方米、皮鞋6万双。

二 新中国成立30年发展概况（1949—1977年）

1953—1957年，随着国民经济的发展和对个体手工业进行社会主义改造，全省已有108家个体作坊合并改造为18家初具规模的皮革厂（社），原始落后的加工技术开始进入半机械化，制革工艺普遍由古老的烟熏等方法向化学鞣制工艺全面过渡。最早是由海宁制革厂、杭州皮革厂研制成功了猪皮鞋面革、箱包革、劳保手套革、牛皮护油卷革、羊皮清光手套革。20世纪60年代至70年代初期，全行业通过贯彻落实国民经济"调整、巩固、充实、提高"的方针，全省制革、皮鞋、皮件以及皮革化工、皮革机械等专业化生产体系逐步形成，生产技术和管理水平有了很大进步。湖州德泰顺制革厂生产的山羊皮革、海宁制革厂猪绒面服装革，产品已达到较高的水平；温州的猪皮箱、宁波的蒸缸硫化鞋、杭州的模压粘胶鞋和皮手套形成一定的生产能力；皮（帆布）箱、革皮服装、皮鞋、劳保手套等产品开始出口。从1966年起，国家对猪皮革生产实行财政补贴，猪皮资源得到充分的利用和开发，原料结构已从牛、羊、猪皮生产并举，改为重点生产以猪皮革为主的方针，浙江为全国最早开剥生猪皮的省份之一。同时浙江依靠轻工自身的机械制造力量，开始改进制革专用设备。全行业经过20多年艰苦创业，发展较快，职工达到19741人，固定资产达3092万元，为国家创税利1775万元。

三　改革开放初期发展概况（1978—1993年）

1978年以后，我国实行改革开放政策，浙江的制革、皮鞋、皮件、毛皮和配套产品企业得到迅速协调发展，总产值由1957年的2400万元上升到1978年的1.19亿元，增长了3.96倍，其中猪皮革生产量增长13.95倍、皮鞋增长6.77倍。到1978年年底省内有企业129家，中、小型企业，乡镇，"三资"企业联合发展格局形成。1978年建立了浙江省皮革塑料工业公司，加强了行业管理，进行了定点布局；1981年建立了全国毛皮制革产品质量检测中心华东站和全国皮鞋制品质量检测中心华东站（两站现名轻工业部毛皮制革制鞋质量检测杭州站）；1984年建立皮革研究所（现为浙江省皮革塑料研究所）；同年建立浙江省皮革工业学会（现为浙江省轻工协会皮革分会）。从此，浙江省对皮革工业全行业管理进一步加强，产品有了技术和质量监督的权威机构。1992年全省二轻、乡镇两个系统完成工业总产值42.97亿元，其中二轻系统实现工业总产值13.5亿元，为全国同行业前三位，其中出口产品交货值连续几年保持全国同行业第一位，特别是1990年国家取消对猪皮革财政补贴后，浙江为全国皮革行业盈亏相抵后保持赢利的三个省市之一。到1992年，全省二轻系统"三资"皮革企业已发展到31家，总投资1.8亿元，其中引进外资850万美元。全行业共开发国家级新工艺2项，省、部级以上新产品、新工艺59项，已获得2项专利；废水综合治理1项，有12种产品获得全国轻工博览会金奖，有14种产品分别获得银奖和铜奖。全行业经过"六五""七五"期间的技术改造，已形成海宁、湖州、长兴、绍兴等一批骨干企业。20世纪90年代初，浙赣线上的诸暨、义乌、金华、衢州等地制革厂迅速发展，形成了"浙西皮革走廊"，成为行业发展的后起之秀。1992年全省猪皮革生产量达724.3万张，为历史最高年产量，名列全国同行业第四。1978年到1992年的15年间，用于全省皮革工业技改总投资近2亿元，使用外汇1152.3万美元，到1992年，全行业固定资产达4.05亿元。1992年全省二轻、乡镇系统共有皮革企业1439家，其中二轻系统有企业178家（其中有制革企业33家、毛皮企业1家、皮鞋企业80家、皮件企业64家）。全省二轻、乡镇系统有皮革职工102025人，其中二轻系统有职工34686人。从20世纪80年代起到90年代初，全省二轻系统行业内共获得国家质量银质奖2项，获得轻工业部优质产品奖5项，获得省级优质产品奖94项，海宁制革厂、湖州德泰顺制革厂、海宁皮件厂分别被评为国家二级企业，17个企业被评为省级先进企业。1988年以后，二轻系统外企业（含乡镇、民政、畜产部门）参加全行业产品质量评比，获得优质产品奖11项。

1993年，全省皮革、毛皮及制品工业实现生产、销售、出口和经济效益全面、高速增长，各项主要经济指标均居全国同行第二位，仅次于山东省（省轻工系统内，下同）。

其中，工业总产值达到 15.59 亿元，比上年增长 16.7%，净增 2.09 亿元；销售收入 14.66 亿元，比上年增长 34.6%，净增 2.26 亿元；累计出口交货值 5.85 亿元，比上年增长 33.9%，净增 1.48 亿元；实现税利 8291.2 万元，比上年增长 62.6%，其中利润 4056.9 万元，比上年增长 81.3%，净增 1570.9 万元。主要产品产量：皮革（折牛皮）510 万张，比上年增长 18.3%，其中牛皮革 17.92 万张，比上年增长 10.3%，猪皮革 910.88 万张，比上年增长 25.8%，为历史最高年产量；革皮服装 114.33 万件，比上年增长 94%，皮鞋 690.28 万双，比上年增长 18%。

1993 年全行业已有 38 家企业产值超千万元，16 家企业税利超百万元。浙江省皮革工业正从过去的作坊型生产转向规模生产。1993 年制革、制鞋、制件三大自然行业的基础建设、技术改造总投资达 2.13 亿元，其中省批新开工 13 项，结转 5 项，已完工的基本建设、技术改造项目 6 项。利用工艺技术装备先进的特点，开发、增产猪皮革，发展了"浙西皮革走廊"，加快对衢州、金华、义乌、诸暨等制革企业的技术改造，使之成为浙江省皮革工业生产优质高档猪皮革产品的基地，与浙北海宁制革厂形成先进的制革生产网络。

四 快速发展时期概况（1994—2008 年）

浙江省皮革行业经过改革开放 20 年的不断发展，全行业生产能力和技术水平都得到了很大的提高。已形成以制革、毛皮、革皮服装、制鞋、皮件、箱包为主体，以皮革化工、皮革机械、鞋用五金为配套的较为完整的产业体系；同时，随着各地专业市场的不断发展和大专院校皮革及相关专业的建立，逐步形成了生产、经营、科研到人才培养的完整体系。

据不完全统计，全行业规模以上企业完成工业总产值由 1994 年年底的 17.68 亿元发展到 2008 年的 1106.95 亿元，增长了 61.61 倍；销售收入由 1994 年的 15.88 亿元发展到 2008 年的 1036.65 亿元，增长了 64.28 倍；出口交货值由 1994 年的 8.37 亿元发展到 2008 年 577.66 亿元，增长了 68.02 倍；实现利税由 1994 年的 7251 万元发展到 2008 年的利税 67.4 亿元，增长了 91.95 倍，其中利润由 1994 年的 1282 万元发展到 2008 年的 35.6 亿元，增长了 276 倍；规模以上企业数由 1998 年的约 470 家发展到 2008 年的 1992 家，增长了 3.24 倍；规模以上企业从业人员由 1998 年的约 10 万人发展到 2008 年的 43.2988 万人，增长了 3.24 倍；皮革（折牛皮）产量由 1994 年的 574.49 万张发展到 2008 年轻革产量 1.758 亿平方米；皮鞋由 1994 年的 4.33 亿双发展到 2008 年的 11.0094 亿双，增长了 1.54 倍；各类箱包由 1994 年的 4203 万件（只）发展到 2008 年的 230395 万件（只），增长了 53.82 倍。

1996 年，全省皮革行业共完成工业总产值 196 亿元，名列全国同行首位；出口产品交货值完成 87 亿元，实现全国同行"八连冠"。浙江皮革行业无论是生产规模、经济效益、产品质量还是技术档次，都具有相当的优势，已成为全国的皮革强省。皮革行业在不断调整中形成了各具特色的区域，如浙西的"皮革走廊"、浙北的皮革和革皮服装城、浙南的皮鞋之乡。1998 年据统计，全行业工业总产值和出口创汇额已占全国皮革行业的 18% 和 13% 左右。主要产品产量居全国前列，其中制革（折牛皮）2712 万张，为全国第一；革皮服装 2402 万件，为全国第一。1988 年至 1998 年为浙江皮革工业高速增长时期，年均增长速度达到35.3%，比全省工业增长速度高8.9%。皮革工业产值占全省工业总产值的比重已达3%左右。

2001年，"中国鞋都"落户温州，"中国皮革之都"落户海宁。2003年皮革产业列为浙江省建设先进制造业基地规划，成为浙江省大力培养发展的十大优势产业之一。2006年全省生产轻革2.298亿平方米、皮鞋9.4亿双、革皮服装2807万件、皮革包袋7913万个，其中，轻革、革皮服装、皮鞋产量均居全国第一位。

表8-31为浙江省1993—2009年皮革行业产值情况。

表8-31　　　　　　　　　　1993—2009年皮革行业产值情况

年份	工业总产值（亿元）	比上年（%）	销售收入（亿元）	比上年（%）	出口交货值（亿元）	比上年（%）	利税（亿元）	比上年（%）	利润（亿元）	比上年（%）
1993	15.59	16.70%	14.66	34.6%	5.85	33.9%	0.82912	62.6%	0.40569	81.3%
1994	17.68	13.40%	15.88	8.30%	8.37	43.16%	0.7251	-12.55%	0.1282	-15%
1995	11.62	34.28%	17.91	11.15%	8.15	-0.80%	0.6763	-7.20%	0.13	1%
1996	196	—	199	—	87	—	—	—	—	—
1997	189	-3.70%	187	-1.30%	87	—	12	—	4.2	—
1998	226	19.50%	216	15.50%	90.03	4.10%	7.59	-36.75%	2.32	-44%
1999	246	14.07%	240	24.08%	98	8.20%	4.67	38.47%	2.31	36.34%
2000	236	36.42%	216	34.12%	97.65	-0.70%	16.46	53.54%	8.4	280%
2001	338.8	27.00%	323.5	28.90%	138	379%	25.6	379%	13.2	49.10%
2002	441.2	24.80%	430.1	27.70%	242.6	27.20%	34	24%	18.2	31.10%
2003	545.91	23.73%	526.95	27.41%	333.74	37.57%	40.71	26.76%	23.07	19.74%
2004	689.77	22.30%	623.97	21.93%	396.27	20.09%	48.7	24.37%	27	22.14%
2005	837.16	23.00%	801.45	23.00%	488.58	23%	58.44	23%	34.3	23%
2006	966.3	19.00%	930.7	18.80%	558.3	15.90%	62.8	11.90%	37.4	13.70%
2007	1106.95	14.56%	1066.8	13.20%	617.55	12.20%	69.55	12.40%	39.6	9.70%
2008	1108.4	3.34%	1036.65	0.90%	577.66	-3.20%	67.4	-1.50%	35.6	-8.50%
2009	1071.77	0.44%	1046.29	0.29%	505.9	-6.32%	72.1	7.89%	40.13	14.15%

注：1995年前统计数据为浙江省二轻系统皮革企业统计数据，1996年后为全行业规模以上企业统计数据。

表8-32为浙江省1993—2009年皮革及其制品产量情况。

表8-32　　　　　　　　　　1993—2009年皮革及其制品产量情况

年份	鞣制皮革（折牛皮）	革皮服装（万件）	皮鞋（万双）	箱包（万只）
1993	510万张	114.33万件	690.28	—

续表

年份	鞣制皮革（折牛皮）	革皮服装（万件）	皮鞋（万双）	箱包（万只）
1994	574.49 万张	—	—	—
1995	732 万张	—	—	—
1996	2717.96 万张	2412	43300	4203
1997	3532 万张	4199	27600	11000
1998	2712 万张	2402	33300	11200
1999	2500 万张	2300	35000	13800
2000	3748 万张	2000	26700	14000
2001	7726 万张	3709	32600	15800
2002	1495.45 万张	4101.43	39893.24	17020
2003	23638.61 万平方米	5094.76	54088.94	19922.68
2004	19484.91 万平方米	3806.23	68036.42	22267.64
2005	19200 万平方米	2936	84600	6794
2006	22980 万平方米	2807	94000	7913
2007	21045 万平方米	24829	116555	24490
2008	17576 万平方米	2153	110094	230395
2009	15300 万平方米	2158	91500	

注：1995 年前统计数据为浙江省二轻系统皮革企业统计数据，1996 年后为全行业规模以上企业统计数据。

第二节 制革

一 发展概况

（一）全省制革产业发展概况

浙江制革业在南宋时已较兴盛，当时皮革多为军戎所用，采用手工制作烟熏皮。明清年间，制革业多为小手工业作坊，遍及于浙江西南一带。民国二十二年（1933 年）《中国实业志》记载："前清光绪元年，始有沈德顺者，设立皮革厂于杭州后潮门外。"抗日战争前夕，杭州制革业有 24 家，温州制革业有 41 家。抗日战争时期，制革工业受到严重摧残，各地几十家皮厂（坊）迫于战乱，均停工歇业或星散于乡村。抗日战争胜利后，皮革业稍有复，但因连年内战，经济萧条，制革业停滞不前。

1951 年 9 月，杭州协兴、惠新等 14 家皮厂（坊）和一些硝皮坊，率先私私联合，成为全省首家合营企业。到 1956 年，金华地区皮革业已建有合作社 7 个，有职工近 300 人，年生产猪皮熟革 14.85 万张，为全国形成批量生产猪皮革最早的区域。同年，制革行业进行工艺革新，从重革生产采用慢鞣，逐步推广快速鞣制，由池鞣改为鼓鞣，全省有 106 个制革作坊（厂）实现了社会主义改造，分别走上合作化道路，合并组建手工业合作社或公私合营企业，当年全省生产重革 235.24 吨、轻革 50.96 万平方米。经过 1956 年的社会主义改造，以及 1961 年后贯彻国民经济"调整、巩固、充实、提高"的方针，到 1965 年，实现了行业归口，全省有制革企业 15 家、职工 2738 人。部分制革企业兼少量皮革制品生产，当年生产鞣制皮革（折牛皮）56.23 万张。1966 年起国家对皮革工业采取一系列扶持政策，猪皮革实行财政补贴，浙江省有效促进全行业猪皮革上马，成为全国最早猪皮制革生产的省份之一。浙江省 1970 年生产鞣制皮革（折牛皮）150 万张。1978 年，全省以猪皮革生产为主的专业制革企业有 42 家，职工近 1 万人，鞣制皮革 130.64 万张（折牛皮）。1981 年以后，猪皮制革产品曾一度滞销，部分企业适应不了市场的需求，出现开工不足、严重亏损现象，至 1985 年，经过调整，全省二轻系统内有制革企业 31 家、职工 7882 人，年鞣制皮革 295.49 万张（折牛皮）。

1992 年，全省制革产量为 795 万张（折牛皮），其中二轻系统为 420.6 万张；猪皮革产量（自然张）为 806.34 万张，其中二轻系统猪皮革占全省的 89.83%。1993 年，全省生产皮革（折牛皮）510 万张，比上年增长 18.3%，其中牛皮革 17.92 万张，增长 10.3%；猪皮革 910.88 万张，增长 25.8%。1994 年，皮革（折牛皮）产量达到 574.49 万张，比上年增长 14.6%，其中猪皮革产量达到 1062.81 万张。1996 年，全省鞣制皮革（折牛皮）2717.96 万张。1997 年，全省鞣制皮革（折牛皮）3532 万张。1998 年，全省制革（折牛皮）2712 万张，为全国第一。1999 年，全省鞣制皮革 2500 万张（折牛皮）。2000 年，全省制革产量全国第一，占全国产量的 30%。2002 年，全省皮革（折牛皮）产量 1495.45 万张，比上年增长 2.7%。2003 年，全省制革产量为 23638.61 万平方米。2004 年，全省轻革产量为 19484.91 万平方米。2005 年，轻革产量 1.92 亿平方米。2006 年，轻革产量 2.298 亿平方米。2007 年轻革产量 2.1045 亿平方米。2008 年，轻革产量 1.758 亿平方米。全省制革业主要集中在嘉兴和温州二地。

（二）温州市制革业发展概况

温州在宋朝前已开始制皮，至光绪年间温州生产的牛皮与锡器一样很出名。20 世纪 30 年代，温州皮革畅销上海、厦门、湖南、四川等大半个中国。解放前夕，浙江省生意清淡，许多作坊、工厂纷纷停产关门。

1950 年，市区制革业 36 家，其中动力生产 2 家、手工生产 34 家，从业人员 126 人。1951 年，浙江省工业厅在温州成立制革实验工厂，1952 年改名"地方国营温州制革厂"。1956 年精华等私营制革厂组成了公私合营温州制革厂，后两厂合并成立温州皮革综合厂，下设制革、皮鞋、皮件、鞋靴 4 个分厂，有职工 2000 多人。1958 年制革部分的产值为 493.84 万元，产量折合牛皮 12.14 万张；1961 年，又分出成立温州制革厂。这期间，该厂的猪皮植鞣取得了全国首创成果，还突破了猪皮开剥的工艺，并在猪皮开剥处理、腌制等方面形成系列的完整工艺，还为浙江、福建各地提供技术培训，为推广猪皮制革做出了贡献。1964 年温州猪皮开始出口外销，1966 年全市皮革产量 28.98 万张。此后交替升降。1986 年全市产量为 30 万张。

80 年代以后，温州私营、个体制革企业迅速发展。瓯海县瞿溪镇农民从原来私下偷偷加工牛皮到公开加工牛皮，加工户越来越多。渐渐从手工操作发展到机器生产，规模越来越大。发展到 1986 年，瞿溪制革厂家已有 131 家。因水污染严重，温州市府、瓯海县府分别发出联合通知，对瞿溪制革实行"关、停、并、转、迁"决定，将制革对环境污染最重的第一道工序迁至上戍乡下岸村（今属鹿城区）和仰义乡洞桥村，剩下无污染或少污染的工序，并用国内低污染度的皮革鞣剂和涂饰剂。经整顿治理，稳步发展，至 90 年代初期，瞿溪镇制革生产者已有 300 多户、从业人员 2000 多人。与此同时，平阳县水头、山门一带传统的制革区也在 80 年代以后获得更大发展；1986 年，有家庭制革工坊 460 余家；市区的个体制革至 1986 年已达 210 户，后因环境污染迁至洞桥，挂户洞桥制革公司，1990 年，公司产值 704 万元。

1990 年，全市有乡办以上制革厂 28 家、职工 1364 人，年产皮革 22.92 万张，产值 3308 万元。全市形成鹿城洞桥、瓯海瞿溪、平阳水头三大制革基地，其中洞桥、瞿溪以制牛皮为主，兼产移膜革；水头以制猪皮为主，兼制牛二层里革。1993 年全市皮革产量达 130 万张。

随着制革业的日趋兴盛，生牛皮的交易也日渐兴起。1986 年，瞿溪开设了第一家专业从事生牛皮交易的经营部，从业人员有 300 多人。1991 年，生产经营部发展到 26 家，形成了 1000 余人的牛皮采购大军，生皮除 40% 来自新疆、云南、内蒙古、黑龙江等内地外，60% 来自美国、澳大利亚、俄罗斯、蒙古国、越南、印度、缅甸、南非、新加坡、泰国等地。全镇购进生牛皮 1.4 亿元，年产值达 2 亿余元。1992 年，瞿溪镇政府投资 110 万元建立了温州牛皮批发市场。市场建立后，日交易生皮 1 万多张，交易额突破 100 万元。瓯海区 90% 的面料、鹿城区 50% 的面料均来自该市场。1993 年，瞿溪镇牛皮批发市场成交额达 2.4 亿元，跨入"全国百强集贸市场"之列。1996 年，成交额达 20 亿元，被省工商局升格为温州浙江牛皮市场。平阳水头皮革交易市场，在 80 年代后期兴起，至 2002 年交易额也在数亿元。到 2003 年，全镇大小制革企业已发展到 1261 家，加工猪皮革达 1 亿多张，成为全国最大的生皮交易市场、猪皮革集散地和加工坊。

（三）海宁市制革业发展概况

海宁的制革工业起步于手工硝皮制革。清末民初，硖石人沈寿林率先在长安镇开设悦昌皮坊，从事毛皮收购和硝皮制革。

新中国成立后，海宁县人民政府对皮革业采取扶助政策，从原料、资金、贸易等多方面给予支持。1950 年，硖石镇开设革新制革厂、顺昌制革厂，斜桥镇开设连记制革皮坊、孙记制革皮坊，盐官镇城北开设恒泰硝皮作等。据 1953 年工商登记和手工业调查资料，时海宁全县有制革厂（坊）19 家，经营资本近 11 亿元（老币，折合人民币 11 万元）。到 1990 年，海宁全市共有制革企业 7 家、职工 1438 人，当年工业总产值为 15470.7 万元，实现利润 407.72 万元。

至 2007 年，海宁全市实有制革工业企业（含制革喷浆、后整理加工）17 家，注册资本 61608 万元。其中销售收入在 500 万元以上的规模制革企业 11 家，占 64.7%，11 家规模制革企业职工平均人数为 5684 人，年末固定资产 89616 万元，全年产品销售收入 287940 万元。

二 主要产品品种

(一) 原皮结构的发展和变化

20世纪40年代，制革以牛皮为主，其次是杂皮、羊皮、骡皮。50年代后期国家实行保护耕牛政策，大力发展养猪业，鼓励开发猪皮制革，少量猪皮用于底革。到60年代末，猪皮革产量已占总产量的90%以上，以猪皮制革为主要原料一直延续了20多年，到1992年全省二轻系统的制革企业生产猪皮革已占全社会89.83%，制革原皮生产结构形成的格局是：二轻系统的制革企业以猪皮为主要原料，并占有很大的技术优势。羊皮革的生产量主要以乡镇制革企业为主。

(二) 品种

1949年前，牛重革有底革（俗称"红底"或"花旗底"）、轮胎革和三色底革，牛轻革有鞋面革（俗称"纹皮"）、带革和球革，羊革主要是里革和箱皮革，少量猪革做烟熏底革。

20世纪50年代至60年代主要产品有牛皮鞋面革、绒面革、栲底革及护油卷革、打梭革等工业用革和装具革。羊皮革以大衣革、手套革、绒面革、鞋面革、栲羊革等民用为主。

70年代，随着机械化程度的提高，品种有所增加，品种结构以猪皮革产品为主，牛、猪二层革得到了利用，开发的主要品种有绵羊手套革、大衣革、猪绒服装革、猪二层鞋面革、绒面革、票夹革、涂饰革、苯胺革以及牛绒服装革、手套革、二层等各式面革。

20世纪80年代以后，品种结构从根本上起了变化，产品已向"轻、软、薄"型方向发展，特别对猪皮革的开发和利用，多为出口配套用革，主要开发的品种有猪绒面、正面服装革、软鞋面革、手套革、印花革、软包手袋革、猪细粒面革、家具革、猪仿金银革、猪仿旧革；羊皮革系列有山羊薄型服装革、绵羊高级服装革、山羊软鞋面革、山羊手套革、绵羊水染领带革、山羊反绒涂饰革和山羊白色高尔夫球手套革等；牛皮革系列有牛皮手套革、牛皮装饰革（沙发革）、高档牛皮软面鞋革、汽车座垫革、牛二层箱包革等；其他皮革产品有麂皮革等。

三 生产装备

传统工艺制革，设备简陋，主要是烟熏、木桶、盆缸、晾皮架、案子及刮肉弯子、刨皮刀、铲皮刀、搓软板、刷子等手工工具，新法制革传入后，20世纪30年代，杭州广合顺皮厂（杭州皮革厂）首先从上海购进转鼓、重革压光机、轻革打光机和磨革机。民国二十三年（1934年），海宁制革厂已有空压机、打光机、转鼓等设备。40年代至60年代初期，大多用人力驱动，大量的手工作坊仍沿用旧式设备和工具。直到60年代中期，全省主要市县制革企业在去肉、拔毛、片皮工序上已使用国产或自制机械，如悬挂式木制转鼓，由各企业配合机械厂自制。由于工艺改进，转鼓增多，水泥池子逐渐淘汰。70年代，杭州、海宁、湖州、长兴、金华、温州、绍兴等制革厂自制贴板和摆动式连续喷涂设备，喷涂工序实现连续化、机械化。1974年，杭州皮革厂首先仿制成功了电子量革机。至70年代末，主要制革厂实现了湿加工转鼓化。1978年湖州二轻机械厂研制的可倾斜转鼓获1982年省科技进步四等奖。1979年，海宁制革厂首先列入国家技改项目，1982年通过意大利政府贷款，引进了制革关键设备17台。从20世纪60年代中期起，特别是经过"六五""七五"和90年代初期对制革行业技术改造，使其技术装备跃为全国同行业先进水平。海宁、杭州、湖州德泰顺、临海、金华、兰溪、长兴、温州、绍兴、嘉兴等几十家主要制革企业还分别引进液压精密片皮机19台（套）、挤水伸展机2台（套）、三析真空干燥机4台（套）、绷板干燥机5台（套）、自动喷干机1台（套）、辊熨平展机5台（套）、气流除尘机3台（套）、自动喷浆机3台（套）、打光机及抛光机6台（套）、压花机及辊式熨烫机10台（套）、电子量革机4台（套）、自动加料系统2台（套）、辊涂机1台（套），合计引进制革设备99台（套）。湖州德泰顺、金华、衢州等主要制革企业设有专门的研究所（院），配备了一系列用于制革生产研究的仪表、仪器专用设备。

随着我国改革开放和浙江皮革业大发展、上档次的需要，众多制革企业向国外购买先进制革设备的厂家相当普遍，制革机械设备大都具有国际先进水平。这些机械设备（包括制裘皮设备）主要有：划槽机；转鼓：普通转鼓、斜转鼓、旋式转鼓、分格转鼓、木质转鼓、不锈钢干转鼓和Y型转鼓；通过式温加工机；搓鞣机；去肉机；刮油机；削匀机：圆刀削匀机、圆刀磨刀机、宽工作面削匀机、狭工作面削匀机、干革削匀机、液压削匀机、厚皮粗割机；剖层机：液压精密剖层机、机械式剖层机、灰皮剖层机、蓝皮剖层机；伸展机：挤水伸展机、蓝湿革挤水伸展机、重革挤水伸展机、毛皮挤水伸展机、气压式伸展机、轴式伸展机（辊熨平展机、通过式平展机）、辊式伸长机、抽伸机、伸宽机、加热伸展机、翻皮器；干燥机：真空干燥机、毛皮滚转干燥机（滚筒干燥机、低温滚筒干燥机、干燥转鼓、真空干燥机）、绷平干燥机（箱式烘干机、旋转式绷平干燥机、链式绷平干燥机、挂晾干燥机）、溶剂脱脂干燥机、高频干燥机、低温干燥机、干燥整理联合机、喷浆干燥机、烘干机；拉软机：振荡拉软机、臂式拉软机、立式产软机、辊式拉软机、搓软机、铲软机、液压立式拉软机、摔软转鼓；磨革机：通过式磨革机、通过式磨革—除尘联合机、非通过式磨革机、毛皮磨里机；抛光机；片皮机；熨压、打光机：烫皮机、通过式烫皮机、轻革打光机、重革打光机、底革（重革）滚压机、通过式滚压机、板式熨平压花机、辊式（滚筒）熨平压花机、辊式压（轧）花机、重型压花机；涂饰机：喷浆机、电脑控制喷浆机、辊涂机、辊印涂饰机、淋浆机、涂饰机；干洗机；贴膜机；刷尘机；毛皮除尘机；绷板机；搭马机：滑道式自动搭马机、摆臂式自动搭马机，装刀机：自动装刀机，量革机：电脑量革机、卧式电脑量革机、立式电脑量革机、蓝湿革量革机；整理毛皮的机器：刮梳机、打毛机、带刀剪毛机、粗针梳毛机、细针梳毛机、辊刀剪毛机（压线式剪毛机、剪花纹机）、磨刀机、刷液机、烫毛机、伸烫机、通过式整烫机。

四 生产工艺

（一）发展沿革

民国初年，浙江省引进了新法制革工艺。此后传统制革工艺和新法制革工艺并存，沿用了半个世纪。旧法制革自宋到明清一直沿用。浙东南一带多用烟熏法制革做鞋底，浙中、西部区域多用芒硝法制作皮条、皮绳；浙北、中、西多用芒硝五倍子法制轻革。新法制革，用化工材料鞣制成革，简称"植鞣"和"铬鞣"。由于化工材料需进口，因此新法制革的普及受到严重制约。直到20世纪60年代，新法制革工艺才被普遍掌握应用。"池浸灰脱毛工艺"在20世纪50年代以前全部手工操作，工具简单，用石灰为材料来膨胀脱毛的工序，称"浸灰工序"。杭州、温州、宁波、兰溪等制革厂采用"跳池法"，浸灰池划槽浸灰，辅以少量硫化碱脱毛，此为最初期的灰碱法，整个过程需10—15天。50年代至60年代，以转鼓助软、去肉机去肉、池浸灰、硫化碱脱毛，拔毛机等设备研制成功后，猪皮经过拔毛，用转鼓浸灰脱毛被普遍采用。同时国产片皮机投入应用，整个过程需5—8天，手工刨皮被逐渐淘汰。70年代开始采用倾斜式转鼓，进行快速浸水，准备过程实现转鼓化。灰碱法、盐碱法、铵碱法，特别是酶法脱毛工艺被各制革企业采用，周期只需3—4天。进入80年代，随着片皮机械化程度的提高，片碱皮逐渐被淘汰，大多企业改为片蓝湿工艺，提高了制革的质量档次和得革率，减少了环境污染。

鞣制过程（分重革和轻革）：

1. 重革

20世纪50年代至60年代初，鞣制由缸鞣（或木桶）改为池鞣，池鞣即重革卧池鞣工艺，周期30—50天，甚至长达两个月以上，池鞣工艺周期长，占地大、耗能多，劳动强度大，是制革业脏、臭、累的集中点。60年代中期改为吊鞣工艺，利用行车移池和压流法循环"色液"，减轻了劳动强度，但与卧池鞣没有根本区别。进入70年代，采用池鼓结合鞣或鼓池结合鞣，利用机械加速浸透，周期为15—20天；70年代后期，杭州、海宁、长兴、宁波、临海制革厂，改进预处理干速鞣工艺，重革鞣制只需3天左右，实现了重革鞣制转鼓化。

新法制革开始不漂皮，晾干坯，下闷箱，手工挤水，抹油，自然干燥，人工压皮，生产量大的厂家配有底革压光机（俗称"底皮床子"），20世纪50年代结合蒸汽干燥，70年代初采用贴板干燥挂晾，80年代初海宁、长兴、杭州、奉化引进真空干燥设备和红外线干燥设备。

2. 轻革

20世纪50年代以前，缸泡辊搅为轻革鞣制主要方法，使用红矾、麸皮等天然材料，以二浴法、三浴法鞣制，需3—5天，50年代只有个别企业使用转鼓或划槽，并大量应用化工材料。50年代中期，转鼓鞣制被普遍采用，并设专职配料员，二浴法改一浴法。60年代用机械片皮，80年代到今，已广泛采用少浴铬鞣法，片蓝湿皮工艺，增加复鞣，周期10—15小时。整理过程包括漂皮、干燥、压光、整软、涂饰等。

20世纪60年代以前，轻革整软全部是铲、搓、推、压手工操作，60年代中期逐渐由机械化替代，这些机械大多自制或仿制。70年代后，少数企业引进国外较先进的震荡拉软机、刮软机，工效较高，但个别部位仍需特殊处理。软革品种多用转鼓摔软。轻革用手工刷色，熨平，延续了40多年，20世纪50年代中期，由手刷改用手持喷枪喷涂，60年代，数遍喷涂由一人改为数人一次连续喷涂，利用干燥传送装置，俗称"连续化喷色"，1965年又利用机械摆动喷头，制成"摆动式"喷涂设备，进入80年代，海宁、湖州、金华制革厂引进淋浆、滚涂设备，涂饰工艺达到新的水平。

（二）酶脱毛工艺

酶脱毛是消除制革废水中硫化物污染源的一种工艺。1969年嘉兴制革厂进行猪皮酶脱毛试点获得成功。到1970年年底全省43个制革企业全部应用酶脱毛工艺。酶脱毛利用工业微生物蛋白酶制革，通过培养工业微生物制成蛋白酶，将毛根部的脂肪及部分蛋白质水解达到脱毛的目的，并采用加强酸碱度的测定，以控制酶的用量。采用酶脱毛工艺后，制革浸皮、洗皮等大量用水中不再含石灰、硫化碱等有害的硫氢化合物，使制革废水不再有毒害，改变了"工人一年到头捞石灰，十个手指十个眼"，脏、臭、累的恶劣环境，减轻了劳动强度，缩短了生产周期，提高了厂房的利用率。1970—1972年，海宁制革厂、杭州皮革厂将猪皮酶脱毛工艺应用于猪皮服装革、猪正面革、手套革、鞋面革、箱包革获得成功，特别是海宁制革厂利用酶脱毛工艺生产的猪皮绒面革、服装革质量接近南斯拉夫水平。1973年，轻工部在海宁举办了两期推广猪皮酶脱毛新工艺培训班，重点产品是猪皮服装革和手套革，使这一新工艺在全国各地推广应用。1978年海宁、杭州制革厂分别获全国科技大会奖。

（三）鞣制革工艺

1966年，海宁制革厂采取用浸硝削匀技术，解决了部位差异。1973年，山羊平纹服装革采用小浸灰、小软化、小浸酸等办法使滞销的粗纹面山羊服装革成为畅销的平纹服装革，为国内首创。当年湖州德泰顺制革厂，研制成山羊平纹服装革，具有绵羊服装革的风格，1983年获国家银质奖。1974—1975年，海宁制革厂研制铬革剖层工艺，应用"堆置酶脱毛"解决了成革"对褶印"和"毛穿孔"质量问题，获得1979年省优秀科技成果三等奖；同年进行"铬盐石粉提碱的研究"取得成功，获省科学大会三等奖；1980年改进复鞣和加脂技术，提高了猪皮绒面质量，产品接近国际先进水平；1981年对"提高猪皮服装革的研究"获得轻工业部重大科技成果三等奖。1982年杭州皮革厂和轻工业部毛皮研究所研制了黄牛皮修饰鞋面革酶脱毛工艺试验，获1982年省优秀科技成果四等奖，并获轻工部科技成果三等奖。同年湖州德泰顺制革厂以孟加拉国黄牛铬湿革采用了坯革选料重复鞣，二次削匀，加强伸展技术试制成牛皮薄型革，于当年被轻工部评为全国轻工优秀新产品奖。猪皮制造细粒面革是国家"六五"攻关项目，由杭州皮革厂和轻工部毛皮制革研究所研制而成，分别于1985年和1986年获得省科技进步三等奖和轻工部科技成果二等奖。海宁制革厂研制的"山羊薄型服装革"，使成革具有薄、轻、软、丰满、弹性好的特点，突出真皮感，获1985年省科技进步四等奖。1988年，金华制革厂和成都科大研制成功水牛凉席革，拓宽了水牛皮制成高档革的新途径，填补了国内空白，获1989年省优秀新产品三等奖。由杭州皮革厂、轻工部毛皮研究所承担"黄牛白色正软鞋面革"的研究，填补了省内空白，获1991年省科技进步三等奖。1987年，衢州制革厂和省皮革学会突破传统鞣制工艺，研制成功稀土原料替代部分进口红矾的稀土—铬结合鞣工艺，使红矾用量减少30%—40%，节约染料20%—30%，并提高上色率。1990年研制成功铝预鞣、稀土—铬结合鞣的白湿皮新工艺，与传统工艺相比可节约红矾56%，废液中含铬量下降95%，提高选皮准确率20%左右，提高得革率5%。

（四）染色整饰工艺

皮革的传统色大都采用天然染料，即从植物、动物、矿物中提取的靛青、茜素、苏木黑、胭脂红等。19世纪中期合成染料开始应用于皮革染色，主要为直接性染料、酸性染料、碱性染料等。20世纪70年代中期杭州皮革厂、海宁制革厂分别从联邦德国引进金属铬合成物染料，使染色的皮革具有色泽饱满、光泽和谐、色摩擦牢度好等效果。1978年，湖州德泰顺制革厂推出糊状加油染色技术，将染料少量加水加油脂和革在转鼓染色，简化工艺加脂和染色进一步，使成革具有粒面细微、革身轻软、色泽饱满，并可使排放染色废液色度下降的特点。

皮革的涂饰材料在民国时期已采用干酪素，1958年应用硝化棉、丙烯酸树脂。80年代末，杭州皮革厂和海宁制革厂等采用聚氨酯树脂，使成革光亮、美观、耐酸、耐油和耐干湿擦，同期还引进硝化棉光油固色取代甲醛固色，提高了产品质量，改善了卫生条件。1982年，海宁制革厂采用轻喷涂加烫技术，研究成功彩色牛皮服装革。1983年，杭州皮革厂进行猪皮苯氨革、仿苯氨革整饰技术试验研究，采用加强脱脂低碱缓和膨胀，伸展结合，真空干燥，再经磨革、轧纹、苯胺喷涂等加工工艺制成类似真牛皮的猪苯胺革、仿苯胺革。1988年，金华制革厂采用酶脱毛、糊状法染色加脂和聚氨脂涂饰技术研制成功猪正仿古旧薄型服装革，产品具轻、薄、细、软、真皮感特强的特点。1989年，湖州德泰顺制革厂研究黄牛仿古美术服装革，应用正交试验方法和松散层理论，创新一套连贯的涂饰工艺，将摔纹和摔软加工技术相结合，使产品涂层具有敦煌壁画的碎裂剥落感并具仿古色调。1982年，宁波制革总厂在猪皮、牛革上采用电化铝移膜新工艺替代了传统的金银喷涂工艺，研制出仿金仿银革，革面金银感逼真，涂层粘着牢固，该工艺获省科技成果四等奖和轻工部科技重大成果四等奖。1989年，衢州制革厂采用压花磨花新技术研制成功铬鞣猪皮磨光服装革，成革柔软丰满，花纹清晰，颜色鲜艳，革里洁净滑爽。1990年，海宁制革厂利用粒面伤残较多的原皮经石磨工艺，制成猪皮正面石磨服装革，产品柔软油滑，具有国际流行的石磨效应。同年，该厂对低档绵羊皮采用磨花新技术制高档革，成革磨花新颖、清晰，既保持皮革的天然粒纹，又镶嵌鲜艳的绒花。1990年，桐乡越丰制革厂通过在涂饰剂配方中添加一定量的长蜡B，使绵羊服装革达到蜡感，并经多次伸展、绷板、熨烫等坯革定型，绵羊革服装达到平整光滑细微粒感强。

几种典型的（机械）制革工艺操作流程如下。

第一，绵羊皮服装手套革生产工艺流程：绵羊板皮→浸水回软（转鼓，机械转动）→涂灰碱脱毛→膨胀（转鼓或划槽）→刨皮（机器）→称重→水洗脱灰（转鼓）→软化（转鼓）→浸酸（转鼓）→铬鞣（转鼓）→挤水削匀（机器）→中和（转鼓）→染色施油（转鼓）→伸展或贴板（机器、加工）→晾干→回潮→摔软→伸展→绷板→喷浆（机械真空）→喷浆（1—3次）→固色→摔软→绷板→熨烫→成品。

第二，牛皮沙发革生产工艺流程（括号内为化料，下同）：尽管牛皮沙发革的风格多种多样，但是蓝湿革的生产基本一致：原料皮选择→组批→水洗→预浸水（水、浸水剂、火碱）→水洗→去肉→水洗→主浸水（水、纯碱）→水洗（若浸水液呈乳白色，应在水洗 加入适量纯碱和脱脂剂）→浸灰（水、硫氢化钠、石灰、硫化钠）→复灰（水、浸灰助剂、石灰）→水洗（水、脱灰剂）→再复灰（水、硫化钠、浸灰助剂、石灰）→水洗→预脱灰（水、硫酸铵）→主脱灰（氯化铵、硫酸铵、水、氨化铵）→水洗→浸酸（水、食盐、甲酸、硫酸）→鞣制（铬粉、甲酸钠、小苏打、水）→（过夜）水洗出鼓。

第三，猪皮正面服装革生产工艺流程：原料皮（盐湿皮）→组批→去肉、圈边、称重→脱脂→水洗→脱脂→水洗→臀部涂灰碱→浸灰→复灰→水洗→脱灰→水洗→滚硝→臀部涂酶→软化→浸酸→去酸→预鞣→铬鞣→提碱→升温→片皮、削匀→修边、称重→回软→水洗→复鞣→水洗→中和→水洗→染色加脂→换浴顶染→干整饰（挂晾干燥）→静置→铲臀部→摔软→绷板→挑选→补伤→封底→重喷→遍浆→摔软→绷板→挑选→重喷→遍浆→挑选→压花或熨烫→轻喷→遍浆→喷固定、手感→摔软→拉力→修边→量尺入库。

第四，猪皮沙发革生产工艺流程：组皮（盐湿皮）→除盐→预浸水→去肉→割边→

水洗→浸水→水洗→脱脂→拔毛→臀部除碱→浸灰→水洗→片臀部（合理片好每张皮，不得片洞、片漏、片伤）→称重→水洗→复灰→水洗→脱灰→软化→水洗→浸酸→铬鞣→水洗→挤水、片皮→削匀→称重→回软→水洗→复鞣→水洗→中和→水洗→染色、加脂→固色→顶染→水洗、出鼓→干整饰（挂晾干燥或真空干燥）→静置→振软→摔软→绷板→补伤→干燥→磨革→涂饰。

第五，高档牛皮沙发革生产工艺流程：盐湿牛皮→浸水→浸灰→片灰皮→复灰→脱碱→软化→浸酸→鞣制→静置→削匀称重→复鞣染色→贴板→干燥→滚软→绷板→喷涂→烫（压）花→喷手感→成品。

第六，牛皮汽车座垫革生产工艺流程：

前道工艺：准备→回软→脱脂→浸灰→复灰→片灰皮→复灰→脱灰软化→浸酸→铬鞣→脱脂→复鞣→染色；

后道工艺：片皮→削匀→绷板→修边→补伤→磨革→辊涂→压花→喷浆→摔软→烫平→喷浆→固定→干转→振荡拉软→手感→量革。

（五）"三废"治理

制革业在生产过程中产生大量废水、废渣，每张（折牛皮）约排废水1吨，含成分复杂，污染物多，治理难度大。浙江对制革的"三废"治理为全国最早。20世纪50年代，杭州皮革厂开始污水处理，当时用氧化塘和砂滤进行铬酸气回收。60年代，杭州、海宁、绍兴、湖州、宁波、温州等制革厂用沉淀池清除废水中的部分沉淀物及悬浮物，然后排放废水。

70年代，建造多级污水沉淀池，对沉淀杂质用脱水干燥焚烧等方法处理，对硫化物有一定去除效果，悬浮物、酸碱值两项大多达到排放标准。另外，应用酶脱毛工艺根除硫化物污染，以酶替代硫化碱用于涂碱工序，对减轻硫化物污染起了一定的效果。1972年，轻工部下达"制革工业废水治理"重要科研项目，由杭州皮革厂、省农业大学、杭州大学共同协作治理"三废"，以工艺改革为主，在铬鞣废液、铬酸气回收利用方面取得了良好效果，对高浓废水进行塔滤和转盘串联的生化处理，出水水质中主要指标BOD、COD、铬、硫等均能达到排放标准，这项工艺1979年获省革委会颁发的先进奖。东阳皮革厂污水综合利用，变废为宝。1971年，生产氨基酸肥料4000吨支援农业，"污水变肥、酶法制革"成果在全国"三废"综合利用展览会上展出；1979年，利用板框式压滤和金属离子处理含铬废水，回收废铬，消除了硫化碱对环境污染，使污水达到国家规定排放标准，1980年被评为环保先进单位；1984年"含铬污水处理"获省科技成果三等奖。1987年，轻工部向衢州下达制革厂"七五"重点攻关项目"年产30万张猪皮少污染工艺废液综合治理"，采用酶法脱毛和少铬结合鞣制工艺，将有害有毒物质消灭和减少在工艺过程中，对含油脂废水和废铬液进行分隔治理回收油脂和铬。该厂少污染工艺的废水综合治理工艺先进，科学合理，居国内领先水平，其中混凝污泥回流，喷淋氧化过滤及组合式油脂分离回收，连续回收油脂的技术属国内首创，达国际先进水平，达到废水排放一级标准，获1991年省科技进步三等奖。

从70年代初期到90年代初期，全省对制革工业污水治理投入达768万元，分别用于海宁、东阳、金华、绍兴、杭州、江山、温岭、湖州、宁波、温州、奉化、衢州、嵊县、长兴等地的制革厂。

进入21世纪，各地政府高度重视污水、污泥排放问题，在经济政策上给予必要的支持，在治理技术上给予指导，从而使污染得到有效的控制。例如，自2006年起，海宁市进一步采取积极有效的措施，加大污水治理力度，先后在丁桥大缺口以东及盐仓海涂开发区建立两座大型污水处理厂，至2005年，日处理污水能力达16万吨（其中丁桥处理厂10万吨，盐仓处理厂6万吨）。各制革企业基本进网标准的污水，通过埋设在地下的管网，收集到上述两地污水处理厂进行集中处理后排入钱塘江。大部分制革企业基本上都建有二级生化污水处理系统，大水量的排污企业采用了抗有机负荷和毒性负荷冲击能力较强的氧化沟技术，小水量的排污企业采用了SBR法或接触氧化法。据检测，绝大部分制革企业的污水经处理除氨氮指标外，其他各项指标均可达到二级排放标准。

同时，温州市几大制革基地分别被列为国控、省控重点污染区。市、相关县、区政府相继开展声势浩大的制革业整顿改建攻坚战，并着手建设生态皮革园。有关部门对制革业下达了最后关停整顿期限，2008年2月，温州市鹿城区5个制革基地内的污染物处理设施、集中供热和供电系统全面停运，只允许企业进行无污染的后工序生产，曾经热闹喧哗的鹿城洞桥皮革基地如今一片冷清。瓯海瞿溪一些有实力上规模的皮革企业也陆续外迁，至2008年年底，瞿溪镇年制革企业约150家，年产值70.83亿元。

生态保护的要求迫使平阳水头痛下"狠手"，从2006年起，水头制革基地全面停产整顿，2007年10月份成功"摘帽"，但当地皮革业产值降至12.7亿元，经济总量也不断消减。经过几年的制革治污战役，大批皮革企业纷纷转型，投身皮件行业。该镇从皮革产业向皮件产业转产初见成效。至2008年，该镇拥有皮件企业400多家，皮件产值达24.05亿元。

第三节　毛皮

一　发展概况

南宋迁都临安（今杭州）时，黄河流域居民大量南移，携带蒙古羊游江南，定居江浙一带。经江南水土长期驯化，加上农民精心选良繁殖，蒙古羊的生理状态、体型、外貌和毛质都逐渐发生变化，形成"湖羊"。湖羊所产羔羊不经哺乳宰之取皮谓"小湖羊皮"，经哺乳三四月宰之取皮为"袍羔皮"。而崇德县（现桐乡县）为主要湖羊产区，又喜其肉，多时日宰千头。此业系手工操作，又属繁重劳动，从业者均为绍兴帮。据记载，在崇福镇的七十二条半弄中，有一条硝皮弄。到1949年新中国成立前夕，已发展到31户。1956年硝皮业走上合作化道路，先后经历了崇联加工场、崇德县制裘合作社、崇福皮革厂等几个阶段，几经调整，到1960年5月转为地方国营桐乡皮毛厂。1985年1月，桐乡皮毛厂与浙江省畜产品进出口公司实行了工贸联营，出口小湖羊皮制品产量逐渐上升，当年产量为12.94万张（折羊毛皮）。到20世纪90年代初出口产量已占总产量的60%以上，产绵羊毛皮7.53万张。"七五"期间又组建了翻毛车间，开始生产中、高档裘皮翻毛大衣，打破了几十年形成的单一传统产品的格局，产品达40多个品种、100多个规格。到1992年止，年生产能力达7万件（条）。1992年，全省有毛皮企业3家、职工397人，年产绵羊毛皮11.76万张，狗毛皮7.79万张，完成工业总产值700万元，实现税利100

万元，出口交货值达 157 万元，固定资产（原值）380 万元。

经过几十年的发展，全省毛皮产业已初见规模，至 2009 年年底，规模以上企业毛皮及其制品产量占全国规模以上企业毛皮及其制品产量的 31.8%，排名全国第一。

二　生产装备及工艺

（一）生产装备

制裘生产一直沿用原始的铲弓、大刀、弯腰操作的生产方式，裘皮制品用手工缝拼而成，劳动强度大、产量低。1960 年，桐乡皮毛厂首先以土代洋、以木代铁，用油桶代铜芯、用木桶代铁桶，制成第一台土绞水机，接着制成了不用洋元铅丝、不需动力的水池洗皮机之后，土铲皮机、土法转鼓又自制而成。1965 年该厂改革手工除灰工艺，运用打稻机转动的原理，采用铲皮机的转动速度，按手工拷灰时藤条落在皮张上的角度，以铁板代替打稻机上的铁钩，制成划板式拷灰机；1966 年又对原土铲皮机进行了改进，自制了六台小型去肉机。从此，半机械化操作开始形成。从 20 世纪 60 年代初到 70 年代初，该厂新增 14 台缝纫机，1 台大型去肉机；80 年代到 90 年代初，新建了服装车间皮革剪绒小组，新增缝纫机 26 台，同时又增添了钉扣机、锁眼机、电剪刀、烫毛机、精剪机、剪毛机、缝纫机。1983 年，该厂对原鞣制车间进行了移地拆建改造，新建的鞣制车间实行一条龙生产流水线；1984 年购置了工艺测试温度收缩测定仪、冲样机、皮拉机、光电分光光度机各 1 台；1985 年新增鼓风干燥箱、生物显微镜、分析天平等，为发展和扩大外贸出口，又增加缝皮机 25 台，另外还配备了锁眼机、烫布机、脱水机、去湿机等关键专业设备。到 90 年代初，企业共装备 194 台（套），其中主机 157 台（套），试验设备 9 台（套）、通用设备 212 台（套）。

近年来，浙江省众多毛皮企业向国外购买先进制革设备的厂家相当普遍，基本实现了机械化生产，机械设备详见制革设备（此处略）。

（二）生产工艺

浙江省湖羊皮素有"江南软宝石"之称。为提高小羊皮价值、改变小湖羊皮生产出口状况，1982 年，桐乡皮毛厂选用胚环 2 号鞣制新工艺，鞣制的革皮，毛皮洁精、有光泽、无异味、花纹自然平整、皮板柔软丰满、厚薄相宜，比用甲醛鞣制可提高出皮率 5%，获得 1982 年省优秀科技成果四等奖。同时，为满足外贸出口需要，该厂又进行了小湖羊褥子加工，获新产品新包装二等奖。自 1984 年起，桐乡皮毛厂针对裘皮染色不易均匀的难点，对小湖羊皮染色进行了攻关，采用酸性氧化性染料，使裘皮光滑，并且不影响皮质均匀，制成裘皮大衣后色泽鲜艳、光亮，符合出口要求，填补了裘皮染色的空白。染色湖羊皮中大衣获 1986 年全国服装出口产品质量上乘奖。

典型的毛皮生产工艺如下。

毛革两用产品生产工艺流程：生皮→分路→修边→浸水→刮毛→去肉→洗皮→甩水→水剪毛→浸酸→鞣制→静置→干燥→回潮→拉软→梳毛剪毛→平展→溶剂脱水→回潮→打软→烫毛→剪毛→磨革→复鞣→静置→湿磨革→染色→干燥→回潮→打软→绷板干燥→立式干燥→喷浆→烫皮→摔软→计量（核尺）→入库。

三　主要产品

毛皮产品分为：小毛细皮类，主要包括紫貂皮、水獭皮、银鼠皮、麝鼠皮、海狸皮、水貂皮等，毛被细短柔软，适于做毛帽、大衣等；大毛细皮类，主要包括狐皮、貉子皮、猞猁皮、獾皮、狸子皮等，张幅较大，常被用来制作帽子、大衣、斗篷等；粗毛皮类，常用的有羊皮、狗皮和豹皮等，毛长并张幅稍大，可用来做帽子、大衣、背心、衣里等；杂毛皮类，常用的有兔皮、小猫皮等，适合做服装配饰。

浙江省以前的毛皮产品主要有裘皮衣、皮裤、羊毛皮、青猾皮、羊剪绒及制品等，大多以出口为主。随着时代的发展绵羊皮毛革两用服装，羊毛坐垫，貂皮、狐皮大衣，貂皮、狐皮毛领披肩等毛皮产品不断出现，满足了人民生活的需求。

千张袄轻暖，其御寒能力和毛色的配制，能与整皮滩羊袄媲美，且别具一格。其毛花横竖颠倒总向下垂，久穿亦不会结成毡样。原料虽千张万块，但缝制中随弯就斜，似砌不规则的石块建筑，而价格仅为整皮滩羊袄的一半。

羊剪绒制品的特点是采用新工艺，在剪绒毛皮上制成有山水花鸟或动物等图案的挂毯、坐垫、靠垫，以及利用羊剪绒毛皮下脚料生产多种玩具。"陶"牌羊剪绒挂毯、坐垫1981年9月被评为省优质产品，1983年获国家对外经济贸易部"出口羊剪绒品质优良"证书，并多次在全国同行业评比中被评为一类产品。该产品大部分出口，畅销日本、美国、澳大利亚、加拿大、联邦德国、荷兰、比利时、中国香港等10多个国家和地区。

第四节 皮鞋

一 发展概况

(一) 全省皮鞋产业发展概况

南宋《梦粱录》中有"彭家（系浙江杭州）油靴"的记载。油靴采用土制熏灶牛羊皮手工缝制而成，民国初期，随着西式皮鞋业的发展及橡胶套鞋的问世，油靴逐渐淘汰。浙江西式皮鞋的产生始于清末，最早出自杭州太旭皮鞋店。同期温州皮鞋兴起，坊店连片，多集中于市内府前街，素为温州之名产，当时还没有新型化学皮革，仍用熏灶皮为材料。民国初，化学革用于皮鞋制作。抗日战争前夕，杭州皮鞋店（作坊）已达40多家。抗日战争时期，唯温州港尚可通航，使温州皮鞋业得到发展并大量销往中国台湾。1952年，全省产量4万双。之后，皮鞋业走上合作化和公私合营道路，首家成立的是杭州第一皮鞋联合工场，其以升昌皮鞋皮件店为基础，成立公私合营军装皮革厂，为浙江皮鞋业首家公私合营企业，以生产军需皮鞋为主，隶属省公安厅，后转入大江南皮鞋合营厂。20世纪50年代后期，皮鞋市场见好，外埠的邮购业务颇盛。东北、新疆等地来浙江要货较多，1956年，全省产皮鞋32万双。1957年，杭州皮鞋社线缝皮鞋通过上海口岸出口苏联。1956年，随着猪皮革的大量运用和制鞋新工艺的采用，宁波长城皮鞋厂首先开发成功硫化皮鞋，硫化鞋包括二次硫化蒸缸鞋和一次硫化，底为橡胶，面料为猪皮，价格低廉，是当时的抢手货。1959年，全省产硫化鞋121.1万双。进入70年代后，线缝皮鞋逐渐淘汰，皮鞋生产厂自制了一批制鞋设备，机械化程度有所改进。此时，胶粘、模压、硫化等新工艺的采用亦使皮鞋生产能力提高，生产厂还自制了皮底、氯丁胶等辅料。1978年后，皮鞋业实行归口管理，全行业经过调整，进一步得到发展。二轻系统内皮鞋企业重点从提高产品档次和产品质量上挖掘潜力，1985年后全系统每年生产各种皮鞋都在1000

万双左右。到1992年全省皮鞋产量为9862.99万双，其中二轻系统有皮鞋企业80家、职工10330人，年生产皮鞋987.65万双，其中出口466.73万双。改革开放以后，乡镇、个体企业发展迅猛，据1990年温州市统计，新增私营（含股份制）皮鞋厂2000多家，有从业人员近7万人。省内还有桐乡、黄岩等县的乡镇、私营制鞋企业从业人员较多。据乡镇企业管理局统计，到1992年止，乡镇企业系统就有大小皮鞋企业600家、职工33000人，全年生产各种皮鞋4.05亿双。

1997年，全省规模以上企业生产皮鞋2.76亿双；1998年，生产皮鞋3.33亿双，居全国第三位；到2003年，全年生产皮鞋54088.94万双，居全国第二位；2004年，生产皮鞋68036.42万双；2005年，生产皮鞋8.46亿双，2008年全省规模以上企业生产皮鞋11.01亿双。

浙江省的制鞋业主要集中在温州、台州二地，分别被名命为"中国鞋都——温州""节能减排、产业升级鞋业基地——中国鞋业名城温岭"。

（二）温州市皮鞋发展概况

皮鞋素为温州名产。清朝中叶，作坊多集中在城内府前街一带，以用料考究、制作精良著称。抗日战争初期，温州为东南重要吐纳口岸，内地客商云集，皮鞋兴盛；战后，温州皮鞋又大量运销中国台湾，皮鞋从业人员一度达300余人。民国后期，温州皮鞋业衰落，1949年，市区皮鞋年产量仅4000多双。

1950年，市区皮鞋行业共43户，有从业人员130人，多数属个体作坊。经社会主义改造，1954年成立第一、第二皮鞋生产合作社，全行业基本实现了合作社。市区皮鞋产量由1949年的0.4万双增至1957年的16.3万双。1960—1966年又陆续成立温州市皮鞋厂、第四皮鞋合作社、第五鞋厂与第七鞋厂。到20世纪70年代末，有国营厂2家、大集体厂8家、街道厂9家。1978年皮鞋产量共49.68万双，其中街道厂所占比重很小。80年代改革开放后，私营、个体鞋厂大量涌现，推动了以皮鞋为主体的鞋类生产迅速发展。1985年，市区有鞋厂142家，产值约1.5亿元，至1990年达1250家，其中皮鞋厂占2/3，市区皮鞋年产量由1985年290万双增至1990年的1079万双，产值达2.8亿元，成为全国闻名的生产基地。加上瓯海、永嘉等县迅速发展的鞋厂，全市皮鞋产量由1985年的864万双跃增至1990年的6087万双。市区来福门一带的皮鞋市场，有1000多家柜台，形成了鞋商云集的大市场。

1987—1989年间，温州皮鞋以价廉美观形成竞争优势的同时，也有大量劣质皮鞋流向全国各地，引起消费者强烈不满。1987年6月，杭州武林门广场火烧温州皮鞋5000多双；1988年4月，南京的温州皮鞋柜台因出售劣质皮鞋，被群众捣毁；继之，温州劣质皮鞋先后在大连、锦州、长沙、柳州、大理等地被查处，并在报纸上曝光；石家庄、武汉、长春等城市明令禁止出售温州皮鞋。一时间，温州皮鞋声誉一落千丈。1990年，轻工业部等六单位联合发出《坚决制止生产经销伪劣皮鞋的通知》，点名伪劣鞋类主要产地包括温州在内。当时，很多厂家害怕温州鞋的坏名声影响自己产品销售，不敢打"温州制造"牌子，纷纷与上海等大城市的企业联营，鞋盒上印着上海产的标签。

对此，温州市政府深为震动，下决心进行整顿清理，制定《鞋类质量整顿验收细则》，对市区所有皮鞋厂逐家整顿验收，严格生产条件，严禁生产"三无"（无厂名、无商标、无厂址）皮鞋。为了重塑温州皮鞋的声誉，成立了温州鞋业协会，在授牌仪式上，

370多位鞋厂厂长发出倡议:"凡我鞋业同人,都要以鞋城声誉为重,讲究皮鞋质量,不赚昧心钱。"此后举办了鞋文化节、鞋类大奖赛、评选鞋类产品"信得过"企业等活动。50多家皮鞋厂陆续投资技改,装备70条流水线。1990年起,鞋类质量有显著提高。长城鞋业郑秀康用120万元买了温州制鞋史上第一条绷帮流水线,为温州机械化制鞋开了先河。经过整顿技改,据鹿城鞋类质检站检测结果,温州皮鞋剥离强度合格率从1989年的28%提高到1993年的96.26%;14项指标全性能合格率,也由1991年的14.29%上升到1993年的74.41%。1990年,全国鞋帽商品展销会上,从各地参展的150多家鞋厂产品中评出12个一等奖,鹿城区得了4个。1993年9月,国家技术监督局、中国质量检验协会等单位举办的首届"中国鞋业大王"评选中,鹿城长城鞋业有限公司(现康奈集团有限公司)被列为十大"中国鞋业大王"之一;霸力皮鞋厂获"创新鞋王"称号。温州皮鞋重振声誉,继之国家级鞋类质量监督检测中心在温州落户。

20世纪90年代以后,温州鞋业生产规模由小到大,1994年,年产值1000万元以上鞋类企业有7家。生产方式逐步摆脱手工制作,引进了机械化生产流水线,产品档次从中低档向高档发展,涌现出康奈、吉尔达、浙霸等一批名牌。行业分工逐步细化,专业化生产进一步发展,鞋底、鞋帮、内底、鞋跟、鞋饰等部件和工序都有专业厂(户)生产或加工,鹿城区鞋料生产厂发展到100多家。在市区河通桥、隔离岸形成两个鞋料专业市场。壬子巷、全坊巷一带鞋盒市场,年销售鞋盒5000多万个。20来家鞋样设计、鞋业信息等服务单位应运而生。全市形成了以制鞋为中心、产供销一条龙、配套齐全的鞋革行业体系。

1993年,温州市委、市政府提出了"二次创业"发展战略,并制定了具体的战略目标"358质量工程",接着颁布了《温州市质量立市实施办法》。温州的制鞋企业为了提高产品质量,坚决打响自己的品牌,不惜投入巨资,从国内外引进先进生产流水线和成套设备,聘请国外工艺师到现场培训指导,让员工熟悉机器性能,掌握操作技术,在企业内部进行严格的质量管理。截至1998年年底,温州鞋革业从业人员达35万人,年产皮鞋4亿双,产值达200亿元,实现利税15亿元,出口交货值48亿元,年产值超过亿元企业15家,并组建了12家集团公司。由轻工业部、中国皮革工业协会授予的"十大中国鞋王"中,温州的康奈、奥康、吉尔达三个名牌榜上有名,东艺、红蜻蜓、杰豪、兽霸等多种皮鞋获"国家免检产品"称号,令全国同行刮目相看。

随着温州鞋业的壮大和发展,全国各地相继建立温州鞋城和温州人鞋业协会。一些骨干企业采用网络连销经营和地区总代理、总经销的经营方式。名牌产品如长城(康奈)、奥康、红蜻蜓、吉尔达、东艺、惠特等温州鞋龙头企业专卖店在全国遍设。在巩固、发展国内市场的同时,温州鞋业努力开拓国际市场。1995年以后,多次组团参加国外鞋类博览会和展览会,直接参与国际市场竞争。一些企业产品出口东南亚、欧美、俄罗斯、非洲等国家和地区,并在欧洲设有专卖店。

20世纪80年代中后期,温州的皮鞋店集中于府前街、广场路、五马街、道前桥等处。以后随着信河街鞋革贸易中心和人民路商业大厦建成开业,逐渐汇集于来福门、人民西路一带,成为温州鞋革批发的专业市场。后来,邻近鞋革贸易中心又兴建起了温州鞋城,以批发高、中档皮鞋为主,也兼零售。1995年5月30日,温州鞋市场从来福门迁往黄龙商贸城,改变了过去场面狭窄、门面破旧、占道经营、交通制约等诸多不利因素,为温州鞋都创造了良好的经营环境。

温州鞋业蓬勃发展，促成了与之相配套的鞋附属行业向专业化发展。鞋机、鞋楦、鞋底、鞋饰、内衬、鞋样设计等都有专业生产、加工场（厂），使温州鞋业形成了全国首屈一指的配套体系，形成了乐清白石鞋底生产基地、永嘉黄田鞋饰生产基地、市区河通桥鞋料市场，一切鞋类用料应有尽有。1999年10月，中国鞋都产业园在鹿城区双屿镇破土动工，总投资40亿元，占地面积9000多亩，分3期建设，中国鞋都的产业载体开始形成。另外，还有瑞安莘塍休闲鞋基地占地500亩、瓯海经济开发区占地600亩、永嘉东瓯工业园区占地2500亩、苍南鞋革工业园区占地200亩。鞋类生产基地建设态势良好，园区体系形成模块化。

到2000年年底，行业产值达283亿元，年产值超过亿元的鞋革企业已有20多家，创利税20多亿元，出口交货值达58亿元，产量占全国的1/4，产品销往135个国家和地区。同时，温州鞋革业完善了专业协作的配套体系，培育了高度集聚的鞋革品牌群体，构筑了四通八达的市场营销网络，着力打响了温州鞋业区域品牌。2001年9月12日，中国轻工业联合会和中国皮革工业协会联合命名温州为"中国鞋都"。2001年10月温州市建成了全国唯一的鞋文化博物馆，收藏鞋文化实物2600件，开展鞋文化研究、交流和文化旅游。

到2002年，全市皮鞋制造企业有3000余家，拥有国内外先进制鞋流水线1800多条，制鞋技术装备、工艺水平、产品质量均居国内领先水平。

温州皮鞋在打响区域名牌的基础上，实施"走出去"的扩张战略，纷纷在中西部建设生产基地，采取收购意大利制鞋企业或与世界名牌合作的形式，形成了内外经营齐驱并驾，大步迈向世界的良好经营格局。至2008年年底，温州制鞋行业拥有"中国真皮标志"企业175家共200个品牌，占全国同行半壁江山；全行业拥有中国出口名牌3个、中国名牌产品7个、中国驰名商标152个。2008年12月，"温州（国际）鞋都"获浙江区域名牌，2008年全行业完成工业总产值652亿元，入库税收12.97亿元；外贸出口额达27.5676亿美元，鞋类出口数量达5.28亿双。

二 原料结构变化及主要品种

（一）皮鞋原料结构的发展变化

皮鞋原料分面料和辅料，早期面料以黄牛皮为主，兼用羊皮。20世纪60年代中期，猪皮革在鞋面上大量投入，进入70年代以后，面料从单一的正面革发展为牛、猪修饰革、绒面革、软面革、二层修饰革和猪细粒面革等天然皮革。近年来，还采用合成革、人造革及进口高档牛皮革等。1949年以前，皮鞋底用牛皮底革，以黄牛皮为主。较流行的有东南亚进口的"红牛皮"底革和从美国进口的"花旗皮"底革，此外，有纯橡胶底，即"熟皮底"。20世纪50年代后，以橡胶底为主；70年代后期以后，又出现了各种新型底革，如轻胶底、仿皮底、牛筋底、聚氨酯底及各种橡胶底材。

（二）主要品种

线缝皮鞋是传统产品。20世纪50年代是单一色的线缝皮鞋。60年代初到70年代末，模压、硫化皮鞋逐渐替代了线缝皮鞋，随后的几年，随着人们消费结构的变化，胶粘皮鞋已占优势，到1992年，占全省皮鞋总产量的92.16%。注塑皮鞋生产量较小，后又被淘汰，不作计量。浙江皮鞋20年代时就有小圆头、接包尖头、各式马靴、军用鞋、各式高跟、中跟、镶花、编结、拼色、网眼等几十个品种，上百个花色。

至今，全省皮鞋品种已达1000余种，面料可分为自然革（包括牛、猪、羊皮和用于其他镶拼接的蛇皮等杂皮）和各类人造仿皮革，式样具有三大类，即各式男女大众皮鞋、时装皮鞋和职业皮鞋。

三 生产装备

20世纪50年代初期，皮鞋业设备简陋，工艺落后。除制帮用脚踏缝纫机外，其他全用剪子、刀子、锤子、锥子等工具。随着生产组织形式和所有制的改变，皮鞋生产厂家扩大了生产规模，改进、增加了生产设备。1958年，杭州皮鞋厂自制抛光机成功；1958年到1960年又从上海购入片皮机、外线机，并由脚踏缝纫机改为电动缝纫机。60年代后期，制鞋业采用了粘胶工艺，增加了截断机、下料机，机械装备程度明显提高。70年代后，皮鞋行业一直处于半机械化状况，大部分企业仍沿袭传统的手工钳帮。主要皮鞋机械为剪裁机、高速平缝机、裁料机、钉跟机、绷楦机、高速压合机、包跟成型机和片皮机等。1984年，嵊县旅游鞋总厂从日本引进电铸模设备，同年9月，从德国引进PU鞋底成型机，形成了模具加工到聚氨脂鞋底一次成型的生产线。1985年，杭州皮鞋厂研制成功合成仿外底革工艺及设备（合成橡胶仿底革），获轻工业部科技成果三等奖，1986年从意大利引进双色注塑机。同年，温州第一皮鞋厂引进意大利14工位PVC双色注塑皮鞋生产线。1987年，温州海鸥运动鞋厂从联邦德国引进18工位双色聚氨脂大底注塑设备生产线，生产各类真皮运动鞋。1988年，杭州制鞋总厂、中国银行和意大利坦丁公司合资成立特丽雅鞋业公司，引进意大利制鞋生产线4条共270台（套）共74种制鞋专用设备，成为浙江第一家规模最大、设备最先进、生产控制电脑化的鞋类制造厂。1989年，浙江桐乡青石足佳集团公司与意大利英百达公司创办中外合资门蒙特佳鞋业有限公司，其技术装备达到国际先进水平。从80年代开始到90年代初，全省仅二轻系统皮鞋企业引进皮鞋生产关键设备147台（套）。从70年代末到90年代初，全省用于皮鞋行业的技术改造总投资达3107万元。

四 生产工艺

早期皮鞋制作全凭手工。随着机械化程度的提高和新型程度材料、工艺的采用，部分工序实现机械化生产，工艺发生很大变化。一是线缝工艺：为传统制鞋工艺，用钉子和线沿木楦（模型）缝接鞋帮和鞋底，工艺要求高。线缝皮鞋以主跟、包头、锥帮、起沿条、复庄、行圆头、钉后跟等工序为主，手工制作，工序繁多，体力消耗大，工效低。20世纪50年代，全省均是单一色的线缝皮鞋。到1992年，经过多次改革，线缝皮鞋仅占全省总产量的8.7%。目前，除浙江行风鞋业公司生产的军警特种鞋仍保留线缝的风格外，其他企业极少生产。二是硫化和模压工艺：始于20世纪60年代后期，其主要特点在铸底的同时放上鞋帮，在铝楦的支撑下，用高温粘合一次定型。硫化、模压皮鞋工艺简单，工效高，穿着轻便，有绝缘性能。但由于铝楦底摸制作困难、时间长，以至产品品种变化缓慢；再则，在高温模压过程中，鞋面革会受损，产品不太受欢迎。因此，这项工艺于70年代末逐渐被淘汰。三是胶粘工艺：始于20世纪60年代，普及在70年代，是皮鞋生产的主要工艺，采用黏合剂，直接将鞋面和底粘合成型，不需缝线及粘条，胶粘工艺较线缝工艺简单，且工效高，更换品种快。70年代后期，各主要皮鞋厂已配有高速压合机、修底机、装跟机的粘胶生产流水线，工艺更趋完善，是当今生产皮鞋的主要工艺。四是注塑工艺：主要生产注塑旅游鞋，其鞋面配以人造革。

第五节　皮件

一　发展概况

（一）全省皮件产业发展概况

浙江皮件业分日用皮件和工业皮件。从清中叶开始，产品多是木箱外包皮革，清光绪二年（1876年），温州的皮革制品按"洋货"仿制，所产皮箱销往南洋。清末民初，板皮箱店（作坊）约有56家。在民国十八年（1929年）西湖博览会上，衢县博顺昌皮箱获优等奖，杭州太旭皮箱、升昌皮件获一等奖，日新公司皮箱皮件获二等奖。此后还增加不同规格的软皮箱。至1949年4月，全省皮件业的店（作坊）有96家，品种有板皮箱、软硬盖皮箱、手套、电工皮带、枪套、工具套、文书包、手提袋、鞍具及少量的皮夹克衫和票夹。20世纪50年代，除日用皮件业外，又有了体育皮件、机用皮件的专业店（作坊）开设。机用皮件有皮碗、皮仁、皮结、轮带革等，多为麻纺、棉纺、丝织厂配套产品；体育皮件有蓝球、排球、足球；日用皮件仍为皮箱、皮夹克、手套、票夹等。此时，皮件业虽有扩展，但由于市场未趋稳定，业务亦甚清淡。50年代中期，全行业实行手工业合作化和公私合营。温州1956年有私营皮件店7家，率先成立皮件合作社。翌年，杭州日新皮件厂和杭州皮件合作工厂合并，建立浙江省皮件行业首家地方国营日新皮件厂（今杭州皮件厂）。60年代初，皮件业几经合并，生产规模有所扩大，但因原料受限，民用革供应减少，生产发展缓慢。60年代末，行业归口调整，专一皮件自然行业开始形成。此时，二轻系统内12家全民、集体所有制企业，生产的皮夹克、劳工手套、车缝手套、箱包袋等产品开始出口。进入70年代后，随着人民生活水平的提高和外贸业务的拓展，以及新型面料的增加，皮件业发展很快，到1980年已发展到海宁、绍兴、余杭、平湖等48家皮件厂。经过"六五""七五"期间对主要皮件企业的技术改造，产品结构已从单一低档的劳保手套、皮（帆布）箱、包等向高档化、系列化发展，到目前，革皮服装、日用手套、箱包等主导产品已形成一定的规模，一大批名、优、新、特制品在国内外市场享有声誉，产品60%以上出口。其中，革皮服装的产量一直居全国第一。同时企业在管理上已有很大的进步。1989年，海宁皮件厂被评为国家二级企业，相继有8家企业被评为省级先进企业。全省革皮服装产量1972年为1.10万件、1978年为2.13万件、1983年为8.49万件、1985年为58.97万件、1988年为147万件、1990年为476万件、1991年为427万件。1992年，全省皮革工业共生产皮革服装1195.27万件、革皮箱包385.8万只、革皮手套965.7万副。其中，全省二轻系统皮件企业已发展到80家，有职工10680人，年生产革皮服装65.92万件，其中出口40.75万件；革皮箱包360.74万只，其中出口304.84万只；皮制日用、车缝手套74.32万双，皮票夹41.32万打。改革开放后，乡镇皮件业兴起，发展很快。到1992年，杭州的"兽王"和海宁的"雪豹"成为全国有名望的皮件生产企业。据乡镇企业局统计：1992年具有一定基础和规模的大小乡镇皮件企业480

余家、近3万名职工,全年生产各种革皮服装1187万件,产品以内销为主。1988年后,二轻系统外企业(含乡镇民政畜产)参加全行业产品质量评比,获得省优质称号的有绍兴县箱包厂的"七色花"牌INC系列牛津软箱、桐庐皮革总厂的"海豚"牌绵夹花腈棉女夹克、海宁民政制革皮件厂的"雪豹"牌山羊皮夹克和杭州畜产品厂的狗毛翻毛大衣等4种产品。浙江的皮件业已成为皮革工业的一大支柱。1992年全省二轻系统皮件工业总产值达5.113亿元,占全行业工业总产值的38.23%。

(二)主要皮件产业基地产业发展概况

目前,浙江省皮件(含皮衣、箱包、皮沙发、皮手套和皮票夹等)主要集中在海宁、瑞安市、平湖市、东阳市等地。其中三个市被授予特色区域称号,分别为"产业升级——中国旅行箱包之都·平湖"、"产业升级——中国箱包名城·瑞安"和"中国箱包产业基地·东阳"。

第一,海宁的皮革制品业始见于民国十五年(1926年)。1979年以后,海宁皮革制品业发展迅速。1980年,海宁皮件厂改称"浙江省海宁皮件厂",几年后即发展成为闻名于国内外的专业皮件生产企业。20世纪80年代,由于皮革服装风行全国,海宁凭借盛产皮革以及其加工技术力量强的优势,因而兴办皮革制品企业风起云涌,仅周王庙镇一地,大小皮件厂最多时逾40家。到1990年,全市皮件厂有98家,完成工业总产值21878万元。2001年以后,海宁的皮革制品业从量的扩张向质的提高转变。其内涵为:加强技术改造,优化产品结构,提升产品档次,开发适销对路的新产品,延伸产业链,拓展发展空间,提高品牌效益,增强国内外市场的竞争能力,实现第二次创业。到2007年,全市共有皮革制品企业963家,其中年销售收入500万元以上的规模生产企业111家,占企业总数的11.6%,注册经营资本总额为21.9050亿元,职工人数为29749人,年末固定资产达9.4579亿元,全年产品销售收入为85.3555亿元,交纳税金1.0890亿元,91家企业获得利润2.4407亿元,20家企业亏损2889万元。

第二,箱包产业是瑞安市工业经济的六大块状产业集群之一,产业历史悠久,在改革开放以后,取得了长足的发展。目前,全市有各类箱包生产企业190多家,其中规模以上企业有80多家,年产值超5000万企业8家,年产值超亿元企业5家,据不完全统计,2009年,瑞安市箱包行业的工业总产值达22.15亿元。产业集聚明显,大部分企业集中在仙降镇为中心的5公里范围。产品品种众多,可分为ABS类、PP类、PC类、帆布类和皮革类(包括人造革、布皮结合)等五大类,主要有拉杆箱、旅游箱(大衣箱)、拉杆书包、电脑包等几十个系列产品,产品远销美国、西欧、东南亚等国家和地区。

第三,箱包产业是平湖市三大特色传统产业之一,平湖箱包产业走过了一条由内销到外销、由小到大的发展之路。20世纪80年代,平湖箱包依托上海国有大企业和一些外贸公司的紧密合作,奠定了平湖箱包产业基础好、成长快、国内国外知名度高的基础。

近年来,平湖箱包企业注重国内、国外两个市场同步发展,坚持内贸外贸一起抓,积极施行科技战略、品牌战略、人才战略,使箱包产业得以持续快速发展。2009年,全市拥有箱包制造及面料、拉杆、制线、织带、钢丝、钢架、印花、注塑、夹板、拉链、脚轮等箱包配件配套生产企业和箱包销售企业500多家,有从业人员4万余人,年生产和销售各类箱包、袋1.25亿个,年创产值50多亿元,产品产量约占全国总量的1.1%,全市箱包行业直接出口1.86亿美元,约占我国箱包出口总量的1.4%。同时,在产品质量上有了新的飞跃，产业集群优势培育了一些知名企业和自主品牌，新秀、爱美德、南桥、四通、银座、中村等一些国内知名品牌企业迅速成长。

二 主要品种

早期皮件产品有工农业用皮轴、皮圈、皮碗、皮垫、皮结等，军工用枪刀套、子弹袋等，生活用箱包、皮裤带、票夹等。1949年后，生活用皮件产品占主要地位，军需产品已由军工企业生产，为工农业生产服务的配件产品已大量减少，有些已被橡胶、塑料材料替代。

皮件主要品种有牛、猪革软硬盖箱，人造革箱、压模箱，拉杆箱，羊、猪革各式上衣、大衣、裙、裤以及镶拼式高档时装，皮制、尼龙、TC布等各式车缝手套和猪皮头层、二层革劳工手套，各式皮革类、人造革、帆布等提、挎、背软硬包袋，各种沙发皮坐垫和日用小商品类的皮票夹、照相机壳、皮裤带、表带，劳保用品有安全带、皮护膝、皮拖鞋、皮帽、沙发套和座垫套等。

三 生产装备

皮件早期生产全系手工缝制。20世纪20年代后，除缝纫机外，其余工具仍是钳子、尺、榔头、刷子等。1966年皮件专业化生产后，缝纫设备和专用机器逐渐添置。70年代后，机械化程度提高较快，系统内拥有除缝纫机以外的皮件生产专用设备560台（套），包括下料机、切料机、电剪、拉毛机、轧平机、调直机、缝纫设备、模压箱机、烫纱带机等；专用缝纫设备则有万能、五线等缝纫设备1451台（套）。1983年，海宁皮件厂率先从日本引进专用缝纫设备，继后又从联邦德国引进117台（套）缝纫机、皮衣整烫流水线；1986年，杭州皮件厂皮衣缝制采用进口流水生产线；1989年，嘉兴航空箱包厂引进国外航空箱生产线；同年，温州皮件厂引进国外生产线与中国香港合资建立达得利箱包皮革股份有限公司，生产ABS旅行箱，成为具有国际水平生产ABS箱的专业厂家。到1992年，全省二轻系统皮件企业已拥有日本、联邦德国、中国香港等进口皮件生产专用设备1822台（套）。除皮件专用缝纫设备外，还引进电脑修花机、电脑放样机、皮件整烫机、整烫流水线等各类专用设备226台（套），引进日本、联邦德国牛筋旅行箱、ABS箱、包袋等生产线及其他专用设备145台（套），从80年代始到90年代初，全省用于皮件行业技改总投资达5772万元。

目前，CAD/CAM技术已在皮件企业中大面积应用，制成品的加工水平有了质的改变，服装CAD设计系统及绘图机、读图仪、切割机，不仅进一步保证了放码、打样的准确快捷，而且能通过计算机网络与国际最新设计信息同步接轨。

四 生产工艺

皮革服装制作过程包括制图设计、制作样板和小样制作（小样修改）、理皮搭配、下料（划料）、缝制、整烫、进行吸湿或去湿处理（有条件设置除湿房、配置去湿机）（含水量小于8%—15%），成品包装（钉吊牌即商标）。整个皮革服装制作过程以设计制作和缝制为关键部分，早期设计采用手工制作，样板制作误差大。20世纪80年代后期，杭州皮件厂最早利用电脑处理制作样板，准确率达100%。此后湖州、长兴、绍兴等皮件厂都具有相关的设计设备，但仍有相当部分的皮件企业采用复样制作，没有专门的技术人员。皮革服装缝制要求很高，针沿平整、缝制挺括、对称一致，在规定针沿内不得误差2—3针。自从引进自动割线缝纫专用设备后，缝制质量有了很大的改进提高。

皮手套制作过程包括制作样板和小样制作，打刀模、理皮、卸料、缝制、整烫、整形去湿处理、包装（钉商标）。皮手套设计一般采用纸板打样，但易变形，现大多采用不易变形的赛璐珞进行设计打样。皮手套的缝制技术大致与皮革服装相同，要求很高，稍不留意就走样变形，特别是缝制手套的歪曲部位，没有一定基础的缝纫技术是难上岗操作的。

包类制作过程包括包类工艺分下料、粘合、清配、缝制等工序，缝制工序又分成缉拉链、缉大面明线、缉背带、缉里布、上牙子、包沿子、后缝包里子等小工艺。

箱类生产工艺一是采用45#缝纫机对特定部位进行缝合，二是对另外一些部位进行手缝。模压箱类的产品，两片大面边缘的塑料条和支撑箱壳的铁口需用专业缝纫机，箱子底上口处，需要上一圈支撑箱壳的铁口，铁口要用布包好，然后用机缉在上口处。装配整理，将箱锁、锁把、箱盖边缘的沿口、箱铁角上的结实、端正、部位准确。目前，旅行箱包等大部采用生产流水线操作，主要设备有裁断机、缝纫机、打钉机等。

第六节　配套产业

一　皮革化工

50年代前，浙江省皮化材料十分落后，鞣革必需的栲胶和红矾钠都依赖进口。1955年温州建立第一个栲胶厂，后新昌也建立了栲胶厂，从此改变了浙江省栲胶生产空白的被动局面。瑞安皮化厂是浙江省最早生产皮化材料的工厂，以生产颜料膏为主，也生产加脂剂、揩光浆、丙烯酸等化工材料，年产量100吨左右；浙江皮革化工厂属于后起之秀，于1980年建厂，主要生产鱼油类加脂剂、鞣制剂及各种复鞣剂；其他如象山皮化厂、普陀化工厂、三门聚氨脂制品厂、宁波皮革化工厂、温州皮革化工厂、衢州助剂厂、杭州东新树脂厂等都生产各种皮化材料，并各具特色。另外还有数十家乡镇小型化工厂，主要产品以加脂剂为主。1980—1982年，浙江皮化厂利用海洋鱼油资源研制丰满鱼油，获1984年度浙江省优秀新产品奖。1983—1984年，浙江普陀皮革化工厂研制亚硫酸化鱼油，是阳离子型皮革加脂剂，乳液具有高稳定性，与皮革结合渗透性能好，不发生破乳现象，用于轻革多工序加脂能赋予成革丰满，是制革行业中比较理想的动物加脂剂，与联邦德国TURPONEZR皮革加脂剂效果基本相同，可替代进口产品，系国内首创，获1986年轻工部科技进步三等奖。1985年，浙江皮化厂研制了鱼油去异味及新型皮革加脂剂、ZHR软革加脂剂，采用去异味鱼油为主要组成，解决了成革有异味的最大难题。鱼油去异味新技术属国内首创，可替代进口加脂剂，获1988年度轻工部科技进步三等奖，并获专利（专利号为87104801.9）。1988—1989年，相继研制成功了芳香型复合服装革加脂剂，获1989年浙江省科技进步四等奖，1990年全国轻工业优秀新产品三等奖。1988—1989年，三门聚氨脂制品厂和成都科技大学联合研制了"SPV—S—200系列水乳液聚氨脂皮革饰剂"，产品成膜性能好、涂层薄、弹性强、耐干湿擦，涂湿效果接近或达到联邦德国拜尔公司PK系列水平，国内领先，获1989年浙江省科技进步四等奖。1978—1989年，由杭州皮革厂、省化工研究院、衢州助剂厂研制了"新颖皮革填充树脂鞣剂、密胺磺酸盐的研究及应用"，产品具有较好的填充性，特别对松面的减少具有显著效果，是性能优良的新型多功能皮化材料，产品系国内首创，获1991年浙江省科技进步三等奖。"七五"期间，为扶植和发展皮革化工企业，提高浙江皮革化工材料档次，充分利用海洋鱼油资源，国家分别对浙江皮革化工厂和普陀皮化厂等技改项目总投资1694万元。

二　皮鞋材料

（一）鞋楦

浙江制楦业始于民国四年（1915年），杭州上城区鼓楼望仙桥一带设立二户制楦作坊（店），当时以手工制作布鞋楦为多。最初是散楦（即三节楦）分前掌、后跟和夹楔。50年代初期，杭州私营制楦户主要自产自销。20世纪70年代初，为了实行国内"四鞋"统一鞋号，1973年，省二轻投资10万在淳安县浪达岭筹办省内第一家鞋楦厂，于1975年6月正式投产，采用MFX—335型粗控机、SJJ014型刻楦机等设备，精刻机制木楦，生产皮鞋木楦、木跟、胶跟等。随着现代科学技术的进步，在制楦、制跟的材料选用方面从惯用的木材中有了新的突破。1981年，建德县鞋楦厂生产出钙塑鞋楦；1984年，淳安制楦厂又研制了全塑楦，这是浙江省制楦、制跟生产材料选用由自然资源向高分子合成材料过渡的一个新的转折点，也是制楦、制跟生产新工艺、新技术的又一发展。自80年代始为适应皮鞋生产发展的需要，相继在庆元、黄岩、湖州、温州、桐乡、宁海、上虞、嵊县等地建立小型鞋楦厂。当时年产各类木楦、塑楦35万双，木跟、塑跟70万双。

（二）底材

20世纪80年代前皮鞋以橡胶底为主。1979年杭州皮鞋厂首次研究成功合成橡胶仿底革，采用仿皮底革表面涂层新工艺，涂层展现了双色皮纹感图案，涂层质量稳定，机械自动作业把干洗自动喷涂、水帘添露静化、凹版转印、上光、远红外蒸汽干燥结合，解决了手工操作和环境污染等问题，产品革纹逼真，色泽光亮度与真皮相仿，使皮鞋合成革底上了一个新的档次，此种底革材料获1979年度浙江省科技进步三等奖、1980年获轻工部科技成果四等奖。1984年，嵊县塑料橡胶制品厂引进德国聚氨脂鞋底成型机和日本电铸模，采用PU弹性体作鞋底材，PU一次性注塑鞋属国内首创。同年，由杭州塑料制品研究所研制橡塑并用牛筋底；1986年，浙江旅游鞋总厂和绍兴聚氨脂塑料厂研制聚氨脂弹性体鞋（底），产品选用国产原料，填补了省内空白。目前，全省大部分皮鞋企业都有生产鞋底材车间或专业分厂，除自行配套外，产品大部分外销各地。1991年曾对杭州皮鞋厂、杭州制鞋总厂、浙江旅游鞋总厂、丽水皮革总厂等12家主要生产皮鞋和底材企业做过调查，全年生产各种鞋底材达300多万双。生产的新型底材品种有数十种，主要以高分子合成材料组成的各种聚氨脂底、LPR底和当时流行的各式擦色橡塑底材。1992年，全省产鞋底300多万双。

三　皮鞋胶粘剂

1961年，杭州大江南皮鞋厂攻克氯丁胶胶粘技术难关，最早研制开发成功胶粘皮鞋。胶粘皮鞋是鞋底和鞋帮不通过线缝及沿条，直接用胶水粘制而成，初始用四氯化碳浸生胶而制成胶水，但这类胶粘剂难操作，质量不过关，继而又以丙酮为溶剂将生胶浸在丙酮里溶为鞋用胶水，但黏结力仍不能满足要求。1964年，杭州皮鞋厂研制成功氯丁胶，此时胶粘皮鞋由小批量生产转为大生产。1980—1982年，杭州大学和萧山鞋厂研究了氯丁胶粘剂非苯低毒溶剂，根据选择分子间引力的观点，采用薄层色谱实验方法，得到了乙酸乙酯、丙酮、汽油和环乙酮等二组氯丁胶粘剂的非苯低毒溶剂，解决了安全生产和环境保护亟待解决的难题，获1982年浙江省优秀科技成果三等奖；1987年，杭州皮鞋厂又研制了867号无芳香烃溶剂的低毒氯丁胶，解决了三苯（苯、甲苯、二甲苯）对环境的污染。20世纪80年代后期从中国台湾先后引进新型鞋用胶粘剂——东宝、南宝、南奇胶，使胶粘皮鞋剥离强度大大提高，符合轻工部行业标准。

四 再生革、明胶

桐乡恒联皮革有限公司（二轻企业）主要生产再生革，利用牛皮边角料，以橡胶为粘合剂，经过打浆、成型、片皮、磨革、压花、喷涂，制成各种新颖、美观、仿真皮革的包袋、票夹、箱子，年产量达30万平方米，产值达700万元，利润达80万元。余姚长江皮革有限公司（乡镇企业）主要生产再生革系列产品，亦称"新纹皮革"，制成箱包袋、票夹和皮带等，年产量30万平方米，产值为1000万元。永康皮革厂曾充分利用猪皮革下脚料，于1980年生产再生内底革，最高年产量达20万平方米，因鞋材对内在质量和档次要求的提高，故目前只能少量生产。

杭州群力化工厂，利用各种边角边料生产明胶，为火柴、木制品等生产配套。20世纪80年代初，该厂又研制成功食用明胶和照相胶片，后又在食品营养剂方面作新的开发和研究，年产量达500吨左右。长兴明胶厂系县制革厂的一个分厂，建于20世纪70年代，同样利用各种皮边生产工业用胶及食品明胶，年产量约200吨。

第七节 主要专业市场

随着浙江省皮革产业的蓬勃发展，各地专业市场逐渐发展壮大起来，全省主要的皮革类专业市场有海宁·中国皮革城、崇福皮毛市场、中国·崇福皮草大世界、余姚中国裘皮城等。

一 海宁·中国皮革城

海宁·中国皮革城创办于1994年，2005年实施异地扩建，是迄今中国规模最大的皮革专业市场，是全国皮革业龙头市场，是全国皮革服装、裘皮服装、皮具箱包、皮毛、皮革的集散中心，也是皮革价格信息、市场行情、流行趋势的发布中心。海宁中国皮革城位于上海、杭州、苏州三大城市中心的节点，紧贴沪杭高速公路，交通便捷，与盐官、乌镇、南北湖等景区相邻，曾先后获得"全国文明市场""浙江省重点市场和浙江省百城万店无假货专业示范市场"等荣誉称号。2005年10月被评为"浙江省五星级文明规范市场"，进入中国商品交易市场竞争力50强名列。2006年被国家旅游局确认为"国家4A级旅游景区"。2009年，海宁·中国皮革城投资建设苏北沭阳海宁皮革城；接着又投资4.5亿元建设东北佟二堡海宁皮革城；开发东方艺墅房产，实现销售房42826.19平方米，销售额达3.43亿元。被评为浙商行业龙头市场，入选央视"60年60品牌"行列。

2009年10月30日，在证监会发审委2009年度第116次会议上，皮革城IPO申请获得通过。2010年1月26日，海宁·中国皮革城股份有限公司正式在深圳证券交易所挂牌上市，股票简称"海宁皮城"，代码：002344，发行股份数量为7000万股，发行价为20元/股，发行后总股本2.8亿股。

海宁·中国皮革城现由皮革服装交易区、裘皮服装交易区、箱包皮具交易区、原辅料市场、鞋业广场、毛皮服饰城以及皮都万豪大酒店、皮革城大厦、美食街、淘皮欢乐嘉年华、休闲文化广场等组成，开设网上交易平台"www.zgpgc.com"。现市场总面积为66万平方米，有经营企业2250多家、从业人员8000余人，高峰时期日客流量达6万人次。

二 崇福皮毛市场

崇福皮毛市场市场位于沪、苏、杭三角黄金地段桐乡市崇福镇，市场建成于2002年3月，2002年9月24日正式开业。2007年被浙江省政府评为"省区域性重点市场"，2008年被浙江省工商局评为"三星级文明规范市场"，连续4年被桐乡市政府评为"优秀服务业企业"和"平安市场"。2006年市场进行了二期扩建，目前市场拥有商铺595间。2009年度市场毛皮交易额达到22.48亿元。

崇福皮毛市场交易区占地面积为54080平方米，共有毛皮交易商铺575个。2008年年底引进原产地毛皮经销公司来崇福皮毛市场直销。市场主要经营者来自东北、河北、山东、新疆、甘肃、宁夏、江苏等毛皮原产地，其中东北三省、河北、山东等五省经营的商铺所占比例在90%以上，形成了一个新居民集聚点，人口近2000。市场主要交易水貂、貉子、蓝狐、白狐、兔皮（毯）、滩羊皮、湖羊皮等国内外各类毛皮及半成品和辅料。外来购货的客商有来自北京、上海、江苏、杭州、湖州、余姚、义乌、嘉兴、海宁等地的各类服装生产厂家。

市场是由桐乡市崇福皮毛市场有限公司（国有控股公司）投资建造的，共分为一区和二区两个区域。目前市场已拥有建筑物30166平方米、其中毛皮商铺575间、商铺20间、仓储24间及生活服务区；停车场多个，面积达近万平方米；修建各种道路20656平方米，绿化带2500平方米，服务设施基本完善。

三 中国·崇福皮草大世界

中国·崇福皮草大世界坐落于桐乡市崇福镇南，市场是国内最大的裘皮成品专业市场、浙江地区四星级文明规范专业市场。市场主营高档裘皮大衣、毛皮类工艺品、玩具、家居用品、羊剪绒汽车坐垫、裘皮服装辅料、品牌皮具箱包等，是集产品展示、成品交易、设计培训、业务洽谈、休闲活动等多种功能为一体的皮草批发零售专业市场。自2005年开业来，市场交易额年均增长在20%以上，2009年更是达到66.7%，年销售额逾50亿元。

四 余姚中国裘皮城

余姚中国裘皮城是国内最大的专业水貂皮服装交易平台，地处浙江省余姚朗霞街道，北邻329国道，项目总投资3.2亿元，建筑面积为10万平方米，由1栋交易主楼与12幢裘皮风情街群楼组成。交易主楼东侧二至五层为酒店与客房服务区；中部一至五层为大客户销售、展示中心；西侧一至二层为水貂皮服装交易的集中商铺，三层为皮革服装交易区，四层为裘皮及服饰、原辅料交易区、五层为市场管理、商务洽谈与多功能展示厅。

第八节 行业管理

一 发展概况

浙江省皮革工业行政管理原属浙江省轻工业厅；1965年划归省手工业局管理；1972年9月，由省轻工、燃化、商业、科技四局统一安排全省"四鞋"（布鞋、胶鞋、皮鞋、塑料鞋）改革工作，成立浙江省四鞋办公室，其管理职能是统一新鞋号的选型、品种设计、质量标准鉴定和审批及会同物价部门统一定价等。1978年2月，浙江省皮革塑料工业公司成立，受浙江省二轻工业局的委托，管理全省皮革、毛皮及其制品工业。其职能：一是编制本行业中、长期的生产、基建、技改、科研规模和年度计划，组织指导各地、市公司贯彻实施；二是进行生产调度、综合平衡、定期和不定期的检查生产计划的执行情况；三是负责行业的合理布局、定点、调整、改组、整顿、指导和参与企业的生产、经营、管理；四是组织行业原辅材料的购销、调拨分配和供应等。

至20世纪80年代初，杭州、宁波、温州三市相继成立皮革塑料工业公司。到1992年年底止，全省各地市二轻工业总公司（局）都设有专人（或部门）负责对皮革行业的管理。

1994年11月30日至12月2日，由浙江省皮革塑料工业公司发起组建的浙江省皮革工业协会，王锡祥同志当选为理事长，李伟娟同志担任浙江省皮革工业协会秘书长，主持秘书处工作并组织协调行业管理工作。协会的成立是浙江省皮革行业发展史上具有里程碑意义的大事，2001年经浙江省民政厅批准更名为"浙江省皮革行业协会"，浙江省皮革工业（行业）协会的成立，有利于加强行业管理，也揭开了浙江省皮革发展新的一页。

二 原辅材料供应变化情况

（一）制革原料供应与管理

浙江省生猪饲养量大，原料皮资源丰富，且开剥猪皮起步早，开剥量居全国领先地位。1967年3月9日，省轻工业厅、商业厅、财政厅联合下文，对猪皮开剥方法、开剥计划、收购办法、货款结算、财政补贴等问题做了具体规定。从20世纪70年代起，省皮塑工业公司对猪皮供应实行统一管理，具体负责猪皮资源的开发、收购、分配、调拨。至此，全省的猪皮开剥和利用猪皮制革纳入了统一领导、统一计划发展的轨道。全省猪皮开剥，1955年为18.7万张，剥皮率仅8.35%；1956—1965年年均剥皮率为22.4%；1966—1975年，由于大力宣传剥皮猪，年均剥皮率上升至40%左右；1976—1980年，由于省政府、各地市政府要求食品部门做到"一猪一皮"，省皮塑公司认真抓猪皮开剥工作，使年均剥皮率达到60%以上，是开剥猪皮量最多的时期。1981—1985年，剥皮率有所下降，年平均为36%。据食品公司统计，自1988年以来，省内猪皮开剥年平均只有160万张左右，仅能满足省内猪皮制革企业生猪皮供应量的20%。为了保证制革企业的生产，省皮塑公司从1989年起，先后6次组织近20家猪皮制革企业赴四川调入100多万张生猪皮,为全省开辟了新的原料收购渠道,同时帮助企业融通资金、发放贷款收购原料,保证了行业生产发展的需要。

(二) 猪皮财政补贴

1966年之前,全国少数开剥猪皮的省市自行对猪皮定价。1966年,全国统一规定猪皮的收购价格,每市斤定为0.45元,皮肉差价为0.30元。省人委决定,从1966年1月1日起,由财政补贴给商业剥皮单位,每开剥一张猪皮补贴3元。1974年5月18日,省财政厅、商业厅、二轻局联合下达关于对各大肉联(冷冻)厂拨交工业鲜猪皮价格和工业收购猪皮补贴的规定:平均收购价仍按每市斤0.45元,皮肉实价的补贴仍由财政部门拨交工业部门,工业收购多少财政补给多少,超收超补。1981年5月28日,省财政厅、省二轻工业厅联合下达试行猪皮定额补贴及有关皮革制品供应问题的通知,对猪皮补贴实行包干制,即按年度制定的收购计划数予以补贴,计划内按实际收购量计算补贴,超计划收购部分财政不予补贴。此外,还对开剥猪皮、猪皮革和腌制皮用盐实行免税,并核定和限定了猪皮熟革和革制品的销售价格。1978—1990年,全省财政用于制革工业猪皮补贴3.42亿元。补贴最少的是1978年,为588万元;最多的是1986年,达3390万元。1990年之后,全国相继取消了猪皮财政补贴。为使企业有一个适应过渡期,省财政决定实行基数包干,确定1991—1993年共拨款900万元,3年后取消补贴,价格实行市场调节。

(三) 猪皮收购管理

1966年之前,猪皮由商业部门收购。1966年1月,全省各地(市)县商业食品部门开剥的猪皮不再经过供销社环节,直接拨交工业企业部门收购。为体现优质优价、分等论价的原则,进一步促进猪皮开剥。1967年,省轻工、财政、商业厅联合下达通知,规定生皮质量分4级计价,确定每市斤甲级皮0.80元、乙级皮0.75元、丙级皮0.45元,不符合丙级标准的作为胶料皮,按等外皮每市斤0.40元处理。还规定猪皮带油不得超过15%,工业予以验收合格方可收购。生猪皮的分配是按照省皮塑公司下达的年度生产计划调拨的,各制革企业的猪皮皮革,也由省皮塑公司在全省范围内平衡分配、调剂余缺。1980年4月,省皮塑公司会同省食品公司在衢州联合召开全省开剥猪皮工作现场会议,交流了收购工作经验。同年受轻工业部委托,由省皮塑公司搜集资料编撰出版了《猪皮成本核算工作手册》。1981年9月轻工业部会同北京科学教育电影制片厂来浙江金华、东阳、海宁等地制革企业拍摄了《多剥猪皮制好革》和《猪皮制革好》两部彩色科教影片。同年10月23日,由省二轻工业厅拨款1万元试验费在江山、金华等地试验推广腌腿猪剥皮新工艺,60多万只金华火腿取皮70%,做到制革、腌腿两不误。

(四) 其他原皮及辅料供应和管理

牛皮是制革的主要原料之一。1949年全省牛存栏数为86.1万头。从1951年至1990年的近40年中,全省收购牛皮302.53万张,平均每年收购7.56万张,占年平均存栏数的8.40%。为了合理使用有限的牛皮,国家对牛皮实行统一管理、统一收购,按照"一军、二工、三民"的原则,统一调配,供给民用的牛皮数量很少。1978年,省供销社土畜产品进出口公司收购牛皮26万张,分配给皮革工业仅4.84万张。为此,全省制革企业生产所需牛皮原料,主要靠轻工部调拨进口加工牛蓝湿皮。从1978年至1992年,全省共生产牛皮革535.6万张(轻工系统内),省内牛皮收购量80.19万张,仅占全省牛皮革生产量的15%。浙江羊皮资源比较丰富,1949年年末存栏100万头,其中绵羊60万头、山羊40万头。由于政府大力提倡养羊，采取一系列保护政策和鼓励措施，使养羊业得到迅速发展。到1959年年末，存栏数已达203万头，以后逐年增长，到1980年发展到324万头，其中绵羊224万头、山羊100万头。浙江的羊皮制革能力很大，主要生产厂家有湖州南浔德泰顺制革厂和海宁制革厂。虽然省内资源得到了充分利用，但仍满足不了生产所需，仅1980年就羊皮革生产472.62万张，其中有148.62万张是从河南等地调入的。1978—1992年共生产羊皮革（轻工系统内）4738.63万张，平均每年生产315.9万张，其中省内羊皮资源共3384.49万张，平均每年收购241.74万张。近5年，省皮塑公司为企业组织计划外各种皮革180多万平方米，化工原料3580吨。

第九节 2009年行业基本情况

一 经济数据

据浙江省统计局统计数据显示，浙江省皮革行业2009年年底有规模以上企业2174家，比上年增加88家，1—12月份完成工业总产值1071.77亿元，比去年同期上升0.44%（其中1—6月份完成工业总产值437.4亿元，比去年同期下降7.99%）；实现销售收入1046.29亿元，同比上升0.29%；出口交货值为505.90亿元，同比下降6.32%（上半年出口交货值215.37亿元，同比下降12.12%）；完成利税72.10亿元，同比上升7.89%（其中上半年完成利税24.51亿元；同比下降9.25%）；利润40.13亿元，同比增加14.15%（上半年利润12.09亿元；同比下降15.93%）；新产品值174.12亿元，同比增长21.98%。主要品种完成鞋靴9.34亿双、皮革服装2100多万件（其中天然毛皮服装80万件）、手提包袋1.4亿个、鞣制毛皮（折羊皮）173万多张、轻革1.53亿平方米。

二 主要经济指标

2009年全行业经济运行呈现下滑早、跌得深、回升快、增长实的特点。全行业从2008年下半年起受国际金融危机、贸易壁垒和国内原材料价格、人力资源等因素影响，到四季度已出现产销和经济效益全面下滑。从2009年上半年经济运行情况调查看，全行业工业总产值同比跌幅达7.99%，主要经济指标出现了较大面积的下滑，这种状况在2008年初大雪灾时期也未曾如此严重。皮革制品多为市场需求的刚性产品，到3月底，首先是箱包飘红，到5—6月份鞋靴类产品同比增长6.7%，革皮服装增长4.3%，箱包袋增长10.8%，各项主要经济指标跌幅明显收窄。到12月底主要产品中轻革产量为15331.17万平方米；皮革鞋靴产量为91500万双；皮革服装产量为2158.41万件；天然皮革制手提包产量为14208万个，而且全年新产品产值达到174.12亿元，占全行业生产总值的16.25%，比上年增加21.98%；2009年全行业实现利润40.13亿元，比上年增长14.15%，实现两位数的增长，行业经济发展趋于回暖，实现"V"形反转。

三 行业状况特点分析

与全国同行业经济走势相比较，浙江省皮革行业不论下滑还是回升的速度，都明显高于全国平均水平。大幅震荡主要有3方面原因。

一是国际因素加大，出口依存度高。浙江皮革出口依存度高达55%之多，而且以一般出口贸易为主。因出口依存度、净出口依存度均明显高于全国同行平均水平，出口受冲击对经济增长的影响明显大于全国。2009年1—9月浙江净出口同比减少12.91亿美元，相当于同期浙江皮革工业生产总值的9.86%。

二是受国内宏观经济影响大。这两年来，我国CPI指数持续震荡，加上劳动率成本的不断提升。国家经济进入一个新的调整周期，对浙江皮革经济产生了显著影响，特别体现在制革企业经济效益上。从重点企业调查数据上看，最近两年企业的利润持续下滑。

三是经济结构"抗震能力"较弱。经济要素的结构、以中小民营企业为主体的企业结构与以劳动密集型加工业为主体的产业结构，表明我们经济结构"抗震能力"较弱。

2009年二季度以后经济的稳步回升也包含3方面原因：一是下半年以后世界经济复苏，外贸出口环比上升，同比降幅缩小，对经济增长产生积极作用；二是以中小民营企业为主的企业结构"抗震性弱"，但一有机会，机制灵活、反应快的特征也体现出来，有利于经济回升；三是国家扶持中小企业宏观政策作用的体现，特别是出口退税的相继到位，对外贸出口企业起到了积极的支撑作用。

第十二章 安徽省

第一节 历史沿革

一 新中国成立前概况

据《史记·货殖列传》记载，合肥地区在汉代即有皮革生产，并成为皮革集散之地。清末，安徽制革业仍沿用古代的烟熏制革工艺，安庆、芜湖已有奚、陶、姚姓等皮坊，所产革制品有仿布鞋式样的皮鞋及皮底钉靴等。民国年间，安徽省内各地皮坊店铺陆续开办遂成行业。民国四年（1915年），安庆的胡宝顺与浙江的"朱记"合伙在城内开设制革作坊，合肥人杨子波赴芜湖九莲塘61号开设了"杨裕兴"皮坊。民国十六年（1927年），芜湖已有皮坊16户，并由崔海鹏为首独自组成皮革业公所。20世纪30年代，芜湖、合肥、蚌埠三地各类皮坊店铺达100多家，从业者数百人，其中蚌埠皮鞋、皮箱十分畅销。民国二十四年（1935年），芜湖市"华侨""魁隆斋"等皮鞋店已享盛名；合肥市皮革业多达70余户，所产栲胶皮及狗皮夹里、公文包等制品，部分销往上海、江苏等地。1949年，芜湖、蚌埠两市仍有112家皮店、坊继续开业，其中芜湖市皮革业的从业者有240多人，蚌埠市的皮革业年总产值为10万元。

二 新中国成立后30年

新中国成立以后，安徽省皮革工业逐步得到恢复和发展。最初，由个体户独资或联营恢复生产。1953年，合肥市皮革业共有店坊53户、从业者150多人，年产值达19.5万元；芜湖市有制革商黄松泉等40户合股开办的光明制革厂；蚌埠市和芜湖市各组成1个皮鞋生产合作社。1954年，芜湖市以光明制革厂为基础，建成全省首家制革企业——永久制革厂；合肥等地的制革业也陆续走向合作化。1956年，合肥市皮革生产合作社与上海内迁的4家同业厂合并建成合肥制革厂；芜湖市华侨皮鞋厂也组建成立。同年，省工业厅主持召开了全省首次皮革专业会议，贯彻全国皮革会议精神，从商业部门接管熟革的经营，具体业务由该厅轻工业局兼办。1957年，安徽全省已有皮革工业厂（社）56家，其中工业系统5家，民政、公安系统2家，手工业系统49家，产品约有30%—40%销往外省。

1958年，安徽省皮革工业企业激增至105个，职工人数达3940人，年产皮鞋44.9万双（含出口22.8万双），制革投皮总量（折合牛皮，下同）46.9万张，创工业产值2167万元。1959—1960年，省轻工业厅组织推广猪皮制革，省内皮革工业迅速发展。到1960年，全省皮革工业企业调整至55家，职工总数增到5406人，年产皮鞋96.9万双（含出口36.2万双），制革投皮量46.8万张，创工业产值6503万元。但随后因国家遭受自然灾害与实行国民经济全面调整，安徽省的皮革工业生产逐年锐减。到1963年，全省皮革工业企业已减至21家，有职工2614人，皮鞋产量为55.77万双（含出口11.86万双），制革投皮量减至8.51万张，年创工业产值仅1253万元。

从1964年起，全省制革厂、皮鞋厂一度改由省皮革工业公司直接管理。1965年，皮革行业归口，皮革工业公司改属省手工业管理局。自此，全省进一步推广猪皮开剥与猪革生产新工艺，改变了产品的原材料结构，使皮革工业趋向稳定发展。1966年，全省制革的投皮量回升至26万张；同年，芜湖华侨皮鞋厂继开发胶粘皮鞋后，投产硫化底皮鞋。次年，省内有6家企业相继生产出口猪皮手套。1968年，芜湖、合肥制革厂生产黄牛修面革取得成功。1972年，合肥制革厂率先研制成功制革酶脱毛新工艺，并很快在全省推广。次年，已经撤销5年的省皮革工业公司恢复成立，当年全省制革投皮量达58.87万张，皮鞋产量增至85.17万双。同年，蚌埠新光皮件服装厂首次承接生产出口山羊皮服装，芜湖市永久制革厂等开始采用重革快速鞣制等新工艺。1976年，安徽省制革投皮量57.29万张，皮鞋产量连续第三年突破百万双大关，实际产量达153.13万双。但当时全省皮革行业机械化水平较低，一般厂的机械化水平仅达到28%—35%，最高水平也只有45%，制革所需化工材料的90%依靠外省供应。此后，安徽省皮革工业进行了一些技术改造。1978年，全省皮革工业企业共75家，职工增至7800余人，年创工业产值为5600万元，已接近1960年的水平，皮鞋产量增至197.95万双。是年省内产品结构发生了较大变化，其中，出口商品除皮鞋外，新增皮褥子12.06万条、裘皮大衣1.16万件，出口皮衣增至0.53万件、箱子增至8.4万只，日用与工作手套增至16.87万余打。

三 改革开放30年

20世纪80年代前期，安徽皮革工业加速技术改造，生产得到了较快发展。1980年，全省皮革行业基建、技术改造共完成投资747万元，当年工业产值增至9628万元，出口产品产值达2000万元以上。1981年，全行业扩建改造投资额增至1507万元，制革能力由145万张迅增至245万张，成革合格率达100%，皮鞋、皮裤带等制品合格率也提高到99.3%。合肥皮鞋厂与省国际信托投资服务公司合营进行扩建，使其年皮鞋生产能力由10万双提高到30万双；安庆市皮革厂也接受市石油化工厂提供有偿投资219万元进行扩建改造。1981年年底，全省有皮革企业82家、职工14316人。1985年，皮革产量达118.89万张，皮鞋产量达400.61万双，创工业产值11113万元，首次突破亿元大关。1985年，芜湖市华侨皮鞋厂、蚌埠皮革厂各投资300余万元，从西欧分别引进制鞋、制箱设备，新增皮鞋68万双、衣箱12万只的年生产能力。1985年年末，安徽全省轻工系统皮革工业，共有企业97家（占全省皮革工业企业数196家的49%）。职工14984人（其中工程技术人员169人），建筑面积336551平方米，固定资产（原值）5945万元；1985年产皮革104.9万张、皮鞋340.6万双（其中出口30.4万双），完成工业总产值14488万元（为全省皮革工业产值17856万元的81%），实现利税2054万元（占全省皮革工业利税总额2408万元的85.30%），出口创汇583万美元，出口的皮鞋、皮件品种10多个。到1985年，全行业历年累计已出口皮鞋250万双、羊皮服装20万件、劳保手套110万打、衣箱62万只、皮裤带26万条、各种包12万只、裘皮衣3.2万件、日用手套1.5

万打。1990年，安徽省有皮革、毛皮及制品企业100家，完成工业总产值29028万元。1995年，安徽省有皮革、毛皮及制品企业71家，完成工业总产值69422万元。2000年，安徽省有皮革、毛皮及制品企业24家，完成工业总产值32782万元。

2000年后，安徽以其丰富劳动力的优势，成为沿海省份皮革产业转移的承接地，许多地方加大招商引资力度，部分在沿海皮革企业的打工者返乡创业，带动了安徽皮革业的发展。

进入21世纪后，安徽省箱包皮具业发展迅猛，企业规模与产业不断增强，实力得到极大提高。目前，整个行业初步形成了以合肥、六安、芜湖、宿州、滁州、安庆、宣城等为代表的几大箱包鞋业产业聚集群，涉及箱包鞋业产业链的材料供应厂家、缝纫机械厂家、生产加工厂家和产品营销厂家近1000家。随着沿海省份箱包业的转移，安徽已发展成为华东较大的箱包鞋业生产销售出口大省之一，产品出口到美国、欧盟、俄罗斯、中东、韩国、非洲等国家和地区。

随着制鞋业向内陆省份的转移，安徽宿州市适时抓住机遇，大力承接鞋业企业的转移。2010年年初，宿州市将具备产业集聚效应的制鞋业列为重要的主导产业，全力打造制鞋产业。百丽、康奈、东艺、意尔康、鸿星尔克等一批行业领军企业已相继落户宿州。

第二节 制革

一 沿革

（一）新中国成立前

民国年间，安徽合肥等地制革工艺始由烟熏制革逐步转为栲胶制革，当时年产仅五六千张。20世纪30年代末，蚌埠有皮坊70余户；皖南地区年产黄、水牛皮1.5万张，黄狼皮、兔皮等共7.8万张。民国三十四年（1945年），芜湖有皮坊40户，合肥有皮坊20多户，其中"赵余兴皮坊"等户牛皮革年产量都在350张以上，产品不仅有烟熏皮，还有栲（胶）皮、狗皮夹里、羊皮、湖蓝白皮等。此外，安庆、阜阳等地也相继开设皮坊。

（二）新中国成立后30年

1953年，合肥市制革业13家店坊组成生产合作社。1954年芜湖市建成永久制革厂，开始生产黄牛皮鞋面革、栲底革、辊革、水牛轮带革及山羊皮鞋里革等，由中百公司定销。1956年，合肥市皮革生产合作社与上海内迁厂合并成立合肥制革厂。1957年，全省收购牛皮36万张。次年，省内已有芜湖、合肥、滁县3家制革厂，其中合肥制革厂已开始采用剖层机取代手工剖皮，工艺上改"灰碱法"为"双碱法"；芜湖制革厂开始利用制革下脚料生产皮胶，年产量近25万吨。当年全省皮革产量为46.9万张，其中重革为735吨、轻革为68.1万平方米。1959年，省轻工业厅根据全国皮革会议精神，开始向全省推广猪皮制革。1960年年初，省轻工业厅专门发出《关于美化猪皮革及提高其制品质量的通知》，根据国家规定，按每剥一张猪皮由国家财政给商业补贴3元（后改为以每斤鲜猪皮补贴0.3元），促进了猪皮革生产。1965年，合肥、芜湖、蚌埠、安庆等地利用猪皮生产正面革、栲底革、装具革、鞋里革，全省的猪皮革产量已占总产量12.52万张的17.89%。次年，全省猪皮开剥制革投皮量已达52万张。1967年，阜阳、宿县等地厂家也开始用猪皮制革,并生产出供出口的本色里革、正绒革等产品。1968年,合肥制革厂和芜湖永久制革厂开始生产黄牛皮修饰鞋面革。

20世纪70年代,安徽省制革业加强了技术改造,工艺得到较大改进。1972年,芜湖永久制革厂的皮胶年产量已增至67.5吨。次年,合肥制革厂率先采用"酶法"脱毛;随之,省主管部门将这一工艺向全省推广,既改善了省内制革行业的劳动条件,又避免了老法制革使用硫化钠对环境的污染。为了与酶法脱毛制革配套,省轻工业局还从年度环保费中拨出24.9万元为安徽大学扩建试验车间,形成年产50吨酶制剂的生产能力。在此前后,合肥制革厂、芜湖永久制革厂改轻革生产浸灰法为转鼓盐碱法工艺,使该工艺生产周期从5—7天缩短为24小时。1975年,全椒县毛皮厂开始生产狗皮褥子提供外贸出口。1976年,安徽省制革产量已达57.29万张,其中猪皮制革投皮量为84.63万张,约占皮革总产量的80%左右。次年,合肥、芜湖等制革厂又改重革池鞣为速鞣工艺,使裸皮经预处理后在转鼓中与植物鞣剂快速结合,生产周期缩短为一星期。

(三) 改革开放后30年

1979年至20世纪80年代初期,安徽省制革行业加快了技术改造。蚌埠、阜阳、安庆、合肥等制革厂投资扩建,分别从意大利、联邦德国、捷克斯洛伐克等国引进片皮机、挤水伸展机、削匀机、磨革机、烫皮机、绷板干燥机等共13台(套)设备,购进国产各种专用设备近2000台(套),新增制革能力100多万张,极大地改善了劳动条件,其中蚌埠皮革厂新增年产二层、三层革10万平方米能力,在此期间,蚌埠皮革厂异地新建年产50万张猪皮革的生产车间。蚌埠新光皮件服装厂也在东郊新建年产50万张羊皮革车间;阜阳市皮革厂经搬迁扩建后猪皮革生产能力已由原12万张增至30万张。1980年,全省共有制革厂17家,年制革投皮量为110万张,其中猪皮革为总产量的83.66%(是年,全省猪皮开剥已达231万张,约占全省猪出栏量的30%,占制革投皮总量的90.86%),牛皮革产量仅3.49万张。次年,全省皮革产量增至118.89万张,合格率达100%。

20世纪80年代初,安徽省由于市场开放、农村包产到户,促进了养牛业发展,省内牛皮革产量逐渐增长,而猪皮的投皮量却迅速下降,1984年国家把牛、羊皮从二类物资调整为三类物资,实行价格放开。同年,全省的猪皮开剥量已降至68.9万张。在此前后,省内安庆、蚌埠、芜湖、合肥等制革厂均生产出水牛修饰鞋面革。1985年安徽省制革行业投皮量为100.4万张,居全国同行业的第13位,其中:牛皮自然张增至40.32万张,约占投皮总量的40.2%,为1980年的11.55倍;猪皮自然张为81.49万张,仅占全省生猪出栏量的10%,成革的产量已下降到总产量的40.62%,基本与牛皮革持平;羊皮革(自然张113.39万张)等约占总产量的19%。至此,全省的猪、牛、羊皮革品种已增至40余个,为20世纪60年代中期皮革品种数的10倍。其中,山羊板皮革质量较优,是生产高档革制品、提供出口的重要原料。1985年年底,全省有制革企业15家、职工3404人、固定资产3265万元,其中年制革生产能力折合牛皮在10万张以上的主要有合肥、蚌埠、阜阳制革厂和芜湖永久制革厂、安庆皮革总厂等。1985年全省皮革产量为104.9万张,工业产值6050万元,实现利税1006万元,其中利润474万元。1990年,安徽省有制革企业19家,年制革投皮量为157.76万张(折合牛皮),其中牛皮112.33万张(自然张)、猪皮54.22万张(自然张)、羊皮76.95万张(自然张)。1995年,安徽省有制革企业 16 家，制革投皮量为 176.54 万张（折合牛皮），其中牛皮 127.39 万张（自然张）、猪皮 27.54 万张（自然张）、羊皮 211.69 万张（自然张）。2000 年，安徽省有制革企业 8 家，年产轻革 86.09 万平方米。

二 产品

安徽省制革行业在清末有"熏皮"生产。民国初年以后，逐步改产的"栲皮"，主要做底革、装具革及部分面革和裤带革等。新中国成立初期，安徽制革原料以牛皮为主，兼取部分驴、马、狗等杂皮，生产上采用"灰碱法"制革，1954 年已有黄牛面革、水牛底革、装具革、里革等。此后逐步改进制革工艺采用"双碱法"，并开发使用羊皮制革。1961 年，羊皮革出口苏联。到 20 世纪 60 年代中期，安徽省开始广泛采用猪皮制革。随着"植鞣、矿鞣"制革工艺的采用与机械设备的完善，全省制革产品逐步形成轻、重革两大系列。70 年代中期，安徽制革业又逐步采用皮表面的修饰工艺生产出各种修面革，以取代各类正面革，并进而加工成服装革等中、高档产品。到 80 年代安徽省所产皮革已形成牛、猪、羊皮三大类，共 40 余个品种，百余个不同花色。其中批量出口的有羊皮面革、里革、猪皮夹里革、蓝湿革、半硝革等 10 余个产品。

（一）合肥重革

合肥制革厂生产的重革，主要有底革、轮带革和装具革，以黄牛皮或水牛皮、猪皮为原料制成，分为 22 个品种。其生产过程是，除了先对生皮进行分检、储存外，主要分准备、鞣制、整理 3 个阶段，入池浸水、去杂、转鼓滚碱、膨胀后经脱毛、分片皮等工序为准备阶段；脱软、浸酸、滚硝、滚栲、漂洗、滚油等工序为鞣制阶段，晾干、伸展、打光等工序为整理阶段，生产周期为 15—35 天不等。其中，猪皮栲底革，厚度在 2.8—3.5 毫米，主要用作皮鞋的托底；猪皮装具革，厚度为 3 毫米，主要供作皮裤带、电工包、电工钳子袋等；水牛轮带革，厚度在 4.5 毫米以上，抗张强度不低于每平方毫米 2.5 千克，主要用于制做机器配件传动带。水牛血光皮，不需鞣制，仅用转鼓脱灰，再撑开晾干即成，生产周期 15 天，是制作牛皮结的材料。此外，还有黄牛栲底革、水牛栲底革、黄牛轮带革、黄牛装具革、水牛装具革等。

（二）"金狮"牌轻革

合肥制革厂生产的"金狮"牌轻革品种有正面革、修面革、服装手套革、油浸革和夹里革等。正面革又分黄牛皮、水牛皮、猪皮和山羊皮 4 种；修面革又有磨光和轧花之别，具体产品多达 58 种。生产过程分准备、鞣制、整理三个阶段，其中准备阶段的工序与重革相同；鞣制阶段须经水洗、脱软烫酸、预鞣、铬鞣、削匀、中和、染色、充填和加脂等工序；整理阶段大体有揩油、贴板、晾干、整软、喷涂、烫平等工序，若修面革还另加磨光或压花工艺，生产周期随品种而异，通常为 30—40 天。1982 年合肥制革厂与成都科技大学合作研制成功的"多金属铬合鞣剂及鞣革"新工艺，减少了红矾钠的用量，也降低了制革对环境的污染。

"金狮"牌轻革中的猪皮正面革是以皮粒面好、毛孔细而厚度适宜的小猪皮制成，主要用来制作皮鞋帮，但自 1985 年后逐步为猪皮修面革所代替。黄牛修面革是合肥制革厂的主要产品，在 1985 年全省同行业质量评比中获第一名。猪皮夹里革也是该厂主要产品之一，是制作皮鞋夹里的优质材料，除在国内销售，还批量出口。山羊正面革 1985 年荣获"省优质产品"称号。此外还有山羊服装手套革、水牛油浸革、黄牛二层面革和手套革、水牛修面革、山羊绒面革等。1985年此种产品产量为29.59万平方米。

(三) 黄牛正面革

芜湖市永久制革厂生产的黄牛正面革，是省内牛皮革中质量较稳定的传统产品。该产品1954年开始手工生产，自1958年起，提供给该市皮鞋厂生产出口皮鞋；1962年列入轻工业部一类产品，制革主要工序开始实现机械化生产；1978年在华东地区皮革质量评比中名列第一，并获省优质产品证书；1980年在全国同行业质量评比中名列第四。该产品具有耐折、抗撕裂强度较好、革身厚薄均匀、手感柔软、粒面细致、光泽明亮等特点，饰皮有黑、棕、玫瑰等色，畅销全国。1985年该产品质量平均等级为1.8级，一级品率占75.6%，年产量为3.31万张，创产值201.39万元。

(四) 猪皮正面革

芜湖永久制革厂的猪皮正面革于1964年投产，在1980年全省首次猪皮成革质量评比中各项指标均达到轻工业部一类产品标准，以总分92.21获第一名。产品有黑、棕、玫瑰等多种皮色。毛孔粗大而深，粒面细微而显，由三五点组成一体，酷似梅花，具有独特风姿，在耐折、抗撕裂强度、弹性丰满等方面与牛皮相似，制成各种皮鞋物美价廉。该产品除主要销售省内外，部分销往东北、华北及江、浙等地，但自1984年起正面革逐步被修面革所代替。

(五) "金狮"牌山羊正面鞋面革

由合肥制革厂于1979年试产并投产，是制作各种出口皮鞋的优质面料。从选料、鞣制到整理等各道工序，均严格执行轻工业部标准，成品粒面光精细微，不裂面，厚薄均匀，革身平展、丰满，革里洁净，柔软有弹性。销往全省各地和美、日等国家和中国香港地区。1985年该产品获"省优质产品"称号。

(六) 黄牛修饰鞋面革

省内皮革工业的重点产品，全省有11个制革厂生产，1985年产量为38.8万张，折合90.87万平方米，约占全部黄牛皮生产总量的80%。由于省内黄牛以役牛为主，皮的表面因驱打伤残较多，为提高成革外观质量，在制革的整饰前先在磨革机上用砂皮磨平伤残迹后再用树脂喷涂皮革表面，修饰成与牛皮花纹近的粒面层，成革故称"修面革"，其中安庆制革厂生产的"熊猫"牌黄牛修面革及阜阳制革厂生产的"银河"牌黄牛修面革，1984年获"省优质产品"称号。

第三节 皮鞋

一 沿革

(一) 新中国成立前

安徽省皮鞋业最早的产品是清光绪初年芜湖个体皮坊制做的皮钉靴。民国年间，芜湖始产仿西式皮鞋，民国四年（1915年），上海的曹合兴在安庆四牌楼开设皮鞋店，20世纪30年代，安庆的皮鞋作坊已有曹合兴等10余家，蚌埠皮鞋也很畅销。民国三十四年（1945年），芜湖皮鞋盛行，"华侨皮鞋店"已享盛誉；合肥也有"亚洲鞋店"等数十家皮鞋店铺，年产量一般为 300—600 双，规模最大的"勤生鞋室"，年产量可达 2000 双。

（二）新中国成立后 30 年

1949 年，省内皮鞋业仍以个体作坊为主，全省皮鞋产量合计为 2.6 万双。1951 年，芜湖市由 13 名个体劳动者最先组成省内第一家皮鞋生产合作社，私营"华侨皮鞋店"也复业，两年后，合肥市有 32 户皮鞋店开业。1955 年，芜湖华侨鞋店实行公私合营，改称"华侨皮鞋厂"。次年，合肥市由新美、恒兴祥、勤生等私营鞋店与上海内迁的"冠中"皮鞋作坊合并成立公私合营合肥皮鞋厂，并开始以内线机、外线机代替手工缝底，当年全省皮鞋产量为 11.2 万双。1958 年，安徽省皮鞋年产量为 44.9 万双，其中出口苏联等国 22.8 万双，均由芜湖、合肥、蚌埠三地皮鞋厂生产。同时蚌埠皮鞋生产厂还开始装备"44 型工业缝纫机"、裁断机等设备，1959—1960 年，全省皮鞋生产迅速增长，1960 年产量已达 96.9 万双（出口 3612 万双）。

1961—1963 年间，安徽皮鞋产量一度下降。1963 年，皮鞋产量降至 55.77 万双，年出口仅 11.86 万双，但此后安徽的皮鞋生产工艺得到一定的改进，产品质量提高，款式增加。1965 年，芜湖市华侨皮鞋厂率先研制成功以氯丁胶剂等高分子合成粘结物涂于鞋帮与底接合部，经高速粘合机压合的新工艺，取代了原线缝生产工艺。该项新工艺不仅提高效率 1.5 倍，同时也提高了产品质量，很快在合肥、蚌埠、安庆等皮鞋厂推广应用，合肥等地皮鞋生产还开始采用片帮机取代手工片帮。两年后，省内各主要鞋厂，均增添了炼胶机、硫化缸、空压机等硫化生产设备，普遍以猪皮革为面料，采用硫化工艺生产皮鞋。1969 年，全省皮鞋产量为 49.93 万双。芜湖华侨皮鞋厂生产的胶粘工艺皮鞋开始向西方国际市场出口。

20 世纪 70 年代，安徽皮鞋产量开始稳步增长，生产发展较快。1970 年，全省皮鞋产量增至 71.83 万双，改变了多年的徘徊局面。1973 年，蚌埠皮鞋生产企业开始装备钳帮机、压力机、绷楦机等专用设备，采用胶粘工艺，提高了生产效率。次年，全省皮鞋产量已达 100.6 万双，首次突破百万双大关。1975 年，芜湖华侨皮鞋自制成气动高速压合机，程序控制液压传动绷前机等 17 种专用设备，较大地提高了皮鞋生产的机械化程度。1977 年，芜湖市华侨皮鞋厂从捷克斯洛伐克引进 5 台（套）制鞋设备。同年，安庆、芜湖等地制鞋厂开始采用模压制鞋生产新工艺。1978 年，全省皮鞋产量已增至 197.95 万双。

（三）改革开放后 30 年

20 世纪 80 年代，安徽的主要皮鞋企业均进行了扩建改造，生产能力又有较大提高。1980 年年底，全省皮鞋企业共 55 家，全年皮鞋产量为 306.52 万双，合格率达 99.3%。次年，芜湖华侨皮鞋厂再次引进法国制鞋设备 9 台（套），并与该市一地质队联合新建一个鞋楦生产车间；合肥市皮鞋厂也进行了扩建，皮鞋年生产能力由 10 万双扩大到 30 万双。1984 年，合肥市皮鞋厂又从上海运动鞋总厂引进技术开发生产健身旅游鞋。1985 年，芜湖华侨皮鞋厂新开发的"橡塑弹性材料鞋底"，填补了省内空白。至此，全省皮鞋生产已能适应多种工艺，装备有绷帮机、下料机、成型机、自动砂磨机、湿热定型设备、胶粘压合机、硫化缸、模压机及线缝鞋用的外线机等共 644 台（套）专用设备。至 1985 年年底，安徽省皮鞋生产企业有 57 家，有职工 7817 人，全年实产皮鞋 246.3 万双（出口 30.37 万双，创外汇 300 万美元），完成工业产值 4701 万元，实现利税 475 万元。其中，年生产能力在 50 万双以上的企业有 1 家、在 10 万双以上的企业有 5 家、5 万双以上的企业有 8 家、在 1 万双以上的企业有 23 家、在 1 万双以下的企业有 20 家。1990 年，安徽省有皮鞋生产企业 57 家，年生产皮鞋 286.70 万双。1995 年，安徽省有皮鞋生产企业 38 家。2000 年，安徽省生产皮鞋 175.71 万双。

进入 21 世纪后，随着沿海制鞋业向内陆省份的转移，安徽宿州市适时抓住机遇，大力承接鞋业企业的转移。2009 年，"百丽"率先在宿州投资建厂，2010 年初，宿州市将具备产业集聚效应的鞋业列为重要的主导产业。

二 产品

清光绪年间，省内有手工制作的与当时布鞋式样相同的牛皮鞋和皮底钉靴，20 世纪 40 年代，芜湖、安庆等地的制鞋业开始仿制西式"大英皮鞋"，并渐趋定型。新中国成立初，安徽省皮鞋式样已有男式大包头、男式三条凉鞋、女圆口鞋、女凉鞋等。皮鞋均以牛皮为面料、黑色为主，采用传统的手工线缝工艺生产。1958 年，安徽省皮鞋行业开始出口皮鞋。1965 年，推出胶粘皮鞋。1968 年，硫化皮鞋问世。1969 年，省内皮鞋业广泛采用羊、猪皮及合成革作鞋面料。1977 年，模压皮鞋投产，产品档次逐步提高，并形成内销与出口两大系列。80 年代，安徽省所产皮鞋质量明显提高，由猪、牛、羊皮为面料的男、女童鞋，各式单、棉、凉皮鞋、旅游鞋、劳保鞋等，一应俱全，款式、花色品种达数百种。

（一）"金叶"牌皮鞋

芜湖市华侨皮鞋厂生产的出口名牌产品，约占全省皮鞋出口总量的 90%。该皮鞋以天然优质牛、羊皮为面料，采用胶粘工艺、流水作业制作而成，做工考究，式样花色品种繁多。其中尤以女式皮鞋的造型美、皮色好、质地软、装潢精、线条清晰、式样高雅而著称。1978 年，该产品被评为省优质产品，列为省对外经济贸易局出口"拳头"商品，当年有 5 种式样的皮鞋在春季广州出口商品交易会上为客商选定订购，中国香港《大公报》还为此刊登专题报道；1980 年、1981 年连续被评为省优质名牌；1983 年获国家对外经济贸易部颁发的"出口产品荣誉证书"；1985 年产量达 21 万双，远销欧、亚、非、北美、大洋洲的 14 个国家和中国港、澳地区。

（二）"金狮"牌牛面革胶粘青年男式皮鞋

该产品由合肥皮鞋厂于 1981 年试制、投产。它以优质黄牛皮为面料，采用全国统一标准鞋楦和粘胶工艺制作，造型美观、穿着舒适、式样大方，深受青年人喜爱。1984 年该产品实现了牛面胶粘流水线生产，加之原胶合工艺的改进，提高了其外观和内在质量，各项技术参数均已符合轻工业部标准，1985 年在全省同行业质量评比中获第一名，并荣获"省优质产品"称号。

第四节 皮件

一 沿革

（一）新中国成立前

安徽省皮件业始于何时，史无记载。20 世纪 30 年代，蚌埠生产的皮箱已十分畅销；

民国三十四年（1943年），芜湖已有皮箱、皮件生产。同时合肥已有近10家皮件作坊，从上海、武汉等地购进"西纹皮""汉纹皮"制作皮箱、公文包和枪套等产品。1949年芜湖皮革制品业仍有39户，从业者百余人；合肥市有皮件生产户8家。

（二）新中国成立后30年

1952年，合肥市后大街（现安庆路）18号开设有"金陵皮件工业社"，年产皮箱900只。此后合肥市制革厂也生产过弹棉花用的弓弦、皮绳、龙头和做车马挽具的长套等。1957年合肥市制革厂皮件车间成立，又开始生产皮结、皮圈轮带、皮挽、高空作业带、电工带、钳子袋等各种工业皮件及各种规格的民用皮裤带。次年，蚌埠皮革厂开始生产全皮线缝表箱，年产量为1300只；同时亳县、界首皮毛厂以狗绒皮、绵羊皮、兔皮生产裘皮服装及狗皮褥子。20世纪60年代，安徽境内的皮件生产由于传统的牛、羊皮源紧缺，猪皮源的新开发，加之能够代替皮革的新型材料——人造革、塑料泡沫人造革、帆布等相继应市，因而促使皮件制品从选料到结构都发生了新的变更。如1963年，蚌埠皮革厂停止皮箱生产，开始生产帆布衣箱，并改进胶粘工艺，提高工效1倍以上。次年起又陆续装备小型切纸机、压底盖机、压箱机等制箱设备，使生产逐步由半机械化向机械化过渡。1965年，芜湖市生产的皮带、皮箱、公文包、皮手套、安全带、皮圈、皮辊等皮件产品的年产值曾达79.86万元。1967年开始，芜湖、合肥、安庆、铜陵、马鞍山等地皮件生产厂相继以猪皮革生产工作手套出口，同时各地以塑料、人造革生产的各种包、带、袋等也相应上市。但60年代，全省的皮件制品年产量仍然较低。

70年代以后，安徽省皮件生产发展较快，产量增大，产品质量提高。1970年阜阳、合肥、淮南各地继蚌埠之后也相继开始生产帆布衣箱，并批量出口。1972年，蚌埠皮革厂为扩大帆布衣箱的出口量，首次引进联邦德国产的万能制箱机1台（套），并增购了5吨冲床和全张高速切纸机等设备，使年生产能力由1.08万只提高到3万余只。次年，蚌埠新光皮件服装厂生产山羊革成衣和各式山羊革日用手套并批量出口。1974年，蚌埠皮革厂又生产出涂塑出口帆布包。次年，合肥市的工业皮结产量达21.22万只，皮圈产量为5.69万只。1978年，全省出口的箱子已有8.4万只、皮衣0.53万件、工作手套10.3万多打、日用手套6.37万打。次年，合肥皮件厂生产的帆布人造革包曾出口到联邦德国。

（三）改革开放后30年

20世纪80年代，安徽皮件生产更新了设备，改进了工艺，生产能力有较大提高，产品结构有较大变化。1980年，全省出口的皮衣增至1.1万件、皮劳保手套达25.91万打。同年，界首皮毛厂开始改传统的硝面鞣为醛铬鞣工艺，生产出皮板松软的裘皮，并解决了硝蚀性。次年，合肥皮件厂生产有24、27、30、33、36英寸的5种规格帆布箱出口到非洲和东南亚各国，并能生产各种两用包、公文包、手提包、带轮旅行包、女式背包、拎包、旅行包等共34个不同花色品种供应市场。界首皮毛厂同年也研究生产出染色剪羊绒新产品，1982—1983年间，蚌埠皮革厂新增两台模压制箱压力机，采用模压一次成型新工艺，以人造革生产出航空模压箱，填补了省内的空白。1983年，合肥皮件厂生产的60式31型和小60式31型两种规格的自行车鞍座，年产量达42.5万只，并部分出口到巴基斯坦等国；其工业皮结产量为22.1万只、皮圈产量为3.43万只。1984年，蚌埠新光皮件服装厂与市呢绒服装厂合并，经调整挖潜，迅速形成年产皮衣、羽绒衣各6万件及皮手套10万打的生产能力。1985年，蚌埠皮革厂进行新的扩建，年出口帆布箱的生产能力亦增加至 12 万只。同年，蚌埠皮革厂、合肥皮件厂开始生产出口的皮票夹等新产品。至此，仅合肥皮件厂生产的各种包年产量已达 15.61 万只，同时还生产各种军用背包、枪套、医用腰带、胃托等产品。1985 年年底，安徽省有皮件生产企业 22 家、职工 3514 人；1985 年，皮件产值为 3321.4 万元，出口皮件创外汇 283 万美元，实现利税 463.1 万元。另全省毛皮生产厂 3 家，有职工 401 人，年产值为 246.2 万元，实现利税约 11 万元。1990 年，安徽省皮件生产企业生产革皮箱 16.42 万只、革皮手套 282.08 万副、革皮包 19.58 万个。1995 年，安徽省皮件生产企业生产皮箱 76.71 万只、皮手套 626.25 万副，皮包、袋 310.35 万个。2000 年，安徽省生产皮包、袋 361.42 万个。

进入 21 世纪后，随着沿海省份箱包业的转移，安徽省箱包皮具业发展较快，企业规模与产业不断增强，实力得到极大提高，以合肥、六安、芜湖等为代表的箱包产业聚集群正在逐步形成。安徽已发展成为华东较大的箱包鞋业生产销售出口大省之一，产品出口到美国、欧盟、俄罗斯、中东、韩国、非洲等国家和地区。

二 产品

20 世纪 40 年代，安徽省即有皮箱及皮带生产。50 年代生产的工业皮件产品有高空带、圆轮带、弹棉花用的弓弦，以及作车马挽具的皮绳、龙头、长套等。60 年代，安徽省皮制杂品又增加了公文包、皮手套、枪套、皮结、皮圈、皮辊等，皮箱一度批量出口；同时还以狗绒皮、绵羊皮、兔皮生产裘皮制成狗皮褥子、裘皮服装等。自 70 年代开始，省内皮件产品增加了皮服装、自行车皮鞍座、照相机皮套、半导体收音机皮套、军用背包，以及护身套、医疗用皮腰带、胃托等产品。80 年代，安徽省皮件制品以提高产品档次与质量为主，适当增加产量，工业用皮件产量增加；毛皮制品增加了羊剪绒等新产品。

(一)"飞虎"牌衣箱

蚌埠市皮革厂的传统产品，于 1958 年开始批量生产。当时主要以手工制作，全革皮箱年产量近千只，20 世纪 60 年代中期，以帆布衣箱代替皮革衣箱，生产逐步从半机械化走向机械化。1970 年产量万只以上，并开始大批量出口；1976 年，享受外贸部门出口免检荣誉。随后又以引进的联邦德国制箱设备采用模压一次成型新工艺生产。1983 年，航空模压箱投产，填补了省内空白，年产能力达 6 万只，衣箱合格率稳定在 99.7%。1985 年，该产品被评为省优质产品。

(二)"美珠"牌裘皮服装

蚌埠市新光皮件服装厂的主要出口产品，于 1973 年开始生产。该产品采用优质山羊光面革、山羊司惠革、苯胺革等面料，配以各种真丝绸里制作而成。有的还根据各地气候与消费者习俗加配羔皮、狗皮、人造皮等做成活里，可装可拆，使其一服多用。该产品主要有男女皮大衣、皮上衣、皮猎装、皮夹克、皮背心等种类，做工精细，造型讲究，穿着舒适。1973 年投产后即打入国际市场，1984 年被评为省优质产品。该产品已远销美国、意大利、日本、荷兰、法国、瑞典、联邦德国等国家，至 1985 年累计已出口 18.57 万件。

(三)"金狮"牌皮结

合肥市工业皮件厂的主要产品，它分黄牛（熟皮）皮结和水牛生皮结两种，均作纺织机械的配件。其中黄牛皮结是以黄牛装具革经下料、片皮、成型，辅以铆钉、白乳胶轧制、整修而成。具体又分五、七、十、卅三、卅四等 5 种型号，产品销往江苏、浙江、辽宁、吉林、黑龙江等省，还出口伊拉克等国。

水牛生皮结是用水牛血光皮为原料，经下料、刨皮、成型、轧制、整修、装木芯和浸油等工序制成。内分平野式、P303大四号、P303小四号、铸亚式、小武林、笔架皮结、麻袋皮结等7个品种，其中以平野式和小四号产量最大。该产品1963年在上海、青岛等外贸口岸即被定为出口免检商品，1985年已销坦桑尼亚、赞比亚、伊朗、伊拉克和阿富汗等国家及中国香港地区。

第十三章　福建省

第一节　历史沿革

一　1985年前概况

福建省皮革制品生产由来已久。据《三山志》记载，宋熙宁时（1068—1077年），福州有都作院，内设十一作，其中"皮作"专产军用皮革制品。元代，福州皮革制品列为贡品。但整个行业发展缓慢，直至20世纪中叶，依然处于个体分散、手工操作的落后状况。民国三十八年（1949年），全省皮革工业（包括革、鞋、件、毛4个自然行业）的从业人员尚不足2000人。

中华人民共和国成立后，行业生产逐渐复苏。1956年，手工业社会主义改造完成后，组织合作社、组，改个体分散经营为集体生产，扩大生产规模；1957年年末，全行业人数增至2900余人。出口业务，从对苏联及东欧社会主义国家出口，逐渐扩大到对资本主义国家出口。中共十一届三中全会后，福建省皮革工业生产条件得到较大改善。1985年，全省二轻系统皮革工业企业共有127个（其中福州、厦门、泉州、漳州4市85个，占总数的67%；建阳地区14个，占11%；其他地区28个，占22%），从业总人数近2万人，工业总产值达14410万元（比1975年的3812万元增长2.78倍，比1957年合作化初期的511万元增长27倍以上），出口交货值5084万元，占当年总产值的35%；全员劳动生产率7520元/人（比1975年的7079元/人增长6.2%，比1965年的3257元/人增长130.88%），百元产值创利润4.29元（比1983年的2元增长1.15倍，比1984年的1.1元增长近3倍）。1990年，本省二轻系统皮革工业企业共148家，职工29751人，完成生产总值58138万元，是1985年的4.03倍；1995年共有企业185家，完成生产总值293023万元，是1990年的5.04倍；完成出口交货58689万元，是当年总产值的20%，全员劳动生产率为77752元/人，比1985年增长383.8%。

二　1995—2010年发展概况

我国最具规模、最集中的四大制鞋基地包括广州、温州、泉州和成都，俗称"三州一都"，即以广州为中心的珠江三角州制鞋基地，以泉州为中心的晋江、石狮、蒲田一带的生产基地，以温州为中心的温州地区的生产基地，以及以生产女鞋为主的成都制鞋基地。

在经济发展过程中，福建省的许多城市与皮革结下不解之缘。据1995年相关数据显示，当时福建全省皮制产品产量有皮革（折合牛皮）267.7万张；皮鞋59533万双；皮革服装 289 万件；皮箱 225.5 万只；皮包袋 4661 万个；皮手套 1592.7 万副。

2003 年，据相关数据显示，福建晋江市当时拥有大、小制革厂 300 家，鞋厂 1800 多家；石狮市则拥有皮鞋厂 2000 家，生产高、中、低档国内外流行的皮鞋；莆田市号称鞋城，是旅游鞋生产基地，仅合资厂就近 200 家，以生产高、中档旅游鞋为主，并全部外销；福鼎市皮革制衣业发展迅猛，走在大街小巷上，随处可见皮衣生产厂家的身影……皮革工业为当地乃至福建省经济的发展起了不可磨灭的作用。

在当时，福建皮革厂生产的皮革品种繁多，皮件、皮鞋、运动鞋等工艺精湛、式样新颖；生产的猪软面革、牛软面革质量达到国内先进水平，荣获了许多科技成就奖。当时的莆田县鞋革厂、福州市制革厂还跨入了国家二级企业的行列，福建皮革行业欣欣向荣。

发展至 2007 年，福建强大的鞋产业链已经让鞋企实现足不出户就能完成生产到销售的全部流程。其中，晋江陈埭、晋江安海可慕制革城和泉港普安皮革集控区等，已发展为全国主要的制革生产基地之一。泉州皮革生产企业有近 200 家，主要生产天然革、人造革、化工革等系列产品，为福建服装和鞋业产业链的发展提供了可靠的保障。

2009 年上半年，泉州检验检疫部门共检验监管进口牛皮质量达 3.24 万吨、货值 4388.6 万美元，同比分别增长 98.29%、25.15%，进口量接近翻番。相关数据显示，福建皮革，特别是泉州皮革业的进口牛皮量不断扩大，主要原因有两个方面：一方面是需求量加大。福建省内福州、泉州、莆田等地都是鞋类、箱包、皮具等行业的出口基地，自 2009 年以来，为克服金融危机的影响，许多企业纷纷采用进口牛皮为原料，提高产品的质量与档次；另一方面是国际市场牛皮价格大幅下降，企业趁机储备原料。单是 2009 年 1—5 月份，牛皮平均进口单价 1353 美元/吨，比 2008 年同期下跌 791 美元/吨，降幅高达 36.89%，加工企业趁机加大采购量，储备原料以降低生产成本。

据福建皮革相关人士介绍，在众多皮革产品当中，福建、泉州的牛头层皮和二层皮生产优势趋于明显。福建皮革的配套半径也已从泉州一带的制鞋业，扩大到上海、广东、江苏和成都等地，部分产品还进入国际市场，显露出国际化的峥嵘，更成为中国皮革的骄傲之一。

第二节　制革

一　沿革

福建省制革工业始于唐代，迄今已有一千多年的历史。据光绪年间（1875—1908 年）重纂《漳州府志·物产篇》"货之属"载："鲛鲨皮可饰剑。唐，漳州贡甲香、鲛革，即此也"。说明唐代漳州制革产品被列为贡品，可见当时漳州制革工业已很发达，而且产品颇具特色。

由于鲛鲨及海生动物难于捕获，生鱼皮资源匮乏，故而逐渐改以生牛皮为主要生产原料，产量大幅度增长。由于生牛皮供应量有限，更因个体手工操作，生产方式落后，生产发展极为缓慢。1956 年，手工业社会主义改造后，制革进入新的时期。50 年代后期，由于皮革制品对外贸易日益兴盛，熟革用量激增，福建省逐步开发猪皮制革，扩大生皮资源。

从20世纪60年代开始，福建省制革业发展较快，有福州、厦门、泉州、漳州、福鼎、浦城、龙海7家制革厂。各厂除工序衔接仍靠人工传送外，其余基本实现机械化；脱脂、鞣制、染色三道工序，过去"划槽"浸皮，靠人工搅拌，后普遍改用"转鼓"，靠电动机械运转；拉软、削匀、烫压以及片皮等各个关键工序，也相继以专用设备代替笨重的手工操作。由于片皮设备的改进和操作技术的提高，大大提高二层得革率，有时还可片得三层革；在改用"片兰皮"替代"片灰皮"操作法后，二层革、三层革的得革率比以前提高一倍以上。喷涂工序是决定制革产品外观质量的关键工序，自从改人工手涂为空气压缩喷枪喷涂后，生产效能大为进步。福州、厦门两个制革厂，分别投资引进通过式喷涂机，实现自动流水喷涂、干燥，效果更好。到1965年，福建省皮革工业总产值1109万元，比1957年合作化初期的511万元增长1.17倍。1966年，本省制革生产达到历史最高水平，年产熟革38.73万张（折合张，下同），比1957年的15.92万张增长143%，其中牛皮5.31万张、羊皮10.80万张、猪皮62.78万张。

到20世纪70年代，福建省制革业把治理"三废"（废水、废气、废渣），解决污染环境问题列入重要工作日程，设置专业班子，搜集有关资料或出省参观学习，研究并推广酶脱毛法，以解决灰碱脱毛所带来的水源污染问题，有些项目已获成效；福州、厦门制革厂部分"三废"治理项目投入使用，取得较好效果。

20世纪70年代中期，经过精心探索，反复研制，应用磨面修饰工艺，试制修饰水牛面革取得成功，解决了水牛皮表层粒面粗糙和一向只能制重革、不宜生产轻革的难题，进而发展水牛沙发革生产，大大提高水牛革的适应性能，促进制革工业的发展。1980年，制革生产完成63.71万张（折牛皮），其中猪皮110.86万张（自然张）、牛皮4.72万张（自然张）、羊皮17.35万张（自然张）。1985年，达到67.1万张（折牛皮），总产值1925万元。1995年，达到8563万元，是1985年的4.45倍。但仍远不能满足革制品生产发展的需要，关键原因在于福建省生皮可供量少，生猪皮的缺口更大。福建省近年来牛的存栏数在120万头左右，且绝大部分是水（耕）牛，每年仅生产牛皮革5万张；山羊存栏数约60万头，群众喜吃带皮羊肉，故每年生羊皮供应量仅15万张左右；生猪出栏数约500万头以上，受地方财政补贴限制，也影响猪革生产，因此造成厦门、泉州、龙海制革厂停产。

二 工艺水平

同国内其他皮革行业一样，福建早期的皮革工业也是从手工业发展起来的。不过，最初福建皮革业、国内皮革业的皮革工艺和技术水平明显落后于发达国家。随着国内外市场对皮革商品需求的增加，福建皮革行业一度出现了市场繁荣的局面，因此也激发了许多皮革企业如雨后春笋般的增加着。但由于工艺和技术水平跟不上，随之也出现了质量不高、做工低劣的问题。低档产品生产能力过剩，高档产品生产能力又不足，只注重外观形式模仿，不重视内在质量提高的问题。这些问题的存在给福建皮革制品的创品牌和出口均造成了极大的困扰。

为了改变这种不乐观的局面，福建皮革行业在发展思路上进行了战略调整，采取了相应的政策与措施。首先，通过对生皮开剥、加工、保存技术进行不断完善，从根本上提高了原料皮的质量，改进了皮革制品的防水、防污与保养功能；其次，通过对皮鞋、皮件、皮衣的美化设计，提高了皮革制品的技术与艺术含量；最后，通过大力研究开发优质的皮革材料、皮革机械与缝制染整设备，使得皮革工业装备水平也得到了提高。

近年来，福建皮革也从国内其他皮革行业引进了先进的技术、设备和人员，引进了国内皮革行业的科研技术人员，自主开发了很多具有独创性的技术和产品——自主开发的大量新型皮革种类，如耐水洗革、防水革、山羊高尔夫球手套革等；自主研制开发的很多高性能皮革化工产品，逐渐缩短了我国皮革化工产品技术与国外的差距，如环保型皮革专用染料、高吸收铬鞣剂、蛋白质填充复鞣剂、高档皮革涂饰材料、高档皮革助剂等；研究环保制革新工艺，如铬鞣废液的循环利用、浸灰废液的循环利用等；对高性能皮革及皮革制品进行了研究，并开发出了许多质量较高的产品，如发泡涂饰牛皮家具革、仿绵羊、猪皮服装革、汽车坐垫革、具有特殊功能的鞋的研制等。这些技术和产品的引进和学习有力地推进了福建皮革行业的快速发展，提高了福建皮革行业整体工艺水平和技术实力，为福建皮革后期的高速发展奠定了良好的基础。

当然，随着市场竞争与要求的不断提高，福建皮革行业要想可持续的发展、壮大，就要不断地在产品工艺、生产技术等各方面提高自己的科技含量。而这些就包括硬件与软件两方面的建设，福建诸多发展较为领先的企业也一直不遗余力地努力着——兴业皮革科技股份有限公司不断加大软、硬件设施建设投入，引进世界最先进的皮革生产、检测设备；聘请国内外皮革技术专家，组成强大的全球性技术专家群体；该公司还不断加强与权威皮革科研机构的合作，与中国皮革和制鞋工业研究院联合成立福建皮革研究所致力于产品研发，曾获得四项皮革专利技术，并参与起草了2009年5月1日正式实施的皮革行业首个国家标准《家具用皮革》。

峰安皮业股份有限公司独家起草了从原料皮到成品皮包括制造皮革的化料等多项国家标准、行业标准，其中《鞋面用皮革》等国家行业标准，被认定为具有国际先进水平，并经国家发改委核准颁发实施。峰安已获得环保水浴脱毛方法、耐水洗鞋面皮的制造方法等多项国家发明专利，攻克了生态无铬牛软皮、铬鞣液循环利用、制革生物前处理技术、节水中水回用等多项省、市级政府立项的科研项目，具备皮革行业多项关键技术的成果转化能力。

晋江源泰皮革有限公司生产出品的高品质皮革，系列完整，种类齐全，尤以黄牛磨砂皮、自然摔油蜡皮、油蜡变色皮、粒面打蜡皮等直皮系列，享誉业界。特别是磨砂皮、油蜡变色皮等产品，成功跨入名品行列，达到世界先进水平，受到业界的肯定和市场的追捧。

晋江国泰皮革有限公司从国外全套引进意大利先进设备，月生产力达到300万平方英尺。专业生产二层牛皮，包括PU贴膜系列、压花系列、漆皮系列、湿法系列、喷涂系列、移膜革系列、磨砂系列等，产品广泛应用于鞋面革、箱包革、皮带革、沙发革等。

泉州信德皮革有限公司成立了专业科技研发中心，年科技研发投入资金200万元，特聘请国内外中、高级技术人员20名，共同研发适应市场需求的高档皮革产品。2007年11月，信德皮革开发生产的"黄牛自然摔纹皮"产品，被国家皮革和制鞋行业生产力促进中心及段镇基皮革和制鞋科学技术奖励基金会，评为三等奖，而几年来，该奖项一等奖始终为空缺，这标志着信德皮革的开发生产技术水平已处于全国领先地位。

安安中国有限公司从2008年兴建生产基地初期，就一直以环保为诉求，按国际化标准建设生产产区。并采用目前世界上最先进的合成革生产机台，确保生产稳定性的同时，有效降低了原材料的消耗；同时采用国家鼓励的水煤浆锅炉和专业的废水废气处理装置，力求以最高的燃烧效率和最低的排放量为节能减排做出自己应有的贡献。

福建皮革正因为有了这些致力于不断提高皮革生产技术的企业，才能推动本企业与福建皮革业工艺技术的发展，使福建皮革的国内、国际地位不断地提高，闻名于国内外。

三　环境保护

皮革行业一直被人们认为是"两高一资"行业。多年来，皮革行业在致力于行业、企业的规模发展，而忽略了排污设施的建设与治理，忽略了皮革行业带来的高污染问题。福建皮革行业同样如此，因此福建皮革业在快速发展的同时实际上也一直饱受诟病，究其原因就是污染严重，环保工作不到位。

随着皮革业的发展、壮大，随着市场需求的提高与改变，近年来，福建省政府与福建省制革企业也都意识到环保是企业长久健康发展的前提，纷纷加大了对制革企业的查处整治力度。早在1993年，福建晋江可慕制革集控区就已成立，是国内较早的集控区之一，曾被作为治污环保的模板，福建许多皮革工业区也都开始设立治污环保设施。然而随着环保标准的进一步提高，福建皮革行业的污染问题似乎一直居高不下，从2008年、2009年开始，福建制革业的环保风暴突然而来。

2009年10月的黄金周，对福建制革企业来说无疑是个黑色黄金周。福建省环保部门对泉州区域内的近百家皮革生产企业进行了一场突击检查，据检查结果显示，多家龙头企业污水排放超标，福建晋江安东工业区的8家企业则无一通过环评。而按照2009年9月底泉州市全市环保工作会议的精神，这些未通过环评的企业，将有可能遭遇关停，刚刚搬至安东的8家皮革企业所面临的，则是一场生死劫。

而在以往多次环保风暴中，福建漳州赤湖皮革园这个占地3800亩的皮革园，因是全省唯一一个经过省级环评的皮革园，都得以置身事外，也因此被福建皮革业界称为最后的防线。但在这场环保风暴下，赤湖皮革园同样被卷入其中，牵动了众多泉州皮革企业业主们的神经。

而造成如此严重的污染问题，并非福建各皮革工业区没有建立环保、排污设施，在福建漳州赤湖皮革园入驻园区的企业结成联盟，由包括兴业、峰安、锦兴等在内10家企业共同出资6000多万元，投资兴建一个日处理5万吨污水的污水处理厂。其中70%的污水经处理后重新回收利用作为企业的生产用水，其余部分处理达标后将排入深海。在泉州，也有一些小型、中型的污水处理厂。但对于这么庞大的排污量，这些远远不够，而这些都源于用地难这一焦点问题。

福建皮革业主要是靠乡镇民营企业自发形成的，在前期发展过程中并没有很好地规划，而随着城市"退二进三"步伐的推进，皮革作为一个重污染行业走到了集体搬迁的发展关口。寻求新的发展基地已经成为福建皮革业当前重要的发展课题。

后处理工序的缺失是福建皮革业用地难的直接原因。在早期发展过程中，皮革行业因为经营方式不够科学，造成了乱排放的发展格局，而在问题出现以后，企业技术创新能力没有及时跟上，造成很多污染问题。

但是，由于皮革业一直以来都是福建鞋服产业重要的配套产业，为了让皮革业继续做好配套服务，扶持仍是这个行业宏观调控的主方向。2009年国家也有根据泉州产业的实际情况，特别出台了关于重点发展第三类产业的产品生产用地规定，在泉州地区，特别规划泉港、可慕、安东开发区等几个地方继续发展制革产业。

以兴业、峰安为领头的福建皮革企业也开始以环保、绿色生产为自我发展标准，福建许多皮革企业提出了绿色皮革、生态皮革的概念。在原材料的使用上也从国外引进、采用了环保、无毒害的高新的化工原料，相对于国产的原有原料使用，成品后整体质量和环保指标也大大地提高了，从根源上实现了企业产品环保主题。

第三节 皮鞋

福建省皮鞋制造始于民国初期，据《福州工商史料》记载："民国成立后，福州工艺传习所从上海学习皮鞋制造技术，于是制作皮鞋业开始出现，亦归并鞋行的组织。"产品以线缝橡胶底和轮胎底的牛皮鞋为主，皮类多由本地供应，胶底购自广州、上海等地，废轮胎向汽车运输业收购。产品销售的主要对象是当地政府机关公务人员和军队官员。20世纪20年代初，皮鞋店以福州"魏南林"最为著名。由于个体分散生产，主要靠手工操作，工具只有铁锤、手削刀、剪刀、钻子、虎钳、鸟钳、铁脚垫、脱楦钩和通用缝纫机等，生产条件差，劳动效率低，发展速度极为缓慢。中华人民共和国成立初期，人民生活水平低，皮鞋需求量有限，品种十分单调，除女鞋式样偶有变化外，男鞋几乎都是三节头、光面五眼、内罩五眼等几种旧式样；所用原料基本限于黑、棕两色黄牛皮面革和橡胶、轮胎底、黄牛皮底及少量生胶底等；在产品结构上，全用真材实料，穿着牢固坚硬，但轻软度差，缺乏美观与舒适感。1956年，手工业社会主义改造中，皮鞋行业组织起来，实行集体生产，按照产、供、销、人、财、物职能分工的管理方式，后逐步过渡为有计划的全面经济核算管理方法。随着生产发展，50年代后期，分别成立省皮革塑料工业公司和福州、厦门、漳州市及晋江、建阳地区、福鼎县等皮革工业公司，实行专业管理。除了传统的线缝皮鞋外，还发展了胶粘、注塑、模压和硫化皮鞋；在使用原料方面，新增加猪皮面革、羊皮面革、水牛面革、人造革和合成革等；花色逐年更新，品种不断增加。除满足国内市场外，50年代末，开始经营出口业务，加速皮鞋生产发展的步伐。1960年，全省皮鞋产量87.57万双（比1956年的37.15万双增长1.36倍）。70年代，为适应生产发展和出口增长的需要，全行业掀起技术革新和技术革命高潮，生产工具大为改进，制造了出样机、放样机、下料机、片皮机、片摺机、双针机、锁边机、钉眼机、烫金机、钳帮机、内线机、外线机、抛光机、热合机、注塑机、模压机、硫化机、垫跟机、抛蜡机、红外线烘干机、脱楦机等专用机械设备，取代了皮鞋工业的手工操作，生产效率明显提高。大量使用人造革和合成革制鞋，鞋底料新增加猪底革、发泡橡胶底、热塑弹性橡胶底、聚氨脂底、橡塑仿生胶底等，达到轻软、美观、舒适、大方的效果；并以无纺布化学片代替天然重革，供作腔底和主根、包头用革，使原料可供量成倍增加，促进皮鞋业更快发展。1981年，福建省皮鞋产量高达767.6万双（比1960年的87.56万双增长7.8倍），其中人造革鞋481.9万双，占当年皮鞋总产量的62%，成为全省皮鞋行业产量最高的年份。1983年，福州第一皮鞋厂以补偿贸易的方式，引进两条运动鞋生产线，与美国"耐克"公司合作生产运动鞋，该厂产品用料讲究，工艺精细，外型新颖别致，结构科学合理，具有穿着轻软、舒适透气、无异味等优点，荣获国家外经贸委荣誉证书。1986年，荣获全国轻工业部出口创汇先进企业称号。1987年，该厂转产"雷宝"（REEBOK）和"海特"（HIJEC）牌高档系列运动鞋。福建省运动鞋发展受到国家经委的重视。1987年，国家经委、外经贸委和国家轻工业部等8个部委组成协调小组来福建省考查，确定福建省为运动鞋出口生产基地。1988年，福建省运动鞋生产企业发展到40多家，安装运动鞋生产线105条，年生产能力达3000万双左右；当年，生产各种出口运动鞋1662万双，创汇约4000多万美元。1989年年初，省人民政府发文指出："组建运动鞋企业集团，实行贸、工、技相结合，是福建省运动鞋发展方向。"1990年，生产各种皮鞋2576.7万双，其中出口1950.4万双，出口交货值4.04亿元。1992年，产量为9520.32万双，产值9.6亿元，居全国同行前列；其中出口3493.03万双，位居全国同行业榜首。1995年，全省计有89个皮鞋企业，总产值18.14亿元，生产各种皮鞋4489.3万双，其中牛皮鞋1165.86万双，占25.97%；猪皮鞋556.51万双，占12.4%；人造革鞋2216.78万双，占49.4%。出口生产也有较大幅度增长，1995年，出口3974.01万双（是1981年63.03万双的63.05倍），运动鞋产量达1489.75万双（是1985年71.8万双的20.75倍），其中出口972.26万双，占当年运动鞋总产量的65.26%，是1985年出口54.3万双的17.9倍。

第四节　皮件

皮件产品品种繁多，应用范围广泛，且生产历史悠久。据朱维幹《福建史稿》记载，宋熙宁时（1068—1077年）福建已能生产军用皮革制品。明末清初，福建南平有皮枕店30余家。嘉庆五年（1800年），陈福盛皮枕店创立，很快成为当地同行之冠。道光五年（1826年），福州杨桥路出现皮箱作坊，道光二十七年（1848年）"万福来"皮箱面世。直到20世纪50年代前，产品品种还比较单调，主要分两大类：一类为军用品，如皮枪套、弹盒、炮衣、车篷、地图筒、仪器箱、望远镜套、照相机壳、军用背包以及吊环、木马、马车挽具等；另一类为生活用品，如皮枕、家用皮箱。至于其他品种，如手套、书包、琴套、皮带、皮衣、皮帽等，大都以销定产，只有零星制作。1956年，合作化时期，绝大部分从事皮件生产的人陆续组织起来，成立皮件合作社、组成公私合营企业，生产规模不断扩大，产销数量逐年增多。1960年，开始生产出口家用漆牛皮皮箱；1963年，相继出口塑革书箱，外销业务源源不断，出口数量迅猛增长。自70年代开始采用PVC、PU革和牛津、尼龙为代用材料后，花色品种大增，促进皮件生产发展；劳工手套等产品打入了欧美市场。1978年，中共十一届三中全会以后，实行改革开放的方针，大大促进生产力的发展。1985年，全省皮件生产企业44家，工业总产值达7262万元（占当年皮革行业总产值14.41万元的50.4%），比1966年的213万元增长24倍。1995年，全省二轻有皮件生产企业61家，年产值达到6.66亿元，占全年全省皮革行业总产值29.3亿元的22.73%，是1985年的9.17倍。从1965年到1985年，每年皮件产品出口交货值达3757万元，创外汇1105.7万美元，占福建省皮革行业总创汇1227.46万美元的90%。1995年，出口交货值7.97亿元，占当年皮革行业出口交货值27亿元的29.51%。

第十四章　江西省

第一节　历史沿革

据《赣州地区工业志》《赣州市二轻工业志》《南昌县志》记载：明代时，赣州带毛麂皮、白硝麂皮、翎毛、弦箭、胖袄鞋裤列为贡品。明清时期，赣南和南昌地区的制革作坊已很多。道光年间，赣县的漆皮枕、牛皮箱盛极一时，扬名于河北、河南、山东、安徽等省，后因战乱逐渐衰退。

民国时期，制革作坊与皮鞋店遍布全省各地，其中南昌皮革业发展最快。20世纪二三十年代，南京、上海、浙江、武汉等地的制革及皮鞋、皮件业的艺人先后到南昌开张经营，或被商人所雇，并自成行帮，主要有"金陵帮""汉口帮""丰城帮"等，这些外地艺人带来了新的制革工艺。到30年代，南昌、九江、吉安等较大城镇不再用古老的烟熏法。

1923年，曹老六等鞋匠用自制的鞋楦在南昌生产出具有当时风格的新式皮鞋。1931年，谢省山的皮鞋店与后来的天一堂和桂馨斋皮鞋店在南昌城小有名气。上海籍的朱佐庭、朱佑庭两兄弟开始在南昌制作皮箱、皮包。同年，省立工业试验所设立制革试验厂，设备有柴油引擎1台、转鼓机1台、轧光机1台等，推出产品不多，后归并工业学校。

1933年，南昌市有制革作坊46个，散布于德胜门及进贤门外一带。每个流动资本几百元到1万元不等，其中流动资本在2000元以上的有12个。

1939年，南昌市被日军占领，皮革艺人大多逃往吉安、赣州等地，抗战胜利后，南昌皮革业逐渐复兴，制革、皮鞋、皮件行业先后兴起的店铺（坊）有镇外、大陆、联华、正大、明星、中华、利达、大江、宽记等。1946年，赣州有皮革制品厂（店）19个，新中国成立前夕，南昌市有大小制革作坊30多个，从业人员300余人；大小皮鞋作坊20多个，从业人员400余人；大小皮件作坊30多个，从业人员200余人。赣州有皮革制品作坊、店铺44个，从业人员218人。

新中国成立初期，个体皮革工匠纷纷组织起来走合作化道路，成立皮革、皮鞋、皮革制品合作社。

1951年1月，赣州制革联营厂成立；11月，南昌市第一皮鞋生产自救合作社成立。1953年，上饶市组织部分个体手工业工人成立皮鞋社。1954年，南昌制革工艺社成立；由大陆、联华等7个皮鞋厂（店）组成南昌光明皮鞋厂；由敖长根、冯细菊等13人每人自带50元股金成立景德镇第一皮革合作小组，次年更名为皮鞋生产合作社，人员增至29人。

1955年，南昌制革工艺社有社员71人，产值57.2万元，自有资金3.9万元，股金

9000元；南昌市第一皮鞋生产自救合作社与南昌市皮件生产合作社、南昌市第二皮鞋合作社合并为南昌市皮革制品工艺生产合作社；抚州市组织城区个体制革工人成立抚州市制革生产合作社，有社员20余人，以硝制牛皮、兔皮和狗皮为主。

1956年，南昌市协力皮鞋合作社及其他皮件、皮鞋个体户入社后更名为南昌皮革制品高级生产合作社；赣州制革联营厂更名为赣州市制革厂。同年，全省皮革行业实现合作社化，完成了由个体生产到集体生产的变革，共建社40个，社员1275人。

1958年，南昌制革工艺社转为地方国营南昌制革厂，生产原材料由国家统一调拨，牛皮实行统购统销，其生产计划占全省计划的75%；抚州市制革生产合作社并入抚州畜产品加工厂，成为地方国营企业的一个车间；景德镇皮鞋生产合作社更名为皮革制品合作社，除生产皮鞋外，还增设了制革车间；上饶市皮鞋社更名为上饶市皮革厂，设有制革、皮鞋、皮件3个车间；南昌市皮革制品高级生产合作社更名为洪都革品帆布厂，次年转为地方国营洪都革品厂。

1959年，景德镇市皮革制鞋厂成立，为地方全民所有制企业，有职工160人，设皮鞋、皮件、布鞋3个车间和橡胶工段，当年获省长邵式平签署的省先进企业奖；同年，赣州制革厂、赣州皮革制品合作工厂、赣州皮枕厂合并为地方国营赣州皮革制造厂，当年生产牛皮15790张，完成工业产值11583万元。

1960年6月，上海市为了支援江西内地工业发展，把地方国营跃进皮革厂迁入吉安市，与吉安大达皮革厂合并；同时迁入职工108人。次年两厂分开，跃进皮革厂为工业部门和军工企业生产皮仁、皮结、皮带、皮圈等皮件。

1961年6月，洪都革品厂分为南昌洪都皮鞋厂和南昌市西湖皮件社；8月，中共江西省委在吉安市召开全省城镇调整手工业所有制现场会，决定对手工业厂（社）进行调整；10月，景德镇市皮革制鞋厂转为集体所有制的皮革合作工厂。

1964年年底，全省县以上皮鞋厂、社调整为10个，其中全民所有制4个，职工443人；集体所有制6个，职工950人；县以下皮鞋厂（组、社）72个，其中全民所有制1个，职工27人；集体所有制71个，职工1910人。生产皮鞋的主要厂家有南昌洪都皮鞋厂、光明皮鞋厂、九江皮革厂、吉安大达皮革厂、上饶市皮革厂、景德镇市皮革合作工厂等。

1965年，景德镇皮革合作工厂在老鸦滩新建生产厂房4幢，共1600余平方米。派出6人到上海华胜制鞋厂学习，并购买1台旧剖层机、1台旧磨革机和削匀机等设备。全省除抚州市制革停产以外，共有南昌制革厂、赣州皮革制造厂、上饶市皮革厂、景德镇市皮革合作工厂、吉安大达制革车间5个制革企业生产。当年全省制革产量为5.04万张（牛皮），生产皮鞋29.88万双，比1954年的3.23万双增长了9.25倍。

1966年，南昌制革厂、赣州市皮革制造厂、上饶市皮革厂以及吉安市大达皮革厂制革车间决定生产猪皮革；景德镇市皮革合作工厂决定投资30万元，使制革生产能力提高到年产10万张。

1967年，景德镇市皮革合作工厂新厂竣工投产，从上海请了制革技术工人11人，添置制革设备价值9万元。当年全省猪皮制革14.23万张，牛皮革2.37万张，生产皮鞋28.39万双。

1969年，轻工业部、化工部、商业部在大规模脚型调查的基础上，对皮鞋、布鞋、胶鞋、塑料鞋（以下简称"四鞋"）的尺寸制定一系列标准。南昌、九江、赣州、萍乡、鹰潭等地市的皮鞋企业开展了"四鞋"改革。

1970年，全省集体、国营制革厂从不足10个发展到43个。由于一些市、县办厂条件不成熟，到1974年，全省制革企业从43个减少到38个。它们是南昌制革厂、南昌县皮革厂、新建县制革厂、吉安市制革厂、泰和县制革厂、新干县制革厂、永丰县皮革厂、永新县皮革厂、吉水县皮革厂、峡江县皮革厂、安福县皮革厂、遂川县皮革厂、赣州市皮革制造厂、南康县制革厂、广昌县皮革厂、上饶市皮革厂、玉山县皮革厂、弋阳县皮革厂、万年县皮革厂、波阳县皮革厂、乐平县皮革厂、贵溪县制革厂、广丰县皮革厂、鹰潭市制革厂、抚州地区皮革厂、临川县皮革厂、南城县皮革厂、九江畜产制革厂、永修县皮革厂、修水县皮革厂、都昌县皮革厂、景德镇市制革厂、新余县皮件制革厂、清江县制革厂、丰城县皮革厂、上高县皮革厂、高安县皮革厂。

1975年，南昌洪都皮鞋厂、南昌光明皮鞋厂、上饶市皮鞋厂、九江橡胶皮革厂、赣州市皮革制造厂、萍乡橡胶皮鞋厂6个企业成为全省重点硫化皮鞋生产厂家。景德镇市制革厂、皮件厂及橡胶工段重新合并，成立景德镇市皮革厂。当年全省猪皮制革97.07万张，牛皮革10.73万张，生产皮鞋65.2万双。

1979年，南昌洪都皮鞋厂和光明皮鞋厂分别获中短期贷款150万元和55万元，用于土建和分别购置各种生产设备163台、140台。

1980年8月，以赣州皮革制造厂为基础，加上隶属街道办事处的赣州市皮革制品厂等9个企业，组建赣州市皮革工业公司。当年全省猪皮制革155.44万张、牛皮革5.36万张，生产皮鞋227万双。

1981年4月，南昌洪都皮鞋厂的鞋楦车间被独立划出，成立南昌鞋楦厂。

1982年，南昌木器四厂停产，鞋楦厂迁入木器四厂内。当年，鞋楦厂修建厂房2幢，购进3台国产刻楦机，完成产值42.8万元，实现税利4.75万元。

1982年，全省皮革行业走入低谷，共有16个制革厂发生亏损。其中遂川县皮革厂、南康县制革厂等被迫停产或转产。

1983年，南昌鞋楦厂从联邦德国引进先进的放样机，年产量增加到20万双。同年12月，余江县皮革厂从原余江县综合厂划出后单独组建，职工人数为21人，原始资本为4.5万元。

1984年，新建县制革厂和南昌洪都皮鞋厂联营，成立洪新旅游鞋厂生产旅游鞋。同年年底，上饶市皮革厂分解为制革厂、皮件厂和皮鞋厂3个厂。

1985年，全省皮革工业总产值9123万元，出口换汇597万美元，猪皮制革130.8万张，牛皮革13.6万张，生产皮鞋235.6万双，猪皮开剥数量名列全国第11位。

1986年，南昌光明皮鞋厂获准从国外引进皮鞋生产线项目；赣州市皮革工业公司引进的皮鞋生产线竣工投产。南昌洪都皮鞋厂生产的牛绒软底皮鞋出口15.7万双；次年出口53万双，创汇80多万美元。

1987年5月，省皮革塑料工业公司与景德镇市皮革厂联合成立省皮革塑料工业公司景德镇市皮革联营厂（1992年4月终止）。前者入股20万元，后者入股200万元。10月，以省皮革塑料工业公司为龙头，有34个股东单位参加的省皮革股份联营公司成立，每股资金为5万元。10月，省皮革塑料工业公司与省轻工进出口公司、省国际信托投资公司、香港京士活洋行4家单位在深圳签署组建江西赣京皮革制品有限公司的协议。这是江西省皮革行业首家中外合资企业，于1988年年底建成投产，生产牛二层贴膜革。

1988年，生产皮鞋的各种原辅材料价格大幅上涨，一些大的国营、集体皮鞋企业步入困境。南昌鞋楦厂亏损严重，被南昌八一阀门厂兼并。

1990年，以生产猪皮革为主的南昌、吉安等市制革厂出现较大幅度亏损。为此，省下达猪皮制革专项贷款700万元，缓解了企业资金紧缺的困难。11月，省经委、省轻工业厅（以下简称省厅）批准新余市皮革公司"高档猪皮服装革生产线技改工程"立项，同意由年产猪皮革10万张增至50万张，总投资700万元，其中24万美元。当年，全省猪皮制革189.78万张，牛皮革7.03万张，生产皮鞋320.18万双。

1991年5月，轻工业部将新余市皮革公司高档猪皮服装革生产线技术改造工程列为1991年新开工计划，安排专项贷款350万元。7月，新余市皮革公司分为新余市制革厂、新余市皮鞋厂和新余市皮件厂，各自成为独立法人。11月，由市制革厂接管的技改项目土建工程破土动工。同年，余江县皮鞋厂生产的胶粘女羊皮鞋获省优秀新产品证书，成为主导产品。

1992年10月，余江县皮鞋厂胶粘羊皮鞋、鱼皮鞋、蛇皮鞋等系列产品在河南郑州举办的第二届中国旅游产品评选会上获"天马"金奖。当年，上饶市制革厂年产30万张制革生产线技术改造立项，总投资368万元，于1993年开工，8月投产，当年生产猪皮革20万张，盈利46万元。

1993年，江西正三皮革股份有限公司收购已停产的南昌县制革厂的厂房、设备，接收了部分工人。吉安市制革厂被迫停产，厂房、设备出卖，除偿还债务外，剩余部分由吉安市国资局接管。吉安市国资局与吉安市樟山乡合资成立吉安市金鑫皮革股份有限公司。吉安、上饶等市、县的皮鞋集体企业纷纷倒闭；南昌洪都皮鞋厂、光明皮鞋厂亏损严重，停产或半停产。经济效益最好的是余江县皮革厂，1993年实现利税26.7万元，是鹰潭市经济效益先进单位，生产的女式羊皮鞋和牛皮鞋获国家科技星火计划成果金奖。12月，新余市制革厂年产50万张高档猪皮服装革生产线技改工程竣工，实际完成投资926万元。

1995年，南昌市华思特服装实业公司经中国皮革工业协会同意，成为江西省第一个可佩挂真皮标志的企业。上饶市制革厂年产80万张猪皮革生产线技术改造立项，计划总投资1087万元，设计生产规模在全省制革行业列首位。全省37个集体、国营制革企业中，遂川、南康、临川、南城、乐平、永修、新建、南昌县、弋阳、吉安等市、县的制革厂由于亏损而停产。南昌、高安、永新等地的个体制革加工业逐步发展壮大。当年，全省猪皮制革177.42万张，牛皮革44.07万张，生产皮鞋825万双。

20世纪90年代后期，随着市场经济的不断发展，江西省皮革企业的经营遇到了许多困难，亏损加剧，部分企业破产关闭，制革及皮鞋生产出现大的下滑。1998年，江西省制革及制品企业仅有10家，年产轻革69.56万平方米，年产皮鞋388.17万双；2000年，江西省产轻革76.34万平方米，年产皮鞋235.35万双。

进入21世纪后，江西省因其独特的区位优势和丰富的劳动力资源，成为沿海皮革产业转移的目的地。2002年，地处广东东莞的华坚集团与江西赣州经济技术开发区正式签约兴建华坚国际鞋城，首期项目用地600亩，总投资3.4亿元人民币。到2010年年底，赣州华坚国际鞋城已建成20条现代化女鞋生产线，拥有近万名员工，年产量近千万双。

2005年，台湾宝成集团在江西上高县设立裕盛产业有限公司，首期投资2500万美元，占地1000亩，生产耐克、阿迪达斯、锐步等品牌鞋，同年9月份企业正式建成投产。裕盛产业有限公司的设立迅速带动了上高制鞋业的发展，福建泉州的运动鞋生产企业匹克集团也开始在上高投资建厂，成为匹克集团重要的生产基地。

黎川县自2005年引进第一家制鞋企业，如今已经有10多家制鞋及配套企业落户，鞋产业集聚效应在黎川已初步显现。台湾永恩集团设立的大川鞋业公司2006年9月落户黎川，生产"达芙妮"品牌鞋。目前，黎川产业园里的鞋业企业年产3亿双鞋，其中不少是原来一直在福建等沿海省份发展的台资企业。

2005年后，新干县大力实施"返乡创业"工程，以"返乡创业"带动全民创业，成功吸引了新干籍在外从事箱包皮具产业创业人员抱团回乡，创建了占地200亩的箱包皮具城和1300亩的箱包皮具制造基地，走出了一条"以商促工、贸工联动"的特色发展之路，形成了批发专业市场与产业集群的发展格局。

第二节　制鞋、制革工艺

（1）制鞋。制鞋工艺分线缝、硫化、模压、胶粘4种，最早是线缝工艺。20世纪20年代，南昌、九江、赣州等地的鞋匠开始用鞋楦和麻绳手工缝制仿造各式皮鞋、马靴、油靴等。30年代，进口了缝纫机，缝制皮鞋鞋帮。1965年，南昌洪都皮鞋厂试制出硫化皮鞋，热硫工效提高3倍左右。在随后3年里，生产硫化皮鞋的还有九江市皮革厂、南昌光明皮鞋厂、赣州市皮革制造厂。由于当时硫化鞋起壳、裂缝发泡、断裂等质量问题难以控制，故没有推广。1972年，赣州市皮革制造厂新建1栋皮鞋生产大楼，添置内外线机、炼胶机、电动缝纫机等设备，还自制模压机生产模压鞋，成为江西省最大的模压鞋生产企业。1973年，南昌洪都皮鞋厂采取低温硫化工艺，对单底结构进行硫化后加贴榜革膛底，初步解决了"断帮、臭脚、变形"的问题。1975年，胶粘工艺开始推广，成为皮鞋生产的主要工艺。1990年3月，新余市皮革公司皮鞋厂从河南省漯河市引进雪地保暖鞋生产技术，7月正式投产并通过省级鉴定。1992年8月，新余市皮鞋厂从福建晋江运动鞋总厂引进旅游鞋生产技术，9月投产。

（2）制革。传统制革工艺主要使用石灰池、刮肉器、脱灰桶等，采用烟熏法生产。工艺流程是：刮去血肉置于石灰池内，脱毛后洗涤即行脱灰，再用水洗净；浸于明矾液内，或用烟熏。1918—1919年，沪汉制革师傅来赣设厂，开始了新法制革。新法制革有单宁植鞣法和铬鞣法2种。单宁植鞣法的工艺流程为：浸水—浸灰—脱毛—刨肉—脱灰—水洗—浸酸—单宁植鞣—加油—干燥—打光—入库；铬鞣法的工艺流程为：浸水—浸灰—脱毛—刨肉—脱灰—水洗—浸酸—铬鞣—中和—染色—加脂—干燥—拉软—上光（涂饰）—入库。40年代铬鞣工艺由二浴法改为一浴法。皮革品种有英皮、花旗皮、黄烟皮、底皮、马鞍皮等。

20世纪50年代，江西省制革业开始半机械化操作。软化采用猪胰脏，整理采用喷涂。牛皮鞋面革采用酪素蛋清、硝化纤维。60年代初，开始用丙烯酸树脂为涂饰材料。

1965年，南昌制革厂率先对猪皮制革工艺进行改革，全省有5—6个制革厂配有少量机械转鼓。1966年，南昌制革厂采用盐碱脱毛新工艺，试制出猪皮出口劳保手套革、出口半硝革、猪皮美术革。

20 世纪 70 年代，浸水采用快速浸水法，时间由原来 5—7 天缩短到 2—3 天。1972 年，南昌制革厂试验成功"常温无浴酶脱脂脱毛"新工艺，工时由 29 小时缩减到 3—5 小时，属国内首创。经轻工业部制革研究所和有关部门鉴定，认为是制革工艺的一次重大突破。由于操作要求高，质量难以控制，故许多制革厂试用一段时间后，又改回灰碱法脱毛。

20 世纪 80 年代，各制革厂纷纷由片碱皮工艺改为片蓝皮工艺。片碱皮一般用天津皮革机械厂或浙江湖州皮革机械厂生产的 GJ2Al80F 型简易片皮机。片蓝皮则用进口的精密片皮机或用烟台、大连市生产的 GJ2A8 型片皮机。片蓝皮时，二层、三层革的得革率高。在制革工艺上，注重皮革的复鞣。多功能复鞣剂、加脂剂、聚氨脂涂饰剂开始推广应用，还有稀土鞣剂和染色助剂。1984 年，新余市皮革厂与上海市长宁区工商联签订"技术咨询、技术服务"协议书，从上海聘请 4 位退休师傅做制革技术指导；弋阳县皮革厂通过上海劳动局、上海市皮革协会介绍，从上海请来 3 位老师傅传授猪皮修面革生产技术，当年扭亏为盈；上高县皮革厂从上海请来 8 位师傅，在半年时间内将水牛修面革产品提高到省内先进水平；弋阳县明胶厂与上海九三学社长宁区技术服务处联合生产"无菌粉状食用明胶"一举成功。1987 年，新余市皮革厂投资 3 万元，从成都市科技服务中心引进国家"六五"攻关成果——高档猪皮服装革生产技术，1988 年列为省级星火计划，获优惠贷款 69 万元，用于购进国内先进的挤水伸展机、精密剖层机、真空干燥机、削匀机、电子量革机和转鼓等 10 台（套）制革专用设备。1988 年 5 月，上高县皮革厂从意大利引进精密片皮机 1 台、熨革压花机 1 台、削匀机 1 台、真空干燥机 1 台，总价为 28.5 万美元。

20 世纪 90 年代，皮革补伤剂的应用为低档皮生产高档产品开辟了途径。1992 年 7 月，新余市制革厂分别从意大利 INCOMA、RIZZI、ROTOPRESS 公司引进真空干燥机、削匀机、喷浆机等设备。1993 年 10 月，樟树市制革厂从意大利引进削匀机 1 台。到 1995 年，南昌、吉安、赣州、新余、上高、九江、樟树等市的制革企业都先后引进了国外制革机械设备。

第三节　行业管理

新中国成立后至 1965 年，全省皮革行业分别由省合作事业管理局、省手工业管理局和省轻工厅直接管理。1965 年 8 月，省手工业管理局在供应处皮革经销部的基础上组建省皮革经理部，协助省手工业管理局对全省皮革、皮鞋和皮件行业进行行业管理。1981 年 4 月，省人民政府批准省皮革经理部与省二轻工业厅生产处塑料组合并，成立省皮革塑料工业公司，协助省二轻工业厅对全省皮革塑料行业进行行业管理，当年制订了《江西省皮革管理暂行办法》。1993 年 3 月，省厅赣轻办字 17 号文决定将省皮革塑料工业公司分设为省皮革工业总公司和省塑料工业总公司一蠹 1995 年 1 月，省轻工厅和省社团管理部门批准成立省皮革工业协会，申请入会单位有 53 个，理事长单位为省皮革工业总公司，副理事长单位是上饶市制革厂、新余市制革厂、赣州市皮革工业公司、南昌华商集团；10 月，省轻工厅编制《江西省皮革工业"九五"计划和 2010 年远景目标》。

一 生产管理

1965年12月召开第一次全省皮革工作会议，讨论通过《关于原皮、熟革管理办法暂行规定》。1966年6月，省商业厅、省手工业管理局在南昌市召开"全省大力开剥猪皮现场会"，提出同年生产猪革15万张的计划。1969年2月，省轻化工业公司和省食杂品公司在南昌市联合召开"全省开剥猪皮、发展制革工业工作会议"，决定投资100万元扩建已有的5个制革厂，同时投资45万元在抚州、九江、宜春3个地区各建一个年产5万张以上的猪皮制革厂。1970年3月，省轻化工业局、省财政金融局、省商业局革命委员会再次发出《大力开剥猪皮，发展制革工业的联合通知》，号召全省各地立即掀起一个大力开剥猪皮、加速发展制革工业的群众运动，提出"土洋结合为主，土法上马，大力发展小型制革厂"。4月上旬，省轻化工业局在玉山县召开土法上马办制革厂现场会，总结推广玉山、遂川、高安等县土法上马办制革厂的经验。一场因陋就简、土法上马办制革厂的运动在各地揭开帷幕。9月，在景德镇市召开的全省皮革工作会上提出要实现"五变"，即"生皮变熟皮、原料变成品、粗皮变细皮、一皮变多皮、低档变高档"。1975年4月，在萍乡市召开全省硫化皮鞋生产经验交流会。会议就完成50万双硫化皮鞋的生产任务等问题进行了座谈，提倡应用新工艺、新技术、新材料、新设备，普遍推广洪都皮鞋厂用鞋帮平面设计方法生产硫化模压皮鞋，并开始在女鞋、童鞋中使用胶粘生产工艺，即手工涂胶，机压成型。1984年，随着经济体制改革的深入，全省皮革企业开始推行经济承包责任制；同时，广泛开展内引外联和跨行业、跨地区的横向经济联合。1992年，企业开始转换经营机制，实行自主经营、自负盈亏、自我发展、自我约束。

二 计划物资

（1）牛、羊皮。新中国成立后至1984年，牛、羊皮是由国家统一收购、统一调拨的计划物资。国家每年由轻工业部、商业部联合下文分配给江西省牛、羊皮计划，再由省皮革经理部（省皮革塑料工业公司）分配给各地、市的有关制革企业；轻工业部分配的进口牛蓝湿皮，由省直接调拨到企业。1984年后，牛、羊皮指令计划放开，由市场调节。

（2）猪皮及熟革。省内猪皮开剥及收购计划，由省皮革经理部（省皮革塑料工业公司）提出，再由省轻工厅和商业厅、财政厅联合下文到各地、市实行。猪皮熟革的供应按照统筹安排、计划调拨、产销衔接、保证重点的原则，采取先重点、后一般，先计划内、后计划外的办法，由省统一平衡下达。江西省制革满足不了要求时，则与外省加工厂联系并返销给省内革制品厂。企业不按计划调拨生产的，省皮革经理部（省皮革塑料工业公司）有权减少其原材料供应，扣除猪皮补贴。猪皮熟革不得销往外省。

（3）专用化工材料及机械设备。专用材料有栲胶、红矾钠、揩光浆、颜料膏、绉麻线、胰酶等；专用设备有片皮机、削匀机及刀片等。1982年后，皮革机械不再直接调拨，转由市场调节。

三 猪皮补贴

1966年1月，国家鼓励猪皮制革，实行财政补贴政策，每开剥1张猪皮财政补贴3元。1967年1月，改变补贴办法，猪皮制革财政补贴0.6元/千克，超收超补，后逐步调到 1.6 元/千克。1979 年年初，省经委、省财政召开全省开剥猪皮、皮革生产出口会议。会议决定从 1979 年 4 月 1 日起，对南昌、赣州、吉安、上饶等地、市的猪皮收购价调为 2.5 元/千克。工业负担由原 0.91 元/千克改为 1 元/千克，财政补贴由原 1.6 元/千克改为 1.5 元/千克；其余县镇由 1.98 元/千克调为 2.2 元/千克，其中工业负担由原 0.9 元/千克改为 1 元/千克，财政补贴由原 1.08 元/千克改为 1.2 元/千克。会议同时还规定：手工剥皮带油率不得超过 15%，机械剥皮带油率不得超过 20%。否则，财政不予补贴。1985 年财政补贴调为 1.4 元/千克，1989 年猪皮制革财政补贴减少一半，1990 年财政补贴全部取消。

四　技术服务和质量

1972 年 11 月，江西首次组织 24 个重点制革厂进行产品质量检查评比。1973 年 4 月，省皮革经理部在新建县制革厂召开"全省猪细绒鞋面革生产经验交流现场会"；12 月，在南昌市召开全省"常温无浴酶脱脂脱毛"新工艺现场会。1974 年 12 月，江西省皮鞋技术协作组第一次会议在南昌市召开，共有 36 个单位、59 名代表参加，7 个企业介绍了经验。

1975 年，省皮革经理部邀请成都工学院制革专业 70 余名师生到赣州办学，举办一期制革工人技术培训班，有 30 多个企业派人参加。同年，成都工学院皮革机械专家在赣州皮革制造厂研制了中国第一台铁木结构的螺旋转鼓。10 月，江西、贵州、福建 3 省出口皮鞋质量工作交流会在南昌市召开。同月，江西省第一次皮革技术协作会在南昌市召开，有 26 个制革厂、一些重点皮革制品厂、配件厂等单位 78 名代表到会。会议交流了快速鞣法制革和植物快速鞣生产底革、包带革、箱包革的经验以及酶脱毛生产牛修面革、猪修面革的经验。1977 年 4 月，华东、西南 9 省 1 市第 3 次制革技术协作会在景德镇市召开，共有 70 个单位、142 名省外代表、77 名省内代表参加。1979 年，在赣州皮革厂举办提高猪修面革质量整理、涂饰技术培训班，有 21 个单位参加。

1980 年 10 月，在吉安市举办以涂饰为主的猪修面革技术培训班；12 月，在波阳皮革厂召开全省猪皮服装革技术经验交流会。1980—1991 年，全省皮革行业开展质量评比和创优活动，共创部优 1 个、省优 33 个（不含复评）。1982 年 6 月，华东、西南 9 省 1 市第 6 次皮鞋技术协作会在南昌市召开，227 名代表参加了会议；10 月，在南昌县举办为期 1 个月的制革技术讲座；11 月，在进贤县举办为期 1 个月的皮鞋帮样设计技术讲座。1983 年，省皮革塑料工业公司依靠省内工程技术人员分别举办了制革和制鞋技术培训班。1989—1993 年，省皮革制品质量监督检测站对皮革及其制品的物理化学性能进行了检测。

1995 年，省皮革工业总公司、省皮革工业协会邀请湖南省衡阳市制革厂的工程技术人员到新余市制革厂讲课，进行实地教学，全省有 11 个企业派人参加。

第十五章　山东省

第一节　历史沿革

一　古代和近代概况

山东皮革历史悠久，源远流长，闻名遐迩。在山东皮革工业中，毛皮业历史最长。早在明代初期，山东济宁就有毛皮熟制和裘革衣制作，而后临清、定陶、聊城等地也有生产。400 多年前临清就以盛产"千张袄"而闻名于世，济宁出产的青猾皮和定陶的羊剪绒等久负盛名，当时有大小作坊百余家，从业人员以回民为主。到了咸丰末年，毛皮工业开始衰落，济宁、临清、定陶、聊城等地的大小皮坊减少，临清由 70 余家减到 30 余家。到了清末民初，毛皮工业又进入了一个兴旺发展时期。据《海关中外贸易年刊》记载，同治十三年（1874 年）、光绪十年（1884 年），烟台海关向香港出口各类皮货，也从国外引进皮货。随后，青岛、威海、龙口等港也陆续与各国开展皮货进出口贸易，来往的国家和地区有新加坡、印度、埃及、英国、瑞典、芬兰、德国、日本、加拿大等。当时济宁有较大毛皮作坊 20 余处，季节性小作坊 100 余家，从业人员 2000 多人，年产各种皮货 30 万件。

山东制革业的兴起是 1918 年，距吴懋鼎在天津创办全国最早的硝皮厂（1898 年）晚了 20 年。据《山东实业志》记载：民国七年（1918 年），省内第一个新式制革厂——济南胶东制革厂成立，年产皮革 4000 张。之后，济南有恒兴永制革厂、科学制革厂，青岛有大兴制革厂，泰安有鲁大制革厂，临清有五三制革厂。而潍坊、烟台、临沂、即墨等地的制革厂也先后建立。据 1933 年调查可知，省内制革所用原料以牛皮为大宗。生牛皮多半由本省出产，少量购自南京、安徽等地。当时，全省新旧制革厂、作坊共 44 家，因手工操作，设备简陋，工艺落后，所制皮革除一部分制作鞋底外，其余只能做农用车马挽具或用于捆扎物件。

传说最原始的皮鞋是我们的祖先用狩猎获取兽皮包在脚上，然后用骨针穿皮线缝扎而成，没有鞋帮和鞋底之分，它的功能单一，只是为了御寒、保暖、不被刺伤，这种原始皮鞋始于何年、何月，已无从考证。但它为人类开辟了鞋的先河。据史书记载，第一双真正皮鞋问世在山东。春秋战国时期齐国人孙膑任齐国军师时，齐国和魏国发生了战争，孙膑为了指挥战斗，发明了帮底皮鞋，用生革硬皮裁成了底，用较硬的皮做成帮，然后缝制成高筒皮靴，使自己的残腿站立起来指挥作战，齐国大获全胜。这个故事发生在公元前 353 年，历史称为"齐魏陵之战"（今山东省菏泽东北）。随后这种帮底皮鞋在战国时期得到了广泛应用。孙膑创造了第一双帮底缝合的高帮皮鞋，是制鞋史上的一个创举，后来的鞋匠们一般在农历的十月初一祭祀孙膑，感谢他的传艺，一些制鞋名师为了纪念他，便将他的画像挂在家中，那时候凡挂有孙膑画像的人家，表明是以制鞋为业。

山东的皮鞋工业，起源较早的是德州市崔中立开办的"中立斋"鞋店（1873年），济南大同号鞋店（1907年）次之。20世纪初，高密人张家和在海参崴学习制鞋技术后，至青岛博山路设店授徒，字号为"顺兴"鞋店。据《济南市二轻工业志》记载：皮鞋工业始于清代末期。济南有一家"大同"字号作坊，民国五年（1916年），济南开办"顺兴之""同达鑫"字号鞋店。随后，烟台、潍坊、临沂等地也先后开始生产皮鞋。

新中国成立前的皮件工业，一直未有专业生产厂家，皮件产品皆由制革厂或皮鞋厂附代生产，产品有皮轴、皮圈、皮垫、票夹、腰带等，发展非常缓慢。

山东皮革工业，在民国二十六年（1937年）以前，可谓缓慢发展阶段。以后因为日寇入侵，工农业生产遭到破坏。皮革原料又被劫往日本作为军需，禁止农户生产，因此皮革工业趋向衰落，生产呈停顿倒闭状态。

二　新中国成立三十年概况

新中国成立初期，皮革工业生产主要特点：一是绝大多数为分散的个体经济；二是手工业作坊的生产方式；三是原始落后的生产工艺。

1952年年底，全省从事皮革生产的合作社（组）及个体手工业者由新中国成立初期的2973户发展到3205户，从业人员达6782人，其中合作社（组）1292人，生产皮革（折牛皮）7.8万张。

第一个五年计划期间，随着国民经济的恢复发展及对私营工商业社会主义改造和对个体手工业合作化的完成，皮革工业得到了发展。2900多户个体经济组成了100多个皮革生产合作社（有的称厂）。期间制革专用设备开始使用，济南制革厂从上海购进一台片皮机，产品质量及生产能力得到了提高。至1957年年底，全省皮革工业有县属以上皮革企业201个，职工6883人；完成工业总产值2100万元，为1952年的3.2倍，5年平均递增26.3%；年生产皮革（折牛皮）54.2万张，为1952年的6.9倍，占全国皮革总产量的5.7%；皮鞋18万双，为1952年的225倍，占全国皮鞋总产量的0.7%；收购猪皮67.8万张，占全国收购猪皮总量的25.8%。

1957年以后，制革工艺普遍由传统的烟熏法向化学鞣制工艺过渡，花色品种有所增加。1964年，济南制革厂首先研制成功猪修面革。随后，青岛、烟台等地的制革厂也先后批量生产猪修面革，猪皮制革比例逐步扩大。

20世纪60年代初，皮鞋由以前只有线缝皮鞋增加了模压皮鞋，羊革皮鞋、革皮衣、皮帽子、童皮猴、皮褥子、皮手套等产品开始出口。皮件制品逐步用人造革材料代替真皮材料。猪皮制革比例加大。

1965年年底，全省有县属以上皮革企业122个，其中全民所有制企业6个，集体所有制企业116个。按行业划分，制革企业15个，生活用皮革制品企业18个，毛皮企业17个，生产用皮革制品企业69个，皮件修理企业3个。全行业有职工8838人，其中工程技术人员18人。生产皮革（折牛皮）88.89万张，占全国皮革总产量的12.5%。其中牛皮革4.8万张，猪皮革（自然张）101万张，占制革总量的63%。生产皮鞋103.3万双，占全国皮鞋总产量的5.8%。收购猪皮106.7万张，占全国收购猪皮总量的20.3%，居首位。工业总产值4430万元,其中制革业1470万元、皮鞋业891万元、毛皮业549万元、皮件业1026万元。

1964年3月,山东省皮革工业公司成立,开始对全省皮革行业实行归口管理。

从1966年开始,国家实行猪皮补贴,在原料供应上猪原皮由外贸部门移交工业部门负责收购、管理和调拨,减少了环节,降低了费用。当年,猪皮补贴达960多万元,猪皮收购量猛增,促进了皮革工业的发展。

20世纪70年代初,据《山东省轻工业局加强行业管理意见》确定全省皮革行业实行定点布局,省定点制革厂30个、皮鞋厂23个、皮件厂11个、毛皮厂4个。1973年,青岛市成立皮革五金厂。至此,全省皮革工业形成了一个完整的生产体系,具体分为制革、毛皮、皮鞋、皮件及配套材料5个小自然行业。这期间,引进了拔毛机、平板干燥机、削匀机等主要设备,重点装备了济南、青岛、烟台、沂水、济宁、泰安、潍坊、德州的8个制革厂,提高了产品质量和档次;制革工艺推广了酶法脱毛、铬鞣革、快速干燥、重革快速鞣制法等;二层革的美化利用也有了很大发展;毛皮生产在化学鞣制的基础上,推广了酶软化新工艺;在原材料使用上,皮鞋面革由牛革改为以猪革为主,其底由轮胎底改为以成型底为主;皮件制品绝大部分以人造革为主。到1975年年底,有县以上企业135个,职工16063人,其中工程技术人员32人,占总人数0.2%。生产皮革(折牛皮)258.4万张,为1965年的2.9倍,10年平均递增11.3%,其中牛革9.86万张,猪革(自然张)484.71万张,占皮革总量的93.81%;皮鞋338.6万双,为1965年的3.3倍,10年平均递增12.7%,占全国的5.1%,列第六位;收购猪皮446.8万张,为1965年的3.2倍,占全国的13.6%,列第一位;工业总产值14800万元,为1965年的3.3倍,10年平均递增12.7%。

20世纪70年代中期,轻工业部在皮革工业生产中提出了"五变",即"一皮变多皮、原料变成品、低档变高档、粗皮变细皮、内销变外销",对皮革工业的发展起到了促进作用。从1976年开始,皮革工业生产大发展,被称皮革行业的"黄金时代"。据《山东省轻工业局加强行业管理的意见》记载,省及各地、市公司从只管原皮发展到管生产,初步形成对皮革行业的管理网,使制革、皮鞋、皮件、毛皮和配套企业归口纳入山东省皮革工业公司管理。

从1976年开始,省及各地、市皮革公司对制革、皮鞋、皮件、毛皮和配套企业加强了行业管理,皮革工业有了很大发展。

三 改革开放初期概况

1979—1980年,国家对山东皮革工业投资近3700万元,对技术力量较强、规模较大的制革厂和鞋厂等企业进行了重点改造,购进了新设备,改造老厂房,扩大了生产能力,把全省皮革工业推向了历史最好水平。到1980年,全省猪皮补贴近1.35亿元,进一步促进了猪皮开剥工作。同年年底,全省县属以上皮革企业有160个,其中国营企业8个;全省职工3.61万人,其中工程技术人员131人;生产皮革(折牛皮)463.44万张,为1975年的1.79倍,5年平均递增12.4%,列全国同行业第1位;生产皮鞋1439.5万双,为1975年的4.25倍,5年平均递增33.6%,列全国同行业第3位;收购猪皮1178.6万张,为1975年的2.6倍,占全国收购猪皮总量的14.8%,列第1位;

完成工业总产值 4.51 亿元，为 1975 年的 3.05 倍，5 年平均递增 25%，居全国同行业首位，其中制革业产值 1.63 亿元，皮鞋业产值 1.65 亿元，出口产值达到 1.27 亿元，占总产值的 28.2%。

从 1981 年开始，因产品不适应市场需求和出口减少等原因，皮革工业发展速度有所下降，持续了 3 年之久，1983 年完成工业总产值 3.64 亿元，比 1980 年下降 19.2%。这期间，生产企业由生产型向生产经营型转化；行业内部以骨干企业为依托，在所有制、隶属关系和财政体制"三不变"的原则下，自愿进行改组联合。企业积极采用新技术，开发新产品，注意提高产品质量，增加花色品种。至 1984 年，生产开始好转。

1981—1985 年，国家投资山东皮革工业 6998.4 万元，（为 1952 年到 1960 年投资 82.4 万元的 85 倍）用于企业技术改造和引进专用设备。从 1984 年开始，皮革工业被动局面开始扭转，1985 年全省皮革工业发展速度、效益、品种、质量等方面接近 1980 年的水平。具体体现以下几个方面。

（1）全行业生产发展速度和经济效益同步增长，工业总产值较上年增长 23.6%，利税较上年增长 84.78%，利润较上年增长 103.58%，产值利税率较上年增长 47.17%。

（2）提高技术素质，质量和产品创优工作进步明显。制革行业中，引进和利用国外先进染化料，生产高档产品，开发猪皮细面革、苯胺革、薄型服装革、各种压花革和二层移膜革等新产品。

（3）技术改造和技术进步有新突破。全行业列入国家及省科委科研攻关 8 个项目，已完成 3 个。即"毛皮染整加工技术的研究""羊剪绒套花印染工艺的研究"和"剖层移膜革试验研究"。

（4）毛皮染整加工技术的研究达到国际先进水平。研究试制的渐变染色猾皮衣售价较本色产品提高 45%，较平面染色产品提高 25%。一毛多色兔皮衣售价较本色产品提高 70%，较平面染色产品提高 40%。

（5）收购猪原皮突破千万张。收购 1019 万张，接近 1980 年水平，占全国的 17.3%，列全国首位。

（6）当年立项、当年考察、当年引进、当年试车投产的第一台双色注射童鞋生产流水线在烟台童鞋厂建成。

（7）"皮肉兼优型猪种改良"工作已开始展开，山东猪皮粒面粗、毛孔大、肥纹多、部位差异悬殊，直接影响皮革产品质量提高和新产品开发。省科委在莱阳召开了由省农业厅、商业厅、省畜牧局、省皮革公司、省食品公司，有关县的畜牧站、食品公司、种猪场以及皮革行业的有关制革厂参加的协调会，使皮肉兼优型猪的研究、生产、利用之间的衔接工作走上正常化。

到 1985 年年底，全省皮革工业有 175 个企业（县属以上企业 155 个），其中制革厂 37 个、皮件厂 34 个、皮鞋厂 78 个、皮毛厂 16 个。有职工 3.9 万名，其中工程技术人员 317 人。拥有固定资产原值 1.98 亿元，净值 1.36 亿元，厂房建筑面积 100 万平方米，各种主要设备 2078 台（其中进口设备 140 台）。皮革生产能力达 723.39 万张（折牛皮），皮鞋生产能力达 2309.1 万双。全行业完成工业总产值 4.86 亿元，比 1980 年略增 1.08%，比 1952 年增长 7475%，33 年平均递增 13.3%。其中制革业产值 1.77 亿元，占总产值的

36.38%；皮鞋业产值1.9亿元，占总产值39.21%；皮件业产值8562万元，占总产值17.62%；毛皮业产值3291万元，占总产值6.78%。完成出口产值5033.39万元，完成利税5926万元，其中利润3664.1万元。生产皮革（折牛皮）471.5万张，占全国皮革总产量的11.9%，列第二位；生产皮鞋1886.5万双，占全国皮鞋总产量的10.5%，列第一位；收购猪皮1019.6万张，占全国收购猪皮总量的17.3%，列第一位。

随着产品产量的增加，产品质量也在不断提高，自1979年全国开展产品质量"创优"以后，全行业创出了大批优质产品。到1985年年底累计获国家质量奖银牌2个，被评为轻工业部优质产品6个、山东省优质产品20个、省二轻厅名牌产品12个、省二轻厅优良产品20个。

四　快速发展时期概况（1988—2008年）

经过改革开放后20多年的发展，山东皮革工业得到了长足的发展，从生产规模、工艺水平、产品质量、花色品种、机械装备配套到市场开拓、企业管理、出口创汇等各方面得以快速发展和极大提高。已形成了由制革、制鞋（旅游鞋）、皮件、毛皮四大主体行业和皮革化工、皮革机械、鞋用材料、皮革五金、皮革及制品专业市场、商场等配套行业组成，从生产、科研到人才培养和市场开发的完整体系。

据不完全统计，全省规模以上企业由1985年年底的175家发展到2008年543家，全行业完成工业总产值由1985年年底的48570万元发展到2008年的5761591万元，增长了11762.45%，年平均递增511.41%。其中，制革产值由1985年年底的17673万元发展到2008年的1462186万元，增长了8173.56%，年平均递增355.37%，年产皮革由1985年年底的1650万平方米发展到2008年的5508.4万平方米；皮鞋产值由1985年年底的19044万元发展到2008年的2004757万元，增长了10427%，年平均递增453.35%，年产皮鞋由1985年年底的1886.5万双发展到2008年的12398.08万双；皮件产值由1985年年底的8562万元发展到2008年的1735236万元，增长了20166.71%，年平均递增876.81%；毛皮产值由1985年年底的3291万元发展到2008年的428180万元，增长了12910.64%，年平均递增561.33%；出口产值由1985年年底的5033.39万元发展到2008年的1393296万元，增长了2758.32%，年平均递增1199.27%。全行业完成利税由1985年年底的5926万元发展到2008年的485244万元，增长8088.39%，年平均递增3516.69%。其中利润由1985年年底的3664.10万元发展到2008年的288613万元，增长7777%，年平均递增338.13%。从业人员由1985年年底的39067人发展到2008年的158690人，增长306.2%。具体如图8-17—图8-21所示。

工业总产值

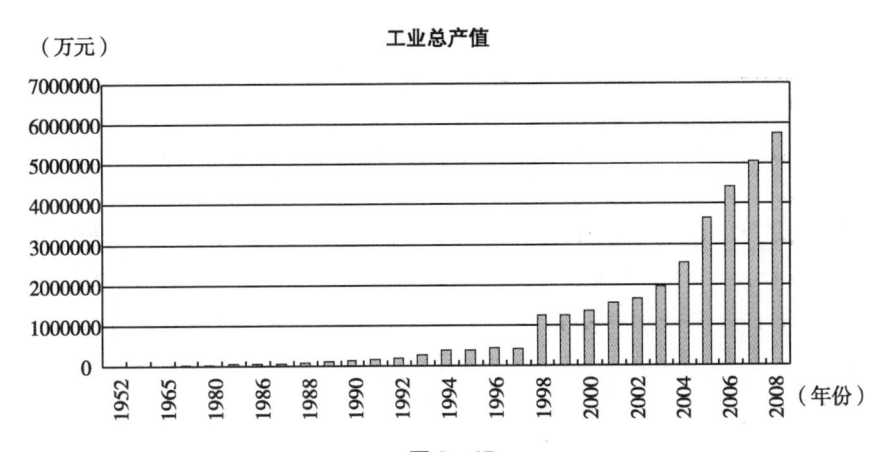

图 8-17

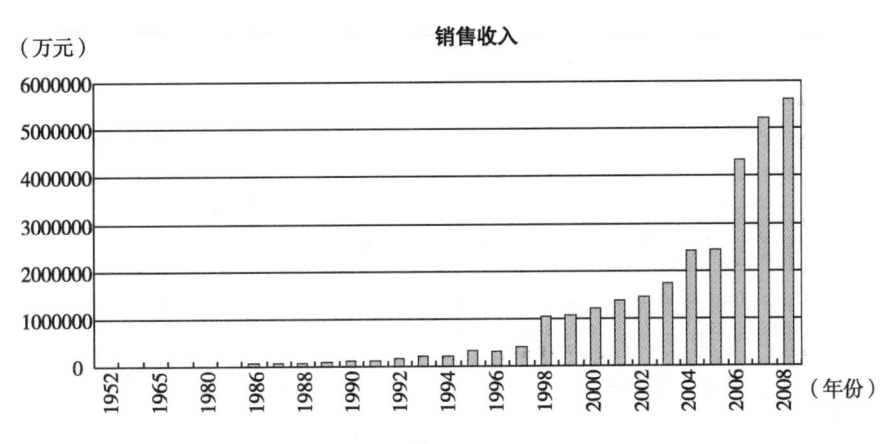

销售收入

图 8-18

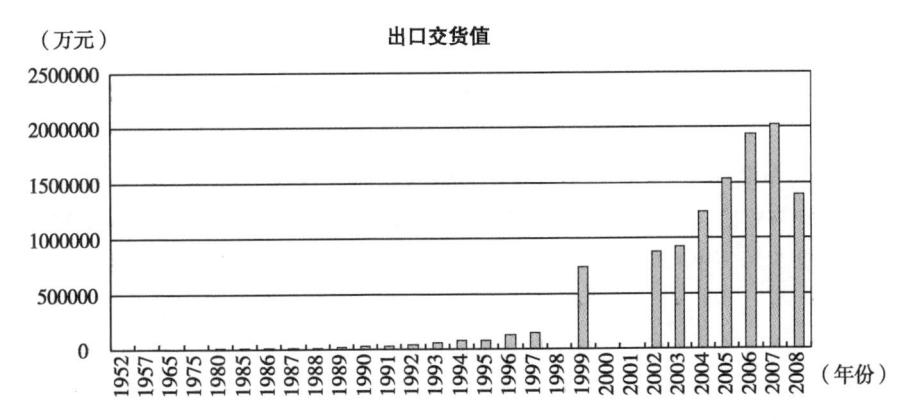

出口交货值

图 8-19

图 8-20

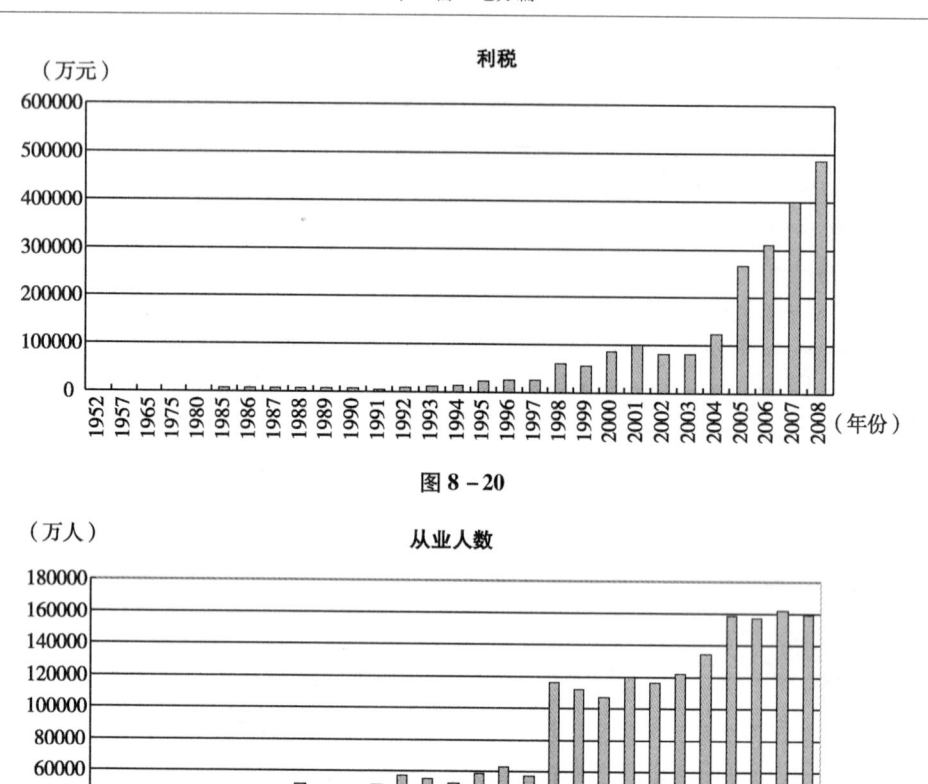

图 8-21

2008年,全省轻革产量列全国第三位,皮鞋产量列全国第四位,皮革服装产量列全国第二位,箱包产量列全国第五位,猪皮革产量列全国第一位。山东皮革工业已经成为全国重点加工基地,是全国的皮革大省。1986年至1991年皮革工业有8个产品获国家质量奖银质奖,有24个产品获轻工业部优质产品称号,有78个产品获省优质产品称号;至2008年皮革工业共获中国名牌11个,山东名牌23个,中国驰名商标4个,省著名商标15个,全国免检产品20个。

第二节 制革

制革业是皮革行业的基础产业。以畜产品原皮加工成的各类皮革,是皮鞋、箱包、皮衣以及皮革制品的原料。山东原皮资源丰富,是我国制革大省。

一 发展概况

1. 山东近代制革工业的兴起

山东盛产黄牛皮,沿海一带群众习惯以烟熏底革充当鞋料,故传统的制革手工作坊,自明清以来即分布在沿海各地及内陆城市。

1918年2月，山东即墨县人傅明宸在济南河套庄（今济南制革二厂厂址）开办胶东制革厂，投资6万元，雇用工人90余名，有转鼓、压光机各1台，年产牛革4000余张，聘请王耀东（即墨县人，原系天津硝皮厂练习生，后任天津华北制革厂技师）为技师。这是山东第一家近代制革工业企业。

1922年9月，魏涤繁（日本大阪高等工业学校毕业生）投资3万元，雇工30余人，在济南开办鹊华制革厂，年产牛革3000余张，后因经营不佳而倒闭。同年还有孙锐甫在济南开办的大业制革有限公司。1925年，杨友贞、崔学贵在济南西关古新开办恒兴永制革厂。1929年8月，张禽堂在济南东流水街开办科学制革厂。1934年，天津人徐邦平在济南西新河庄开办德记制革厂。当时，省会济南成为全省制革工业的中心。除济南外，1928年3月，青岛市开办大兴制革厂；1929年，临清开办五三制革工厂。另有大量采用传统制革工艺的手工作坊，分布在青岛、烟台、潍县、即墨等地。在近代制革工业兴起的影响下，山东的制革业也开始发生变化。30年代初期，烟台的"同祥泰"皮铺就采用新法制革；潍县南大街贾云增开设的皮坊制作"药水皮子"；德州的冯振亚开设的皮坊，得到日本人的扶持也比较先进。

1933年，根据对济南、青岛、福山、泰安、临沂、招远、潍县、曲阜、宁阳等地19个厂的调查统计，年产熟革共2.45万张、条革3.2万斤，产品总值49.5万元。

1937年抗日战争爆发之后，山东各主要城市沦陷。在日寇占领下，制革工业受到严重摧残。日军对原皮实行管制，禁止民用生产。大部分制革户冒着查封、坐牢的风险从事地下黑市经营。据1943年4月东亚经济恳谈会华北本部山东地方委员会春季大会记载："皮革统制实行于1938年，1941年一律配给牛头皮，更因配给无定期，各工厂生产时断时续，恐趋于失业之虞。"1938年，烟台芝罘区有制革业30余户。

抗日战争胜利后，山东各主要城市为国民党统治区，当时制革工业有一定程度的恢复。但因连年内战，交通阻塞，物价暴涨，经济萧条，生产发展缓慢。山东最大的制革企业济南德记制革厂，先被日寇强行合资，专供军需，后被国民党军政当局接管，1948年新中国成立前少数接管厂遣散告终。

在山东敌后各抗日根据地以及解放区在中国共产党领导的当地政府、军队的管辖下，组织相当规模的制革工人从事生产，积极支援抗战及解放战争。其中，胶东军区、鲁中军区及渤海军区有制革职工300余人，并于1949年迁入济南，组建了国营济南制革厂。这是山东第一个全民所有制的制革企业。

2. 新中国成立后山东制革工业的发展

新中国成立后，制革业得到了恢复和发展。以手工作坊、皮店和小型私营工厂为主要形式的制革业遍及全省各城市，据不完全统计，1953年有2900余户，多数分布在胶东半岛。据调查，青岛150余户，烟台40余户，潍县40余户，掖县、招远、海阳、莱阳、黄县等地均不下数10户。

1952年，青岛台东、台西、四方3个区的66户制革作坊，分别组成青岛、大生、青联、利华4个制革厂；潍县制革业的40余户联合成立兴华制革厂。1953年，烟台的德华、协兴皮铺联合新城、锦兴、东兴、福新及个体户组成联益皮革生产合作社。1954年，莱阳的永生、德成、新生等皮铺联合组成莱阳皮革生产组。这一时期制革业不仅有所恢复，而且已进入了合作化的萌芽阶段。

1955年至1965年10年间，经过对资本主义工商业和手工业的社会主义改造，以及1958年后在所有制上大搞"升级过渡"，加之1962年后进行"调整"，到1965年，全省属轻工系统的制革企业17个：

济南市2个：国营济南制革厂、济南市皮毛制革合作社；

青岛市2个：公私合营青岛制革厂、青岛市手管局制革厂；

淄博市1个：周村皮革水胶社；

德州地区1个：德州市制革厂；

昌潍地区3个：潍坊市制革社、胶县联盟制革社、平度县制革社；

烟台地区5个：烟台市制革合作工厂、掖县新华制革社、威海市制革厂、莱阳县皮革社、文登县文成制革社；

聊城地区1个：临清县农具制革社；

济宁地区1个：济宁市手工业联合制革厂；

临沂地区1个：沂水县皮革社。

这些企业大部分属综合性生产，职工2111人，其中技术人员13人。此外还有47个皮革制品企业兼产少量制革产品。

山东猪皮资源丰富，猪皮开剥量逐年增加，皮革产品供不应求。随着猪皮开剥量的增长，自1966年以后，各地陆续组建了一批制革厂。至70年代末期，先后有章丘、桓台、枣庄、滕县、益都、临朐、北镇、聊城、新泰、泰安、巨野、成武、菏泽、定陶、日照、莒县、沂源、高青等市、县组建了专业制革厂。在原有的制革企业中，青岛市手管局制革厂并入青岛制革厂并转为全民所有制企业。全省制革企业已达34个。

3. 改革开放30年山东制革工业的发展

1978年后，山东制革工业发展较快，基本建设、技术改造投资规模较大，生产能力成倍增长。

1981年后的一段时期内，制革产品一度滞销，部分企业开工不足并出现亏损，其存栏量、出栏量分别如图8-22、图8-23所示。沂源、桓台、聊城、临清、菏泽、巨野、定陶、成武等市、县的制革厂，因技术条件差，产品质量低，先后停产或转产。至1985年，全省制革企业共30个，制革业产量471.5万张（折牛皮），占全国总产量的11.9%，居全国第二位。

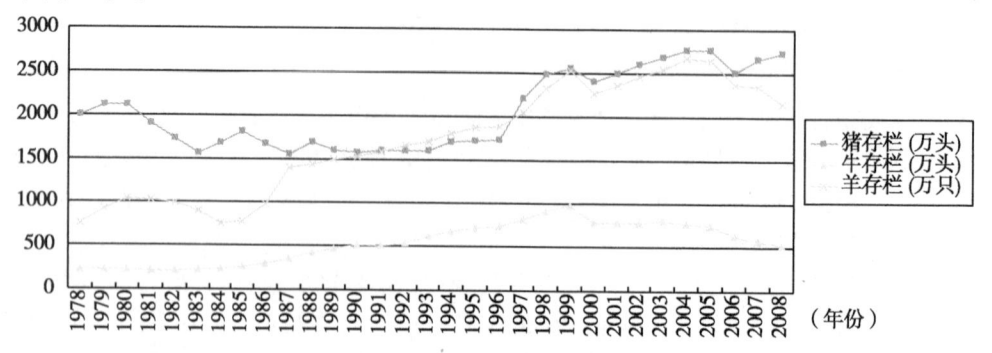

图8-22 存栏量

1986年全省共收购猪皮1179万张，猪皮革产量970万张，据轻工部统计当年度山东

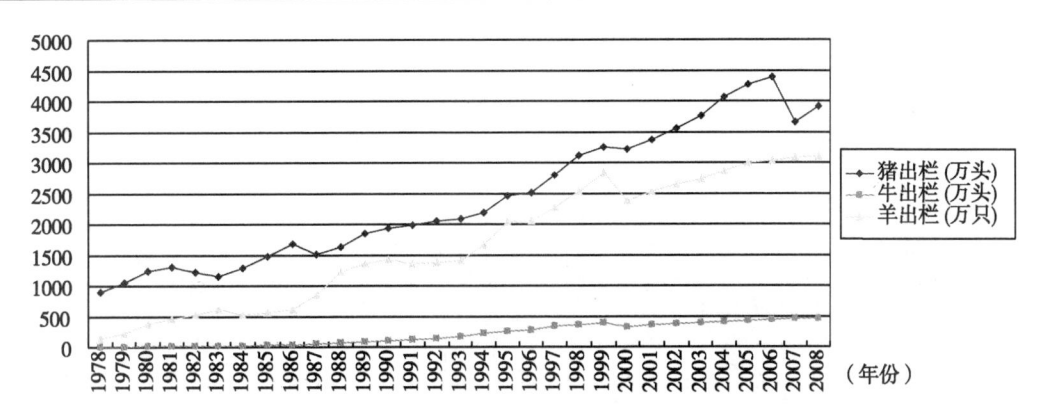

图 8-23 出栏量

省制革（折牛皮）产量、皮鞋产量、猪皮收购及总产值四项指标均占全国首位。

1989年，财政部（89）财工字第31号文压缩山东省猪皮补贴3480万元，1990年，（90）财工字第30号文为了进一步治理整顿和深化改革，经国务院批准自1990年起猪皮补贴全部取消，又加上新的税制改革的试行，这给山东省制革业带来极大的震动，使全省制革业在相当一段时间里陷入了举步维艰的境地。但随着市场经济的确立，皮革行业全体职工清醒地认识到要生存就必须转变思想观念，大刀阔斧进行改革，冲破旧的思想和旧观念的束缚，在市场经济上做文章，经过几年的改革创新，1994年制革业又重新呈现出上升的趋势。

1998年，由于亚洲金融危机影响，出口大为减少，内销市场因猪皮革与牛羊皮革相比档次低等多方面原因，也不同程度受到影响，使整个服装企业订单极少，大量猪皮服装革积压，猪皮革遇到前所未有的困境。山东是猪皮大省，产量占全国43.53%，占全省总产量90%以上，主要产品是正（绒）面服装革，销往全国皮革服装企业，主要用于出口，因此山东皮革行业走向低谷。当时猪皮企业13家，其中年产能力在150万张以上的6家，文登制革厂、威海制革厂、烟台制革厂、临朐茂德皮革有限公司、沂源制革总厂、泰安丰柔皮革总厂中除了文登制革厂、临朐茂德皮革有限公司利润继续保持增长外，其他企业产量不同程度下降。牛皮革企业当时11家，主要产品牛皮鞋面革和服装革，全省生产牛皮100万张左右，桓台制革总厂是全省牛皮制革产量最大的企业之一，其次是鲁意白丝金皮革有限公司。当时也有不少企业如烟台、威海、文登、泰安、临朐等猪皮革厂也开始投产少量的牛皮革。羊皮制革当时5家，主要分布在西部地区，其特点是规模小、产量低、质量一般，在全国所占比重很小，全省最大的羊皮制革厂莒南羊革总厂，当时年产羊皮16万张。

亚洲金融危机后，全省制革行业发生了巨大的变化，企业顺应改革大潮，抓住机遇，迎难而上，实现皮革行业的大发展，到2008年全省制革行业规模以上企业87家，比1985年的30家增加190%；从业人员17855人，比1985年的8120人增加120%；工业总产值完成1462186万元，比1985年的17673万元增加8173%；轻革产量5508万平方米，比1985年的1649万平方米增加234%，如图8-24所示。

4. 人员、劳动生产率简述

（1）职工。旧中国制革工人多为手工业者，也有雇用的农民或城市贫民。工人绝大

图 8-24 轻革产量

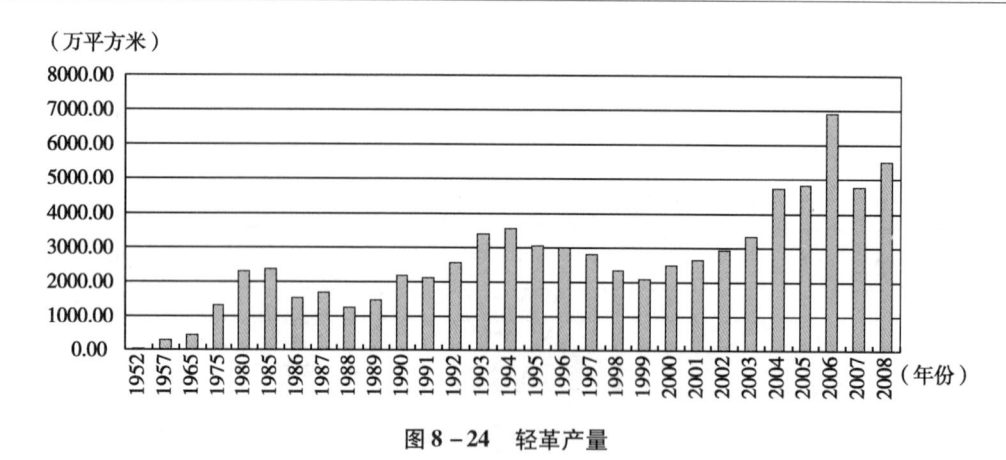

多数不识字或是识字很少,一般从事繁重体力劳动,少数业主或管理人员有一定文化水平。

新中国成立后,制革行业实行工厂化生产,规模扩大,职工增加。城市失业工人或体力劳动者进入国营制革企业,个体业的家属子女进入集体制革企业,1956年制革职工比1949年增加一倍多。1958年,城市高、初中毕业生及部分农村青年招入制革企业,职工剧增。1960年职工比1949年增长5.8倍。60年代末城市待业青年进入制革企业。70年代中期,有相当数量的退休职工子女(部分农业人口)进入所在制革厂。改革开放30年中,大批有知识、有理想、有能力的大、中专毕业生进入制革企业,制革职工的技术素质、年龄、文化状况均发生重大变化。

(2)技术人员。新中国成立初期,只有国营济南制革厂有1名技师(留用人员)。50年代后,除国家分配大、中专毕业生外,各企业从老工人或多年从事制革业的干部中提拔专职技术人员。1965年,全省制革企业工程技术人员13名,占职工总数的0.6%,其中半数以上未受过系统的专业教育。1978年后采取厂校挂钩、企业自配等多种形式,加速培养专业人才。1982年,以推荐、考试相结合的方法,委托四川成都工学院代培二年制学生6名;从1983年开始,在高等教育统一招生范围内,委托西北工学院代培二年制制革专业生60名。(每年12名至1987年共5年)、委托北京皮革中等专业学校代培制革工艺中专生6名。1985年山东轻工业学院筹办制革专业,开始了山东制革专业正规教育的历史。1991年皮革化学与工程专业开始招收本科生,2000年被批准为硕士学位授权学科,2005年跨入省级重点学科的行列,为山东省制革行业源源不断地输送技术人才。

二 生产工艺

民国初年,新法制革输入,传统制革方法逐渐被新工艺代替。特别是进入20世纪70年代,山东制革工业发展迅速,其工艺繁多,变化较快。为了叙述方便,将民国以来的制革工艺分为两个时期,即旧法制革时期和新法制革时期。但新法制革的开始并不表明旧法制革的结束。新旧交错甚至混杂跨越半个世纪。具有重大影响的新工艺、新材料的研究试验及应用推广,列专目记述。

1. 旧法制革

旧法制革指古老的传统制革方法,自明清以来,省内各地沿用。

具体方法各地不尽相同，大致可归纳为三种。

（1）烟熏法。将浸灰脱毛净化原皮浸透芒硝或食盐，以草生烟熏之，七八遍熟透即止，在木架上撑晒而成。制成之革多做鞋底。山东沿海一带多用此法。

（2）芒硝法。将浸灰脱毛净化原皮浸入芒硝溶液数日，浸透即成，俗称"白皮"。主要用来制作皮绳、皮条。鲁西一带多用此法制作车马挽具革。

（3）芒硝加"引子"法。所谓"引子"，即麸皮、鸽子粪、猪胰脏、五倍子等天然材料。将浸灰脱毛净化原皮浸入"引子"液数日，再下硝锅煮至八成熟，然后将皮刨至所求之均匀及厚度，擦豆油涂色，撑晾搓揉即成。制成之革属轻革。

近代制革工业兴起后，上述方法逐渐淘汰，一些制革作坊也学习采用新法或新旧结合，直至20世纪60年代才基本被摒弃。制作车马挽具的乡镇企业仍用芒硝法。

2. 新法制革

新法制革指利用栲胶、红矾和其他化工材料鞣制皮革，简称"植鞣"和"铬鞣"。这些材料在当时属舶来品（红矾、栲胶、硫酸分数英国、新加坡、日本货），因此新法制革的普及受到严重制约，发展缓慢。1914年山东开始采用。在半个世纪的漫长过程中，经过不断改进完善，至20世纪60年代已趋于成熟并被普遍掌握应用。

新法制革工艺可分为准备、鞣制、整理三道工序。

（1）准备过程（包括原皮回软、去肉、脱毛、膨胀、刨皮）。

20世纪50年代以前，全部手工操作，使用简单工具及缸桶池之类，材料只有石灰。所以脱毛膨胀工序又称"浸灰工序"，所用方法称"池浸灰脱毛工艺"。1940—1945年，济南较大的制革厂以刮软机助软，以刮肉机去肉助软。有的采用"跳池法"浸灰或划槽浸灰，辅以少量硫化碱脱毛，可称初期的灰碱法工艺。周期为10—15天。

进入20世纪50年代，以转鼓助软，去肉机去肉，池浸灰，硫化碱脱毛，即灰碱法。60年代初，猪原皮比重扩大，拔毛机研制成功，猪皮经过拔毛，以转鼓浸灰脱毛被普遍采用。同时国产片机进入省内，手工刨皮逐渐解脱，仍保留手工"净面"，一个时期，才彻底扔掉刨刀。至此，准备过程需5—8天。

20世纪70年代后，出现倾斜式铁制转鼓，采用快速浸水，加之厂房的改造和专用设备的大量增加，准备过程实现了转鼓化。灰碱法、盐碱法、双碱法、铵碱法及酶脱毛等工艺被广泛应用，周期为3—4天。由于引进了高性能、高精度片皮机，80年代初由片碱皮改为片蓝湿皮工艺，质量和得革率均有较大提高。沂水制革厂采用片硝皮工艺在全省独树一帜，其特点是降低了红矾耗用量。

（2）鞣制过程（分重革和轻革）。

①重革：20世纪五六十年代初，重革鞣制由缸（或木桶）鞣改为池鞣，以适应较大规模的生产。池鞣即重革卧池鞣工艺，周期30—60天，时间长、劳动强度大，是制革生产脏、臭、累的集中点。60年代中期改为吊鞣工艺，利用行车移池和压流法循环"色液"，减轻了劳动强度，但与卧池鞣工艺没有根本区别。进入70年代，采用池鼓结合鞣或鼓池结合鞣，利用机械作用加速浸透，周期为15—20天。1973年，青岛、烟台、济南制革厂学习外省预处理转鼓快速鞣工艺，周期为3天左右，实现了重革鞣制转鼓化。

②轻革：20世纪50年代以前，缸泡棍搅为轻革鞣制的主要方法。使用红矾、麸皮、猪胰脏等材料，以二浴法、三浴法鞣制，周期3—5天。50年代后，少数工厂使用转鼓或

划槽，并大量应用化工材料。50年代中期，制革生产逐渐集中，转鼓鞣制被普遍采用，并设专职配料人员，二浴法改为一浴法。60年代采用机械片皮，增加削匀弥补片皮之不足。80年代，各厂广泛采用片蓝湿皮工艺，增加复鞣，周期10—15小时。

（3）整理过程（包括漂皮、干燥、压光、整软、涂饰等）。

①重革：新法制革初始不漂皮，晾干坯、下闷箱、手工挤水、抹油，自然干燥，人工压皮，较大厂家用底革压光机（俗称底皮床子）。40年代以后用木桶漂皮。50年代，一般制革厂利用锅炉蒸汽结合自然干燥。70年代改为转鼓漂皮，机械挤水及伸展。至此，重革整理基本机械化。80年代初，济南制革厂从武汉购进鼓型伸展机，伸展后的革易于干燥压光。重革生产周期15—20天。

②轻革：轻革干燥在40年代采用自然干燥，挂晾或钉板。50年代，结合蒸汽干燥。70年代初采用贴板挂晾干燥。80年代初，济南、青岛较大的制革厂引进了真空干燥设备和红外线干燥设备。整软在60年代以前采用铲、搓、推、压等手工操作，60年代逐渐采用自制或仿制机械，相当于国外三四十年代的水平。70年代以后，少数企业引进国外较先进的振荡拉软机、刮软机，工效较高，但个别部位仍需特殊处理。软革品种多用转鼓摔软。50年代中期，软革由手工刷色、熨平改用手持喷枪喷涂，利用干燥传送装置，俗称"连续化喷色"。1965年，又利用机械摆动喷头，制成摆动式喷涂设备。同时，省内开始引进熨皮机。进入80年代，青岛、烟台制革厂引进淋浆、滚涂设备，涂饰工艺达到新水平。修饰面革、绒面革等品种，增加了磨革、压花工艺。

3. 新工艺、新材料

（1）酶脱毛工艺。酶脱毛是消除制革废水中硫化物污染源的一种新工艺。1966年，济南、威海等制革厂试用，由于正值"文化大革命"，未正式生产即停止。1973年，济南、烟台、莱阳等制革厂再度试用，又由于酶制剂供应短缺而被迫中断。省二轻厅于1978年成立沂水酶制剂厂，解决了酶制剂的供应问题。当年，全省有4个制革厂应用酶脱毛工艺生产猪革。

酶脱毛工艺对猪软革产品应用效果较好，轻工业部及地方工业管理部门采取一系列技术性、政策性措施加以推广，至1980年，全省有25个制革厂应用酶脱毛工艺，其中14个厂全面应用。采用酶脱毛工艺的猪革产品已占全省猪革总产量的67.36%。1978年至1980年全省对酶工艺产品鉴定评比结果表明，酶工艺对猪软革产品取得了较好的应用效果。1981年后，仅沂水制革厂全部应用酶工艺，其他各厂只用于生产服装革、生活手套革等软面革。

（2）稀土鞣革工艺。1982年，济南、烟台制革厂在山东省冶金研究所协助下，分别对猪正面革和猪服装革两个品种进行应用稀土鞣革的试验研究。济南制革厂历时1年，共试验308个对比批，使用猪皮2064张，获数据6000余个。试验结果表明氯化稀土适宜鞣革。以铬鞣结合纯稀土复鞣工艺制作的猪正面革，外观质量有所改善，可代替25%的铬液，得革率提高1.5%—1.8%，成本降低0.258元/张。该成果于1983年12月20日通过省级鉴定。烟台制革厂历时5个月，共试验122批，使用猪皮894张，获数据914个。试验结果表明，3号稀土适宜鞣革，铬鞣结合稀土复鞣工艺制成的猪服装革，外观质量、理化指标均符合省定标准，达到或超过原产品水平，一级品率提高20.8%，复鞣废液含铬量下降为0.043克/升。该成果1982年年底通过省级鉴定，1984年用于生产。

（3）其他工艺。1960年，潍坊制革厂试验应用铵碱法鞣革工艺。70年代初，全省部分制革厂试验应用铬—脲环树脂结合鞣工艺及铬铝结合鞣工艺。1979年，泰安制革厂试验轻浸酸、高盐基度鞣工艺。1981年，泰安制革厂试验研究猪革粒面补残技术。1982年，北镇制革厂试验研究二羧酸交联铬鞣剂，青岛制革厂试验研究猪轻革连续干燥技术。1985年，莱阳制革厂试验应用印花工艺，枣庄制革厂试验水牛修饰面革生产工艺。上述试验研究均取得初步成效。1983年，烟台制革厂研究应用二层革移膜技术，列入省科委重点科研项目，1985年通过省级鉴定。

4. 改革开放30年生产工艺变化情况

过去制革业一直是生产规模小，加工技术落后，制革工艺简单，主要应用红矾、栲胶、石灰等简单的化工材料，制革设备工作面窄，精密度差，大多生产加工初级或低档产品。80年代末到90年代中期，山东省仍然坚持猪皮革制革在行业的主导作用，猪皮一直占了60％以上，在这一期间多数企业抓住了发展的大好时机，进行了大规模的技术改造，引进了片皮机、磨革机、挤水机、自动喷涂机等先进的设备，加工能力翻了几番，制革企业引进复鞣剂、加脂助剂等化工助剂产品，产品花色品种更加丰富，质量、档次向中高档发展，80％以上的产品出口，取得较好的经济效益和社会效益。90年代后期，随着沙发革、坐垫革需求的增加，制革企业逐步引进滚涂机等宽工作面、自动化程度高的制革机械，化工材料更加精细，制革工艺向着"工序合并、绿色环保、节能节水、缩短时间、减少排污"的方向发展，相当多的厂家与国际先进水平差距进一步缩小。

1990年，国家轻工业部"八五"计划重点科技推广项目"北方面粗质次猪皮制革技术的研究"在烟台试点成功，1991年进行新技术的推广应用，这项成果获得轻工部1990年唯一的科技进步一等奖，并于1991年获得国家科技进步一等奖。同年在全国大面积推广。我国猪皮占世界猪皮总量的70％，但高质软面猪皮少，存在毛孔粗、伤残大、油脂含量高、部位差别大四大缺陷，在国际市场竞争力差。烟台皮革公司等单位进行多种皮化材料对比试验，对脱脂、浸灰、软化、浸酸、鞣制、片皮、复鞣、整饰等工序进行全面研究探索，应用多工序脱脂、小液比脱毛补水膨胀、片白湿皮、大面积补残、凸花磨绒等技术取得成功。采用这一系列技术研制开发了正面服装革、绒面服装革、正软鞋面革、软包袋革、家具革、箱包革、凸花磨绒服装革、竖纹箱包革等20多个新品种。全部产品理化性能及感观指标均达到部颁标准，使北方猪皮制造中高档皮革的比例由原来20％左右提高到70％以上，攻关中采用的片白湿皮技术以及在大生产上应用属国内首创，技术领先，效益显著。这一项成果引发了一个行业的重大变革，使山东皮革产品在国内市场也有较高的声誉，猪革及制品一直为轻工部和同行业公认为先进水平，临朐的猪绒面服装革享誉大江南北，烟台、威海、文登、泰安的猪正面服装革畅销全国各地。

三　生产设备

1. 旧中国制革生产设备

传统的旧法制革，设备简陋，主要用烟熏炉、木桶、盆缸、晾皮架、案子及刮肉弯刀、刨皮刀、压皮刀、铲皮刀、搓软板、刷子等手工工具。20世纪初，新法制革传入后，制革设备有明显进步。当时，济南胶东制革厂有压光机、木转鼓各1台，并设灰池、鞣池。济南德记制革厂于30年代购进德国打光机1台。40年代直至新中国成立前，鞣池、转鼓、底革压光机、削匀机、打光机、刮软机仅少数较大厂家使用，且数量极少，有的还需人力驱动，大量的手工作坊仍沿用旧式设备和工具。

2. 新中国成立30年制革生产设备

1949年中华人民共和国成立到60年代中期，全省制革生产集中，向工厂化大规模生产过渡。省内大中城市制革企业在去肉、拔毛、片皮工序上已使用国产或自制机械。制革重要设备，如悬挂式木制转鼓，由各企业自制。由于工艺改进，转鼓增多，水泥池子逐渐被淘汰。70年代后期，省内较大制革企业实现湿加工转鼓化，并自制容积较大的倾斜式铁制转鼓。

自20世纪60年代后，挤水、伸展、打光、刮软、扫毛、磨革、削匀、熨平、压花、压底等机械设备国内均可生产。因生产厂家少，供货不足，有条件仿制的设备，各企业自制。济南制革厂除熨平、压花设备外，上述机械均靠自制，并曾出售削匀机。

20世纪70年代，济南、青岛等地的制革厂自制贴板干燥设备和摆动式连续喷涂干燥设备，喷涂工序实现连续化、机械化。1974年，电子量革机仿制成功。至70年代末，制革生产机械化程度达80%以上。

60年代中期至1975年，济南、青岛、烟台、威海、潍坊、泰安、沂水7个制革厂从联邦德国、意大利、英国引进制革设备34台。其中，片皮机9台、磨革机6台、熨平机8台、削匀机6台、振荡拉软机2台、伸展机1台、喷涂设备2台。

3. 改革开放后的制革设备

改革开放初期，全省的制革企业陆续开始引进机械设备，如片皮机、磨革机等，青岛、济宁、文登等地18个制革厂，从英国、法国、意大利、联邦德国、卢森堡等国引进制革设备43台。80年代中期，主要引进了真空干燥设备、通道式干燥、自动绷板干燥设备、刮软机、打光机、湿磨机、量革机、抛光机、压花机以及二层喷涂、旋转喷涂和连续滚涂等多种喷涂机械。进入90年代，制革企业开始大量引进片皮机、削匀机、挤水伸展机、熨平压花机、真空干燥机等关键设备，大大提高了企业技术装备水平。

除引进设备外，80年代初期制革企业还自行研制成功两种专用设备：程序控制星型转鼓、电子量革机自动打码装置。1980年1月，聊城县制革厂开始对程序控制星型转鼓进行研制，同年4月列入省科研项目。1981年7月试生产，有效容积比悬挂式木制转鼓增加近1倍，装皮量增加5倍，鞣制性能好于悬挂式转鼓，节电70%，节水60%。同年12月15日通过省级鉴定，获山东省科技成果二等奖、轻工业部科技成果三等奖。泰安制革厂同时进行上述设备的研制，1982年4月完成，10月通过省级鉴定。在聊城、泰安两厂研制的基础上，文登制革厂于1985年继续研究，完善了配套设备。1979年，济南制革二厂在山东工学院的协助下，研制电子量革机自动打码装置主控制柜，采用集成电路、分立元件混合方式，具有精度高、通用广的特点，能将测定数字打印在皮革一定部位，实现了皮革计量自动化。该项目1980年获轻工业部科技成果四等奖。

烟台皮革机械厂也积极攻关，研发替代产品，取得了长足的发展，促进了全省制革机械的更新换代，1989年生产的"黄海"牌片皮机获得国家质量银质奖，开发的挤水伸展机被评为1996年国家新产品，液压去肉机、剖层机等先后获得国家专利。

四 主要产品品种

1. 原皮种类

20世纪40年代，制革以牛皮为主，其次是杂皮、羊皮、猪皮。猪皮多制底革。50年代，国家实行保护耕牛政策，大力发展养猪业，鼓励开发猪皮制革，故猪革产量逐步增加。1958年，猪革占制革总量的66%，1975年达到94%。进入80年代，占96%以上。牛革产量，1960年30余万张，1975年不足10万张，1985年增加到25.46万张。从90年开始，猪革产量逐步减少，牛革产量增加，2008年达到223.93万张，占制革总量的55.64%。

2. 产品品种

新中国成立前，牛重革有底革（俗称"红底"或"花旗底"）、轮胎革和三色底革；牛轻革有鞋面革（俗称"纹皮"）、带革和球革；羊革主要是里革和箱皮革；猪革多是烟熏底革。

新中国成立后，产品品种繁多。据1979年统计，牛重革有底革、轮胎革、软底革、三色底革；牛轻革有修面革、球革、油封革、装具革、大油革、正面革、皱纹革、印花革、苯胺革、篮球革、排球革、加脂革、带子革。猪重革有底革、硬车座革、三色底革、码子革、碗革、软底革、蓝底革；猪轻革有正面革、软车座革、修面革、大油革、服装革、生活手套革、劳保手套革、带子革、球革、油封革、苯胺革、压花革、单面绒革、双面绒革、加脂革、半硝革、鼓革。羊轻革有面革、鞋面革、漆革、鼓革、手套革、鞋里革、服装革、绒面革、帽子革、油革。剖层革有牛剖层修面革、绒面革、大油革、牛剖层底革、加脂革，猪剖层光里革、蓝里革、箱包革、栲里革、鞋用里革、修面革、美术革。骡革、马革、驴革有面革。

3. 猪革品种的开发

从1954年开始，济南等制革厂大量生产猪正面革，对缓解市场需求，生产廉价皮革制品起到一定作用。60年代，猪正面革产品普及全省。1964年，济南制革厂试制成功猪修面革，弥补了猪革表皮粗糙之不足，增强了猪革表皮光泽，提高了产品档次，适应了消费需要。70年代，青岛、烟台、潍坊、泰安等地制革厂均能生产猪修面革，成为猪鞋面革的主要品种。70年代末期，青岛、烟台、威海、枣庄等地制革厂试制成功猪服装革、生活手套革。进入80年代，上述品种已成为沿海各制革厂的主要产品。此后，各厂大力开发猪革品种。猪正面革又推出苯胺革、半苯胺革、摔纹革、软鞋面革、仿牛纹排球革、苯胺票夹革、仿编织花纹革、水洗花箱包革、蛇纹革、相机壳革、金银革等品种；猪服装革推出薄型服装革、无涂饰服装革、防水绒面革等品种；猪剖层革推出二层移膜革、剖层刀鞘革等品种。

4. 20世纪七八十年代评选优质产品情况

从1978年开始，省皮革公司每年进行一次全省范围的制革产品评比。1978年参评产品63件，评选出一类产品12件，占19%；1981年参评产品56件，评选出一类产品19件，占33%；1985年参评产品24件，评选出一类产品17件，占70.8%。产品质量逐年提高。

1978—1982年，轻工业部组织了4次全国制革产品评比，济南、青岛、烟台、威海、文登等 5 个制革厂的 7 个品种参加了评比。

1978—1985 年，获轻工业部优质产品称号的有威海制革厂生产的"山海"牌猪正面服装革和烟台制革厂生产的"芝罘"牌猪正面服装革两个品种；获山东省优质产品称号的有济南制革厂的"春花"牌猪修饰鞋面革、牛修饰鞋面革，威海制革厂的"山海"牌猪绒面服装革、猪正面服装革，烟台制革厂的"芝罘"牌猪绒面服装革、猪正面服装革和文登制革厂的"花鹿"牌猪正绒鞋面革、猪正鞋面革等 9 个品种；获省二轻厅优良产品称号的有 9 个品种。

5. 20 世纪 90 年代后产品品种的变化

20 世纪 90 年代以后开始生产猪皮鞋里革。90 年代中后期牛皮、羊皮的需求逐步增加，牛皮鞋面革逐步代替了猪鞋面革；牛皮服装革、羊皮服装革也逐步取代了猪皮服装革的地位，但是出口市场猪皮服装革依然占有一定的位置。

随着改革的不断深入，人们生活水平的提高，单纯的猪革产品满足不了人们消费需要，大量的牛、羊革产品满足了人们对皮革高档产品的追求。因此，山东省制革业为适应形势发展变化的需要，又加大了技术改造的力度，调整产品结构，增加大量的花色品种，以满足市场消费的需求。90 年代末，牛皮制革又有进一步的发展，牛皮沙发革、牛皮装具革应运而生，并开始生产牛皮汽车座垫革，进入 21 世纪，山东牛皮沙发革有了较快发展。到 2008 年，山东的皮革产品品种牛皮以沙发革、鞋面革、汽车座垫革为主，猪皮以服装革、鞋里革为主，羊皮以鞋面革、服装革为主。至此，山东省从原来以猪革为主导产品彻底转变为以牛皮革为主，猪皮、羊皮并重的发展模式。

五 污染治理

制革业在生产过程中产生大量废水、废渣。每张成革（折牛皮）约排废水 1 吨，废水中所含成分复杂，污染物多，污水如不治理将会对环境造成危害。

1. 20 世纪 90 年代前三废治理及综合利用

自 20 世纪 70 年代开始，济南、青岛、烟台等制革厂设立了专门机构，负责"三废"治理及综合利用的研究试验，并取得一定成效。各厂方法不同，一般采取清污、分流、单项治理。

（1）废水杂质处理。60 年代以前，济南制革厂用沉淀池消除废水中的部分沉淀悬浮物，然后排放废水。后修建 300 立方米沉淀池 6 个，采用循环过滤、污泥干化方法处理废水杂质。1984 年，烟台制革厂建造多级污水沉淀池，采用脱水干燥焚烧法处理沉淀杂质。经鉴定，悬浮物、酸碱值两项达到排放标准，对硫化物有一定去除效果。省内其他制革厂也多采用沉淀法处理废水杂质，建造规模、方法简繁不一。

（2）硫化物污染治理。1975 年以后，山东多数制革厂应用酶脱毛工艺根除硫化物污染。1981 年后又逐渐恢复灰碱法。仅沂水制革厂全部产品应用酶工艺，青岛、烟台、威海等厂只在猪软革产品应用酶工艺。济南等少数制革厂以酶代替硫化碱用于涂碱工序，对减轻硫化物污染有一定效果。

（3）铬污染处理。1978 年，济南制革厂建造废铬液回收设备，采用碱沉淀、板框压滤和酸化还原处理工艺，使废铬液三氧化二铬含量由 2000—4000 毫克/升降为 1 毫克/升，达到国家排放标准，年回收红矾 4 吨左右。1981 年，巨野制革厂也用上述方法处理废铬液。同年,枣庄制革厂从福建泉州皮革机械厂购进废铬液回收设备,因效果不好而停用。

(4) 磨革粉尘污染处理。70年代,济南制革厂采用引风机将粉尘引入密闭室除尘,除尘效果较差。后改用引入水池内沉淀,除尘80%以上。经现场测试,空气中粉尘浓度27.25毫克/立方米。

1981年,烟台制革厂试验利用磨革粉尘提取三氧化二铬,同年列入轻工业部科研项目,1983年完成工艺试验和设备安装。试生产的三氧化二铬经北京大学解析,含铬量80%以上,适合工业应用。产品经淄博、坊子、烟台等瓷厂试用,认为可用于陶瓷棕蓝着色,但品位稍低。1985年,青岛制革厂二厂建成袋式除尘装置,粉尘回收95%以上。

(5) 废革屑回收利用。1969年,济南制革厂利用废革屑(削匀出)自制工业用洗涤剂,出售给当地印染厂。1970年,因所需材料三氯化磷供货中断而停产。此后,均将废革屑出售给外省洗涤剂、再生革生产厂。

(6) 废水净化研究试验。1981年4月,济南制革厂与山东省化学研究所合作,研究试验一级废水净化处理,历时3年,先后完成120升和40立方米生化装置处理废水的小试和中试。中试结果通过省级鉴定,1984年获山东省科技成果三等奖。

(7) 毛油回收及加工。猪皮制革,毛油回收的经济价值相当可观。据济南制革厂统计,平均每张猪皮出生油3千克,回收猪毛0.15千克。猪油加工方法,60年代以前用铁锅土法炼制,60年代采用蒸汽常压炼制。80年代,各大厂均采用压力罐炼油(压力4千克/平方厘米),出油率提高20%,质量较好。1985年,济南制革厂炼制猪油1238吨,价值22万元,回收猪毛82.5吨,价值29万元。全省中小制革厂均回收毛油,一般不进行深加工,作为原料出售。

青岛制革厂于1978年建立家属工厂加工猪油,年产肥皂15万条,硫化油45吨。自1978年至1985年销售收入414.5万元(包括其他收入),利润193.48万元,税金77.75万元,投资厂建宿舍52.55万元。

2. 20世纪90年代后污水治理

在制革加工行业发展的初期,由于环保意识普遍不强,管理不严,生产水平较低,制革企业给环境带来较大污染。随着形势的发展变化,国家环保管理力度越来越大,以及制革加工技术不断提高,国内外先进的治污技术和工艺不断推广和应用,绿色环保已成为人们的共识,经过10多年的努力,制革行业污水治理工艺和治理效果取得了显著成绩,骨干企业都建有完善的污水治理系统,符合国家、省的环保标准的要求做到达标排放。

(1) 制革废水情况。制革废水主要来自生皮预处理(准备工段)和鞣制过程,这两股水量占废水总量的60%以上,污染负荷所占比例更大。如猪革生产脱脂废水中,油脂浓度高达6—14克/升,COD Cr值最高可达10000毫克/升;浸灰脱毛废水是污染物负荷最大的一股废水,含有大量的石灰、硫化物、色素、可溶性蛋白、脂肪、毛发以及有机物。其中硫化物浓度可达1—2克/升,COD Cr浓度为20—40克/升。以上两股废水呈强碱性,pH值为13—14。鞣制废水来自铬鞣工序,主要污染物是重金属Cr^{3+},废铬液中Cr3浓度为3—4克/升,呈弱酸性。除此之外,还有中和、加脂、染色废水等。由于制革工艺过程的特殊性,污染物负荷相差较大的各股废水呈间歇性排放,在一天中不同时段,综合废水水量、水质波动很大,最大瞬时水量是平均水量的2—3倍。

(2) 制革废水治理情况。根据制革废水生化性能好的特性,制革厂污水一般采取物化加生化的处理模式,即先中和调节,加药沉淀,再生化处理,最后沉淀出水。这套工艺在技术上是比较成熟的,虽然各厂有个别差异,但是主要流程大同小异。1992 年全省制革污水治理技术、经验现场交流会在枣庄召开,来自全省几十家制革企业参加会议,交流和推广制革污水治理经验、技术和工艺,此次会议极大推动了山东省制革企业污水治理水平。

(3) 标准执行情况。山东省制革企业 1985 年至 1997 年 12 月 31 日执行《制革工业水污染物排放标准》(GB3549—1983),1998 年 1 月 1 日起执行和《综合污水排放标准》(GB8978—1996)。

制革企业部分指标执行标准值见表 8 - 33 所示。

表 8 - 33　　　　　　　　　　制革企业部分指标执行标准值

指标		GB8978—1996	
		一级	二级
最高允许排水量立方米/吨原皮	猪盐湿皮	60	60
	牛湿(干)皮	100	100
	羊湿(干)皮	150	150
最高允许排放浓度毫克/升(pH 除外)	pH	6—9	6—9
	COD Cr	100	300
	BOD5	20	100
	SS	70	150
	氨氮	15	25
	动植物油	10	15
	色度	50	80
	总铬	1.5	1.5

进入 21 世纪,根据省环保局要求,由山东省皮革协会结合全省制革行业的发展情况编制山东省地方标准《制革工业水污染物排放标准》,至 2005 年年底已基本编制完成,报送省环保局。2009 年各制革厂执行所在流域的流域标准。

(4) 企业治理情况。烟台制革厂中水回用:工程经过反复的论证、研讨和几次改造扩建后于 2003 年 8 月成功应用于制革大生产,将居民小区生活废水转化为可回用的中水,获得国家技术专利,并自行投资近 200 万元,建设中水回用装置,用于制革生产用水,替代地下水近 90%,一年可节水 100 万立方米,给企业带来了可观的经济效益。

沂源制革总厂:1993 年沂源制革总厂投资 750 万元,建成了日处理 3000 立方米水的高标准污水处理厂,并与 1997 年 6 月通过省环保局组织的专家验收,获得了山东省 (97) 001 号验收合格证,成为淮河流域山东省境内第一家污水达标排放企业。

第三节　毛皮

一　发展概况

毛皮行业包括养殖、鞣制加工、制品加工三部分，是一个由原料到制品加工的完整产业链。山东省毛皮产业有着悠久的历史，民国初年，山东毛皮业已有相当规模，尤以济宁为盛。

1926年，在济宁设庄的有天津的兴盛皮庄，德美商的北越洋行。至1928年，在济宁收购皮货的外商多达17家，津沪经营毛皮出口的外商也云集济宁。1936年毛皮出口达200万张。1937年，享誉中外的青猾皮年产量达300万张。当时，从事贩运的小贩不下200人，沿途设点直达甘肃、宁夏等地。

新中国成立后，传统毛皮业发展迅速。1965年，全省有县属以上毛皮工业企业17个，职工1713人，工业总产值1091.54万元，主要生产设备58台。1980年，有县属以上毛皮工业企业14个，其中定点厂5个，职工约2000人，生产能力达1000万张（自然张）。另有乡镇毛皮生产企业100余处。全省毛皮加工企业多而分散，布局不够合理。1985年，县属以上毛皮工业企业调整为11个，即枣庄市皮毛厂、益都县皮毛厂、济宁市新华皮毛总厂、德州市皮毛服装厂、宁津县皮毛厂、山东省聊城市裘皮服装厂、临清市地毯厂（生产高级手工羊毛打结毯和自行车座皮）、沂水县皮毛一厂、沂南县皮毛厂、沂南羽绒厂（1982年前主要生产皮毛制品，1983年转产羽绒制品）、定陶县皮毛厂。共有职工2024人，其中工程技术人员20人。拥有专用生产设备653台。完成工业总产值2400.28万元，全员劳动生产率12284元/人。主要产品产量：毛皮熟制（折羊皮）48.6万张，其中兔皮92.98万张，狗毛皮7.38万张，羊毛皮8.36万张。裘皮衣14.63万件，皮裤子10.50万条，其中出口皮裤子6.91万条，裘皮衣4.98万件。

进入90年代，由于皮衣贸易不景气，各毛皮企业管理水平相对落后，机制陈旧，出现了亏损局面，出口订单进一步减少，内销皮衣替代品大量上市，部分毛皮企业停产，山东的毛皮企业大量缩减。2000年后，随着形势发展和人们生活水平提高，毛皮业发展速度很快，一直呈上升势头，出口额大幅增长，毛皮制品产品增加，质量突飞猛进，有长足的进步。

在由计划经济向市场经济转轨的过程中，原来在册的国营、集体企业，有的改股份制企业，有的停产、倒闭。但是有些民营和三资毛皮企业发展起来，经过近10年的发展，毛皮生产技术和产品质量不断提高，新工艺、新材料、新产品层出不穷，毛皮市场发生了很大的变化，毛皮服装不仅仅是用来防寒的用品，而且成为人们的装饰、奢侈品，因此高档产品越来越多，时尚、轻、薄、软、美观大方、典雅的产品成为人们追求的热点。到2005年全省毛皮行业规模以上企业37家，比1985年的11家增加236.36%；从业人员5093人，比1985年的2024人增加148.96%；工业总产值完成146442万元，为1985年3291万元的4349.77%；毛皮服装产量23.48万件，比1985年的14.63万件增加60.49%。

到2008年，全省毛皮行业规模以上企业60家，比1985年的11家增加445.45%；从业人员6007人，比1985年的2024人增加196.79%；工业总产值完成428180万元，比1985年3291万元增加12910.64%；毛皮服装产量79.02万件，比1985年的14.63万件增加440.12%。具体内容如图8-25所示。

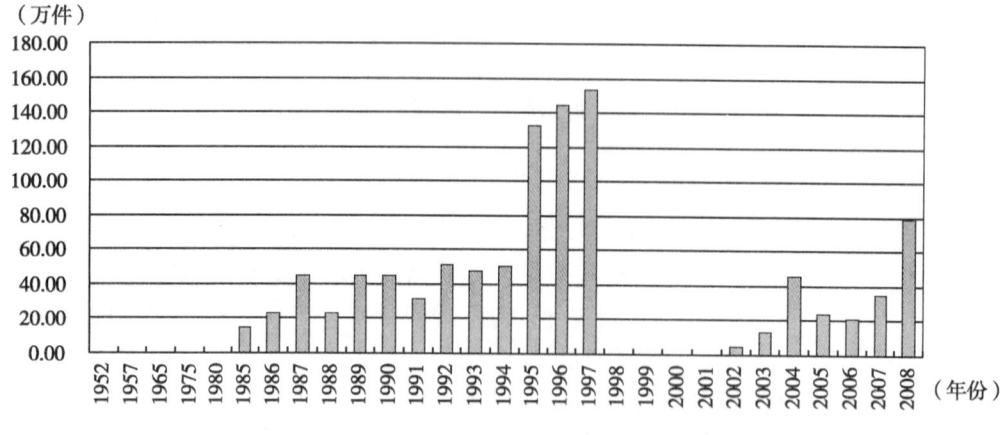

图8-25　1952—2008年山东省毛皮服装产量

二　工艺和设备

山东的毛皮鞣制，至新中国成立初期，一直沿用硝面鞣制工艺。1958年下半年，山东省济宁畜产站皮毛合作工厂（新华皮厂、济宁新华皮毛总厂的前身）试验成功浸酸化学鞣制，有硝铬鞣工艺、甲醛鞣工艺、纯铬鞣工艺等。山东省畜产公司在全省推广了这一工艺。1964年4月，轻工业部皮毛制革研究所对化学鞣制工艺进行鉴定，认为完全合格，提出向全国推广。

1974年，在浸酸化学鞣的基础上，新华皮厂研究成功浸酸酶软化结合鞣工艺。鞣制前增加助剂、酶制剂等，促进皮板松散，充分吸收鞣剂。1980年，新华皮厂进行781合成鞣剂鞣制皮张试验。同年12月，省二轻厅在济宁召开鞣制青猾皮质量鉴定会。鉴定认为，781合成鞣剂制青猾皮新工艺的研究，技术资料完整齐全，工艺路线简便合理，与该厂原工艺相比，具有鞣制无毒、操作简便、适应性强、生产周期短、产品质量好、生产成本低、能源消耗少等特点，可以推广。

同年，益都县皮毛厂进行了转鼓鞣制毛皮新工艺试验。经过小试、中试和大试生产，效果良好，皮板柔软丰满，无灰无味，毛被松散灵活，光泽好，主要理化指标达到部定暂行标准。此项试验为全国转鼓鞣制毛皮开创了一条新路。

1981年，定陶县皮毛厂与省冶金研究所协作，试验成功羊剪绒稀土鞣制染色新工艺。该工艺可以提高收缩温度，缩短周期1/3（20—24小时），并提高伸涨率10%以上，增加皮张出材率。同年12月20日，省二轻厅进行了技术鉴定，建议扩大试验，积累经验和数据，完善工艺，为全面推广提供科学依据。

1984—1985年，羊剪绒套色印染新工艺在定陶皮毛厂试验成功，取代了传统的裁挖工艺。该工艺主要采用套版、喷染远红外烘干的方法，与原工艺相比，减少了污染。

套色印染羊剪绒产品，皮板柔软丰满，平展无糟板、无裂面、无油腻感，毛被松散灵活无粘结现象，直立度达到2/3，有光泽、弹性好，图案清晰，颜色鲜艳，着色牢固，搭配适当，路分均匀，接缝明显减少，着色深度超过 2/3。该工艺的研究成功，为羊剪绒制品生产开辟了一条新途径，填补了国内空白。

染整方面变化较大，过去采用的酸性染料存在加工方法单调，路子窄，弊端多，也有毒的缺点，后在平面染色、一毛双色、一毛多色的基础上创造了许多新工艺、新产品。例如，狐皮及白獭兔皮幻彩染色、獭兔皮扎染、酸性染料和毛尖染料印花和拔花、兔皮草上霜编制服装、獭兔皮仿染青紫蓝、毛革贴膜、乞丐毛革、从林效应毛革、牛仔布效应毛革、绒面毛革磨花、仿古涂饰毛革、白猾皮仿狸子皮、水貂皮及兔皮褥子喷脊、水貂皮漂干邑、漂威士忌及漂金色、水貂皮漂肚、渐变染色、立体剪毛腐蚀花、绵羊皮微风效应、毛革磨砂面、压花毛革等。

裘皮需要创新，有创新才能生存和发展，利用酸性染料、毛尖染料喷脊、印花、做一毛多色，然后用蒸汽固色，这一创新法大大缩短染色时间；染草上霜的方法不仅有仿染法，而且有了类似酸性染料的草上霜染料染色法。有了这些先进工艺才使产品质量稳定，效果好。

传统的毛皮加工污染较为严重，为了减少污染，最大限度地保护环境，这些年来，在毛皮生产过程中通过采用节水工艺、改造和更新设备，达到降低水耗，减少排放的目的。在环保方面，采用符合欧盟标准的助剂、鞣剂、加脂剂、染料等系列产品，不但提高产品的档次还做到了减少污染保护环境。

毛皮业是从手工作坊逐渐发展起来的。直到 50 年代中期，山东毛皮业仍沿用刀、棍棒、缸、剪刀等工具进行加工。1958 年以后，企业开始自制划槽、转鼓、直接传动式去肉机、干铲机等小型机械。60 年代末至 70 年代，毛皮生产逐步实现机械化，从原皮到成品加工使用了剪毛机、液压去肉机、伸展机、铲软机、烫毛机和毛皮剪绒设备。进入 80 年代，毛皮机械逐步向自动化发展，从国外引进的自动化脱脂机、红外干燥机、光电控制涂饰设备和国产的高速缝纫机、染色设备及电子量革机等先进设备开始应用于毛皮生产。

三 主要产品

毛皮产品分为小毛细皮类，主要包括紫貂皮、水獭皮、银鼠皮、麝鼠皮、海狸皮、水貂皮等，毛被细短柔软，适于做毛帽、大衣等；大毛细皮类，主要包括狐皮、貉子皮、猞猁皮、獾皮、狸子皮等，张幅较大，常被用来制作帽子、大衣、斗篷等；粗毛皮类，常用的有羊皮、狗皮和豹皮等，毛长并张幅稍大，可用来做帽子、大衣、背心、衣里等；杂毛皮，常用的有兔皮、小猫皮等，适合做服装配饰。

山东省以前的毛皮产品主要有裘皮衣、皮裤、羊毛皮、青猾皮、羊剪绒及制品等，大多以出口为主。随着时代的发展，绵羊皮毛革两用服装，羊毛坐垫，貂皮、狐皮大衣，貂皮、狐皮毛领、披肩等毛皮产品不断出现，满足了人民生活的需求。

1. 青猾皮

"济宁路"牌青猾皮是济宁新华皮毛总厂生产的传统出口产品。它的毛被具有天然的青灰色彩云状和波浪式花纹，皮板手感良好、丰满，有伸延性，是珍贵的裘皮衣原料。经过加工鞣制后，制作成服装出口，很受客户欢迎。主要销往荷兰、加拿大、日本、中国香港等 10 多个国家和地区。

1979 年，"济宁路"牌青猾皮被省二轻局评为名牌产品，同时获山东省和轻工业部优质产品证书。1980年7月，在全国行业评比中名列第一。同年，青猾皮褥子被轻工业部评为同类产品第一名。1981年，"济宁路"牌鞣制青猾皮获国家质量奖银牌。1985年6月，青猾皮在全国同行业评比中再获第一名。

2. 千张袄

千张袄产于临清，始于明代，兴盛于清代，流传至今。它利用裁制皮袄剩余的边角料，根据碎毛皮的长短大小、毛花的种类和色泽，经过精心选料搭配缝制成方块，再裁成皮袄，系山东特产。该产品主要以甘肃、宁夏、陕北特产的滩羊皮下脚料为原料，经厂内工人选配原料，市民和农村妇女厂外加工缝制，再由厂内配制剪裁成袄，经过平整梳笼、水洗毛花等工序而成。

千张袄轻暖，其御寒能力和毛色的配制，能与整皮滩羊袄媲美，且别具一格。其毛花横竖颠倒总向下垂，久穿也不会结成毡样。原料虽千张万块，但缝制中随弯就斜，似砌不规则的石块建筑，而价格仅为整皮滩羊袄的一半。

3. 羊剪绒及其制品

羊剪绒及其制品是定陶县皮毛厂研制开发的新产品。其特点是采用新工艺，在剪绒毛皮上制成有山水花鸟或动物等图案的挂毯、坐垫、靠垫，以及利用羊剪绒毛皮下脚料生产多种玩具。"陶"牌羊剪绒挂毯、坐垫于1981年9月被评为省优质产品，1983年获国家对外经济贸易部"出口羊剪绒品质优良"证书，并多次在全国同行业评比中被评为一类产品。该产品大部分出口，畅销日本、美国、澳大利亚、加拿大、联邦德国、荷兰、比利时、中国香港等10多个国家和地区。

四 毛皮养殖

毛皮养殖业是毛皮行业一个必要的组成部分。山东的特种养殖业真正发展起来是改革开放后，由于各种经济成分特别是民营企业走进市场，注入活力，使养殖业的发展速度加快，奠定了毛皮行业整体发展的基础，山东省是全国养殖大省，是全国重要的原料基地，养殖主要集中在东部沿海的荣城、文登、胶南、诸城、蓬莱等地区，养殖的品种主要是狐、貉、貂、兔，总产量居国内产量之首，产量占全国60%。

第四节 制鞋

一 发展概况

山东的皮鞋业始于清朝末年，从清朝末年至1921年，山东皮鞋业处于萌芽时期。期间济南、青岛、烟台等地开始早、发展快。当时，一般情况是每家店铺3—5人，或7—8人。从业者，除了一些具有制鞋技术的人外，多是社会上的闲散劳力。该行业由于投资少，易收益，就有不少人纷纷投摊办店。"大同""顺兴"分别是济南、青岛最早的皮鞋厂家。创办于1907年的济南"大同号"鞋店是山东最早的皮鞋厂家之一，当时资本为2000元，有工人及艺徒12人。"顺兴"是一个叫张家和的高密人，从海参崴学到制鞋技术，回来在青岛博山路设店开业的。据《烟台要览》记载，烟台靴鞋输出高丽及大连各埠。民国十二年（1923年）出口定额为24842双。制鞋者多津人，制革履者，有东马路

"中共皮靴店"和"广太皮靴铺"等。

清朝末年至1921年皮鞋业尚处于萧条阶段，发展十分缓慢。期间济南制鞋店发展到5—6家。除民国五年（1916年）创办的"顺兴元"皮鞋店资本较雄厚（5000余元）外，余者多数小本经营。

1922年至1937年是皮鞋行业发展较为迅速的时期。1922—1931年，山东皮鞋业缓慢发展。济南每年新增皮鞋厂家、作坊4—6户。如胶东制革厂，不但生产皮革，同时还兼营皮鞋，该厂规模大，资本多，年产皮鞋4200双；又如1931年创办的"福东号""大成永"和"树华美"皮鞋店资本分别为2000余元至4000余元。1931年后，济南每年新增皮鞋厂家、作坊10多户，是皮鞋业发展较快的时期，尤以1935年和1936年为盛，每年新增皮鞋厂家、作坊20多户。1933年前后，青岛的孚德、新星、新盛泰、立田、东华等皮鞋厂家相继设店开业。1936年以后，德州的"明星""大陆"鞋店也开始生产少量皮鞋。

据记载，当时济南已有51家皮鞋厂家，其中日本人开办的有3家，工人总数为375人；青岛已有皮鞋厂家50—60家。当时，皮鞋厂的规模不大，人数多的二三十人，少的五六人；缝纫机多则五六台，少则一二台。每个工人月均生产皮鞋20多双，手工制作，沿用传统的线缝码条工艺。

1937年，日本侵略中国，随之济南沦陷。由于社会生活不安定，人民生活困难，社会购买力下降，加之皮鞋厂家众多，致使产品过剩，山东的皮鞋业由盛转衰，不少厂家、作坊在经营中被淘汰或亏损倒闭。据统计，1923年至1936年间，仅济南皮鞋行业，有亏损厂家44户，亏损额由1470元增加到10674元。

新中国成立后，人民生活水平提高，皮鞋需求增加，新中国成立前由一家一户从事皮鞋制作的经营方式，已不适应新社会的需求。从1951年开始，政府首先将从事皮鞋生产的工商户合并为鞋厂。如青岛新中国成立前较有名的明星、万德兴、新成鞋店同其他11家鞋店合并为青岛靴鞋皮件厂。从1953年开始，政府把城镇中分散的小手工业皮鞋制作者组织起来，成立了合作社（组），走集体生产的道路，并以每月支付工资的办法，保障工人的生活。

1956年政府对生产资料进行社会主义改造，对私营企业实行公私合营，皮鞋生产经营活动纳入了政府计划经济的轨道。据记载，1957年，青岛全市皮鞋行业共有职工1300余人，设备70余台，年产值380万元，年产皮鞋30万双。1958年，政府又将一些部分小型合作社（厂）进行调整，其主要内容是将合作社改为具有实体性质的工厂和将一些小型公私合营性质的工厂，合并为较大的工厂，为以后推行比较正规化的管理创造条件。

1962年，行业贯彻"调整、巩固、充实、提高"的方针，先后对一些既生产服装又生产鞋帽和皮件的综合性企业进行调整，按产品分工设专业厂，至此各厂的生产品种基本定型，促进了生产的发展。济南、青岛、烟台等地、市专业生产厂就是当时建立的。通过调整，大大促进了各专业生产厂的发展和产品数量、质量的提高以及出口的创汇能力，当年，全省生产皮鞋100万双，其中出口皮鞋达20.7万双。

1966—1976年，皮鞋业发展缓慢。1977—1985年，是山东皮鞋业迅速发展的时期。国家安定团结的政治局面和改革开放，使皮鞋行业一改几十年的黑面孔。多色彩、多款式、多品种的中根、高跟皮鞋应运而生，大大美化了人民生活。皮鞋产量由1977年的

652.6万双，发展到1985年的1886万双，年均递增14.2%。1979—1985年，国家对山东省皮革工业基本建设投资达3800万元。各企业普遍重视设备更新，淘汰了一些落后设备，引进先进设备，安装生产流水线，扩大了生产规模。

1980年以后，皮鞋生产企业由生产型逐步转向生产经营型，在皮鞋出口大量减少的情况下，将注意力转向国内市场，并采用纤维革、合成革、仿羊革等新材料，运用新技术，生产中高档、多款式、多花色的平跟、中跟、高跟皮鞋，适应了消费需求。1985年，全省有皮鞋厂78个，其中济南市9个、青岛市13个、淄博市3个、枣庄市3个、东营市1个、烟台市16个、潍坊市6个、济宁市3个、泰安市5个、惠民地区3个、德州地区4个、聊城地区4个、临沂地区6个、菏泽地区2个。共有职工2.16万人，其中工程技术人员134人，占职工总数的0.62%。

20世纪80年代末到90年代初期，山东省许多制鞋厂大胆地向手工作坊告别，迅速地向机械化、自动化迈进。随着国家"七五""八五"国民经济规划的实施，山东省皮革行业被列为重点发展的行业，企业抓住机遇，积极主动，争取到了国家和省级政府的支持和投资，进行了全面的技术改造，90%的厂房车间得到了扩建，许多国外的先进机械设备进入鞋厂，加速了产品的更新换代和档次的提高及结构的变化。

到2005年全省制鞋行业规模以上企业77家，比1985年的76家增加1.32%；从业人员61323人，比1985年的21839人增加180.8%；工业总产值完成1113779万元，为1985年19044万元的5748.45%；皮鞋产量5164.73万双，比1985年的2100万双增加145.94%。到2008年全省制鞋行业规模以上企业105家，比1985年的76家增加38.16%；从业人员71212人，比1985年的21839人增加226.08%；工业总产值完成2004757万元，为1985年19044万元的10426.97%；皮鞋产量12398.08万双，比1985年的2100万双增加490.38%。具体内容如图8-26所示。

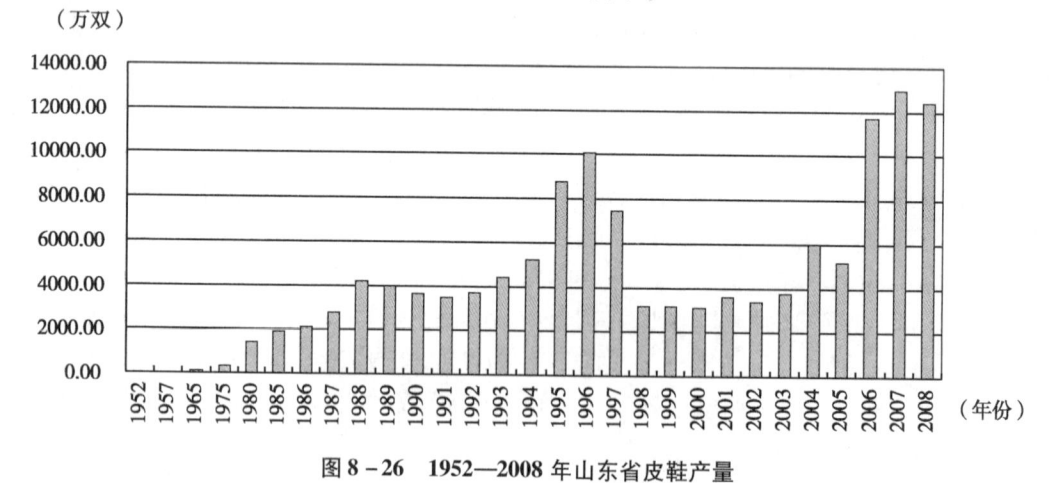

图8-26 1952—2008年山东省皮鞋产量

二 生产工艺

皮鞋按加工工艺，基本可分为5种，即线缝、模压、硫化、注塑、胶粘。

20世纪50年代，山东皮鞋生产均采用传统的手工线缝工艺，效率低下。60年代初，模压工艺问世，提高了生产效率。1969年采用硫化工艺生产皮鞋，但产品较粗糙。从60

年代中期开始采用胶粘工艺，皮鞋生产技术取得重大突破，为皮鞋半机械化生产线的建立创造了条件。70年代初，简单而高效的注塑工艺开始应用于低档皮鞋的生产。

1. 线缝工艺

线缝工艺，即采用手工将鞋帮料、底料缝制在一起。其种类可分为沿条鞋、透缝鞋、压条鞋等。手工码条皮鞋，缝制工艺复杂，加工精细。以25号皮鞋为例，规定码148个针码，上下误差不得超过2个针码。

随着生产不断发展，技术不断进步，1953年前后青岛、威海等皮鞋生产企业先后使用内线机、暗缝机和外线机缝制皮鞋。从而为线缝皮鞋用机械加工闯出一条新路。

2. 模压工艺

模压工艺，即在完成皮鞋粘帮、绷帮工艺后，采用模压机将配制好的橡胶混合物，通过一定的压力和温度，使之与皮鞋帮料牢固结合。省内青岛、济南等厂自1961年先后采用模压工艺进行批量生产。此工艺可节约橡胶和劳动力。

3. 硫化工艺

硫化工艺，即将粘制好的皮鞋（绷楦或缝帮套楦）挂在铁车上，送入硫化罐内进行硫化。可分为热硫化和冷硫化两种，生产上主要采用热硫化。省内自1969年采用此种工艺进行批量生产。硫化工艺生产的皮鞋比较粗糙。

4. 注塑工艺

注塑工艺，即以聚氯乙烯（PVC）、聚氨酯（PU）等为主要原料，采用不同的注塑机，直接注塑皮鞋或注塑鞋底。该工艺简单，效率高，可生产化工用鞋或劳动保护鞋。省内自1974年采用注塑工艺进行批量生产。

5. 胶粘工艺

胶粘工艺，即把绷好的皮鞋帮和预制好的鞋底，通过胶粘剂（氯丁胶、聚胺酯胶等）加压，使帮、底结合的工艺。此工艺是制鞋生产技术上的一项重大改革，推动了机械配套和胶粘流水线的使用。省内自1965年开始采用胶粘工艺试生产，1971年开始批量生产。

随着改革开放的不断推进，为满足人民对皮鞋的需求，美化人民的生活，80年代末开始许多制鞋企业采用了先进技术和先进设备，生产工艺不断改进，从鞋类制作的制帮和组底两大工段来看，制帮工段安装了先进的流水制帮设备，开始了大流水的机械化生产。制帮工段分划料、披皮、贴夹里、缝制等工序，开始分工生产，劳动生产率有了提高。制帮工艺在传统的串、编、镶、嵌基础上，增加了抽筋、贴片、穿珠、起皱、镂刻、电脑绣花、金属件装饰等新技术。

1988年以后组底工段由单干改为小流水以至大流水操作，分出底料、钳帮、缝沿条、合外底、缝内外线、装跟、修底、打腊、出楦、整理等几道工序，分工协作，发挥工人的技术特长，使劳动生产率有了提高。

1990年前后引进了具有世界先进水平的组底设备和生产流水线，开始了组装现代化大流水生产。

1990年以后，从真皮皮鞋到PU、PVC代用革鞋，旅游鞋、运动鞋、时装鞋、休闲鞋甚至劳保鞋，一般均采用胶粘工艺。劳动生产率从过去每人每天不到一双提高到5—6双，旅游鞋、运动鞋达到10双以上。

胶粘工艺流程：鞋帮→鞋底制作→胶粘帮→包边底和制帮脚投毛→涂胶→活化烘

干→复底→压合→整理检验→包装

至 2000 年，鞋类生产已从 80 年代初手工操作一人单干到底，发展至采用具有国际先进水平的机械化大流水线细装生产，不仅劳动强度降低了，而且劳动生产率也提高了。并运用了新技术、新材料生产出高中档次、多款式、多花色的皮鞋产品，满足了消费市场的需求。

三 生产设备

新中国成立初期，皮鞋业设备简陋，工艺落后，除制帮用脚蹬缝纫机外，其他全用剪子、刀子、锤子、钳子、锥子等工具。产品为单一的手工线缝皮鞋。新中国成立后，皮鞋生产厂家规模扩大，设备和技术得到迅速提高。

50 年代中期，皮鞋厂职工具有改造落后设备和进行技术革新的强烈要求，在积极学习外地先进经验的基础上，自己动脑子，进行技术革新，先后制成了内线机、暗缝机、外线机，从而改变了延续半个多世纪的手工缝制工艺。合作合营后，皮鞋生产进行了改造调整，但仍以手工操作为主。1956 年以后，青岛皮鞋厂的职工又制造了修底机、砂内底机、烫蜡机、压合机等，推动了皮鞋业的技术进步。60 年代初，模压机在青岛皮鞋厂投入使用。60 年代中期，皮鞋业采用了胶粘工艺，使用了裁断机、下料机，提高了机械装备程度。70 年代，济南皮鞋厂、青岛皮鞋厂先后各自建成 3 条半机械化的皮鞋生产流水线，其他地、市较大的皮鞋厂，也先后建成生产流水线，提高生产效率 1—4 倍。

1980 年前后引进了一些披皮机、针车机、湿热定型机等设备，使机械化程度有了提高。1985 年，全省皮鞋业主要生产设备有硫化罐 14 台、外线机 85 台、内线机 60 台、模压机 98 台、绷楦机 144 台、缝纫机 3028 台、压合机 107 台。

随着产品装备化迅速兴起，各厂根据装备化的要求，将皮鞋各部件，使用统一规定的型号、尺码下料、制作。尤其使用了从国外引进的先进制鞋设备后，生产效率大大地提高。如使用绷楦机，比手工操作提高效率 15 倍。

1988 年后，制鞋企业才逐步引进了一些具有国际先进水平的各种制鞋设备。例如，裁断机、PED 流水带、SM 流水带、成型机、针车机、组底机、电脑绣花机、什车机、下料机、片皮机、起毛机、钉跟机、成型机、检验设备等。经过 10 几年的发展，全省皮革行业的装备水平已基本达到了世界同行业先进水平。

四 主要产品

1. 产品品种

按生产工艺划分，可分为线缝皮鞋、胶粘皮鞋、模压皮鞋、硫化皮鞋和注塑皮鞋 5 大类。一般来讲，线缝和胶粘皮鞋为高档产品，模压、硫化和注塑皮鞋为低档产品。

线缝皮鞋属传统产品。50 年代，省内所产均为线缝皮鞋。1985 年，线缝皮鞋仅占全省皮鞋总产量的 7.5%。

1960 年到 1981 年，模压皮鞋、硫化皮鞋的产量呈逐年递增趋势。1968 年 60 万双，占皮鞋总产量的 5.3%；1977 年 240.8 万双；1981 年达到 305.67 万双，占皮鞋总产量的 16.9%。此后，随着人们消费结构的变化和产品本身花色品种少等原因，模压、硫化皮鞋的产量大幅度下降，到 1985 年下降为 38.35 万双，占皮鞋总产量的 2.3%。

注塑皮鞋的产量不大。1981年产量最高，达29.36万双，占皮鞋总产量的4.47%。

胶粘皮鞋是60年代中期在省内发展起来的新品种，因其具有花色品种变换容易、生产效率较高、适于现代化机械生产等特点，发展很快。从1980年始，胶粘皮鞋已占优势地位。1981年，全省胶粘皮鞋产量1058.84万双，占皮鞋总产量的59.66%，1985年达到72.72%。

总之，1980年前后，鞋类生产主要手工缆线真皮皮鞋，少量生产胶粘的真皮皮鞋及PU、PVC代用革皮鞋，产量少，品种不多。至1988年年底已从单一的普通皮鞋发展至普通皮鞋、运动鞋（旅游鞋）、劳防鞋、特殊功能鞋4个大类，几千个品种，上万种款式。

普通皮鞋是人们日常穿着的皮鞋，以用的材料分：有真皮皮鞋、代用革皮鞋；以穿着对象分有男鞋、女鞋、童鞋、老人鞋；以穿着季节分有春秋穿的单鞋、夏天穿的凉鞋、冬天穿的棉鞋。

运动鞋（旅游鞋）是以天然皮革或代用皮革作鞋帮，配以塑料发泡结合底或橡胶聚氨酯底制成，供人们在旅游健身或工作时穿着的流行鞋种，有的称健身鞋、健步鞋，也有叫休闲鞋、跑步鞋，穿着行走舒服，国内外市场需求量特大。

劳防鞋是用于劳动时防护的特殊皮鞋。有用于带电操作工人穿的绝缘劳防鞋、有用于重工业工人穿的防砸耐热安全鞋、有用于化工生产工人穿的耐酸耐油劳防鞋。不同工种有不同要求，现已发展到医院护士穿的轻盈无声的医护鞋、宾馆服务员穿的工作鞋。这类鞋一般鞋厂根据要求均能生产。

特殊功能鞋是一种结构特殊和其有某种功能的鞋，其采用的材料和工艺与普通皮鞋、旅游鞋、运动鞋大致相同。

自1986年到2008年的20多年间，经过改革开放的洗礼，全省制鞋行业发生了翻天覆地的变化，全行业职工的积极性得到充分的发挥，使引进的先进生产工艺和设备与高昂的职工创新精神有机结合起来，皮鞋产品，不论是质量、款式都达到了历史最好水平。这期间共获得国家部省优质奖21项，1990年，烟台童鞋总厂生产的"新苗"牌胶粘猪修面女童鞋、青岛金羊皮鞋总厂生产的"金羊"牌牛皮胶粘男皮鞋；1991年，烟台第一革制品厂生产的"烟鹰"牌胶粘全皮运动鞋、牟平皮鞋厂生产的"大鹏"牌皮鞋获国家质量奖银质奖。1999年，威海金猴集团公司生产的"金猴"牌胶粘男鞋、青岛亨达集团公司生产的"亨达"牌胶粘女鞋，获1999年度山东省产品质量奖。青岛皮鞋及制品在北京国际博览会和轻工部产品博览会上获金奖5枚、银奖8枚、铜奖6枚，同时被国家轻工部命名为最受欢迎的畅销产品。另外烟台龙茂鞋业有限公司的"沃丽斯"皮鞋、沂南制鞋总厂的"声乐"牌旅游鞋、威海金猴集团"金猴"牌皮鞋、烟台童鞋总厂的"新苗"牌童鞋、莒南鞋厂的"李宁"牌运动鞋、临朐鞋厂的"奇安特"运动鞋等产品都曾以其品牌优良而畅销省内外，在市场上各领风骚，取得很好的经济效益。

20世纪80年代，江泽民、杨尚昆、李鹏、田纪云、谷牧等国家领导人及夫人，经常穿着青岛孚德、金羊鞋厂生产的皮鞋参加国事活动。金羊皮鞋厂厂长马名声、逄玉宝，设计师杨淑坤分别受到了江泽民总书记、李鹏总理的接见并合影留念。1990年时任青岛皮革工业公司经理的刘作政、办公室主任郭海鹏在北京中南海受到了李鹏总理的亲切接见并合影留念。

2. 出口产品

1957年开始生产出口皮鞋，主要产地有青岛、济南、烟台、潍坊、德州、济宁等地市。1960年以前主销苏联、蒙古、东欧、中国香港等地，1960年以后转以美国、法国、联邦德国、科威特、巴林、利比亚、日本及东南亚和我国港澳地区为主。其品种主要有大头式硬包头男皮鞋、男皮凉鞋、羊皮半高跟女鞋、童皮鞋、童皮凉鞋和模压男女童皮鞋、胶粘童鞋、胶粘童凉鞋等。出口交货量：1959年84.6万双、1960年95.5万双、1965年20.6万双、1969年51.09万双、1970年79.89万双、1979年129.89万双。后由于国际市场变化和出口皮鞋品种单调、适销性差等原因，出口量逐步下降。1980年降至93.92万双、1985年62.7万双，仅占同年皮鞋总产量的3.7%。从90年代开始出口量又逐步增加，2008年鞋出口量达4244万双。

五　产业集群

山东鞋业产业历史悠久，是我国计划经济时期的重点鞋业基地，经过改革开放20几年的迅速发展，部分地区利用传统产业优势，提高了制鞋行业的自主创新能力，拉长了产业链条，在短时间内形成了集鞋机械、鞋化工、鞋皮革及鞋材料市场与之配套的产业集群于一体的优势产业。鞋业产业集群的城市有潍坊高密、青岛蓝村等。

至2005年，高密从事鞋类生产经营的业户有1500多家，其中制鞋企业近400余家，制底企业450家，鞋楦企业600家，鞋皮革企业5家，鞋机械企业9家，鞋化工企业7家，经营鞋材料的业户达600多家，从事鞋业生产经营的人员达到10万余人。

青岛蓝村镇已有16个村庄从事皮鞋加工、经营鞋料或从事皮鞋辅助加工，其中皮鞋加工专业村（全村60%以上的户从事皮鞋产业）6个，常年从事皮鞋加工的专业户达到733户，年产皮鞋超过20万双的40多户，发展了128家鞋料经营店，从事皮鞋辅助加工的户数达到567户，皮鞋运输专业户67户，从业人员接近3万人。已形成从生产、经营、鞋样设计到市场销售的完整体系，形成了涵盖制鞋行业上、中、下游企业优势互补、良性发展的格局。

第五节　皮件

一　发展概况

皮件主要是用天然皮革或人造皮革为主要原料制成的除鞋类外的各种日用皮革制品及服装。是人们日常用的各种带、手袋、钱包等小皮件产品和旅行包袋、公文包（箱）、电脑包（箱）、家用皮箱、拉杆滑轮箱等大皮件产品及革皮服装的生产、发展和制作过程。山东省的皮件产业，始于民国初年。济南"顺兴元"创办于1916年2月，从事服装、皮件的生产经营。其他个体手工业者多以制作披肩小产品和领子加工修补为主。

20世纪30年代后，从事皮件生产经营的店户遍及全省各地。多数附属于制革或制鞋作坊，尚未形成独立行业。青岛的原隆鞋店、新盛泰鞋店、万德兴鞋店均设皮件生产。济南的英华皮件工厂、兄弟皮件店、新盛泰皮件店，烟台的"华昌""天裕""义和祥"等，都是当时较大的皮件生产厂家。上述厂家均以前店后坊的形式从事皮件生厂经营。

新中国成立后，以个体手工业者、工商业者为主要成员的皮件业户逐渐联合，组建成立生产合作社或厂，初步形成独立的皮件制品行业。

1965年，在济南、青岛、烟台、威海等地共有5个皮件企业，职工786人，专用设备284台，生产10余个品种的产品，工业总产值414.79万元。1980年，全省皮件工业企业发展到30个，职工6078人，固定资产原值达1213.7万元，工业总产值近1.03亿元，其中出口产值占27.76%，品种已达百余个。

1985年，全省有皮件工业企业34个，职工6785人，其中工程技术人员57人，占职工总数的0.8%。工业总产值7824.44万元，全员劳动生产率12045元/人。共有专用设备3035台。

2005年全省皮件行业规模以上企业200家，比1985年的34家增加488.24%；从业人员71192人，比1985年的6785人增加949.26%；工业总产值完成1346895万元，为1985年7824.44万元的17113.95%；皮包袋产量3784.9万个，比1985年的7.25万个增加52105.52%。

到2008年全省皮件行业规模以上企业228家，比1985年的34家增加570.59%；从业人员59953人，比1985年的6785人增加783.61%；工业总产值完成1735236万元，为1985年7824.44万元的22078.37%；皮包袋产量2698.78万个，比1985年的7.25万个增加37124.55%。具体内容如图8-27、图8-28所示。

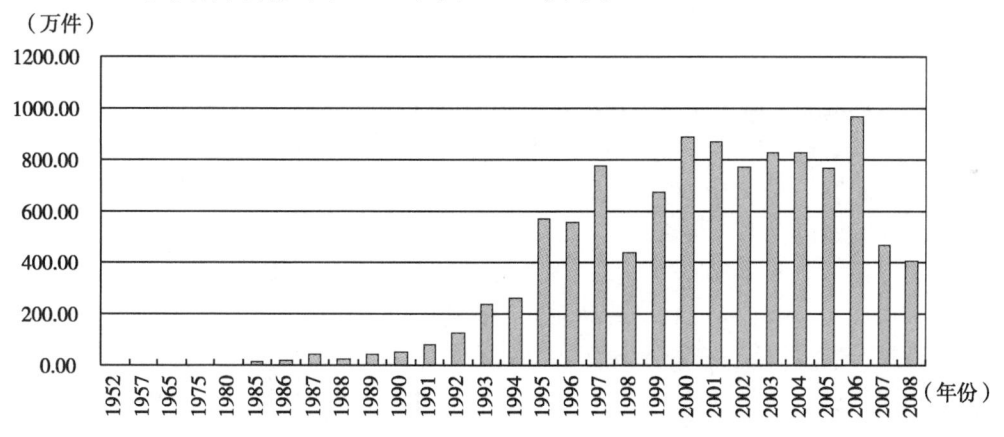

图8-27　1952—2008年山东省皮革服装产量

皮件是仅次于鞋类生产的第二大产品。经过20年的发展和积累，皮具箱包产业和成衣已形成从原辅材料到成品加工、销售，国内外市场相融合的完整产业链。尤其是箱包产品随着全面建设小康社会推进和人民生活水平的提高，箱包产品越来越时尚化、个性化。一人多包，一季多包已成为消费主流。使得箱包行业不但这20年而且今后都进入了重要的发展机遇期。全省的革皮服装、箱包产业都处在全国的前列，从90年代中后期开始，内销产品逐渐减少，出口产品增多，到了2000年前后全省的革皮服装、箱包产品主要是以贴牌加工或来料加工为主。

二　生产工艺

包类工艺分帮下料、粘合、清配、缝制和装配整理5部分。箱类工艺以缝制成型和装

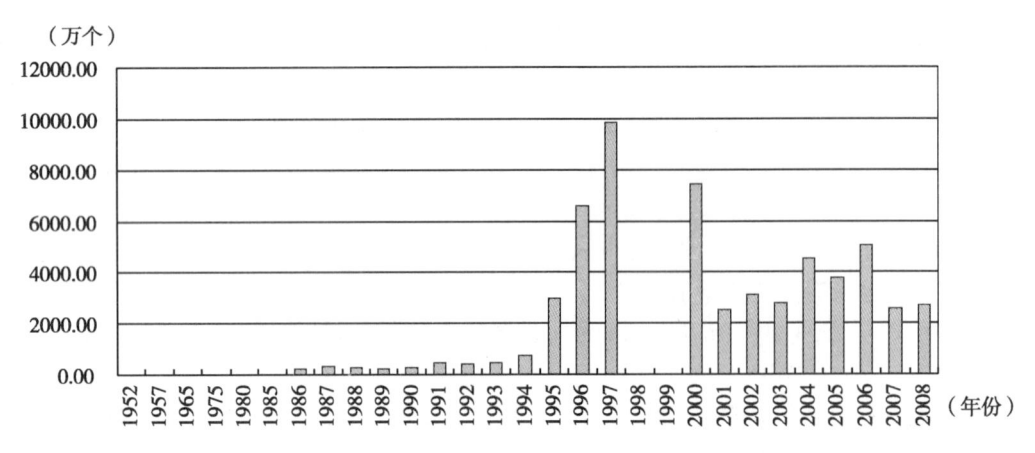

图 8-28　1952—2008 年山东省天然皮革手提包（袋）、背包产量

配整理为主要加工工艺。皮衣工艺包括下料、缝制、装配整理。

1. 包类工艺

包类工艺分帮下料、粘合、清配、缝制和装配整理 5 个部分。

缝制为主要加工工序。粘合、清配则是缝制的辅助性工序。缝制工序又分缉拉练、缉大面明线、缉背带、缉里布、上牙子、包沿子、后缝包里子等几道小工序。原采用手工缝制，从 60 年代起至今全部采用机缝。

2. 箱类工艺

箱类工艺以缝制、成型和装配整理为主要工序。

缝制又分分手缝与机缝。生产 H7202 和 30—18 寸等家用箱时，钎子与大面缝合主要采用手缝。后发展为用万用缝箱机缝合。生产 30—16 寸类模压箱，两片大面边缘的塑料条和支撑箱壳的铁口需用机器缝合。

成型，即箱子上下两面制作成型，分压凸和推凸两个主要部分。1970 年，青岛研制成推凸机，取代人力推凸，减轻了劳动强度，提高了工艺水平。

装配整理，系将箱锁、箱把、箱盖边缘的沿口、箱铁角装配至相应位置。模压箱铝口的装配，原采用成型后套在箱口上的办法，铝口在成型过程中损坏率达 30%。1983 年改用直接将长条型铝材顺箱口镶装的方法，减轻了劳动强度，降低了铝口损坏率。

三　生产设备

1965 年以前，皮件行业的生产以手工操作为主，生产设备主要是缝纫机、18K 大轴机，专用设备很少。随着生产的发展，企业自制了压力裁断机、硬皮车座自动热压烫印机、皮带自动切割机等专用设备。1973 年，烟台第一皮件厂制造成功铜口成型模具，青岛皮件二厂革新成功自动片皮机、自动两用压凸机。至 1985 年，共引进设备 401 台。

经过 20 年的发展，制品行业逐渐从手工操作转向机械化操作，压力裁断机、硬皮车座自动热压烫印机、皮带自动切割机、铜扣成型模具、自动片纸机、自动两用压凸机等，80 年代后期，随着改革开放，逐渐开始引进一些国内外的先进设备，如全自动电脑片边机、上胶机、折边机等，大量减少手工作业和提高了加工精度，使制品行业机械化程度及质量水平大为提高。

四　主要产品

皮件产品品种繁多，共有 10 大品类：皮箱类：包括各种面料、不同规格的家用箱、模压箱、硬盖箱、方角箱、双盖箱；皮包类：包括各种款式的手提包、背包；手套类：包括生活手套、劳动保护手套；皮车座类：包括猪皮硬车座、软车座；工业类：包括皮结、皮圈、皮垫、皮碗；劳保用品类：包括安全带、护膝、套袖、围裙等；日用小商品类：包括烟包、腰带、表带等。还有革皮衣类、皮票夹类、工具袋类等。各品种款式变化较快。

1. 主要产品产量

1985 年前，皮件产量统计分类详细，90 年代后按一个大类统计。

（1）皮箱、皮包。1965 年，皮箱产量 0.45 万只，皮书包 2.36 万个，多系猪皮制品。1978 年，皮箱产量 21.27 万只。

1980 年受国际市场影响，年产皮箱仅 2.09 万只，皮包 0.5 万个。1985 年国内外市场好转，年产皮箱 0.95 万只，皮包 16.3 万个，有模压箱、家用箱、旅行软箱、公文箱、公文包、手提包等百余个品种。

（2）人造革箱包。1965 年，人造革箱产量 1.07 万只。1975 年，人造革箱产量 11.51 万只、人造革包 21.06 万只。1980 年，人造革箱 18.66 万只、人造革包 333.79 万个。1985 年，人造革箱产量达 43.19 万只，人造革包 258.73 万个。

（3）皮手套。1979 年，劳保手套产量 899.44 万副，生活手套 72.25 万副。80 年代，皮手套产品多采用猪、羊皮服装革面料，生产工艺简单，制作方便，大部分出口。1985 年，劳保手套产量 422.29 万副、生活手套 136.07 万副。

（4）革皮衣。1985 年，猪革皮衣有 5 个品种，人造革皮衣有 8 个品种，年产 11.79 万件。

2. 名优产品

1978 年，威海市皮件一厂生产的出口生活手套、烟台第一皮件厂生产的自行车座、济南皮件厂生产的出口皮箱，分别获省二轻局优质产品称号。

1979 年，烟台第一皮件厂的铜口票夹获省二轻局名牌产品称号。济南皮件厂生产的出口皮箱、烟台第二皮件厂生产的自行车猪皮硬座、威海市皮件一厂生产的出口生活手套，分别被省二轻厅命名为优质产品。

1980 年，获省二轻厅新产品、新品种、设计创新奖的产品有烟台第一皮件厂的铜口旅游包获一等奖；烟台第二皮件厂的泡沫人造革背（提）包、青岛皮件二厂的泡沫人造革背（提）包、济南皮件二厂的泡沫人造革女背包获二等奖；威海市皮件二厂的帆布人造革运动包、济南皮件厂的猪皮女挎包、青岛皮件一厂的泡沫人造革背（提）包、威海市皮件一厂的泡沫人造革背（提）包获三等奖。

1985 年，获轻工业部优质产品奖的有威海皮件厂的"名岛"牌猪正面革服装、"名岛"牌猪皮服装、青岛皮件四厂的"鹿驼"牌猪正面革服装；获省优质产品奖的有威海皮件一厂的"名岛"牌男女猪皮手套、青岛皮件一厂的"华东"牌 120 照相机皮套、青岛皮件二厂的"海"牌旅行软箱、济南皮件二厂的"明湖"牌旅行软箱。

3. 出口产品

1957 年有 5 个品种出口：皮手套出口 4170 副，皮包 10 个，打棱皮带 0.17 吨，猪、牛皮结3.5万对，猪皮圈、牛皮圈1.53万个。1963年，增加皮运动衫、牛皮档等4个品种。1978年，出口皮衣115万件，皮箱22.9万只，人造革箱16.38万只，皮包25万个，人造革包73.42万个，皮手套435.11万副，皮票夹57.57万个。1985年，出口皮箱0.52万只，人造革箱3.43万只，皮包10.91万个，人造革包70.66万个，生活手套79.05万副，劳保手套398.62万副，革皮衣3.80万件，皮票夹8.67万个。出口交货值达2851万元。

第六节 配套产业

一 制革化工

1985年以前山东省制革化工用料主要是红矾、栲胶、石灰、白皮油等传统的产品。

1. 涂饰材料

涂饰材料主要有颜料膏、揩光浆、硫化油、脲醛胶等品种，由山东省平度皮革化工厂生产。该厂1976年建成，后更名为青岛皮革化工厂。1978年生产颜料膏、揩光浆，年产32.7吨。1984年8月，完成高分散色浆的科研项目，并通过省级鉴定。此产品颗粒较细，分散度较高，色泽鲜艳，着色力较强，遮盖力较好，可使苯胺革获得较薄的涂层，增强真皮感。产品填补了省内空白。

青岛皮革化工厂从建厂至1985年，总投资达465.13万元。1985年拥有固定资产原值110.3万元，净值80.6万元，主要生产设备32台。有职工83人，其中工程技术人员12人。年产颜料膏、揩光浆327吨，硫化油29.1吨，脲醛胶6.3吨，产品品种由建厂初期的2个发展到6个，销往全省各制革厂。工业总产值124.7万元，实现利税25.71万元，其中利润9.73万元。

生产涂饰剂的原料，主要有高色素炭黑、粒子元青、钛白粉、氧化铁红、大红粉、蓖麻油、干酪素、食盐、硼砂、菜籽油等。

2. 酶制剂

酶制剂主要有"209"碱性蛋白酶、"166"中性蛋白酶、"1398"蛋白酶等品种，由沂水酶制剂厂生产。该厂1978年建成，是山东省二轻厅定点生产工业制革、毛皮用蛋白酶的专业厂。1978年仅生产"209"碱性蛋白酶。1979年投资105万元，建成966平方米的发酵楼和硫铵盐析车间，添置了专用生产设备，产品种类有所增加。1980年采用离心喷雾干燥新工艺，试制出"白鹭"牌"166"中性蛋白酶，并投入批量生产。这种产品具有酶粉色泽较浅、颗粒较细、易溶解、酶活力稳定、性能好等优点，用于制革脱毛，对毛根的作用比较缓和，除掉各种细胞的能力较强，水解纤维间质的速度较快。后又试制出"白鹭"牌"1398"蛋白酶，1981年被评为山东省优质产品。1985年，该厂固定资产原值169.04万元，净值108.7万元，拥有主要生产设备86台（套），职工215人，年生产能力400吨，实产蛋白酶280吨。工业总产值167.03万元，比1978年增长3.98倍。实现利税22.9万元，其中利润9.9万元。

生产蛋白酶的原料，主要是玉米粉、瓜干粉、豆饼粉等。

蛋白酶销往全省各制革厂以及北京、天津、杭州、鞍山、四平等地的制革厂。

3. 栲胶

栲胶主要有液体栲胶、块状栲胶、粉状栲胶、橡碗栲胶、杨梅栲胶、低温碗栲胶、碗壳栲胶等品种，分别由枣庄市台儿庄区栲胶厂和平邑县栲胶厂生产。

1968年，枣庄市区竹条皮革厂设栲胶生产试验小组，用陶瓷罐、小瓦盆浸提，铁锅蒸发，水间接蒸煮浓缩，在无干燥设备的条件下，试产出液体栲胶。1969年投资5万元，添置了小锅炉、木桶等简易设备，生产出块状栲胶。1970年，栲胶生产试验小组改为栲胶生产车间，购置了大锅炉、真空泵、6个大木桶和烘箱，生产出块状栲胶。1971年建水塔、干燥塔，扩建水泵房、净化池等，生产能力达100吨。1972年开始生产粉状栲胶。1978年，栲胶生产车间独立，更名为枣庄市台儿庄区栲胶厂，年产栲胶300吨。1985年对双室热泵蒸发器进行改造，自制二效蒸发器，研究成功橡碗栲胶生产新工艺，并通过省级鉴定。该工艺成功地解决了碗刺、碗壳分离和散装原料仓储技术，并能生产出低温碗栲胶和碗壳栲胶等新产品，除尘和原料净化率在同行业中处于领先水平。当年生产栲胶538.86吨，完成工业总产值96万元。

平邑县栲胶厂成立于1973年，主要生产橡碗栲胶、杨梅栲胶。1985年生产栲胶883.57吨，完成工业总产值169万元。

生产栲胶的原料，主要是橡壳、杨梅树皮等，购自河南、湖北、广西、云南、贵州等地。栲胶主要供给省内各制革厂，部分销往省外。

1985年以后逐步从国外引进复鞣剂、加脂剂等，90年代以后，皮革化工产品的引进出现多元化，省内企业也开始仿制进口化工材料，但是规模较小，制革企业所需要的化工产品仍需从其他省市引进。1995年以后，皮革化工材料向功能化发展，如手感剂、柔软剂、加脂助剂等。1998年以后铬粉逐步取代了红矾，进入2000年，皮革化工材料更加专业、而且提出了环保等方面的要求。

二 鞋用材料

皮鞋配套材料主要有轮胎胶底、木楦、胶板、成型底等。山东制鞋业历史悠久，因而带动了山东鞋材业的发展，制鞋材料发展的快慢，直接决定制鞋业的发展款式和速度，1985年前分别由青岛皮鞋材料厂、青岛制楦厂、牟平县皮鞋材料厂生产。

1966年，青岛市第一靴鞋厂割旧轮胎底的职工和从靴鞋二厂、四厂抽调的部分职工组建成立青岛靴鞋制底厂，年产轮胎胶底21.2万双。1969年与台东橡胶配件厂合并，更名为青岛红旗橡胶厂。1973年购置锅炉、硫化机，生产出成型硫化鞋底。1974年生产出微孔轻胶板。同年9月，青岛市皮革研究所木楦车间并入该厂，增加了木楦生产。

1975年添置一套纤维革机器，试制出合成纤维革。1976年，木楦车间划出，成立青岛市制楦厂，专门生产皮鞋用木楦。1978年，青岛红旗橡胶厂更名为青岛皮鞋材料厂。1980年研制出橡塑合成仿牛底革，获青岛市科委二等奖、市二轻局一等奖。1982年从日本引进聚氨酯发泡底生产线，次年生产出聚氨酯发泡底，获青岛市科委三等奖、市二轻局二等奖。

1979年，牟平县皮鞋厂的成型底车间划出，成立牟平县皮鞋材料厂，年产成型底19.3万双、胶板0.5万张、鞋楦2万双。1982年试制出高苯乙烯（BR）合成发泡胶板。1983年以后相继试制出半透明胶板（SBP）鞋底、天然橡胶（NR）定向发泡膛底，并通过省级鉴定。1985年试制出WB—413型粘合剂。同年，生产成型底281.1万双，乙烯—醋酸乙烯共聚物（EVA）鞋底11.24万双，聚氨酯鞋底26.48万双，胶板31.5万张，仿牛皮板267.6万张，木制鞋楦8.21万双。产品销往全省各地皮鞋厂及大连、丹东、哈尔滨等地皮鞋厂。

20世纪80年代末，特别是随着鞋的市场转为以休闲为主后，PU底受到鞋厂的重视，纷纷采用。PU底的特点是轻便（是橡胶质量的30%—50%），而且耐磨、弹性好。特别是深受中老年和工薪阶层消费者的欢迎。同时在生产加工、粘合成型都有较好的加工性，所以逐步取代了老式的橡胶底材料。

近几年，青岛赛诺克、振德、新郎诺、康泰、鑫成龙、宏安六大制底厂迅猛崛起，继承和拉动了山东制底业的飞速发展，目前山东制底厂数百家，预计生产5亿双。山东还有一些鞋材厂，如威海昌隆鞋材厂是生产和研制各种鞋用材料以及无纺合成基布的专业生产厂家，是威海市经济技术开发区凤林集团公司的下属企业。1994年建厂，拥有职工100余人，占地面积42600平方米，建筑面积22800平方米，设备88台（套）。产品有水溶无纺革、里子革、溶剂革、针刺无纺布、皮革基布以及鞋用环保溶剂等相关产品。产品性能稳定，质量可靠，价格合理，服务到位，深得新老用户信赖，产品覆盖全国各地。产品连续多年获得有轻工总会制鞋研究院举办的全国鞋业技术交流展示会金奖推荐产品的荣誉称号。

三 五金配件

皮革五金配件主要指家用箱、模压箱、轻提箱、公文箱、公文包等箱包的五金配件，以及皮鞋装饰件、铁勾心等。

青岛皮革五金厂是皮革五金配件的主要生产厂家，1973年由青岛机修电镀厂和东方红铁器厂合并而成，厂址在青岛市台东区汉口路292号。当年国家投资190.8万元，年产箱包配件116万件。1975年3月，该厂迁往青岛市四方区小白干路131号，年产箱包配件107万件，产品以箱锁、箱包配件、皮鞋装饰件及皮鞋铁勾心为主。同年，该厂被轻工业部列为全国皮革五金制品八大厂家之一。1977年试制出75对锁，在轻工业部同类产品评比中获电镀外表光洁度第一名。1978年试制出65对锁、3插锁。1980年试制出轻提箱锁。1983年试制出蟹壳锁。1984年试制出鼓型合页。1985年，厂区面积达1.1万平方米，建筑面积7000平方米。职工317人，其中工程技术人员13人。固定资产原值226万元，净值111.9万元。拥有主要生产设备56台。年产皮箱锁件103.98万把，皮鞋铁勾心387.05万副，其他五金配件1068万件，产品280余种。完成工业总产值226.62万元，实现利税17.74万元，其中利润5.24万元。全员劳动生产率8656元/人。

生产皮革五金配件的原料，主要是冷轧板、带钢等。皮革五金配件主要销往全省皮件厂、皮鞋厂，部分销往省外革制品厂。

四 皮革机械

20世纪80年代以后，山东省的制革企业陆续开始引进机械设备，如片皮机、磨革机等，但是受体制、资金等方面的影响，数量不是很大，多数企业的设备仍然系国产和自制设备，这部分设备属于液压控制、耗能高、精密度差、压力达不到要求，而且多为窄工作面。进入 90 年代以后，制革企业开始大量引进先进的制革设备，如片皮机、削匀机、挤水伸展机、熨平压花机、真空干燥机、喷浆机等，关键设备的引进，大幅提高了企业技术装备水平，提高了产品档次，增加了花色品种，开拓了国际市场。

在引进先进设备的同时，烟台皮革机械厂也积极攻关，研发替代产品，取得了长足的发展，促进了山东省制革机械的更新换代，1989 年生产的"黄海"牌片皮机获得国家质量银质奖，开发的挤水伸展机被评为 1996 年国家新产品，液压去肉机、剖层机等先后获得国家专利。

第七节　行业管理

一　省皮革工业公司

1. 概况

民国初年，皮革行业是以"同业公会"的形式开展各项业务工作。抗日战争胜利后，由国民党联合勤务司令部接管。新中国成立初期，由山东省人民政府生产部被服局作为敌产被接管。1953 年国家开始逐步实现对资本主义工商业的社会主义改造。从 1955 年起，皮革行业所属企业隶属关系先后经过几次调整，1956 年属山东省工业厅化学工业管理处管理，1960 年后一部分隶属山东省轻工业厅，一部分隶属手工业管理局。

1963 年 10 月 29 日，国务院批转轻工业部关于皮革、皮鞋工业集中管理的报告，同意成立中国皮革工业公司。

1964 年 3 月 8 日，山东省人民委员会同意省轻工业厅《关于加强皮革、皮鞋工业集中管理和成立山东省皮革工业公司的报告》，山东省皮革工业公司成立。1965 年 5 月，省皮革工业公司由省轻工业厅全建制划归省手管局分管。1970 年，省轻工业局第二生产组内设皮革组。1976 年 1 月 20 日，省革委生产指挥部批准成立山东省皮革塑料公司。

自 20 世纪 60 年代省、地（市）皮革工业公司相继成立后，对猪皮资源的开发、收购、分配、调拨和牛羊杂皮以及制革、皮鞋生产用辅料的供应，加强了行业管理，促进了全省皮革工业的发展。

1980 年 4 月 8 日，省编委批准省皮革塑料公司分设为省皮革工业公司、省塑料工业公司。省皮革工业公司隶属省二轻厅管理，主要分管皮革、皮毛及其制品，实行全行业归口管理。其主要职责如下。

（1）负责编制本行业生产、基建、技术改造、科学研究长远规划和年度计划，并组织指导各地、市公司贯彻实施，加强生产调度，定期检查生产计划的执行情况。

（2）负责行业的合理布局、定点、调整、改组、整顿，指导企业的生产、经营、管理。

（3）负责本行业原材物料及专用设备的计划汇总、平衡、申报，组织采购进货、调拨分配和供应工作。

（4）负责制定并贯彻执行本行业各项产品的技术标准、工艺操作规程，开展新技术的引进、推广应用及新产品的开发，开展科学研究，搜集、交流科技情报，加速企业生产技术的现代化。

(5) 负责拟定本行业的科学技术教育、职工培训规划,开展技术教育活动。

(6) 负责调查了解产品销售动态、市场信息,组织产品展销及销售工作,会同有关部门与外商洽谈贸易,扩大出口业务。

(7) 负责办理省公司和各地、市公司经营财务资金盈亏收交核拨,以及财务收支计划预算的编报、核批事项,指导地、市公司加强经营和财务管理工作。

至1985年年底,全省组建地、市皮革工业公司13个。这些地、市公司是省皮革工业公司的派出机构,财产属省皮革工业公司所有,由省皮革工业公司统一核算。地、市公司的人员属地、市局领导。

随着商品经济形势的不断发展,到80年代末,山东省皮革工业公司已发展成为初具规模的集团性经济实体,有固定资产原值2487.4万元,流动资金1760.8万元,职工1300多人,下属13个市、地分公司,2个直属经销部,5个生产企业,109个原皮收购站,仓库面积3.5万平方米,有4个联营企业、1个中外合资企业及有一定科研、开发、检测能力的山东省皮革工业研究所,还与50多个皮革及制品生产骨干企业有比较密切的经济联合与协作。

为了更好地开发山东皮革资源,发挥优势,推动联合,立足省内,面向全国,走向世界,把山东皮革工业提高到新的水平,1990年2月,省二轻厅上报山东省经济委员会、山东经济体制改革委员会、山东省人民政府经纪协作办公室批准组建了以山东省皮革工业公司为主体,联合省内外科研、教育单位和生产企业组成的原料开发、生产、科研、开发经营、服务一体化的"山东省皮革工业总公司(集团)"。同年4月,根据党中央国务院关于进一步清理整顿公司的决定精神,经山东省清理整顿公司领导小组研究,同意保留山东省皮革工业总公司(集团)及直属的烟台市、淄博市、潍坊市、济宁市、泰安市、枣庄市、临沂地区、菏泽地区、聊城地区、德州地区、惠民地区皮革公司、青岛市皮革工业公司供销经营部、威海市皮革工业公司供销经营部、山东省皮革工业总公司(集团)供销经营部、山东省皮革工业总公司舜井商场。山东省皮革工业总公司(集团)成立后,为了理顺全省皮革工业管理体制,加强行业管理,根据以上的文件精神和省政府鲁政发(1990)56号文《关于实行地区和部门企业工资总额同经济效益总挂钩的通知》规定,山东省劳动厅、山东省第二轻工业厅联合下文决定从1990年6月1日起将财务由省财政管理,由地、市管理的12个(除青岛市皮革工业公司供销经营部)皮革工业公司(经营部)的劳动工资、人事关系成建制地划归省二轻厅主管。党的关系委托当地党组织管理。省二轻厅对山东省皮革工业总公司(集团)实行董事会领导下的总经理负责制:主体部分实行人、财、物、产、供、销"六统一",统一对省财政负责;各成员单位独立核算,自负盈亏;联合开发原材辅料,联合开发名优新特产品;联合生产、经营和发展对外业务。按照上级部门的要求从1990年下半年开始上收12个地、市分公司的工作,最终完成了10个地、市皮革工业公司(经营部)的上收,由于种种原因烟台公司没能上收省二轻厅,潍坊公司只上收了劳动工资关系,人事关系也没能收归省二轻厅。1993年,经二轻厅批准"山东省皮革工业总公司(集团)"更名为"山东省皮革工业集团总公司"。2005年10月根据省政府的要求,省皮革总公司划归省国资委管理。

省皮革公司历任领导:第三任经理李志简(1983—1986年);第四任经理刘林江(1986—1991年);第五任董事长、总经理王传家(1991年6月—2000年12月),董事长王传家（2001年1月—2004年7月）；第六任总经理芦连兴（2001年1月—2004年7月），董事长、总经理芦连兴（2004年7月迄今）。

2. 皮革公司内部改革情况

自1986年至2005年改革开放20年，我国经济进入了一个新的发展阶段，随着市场经济体制的逐步确立，国有企业改革力度进一步加大，皮革公司也发生了翻天覆地的变化。

皮革公司是1964年成立的老公司，多年来一直在计划经济体制下，靠国家财政拨给的1亿多元的猪皮补贴，行使着行政管理的职能，职工端的是铁饭碗，吃的是保险饭，干部坐的是铁交椅，拿的是铁工资，随着改革开放形势的发展，尽管1987年由行政性公司改成国有企业，人员工资由行政性工资改为执行企业标准工资，但仍然行使着行政管理的职能，到1990年国家全部取消了猪皮财政补贴，将皮革公司一下子推向市场，过惯了平安日子、吃惯了"大锅饭"的人们，拐棍一去，奶一断，感到束手无策，经济效益急剧下滑，1991年年底亏损800多万元，省二轻厅及时调整了领导班子，组成了以总经理王传家为首的新领导集体，在深入调查研究的基础上，从深化改革、转换机制、启动公司活力入手，进行了"三项制度"的改革：改革了内部经营机制，建立并逐步完善了内部经营承包责任制；改革用人制度，建立富有竞争机制的人事管理体制，改革了分配制度，拉开了分配档次，建立了一种自我激励自我约束的运行机制。1992年省劳动厅批准了公司的工效挂钩的方案，在分配问题上又进行了进一步的改革，使内部分配形成了良性的运行机制。"三项制度"改革的实行，使公司面貌焕然一新，极大地调动了职工的积极性，1992年一举扭亏为盈，实现利润19万元，甩掉了亏损的帽子。在以后的每年间，公司都会根据形势的变化，及时出台关于"内部运行机制有关问题"的规定。

一个企业要发展人才是关键，皮革公司为了使企业得到更好的发展，改变人员老化的局面，自1992年起利用两三年的时间，招收了130多名大、中专毕业生，招聘人才20多名，并先后出台了一系列关于人才引进和奖励的有关政策。随着1994年《劳动法》的颁布实施，皮革公司成立了"山东省皮革工业集团总公司职工代表大会"，经过二轻厅的批准并经过第一届职工代表大会第一次会议通过，于2005年7月皮革公司作为二轻厅第一批的试点单位，在公司内部实行了全员劳动合同制。劳动合同制的实行使职工的合法权益得到保障，积极性得到了进一步的发挥，公司的各项事业也出现了新局面。1997年根据二轻厅的决定省皮革公司收购了省工艺美术公司。

3. 皮革公司经营

皮革公司自1964年成立以来一直是行政性公司，工资改为企业工资标准后，仍然是政企合一的单位，为了适应商品经济的需要，自1988年开始，省财政厅、省二轻厅以（88）鲁财工字10号文决定对皮革公司实行三年的承包责任制，下达了"上交利润递增包干，超收分成"的承包合同。确定以皮革公司1988年的上交利润245万元为基数，每年递增8%，一定三年不变，超收"三七"分成。三年总计皮革公司完成销售收入53490万元，比承包指标的43000万元超额24.4%；完成利润总额1579万元，比承包指标1163万元超额35.77万元；上交利润704万元，扣除财政返还79万元，实际交财政625万元。虽然完成了上交财政利润的任务，但是当时1988年猪皮补贴总额没变，猪皮市场价格上涨50%左右，计划内物资的经营比重由90%下降到60%，1989年猪皮补贴减半，计划内物资的经营比重下降到40%，1990年取消猪皮补贴，计划外物资的经营比重占到95%，皮革公司的经营困难已经显现出来。随着猪肉价格的放开，猪皮市场发生了巨大的变化，牛皮、羊皮市场也已全面放开，计划经济已开始向市场经济转换，这就预示着皮革公司要政企完全脱钩，要真正走向市场，参与市场的竞争，自主经营、自负盈亏。因而自1991年下半年开始，皮革公司进行了大刀阔斧的改革，调整了经营结构，转换了经营机制，坚持一业为主，多种经营的方针，为了开拓市场，进入流通，寻求发展，1993年公司获得国家授予的进、出口权，利用这一进、出口权，抓好进、出口公司的建设，形成了一个较完整的外贸体系，建立了深圳、绥芬河两个窗口，建立了保税仓库，并与意大利白丝金有限公司达成协议，合资建立"鲁意白丝金皮革有限公司"，该公司共投资5000多万元，年产能力30万张，利润110多万美元，1994年8月正式投产。通过改革皮革公司效益连年增长，从1993年开始呈现了上升的势头，当年实现销售收入2.89亿元，完成全年计划的110.06%；实现利润200万元，比1992年的19.6万元净增180万元；出口交货值3365万元，实现出口创汇465万美元，超计划65万美元。至90年代末，皮革公司出现了经营困难，一是因为东南亚金融危机对我省皮革业的出口产生了巨大的影响，二是市场形势不好，购买力大幅下降，全国的皮革行业下滑30%，山东省下滑也很严重。由此导致各地市分公司主营业务（原皮经营）完全停止，使整个公司的其他经营项目也都遭受到严重影响。但是在这种困难的情况下，皮革公司积极想办法、找出路，采取了一些积极有效的措施，保持公司的稳定和发展。一是面对分公司人员结构老化，文化水平低（原从事原皮收购人员），再就业困难，根据国家对国有企业下岗职工的政策规定，成立再就业服务中心，并享受省里的优惠政策，使下岗职工的基本生活有了保障；二是挖掘自身潜力，盘活存量资产，在房屋出租、联营以及房地产开发等方面，做了很多有益的探索，取得了一定成效；三是有条件的生产企业千方百计维持生产，保持业务渠道，保留业务骨干，待机发展；四是坚持成熟一个改一个，成熟一块改一块的原则，积极推进企业改制工作，同时在机制转换、内部管理和整体素质的提高上下功夫。到2000年集团总公司生产经营效益全面回升，公司的制革企业（控股企业鲁意白丝金公司、参股企业临朐茂德公司）产品，生产设备先进，技术含量高，同时达到多项技术指标，质量逐步稳定，市场占有率越来越高；服装加工企业（胶州锦华公司、联营的烟台连一公司）都已成为集团总公司新的经济增长点，总公司资本运营和资产经营工作也达到了历史最好水平，使皮革公司得以稳定发展。

二 行业协会

皮革工业是一个涉及轻工、农业、商业、外贸、化工等跨部门跨行业的工业系统，山东省皮革工业管理工作历年来由山东省皮革工业公司承担，在计划经济体制下完全按计划经济的模式开展行业管理工作，随着我国改革开放的不断深入，行业发生了巨大变化，旧的管理体制已不能适应经济形势发展的需要，因此，1989年经省二轻厅以（89）鲁二轻人劳字82号文批准正式成立山东省皮革工业协会筹备组，挂靠省皮革工业公司。在此期间筹备组一边工作，一边组织准备，1992年2月，省二轻厅同意并经省民政厅批准山东省皮革工业协会正式成立。

协会坚持以行业发展为目标，以服务企业为宗旨，积极发挥政府和企业间的桥梁和纽带作用，主动协调沟通和服务，对行业的健康发展起到了积极地推动和促进作用，连续两次被中国皮革协会评为"全国先进协会"连续六年被评为山东省"优秀社会团体"，连续五次被评为"山东省轻工系统先进单位"。

三 计划体制下猪皮供应体制变化概况

计划体制下猪皮的供应体制在几十年的统一经营管理下发挥了应有的积极作用，随着市场经济的确立，改革开放的不断推进，补贴的取消，猪皮供应统一管理的体制随之解体。20世纪90年代前的情况如下。

山东省的猪皮供应，由省皮革工业公司统一经营管理。省皮革工业公司负责猪皮资源的开发、收购、分配、调拨。

1. 资源开发

新中国成立后，党中央非常重视发展猪皮制革，《人民日报》于1959年10月14日和1960年12月22日先后发表了《猪皮制革值得提倡》的社论和《充分利用猪皮》的评论员文章，号召大力开剥猪皮，发展猪皮制革。

1960年9月，商业部、对外贸易部、轻工业部联合通知各地大力开剥猪皮。

1965年12月31日，国家计委、经委、国务院财办（以下简称两委一办）批转财政部、商业部、第二轻工业部、对外贸易部（以下简称四部）《关于大力开剥猪皮利用猪皮制革问题的报告》。山东省为贯彻落实四部联合通知，于1966年1月18日由省财政厅、商业厅、手工业管理局、对外贸易局、供销合作社下达了《关于大力开剥猪皮利用猪皮制革的联合通知》，强调指出："利用猪皮制革对于加强生猪的综合利用，支持生猪生产，增加市场的皮革制品供应，满足生产建设和人民生活的需要都有好处，是国民经济中一项具有重大意义的工作，必须大力加以推广。"并就开剥方法、开剥计划、收购方法、货款结算、财政补贴等项做了具体的规定。至此，全省的猪皮开剥和利用猪皮制革工作纳入了统一领导、统一经营、计划发展的轨道。

山东广大农村，自古以来就有家庭养猪的习惯。新中国成立前，山东年生猪存养量仅有250万—300万头。新中国成立后，农民有了自己的土地，养猪业有所发展。1949—1955年，最低年份养猪271万头，最高达到527.2万头。1956—1965年，年平均生猪存养量632.72万头。1966—1975年，政府号召大养其猪，使年平均存养量达到1380.8万头。比前一个十年翻了一番；1976—1985年，养猪专业户大增，年生猪存养量平均达到1924.4万头，最高年份的1976年为2264.2万头。养猪业的发展，为制革业提供了丰富的原料皮。但因鲁中、鲁西大部分地区群众有吃带皮猪肉的习惯，猪皮资源浪费很大。如1955年生猪存栏数359.4万头，出栏228万头，收购猪皮30.1266万张，剥皮率仅占13.2%，近200万张猪皮被食用。1956—1965年，年平均剥皮率仅占27.2%。1966—1975年，由于省政府各有关部门的大力宣传，认真落实各项政策，年均剥皮率上升为59.5%。1976—1980年，是猪皮开剥量最多的时期。省政府、各地、市政府要求商业食品部门做到"一猪一皮"，年均剥皮率达到76.9%以上。

20世纪80年代后，剥皮率有所下降，年均67%。以后逐年减少，主要原因有三：一是各县肉联厂为获取更多的利润，增加了白条肉出口；二是实行开放政策搞活以后，杀猪由原来国营"一把刀"经营变为国营、集体、个体"多把刀"经营，"一猪一皮"难以保证；三是社会零散猪皮被商贩抢购流往外省，1985年仅流入江苏省的即达40万张。

2. 财政补贴

为了充分利用猪皮资源，保护皮革产业的发展，平抑市场物价，自1966年开始，国家对生产猪皮的企业实行补贴政策（猪皮价必随肉价）工业负担0.5元，差额由财政补贴，1966年，全国统一猪皮收购价格，每市斤0.45元。当时，全国猪肉价格平均每市斤0.75元，带皮肉仍可卖肉的价格，皮肉差价0.3元。明显的亏损，挫伤了商业部门开剥猪皮的积极性。1967年1月17日，财政部、商业部、第二轻工业部经请示两委一办同意，联合下达了《关于改变猪皮补贴的通知》。《通知》规定：每剥1张猪皮（以每张10市斤计算），国家财政给商业补贴3元，后又改为每市斤补贴0.3元。由此确立了"斤皮斤肉"的作价原则和财政补贴政策。此后，随着生猪收购价格和猪肉价格的上调，财政部、商业部、轻工业部根据"斤皮斤肉"的作价原则，于1979年6月规定，按各地和屠宰单位猪肉销售价格核定皮价和补贴，调整了猪皮收购价格。1980年，商业部、轻工业部随肉价变动再次对猪皮收购价格做了调整，国家财政对猪皮价格每市斤补贴0.63元。

山东省在执行国家猪皮补贴政策中，根据本省实际情况，也做过几次调整。1974年6月28日，山东省革委财政金融局、商业局、轻工业局《关于调整济南等八大肉联厂拨交工业鲜猪皮价格和工业收购猪皮补贴问题的通知》规定，皮随肉价，猪皮加权平均收购价仍为每市斤0.45元，皮肉差价的补贴仍由财政部门拨交工业部门。当时，工业收购多少省财政即补贴多少，超收超补。1981年6月18日，省财政厅、省二轻厅联合下达《关于试行猪皮定额补贴及有关皮革经营财务和制革品种生产问题的通知》，对猪皮补贴实行包干制。规定全省每年计划收购猪皮800万张，财政补贴9000万元。计划内按实际收购量计算补贴，超计划收购部分财政不予补贴。

1976—1985年，省皮革工业公司共接受猪皮补贴6.62亿元。补贴最低的年份是1976年，为2310.69万元；最高是1980年，补贴近1.35亿元。1981年补贴8535.96万元，1982年6356.75万元，1983年4466.58万元，1984年6020.24万元，1985年1.034亿元。

一直实行到1990年年底。山东省猪皮制革补贴最高年份达1.24亿元，最低9000万元。1989年财政部压缩猪皮制革财政补贴后仍有4020万元，直至1990年全部取消。

在税收上，1991年国家取消补贴后，为了保护皮革行业的生存和发展，国家又给制革企业免征增值税的照顾，1993年虽开征增值税，但仍减征80%，即便如此，皮革行业还是出现了部分企业生产经营困难的局面。1994年新税制出台后，制革行业按销售收入的17%计征增值税，实际税负率约为销售收入的7.7%，制革企业自收原皮的抵扣率为10%，同时对收购牛皮、猪皮、羊皮的单位和个人征收10%的农业特产税，由于税负大幅度增加，大多数企业面临着难以为继的局面，部分企业破产或被兼并。对此，中国轻工总会根据各省市制革行业的实际情况及时报告了国务院，财政部和国家税务总局在1994年、1995年两年内，对猪皮农业特产税予以缓征，牛皮、羊皮减按5%的税率征收（经过多方努力，该减免政策实际执行至1998年）；在1995年年底以前，对猪皮革实行增值税先征后返的办法，返还已入库税款的50%。

猪皮补贴取消及新税制的执行，给全省皮革企业带来了巨大影响，在相当长的一段时间里陷入低谷时期，但经过政府与行业主管部门的大力引导，行业内企业抓住国家改革开放的机遇，坚持从提高职工素质、加强科学管理、加大新产品开发、调整生产结构、推行技术进步等多方面入手，不断推进企业改革，增强了企业活力和发展后劲，在通过淘汰一批弱小企业后，整个行业迎来了一个新的发展时期。

3. 猪皮收购

1966年以前，猪皮由外贸畜产部门收购。1966年1月，根据中央四部联合通知精神，全省各地（市）、县商业食品部门开剥的猪皮不再经过供销社环节，直接拨交工业企业部门收购。猪皮收购等级暂定为甲、乙、丙三个级别。同年8月，山东省工商联席会议对猪皮收购等级进行了修定，废除甲乙丙收购标准，改为等内、等外两个等级（7斤以上为等内，以下为等外）。等内皮收购价格每市斤0.77元，等外0.65元，每市斤猪皮平均价为0.71元。

为体现优质优价，进一步促进猪皮开剥，1975年5月，山东省革委商业局、轻工业局下达《关于修订猪皮交接、分级标准及作价办法的通知》对猪皮收购等级及作价办法进行重新调整。去掉等内、等外两个收购等级，按猪皮开剥质量定为甲、乙、丙三个等级。并根据1967年国务院商业部、轻工部每市斤加权平均0.75元的规定。确定了甲级皮每市斤0.8元，乙级皮每市斤0.75元，丙级皮每市斤0.7元的规定。凡因严重破损或霉烂变质和严重疥癞皮不符合丙级标准者作为胶料皮，按每市斤0.2元处理。皮轻重不足4市斤的列为猪娃皮，也作为胶料皮收购。死猪皮、母猪皮腹部过薄严重皱纹按分级标准降一级收购。颈部过厚的种猪皮按丙级价格的70%计价收购。关于猪皮带油明确规定不超过15%，凡超过此项规定时，食品部门必须认真复刮，工业部门才予验收。为保证猪皮质量，要求食品部门在将猪皮交工业部门前应做临时腌制，工业部门按每张猪皮用盐2市斤的标准供给食品部门。并强调该防腐用盐要用专料专用，以防猪皮变质。

为简化手续，县以下（不包括县屠宰场）食品站集中到猪皮收购点的猪皮和从收购站发到食品站的防腐用盐这两项短途运费，一律实行包干。以每张猪皮0.06元计费，有工业部门随同猪皮贷款结算拨付食品部门。

两局文件执行后，促进了商业部门多剥皮剥好皮的积极性，开剥质量明显提高，工商关系相当融洽，使山东省的猪皮收购管理工作走在了全国各省的前面。

1974年6月，根据"斤皮斤肉"的定价原则，山东省革委财政金融局、商业局、轻工业局联合发出通知，对全省八大肉联厂（冷藏）拨交工业部门的鲜猪皮价格进行调整，其主要原因是：现行猪皮交拨价低于现行罐头肉，调外省和供应省内市场猪肉出场的平均价格。将平均每市斤0.75元调至每市斤0.9元。除八大肉联厂（冷藏厂），其他部门及社会零散猪皮收购价格不变。

为了统一全国猪皮收购标准，1980年轻工部、商业部在汇集了全国各省市自治区先行质量标准和等级规格的基础上，制订了我国第一部《猪皮等级实行标准》。首次明确了鲜猪皮、盐鲜猪皮的概念；规定了开剥技术条件；并对猪皮等级规格，验级原则，腌制保管，包装运输等逐一做了详细说明，每斤猪皮加权平均0.95元。

1985年国务院以（85）35号文下达生猪经营市场放开搞活后，猪皮收购等级尚未变动，但猪皮收购价格曾做了几次调整，期间有升有降，皆按市场行情而定。1985年猪皮收购价格，原级原重拨调与社会零散皮张每市斤平均价格1.1元，非铁路沿线肉联厂（小肉联）每市斤平均价格1.15元，铁路沿线肉联厂（大肉联）每市斤价格1.2元。

山东省皮革公司成立后，加强了对猪皮的收购管理工作，设置了猪皮收购的专管机构。经过 20 多年的不断完善，至 1985 年年底，全省 106 个县（市）建立猪皮收购站（点）及管理仓库 119 个，从事猪皮收购、腌制、储存等管理工作的人员达 500 多名，在全省形成了一个完整的猪皮收购网络，其收购量居全国首位。随着市场经济的确立，国家进一步放开搞活，猪皮补贴的取消，90 年代后期，各地市皮革公司在各县区设置的原皮收购点相继被个体皮贩所取代。

为了把猪皮收购工作做得更好，山东省皮革公司 1974 年在泰安地区召开了全省第一次先进主线收购员代表大会，交流了收购工作经验。1975 年 10 月省公司搜集资料编撰，以二轻局的名义出版了省内第一本《猪皮管理工作手册》。该手册汇集了国家、山东历年来关于养猪、剥皮、收购等项工作的方针政策和猪皮腌制、调运等方面的管理措施。大大方便了工商双方从事猪皮开剥收购人员的工作，对山东省的猪皮收购工作起到了承前启后的历史作用。

山东省皮革公司在县（市）设置猪皮收购站，选派驻县员的做法是全国第一家。1977 年，全国皮革行业第一次驻县收购员代表大会在威海召开。

由潍坊市皮革公司代表山东皮革公司向大会做了猪皮收购管理工作的典型发言。

山东省的猪皮资源相当丰富。新中国成立后，年收购量逐年增加。例如，1955 年收购 30.1 万张，1965 年收购了 141.54 万张，是 1955 年的 4.7 倍，1975 年收购 446.8 万张，是 1965 年的 3.2 倍，1985 年收购 1019 万张，是 1975 年的 2.3 倍，1980 年收购 1178.6 万张，创历史最高水平，历年来山东猪皮收购量均属全国首位。

4. 猪皮的分配、调拨

猪皮的分配、调拨，按照省皮革工业公司下达的年度生产计划进行。生产计划的制订系根据各地制革厂加工能力、品种、质量水平等生产情况进行安排的。

1949—1975 年，全省收购猪皮不能满足生产的需要，收购多少供应多少。年平均分配量 400 万张左右。

"五五"期间，猪皮收购量增加，供需趋向平衡，年均分配 763 万张。

"六五"期间，供大于求，在平均每年供应猪原皮 850.2 万张的情况下有所剩余。5 年来共调往全国各地盐湿皮 288.9 万张，年均调出 57.58 万张。

四　计划体制下其他原皮及辅料供应体制变化概况

山东省的牛、羊杂皮资源比较丰富，用于制革、制裘的畜兽皮有牛皮、骡皮、马皮、驴皮、山羊板皮、绵羊板皮、羊羔皮、青猾皮、家兔皮、草兔皮、狐皮、狗皮、黄狼皮、水貂皮等。

全省牛、羊存养量情况为：1936—1949 年，年均存养牛 250 万头、羊 182.9 万只；1950—1955 年，年均存养牛 258.2 万头、羊 209.3 万只；1956—1965 年，年均存养牛 225.47 万头、羊 444.37 万只；1966—1975 年，年均存养牛 278.82 万头、羊 435.87 万只；1976—1985 年，年均存养牛 228.41 万头、羊 814.44 万只。50 年中，牛的存养量变化不大，一直保持在 250 万头左右；羊的存养量逐年上升，1985 年 783.25 万只，是 1950 年 155.6 万只的 5 倍多。

1984 年以前，牛、羊杂皮均由外贸部门收购。1984 年国务院 96 号文规定，牛皮（除国营屠宰部门）、羊皮、细毛皮全部放开，自由购销。这为皮革工业原料皮的收购广开了渠道，为搞活皮革工业生产创造了条件。1985年，省皮革工业公司提出，各地、市皮革工业公司原有的猪皮收购站点，在原料产区有条件的制革厂，可以同时开展对牛、羊、细毛皮的收购工作。

1950—1970年，年均收购牛皮20万张、山羊皮193.57万张、绵羊皮64.76万张；1971—1985年，年均收购牛皮16.6万张、山羊皮401.33万张、绵羊皮91.47万张。

其他如羔皮、猾皮、兔皮、水貂皮、狗皮等，收购量逐年增加。

1973—1985年，省皮革工业公司分配供应各地、市公司及重点企业牛皮136万张（年均供应10.46万张），其中用于内销制品的46.2万张，用于出口制品的45万张，农业用皮44.8万张；羊皮1044万张（年均供应80.31万张），其中用于内销制品的529.5万张，用于出口制品的446.5万张。

皮革工业生产所用的辅助材料，绝大部分由省皮革工业公司直接供应，一小部分由地、市公司供应，少量的不足部分由生产企业自行解决。省皮革工业公司供应制革、皮鞋生产用的主要辅助材料有栲胶、红矾钠、干酪素、纯碱、烧碱、硫酸、颜料膏、揩光浆、合成加脂剂、片皮带钢、橡胶、氯丁橡胶等。这些材料，每年由省公司向国家有关部门报送《皮革、皮鞋生产所需原辅材料申报表》，然后按实际分配量进货，分发各地、市公司、重点企业，不足部分由省、地、市公司及企业广开渠道保证生产需要。

第八节 2009年的基本情况

一 行业经济运行情况

2009年1—11月份全省规模以上企业完成产品销售收入613亿元，同比增长15.19%；实现出口交货值153亿元，同比下降2.65%，实现利税49亿元，同比增长12.82%；实现利润29亿元，同比增长15.64%。其中主体行业产值和销售收入约占整体行业的90%（制革24%、皮鞋25%、皮革服装12%、皮件17%、毛皮11%），出口产品比重约占整体行业的25%，内销产品中省内销售约占整体行业的80%。

综上所述，尽管受到诸多不利因素的影响，但2009年山东省皮革行业仍保持了良好的发展态势，生产持续增长，全省皮革行业规模以上企业产值、销售收入、利税、利润仍保持增长，但增幅继续回落；外贸依存度继续降低，出口交货值增幅继续回落，占销售产值比重下降到三成以下，销往省外产品比上年度增长21.07%，增速强劲；整个行业有较强的抗风险能力。

但也应该看到在我省皮革行业总体上得到了较好的发展的同时，在不同行业差异较大，在整个行业利润增长的前提下，制革和皮具行业利润分别下降了11.08%和3.08%。在出口方面，制革、皮鞋、皮革服装、皮革制品（箱包手套）等行业由于受国家宏观调控政策、欧盟反倾销、出口退税下调、各种成本上升、人民币升值等多重因素的影响，均出现不同程度下降，其中制革和皮鞋行业分别下降了54.59%和17.87%，影响尤其严重。3月份后出口出现改善，主要是自2008年年底以来，国家陆续采取了连续提高产品出口退税率、重新调整加工贸易限制禁止类目录、保持人民币兑美元汇率基本稳定等政策，这对于稳定出口起到了积极的作用。但也有一些因素存在很大的不确定性。一是全球经济、尤其是发达经济体何时走出低谷尚存在很大的不确定性。二是此次危机是否会对全球经济造成结构性影响，将对皮革行业加工贸易方式和全球分工位置产生影响。三是国际市场价格降幅存在不确定性，对皮革行业部分出口产品的价格也有一定影响。因此，当前我们皮革行业保增长的任务还很繁重、很艰巨。

二 企业生产情况

（1）至2009年上半年，全省皮革行业规模以上企业500家，与2007年相比增加企业7家。亏损企业68家，其中制革企业13家，比上年同期增加30%，制鞋企业17家，比上年同期增加41.67%，皮革服装企业5家，与上年同期持平，皮件企业22家，比上年同期减少18.52%。

（2）至2009年上半年，全省皮革行业规模以上企业从业人员总数13.94万人，比上年减少5.5%。但部分企业如金猴、亨达、海宇、多友反而有所增员。

（3）企业订单情况。据企业反映，从2009年上半年整体来看，4月份时形势较为严重，整体订单价格都在下降，4月份后形势开始向好的方向发展，但利润收益受到一定影响。形势虽然困难，但根据5月份、6月份订单的承接情况，预计下半年的形势能够有所好转。原因主要是：一是企业加大了出口订单的工作力度，直接到国外参加展销会、拜访客户，减少中间环节，争取订单；二是企业加大国内市场渠道开拓，增加新的销售渠道，提高市场覆盖面；三是通过健康性、功能性产品研发强化品牌差异化，力争赢得新的消费市场。

第十六章　河南省

河南地处中原，素有"十省通衢"之称，古时又称"中原""中州""豫"，全省面积16.7万平方千米，人口近9918万人。河南地跨暖温带和亚热带两个自然地理带，属大陆性季风气候区，光照充足，雨量充沛。全省北、西、南三面由太行山、伏牛山、桐柏山、大别山沿省界半环形分布，中部和东部为广袤无垠的黄淮平原，境内的1500多条河流分属海河、黄河、淮河、长江水系。优越的气候和多样的山川地貌孕育了丰富的资源。全省农区畜牧业比较发达，皮革资源丰富。南阳盆地盛产的南阳黄牛皮，开封、商丘地区的小磅牛皮，周口、漯河、驻马店等地盛产的汉口路山羊皮，均是制革的上乘材料。丰富优质的皮革资源为河南省皮革工业的发展提供了得天独厚的优势。河南是中华民族的发祥地之一。从夏代到北宋，先后有20个朝代建都或迁都于此，长期是全国政治、经济、文化的中心。伴随着人类社会文明进步的皮革加工业在河南底蕴深厚，历史悠久。

第一节　历史沿革

河南省皮革工业具有悠久的历史。在安阳侯家庄古墓中发掘出的殷商时代的皮甲残迹表明，皮革在河南的制品和应用至少可以追溯到三四千年前。

一　新中国成立前的皮革工业

新中国成立前，河南制革、毛皮工业集中在周口、漯河、开封、新乡等地。北宋时期开封制作的鼓皮、弓弦、箭囊等皮革制品就已负有盛名。明清两代周口的皮革业在全国已很有影响力，与河北省张家口并称为"中国的南北皮都"。

20世纪初期，分散在全省各地的皮革作坊约500家，从业人口近2500人，仅周口的裘皮作坊就有100多家，工匠近千人。当时的皮革作坊条件简陋、技艺落后，用灰浸、烟熏的方法从事裘皮、牛羊熏皮革和车马车挽具的制作。另外，还生产少量的皮箱等简单的皮革制品。

20年代以后，全省的皮革业有所发展。开封皮革匠人从上海引进了比较新的制革技术，增加了牛皮鞋面革、牛皮底革等新品种，产品质量也有所提高。当时开封的制革企业开业的有100多户，周口的裘皮制作，洗、鞣、染、制都具有相当规模。

1923年，一佚名天津人来到开封，在鼓楼街路南开办了"永和祥"皮鞋店，成为河南省第一家皮鞋生产作坊。到1937年，开封的皮鞋店已有近20家，从业人员500余人，年产皮鞋30000余双，产品品种有20多个。当时，生产技术落后，除缝帮用的脚踏缝纫机外，全是手工操作，前店后作，自产自销。

1938年日本侵略军入侵中原后，设立了"华北皮毛统制协会"，对皮革、毛皮实行严格的管制和大肆掠夺，河南皮革行业受到严重破坏。直到1940年才开始恢复发展。抗战后期，全省从事皮鞋制造的人员有近千人，年产量50000余双。

1945年日本侵略军投降后，皮鞋销路不畅，大部分鞋店再次停业，但其他皮革业开始有了转机。到1949年，从事皮革业的手工业户（作坊）有近千家，从业人员5000余人，大部分集中在开封、周口、漯河、安阳、洛阳、新乡等地。主要产品有牛、羊皮革、狗皮褥子、羊皮袄、皮鞋、车马车挽具和少量的皮包、皮箱等。

二　皮革工业的恢复和社会主义改造

国民经济恢复时期（1950—1952年），河南皮革工业得到迅速的恢复。散于全省各地的皮革生产和加工个体户、组、店有1000多家，从业人员近6000人。全行业固定资产原值9.3万元，自有资金5.1万元。1950年，原太行军分区于1948年开办的"焦作利民皮毛商店"正式转为"焦作利民制革厂"，成为河南省皮革行业第一家工厂。该厂隶属焦作矿区领导，职工25人，固定资产0.8万元。1952年职工增加到39人，年产值14万元，主要产品有牛鞋面革、牛底革和手枪套、子弹盒等军用制品，年投皮量（折牛皮）近2000张，产牛皮重革6吨多。

"一五"期间（1953—1957年），河南皮革行业的广大手工业者响应党的号召，走集体合作化的道路，到1957年，全省皮革行业合作社、组已有146个，从业人员4536人，产值1173万元，皮鞋产量17.1万双，车马车挽具427.6万件，重革约100吨，轻革约50000平方米，皮箱、生活手套、劳保手套、篮排足球、皮带等皮革制品的产量也有所增加。1956年为支援内地建设，从上海内迁2个皮革制品厂，并调来一批技术工人。至此，皮革工厂增加到12个，其中制革厂1个、制品厂11个，职工400人，固定资产原值33.1万元，年产值170.1万元，皮鞋产量1.4万双，重革148吨，轻革7.3万平方米。

三　调整巩固时期（1958—1977年）

"二五"期间（1958—1962年），河南省皮革社、组几乎全部合并、过渡、升级为工厂。1962年，全省皮革企业已达156个，职工3900人，固定资产原值447.6万元，初步形成了制革、皮鞋、毛皮、皮件4个自然行业。50多个骨干企业分布在全省各个地、市。1960年，产值7199万元，其中制革产值4106万元，皮鞋产量94万双，皮革（折牛皮）46万张，重革969吨，轻革48万平方米。1961年以后，因受自然灾害的影响，生产能力有所下降。

这一时期全行业普遍开展了技术革新和技术革命活动，很多企业购置更新了设备，研制并推广先进的工艺，产品质量提高，品种增加，有些皮鞋、皮件、工业用皮制配件等皮革制品打入国际市场。

1963年，随着自然灾害的缓和，生产形势开始好转。这一年，全行业产值为3179万元，皮鞋产量首次突破百万双，达到110.3万双，皮革（折牛皮）34万张，重革577吨，轻革50万平方米。1965年，企业数为142个，职工7100人，固定资产原值600多万元。

1964年，国家为鼓励发展猪皮制革，决定对猪皮收购实行政策性补贴。即收购部门按肉价收购猪皮，国家给收购部门一定的补贴资金。河南省1965年开始执行猪皮补贴，每斤猪皮的补贴价格为0.75元，从而促进了猪皮开剥，降低了猪皮成本，解决了制革资源不足的问题。

在这个时期，新乡五金机械厂及遂平县皮革机械厂开始生产皮革机械，填补了河南皮革机械制造业的空白，为河南皮革工业的发展创造了条件。

为了加强皮革工业的管理，1964年，河南省人民政府批准成立了河南省皮革工业公司，隶属省轻化工业厅领导，下辖焦作制革厂、郑州制革厂、开封制革厂和郑州皮鞋厂、开封皮鞋厂、洛阳皮鞋厂。

"文化大革命"时期，河南省皮革工业广大职工坚持生产、坚守工作岗位，使河南省皮革工业在大动乱的10年里仍然取得了一定的成绩，产值产量稳步上升。到1975年，工业总产值首次突破亿元大关，达到1.02亿元，皮鞋产量138万双，皮革（折牛皮）149.4万张，其中猪皮（自然张）184万张，重革421吨，轻革194万平方米。在新的生产工艺和设备的引进工作中，成绩突出。1966年以后，胶粘、模压、硫化三种制鞋工艺相继在河南省推广应用，使河南皮鞋制造业进入新时期。

四 改革开放初期（1978—1988年）

党的十一届三中全会后，河南皮革工业在"调整、改革、整顿、提高"的方针指引下，逐步向系列化发展，在短短的几年里，先后建起了焦作皮革化工厂、睢县酶制剂厂、洛阳五金配件厂、省鞋楦模具厂、项城再生革厂等配套企业。1980年，企业已发展到254个（二轻系统158个），其中制革企业38个，皮鞋企业31个，职工人数28500人，工业总产值2.1亿元，皮鞋产量367万双，皮革（折牛皮）252.9万张，其中猪皮（自然张）374万张。从此，河南省皮革工业进入了一个全面发展的新时期。1981年工业总产值2.26亿元，皮鞋产量621万双，皮革（折牛皮）274.5万张，其中猪皮（自然张）437万张，生产重革1660吨，轻革453万平方米。但是1982年和1983年，由于国际市场不景气，再加上各地市盲目建立制革厂、毛皮厂，使全省皮革工业出现低潮，产品积压，企业亏损，贷款上升，生产大幅下降。1984年，随着城市经济体制改革的全面展开，开展横向经济联合，使整个行业又活跃起来，生产开始回升。1985年总产值2.5亿元，皮鞋产量696.4万双，皮革（折牛皮）190万张，利润超过2000万元，皮革制品出口创汇649万美元。

1985年年末，全行业企业已发展到403个，职工总人数43012人。其中二轻系统内企业193个，职工人数29830个。固定资产原值7389万元，净值6943万元，拥有专业设备10572台（套），工厂占地面积164万平方米，建筑面积45万平方米。制革生产能力达到450万张（折牛皮），皮鞋超过1000万双，毛皮近300万张（折羊皮）。

1986年，全省鞣制皮革（折牛皮）260.2万张，皮鞋产量977.1万双。新乡制革厂、开封制革厂和省皮革塑料研究所共同承担的"提高汉口路山羊皮质量的研究项目"获国家攻关表彰奖和河南省科技进步一等奖。扶沟县皮毛厂的"羊皮静电植绒革两用裘皮"获河南省科技二等奖。

1987年，全省鞣制皮革（折牛皮）315万张，皮鞋产量899.4万双，在这一年，"提高汉口路山羊皮革质量的研究项目"获国家科技进步一等奖，属国家"六五"重点科技攻关项目。承担这个项目的新乡市制革厂和开封市制革厂等单位的科技人员奋战三年，终于攻关成功。应用该项新工艺生产的山羊皮正鞋面革和正面服装革，质量已接近国际市场上同类产品的先进水平，为我国皮革行业超越世界先进水平做出了贡献。

五 快速发展时期（1988—1998年）

1988年，全省鞣制皮革（折牛皮）322.65万张，皮鞋产量809.99万双，1989年鞣制皮革（折牛皮）293.58万张，皮鞋770.36万双。1989年创汇200万美元以上的产品是皮箱包、毛皮制品和皮鞋；创汇300万美元以上的企业有2个，分别是新乡制革厂和漯河制革制鞋集团公司（轻工行业共8个企业）。1989年7月举行的首届北京国际博览会上河南省有10种产品获得金奖，漯河制革制鞋集团公司生产的羽绒鞋（雪地靴）是其中之一。

1991年，中国人民解放军3515工厂生产的"双枪"牌铬鞣黄牛软正鞋面革获国家金质奖；郑州制革厂生产的"金字"牌铬鞣黄牛水染革，周口制革厂生产的"豫牛"牌猪皮二层压花箱包革，平顶山市革制品总厂生产的"石人山"牌高档双面腰带，焦作市皮革化工厂生产的"豫光"牌氯丁橡胶粘剂（5#），孟州市皮鞋厂生产的"孟州"牌PSM-57胶粘男低靴，正阳县皮件厂生产的"驼峰"牌三折公文箱，武陟县皮革厂生产的"怀塔"牌羊剪绒立体工艺床毯，新乡市第二机床厂生产的YQ-1200羊皮去肉机等获河南省优质产品奖。到1991年年底，全省皮革工业产品共创国优金奖3个，银奖2个，部优质奖11个，省优质奖74个。

河南省皮革工业进入20世纪90年代后，全行业遇到了前所未有的困难，猪皮补贴取消，价格放开，物价上涨，企业生产资金短缺，原材料供应和产品销售推向市场，再加上企业经营机制还不能适应市场经济的要求，1990年到1993年年底，河南省系统内皮革行业连续四年出现了亏损。为了生存，迫使企业迅速改变产品结构，采用新技术、新工艺、开发新产品已成为企业的主导思想。软面革成为制革企业的主要产品。效应革、擦色革、金属革和磨砂革等高档产品，也有不少企业生产。皮鞋和皮衣服装已向时装化、配套化和轻薄软、舒适等方向发展。包件类很讲究款式的装饰件，皮包已成为人们办公和生活的必备品。

随着改革开放的深入发展，一大批乡镇企业、"三资"企业、个体企业异军突起，其机制灵活，发展迅速，效益显著。这时，皮革行业已有一批初具规模的乡镇骨干企业，如河南鞋城皮革（集团）总公司、河南省长城皮业（集团）公司、河南天河皮业（集团）公司、河南祥鸿鞋业有限公司、河南雪羊皮毛（集团）公司、淮阳皮革制品公司，等等。这些乡镇企业的崛起，为河南皮革工业带来了勃勃生机。1995年年末，全省皮革工业乡及乡以上企业571个，工业总产值（1990年不变价）38亿元，固定资产原值13亿元，职工人数78331人，利税总额4.62亿元，生产皮革（折牛皮）935万张；其中牛皮革651万张、猪皮革164万张、羊皮革961万张，皮鞋3409万双。

据不完全统计，截至1995年年末，河南省皮革行业已批准的合资项目有28家，引进外资100多万美元，这些以不同形式合资合作的项目，一方面在一定程度上弥补了国内资金不足，另一方面引进了生产技术和现代化的管理方法，使一批企业在技术设备、生产工艺、管理水平等方面都上了一个新台阶。

1996年年末，皮革工业总产值53.6亿元，鞣制皮革（折牛皮）821.25万张，皮鞋3562万双，皮衣149.9万件，毛皮（折羊皮）261.2万张，出口创汇5070万美元。1997

年，全省皮革实现工业总产值 60.9 亿元，年销售收入 55.9 亿元，鞣制皮革（折牛皮）631.46 万张，皮鞋 1642 万双，皮衣 104 万件，毛皮（折羊皮）353.8 万张。

这一时期，引进意大利、中国台湾、捷克等皮鞋生产线 20 条，一些皮件、皮衣厂也相继购置引进了日本、意大利等国家先进设备。皮革行业完成了制革、皮鞋、皮件、毛皮、皮革化工、皮革机械等技术改造，新建项目达 500 项，总投资 8 亿元左右。通过技术改造改变了行业落后面貌，大大提高了行业的整体素质，同时孟州市桑坡毛皮产业群、长葛市白寨羊皮制革产业群、项城市丁集羊皮制革产业群、沁阳市牛皮制革产业群已经形成。河南省已成为全国皮革工业主要生产基地之一。另外，部分企业装配水平、产品质量处于全国领先地位。

六 全面繁荣时期（1998—2008 年）

1998 年，河南省皮革行业乡及乡以上企业 448 家，其中乡镇企业 392 个，占全行业企业数的 88%。全行业鞣制皮革（折牛皮）641.4 万张，生产轻革 1781.5 万平方米，皮鞋 3094.4 万双。1999 年鞣制皮革 630.9 万张，生产轻革 1752.4 万平方米，皮鞋 1526.7 万双。

2000 年，全省皮革行业规模以上企业 222 个，资产 53.16 亿元，工业总产值 64.33 亿元，进出口额 1.3 亿美元，实现利税 4.3 亿元，其中轻革产量 1697.03 万平方米，皮鞋 680.5 万双，皮革服装 4.820 万件，毛皮服装 3.1300 万件，皮包 0.8 万个。

2001 年，河南省全面启动实施名牌战略，在 2002 年度首次评选中，郑州市双凤鞋业有限公司的"双凤"牌皮鞋和河南赛潮鞋业有限公司的"赛潮"牌皮鞋被评为"河南省名牌产品"，在 2004 年的评选中，"双凤"牌皮鞋和漯河 3515 皮革皮鞋厂的"强人"牌皮鞋被评为"河南省名牌产品"；漯河市雷鸣鞋业有限公司的"漯颖"牌皮鞋和河南莲花皮业有限公司的"莲花"牌皮鞋被评为"河南省优质产品"。

2002 年 7 月，中国皮革协会在全国制革行业正式推出"真皮标志生态皮革"，在 2003 年第一批通过认证的 13 家制革企业中，河南省占据了 3 家，分别是河南鞋城皮革（集团）总公司、新乡黑田明亮制革有限公司和河南方圆有限公司。根据真皮标志生态皮革严格地认证规定，这些产品代表了我国制革水平和产品档次，其内在指标已与国际市场接轨。

2003 年年初，一场突降的"非典"疫情，使河南省的皮革工业遇到了一场极强的倒春寒。在"非典"最严重的时期里，企业所需原料进不来，生产成品运不出去。据不完全统计，一些大型企业一个月就损失了几千万元销售额，中型企业损失几百万或上千万销售额。出口企业一个订单就损失了 50 万美元的销售额。骨干企业减产达 30% 左右，许多企业减产 50%，还有一部分企业只好停产放假。

2005 年年末，全省皮革、毛皮、羽绒及其制品规模以上企业 168 个，其中制革厂 57 个、皮鞋厂 22 个、毛皮厂 33 个、皮衣厂（皮革、毛皮）11 个、皮制品厂 11 个。工业总产值 131.50 亿元、利税总额 15.50 亿元、资产 62.63 亿元。轻革 2348.86 万平方米，皮鞋 1277.6 万双，皮革服装 1.02 万件，毛皮（折羊皮）804.20 万张，毛皮服装 5.9 万件，同比下降 0.1%。职工人数达到 38950 人。这一年畜牧业有所发展，其中黄牛存栏 1364 万头，出栏 681.7 万头；山羊存栏 3509 万头，出栏 3845.5 万头；绵羊存栏 479 万头，出栏

379.5万头；生猪存栏4439万头，出栏5568万头。

2005年是第10个五年计划的最后一年，工业总产量比"九五"末增长104.4%，"十五"期间年平均递增15.4%；利税15.5亿元，比"九五"末增长259.6%，"十五"期间年平均递增29.2%。"十五"期间主要产品产量：轻革年平均递增6.7%，皮鞋年平均递增13.5%，毛皮（折羊皮）年平均递增84.9%，毛皮服装年平均递增13.5%。

2005年，全省皮革行业进出口总值2.14亿美元，比"九五"末增长64.6%，"十五"期间年平均递增10.5%。其中进口年平均递增8.2%，出口年平均递增12.3%。产品出口从过去以原料皮为主转变为以成品革和皮制品为主，且贸易顺差0.46亿美元。

"十五"期间，全行业有40多个企业通过了ISO国际质量体系认证。全行业涌现出1个中国名牌、3个河南名牌、2个河南优质产品、4个河南著名商标、1个中国真皮名鞋、3个真皮标志生态皮革、2个国家免检产品、1个河南免检产品。

"十五"期间，全省皮革行业运用高技术改造成效显著，新材料、新技术、新工艺广泛应用，技术装备及配套产业水平大幅度提高。另外，行业竞争意识增强，行业自律进一步加强。当然，行业在发展过程中也存在一些问题，主要是产业结构不合理，增长方式粗放；自主创新能力不强，质量品牌建设有待加强；制革、毛皮原料皮质量差，数量不足，环保治理任务繁重；企业流动资金短缺，影响扩大再生产，等等。

根据2005年河南省第一次全国经济普查主要数据公报，全省皮革行业工业企业法人单位1041人，个体经营户6707个，就业人员10.2万人。全行业连同商贸流通及其他配套行业从业人员在30万人以上。同时，皮革行业也带动了农村畜牧养殖业及其他相关产业的发展。

河南地处淮河、海河、黄河三大水系中上游。皮革行业中的制革业和毛皮业属于污染工业，环保建设是企业可持续、健康发展关键所在。进入21世纪，随着制革业裘皮业的发展和壮大，环保设施的容量变小，再加上国家对环境保护的力度加大，污水排放问题又凸显出来。大中型企业由于资金雄厚，改造工程顺利进行。但对于制革、裘皮产业集聚地的环保问题，到了生死存亡的关键时刻。由于集聚地企业小，数量多，单一治理难度较大。在省皮革行业协会、当地政府和省环保局在集思广益的基础上，提出了集中治污的观点。2005年长葛市白寨制革群建成了处理污水5000吨的污水处理厂，孟州市桑坡三期环保工程于2005年11月开工，2007年3月建成并投入运行，日处理能力达到30000吨。

2007年、2008年，河南省皮革行业协会和河南省轻工烟草工会先后共同举办了河南省"强人杯"制鞋工技能大赛和河南省"双凤杯"皮鞋设计大赛。两次劳动竞赛，产生了两个省五一劳动奖章获得者，6个技师职称等。这一活动，激发了广大职工"学技术、比技能、创一流"的热情，提高了职工的积极性和创造性。

2008年，在河南省皮革行业协会和河南省轻工烟草工会联合组织开展的"河南省皮革行业'黑田明亮杯'节能减排优秀技术创新成果奖和职工优秀技术奖评选表彰活动"中，新乡黑田明亮制革有限公司等4家企业分别获得了特别优秀奖和优秀奖；10名个人获得职工优秀技术奖。

2008年7月18日，由中国皮革协会和孟州市人民政府共建"环境友好型毛皮基地——中国毛皮之都·孟州桑坡"的授牌仪式在孟州隆重召开。这标志着河南省皮革行业特色区域建设进入了新的阶段。9月8日，国家主席胡锦涛视察中国毛皮之都桑坡。焦作隆丰皮草企业有限公司的项目——"毛皮加工废水深度处理及污泥资源化利用"，在2008年中国皮革协会和中国财贸轻纺烟草工会联合开展的首届中国皮革行业节能减排环保创新奖评选表彰活动中荣获一等奖，并受到表彰。

到2008年年末，各项经济指标大幅度增长，实现了"又好又快"的发展。按统计部门的统计口径，全省皮革、毛皮、羽绒（毛）及其制品业2008年年末规模以上企业261家，完成工业增加值109.58亿元，较上年增长36.1%，实现利税总额56.06亿元，较上年增长24.83%，其中利润总额44.4亿元，较上年增长29.03%。规模以上企业轻革产量2415.9万平方米，较上年下降7.8%；皮鞋2657.4万双，较上年增长59.1%。毛皮（折羊皮）1412.1万张，较上年增长21.9%。进出口值持续增长，但增幅大幅度回落。2008年全行业实现进出口总值5.33亿美元，较上年增长11.04%，增幅回落7.8个百分点；其中进口值2.08亿美元，较上年增长27.6%，增幅回落10.54个百分点，出口值3.25亿美元，较上年增长1.6%，增幅回落9.24个百分点。全行业进出口品种比例，毛皮及生毛皮占30.21%，其他毛皮制品占30.02%，鞋靴占11.07%，皮革、皮革制品及已鞣毛皮占7.88%等。

从主要产品产量上看，轻革产量和2007年比较下降幅度较大，主要原因是订单减少。受国际市场影响而导致的皮鞋厂减产停产直接影响了以鞋面革为主的轻革产量。毛皮（折羊皮）主要产品为羊剪绒制品、毛革两用皮和鞋里皮，虽然也受到国际市场的冲击，但仅局限于低价值的鞋里皮等低档产品，因此，虽然增幅有所回落，但仍保持了较好增长幅度。皮鞋产量较上年增长50%以上，得益于几家台资鞋厂落户河南，并陆续开工，增加了产量。

第二节　制革

一　概述

在旧中国，河南省皮革工业生产简陋，技术落后，在水坑里浸水脱毛，用刮刀刨皮削匀，在水缸里鞣制。产品单调、质量也不高。

新中国成立后，河南省制革工业得到迅速恢复，新中国成立初，散于全省各地的制革作坊200余家。

"一五"期间，全省建起9个制革合作社和一个制革工厂，职工122人，年产值141.7万元，投皮量（折牛皮）约6万张。

第二个五年计划时期，全省制革厂已发展到近20个，在全省范围内，先后建立了郑州、信阳、南阳、安阳、新乡、开封、周口、商丘等一批骨干企业。1960年，投皮量（折牛皮）达到46万张，产值4106万元。1965年投皮量（折牛皮）已达102万张，其中猪皮（自然皮）34.5万张，产品品种100多个，质量水平也大幅度提高。从1972年开始，河南省制革产量逐年上升，到1981年，年产皮革（折牛皮）已达274.5万张，产值8227万元，重革1660吨，轻革453万平方米，创造了历史上的最好水平。

"六五"期间，河南省制革工业普遍应用了国内比较先进的设备和生产工艺。通过对新乡、开封、焦作、平顶山、郑州、信阳、南阳7个制革厂的重点技术改造，引进国外比较先进的制革设备 100 多台（套），企业的专业化和机械化水平大为改观，产品质量水平提高，性能优越，皮革花色品种大幅度增加。

"七五""八五"期间，个体、村办、乡镇企业迅猛发展，河南制革业空前繁荣，丰富的原料皮资源和传统的加工方式，使制革业成为很多农户村镇脱贫致富、增加就业、发展地方经济的重点途径。"小制革厂""小制革群"的无序发展，使得一些地方制革废水不能有效治理，污染了水资源，破坏了生态环境。"九五""十五"期间，各级政府加大了环境保护力度，出台了一系列保护环境、限制小规模制革的环保措施和产业政策，取缔关停了一大批年产不足 3 万张的小制革厂，制革行业加速由粗放型向质量、品种、环境、效益型的发展方式转变，行业面貌大为改观。2008 年年末，河南 82 个规模以上制革加工企业和产业集聚地建立了完善的污水治理设施，全行业正在为早日摘掉"污染行业"的帽子而努力。

河南制革行业是全省皮革行业的主要组成部分。目前，制革企业数量占全行业的 30%，产值占 45%，利润占 40%。

二　主要产品

皮革是动物皮经化学处理及物理加工，转变为一种不易腐烂、具有柔韧性能和透气性能的产品。它是皮鞋、皮件以及各种皮革制品的主要原材料。制革的种类很多，按制革所用原料皮的种类，可以将皮革分为黄牛皮革、水牛皮革、牦牛皮革、猪皮革、山羊皮革、绵羊皮革、马皮革、驼鸟皮革、鳄鱼皮革、袋鼠皮革、蛇皮革等。

按照销售方式的不同，可以将其分为轻革和重革。

按照鞣制方法的不同，可以分为铬鞣革、铝鞣革、锆鞣革、植鞣革、油鞣革、醛鞣革及铬—铝结合鞣革、铬—植结合鞣革等。

按照皮革的不同用途，通常将其分为以下几类。

1. 生活用革

（1）鞋用革，包括鞋面革（正面鞋面革、绒面鞋面革、二层鞋面革等）、鞋底革（外底革、内底革、沿条革等）及鞋里革。

（2）服装革，包括正面服装革、绒面服装革、二层服装革等。

（3）手套革，包括一般手套革、劳保手套革、高尔夫手套革等。

（4）帽革及帽圈革。

（5）箱包革，包括箱用革（家用箱、衣用箱、旅行箱）和包袋革（手提包、软包袋、公文包等）。

（6）皮件革，包括票夹革、腰带革等。

（7）家具革及汽车坐垫革。

2. 工业用革

工业用革包括用于机械传动的轮带革、纺织及其他工业的皮圈辊革及打梭皮带革、用于多种机器部件接口的密封革及煤气表革、用于擦拭仪器仪表的擦拭革等。

3. 文化用品革

文化用品革包括乐器革（鼓皮、钢琴用革、手风琴革、管风琴革、胡琴革等）及半导体革、书皮革、证书用革等。

4. 体育用品革

体育用品革主要是球革类，如篮球革、排球革、足球革等。

5. 医用革

医用革包括整形用革等。

6. 国防及装具革

国防及装具革包括武装带革、枪套及枪带革、望远镜盒用革及鞍具革、鞍褥革、航空衣帽等。

（一）轻革

河南是全国轻革生产大省，主要有牛皮、羊皮、猪皮三大品种，其产量占总体轻革的90%以上。1991年中国人民解放军3515厂生产的"双枪"牌铬鞣黄牛软正鞋面革获国家金质奖，郑州制革厂生产的"金字"牌铬鞣黄牛水染革和沁阳市长征制革厂生产的"秦牛"牌铬鞣黄苯铵全粒面软革等获河南省优质产品奖。2006年，河南博奥皮业有限公司、沁阳金牛皮业有限公司、河南省方圆有限公司等10家企业获得"河南省十佳牛、羊皮鞋面革"。"一五"期间，轻革产量约5万平方米，1960年轻革产量48万平方米，1963年轻革产量是50万平方米，1975年轻革产量194万平方米，1981年轻革产量453万平方米；2000年规模以上企业轻革产量1697.03万平方米，2004年规模以上企业轻革产量1770.5万平方米，2008年规模以上企业轻革产量2415.9万平方米，2009年规模以上企业轻革产量3043.4万平方米。

主要产品包括如下。

1. 黄牛皮革

黄牛皮革产品品种繁多，用途广泛。如黄牛正鞋面革、黄牛修饰面革、黄牛软面革等。黄牛软面革又包括黄牛外软鞋面革、黄牛家具革、黄牛软包袋革等。

（1）黄牛正鞋面革。用黄牛皮做原料，经过一定的工艺加工而成。该产品外面光亮度好，手感丰满柔软，富于弹性，并具有耐磨、耐腐蚀等特点，适合于制作各种档次的皮鞋。该产品是我国制革工业的传统产品，也是主要产品之一。计划经济时代，焦作、平顶山、郑州、南阳、商丘等制革厂均可生产。1985年生产能力为150万平方米。目前，全省牛皮制革厂均能生产。

（2）黄牛软鞋面革。用黄牛皮做原料，经过一定的工艺加工而成。该产品手感柔软、丰满、有弹性，穿着皮鞋时感到舒适，革粒面紧实，光泽自然柔和，真皮感强，无松面、裂面现象；涂层粘着牢固，不散光、不裂浆、不掉浆；颜色均匀一致，耐干、湿擦牢度好；有一定的延伸性和可塑性；一般应能够进行干摔软。该产品是河南省主要产品之一。目前，际华3515皮革皮鞋厂、河南博奥皮业有限公司、沁阳金牛皮业有限公司、河南三和皮革制品有限公司等牛皮制革厂均可生产。

（3）黄牛家具革。用黄牛做原料，经过一定的工艺加工而成。该产品可分为正面和绒面两类。正面家具革又可细分为全粒面、压花摔纹、修饰粒面等品种。家具革革身柔软丰满，张幅大，延伸性小，有一定的抗张强度和耐撕裂强度；卫生性能好，涂层耐光、耐挠曲、耐干、湿擦牢度和耐磨损性能好。汽车用家具革性能要求更严格，有一个独特的指标——雾值。目前，全省有部分制革厂能够生产。

2. 羊皮革

（1）山羊皮革。主要由"汉口路""四川路"和"华北路"以及从非洲进口的山羊皮为原料加工而成，成品大部分是打光苯胺革、正鞋面革、正软鞋面革、正面服装革、绒面革、手套革、夹里革等。

第一，山羊正面服装革。该产品革身柔软、丰满，具有较大的延伸性及回弹性，透气性和透水汽性好；粒面平滑细致；涂层薄，粘着牢固；颜色均匀一致，耐干湿擦。目前，新乡黑田明亮制革制品有限公司、河南省方圆有限公司等羊皮制革厂均能生产。

第二，山羊苯胺鞋面革。系采用"汉口路"山羊板皮（注：汉口路即予、鄂、皖一带的羊皮），经过40多道工序，用100多种化工原料精制而成。该产品由新乡制革厂于1978年研制成功。1980年在全国同类产品评比中被评为第一名，获国家银质奖，1984年获国家金质奖。该产品外观光亮度好，手感柔软丰满，富有弹性，具有良好的透气性能，适合于制作高档皮鞋，用该产品制作的各种皮鞋畅销世界10几个国家和地区。河南省新乡制革厂、开封制革工业联合公司均可生产。1985年，该产品生产能力近50万平方米。

（2）绵羊皮革。绵羊皮组织结构特征决定了绵羊皮成革强度较低，延伸率较大。因此绵羊皮适宜做服装革、手套革。近年来，绵羊皮也用于生产鞋面革。

绵羊服装革革身丰满、柔软，具有海绵感，延伸率较大，回弹性好；粒面平滑细致，手感细腻绵润；涂层薄，粘着牢固，颜色均匀一致，透气性和透水汽性好；耐干湿擦。绵羊服装革可分为光泽柔和的消光服装革和高光泽的油光革。根据涂层手感的不同，还可分为蜡感、油感、滑爽感服装革，等等。目前，这种产品河南省方圆有限公司、新乡黑田明亮制革有限公司等羊皮制革厂均可生产。

3. 猪皮革

猪皮是河南省制革工业的主要原料皮之一，其皮革产品品种很多，如猪皮正面服装革、猪皮正绒面服装革、猪皮反绒面服装革、猪皮正鞋面革、猪皮修饰面革、猪皮软鞋面革、猪皮正绒鞋面革、猪皮二层鞋面革、猪皮二层绒面革、猪皮家具革等。

猪皮修饰面革。以猪皮为原料加工而成。20世纪60年代中期研制成定型工艺，并开始大批量生产。该产品外观光亮度好、手感丰满、透气性能好，适合于制作中、低档皮鞋，计划经济时代，该产品是我国制革工业的主导性产品，全省重点制革企业除羊皮专业生产厂均可生产，1985年生产能力已达到300万平方米。

（二）重革

1. 黄牛皮工业革

黄牛皮工业革以黄牛皮为原料加工而成。该产品具有色泽一致、皮板丰满、平整、耐磨等特点，是生产牛皮结、牛皮轮等工业用品和一些军用产品的原料革，计划经济时代，焦作、平顶山等制革厂均可生产。1985年生产能力为300吨。

2. 黄牛皮软底革

黄牛皮软底革系采用黄牛皮为原料，用于制作高档皮鞋鞋底的产品。1977年在焦作制革厂试制成功，1978年投入批量生产。该产品外观色泽一致，皮板丰满，富于弹性，透气性能好，耐磨强度高。用该产品制作的男女皮鞋穿着舒适轻便，深受国内外消费者的欢迎。该产品1979年获省第二轻工业厅"优级产品证书"，1981年获省人民政府颁发的"优质产品证书"。1985年已形成200吨的生产能力。

3. 猪皮底革

猪皮底革以猪皮为原料加工而成。用于制作皮鞋鞋底的产品，该产品外观色泽一致，皮板平整丰满，透气性能好，具有耐磨、耐腐蚀等特点，是河南省制革工业的传统产品之一。1985 年河南省生产能力接近 1000 吨。

三　生产设备与工艺技术

手工作坊时期，河南省皮革工业每道繁重的工序都是手工完成的。1953 年，焦作制革厂从上海引进了第一台木制转鼓，1954 年又购进了重革打光机、压平顶等专用设备。以后，随着全国皮革机械工业的发展和全省范围内骨干企业的陆续建立，比较先进的制革设备被广泛应用。

1951 年，一些企业开始自制或购置了拔毛机。代替了脏、累、慢的手工拔毛。1959 年以后，开始使用片皮机，将裸皮按不同厚度剖为二层或三层革，提高了产品质量，增加了产品品种。1960 年，购进了削匀机和虎口拉软机，代替了人工刨皮和铲软，提高工效 3 倍。1975 年以后又引进了振荡拉软机和能将轻革进行熨平压花的熨皮机。以后，一些骨干企业又先后使用了红外线干燥机、真空干燥机、超声波喷浆机、电子量革机等先进的设备。

随着设备的革新，制革工艺水平也不断地提高。20 世纪 50 年代后期。推广应用了减少液比的重革快速鞣制工艺，提高工效 3 倍多。60 年代，研制成功了牛面革池鼓结合鞣法工艺，1966 年，研制成型了猪皮修饰面革工艺。1973 年，在猪皮服装革的研制中又取得了成功。从 1973 年开始，陆续在牛皮、猪皮、羊皮革涂饰中应用苯胺化工原料，推出了新的一代产品——苯胺革，使轻革的品种增加，档次提高。"六五"和"七五"前期，以新乡制革厂的山羊鞋面革和焦作制革厂的黄牛鞋面革为主，重点解决了提高优质原料加工工艺。"七五"和"八五"期间，针对原材料中次皮占比例过大问题，重点解决了提高低档的牛皮、羊皮、猪皮加式技术，即"粗皮细做"问题。在此期间，各企业引进、推广、使用了多种新工艺、新材料，使 70%—80% 的牛皮用来生产加工全粒面、半粒面鞋面革、包袋革和沙发革，90% 以上的猪皮生产加工服装革，并加工成皮衣出口，大大提高了原料皮的利用率和产品附加值，取得了较好的经济效益和社会效益。河南省的制革工业已结束了"黑修面""黄劳保""棕服装"的单调低档历史，步入了轻、薄、软、艳的发展轨道。"九五"期间到 2008 年，大多数企业引进了先进的国内外制革设备。广泛应用了提高产品质量的节能、降耗和环保等方面的鞣制剂、涂饰剂；提高猪皮、牛皮头层的高档革比例，充分开发利用二层革；提高羊皮正面革的高档比例，充分开发绒面革。以软面革为主导产品，发展服装革、汽车用革、家具革和其他工业用革。充分利用次皮，改革工艺，采用补偿技术，开发并生产了擦色革、金属革、磨砂革等高档产品。

"六五"末期，制革的几个主要工序都有重大的改革。

(1) 浸水：由手工作坊时期的老臭水浸水，改为增加换水次数。减轻臭的程度。20 世纪 70 年代采用在水中渗入化工原料，以加速皮张软化，膨胀的快速浸水工艺，使工效提高了一倍。

(2) 脱毛：20 世纪 50 年代采用在浸灰中加入硫化钠（又名硫化碱）碱法脱毛工艺，工期需要 10 天。60 年代后期采用了加入强碱和中性盐的盐碱脱毛法，工期缩短到几个小时，70 年代后期，部分企业采用了更为先进的酶脱毛法。这种工艺，是用酶制剂（主要是蛋白酶使用）以破坏皮张表皮生发层和毛鞘的细胞组织，削弱毛、毛皮和真皮粒面层的联系。从而达到脱毛的作用。其主要优点是减少了环境污染。另外，利用亚氯酸钠等氧化剂脱毛的氧脱毛法也在小范围内得到应用。

（3）鞣制：普通沿用以栲胶为主的植物鞣制生产重革。以红矾钠为主的矿物鞣剂生活轻革。植鞣从全部池鞣，周期为 180 天，逐步改革缩短到 15—30 天的池鼓结合鞣法。70 年代，无液转鼓鞣工艺使鞣制周期缩短到 48 小时。

（4）拉软：20 世纪 60 年代以前，一直采用人工铲软，体力劳动强度大，工作效率低。60 年代后期，采用了虎口拉软机。1975 年以后，使用了更为先进的振荡拉软机。

（5）涂饰：20 世纪 70 年代前一直沿用手工刷在皮上的方法。70 年代后采用以喷代刷或喷刷结合的方法。

在整个制革工艺中，加强了复鞣和涂饰工序，采用了国内外比较先进的合成鞣剂和涂饰剂，制成各种高档产品。

制革工艺流程：以黄牛鞋面革工艺流程为例。

原料皮：黄牛盐湿皮。

（1）鞣前准备工段：原皮组批—称重—预浸水—去肉—主浸水—称重—浸灰碱—去肉—剖脖头—（交鞣制工段）。

（2）鞣制工段：（浸灰碱裸皮）—称重—水洗—脱灰碱—水洗—软化—水洗—浸酸—铬鞣—搭马—静置—（交鞣后湿加工工段）。

（3）鞣后湿加工工段：（蓝湿革坯）—挑选分档—挤水—剖层—削匀—修边—称重—水洗—铬复鞣—中和—复鞣—染色—加油—水洗—搭马—静置（交干燥整理工段）。

（4）干燥整理工段：（染色加油革坯）—平展—真空干燥—静置—挂晾干燥—回潮—振软—拉软—绷板干燥—修边—挑选—（交涂饰工段）。

（5）涂饰工段：全粒面革：（绷板革坯）—净面—喷底浆—喷面浆—熨平—分级—量尺—入库。

修饰面革：（绷板革坯）—磨革—除尘—揩灰—干填充—挂晾干燥—振软—挑选—磨革—除尘—揩灰—熨平—喷底浆—喷中层浆—喷顶层浆—压花—熨平—分级—量尺—入库。

第三节 皮鞋

一 概述

河南省最初的皮鞋样式和布鞋相仿，结构简单。鞋身浸涂桐油，底掌上装有若干圆顶铁钉。主要供雨雪天气在泥泞的地上行走时穿。1923 年，现代制鞋技术传入河南省，开封"永和祥"皮鞋店是河南省第一家皮鞋作坊。当时，这个店有一间铺面。前店后坊，生产人员 3—4 人。生产男女皮鞋和儿童皮鞋，每人日产一双，主要销给在开封的天主教堂和耶稣教堂的外国人。在不长的时间内，开封陆续开办了 20 多家皮鞋店，从业人员 500 余人。年产皮鞋 30000 余双。当时，规模最大的是 1927 年赵金鉴创办的"老金记"

皮鞋店。1937年，该店已发展到200多人，资本30000银圆，并购置38台脚踏帮用缝纫机。该店生产的皮鞋品种有20多个，1933年起已有少量皮鞋对苏联出口。

新中国成立后，河南省的皮鞋制造业迅速地发展起来。生产规模逐步扩大，生产工艺有所改进。同时也增添了一些简单的设备。1957年，皮鞋产量已达17.1万双。

1962年，河南省皮鞋企业已发展到90个，这时的生产条件得到了改善。生产规模得到了扩大，一些皮鞋专业设备已比较广泛地被采用。生产工艺也开始了具有历史意义的改革，使河南省的皮鞋制造业进入了一个新的发展时期。这时皮鞋年产量已达110.34万双。产品品牌、花色也大幅度地增加。

1970年以后，由于胶粘皮鞋等新的生产工艺的普遍推广，皮鞋代用材料如橡胶底、仿皮底、合成革的使用，再加上机械化程序的提高，使皮鞋品种和花色剧增，产量逐年上升。从1970年到1985年的15年间。皮鞋产量以年平均增长17%的速度发展到年产696.4万双。

1985年，河南省皮鞋业企业已发展到161个，其中重点企业21个，分别在全省各小城市及部分县城；职工17308人，专用设备3491台（套），固定资产原值3546万元。生产能力达1000多万双，产品品种110多个。

1995年，全省企业生产皮鞋3409万双，2000年规模以上企业生产皮鞋680.5万双，2005年规模以上企业生产皮鞋1277.6万双，"十五"期间年平均递增13.5%，2008年规模以上企业生产皮鞋2657.4万双，较上年增长59.1%。

"九五"期间到2008年，鞋企重视鞋楦的设计和生产，开发环保胶粘剂和热熔胶的生产，逐步引进世界先进水平的各种制鞋设备，提高皮鞋整体质量，积极推广电脑在制鞋生产和管理上的广泛应用，重视鞋帮鞋底等造型的设计向系列化、工艺化和服装配套化方向发展，提高皮鞋艺术含量和附加值。逐步采用具有国际先进水平的机械化大流水细装生产，不仅劳动强度降低了，劳动生产率也大幅度提高。并运用新技术、新材料生产出高中档次、多款式、多花色的皮鞋产品，满足了消费市场的需求。

二 主要产品

（1）皮鞋。系采用牛、羊、猪等天然皮革为主要原料。经过机械或手工加工制作而成的穿着用品。皮鞋的种类繁多，按其用途可分为日用鞋、运动鞋和劳保鞋等；按生产工艺可分为线缝鞋、胶粘鞋、硫化鞋、模压鞋和注塑鞋。一般来说，线缝和胶粘皮鞋为高档产品。

（2）胶粘男、女皮鞋。采用牛、猪、羊等天然皮革为面料，以真皮、仿皮、橡胶等材料为底料，经一定的工艺加工而成。该产品外型美观雅致，样式新颖。穿着轻便、舒适、挺括。并且具有粘合强度高、牢固耐穿等特点。河南省自1966年起在洛阳皮鞋厂生产，以后逐步普及推广，成为河南省皮鞋的主导产品，全省重点皮鞋厂均可生产，1985年生产能力已达700万双。

（3）线缝男、女皮鞋。系河南省传统的皮鞋产品，采用牛、猪、羊等天然皮革为面料，以牛皮或猪皮、仿皮、橡胶等材料为底料。经机械或手工缝制而成，该产品美观素雅、庄重大方，样式新颖，穿着舒适、挺括。具有缝合精细、坚固耐磨等特点。河南省1923年即开始生产，1937年就已用于出口。1985年年生产能力为200万双，各皮鞋厂均可生产。

三 生产工艺与设备

1937年以前，河南省的皮鞋生产都是手工缝制，方法原始，劳动强度大。1937年，开始用脚踏式缝纫机，代替了手工缝帮。但其他工序仍是人工用剪刀、副刀、锥子加钉锤完成。当时的生产工艺只有线缝一种，将加工好的鞋面和内底，沿条缝合起来，然后再将沿条和外底缝合成为一双鞋。从1953年起，皮鞋沿条子线由原来的两个线头交叉缝成改为勾锥的一次缝成。同时，缝纫机也由人力脚踏改为电力传动，从而大大提高了劳动生产率，每人每天可生产一双皮鞋，1960年以后，陆续购置并应用了下料机、片帮机等制鞋专用设备，1965年开始推广应用模压皮鞋生产工艺。1966年从外省引进了硫化皮鞋、注塑皮鞋和胶粘皮鞋生产工艺。同时添置了内线机、高速压合机、硫化罐的模压机、橡胶出型机、注塑机、绷楦机等专用设备。至此，河南省皮鞋制造业在传统的线缝工艺的基础上，增加到5种工艺。皮鞋的实物劳动生产率提高到每人每天2双。

1975年，轻工业部颁布了《皮鞋产品质量标准》。1977年轻工业部制鞋工业科学研究所提出了皮鞋帮样平面设计方法，使河南省皮鞋设计及制造走入正轨。

"六五"期间，通过对新乡、开封、长垣、洛阳、郑州、漯河等皮鞋厂的重点技术改造。从捷克、意大利等国引进了三条年产30万双的皮鞋生产线，使企业的机械化程度有了很大提高。开始朝着皮鞋生产的标准化、装配化、系列化方向发展。在此期间，液压传动装置已普遍应用到制鞋设备中，射流控制、光电控制、数字程序控制、远红外线干燥等技术均在生产中得到应用。在新设备使用上，液压裁断机、绷楦机、自动注胶机、自控压合机、自动胶粘机、主跟及内包跟成型机等机械已初步成为河南省制鞋工业的主导设备。

"七五"期间，河南省皮革行业先后组团分别考察了意大利、德国、法国、荷兰、中国香港等地，先后引进了长垣、新乡、洛阳、郑州、漯河皮鞋厂的皮鞋生产线。

"八五"以来，河南省逐步引进具有先进水平的各种制鞋设备。际华3515皮革皮鞋有限公司先后从德国、捷克、中国台湾等地购进六条全新制鞋生产线后，又从德国、意大利引进了三条具有世界先进水平的德士玛（DESMA）双密度橡胶注射机及配套全新制鞋生产线，制鞋装备水平达到国内领先，世界一流水平。郑州市双凤鞋业有限公司拥有8条生产流水线，有先进的生产设备和检验设备400余台（套），其中意大利进口设备有订跟机、片皮机、冷热定型机等多台。

第四节 毛皮及其制品

一 概况

河南省毛皮工业历史悠久，新中国成立前，主要集中在周口、漯河、开封等地。20世纪初期，仅周口的裘皮作坊就有100多家，工匠近千人。当时的裘皮作坊条件简陋、技艺落后，用灰浸、烟熏的方法制作。20年代以后，毛皮工业有所发展，周口的裘皮制作：洗、鞣、染制都具有相当规模。

新中国成立后，毛皮工业迅速发展，产品质量也提高得很快。1980年，周口皮毛工艺厂生产的狗皮褥子获省优质产品，1981年，武陟县皮革厂生产的奶山羊仿红狐和上蔡县皮革厂生产的狗皮褥子获省优质产品；1984年，周口毛皮工艺厂生产的狗皮毛服装获省优质产品。1986年，扶沟县皮毛厂生产的"羊皮静电植绒革两用裘皮"获河南省科技二等奖。1991年，武陟县皮革厂生产的"怀塔"牌羊剪绒立体工艺床毯获省优质产品。

根据1984年行业普查资料，全省毛皮企业75个，职工人数6679人，专用设备772台。

在计划经济向市场经济转轨的过程中，原有的国有企业或集体企业，有的成功改为股份制企业，有的停产或倒闭。但是有很多民营企业迅速发展起来，有的地方形成了毛皮生产集散地，特别是孟州市桑坡村，已经成为中国皮革行业的特色区域。2008年，被中国皮革协会命名为"环境友好型毛皮基地——孟州·桑坡"。

进入21世纪以来，毛皮生产技术和产品质量不断提高，新工艺、新材料、新产品层出不穷。2000年，规模以上企业生产毛皮（折羊皮）37.4万张、毛皮服装3.13万件。2005年，规模以上毛皮企业33个，生产毛皮（折羊皮）804.2万张，毛皮服装5.9万件。十五期间，毛皮（折羊皮）年平均递增84.9%；毛皮服装年平均递增13.5%。2008年规模以上企业生产毛皮（折羊皮）1412.1万张，同比增长21.9%。

二 主要产品

毛皮分为粗毛皮类，常用的有羊皮、狗皮等，毛长且张幅稍大；杂毛皮类，常用的有兔皮、小猫皮等；小毛细皮类，常用的有紫貂皮、水獭皮、海狸皮、水貂皮等，毛被细短柔软；大毛细皮类主要包括狐皮、猞猁皮、狸子皮等。

河南省毛皮主要以粗毛皮类和杂毛皮类为主。以前主要产品有狗皮褥子、羊皮袄、狗皮反毛服装、兔皮服装、羊剪绒制品等，目前，河南省毛皮企业以生产羊剪绒系列产品为主。

1. 羊剪绒

羊剪绒就是剪了一刀羊绒后余下的羊毛连皮，经过化学处理，再染色加工成羊剪绒鞋里皮、地毯、靠垫、坐垫等用品。羊皮主要来源于澳大利亚、内蒙古等地区，其中澳大利亚占大多数。

目前，河南省羊剪绒系列产品主要是生活用品、汽车饰品、家居用品、婴童用品、医疗用品5大类的100多种产品。

羊剪绒制品是一种高档的消费品，在国际市场上也有"软黄金"之称。用它制成的各种生活用品，被国际毛皮专家誉为"四季温情"。

羊剪绒坐垫分三件套、五件套和八件套三种。三件套（两个小坐垫、一个大坐垫）、五件套（前小座带靠背、后大座不带靠背）、八件套（前、后全部带靠背）。

羊剪绒坐垫又分平绒、高低绒和长毛绒三种。平绒也就是平时所说的羊剪绒。高低绒坐垫中间是平绒，两边是长毛，因此得名。高低绒坐垫比平绒坐垫华贵。长毛绒坐垫大部分是用整张羊皮制成，最为豪华、庄重，宛如贵妇人穿的裘皮大衣。

2. 羊剪绒的特点

保暖性：在寒冷的冬天，特别是早上刚上车，它能让人的背部、腰部以及臀部丝毫感受不到寒气逼人，保护人的身体。

透气性：羊皮最大的特点就是既保暖又透气，长时间与身体接触的部分不会产生不适，因为每一根毛纤维之间都有一定的空隙，使空气流通。

舒适性：优质的羊毛，手感滑润细腻，具有很好的回弹性，它的每一根毛纤维都会支撑着与身体接触的每一个部位，使人备感柔软舒适。

装饰性：鲜艳的颜色稳重亮丽，精致的做工倍感高贵典雅，是现代汽车内部必不可少的实用装饰用品。

第五节　皮革制品

一　皮衣

河南省皮衣生产1970年以后才发展起来，原料以羊皮革为主。1985年，全省有郑州皮衣厂、开封服装厂、开封县皮衣服装厂、新乡市皮衣厂4个专业生产厂，年产量15万件。品种有夹克衫、背心、西装、猎装、摩托服、短上衣、中大衣、长大衣等。颜色有黑色、咖啡色、淡黄、橘黄等。皮衣生产机械化程度提高很快。实物劳动生产率已由70年代的每人每天0.5件提高到1.3件。步入90年代，皮革服装生产机械化程度提高很快，1997年河南雪中王皮业服饰有限公司首先在全省皮装生产领域率先采用电脑技术进行新产品的设计、放码、排版、资料储存工作，不仅提高了新产品设计开发能力，同时提高了产品的档次。

二　衣箱

河南省衣箱生产起始于19世纪末期，当时生产的衣箱是先用木板做成箱坯，然后在外面包一层牛皮。20世纪初，开封的"白元庆皮箱"以其轻便美观、坚固耐磨、防潮湿、不变形、受压力强的特色名噪省内外。30年代初，开封张林山开办的"林茂源皮箱店"是河南省第一家以生产皮箱为主要产品的专业作坊。新中国成立后，河南省的皮箱生产逐渐地发展起来。郑州、开封、洛阳等皮件厂都有皮箱生产，1960年，河南省皮箱生产已有50000余只，1960年以后衣箱箱坯材料主要是钢板纸、革板纸、三夹板。箱面材料为皮革、人造革、帆布。这时，皮箱生产比重下降，取而代之的是人造革箱、帆布箱和塑料箱。1985年，河南省生产衣箱的企业有23个，年生产能力30万只。

新中国成立前，衣箱的生产工艺粗糙，从下料到成型都是手工操作，1953年以后，开始应用下料机、工业用缝纫机等专用设备。1976年，推广应用了模压箱生产工艺，同时漆置了切纸机、磨纸机、电剪、铺布机、程控下料机、油压机等专用设备。1980年，在人造革箱和帆布箱的生产中，将过去的先成型后粘贴改为粘贴后一次模压成型。同时广泛采用了电热干燥和远红外线干燥，从而提高了产品质量和生产效率。衣箱实物劳动生产率由过去的每人每天不到1只提高到每人每天2只左右。

河南省生产的衣箱种类很多。按用途分有旅行箱、家用箱和公文箱3大类；按使用材料分有皮箱、人造革箱、帆布箱和塑料箱4种；从结构上又分为硬箱和软箱2种。

皮箱的主要品种是公文箱。郑州、洛阳、正阳、明港等皮件厂均有生产。1980年年产量为40000只，1985年为20000只。

人造革箱是衣箱中的主要品种,全省各重点皮件厂均可生产,年生产能力为15万只。

帆布箱是一种低档的民用衣箱,全省各重点皮件厂均可生产,年生产能力为10万只。

塑料衣箱,河南省的生产厂家不多,主要集中在郑州、开封、洛阳等皮件厂。1985年年生产能力为30000只。

三　其他皮革制品

其他皮革制品如皮票夹、皮手套、公交箱、公文包、皮带等产品已有100多种。其中公文箱、劳保手套、皮票夹等60年代初打入国际市场,远销19个国家和地区。1985年,出口皮公文包50000个,劳保手套40万打,日用手套2.2万打,皮票夹1.3万打,创汇近500万美元。这些小件的皮革制品已逐步成为河南省皮革工业的一支有生力量。1979年,焦作制革厂生产的"飞机"牌牛皮结、1980年正阳县皮件厂生产的公文包、1982年洛阳光华皮件厂生产的"羊皮日用手套"及1984年生产的"光华"牌羊皮手套、1991年正阳县皮件厂生产的"驼峰"牌三折公文箱和平顶山市革制品总厂生产的"石人山"牌高档双面腰带等获省优质产品。

第六节　配套产业

1965年,新乡五金机械厂和遂平县皮革机械厂开始生产皮革机械,填补了河南省皮革机械制造业的空白。

十一届三中全会后,河南皮革工业在"调整、改革、整顿、提高"的方针指引下,逐步向系列化发展,在短短的几年里,先后建起了焦作皮革化工厂、睢县酶制剂厂、洛阳五金配件厂、省鞋楦模具厂、项城再生革厂等配套企业。

第七节　环境保护

一　概况

皮革行业中的制革业和毛皮业属于污染工业,环保建设是企业可持续、健康发展的关键。河南省企业很早就"注重环境保护",20世纪80年代初,际华3515皮革皮鞋有限公司就建立了污水处理站,并成为全国的学习典范。

1995年国务院颁布《淮河水流域水污染防治暂行条例》后,协会配合有关部门,加大对皮革行业污水治理的力度,先后拟写了1995年至2000年《三废治理规划》《全省皮革工业企业治理污染影响经济效益的调整》,提出了"关于加快皮革工业调整促进规模经营,搞好污染治理的意见""控制皮革总量,实行集中制革,集中治理,强化污染治理,实行清洁生产""河南省皮革工业污染治理的目标任务和建议"等,编制上报了"淮河流域环境保护规划"和"河南省皮革工业淮河、海河、长江流域污染整治项目"等,为主管部门制定行业政策、促进行业发展提供了依据。同时,为帮助企业治理污染,协会在1995年11月召开的"河南省皮革行业协会二届一次理事会"上,就制革污染治理问题进行了专题报告和经验交流,提出了污水治理的目标和任务,推动了皮革行业环保工作的开展。到 20 世纪末，大部分企业陆续上马环保设施。

进入 21 世纪，随着制革业、裘皮业的发展和壮大，环保设施的容量变小，再加上国家对环境保护的力度加大，污水排放问题又凸显出现。大中型企业由于资金雄厚，改造工程顺利进行。但对制革、裘皮产业集群地的环保问题，到了生死存亡的关键时刻。由于集群地企业小，数量多，单一治理难度较大。在集中生产、集中治污的观点指导下，2005年，长葛市白寨制革产业群建成了日处理污水 5000 吨的污水处理厂，孟州市桑坡毛皮产业群三期环保工程于 2007 年运行，日处理污水能力可达 30000 吨。

二 部分企业节能减排情况简介

1. 际华 3515 皮革皮鞋有限公司

1981 年，公司开始兴建污水处理站，1984 年竣工，采用活性污泥曝气方法治理制革污水，公司污水处理站面积 10640 平方米，各种污水处理设备近 20 台，污水处理池 12 座，污水化验仪器 10 余种，满足了制革污水的正常处理。1985 年公司污水处理站处理后的污水达到国家的制革污水排放标准。1988 年国家提高了制革污水排放标准，工厂投资 40 万元，对原有污水处理系统进行改造，将两侧进气纵向布置曝气管改为中间进气横向布置曝气管，使池中污水的面和点及上、中、下各段溶解氧均匀，且污泥搅拌均匀，使水中的微生物得到充分的氧气，从而取得了较好的处理效果。使制革污水处理后的化学需氧量低于 130 毫克/升、总铬低于 0.13 毫克/升、悬浮物低于 75 毫克/升、五日生化需氧量低于 150 毫克/升、硫化物低于 0.5 毫克/升。污染物排放浓度低于《污水综合排放标准》（GB8978—1996）中"皮革工业"二级标准。

公司将污水处理站处理后的达标污水，收集到中水蓄水池内进行沉淀，再用水泵将沉淀过后的中水，经过管道输送到灰水分离器中进行处理，然后再将中水经过管道输送公司麻石水膜除尘器，所有水冲厕所及浇花、浇草等用水处。使公司污水的排放量和污染物排放量大幅削减，处理后的污水 90% 作为中水回收利用，只排放不到 10% 的污水和污染物。

2. 焦作隆丰皮草企业有限公司

焦作隆丰皮草企业有限公司是世界上最大的羊裘皮鞣制企业，公司与工厂同步建造了占地 20000 多平方米，日处理能力 10000 吨的废水处理厂。是河南十大环保形象工程之一，实现了废水的深度治理，达到国家一级排放标准，并成为羊裘皮鞣制工业的绿色典范。

在 2008 年中国皮革协会与中国财贸轻纺烟草工会联合举办的首届中国皮革行业节能减排环保创新奖评选活动中，焦作隆丰皮草企业有限公司的"皮毛加工废水深度处理及污泥资源化利用"项目荣获中国皮革行业节能减排环保创新奖一等奖。该项目针对淮河流域污染控制指标要求高的特点，开发应用厌氧—好氧—QF 高效浅层气浮—砂滤技术，对毛皮废水进行深度处理和中水回用，并在处理过程中回收沼气综合利用。用时，对污泥采用厌氧消化实现减量化、无害化处理，然后用于生产沼气，为毛皮污泥的处理开辟了一条很好的出路。

3. 河南博奥皮业有限公司

为了公司又好又快的发展，2007 年公司彻底改造原有污水处理厂工程，兴建废水深度处理及节水循环利用工程，该工程为"国家环保部重点指令性皮革课题示范工程"，国家重大"水专项"科研项目，总投资 2600 万元人民币，占地面积 8004 平方米，日处理污水能力 3000 吨，由南京大学环境学院、郑州大学环境系、博奥皮业三家联合实施，2008 年 10 月竣工，现已成为国内一流、现代化、高水平、花园式的污水处理厂。

（1）工程基本原理：制革废水是有机污染废水中的一个特殊问题，因其污染质的大部分含有毒无机化合物和化学转化的蛋白质。制革废水在生产鞣制过程中包括三个阶段：初步处理、鞣制本身、精制。首先处理好宰好的牛皮、羊皮清除皮上的污染物，并浸在水中和碱液中使皮革组织变松软，用含有硫化物的石灰处理脱毛、除去遗留下来的蛋白质分解产物及脂肪物质和细毛。其次用铬盐、碱性三价铬化合物，将皮子浸泡在稀酸的盐水里使其受到外力作用，然后用铬鞣制。

（2）工艺技术工程：利用"含铬废水分隔处理，预曝气调节——斜管沉淀 + SBR"工艺，对高浓度的有机制革废水进行处理，出水水质稳定，处理运行成本低，操作维修简便，可以有效地降低制革废水的氨氮超标排放问题。

（3）技术关键：斜管沉淀池出水自流至立式氧化槽进行高效生化，立式氧化槽是集氧化物、SBR 的优点研究而成的，在槽内形成好氧区、兼氧区和厌氧区，具有好氧、兼氧、厌氧相应的菌种及作用，有着非凡的适应性和处理效果，对氨氮也有着较好的处理效果，该菌种耐盐高，耐有机物浓度高，在厌氧或好氧条件下均能生存。特别是具有一定的难度需要水解和脱氮的废水，使高浓度的有机物在光合菌群的作用下，快速分解，COD 去除率能达到 25%—90%，效果非常好。

（4）主要创新点：制革废水中的 COD Cr、BOD_5 浓度高、pH 呈中性，因此在工艺上对生化加以强化。国内属领先，前景广阔。

4. 新乡黑田明亮制革有限公司

新乡黑田明亮制革有限公司采用了由联合国推荐、东南大学设计的目前国内乃至世界上最先进制革废水处理技术，投资兴建了低污染少浴清洁生产及废水综合治理工程。该设施不仅运行费用低，运行稳定，而且处理效果达到国家一级排放标准。

低污染少浴清洁生产工艺和制革废水综合治理相结合，一方面从制革生产过程中，通过运用新材料，调整工艺配方，应用少浴法制革，控制掌握工艺平衡，硫化物和铬液的循环使用等，可使硫化物用量降低 40%，用水量降低 40%，减少了染料及盐的用量，最终使生产周期缩短了 3 天，得革率提高了 5%，制革废水综合治理费用下降，经济效益可观，环境效益显著。另一方面是对制革废水采用物化絮凝和生化氧化沟处理工艺，可使制革废水主要污染物 COD 去除率达到 84%，氨氮去除率 40%，悬浮物去除率 91%，动植物油去除率达 77%，最终达到（GB8978—1996）综合废水排放标准。

利用清洁生产工艺和制革废水综合治理相结合的办法，既可实现生产过程的清洁生产，又能达到国家废水的排放要求，两者相辅相成，可以得到较好的经济效益和环境效益。

5. 桑坡村 3 万吨皮毛废水深度治理工程

1996 年年底，由桑坡村全体企业集资 600 万元，通过管网建设，废水收集等，于 1998 年春建成了日处理 3000 吨的一期皮毛废水治理工程，创建了产业集群集中生产、统一治理、避免重复投资的治污模式，受到各级政府和环保部门的肯定。后来，随着皮毛企业的不断壮大和皮毛加工量的逐渐增加，工程处理能力渐显不足，于是，2002 年 7 月，再次由企业集资 1200 万元的皮毛废水二期治理工程建成投运，日处理能力提高到 20000 吨，外排水质达到国家污水综合排放二级标准。随着国家环保工作力度的不断加强，2005 年年底，河南省人民政府和焦作市人民政府将皮毛废水的外排水质标准提高到国家《污水综合排放》的一级标准，要求对原外排废水进行深度治理。按照政府要求，在市、县、镇各级主要领导和环保部门的高度关注下，桑坡皮毛企业又筹资 3800 多万元，在原 20000 吨工程基础上进行改建和扩建，以达到深度治理的要求。改、扩建工程由北方设计研究院设计，改造了一些陈旧过时的设施，增加了一系列成熟的治理工艺，于 2005 年 11 月开工，2007 年 3 月建成并投入运行，日处理能力达到 30000 吨。

试运行后，通过科学管理、精心调试，已使外排废水连续稳定达到了国家污水综合排放的一级标准，即主要污染物指标控制在 COD≤100 毫克/升，氨氮≤15 毫克/升，其他各项指标也均控制在规定范围之内。同时，含铬鞣制废液单独处理设施同步建设到位，并按照国家危险废物管理的有关法律法规，完善了企业与污水处理厂铬液转运联单制度以及铬泥铬渣处置工作台账，有效地保证了危险废物的安全处置。该改扩建工程的建设，正值国家节能减排工作强力推进之时，为完成深度治理和污染减排任务，在政府和环保部门的强力推进下，桑坡皮毛群在落实限产限排措施中，不仅对企业采取了分区域分时段生产还对自备井统一采取了卡表管理，并要求所有企业建设了不小于 100 立方米的中水回用池，既节约了水源又实现了企业内部废水的循环利用也为污水处理厂减轻了运行负荷，降低了运行费用。由二级标准提高到一级标准，COD 排放量每年比原来减少 1800 吨，氨氮排放量减少近 200 吨，大大改善了本地水环境污染状况，并真正将污染减排工作在桑坡毛群产业发展中落到了实处，也为桑坡毛皮群产业的持续健康发展奠定了良好基础。

第八节　技术进步与人才培训

新中国成立初期，河南省皮革工业底子薄、能力弱，只能购置、自制一些简单的机械设备以改善生产条件、巩固和扩大生产，没有能力进行比较大的技术改造。

20 世纪 50 年代末期，随着我国经济形势的好转和生产的稳步提高，全行业普遍开展了技术革新活动。1959 年，仅焦作制革厂就实现革新项目 134 项，其中"高浓度海波子鞣法"新工艺使重革鞣期由原来的 50 天缩短到 15 天。同时，该厂还自制了铲皮机、刨皮机、轻革自动干燥机等专用生产设备，大大改善了劳动条件，使工效提高了 2—7 倍。一些重点企业开始重视人才培训工作，陆续将一些比较优秀的技术工人送往大专院校进行专业培训。

20 世纪 60 年代后，大部分企业设立了专门从事生产技术研究的试验室、研究室、技术科等机构，并配备了工程技术人员。这一时期，对生产工艺的研制和推广应用取得了突出的成绩。1961 年，轻工业部在焦作制革厂组织"提高黄牛鞋面革、黄牛底革产品质量"的全国攻关项目。经过一年努力，通过国家级鉴定，该厂的黄牛鞋面和黄牛底革均达到国内先进水平。1963 年，焦作制革厂进一步改革了牛面革生产工艺，将原来的"一浴法"改为"二浴法"，将池浸灰改为转鼓浸灰，缩短了生产周期，提高了产品质量。1964 年，开封皮鞋厂开始试制模压皮鞋，并于 1965 年突破质量关，1966 年正式投入生产。1966

年，开封皮鞋厂从宁波引进了硫化皮鞋生产工艺，洛阳皮鞋厂从上海引进了胶粘鞋生产工艺，使河南省皮鞋制造工业发生了历史性的变化。

20世纪70年代以后，河南省皮革工业开始瞄准国外先进技术和设备进行比较系统的技术改造和技术引进工作。1970年，平顶山制革厂安装了12台（套）比较齐全的进口制革设备。1975年又从联邦德国、意大利等国引进了32台（套）制革设备。装备了郑州、新乡等骨干企业，为河南省的机械化、现代化生产打下了基础。

这一时期，开始了比较集中的人才培训工作。1973年，由省皮革塑料工业公司聘请西北轻工学院皮革专业的教师在郑州举办了第一期制革工艺培训班，为企业培训了50多名技术骨干。

"六五"期间，河南省皮革工业先后对38个骨干企业进行了不同程度的技术改造，投入改造资金3860万元，用外汇266万美元，引进国外设备200台（套），新增产值5000万元，新增税利500万元，使河南省皮革工业在使用先进的生产技术，逐步走向现代化大生产的道路上推进了一大步。

为了推动行业的技术进步，1980年，由省皮革工业公司组织成立了以科普教育、科技咨询和技术培训为主要任务的"河南省皮革工程学会"，先后吸收了全行业的工程技术人员120人为会员，成为河南省皮革行业的"技术之家"。同时，还成立了隶属省第二轻工业厅的专门从事皮革和塑料制品科研的研究所。从高层次上进行皮革科技工作。

这一时期，还掀起了科技攻关和推广技术成果的热潮。到1985年年底，已有10个科研攻关项目通过有关部门的鉴定并胜利完成。其中由新乡制革厂和开封制革厂联合承担的"提高汉口路山羊皮革质量的研究（正鞋面革和服装革）"国家科研项目，已于1985年11月验收完毕。经全国同行业专家评议，一致认为新乡制革厂的正鞋面革和开封制革厂的服装革在国内处于领先地位，并已接近世界先进水平。广泛而深入的科研攻关和推广技术成果的活动，使河南省皮革工业的产品质量有了明显的提高。1984年，新乡制革厂的"金象"牌山羊苯胺鞋面革获国家金牌奖。另外，全行业还创轻工部优质产品2个，轻工业部优秀新产品7个，省优质产品31个，省优秀新产品76个。

1982年，省二轻工业学校设立了皮革专业，为河南省皮革工业培养制革技术人员。1964年和1985年全行业派出国培训人员5名，举办制革工艺，皮鞋帮样设计等各种类型的培训班，共培训近400人次。其中制革工艺50人次，皮鞋帮样设计200人次。"KS$_2$"皮革化工原料应用技术40人次，出国人员英语培训60人次。通过各种渠道选送西北轻工学院、上海制鞋专业学校、张家口毛皮专业学校等院校培训专业人才30余名。

1985年至1990年，河南省皮革行业先后组团分别考察了意大利、德国、法国、荷兰、中国香港等地皮革市场，先后引进了新乡、开封制革厂羊皮生产线，长垣、新乡、洛阳、郑州、漯河皮鞋厂的皮鞋生产线，周口、扶沟皮毛工艺厂的毛皮生产线；正阳县皮件厂的箱包生产线，省鞋楦厂塑料楦生产线等。另外，轻工业部又在平顶山建立了样板厂，部分皮革研究所也搬迁到平顶山，对全省制革工业起了很大的促进作用。

1990年到2001年，全省皮革行业落实技术改造项目30余项，计划投资2.3亿元。先后对三门峡制革厂和虞城县制革厂的"猪皮印花革"、河南赛潮鞋业集团的"年加工200万双高档鞋工艺创新研究"等一批项目进行了立项审查和论证工作，完成了平顶山制革厂"抗有机溶剂牛软面革"、洛阳光华皮件厂"革皮对开旅游箱"等产品项目的省级鉴定。

1996年，河南雪中王皮业服饰有限公司所承担的高档皮革服装的研制开发项目，在国家科委举办星火计划实施10周年暨"八五"农业科技攻关成果博览会上被评为优秀项目；1997年，雪中王公司积极主动承担了省科技攻关项目CAD技术在高档皮革服装产品中的开发应用，在全省皮装生产领域率先采用电脑技术进行新产品的设计、放码、排版、资料储存工作，不仅提高了产品设计开发能力，同时提高了产品的档次。

1999年，省皮革行业协会与意大利皮革协会驻京办事处合作，在郑州召开"意大利制革制鞋技术研讨会"，意大利皮协副主席率领由管理、技术、设计专家12人代表团到会，全省100多人参加。

进入21世纪，河南省皮革行业发展迅猛，某些领域已经达到了国内领先水平。2003年，河南省方圆有限公司在国家皮革标准委员会的指导下，负责起草了中国皮鞋面革质量检测标准——《鞋面用皮革》（QB1873—2003）行业标准；新乡黑田明亮制革有限公司先后受国家标准局和中国皮革协会的委托，起草了符合欧盟出口要求的国家强制性标准《皮革污染物限量》《运动手套革》《日用手套革》等国家标准。目前，焦作隆丰皮草企业有限公司是国家羊剪绒行业标准唯一起草单位。

际华3515皮革皮鞋有限公司从德国、意大利引进了3条具有世界先进水平的德士玛（DESMA）双密度橡胶注射机及配套全新生产线。同时，还拥有从德国、捷克、中国台湾等地购进的6条全新制鞋生产线。该公司制鞋装备水平达到国内领先、国际一流水平。在军警系列鞋靴，特别是橡胶双密度皮鞋研发方面形成了独有的专利技术。2007年被国家知识产权局授予"外观设计专利证书"（ZL200630100863·2），有3项专项获得专利申请受理书、专利工作受到了省市科技部门的表彰和奖励。

郑州市双凤鞋业有限公司拥有8条生产流水线，有先进的生产设备和检验设备400余台（套），其中意大利进口设备有订跟机、片皮机、冷热定型机等多台。生产的皮鞋有绅士、休闲、青春、中老年、特大号、多功能6大系列，年生产能力达300余万双。该公司技术中心2008年荣获郑州市企业技术中心称号，2009年荣获河南省企业技术中心称号。

2002—2004年，为了进一步普及提升河南省皮鞋设计水平，河南省皮革行业协会与中国皮革和制鞋工业研究院连续举办了3期皮鞋帮样设计培训班，为企业培训一批初中级实用设计人才。

第九节　行业管理

一　省皮革工业公司

为了满足全省皮革行业发展的需要，1964年，经河南省人民政府批准，成立了河南省皮革工业公司，系企业性管理机构，隶属省轻化工业厅领导。公司成立后，将焦作、郑州、开封制革厂和郑州、开封、洛阳皮鞋厂收为省属企业，并对其实行人、财、物、供、产、销统一领导。同时，对全省皮革行业进行辐射性管理。

在"文化大革命"中，各级管理机构陆续瘫痪。1970年，河南省皮革工业公司被撤销，所属企业回归所在地领导。行业管理工作被迫中断。1973年，省二轻工业厅组织成立了河南省皮革塑料工业公司。没有直属企业，属综合性行政管理机构。担负着对皮革、塑料两个行业的行政管理任务。

1980年，河南省皮革塑料工业公司撤销，成立了河南省皮革工业公司。成为全省皮革行业的专门管理机构。担负着行业规划、计划安排、技术改造、技术培训、质量管理等行政性的管理工作。同时还负责为企业组织部分原辅材料的供应等经营性工作。

从1980年到1984年的几年间，省皮革工业公司组织了行业配套工作，先后建立了皮革化工、酶制剂、皮革五金、鞋楦、模具、再生革等为皮革工业配套的企业。同时，在全省范围内确定了71个重点企业，有重点的分期分批抓了行业技术改造和技术培训工作，推动了行业的技术进步。

根据轻工业部和省二轻厅的要求，公司还组织了每年一次的行业产品质量评比和抽样检测。并先后在郑州制革厂建立了制革检测站，在开封皮鞋厂建立了皮鞋检测站。同时还组织有关企业对无标准的软鞋面革、打光苯胺鞋面革、模压箱、软箱、日用手套、皮腰带等产品制定了暂行标准，促进了全省皮革行业产品质量的提高。

为了加强行业管理，1984年5月，受省经委的委托，由省皮革工业公司主持了对全省皮革行业的第一次普查工作。在一个月的时间里，省、地市各级皮革公司（二轻局）出动近百人次，对全省皮革行业进行了全面的调查，摸清了行业的状况。

从1984年年初起，在省人民政府的统一布置和省二轻厅的组织下，河南省皮革工业公司进行了全省皮革工业远景规划工作。经过两年的反复论证，于1985年11月制订了《河南省皮革工业规划》。

为了探讨皮革工业的发展，1985年至1990年，河南省皮革工业公司先后组团分别考察了意大利、德国、法国、荷兰、中国香港等地皮革市场，引进了新乡、开封制革厂羊皮生产线，长恒、新乡、洛阳、郑州、漯河皮鞋厂的皮鞋生产线，周口、扶沟毛皮工艺厂的毛皮生产线；正阳县皮件厂的箱包生产线、省鞋楦厂塑料楦生产线等。同时建立了省鞋楦模具厂和焦作皮化厂、洛阳皮革五金厂等。轻工业部又在平顶山建立了制革样板厂，部分皮革研究所也搬迁到平顶山，对全省制革工业起到了很大的促进作用。为了发挥河南皮革资源优势，省皮革工业公司与北京中轻原材料开发公司联合在河南建立原皮收购加工基地，于1989年在郑州注册建立了河南中原皮革联营公司。

在经济体制改革的浪潮中，河南省皮革工业公司完成了由管理型向经营型的转变，在工业流通领域不断开拓进取，为本省皮革工业提供了大量的优质原辅材料，并将本省皮革工业产品销往国内外，拓展消费市场。

随着经济体制改革的深入，2006年5月，河南省皮革工业公司改制成股份制企业，更名为河南省皮革工业有限公司。这为公司的长远发展注入了新的活力。在社会主义市场经济中，河南省皮革工业有限公司不断发展壮大，正在朝着经贸、科研、生产、物业等集约化企业发展。

二 省皮革行业协会

1985年4月，根据河南省人民政府和河南省二轻厅的指示精神，由河南省皮革工业公司和部分骨干企业发起成立了河南省皮革行业协会。下设制革、皮鞋、毛皮、皮衣皮件、贸易5个分会。同时，召开了第一次会员单位代表大会。制定并通过了协会章程，规定了协会对企业进行"联络、指导、服务、咨询"，并接受政府和主管部门的委托进行"统筹、协调、监督"的任务。协会先后隶属于河南省第二轻工业厅、河南省轻工业厅、河南省经济贸易委员会，现主管部门为河南省人民政府国有资产监督管理委员会。

第十七章 湖北省

第一节 历史沿革

一 古代和近代历史沿革（1949年之前）

湖北皮革工业起源很早，远在3000多年前《尚书·禹贡篇》就有荆州"贡革"的记载。新中国成立后，随州、江陵出土的皮甲、马胄等楚文物，都反映了当时制革及革制品生产技术水平。但在漫长的封建社会里，湖北省皮革工业长期停留在烟熏、硝面制革阶段，只能生产车马挽具、油靴、钉鞋等少量产品。19世纪中叶，汉口、沙市、宜昌相继开埠后，300余家牛皮山货行和商号聚集汉口，汉口遂成为全国皮张、毛皮最大的集散地之一，一部分皮张和毛皮销往国外，一部分留在本地加工。在交往中，欧美铬鞣制革和制鞋新技术陆续传入汉口，刺激了皮革工业的发展。除汉口、武昌外，沙市、襄樊等地也先后出现了皮革作坊。1902年，湖广总督张之洞在武昌筹办南湖皮革厂，开始采用铬鞣制革。1907年开办的武昌善技场、湖北陆军工作场及汉口劝工院均生产皮靴、皮鞋。随后新法制革和制革作坊纷纷兴起，武汉地区的利华公司的纹皮、陶隆兴作坊的皮鞋、沈慎甫作坊的军用被囊，分别在武汉劝业奖进会和南洋赛会上获奖。

1937年卢沟桥事变前，武汉、沙市、襄樊、天门、沔阳、老河口、鄂城、孝感等地的皮革生产已形成了一定的规模。抗日战争期间，全省除恩施、老河口等地外，沦陷地区皮革工业日渐衰落。抗日战争胜利后，全省皮革生产虽有所恢复，但生产水平很低，1949年仅年产重革63吨、轻革57000平方米、皮鞋6万双。手工业系统内皮革工业总产值200万元（系统内外工业总产值共717万元）。

二 新中国成立后皮革工业的发展（1949—1979年）

新中国成立后，全省皮革工业随着整个国民经济的发展而不断发展壮大，经过社会主义改造，皮革工商业和个体手工业作坊分别走上了公私合营和合作化道路。1957年，全省皮革工业生产场、社、组共有687个，从业人员4813人。工业总产值2554万元，比1949年增长11倍。但全省除武汉皮革联合工厂规模较大，机械设备较为齐全外，绝大多数场社设备简陋，基本上是手工操作。企业规模10—30人为多，年生产皮革5000—10000张，皮鞋平均年产量1万—5万双。武汉市皮革行业占全省70%的比例。

1958年以后，普遍开展技术革新和技术革命，部分手工操作工序逐步被机械代替。皮鞋生产广泛推广胶粘工艺，开始采用硫化、模压新工艺，劳动强度有所减轻，劳动效率有所提高。1965年，湖北省人民委员会根据国务院指示，决定将全省皮革工业划归省手工业管理局统一管理。1958年至1960年期间因皮源供应不足,除保证武汉制革厂(原皮革联合工厂)的军需生产外,其余企业生产均下降。后经过贯彻"调整、巩固、充实、提高"的方针才有所转机。1965年全省皮革工业总产值2978万元,比1957年增长16.6%。

为了进一步开发资源,1966年湖北省人民委员会批转了省计划委员会、财贸办公室、物价委员会《关于开剥猪皮几个问题解决意见的报告》,对开剥猪皮实行财政补贴。1972年以后又多次召开全省开剥猪皮工作会议,研究措施,落实任务,使开剥猪皮上调数量逐年增高,从而推动了全省皮革工业生产的发展。在20世纪七八十年代的新技术、新工艺、新材料的推广应用中,陆续采用了电子量革、微波干燥、帘幕涂饰、远红外线加热和机械刻楦、机械钳帮、转盘注射等新技术、新设备和新的生产线,逐渐推广酶法脱毛、植物少浴无浴快速鞣制和塑料底注射成型等新工艺。武汉市建立了皮革研究所,省里建立了皮革质检中心。皮革的花色品种由原来的300多种增加到1400多种。产销两旺,经济效益越来越好。皮革化工、皮革机械、皮革五金配件和皮鞋材料等配套产品和专业设备的生产相应有所发展。1971—1980年,全省皮革工业总产值平均每年递增13.9%。1980年年底,全省皮革工业企业拥有107个,职工21108人,主要专用设备779台,工业总产值达到19575万元,比1965年增长5.57倍;独立核算企业实现利税2872万元;完成出口交货值3088.9万元。见表8-34。

表8-34　　　　　湖北省皮革工业1949—1985年企业·产值·职工数

年份	企业数	总产值	年末人数	全国排名	其中制革产值/企业数	其中皮鞋/企业数
1949	1139	200	3259	—		
1950	1201	316	—	—		
1951	1215	378	—	—		
1952	1289	226	3221	—		
1953	1422	400	—	—		
1954	1540	448	3357	—	93/4	
1955	1047	451	—	—	160/7	
1956	—	1825	6219	—	411/11	
1957	687	2554	4813	—		
1958	—	—	—	—		
1959	—	—	—	—		
1960	—	—	—	—		
1961	94	532	—	—		
1962	82	388	2096	—		
1963	78	347	1745	—	77/7	
1964	85	307	1838	—		
1965	103	2978	6165	9	804/6	1225/30

续表

年份	企业数	总产值	年末人数	全国排名	其中 制革产值/企业数	其中 皮鞋/企业数
1966	121	3792	8341	9	1037/41	1360/19
1971	—	6059	—		—	
1972	95	6882	9500	—	2153	
1973	123	8164	10800	—	3140	
1974	115	8410	11300	—	3056	
1975	114	10926	12600		3687	
1976	92	11138	11600		3775	
1977	91	12666	14100	8	4003/17	
1978	99	13718	16300	8	4335/15	
1979	99	15313	17600	9	4923/20	
1980	107	19575	21108	11	5784/21	7451/52
1981	167	24658	29700	8	7108/28	11186/98
1982	198	23320	31700	9	6623/32	11415/123
1983	209	22803	31780	9	6254/35	11497/132
1984	211	22039	27411	11	5060/24	9891/122
1985	209	25992	29382	9	6456/25	11371/121

三 快速发展期的皮革工业（1980—1985 年）

1980 年 11 月，经湖北省人民政府批准，湖北省皮革工业公司成立，开始了对全省皮革行业的专业化管理。并在 1981 年将 1975 年成立的湖北省革命委员会轻工局猪皮收购供应管理站改为湖北省第二轻工业局猪皮收购供应管理站，下设 14 个分站，负责全省猪皮收购供应工作及相关的部分行业管理工作。其主要的工作是确定制革、皮鞋、皮具及配套企业的合理布局及专业化分工管理，并加强对猪皮开剥工作的指导、宣传和管理，湖北省皮革行业逐渐步入快速发展期。在此之前，武汉、黄石、宜昌、襄樊市分别建立有专业化管理的皮革公司，尤其是武汉市，早在 1964 年就成立了有管理职能的皮革公司，当时的武汉皮革业生产总量占全省的 70%。

1980 年，湖北省皮革工业公司按专业化分工和"集中制革、分散制件"的原则，调整了企业布局，积极组织横向联合，开展持续创新活动，有计划地引进国外先进技术设备（见表 8-35）。1981 年到 1985 年，全省皮革工业固定资产投资 2881.9 万美元，引进皮革后整理设备、制鞋生产线、制楦专用设备和皮衣生产专用设备等 14 项。重点装备了武汉、监利、孝感、沙市、沔阳、鄂州等地的皮革工业企业及神龙架林区制楦场、英山栲胶场等。

表 8-35　　　　　　　　　　湖北省皮革行业引进项目情况

企业名称	合同签订年份（月）	投产年份（月）	引进内容	国家及地区	总投资额（万元）	其中外汇美元（万）	产品名称
武汉市红星制革厂	1984（8）	1984（12）	制革整理设备	法国	86	27	猪皮
武汉制革厂	1984（12）	1985（1）	制革设备	意大利	201	63	猪牛革
沙市皮革厂	1985	—	门封条设备	意大利	152	40	门封条
武汉东方皮件厂	1985（6）	—	皮革服装设备	日本	32	10.9	皮革服装
武汉毛皮厂	1985（12）	—	裘皮设备	联邦德国	135	23	裘皮衣
孝感制革厂	1985（8）	—	制革设备	意大利	180	15.9	日用革
沙市皮革厂	1984（11）	1985（2）	旅游鞋设备	意大利	156	33.1	

在这五年的建设完成后，湖北省皮革工业产生了实质性的飞跃。至1985年，全省已经形成年产265万张皮革（折牛皮标准张）、皮鞋1280万双、皮件300万件、鞋底200万双、鞋楦50万双、皮革化工4000吨、鞋件五金1000万件的生产能力。1985年年底，全省皮革系统有企业209个（国有11个、集体198个，其中制革25个、皮鞋121个、皮件60个、毛皮3个）、职工29382人（其中工程技术人员179人，占职工总数的0.61%）；年工业总产值25992万元（比1965年增长7.7倍）；制革产量147.3万张（折牛皮）、皮鞋产量880.7万双，比1965年分别增长3.7倍和9.9倍；工业总产值居全国同行业第9位，实现利税1852万元，居全国第11位（见表8-36）；出口交货值3235万元。为皮革生产配套的皮革化工、专用机械、五金配件和材料都有了相应的发展。1985年全省配套企业13个，职工1730人，栲胶年生产能力达1265吨。皮革产品质量不断提高，部分产品已进入国内先进行列，有2项产品获得国家质量奖银质奖（武汉茂记线缝皮鞋，武汉第三皮鞋厂的胶粘女皮靴）、3项产品获得轻工业部优质产品奖、1项产品获得全国少数民族用品优质产品证书、15项产品获得湖北省优质产品、6项产品获得国家经委金龙奖和轻工业部优秀新产品奖。

表 8-36　　　　　　　　湖北省皮革工业独立核算企业财务指标　　　　　　　　单位：万元

年份	企业数	其中亏损企业	亏损金额	盈亏相抵后	利润总额	年末固定资产原值	工业总产值
1977	64	—	—	—	1667	2517	12028
1978	72	6	8	1058	1664	3031	13085
1979	80	—	—	1359	2048	3394	14958
1980	91	2	13	1997	2872	4267	19120
1981	112	9	21	1952	3033	6371	24751
1982	121	30	204	732	1631	7437	21976
1983	109	16	186	396	1122	7276	16576
1984	108	19	114	375	1170	8156	18601
1985	130	11	14	751	1852	9141	20256

但是随着市场不断变化，湖北省皮革工业出现了新的危机。1985年以后，生产逐步出现萎缩，停滞不前，甚至出现倒退。其主要问题：一是企业管理和职工业务技术水平跟不上改造后的先进设备的要求，先进设备生产不出好的产品；二是专业化工原料（如染料、涂饰料、助剂等）质量差、品种少，严重影响制革质量；三是花色品种更新慢，式样单调，在国内外市场缺乏竞争力；四是经济效益不高。1985年，皮革工业百元产值创效益仅为9.14元，低于全国平均（14.88元）的38.58%；全员劳动生产率为8626元/人，比全国平均企业劳动生产率10721元/人低19.54%。

四　行业萎缩阶段的皮革工业（1986—2005年）

20世纪90年代后期，湖北省制革、皮鞋、皮具、毛皮及配套企业出现了较大的分化。

1. 制革

1990年国家取消对猪皮制革的财政补贴后，本已艰难的制革业出现了大面积倒退。武汉红星制革厂、湖北孝感制革厂、湖北鄂州制革厂、湖北监利制革厂等几家生产规模在40万—100万张的猪皮革厂，很快陷入困境，制革产量分别下降30%—70%；而其他生产能力在30万张的制革厂，几乎停产，甚至关门。如黄石、荆门、沙市、阳新、蕲春的几家制革厂就是在1990年前后关门的。其他50%的制革厂是在1995—2003年停产的。这些制革企业停产，除去猪皮补贴取消的原因外，也有环境污染和经营管理不善等问题。有几家制革厂则是就地转型生产皮鞋、皮具。湖北宜都皮革厂、丹江皮革厂、南漳皮革皮毛厂就属于这种情况。武汉市则为了集中治理制革污染，将武汉制革厂和武汉红星制革厂合并，两个制革厂整体搬迁到郊区，组建武汉新皮联工贸有限公司。两个年生产能力都在100万张猪皮的制革厂，在1993年合并后年生产皮革折牛皮30万张，1995年后，缩减到15万张。1998年后，企业将车间租赁给外人生产皮革，工厂开始改制。2003年后武汉制革年生产不足10万张。到2009年，仅有十堰制革厂、湖北恩施制革厂、武汉制革厂共生产牛皮革41万张，猪皮、羊皮少量生产。

2. 皮鞋

全省从1988年开始走下坡路。当时处于计划经济向市场经济转变的过程中，湖北省商业鞋帽公司运作由统一购销转为自采自销，占全省皮鞋产量70%的武汉皮鞋经历了严峻的考验。生产型企业转为生产经营型，大多数企业没有这样的思想准备，仓促上阵，很多企业败下阵来。1990年7月，商业部部长胡平在武汉购买一双皮鞋，穿了不到一周，就出了质量问题（后跟皮脱落）。经媒体传播后，在全国引起轩然大波，武汉皮鞋信誉一落千丈，从此一蹶不振。此事对湖北省的皮鞋行业是一个很大的打击。后经查实：这双皮鞋是一个退休工人自己在家生产后拿到商场销售的，并非出自注册的皮鞋厂。

武汉第一皮鞋厂曾是原中南地区五省最大的皮鞋厂，1980年有员工2300人，过去是一家军工企业，装备和技术在行业中处于领先水平，在快速领跑的1980年、1981年、1982年，三年产量平均增长22%，年产量由60万双猛增到200万双。但是，好景不长。武汉市第一皮鞋厂在市场经济的浪潮中败下阵来，很快产量下降到日产500双，停了几条生产线，大幅减员。其他几个大的皮鞋厂（如武汉第二、第三、第四皮鞋厂，武汉茂记皮鞋厂等）也都出现了同样的问题，销售不畅，导致减员、限产。湖北省及武汉市的皮鞋业从此步入低谷。

3. 皮件

皮件业则开始调整规模，由大到小，由少到多（增加品种）。在1985年以前，湖北省皮件工业主要产品分为出口和内销两大类。出口产品主要是衣箱（包括航空箱、花格布箱、皮箱）、劳工手套。内销产品则以包袋、日用手套、皮衣、票夹、手表带为主。也兼做一点工业配套产品，如皮圈、皮碗、传送皮带等产品。这些计划经济时代的产品，在一段时间内还没有太多的竞争对手，改革开放后，人们的消费水平不断提高，对小型皮革制品冲击不是太大。1988年，由于对苏联、东欧的贸易开放，大量的皮衣开始生产。武汉市为了确保这一产品的出口优势，还专门组建了一个武汉奔驰皮革服装公司，扩大自主权，加快改造步伐。1991年东方皮件厂、第五皮件厂、长桥皮件厂联合成立武汉奔驰革制品公司，1994年，奔驰革制品公司成为湖北省首批佩挂真皮标志的皮件生产企业。同年，第五皮件厂、长桥皮件厂从奔驰革制品公司分出，恢复独立法人资格。

然而好景不长，到1993年，出口皮衣开始走下坡路，加上经营不善，货款难以收回，企业陷入困境，曾经红火四年的武汉奔驰皮衣也淡出了人们的视线。到1998年，这家湖北最大的皮衣厂基本关门。

除了武汉的皮具外，湖北省还有黄石皮件厂的"九头鸟"牌皮衣，年产量达到6万件。80年代中后期，出口内销都小有名气，后来情况也不是太好，没有主打产品。湖北省随州康达皮件厂生产的竹胎人造革衣箱，合理利用竹子，减轻了传统衣箱的重量，并增加了衣箱的强度，深受消费者欢迎。湖北天门春光皮件厂生产的茶几式旅行包，带有四条腿，可以承受一个人体的重量，很方便出差人员使用。这个产品曾经获得轻工业部优秀产品设计奖。

自1988年以后，湖北省皮革工业经历了近10年的调整期。一大批在改革开放初期迅速成长，经过巨大裂变，很快膨胀的大中型企业，尤其是经过企业搬迁扩容、设备改造，甚至引进进口先进技术装备，且又负债沉重的皮革皮鞋企业，很快出现大分化。加上这一阶段，国家对猪皮补贴予以取消，不少企业从顶峰一下跌入低谷。到1995年，全省皮革行业从业人数为29180（轻工系统），下降了40%。规模以上皮鞋厂由132家下降到40家，制革厂由过去的18家萎缩到5家，其他配套厂，如皮革化工厂、皮革五金厂、皮鞋材料厂等，到2002年，基本都停产。

湖北省皮革行业亏损企业状况见表8-37。

表8-37　　　　　　　　湖北省皮革行业亏损企业状况　　　　　　　　单位：万元

地区	亏损企业	亏损金额	合计
武汉市　15户	武汉第一皮鞋厂	59.7	250.4
	武汉第三皮鞋厂	10.2	
	武汉万里皮鞋厂	24	
	武汉第四皮鞋厂	15.1	
	武汉武昌皮鞋厂	23.1	
	武汉国际皮鞋厂	11.6	

续表

地区	亏损企业	亏损金额	合计
武汉市 15户	武汉六一皮鞋厂	6.3	250.4
	武汉儿童皮鞋厂	2.7	
	武汉东湖皮鞋厂	5.6	
	武汉红旗皮鞋厂	3.4	
	武汉第一皮件厂	20.4	
	武汉第五皮件厂	5.7	
	武汉新光皮件厂	11.4	
	武汉长桥皮件厂	4.9	
	武汉江南制革厂	46.3	
湖北荆州地区 1户	京山县皮鞋厂	3	3
湖北黄冈地区 3户	麻城宋埠皮鞋厂	1.6	18.4
	英山皮鞋厂	3.1	
	广济武穴皮鞋厂	13.7	
黄石市 1户	黄石橡胶皮鞋厂	12	12
宜昌市 4户	宜昌革制品厂	14.1	72.8
	宜昌制革厂	20.4	
	宜昌第一皮鞋厂	14.7	
	宜昌翻胎厂	23.6	
襄樊市 2户	襄阳县毛皮厂	1	4.5
	襄樊市制革厂	3.5	
鄂州市 1户	鄂州皮件厂	4.4	4.4
荆门市 3户	荆门皮件厂	6.4	34.8
	荆门第二皮鞋厂	20.4	
	荆门第一皮鞋厂	8	
孝感地区 1户	孝感制革厂	57	57
咸宁地区 3户	阳新制革厂	9	22.2
	阳新皮鞋厂	7.8	
	嘉鱼簰州皮鞋厂	5.4	

湖北省配套皮革化工企业到2008年年底仅剩下武汉市天马解放化工有限公司和黄石铁山精细皮革化工厂2家。

制革产业下降除了猪皮补贴取消因素影响外，还有国家对环境保护的重视，污水排放有了较为严格的规定。企业生产成本提高，一大批制革企业从 1988 年开始出现亏损和严重亏损。因此，1989—1994 年陆续出现亏损关闭的风潮。

湖北省皮革行业出现下降的另一个原因是：各地市皮革主管部门的削约、脱钩。使得原本落后的行业管理更是出现空白，特别是那些边缘地区，信息不通，几乎就倒退了。1986 年以后，全行业基本没有新增发展项目，只有湖北秭归与江苏森达合作的皮鞋厂和宜昌万足皮鞋有限公司有一定的规模，其他就没有新增项目。这一时期，全省的皮鞋产量缩减到 1980 年的水平，很多国有、集体皮鞋企业关门停产。但是，在大批国有集体企业倒闭的同时，涌现出许多个体皮鞋厂及作坊工厂。大批下岗皮革企业职工，由于生活所迫，纷纷在小皮鞋厂就业，或者自己开厂。夫妻作坊工厂应运而生，前店后厂，定制皮鞋、修理皮鞋、经销皮鞋。当然，这些工厂都没有形成规模，一般 10—15 人，少则 7—9 人，多则 30—50 人。有的办有营业执照，多数没有办理营业执照，作坊生产，缺乏监督。且绝大多数没有自己的注册商标。这类工厂主要靠仿照市面上流行款式，一般 50—80 双一个批量，不会积压。市场上畅销什么就做什么。一有变化马上掉头，风险不大（由于这些企业多数没有办营业执照，也没有注册的商标品牌，因此这一时期的产品、产量，乃至职工人数等行业内的经济指标无法统计）。武汉地区，这样的皮鞋厂就有几百个。他们分布在汉阳区、汉南区、东西湖区及武汉周边几十千米内的汉川县，这些皮鞋厂主要围绕着武汉市的大兴路皮鞋批发大市场转。据不完全统计，这些工厂年生产皮鞋 500 多万双。

1999 年 12 月，湖北省皮革工业协会曾组织了一个汉产皮鞋民营企业座谈会，参加会议的有 82 家皮鞋厂，代表着 300 家皮鞋企业。基本没有自主的品牌，也常常受到查处。很多企业就是在天不亮就早早地来到批发市场，主要为了躲避路上的检查。他们也希望有组织和部门对他们进行管理，也不希望靠仿冒来生产。由于协会能力有限，这件事一直没有得到很好的解决。

虽然全省的生产有所萎缩，但是市场销售却是越来越旺。外省市皮鞋在湖北的销售越来越好。武汉市大兴路皮鞋批发市场 90 年代初开建时年销售量只有 680 万双，到 2006 年，年销售量达到 2500 万双，几倍于湖北省的皮鞋生产量。

虽然全省的皮革工业是国退民进，不断萎缩的，但是也有一些比较典型的皮革企业在困境中发展。如湖北省十宝皮革有限公司，1985 年，十堰皮革厂分家，将制革车间分离出去，当时只有 27 人的制革车间分出来后成立十堰制革厂，开始的第一年工厂有 3 万元的亏损，第二年就扭亏为盈。后来十堰制革厂已经改名为十堰十宝皮革有限公司，在全国生产牛皮有一定的地位。这个企业是由小到大，一步一个脚印，稳扎稳打发展起来的。80 年代初，他们没有为猪皮补贴困扰，以生产牛皮为主，少量生产猪皮。因此，猪皮补贴的减少和取消对他们影响不大。企业历经 1998 年、2003 年两轮改制，成为规范化的民营企业。

湖北省宜昌市万足皮鞋有限公司，是一家 1976 年建立的镇办小厂。开始 20 多人生产皮鞋，经过曲折的发展，尤其是在与上海卢湾皮鞋总厂合作的几年，不断地提高自身的技术水平和市场开拓能力，"万足"牌皮鞋已经在湖北省小有名气，并且销往周边的几个省市。他们走的是中小城市及农村战略。到了 2009 年，宜昌万足皮鞋有限公司年生产能力已经达到 100 万双。

武汉市天马解放化工有限公司，在湖北省皮革行业不太景气的情况下，向外省拓展。

开发新的产品，10几年不间断地研发无铬鞣剂，走环保清洁工艺的路，终于成功生产出TM2-2无铬鞣剂，为中国的皮革工业发展做出了积极的贡献。

第二节 制革

一 发展概况

1. 旧中国的湖北制革业

湖北省制革业历史悠久，到乾隆年间，制革匠人于武昌平湖门立孙祖阁为熏皮业行帮之所（皮匠历来奉战国孙膑为祖师）；咸丰四年（1854年），汉口熏皮业也在洪益巷设孙祖阁做议事之处，制革即形成行帮。

烟熏制革始于武昌。光绪年间，江夏县属之奇巧工匠以善于制革闻名。此时，熏皮作坊有韩永兴、张义顺、张泰记、曾恒记、张和记、杨兴康、萧万顺等10余户，均为武昌、汉阳人经营，习称"本帮"。武昌皮坊多在梅隐寺一带，汉口皮坊则设于磨子桥、洪益巷、严家湾等处。生产沿用稻草炉以手工烟熏法制革，供制作油靴、木屐、车马挽具之用。其生产工具、制作工艺简单，仅需几只浸水和浸灰陶缸、手工剪皮工具、烟熏炉以及石灰、硫化碱、硫酸等辅料即可生产。此外，生产白矾皮为制作皮鼓、皮梁之用者，亦属熏皮行帮。清末民初，皮坊发展到五六十户。其中规模较大，历史较长的有黄裕泰、杨裕泰、杨兴泰、吴万顺、龚少庭、易兴顺、萧同发、元复兴等皮坊。除多数铺坊仍因袭烟熏法生产外，部分作坊还相继采用植鞣法、明矾鞣法和油鞣法制革。1918年，仅汉口熏皮业，就有皮作坊34户。新增铺坊多在后花楼、牛皮巷、蔡家巷、三新街一带。1934年，汉口市政府为污染事令制革业集迁铁路外滑坡路。1938年武汉沦陷，日军据滑坡路为要地，复迫迁集贤村及邻近地段。而后，皮源为敌所控，皮坊多有收歇，大部业主、工匠返乡务农。1945年抗战胜利后，皮坊纷纷复业，武昌亦有不少业户迁来汉口。到1949年年初，汉口熏皮作坊达100户，拥有资本4300万元。

1902年以后，开始引进西方铬鞣制皮和整饰工艺（以下简称新法制革），当时全省规模最大的武昌南湖制革厂，拥有转鼓、脱毛机、打光机、轧皮机等专用设备，设计能力为日产原皮30担（每担60千克）。生产品种有雷根皮（带皮）、花纹皮、反面皮、油浸皮、羊面皮、底皮、料皮等。

20世纪20年代至30年代，全省制革业有较大发展，尤以新法制革发展最快。据1936年的不完全统计：武昌、汉口有新法制革作坊83户，年产重革4103担（每担60千克）、轻革12034张、带革50996张。新法制革的推广，促进了成品革质量的提高。武昌利华公司生产的各色纹皮在1909年武汉劝业奖进会上获得二等奖，1910年又获南洋赛会二等镀金银牌奖；汉口天胜制革厂生产的黄色纹皮，在1928年湖北省区第一次国货展览会上被评为特等奖。闻名全国的汉纹皮，系选用优质牛犊皮，经过准备、二浴鞣制、整饰等10道工序精工细作而成的高档全粒面黄牛鞋面革，弹性好、柔软而丰满、不松面，有良好的透气排湿性能，曾畅销全国各地。

2. 新中国成立初期制革业的发展

新中国成立后，国家对牛皮实行统购统销，按照"一军、二工、三民"的原则进行分配。由于供给民用的原皮有限，私营制革厂和作坊主要接受来料加工。1956年中国人民解放军后勤部军需部208厂移交地方管理，定名武汉市国营武汉皮革联合工厂。1964年全省皮革产品首次出口。出口品种为山羊鞋里革、猪皮绒面服装革、猪皮手套革。随着猪皮开剥由点到面逐步展开，制革业有了新的发展。到1965年年底，全省有6个制革厂（其中国营2个、集体4个），职工999人，主要专用设备111台。当年完成工业总产值804万元，鞣制皮革（折牛皮）31.1万张。其中重革473吨、轻革54.86万平方米。70年代至80年代初，制革工业新技术、新工艺、新材料在全省范围内广泛应用，盐碱脱毛法代替灰碱脱毛法。之后又采用酶法脱毛新工艺，羊皮低温染色，快速浸水法。植物鞣制少浴无浴快速鞣制新工艺。缩短了生产周期，降低了生产成本，减少了环境污染，改善了劳动条件。1978年以后，陆续引进采用电子量革、微波干燥和帘幕涂饰和皮革后整理新技术和新设备，进一步改变了湖北省制革的技术设备状况。生产出来黄牛苯胺革，猪、羊皮服装革，牛皮防水鞋面革，牛皮服装革和羊皮漆皮革等新产品。

3. 改革开放以后的发展

改革开放后，迎来了皮革业的春天。尤其是猪皮革制品的大量生产，使制革业发生了翻天覆地的变化。各地陆续引进先进设备和精密机械，制革品种和质量有了很大提高。

1981年，全省生产皮革（折牛皮）198万张，创历史最好水平。到1985年，全省共有制革厂25个（其中国有3个、集体企业22个），职工4175人。主要专业设备1270台（套），鞣制皮革147.3万张，其中重革977吨、轻革413万平方米，完成工业总产值6456万元（比1965年增长7倍），出口交货值714.19万元。1985年武汉江南制革厂生产的猪牛皮正绒面防水革获得轻工部优秀新产品奖。武汉红星制革厂的"金羊"牌山羊鞋面革、武汉制革厂的"滨江"牌猪正面革和孝感制革厂的猪皮修饰鞋面革分别于1979年、1981年、1984年被评为湖北省优质产品。

20世纪80年代初，湖北省的制革行业有18户制革企业，其中国营3户、集体15户。18户企业中，国营武汉制革厂的规模最大，职工人数在900人左右，产品以牛皮、猪皮为主，产量（折牛皮）40万张，利润最高值达438万元，产值2400万元左右；国营红星制革厂的规模较武汉制革厂要相对小一些，职工人数在500人左右，产品以猪皮、羊皮为主，产量（折牛皮）30万张，利润最高值达232万元，产值1200万元左右。除这两家制革厂外，其余各地市有1—3家，规模都不大，职工人数平均100—300人，产值400万元左右。企业的产供销按照计划经济模式，由企业主管部门下达，各地市统一安排。国家财政给予猪皮制革补贴，补贴额年度最高值达2000多万元，企业利润上交。到了90年代初期，财政补贴取消，企业拥有一定的经营自主权，产量有所下降，开始出现亏损。1993—1998年，武汉制革厂、红星制革厂、皮革化工厂三家企业合并组建成立了武汉革业公司，1994年，江南制革厂与武汉市武昌工艺美术总厂合并。至2000年，武汉制革行业仅只有一户企业，即武汉新皮联工贸有限公司。

湖北省其他地、市、州的制革情况：改革开放初期，我国对制革企业实现严格的计划管理，从原材料，主要辅助材料，如红矾钠、栲胶等实行计划供应，全省基本上限制了小制革厂的生产。一个地市（除荆州地区外）只有一个定点制革厂，全省有制革厂18个。快速发展了10年，到1992年，有黄石市、荆门市、阳新、宜都、南漳5个制革厂停产。到2000年仅剩下武汉、十堰、恩施3家制革厂，其余制革厂全部停产。停产的原因主要有三：猪皮补贴的取消、本地皮鞋工厂的萎缩、环境治理的成本加大。当然也有自身管理问题，如资金短缺、周转缓慢、三角债等。

1986—1996 年的 10 年间，在湖北省麻城市出现过底革、带革生产企业，全部是村办个体小厂。年生产底带革折牛皮 8 万张。1997 年后，在环保部门的治理中陆续关门。

二 生产工艺

1. 旧法制革

湖北省烟熏制革始于武昌。生产沿用稻草炉以手工烟熏法制革，供制作油靴、木屐、车马挽具之用。其生产工具、制作工艺简单，仅需几只浸水和浸灰陶缸、手工剪皮工具、烟熏炉以及石灰、硫化碱、硫酸等辅料即可生产。此外，生产白矾皮为制作皮鼓、皮梁之用者，也属熏皮行帮。襄樊、老河口、沙市、宜昌、恩施也有类似皮作坊，主要生产车马挽具。

清末民初，除多数铺坊仍因袭烟熏法生产外，部分作坊还相继采用植鞣法、明矾鞣法和油鞣法制革。

2. 新法制革

新法制革采用栲胶或铬鞣剂，新法制革最初盛于汉口。清末引进西方之先进技术和设备，使用机械生产，采用矿物（铬）鞣制原皮，施以先进的整饰工艺制成熟革。《汉口竹枝词》就有"西人制革不凡庸，一块剖分好几层"之说。

20 世纪 50 年代开始使用去肉机、片皮机、磨革机等设备，整饰采用丙烯酸树脂、苯胺染料、合成加脂剂等新材料，使制革的色泽和外观有了很大的改善。品种由过去单一的鞋用革，发展到日用手套革、皮衣革、包革及工业用革如镜头擦拭革、密封圈革等。

3. 新工艺、新技术、新材料

20 世纪 70 年代至 80 年代初，制革工业新技术、新工艺、新材料在全省范围内广泛应用，盐碱脱毛法代替灰碱脱毛法。之后又采用酶法脱毛新工艺、羊皮低温染色、快速浸水法、植物鞣制少浴无浴快速鞣制新工艺，缩短了生产周期，降低了生产成本，减少了环境污染，改善了劳动条件。1978 年以后，陆续引进采用电子量革、微波干燥和帘幕涂饰和皮革后整理新技术和新设备，进一步改变了湖北省制革的技术设备状况。1979 年武汉制革厂为了减少红矾钠的用量，试制生产铬锆鞣制工艺，为以备红矾不足而做准备。

4. 酶脱毛工艺

1976 年，酶法脱毛工艺在猪皮生产上得到充分应用，羊皮、牛皮还在试制中，湖北省已经在部分制革厂开始应用。武汉、孝感、黄石等制革厂率先采用酶脱毛工艺在猪皮制革生产上。到了 1980 年，全省 18 家制革厂猪皮生产基本都使用酶脱毛。用酶法生产猪皮，猪毛、猪鬃回收利用每张猪皮比碱法脱毛多增收 0.8 元。而且对环境，对水的排放都有好处。同时，生产的鞋面革、服装革还比较柔软。为了顺利推广酶脱毛工艺，武汉市皮革化工厂于 1980 年投资 70 万元，开始试制生产酶制剂，设计年生产能力 300 吨。

5. 其他工艺

武汉制革厂、孝感制革厂、恩施制革厂在 1981—1983 年期间分别使用稀土鞣革工艺，在鞋面革上取得进展。不仅减少铬鞣剂的用量，且皮革表面还要细腻，纹里清晰，手感较好。武汉市皮革研究所和武汉红星制革厂在 1982 年试制一种新的脱硫工艺，封闭式生产，既减少水的用量，而且将三价硫变成零价硫，做出的产品比原有产品还要丰满。因为工艺比较烦琐，加上改造管道投资资金没有着落，没能得到推广应用。

三 生产设备

1. 旧中国时制革生产设备

旧中国制革生产主要是靠人工，仅有的所谓设备就是工具。如刨刀、片刀、台板、搓皮板、毛刷，还有鞣皮池、木桶、缸、挂晾皮架等。20世纪20年代，新法使用后，开始有悬挂式木转鼓、压光机设备。到了40年代末期，就有了削匀机、打光机、刮软机（拉软机）。

2. 新中国建立后的生产设备

新中国成立初期，制革生产大部分还是沿用鞣池、木桶。去肉油使用刨刀，没有二层皮，厚皮就用削皮刀人工片薄。抛光、压花也是手工操作。

20世纪60年代企业以池鞣为主，到了70年代，武汉、襄樊、黄石、宜昌等地已经开始在湿操作工序基础上使用转鼓、去肉机、拔毛机、挤水机、伸展机、磨革机等。涂饰也已实现了机械化，微波干燥技术也开始在几家大厂应用。80年代初期，由于出口品种的需要，低档变高档，一皮变多皮，湖北开始引进国外的先进装备。主要是精密片皮机、挤水伸展机、真空干燥机、精密削匀机、染色转鼓和涂饰机等。

1985年、1987年，武汉制革厂、红星制革两厂进行大规模技术改造。武汉制革厂先后两次投资63.6万美元和113万美元，分别从意大利和联邦德国引进制革专用设备共计25台套；红星制革厂也先后两次投资27万美元和100万美元，分别从法国和意大利引进制革专用设备共计23台（套）。企业通过技术改造、设备引进，生产能力大幅度提高，武汉制革厂年生产能力达60万张折标皮，红星制革厂年生产能力达50万张（折标皮）。进口设备的使用，提高了工作效率和生产质量水平，实现了速度与效益的同步增长。

从1984年起，湖北省制革行业共有9家工厂引进意大利、法国、德国等制革设备52台（套），用汇280万美元。新增高档革能力180万平方米。湖北潜江制革厂引进的一台法国2000毫米剖层机，可以将猪皮剖4层，最薄达到0.4毫米，提高得革3平方尺/猪皮张。

这些引进的装备大幅度提高了制革的生产能力和技术水平。新产品、高档产品的比例增加，产品质量得到提高，花色品种有了增加。

四 产品和品种

1. 原料皮

湖北省制革工业在旧中国以牛皮为主，有少量山羊皮，也有骡马皮。到1949年，全省牛的存栏数只有202.7万头。50年代初，人民政府采取一系列政策和措施，大力发展养牛，到1985年发展到308万头。湖北的羊皮资源不多。1949年年末存栏数只有24万只，后来发展较快，到1963年发展到221.93万只。汉口路的山羊皮是出口的优质品。猪皮是湖北省主要的制革原料，新中国成立初期由于人们习惯及制革技术原因，50年代之前，用猪皮制革较少，约占全部制革的16%。1965年后，国家对猪皮制革实行补贴，猪皮制革有了很大发展。到了70年代初期，猪皮制革占全部制革的50%。到了80年代，猪皮制革已经占到全部制革产量的70%。

2. 产品品种

制革产品分为两大类：重革（包括底革、带革、工业用革、箱包革）、轻革（鞋面革、鞋里革、服装革、票夹革、包袋革、仪器革等）。

新中国成立前，湖北制革行业只能生产底带革、装具革（如枪套、袋）、鞋面革、箱包革等少量品种。湖北省皮革品种在20年代有10种，40年代达到23种，60年代为145种，80年代增至268种。

（1）汉纹皮。汉纹皮系选用优质牛犊皮，借鉴西方先进制革技术，施以准备、二浴鞣制、整饰等数10道工序精制而成的高档全粒面黄牛鞋面革。汉纹皮贵在柔软而丰满，抗张强度适中，弹性好，厚薄均匀不松面；粒面平整细致，毛孔细小清晰；手感滑爽，光采夺目；干擦湿抹不脱色，有良好的透气排湿之性能。用它制作的高档皮鞋，质优绚丽，堪与"舶来品"媲美。

民国时期，汉纹皮遍销北京、天津、上海、宁夏和东北、西北各地，不少鞋业厂商也来汉争相购货。新中国成立后，汉纹皮皮鞋还远销苏联、东欧、西欧、北美等国家和地区。后因优质原皮受到保护耕牛的限制，加上皮革整饰材料跟不上制革业发展之需要而渐次停产。

（2）山羊正面革。60年代前期由武汉皮革联合工厂生产，采用一浴、二浴相结合的"变型二浴法"工艺，产出面革诚属优质。1964年被评为全国同行业标杆产品。次年，按专业化分工，由红星制革厂生产，以"金羊"牌为注册商标。

山羊正面革系选用省内优质山羊板皮。红星制革厂在生产过程中，不断改革工艺，历经四变，终将铬鞣变型二浴法改为一浴二次鞣制法，鞣池慢速浸水改为转鼓快速浸水等新工艺。使羊轻革无论其外观或内在质量咸具汉纹皮之特点。

其他如武汉制革厂1985年生产的羊泡沫服装革、水牛苯胺箱包革获得省二轻局颁发的优秀新产品奖，水牛沙发革获得省创新产品一等奖；武汉红星制革厂的山羊鞋面革在1979年全国评比中获得一类第一名，并被评为湖北省优质产品；孝感制革厂的猪皮修饰鞋面革，1984年获得湖北省优质产品称号。

第三节　皮鞋

一　发展概况

1. 早期皮鞋业的发展

皮鞋在湖北有着悠久的历史，荆州博物馆存放的一双两千年前的皮制鞋，应该是最早意义上的皮鞋。历经数千年的发展和演变，近代皮鞋在湖北的出现可以追溯到明末清初。汉口作为皮张的集散地后，很快出现了现代意义上的皮鞋作坊。

在现代皮鞋问世以前，湖北省早已用烟熏皮和白矾皮制作木屐和油靴，乾隆年间，汉口已建立了油靴同业公会。1851—1910年，江陵、沙市、天门、洪湖、潜江等地的皮坊也制作木屐、油靴。1880年前后，武汉地区年产木屐40万双。1907年前后，武昌善技场、湖北陆军工作场和汉口劝工院开始生产皮靴、皮鞋。随后武汉地区的华胜公司、张开文制革公司及凤麟堂、陶隆兴等作坊也生产皮鞋。当时主要是生产为官府使用的纹皮官靴、朝靴、操鞋、马靴等，少量生产民用纹皮橡筋、开口、牛筋、元宝、北式、舌头、八块头（小脚女靴）运动鞋及洒花、盘花女靴、挖花童靴等，其中陶隆兴的皮鞋在1909年武汉劝业奖进会上获得镶银铜牌奖。辛亥革命后，皮鞋开始在中上层社会流行。武昌、汉口、沙市、襄樊、天门等地纷纷开设皮鞋店、作坊，至1920年仅汉口就有商号、作坊52家。武汉茂记皮鞋以做工精细，式样新颖，经久耐穿闻名于世。修成记皮鞋以楦型多样，穿着舒适见长。胡顺发的运动鞋独具一格，从此，武汉皮鞋闻名于世。据资料记载，1936年武汉的皮鞋商号、作坊有180多家，平均月产量2.5万双。沙市、襄樊、天门等地的皮鞋生产也有一定的规模。

2. 新中国成立后皮鞋业的发展

20世纪50年代初期全省有私营皮鞋厂、店和作坊155户、550人。主要承接加工订货会军需任务。1955年开始向苏联和东欧出口，1960年出口达到69.82万双。

到1965年，全省归口手工业部门管理的皮鞋厂有30多个，年产皮鞋80.2万双。完成工业总产值1225万元。新中国成立初期，武汉皮鞋多分布在江岸、江汉、武昌区的繁华街道，尤以江岸区较多。为支援解放战争，在市工商局领导下，采取集股投资联合承接加工皮鞋任务。1953年武汉市工业局成立轻工业公司，管理10人以上的私营皮鞋店。皮鞋业中的个体户则逐步组织合作社。

1956年在对资本主义工商业和手工业社会主义改造时，湖北省有公私合营店（厂）46户、450人。武汉市手工业生产联社有市合作总社皮革厂，第一、第二皮鞋，软底童鞋社及江汉区皮鞋供销生产社、第一皮鞋生产小组等13个生产合作社（组），1550人，其中生产人员1384人，管理人员166人。1964年5月，武汉市皮革工业公司成立，全市皮鞋业统一由皮革公司管理。后几经调整，到1985年，武汉市皮革公司所辖的22户皮鞋厂、社（含附属工厂4户），共有职工6592人。除5家部分生产出口皮鞋外，各厂均按男、女、童皮鞋，运动鞋，劳保鞋和特种（型）鞋实行专业化分工生产。1985年皮鞋产量为337.43万双，其中线缝鞋69.03万双，出口鞋21.70万双。其他地市皮鞋厂归口轻工业局或二轻局管理。年产量平均10—20万双。黄石华锐皮鞋厂产量突破80万双。

到1985年，全省二轻系统有121个皮鞋厂（其中国有6个，集体115个）、职工15363人，皮鞋产量880万双（其中出口23.4万双），完成工业总产值11371万元，比1965年增长8.3倍，居全国第十位。武汉茂记皮鞋厂的双五牌男皮鞋和武汉第三皮鞋厂的黄鹤牌牛、猪皮正面胶粘女靴获国家质量银质奖。武汉第二皮鞋厂的胶粘男皮鞋等三个产品获得轻工业部优质产品奖。

出口是皮鞋业的一大销路。50年代主要出口到苏联、波兰、捷克、罗马尼亚、保加利亚、匈牙利、阿尔巴尼亚、民主德国等东欧国家和蒙古等国；60年代以后，逐渐以我国港澳、新加坡、东南亚、非洲、欧洲、日本、美国等地区和国家为销售对象。70年代末期，年出口量在50万双以上，占年产量的20%左右。但到80年代初，出口量逐年下降，1985年，出口皮鞋为19.36万双。

二 工艺和产品品种

线缝皮鞋是传统生产工艺。鞋帮初为手工缝制，民国初年则逐步使用缝纫机制帮。鞋底向为革底，1931年始兼用橡胶底。新中国成立后，线缝工艺逐步由机器代替手工劳动，使用裁断机、片帮机、透缝机等。到70年代，线缝皮鞋又在钳帮、绷楦等工序中采用机械操作。80年代初，线缝皮鞋生产机械化程度达60%以上。第一、第四皮鞋厂线缝生产形成流水线。武汉的线缝皮鞋素以美观大方、舒适、坚固耐穿深受人们欢迎。其产品产量占全省的70%以上。但生产工艺比较烦琐、费料，鞋体重。70年代产量较少，80年代初产量逐步恢复。

1956年，湖北省引进胶粘皮鞋的生产工艺，在全省几个主要城市（如襄樊、黄石、宜昌、沙市等）的皮鞋厂开始推广。基本保留线缝鞋的特点，透气性强，轻便舒适，工艺简单，工效较高，更换品种快。武汉皮联厂首先实现胶粘皮鞋生产流水线，并自制高速压合机、修内底机等各种配套设备。随后各皮鞋厂纷纷效仿，成为武汉皮鞋业的大宗产品。1962年，武汉又率先采用硫化胶粘（热胶粘）和模压工艺。其工艺简单，穿着轻便，有绝缘性能，生产效率高，成本低，但透气性能差，生产使用的铝楦和底模其制造工作量过大，品种变更较慢，只适于大批量生产。鞋帮在硫化过程中也承受140℃左右的高温，易使面皮受损。70年代还采用塑料底注塑工艺。80年代初又增加半截沿条的新工艺。胶粘及硫化等工艺，大都采用机械，有模压机、压合机、炼胶机等各种专用设备。并从美国、联邦德国、捷克等国进口绷楦机、后帮预成型机、帮面压平机等设备；建有胶粘、线缝等生产流水线。1980年，皮鞋业共有各种设备3250台。"六五"计划前期，第一、第二皮鞋厂投资452万元，先后引进捷克制鞋单机生产线设备。孝感、沙市、宜昌、黄石同期分别引进意大利注射皮鞋生产线，粘胶皮鞋生产线，及部分成套皮鞋设备，使用135万美元。

清末民初，皮鞋创始时期，主要品种有为官府服务的纹皮官靴、朝靴、操鞋、各式马靴、步兵鞋、工兵鞋，少量生产民用纹皮橡筋鞋、开口鞋、牛筋鞋、元宝鞋、北式鞋、舌头鞋、八块头鞋（小脚女鞋）等。后来有的手工业作坊又制作洒花、盘花女靴、挖花童靴、运动鞋等。二三十年代，以著名的汉纹皮代替西纹皮生产各种高档男女皮鞋，使武汉皮鞋的生产相得益彰，闻名各地。其间相继发展花旗底男女皮鞋、男式尖头、内北、外北、接包头、鱼尾皮鞋等。

20世纪50年代至70年代初，皮鞋的花色品种发展到300余种，但色调仍未摆脱男女老少一个样的"黑老虎"面孔。70年代末至80年代前期，恢复传统产品，发展新品种，生产男女平跟、半跟、中跟、半高跟、全高跟和镀铬跟皮鞋，各式男女皮凉鞋、童皮鞋、高短统皮靴、旗袍鞋、电子闪光鞋、牛仔榔头鞋、便鞋和皮棉鞋。样式有力士、橡筋、开口、中筋、扣筋、丁字、穿花、方头、圆头等，并发展有红、黄、白、棕、酱等各种彩色帮面。在产品式样不断更新中，尤以武汉第二皮鞋厂的设计师章永先成绩最为卓著，仅1982年就设计60多个皮鞋和皮凉鞋式样，被评为武汉市第五届特等劳动模范。1985年，武汉的皮鞋花色品种发展到1020种。

三 武汉的皮鞋业

武汉皮鞋历年（1984年以前）来占全省皮鞋70%的比重。汉口西式皮鞋的生产始于19世纪70年代。光绪四年（1878年），汉阳人黄永江在汉口设摊为外国人修理皮鞋，在修理中从解剖皮鞋结构而学会制作技术。光绪三十三年（1907年），清政府创办之武昌善技场，内设皮革科，生产皮靴、皮鞋；设在武昌兰陵街的陆军工作厂、汉口的劝工院也生产各种靴鞋；此外还有商人宋炜臣开设的华胜公司、张开文的制革公司及武昌凤麟堂、汉口陶隆兴等私营作坊生产皮鞋。宣统元年（1909年）九月，陶隆兴的西式皮鞋在武汉劝业奖进会上获镶银铜牌奖。但由于皮鞋价格昂贵，每双售银圆二三元，高者达六七元，故除为政府官兵服务外，销售对象则为各国驻汉领事馆、商务宾馆人员、外轮船员及洋商、买办等。

辛亥革命后，皮鞋成为时髦商品，在中上层社会广为流行。时值陆军工作厂等解散，失业鞋匠被商人所雇，或自营作坊，皮鞋店纷纷建立。1912年开张的有九昶、茂记、修成记，每个作坊都有5—7名制鞋工匠。次年，上海潘庆全来汉在花楼街开设永昌祥皮鞋店，后又有龙兴、隆泰、永生祥、复兴等皮鞋店相继开业。至1920年，汉口有专产与兼营新式皮鞋的商号、作坊52家，其中规模较大和著名的有信孚、杨福泰、永昌祥、茂记、修成记、美最时，多由上海、南京、浙江一带皮鞋工匠在汉开店经营，故称"金帮"，也称下江帮。30年代中期，武汉皮鞋生产进入全盛时期，各作坊竞相以各自的特色争夺顾客。茂记以式样新颖、经久耐穿著名；修成记以楦型多样，穿着舒适见长；胡顺发则专门生产各具特色的运动鞋而赢得信誉。到1936年武汉皮鞋商号与作坊有180多户，资金约15万银圆，平均月产2.6万双，最高时达3万双。武汉沦陷后，日军对皮革控制，皮鞋店坊减至120余户，只是由于日资开办的铃木、堀江、高岛等皮鞋店，大量雇用中国工人生产军用皮鞋，武汉皮鞋产量才维持抗日战争之前水平。

抗战胜利后，皮鞋业渐次恢复。1946年，皮鞋业增至140户，资本额达6246万元（法币），拥有60万元以上资本的有皇后、修成记、茂记等10户。至1949年专产皮鞋的店家又发展到152户，其中著名的有茂记、修成记、中国、大中华、泰记新。

新中国成立初期，武汉皮鞋业有135户、614人，多分布在江岸、江汉、武昌区的繁华街道，尤以江岸区较多。为支援解放战争，在市工商局领导下，采取集股投资联合承接加工皮鞋任务。1953年市工业局成立轻工业公司，管理10人以上的私营皮鞋店；皮鞋业中的个体户则逐步组织合作社。

湖北武汉皮鞋因有得天独厚的优质皮革，加之手工匠人悉心研究制鞋工艺，从而产生胡顺发、修成记、茂记等一批质量优良、誉满海内的名牌产品。武汉皮鞋远销东北、华北、西南等地。50年代末，产品质量曾一度低劣，信誉受损。60年代中期，经调整后，武汉皮鞋重振雄风，尤以泰记新、茂记、第二、东风4家皮鞋厂的产品为优。1964年，泰记新皮鞋厂生产的牛面内帮线缝男皮鞋在全国皮鞋产品质量评比中被评为全国"标杆产品"；1979年东风皮鞋厂生产的出口羊面中跟女皮鞋，连续两年被省、市外贸部门、武汉商检局评为出口商品中质量过得硬产品；1983年、1985年茂记皮鞋厂生产的"双五"牌线缝男皮鞋、三皮鞋厂的黄鹤牌胶粘女皮靴获国家质量银质奖；80年代初期，一皮鞋厂的红三环牌牛面机缝男皮鞋、四皮鞋厂的通途牌牛革内帮北式线缝男皮鞋、东风皮鞋厂的齐飞牌胶粘中跟女皮鞋等获湖北省优质产品奖；1985年，一皮鞋厂的绒面女式旗袍皮鞋、东湖皮鞋厂的活力牌电子闪光皮鞋、万里皮鞋厂的牛仔椰头皮鞋获全国轻工业优秀新产品奖。

20世纪80年代初，武汉有20家皮鞋厂，职工7200多人，年产皮鞋500万双左右，其中：硫化模压鞋占总产量的45%左右。按企业的经济性质分，国营6户、集体14户。

行业按照"工厂要专,行业要全,成龙配套,协调发展"的精神,20户皮鞋厂按产品对象专业化的原则分工,其中,7家皮鞋厂主要生产出口皮鞋,3家生产女式皮鞋,6家生产男式皮鞋,生产儿童皮鞋以及运动鞋、特种鞋专厂各1家。企业的产、供、销按照计划经济模式,由主管部门武汉市皮革工业公司下达生产任务,企业生产后交皮革公司仓库。

80年代中期以后,由于市场竞争激烈,大多数制鞋企业生产规模开始下降,皮鞋行业发生了一些重大事件,行业企业的格局也发生了一些变化。

(1) 武汉第一皮鞋厂面向全国招聘厂长。武汉市第一皮鞋厂由于管理不善,连年亏损,1987年3月,武汉市二轻局决定对第一皮鞋厂实行资产经营责任制,面向全国招聘厂长。原青海省西宁市家具器具公司总经理杨慰祖中标当选,成为武汉工业企业从外省、市招聘的第一名厂长。杨慰祖进厂后,对第一皮鞋厂进行了一系列的改革:一是严格劳动纪律,辅之以相应的奖罚办法;二是实行全额计件工资制,优化劳动组合;三是把竞争机制引入干部人事制度改革,对中层干部实行自愿报名,民主招聘,择优录用和逐级组阁,逐级放权,逐级负责,逐级承包的干部制度和管理制度。这些改革见到实效,企业重现生机,杨慰祖被评为"武汉市十大新闻人物之一"。1989年7月武汉市二轻局发文,撤销杨慰祖第一皮鞋厂厂长职务。

(2) 武汉东风皮鞋厂聘请联邦德国专家担任顾问。武汉市东风皮鞋厂于1987年4月和10月两次邀请联邦德国制鞋专家康位德·皮希勒到厂进行企业管理和技术咨询。皮希勒通过考核、分析,给工厂提出了重要建议,使产品合格率由原来的97%提高到99.5%。同年11月,东风皮鞋厂正式邀请康拉德·皮希勒担任厂顾问。

(3) 1990年,武汉茂记皮鞋厂经全面整顿、考核验收,被授予省级先进企业称号;1994年,茂记鞋业公司成为湖北省唯一首批佩挂"真皮标志"的皮鞋生产企业;1996年,茂记鞋业公司投资45万元,建立CAD计算机三维制鞋辅助设计系统,提高了产品的开发能力。

(4) 武汉皮鞋业名优产品及获奖情况。

武汉茂记皮鞋厂生产的"双五"牌线缝小方头男式皮鞋两次(1983年、1988年)获得国家优质产品银质奖章。茂记牌皮鞋连续获得四届(1990年第一届、1991年第二届、1993年第三届、1995年第四届)汉货精品奖。1994年茂记牌男式牛软面皮鞋获第五届亚太国际博览会银奖,茂记牌男式皮鞋获受消费者欢迎的最佳产品称号;1995年茂记牌系列皮鞋获省政府首届工业产品展销金奖;1996年茂记牌系列皮鞋获湖北省消费品精品展金奖;1998年茂记牌系列皮鞋获"武汉名牌"荣誉称号。

武汉市第三皮鞋厂生产的"黄鹤"牌女式皮鞋通过国家质量复评,保持了国家银杯奖和银质奖。

武汉九星鞋业公司(原东湖皮鞋厂)生产的"九星"牌系列皮鞋1994年获第五届亚太国际博览会受消费者欢迎的最佳产品称号,1995年获第四届汉货精品奖,1996年获湖北省消费品精品展银奖。

武汉派飞鞋业公司(原六一皮鞋厂)生产的"派飞"牌皮鞋1996年获湖北省消费品精品展精品奖。

（5）武汉制鞋业的新兴企业。20 世纪 90 年代中后期，武汉制鞋业涌现了一批新兴的制鞋企业，这些新兴企业绝大多数是民营（包括中外合资、合作、外商独资）企业，如新加坡独资企业罗开乾革制品有限公司、日本独资企业伟程皮革制品有限公司、合资企业武汉昌鸿鞋业有限公司、武汉四方园实业发展有限公司、武汉茂盛鞋业有限公司、武汉祥运鞋业有限公司、奔驰鞋业、恒昶、大明、六门、港台、博文等，这些企业为消费市场提供了众多的皮鞋产品，弥补了老武汉皮鞋的空白。

第四节　皮件

一　新中国成立前皮件业的状况

湖北省皮件生产在清朝末年就已初具规模，光绪年间，湖北陆军将校讲习所和武汉地区的沈慎甫、指日升、刘泰昌等手工业作坊生产皮箱、皮包、驮囊、轧花皮辊、皮梁、皮圈等产品，其中沈慎甫作坊的军用背囊 1909 年获得武汉劝业奖进会镶银铜牌奖。民国时期，除皮件专业作坊外，尚有部分皮鞋皮件兼营的店、坊。

1912 年武汉地区又有源通、华胜呢绒军装皮件号等作坊、商号生产枪炮套、子弹带、腰带、马鞍、驮具等军用皮件。20 年代中期，由于军阀混战，军用皮件曾一度兴盛。在日用皮件方面，清末民初，武昌、汉口、江陵、沙市、襄樊、潜江、南漳等地也能生产皮箱、皮带、皮包、皮辊、皮鞭及车马挽具等产品。其中襄樊皮箱比较有名。1915 年，武昌、汉口有箱子铺 37 家，1919 年沙市有皮件铺 2 家。在 1928 年湖北省区第一次国货展览会上，武昌椿华丰的西式皮箱获优等奖。1935 年至 1936 年是民国时期湖北皮件业生产的兴盛时期，当时汉口皮件业 47 家，官道街成为皮件一条街；沙市有皮件、皮辊业 7 家；襄樊有皮箱、皮轴业 11 家；鄂城有皮铉业 2 家。抗日战争开始至新中国成立前夕，全省皮件业生产极不景气。抗战胜利后汉口皮件业略有起色，但不久又渐趋萧条，部分军用皮件作坊转产民用皮件。

二　新中国成立后 30 年皮件工业的发展

新中国成立初期，由于抗美援朝的需要，大量的军用皮件委托私营皮件作坊加工。仅武汉市 1952 年加工金额就达 4.52 亿元（旧人民币），专营和兼营加工的有永昶、源成、华祥、章洪泰等作坊。随着工农业生产发展，纺织、冶金、轻工等行业对皮结、皮圈、皮垫、皮碗、圆轮带和劳保用的防护带、工具袋、电焊手套等产品的需求量日益增大。

自 1954 年开始，武汉、沙市、襄樊、黄石等地，由失业工人成立的生产自救组和皮件业的个体手工业户，先后组建 12 个皮件、帽料生产合作社，6 个皮布箱生产合作社及 7 个皮辊、皮弦、皮绳生产合作社，共有职工 1326 人；武汉皮革联合加工厂也专门成立皮件车间，生产工农业用皮碗、水牛皮圆轮带、平行轮带、皮结、军用皮碗等。1953 年后，几经调整，皮件业的生产逐步走向专业化。

20 世纪 50 年代初期，私营皮件作坊主要加工军用皮件。1953 年开展大规模经济建设以后，各方面对皮件的需求量越来越多，全省皮件业逐步转向以生产工农业皮件和日用皮件为主。皮手套、皮制钱包、票夹渐渐走入寻常百姓家。

20世纪60年代皮件业发展缓慢，到了"文化大革命"时期基本没有发展。

20世纪80年代初，全省有60个皮件厂。其中武汉皮件行业有12户皮件企业，年生产皮箱88.4万只，完成工业总产值7067万元，出口交货值2078万元。主要出口产品有手提箱15.4万只、皮手套333万副、帆布包169万只。销往10多个国家和地区。全省皮件花色品种由50年代的270多种发展到2300多种。

武汉生产的"航空"牌模压人革箱1980年被评为湖北省优质产品，天门生产的多用途座凳、餐桌包1984年获国家经委金龙奖。随州康达皮件厂开发的竹胎衣箱和罗田皮件厂生产的竹胎手提箱，充分利用天然竹资源，不仅成本低，而且强度高，耐冲击好，重量还轻。80年代后期到90年代初期，在湖北中小城市比较畅销。

1983年，武汉市组建成立皮件箱包工业公司。黄石皮件厂、沙市皮件厂、孝感皮件厂从老皮革厂的皮件车间分离出来，独立建厂。

至1985年，武汉皮件业有以生产箱包为主的第一皮件厂、第五皮件厂、东方皮件厂、武汉皮件厂、新光皮件厂，有以生产手套为主的长桥皮件厂、红光皮件厂、长江皮件厂，有以人造革为主兼产箱包的武汉人造革厂。红卫皮件厂主要生产工业用皮件，其附属厂生产手套；江岸蓬垫厂除生产蓬垫外也兼产箱包。此外，还有皮革五金配件厂专产箱包配件。沙市以生产出口手套为主，黄石生产出口皮衣和腰带。全行业有皮件厂45户、5500人，工业总产值为6940万元。生产手提箱43.14万只，其中人造革箱30.40万只、皮布箱12.39万只、塑料箱0.35万只；出口手套46万打、皮衣2.12万件。

20世纪80年代后期，国际市场的皮衣畅销，尤其是对俄罗斯的出口增大。为了多出口，武汉市于1991年6月，由武汉市东方皮件厂、武汉市第五皮件厂、武汉市长桥皮件厂三户企业联合组建成立了武汉奔驰革制品公司，以生产皮衣为主。由于频繁地调整，导致企业主业不精，副业过多，皮衣出口并没有达到预期的数量，同时资金周转遇到困难。

20世纪60年代，湖北省便有皮箱、帆皮箱、猪皮劳保手套等产品出口，特别是1972年推出的"航空"牌人造革衣箱是全国同类出口产品中的佼佼者。1972年出口试销5000只，在中近东市场享有一定的声誉。在1979年广州出口商品交易会上，武汉销售量在全国同类产品中名列前茅。第一、武汉、新光皮件厂的"航空"牌人造革箱1980年被评为湖北省优质产品，出口达42.34万只。1985年出口的衣箱、手套等产品出口额达1440万元，占全业销售额的1/3，换汇500余万美元，居武汉市二轻工业出口产品首位。沙市皮件厂出口的手套占全省手套出口的60%。1985年共出口28万打，创汇300万美元。黄石皮件厂的"九头鸟"牌皮衣，皮腰带畅销省内外。并且获得湖北省优秀新产品奖。

三 产品和品种

皮件业传统原材料主要为牛皮革，但自猪皮制革发展后，尤其是随着橡胶、塑料、尼龙等的发展，从60年代始，皮件业便大量采用新材料。70年代有不少品种被尼龙、人造革、PU皮等新材料所取代。

湖北省皮件业的品种繁多，30年代有枪炮套、子弹带、刺刀带、皮绑脚、马蹬带、马鞍、驭具、图囊等，50年代有皮箱、旅行衣箱、皮包、书包、包袋，60年代有旅行包、皮票夹、皮腰带、手表带、手套自行车座，70年代有皮衣、眼镜盒、照相机盒、医药箱等，80年代多种皮服装、时尚皮包、化妆品包箱等，90年代以后，品种就更多。

工农业用的有皮圈、皮结、皮垫、皮碗、皮辊、圆轮带、抛光轮、工具袋、钳插、电焊手套、车马挽具等共 60 种左右。花色品种由 50 年代的 274 种发展到 80 年代初的 1200 种。到了 80 年代后期，这些工业皮件中的大部分已经被其他产品所替代。

1984 年，新光皮件厂的青年设计员陈先文创新设计的仿羊皮服装 30 余种，7 月，在全国轻工产品展销会上深受客户欢迎，产品销往 10 多个省、市、自治区。次年武汉市人民政府授予他劳动模范称号。

四　皮件业现状

湖北省皮件业经过改革开放 20 年的发展后，有了很大的变化。1996 年以后，原有的国有企业、集体企业基本退出，一大批民营、合资、独资皮件企业产生。

1983 年，成立武汉市皮件箱包工业公司，原属于武汉市皮革工业公司管理的第一皮件厂、第五皮件厂、东方皮件厂、新光皮件厂、红光皮件厂、红卫皮件厂、武汉皮件厂、长桥皮件厂、民权皮件厂、江汉人造革厂、江岸蓬垫厂、皮革五金厂共 12 户企业划归皮件箱包公司管理。1986 年武汉皮件箱包公司撤销，其所属的皮件厂重新归口皮革公司管理。

1987 年，武汉皮革五金厂划归武汉童车工业联合公司。

1987 年，武汉红卫皮件厂更名为武汉工业皮件厂，1988 年工业皮件厂被评为省级先进企业。1996 年工业皮件厂实施股份合作制改制，国有经济退出。

1989 年孝感皮件厂和孝感市工艺公司合并。

1991 年东方皮件厂、第五皮件厂、长桥皮件厂联合成立武汉奔驰革制品公司，1994 年，第五皮件厂、长桥皮件厂从奔驰革制品公司分出，恢复独立法人资格。

1993 年黄石皮件厂开发出药物腰带。

1994 年武汉奔驰革制品公司成为湖北省首批佩挂真皮标志的皮件生产企业。

2001—2004 年沙市皮件厂，随州康达皮件厂、黄石皮件厂改制。

20 世纪 90 年代中后期，湖北皮件行业涌现出了一些新兴企业，如菲菲服饰、诗利亚皮具、爱慕吉服饰、中方皮具、牧牛皮具等皮件企业。

进入 21 世纪，湖北的皮件业以民营为主。企业规模都比较小，前店后场居多，也没有什么名牌产品。

第五节　毛皮及制品

一　基本情况

19 世纪中叶，汉口成为全国毛皮集散地以后，湖北省毛皮生产逐渐发展。1930 年汉口有毛皮商号、作坊 64 家。不少县也有毛皮个体手工业，但大多系副业经营。以后由于水灾及交通路线的变更等原因，毛皮业受到较大影响。到 1945 年，武汉的毛皮作坊仅有 26 家。毛皮鞣制工艺一直沿用米硝法。产品有狗毛皮、羊毛皮、兔毛皮及其制品。年销皮统 8000 件。

20 世纪 50 年代初，武汉、沙市等地从事毛皮生产的手工业作坊和个体户有 140 多人，主要为畜产公司加工。1956 年武汉成立了第一毛皮生产合作社（后改名为武汉毛皮厂)。1962年湖北毛皮制品开始出口，当年出口毛皮褥子2万条。1965年以后黄陂、随县、襄阳、枣阳等地相继建立毛皮厂，生产工艺逐渐以化学鞣制代替米硝法，部分工序的手工被机械取代。产品有羊、狗、兔、猫、狼、狐、貉、香狸等皮所制作的皮褥子、皮统、皮椅垫、皮服装等。

1970年，全省有6家毛皮工厂，鞣制狗皮18500张、兔皮32000张、猫皮11000张、其他动物皮25000张。

到1985年，全省共有三家毛皮厂，职工483人。生产狗皮褥子33.2万条、兔毛皮6.6万张。出口皮褥子4900条、皮衣2300件、裘皮服装3100件。进入90年代中期后，由于气候变暖，出口下降等原因，全省毛皮工业逐步退出历史舞台。目前已经没有一家毛皮企业生产了。

二 原料

湖北省毛皮原料主要为羊皮、猫皮、狗皮、猾子皮、貉子皮、兔皮。羊皮又分为绵羊和山羊，还有狐狸皮等。湖北的森林面积较小，野生毛皮资源就更少，所以湖北的毛皮资源以猫皮、狗皮居多。

三 工艺及设备

湖北省的毛皮鞣制，至新中国成立初期，一直沿用硝石鞣制工艺。1959年，湖北省畜产进出口公司皮毛工厂试验成功浸酸化学鞣制，甲醛鞣工艺、纯铬鞣工艺等。武汉皮毛厂、黄陂横店皮毛厂也在随后的几年里积极在本企业推广了这一工艺。

到了20世纪70年代，在浸酸化学鞣制的基础上，武汉毛皮厂改进浸酸酶软化结合鞣工艺。鞣制前增加助剂、酶制剂等，促进皮板松散，充分吸收鞣剂，皮板更加柔软。

湖北省毛皮业是从手工作坊逐渐发展起来的，湖北地区不是太寒冷，皮毛的产量也比较小。50年代中期，毛皮业作坊仍使用铲刀、棍棒、大缸、剪刀等工具进行加工生产。1958年以后，产量提高后，企业开始自制划槽、转鼓、直接传动式去肉机、干铲机等小型机械。60年代末至70年代，毛皮生产逐步实现机械化，从原皮到成品加工使用了剪毛机、液压去肉机、伸展机、铲软机、烫毛机和毛皮剪绒设备。进入80年代，毛皮机械逐步向自动化发展，从国外引进的自动化脱脂机、红外干燥机、甩干机和国产的高速缝纫机、染色设备及电子量革机等先进设备开始应用于毛皮生产。

四 产品品种

湖北省毛皮行业企业主要产品有狗皮褥子、狗皮背心、羊皮袄、貉子皮衣、兔皮、狐皮制品、手套、靴鞋里、裘皮衣领。

第六节 皮鞋材料、皮革机械、皮革化工

一 皮鞋材料

皮鞋材料包括制楦、鞋跟、胶底、胶片、再生革、合成革。1985年全省木楦产量

20.8 万双，胶底 123 万双。

1. 制楦

湖北省制楦始于明代。1912 年上海人田正兴来汉制作木楦。最初是散楦，分前掌、后跟和夹楔。后采用膛底木楦，称为洋绱鞋。1937 年武汉私营制楦户主要自产自销。中南军需皮革厂专门设立木楦车间后，逐渐采用刻楦机和精刻机制木楦，生产皮鞋木楦、木跟、胶跟等。1960 年武汉成立国营制楦厂，1965 年成立武汉皮鞋材料厂（制楦厂同期并入）。随着全省皮鞋生产的发展需要，80 年代相继在神农架、京山、洪湖、松滋、通山和恩施建立鞋楦厂。随着制鞋业的不断进步，木楦逐步走向淘汰。塑料鞋楦发挥越来越大的作用，全省的鞋楦企业及产量越来越少，规模也越来越小。目前作坊式的鞋楦厂，全省有 12 家，有的 1 台制楦机，有的 2 台，没有 3 台以上的厂。大量的鞋楦主要靠外省购进。

2. 再生革

为了变废为宝，为了很好地利用全省皮革皮渣、下脚料等资源，解决原皮不足的困难，20 世纪 70 年代，湖北省相继建立了 2 个再生革厂。广济县东鄂东再生革厂于 1956 年建立，过去生产轻工小五金产品。改革开放后，开发再生革产品。1980 年生产再生革片 205 吨，1981 年进一步改进工艺，调整配方，使革片柔软光滑，后又增加涂饰，制成皮带革。1985 年该厂有职工 146 人，年产再生革 500 吨。

武汉江南制革厂 1984 年建立再生革车间，年生产能力达到 200 吨，主要是皮鞋内底革。其产品有两大类：一是皮鞋内底革，二是皮带革。湖北省仙桃市张沟镇在 1980 年建立了 6 家再生革厂，其产品产量达到 60 万平方米，主要生产皮带再生革，其产品除了供应本省外，主要销往河南、湖南周边地区。

3. 合成革

湖北生产皮鞋、皮具用合成革始于 1983 年。襄樊合成革厂是 1979 年由省轻工定点生产合成内底革的专业厂。该厂以合成纤维为原料生产内底革、内包头革、主跟革和化纤毡等产品。1985 年有职工 220 人，年生产无纺合成革 12 万平方米、合成包头革 50 万平方米、化纤毡 10 万平方米。1992 年正式停产。

二　皮革机械

湖北省皮革机械发展较慢，湖北省二轻系统生产皮革机械的企业有武汉皮革机械厂、新洲县轻工机械厂、鄂州服装机械厂。产品有去肉机、削匀机、挤水伸展机、平板硫化机、压合机、皮鞋下料机。1985 年生产皮革机械 92 台套。武汉市第一皮鞋厂于 1985 年革新成功皮革沿条机、起槽机、裁沿条机，为缝制皮鞋的产品质量提高做出了贡献。

武汉市皮革机械厂属国有企业。1970 年由武汉制革厂、武汉第一皮鞋厂抽调 28 人组建了武汉市皮革机械厂，开始为武汉市的制革、皮鞋、皮具厂配套生产专业机械。其主要产品有去肉机、磨革机、伸展机、转鼓等制革机械。也有钳帮机、抛光机、压合机、下料机等皮鞋机械。"五五""六五"期间是企业的黄金发展期，年生产各种专业机械 120 台（套）。部分满足了本地的生产需要，其生产的 1800 型去肉机曾经为湖北省的猪皮制革生产发挥了很大的作用，1985 年成为企业的金牌产品而受到表彰。

三 皮革化工

湖北省皮革化工企业从 20 世纪 70 年代开始起步,先后有武汉、黄石、老河口、英山、潜江等皮革化工厂(含一家栲胶生产厂),主要产品有丙烯酸树脂、颜料膏(曾经开发过酶制剂,但没有成功)、加脂剂、戊二醛鞣剂,年生产规模达到 3000 吨。这些产品只能部分满足湖北省皮革工业的需求,很大一部分还是靠上海、广东和部分进口化工材料。

武汉皮革化工厂成立于 1974 年。建厂初期以生产丙烯酸树脂为主,后来随着市场要求的变化,开发了多种颜料膏、系列加脂剂,年产量达到 800 吨。

武汉市解放化工厂(后更名武汉市天马解放化工有限公司)原本是一家乡镇企业,1964 年开始发展皮革化工产品,逐步形成系列化。主要产品有制革鞣剂、加脂剂、涂饰剂系列。1988 年生产的 WH-酪龙黏合剂享誉省内外,曾经获得农业部优质产品称号、国家银质奖,主要质量指标达到并超过了国际最先进水平,荣获皮革化工行业唯一的一个国家银质奖。另外 2D 树脂 DMDHEU 荣获省优部优,AC 发泡剂荣获市优、部优和国家星火计划银质奖。特别是在皮革化工材料方面,GF 多金属络合鞣剂、WH-酪龙黏合剂、戊二醛与改性戊二醛、TM-1 水溶性聚氨酯、TMG201-氨基改性硅油、TMG204-有机硅改性硝化棉乳液、GF 发泡补残综合树脂,已达到国内外同类产品先进水平,受到全国追求高档产品厂家的厚爱。

进入 21 世纪后,武汉市解放化工厂又开发了无铬鞣剂 TM2-2,为制革行业减少铬污染再创佳绩。目前生产的无铬鞣剂 TM2-2,经省内外多家制革厂、毛皮厂试生产,已经完全可以取代铬鞣剂,各项理化指标均可与铬鞣剂媲美。尤其在毛皮鞣制上,收缩温度达到 92℃,且毛皮色彩鲜艳,超过铬鞣产品,特别是白色、浅色产品,是铬鞣产品无法达到的。

专业皮革化工厂除了以上两家外,还有黄石铁山精细皮革化工厂、湖北潜江皮革加脂剂厂。产量规模都比较小,年生产能力不到 100 吨。

到了 2010 年,皮革化工企业仅有 2 家:武汉市天马解放化工有限公司、黄石市铁山精细化工厂。其他企业已经转产或者倒闭。

四 其他配套产品

1. 栲胶

栲胶是制革生产不可缺少的材料。计划经济年代,栲胶由轻工部指令划拨。1980 年后,随着计划体制的改变,栲胶也变得活跃起来,湖北省英山栲胶厂(原属县棉纺厂栲胶车间)开始向市场找出路。这一时期制革产量大幅度增长,栲胶有些供不应求,湖北省英山栲胶厂马上扩大生产规模,投资改造设备,1981 年生产橡碗栲胶 867 吨,产品除供应本省外,还销往山东、河北、天津、河南、江苏等地。由于产品单一,加上橡碗栲胶的颜色较深,竞争力较差,该厂产量始终没有突破 1000 吨。以后由于重革产量的减少,制革工艺改革,湖北省英山栲胶厂也逐渐退出了皮革行业。

2. 皮革五金

武汉市在 1981 年成立了武汉皮革五金厂,生产皮鞋鞋扣、鞋饰配件、箱包提把、箱锁等皮件五金产品。生产工艺以电镀为主。1990 年以前,为湖北省的皮鞋皮件配套,年生产各种五金件 20 万—30 万套(件),后因为电镀工艺受到污染治理影响而限产,加上皮革行业的不景气,1992年武汉市皮革五金厂全面停产。

第七节 皮革资源的开发和利用

湖北省制革的原料主要有猪皮、牛皮、羊皮。此外还有马皮、骡皮、骆皮及其他杂皮。

一 猪皮资源的开发

湖北省有丰富的猪皮资源,猪的年存栏数每年有2600万—3000万头。但是利用猪皮制革也是从60年代开始形成规模,之前利用猪皮制革极少。50年代至60年代,猪皮制革业只占成革的16%。为了充分利用省内猪皮资源,根据国务院有关开剥猪皮的指示精神,于1965年开始抓开剥猪皮工作,当年武汉、黄石、沙市、宜昌、襄樊5个市试剥猪皮10万张。1966年湖北省人民委员会批准了省计划委员会,省财贸办公室,物价委员会(关于开剥猪皮几个问题解决意见的报告),要求各级人民委员会加强对这项工作的领导。从此开剥猪皮工作在全省范围内展开。这一年开剥猪皮57万张。1972年至1982年省二轻(轻工)局、商业局、外贸局每年联合召开一次全省开剥猪皮工作会议。总结工作,交流经验,制定措施,推动猪皮开剥工作健康发展。1975年成立了湖北省猪皮收购供应管理站,负责全市猪皮统一收购和供应工作,并制订了《湖北省猪皮收购,供应管理暂行办法》,使全省猪皮收购供应工作走上正轨。1966年3月湖北省人民委员会发出文件,规定猪皮按皮随肉价的原则定价。从1966年1月1日起国家财政对商业(开剥猪皮单位)每斤猪皮补贴3角。1979年7月省财政局、商业局、轻工业局联合通知,强调继续贯彻"斤皮斤肉""优质优价""分等论价"的原则。从1979年4月1日起,工业收购猪皮,每市斤由财政补贴0.65元。1978年至1985年国家给全省收购猪皮的补贴共达17430.7元。同一时期开剥猪皮1966.9万张,其中,1985年为329.86万张,比1966年增长4.8倍。鞣制猪革207万张,占皮革产量的70%,比1966年增长26.6倍(见表8-38)。

随着猪皮制革工艺和技术的不断进步,全省已形成猪皮服装革、正反绒革、压花革、苯胺效应革以及各种猪皮鞋、猪皮箱、皮包、皮衣、皮手套等系列产品,在1980年全国猪皮制品展销会上,湖北省销售额居全国第三位。猪皮革和劳保手套还远销意大利、法国、联邦德国等国家。

表8-38　　　　　　　　　　湖北省猪皮收购情况

年份	出栏数(万头)	收购猪皮数(万张)	猪革产量(万张)
1965	670.0	10.0	7.50
1966	586.5	57.0	53.72
1967	740.0	90.6	—
1968	674.2	48.2	—
1969	531.4	55.7	—
1970	562.5	59.2	59.2

续表

年份	出栏数（万头）	收购猪皮数（万张）	猪革产量（万张）
1971	610.0	74.8	74.8
1972	705.9	113.0	113.0
1973	793.5	137.5	137.5
1974	777.7	110.7	110.7
1975	779.1	123.9	124.2
1976	792.9	140.76	130.79
1977	855.9	137.6	141.00
1978	919.3	142.8	146.2
1979	1026.7	168.1	171.0
1980	1048.6	281.5	276.00
1981	996.6	305.8	334.2
1982	1048.7	267.6	259.50
1983	1081.9	219.4	228.80
1984	1191.0	254.8	237.70

二　牛皮、羊皮资源的开发利用

牛皮是制革的主要原料之一。1949年，湖北省牛的出栏数只有202.7万头。50年代初期，人民政府采取一系列政策和措施，大量发展养牛业，到了1985年牛的存栏数发展到308万头，比1949年增长了50.4%。由于大量饲养的农用耕牛、肉用牛数量很少，制革用的牛皮，主要靠自然淘汰的老、残次牛。在1953—1985年的33年中，全省共收购牛皮825.4万张，平均每年收购25万张，占年均存栏数的8.47%。1980年以后牛皮呈下降趋势，1985年只收购牛皮4万张，占存栏数的1.3%。

牛皮数量极少，为了合理使用有限的牛皮资源，国家对牛皮实行统一管理，统一收购，按照"一军、二工、三民"的分配使用原则，统一调配，供给民用的牛皮数量很少。1957年湖北省畜产进出口公司收购牛皮28.4万张，分配给皮革工业仅6万张，占全部收购数的21%；1979年收购牛皮22万张，分配给皮革工业的14万张，占收购数的64%，远远不能满足日用皮革制品的需要（1979年生产皮鞋559万双）。

湖北羊皮资源也不多。但是质量较好。汉口路的山羊皮是国际知名的制革上等原料，其主要产地分布河南、湖北。1949年年末存栏数只有24万只。新中国成立后国家奖励养羊，采取保护政策和鼓励措施，养羊业得到逐步发展。1953年年初存栏数为29.5万只，1955年达到41.6万只，1963年发展到221.93万只。外贸企业和供销合作社全年收购羊皮183.62万张。50年代对苏联、捷克斯洛伐克、波兰出口一部分山羊皮，1955年后开始对欧美出口。出口量最大的是1963年、1964年。分别为102万张和116万张。

到了 1985 年年末羊只存栏数 120.53 万只，外贸企业和供销合作社全年收购羊皮 110 万张，外贸出口 95.3 万张，生皮出口占收购量的 86.63%。长期以来，湖北羊皮主要安排出口原料皮，一直没有很好组织起成品出口，没能充分发挥湖北省有限的优质资源的利用。

湖北省羊皮资源收购情况见表 8-39。

表 8-39　　　　　　　　　　　湖北省羊皮资源收购情况

年份	年初存栏数（只）	收购数（张）	羊革产量（张）
1953	295000	184300	—
1954	338000	416000	—
1955	416000	203600	—
1956	419000	172100	—
1957	467000	193500	—
1958	627000	371800	—
1959	694000	426400	—
1960	778000	240600	—
1961	908000	112100	—
1962	1447000	604400	—
1963	2219300	1836200	—
1964	1806800	1601300	—
1965	1023300	786700	153400
1966	875000	609800	—
1967	809400	501000	—
1968	743000	387100	—
1969	813700	493600	—
1970	810900	461500	—
1971	876500	389100	—
1972	918800	418000	—
1973	1024700	433000	—
1974	1269900	552400	—
1975	1420000	727200	—
1976	1476000	855300	—
1977	1406000	740600	447100
1978	1427000	724700	—
1979	1550700	814800	—
1980	1775100	949000	—

续表

年份	年初存栏数（只）	收购数（张）	羊革产量（张）
1981	1691000	1094400	—
1982	1592500	974300	—
1983	1544000	1017000	—
1984	1402000	796000	—
1985	1298000	1100000	368400

第八节　行业管理

20世纪50年代，湖北省皮革行业由湖北省手工业管理局进行管理。70年代初期湖北省成立轻工局二轻公司，下辖一个皮革塑料科，统一进行皮革行业协调管理。那个时期，要进行几项主要工作。如猪皮的开剥工作，补贴管理。与商业食品公司及肉联厂的衔接。猪皮革出口的数量必须与外贸商定，每年计划管理。因此，湖北省从70年中期开始，每年要召开一次全省的猪皮工作会，以工业、商业、外贸三家为主，并邀请计委、财办等方面的负责人参加。每年是老一套，工业、商业、外贸各来一个厅局长，确定开剥计划，补贴标准以及落实方式。会议之后，仅有的几个皮革管理人员就要花全年工作量的40%去做猪皮开剥管理工作。此外，行业管理的其他工作就很琐碎了，技术管理、企业标准、质量监督和评比，等等。

一　机构设置

1. 省皮革行业管理机构及主要负责人

湖北省轻工局二轻公司皮革科（皮革公司的前身）成立于1978年，首任科长王海臣（之前为皮塑科行使行业管理职能）。

1980年6月湖北省皮革公司在皮革科的基础上组建成立，第一任负责人由王海臣副总经理担任，下设两个科室和一个猪皮管理站。

1983年湖北省皮革公司第二任负责人由倪海清担任，副总经理张荣昌、曾昭雄，管理人员有16人（包括省猪皮收购供应管理站5人）。

1986年，湖北省皮革公司第三任总经理是付忠维，副总经理曾昭雄、吴有生；此时创办了湖北皮革简讯，不定期发行。到了1990年，皮革行业管理渐渐削弱，此时的公司主要全部企业化管理，主要是解决职工的吃饭问题，加上猪皮补贴取消，管理上的很多职能被取消，例如产品质量评比监督、技术评比、技术培训等。皮革公司90%的精力抓收入，只有10%的力量做点行业管理。

1991—1997年，湖北省二轻局对湖北省皮革公司先后更换了4任法人总经理。他们分别是李方来（1991年3月至1991年12月）、夏巨栋（1992年1月至1993年8月）、叶仁喜（1993年9月至1995年6月）、熊晓山（1995年7月至1997年12月）。

曾昭雄于1990年调入湖北省二轻实业公司担任法人总经理，从事实业建设和开发工作。直到1997年开始筹备成立湖北省皮革协会，担任湖北省皮革协会常务副会长兼秘书长。

1998年5月，胡银华担任湖北省皮革公司总经理。在1998年12月召开的湖北省第一届皮革协会第二次常务会议上，胡银华当选湖北省皮革协会理事长（原理事长是熊晓山）

2. 各地市的皮革行业管理机构

为了促进猪皮开剥工作，1975年湖北省成立了轻工局猪皮收购供应管理站。开展全省性的猪皮开剥管理收购工作。全省从各个制革厂抽调猪皮收购人员到72个县市食品公司，肉联厂统一收购猪皮。直到1981年，湖北省二轻局成立。湖北省猪皮收购供应管理站下设地市州分站，分别是：

武汉分站，站长何国勋；

黄石分站，站长是黄石皮革公司孙经理；

黄冈分站，站长罗火寿；

咸宁分站，站长是地区轻工局万副局长兼；

孝感分站，站长夏平；

荆州（包括沙市、荆门）分站，李站长；

襄樊（包括襄阳地区）分站，刘静站长；

郧阳地区（包括十堰市）分站，敖站长；

宜昌地区（包括宜昌市）分站，周祖松站长。

每个分站3—7人，负责猪皮收购管理工作。

武汉市皮革工业公司成立1964年，对皮革行业实行归口管理。次年，市皮革工业公司试办托拉斯。"文化大革命"开展两年后，1968年托拉斯解体。武汉市皮革公司首任经理朱守志，之后有张蕴发、周水清、刘先明、张枝茂、曹新民。现任总经理是张永林。

宜昌市皮革公司经理兼皮管站长周祖松（1978年迄今）

襄樊市皮革公司副经理兼皮管站长刘静（1981—1991年）

荆州地区皮革公司李经理兼皮管站站长（1981—1990年）

黄冈地区皮革公司经理兼站长罗火寿（1981—1991年）

二 行业管理主要工作

1. 行业发展计划

当年生产主要产品产量的分解下达；五年、十年长远规划的制订；技术改造项目的上传下达，包括立项、资金的落实，等等。

2. 猪皮开剥

从计划的下达，到分解各地如何去执行，包括开剥质量、补贴标准、腌制、运输、调拨、冷藏，等等。湖北省猪皮收购供应管理站及下辖的分站（皮革公司），就负责这些具体工作。1966年，湖北省开剥猪皮57万张，共补贴172万元（每市斤补贴0.3元。1978—1985年共开剥猪皮1966.9万张，接受国家猪皮补贴17430.7万元，平均每张猪皮补贴8.86元为了促进猪皮开剥工作，1975年湖北省成立了轻工局猪皮收购供应管理站。开展全省性的猪皮开剥管理收购工作。

1980年前，湖北省黄石市、宜昌市、襄樊市、武汉市均设立了皮革公司，负责当地的皮革行业管理工作。

1981年以后，各地的猪皮收购供应管理站也都开始对皮革行业实现了统一管理。这一时期，皮革行业管理有声有色。不仅控制了制革的皮源流失，也发展了皮鞋和皮革制品。尤其在边缘山区对开剥猪皮取得了很好的成绩。湖北省鄂西地区常年都吃带皮猪肉，已经形成了习惯。经过宣传，放映猪皮开剥的电影纪录片，举办猪皮制品展览等工作，这些地区也都纷纷开剥猪皮，城镇和农村人也都喜欢吃剥皮肉了。

直到1990年，猪皮补贴取消。各地皮革公司才削弱了行业管理。到1997年湖北省皮革协会成立时，除武汉市、宜昌市外，其他各地皮革公司均已经撤销机构。

3. 产品质量评比和监督

这项工作始于1977年，开始是在各个地市的行业内进行小范围内评比，然后层层推荐，到上一级地区，直至到省，轻工部参加评比，每年一次。我们每年5—8月就抽调很多技术人员到现场抽取样品，封存后集中到省里评比。省里评选后优胜产品再参加全国评比。例如：武汉红星制革厂的金羊牌山羊鞋面革在1979年全国制革业同类产品评比中获得一类第一名，并且同时被评为湖北省优质产品。武汉市茂记皮鞋厂从1979年开始，连续三年在全国同类产品质量评比中获得第一名。武汉市第三皮鞋厂生产的黄鹤楼牌粘胶女靴也是在全国同类产品质量评比中获得第一名。这两个产品在1983年和1985年获得国家产品质量银质奖。

4. 技术培训和人才开发

改革开放以来，由于皮革行业的快速发展，各地对新产品的开发，新技术新材料新设备的应用都有很大的需求，各地都纷纷走出去探索，请进来研发。从1978—1985年，湖北省皮革公司，各地市皮革公司（包括皮鞋厂、制革厂）共开办各种专业培训班，技工学校，中等制革，皮鞋专业教育和函数大学教育48期。共培训教育人员1050人。

三 湖北省皮革工业协会

1997年，应部分皮革企业的要求，湖北省皮革工业公司会同武汉市皮革工业公司、十堰市十宝皮革有限公司、武汉市解放化工厂等企业的倡议，成立湖北省皮革工业协会。经过两个月的筹备，并报请湖北省民政厅批准，湖北省皮革工业协会于1997年5月在武汉成立。

协会成立后很快和一些商业企业，如武汉中百、汉阳商场、中南百货等大型商业企业取得联系，也适当地与武汉温州鞋业商会、武汉市大兴路鞋业商会、汉正街皮具商会取得合作。就维护消费者权益，打击假冒伪劣产品开展长期的合作，协会向省民政厅申请了一个二级机构——湖北省鞋饰皮具委员会，由武汉市消费者委员会负责人牵头，开展活动。每年的3·15向群众进行宣传，接受群众的咨询，并解决一些消费者的实际问题。收到了极好的社会效果，也密切了工商关系。在1999年至2001年期间，共接受消费者投诉160起，曝光、处罚、没收产品20多起。

2003年湖北省皮革公司改制，协会经费没有了来源，工作人员缩减。

第十八章 湖南省

第一节 发展沿革

一 新中国成立前概况

湖南皮革生产年代久远，元朝和明朝就有制作熏烟皮、白底皮、牛片皮、马鞍、刀鞘、油鞋、木屐的手工作坊。到20世纪初，长沙、常德兴办了一些私营制革厂和皮鞋、皮件厂，开始现代鞣革、制纹皮、皮鞋和皮箱的生产，到20年代，年生产牛皮达6万张，一时皮革工业颇为发达。

20世纪30年代，中国社会动荡，市场凋敝，皮革行业日渐下滑，到1934年只生产了牛皮3万张。抗日战争初期，华北、华东的皮革企业内迁，加上军用皮革制品的需求激增，湖南皮革工业迅速发展，仅长沙就有从业人员2300多人。但日寇犯湘，狂轰乱炸后，长沙、常德的厂坊被洗劫一空，濒于毁灭。新中国成立前夕，全省皮革从业人员只有1500人，不及以往长沙一市的从业人员多。

1949年湖南解放后，政府采取措施刺激恢复生产，皮革行业很快复原，当年生产皮革18万张、皮鞋4.4万双，实现产值277万元，超过了新中国成立前的任何历史时期。

二 恢复时期（1950—1952年）

1950—1952年，我国国民经济处于恢复时期。湖南省先后组建了常德（1950年）、邵阳（1951年）、湘潭（1952年）三个半机械化制革厂和常德五一（1951年）、长沙橡胶皮鞋（1952年）、湘潭二皮件（1952年）、湘潭县皮件（1952年）、常德市三皮件（1952年）6个皮鞋、皮件、箱包企业，湖南皮革行业真正意义上的工厂就此诞生。恢复时期，全省皮革行业的总产值1166万元，生产皮革57万（折合张，其中猪皮3.16万自然张），生产皮鞋18.2万双。与1949年同比分别增长了320.94%、216.67%、313.64%。

三 社会主义改造时期（1953—1957年）

1953—1957年，我国国民经济得以恢复发展并进入社会主义改造时期，湖南皮革工业也由此登上了新的发展平台。

早在1952年，长沙的131户制革户计185人便自发组成10个小组承接加工任务，开始集体生产。1955年3月，又在原小组的基础上吸收7家皮行，正式成立长沙市第一制革生产合作社（长沙制革厂前身）。皮件业的合作组织稍早于制革业，1951年工人蔡子忠、李汉章等便组建了长沙市皮件工人生产自救组，1953年3月转为长沙市皮件生产合作社，此时社员47人。1956年合作化高潮时，全市的皮件小作坊、个体户统一规划进入该社，人员增至400人，资金达17万元（湘南皮件厂前身）。同年6月，以老元昌、义兴、福兴、同利4家私营皮件厂的46人，2.85万元资金组建了公私合营老元昌皮件厂（长沙皮件厂前身）。皮鞋业组建生产合作组织的时间与皮件业大致相当。1951年8月，由工人陈茂钦牵头，邀集李楚华、常干斌、陈干泉等22人筹组合作社，1952年2月正式成立长沙市第一制鞋生产合作社（长沙橡胶皮鞋厂前身）。1955年5月、6月，有关部门又以三个自救组为基础，扩建为第二、第三生产合作社（长沙第二制鞋厂前身）。而美利长等8户较大制鞋店及鹤鸣等4户靴鞋店则在对资改造中组成公私合营大捷制鞋厂（长沙制鞋厂前身）。

在此期间，湖南成立手工业管理局，在资金、原料、税收上给手工业以支持，先后投资359万多元改造了一批企业，如邵阳制革厂投资了7万元，常德制革厂投资了141.7万元。长沙（1954年）、岳阳（1955年）、津市（1956年）、益阳（1956年）、衡阳（1956年）等制革厂；邵阳（1953年）、长沙二鞋（1954年）等43家皮鞋厂，湘南皮件（1953年）、衡阳（1954年）、湘潭一皮件（1954年）12家皮件厂也在这一时段内建立。到1957年全省共有各种类型的皮革企业153家，职工4337人。这一期间，湖南皮革行业实现产值3546万元，生产皮革130万折合张（其中猪皮9.12万自然张），生产皮鞋129.51万双、皮箱26.83万口。与恢复时期比，总产值增长了204.12%，皮革生产增长了128.07%（其中猪皮革增长了188.61%），皮鞋生产增长了611.59%。

四 "大跃进"、三年自然灾害对湖南省皮革工业的影响（1958—1962年）

1958—1962年，先是工业企业一哄而起，继之三年自然灾害给国民经济造成极大伤害。湖南皮革行业1958年成立了黔阳制革厂，成立了长沙皮革制品、邵阳县皮鞋、吉首市皮鞋等7家鞋厂，以及株洲皮革制品厂共9家企业。1961年成立了长沙东方皮件厂1家企业。1959年、1960年、1962年的三年为空白。此期间皮革产量由1958年的29万折合张递减至1962年的10.2万折合张，皮鞋由1959年的82.73万双减少到1962年的70.5万双，皮箱由28.06万只减少到1962年的1.8万只，产值由1959年的2445万元减少到1962年的1559万元。这一期间总共实现产值9346万元，生产皮革115.2万折合张（其中猪皮32.59万自然张），生产皮鞋353.25万双、皮箱100.2万只。与社会主义改造时期相比，总产值增加了163.57%，皮革生产减少了11.38%，猪皮革的生产增加了257.35%，皮鞋生产增加了172.76%，皮箱生产增加了273.46%。与前两个时期相比，增速明显慢了下来。

五 三年调整时期（1963—1965年）

1963—1965年，国民经济进入了调整期，湖南皮革行业此期间运行态势是下行到谷底后逐步回升。调整时期，1963年、1964年各有1个皮鞋企业成立，1965年则成立了3个皮鞋企业。到1965年全省生产皮革24万折合张，产值也由最低点的832万元回升到1547万元，全行业在向好的方面转变。调整时期共完成产值3440万元，生产皮革50.25万折合张（其中猪皮58.79万自然张），生产皮鞋153.4万双、皮箱8.46万口。与"大跃进"、三年自然灾害时期相比，总产值下降了63.19%，皮革产值下降了56.525%（其中猪皮革增加了 80.39%），皮鞋产值下降 56.58%，皮箱产值下降了 91.56%。

六 "文化大革命"时期（1966—1976 年）

1966—1976 年"文化大革命"时期湖南先后成立了郴州（1966 年）、零陵（1970 年）、株洲（1974 年）3 个制革厂，1 个再生革厂（1972 年）；资兴市（1972 年）、常德武陵（1966 年）等 10 个皮鞋厂；株洲市皮件（1966 年）、冷水江（1973 年）、衡阳三皮件（1975 年）、怀化市（1975 年）9 个皮件厂。"文化大革命"期间皮革行业的绝大多数干部职工坚守岗位抓生产，破除阻力求发展。1970 年生产皮革迈上了 100 万折合张（其中猪皮 176 万自然张）的台阶，生产皮鞋 102.89 万双、皮箱 19.12 万只，开发生产了皮手套 22.92 万双，完成产值 5541 万元。后续几年发展势头不减，本期间新建的 23 个企业，有 14 个就是 1971—1975 年成立的，其中 1975 年就占了一半。1975 年生产皮革 188 万折合张（其中猪皮 355 万自然张），生产皮鞋 188.8 万双、皮箱 26.73 万只、皮手套 168.6 万双。自 1972 年开发生产皮服装 0.34 万件起步，1975 年产量已达 2.34 万件。

综上所述，"文化大革命"时期，湖南皮革完成工业总产值 46421.7 万元，生产皮革 1139 万折合张（其中猪皮 2052 万自然张），生产皮鞋 988.08 万双、皮箱 161.64 万只、皮衣 6.79 万件、皮手套 397.32 万双。

七 改革开放初期（1977—1980 年）

1977—1980 年，中国进入了改革开放的探索时期，这一时期也是湖南皮革工业快速发展的时期。本期间，成立了涟源（1978 年）、祁东（1980 年）2 家制革厂，常德、益阳、湘潭（1976 年）、岳阳、衡东等 14 家皮鞋厂，邵阳、怀化、衡东（1978 年）、衡阳四皮件、常德二皮件（1980 年）等 9 家皮件厂，总共新增县以上皮革企业 25 家。截至 1980 年，全省共有县以上皮革及其制品企业 133 个。本期间实现生产总值 73416 万元，生产皮革 1108.82 万折合张（其中猪皮 4237.14 万自然张），生产皮鞋 1838.37 万双、皮箱 191.6 万只、皮衣 26.48 万件、皮手套 2619.12 万双。

与"文化大革命"时期相比，总产值增长了 58.15%，皮革生产减少了 2.65%，其中猪皮革增长了 106.49%，皮鞋增长了 86.056%，皮箱增长了 18.2%，皮服装增长了 289.99%，皮手套增长了 559.2%。

八 改革开放深入发展时期（1981—1990 年）

1981—1990 年，随着改革开放的深入发展，市场调节逐步取代了行政计划，湖南皮革行业开始转到以提高经济效益为中心的轨道上来。这五年中，全行业共投入资金 4450 万元（其中国家投资 512 万元），有重点地对相关企业进行了技术改造。先后引进国外先进制革机械 50 台套，制鞋、箱包生产流水线 2 条，在很大程度上改善了全行业装备的水平和技术状况，提高了产品质量和劳动生产率。此期间，湖南皮革的产品结构有了显著变化，服装革、软鞋面革等高档产品的产量由 20% 以下上升到 40% 左右，有 27 种产品获省、部级优质产品奖 34 项。1985 年与全国各省市相比，湖南皮革工业总产值居第九位，猪皮革产量居第四位，皮鞋产量居第八位，该年实现利润 1815 万元，是 1980 年 856 万元的 1.12 倍，五年年均增长了 16.2%。

从产业规模的角度看，本阶段前五年组建了武冈（1981年）、吉首（1985年）、华容、攸县4家制革厂，怀化制鞋（1981年）、邵阳二皮鞋（1981年）、永顺皮鞋（1983年）等23家皮鞋厂，岳阳市（1981年）、泸溪县（1983年）等7家皮件厂，总共新增皮革企业34家。如果加上未列入计划的县以下皮革企业（如南县制革厂等）和历年来先后成立的皮化、皮机、明胶、皮革五金、鞋楦等配套工厂，1990年全省已有皮革企业226家，从业职工29745人。

综上所述，改革开放深入阶段，湖南皮革完成工业总产值287442万元，生产皮革3130.55万折合张（其中猪皮5944万自然张），生产皮鞋10494万双、皮箱865.22万只、皮服装85.07万件、皮手套6332.17万双。与改革开放初期相比，总产值增长了291.5%，皮革生产增长了182.33%，其中猪皮革增长了40.28%，皮鞋增长了470.83%，皮箱增长了351.58%，皮服装增长了221.26%，皮手套增长了141.77%。

九 快速发展时期（1991—1998年）

1991—1998年，随着砸"三铁"，体制改革和产、供、销全面市场调节的催化，乡镇和私有皮革企业异军突起，粮食、畜牧、肉食水产、外贸的下属单位纷纷跻身皮革行业，湖南皮革生产的格局发生了巨大变化。一方面，原系统内的企业减少了64家；另一方面，乡镇、私营和其他单位兴办的企业不断涌现。据不完全统计，此期间新办制革厂170来家，主要分布在长沙（31家）、湘潭（31家）、郴州（25家）、益阳（18家）、常德（15家）、岳阳（12家），其他散布在全省各个地市，地域最为集中的是湘乡（28家）和宜章芭蕉乡（18家）。此期间皮鞋、皮件（皮衣、皮手套、皮包袋）企业更加如雨后春笋，不断冒出来，全省至少在1000家以上。如此便形成了空前的生产规模。据粗略概算，1993年小制革厂年生产能力为猪皮800万张，1995年全省大小厂总产能便达到了1460万张，1998年猪皮加工能力更是达到了创纪录的3500万张。1999年省皮革行业协会曾就东南亚金融海啸对湖南皮革行业的影响对制革厂做了专题调查，全省大小制革厂175家，固定资产5亿多元，占用流动资金5亿元，行业亏损1.2亿元，资金压库2亿元。正常运转的企业6%，间歇生产的20%，停产待工的34%，倒闭的40%。

综上所述，本阶段湖南皮革工业先是超常地膨胀发展，后是在市场急骤变化的情况下快速萎缩。从主要经济指标上看，1995年全省生产皮革731.39万折合张、皮鞋2851万双、皮箱38.97万只、皮服装142.04万件、皮手套16908.6万双、皮包袋62.16万个，年产值67593万元，达到了历史最高峰。1998年全省生产皮革400万折合张、皮鞋180万双、皮箱6万只、皮服装23万件、皮手套1140万双、皮包袋8万个。主要产品产量1998年比1995年皮革下降了45.31%，皮鞋下降了93.69%，皮箱下降了84.6%，皮衣下降了83.81%，皮手套下降了93.26%。湖南皮革步入了至为关键的调整期。

十 二次创业（1999—2009年）

1999—2009年，湖南皮革处于二次创业阶段。自1999年湖南省人民政府将皮革产业列入国有资产退出的行列后，湖南全省的国有和集体皮革企业相继倒闭、破产、改制为私营、私营合股企业或为港、台资企业替代，这一过程大致经历了两个阶段。

第一个阶段，2000—2004年本土皮革企业再次膨胀，据不完全统计显示，此期间先后建立制革厂191个，分布于全省各个地、州、市，具体是岳阳11家、株洲8家、邵阳19家、张家界5家、常德8家、湘潭35家、长沙38家、益阳20家、永州11家、衡阳10家、郴州20家、怀化1家、自治州3家、娄底4家。以上企业总加工能力为牛皮100万张、猪皮3597万张，雇有员工14743人。此期间还建立了皮鞋厂166家、皮件厂59家，皮化厂1家、鞋楦厂6家。

第二阶段，2005—2009年的突出情况是市场淘汰、产业重组、外资进入。本阶段有两大特点，一是企业分布地域减少，企业集群形成；二是落后产能淘汰，企业规模扩大。以制革厂为例，见表8-40。

表8-40　　　　　　　　　　　湖南省现存制革企业情况

企业名称	主要产品	生产能力（张）	职工人数（人）	企业性质	厂址
湖南裳海迪瑞特制革服装厂	牛皮箱包革、皮衣	牛皮60万	450	私营股份	长沙县金井乡
邵阳立得皮革公司	牛带皮、猪里皮牛	牛皮30万、猪皮200万	400	中港合资	邵阳市
湘乡怀琪制革厂	猪服装革、鞋里	猪皮300万	480	私营	湘乡皮革工业区
湘乡银河制革厂	猪服装革	猪皮100万	200	私营	湘乡皮革工业区
湘乡国强制革厂	猪服装革	猪皮80万	120	私营	湘乡市
湘乡飞马制革厂	猪服装革	猪皮60万	110	私营	湘乡市
湘乡京都制革厂	猪服装革	猪皮60万	120	私营	湘乡市
湘乡兴隆制革厂	猪服装革、鞋里	猪皮60万	70	私营	湘乡市
湘乡长丰制革厂	猪服装革、鞋里	猪皮60万	52	私营	湘乡市
湘乡城南制革厂	猪服装革、鞋里	猪皮40万	85	私营	湘乡市
湘乡东山制革厂	猪服装革、鞋里	猪皮40万	100	私营	湘乡市
湘乡神州制革厂	猪服装革、鞋里	猪皮40万	20	私营	湘乡市
长沙县长旺制革厂	猪服装革	猪皮40万	80	私营	长沙县春华乡
常德顺隆制革厂	猪服装革、鞋面	猪皮40万	80	私营	常德市德山
郴州国明制革厂	猪服装革	猪皮20万	70	私营	郴州市
怀化制革厂	猪服装革	猪皮40万	70	私营	怀化市
长沙县树林制革厂	猪服装革	猪皮10万	21	私营	长沙县新沙镇
益阳扇山制革厂	猪服装革、手套革	猪皮10万	22	私营	益阳市

注：1. 表列企业年生产能力为牛皮革90万张、猪皮革1200万张，共有职工2078人。

2. 制革厂主要集中在湘乡市、长沙县。

由表8-40可知，此前阶段年生产猪皮能力3万—9万张的小企业109家已全部被淘汰出局，年生产猪皮能力10万张的24家企业只存在了2家，年产猪皮20万张的5家企业只存活了1家，年生产30万张猪皮的5家企业一家也没有保留。目前，湖南制革厂家的数目只有膨胀期企业个数的9.42%，产能牛皮保存了90%，猪皮保存了33.36%。

与制革情况大致相当的皮鞋业，随着东南沿海劳动密集型制造业向内地梯度转移，一些大型外资鞋企陆续落户湘粤毗邻地区。

以湘潭县青山桥镇为例，该地从2000年起皮鞋企业逐步汇集，到2007年发展到138家，生产皮鞋、休闲运动鞋和波鞋三大系列产品，年产值过亿。经过市场竞争的淘汰和金融危机的冲击，本地几家鞋企合并重组为"着意乐"鞋业，其他如湖南"琪尔美""花之王""红玫瑰""百舌鸟"，衡阳"依利莱"，湘潭"李氏运动鞋"均系外地投资的较大规模的公司。目前该园区有制鞋企业30多家，年产各类皮鞋200万双，聘有员工2000多人，年销售收入一亿元以上。

湖南最具发展前景的皮鞋生产集聚地当属道县工业园，该园承接沿海产业转移卓有成效，广东惠州、东莞鞋业等外资鞋企纷纷内迁此地。目前已投产的建溢鞋业、湘威制鞋、嘉盛鞋业等贴牌生产企业年生产皮鞋能力都在百万双以上。尤其是法国品牌珂莎黛制鞋正斥巨资大兴土木，第一期工程同时修建了9个独立厂房，后续准备逐步将其产业链转移至此。按投资意向，工业园建成后其年生产皮鞋能力将达4000万双左右，产业工人预计将有20万人，若如此，湖南制鞋业便进入了一个全新的发展阶段。

湖南的皮件行业，21世纪初曾在长沙县星沙镇发展过一阵，后因若干原因不甚成功。继之而起的是邵东县"皮具工贸园"。自2004年皮具工贸企业进驻以来，规模不断扩大，目前从事皮具、皮革、配件生产厂家已达2000多家，经营贸易商2800多户，占据了全省皮具生产经营的半壁江山。据了解，该园区产品有七大系列2000多个，其休闲系列和书包系列产品的产量占全国生产总量的70%，主要销往俄罗斯、泰国、越南、巴基斯坦、老挝、缅甸等周边国家和全国各地，在全国十大皮具生产基地中仅次于广州花都与河北白沟，排名第三。

湖南省计划内皮革企业组建年份见表8-41。

表8-41　　　　　　　　　　湖南省计划内皮革企业组建年份

	1950	1951	1952	1953	1954	1955	1956	1957	1958	1959	1960	1961	1962	1963	1964	1965	1966
新增企业个数（家）	1	2	6	4	8	16	30	1	8	—	—	1	—	1	1	3	5

	1967	1968	1969	1970	1971	1972	1973	1974	1975	1976	1977	1978	1979	1980	1981	1982	1983
新增企业个数（家）	—	—	2	2	—	3	1	3	7	6	1	8	2	9	16	8	6

	1984	1985	1986	1987	1988	1989	1990	1991	1992	1993	1994	1995	1996	1997	1998	1999	2000
新增企业个数（家）	2	2															

	2001	2002	2003	2004	2005	2006	2007	2008									
新增企业个数（家）	—																

注：1. 本表所列企业系县以上计划内企业，乡镇区街上企业未列入。

2. 皮化、皮机五金、鞋楦、明胶等相关企业未列入。

湖南省皮革公司统计报表湖南省皮革重点时期主要生产数据对比见表8-42。

表 8-42　　湖南省皮革公司统计报表湖南省皮革重点时期主要生产数据对比

时期	比较科目							注释
	总产值（万元）	生产皮革（万折合张）	其中猪皮（万自然张）	生产皮鞋（万双）	生产皮箱（万口）	生产皮服装（万件）	生产皮手套（万双）	
1949	277	18	4.4					
恢复时期 1950—1952	1166	57	3.16	18.2				
与1949年相比	320.94%	216.67%	—	313.64%				
社会主义改造时期 1953—1957	3546	130	9.12	129.51	26.83			
与恢复时期相比	204.12%	128.07%	188.61%	611.59%				
"大跃进"与自然灾害 1958—1962	9346	115.2	32.59	353.25	100.2			1992年以后，全省已无统计年报，故此后没有相关数据支撑，不能列入本表
与社会主义改造时期相比	163.57%	-11.38%	257.35%	172.76%	273.46%			
三年调整时期 1963—1965	3440	50.25	58.79	153.4	8.46			
与"大跃进"和灾害相比	-63.19%	-56.52%	80.39%	-56.58%	-91.56%			
"文化大革命"时期 1966—1975	46421.7	1139	2052	988.08	161.64	6.79	397.32	
改革开放初期 1976—1980	73416	1108.82	4237.14	1838.37	191.6	26.48	2619.12	
与"文化大革命"时期相比	58.15%	-2.65%	106.49%	86.06%	18.20%	289.99%	559.20%	
改革发展时期 1981—1990	287422	3310.55	5944	10494	865.22	85.07	6332.17	
与改革初期相比	291.50%	182.33%	40.28%	470.83%	351.58%	221.26%	141.77%	

资料来源：湖南省二轻厅（局）统计报表。

湖南省皮革行业的设备引进见表 8-43。

表 8-43　　　　　　　　　湖南省皮革行业设备引进一览

企业 设备	益阳制革厂	岳阳制革厂	津市制革厂	湘潭制革厂	武岗制革厂	长沙制革厂	衡阳制革厂	常德制革厂	衡阳制革厂	株洲皮鞋厂	长沙二鞋厂	常德皮鞋厂	湘潭制鞋厂	湘南皮件厂	益阳再生革厂	合计	
	80	80	80	80	80	80	70	80	70	80	70	80	80	80	80	80	70	80
片皮机	1	1	1	1	1	1	1	1	2	1	—	—	—	—	—	—	3	9

续表

企业 设备	益阳制革厂	岳阳制革厂	津市制革厂	湘潭制革厂	武冈制革厂	长沙制革厂	衡阳制革厂	常德制革厂	衡阳制革厂	株洲皮鞋厂	长沙二鞋厂	常德皮鞋厂	湘潭制鞋厂	湘南皮件厂	益阳再生革厂	合计
削匀机	1	1	1	1	1	2	1	1	1	1	—	—	—	—	—	2	9
压花机	1	—	—	1	1	—	1	1	1	—	—	—	—	—	—	2	4
喷涂机	1	1	1	1	1	1	—	—	—	1	—	—	—	—	—	—	7
绷板机	1	1	—	1	1	1	—	—	2	—	—	—	—	—	—	—	6
磨革机	1	—	1	1	1	1	1	1	1	—	—	—	—	—	—	2	6
挤水伸展机	—	1	—	—	—	—	—	—	1	—	—	—	—	—	—	—	2
真空干燥机	—	—	1	1	—	—	—	—	1	—	—	—	—	—	—	—	3
震荡拉软机	—	—	—	—	—	—	—	1	—	—	—	—	—	—	—	1	
除尘机	—	—	—	—	—	—	—	—	1	—	—	—	—	—	—	—	1
双座压底机	—	—	—	—	—	—	—	—	—	27	—	—	—	—	—	—	27
绷尖机	—	—	—	—	—	—	—	—	—	—	2	—	—	—	—	—	2
后梆机	—	—	—	—	—	—	—	—	—	—	1	1	—	—	—	—	2
腰梆机	—	—	—	—	—	—	—	—	—	—	1	—	1	—	—	—	2
前梆机	—	—	—	—	—	—	—	—	—	—	—	1	1	—	—	—	2
扁皮机	—	—	—	—	—	—	—	—	—	—	—	—	1	—	—	—	1
快速缝箱机	—	—	—	—	—	—	—	—	—	—	—	—	1	—	—	—	1
鞋跟楦钉机	—	—	—	—	—	—	—	—	—	—	—	—	1	—	—	—	1
折收机	—	—	—	—	—	—	—	—	—	—	—	—	1	—	—	—	1
再生革生产线	—	—	—	—	—	—	—	—	—	—	—	—	—	—	1	—	1
软箱包流水线	—	—	—	—	—	—	—	—	—	—	—	—	—	1	—	—	1
发泡注塑皮鞋流	—	—	—	—	—	—	—	—	—	—	—	1	—	—	—	—	1

注：70、80 表示设备进口年代。

资料来源：湖南省皮革公司技术科技改报告。

湖南省皮革行业基本情况汇总见表8-44。

表8-44　　　　　　　　　　　　　湖南省皮革行业基本情况汇总

年份	总计 企业个数	总计 从业人数	总计 总产值(万元)	其中制革业 企业个数	其中制革业 总产值(万元)	其中制革业 总产量(万折合张)	其中制革业 其中猪皮(万自然张)	其中皮鞋制造业 企业个数	其中皮鞋制造业 总产值(万元)	其中皮鞋制造业 其中皮鞋(万双)	其中皮箱、皮件制造业 企业个数	其中皮箱、皮件制造业 总产值(万元)	其中皮箱、皮件制造业 皮箱(万口)	皮服装(万件)	皮手套(万双)	其他 明胶	其他 皮包(万件)	其他 皮制三球(万个)
1949				277			18			4.4								
1950	2775	5594	392			19				4.8								
1951	2760	5410	405			16	0.66			5.5								
1952	2131	5315	369			18	2.5			7.9								
1953	2842	5115	517			20	2			11.1								
1954	20	4628	500			21	0.21			23.9			5.45					
1955	57	4851	593			36	4.74			17.1			6.84					
1956	139	4739	881			29	1.8	20	32.93	37								
1957	153	4337	1055			24	0.37			44.48			14.54					
1958		7886	1282			29	7.1			47.29			11.62					
1959		8682	2445			28	5.7			82.73			18.78					
1960		6615	2328			27	17.5			80.71			19.94					
1961	137	6838	1732			21	2.27			72.02			28.06					
1962	133	6582	1559			10.2	0.02			70.5			21.8					
1963	110	4953	1061			13.1	7			66.6								
1964	98	3671	832			13.15	16.33			50.03			6.19					
1965	73	4719	1547			24	35.46			36.77			2.27					

续表

年份	总计 企业个数	总计 从业人数	总计 总产值(万元)	其中制革业 企业个数	其中制革业 总产值(万元)	其中制革业 总产量(万折合张)	其中制革业 其中猪皮(万自然张)	其中皮鞋制造业 企业个数	其中皮鞋制造业 总产值(万元)	其中皮鞋制造业 其中皮鞋(万双)	其中皮鞋制造业 企业个数	其中皮箱、皮件制造业 总产值(万元)	其中皮箱、皮件制造业 皮箱(万口)	其中皮箱、皮件制造业 皮服装(万件)	其中皮箱、皮件制造业 皮手套(万双)	其他 明胶	其他 皮包(万件)	其他 皮制三球(万个)
1966	58	5067	2975.5			60	113			30.15			5.41		4.56			
1967	61	5403	2953.2			60	111			37.64			7.38					
1968			3740			56	92			54.6								
1969	49	5918	4010			76	136			65	12.19							
1970	63	7038	5541			100	176			102.89			19.12		22.92			
1971	58	6972	4892			115	205			113			20.73		20.4			
1972	66	7730	5537			144	267			130			23.34	0.34	27.12			
1973	66	7930	6443			166	317			142			23.72	1.78	75.72			
1974	69	8268	5724			174	280			124			23.02	2.43	78			
1975	86	9872	8346			188	355			188.8			26.73	2.34	168.6			
1976	98	11961	9338			176	329.57			224			30.01	3.22	255.36			
1977	113	14212	12605			211	384.11			307			42.5	3.54	260.16			
1978	124	16365	12804			205.8	379.88			353.25			40.48	6.28	315.6			
1979	146	19151	16963			227.92	434.52			383.8			32.62	8.2	684			
1980	133	20550	21706			288.1	558.77			570.32			45.99	5.24	1104			5.05
1981	214	26811	23047	20	9096	313.39	607.16	150	8345	810.4			63	6.61	354.3		163.13	4.56
1982	223	28745	21504	20	7920	251.94	477.84	154	9139	872.85			65.13	9.37	248.82			3.81

续表

年份	总计 企业个数	总计 从业人数	总计 总产值(万元)	其中制革业 企业个数	其中制革业 总产值(万元)	其中制革业 总产量(万折合张)	其中猪皮(万自然张)	其中皮鞋制造业 企业个数	其中皮鞋制造业 总产值(万元)	其中皮鞋制造业 其中皮鞋(万双)	其中皮箱、皮件制造业 企业个数	其中皮箱、皮件制造业 总产值(万元)	皮箱(万口)	皮服装(万件)	皮手套(万双)	其他 明胶	其他 皮包(万件)	其他 皮制三球(万个)
1983	216	27959	20508	20	7246	254.29	488.24	147	8808	793.61				6.76	316.43		128.83	2.99
1984	226	29043	22521	19	7714	267.94	510.76	156	9178	827.36			60.65	3.89	439.64	320.38	88.44	
1985	208	26597	27474	19	9265	281.3	527.25	142	10836	932.3	33	1336	65.53	1.81	684.15	557	128	7.05
1986	204	25354	31756	18	10877	354.54	675.14	136	11634	1137	50	9245	88.34	2.19	1101.21	921.32	142.43	
1987	205		32531	19	11569	363.08	687.67	122	11483	1334.84	64	9479	103.72	5.12	867.99	1053	219.07	8.1
1988	217		32915	21	11798	344.89	643.06	128	10918	1260.38	68	10199	105.79	9.16	616.17	977.66	222.73	10.86
1989	222	252.41	35869	20	12989	349.38	653.78	142	11006	1343.09	60	11874	121.46	31.02	1057.23	848.6	147.17	18.1
1990	226	29745	39297	19	13164	349.8	673.1	129	13872	1182.17	60	28749	101.54	9.14	682.23	744.32	130.23	11.5
1991	227		5658.7	20	28460	373.24	714.82	133	15329	1469.61	58	15781	90.06	69.5	582.02	902.67	72.68	36.6
1992	153		44445		27683	343.66	669.89						72.3			318.39		

第二节 产业及产品结构

一 制革

湖南地形以滨湖平原和丘陵山区为主要特征,是我国的粮食主产区之一,猪、牛、羊皮等制革原料均有出产,每年可供资源数为牛皮 25 万张、猪皮 900 万张、山羊皮 50 万张。据湖南省畜牧局提供的资料显示,1999 年全省存栏肉牛 98.9 万头、牲猪 5837.6 万头、山羊 381.04 万头,可见制革资源十分丰富。

依托这种资源优势,新中国成立以后湖南陆续建起了计划内制革厂 18 家,其中全民企业 8 家,集体企业 10 家。以生产猪皮为主的企业 16 家,以生产牛皮为主的企业 2 家。改革开放前全省年加工猪皮的能力为 800 万张,加工牛皮的能力为 20 万张。

湖南制革起始及其后漫长的时期中,牛皮一直是唯一的加工对象。新中国成立初期组建的制革厂,其前身均为生产牛皮革的官僚资本或私营资本企业,如常德制革厂即为抗战时期从南京迁移来的"金陵皮革厂"。新中国成立后,这些厂及陆续建的制革企业因资源的局限,逐步演变为牛皮、猪皮、羊皮都加工的综合性企业。20 世纪 70 年代进一步发展成以猪皮为主要原料的厂家。至改革开放前,湖南专业生产牛皮的企业仅有津市制革厂和吉首制革厂,年加工牛皮能力各为 6 万张左右。其他具备牛皮加工能力的邵阳、常德、长沙、湘潭、衡阳等厂,年生产牛皮革 1 万—5 万张不等,各厂的实际产量取决于部、省下达的牛皮革生产计划。从 20 世纪 70 年代后多年运行的情况看,这些综合性制革厂的牛皮革产量在其生产总量中的比例呈不断下滑的态势,到 90 年代,猪皮革生产便已成为这类工厂营运的绝对主体。

湖南这种以猪皮制革为主的格局,是由历史原因造成的。改革开放前,牛皮资源系由国家统一收购统一调拨,一保军工,二保出口,第三才是民用。进入 60 年代以后,每年分配给湖南的牛皮在 10 万张左右,限制了湖南制革的产能。直到 1980 年轻工部每年分配湖南进口兰湿牛皮 3.5 万张,自身又先后自营进口兰湿牛皮 4.31 万张,资源短缺的情况才有所改善。鉴于这一原因,湖南制革企业的发展,只有向有资源优势的猪皮制革方向倾斜。因此,湖南的牛皮制革,新中国成立初期即有 18 万—19 万张的生产能力,而在此后的若干年中,产能始终维持在 20 万张左右。当然产品结构是有变化的。新中国成立初期,牛皮革以重革—内外底革为主,往后逐步增添了带革、工业革、全粒面、修饰鞋面、球革、二层修面、包袋革等一些品种。到 20 世纪 80 年代末,牛革产品之轻革的比例已占 65% 左右。

湖南粮多猪多,猪皮资源充裕,发展猪皮制革有潜在的优势。但 20 世纪 50 年代到 60 年代上半期,一方面当时的城乡居民习惯吃带皮猪肉,猪皮开剥困难;另一方面猪皮成本高出牛皮一倍以上,而猪皮革的价格还不及牛皮革的一半,制革厂大都不愿意生产,这一阶段猪皮制革的发展十分缓慢。其实早在 1951 年邵阳制革即实验生产了猪皮面革 6600 张,还得到过轻工业部的表扬,但实际推广过程却极不顺利,各方的积极性都不高,全省仅邵阳、常德、湘潭三个厂生产。从 1951 年到 1963 年的 13 年中,全省总共生产猪皮 51.87 万张,年均才 3.99 万张。1965 年国家对猪皮收购实行财政补贴,有力地推动了猪皮制革的发展,按年均生产量算,70 年代为 312.8 万张,80 年代为 582.9 万张,90 年代前三年为685.9万张，其年产量一直居全国的前几位。

湖南猪皮革的品种20世纪60年代以内底革、修饰鞋面革为主，进入70年代以后逐步增加了带革、工业革、植鞣半硝革（栲里革）、手套革、箱包革、正面服装革、软正面鞋面革、正绒鞋面革（Nubuck）、反绒服装革、反绒软鞋面革、色里革等十多个品种，花色达60余个，基本保障了制鞋、皮衣、皮件、手套等下游皮革制品业的生产需要。

猪皮革产品结构的变化必然带来高、低档比例的改变。20世纪60年代高档猪皮革不到20%，70年代上升到接近25%。80年代由于正面服装革和反绒服装革的工艺日趋成熟，正面、正绒和反绒软鞋面革推出，高档产品的比例达到80%。到了90年代，猪皮补伤材料与工艺日趋先进，加上猪皮服装出口和内销分量激增，猪皮正面服装革的比例达到90%左右，致使猪皮制革偏离"看皮做皮"的传统，一度走上了产品单一、丧失市场应变能力的歧路，以致东南亚金融风暴与美国次贷危机的风浪袭来，全省猪皮革生产几乎处于停顿状态。即便是湘乡这一猪皮制革的集群地也处于风雨飘摇之中。

在改革开放早期，湘乡是湖南乃至全国知名的盐湿猪皮贸易集散地。20世纪90年代初，一些积累了原始资本的皮革老板纷纷利用资源优势兴办制革厂，高峰时期曾达28家。经1998年金融风暴的淘汰，到2007年尚存猪皮革厂20家，规模以湘乡的怀琪制革有限公司（年产量300万张）、银河制革有限公司（年产量100万张）、国强制革有限公司（年产量80万张）为最大，总体加工猪皮的能力在年1200万张以上，是中南地区最大的猪皮加工基地。但自2008年起，随着国际市场的萎缩，各企业承接的订单严重不足，导致40%的企业停产倒闭，40%的企业半停产维持，20%企业如怀琪、银河等则不饱和生产。值得庆幸的是通过市场规律的调节，全省猪皮制革打破了服装革一统天下的局面，猪正绒鞋面革、沙发革、箱包革、手套革、鞋里革生产的比例大幅增长，市场应变能力较20世纪90年代有了显著的改善。

湖南的山羊皮属"汉口路"，质量较好。虽然储量颇丰，但历史上均由省级畜产部门统一收购后出口，本身加工不多，而且是偶然性业务。省内设有邵阳、常德、衡阳三个加工点，主要制作鞋面革，也做过羽毛球革。其他杂皮加工数量更少，次数更稀，常德制革厂70年代曾加工过数千张獐子皮，产品为正绒面仪表革。综上所述，羊皮及其他杂皮不构成湖南制革的组成部分。

湖南省1994年度制革重点企业主要经济指标见表8-45。

表8-45　　　　　　湖南省制革重点企业主要经济指标（1994年度）

企业名称	产量		总产值（万元）		销售收入（万元）	职工人数		利润（万元）
	万张	万平方米	皮革	其他		总人数	技术员	
冷水滩制革厂	11.02	9.1	528.76	—	513.08	278	14	-95.64
湘潭制革厂	66.55	65.38	2340	503	3804	833	15	11
常德制革厂	100.16	106.23	4000.6	—	4704.33	514	65	-269
祁东制革厂	19	46.2	1467	—	970	403	47	-240
怀化制革厂	54	64	2366	—	2500	248	9	5
涟源制革厂	26.3	26	1220	—	1787	269	24	-215

续表

企业名称	产量		总产值（万元）		销售收入（万元）	职工人数		利润（万元）
	万张	万平方米	皮革	其他		总人数	技术员	
岳阳制革厂	101	89	6380	—	5611	350	25	-29
邵阳制革厂	37.56	38	1968	—	2876	693	86	-2457
益阳制革厂	44.8	58.4	1795.6	—	1886.1	306	14	-95
郴州制革厂	62.4	63.04	2424	—	3183.22	186	20	59
衡阳制革厂	56.05	57.94	2005	—	2824	396	15	-98

注：以上企业至1999年已全部不存在（包括不以原来的形式存在）。

二 制鞋

湖南的皮鞋业是由元、明时期的油鞋、木屐手工作坊、皮担业演变而来的。新中国成立前由于连年战乱，民不聊生，厂坊歇业，生产实体所剩无几。新中国成立以后，皮鞋业迅速恢复发展，1950年生产皮鞋4.8万双，1951年生产5.5万双。1952年先由长沙158名皮鞋匠人成立第一个制鞋社，长沙橡胶皮鞋厂和株洲皮鞋厂随之建立，全省各地制鞋合作社也纷纷成立，当年便生产皮鞋7.9万双。

1953—1957年社会主义改造时期，长沙私营的大捷、美丽长、五福、四明等8家私营靴鞋厂与鹤鸣等4家靴鞋店实行公私合营，成立大捷制鞋厂。到1956年，全省湘潭、邵阳、衡阳、株洲、常德等市共建立皮鞋企业20个，其他各县市24家。五年间共生产男女皮鞋、凉鞋129.51万双，年均生产25.9万双，是1949年的5.89倍，比1952年增长了227.85%。

1958—1962年"大跃进"时期，湖南成立了6家制鞋企业，皮鞋产量先升后降。1958年产出皮鞋47.29万双，1959年82.73万双，到1962年后降为70.5万双。

1963—1965年三年调整时期和"文化大革命"的前一阶段（1969年），湖南虽然相继建立了皮鞋厂9个，但是国民经济困难，群众购买力低，不少企业减员转产。1964年全省仅保留常德五一、邵阳二鞋、长沙制鞋、长沙一鞋、长沙二鞋5家企业，1965年年产皮鞋36.77万双，仅为1959年的44.45%。其后经济虽然回暖，但"文化大革命"动乱的冲击致使皮鞋生产发展缓慢，1966年皮鞋生产下滑到年产仅30.15万双。其后几年小幅回升，1967年37.64万双，1968年54.6万双，1969年65万双，一直都没达到1959年的生产水平。1970年湖南抓整顿、促生产，皮鞋企业才大有起色，产量逐年上升，由1970年的102.89万双增长到1975年的188.8万双，迈上了一个新的台阶。

1976—1980年改革开放探索期，湖南制鞋业迅速发展，新建皮鞋企业14家，皮鞋年产量节节攀升，由1976年的224万双，1977年的307万双，1978年的353万双，1979年的384万双，到1980年突破500万—570万双。五年总共生产皮鞋1838.37万双，年均生产367.67万双，为"文化大革命"时期年均生产量的3.72倍。

1981—1990年改革开放进入深入发展阶段。随着放开搞活政策的出台，湖南新建了23家皮鞋厂，尤其是5家重点皮鞋企业引进先进制鞋设备（设施）40台，发泡注塑制鞋流水线1条，形成了硫化、胶粘、注塑、模压、线缝五大类皮鞋产品，花色发展到300多个，极大地丰富了城乡市场。本期间，全省共生产皮鞋10494万双，与改革开放探索期相比，增长了470.83%，最高年产量达到1343万双。本阶段全省有定点制鞋企业85家，年产量在30万双以上的重点企业有长沙橡胶皮鞋厂（85万双）、长沙二鞋厂（66万双）、长沙制鞋厂（35万双）、湘潭一鞋厂（35万双）涟源县皮革厂（30万双）。

1991—1998年改革开放进入攻坚阶段，随着市场的完全开放，国有和集体的皮鞋企业竞争乏力，纷纷倒闭、转制，而乡办和街道以及私营的鞋厂则风起云涌。据不完全统计，全省皮鞋企业有500—600家，年产量2800万双上下，形成了一个高潮。但在其后的东南亚金融风暴冲击下，国内市场急骤变化，加上产品款式不新，技术含量不高，大多数鞋厂管理滞后，加上市场无序竞争，此期间诞生的大多数鞋厂都相续倒闭，1998年湖南生产的皮鞋仅有180万双，降到了1974年、1975年的水平。综合这一阶段的情况，湖南的皮鞋制造业缺乏上规模的大型企业，缺少高效率的流水生产线，缺乏高水平的设计队伍，没有大规模的贴牌和叫得响的品牌，更没有建立起有效率的销售网络。所以风险袭来无法抗御，几乎全军覆没。

在此期间，外资鞋企也有进入湖南，但为数很少，当以香港登福国际贸易公司、湖南省皮革工业公司、长沙制鞋厂三方合资兴办的"湖南长福鞋业有限公司"最为耀眼。

"湖南长福鞋业有限公司"成立于1991年1月，总投资104万美元，建有2条大流水线，年生产各类高中档"纽伦斯堡"品牌旅游鞋、运动鞋100万双。产品80%销往俄罗斯、德国和东欧其他国家，20%销往香港、北京等地区，市场反应良好，往往供不应求。该公司每年的工业总产值为3776万元，出口创汇为640万美元，经济效益和社会效益在当时都颇不错。1991年11月，时任中台办主任的王兆国还到该公司视察指导工作并题名留念。其后的几年中，全权管理"长福鞋业有限公司"的外资方为扩大经营规模，又以有限的财力在天津等地区兴办同类鞋企，以致系统资金运转不灵、捉襟见肘，而"长福"也因资金链断裂无以为继，最终导致停产注销。

进入21世纪后，国内制鞋业开始从沿海发达地区向劳动力资源丰富、劳动力成本更低廉的中部地区转移，从而促成了道县工业园一类大型制鞋企业集群的产生。尤其是这一时期内迁的鞋企，无论在生产规模、生产效率、管理水平，还是在品牌知名度、设计能力和销售渠道各方面都具有国内的一流水平，对本土鞋企的示范作用极为显著。

尤为重要的是，中部地区立足国内市场的皮鞋销售网络，随着平江县"中国·中部鞋城"的建立，一个具有专业化、规模化、信息化、国际化的鞋类综合批发市场，具有区域辐射功能的鞋类集散中心形成。2008年即有浙江、重庆、福建、广东、江西、江苏及本土的110家厂商入驻，开设店铺260个，"中部鞋城"还在周边地区建立了鞋类终端客户10000余家。"中部鞋城"营运中心的资料显示，其在试营业过程中，即有湘、鄂、赣三省边区的鞋类终端客户2500多人次前来购鞋品，种类包括各式男女皮鞋、运动鞋、旅游鞋、童鞋和布鞋。"中国·中部鞋城"这种"工贸联运，产销一体化"的商务运营模式，不仅为在湘的制鞋企业编织了中部地区的皮鞋销售网络，也为这些企业建立了内销信息反馈的原始渠道，其意义十分深远。

三 皮件

近代历史上，湖南常德生产的片皮箱（木箱外包一层牛皮片）颇有名气，嗣后长沙的常汉箱也大受市场欢迎。此外还有皮带、马鞍、革制袋等一些产品。新中国成立前这些厂坊规模很小，一般几人，多者十几人，手工操作，产量有限。

1952年首先是长沙69家皮件作坊合并成立长沙皮件社，其后全省各地相继组建了一些皮件合作社，到1956年已建立了皮件厂社37个。由于组织起来后分工更细，劳动生产率提高了1.3—1.5倍。主要产品是皮箱、皮带、工农业用皮件等。其中皮箱1954年为5.45万只，1955年为6.84万只，1957年为14.54万只，1959年为18.78万只，"大跃进"中产量最高年份的1961年达到了28.06万只。国民经济调整时期，全省皮件企业陷入停顿，正规保留的仅长沙皮件厂、长沙湘南皮件厂、长沙文体用品厂。1965年产量降到了2.27万只，成为新中国成立后皮箱产量最低的年份。本期间皮劳保手套开始生产，1966年为4.56万双。

皮件行业的低迷状态持续到70年代才慢慢复苏。整个70年代一共生产皮箱258.55万只，年均25.85万只；皮手套从1970年年产22.92万双到1979年年产684万双，1979年是1970年的29.84倍；皮服装1972年开始生产，当年产成0.34万件，到1979年年产量便上升到8.2万件，后者是前者的24.12倍。

20世纪80年代是湖南皮件行业迅速发展的年代，皮帆布箱、人造革箱得到推广，长沙皮件厂的图案花皮箱、武岗皮件厂的仿古皮箱都别具一格，在全国展出获得好评。皮包袋、皮裤带、皮卷尺、皮三球（篮球、排球、足球）及工业皮件等产品的产量都呈上行趋势。其中，皮箱年均生产77.5万只，最高年份1988年达121.46万只；皮服装年均生产8.12万件，最高年份1989年生产了31.02万件；皮手套年均生产679万双，最高年份1980年生产了1104万双；皮制三球1989年生产了18.1万个，其他年份年均生产6.06万个；有统计数据的8年中，皮裤带总共生产了1506.77万条、皮包袋生产了2149.86万个。本期间计有定点制件企业79家，年产值400万元以上的骨干企业有长沙湘南皮件厂（545万元）、长沙皮件厂（415万元）、株洲市皮件厂（461万元）、湘潭市皮件一厂（413万元）。

在计划内皮件企业迅猛发展的同时，乡镇企业异军突起，尤其是浏阳的皮革服装更是一度闻名遐迩，被誉为"南方皮服之都"。

早在1982年，浏阳沙市镇就从温州引进皮革制作皮革服装，面市后颇受消费者青睐，市场看好。到1988年，山田、沙市、秀山、淳口、龙伏、社港等乡镇均办有皮革服装生产企业，年产各式服装16万件。1989年，秀山服装一厂的"喜来登"皮革服装在北京"中国乡镇企业第二届出口商品展会"展出时颇受欢迎，时任国务院总理的李鹏看后连声称赞"这厂服装样式好，做得好，做得好！"其夫人朱琳获赠并穿过后给该厂去信感谢并附寄了100元钱，一时浏阳皮革服装影响遍及全国。1991年，浏阳皮革服装的生产达到了48万件。1992年，浏阳皮革服装生产企业有70多家，仅"方竹"品牌的系列皮服装就有5.5万件销往了我国港澳和欧美地区，销售收入达1000余万元。1993年，浏阳皮革服装的生产达到高峰，皮革服装企业遍及浏阳20多个乡镇，县属的供销、商业、外贸、教育等系统都各自开办了皮革服装厂。据《湖南省浏阳市工业经济志》介绍,全市有各类皮革服装企业800多家,从业人员3万余人,年产皮革服装93.7万件。其中,集里办事处的九洲皮件服装厂开发了60多个品种,首批出口意大利,年产值过500万元,时任总书记的江泽民还曾为该厂题词"保证产品质量,增加花色品种,满足人民生活需要"。

  1994年10月,浏阳县政府牵头举办了首届"中国浏阳皮革服装博览会",6个国家和地区的40余名外商,国内各省市的1000多名商务代表与会,评选出了十大品牌皮革服装,其中"方竹""浏苑""狗狗""声威"皮革服装获质量金奖。1995年的第二届"中国浏阳皮革服装博览会暨冬季商品交易会"上,浏阳33家大中型皮革服装生产企业展出各品种规格的皮革服装880多个,5000余名供需代表与会,总成交额达2.12亿元,其中零售额有1108万元。该年,浏阳生产皮革服装86万件,上规模的皮革服装企业有165家,加上小型生产企业,总数达到3000余家。其中,年生产过千万的企业有6家。

  1996年,浏阳的皮革服装生产出现了转折。一方面是国内皮革服装流行趋冷,市场萎缩,另一方面是欧洲市场保护启动,外销受阻,产品开始出现积压。1997年浏阳皮革服装在总产量降至42万件。为走出皮服装生产困境,商业系统率先在俄罗斯设立直销窗口,自营出口皮革服装1.5万件。嗣后,沙市镇组织24家镇村企业把生产做到俄、美市场,全镇3000余人还在外地设立了500多个皮革服装加工网点;赤马镇则在莫斯科设立直销档口,并以此为据点开拓法国、英国、德国、美国、罗马尼亚等国家的市场,当年出口以PVC为面料的皮革服装28万件,销售额近3000万元。尽管1998年东南亚金融风暴影响很大,但由于皮革服装出口直销的拉动,浏阳皮革服装生产逐渐回暖,到2000年,全市皮革服装的产量回升到61.7万件。但也就是2000年,俄罗斯金融风暴爆发,卢布贬值,加上灰色清关风险显现,浏阳的皮革服装企业受到致命的打击,仅沙市镇皮革服装企业的直接经济损失就达数千万元。从此以后浏阳的皮革服装行业日渐衰退,九洲皮件服装厂、声威皮革行、白竹皮革服装厂、方竹皮件服装厂等一批较大规模的皮革服装企业先后停办或转产布料服装,浏阳皮服风头不再。

  综观浏阳皮革服装发展的全程,国内皮衣市场的变化和俄罗斯金融风暴的冲击故然是其盛极而衰的重要原因,但其产品以低档次、低价位为主,技术含量和附加值低,市场的竞争力弱,一有风吹草动首先受到冲击在所难免。首先,浏阳的皮革服装传承于飞行服、猎装、摩托车服,后期虽发展出了夹克衫,但总体上变化不大,更谈不上时装化款式,故在一定的时期遭淘汰不足为奇。其次,浏阳的皮革服装企业虽然数量众多,但数年中都未产生一个大型企业,也未形成互为依托的产业集群,大家在同一平面上竞争,形不成合力,时过境迁,被市场抛弃也属必然。

  进入20世纪90年代后,皮件企业一哄而起,遍地开花,全省有450家左右。在激烈的市场竞争中,计划内的国有、集体皮件企业日渐减少,私有企业占据了舞台,皮件产品的产量则是激增。1991年,皮服装生产了超历史的69.5万件,1995年更是达到了创纪录的142.04万件;皮手套也突破历史最高水平1057万双,1995年达到1409.05万双,可谓空前繁荣。但1998年市场紧缩后,经济规律和市场法则有力地进行了干预和调节。此时皮衣产量降为23万件,皮手套降至1140万双,皮箱降至6万口,皮包袋降至8万个。湖南皮件行业经不起市场经济的风吹雨打,其原因和皮鞋行业基本相同,只不过程度上更严重，生存发展要素缺失得更厉害。

湖南包袋行业新旧世纪之交期间的失利，既宣告了市场经济条件下传统发展方式的衰亡，也预示着新的发展模式的兴起。21世纪头几年邵东县皮具箱包产业集群的兴起，就是这一新的发展趋势的最好诠释。

邵东县地处湖南中部的丘陵地区，本身并不具有地理和资源优势，但邵东人素有商贸的传统，近代以来更有"商贸之县、百工之乡"的美誉。邵东县123万人口中，常年在外办厂、经商的就占30%以上，其中走出国门的有5万—6万人。由此，邵东便占有销售网点覆盖宽和市场信息反馈快两大现代产业形成的必备要素。

邵东的皮具箱包产业起步于20世纪80年代初，以批发零售的商贸形式存在，其工业品市场当时被评为全国百强文明市场。20世纪90年代，陆续出现了为沿海包袋企业贴牌生产的家庭手工作坊和前店后厂的微型企业，开始了皮具箱包从纯商贸到生产与商贸并举的转化。进入21世纪后，在当地政府"兴工旺商"战略的推动下，皮具箱包产业发生了跨越式的变化。2007年兴建完成的邵东县皮具工贸园，占地550多亩，其中贸易区150亩，入驻各类店户700多家；生产加工及配套区400多亩，可容纳规模生产企业150余家，是我国目前皮具箱包行业集生产、贸易于一体的园区中，规模大、档次高、配套设施完善且具有国际专业水准的基地之一。现在，邵东县皮具箱包产业已形成了以县城为中心，以周边黑田辅、黄陂桥等7个乡镇为依托，辐射面积达20平方千米的产业经济圈。截至2009年，全县共有皮具箱包生产企业1200余家，其中规模以上企业200余家；有专业经营户500余家；产业总共惠及农民12万多人。皮具箱包生产环节的发展，催生了其上游产业的形成。目前，面料、拉链和配件生产与销售企业有1000余家，从业人员超过8万人。其中松山塑胶有限公司占地50亩，注册资金1500万元，年生产各类PVC箱包面料1500万米；国旺拉链厂厂房面积5000平方米，投资3000余万元，拥有国际先进拉链生产设备80余套，产品种类齐全，在配套企业中较为突出。可以说邵东皮具箱包产业已经形成了一个企业集群，其年销售收入在50亿元以上，是湖南皮具箱包生产的重要基地。

邵东皮具箱包产业的后发优势之一在于"科技创新、教育联动"。邵东的皮具箱包企业除强化各自的设计研发部门外，还和县财政联合投资100万元，在县职业中专成立皮具箱包产品研发中心。该中心盯住国内顶尖水平，聘请高级技师、引进先进工艺和设备，进行技术创新和产品创新，自主开发出30多种不同档次、不同品种和各种花色的皮具箱包。现在，邵东的皮具箱包产品有书包、背包、旅行包、女包、男包、腰带、钱包七大系列2000多个品种，而且每天还有近百个新款投放市场。为了培养本土的专业技术人才和生产技术骨干，邵东县皮具协会与县职业中专联合办学，开办皮具专业，首期招生300人，进行定向培养。此外，近两年还举办了皮具箱包企业法人培训班4期，有500余人次参加；员工岗位培训班8期，使800余人的生产技能有所提高，这一些都为邵东皮具箱包产业的稳健持续发展注入了活力。邵东皮具箱包产业的后发优势之二在于他们逐步摒弃了无牌—冒牌—贴牌之路，大力创建自己的品牌。目前，全行业30%以上的企业拥有自己的品牌，总共注册商标202个，其中，"健王""中亚王子""尊帝""林峰""发仔王"等20多个品牌有自己的业务网点，且在国内市场上享有一定声誉。邵东皮具箱包产业的后发优势之三在于他们彻底摆脱了挑担摆摊的原始销售方式，大力构建以专业网点和特色市场为主线，以加工贸易和跨国零售为辅助的营销网络。现在，邵东产的书包销售量占全国同类产品销售份额的70%，浙江义乌出口的中低档箱包70%也由邵东提供。俄罗斯、泰国、越南、巴基斯坦、老挝、缅甸等国都有邵东的皮具箱包面市，2009年该行业出口创汇达9000万美元。

四 皮革配套行业

湖南的皮革配套行业发展不成熟。其中厂家较多，产量较大的首推皮革化工，先后报批成立的有13家，详情见表8-46。

表8-46　　　　　　　　厂家较多、产量较大的13家皮革化工企业

序号	企业名称	主要产品	生产能力（吨）	职工人数（人）
1	湘潭市皮革化工厂	加脂剂、颜料膏	5000	200
2	长沙市平安精细化工公司	加脂剂、颜料膏	2000	50
3	长沙市湘鸥化工厂	丙烯酸树脂	1000	70
4	长沙县江南化工厂	有机硅材料	50	6
5	邵东石湾染料化工厂	染料	200	20
6	湘潭宏发化工厂	加脂剂	4000	100
7	湘潭县染料化工厂	染料	100	18
8	邵阳市一皮化厂	加脂剂	800	160
9	衡阳市化工厂	小苏打、无明粉	600	40
10	湘乡市高兴化工厂	加脂剂	800	8
11	湘乡市皮革化工厂	加脂剂	800	15
12	湘乡市忠诚化工有限公司	加脂剂	2000	20
13	长沙肉联皮化厂	加脂剂	2000	30

此外，湖南的铬盐生产还算不错，长沙铬盐厂红矾钠年产量在20000吨以上，长沙平安铬业的铬粉产量也有5000吨。尤其是长沙铬盐厂在成都科大张铭让教授的技术支持下生产的铬粉，至今畅销全国。再者衡阳生化厂的胰酶，1398蛋白酶，淀粉转化力与活性都不错，年产在200吨以上，也在皮化产品中占有一席之地。而津市皮革机械厂生产的900毫米、1500毫米磨革机，全国不少制革厂都有使用。至于吉首栲胶厂生产的红根栲胶，历经几十年的考验，在国内植物鞣剂生产企业中始终有一定的影响。

湖南省制革行业原皮分类情况见表8-47。

表 8-47　　　　　　　　　　　湖南省制革行业原皮分类情况

年份	生产量（万张）牛皮	生产量（万张）猪皮	年份	生产量（万张）牛皮	生产量（万张）猪皮
1949	18.00	—	1980	8.72	558.77
1950	19.00	—	1981	9.81	607.16
1951	15.34	0.66	1982	13.02	477.84
1952	16.75	2.50	1983	10.17	488.24
1953	19.00	2.00	1984	12.56	510.76
1954	20.90	0.21	1985	17.68	527.25
1955	33.63	4.74	1986	16.97	675.14
1956	28.10	1.80	1987	19.25	687.67
1957	23.82	0.37	1988	22.24	643.06
1958	25.45	7.10	1989	21.82	653.78
1959	25.15	5.70	1990	12.19	673.10
1960	18.25	17.50	1991	15.83	714.82
1961	19.87	2.27	1992	8.74	669.89
1962	10.20	0.02	1993		
1963	9.60	7.00	1994		
1964	4.99	16.33	1995		
1965	6.27	35.46	1996		
1966	3.50	113.00	1997		
1967	4.50	111.00	1998		
1968	10.00	92.00	1999		
1969	8.00	136.00	2000		
1970	12.00	176.00	2001		
1971	12.50	205.00	2002		
1972	10.50	267.00	2003		
1973	7.50	317.00	2004		
1974	34.00	280.00	2005		
1975	10.50	355.00	2006		
1976	11.22	329.57	2007		
1977	18.95	384.11	2008		
1978	15.86	379.88	2009		
1979	10.66	434.52			

注：1. 湖南每年由外贸部门收购的羊皮、狗皮、兔皮、狸子皮及其他兽皮 100 余万张，交给制革厂加工的约 50%。1985 年以后基本停止了生产。因量少，折合为标准张后对基本数据影响基微，故本表未予录入。

2. 湖南每年可供牛皮资源约 25 万张，本省收购 20 万张左右。由于该资源系国家统一收购调拨物资，先保军需、出口，然后才用于民品，60 年代以后分配给湖南的牛皮逐步减少，每年在 10 万张上下。这一状况推动了湖南猪皮制革的发展，尤其是 1965 年国家对收购猪皮实行每张 3 元财政补贴的政策后，猪皮制革便逐年上升。1964 年是湖南猪牛皮生产的拐点，猪皮比牛皮多生产 63.63%，而 1965 年猪皮生产则为牛皮生产量的 282.78%。

3. 自 1992 年起，湖南皮革行业由于政策管理职能完全退出，原有计划内企业发生了根本性的变化，生产主体逐步由乡镇、私营企业承担，全省统计资料缺失无法系统反映。

湖南省制革行业产品分类明细见表8-48。

表8-48　　　　　　　　　湖南省制革行业产品分类明细

年份	产成数 重革（吨）	产成数 轻革（万平方米）	年份	产成数 重革（吨）	产成数 轻革（万平方米）
1951	118.00	1.98	1981	2872.30	547.77
1952	183.00	7.88	1982	2754.20	426.71
1953	162.00	14.45	1983	2972.72	401.38
1954	282.00	16.00	1984	2591.04	446.72
1955	253.00	17.00	1985	2927.21	554.15
1956	248.00	26.73	1986		
1957	450.00	33.65	1987	2262.55	867.97
1958	732.00	35.74	1988	1366.85	705.85
1959	685.00	35.22	1989	986.65	861.49
1960	833.00	40.59	1990	581.40	823.74
1961	487.35	31.54	1991	765.72	861.82
1962	272.00	16.50	1992	452.37	818.29
1963	240.00	22.20	1993		
1964	340.00	21.38	1994		
1965	426.50	29.10	1995		
1966	622.65	88.93	1996		
1967	776.70	78.80	1997		
1968	800.50	95.40	1998		
1969	961.70	113.00	1999		
1970	857.90	165.90	2000		
1971	987.80	234.40	2001		
1972	986.60	265.50	2002		
1973	1018.10	267.40	2003		

续表

年份	产成数		年份	产成数	
	重革（吨）	轻革（万平方米）		重革（吨）	轻革（万平方米）
1974	716.90	234.70	2004		
1975	948.00	335.10	2005		
1976	913.00	296.30	2006		
1977	1310.00	236.40	2007		
1978	1422.65	381.62	2008		
1979	1546.90	416.30	2009		
1980	1964.34	530.63			

注：1. 表例数据说明新中国成立初期皮革生产基本上是重革，20世纪50年代至60年代轻革产品逐年增加，但仍然未摆脱重革产品为主的格局。70年代起轻革比例大幅上调，逐年占据了主导地位。

2. 轻革产量上升的动力是面革市场需求的上升，条件是猪皮制革技术的广泛推广和猪皮开剥量的迅速增加，以及猪皮面革产品种类的不间断开发。

3. 各类二层革未录入本表。

湖南省制革行业主要产品汇集见表8-49。

表8-49　　　　　　　　　　湖南省制革行业主要产品汇集

产品名称	植鞣革		铬鞣革
	重革	轻革	轻革
外底革	√		
内底革	√		
工业革	√		
带革	—	√	
植鞣栲里革	—	√	
手套革	—		√
色里革	—		√
正鞋面革（全粒面）	—		√
软正鞋面革	—		√
正绒软正鞋面革	—		√
反绒软正鞋面革	—		√

续表

产品名称	植鞣革 重革	植鞣革 轻革	铬鞣革 轻革
修饰鞋面革	—		√
正面服装革	—		√
反绒服装革	—		√
沙发革	—		√
包袋革	—		√
轧花箱包革	—		√
二层服装革	—		√
二层手套革	—		√
二层鞋里革	—		√

第三节 科研成果与优质产品

一 科研成果

新中国成立前，湖南皮革工业是以手工劳动为主的作坊式生产，长期处于落后保守状态。新中国成立以后生产条件和工作环境大为改善，但在求大于供的情况下产品研发不被重视，在相当长的时间内都处于企业接到生产订单临时组织人员攻关的断续开发阶段。到20世纪70年代初，制革、制鞋、皮件的重点企业大都建立起实验室（试制组），承担起了各自的产品模仿与研制工作。由于信息渠道阻隔，各厂又单打独斗，全省没有形成有计划、有目标、技术力量协调的研发体系，成果有限。直到80年代初成立湖南省皮革研究室，1988年改建为湖南省皮革研究所，全省的皮革研究工作才系统地运转起来。此后，湖南省累计完成可转化的科技成果50多项，其中12项获轻工部、省科委的科技进步奖、优秀新产品奖。例如，省皮革研究所的"铬植结合鞣猪二层卷尺盒用革""铬鞣猪正面黑色水染服装革"常德制革厂和国防科大、湖南师大协作的"微机配色""氯化稀土在制革中的运用"获省科委的科技进步三等奖。常德制革厂的"黄牛正面服装革"、邵阳制革厂的"猪皮高档正绒鞋面革"、津市制革厂和省皮革公司联合攻关的"水牛修饰鞋面革"，岳阳制革厂的"高档薄型猪皮服装革"，长沙二鞋厂的"猪皮软轻皮鞋"、长沙橡胶皮鞋厂的"低压绝缘硫化皮鞋"均获湖南省优秀新产品奖。

二 优质产品

湖南的皮革产品随着质量意识的提高、生产工艺的成熟和装备水平的提升，创造出了一批名牌优质产品。

早在1956年，衡阳市第一制鞋社的皮鞋在中南地区同行业评比时就被评为第二名，获轻工业部红旗奖。1978年全国四鞋评比中，长沙橡胶皮鞋厂的天鹅牌皮鞋、长沙制鞋厂的长岛牌皮鞋、长沙二鞋厂的牛牌皮鞋等 14 种皮鞋获轻工、商业、化工、标准四部局颁发的优秀设计产品奖。1979 年全国皮革、皮鞋质量评比中，长沙橡胶鞋厂的硫化皮鞋、常德市皮鞋厂的胶粘皮鞋、长沙二鞋厂的线缝皮鞋均被评为一类产品。长沙橡胶皮鞋厂的工农硫化皮鞋并获轻工部优质产品证书。

湖南制革产品在全国历届皮革质量评比中成绩也甚佳。岳阳制革厂的猪正面服装革 1980 年被评为一类一名，获银质奖。常德制革厂的猪反绒服装革在全国皮革质量评比中，先后被评为一类三名、二名、一名，获轻工部优质产品证书。在历届全国皮革质量评比中获部优产品称号的还有邵阳和长沙制革厂的猪正面服装革、长沙制革厂的猪绒面服装革。另外，获省优产品称号的有岳阳制革厂的淡黄手套革、黔阳制革厂的猪二层修面革、湘潭制革厂的猪植鞣栲里革。

制件产品最突出的是常德市皮件二厂的猪皮服装，全国行评中名列第一，被授予国家银质奖。再者常德市明胶厂的照像明胶，全国行评也是第一名，食用明胶和工业明胶则名列第二。株洲皮件厂的全皮衣箱、长沙湘南皮件厂的模压旅行箱也获得了省优产品的称号。

综上所述，在起止于改革开放深入期的各项质量评比活动中，湖南皮革行业计有 27 种产品获得省、部级以上优质产品称号 34 项。这在一定程度上对相关企业是一种激励，对未获奖企业也是一种促进和推动（见表 8 – 50）。

表 8 – 50　　　　　　　　　　湖南省皮革行业省、部优产品汇总

获奖产品名称	生产企业	获奖类别
猪皮正面服装革	岳阳制革厂	国家银质奖、省优、部优
猪皮绒面服装革	常德制革厂	省优、部优
猪修饰鞋面革	邵阳制革厂	部优
猪正鞋面革	邵阳制革厂	省优
猪皮植鞣里革	湘潭制革厂	省优
猪皮色里革	衡阳制革厂	省优
猪皮植鞣内底革	冷水滩制革厂	省优
猪皮手套革	益阳制革厂	省优
猪皮正鞋面革	涟源制革厂	省优
黄牛皮修饰鞋面革	长沙制革厂	省优
水牛皮修饰鞋面革	吉首制革厂	省优
猪皮正面服装革	长沙制革厂	省优
猪皮绒面服装革	长沙制革厂	省优
工农硫化皮鞋	长沙橡胶皮鞋厂	国家银质奖、省优
女式猪皮胶粘皮鞋	益阳皮革一厂	省优
男式海棠胶粘皮鞋	常德皮鞋厂	省优

续表

获奖产品名称	生产企业	获奖类别
猪二层修面工	黔阳制革厂	省质量信得过产品
三节头线缝皮鞋	长沙二鞋厂	省优
胶粘高跟男鞋	长沙制鞋厂	省优
PVC发泡注塑皮鞋	常德皮鞋厂	省优
猪皮服装	常德皮件二厂	国家银质奖、省优
全皮衣箱	株洲皮件厂	省优
模压旅行箱	湘南皮件厂	省优
出口皮革工作手套	长沙皮件厂	省优
照像明胶	常德明胶厂	全国评比第一名、省优
5千伏胶粘绝缘皮鞋	长沙橡胶皮鞋厂	轻工部优秀新产品奖、省优
女式胶粘高跟皮鞋	长沙制鞋厂	省优

第四节 出口创汇

湖南皮革产品出口，起始于1956年长沙皮件厂出口"牛皮硬盖包角衣箱"。1958年，长沙制鞋厂承制对苏联出口皮鞋2.34万双，到1962年累计对苏联出口了13万双。后来生产对"资"（西方国家）出口皮鞋的，还有长沙二鞋厂、长沙橡胶皮鞋厂、衡阳市皮鞋厂等。1964年，长沙皮件厂开始生产出口劳保手套，并从1966年起转为皮件专业出口企业，生产出口衣箱、书箱和劳保手套等产品。值得一提的是，1978年该厂根据阿拉伯国家的风俗设计的骆驼牌衣箱，被外商誉为"衣箱中的美人"，一次就成交了3万口。长沙湘南皮件厂从1965年起生产出口纹皮箱、人造革箱、皮帆布箱、皮带等产品，到1980年止，共出口皮箱5.36万口、皮带36.8万条。

皮革出口起始于1965年，主要产品是猪皮鞋里革，60年代最高年出口量为16万张，从1972年起年出口量上升到100万张左右，70年代最高年出口量为1973年的180万张。80年代湖南的猪皮革出口量起起伏伏，但总的趋势是断续上扬的，1988年最高达到了233.17万张。此后一直到有统计资料支撑的1992年，历年的出口量都维持在200万张左右。这些出口鞋里革主要销往欧美、中东、东南亚和日本等国家和地区。

皮革产品外销的另一大宗产品是皮劳保手套，统计资料反映从1974年起批量出口，当年出口量为78万双。此后，每年皮手套出口量都在100万双以上。其中，70年代最高年出口量为469万双；80年代最高年出口量为1247万双；90年代的1990年为350.46万双，1991年为697.2万双。湖南生产的皮劳保手套主要销往联邦德国、瑞典、荷兰、挪威、芬兰、澳大利亚、英国、美国和日本等国。

湖南批量出口皮服装在1978年为6万件，1979年上升到8.1万件。20世纪80年代共出口了36.79万件，1990—1991年出口了16.15万件。实际上在改革开放以后，湖南的猪正面服装革和绒面服装革，销往广东畜产、辽宁畜产等非本土外贸和其他省市皮服装生产企业的皮张数，不少于总产量的25%。即便是皮服装、皮手套成品，不经本地外贸和海关出口，数量不在总产量的40%以下，在对俄罗斯出口兴旺时期尤其是如此。

湖南其他皮革制品的出口，如皮制三球（篮球、排球、足球）、皮裤带、皮卷尺、皮美术块的出口起始于1972年。其中，皮制三球20世纪70年代出口5.1万个，80年代出口26.9万个，1990—1991年出口32.23万个，一直呈增长的态势。皮裤带20世纪70年代年出口量基本上在25万条左右，1981年达到了59.8万条。皮包袋从1981年的13.2万个间断增长到1987年的51.72万个，1991年、1992年的出口量分别为64.14万个和57.55万个。以上皮革出口产品门类虽多但换汇率不高，在湖南出口产品中占的比重不大。

进入21世纪以后皮革系统无统计资料可查，湖南海关提供的数据见表8-51。

表8-51　　　　　　　　湖南省皮革行业出口情况统计

年份（月）	出口换汇额（万美元）	分产品出口换汇额（万美元）					
		猪皮革	皮箱	皮服装	皮手套	皮裤带	皮包袋
2003	4353.54	50.45	84.17	3537.83	676.44	—	4.65
2004	2981.55	194.79	77.73	1961.17	741.27	—	6.59
2005	3913.56	1199.42	39.46	1630.76	1019.30	20.22	4.40
2006	4039.22	1120.50	90.09	1575.57	1241.03	10.17	1.86
2007	4988.21	1672.20	686.81	1268.07	1354.90	1.91	4.32
2008	5438.96	787.82	1944.53	728.38	1965.97	0.38	11.88
2009（1—7）	1615.9	346.07	183.49	71.32	755.71	1.72	257.59

表列数据说明，进入21世纪后湖南皮革的出口创汇值大幅提升。统计资料显示，湖南20世纪70年代，年最高创汇额为1370万美元；80年代最高创汇额是1745.98万美元；90年代的1990年是2028.17万美元。低于表列数据中的任何一年，只及2008年的37.29%。分品种看皮革服装增幅最大，20世纪80年代最高年份该产品创汇83.61万美元，1991年创汇230万美元，而表列数据2008年最少也有728.38万美元，2003年更是高达3537.83万美元。皮手套、皮箱包出口创汇增幅都不小。

值得一提的是，皮鞋这一产品湖南从1966年起批量出口，20世纪60年代10.3万双，70年代出口64.6万双，80年代出口272.22万双，1990—1991年出口105.34万双，但进入2000年以后，湖南的皮鞋出口却成空白，这一方面反映了统计资料全面流失，企业自营出口（港台资企业）统计渠道的不畅，另一方面也证实了湖南制鞋行业的困境（见表8-52）。

表 8-52　湖南省皮革行业出口情况统计

年份	出口产值总计(万元) 总计 万元	万美元	换汇 USD 制革业	制鞋业	其中 皮件制品	猪皮革 数量(万双)	产值(万元)	皮鞋 数量(万双)	产值(万元)	皮箱 数量(万口)	产值(万元)	皮服装 数量(万件)	换汇(万元)	皮手套 数量(万双)	换汇(万元)	皮制三球 数量(万个)	换汇(万元)	皮裤带 数量(万条)	换汇(万元)	皮包、皮件 数量(万个)	换汇(万元)
1966						16		6		1.1											
1967						4		4.3		0.9											
1968																					
1969																					
1970						12		6.3		4.4											
1971																					
1972	4698					137		12.9		7.5						0.2		21.5			
1973	7606					180		11.4		10.9						0.2					
1974	6460					97		4		9.3				78		0.3		17			
1975	7034					105		4.4		10.8				116		0.5	25.4	24.2			
1976	7509					71		4.5		14.4				115		0.4					
1977	9170					92		4.8		22.4				101		0.5		23.1			
1978	13220					86		3.7		21		6		190		0.5					
1979		1370				97		12.6		12.8		8.1		469		2.5		29.9			
1980	5463	1217				138		0.6		22.5		6.6		1247		1.8		48.2			
1981	3031	642				74.52		1.41	23.52	20.3	522.55	5.32	439.48	288	1058.92	1.2	16.31	59.8	$133.74	13.2	146.1
1982	2543	601				75.29	738	21.32	260.1	18.7	505.38	2.5	174.89	247	832.67	0.34	3.76	25.23	$75.69	11.96	119.52
1983	2778.44	915				145.04	646.03	11.81	20.62	11.7	254.4	2.35	179.65	263.59	904.23	1.27	14	8.8	$26.00	3.48	$28
1984	4089.58	990	1828.41	92.4	2168.77	202.39	1135.31	12.95		2.77	19.72	3.1		426.58		1.2				16.01	
1985	3888.41	965	1191.9	197.85	2498.66	103.95	1828.41	14.49	197.85	4.47	134.84	0.98	74.25	649.17	1834.08	2.53	18.01			26.06	$97.58

第十八章 湖南省

续表

年份	出口产值总计（万元） 总计 万元	万美元	其中 制革业	制鞋业	换汇 USD 皮件制品	猪皮革 数量（万双）	产值（万元）	皮鞋 数量（万双）	产值（万元）	皮箱 数量（万口）	产值（万元）	皮服装 数量（万件）	换汇（万元）	皮手套 数量（万双）	换汇（万元）	皮制三球 数量（万个）	换汇（万元）	皮裤带 数量（万条）	换汇（万元）	皮包、皮件 数量（万个）	换汇（万元）
1986	6326.96		2656.98	278.23	3391.75	206.29	$660.04	57.41	$113.75	2.45	$16.12	1.77	$40.40	704.47	$511.41	7.6				26.55	$59.33
1987	5929.46		2630.5	640.5	2658.46	219.15	$729.19	49.68	$623.61	2.89	$27.03	5.19	$116.77	633.49	$299.27	2.15	$5.41			51.72	$133.42
1988	7120.22	1614.75	3022.5	729.68	3368.04	233.17	$839.93	72.45	$181.45	0.96	$7.02	4.5	$83.61	403.89	$222.74	3.65	$7.96			56.69	$144.56
1989		1745.98	$817.13	$100.63	$828.22	192.42	$817.13	30.1	$100.63	1.1	$10.01	4.48	$53.95	512.95	$385.48	5.16	$9.86			40.22	$28.81
1990		2028.17	$1025.57	$68.19	$934.41	229.65	$1025.57	73.48	$68.19	0.49	$4.84	5.56	$153.65	350.46	$327.68	8.92	$149.43			64.14	$45.91
1991		1913.05	$1036.00	$63.22	$813.83	191.7	$1036.00	31.86	$63.22	1.5	$12.94	10.59	$230.00	697.2	$440.71	23.31	$53.35			57.55	$47.13
1992						230.64	5182.93														
1993																					
1994																					
1995																					
1996																					
1997																					
1998																					
1999																					
2000																					
2001																					
2002																					
2003		4353.53					$50.45				$84.17		$3573		$676.44						$4.65
2004		2981.56					$194.79				$77.73		$1961		$741.27						$6.59
2005		3913.57					$1199.42				$39.46		$1630		$1019.30				$20.22		$4.40
2006		4039.22					$1120.50				$90.09		$1575		$1241.03				$10.17		$1.86

第五节　科研机构及专业院校

一　科研检测机构

1. 科研机构

20世纪80年代初，为了提高本省制革的技术水平，有重点地攻破一些制约产品提高档次的技术瓶颈，湖南省皮革公司成立皮革研究室，旨在协同企业研究一些生产技术或新产品研制方面的难题。运行过程中，虽然取得了一些成绩，如形成水牛鞋面革生产工艺等，但一方面省皮革公司内部技术力量配置难以齐全，另一方面研究人员都是兼职心有旁骛，加上各厂的试制条件不大相同，甚至试制设备的使用时间都无法完全保证，故总的来说成果有限。由于同一时期湖南皮革工业发展迅猛，产量位于全国前几名，但经济效益却居中游，症结在于产品结构和产品档次偏低。为此，湖南省二轻工业厅报省人民政府批准，于1988年5月正式成立湖南省皮革研究所，完全与湖南省皮革公司分立。

湖南省皮革研究所占地面积4000平方米，建筑面积10000平方米，有科研、实验、检测综合培训楼各一栋；全员47人，专业技术人员32人，其中具有高级职称的7人，中级职称的15人，承担起了全省的皮革、皮革制品、皮革化工材料的研究、工艺设计、产品开发以及皮革产品的质量监测检验工作。建所20多年来，先后完成省部级研究项目50余项，开发新产品10个，涉及制革、皮革化工、皮革制品、皮革工艺品等多个领域。这些项目中，有4项填补了国内空白，11项填补省内空白或达到了省内先进水平。

随着事业单位改制的深入，湖南省皮革研究所由事业转变为企业。性质转变后其依托机制灵活、技术力量雄厚、实验检测设施先进、技术和经济信息渠道广泛等优势，与省内外同行和企业开展经济、技术、管理等多领域的交流与合作，促进互利双赢，重新焕发了活力。

2. 检测机构

湖南省皮革产品质量监督检验授权站的前身是湖南省皮革工业产品质量监督检验站，始建于1983年，挂靠于湖南省皮革工业公司。1985年5月，省二轻工业厅以（85）湘二轻字161号文正式批准为"湖南省皮革工业产品质量监督检验站"，属二轻厅领导，挂靠省皮革公司。该站1987年通过省级审查认可和计量认证，更名为"湖南省皮革产品质量监督检验授权站"，挂靠湖南省皮革研究所，是省质量技术监督局依法授权的省级皮革产品专业监督检验机构。

湖南省皮革产品质量监督检验授权站设有物理检验室、化学检验室、天秤分析室、样品室等部门，能承担各类皮革、毛皮、皮革制品、鞋类及皮革化学品等产品的质量检验。该站拥有200平方米的实验室，有仪器设备57台（套），总价值80万元。该站有专业技术人才5人，其中具有高级技术职称的3人、中级技术职称的2人，能按国家标准、行业标准、地方标准和企业标准开展检验服务，是湖南皮革行业具有一流水准的专业检验机构。

3. 标准（制定或修订）与国际认证

湖南省皮革研究所与皮革产品质量监督检验授权站合署办公，先后制定了一些企业标准，主要有"橡塑鞋"企业标准，"结合鞣猪二层卷尺革"企业标准，"猪皮报装革涂饰技术"企业标准，"鞋用无毒粘胶剂"企业标准，"铬鞣猪正面牛仔型服装革"企业标准，"HP多功能皮革加脂剂"企业标准。这不仅使这些产品的生产有"规"可循，也保证了这些产品的质量有"标准"可依，在一定程度上抑制了恶性竞争。

二 专业教育

湖南的皮革专业教育是从干部培训逐步演变而来的。1963年，湖南省手工业联社创办了省手工业干部培训学校，次年正式开办湖南省手工业干部培训班，1965年上半年更名为湖南省手工业干部学校。1981年3月经湖南省人民政府批准改办为湖南省二轻工业学校，设立了制革工程等四个专业，并于1982年正式招收中专生。1993年，该校又应皮革工业发展的需要，增添了革制品设计与制造等五个专业，于次年正式招收中专生。这些具有鲜明特色的专业，在很大程度上缓解了湖南皮革工业专业技术力量十分短缺的矛盾，适时地推动了全省皮革工业快速发展。嗣后，湖南省二轻工业学校又于1999年开始招收相应专业的大专生，截至2008年，该校共培养制革工程专业中专生1100余人，大专生400余人；革制品设计与制造专业中专生1200余人，大专生900余人。2003年，湖南省二轻工业学校并入湖南科技职业学院，制革工程和革制品设计与制造这两个特色专业的建设又有较大的发展，其皮鞋设计与制造专业成为省级重点建设专业，《皮鞋工艺》成为国家精品课程；制革工程专业也是学院重点建设专业，《皮革工艺》是省级精品课程。目前，这两个专业的在校大专生共14个班800余人。

湖南科技职业学院（湖南二轻工业学校）的毕业生，普遍素质好，动手能力强，工作后表现出色，甚得用人单位的好评。如1997年温州长城鞋业选用的7名毕业生，仅经4个月的培训便独立设计出了新款"康奈"皮鞋，深得公司的器重。数年来，该校皮革工程专业的毕业生，除缓解了湖南企业、公司、研究院所的需求外，还为湖北、江西、广东、广西、安徽、山东、新疆、吉林、云南、福建等省区培养了一批技术骨干。而革制品设计与制造专业毕业的学生，则大都集中在广东、浙江、福建、四川等皮鞋制造业发达地区，从事开发设计、美工、贸易、生产管理等关键工作。出于对湖南科技职业学院学生使用的得心应手，尤其是对高素质高技能专业人才的渴求，多家皮革企业为这个专业捐赠了价值达300余万元的实习实训设备，还设立了120余万元的助学奖学金，与学校合作培养高层次人才。对此，《中国教育报》和湖南电视台曾做过专题报道。

湖南科技职业学院皮革专业丰硕的教育成果，得益于有一支爱岗敬业的教员队伍，尤其是雷明智教授、王慧桂教授、徐达宇副教授、易东新副教授更是兢兢业业、教学科研成果丰硕、学术论著硕果累累，与皮革企业合作攻关活动频繁，他们在重点刊物上发表论文62篇，编写部、省、校用专业教材17本，取得省部级科研成果31项，专利1个，在中南地区甚至国内有一定的影响。雷明智、王慧桂还分别在教育部轻化类教学指导委员会、中国皮革协会技术专业委员会、中国国际经济贸易仲裁委员会皮革和制鞋专业委员会、全国职业教育皮革工艺及其制品专业教学指导委员会、全国轻工中专皮革类专业教材委员会、《皮革科学与工程》杂志编委会兼职。

综上所述，湖南科技职业学院的皮革专业有独特的培养方向和相应的教学计划，课程设置与企业实际需要较为契合，有利于皮革企业人才梯度的形成。因此，这所学校的进一步发展是可预期的。

第六节　管理机构

新中国成立初期，湖南的工业基础十分薄弱，手工业相对而言较为发达。其主要特点一是点多面广、投资小、见较快，给国家和地方财政贡献大。据历史资料估算，从20世纪70年代起，每年的税利（含费）率为销售收入的5%以上，每年出口产品约占工业总产值的10%。二是劳动密集，能缓解劳动就业的压力。有关资料显示，湖南每百万元固定资产的就业人数，重工业为90人左右，轻纺工业为250人左右，而手工业则达近700人。因此，省政府对此极为重视，将皮革及其制品、塑料制品、工艺美术品、湘绣、家具等行业从轻工部门劈出，组建二轻工业厅（手工业联社）统一管理。而湖南省皮革工业公司就是受省政府和省二轻工业厅委托、具体行使皮革行业管理职能的部门。

湖南省皮革工业公司始建于1964年，由省编委（64）030号文批准成立，编制20人。受"文化大革命"及其后机构变动的影响，该公司曾自然消失，职能由省二轻工业厅（局）皮革科履行。鉴于20世纪70年代湖南皮革行业发展迅猛，整体规模甚大，其管理的工作量皮革科难以承受，对行业的指导难以落实。1980年经省人民政府和省编委（1980）137号文批准，恢复省皮革工业公司，编制70人，为省轻工局直属二级单位，执行政府给皮革行业的政策性补贴（猪皮补贴）和受计划控制的皮革原辅材料的分配；审核汇编全省县以上皮革企业的统计报表及其他经济技术指标；制订全省皮革工业的产业升级和科技发展规划，审核上报皮革企业的大型技改项目和科研成果；安排县以上企业的年度生产计划与猪皮开剥计划以及落实部、省下达的其他工作。在计划经济时代对湖南皮革行业的发展功不可没。

改革开放以后，随着市场经济日益成熟，湖南省皮革工业公司的相关管理职能相继剥离，1992年经省体改委批准，在原省皮革工业公司的基础上组建湖南省皮革集团公司，独立核算，自负盈亏，成为隶属省二轻工业集团总公司的全民所有制的经济实体。为在市场经济中求得生存和发展，公司领导以兴办实业为主轴，在诸多领域全面出击，力图抢占先机，一举获得成功。在此思想的指导下，皮革集团公司先后与港、台商合资兴办了皮鞋厂、皮革衣厂等实体，主要有湖南长福鞋业有限公司、湖南皇冠皮革制品有限公司、湖南津福皮业有限公司、深圳芙蓉皮革实业有限公司、深圳湘龙皮革制品有限公司、深圳湘江贸易有限公司、海口湘江皮革工贸联营公司、湖南省皮革集团装饰工程公司、凯生实业公司、皇冠宾馆、皇冠酒家，等等。客观地讲，该集团领导虽有一定的资本运作能力，但对实体没有实质性的调控手段与实施措施，基础工作十分薄弱。市场稍有波动，在港、台资另有所图和资金链出现断裂的不利因素交互作用下，雪崩效应难免不会发生。数年后，上述企业先后陷入困境且解救乏力，大都停产歇业，被工商部门吊销或注销了营业执照。

从省皮革集团公司运行的全过程看，市场经济条件下，行政性公司向实业转型完全是必要的，也应该是可行的，但这种转型不仅是形式上，更重要的是在思想观念上，尤其是对市场经济本质的认识上。不依托自身的比较优势，不顾及自身的物质资源、人才资源和市场资源，仍以传统的思维方式和熟悉的行政手段调控企业；不顾及自身资产承受能力的极限，完全依赖外资和银行融资，过度膨胀，一有风吹草动深陷泥潭就在所难免。

对于湖南皮革行业的管理，湖南省皮革行业协会的作用不可轻估。1986年根据《中共中央关于制定国民经济和社会发展第七个五年计划的建议》精神，经省二轻工业厅批准，湖南省皮革行业协会成立。该协会与省皮革工业公司合署办公，下设制革、皮鞋、皮件三个分会。协会成立20多年来，为推动全省皮革行业的进步做了卓有成效的工作。大体上可分为四个阶段。

（1）1986年7月—1990年7月，是协会成立以后的鼎盛时期。当时协会成员有企业496家，从业人员3.8万人，遍布全省每个县（市）。这四年协会配合湖南省皮革工业公司在管好用好猪皮补贴，推进全行业全面质量管理，加强行业之间的技术交流，开展行业产品质量的评比和创建名优产品等方面都做了大量工作，具体如下。

第一，将猪皮补贴由生皮补贴改为熟革补贴，迫使制革企业降低损耗，提高得革率，提高产品质量和档次。这一项改革的实施，使全省皮革产品由原来手套革、修面革、色里革为主逐渐向服装革、软鞋面革转变，产量也由1986年的全国第四位上升到1989年的第二位，推动皮鞋产量由1986年全国第十位上升到第八位。出口创汇由原来的单纯皮张，发展到皮张、皮服装并举，提高了创汇额度。

第二，推进和完善全行业的全面质量管理。在全行业普遍建立了全面质量管理领导小组。1987年协会在益阳市进行了QC小组成果发布会，1988年在岳阳市进行了第二届QC学术交流和QC成果发布会。通过这些活动，促进了全行业质量意识和监管水平的提高。

第三，广泛开展技术交流，打破企业间技术上的封锁，促进全行业技术水平的提高，1988年协会在岳阳、长沙先后请外国专家讲座，交流制革、皮鞋制作技术，1990年1月在长沙又开展了皮鞋和鞋用粘胶技术的交流，帮助相关企业拓宽了视野，认清了差距。当时的长沙制鞋厂，长沙二鞋厂、长沙橡胶鞋厂、六一童鞋厂在新技术使用和新品种开发上都受益匪浅。

第四，开展行业竞赛，促进操作水平的提高。1989年制革分会在岳阳市制革厂进行了削匀机操作比赛，在邵阳市制革厂进行了磨革机操作比赛。通过比赛，激发广大青工学技术、钻技术、提高操作水平的积极性和创造性，对制革行业提高全员劳动生产率，提高产品合格率作用很大。

此外，协会还先后召开了13次分会会议，组织各企业开展学沿海、学先进、"走出去"、"请进来"，有力地推动了全省皮革工业的健康发展。

（2）1990年7月—1995年12月。这段时间国家取消猪皮补贴，国营制革企业普遍面临"断奶"，皮鞋、皮件企业同时步入困境。由于协会与公司"皮肉相连"，随着公司行政性资源的丧失，协会的工作也进入了困难时期。尽管如此，协会还是针对新的情况召开了全省制革厂厂长会议，商讨补贴取消以后如何走出困境、应对挑战，帮助各皮革企业维持生产。

(3) 1996年1月—2002年12月。由于全省国有皮革企业的相继倒闭及省皮革公司经营的日益困难，协会工作极难开展。即便这样，协会还是于1998年在岳阳市召开了剖蓝皮新工艺推广应用会议；1999年对全省制革企业进行调研，并根据调研情况，提出了相应的对策，还向省经委进行了书面汇报；2000年协助中国贸促会湖南分会、中国国际商会湖南分会、湖南君创投资资讯有限公司在长沙举办"2000皮革、鞋类、箱包（湖南）交易会"；支持长沙市荣昌制鞋厂参加2000年"真皮标志"杯比赛，并取得了男鞋一等奖、女鞋二等奖的好成绩；为株洲市的吉莱皮业有限公司的"吉莱"牌真皮领带和湘潭涓江鞋业有限公司的"涓江"牌皮鞋申请"真皮标志"，并得到了中国皮革工业协会的批复；2002年8月8日协助湖南星沙实业有限公司举办了"首届星沙皮具箱包展示交易会"。此外，还积极参加了中皮协主持召开的地方协会工作会议，加强了同兄弟省市地方协会的联系，厘清了地方协会工作的思路。

(4) 2002年12月—2010年12月，协会工作面临全新的服务对象，湖南皮革如何振兴？如何发展？这是协会工作的首要问题。2002年12月18日，协会会员代表大会选举产生了新一届理事会，完善了法律登记手续，建立了湖南皮革行业协会网站，出刊了《湖南皮革信息》，开展了行业的调研及基础资料的收集，密切了同中皮协及兄弟省市协会的联系。2007年5月协助湘乡市政府成功举办了湘乡首届皮革节暨经贸洽谈会，通过这次皮革节，让社会各界人士更多地了解湘乡、投资湘乡。嗣后，为了解国际金融危机对湖南皮革行业的影响，落实国家"扩内需、调结构、保增长"的目标和《湖南省轻工业调整和振兴实施规划》的精神，2009年5—6月协会组织湖南科技职业学院、湖南省皮革研究所、省皮革产品质量监督检验授权站的专家教授对全省皮革行业进行联合调研。重点走访了湘乡市、湘潭青山桥镇、邵东县等地的企业。对湘乡皮革工业园、湖南涓江鞋业有限公司、湖南振湘鞋业有限公司、青山桥皮鞋工业园、中国·邵东（国际）皮具工贸园等20多家企业、园区和专业市场进行调研，并与市镇相关领导、地方协会及企业老板进行座谈，探讨了企业生产经营、产品研发、产品质量、产品销售及环保诸多方面的问题。就企业发展规划及人才需求等问题提出了建设性的意见。

湖南省皮革企业集群的分布如图8-29所示。

图 8–29　湖南省皮革企业集群分布

1. 牛革生产集聚地：邵阳市、长沙县
2. 猪革生产集聚地：湘乡市
3. 皮鞋生产集聚地：湘潭县、道县、平江县
4. 包袋生产集聚地：邵东县

第十九章 广东省

第一节 历史沿革

一 古代和近代概况（1949年以前）

广东皮革业历史源远流长。距今3000年前先民早就懂得用牛皮制衣、靴、帐和毯等生活用品。公元前637年，岭南的皮革制品就被作为礼品贡于晋国。三国至南北朝时，广东皮革制品开始销往北方，被称为"南货"。清代逐步发展成为行业。同治年间，广州的牛皮行是清廷特许经营对外贸易的商行之一。至清朝末年，广州今流花路西段已成为牛皮革制造作坊聚集之地，被称为"牛皮寮"，皮革有水牛革、黄牛革等植鞣底革，制品有皮箱、皮枕和唐鞋。光绪六年（1880年），潮州已开设皮房，沿用烟熏法熏皮和搅缸制革。清末民初，东莞（石龙）、佛山（罗村）、肇庆和湛江的制革工业逐步建立，当时各地制革工场人数10—40人，日产牛皮20—30张，产品主要是烟熏水底革、烟熏牛面革、铝鞣水牛剖层革等。1914年起，国外新的制革生产技术经上海逐步扩散到广东。1918年，广州有数家制革厂进口制革机械进行生产，已拥有转鼓、去毛机、去肉机设备，应用矿物鞣剂生产鞋面革和鞋底革。1925年前后，广州的制革厂学习上海用白膏生产植鞣装具革，使制革工艺技术和生产设备有了很大提高，皮件制品业随之兴起，各种皮箱、皮包、皮带使用日益广泛，阳江皮枕、皮箱及潮州的漆皮枕极受欢迎。1926年，广州市皮鞋业从业人员2500人，其中高第街的大学皮鞋厂有250名职工，并以西制皮鞋知名。至1936年，广东皮革产量为7.6万张（折牛皮，下同）。

日军侵华期间，政府对牛皮实行全面统治，生皮熟革一律"军用"，广东皮革及制品业陷入困境，制革厂大部分倒闭，少数迁往梧州、韶关、惠阳等地，直至抗战胜利后才逐渐复苏。1946年轻革产量100万平方米，后因战乱和通货膨胀又陷入困境。1949年，全省有皮革及制品企业2006家，工业总产值529.1万元。

二 恢复改造时期（1949—1957年）

新中国成立初，皮革行业的生产未实行统一管理。1950年朝鲜战争爆发后，政府开始统一安排生产支援中国人民志愿军的军需品，一些失业工人组成生产自救小组。1951年全省从事皮革工业生产的厂坊2628家，工业总产值1402.2万元，从业人员6895人，生产皮革29.53万张、皮布鞋2.8万双、皮件54.49万件。1953年朝鲜战争停战后，全省从事生产皮革及制品工业的厂坊2992家，从业人员达6124人，工业总产值2035.9万元，成立了9个生产合作社。

1956年，经过社会主义改造，全省共有皮革手工业生产合作组织1894个，社组员1.33万人，产值4982.6万元，比1951年增长191%；皮革产量62.98万张，增长113%；皮鞋和胶底鞋112.6万双，增长39.2倍；皮箱11.2万个、皮球2.72万个。生产合作组织开展技术革新，淘汰古老的烟熏制革法，采用植物鞣法和矿物鞣法，产品有底革、面革和箱包革以及装具革等；皮鞋生产仍采用手工，企业生产开始使用外线机、平缝机；产品销售以内销和自销为主改为由百货公司订购包销以及由外贸公司统一出口。

三　调整巩固时期（1958—1977年）

1958年，全省皮革工业企业共318家，总产值3777.17亿元，皮革产量61.4万张、皮鞋120.23万双、皮球8.05万个。1960年，中南地区生产规模最大的制革厂——南中制革厂（1966年更名为广州人民制革厂）建成，成为全国制革工业骨干企业之一。

1962年，国民经济出现困境，皮革原料减少，一些小厂停产，全省制革企业减少为299家，总产值为3939.78万元，皮革产量13.38万张。经过三年经济调整，1965年开始恢复到历史较好水平。

1966年元旦起，国家对猪皮制革实行财政补贴，广东的一些制革小厂逐渐合并，以加快技术改造。1969年，广州、湛江和汕头的制革企业都使用去肉机、片皮机和烫皮机等，生产能力有很大提高。

1970年，全省皮革产量增加到80.82万张，其中猪皮63.44万张，出口量增至20.75万张；生产皮鞋244.8万双，并采用硫化模压和胶粘工艺；皮箱的品种从木胚手提箱发展到纸胚模压箱和ABS塑料箱，产品多样。

1973年，广州人民制革厂研究成功酶法脱毛和重革快速鞣法，并逐步在江门、东莞和汕头地区推广，减轻对环境的污染。广州人民制革厂和湛江制革厂通过外贸部门的贷款引进英国和联邦德国的片皮机、削匀机，生产能力进一步提高。

四　改革开放初期（1978—1987年）

1978年，国家实行改革开放政策，东莞太平手袋厂注册为中国第一家"三来一补"（来料加工、来样加工、来件装配及补偿贸易）企业。香港一批商人开始到珠三角地区寻找加工合作单位，进行简单贸易加工。1978年广东皮革行业规模以上生产企业有80家，从业人数12240人，工业总产值1.12亿元。

1979年，广东省塑料皮革工业公司成立。1984年牛皮由二类物资改为三类物资，市场调节机制加强。全省经营皮革生产的二轻企业、乡镇企业、私营企业、中外合资企业以及个体户等全面发展。至1985年，全省皮革行业共有企业343家，工业总产值24.4亿元，皮革产量174.21万张，皮鞋910.95万双，其中出口79万双。皮鞋、皮包袋、皮革服装、皮三球、皮箱大量销往美国、日本、欧洲及我国港澳地区。

1980年至1988年，全省各地抓住国际皮革产业转移到东南亚及我国沿海的机遇，积极引进资金、设备、技术和材料，对旧企业进行改造，采用"三来一补"、合资办厂、合作经营等方式，创办三资企业，进行了全行业的技术改造，装备水平得到迅速提高，生产规模、工艺技术水平和产品质量等方面都有新的发展。全省皮革行业用于技术改造和基本建设项目投资为3.22亿元，以"三来一补"方式引进美国、日本、联邦德国、意大利等国家皮革加工设备6.24万台（套）。制革生产中传统使用的去肉刀、刨皮刀和木案全被淘汰，代之以精密片皮机、宽工作面削匀机和自动喷涂机等先进设备。皮鞋生产除少部分保留线缝外，基本上已改为胶粘生产工艺，工人实物劳动生产率从原来每天0.8双提高到2.8双，个别合资企业达9双。国外先进技术和设备的引进，为广东皮革行业腾飞发展奠定了基础。

新材料如各种皮革助剂、复鞣剂和加脂剂广泛应用，使广东皮革产品更加丰满和富有弹性。牛、羊和猪苯胺革在国内处于领先地位。合成革、人造革、合成纤维内底、橡胶成型底和再生纤维等产品的使用，使鞋类品种更加丰富多彩。

产品质量有很大提高。1980—1988年，全省皮革、皮鞋、皮件获轻工业部优质产品称号9个，获广东省优质产品称号33个。1983年广州风行皮件厂的合成带子革和仿皮裤带、广州人民制革厂的黄牛苯胺革、水牛家具箱包革和猪皮剖层美术革获全国新产品金龙奖。1985年中山皮件厂的珍宝牌旅游拉链软箱被评为全国轻工业优秀产品。广州人民制革厂的黄牛修面革连获1986年和1988年全国皮革产品质量评比第一名。

科学技术在皮革制品业也取得较大成绩。广州新华球厂和华南工学院合作，在国内首先制成胶粘排球胎绕线成型机，获1981年国家发明三等奖。广州人民制革厂的猪皮软面革获国家科学进步三等奖。惠州制革厂利用糠醛鞣制皮革，开创生产新途径。

五 快速发展时期（1988—2000年）

自20世纪90年代开始，广东皮革行业继续加速发展，逐步进入了全盛时期。

1990年广东省皮革工业协会成立，同年国家取消了自1966年开始实行的猪皮财政补贴，以猪皮生产为主的二轻系统的制革厂生产受到影响。

1991年6月，首届广州（国际）鞋类、皮革及制鞋机械展览在广州举行，该展览已发展成为中国三大著名皮革专业展览之一。自1994年开始，猪皮制革从免税改为开征17%增值税，猪皮产量逐年下降，牛皮产量不断创新高。

1995年，皮鞋年产量达到13.46亿双。

1996—2000年，这段期间虽经历了1997—1998年的亚洲金融风暴及国家出口退税由17%降到9%等政策影响，广东皮革行业的发展仍呈现迅猛增长态势，每年工业总产值保持近10%的增长速度，皮革制品出口量及出口额逐年增加，皮革制品出口额占全行业工业总产值75%左右，皮革行业已成为轻工行业中举足轻重的出口行业。

2000年，广东省皮革行业完成工业总产值363.34亿元，出口交货值279.19亿元；轻革产量1289.87万平方米，居全国第六位；皮鞋产量9.05亿双，连续11年居全国第一位，占全国总产量的62%；皮革服装产量450万件，居全国第四位；皮包、皮袋产量4.09亿个，长期名列全国第一，占全国皮包、皮袋总产量的57%。皮革产品经广东海关出口额为51.62亿美元，占全国皮革行业出口创额164.47亿美元的31.38%。

这一时期，广东皮革行业产业集群逐步建立，区域布局相对集中，皮革专业市场应运而生。经过多年的行业结构调整，广东皮革行业已初步形成了若干个专业制造产区，如佛山（南海）、江门（荷塘）、东莞、深圳（龙岗）、惠州（博罗）制革基地，广州、东莞、深圳、佛山（南海）、惠州（惠东）、江门（鹤山）、潮州（潮安）等制鞋生产基地，广州（白云区、花都狮岭）、深圳、东莞、中山、江门等皮件生产基地，深圳、佛山（南海九江)、广州(白云区钟落潭)等皮革服装生产基地,茂名(高州、化州)等皮手套生产基地(见图8-30)。

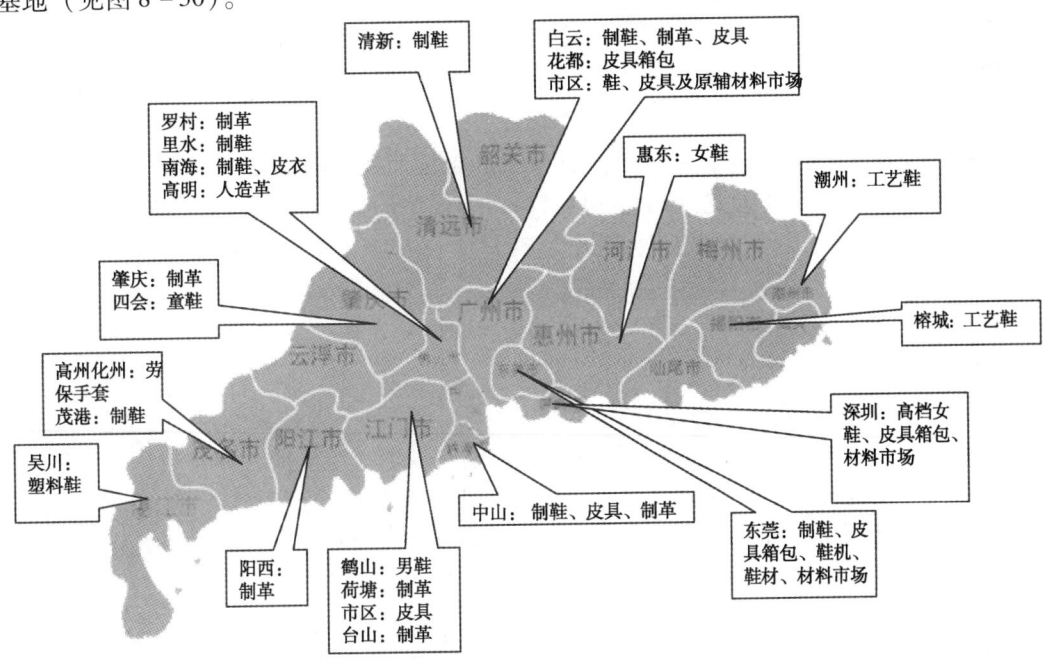

图 8-30 广东省皮革行业主要产区分布

2000年,全省已拥有皮革行业批发市场近30个,如广州站西路鞋城拥有16个鞋业鞋材批发市场,总经营面积达3万平方米,年批发鞋类8亿多双,年交易额200亿元;广州梓元岗和花都狮岭地区拥有12个皮具城,年交易额100亿元。广东已成为全国最大的皮革行业的原辅材料、制品、机械设备集散地及信息中心。

民营企业和三资企业占据行业主要位置。随着市场经济发展需要,原公有制企业逐步关闭或改制,港资、台资、外资以及各种形式的合资企业民营企业纷纷在广东开办。广东凭借独特的区域条件和侨乡优势,主动承接世界皮革产业转移,利用"三来一补"等方式,逐步建立起门类齐全、配套完善、外向型为主的工业体系。据统计,2000年广东省规模以上制鞋、皮革、毛皮及制品企业中,国有企业占2.5%,集体企业占16%,民营企业占17.5%,三资企业占64%,还有大量的中小型民营企业、个体企业等未列入统计。三资企业和民营企业已占绝对多数,产能规模巨大,经济效益明显。

广东皮革产品逐步与国际接轨。制革业可生产多品种多类别的鞋面革、服装革、包袋革等,开发了沙发革、变色革、油鞣革、二层贴膜革等高附加值产品;制鞋业除皮鞋、胶鞋外,还发展了运动鞋、旅游鞋、休闲鞋、工艺鞋等,不少国际知名品牌鞋如耐克、阿迪达斯、彪马等开始在广东加工;皮具箱包以面料多样、款式新颖、做工精细而行销海内外;鞋材除橡胶鞋底,还发展了改性PVC、PU、TPR和各类复合底;皮革制鞋机械可以研发生产成套、成线专用设备,替代部分进口设备。

六 全面繁荣时期(2001—2008年)

从21世纪开始,广东皮革行业进入稳步发展阶段。

广东皮革行业抓住中国进入世界贸易组织机遇，生产企业、专业市场和产业集群加快与国际接轨，市场兴旺、交易活跃。

2001年，广州花都区举办首届中国花都狮岭皮革皮具节，狮岭皮革皮具城于同期开业。2002年，狮岭镇获得由中国轻工业联合会和中国皮革协会联合颁发的"中国皮具之都"称号。

2003年，中国（东莞）国际鞋展、鞋机展和琳琅沛丽亚洲展在广东举行，广州白云世界皮具贸易中心、广州金龙盘鞋业皮具贸易广场相继开业。2004年，广州"步云天地"鞋业市场、深圳华南国际皮革皮具及原辅料交易中心开业，丽港鞋业（深圳）有限公司与意大利BATA公司签约，牵手国际品牌。

2006年，惠东县获得由中国轻工业联合会和中国皮革协会联合颁发的"中国女鞋生产基地"称号。

2006年起，广东皮革行业经历较大转变，国际上针对中国鞋类和皮革制品的贸易摩擦不断加剧，人民币升值、生皮和半成品革出口退税取消，生皮加工贸易调整，皮革制品包括鞋类出口退税降低，这些给以出口为主的广东皮革行业造成较大影响。2007年，制革、皮革服装受国家宏观调控影响，产量分别下降14.3%和22.4%，皮鞋产量近十年首次出现减少，但皮包袋产量保持增长。

2007年，"百丽国际"在香港成功上市，创下香港股票市场公开发售冻结资金之最和内地零售类上市公司开盘市值榜首的新纪录；狮岭皮具、惠东女鞋、揭阳女鞋获广东省产业集群升级示范区称号。2008年，广州狮岭皮革皮具博士后科研工作站申报成功，该站是国家人力资源和社会保障部批准成立的全国唯一的皮具行业博士后科研工作站。

2008年，全省皮革行业规模以上企业1515家，完成工业总产值1158.23亿元，占全国皮革行业总产值5611亿元的20.6%；出口交货值631亿元，占全国皮革行业出口交货值2892亿元的21.8%。主要产品产量：鞣制轻革0.57亿平方米、皮鞋8.91万双、皮革服装211.85万件、皮包袋4.08亿个，皮鞋、皮包袋产量多年来居全国榜首。皮革行业出口总额为173.87亿美元，占全国同行业出口425.3亿美元的40.9%；鞋类出口额109.33亿美元，占全国38.9%；皮具箱包类出口额58.23亿美元，占全国43%。

经过多年的培育和发展，广东已成为全国乃至世界最主要的皮革产品生产基地和皮革制品及原辅材料集散地。具有以下几个特点。

（1）产业链完整。广东已形成包括各类成品（皮革、鞋类、皮具、箱包、皮衣皮革服装、裘皮服装以及配套家具、汽车座椅等）的生产经营、各种原辅材料（面料、衬里、底材、五金件、化工材料等）的生产供应、各种配套机械设备（皮革机械和制鞋设备等）的研发和供应、各类信息的传递以及专业市场的建立和运营，从而加快物流运转速度，促进新产品的开发，提高生产效率，减低生产成本。

（2）产业集群效应明显。广东的皮革产业集群主要集中在珠三角地区，得到当地政府的有力支持，有一定规模的工业园和配套齐全的专业市场，形成原料采购、生产加工、产品销售的完整产业链，产业环境良好，物流体系顺畅，国内外知名度较高。

（3）皮革及制品外向型特征明显，紧跟国际市场。广东皮革产品60%以上出口，主要出口到美国、欧盟、日本、俄罗斯、中东、西亚以及我国香港、台湾等地区。广东的皮革产品针对海外市场变化和需求，不断消化、吸收和创新时款产品，紧跟国际时尚潮流。

(4) 实施名牌战略效果显著。在"名牌带动战略"的推动下，企业逐步树立做强做大的决心，争创名牌的主动性大大提高，重视设计开发和自主创新能力，重视保护知识产权和培育自主品牌，取得良好的经济效益和社会效应。截至 2008 年年底，广东省皮革行业已拥有中国名牌产品 3 个、中国驰名商标 6 个、国家免检产品 17 个、广东省名牌产品 27 个、广东省著名商标 46 个，这些企业和产品是我省皮革行业的杰出代表，在行业发展中起着骨干和示范作用（见表 8 – 53）。

表 8 – 53　　　　　　　　1949—2008 年广东省皮革工业基本情况

年份	企业数（个）	总产值（不变价）（亿元）	年份	企业数（个）	总产值（不变价）（亿元）
1949	—	0.053	1982	200	2.72
1950		0.118	1983	223	2.95
1951		0.140	1984	302	3.54
1952		0.103	1985	343	4.03
1953		0.204	1986	413	5.52
1954		0.172	1987	513	9.77
1955		0.254	1988	647	14.32
1956		0.317	1989	754	19.76
1957		0.498	1990	816	36.17
1958		0.377	1991	931	53.59
1959		0.528	1992	1028	79.68
1960	149	0.648	1993	1117	117.65
1961	261	0.453	1994	1290	153.24
1962	299	0.394	1995	1533	206.06
1963		0.314	1996	1430	222.23
1964		0.326	1997	1323	244.10
1965	129	0.285	1998	638	282.19
1972	109	1.633	1999	752	311.80
1973	92	0.767	2000	805	363.14
1974	81	0.851	2001	876	382.54
1975	81	0.963	2002	951	448.76
1976	71	1.02	2003	1063	501.13
1977	72	1.066	2004	1049	572.07
1978	80	1.12	2005	1372	679.21
1979	95	1.30	2006	1399	815.28
1980	129	2.07	2007	1432	979.30
1981	169	2.61	2008	1515	1158.23

注：1997 年前统计范围为乡及乡以上独立核算企业，1998 年起统计范围为全部国有企业及年销售 500 万元以上非国有企业。

第二节 制革

一 发展概况

广东的制革业历史悠久,秦汉时制革业传入广东,元代时制革业大盛。广东省的专业制革最早出现在珠三角一带,民间传说用烟熏法制革乃南海罗村一麻风病人所创。清同治年间,广州、佛山、东莞、汕头等地就有牛皮行。民国初年,韶关、湛江、江门、肇庆等地相继出现一些较大规模的制革工场。1936 年全省皮革产量 7.6 万张。从事制革的多是南海县罗村人。南海县罗村是广东制革业的发源地,世代从事皮革制造和经营者众多,至今在广州、惠州、梧州以及天津、上海、香港、东南亚有多个罗村籍皮革业行家。

1952 年,牛皮作为国家一类物资,实行统购统销,当年广东生产皮革 22.18 万张(折牛皮,下同)。1966 年起,国家决定对猪皮制革予以财政补贴,提高了开剥猪皮的积极性,猪皮革产量大增。1985 年广东省制革行业生产皮革 174.21 万张,其中猪皮革产量 188.16 万张,占皮革总产量的 54%。1987 年全省猪皮制革生产达历史最高峰,年产猪皮革 445.33 万张,占当年皮革总产量的 83%。

80 年代中后期,随着全省皮革制品业迅速发展,全社会对皮革需求大增,原有的国营、二轻制革企业纷纷进行改造升级,如广州人民制革厂、江门皮革总厂、肇庆制革厂等;外资、合资、民营制革企业兴建,如中山南艺皮革厂、中港皮业集团、广东南海皮厂等,这些企业逐步发展成为全国闻名的制革企业。据统计,1989 年,全省皮革产量已达 289.07 万张,位于全国第三位。

1990 年后,随着国家从计划经济转向市场经济,皮革行业的产品从部分计划生产转变为完全市场调节,取消了长达 24 年的猪皮财政补贴,为制革业带来根本性转变,对以猪皮生产为主的制革厂造成压力,促使制革企业加快引进先进技术设备,提高产品质量及附加值,广东制革业进入以牛皮、猪皮生产并重的时期。1993 年,虽然广东皮源紧张,价格上涨过快,但制革业仍保持较大幅度增长,皮革产量 271.52 万张,其中猪皮革完成 433.2 万张(自然张),并开发了高附加值多品种皮革。

1994 年开始实施新税制,原来猪皮制革从免税改为开征 17% 增值税,以生产猪皮为主的大多数企业短期内难以承受,猪皮革产量急剧下滑,生产量从上年的 433.2 万张跌至 297.3 万张,部分猪皮制革企业转向牛皮生产,广东制革业逐步发展以生产牛皮革为主。

随着国家经济体制的调整,一些国有和集体企业不适应经济发展的趋势,难以维继。2000 年 6 月,全国最著名的制革企业广州迪威皮业有限公司(原广州人民制革厂)停业。2000 年,全省轻革产量 1289.51 万平方米(折牛皮 429.83 万张),居全国同行业第六位,占全国轻革总产量的 3.72%。

进入 21 世纪,迅猛发展的广东皮革制品业(鞋、箱包等)带动制革产能大幅提高,2001 年,轻革产量 1852.72 万平方米,2003 年达到 5727 万平方米。2005 年起,国家相继出台一系列宏观调控政策,如禁止进口生皮加工成半成品革或成品革直接出口的加工贸易、不断降低皮革制品包括鞋类的出口退税等,使对外依存度高的广东皮革行业发展受到较大制约,加上生产成本和环保要求的提高,制革企业的生产运营遇到困难,部分企业将制革前工段转移到外省甚至东南亚,新增制革企业多采取从蓝皮或皮胚开始加工。从生皮开始生产的企业占全部制革企业约1/3。2008年全省规模制革企业113家,完成工业总产值895621万元,鞣制轻革产量维持在5731万平方米(见表8-54)。

表8-54　　　　　　　　1950—2008年广东省制革行业生产情况

项目＼年份	1950	1955	1960	1965	1970	1975	1980
皮革(折牛皮)(万张)	30	62	14	43	81	82	130.76
项目＼年份	1985	1990	1995	2000	2005	2008	
皮革(折牛皮)(万张)	174.21	247.00	565.11	865.85	1672	1910	

注:2张猪皮折1张牛皮,6张羊皮折1张牛皮。

1985年后,广东成品革出口量增加,主要以猪皮出口为主。1987年全省出口皮革达102.2万张,其中猪皮革173.8万张(自然张),占总出口量85.7%,猪皮出口量居全国首位,主要销往美国、联邦德国、韩国、欧洲等地。90年代中后期,牛皮革出口量占据主要位置。2000年,广东省皮革出口金额为1058万美元,其中牛皮革出口额占80%。2007年皮革出口额39704万美元,达到历史高峰。2008年受政策影响,迅速回落,仅7579万美元。

90年代起,随着制革产量的增加,越来越多的原皮和蓝湿皮需从国外进口,广东制革所需的皮源进口约占70%,外省购进约25%,本省只能解决5%。1990年进口牛皮、马皮金额仅0.48亿美元,1995年进口金额8.50亿美元,2000年9.74亿美元,2005年达16.76亿美元,2008年进口保持16.22亿美元(见图8-31)。主要进口国为美国、澳大利亚、新西兰、巴西、欧盟等地。

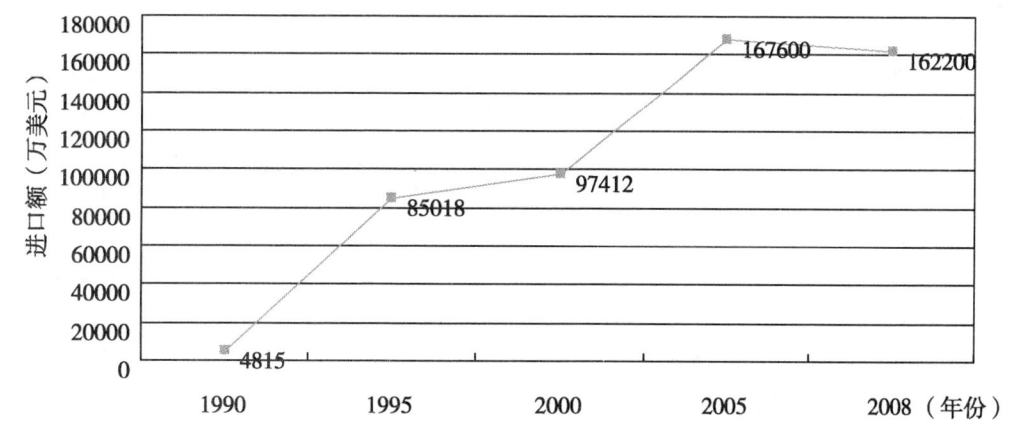

图8-31　1990—2008年生皮进口情况

二 产品和质量

清代,广东皮革产品有烟熏水牛剖层革和铝鞣水牛剖层革等,民国初期开始有铬鞣牛皮鞋面革、植鞣牛皮底革和各种装具革,其中以广州产的鞋面革质量最好,松面少、丰满、弹性大,销往上海、天津、香港等地。抗日战争前期制革生产的主要品种有面革、带革和底革等。抗日战争胜利后,制革业复苏,产品以铬鞣牛面革为主,植鞣底革、带革居于次要位置,烟熏革逐渐被淘汰。

新中国成立初期,皮革产品多数为军用反绒鞋面革和正面革及少量的植鞣内底革。1987年已有猪皮、牛皮苯胺革,山羊打光革,超薄型牛皮衣服革,水牛家具革,各种猪皮美术革以及猪皮包袋革等。1992年,研制开发蜡感服装革、磨花服装革、正绒鞋面革、沙发革、包袋革及二层绒面服装革。1995年,研制开发黄牛装饰革、黄牛蜡染手袋革、黄牛全苯胺半油革、缩纹半油革、黄牛疯马皮半油革、黄牛压纹磨花革等。

目前,广东的制革业主要产品以牛皮革为主,羊皮、猪皮为辅,品种为鞋面革、包袋革、沙发革、服装革、汽车坐垫革等,高档皮比例增加,二层革(PU贴膜革等)利用率提高。

1990年,广州人民制革厂黄牛修饰面革、黄牛正面服装革获A级产品称号,其中黄牛修饰面革连获1986年、1988年和1990年全国质量评比第一名;1990年南海罗村制革厂的猪软面革在全国同类产品评比中被评为第一名;1993年广州人民制革厂的"人字"牌黄牛正面服装革获轻工部科技进步三等奖。2003年中港皮业有限公司的"中港"牌皮革获首批"真皮标志生态皮革"认证,新裕发皮业有限公司的"CHEN XU MING"牌、鹤山市洪萍皮业有限公司的"洪萍"牌和广州市德威皮革制品有限公司的"ISA Tan Tec"牌皮革分别在2006年和2007年获得"真皮标志生态皮革"认证。东莞纬达皮革有限公司成品革的商标于2006年被评为广东省著名商标。

三 技术和设备

广东省制革工业的生产技术,初期采用简单的烟熏法,利用燃烧茅草时产生的烟将皮熏熟防腐。古代生产操作时,多用掏缸法,开皮和铲软均是繁重的手工劳动。清末从国外传入矾鞣法,继又出现植物鞣法。1919年前后开始采用铬皮硝的近代制革生产工艺。辛亥革命后,广州有两间制革厂开始使用片皮机和去肉机,其工艺流程为:浸酸浸灰—鞣制中和—整理整饰。

1978年后,随着改革的深入,各地制革厂通过各种渠道引进国外先进工艺和化工原料,制革生产技术水平得到很大提高。1985年,全省制革机械设备有转鼓377个、片皮机45台,磨革机60台、熨平机46台。1985年起,广州人民制革厂进行全面技术改造,先后投资8500万元从法国、德国、意大利、瑞士、美国引进具有80年代国际先进水平的大型转鼓、片皮机、去肉机、削匀机、真空干燥机、磨革除尘机、振荡拉软机、熨平机、喷皮机等90多台套,使该厂生产能力达到140万张。广州制革厂、江门皮革总厂、汕头制革厂、肇庆制革厂也都先后引进先进的制革生产设备。

20世纪80年代末期和90年代初期,三资企业的制革厂纷纷建立,代表企业有南海皮厂、中港皮业集团、中山南艺制革厂。这些企业规模大、起点高、设备先进,投资超百万美元。南海皮厂有限公司1991年成立，设备主要从美国、意大利、日本引进，专业牛皮生产设备69台（套），羊皮生产设备58台（套），产品外销率超过50%。

通过技术改造和引进国外先进设备，广东制革装备水平得到提高，生产规模、工艺技术和产品质量都有较大发展。制革工段基本上采用机械化、半机械化生产，废除传统的池鞣和部分手工操作，提高了生产效率，制革工人劳动生产率可达4—5张/天。

进入21世纪后，制革设备和技术水平进一步提升，电子程序控制的剖层机、全自动转鼓、真空干燥机、熨平压花机、专用酶制剂、新型优质化工材料等在制革生产过程中广泛使用，不仅提高了生产效率，同时促进了制革生产工艺的节水、节能和污染治理，促进制革业向绿色环保方向发展；辊印涂饰技术、移膜整饰方法、多种涂饰剂在制革上的应用日益增多，增加产品花色品种，开发高附加值产品，综合利用原料皮和副产品。

四 环境保护

制革生产过程中产生的废物主要有废水和固体废弃物。通常1吨牛皮大约排出30—50平方米废水、150千克污泥和约400千克肉渣、皮渣等固体废弃物，如不治理将对环境产生严重的危害。

广东省自1911年开始采用铬皮硝鞣制技术以后，对制革废水中铬和其污染治理一直是人们关注的焦点。1968年，部分制革厂开始建立简易的沉淀池进行初步处理；70年代，广州人民制革厂应用氧化法处理硫化物取得成功；1987年，全省所有制革厂都建有硫化物和铬的污水处理工程，污泥的处理基本采用专用的填埋方式。广州人民制革厂、湛江制革厂、江门皮革厂、惠州制革厂用废皮渣和皮碎制成明胶。广州人民制革厂自1985年起先后投资2838万元，兴建处理8500吨/日的污水处理站，其中购置设备914.79万元（含118万美元进口设备），1993年11月竣工，1994年正式投入使用，污水处理水平达90年代国际先进水平。90年代初建立的中港皮业集团，污水处理采用国际先进方法，达到先进水平。90年代中期广东已有10多家再生革厂，它们收集制革厂废弃的皮碎，经纤维处理、粘合、机械加工制成再生革，减少了污染，提高皮革资源的利用率。至2000年，广东省规模以上制革企业实现环保达标80%以上。

跨入21世纪，对节能降耗和污染减排的要求越来越高。"十一五"规划的出台，对行业的发展带来影响。全省规模以上制革企业加大对环保的投入，采用新材料、新技术、新工艺，实施清洁生产，保护环境，实现节能减排的目标。2007年，佛山市南海兆福皮革制品有限公司与四川大学皮革工程系开始研制"闭合式清洁生产技术"，实现制革生产的循环，并取得进展。2008年广州德威皮革制品有限公司的"环境友好型及其生产工艺技术"荣获"中国皮革行业节能减排创新奖"二等奖，该项目在生产过程中采用LIFE技术及理论，量化制革过程CO_2排放量，通过化学品的减量化，实现COD减排，利用太阳能和车间余热交换，实现节约能源。

第三节　制鞋

一　发展概况

清同治年间，广东已有制鞋行和鞋靴行。1901年成立"合义堂"制鞋行业组织。1925年从业人员2500人。1929年广州高第街出现第一间制造西式皮鞋的工场，生产的线缝皮鞋远近闻名。1935年广州皮鞋厂坊共有68家。此外，汕头市的青州、万国和万兴等鞋店也很出名。抗日战争期间，皮鞋业受到损害，许多厂家倒闭。1945年抗战胜利后，皮鞋业渐有起色，广州有鞋铺400多家，佛山有20多家，广州濠畔街已是当时广东最大的鞋料市场。

新中国成立初期，皮鞋生产陷入困境，一些私营厂坊倒闭，不少工人失业，由人民政府安排生产军需品，1951年全省皮鞋产量仅为2.83万双。1953年开始成立生产合作社，1956年合作化以后制鞋业发展较快，1960年全省皮鞋生产已达205.9万双。后受到三年自然灾害等的影响，国民经济出现困难，1965年产量降至110.48万双，1968年继续降到84.95万双。1971年以后逐渐恢复，1978年上升至364.04万双。

1978年起，国家实行改革开放政策，国内外市场对鞋类的需求增加，美国、韩国以及我国台湾、香港制鞋业开始向大陆转移，促使广东制鞋行业迅速发展起来。1980年前后，港商进入珠三角地区寻找加工合作单位，内地企业来到经济特区投资办厂，乡镇、街道和个体鞋厂也纷纷发展。随着出口量的增加，三资、民营、集体企业创汇超百万美元大户纷纷涌现。1987年，全省二轻系统共有皮鞋厂66家，从业1.43万人，年产皮鞋2123.87万双，工业产值1.886亿元，居全国第三位；深圳特区已有鞋类企业478个，从业人员37739人，工业总产值2.44亿元。

1985年至1995年，广东制鞋业根据海外市场的变化，抓住国际皮革业转移到东南亚和中国沿海的机遇，大力引进先进技术设备，采用合资办厂、合作经营、"三来一补"等方式，先后创办制鞋企业近千家。番禺创信鞋业有限公司、百丽鞋业（深圳）有限公司、深圳珍兴鞋业有限公司均在90年代初建立，现已发展成为全国著名的鞋类生产企业。

1987年至1995年，广东的皮鞋生产连续8年快速增长，年均增幅达82.4%，在全国同行中处于领先地位。1987年广东省的皮鞋产量为2116.28万双，1995年已达13.46亿双，达历史最高产量。1996年由于世界性的鞋业不景气，外销定价偏低，对广东制鞋影响较大，许多制鞋厂举步维艰，皮鞋产量回落到10.8亿双。1997年皮鞋业又扭转局面，通过努力开拓海外市场，增加花色品种，降低生产成本提高效益，全省皮鞋产量回升到12.66亿双。1998年至1999年，受亚洲金融危机的影响，部分外商将皮革制品定单转移到其他国家，1999年皮鞋的产量回落到5.01亿双。2000年国际经济形势转好，皮鞋新产品不断开发及产品质量提高，皮鞋的产量又回升到9.7亿双。广东皮鞋产量连续11年居全国同行业首位，占据全国总产量的半壁江山，广东皮鞋业已成为广东皮革行业的主导行业。

从21世纪开始，广东制鞋业进入稳步发展阶段。2005年随着国内外皮革制品需求的增长，广东各类鞋的产量增至45亿双，皮鞋的产量维持在10亿双左右，出口鞋增至29

亿双。2005年秋季起，欧盟先后发起对我国劳保鞋、皮鞋进行反倾销调查，涉及出口金额2.9亿元。涉案的1200多家企业中，广东就有404家。2006年4月至9月，欧盟分段对我国出口皮鞋征收4.8%到19.4%反倾销税；10月，欧盟正式裁定对我国出口的皮面皮鞋征收16.5%的反倾销税。广东鞋类生产量的70%出口，其中出口欧盟市场占全部出口额12%，贸易摩擦直接影响皮鞋行业的生产和市场。2007年，由于贸易摩擦和国内生产成本上升的影响，全省皮鞋产量首次出现近十年来的负增长，降幅达10.2%，鞋类出口出现"量减价增"的局面。2008年，皮鞋产量8.91亿双，鞋类出口量为32.64亿双，鞋类产品出口额109.33亿美元，占全国的281亿美元28.9%，其中皮鞋6.18亿双，出口额为51.60亿美元，占全省鞋类出口额48%。

自改革开放以来，广东的制鞋业逐渐成为出口创汇的重要行业。广东鞋类生产的70%用于出口，对外依存度大，对国际经济环境变化敏感度高。1980年，皮鞋的出口量为94万双，1985年回落到40.24万双，但到1987年，增加到621.54万双，占全年总产量的29.3%。1990年全省皮鞋出口量已达3299万双，主要销往美国、欧洲、日本等地。1990年至2000年，广东省皮鞋的出口量连年稳步增长，2000年出口量已达5.756亿双，占全年皮鞋产量的57%，出口额达22.89亿美元。2001年至2005年鞋类出口额和出口量同步增长，2005年鞋类出口额72.2亿美元，鞋类出口量29.1亿双，其中皮鞋11.53亿双，出口到美国、中国香港、欧盟、日本等国家和地区的鞋占出口总值的86%。2006年起，欧盟对我国出口皮鞋征收反倾销税，出口鞋中皮鞋产量逐年减少，但出口单价不断提高，鞋类出口额保持增长。2008年鞋类出口额109.3亿美元，鞋类出口量31.45亿双，其中皮鞋6.2亿双，占鞋类出口量19.8%，出口额53.7亿美元，占鞋类出口额49.3%，橡胶、塑料鞋出口量增加，但单价偏低，平均每双2美元。

二 技术设备和产品质量

生产皮鞋的工艺原是采用手工钉锤和绷楦线缝而成。新中国成立后，鞋面用缝纫机缝制，鞋底仍采用手工线缝，辅以少数的砂边机和罗边机，每人每天生产0.8双。1960年以后采用硫化和模压工艺，线缝皮底皮鞋开始退居次要位置。1973年全省共有硫化缸11台、模压机97台、外线机20台；皮鞋面料开始采用大量猪皮面革和羊皮面革；胶粘成型皮鞋出现，硫化模压鞋约占全省皮鞋总量80%。1978年胶粘及注塑工艺兴起，硫化模压鞋逐步被淘汰。

1979年至1986年，广东省制鞋业从意大利、联邦德国、中国台湾等地引进高速缝纫机、双针特种缝纫机、放样机、下料机、绷楦机、高速压合机、定型机、拉帮机和片料机等先进设备，组成流水线30条，其中绷帮机组38台（套），外线机31台，生产能力得到很大提高。广州皮鞋厂、江门市皮革制品厂、佛山市皮鞋厂、广州联发鞋业公司，年产均在30万双以上，成为广东省内制鞋的骨干企业，制鞋工人劳动生产率达3—5双/天。1988年以后，众多制鞋企业引进世界先进水平的制鞋设备如组底机、成型机、裁断机、电脑绣花机等，开始实行组装化大规模制鞋生产，重点发展胶粘工艺，运动鞋（旅游鞋）工人劳动生产率达10双/天以上。主要品种有皮鞋、运动鞋（旅游鞋）、劳保鞋、特殊功能鞋等。

20世纪90年代后，鞋类生产已发展到采用具有国际先进水平的机械化大流水细装生产，工人劳动强度降低，劳动生产率提高，生产品种繁多，档次齐全。制鞋面料除猪牛羊革外，广泛使用合成革、人造革和各种纺织材料及部分采用高新技术材料；鞋底逐步采用PU、EVA、TPR、LR、POE等新型塑化材料，使鞋产品功能延伸。美国耐克、阿迪达斯、锐步、花花公子、英国奇乐、德国彪马、法国都彭等国际著名品牌均在广东加工。

广东的鞋业制造水平位居全国前列，产品款式繁多新颖，质量可靠。1980年，广州越秀皮鞋厂的"越秀"牌男皮凉鞋和广州皮鞋厂的"白云"牌皮鞋获广东省优质产品称号；1981年，广州的长征皮鞋厂、立新皮鞋厂、越秀皮鞋厂、广州皮鞋厂，在全国皮鞋评比中获一类产品称号；1985年、1988年，佛山皮鞋厂的"健步"牌男凉鞋和皮鞋获广东省优质产品称号；1982年、1988年，广州皮鞋厂的皮鞋获全国皮鞋质量评比一等奖；1991年，广州皮鞋厂、广州长征皮鞋厂的粘胶牛面皮鞋获轻工业部优质产品称号；1994年，深圳珍兴鞋业有限公司"哈森"牌皮鞋通过中国皮革协会的"真皮标志产品"认证；1998年、2000年，深圳珍兴鞋业有限公司"哈森"牌女鞋获"中国真皮鞋王"称号，同年该企业设计的女鞋获全国皮鞋旅游鞋设计大奖赛一等奖；2000年，东莞市新虎威鞋厂的"虎威"牌皮鞋成为国家免检产品；2001年，百丽鞋业（深圳）有限公司的"百丽"牌皮鞋被评为中国名牌产品；2001年至2008年，共有鹤山市必登高鞋业皮具有限公司等15家鞋类产品被评为国家免检产品、哈森鞋业（深圳）有限公司等23家鞋类产品被评为广东省名牌产品、广东永金兴集团公司等34家鞋类商标被评为广东省著名商标。

三 产业集群和批发市场

（一）制鞋产业集群效应明显

20世纪80年代起，由于毗邻港澳、交通便利、辐射面广等因素，广东制鞋业主要集中在珠三角地区。因政府实施一系列优惠政策和措施，为企业的健康发展营造良好的发展环境，大力扶持一批规模大、实力强、信誉好、后劲足的外资、民营企业，促使制鞋业蓬勃发展起来，并产生集群效应，成为当地工业体系中的重要行业。广东制鞋业主要分布在广州、深圳、佛山、东莞、鹤山、惠东、潮州、揭阳、吴川等地。

2006年，惠东县被授予"广东女鞋名城""中国女鞋生产基地"，成为广东省皮革行业第二个获得国家级称号的产业集群。惠东女鞋生产从80年代初开始起步，以生产合成革、人造革时尚女鞋为主，已形成原料供应、模具加工、成型组装、装潢包装、产品销售一条龙的制鞋产业发展格局。2008年，全县制鞋企业已发展到3362家，从业人员26万人，拥有自动化制鞋流水线322条，年产量可达6亿多双，年产值180多亿元，鞋类出口额达78亿元。鹤山市于2008年和2009年被授予"广东省男鞋生产基地""中国男鞋生产基地"。鹤山市制鞋业历史悠久，但真正发展是在改革开放以后，经过多年的发展，在政府重视和支持下，通过自主发展，形成生产高档真皮男鞋为主的当地支柱产业，带动地方经济发展。鹤山市有鞋类生产和关联企业380多家，从事鞋类贸易700多家，年产各类皮鞋6000万双，实现产值47.6亿元。2008年潮州市获"广东省工艺鞋生产基地"称号。潮州市经过30多年的发展，已形成工艺鞋产品设计、原材料供应、模具加工、成型组装、产品包装等配套齐全的格局，产业聚集度高，集群效益明显。2008年，全市鞋类生产企业968家，年产值49.07亿元，年产各类工艺鞋5.5亿双。潮州市已成为国内外工艺鞋生产企业最集中、产量最大、品种最齐全的地区之一，其产量约占全省工艺鞋总量79%

以上。

(二) 鞋业批发市场具有相当规模。

自20世纪90年代起,随着国家改革开放政策逐渐深入,广东各地逐渐形成自发的鞋类产品和原铺材料交易批发市场,如广州的西城鞋业广场、国际鞋城、欧陆鞋城、新濠畔鞋材市场等,东莞的河田鞋材市场、东莞濠畔市场等,深圳的集银皮革市场、华南国际皮革皮具及原铺料交易中心等,惠东的吉隆鞋材市场等。由于交通便利,交易灵活,吸引了大批国内外批发商、采购商前来进行商务活动。至2000年,广州站西路附近已有16个鞋类鞋材批发市场,年交易额可达200亿元。进入21世纪,随着鞋类产品的增加,鞋类及材料批发市场不断发展和升级。具有国际标准的集鞋业批发、贸易洽谈、展示、采购于一体的现代化鞋业专业市场——广州"步云天地"于2004年开业。广东已成为全国最大的鞋类产品、原辅料、机械设备交易和行业信息交流中心。2008年全省有20多个鞋类及原材料批发市场,在广州站西路附近就有17个,对全国的鞋业起到拉动作用(见表8-55)。

表8-55　　　　　　　　1950—2008年广东省皮鞋生产基本情况

年份	总产量（万双）	出口量（万双）	年份	总产量（万双）	出口量（万双）
1950	2	0	1985	910	79
1955	112	4.8	1990	8793	3299
1960	205	39	1995	134600	32529
1965	110	82	2000	90491	50756
1970	245	66	2005	91200	76275
1975	346	117	2008	89100	61808
1980	520	94			

注:1997年前统计范围为乡及乡以上独立核算企业,1998年起统计范围为全部国有企业及销售年500万元以上非国有企业。

第四节　皮件

一　发展概况

皮件包含皮具、箱包、手袋、腰带、票夹等。

广东的箱包生产已有300多年历史,以阳江衣箱名气最大。20世纪20年代初,阳江已有10多家作坊,采用烟熏法生产的沙青箱包革制造皮衣箱。至20年代中期,广州有昌永堂皮箱行和皮箧行业研究会等组织,海口、汕头、肇庆、高州等地也有不少制皮箱厂坊。民国时期广州已有皮革箱公会,当时的包袋主要用于包装照相机和测量仪器等贵重用品,一般以真皮制作,多是手工线缝,工艺简单,品种少。抗日战争胜利后,日用皮件生产以个体户和家庭作坊居多,产量很少,主要集中在广州四牌楼(今解放中路)及德星路、状元坊一带，产品发展至皮箱、皮包、手袋、皮裤带、皮三球、皮枪套、炮衣及贵重物件（如照相机、乐器、医疗器械）的皮套等。至新中国成立前夕，全省年生产衣箱0.3万个。

新中国成立后，开始成立皮革生产合作社，为部队加工军用皮革制品。1955年，牛皮供应偏紧，开始用猪皮革生产皮箱、皮裤带等，并在华南物资交流会上推广使用。1958年，广州皮件厂首创木胚手提箱，1963年又研制成功纸胚模压衣箱。随着人造革问世，其逐步取代部分真皮和格布，外观和质量更好。1965年，全行业基本实现了合作化，生产实行流水作业，产品质量和劳动生产率比个体和私营户都有较大的提高。1957年全省衣箱产量为11.2万个。"文化大革命"时期，行业生产秩序混乱，管理松弛，企业体制多变，生产发展缓慢。

1978年以后，港商开始到珠三角地区设立或合办加工生产手袋、钱包等小皮件产品的加工企业。由于皮件生产属于劳动密集型行业，投资少、见效快，因此在珠三角各地迅速发展起来，并逐步成为出口创汇的重要产品。1978年，中国第一家"三来一补"企业——东莞太平手袋厂成立；1979年，阳江皮件厂从香港引进57台设备，成立广东第一家专业旅行箱包企业；1982年肇庆粤华皮件厂、1984年中山手袋厂、佛山华艺提包、深圳手袋厂相继投产。1985年全省有包袋厂83家。1987年省内具有较大生产规模的箱包企业有广州的永联、坚强、风行、广州皮件厂、五羊箱包厂，以及阳江、中山、东莞、深圳、佛山等地的皮具箱包厂，全省革包袋产量达1948.2万个，居全国首位。人造革箱开始大量出口，年出口量达95.81万个，产品远销中国香港、日本、丹麦、联邦德国、沙特阿拉伯、叙利亚等国家和地区。

进入20世纪90年代，越来越多的三资企业在广东开办。1992年，亚洲著名箱包制造企业——皇冠皮件工业股份有限公司从台湾迁往广东中山，设立中山皇冠皮件有限公司，并逐步发展成为中国最大的箱包生产企业。1995年，广东箱包年产量达最高值1564万个。2000年，广东省箱包、旅行用品出口额为19.6亿美元，已成为广东省皮革行业继鞋类之后出口创汇的又一大宗产品。

进入21世纪，随着国际旅游市场的日益发达，全球对皮具箱包需求巨大，产业面临较好的市场机遇，保持稳定发展。2005年，箱包、旅行用品出口额为30.70亿美元。2006年中国箱包十二强，广东皮具箱包企业有8家位居榜中。2008年，全省皮包袋产量4.08亿个，居全国首位，箱包、旅行用品出口额为55.40亿美元，出口主要集中在欧盟、美国、日本、中国香港等国家和地区。经过多年的发展，广东皮具箱包企业具有相当的规模和知名度，排名前列的规模以上企业中，外资企业占近6成，国内最大的箱包手袋企业广州番禺世门手袋厂、中山皇冠皮件有限公司、安迈特提箱（东莞）有限公司等是外资企业的代表。

二 技术设备和产品质量

新中国成立前，皮箱多以烟熏法的生产牛面革做面料，包袋产品一般以真皮制作为主，手工缝制，工艺简单。新中国成立后，箱包的结构、生产工艺和原材料有很大改革。1958年广州皮件厂首创木胚手提箱，1963年又研制成功纸胚模压衣箱，从过去"先成型后粘合"改为一次成型，工效大为提高。50年代随着人造革的出现和使用，箱包的外观和质量得到很大的改善，包袋数量和品种逐渐增多，包袋生产也开始使用拼缝机和缝纫机等。1973 年，开始生产 ABS 塑料旅行箱包。

改革开放初期，港资企业开始引进精密度较高的自动针车机、电脑绣花机、电剪刀等机械设备。20 世纪 80 年代中期，大批台资箱包制造商转移到广东生产，加快了广东省皮具箱包生产方式的换代升级，逐步形成现代化程度较高的加工出口新兴产业。1986 年，中山手袋厂引进日本、美国等国家的先进设备，组成生产线 6 条，年产包袋 144 万个。该厂制造的新型人造革拉链软箱和尼龙拉链软箱，填补了国内空白。阳江皮件厂共引进设备 550 台，年产值可达 731.5 万元。1987 年后，根据市场需求，主要以尼龙箱、人造革箱、ABS 箱等为主，非皮面衣箱的产量占衣箱总产量的比例越来越大。衣箱的辅料如塑料、五金配件等种类繁多，机械化生产取代手工操作。90 年代末期，企业引进裁断下料机、披皮机、压花机、电脑绣花机、自动针车等小皮件生产设备，实现自动化流水生产线，生产效率大幅度提高。旅行箱包生产厂家普遍采用国际先进制箱设备，如定型压花机、开皮机、高周波电压机、切捆机和车缝设备等，采用箱件模压工艺和真空吸塑工艺，建成具有国际先进水平的箱包机械化生产流水线。

皮具箱包的原材料除传统的皮革和纺织面料外，合成革、人造革、合成纤维、聚酯、聚碳纤维等材料也被广泛利用，产品丰富多彩，向实用性、装饰性结合的方向发展。

1984 年至 1987 年，在全国箱包评比中，广东箱包业取得较好的成绩。广州皮件厂的人造革箱两次被评为一类品第二名，广州五羊箱包厂的人造革箱被评为一类品第三名，中山皮件厂的人造革拉杆软箱在 1987 年全国内销旅游产品展销会上获景泰蓝杯奖。1990 年，广州五羊箱包厂生产的拉链旅游软箱先后获轻工业部授予的轻工业产品铜奖和 8 个部委联合授予的中国妇女儿童用品 40 年博览会铜牌奖，广州皮件厂生产的 301 胶合板旅行箱获中国妇女儿童用品 40 年博览会铜牌奖。

1983 年至 1987 年，阳江皮件厂的尼龙袋和真皮挂袋、中山手袋厂的手提双绞袋、佛山华艺提包厂的牛津布袋、东莞市太平手袋厂的人造革女装袋获广东省优质产品称号。1994 年，广东首批获中国皮革工业协会"真皮标志"佩挂资格的皮件企业有三井皮具（惠州）有限公司和广州美邦皮革制品有限公司。2001 年"真皮标志杯"首届全国皮具设计大奖赛中，获奖的 34 家企业中广东占 21 家，其中花都狮岭凌云皮具有限公司的"白领丽人"女包获特等奖。自 2001 年起，广东皮具箱包企业在"真皮标志杯"全国皮具设计大奖赛中取得优异成绩并多次夺魁。2006 年，广东万里马投资实业有限公司的"万里马"牌商标在皮具箱包行业内首个被认定为中国驰名商标。2007 年，广东威豹实业有限公司的"威豹"牌商标被认定为中国驰名商标，中山皇冠皮件有限公司的皮具箱包被评为中国名牌产品。2001 年至 2008 年，共有广东苹果实业有限公司等 2 个皮具箱包产品被评为国家免检产品，广州市斐高箱包有限公司等 4 个皮具箱包产品被评为广东省名牌产品，广东亨得利实业公司等 7 个皮具箱包商标被评为广东省著名商标。

三 产业集群和专业市场

随着广东皮件产业的发展，一批箱包产业集群开始形成，主要集中在广州、深圳、东莞、江门、中山等地。广州市花都狮岭镇的皮具箱包从 20 世纪 70 年代末开始发展，逐步形成具有较大产能、技术先进、配套完善、产销两旺的产业集群，2002 年被授予"中国皮具之都"称号。2008年,广州花都狮岭皮革皮具产业研究中心设立国内首个皮具博士后工作站。广州花都狮岭镇有皮具及相关企业11000余户,从业人员约25万人,年产皮具近6亿只,年产值超过150亿元。江门市皮具箱包业以生产旅行箱包和男式公文包为主,加上配套材料生产,形成了一定的产业集群,共有皮具制造及关联企业200多家,从业人员达7万多人,实现年产值20多亿元,2009年被授予"广东省箱包皮具生产基地"。

20世纪80年代末期开始,在皮具箱包生产销售相对集中的地区,自发形成了一批原材料采购、产品销售的市场,促进了产业链逐步完善,加快了产业的发展。至2008年,广州梓元岗皮具商业圈,聚集了约20个皮具箱包商贸城,近5000个商铺,3万多名从业人员,年交易额超100亿元;广州花都狮岭的皮革皮具城,占地780亩,建筑面积23.3万平方米,共有商铺2100个。这些专业市场成为全国皮具箱包业最为集中的产品展示、产品销售、原辅材料交易和信息交流的中心,吸引国内外商家参观选购。

第五节 皮革服装

皮革服装分为毛皮服装和革皮服装两大类。

由于广东气候温暖,皮革服装在本地需求量不大,新中国成立前广东无正规的皮革服装生产厂。1971年,广州风行皮革厂和穗城服装厂开始生产皮革服装,由省畜产进出口公司负责收购出口。1973年广东出口皮衣2.64万件。1980年后,随着对外贸易的迅速发展,广州坚强皮件厂、新会皮革制品厂和远东服装厂等8家企业开始生产皮革服装,广州坚强皮件厂日产皮革服装达3000多件。各厂家引进国外高速缝纫机、双针机和纽扣机等专用设备,人日均生产皮革服装提高到1件以上。1987年全省皮革服装生产量27.01万件,出口量26.8万件。80年代末,皮革服装的生产迅速扩大,产品主要以贴牌出口为主,产地集中在广州、深圳、南海九江等地。

进入90年代,随着国内外市场对皮革服装的需求增加,广东皮革服装业进入发展最兴旺的时期,产量长期位列全国前三位。皮革服装出口保持增长,成为出口创汇的主要产品之一,同时,广东皮革服装在国内市场也供不应求,涌现了凯撒、赛派、乔治奥、璐仙奴、丹尼、马天奴等一批国内知名品牌。1993年,皮革服装达最高年产量1378.12万件,之后开始回落,2000年产量为460.26万件,经广东口岸出口的皮革服装总额1.96亿美元。

90年代中后期,随着改革开放的不断深入,内地河北、浙江、山东、内蒙古、东北等地皮革企业在政府大力扶持下发展迅速,借靠近主体消费市场之便,取代广东成为皮革服装国内市场的主力。2004年至2006年,广东皮革服装行业迎来发展的第二个高潮期,2004年,皮革服装产量达627.91万件,出口额节节攀升。但到了2007年,受2006年冬季全球性气候变暖影响,皮革服装企业普遍产品积压滞销,再加上国家调整出口退税率和加工贸易政策,行业遇到严峻挑战,一批中小企业被迫外迁甚至关门。2008年,皮革服装产量为211.85万件,经广东口岸出口皮革服装总额0.89亿美元。

广东皮革服装紧跟世界皮革服饰新潮流,其设计已从单一保暖型向薄型时装化转变,多以绵羊皮、山羊皮、牛皮、貂皮等高级真皮为原料,以生产中高档产品为主,出口到欧洲、美洲等地。

1985 年，广州穗城服装厂的"海豹"牌皮革服装获广东省优质产品称号；1988 年，广州坚强皮件厂的皮衣获轻工业部出口产品全国铜奖；1990 年，南海九江皮衣厂获省级先进企业称号；1996—2008 年，凯撒（中国）有限公司的皮革服装获中国皮革协会授予的"中国真皮衣王"称号，2004 年获"中国名牌产品"称号，2006 年"凯撒"商标获"中国驰名商标"称号。

第六节　行业管理

广东皮革工业历史悠久，民国时期制鞋、箱包等手工业各以"同业公会"的形式开展业务活动，定有共同遵守的行业规则。广州市就有皮革箱公会。

新中国成立后，各手工业同业公会加入当地工商联作为团体会员，成为与政府联系工作和对话的桥梁，行业的行政管理有关事项则由各级工商行政管理局负责。1953 年年底国家加快对个体手工业的社会主义改造，广东省人民政府于 1954 年成立广东省手工业管理局，同年将皮革行业纳入省手工业管理局管理。

1955 年起，皮革行业的隶属几经更改。1956 年 7 月划归到商业部门管理，1956 年年底合并到省工业厅，1960 年隶属省轻工业厅，1966 年归属省第二轻工业厅。1969 年合并到省轻化工业公司，1973 年归属到省轻工业局二轻工业公司。1979 年广东省塑料皮革工业公司（1983 年改名为广东省塑料皮革工业总公司）成立，皮革、毛皮及制品行业归口到该公司管理。由于各地方及企业性质的不同，皮革行业企业分别归工业局、二轻局（城镇集体企业联社）、乡镇企业局管理。省塑料皮革工业总公司负责管理省皮革工业的绝大部分企业，负责编制行业生产、技术改造、科技教育等的长远规划和年度计划，统一管理猪皮资源的收购、分配和调拨以及制革、皮鞋生产用辅料的计划供应等。

20 世纪 80 年代起，国家实行改革开放，部门管理的界限被打破，特别是 1984 年 7 月国家将牛皮由二类物资改为三类物资，放开购销市场，经营皮革业务的个体户增多，内资外资企业齐头并进，多种所有制企业共同发展。1990 年为适应经济体制改革的需要，做好广东省皮革行业的各项协调和服务工作，受广东省经济委员会委托，由广东省皮革塑料工业总公司牵头，成立广东省皮革工业协会，2005 年更名为广东省皮革协会。协会的宗旨是为政府、皮革行业和企业服务，接受政府委托，负责行业协调管理工作。同年，为大力开展"三来一补"业务和外商合资合作经营，促进鞋类进出口贸易的发展，广东鞋业厂商会成立。

随着皮革行业的飞速发展，制革、制鞋、皮具箱包等皮革行业中的主体行业不断壮大，信息、咨询、设计、研发、市场开发与运营、物流管理等也逐步形成配套体系，皮革行业涵盖了生产、商贸、科研以及服务等领域，行业分工越来越细。为更好地协调各细分行业发展，2007 年广东省鞋材行业协会成立，2009 年广东省皮具行业协会、广东省皮具商会、广东省皮具箱包流通协会相继成立。

第二十章　广西壮族自治区

第一节　历史沿革

广西制革及革制品工业历史悠久。远在宋代，桂西地区已有居民用原皮制作生活用具。至清代，桂北、桂东北、桂东南及南宁等地，家庭手工鞣皮制作甚盛。宜山所产的马鞯皮畅销北京。清代末年到民国初年，广西大量发展烟熏革，南宁等地产品远销东北、华北地区。民国二十年（1931年）九一八事变后，制革工业受到北方市场衰落的影响。民国二十四年（1935年）后，外籍皮匠进入广西，制革工业又逐步发展起来。民国三十二年（1943年），广西共有制革生产企业108家，从业人数约1500人，资本261.55万元，其中官营2家、私营3家，手工业作坊103家，主要分布在南宁、柳州、桂林、梧州、玉林、平南、桂平、平乐、荔浦、融县、宾阳、百色、苍梧等地。产品分原皮、熟皮两种，均有出口。民国24年，出口熟皮256913元，后因日本军队入侵广西，生产逐年下降，民国二十九年（1940年）仅为43256元。制革业的发展，为革制品业的发展提供了物质基础。皮箱、皮件、皮鞋以及猪鬃加工也发展起来。抗日战争胜利后，外籍匠人大量返回原籍，制革厂和作坊纷纷解体，许多制革作坊转向制革、制品兼营。

新中国成立后的1950年，制革和革制品手工业者仅余584户，1193人，年产皮革（折合张）3.4万张、皮鞋16.3万双，年销售额107万元。手工业合作化期间，制革和革制品工业被列为重点发展行业，先后在传统产区建立制革及革制品手工业合作社45个，从业人数2337人，1956年产值500.743万元。60年代中期至70年代初，各地办皮革工业的积极性不断提高，开展了猪皮制革，广西皮革工业有了发展的好势头，1970年皮革工业企业26家，制革产量（折合牛皮）22.08万张，其中猪革5万张、皮鞋产量55.44万双，其中出口10万双。1980年，全自治区皮革工业总产值达5060万元，制革产量（折合牛皮）95.74万张，其中猪革178万张、皮鞋175.23万双、皮箱6.61万个。1984年后，广西二轻工业系统实行改革开放政策，各地注重技术改造，陆续从国外引进或选购国产关键设备，促进了生产发展。

1990年完成工业总产值21270万元，制革产量（折合牛皮）133.2万张，皮鞋244.38万双。

1990年，广西二轻系统有制革及革制品企业51家，其中全民所有制企业15家，集体所有制企业36家；制革厂12家，皮鞋厂30家，皮件厂8家，皮革化工厂1家。职工总人数8291人，工程技术人员416人，其中高级职称2人，中级取称56人。产品有鞋面革、鞋底革、服装革、手套革、色里革、软面革、皮鞋、皮凉鞋、箱包件、皮服装、皮手套、皮表带等。1995年，广西轻工业系统内有制革及革制品企业46家，职工总人数8700

人，实现工业总产值46567万元。

进入21世纪后，随着南宁—东盟经济开发区和北部湾地区产业加速集聚，国内外皮革、制鞋企业也开始转移到广西，成为该区新兴的重点产业之一。总投资近15亿元，规划建设的台湾（南宁）轻纺产业园，被列入自治区政府重点支持的北部湾经济区11个重点产业园区，产业园整体规划面积6.23平方千米，计划总投资达120亿元，已有台湾麦斯鞋业、贯铨鞋业、楠熙鞋业等多家制鞋企业落户。

2010年10月，台湾兴昂国际有限公司投资1.7亿元的广西兴莱鞋业有限公司项目在钦州市灵山县正式启动。该项目投产后，年产系列高级男女鞋、休闲鞋400万双。

第二节 制革

一 历史沿革

制革是将动物原皮鞣制成熟革的过程，起源甚早。其制作法由熏皮法向铬鞣法逐步过渡。清光绪末年，南宁和宾阳县新桥乡科甲村，已有使用熏皮法制作熟皮的家庭手工业。南宁市旧华兴街、平等街即为制革手工业的集中区域，分别被称为"硝皮街""硝皮巷"。清宣统三年（1911年），首家制革工厂协荣号成立。此后，又出现同源、有兴、金德兴等制皮商号。民国二年（1913年），南宁制革盛极一时，其规模大者，日开熏炉40余个，工匠200余名。原皮来自桂林地区，产品主要销往辽宁、吉林等省以及广州、重庆等市。1931年，日本侵占中国东北，皮革市场缩小，皮价暴跌，协荣、有兴、金德兴等商号先后关闭。1932年全市仅余手工皮坊11家，日开熏炉50个，雇工136人，从此一衰不振。1928至1939年间，筹办南宁制革厂，1930年春开工制革，后因政局变动而停工，1933年始行恢复，1940年迁往柳州，改名为广西制革厂。抗日战争期间，制革重点产区转移至桂林、柳州、梧州三市。1933年，三市共有制革企业118家，占全省制革厂家的87%，其中手工业制革企业115家，占三市制革企业的97%。新中国成立前夕，因受战争影响，只有桂林、梧州两市以及百色、南宁、玉林、桂林、钦州地区的传统产区维持生产。

新中国成立初期的1950年，广西全省制革产量为3.4万张（折牛皮），其中重革286吨、轻革8.7万平方米。手工业合作化时期，南宁、桂林、柳州、梧州4市以及玉林、贵县先后组建了6个集体所有制皮革专业生产合作社，共有职工327人、资产92.32万元，1956年制革产量3.36万张（折牛皮），重革207吨、轻革20.7万平方米，其中合作社的重革产量149.85吨、轻革20.63万平方米。1959年至1960年，制革产量分别为皮革（折牛皮）15.63万张和16.17万张，重革257吨和344吨，轻革19.5万平方米和17.9万平方米。每年调给北京等地牛皮革10万张。1962年，受农业困难和手工业政策变动的影响，制革工业陷入低谷，全年只制革1.18万张、重革94吨、轻革11.3万平方米。1963年手工业调整以后，制革工业生产逐步回调。60年代末至70年代，先后在钦州、灵山、玉林、来宾、全州、宜山、横县、合浦等县新建8个制革厂。1971年，根据国家对猪皮制革实行财政补贴的优惠政策，广西大规模地开展猪皮制革，制革工业进入大发展阶段。此期间的制革产品从以重革为主、轻革为辅，转入以轻革为主、重革为辅，原料从以牛皮为主，转入以猪皮为主，制革产量大幅度增长。进入"七五"期间，制革工业形势继续看好。1990年，全自治区制革行业职工3038人，制革产量（折牛皮）133.2万张，其中猪皮革（自然张）达257.86万张，出口交货值达3457.87万元，占整个皮革行业产品出口值近一半。出口的革产品全是猪皮革。1995年，广西制革业总产量262.52万张（折牛皮），其中牛皮革（自然张）达137.67万张、猪皮革（自然张）达248.58万张。2000年广西有制革企业9家，年产轻革619.57万平方米。

二　工艺和设备

制革可分重革和轻革两种工艺。重革有皮带革、鞋底革、装具革等。轻革主要包括鞋面革、服装革、手套革、衬里革等。工艺大体包括准备、鞣制、整理三个阶段。重革经过选料、分档、浸水、脱脂、去肉、浸灰、脱毛、片皮、脱灰、软化、浸酸等准备过程，再经过植物鞣、退鞣、漂洗、加油等鞣制过程，后经过干燥、回潮、压光等整理过程而成。轻革生产工艺其准备阶段同重革工艺一样，鞣制阶段经过铬鞣、削匀、中和、染色、加油等工艺，最后经过干燥、拉软、涂饰、熨平压花即成成品。民国初期，广西生产重革普遍采用烟熏法和植鞣法，即经鞣制工序后，用熏炉将革熏干，再用大量植物油涂浸皮革，然后用人工反复踩、压、晾干。产品适用于制作鞋底、马具等，一度畅销北京等地。至抗日战争时期，多数作坊和工厂仍沿袭此法，由于全系手工操作，生产工艺不完整，并无正规检测手段，全靠工人精工细作来保证质量。

新中国成立初期，制革业的设备与工具仍为案板、刨片板、木桶、钉皮板、灰塘、铜饪、璃璃推、刨铁、钉锤、铁锅、皮架、瓦钵等，基本上为手工操作。20世纪50年代末，改大槽（池）浸灰为划槽浸灰、浸水、摔软、刮打、鞣制开始采用木转鼓和重革打光机等机械进行生产。60年代末，采用灰碱法转鼓浸灰。70年代中期，一度采用酶脱毛法代替灰碱脱毛法，后因技术难度较大，未能坚持和推广。各个企业也研究试制成功一些制革新工艺，南宁市制革厂1974年试制成功的牛、猪重革快速鞣制新工艺，曾在行业中推广。

从20世纪60年代始，广西制革行业逐步采用机械生产代替手工操作，到70年代中期，主要的制革工序实现了机械化和半机械化生产。80年代，南宁、桂林、柳州、梧州、横县、钦州制革厂又分别从意大利、法国、中国台湾等国家和地区引进具有80年代国际先进水平的片皮机、真空干燥机、熨革机等制革专用设备。1990年，广西制革行业主要专业生产设备有鞣池7个，铁、木转鼓258个，去肉机29台，片皮机41台，磨革机43台，削匀机61台，喷浆机5台，熨革机28台。从手工操作到机械化生产的转换，促进了生产力的发展。1990年，全自治区主要产品的年生产能力为制革（折牛皮）210万张，其中猪革（自然张）400万张。

三　猪皮制革

广西以猪皮制革始于20世纪60年代，与全国基本同步。1964年南宁市制革厂首家试制成功猪皮革，为制革工业开创了新的途径。之后，广西各地开展了猪皮制革。此时，国家对猪皮制革实行了优惠政策，给予财政补贴。但由于广西牛皮资源较为丰富，猪皮制革的积极性仍不是很高，规模不大，进展缓慢，1966年全自治区猪革产量仅为3.42万张。

1971年以后,广西大量开剥猪皮,利用猪皮制革,当年开剥猪皮23.1万张,猪皮制革19.07万张。为了鼓励和推广猪皮制革,国家制定了一系列扶持政策,采取积极措施:动员肉联厂、食品站、人民群众开展社会杀猪剥皮工作;按照斤皮斤肉的比值收购猪皮;各个时期每斤猪皮国家财政补贴0.3元、0 65元、0.95元不等;对猪皮及腌制猪皮用盐实行免税;每年由政府出面,召开一次有工业、商业、财税、市场管理等部门参加的会议,研究落实猪皮开剥、腌制、调运、生产任务;拨出专项材料和基金,为重点企业增加转鼓、片皮机等关键设备,改进工艺、提高质量、增加出口等,不断促进猪皮开剥和猪皮制革的发展。

1975年,全自治区开剥猪皮96.94万张,猪皮制革106.12万张(自然张),财政补贴323.1万元。

1980年,全自治区开剥猪皮164.12万张,猪皮制革207.19万张(自然张),财政补贴3059.17万元。

1987年,猪皮制革253.31万张(自然张),比1966年增长74倍多。

1990年,根据财政部2月10日的通知,广西取销了猪皮制革的财政补贴。但猪皮制革仍平稳发展,完成猪皮制革257.86万张(自然张)。

1975年,转入以猪皮制革为主以后,各制革厂在一皮变多皮,粗皮变细皮,低档变高档,提高得革率,提高产品质量,提高经济效益的思想指导下,开展技术革新,将初期猪皮制革采取强碱灰、浸老灰、中灰再泡灰转入鞣制的工艺,改用低铬鞣法和片皮工艺,使猪皮革用途不断扩大。在大宗产品中,除皮箱、皮包、包袋和劳保手套革外,还有各式皮革供应出口。

四 产品品种

按用途大类分,有重革、轻革两种;按原料性质分,有牛皮革、猪皮革两种。牛皮革又分水牛革、黄牛革两种。

新中国成立前,广西制革产品品种主要是重革,用于制作皮鞋底、皮带以及各类皮装具等,主要产品有药沙皮、药水皮、轻珠皮、光沙皮等。

20世纪50年代末,有黄牛的正面革、反绒面革、鞋里革、栲底革、装具革、带革、篮排足球革;水牛的箱皮革、栲底革、装具革、带革、洋鼓革、烟水青革、烟水二青革等。

60年代,增加了黄牛的修饰面革、油浸革、绢纺草、油仁革、轮带革、护油圈革等;水牛的绒面革、打梳带革、轮带革、正面革等;猪皮的正面革、半硝革、栲底革、装具革、栲里革、三层鞋里革等。

70年代,增加了猪皮的淡黄手套革、反绒鞋面草、油浸革、修饰面革、二层修饰面革、色里革等。

80年代,增加了水牛的修饰面革,猪皮的正面服装革、反绒服装革、二层服装革、沙发革、苯胺革等。

广西生产的皮革,除自用外,还销往江浙、上海等地,尤其是服装革销量更大。猪皮二层革、手套革已批量销往国际市场。1990年,全自治区各种猪皮革出口交货量31.51万张、交货值878.78万元。

第三节 皮革制品

广西皮革制品包括皮鞋、皮箱、皮包、皮带、皮服装、皮手套、小皮件以及皮制工业配套用品等。新中国成立前主要产品有南宁、桂林、柳州生产的军用牛皮腰皮带、子弹带、手枪套、革具革履，梧州产的民用皮箱，以及一些县、镇生产的民用皮带、牛皮鞋底、凉鞋等。抗日战争前夕，因军需品需求量大，皮革制品业经历了一段繁荣时期。解放前夕，因政局影响，部分企业转业、歇业。新中国成立后的1951年，南宁市工会筹备会首先组织广西第一家革履工人生产合作社，有职工37人，资金5875元，生产皮鞋2520双，销售收入26.7万元，创造了比私营企业更好的效益。1952年，全省皮革制品生产经营者592户，从业人数1356人，总产值136.04万元。10人以下的手工业作坊584户，1193人，总产值106.94万元。1959年，全行业皮革制品生产合作社39个，职工2063人，固定资产5.35万元，自有资金33.2万元，生产皮鞋218426双，皮箱36269个，实现工业产值327.36万元，盈利24.23万元。1961年，生产皮鞋24.24万双，皮箱14289个。此后，经过不断地调整和改造，皮革制品行业有了较大的发展。1990年，全自治区共有皮革制品厂37家，职工14361人，其中皮鞋厂30家，皮件厂7家，产品有牛面皮鞋、猪面皮鞋、羊面皮鞋、合成革皮鞋、人造革皮鞋、胶粘皮鞋、模压皮鞋、上线皮鞋、上线胶粘长短皮靴、硫化皮鞋、各式童皮鞋、草皮箱、皮手套、革皮包、毛皮服装、毛皮帽子等。生产各类皮鞋24438万双，革皮箱30.38万个，革皮手套652.61万副，革皮包20.8万个，革皮服装8.02万件。1995年，全自治区共有皮革制品厂31家，其中皮鞋厂24家、皮件厂6家、革皮服装厂1家。2000年，全自治区共有销售收入500万元以上的皮革制品厂14家，实现工业总产值15894万元，出口交货值12149万元。

一 皮鞋

清光绪三十一年（1905年），南宁开辟为商埠，西式皮鞋传入广西，有别于中国传统的老式皮鞋。起初是百货洋杂商从香港、广州进货售卖，继而出现修补、制造皮鞋的行业。民国十三年（1924年），兴业钟连科鞋厂成立（创始人钟十六，兴业县石南人），开始以布鞋为主，皮鞋产量不大，雇工20多人。1929年官办的南宁制革厂内设有皮鞋车间，生产军用皮鞋、皮靴。1929年，兴业钟连科鞋厂到鼎盛时期，雇工达200多人，还有厂外加工者三四百人，拥有多种缝纫机100多台和少量的法国明线机等设备，在柳州、南宁、玉林、梧州、桂林、桂平、贵县等地设有分厂，几乎垄断广西的布、皮鞋市场。从此，皮鞋业扩展到梧州、南宁、桂林、柳州、宾阳、玉林、桂平、全州、宜山等地。生产的皮鞋底大都采用水牛黄牛底革，少数采用生胶和旧轮胎。生产工具简陋，除官办企业有少数设备外，多数手工业企业只有简单的锤子、刀子、锥子、桌子、锉子等生产工具，个别私营鞋厂有少量缝纫机。生产工艺以线缝为主。新中国成立后特别是手工业合作化后，皮鞋生产工艺不断改进，先后采用了上线、硫化、模压、胶粘4种工艺。

手工上线工艺，又称手工缝制工艺，是将皮鞋部件用手工连接缝制的传统方法。一般经过划面—裁料—部件预制—缝料—修饰—定型—出楦—腊光—整理—检验等生产工序。其优点是工艺精细，缺点是全手工操作，工效低，操作缺乏规范，质量受到生产者的技术水平高低影响很大，质量不稳定。进入20世纪80年代后，除少数企业还保留部分此工艺生产，以适应不同群众需要外，其他已基本被淘汰。

硫化工艺与缝制工艺的主要区别在于帮、底的结合由手工缝合鞋钉固定，改为用模具将底、帮挤压，在高温高压下硫化成型。优点是工效高，缺点是在高温高压下，皮鞋胶底皮面性质受到破坏，影响鞋的使用寿命。此法20世纪70年代初曾兴盛一时，至20世纪80年代逐步为其他工艺所取代。

模压工艺，特点是将熔融状态的底胶料置于加热的鞋模中，和帮面在加热过程中粘合。其虽和硫化工艺同样有工效高的优点，但帮、底粘合质量差，胶质质量容易破坏；1972年至1973年推行一时后多数企业已经淘汰。

胶粘工艺，主要特点是底、帮用氯丁胶正常温下加热结合，用远红外线干燥。此法工艺简单、易于操作，工效高，保证了皮鞋的质量，从20世纪70年代至今，仍为各厂家所采用。

20世纪80年代，各皮鞋厂的皮鞋专用设备为钳帮机组、片帮机、缝纫机、模压机、高速粘合机、远红外线干燥箱等，计有裁料机53台、模压机25台、绷鞋机组17套、粘合机12套。以机械化生产为主，手工操作仍占一定比重。在皮鞋品种中，高档产品所占比例尚小，软面鞋、旅游鞋、运动鞋尚处在开发时期，一般皮鞋产量占总量的80%多。在1990年生产的244.38万双皮鞋中，二轻系统内为213.28万双，其中牛面皮鞋87.9万双、猪面皮鞋12.91万双、合成革鞋104.8万双。

1990年，广西有皮鞋厂30家，分布于南宁、柳州、桂林、梧州、北海、融安、荔浦、恭城、全州、钦州、玉林、贵港、桂平、平南、容县、百色、田东、邕宁、武鸣、贺县、横县、河池、宜山、南丹、环江等市、县（自治县）。其中，柳州市皮革集团，南宁、桂林、荔浦、桂平、横县、北海皮鞋厂规模较大。皮鞋产量柳州市皮革集团为32.97万双，其余在10万双以上，是广西皮鞋行业的佼佼者。2000年，广西有皮鞋企业7家，年产皮鞋153.79万双。

二 皮件制品

皮件制品历史悠久。早在宋代，桂西等地已用原皮制作刀鞘、马鞍、皮鼓。清代，在庆远等州府所在地有皮匠用鞣皮制作举子、州府官员乘马之土鞍以及座垫、床垫等生活用品。此为广西初期之皮件业。民国初年，桂林、梧州、柳州出现皮箱生产专业户。柳州皮箱销往庆远（今宜山县）、怀远（今宜山县）、左州（今崇左县）、长安（今融安县）等地。桂林、梧州皮箱部分销往港澳地区。民国十八年（1929年），省政府设南宁皮革厂生产皮革、枪套等军用产品。抗日战争时期，粤、湘皮匠大量流入广西，皮件制造业兴旺一时。1940年，桂林等46个县市从业者达130户，其中115户集中于柳州、桂林、梧州三市，占总户数的88%，多数从业户制革、皮鞋、皮件三者兼营。桂林、梧州皮箱成为当时畅销省内外的名牌产品。抗日战争胜利后，许多外籍工匠离开广西，返回原籍，生产一度萧条。新中国成立后．政府鼓励各地手工业者生产自救，国营商业部门采取来料加工、订购包销的办法支持手工业生产，南宁、桂林、柳州、梧州、百色、桂平、容县等市县的皮件生产又发展起来。1954年，全省皮箱皮件产量达408541件，其中皮箱23490只。1956年合作化时多数合作社兼营皮鞋、皮件生产，全年皮箱产量达36269个，主要分布在梧州市占 56%、柳州市占 13%、容县专区占 10%、桂林市占 5.3%、南宁市占 3 6%、百色专区占 3.2%，平乐、桂林、宜山等专区及桂西壮族自治州（仅限南宁专区）占 8.9%。1960 年至 1964 年，桂林、梧州、南宁、柳州 4 市先后建立皮件专业生产厂，生产皮箱、包、带、件、皮手套、工业皮配件等。1970 年以后，各县皮鞋厂大都曾先后设立皮件专业生产车间、班、组。随着国家塑料工业的发展，箱、包、件也采用人造革做主要原料，人造革箱、包、件生产迅速发展起来。1990 年，生产革皮箱 30.38 万个，革皮手套 652.61 万副、革皮包 20.8 万个。其中出口革皮箱 1.22 万只，革皮手套 627.32 万副（劳保皮手套 339.60 万副），皮表带 70.41 万条。1995 年，广西生产皮箱 40.01 万只，皮手套 1339.96 万副。2000 年，广西生产皮包、袋 32.09 万个。

皮件制品品种繁多，在清末民初，就有军用品的手枪套、子弹带、马鞍、驮具、图囊等。民用品以衣箱为主，结构上以薄杉木板为内衬，外面蒙上烟熏草皮，然后涂上光油，颜色有朱红、紫红，磨光后加上铜质箱扣、提手。还有学生书箱、帆布衣箱等。小件产品有皮裤带、钱包、眼镜盒、皮票夹以及一些工业皮件等产品。50 年代仍以衣箱为主，50 年代的皮件生产机械化程度低，全生产过程采用人工推磨，手工缝制，技术结构落后。随着广西制革工业的发展，70 年代已用牛二青革、猪箱包革做衣箱面料，也用帆布做衣箱面料。70 年代中期已发展到用人造革来制造各类箱、包、袋、件。产品品种由 50 年代的牛皮箱、包皮木板箱和工业杂件发展到 70 年代的牛水青箱、牛二青箱、仿皮帆布箱、人造革家用箱、牛皮模压箱、人造革模压箱、旅行软箱、拖轮袋、工业劳保手套、公文包、皮裤带、皮安全带，各种大小型号的皮结、皮碗、出口衣箱、猪草箱以及各类男女时装包袋等几百种。80 年代箱包袋面料还增加了高档尼龙面料、ABS 做原料，产品有高级牛皮箱、高级软包箱、ABS 公文箱、ABS 衣箱、皮公文箱、高级旅游箱、各种真皮手袋等，还生产各种用途的工业杂件、高压电工安全带、轮带、打梭皮带、皮碗、皮圈、皮风筒等。

皮箱品种不下数十个，其中较有特色、别具风格的是 80 年代后半期生产的牛皮模压箱，采用模压成型，箱体抗压能力比一般箱子强，箱体光滑无皱纹，花色品种多，规格从 430—940 毫米配套生产。外壁装有走轮，可提，也可推动滑行，携带方便，箱口用铅片做箍边，加固箱边不易碰坏，延长使用寿命。南宁"双日"牌模压箱，桂林"金星"牌模压箱（俗称纸胎模压箱）除造型、结构、特点与牛皮模压相同外，工艺还有独到之处，采用复压成型法配上优质硬纸板做箱坯增强抗压力，用聚乙烯醇取代传统用浆糊刷里皮，不易受潮变形，天气变化无臭味和霉气。而家用牛皮衣箱则属梧州最为著名，除广西外，曾销往广东、湖南以及东北三省。

拉链软箱按面料使用的原材料分，有人造革拉链软箱、牛津尼龙布拉链软箱以及其他面料拉链软箱。拉链软箱采用各种颜色的 PVC 人造革或各种花色的进口牛津尼龙布，以及其他布料作为箱体面料，箱围采用进口或国产三合板经加热成型，箱的上、下盖各有一圈直径 3.5 毫米和直径 6.5 毫米钢丝做撑托，使箱体更显得平整、挺括、牢固而不变形。箱体上、下盖采用 5 号尼龙拉链或其他金属拉链连接，作为开箱、合箱之用，再由装上提把以及安装有插锁或者人造革带扣。拉链软箱一般生产 430 毫米、500 毫米、550 毫米三种规格，其款式则有 22 种之多，都配备有背带，550 毫米以上的箱体外侧还安装有活动走轮，便于在地面上拖着软箱行走，以减轻旅行者的疲劳，是人们出差、旅行时盛装衣物行李的理想用品。与纸胎模压箱比较，拉链软箱的最大特点是轻便，而且款式易变化。主要生产厂家为柳州市飞羚实业公司、南宁市皮件厂、桂林市皮件厂。软箱主要销往广东、湖南以及西南地区的云南、贵州两省为最多。

ABS箱分有ABS公文箱和ABS衣箱。ABS箱生产始于1986年，生产厂家为柳州市飞羚实业公司和桂林市皮件厂。ABS箱采用ABS塑料板材经真空吸塑成型机，切割机加工制成箱体，以化纤布、尼龙布以及其他布料经缝制、粘结后做衬里，使用特制的铝口条为骨架，配以手抽、边扣、铰链、拉带、保险锁等五金配件总装而成，并配有华丽雅致的可任意变换数码，保密性极强的数码锁。ABS箱具有设计新颖、造型合理大方、轻便安全、坚固耐用、抗压抗震性能好等特点。无论在式样、耐用方面还是在防水和防变形方面，均远远优于传统式牛皮箱以及拉链软箱。ABS箱目前生产有两种型号8个规格，既有适合短途小巧玲珑的公文箱，又有适合长途旅行、出国考察的旅游衣箱。1988年，桂林市皮件厂生产的"金星"牌ABS公文箱和"金星"牌立体山水泡沫旅行箱被评为自治区优质产品，1989年，南宁市皮件厂生产的"双日"牌838毫米牛皮家用箱，桂林市皮件厂生产的"金星"牌475毫米旅行软箱被评为自治区优质产品，1990年柳州市飞羚皮件总厂生产的"飞羚"牌423—813毫米ABS公文箱，人造革龙凤双喜箱被评为自治区优质产品。

第二十一章　重庆市

第一节　行业沿革

皮革工业是重庆市轻工业的传统行业之一，由制革、皮鞋、皮件（含皮革服装）、制球、毛皮及制品（外贸管理）等自然行业，以及皮革机械、皮革模具（含五金）、鞋材、皮革化工（含制胶）等配套行业组成。重庆皮革工业进入近代工业已有一百多年的历史。

根据历史记载可知，明代万县有箱皮销往重庆。清咸丰年间，江津人沈清和开创皮箱生产业务。清光绪年间，重庆烟熏皮坊主要集中在市中区石板坡和南岸马家店一带。当时的制作方法简易而古老，主要生产箱子皮和水牛底革，其产品质劣粗糙，还有烟熏味。

一百多年来，从烟熏皮坊的原始操作方法演变成今天的机械化、半机械化的大工业生产，其曲折的发展过程无不与重庆的政治、经济发展有着紧密的联系。1949年重庆解放后，才进入了崭新的历史时期，走上健康发展之路。1964年组建重庆市皮革工业公司，对主城区市属皮革工业企业实行"托拉斯"管理试点。体制几经调整，逐步具有了分工明确、品种齐全、配套能力强、专业化生产的特点。公司拥有制革、皮鞋、皮件、制球、制胶、皮革机械、鞋材等各专业厂15个，以及科研所和技工校各1个，完善了生产、经营、科研、教学四位一体的管理体制，促进了生产的迅猛发展。1981年以后，先后从国外引进了一大批先进的制革、制鞋、制胶机械设备，增加了花色品种，提高了产品质量，扩大了生产规模，提高了生产能力，当时重庆的产量要占四川的2/3，成为西南地区乃至全国的制革、皮鞋重要生产基地之一。1978年以前，国有皮革企业一枝独秀，一直在计划经济体制下运行，改革开放后，一大批民营企业相继涌现，在竞争中发展壮大，企业数和生产能力猛增，成为行业的主体，其中尤以皮鞋企业为多。2000年前后，国有、集体皮革企业大多按政策平稳退出，相继破产注销。

一　民族皮革工业的兴起与发展（1936—1945年）

清光绪十六年（1890年），重庆成为商埠后，外侨汇集，国际商贸开始，刺激了近代皮革工业的兴起。

1912年建立了稍具规模的惠丰、四新、振华三家制革厂。1916年又相继开办了中华、美实、中兴、复兴等几家制革厂。1917年万县第一家皮革厂——普利制革厂成立。1921年建立了重庆第一家用机器生产的制革厂——求新制革厂。

第一次世界大战以后，重庆的民族工商业有一定发展，皮革及其制品业生产也有所增长。到1936年，重庆地区的制革、皮鞋、皮件厂已发展到120多家，其中稍具规模的制革厂就有16个，资本达20万元。在全国22家万元以上资本的皮革厂中，重庆就有3个。

1937年，万县城区皮革作坊、工厂已达30多家，其中具有一定规模的有10家。

这一时期的制革厂，著名的首推求新制革厂。求新制革厂重视技术提高，除派人到日本"留洋"学习，到新加坡观摩"掏手艺"，高薪聘请技术工人外，经理李德荃还亲自到上海日本人办的制革厂当小工偷学手艺，使该厂生产的主要产品红矾底革、白硝绿底皮可与舶来品媲美。在1928年四川省实业展览会上，求新制革厂生产的"牧牛"牌轻、重革均获甲等奖。1933年在重庆举办的国货展览会上，求新皮革又获特等奖。求新声誉远播，上海货一度不敢运来重庆销售。

稍次于求新的中华制革厂，虽无机器设备，但产量尚属可观，年销量在11万元左右。这一时期，合川皮革业也相继发展。1921年，王春轩在合川东津沱首先开办了恒益制革厂。

抗日战争爆发后，宁、汉、沪等地的皮革企业纷纷内迁重庆，在重庆形成"三邦"之势，即南京邦、汉口邦、上海邦。重庆皮革企业数猛增到400多家，极盛时达500多家，工人在2万人以上。1939年，湖北皮革厂家内迁万县的较多，在当地形成"川邦""湖北邦"两邦，皮革工厂、作坊达160余家，从业人员达1100余人。

当时，机器制革除求新制革厂外，由汉口迁渝的汉中制革厂（后由兵工署收购改为二十三厂重庆分厂）、以实验为主的中央工业实验所制革鞣料工厂，其机械设备完善。从1917年到1937年，万县先后集股开办现代规模的皮革工厂14家。

1944年春，重庆制革业公会统计，共有会员438家（不包括万州、涪陵、黔江和永川区），其中，制革172家、制鞋174家、皮件92家。资本总额2051.5万元，其中，制革913.56万元、皮鞋778.10万元、皮件359.60万元。

这一时期，著名的厂家除求新制革厂外，还有中央工业实验所制革鞣料工厂（厂址在江北盘溪）、华胜制革股份有限公司（厂址在南岸龙门浩桂花园）、大成制革股份有限公司（厂址在南岸龙门浩桂花园95号）、庆丰皮带皮结制造工厂（厂址在南岸马鞍山21号）、友联皮带制造厂（厂址在江北猫儿石）。另外，较著名的还有汉中制革股份有限公司、大同工业制造股份有限公司、复新制革厂、新华制革厂、上海玉丰皮带厂、上海立申皮革制造厂、重庆南岸制革工业合作社等。

制革业的迅猛发展，带动了皮鞋、皮件业的发展。抗日战争前，皮鞋生产多附属于制革厂，独立经营者甚少。抗日战争中发展到260余家，较著名的有四良、多良、新华、园园等皮鞋厂。皮件制品厂在抗日战争前仅有5家，20余人，到抗日战争结束时已近百家。

内迁工厂促进了重庆皮革工业技术的提高，扩大了皮革制品种类。1937年前，皮件只能做皮带、皮箱等简单产品。抗日战争中已能生产为军事、民用工业配套的产品。制胶业过去一直采用古老操作法生产牛胶，抗日战争中发展兴旺，约有同业30余家，并出现了采用动力设备生产的华中化工厂（重庆制胶厂前身）。此外，还建立了中央皮球厂，迁渝的河北保定布云球厂。

抗日战争时期，皮革工业为抗日战争的胜利做出了很大贡献。在工作和生活都十分艰苦的条件下，重庆皮革业工人以国家民族利益为重，含辛茹苦加紧生产抗战物资，为军需供应、人民生活需求做出了重大贡献，产品在全国产量中占有很大比重。1941年，全国革产量为13.2万张，重庆产量竟达10.98万张。1944年，全国产量降为10.5万张，重庆为7.37万张。皮件制品，尤其是承制的军用皮件较多，1942年至1944年，振华、德华、大成、隆华等厂实际承制的军用皮件统计见表8-56。

表8-56　　　　　　　　　　实际承制的军用皮件统计

品名	单位	1942年	1943年	1944年
枪背带	万条	22	1.0	1.15
刺刀插	万只	3	3.5	2.5
枪套	万只	0.8	1.3	3.2
宪兵腰皮带	万根	2.6	5.2	2
马鞍	套	400	400	
驮鞍	套			18000
军用皮鞋	双	1500	4000	
军用电话机皮箱	只	2000	1940	4200
掷弹筒皮套	万套	2.2	2.45	
迫击炮附件	万套	0.07	0.2	3.9
掷弹筒皮带	万条	2.2	3.0	
背囊垫（带）	件	700	4000	
担架	件		4000	
军用皮带零件	万件	2	2	1.5

二　皮革工业的停滞时期（1946—1949年）

抗日战争胜利后，从宁、汉、沪来渝来万的工人及大小老板纷纷返回原籍，外货倾销，通货膨胀，一度兴旺的皮革业急转直下，逐渐停滞下来。汉中、光华、大成等稍具规模的制革厂相继倒闭，中小作坊大多开工不足，难以生存。到1949年新中国成立前夕，仅存200余家。职工从兴旺时的2万余人骤减到600余人，产量也骤减，轻革7.37万平方米、重革84吨、皮鞋4.67万双。万县地区1946年以后，皮革工厂先后倒闭，1949年年底仅存手工作坊70余家。

第二节　新中国成立后皮革工业的发展（1950—2008年）

1949年11月30日重庆解放以后，在党和人民政府的领导下，皮革工业发生了巨大变化，生产由分散到集中，工厂规模日益扩大，配套日臻完善，综合能力大大提高，不断进行技术改造，引进国外先进机器设备，改、扩建或新建厂房，基本改变了手工操作、劳动强度大、厂房破旧的落后状况。依靠科技进步，广泛采用先进工艺、技术和新型化工材料，加速新产品开发，产品升级换代，生产水平迈上新台阶。1985年全市皮革工业（不包括万州、涪陵和黔江区）总产值达到1.31亿元，生产重革1663吨，为1949年的19倍，轻革151.94万平方米，为1949年的20.4倍，生产皮鞋651.95万双，为1949年的

70.4 倍。

1958 年，重庆皮革工业开创了国际贸易新篇章，由出口皮鞋逐步发展到出口猪皮革、皮箱、皮手套、皮结、牛皮足球、胶鞋、皮革机械、明胶等多种产品。截至 1985 年，全市（不包括万州、涪陵和黔江区）累计出口皮鞋 239.71 万双、劳工手套近 50 万打、明胶近 1000 吨。

一　皮革工业恢复时期（1950—1953 年）

1950 年 1 月 15 日，重庆军管会主任张际春，副主任陈锡联、张霖之签署命令，将"前经济部工业试验所所属……制革厂……原兵工署二十一厂所属之制革厂等单位，统归市企业局领导。"先由军代表顾民高接管重庆工业试验所制革鞣料示范工厂，并更名为重庆皮革厂，代理厂长汪志高。1950 年 1 月 24 日，市企业局派胡延顺会同助理军代表冯治卿，接管了二十一厂所属制革所，更名为四五六分厂，为重庆市人民政府首批国营工厂之一。

1950 年 6 月，重庆市第一批工商业登记，全市（不包括万州、涪陵和黔江区）有皮革及其制品企业 143 家、8492 人（其中工人 731 人）、资本总额 23.15 万元、各类机器设备 296 台（套）。

同年 5 月，西南地区第一届制革会议在重庆召开，会议确定实行计划管理，实行黄牛皮统购，组织私营、手工业、作坊联营，请重庆大学、西南工业试验所研制猪皮、牛皮、牦牛皮制革。

1952 年，经上级批准，将市中区五一皮件厂并入重庆皮革厂，1953 年又将四五六分厂、原西南军区后勤部所属西南体育用品厂并入重庆皮革厂。重庆皮革厂厂址从江北盘溪迁至江北董家溪，党总支书记潘洪德，张华成、杨宗五先后任厂长，职工人数由 1950 年的 37 人增至 1952 年年底的 166 人，固定资产总额 57.20 万元，为重庆市地方工业骨干企业之一，也是西南地区较大的皮革联合企业。该厂设有制革、制鞋、制球、皮件、机修 5 个车间。国家投资 30 余万元对该厂进行改建和扩建，各类专业设备迅速增多，生产面貌焕然一新，生产大幅度增加，花色品种不断创新。1951 年，陈金泉试制猪皮革获得成功，为西南地区首创，获西南工业展览会奖状。

新中国成立初期，失业的皮革工人约 9000 人，其中主要是皮鞋工人。人民政府采取集中生产的措施，于 1950 年 10 月在市总工会的领导下，筹建起第一个皮革生产合作社（南岸皮革厂前身），社址在市中区枣子岚垭，社员 50 余人。因进藏部队军鞋任务繁重，继而扩大规模，迁往南岸上新街，租用厂房、设备，社员曾达 1500 余人。1952 年在市合作社联合社的帮助下，正式组成重庆南岸皮革生产合作社，市轻工业皮革工会主席杨德煜兼任社主任。1953 年，军鞋加工任务结束，人员裁减，调往其他行业，所留 340 名社员转向生产民用皮鞋。

1950 年至 1953 年，私营和个体手工业中皮革及其制品业发展变化情况见表 8-57（不包括万州、涪陵、黔江、永川地区）。

表 8-57　　私营和个体手工业皮革及其制品业发展变化情况

项　目	1950 年	1951 年	1952 年	1953 年
企业数（户）	504	564	588	610
其中：私营	97	89	105	123
个体	407	475	483	487
职工人数（人）	2142	1977	3044	2808
其中：私营	1351	601	1968	1792
个体	791	1376	1076	1016
总产值（万元）	155.96	268.21	216.30	549.15
其中：私营	103.72	244.59	101.88	364.56
个体	52.24	23.62	114.42	184.59
重革（吨）	70	107	84	84
其中：私营	44	67	58	43
个体	26	40	26	41
轻革（万平方米）	41.48	527.09	268.20	323.82
其中：私营	36.8	467.6	261.00	270.6
个体	4.68	59.49	7.20	53.22
皮鞋（万双）	14.03	21.90	18.59	37.33
其中：私营	10.00	16.57	9.58	21.03
个体	4.03	5.33	9.01	16.30
各类球（个）	10000	12880	24080	30091
其中：私营	8500	11480	21840	26186
个体	1500	1400	2240	3905

1950 年全行业（不包括万州、涪陵、黔江、永川地区）营业额 120 亿万元（旧人民币），1951 年为 250 亿元（旧人民币），一年增长 1.25 倍。1952 年人民政府组织引导皮革行业，万县第一家私营皮革企业万县市川东制革联营工厂成立，翌年又有建国、求联、光荣、和平、建华 5 个私营制革厂先后联合组成。

二　社会主义改造时期（1954—1957 年）

这个时期，除地方国营重庆皮革厂、四五六分厂、重庆体育用品厂等由市工业局（原企业局）直接领导外，市工业局组织帮助私营企业联营、合营，进行社会主义改造。市合作社联合社的手工业生产合作社联合社筹备处组织帮助个体手工业走合作化道路。重庆市制革工业同业公会帮助私人 10 人以下小型企业组织联营，先后成立了 16 个联营处。求新、庆丰、四达三家私营企业组成川威制革厂，厂址在南岸大佛寺求新村。南华、合众、南渝、渝新制革厂等私营企业组成联合生产社，在市手工业生产合作社联合社筹备处领导下，个体手工业者到1955年已组成34家生产合作社、组，从业人员1848人。原江津地区皮革企业也进行了社会主义改造。荣昌县23名失业工人组成生产皮鞋的工联合作社。

1954年，重庆市根据国家部署，对私营工业、手工业进行普查。至年底，全市（不包括万州、涪陵、黔江、永川地区）有10人以上的私营企业23个，职工551人，资产总额35.06万元，完成工业总产值203.30万元（1952年不变价）全市手工业594户，从业人员2958人，完成工业总产值653.79万元（1952年不变价），其中，个体手工业515户，从业人员1606人，完成工业总产值328.52万元（1952年不变价）；手工业生产合作组织2户，从业人员397人，完成工业总产值119.91万元（1952年不变价）。

1956年1月，隶属于市第二轻工业局的重庆皮革工业公司筹备处成立。潘洪德任经理，领导全行业对资本主义的改造。按政策规定将劳方在4人以上参加合营的37户，改组建成川威制革厂，新华、金山、明月皮鞋厂，中茂皮件厂5家企业。同年，在市手工业生产合作社联合社领导下，成立皮革专业联社，刘介英任主任，领导劳方在4人以下（含个体）的归口组建合作社。制革有工人制革社，第一、第二、江北制革合作社4户。皮鞋有市中区第一、二、三、四、红旗、国际、勤俭、六一、先锋、自力等社。皮件有市中区皮件供销社、第二皮件社。其他各区县，如沙坪坝、九龙坡、北碚、江津、合川、永川、铜梁等地也相继组成制革、皮鞋、皮件合作社或合作小组。同年2月，对资本主义和手工业的社会主义改造基本完成。至1957年，全市（不包括万州、涪陵、黔江、永川地区）有制革及皮革制品业209户，职工及手工业者4785人，其中，归口二工业局系统7户、1536人，归口手工业系统23户、3222人。当年，全市皮革及制品业的"二五"计划，纳入第二工业局一并规划。

在1956年的对私改造中，万县地区的几个私营皮革企业合并组建万县市川东制革厂。

三 "大跃进"、三年自然灾害时期（1958—1963年）

1958年将全市所有国营（含重庆皮革厂制革车间）、公私合营、合作社营的制革厂（社）并入川威制革厂。将川威制革厂的皮件车间划归重庆皮革厂。至此，川威制革厂有职工1000人，成了一个规模较大的专业制革厂，潘洪德任党总支书记兼厂长，副厂长雷元新、赵贤昭、刑锦棠（资方）、胡昌绥（资方）。同年，江北便鞋厂、江北劳保厂、江北劳保制品二厂并入重庆皮革厂，职工近1000人，党总支书记姜建国，厂长杨宗五，副厂长杨照庆、石启坤。川威制革厂和重庆皮革厂两厂都列为轻工部重点企业。1957年，重庆皮革工业公司筹备处接管了市民政局救济分会皮鞋厂，更名为重庆市革制品厂，次年并入新华皮鞋厂。1958年四季度，重庆皮革工业公司筹备处完成公司合营任务后，予以撤销，所属企业分别交归市、区工业局领导。1958年6月20日，市二工业局报告：重庆皮革厂（除制革部分并入川威制革厂外、其余全交），新华、明月、金山皮鞋厂下放区管。1959年5月1日，市手工业管理局报称：局直管企业有中华皮件厂、光华皮鞋厂、五一皮鞋厂、六一童鞋厂、制球社、南岸皮革厂、沙坪坝皮鞋厂、北碚皮鞋厂、南桐跃进皮鞋厂。其他皮革及制品厂均下放区县管理。同年10月4日，全市皮革行业的厂、社，多系手工业，在划归手工业后，尚有新华、金山、明月三个公私合营厂，为了有计划地统一组织生产，建议也划归手工业口。虽工交口马力批示同意，但报市委书记处后，未获批示。

川威制革厂经过公私合营和调整后，生产规模扩大，又接管了原建工部技校校址，同时国家投资60万元进行改扩建，新建重革车间鞣池，改建了轻革车间鞣制工段。主要专业设备转鼓由几台增至30余台，鞣池由70余个增至150个，固定资产由20余万元增加到100万元，综合生产能力成倍提高，重革由年产300吨提高到600吨，轻革由年产10万平方米提高到40万平方米。1958年生产重革1274吨（其中猪皮713吨），比1955年的332吨上升2.82倍，轻革39.05万平方米，（其中猪皮12.86万平方米），比1955年的8.02万平方米上升3.88倍。在市属皮革工业发展的同时，区县工业也有所发展。

1959年1月，经中共万县市委批准，将万县市公私合营川东制革厂转为国有企业，更名为万县市地方国营川东制革厂。璧山、荣昌、潼南等县，继江津、合川、永川之后，用牛皮、猪皮生产出重革、轻革。1958年各县（不包括万州、涪陵、黔江和永川区）生产出重革19.81吨，轻革8.08万平方米。

1958年开始承接对苏联出口皮鞋，市属皮革企业当年完成交货数6.38万双，其中男鞋3.88万双（新华皮鞋厂生产）、女鞋2.5万双（明月皮鞋厂生产）。1959年万县川东制革厂也承接了对苏联出口皮鞋的业务。

1961年市轻工业局直管重庆皮革厂、川威制革厂。1962年11月又收管明月皮鞋厂、新华皮鞋厂、南岸皮革厂、光华皮鞋厂、重庆皮件厂、江北皮胶厂等几个国营厂。

四　行业稳步发展时期（1964—1978年）

1964年，重庆皮革工业公司成立，全民所有制性质，管辖皮革行业市直属厂。1966年1月，全公司及行业划归市第二轻工业局。同年7月12日，经中共重庆市委工交政治部、市经济委员会批准，重庆皮革工业公司直属16家厂，职工3843人。

重庆皮革工业公司成立后，在党的"调整、巩固、充实、提高"方针的指导下，走专业化生产，加强和完善内部协作配套的发展道路。将川威制革厂保留重革车间，分出轻革车间成立重庆制革厂，再抽调部分工程技术人员组建皮革科研所。将重庆皮革厂保留皮鞋车间，后更名为重庆模压皮鞋厂，划出皮件车间成立江北皮件厂，后更名为重庆皮件厂。接着又将皮件厂的制球划出，成立重庆制球厂。将光华皮鞋厂注塑设备调整给明月皮鞋厂，转向生产皮鞋模具、鞋楦、皮鞋皮件用五金配件，并更名为重庆皮革模具厂。重庆新华皮鞋厂采用胶粘工艺专业生产男皮鞋。明月皮鞋厂则采用胶粘工艺专业生产女皮鞋。庆华橡胶厂专攻底材，为保证质量，采用专用模具生产的底材供应新华、明月两厂（因产量大，按计划要供应全川）。经过几年调整，重庆市属皮革企业形成了重革生产厂（川威厂），轻革生产厂（重制厂），胶粘男鞋生产厂（新华厂），胶粘女鞋生产厂（明月厂），民用鞋和劳保鞋生产厂（机制鞋—南革厂、注塑鞋—沙鞋厂、模压鞋、硫化鞋生产厂—模压皮鞋厂），模压童鞋生产厂（六一厂），皮件制品生产厂（皮件厂生产民用、军工、工业、农业杂件、皮革服装，中华厂生产民用为主），球类生产厂（制球厂），皮、明胶生产厂（制胶厂），模具、鞋楦、五金件生产厂（皮革模具厂），皮革机械生产厂（皮革机械厂），鞋底（材）生产厂（庆华橡胶厂）等专业化生产，门类齐全、配套基本完善的格局（毛皮及制品外贸分管），加上科研所和技工校，生产、经营、科研、教学四位一体的管理体制已基本完善，促进了行业稳步发展。

这一时期，针对牛皮、羊皮供应严重不足，市委就在资源丰富的猪皮生产上下功夫，猪皮已成为制革的主要原料，猪面革、猪底革逐步代替牛面革和牛底革，革制品也大多以猪皮革为原料，消费者也慢慢接受了这一变化。皮件则向布、人造革、橡胶等资源开拓，生产各类橡胶、皮布结合产品以满足市场及工农业生产之需。广开原料门路，产品结构向多元化拓展是这一时期的显著特点。为提高生产效率，满足市场需求，广泛应用新材料、新工艺、新设备，不断开发新产品。

1964年，重庆模压皮鞋厂试制成功模压皮鞋。1965年，重庆明月皮鞋厂采用氯丁橡胶做胶粘剂，试制成功胶粘皮鞋，并在全市推广，为西南首创。1966年，重庆模压皮鞋厂又试制成功硫化皮鞋。重庆制球厂用氯丁胶乳试制成功氯丁胶乳球胆。1967年，重庆光华皮鞋厂自制注塑机试制成功注塑皮鞋。1968年万县制革厂推行硫化碱脱毛新工艺。1969年重庆制球厂又试制成功胶粘篮球，为西南首创。万县制革厂试制成功布面胶鞋。1972年，重庆制革厂、川威制革厂采用盐碱法新工艺，浸灰脱毛一次在转鼓中完成。采用浸小酸油预鞣再铬鞣新工艺等一系列工艺改革。万县制革厂从1974年起，全部采用1398蛋白酶脱毛。

为适应生产发展需要，川威制革厂在1970年前后，陆续从英国、法国、意大利、联邦德国引进单台制革设备，有片皮机、削匀机、振荡拉软机、双板真空干燥机、通过式压花机、鼓型滚压机、伸展机、通过式干燥机8台。重庆皮革模具厂1974年从联邦德国引进鞋楦加工设备一套共8台，为全市机械加工木楦的开始，1976年开始小批量生产铝楦，为硫化皮鞋和布面胶鞋生产配套。1964年和1975年，南岸皮革厂购进国产标准制鞋设备20台（套），有绷前尖机、内外线机、钉跟机等，建成了劳保皮鞋生产线。模压皮鞋厂购进绷帮机1台，重庆皮件厂和中华皮件厂都采用裁料机代替手工下料。设备的引进为企业提高产品质量、增加花色品种、扩大生产能力奠定了基础。

1966年，万县川东制革厂首次出口猪皮绒面革，1971年又首次出口皮箱0.6万只。从1971年起，在出口皮鞋的基础上，又增加了猪皮革箱、手套、皮制球等产品出口。1972年到1975年，重庆制革厂出口猪湖碌革、猪拷里革21.07万张。皮鞋累计出口58.44万双，比1958年增长8.16倍。出口皮布结合箱8.15万口（其中，重庆皮件厂4.54万口、中华皮件3.61万口），出口劳工手套9.4万打（其中，重庆皮件厂7.49万打、中华皮件厂1.81万打、万县川东制革厂0.4万打）。重庆皮件厂还出口猪皮结3.84万只、纺织牛皮圈0.16万只。重庆制球厂出口黑白手缝足球7640个。重庆制胶厂出口工业明胶463.56吨。外贸出口不断增加，为国家创造了大量外汇。

五 行业兴旺发展时期（1979—1990年）

改革开放后，重庆皮革工业飞跃发展，进入兴旺时期，乡镇企业异军突起，国有企业依靠科技进步，加快技术改造和产品更新换代，十年改革，硕果累累，成绩斐然。

1. 加快技术改造

这一时期是国有企业、集体企业投资最多的时期。重庆皮革工业公司28户企业（含厂办大集体），共投资2800余万元（贷款为主），占新中国成立后到1985年累计投资5564万元的1/2，累计投资总额与1985年固定资产原值4751.6万元、净值3375.7万元比较，分别占58.9%和82.3%。所属企业的破烂厂房、陈旧设备基本进行了更新改造。特别是80年代初，全行业投资1686万元，用汇239.1万美元，引进国外先进专用设备56台（套），使落后操作大为改观。固定资产原值1985年比1980年增加98.2%，平均递增14.7%，净值比1980年1649.4万元增加1.16倍，平均递增16.7%。如重庆制革厂投资578万元，用汇54.4万美元，引进英国、法国、意大利等国先进制革成套设备，建成出口羊皮车间，由原年产30万张提高到年产120万张。同时派人到澳门精艺制革厂学习，进一步提高制革技术；川威制革厂投资400余万元用于基建，建成重革车间，产能由年产重革600吨提高到年产1000吨；南岸皮革厂投资163万元，用汇25.4万美元，引进意大利先进制鞋设备28台（套），建成出口羊皮鞋车间，年产皮鞋60万双。同时，建成胶粘、压上皮鞋两条生产线，使生产能力达到年产100万双；新华皮鞋厂投资70万元，建成出口皮鞋车间，年产20万双；重庆皮鞋厂投资124万元，用汇37.8万美元，从意大利进口12工位双色注射机；沙坪坝皮鞋厂投资106万元，用汇29万美元，从联邦德国引进12工位注射机，投资60万元买地建厂房，从沙坪坝陈家湾迁到沙杨路55号；重庆制胶厂投资66.3万元，用汇82.4万美元，引进英国先进制胶设备，产能由年产600吨提高到年产900吨；明月皮鞋厂贷款200余万元新建厂房和两条流水线，由市中区迁到南岸区南坪；六一童鞋厂也贷款新建厂房，由市中区民生路迁往渝北区龙溪镇；重庆皮件厂新建军工车间；重庆制球厂新建制球车间。全行业设备日趋现代化，厂房改造扩建，生产面貌焕然一新。明月、六一两厂更是旧貌换新颜，全新厂房、现代设计，污染得到有效治理，劳动条件大大改善，文明生产上了一个新台阶。至此，行业主要设备80年代占50.3%（其中进口设备占18.5%），比此前（70年代占37.9%、60年代占7.9%、50年代占1.3%、新中国成立前占0.9%）有较大提高。

1983年7月，万县川东皮革公司与意大利米兰设备公司合资，成立中国川东科吉卡有限公司，引进皮鞋、注塑、皮鞋部件三条流水生产线，规模为年产100万双，总投资195万元，中方占60%、意方占40%。1984年，万县川东制革厂引进南斯拉夫F21-0型超声波喷浆机1台。

2. 依靠科技进步，产品更新换代

随着技术改造项目的投入和科学技术的快速发展，各企业生产成效显著。川威制革厂重革车间使用先进的螺旋转鼓浸灰、鞣制，原用灰池、鞣池的传统操作被彻底淘汰，重革鞣制全部采用速鞣法，又用新型链条干燥机代替人工晾皮，生产周期大大缩短，从原皮投入到成品产出仅需20天左右。重庆制革厂1981年采用荷兰斯塔尔公司的化工原料，结合工艺调整生产出高档次新产品——羊皮服装革、手套革、猪软面革、猪二层美术革等。老产品猪修面革质量进一步提高，在1980年全国质量评比获一类产品第三名的基础上，1984年又获四川省第一名。川威制革厂1985年获四川省评比第一名。胶粘皮鞋用胶粘剂、底材及新材料又有了较大的创新。新华厂、明月厂试制成功热溶胶用于钳帮，为四川省制鞋钳帮工序使用胶粘剂开了先河。重庆皮革科研所1983年试制成功PK83-9聚氨酯黏合剂，1984年又以过氯乙烯为基础研制成功PK84-1钢包头劳保皮鞋专用胶。庆华橡胶厂先后研制成功新型底材仿牛皮底革、生胶底、SBS热塑胶大底、微孔轻胶板等，改变了皮鞋只有单一黑色胶底的局面。各皮鞋厂还大量使用合成革、再生革、钢纸板等新材料，生产成本降低，经济效益显著。沙坪坝皮鞋厂研制成功防砸劳保皮鞋。这个时期皮鞋的花色品种琳琅满目。新华皮鞋厂生产的"飞箭"牌三接尖胶粘男鞋、明月皮鞋厂生产的"月球"牌胶粘女鞋、浅口花孔胶粘中跟女鞋、六一童鞋厂生产的烧卖式生胶底童鞋、沙坪坝皮鞋厂生产的特种劳保鞋等均获部、省、市优秀设计奖和优秀新产品奖。

3. 加强环境保护，走可持续发展之路

20世纪80年代初，重庆制革厂在轻工部投资的支持下，用80万元建成废铬液处理设施一座，对废铬液进行有效处理。1980年，重庆皮革工业公司与綦江县二轻局联营綦江制革厂，坚决执行建厂"三同时"的规定，一投产就采用"小液比湿态加工工艺"，废铬液回收利用，在转鼓中安装自行设计的自动排水装置，废水分类排放并经严格处理后再排出厂，大大改善了湿加工车间的生产条件。生产工人穿皮鞋而不再穿胶靴上班，做到了文明生产，环境得到有效保护，受到同行好评。轻工部环保所曾派员考察，成渝两地制革厂纷纷到厂参观。1984年，重庆制革厂与重庆市环境科研监测所合作进行C-NU射流气浮催化氧化法处理制革废碱水中的硫化物的研究取得成功。1986年，新华皮鞋厂研制成功"有机废气吸收净化处理装置系统"，并投入使用。

4. 市县联营，促进区县经济发展

1980年，重庆皮革工业公司与綦江县二轻局签订联营协议，联营綦江制革厂、重庆皮革工业公司出技术，綦江县安排劳动力，双方共同出资联营，产品由皮革公司纳入计划安排，利润按投资比例分成，重庆主城区内皮革供应不足的问题得到缓解，县内皮鞋厂也有了原材料，大大促进了该县皮鞋及制品的生产发展。

5. 对口支援，促进少数民族工业发展

20世纪80年代初，按照四川省委、省政府的统一安排，重庆市对口支援甘孜藏族自治州，重庆皮革行业连续数年都有支援计划。重庆制革厂、南岸皮革厂、重庆皮鞋厂、新华皮鞋厂、明月皮鞋厂等单位轮流派出工程技术人员和技术工人执行对口支援任务，促进了少数民族地区民族工业的发展，得到市、州领导的肯定和表扬。

6. 生产发展，经济效益大幅提高

乘改革开放的春风，行业上下齐抓共管，进行全面整顿，抓全面质量管理、新产品开发、创优质产品，企业效益显著，行业一派兴旺景象。

1985年，全市（不包括万州、黔江、涪陵区）皮革工业总产值1.31亿万元（1980年不变价），其中市二轻皮革系统上亿元（重庆皮革工业公司所辖市属皮革企业9555万元）。主要产品产量为制革投皮（折牛皮）92.56万张，其中市二轻皮革系统85.40万张（重庆皮革工业公司所辖市属皮革企业52.79万张），比1975年41.05万张增长1.26倍；猪皮制革从1975年57.3万张增至160.88万张，其中市二轻皮革系统157万张（重庆皮革工业公司所辖市属皮革企业93.06万张），占制革比重83.1%；重革1663吨，其中市二轻皮革系统1478吨（重庆皮革工业公司所辖市属皮革企业981.01吨），比1975年326吨增长4.10倍；轻革151.94万平方米，其中市二轻皮革系统144.43万平方米，（重庆皮革工业公司所辖市属皮革企业88.94万平方米），比1975年64.81万平方米增长1.34倍；皮鞋651.95万双，其中市二轻皮革系统431.86万双（重庆皮革工业公司所辖市属皮革企业325.08万双），比1975年175.30万双提高2.72倍，在皮鞋产量中，重庆皮革工业公司所辖市属皮革企业占1/2，乡镇企业占1/3。1985年万县皮革公司生产重革251.01吨、轻革35.15万平方米，皮鞋30.21万双。

外贸出口逐步调整产品结构，适应国际市场需要，十年间累计出口皮鞋174.84万双（不包括万州、黔江、涪陵区），为前17年58.84万双的2.99倍。出口品种不断增加。80年代初，重庆皮革机械厂出口皮革机械到巴基斯坦，重庆皮鞋厂的布面胶鞋也开始出口。据统计，1983年出口产值达1206万元，创汇300万美元左右，出口地区也有所扩大。1984年，江津制革厂的猪修面革、江津皮件厂的猪皮劳工手套也开始承接出口业务。1980年至1984年，万县地区皮革公司出口猪皮革7.95万张、皮布箱0.4万只、劳保手套10.75万打。

1985年，归口二轻系统的皮革企业实现利税总额1744.9万元，其中利润974.10万元（重庆皮革工业公司所辖市属皮革企业924.62万元），创历史最高水平。

7. 各类企业涌现，行业兴旺发展

改革开放后，街道工业、乡镇企业相继涌现，国有企业也从技术、设备上给予支持，制鞋厂委托其加工鞋帮等，新华皮鞋厂、明月皮鞋厂、模压皮鞋厂、南岸皮革厂等大型皮鞋厂，为了扩大产能还在街道或农村办起了鞋帮加工厂。公司、明月、六一等单位因建设征用土地，也为农村办起了鞋帮加工厂。之后，这些加工厂都发展成为独立的皮鞋生产企业。

这一时期，正值办理工人退休顶替，解决子女就业高峰期。很多50岁以上的老工人为解决子女工作问题办理了退休顶替，返回原籍落户，农村子女户口则进城入户。这部分人中，大都身体健康，闲不住，而又有一身技术，自己办起了小制革厂、皮鞋厂、皮件厂、皮革服装厂、皮机厂、皮化厂、鞋楦厂、鞋材厂、模具厂，等等，或应聘帮人办起了相关工厂。加上部分停薪留职、退职及分流下岗人员的加入，一时间各类皮革企业如雨后春笋般涌现，大有加入皮革行业就能赚钱之势，民营企业很快就占据了皮革行业的主体地位。比较突出且也是最先发展起来的是南岸皮鞋（含鞋材）一条街。因为这一带有重庆主城区一半以上的市属皮鞋企业及皮革机械厂、庆华橡胶厂等相关工厂，退休工人多而集中。80年代初，皮鞋个体户及相关工厂大量涌现，使皮鞋一条街的所在地涂山镇由不起眼变为热闹非凡。随之而起的是鞋材市场，渝中区百子巷皮革市场（同时也是技术人才市场）尤为兴旺。90年代初，因火灾隐患严重，不符合消防要求，迁至毗邻的中兴路，高峰期经营户达400余家，1997年按全市统一规划迁至菜园坝皮革市场。80年代初，南坪皮革市场也随南岸皮鞋一条街的兴起而兴起，高峰期经营户达300余家，1997年按全市统一规划迁至菜园坝皮革市场。菜园坝皮革市场高峰期经营户达700余家，现还有400余户。同时，不少国有企业、集体皮鞋企业的老职工来自璧山县的七塘镇和八塘镇，退休后回乡，使这些地区出现了一大批做皮鞋的个体户。先是因陋就简、作坊式的生产，逐步积累资金，修厂房、添设备，由土到洋，由小到大。璧山皮鞋很快就声名远扬，成了当地的支柱产业，和南岸区的皮鞋一条街并驾齐驱，成为重庆的主要皮鞋生产基地之一。随之而办起的鞋材市场发展迅猛，和菜园坝鞋材市场一起，成为重庆市的两大主要鞋材市场。科而士、梦柯达、双陵、富士达、巴士拉等一大批企业已有相当规模，声名鹊起，其中尤以科而士品牌意识强，经营理念创新，高起点、高质量、高速度发展引人注目。而制革主要集中在永川区梓桐镇一带。

六 在竞争中发展——中国西部鞋都崛起（1991—2008年）

1. 国有企业加大技术改造力度，增强市场竞争能力

为了提高市场竞争能力，1990年前后，新华皮鞋厂、南岸皮革厂、重庆皮件厂、中华皮件厂、皮革科研所等都同时进行了技术改造，增添了不少新设备（资金来源系猪皮补贴改作的技改资金）。1991年重庆制革总厂花巨资开展"提高质量，上档升级，扩大出口综合技术改造项目"，总投资2935万元，其中市财政拨款1599万元，其余为工商银行贷款，引进意大利等国先进设备21台（套），购置国内设备105台（套），危旧房改造6605平方米。生产设备更加现代化，企业生产能力大大提高，为企业参与市场竞争奠定了坚实的基础。

2. 困境中保稳定，国有、集体皮革企业按政策平稳退出

进入20世纪90年代，重庆皮革工业中的民营企业迅猛发展，国有企业、集体企业中的弱点日趋突出，困难局面形成。在困境中，国有企业、集体企业一直坚持稳定第一，在稳定的基础上求生存、求发展。

由于国家宏观经济政策调整，从1989年开始取消猪皮补贴，原重庆制革总厂每年1200万元的财政补贴必须由企业自己消化，进入产品成本、贷款技术改造带来的高额银行利息，更增加了企业的负担。企业连年亏损，逐渐陷入困境，经国家批准，于2001年破产退出（见表8-58）。重庆市皮革工业科研所于1994年上交市轻工业局管理，1997年下放到江北区，2001年解体退出。

表8-58　　　　　　　　重庆皮革工业主要国有、集体企业退出情况

企业名称	性质	退出年份（月）	备注
重庆制革总厂	国有	2001（6）	破产
重庆皮鞋厂	国有	2004（6）	破产
重庆南岸皮革厂	国有	2004（1）	破产
重庆新华皮鞋厂	国有	2003	破产
重庆沙坪坝皮鞋厂	集体	2002（6）	改制
重庆皮件厂	国有	2004（6）	破产
重庆皮革模具厂	国有	2003（11）	破产
重庆制胶厂	国有	2001（9）	破产
重庆制球厂	国有	2003（4）	破产
重庆皮革机械厂	集体	2003	破产
重庆庆华橡胶厂	集体	2003	破产
重庆市皮革工业科研所	国有	1998（11）	解体
綦江制革厂	国有	2001（11）	破产
万县市川东皮革总厂	国有	2004（12）	破产
江津制革厂	国有	2007（5）	破产

原市属国有、集体皮革企业大都在2000—2007年按政策平稳退出。

3. 在竞争中发展，中国西部鞋都崛起

改革开放后，重庆皮革工业发生了巨大的变化，随着各类皮革企业的发展，打破了过去国有企业、集体企业一枝独秀的局面。在激烈的市场竞争中，企业狠抓管理，上档升级创名牌，一大批有竞争能力的企业品牌相继涌现。科而士、梦柯达、双陵等12个商标被评为重庆市著名商标（见表8-59）；科而士、双陵、明月等29个（次）品牌被评为重庆市名牌产品（2004—2008年，见表8-60）；科而士、梦柯达等8家企业的产品获国家免检资格（2001—2004年，见表8-61）。2004年，"科而士"被中国皮革协会评为"中国真皮名鞋"（见表8-62）。2004年，重庆斯玛特鞋业有限公司利润总额达915.8万元，进入重庆轻工企业利润总额前20位行列。2007年，璧山皮鞋工业园的红火鸟鞋业公司，工业总产值达5亿元，比上年增长181.26%，进入重庆轻工企业工业总产值前30位行列。重庆红火鸟鞋业公司2008年利税总额达1亿元，比上年增长39.35%，进入重庆轻工企业利税前20位行列。

重庆皮革行业几大皮鞋基地的发展，尤以璧山皮鞋发展速度快、健康有序、效益显著而著称。璧山现有皮鞋企业1300余家，年产皮鞋6000万双，从业人员60000余人。璧山皮鞋的发展源于七塘、八塘、璧城镇皮鞋的发展，提速于县镇府的重视和引导。在七塘、八塘皮鞋迅猛发展之时，县镇府抓住有利时机，及时出台优惠政策，将皮鞋业作为本县三大支柱产业之一来抓，在县城（璧城镇）规划一条街作为皮鞋城来发展皮鞋业，于1995年将包括七塘、八塘在内的皮鞋厂都集中到皮鞋城统一管理、指导。由于璧山条件优越、政策优惠，很快吸引了包括科而士在内的不少企业前来发展。璧山皮鞋很快就声名远扬，与南岸皮鞋并驾齐驱，成为重庆皮鞋的重要生产基地。

重庆皮革行业的现实特点：一是以民营企业为主体；二是以中小型皮鞋企业为主，大中型企业较少（规模以上企业全行业2000年有22户、2005年有45户、2008年有195户）；三是总体分散又相对集中，皮鞋主要分布在璧山县、南岸区、大渡口区、渝中区、沙坪坝区、渝北区、万州区、永川区、铜梁县，制革企业则主要集中在永川区；四是制革、皮鞋、皮件（皮革服装）、毛皮、皮化、皮机、鞋材、鞋五金等门类齐全，配套体系基本完整；五是皮鞋生产的线缝（手工、机制）、胶粘、注塑、模压、硫化等生产工艺齐全，而以胶粘工艺比重最大；六是手工作坊起家，在改革开放政策中逐步壮大，日趋现代化，有相当大的发展基础，是发展潜力巨大的优秀传统行业；七是皮鞋生产中独立设计能力、创新能力不足，跟风模仿较为严重；八是品牌意识不够，产品档次普遍不高，以中低档产品为主，高档产品较少（截至2009年年底，只有科而士、双陵等12个重庆市著名商标，尚无驰名商标，仅科而士2004年被评为"中国真皮名鞋"）

重庆市现有皮革企业近3500户，其中规模以上企业195户。皮鞋企业约占70%，其中规模以上企业95户。2004年生产皮鞋1.2亿双，工业总产值50亿元。2005年出口皮鞋200万双，出口额近3000万美元。

重庆皮鞋不仅占据了重庆市内主要大商场和周边市场，不少知名企业更是自设专卖店以保护企业品牌，还远销20多个省区市市场，出口俄罗斯、乌克兰、欧盟、东南亚等国家和地区。重庆皮革服装也蓬勃发展，重庆贵斯迪皮革服装有限公司及其品牌最为著名，年产10万件，出口美国、加拿大、俄罗斯等国家，年创汇500多万美元。重庆隆发皮革制品有限责任公司生产的牛皮凉席也声名在外，占领了市内的主要大商场。皮鞋、皮衣、皮革制品的发展，带动了鞋材等配套业及材料市场的发展，更带动了区县经济的发展。

表 8-59　　　　　　　　　　　　重庆市著名商标名单

（截至 2009 年年底）

企业名称	商标	产品
重庆科而士实业（集团）有限公司	科而士	皮鞋
重庆梦柯达鞋业有限公司	梦柯达	皮鞋
重庆载君舟鞋业有限公司	载君舟	皮鞋
重庆市裕华鞋业鞋材有限公司	米琪	鞋
重庆明月皮鞋厂有限公司	月球	皮鞋
重庆沙坪坝区双陵皮鞋厂	双陵	皮鞋
重庆市红土地鞋业有限公司	红土地	鞋
重庆市法拉加斯鞋业有限责任公司	FALaJASI	鞋
重庆勇华鞋业有限责任公司	图形	鞋
重庆冠中鞋业有限公司	猎步 LIEB	鞋
重庆开运竹鞋业有限公司	开运竹	鞋
重庆强步鞋业有限公司	川军	鞋

表 8-60　　　　　　　　　　　　重庆名牌产品名单

（截至 2008 年年底）

企业名称	产品名称
重庆巴士拉制鞋有限公司	胶粘女皮鞋
重庆富士达鞋业有限公司	牛皮胶粘女鞋
重庆隆发皮革制品有限责任公司	水牛皮凉席
重庆市姚氏鞋业有限公司	女兆牌胶粘女皮鞋
重庆三五三九鞋业总厂	3539 牌胶靴
重庆红火鸟鞋业有限公司	男女皮鞋
重庆红草帽鞋业有限公司	男女式胶粘皮鞋
重庆加利加鞋业有限责任公司	牛皮胶粘男鞋
重庆金豪鞋业有限公司	牛皮胶粘男鞋
重庆开运竹鞋业有限公司	牛皮胶粘女鞋
重庆市长庆鞋业有限公司	胶粘皮鞋
际华三五三九制鞋有限公司	胶靴
重庆派克司鞋业有限公司	派克司女式胶粘皮鞋
重庆红土地实业有限公司	红土地牛皮胶粘男女鞋

续表

企业名称	产品名称
重庆冠中鞋业有限公司	猎步牛皮胶粘男鞋
重庆明月皮鞋厂有限公司	月球牌胶粘女皮鞋
重庆沙坪坝区双陵皮鞋厂	双陵牌（高级）
重庆市沙坪坝区双陵鞋业有限公司	男皮鞋
重庆科而士实业（集团）有限公司	男女皮鞋
重庆市裕华鞋业鞋材有限公司	男女式皮鞋
重庆市法拉加斯鞋业有限责任公司	胶粘皮鞋
重庆勇华鞋业有限责任公司	胶鞋
重庆梦柯达鞋业有限公司	梦柯达牛皮男鞋
重庆派克司鞋业有限公司	派克司女式胶粘皮鞋

表 8-61　　　　　　　　　　　获国家免检产品资格企业名单

企业名称	品牌
重庆科而士实业（集团）有限公司	科而士
重庆梦柯达鞋业有限公司	梦柯达
重庆沙坪坝区双陵皮鞋厂	双陵
重庆富士达鞋业有限公司	富士达
重庆市巴士拉制鞋有限公司	芭士拉
重庆市巴笛尔鞋业有限公司	巴笛尔
重庆市姚氏鞋业有限公司	女兆
重庆市齐桥鞋业有限公司	齐桥

表 8-62　　　　　　　　　　　中国真皮名鞋名单
（2004 年度）

企业名称	品牌
重庆科而士实业（集团）有限公司	科而士

第三节　皮鞋

一　生产工艺

20 世纪 50 年代，重庆的皮鞋制作一直沿用传统的手工线缝工艺生产。60 年代，重庆的制鞋工业有两项重大改革,一是在轻工部统一组织下,重庆皮革工业公司参加了对全国各行业人员的脚型调查、登记(重庆主要负责川东地区),掌握了我国人民的脚型特点及基本规律,研究了鞋楦的楦体造型,制定了我国的统一鞋号和鞋楦尺寸系列标准,为制鞋工业的标准化、系列化、工艺装配化打下了良好的基础。二是制鞋工艺改革,由传统的手工线缝工艺逐步发展为机械缝制工艺,进一步发展为胶粘、模压、硫化、注塑等多种工艺生产。

1. 模压皮鞋

1964年,重庆模压皮鞋厂(后更名为重庆皮鞋厂)由刘南才、陈荣生负责试制成功,又由钟泽民、刘昌民、徐春林等人完成橡胶加工并批量投入生产。同年参加全国皮鞋评比,其猪皮模压女鞋被评为全国第一类第一名。是"模压皮鞋"部标准的制定、修定单位之一。

2. 胶粘皮鞋

1965年,重庆明月皮鞋厂由张正中、聂茂清负责,李炳生等参加,采用AC型氯丁橡胶做粘合剂,试制成功胶粘皮鞋。

3. 硫化皮鞋

1966年,重庆模压皮鞋厂由徐春林、刘昌民、钟泽民等试制成功硫化皮鞋。

4. 注塑皮鞋

1967年,重庆光华皮鞋厂(后更名为重庆皮革模具厂)由何元璋、陈海清、樊仲祥等负责,自制注塑机开始了注塑皮鞋的生产。

至此,重庆市具备五种制鞋工艺,并形成共同发展局面。在发展过程中,由于模压、硫化、注塑皮鞋模具更新不易,花色品种变化慢,产量上不去。独有胶粘皮鞋以其造型美观、轻便舒适、花色翻新快、生产效率高等特点而被广泛采用,用胶粘工艺生产的皮鞋已占市场总量的90%以上。

二 技术设备

1952年开始,重庆制鞋业大搞技术革新和技术革命,自制了皮鞋加工的土简设备,提高了工效,减轻了工人的劳动强度,如缝纫机改脚踏为电动,帮工推广元刀下料,提高效率一倍以上。底工的开料机代替了用铅笔画线后再用刀开料的笨重体力劳动,提高工效2—3倍。清料工序用的划沿条机、起皮机、子跟包头机、鞋圈机等自制小型机具,大大提高了工效。

1954年开始采用片皮机片鞋帮,用龙门式冲床做下料机和摇臂式裁断机下料。

1956年重庆皮革厂(后更名为重庆皮鞋厂)引进捷克外线机,开始了机制外线鞋的生产。

1964年重庆南岸皮革厂购进绷前尖机、钩钉机等20台机具,形成劳保鞋生产线。

随着胶粘、模压、硫化、注塑等制鞋工艺的出现,在皮鞋工业的生产中出现了模压机、注塑机、压合机、片帮机、外线机、内线机、硫化罐等设备,提高了皮鞋生产的机械化程度。

1975年,重庆皮鞋厂购进山东焦南轻工机械厂生产的绷帮机,是重庆在皮鞋生产中正式使用机械绷帮的开始。1978年至1981年,重庆南岸皮革厂引进意大利绷帮机组、拉毛机、钉跟机、定型机、各式缝纫机等31台（套），组成胶粘鞋生产线，年产皮鞋可达60万双。1984年，重庆皮鞋厂引进意大利仁新的十二工位双色注射机，用于旅游鞋的生产，年产25万双。1985年，重庆沙坪坝皮鞋厂引进了联邦德国十二工位注射机，用于注塑劳保鞋生产。同年，六一童鞋厂引进英国制帮设备，年产18万双。

第四节　行业管理

一　制革同业公会

重庆制革同业公会于民国三十年（1941年）3月24日成立。市社会局、市国民党部、市商会的代表参加了成立大会。大会选举求新制皮公司经理向万全为主席，同时选举出执行委员15人、候补执行委员5人、监察委员7人、候补监察委员3人。成立时有会员183家，其中，制皮69家、制鞋108家、制箱1家、贩运2家。

民国三十二年（1943年）4月，制革业同业公会进行了第一次改选理监会。此时会员增至314家。民国三十三年（1944年）2月，向万全因病返乡，理监会一致推选大成公司厂长徐崇林为主席，向万全仍为常务理事。

民国三十六年（1947年）5月，重庆制革同业公会进行第二届第三次改组理监事。同年4月，会员名册共有会员423家，其中，制革组会员232家、皮件组会员44家、制鞋组会员147家。同年10月，制革业公会与鞋帽业公会因划分业务而发生纠纷，被社会部和经社部指令解散，重新组建重庆区制革业同业公会。民国三十八年（1949年）1月，制革业公会重新组建成立，会员代表58人。1950年11月13日，重庆市制革工业同业公会成立，赵德炎任主任委员。据重庆市工商联同业公会统计编制（草案）载，1953年制革工业同业公会有会员226户。

重庆制革工业同业公会一方面协助政府进行行业管理，另一方面为本业会员谋利益，解决内外矛盾纠纷及相关问题。随着工商联的活动停止及手工业生产合作社等的出现而自行消失。

二　行政管理

1949年12月重庆市人民政府成立后，全市皮革行业按经济类型分别隶属各级人民政府的工业部门管理，个体及私营企业划归所在地区政府的工业科（组）领导。新中国成立初期，有的个体经济自愿由合伙联营逐步过渡到合作社；有的在政府的扶持下组成生产合作社。1956年合作化后隶属重庆市手工业联社领导下的皮革专业联社管理。私营企业合营改组后隶属重庆市工业局领导的重庆皮革工业公司筹备处，军工皮革隶属于西南兵工局，部队皮革厂隶属于西南军区后勤部。1954年，军工、部队皮革厂经调整后并入地方企业由重庆市工业局统一管理。

1. 重庆皮革工业公司筹备处

为统一领导全行业公私合营的经济改组，企业迁并，统一安排生产、清资定股等工作，1956年1月12日，经市政府批准成立了重庆皮革工业公司筹备处。同时受二工业局的委托负责全行业的规划，皮鞋质量评比、技术交流，新花色品种的鉴定投产等，经理潘洪德。

1958年6月完成了行业合营的历史任务，筹备处经上级批准予以撤销，所属各厂分别划归市、区工业局领导。

重庆皮革工业公司筹备处成立后，为适应市场需求，在其下属成立了联合营业处，负责人陈德富。筹备处撤销后，市第二轻工业局9月20日批准仍保留联合营业处，更名为制革行业联合营业处，属市第二工业局领导。由参与厂组成管理委员会管理，由川威制革厂任主任委员，局属、区属的重庆皮革厂、明月皮鞋厂、金山皮鞋厂任副主任委员，新华皮鞋厂职工二人为委员。该营业处为独立核算机构，主要负责联销与信息反馈，在解放碑、青年路、中二路、小龙坎等地设有门市部。

2. 重庆皮革工业公司挂牌

1964年1月，经市人民政府批准，将重庆市轻工业局所属的川威制革厂、重庆皮革厂、南岸皮革厂、新华皮鞋厂、明月皮鞋厂、江北皮胶厂7户国有企业，组成国有的重庆皮革工业公司，党委书记张万芝、经理杨宗五、副经理侯建中。公司为全市率先成立的试点托拉斯专业公司之一，1965年划归重庆市手工业局领导。

公司实行"四统一""一归口"的经济管理体制，即统一领导、五权集中；统一经营、分级管理；统一安排、全面平衡；统一核算、分级考核；行业归口、专业生产。由于集中了人权、财权、计划权、技术权、物资权，公司成为独立核算单位，属于经济实体，成立时有职工2834人。

1964年公司成立后，对市属皮革企业几经调整，逐步形成了专业化生产体系，生产品种齐全，内部配套能力强的特点。公司有制革、皮鞋、皮件、制球、制胶、皮革模具、（含鞋楦、五金）、皮革机械、鞋材（胶底）等各类工厂，完善了生产、经营、科研、教学"四位一体"的管理体系。，促进了生产飞跃发展。

1964年，工业总产值1630万元（1970年不变价），盈利43.16万元，扭转了1963年行业亏损10.91万元的局面，取得了一定的经济效益。

1965年以后，为了加强行业管理，扩大专业化生产协作，加快发展速度，公司对所属企业进行了调整，将川威制革厂一分为三，川威制革厂以生产重革为主；另成立重庆制革厂以生产轻革为主；又另成立重庆皮革工业公司科学研究室。重庆皮革厂一分为二，更名为重庆模压皮鞋厂，以生产皮鞋为主；另划出其皮件车间成立江北皮件厂（后更名为重庆皮件厂），以生产皮件制品为主。1966年重庆皮件厂将制球车间划出，成立重庆制球厂。为使革制品生产配套，1971年将光华皮鞋厂生产转向，更名为重庆皮革模具厂，生产鞋楦，皮革工具、模具、夹具，鞋用五金、配件等。

同年，经重庆市第二轻工业局批准，将六一童鞋厂、沙坪坝皮鞋厂、友谊皮鞋厂以及市日杂公司所属庆华橡胶厂、市金属制品公司所属南岸制锁厂（后为重庆皮革机械厂）划归重庆皮革工业公司领导。1975年，公司所属企业有14户，职工5047人，其中国有3863人、集体1184人，工业总产值4842万元（1970年不变价）利润总额336.25万元。1970年起，公司权力下放，所属各厂成为独立核算单位，公司保留行政职能，成为行政公司。

1982年，经重庆市政府批准，将有关区工业局所属8户皮革企业划归重庆皮革工业公司领导，其中国有1户——重庆浩月皮鞋厂（南岸铁厂转产），集体7户——异型皮鞋厂、山城童鞋厂、红星皮鞋厂（后并入山城童鞋厂）、南岸皮鞋加工厂（后更名为新星皮厂）、新桥皮鞋厂、磁器口皮鞋厂（后并入沙坪坝皮鞋厂）、大渡口皮件厂。

到1985年，公司管理企业增至28户，其中国有11户、集体17户（含厂办大集体5户，即重庆制革厂办羊皮制革厂、南岸皮革厂办江南皮鞋厂、重庆皮鞋厂办光明皮鞋厂、明月皮鞋厂办长江皮鞋厂、重庆皮件办嘉陵皮件厂），职工9319人，其中国有5298人、集体4015人，工业总产值9554.86万元（1980年不变价），利润总额915.71万元。1978年组建重庆市皮革工业科研所，副所长汤九清，党支部书记王永碧。

1985年，公司所属企业28户，固定资产原值4541.6万元，比1964年的404.93万元增长11.78倍；净值3375.2万元，比1964年的261.92万元增长12.97倍。企业占地面积28.3万平方米，建筑面积25.58万平方米。动力机械总能力18122千瓦。各类机械设备2000余台。

1985年，投皮（折牛皮）52.79万张，其中，猪皮93.08万张、重革981吨、轻革88.84万平方米、皮鞋325.08万双，销售收入9698万元，利润924.62万元。这个时期的几项主要经济指标为工业总产值、重革、销售收入、劳动生产率，均创历史最高水平。至1985年的20年间，公司所属市级皮革企业共向国家上缴利税1.65亿元。

为适应经济发展新形势，解决皮革供应不足和公司自身发展的需要，重庆皮革工业公司于1980年与綦江县二轻局联营，办起綦江制革厂，全民所有制，县里安排劳动力组织生产，公司出技术，派出汤九清和赵福元二位技术人员驻厂指导，代表公司参与企业工作。1980年筹建，1982年投产。至1986年，公司投资合计达94.6万元，占38.11%，县二轻局投资合计153.6万元，占61.89%。利润最高年份1986年，达100万元。当年有职工256人，投猪皮24万张。1983年汤九清退休后继续留厂（厂聘）工作，赵福元回公司。綦江制革厂投产后一直只生产猪皮。为适应市场和公司转型的需要。1989年，公司再次派赵福元驻厂指导其生产牛皮，1990年生产正常后回公司。按市政府国有中、小企业的退出政策，綦江制革厂于2001年11月18日破产，平稳退出，全部职工分流安排。

在深化体制改革中，1989年重庆市轻工业局收回各行政公司对企业的管理权。此时，公司成立几个分公司自主经营、自谋生路。市轻工业局收回管理权后，300多个企业的管理跨度过大，又向市经委汇报，市经委（1991）体21号文同意市轻工业局委托皮革工业公司对重庆制革总厂等21个市属皮革企业实行统一管理。从1991年7月起，公司受委托行使行政管理职能。公司安排小部分人员进行管理，大部分人员仍坚持经营活动，两条腿走路。1994年1月1日起，市轻工业局又收回国有企业管理权，公司受委托只管理集体企业。同时，公司从当年6月起由行政性公司转为企业性公司。1998年3月1日起，全部中小企业下放区计经委管理，公司不再行使委托管理职能。2007年年底，上级有关部门发文，认定供销、专业公司因体制改革变成了空壳公司，划为平稳退出企业，在职职工全部分流，只留主要领导1人，再聘用1人，管理公司资产和办理离退休职工的有关事宜。

3. 重庆市手工业生产合作社联合社皮革专业联社

1956年1月，重庆市手工业生产合作社联合社正式成立，同时成立下属皮革专业联社。1957年11月，派刘介英任专业联社主任。

专业联社下属5户合作社（制革业2户、制鞋业3户），职工516人（制革业65人、制鞋业451人）。专业联社除领导合作社外，还负责对手工业的社会主义改造。经1956年的合作化高潮，将1438户、2321人的个体手业者组织起来。到1957年，仅有个体户169户，其余组成合作社（组）202户（其中制革业5户、制鞋业22户、制件业4户、制球业1户、毛皮业1户），2171人。这些合作社（组），除中华皮件厂、六一童鞋厂、重庆南岸皮革厂外，其余均归属区、县手工业局管理。专业联社进行业务指导。

1956年10月，专业联社与重庆皮革工业公司筹备组，市轻工业公会生产部，市二工业局化工科、生产科联合组成皮革业厂际竞赛领导小组，促进皮革行业开展创质量优良、开发新花色活动。

1958年4月，随着市手工业管理局撤销，市手工业生产合作社联合社停止活动，大批企业升级过渡为国有企业，并下放区县管理，专业联社至此消亡。

第二十二章　四川省

第一节　四川近代皮革工业发展概况（1949年以前）

西汉初年，四川用皮革制造战车上的鞍、革带、佩饰以及生活御寒衣物等，已相当普遍；在制盐和冶炼上用牛革制成囊，分别作为汲卤、鼓风之用。明代（1368—1644年）时，四川的少数民族地区（今阿坝、甘孜、凉山自治州）已能用油鞣法制革。清初，马皮革皮弦、皮绳及生产技术，从陕西传入成都。清代中叶，成都、达县等地，皮革手工业商品生产逐渐形成规模，并扩展到射洪、遂宁、绵阳、雅安、西昌等地。清光绪年间以后，又扩展到江油、彰明、南充、新都、灌县、崇庆、内江、威远、泸州、自贡、万县、涪陵等地，各地有一两家季节性个体作坊。清末成都的皮革手工业生产已经相当繁荣，成立皮革帮会，称之为"皮行"，分广帮（湖南、湖北）、秦帮（陕西）、四川帮，生产火鳅皮、箱皮、皮胶的作坊共有100余户。一户多者达20余人，多数是1—2人。1903年，在四川省通省劝工局内附设制革厂，为四川新军生产装备。因规模较小，于1905年和1909年两次共拨款22万两白银，在成都东门外建厂、扩厂，初名为四川制革公司，后又改名为四川省制革厂、四川实业制革厂。聘请日本技师，购买日本机器、工具、材料，制革工人达1000余名，花色品种达100余个，成为四川第一个机械制革厂。1912年，成都民营云华、体权制革厂开办。1913年，四川督军胡景伊拨款40万元，从四川实业制革厂调去部分老技术工人，聘请日本技师，进口日本设备，建立更大规模的陆军制革厂。1914年以后，又有惠安、崇实制革厂开办，成都的皮革工业一时兴旺。自贡、泸州、万县、富顺等地的皮革工业也相继发展，1920年全省具有一定规模的制革厂共17家，职工2000余人，资本近60万元。这些厂多数在100人以上，制革用盆桶，手工操作。制鞋、制件设备只有少数缝纫机。至1931年，成都手工业制革作坊已有惠明、庆鑫等60多家。

1939—1945年，西康省建立省立制革厂，国民政府经济部建立西昌制革厂；国民政府航空委员会军政部在成都分别建立空军麂皮试造厂、第二制革厂；以四大家族之一陈果夫为首的华西建设公司建立华西制革厂，以及最大的民用制革厂——西南制革厂。当时，成都手工制鞋作坊的发展尤快，规模较大的有华胜、新潮、大进步、万利东、锦荣泰等皮鞋店家，工人达1000多人，生产的皮鞋除销到本市外，还远销西北各省及南京、香港等地。1941—1942年是四川机器制革兴盛时期，全省已由抗日战争前的2家增至18家（成都4家、雅安、西昌、乐山、五通桥各1家），职工达150人。皮革作坊也有较大的发展，到1946年，已遍及37个市、县，工人达两三万人。成都的制革、制鞋、制件已形成内在联系密切的行业。

1945年日本投降后，由于迁川的大小企业及省外人纷纷迁返回原籍，加上美国货倾销，国民党又发动内战，致使通货膨胀，物价飞涨，一度兴旺的四川皮革工业急转直下，稍具规模的皮革厂相继倒闭，中、小作坊更难生存，成都几乎全部停业。全省皮革工业鞣制皮革（折牛皮）4.68万张、轻革0.90万平方米、重革32吨、皮鞋30万双。

第二节 四川现代皮革工业发展概况（新中国成立以后）

一 新中国成立后的皮革工业恢复与社会主义改造（1949—1962年）

新中国成立后，四川皮革工业把大批失业破产的皮革工人、个体户组织起来，成立自救加工厂或合作生产小组，部分工人恢复个体生产。1950年全省有皮革手工业4218户、8330人，到1954年为3965户，人数增加到8498人，合作社（组）在全省发展到161个、2411人，占皮革业总人数的28.4%。1956年年底，全省皮革手工业者全部加入合作社。1958年大批合作社转为工厂。

1951年，国家投资宜宾4个皮革联社，组成公私合营宜宾制革厂，在"三反五反"运动中收归国有，改为地方国营宜宾市制革厂；成都以新生制革厂，华胜、五一、万利东等皮鞋厂，中南皮件厂为基础，合并其他24家小厂；雅安私营精益皮革厂并入雅安制革厂。全省皮革工业还以对私改造公股投资15万元，其中重庆6万元、成都3万元，主要增添设备，修盖厂房。

1950年，成都市军事委员会接管国民政府航空委员会空军麂皮试造厂，改名为国营成都麂皮厂，后又改名为国营成都第一制革厂。1950年4月，西南军区用800担大米购买成都私营西南制革厂，改名为505制革厂。1954年进行扩建，引进国外制革设备，盖新厂房。1958年竣工，投产后移交给地方，更名为成都第二制革厂，时有职工1400人。后成都市将制鞋厂、童鞋厂以及公私合营新生制革厂、成都制革一厂的设备和大部分职工划给该厂，1959年改名为成都制革厂。1955年，西康省与四川合并，原西康省军事委员会接管的停产数年的西康毛革公司制革厂，更名为四川地方国营雅安制革厂，并扩建了阿坝藏族自治州制革厂。

1958年，在"大跃进"运动中，全省皮革工业企业普遍进行了并转。企业的个数、职工由1952年的17个、450人，增加到1960年的124个、14000人。

20世纪60年代初，农牧业特别是生猪严重减产，存栏数、出肥数和猪皮的收购数由1958年的2600万头、1053万头、148.13万张，下降到1962年的1250万头、383万头、26.79万张。制革原料短缺。

新中国成立后，四川皮革工业得到了较快发展。1951年试验成功猪皮革。1960年，鞣制皮革（折牛皮）达91.61万张，比1949年的4.68万张增长18.6倍；生产猪皮革61.47万张；轻革达119.5万平方米，比1949年0.9万平方米增长131.8倍，重革为3573吨，比1949年32吨增长110.7倍；皮鞋达485.59万双，比1949年30万双增长15.2倍多。

二 皮革工业的三年调整（1963—1965年）

1963—1965年，四川皮革工业压缩基本建设，投资只有18万元，相当于前3年146

万元的12.3%。新增固定资产只有14万元。对一部分在"大跃进"时期发展起来的成本高、质量差的作坊式企业和不适当地转为全民所有制的企业，分情况进行关停并转，或调整回到集体所有制上去，重新整顿集体所有制的职工队伍。1962年经过调整压缩，全省皮革工业保留11户企业、4997名职工。其中轻工系统8户（成都4户，雅安、万县、达县、沪州各1户），共有职工7239人。

1963年，根据集中和适当分散的原则，为有利于调动各专、县开剥猪皮的积极性，减少生猪往返运输，恢复绵阳、乐山、阿坝州、沪定4个皮革厂和西昌裕民加工厂，共计职工555人。此外，还有内江皮鞋社。全省保留23户企业、职工8605人。但各地调整、压缩执行不坚决，到年底仍暗存企业72个、职工2521人。

在调整时期，四川省按照重革、轻革、制鞋、制件、制球、皮革模具（五金配件）的专业化生产进行调整。成都成立皮革总厂，下属4个分厂、2个手工业合作社，把综合性的生产厂调整为专业化生产厂。其中进军皮鞋厂以生产男鞋为主，制革部分划归给总厂；华胜皮鞋厂以生产女鞋为主；总厂直属生产单位以生产童鞋、胶粘鞋、模压鞋、军用鞋为主；星火分厂主要生产皮件；星火皮革社主要生产球类；城南皮革社主要生产零星皮杂件；橡胶分厂生产橡胶。1965年，全省皮革工业由省轻工厅划归省手管厅管理。

成都、雅安等地区一些比较大的企业，进行了充实提高，使企业面貌发生显著变化。

三　"文化大革命"中的皮革工业（1966—1977年）

1966—1970年，四川皮革工业进一步加大基本建设和技术改造的力度，共投资293万元，为前5年77万元的3.8倍。1971—1975年，建设资金继续加大，达681万元，比前5年增长1.3倍。并对成都等地4个制革厂进行扩建，新增能力达52万张。到1974年，全省皮革企业有42户，职工总人数达8252人。在这些企业中，不仅形成一大批制革、制鞋、制件等骨干企业，而且还新建和改建为皮革工业服务的皮化、模具、小五金、机修、橡胶等配套厂。全省除攀枝花市外，其余地、市、州都有皮革厂。成都市皮革企业的机械化程度高，南充、沪州、雅安、内江、阿坝的都是中型综合企业，基本上实现半机械化生产，其他专县厂基本上还是手工生产。1977年企业发展到89个，共有职工115335人。

经过曲折发展，至1977年生产达到新的高度：鞣制皮革（折牛皮）、猪皮革分别为157.39万张、196.51万张，轻革达268万平方米、皮鞋达507.21万双。

四　改革开放迎来皮革工业的春天（1978—1985年）

1978年，四川省二轻厅将皮革处全编制改组成立四川省皮革工业公司，是具有全省皮革工业的行业管理和自主经营双重职能的行政性公司。1979年后，中共四川省委、省人民政府把皮革工业列为轻纺战线上5个重点发展行业之一，省政府成立了皮革领导小组。省委领导召集有关领导部门，研究四川皮革工业发展问题。1981—1985年，再次根据制革集中、制品分散的方针，由省对63个企业下达基本建设和技术改造项目，投资总额共8675万元，相当于1950—1980年总投资4844万元的1.8倍，其中百万元以上的大项目有10个。为了发展少数民族特需产品，增加出口，凉山州、阿坝州、涪陵酉阳土家族自治县，相继分别建起了布拖民族制革厂、若尔盖皮革厂、内江市制革厂和内江皮件厂分别引进了猪绒面服装生产线和皮革服装生产线。全省共引进先进设备776台（套），省内骨干企业的主要设备得到了充实。全省固定资产原值由1980年的7217万元增加到1984年的1.57亿元。泸州、雅安等13地市，有37个企业进行技术改造，厂容厂貌都有了较大改观。至此，全省每个地、市、州都有1—2个骨干企业。1985年全省皮革工业有企业291个，职工42537人；有4个皮革专业研究所、3个皮革专业学校；企业固定资产原值由1978年的4651万元增加到1985年的18629万元。

1978—1985年，四川皮革工业有了较大的发展。与1977年相比，1985年鞣制皮革（折牛皮）、猪皮革分别达到415.87万张、703.07万张，增长1.64倍、2.6倍；轻革达723.15平方米、重革6512吨，分别增长1.7倍、3.1倍；皮鞋猛增到1755.35万双，增长2.5倍；产值达35593万元，增长1.8倍。

品种花色由单一向系列化发展，档次不断提高。1949年前，产品多是牛皮，1951年猪皮革试制成功以后，形成猪、牛、羊、杂各类皮革，后来猪皮革的产量占主导地位，大大改变原料皮结构。制品由过去主要是皮鞋，发展到鞋、衣、箱、包、件类形形色色的系列产品，制鞋生产由手缝发展到机缝、胶粘、硫化、注塑5大品种。制件也发展较快，有民用、军工、工农业及体育用品等。据不完全统计，在"六五"期间（1981—1985年）制革和制品，新开发的新品种1100个，新花色8000个以上，被评为部优质产品8个、优秀新产品10个；省优质产品6个、优秀新产品13个，共37个。特别是1978年以后，无论是革还是革制品，档次和质量都越来越高。过去猪皮制革，一般是生产劳保手套革、鞋修面革、鞋里革等，档次质量都比较低，到了"六五"期间，已经能生产高档猪皮服装轻革、猪软鞋面革、沙发革以及高档猪皮服装等，而且数量越来越大。

20世纪50年代中期，四川开始出口皮鞋、皮制球、皮件。60年代，猪皮革开始出口，数量很小。成都市开发的猪皮正绒面革，在全国出口中创了先例，以绒毛细、颜色鲜艳著称，全国猪正绒面革出口，必须搭配成都这个产品。1980年前，出口以山羊板皮为主（每年100万张以上）和劳保手套（每年出口量最高达70多万打）、半硝革等低档产品和半成品。"六五"期间，逐步调整出口产品结构，提高产品档次，在逐步减少劳保手套出口的同时，扩大了猪皮革、皮鞋、皮服装、革皮手套等出口。1974年出口猪皮革46.22万张，皮鞋20.22万双，革皮手套78.24万副。1977年开始出口皮服装，出口5300件。1985年出口猪皮革49.38万张，皮衣7400件，皮鞋61.58万双，革皮手套370.99万副。出口产品有高档猪皮服装革、高档猪皮服装、高档男女皮鞋和其他高档制品。出口地区由主要是第三世界国家，80年代逐步转向日本、美国、法国、联邦德国、加拿大、中国香港等国家和地区。1981—1985年，共出口猪皮革283.77万张、皮鞋222.4万双、皮革服装4.8万件、革皮手套1907.9万副。出口交货值达1.48亿元，约创汇3700万美元。

四川省皮革工业1949—1985年产品产量统计见表8-63。

表8-63　　　　　　　四川省皮革工业1949—1985年产品产量统计

年份	皮革鞣制（折标皮万张）	重革（吨）	轻革（万平方米）	皮鞋（万双）	胶鞋（万双）	备注
1949	4.7	321	0.9	30.1		

续表

年份	皮革鞣制（折标皮万张）	重革（吨）	轻革（万平方米）	皮鞋（万双）	胶鞋（万双）	备注
1955	29.9	832	72.9	96.3	90	
1960	91.6	3573	119.6	485.6	562	
1965	40.7	1121	50.9	201.3	1028	
1970	76.7	1342	124.2	382.1	717	
1975	131.7	1153	216.1	394.8	1026	
1980	329.3	3226	616.0	986.4	1908	
1985	416.9	6512	723.2	1755.4	2904	

五 皮革工业的全面繁荣（1986—2009年）

随着世界经济的发展和人们生活水平的逐步提高，国内外市场对皮革及制品的需求无论在数量上还是产品档次上均呈上升趋势。加之越来越多的人们对生活舒适和"回归大自然"的追求，真皮制品备受消费者的青睐，已成为人们生活中重要的高档消费品之一。国际市场上的皮革产品正朝着高档化、时装化和商品系列化的方向发展。在20世纪80年代，世界的皮革产业中心已逐步由欧洲、北美洲等发达国家转移到东南亚和我国沿海地区。经过"七五"到"十五"的发展，我国皮革工业已成为世界皮革产业原料大国、生产大国和贸易大国。四川为了充分发挥皮革原料资源优势、技术人才优势和产品市场优势，省委、省政府领导非常关心和支持皮革工业的发展，在"七五"至"十五"期间，均把皮革工业作为省优势产业给予重点支持发展，使四川不断成为全国皮革业大省。

（一）四川皮革工业发展优势逐步显现

1. 农业和畜牧业的发展为皮革工业提供了丰富的原料资源

四川生猪每年的饲养量和出栏数均居全国榜首，瘦肉型猪皮为制造高档皮革创造了良好的条件；川西北草原为全国六大草原之一，是四川省发展牛羊的重要基地，全省牛存栏数居全国第一，我国"三大路"山羊皮之一的四川路山羊板皮闻名国内外。为了充分发挥四川丰富的猪皮资源优势，国家计委于1987年下达四川300万张猪皮蓝湿革生产基建项目，并与地处我国东南沿海具有地理优势和产品市场信息优势的广州人民制革厂实行跨省联合进行皮革出口产品生产。该项目由轻工业部牵头协调，四川省皮革工业公司与广州人民制革厂签订了"广州—四川制革联合生产项目协议书"，总投资6300万元，其中四川2500万元。国家下达该项目拨改贷资金1800万元，其中四川1120万元。四川300万张蓝湿革生产基建项目，分别由什邡、眉山、渠县三个县承担工程建设，四川省皮革工业公司负责项目的全过程管理协调工作。该项目于1987年11月下达，1988年5月开工建设，1990年年底全部工程通过验收合格，并投产使用，该项目的建设进一步扩大了四川猪皮制革生产能力。

2. 技术人才优势突出

四川皮革工业及配套专业技术人员具有较高技术水平和较强研发能力，技术人员比例居全国首位。成都科技大学（现更名为四川大学）是新中国成立以来最早培养皮革专业人才的高等学府，也是目前我国最早的皮革专业博士授予单位，批准设有"国家重点（皮革专业）实验室"，是我国第一个获得世界银行贷款兴建的皮革科研设施，已成为我国皮革专业技术人才培养中心。全省"六五""七五"完成了国家、省重点攻关项目20多项，其中国家安排的科技开发项目数名列全国首位。国家重点科技攻关项目良种猪皮制造高档轻革研究、牦牛皮制造轻革的研究以及提高四川路山羊皮制革的质量研究等通过鉴定，其工艺技术均居全国领先地位。"七五"期间，全国下达的皮化材料重点攻关项目通过了国家验收，1/3以上项目的性能指标已接近国外同类产品水平，四川被我国皮革同行公认为皮革科技开发中心。

3. 猪皮制革技术优势促进了制革业的发展

成都制革厂等单位成功研制的"六五"国家重大科技攻关成果"良种猪皮制造猪正面服装革"生产技术，首次以20万元人民币转让费转让给内江制革厂。该项技术迅速得到推广。当初由"七五"初的1—2家工厂（年产量约20万张）逐步扩展到"七五"末的20余家制革厂，年产量近1000万张规模，四川省所生产的猪正、绒面服装革产品达到全国领先水平。某些指标接近国际同类产品水平。所加工的猪头层、二层正面和绒面皮革服装、皮裙等出口产品十分抢手。在"七五"期间，全省皮革工业获轻工部质优产品4个，省质优产品8个，优秀新产品10个。

4. 皮革及制品出口生产已初具规模

"七五"初期，全省有45个皮革出口生产企业，其中有16个企业被批准为省的出口生产专厂（车间），有6个被列为全国重点出口生产企业。年出口交货值在100万元以上的有16个，雅安皮革总厂年出口交货值达3000万元以上，创汇额居全省工业企业第六名。皮革工业稳居全省轻工出口创汇第二名。皮革及制品工艺考究、做工精细、声誉较高、远销联邦德国、澳大利亚、日本、美国、中国香港等近20个国家和地区。"七五"以来，出口交货值近2亿元，比"七五"初期翻了两番。出口皮革服装近20万件，比"七五"初期增长5倍。1988年有10个企业荣获全国出口创汇先进企业，有6个企业的6项产品获全国轻工业优秀出口产品银奖和铜奖；1989年，在首届北京国际皮革博览会上，三项出口产品获银奖、三项获铜奖。到"七五"末期（1990年），全省年生产皮革（折标准价）510.6万张，年产轻革1102.6万平方米，年产重革3463吨，年产皮鞋2378万双（见表8-64）。

表8-64　四川省皮革行业1990年主要经济指标完成情况

工业总产值（亿元）（1980年不变价）	出口交货值（亿元）	利税总额（万元）	投皮（折牛皮）（万张）	其中：猪皮（自然张）	皮鞋（万双）	皮革服装（万件）	皮箱包（万只）	皮手套（万副）
3.78	1.37	1871	510.6	796	2378.1	38.1	61.3	68.6

（二）政府强力支持行业发展，四川皮革工业迎来历史发展高潮（"八五"）

1. 省政府成立皮革工业发展领导小组

"八五"初期，为了充分发挥四川省皮革工业的原料和技术优势，促进全省皮革工业上质量、上品种、上档次、上水平，进一步扩大皮革产品出口创汇，省政府组建了以蒲海清常务副省长为组长省科委主任、省轻工厅、省财政厅、省化工厅、省机械厅厅长为副组长的四川省皮革工业发展领导小组，以加强四川省皮革工业发展的领导。同时，省皮革领导小组下设办公室，省编办专项划拨三个人员编制组建省皮革领导小组工作办公室，办公地点设在省轻工厅皮革处。

2. 加大资金和政策的支持力度

四川省政府建立了皮革工业发展基金。"八五"期间，省财政每年拨款2000万元，一定5年不变，用于皮革工业发展。在省轻工厅的直接领导下，调动各方力量，促使四川皮革工业在全部取消猪皮财政补贴，行业生产处于困境的状况下，渡过难关，走出低谷，求得新发展。

国家计委和轻工业部也对四川皮革工业的发展给予了大力支持。国家计委在乐山市皮革工业公司建立的猪皮服装生产科技开发基地，是全国三个国家级科技开发基地项目之一，为四川省皮革服装生产建立了一个自我开发、自我发展的样板，轻工业部又将我省雅安、乐山、阆中、内江、万县6个皮革企业列为省重点发展企业。

根据皮革工业的现状和发展优势，四川省制订了全面发展皮革工业"八五"发展规划，并经四川省科技顾问团论证会通过论证。全行业按照《四川省皮革工业"八五"发展规划》要求，又制订了四川省皮革工业"八五"计划实施方案，并在峨眉山市召开了四川省皮革工业"八五"计划实施工作会议。参加会议的有谢世杰、蒲海清等省委省政府主要领导同志和全省六个皮革重点发展企业所在市地的市长、专员，工业局长等有关单位的负责同志。在这次四川皮革工业工作会上，制订了工作目标，建立了工作责任制，蒲海清副省长既与各地市专员、市长签订责任书，又与省轻工厅领导签订了责任书。同时，轻工厅领导也与各地市主管局长签订了责任书，层层落实任务。这次盛会的召开，把中央和四川省发展皮革工业的工作精神转变成了各地方政府和生产企业的积极性，把"四川省皮革'八五'计划"转变成了全行业的实际行动。从"八五"第一年开始，全省皮革工业就按照"四川省皮革工业'八五'发展总体规划"的目标和措施，紧紧围绕省皮革领导小组组长蒲海清副省长提出的"四个突破、三个提高"的指示精神，狠抓各项工作的落实。这次盛会的召开把四川省发展皮革工业的热浪推向了新的高潮，这标志着四川皮革工业的春天已经到来，在四川皮革发展史上翻开了新的一页。

3. 全省皮革行业生产能力和技术开发水平显著提高

通过全省皮革工业生产和配套企业的技术改造，行业规模经济逐步形成，企业技术装备日趋完善，工业生产整体技术水平和劳动生产率进一步提高。全省成都、雅安、乐山、内江、万县、阆中、绵阳等一大批皮革企业发展为全省皮革行业骨干企业。

成都制革总厂是一个从事猪、牛、羊制革生产的综合性工厂，企业基础条件好，工厂技术力量雄厚，注重厂办科研，具有较强的皮革科技开发的攻关和技术开发能力，是全省皮革行业的技术排头兵。主要从事中高档猪皮、牛皮、羊皮革产品的研制、开发和生产。到"八五"末期，工厂获国家、四川省和成都市的科技成果10条（项），获部、省、市优质产品9个，优秀新产品8个。

雅安皮革总厂是以生产皮鞋为主的制革、制鞋、制件综合性生产的大型企业，也是我省皮革重点企业之一。工厂从业职工6000余人，实现年产值近亿元，年出口创汇达1000

万美元。工厂在推动企业技术进步,搞好皮革科技攻关,新产品开发的同时,利用现有条件,发挥自己优势,大力兴办对外合资合作企业。出口男鞋、女鞋和皮革生产三个中外合资合作生产企业,引进了国外先进技术、设备和管理,有效地促进了企业的经营机制转型和产品结构调整。

乐山市皮革工业公司是国家计委建立的猪皮服装科技开发基地。项目建成后,成为皮革服装生产行业中依靠科技进步,走"自我开发、自我改造、自我发展"之路的一个样板。公司大胆开拓,加速企业技术改造,先后引进了意大利先进的制革生产设备和联邦德国百福十八头由电脑绣衣机及制版系统。并与四川省西南CAD中心共同研制了皮革服装计算机辅助设计系统,提高了生产装备水平。到"八五"末期,公司年产猪皮革100万张,年产皮革服装15万件,实现年产值6000万元,税利总额1000万元以上,出口创汇600万美元。

绵阳皮革集团公司(原绵阳制革厂)在改革开放的浪潮和企业主要依靠科技开发与企业注重企业内部的经营管理厂,改革三项制度,转换企业运行机制。"八五"期间,企业产值翻了三番,生产与效益同步增长。新建立的中外合资企业——朝明皮革有限公司的生产经营正常运行。

阆中皮革工业集团公司是四川皮革行业"八五"初期第一个按专业化协作实行联合推动企业改组改造而新成立的集团企业。公司以猪皮制革生产为基础,大力发展皮衣、皮鞋等皮革制品,同时开展皮革废弃物的综合利用,开发食用明胶产品,积极引进国外先进技术和先进设备;注重科技攻关、新产品开发,促进了公司生产和效益的同步增长。

内江皮革总厂在当地政府的主导下,是由原内江制革厂和内江市皮件厂,实行行业内强强联合组建的皮革综合性生产企业。原内江皮件厂是四川皮革行业对外合作开展的最早和最好的生产企业,该厂与南斯拉夫开展的补偿贸易合作得到原省经贸委的充分肯定,为中、小企业利用自身的产品优势开展国际贸易和寻求企业发展走出了一条新路。原内江制革厂是在我国发展市场经济初期,全省皮革行业第一家以10万元人民币购买成都制革厂开发的国家"六五"攻关成果"猪皮服装革生产技术",该项技术成果的转让在四川和全国皮革行业产生重大影响,它是四川皮革行业从计划经济向市场经济迈进的重要标志。该项技术成果的转让也使全省的猪皮服装革产量和产品质量发生了质的飞跃。从而形成了四川猪皮革生产的优势。

通过"八五"期间的发展,四川皮革工业1995年年末拥有生产企业128个、职工3.17万人,实现工业总产值10.34亿元、固定资产净值6.34亿元。全年实现销售收入12.69亿元。上缴国家税收4895万元,全员劳动生产率5589.1元,年出口交货值3.92亿元,占全省轻工业出口总额24.2%,位居全省轻工业出口第二名。

(三)四川省皮革工业结构大调整,行业"大洗牌"("九五")

1. 国有资本退出,行业企业结构大调整

在"八五"末期,我国制革工业全部取消了实行近30年的猪皮制革生产国家财政补贴政策。全省皮革工业经济处于发展低谷,全行业利润出现负增长,绝大部分国有企业资不抵债,面临倒闭。在国家经济体制改革政策推动下,全行业国有企业积极推行企业产权制度改革,实行关、停、并、转,国有资本逐步退出了皮革行业。同时,在党中央关于允许多种经济成分并存的政策指导下,全省皮革行业的私营经济和民营经济企业得到快速发展,特别是在成都市出台政策建立了武侯区个体私营皮革产品加工试验区的举措推动下,成都市的私营、民营和三资企业在短期内发展到3000余家。在"九五"期间,全省皮革行业工商企业中,国有企业(含集体所有制企业)由原来的90%减少到仅10%以下,而私营、民营企业由原来不足10%增加到90%以上。

2. 产品结构大调整

"九五"期间,随着我国经济体制改革和市场经济发展的不断深入,四川省皮革工业产品由过去按计划生产完全转入按市场需求生产,全行业完全实行"以销定产"。由于市场的引导,四川皮革工业在稳定制革工业的同时,皮革制品加工业得到了快速发展。

(1) 皮鞋产品高速发展。由于成都市武侯区私营皮革加工试验区的建立,成都鞋业迅速发展。全市的皮鞋(含配套产品)工商企业在五年内发展到近3000家,皮鞋产量达1.2亿双,是"八五"末期的2倍。

(2) 皮革服装加工产量和产品档次大幅提高。由于四川省国家"七五"和"八五"攻关成果猪皮服装革产品已达到国内领先水平和国际先进水平。从而大大促进了全省猪皮服装高速发展。全省皮衣生产企业达到近百家,皮衣产量达到1000万件以上,产品90%出口。主要销往欧洲、美国、加拿大、俄罗斯等国和中国香港地区。

(3) 皮革化工产品品种增多,产量扩大。全国皮革化工产品主要依托成都科技大学(现更名为四川大学)和中科院成都有机所的科研力量,开发了四川和全国制革生产所需要的优质皮化材料,四川皮革工业得天独厚的条件促进了四川皮革化工材料的快速发展。同时,四川皮革化工行业实行产、学、研相结合,促使四川皮革化工生产规模、产品品种、产品性能质量和产品技术水平等方面在全国皮革行业中均具有较强的优势。

3. 制革工业和制品工业步入协调发展轨道

在"八五"前期,全省皮革工业主要是制革工业,其工业产值占全行业70%以上,通过行业产品结构的调整,在稳定制革工业的基础上,皮革制品工业得到快速发展,全省制革工业和革制品加工业协调发展。同时,四川皮革配套工业完善,全省皮革化工、皮革机械及皮革科研也得到了同步发展。

四川省皮革行业2000年主要经济指标见表8-65。

表8-65　　　　　　　　　四川省皮革行业2000年主要经济指标

企业数 (个)	工业 总产值 (亿元)	销售收入 (亿元)	利税总额 (亿元)	其中:利润 (亿元)	投皮 (折牛皮) (万张)	轻革 (万 平方米)	皮鞋 (万双)	皮衣 (万件)
102	23.74	26.81	10.27	4.71	610	1928	6716	310

(四) 皮革工业进入新一轮发展时期("十五"时期)

1. 猪皮制革工业具有突出优势

四川猪皮加工业从原料、制革、制衣到销售市场,在全国皮革行业均具有突出的优势。四川猪皮是通过猪种改良后的优质制革原料,其主要特点是粒面细、毛孔小、部位差小,四川猪皮制革技术属国家"六五"攻关成果和四川"八五"攻关成果,猪皮革美化技术均具有国际先进水平。四川猪皮服装的产量和加工技术处于全国同行业先进水平,产品畅销美国、西欧、加拿大和俄罗斯等国际市场。

2. 牛皮、羊皮制革业迅速发展

在"九五"前期,四川制革工业主要是猪皮生产,其产值占全省制革生产80%以上。根据国内外市场需求,全省制革行业及时进行产品结构调整,在稳定猪皮革生产的基础上,不断地开发了牛羊皮革产品,在"十五"期间,加速技术改造,扩大了牛皮沙发革、汽车装饰革、鞋面革、羊皮服装革、鞋面革等产品的生产规模。引进国外先进的生产工艺和优质的皮化材料,从而大大提高了全省牛皮、羊皮革生产技术水平。

3. 鞋业产业集群基本形成

随着四川鞋业的高速发展和成都武侯区个体私营皮革加工试验区的建设,四川鞋业产业集群逐步形成,成都武侯区的女鞋生产规模和产品质量步入全国鞋业"三州一都"(广州、温州、泉州和成都)行列,位于全国第四位。成都双流、温江、新津、雅安、青神等地的皮鞋生产逐步形成了产业集群。

2005年全省皮革行业产品产量完成情况见表8-66。

表8-66　2005年全省皮革行业产品产量完成情况

产品名称	计算单位	产量	上年同期	比上年同期±(%)
轻革	万平方米	1671.03	1723.56	-3.05
皮鞋	万双	512.78	346.67	47.92
皮革服装	万件	112.81	129.56	-12.9

2005年四川省皮革行业主要经济指标见表8-67。

表8-67　2005年四川省皮革行业主要经济指标　单位:千元

项目 \ 指标	企业户数/亏损户(个) 本年	上年	工业总产值(现行价) 本年累计	上年同期	同比±%	工业增加值 本年累计	上年同期	同比±%
合计	113/15	104/9	5061940	3324303	82.95	1586698	755038	167.08
制革	20/5	19/4	1411183	1018314	38.58	364936	114221	219.5
革制品	93/10	85/5	3650757	2305989	58.32	1221762	640817	90.66
其中:皮鞋	74/3	69/1	2317183	1205827	92.17	739757	314991	134.85

销售收入 本年累计	上年同期	同比±%	利税总额 本年累计	上年同期	同比±%	其中:实现利润 本年累计	上年同期	同比±%
合计:4645974	3212652	44.71	196509	132055	48.81	125644	65369	92.21
1353366	1078538	25.48	39794	32261	23.35	17794	10364	71.69
3292608	2134114	54.28	156715	99794	57.04	107850	55005	96.07
2212238	1229361	79.95	111590	61882	80.33	90693	43463	108.67

出口交货值			资产合计			负债合计		
本期累计	本年累计	本期累计	上年同期	同比±%	上年同期	同比±%	上年同期	同比±%
712180	合计：2262917	1304061	1224089	6.5	2037505	11.1	628699	11.72
0	894663	678289	698642	-2.9	942919	-5.1	7200	-100
712180	1368254	625872	525447	19.1	1094586	25	621499	14.6
320653	601344	247555	183766	34.7	510854	17.7	175080	83.1

注：上表每栏左、右相接。

全省皮革工业经过"七五"到"十五"的科技攻关，基本建设、技术设备、改造、合资合作、国外先进技术设备引进、科技成果推广应用及经营机制转换等方面有了一定突破。在经济效益、主要产品质量、得革率和产品档次等方面有了进一步提高。四川皮革工业整体水平得到了快速提高，其主要特点有以下几点。

（1）猪皮革的产品质量迈上新台阶，尤其在轻、薄、软、丝绸感、丝光感、丰满弹性等方面提高显著；通过印花、压花、扎染、蜡染等手段美化皮革表面，使猪皮革面貌焕然一新，提高了革的档次和附加值，猪正面革的"三防"和绒面等可干洗技术取得明显进展，使猪皮革生产技术在国内居领先地位，部分产品在国际上享有一定声誉，受到国内外用户一致好评。

（2）通过技术改造，全行业技术装备水平迈上了新台阶。1990年至1994年全省共投入皮革发展基金9500万元，对30个企业进行技术改造。据其中26个单位调查统计，总投入技改资金2.51亿元，其中安排基金8569万元购买设备3387台（套）计1.38亿元，其中进口设备289台（套），用款4500万元，引进购买了一批国际、国内先进的设备和技术。

（3）新产品开发取得可喜成绩。"八五"期间，安排重点科技攻关项目50多个，投入资金350万元，完成的项目80%成果居国内先进（或领先）水平，并通过技改在企业内实现产业化，增加了皮革和制品的附加值，增加了皮革及制品的花色品种，全行业取得了良好的经济效益和社会效益。

经过"八五""九五"的结构调整和"十五"期间恢复发展，全省行业基本做到了三个协调发展。即企业运行机制与市场协调发展，全省制革工业猪、牛、羊产品协调发展和全省皮革行业制革生产与革制品生产协调发展。与此同时，全省制革和制鞋生产工艺技术、装备水平得到很大提高。其主要表现在：一是全省制革清洁化生产工艺技术在全省普遍推广；二是成都立申实业有限公司、富邦皮革有限公司、乐山振静皮革公司、乐山瑞鸽皮革公司、彭州茂良皮革公司的猪服装革的生产技术及产品质量档次处于全国领先水平；三是乐山振静皮革有限公司、成都岚牌实业有限公司、成都正达皮革公司、绵竹新市皮革公司的牛皮汽车装饰革、沙发革、鞋面革等产品在省内外市场享有很高的知名度和竞争力。四是成都鞋业的生产及产品开发设计水平迅速提高，产品市场占有率与浙江温州、福建泉州和广州并齐，被业内人士通称为中国鞋业的"三州一都"。2005年，成都武侯被中国轻工联合会和中国皮革协会正式授予"中国女鞋之都"区域品牌称号；五是以四川大学皮革系和中科院有机所的技术和专业人才的依托，全省皮革工业配套产业皮革化工的企业数量、生产规模、技术水平、新产品研发能力和产品的市场占有率在全国各省市同行业中具有很强优势；六是全省制革生产"三废"治理全部符合国家环保要求。

六 皮革行业综合利用、节能减排和环境保护

（一）综合利用

从20世纪80年代中期到21世纪初，全省皮革行业的综合利用，主要是原料皮废毛及制革油脂的回收利用和制革废脚料及成品革边角余料回收利用。

（1）制革原料皮的废毛的回收一直是企业获得较好的经济效益和社会效益举措。全行业在六七十年代就大力推广制革酶脱毛工艺，能回收大量猪毛可供出口创汇，其经济价值很高。全行业绝大部分制革生产采用的灰碱脱毛工艺，既不能回收废毛又大大增加了制革废水中的污染物给企业"三废"治理带来困难。随着国家环境保护措施日益加强，多数制革企业又恢复了酶脱毛工艺，继续做好制革废毛的回收利用。

（2）制革生产中的油脂回收主要是原皮下脚料中的油脂回收和原皮脱脂工序废液中的油脂回收。四川大学皮革系做了各项研究，回收油脂可作为工业油脂或改性后生产为皮革加脂剂产品。

（3）制革废料的深度开发利用。四川大学皮革系完成的教育部重点项目："利用制革边角余料制造胶原蛋白、多聚肽和氨基酸"，对提高原料皮、碱皮边角料的高值利用、调整产业结构方面在国内起到了先导作用。该成果技术在四川转化后，不仅充分利用了原皮废料资源，还为制药、护肤品、化妆品和保健食品提供了廉价优质原料，取得良好的经济效益和社会效益。

（4）成品革边角余料的综合利用。成品革的边角余料主要是皮革服装厂、皮鞋厂和皮革沙发厂加工皮衣、皮鞋和沙发产品裁料后的边角余料，都有较好的回收利用价值，可根据余下皮革面积大小再加工成皮手套、儿童皮鞋、小皮件，小工艺挂件、饰品等产品。这既具有较高的附加值，又可减少工业废料对环境的污染，全省绝大部分皮衣厂、沙发厂和皮鞋厂均开展该项工作。

（二）节能减排

全省皮革行业的节能减排工作在21世纪初日益加强，这项工作主要反映在以下方面：一是改革制革生产工艺，实行常温鞣制工艺技术。在很多制革工序中采用常温和低温条件下操作，大大减少热水的用量，这既降低了生产成本又减少了能源消耗；二是加强皮革干燥设备、设施的技术改造，引进国外先进的技术及机械设备，大大增加了皮革干燥设备的热能效应，减少能源消耗；三是在近10年中，全省制革企业加强科研，实行了制革废水的循环使用。"九五"期间，国家计委下达给四川大学重点攻关项目：高效益清洁化制革技术研究与实施专项专题：废鞣液、脱毛液循环利用。"十五"期间，四川大学皮革系与中科院有机所、崇州市富邦皮革有限公司共同承担完成国家科技攻关计划"制革废水回用及三段废液处理技术开发"项目，为制革生产中废水的回收利用进行了开拓性的研究。这既降低生产成本、节约了水资源，又减少了制革生产的废水排放量；四是全省绝大部分的制革企业均实行了制革铬液的回收使用。这项工作自20世纪六七十年代在部分制革企业推广后，一直坚持到现在。特别是在国家环保政策力度不断强化的情况下，全省制革企业对此项工作尤为重视。

(三) 环境保护

21 世纪初，环境保护工作已经成为制革行业的头等大事。全行业进一步确立了"没有环境保护就没有制革产业"的意识。全省制革行业加强环境保护工作主要是开展制革清洁化生产工艺技术研究与推广，制革生产所需的清洁化化工材料的研制开发和制革"三废"治理等措施。

1. 制革清洁化工艺技术的研究与推广

四川大学国家重点实验室在承担国家 863 计划课题"制革工业清洁生产关健技术集成与示范"、国家支撑计划课题"清洁制革过程与绿色产业链接技术的应用开发"等项目过程中，研究开发了无硫化物和石灰的脱毛浸碱技术、高热稳定性皮革无铬鞣制技术、无硫脱毛和无铬鞣法配套的工艺平衡技术等制革清洁生产平台技术，并开发了 7 类与制革清洁生产技术配套的专用化工材料。研究成果获 9 项国家发明专利授权，申请国家发明专利 3 项。该成果在 5 个制革企业实现了清洁技术的生产化，在 20 多个企业完成了生产性试验，形成了制革清洁生产线，验证了本项目开发的清洁生产技术的广泛适用性。实残证明，采用本项目集成技术，制革过程不使用硫化物、石灰和铬，生产过程的水用量减少 30%，废水中的 COD、BOD、SS 等主要污染成分降低约 40%，废弃皮胶原可以转化为有重要应用价值的环保材料。项目成果"制革清洁生产关健技术"已获 2005 年高等学校科学技术发明一等奖。

2. 制革生产清洁化化工材料的研制开发

四川通过承担国家"863"课题"制革工业清洁生产技术"，开发了不浸酸高吸收铬鞣剂、无铬鞣交联剂、制革用系列酶制剂、高吸收皮革染色加脂助剂等皮革化工材料，有力地保障了制革清洁生产关健技术的实施。其中制革用系列酶制剂的应用，不仅提高了生产效率，也大幅度降低了制革污染物的排放量。较系统地研究了皮革化学品的可生物降解性测试方法，为制定相关标准、从源头削减制革污染提供了方法。

3. 制革"三废"治理

从"八五"以后，全省制革行业已将制革"三废"治理作为企业基本建设和技术改造的重要工作，一大批重点制革企业开始建造制革污水处理场，到"十五"末期，全省所有制革企业投入 800 万—1500 万元资金修建了制革污水处理场。例如，乐山振静皮革公司、乐山瑞鸽皮革公司、崇州立申实业公司、崇州富邦皮革公司、什邡拳王皮革公司、成都正达皮革公司、成都岚牌实业公司等重点制革企业均投资上千万元造成了大型制革污水处理场。全省的所有规模以上制革企业的污水排放均达到国家一级排放标准。

七 行业管理

新中国成立初期，全川绝大部分的皮革企业按照国家政策实行了公私合营的社会主义改造，四川省皮革工业（含重庆）的行业管理部门为四川省工业厅皮革科，全科共有 4 位管理人员。担任皮革科首任科长的是李海生，籍贯山西，已于 2010 年 11 月去世，曾是一位 1938 年参加革命工作，享受副厅级政策待遇的离休干部。1963 年，四川省政府组建了四川省手工业管理局并成立了皮革塑料处，全川皮革工业行业管理调整后划归该局。原四川工业厅皮革科全体人员调至四川省手工业管理局，1970 年，四川省手工业管理局改为四川省第二轻工业局，并组建了皮革行业管理处。皮革处首任处长由一位 1946 年参加革命工作的转业干部黄忠寿担任，李海生担任副处长，全处共有6位管理干部。1971年，四川省手工业管理局更名为四川省第二轻工业管理局，皮革处继续保留，其处长、副处长未做变动，全处人员增至10人。

1980年，国家政府机构改革，学习国外经验，绝大部分政府专业管理机构改革为专业公司，四川省二轻局皮革处全健制转体成立了四川省皮革工业公司，政府授予该公司承担全省皮革行业管理和自主经营双重职能。1990年，国家实行政、企分开政策，四川省皮革工业公司不再承担全省皮革行业管理职能，完全进入市场自主经营，自负盈亏。1991年（"八五"期间），为了发挥四川皮革原料、科研技术和市场需求的优势，四川省政府决定加大全省四大产业的发展力度，其中包括皮革工业。当年，四川省政府成立了四川省皮革工业发展领导小组，下设办公室，负责全省皮革行业管理工作。领导小组组长由时任四川省政府常务副省长蒲海青担任，副组长分别由省轻工厅、省财政厅、省化工厅、省机械厅、省科委主要负责人担任。领导小组办公室设在省轻工厅内，省编委专项为办公室下达了3个人员编制指标，办公室主任为魏德懋，成员有李开华、王明惠2人。

1986年，由于国家机构改革的快速推进，四川省二轻厅与四川省轻工厅合并。1992年，为了行业管理需要，四川省轻工厅又恢复成立皮革行业管理处，魏德懋担任皮革处处长，李开华任高级工程师，闫全洪为处员。1990年，魏德懋调离皮革处，王成贤担任皮革处处长。1996年，四川省轻工厅改名为四川省轻工总会，1998年，四川省轻工总会又改名为四川省轻工业行业管理办公室，皮革处被撤销。2003年，四川省轻工行办被撤销，全省皮革行业管理工作归口为四川省经济委员会轻纺处。按照上级领导部门的要求，2004年，四川省皮革行业协会依法成立，该协会协助四川省经委进行全省皮革行业管理工作。2009年年末，四川省经济委员会改名为四川省经济和信息化委员会，轻纺处继续保留，管理全省皮革行业工作。

第二十三章 贵州省

第一节 历史沿革

贵州皮革工业包括制革、皮鞋、皮件、皮毛四个自然行业。

皮革产品，种类繁多，用途广泛，人们日常生活中穿用的皮鞋、皮衣、皮手套、皮帽、皮箱、皮包，工农业机械所需的皮碗、皮结、皮仁、护油圈、传动轮带、打梭皮带，军需装备用的枪套、弹盒、马鞍、马具，伤残人用的假肢整型以及篮球、排球、足球、乐器、鼓面等文体用品，多用皮革制成，皮革及革制品也是贵州传统出口产品。

贵州有较丰富的皮革资源。尤以牛皮、猪皮、羊皮为大宗。据统计资料表明，1984年家畜存栏数在全国所居位置分别为：牛居第8位，生猪居第14位，羊居第19位。每100人平均占有牛的头数，全国为7头，贵州达16头。省统计局资料载：1988年年末，全省大牲畜存栏数为617.85万头，其中牛的存栏数为552.21万头，生猪存栏数为1293.74万头，羊存栏数为167.66万头。按历年大牲畜出栏率8%计算，全年可产牛皮、马皮49.43万张。生猪出栏数为742.91万头，开发、利用各种生皮制革的潜力很大。

贵州皮革工业历史悠久，据《贵州古代史》记载，在距今1000多年前的隋唐五代，居住在深山密林中的各族人民，就"以木弩射獐鹿充食，将其毛皮制成装饰品，作为节日活动或使者朝觐时的盛装"；并用野兽皮毛做成毛被、毛裘、鞋、帽及各种衣著。皮革制品即已开始与人民生活息息相关。

至清代，皮革业逐渐由农副业向专业手工业作坊、小型革制品工业转移。据《贵州工业发展史略》载：清光绪十六年（1890年），黄建昌于贵阳太平街10号创办"顺昌号"，资本为白银500两，雇男工3人，徒艺2人，专制鞋梁皮、钉靴皮及熏底皮三种产品。

民国初年，全省皮革业发展至300余户，从业人员1000余人，年产各种皮革制品4.5万余件，价值20万元，稍具规模者有贵阳的振华、永丰、顺昌、黄茂盛、张兴顺、黎炳荣、华新、胡济民、陶荣成、成顺、叶记及安顺的韩云波、顺时，黄平的袁同心、袁万心，织金的杨少秋等10余家厂（号），每家有员工数人至数十人，既制革，也生产皮鞋、皮件产品。较著名的有建立于1911年的振华制革厂，厂址设在贵阳市西湖路66号，原名为贵阳皮革有限公司，陆军制革厂、重庆振华制革厂贵阳分处，1932年改名为振华制革厂，有资本5万元，员工20余人，以手工操作为主，除有皮鞋及皮件生产用龙头机、压花机各2部外，其余为各式刨子、钳子、锤子等简单生产工具计300余件，主要生产底革、面革，带革、皮鞋、皮箱、马鞍、枪壳、图囊、剑插、腰带等产品。

抗日战争时期，上海、南京、武汉等地的部分皮革企业及工人内迁来贵州，为皮革工业的发展提供了资金、人员及技术等有利条件，皮革工业曾兴盛一时。据1942年调查显示，在镇远、黄平、安顺、贞丰、织金、遵义、贵阳、定番、平坝、炉山、麻江11县、市，就有皮革厂户120余家（其中贵阳86家），较具规模者有建于1942年12月的中国日新制革厂，厂址在贵阳市红边门外，有员工73人，资本50万元，年产牛皮、马皮革5480张，羊皮、麂皮革10800张，皮箱2040只、皮鞋4800双；华中制革厂位于贵阳市南门外沿城路166号，建于1939年5月，有员工30人，资本12万元，以生产底革、带革、箱革为主；贵阳上海协昌皮革工厂，建于1943年7月，有员工36人，资本20万元，主制马鞍、皮箱、带等产品；国民政府军政部武昌制革厂，厂址在贵阳市皂角井，职工数百人，有部分动力机器设备于抗日战争胜利之后迁回武昌原址。

20世纪40年代末期，由于通货膨胀、货币贬值、原材料短缺，加之外省企业回迁，以及帝国主义商品的大量倾销，贵州皮革工业逐渐走向衰落。新中国成立前夕，全省只有皮革小作坊84户，从业人员150人，1949年全省产量仅为皮革0.19万张、皮鞋3.16万双。

1949年贵州解放以后，经过三年的经济恢复时期与1956年的合作化运动，到1957年，全省皮革工业就发展到92户，职工人数3699人，年产皮革8.5万张，较1950年的0.23万张增长36.4倍；皮鞋63万双，较1950年的8.3万双增长6.6倍。

在此期间，生产技术不断改进，产品质量有所提高，花色品种增加。都匀制革厂和贵阳制革生产合作社还分别于1954年及1956年进行了初步技术改造，新建车间、厂房，购置部分制革专用设备，变手工操作为半机械化生产；皮鞋改变多年来陈旧的"棺材头"式样，花色品种增加至数百种。

为尽快改变贵州皮革工业落后面貌，缩小与先进地区的差距，50年代中后期，省内组织了多次技术交流，学习、推广省内外先进技术经验，开展试验研究，大搞技术革新，走"土洋结合"的路，在产品开发、质量管理、美化猪革、机具革新等方面均取得了较为显著的成效，并于1958年开始，承担了对苏联出口皮鞋的生产任务。

1960年，皮革工业达到新中国成立11年来的最好生产水平，制革完成皮量12.4万张，皮鞋完成109万双，分别较第一个五年计划开始前的1952年增长36.5倍及10.3倍（1952年制革完成0.34万张、皮鞋完成10.6万双）。

皮革工业的发展，依赖于畜牧业的兴旺。60年代初，由于严重经济困难和自然灾害的影响，原材料短缺，生产急剧下降，1961年仅完成投皮量5.8万张、皮鞋67万双。

贵州省在贯彻执行党中央"调整、巩固、充实、提高"八字方针中，不得不对条件差的单位实行"关、停、并、转"，以保住重点企业。1962年7月20日，省轻工厅、省商业厅、省对外贸易局、省手工业管理局、省手工业联社、省供销社6个部门联合下达了"为贯彻省委、省人委《关于进一步加强牛皮统一管理的紧急通知》的联合通知。通知中明确指出，省委确定全省只保留2个制革厂（都匀制革厂及贵阳制革厂），4个皮鞋厂（贵阳皮鞋厂、海光皮鞋厂、南明皮鞋厂、太慈桥皮鞋厂）及2个皮件厂（贵阳解放皮件厂及南明皮件厂）。牛皮革安排都匀制革厂生产。除上述确定保留的革、鞋、件厂外，其他制革、制鞋单位应坚决一律停止生产，不得使用生熟牛皮。

这个时期，皮革工业千方百计创造条件，战胜困难，开展了"比学赶帮超"的群众运动。在开发新产品、提高产品质量、增加花色品种等方面取得了较好的成绩。例如，能提高猪皮、牛皮使用价值的猪、牛修饰鞋面革就是60年代中期研制成功的新产品。又如，贵阳制革厂利用杂皮资源，试制投产了各色兔毛皮及少数民族特需山羊皮揭粒面贴金革等多种新产品。再如，都匀制革厂的水牛底革，在1964年全国质量评比被树为全国的标杆产品。在困难时期，产量虽然大幅度下降了，但技术水平和产品质量确有所提高。

"文化大革命"中，由于皮革工业的绝大部分职工坚守生产工作岗位，积极进行科学实验，加之困难时期下马的大部分企业，在国民经济经过调整之后已逐渐恢复，生产仍有所发展，1976年与1966年相比，皮革投皮量增长79.8%；皮鞋产量增长75.26%。在此期间，产品、质量提高、花色品种增加；硫化、模压、胶粘、注塑等新工艺、新技术陆续成功地、大规模地推广应用于皮鞋生产，有效地提高了制鞋的劳动生产率。

酶法脱毛新工艺在猪皮和底革生产中的普遍推广应用，为解决制革工业对环境的污染提供了有利条件。底革速鞣工艺的引进、推广、应用，大大改善了操作环境，节约了鞣制周期由过去的50—80天缩短为2—3天，还开辟了向欧美及我国港澳等地区出口皮鞋、皮箱和劳保手套的新领域。

中共十一届三中全会以后，皮革工业加快了发展步伐，除对一批老企业进行技术改造，引进关键技术和设备，以增强企业实力外，还大力扶持皮革基础较为薄弱的地区及原料皮产地（如毕节、凯里等）新建和扩建皮革企业，使皮革工业在全省的布局逐渐趋于合理，加速了皮革工业生产的发展。

1983年12月，省二轻工业厅组织皮革工业考察组，赴意大利就引进设备进行了为期11天的考察，确定为贵阳制革厂及海光皮鞋厂引进一套制革、制鞋生产流水线上的关键设备。

1978—1988年的10年间，全省皮革工业用于技术改造的资金总额达4800万元（含在建项目）。先后建成并已投产的主要项目有都匀制革厂年产5万标准张的羊皮车间；贵阳制革厂年产20万张标准张的猪皮车间（尚未达到原设计能力）以及以引进7台意大利关键设备为主的牛皮生产线；安顺制革厂及毕节制革厂年生产能力分别为5万标准张的新车间；海光皮鞋厂以引进意大利设备为主的配底生产线及国产制帮生产线；南明皮鞋厂的国产设备配底生产线；贵阳皮件厂的高频压花包件车间等；以引进捷克斯洛伐克、意大利、联邦德国设备为主进行扩建、企业年生产能力将分别达到110万双的都匀制革厂及南明皮鞋厂新车间已进入试产阶段。

技术改造使皮革工业增强了活力，提高了企业的竞争力。科技成果不断涌现，受消费者欢迎的新产品、优质产品脱颖而出，其中主要有都匀制革厂的山羊皮浸水酶脱毛工艺于1980年获轻工业部重大科技成果三等奖。贵阳制革厂的铬鞣猪二层修饰面革于1982年获省科技成果四等奖，1983年获省优秀新产品奖；脲环1#—铬结合鞣黄牛油浸革于1983年获省优秀新产品奖。海光皮鞋厂及太慈桥皮鞋厂的男三接头胶粘线上皮鞋分别于1984年、1985年获省优质产品奖。安顺制革厂的水牛（猪）油封革，都匀制革厂的山羊服装革、出口马皮童鞋、出口猪正绒司机手套，海光皮鞋厂的8118#旅游男鞋、7902#牛面成型底出口男鞋、二型男中跟装配鞋、南明皮鞋厂的合成革仿皮底胶粘中跟女鞋、猪皮胶粘男靴，贵阳制革厂的仿苯胺猪、牛修饰面革，分别于1982年至1985年被评为省优秀新产品。还有不少项目在各地（州）市获奖。

毕节制革厂与成都科技大学合作，开展稀土和多金属络合鞣制绵羊服装手套革的科研攻关，于1985年通过省级技术鉴定。确定投资420万元，在该厂新建年产30万张的绵羊服装手套革及皮衣车间，以发挥当地的资源优势。

改革开放政策的贯彻执行，企业放开了手脚，由过去的生产型逐步向生产经营型或生产开拓型转变，注重市场信息，开展横向经济联合，促进了生产的发展。例如，海光、贵阳、南明皮鞋厂，均先后在上海、深圳、珠海等地设置窗口，引进技术，推销产品；向乡镇企业扩散技术、皮鞋部件、半成品及成品。贵阳皮件厂成功地引进了高频模塑压花技术，使皮件产品面貌焕然一新，1987年，该厂又加入了贵阳市杨金秀开发公司，开辟了皮件产品与民族蜡染工艺相结合的新领域。

20世纪80年代后期，贵州皮鞋及各种皮革制品，不仅占领了省内市场，还逐渐向北京、上海、东北等地扩散，享有一定声誉。如海光皮鞋厂的8118号旅游男鞋，1987年在北京举办的全国鞋帽展销会上，评为男鞋第一名，获一等奖；贵阳皮鞋厂的平跟船鞋，1987年7月在上海由18个省（市）200多家鞋厂参加举办的首届中国鞋饰民意评选会上，获"金鞋奖"。

十一届三中全会后的10年，贵州皮革工业通过技术改造，依靠技术进步，发展了生产。1988年，全省已有皮革企业102个，其中制革业13个、皮革制品业（皮鞋、皮件）87个、毛皮业2个，固定资产原值4332万元，完成工业总产值6539.1万元，比1978年的2835万元增长134.18%，完成投皮量34.12万张，比1978年的23.13万张增长47.51%，完成皮鞋269.96万双，比1978年的140.02万双增长92.8%，产品销售税金336万元，实现利润476.1万元。

1990年后，随着市场经济的不断发展，皮革工业的布局发生了很大变化，出现了产业在沿海省市积聚的趋势，处于内陆的贵州的皮革工业逐渐衰退。1995年，贵州省有皮革企业41个，完成工业总产值6435万元；2000年，贵州省皮革企业仅有4个，其中皮鞋企业2个，工业总产值只有163万元。

第二节　制革

一　发展历程

新中国成立后的40年里，贵州制革工业有了长足发展，并经历了以下三个阶段。

（一）制革工业的新生——阔步前进的11年

制革业虽有数千年悠久历史，但在旧社会，却是被人看不起的一个"脏、臭、累"行业，新中国的诞生，给制革工业带来了锦绣前程。

1950年年初，贵州市场曾一度不景气，部分制革作坊停产、关闭，工人失业，人民政府及时采取措施，开展"生产自救"，组织军需加工订货，恢复和发展生产。

1950年8月1日，独山军分区拨款3.6万元，创办"都匀八一制革厂"（1953年转为地方国营，更名为都匀制革厂），建起了贵州省第一家国营制革企业。

贵阳市第一个手工业合作社是1951年11月由贵阳市部分制革工人，在市劳动局、市供销合作社、省合作事业管理处等部门的支持帮助下，自筹资金，自带工具，租一家私人作坊为社址，建起的贵阳市第一家制革生产合作社（制革一社）。1954年至1956年，又先后于贵阳市的东、南、西、北门建起了第二、三、四、五、六共5个制革生产合作社。

安顺市工会于1950年3月，组织100余名失业的制革、制鞋工人成立"适大鞋厂"，为17军加工军鞋，由于注重产品质量，在西南地区军鞋质量评比中曾名列第二，享有一定的声誉，但在军鞋加工任务完成之后，由于没有工作可做，又复解散。1951年11月，安顺专员公署为发展地方工业，扶持地方名牌产品，拨款12000元，接收原"适大鞋厂"的部分工具设备，创办了"安顺专员公署人民鞋革制造厂"，成为省内第二家国营制革（含皮鞋）企业。

1951年，遵义市的制革作坊实行联营，成立"联合制革厂"，于1955年公私合营后转为地方国营，更名为遵义制革厂。省内其余各地、市、县也陆续组建了制革、皮鞋厂（社）。

随着国民经济的恢复和发展以及所有制的巨大变革，贵州各地制革工业逐步由个体作坊向集体、全民所有制企业转化。在1956年社会主义改造高潮中，全行业实现了合作化和公私合营，贵阳市的6个制革生产合作社全部合并为一个有职工239人的较大制革社，即贵阳制革生产合作社，1958年上升为地方国营企业，更名为贵州省商业厅贵阳皮革工业公司一厂。

制革企业组建后，由于生产设备没有得到更新，生产方式仍然十分落后，劳动强度大，难于控制产品质量，与发展着的大规模生产极不适应。鉴此，都匀制革厂和贵阳制革生产合作社，分别于1954年及1955年开始扩建，对原来四面通风的工棚加以改造，并购置转鼓、片皮机、削匀机、打光机等制革机器设备，将手工操作变为半机械化生产。在工艺上也进行了一系列改革，如将"臭水坑"泡皮改为清水池浸水，将"一槽法"浸灰改为"三槽法"，将米糠脱灰软化改为用铵盐、胰酶，将"踩水"改为电动转鼓水洗，等等。通过连续几年的改建、扩建及先进工艺技术的推广应用，企业面貌大大改观；繁重的刮皮、去肉、刨皮、踩水等手工操作变为半机械化、机械化生产，不但使广大制革工人从千百年遗留下来的笨重劳动中解脱出来，提高了劳动生产率，而且使批量生产中的产品质量便于掌握和控制，提高了产品质量，还能将一张皮片成两张甚至三张皮。

截至1960年，贵州年产皮革已达12.4万张，较1950年的0.23万张增长53倍，具有一定规模的都匀制革厂年产皮革已达到4.86万张。从1953年开始发展起来的猪皮制革，在开发产品方面取得了好成绩，先后试制成功了猪正面、猪底革、猪绒面、猪修面、猪服装手套、猪雕白印花、猪皱纹、猪油浸等10多个猪革产品。并批量投产了黄牛皮护油圈革，各种色彩牛猪面革，山羊皮揭粒面贴金革等新的花色品种。在综合利用方面，也试制投产了明胶、火柴等用胶产品。

在国家还不富裕，企业财力有限的50年代，制革工业发扬艰苦奋斗、自力更生、勤俭办企业的精神，走"土洋结合"的路，大搞土法机械化，解决了发展生产的急需。1959年，安顺制革厂自制各种机具设备32台（件），通过交流，推动了全行业技术革新工作的开展。都匀、贵阳两制革厂自制的伸展机，性能优良，一直沿用，已成为生产中不可缺少的设备之一。

从1949年至1960年新中国成立后的11年，是贵州制革工业阔步前进的11年，在11年里，无论是企业规模、技术设备、职工素质、产品质量、花色品种、生产能力等方面，都有突飞猛进的变化和发展。在手工业作坊的基础上，建起了机械化、半机械化的生产企业，古老而落后的生产方式已一去不复返，制革工业获得了新生。

（二）曲折发展的 18 年

1961 年至 1963 年，贵州制革工业由于遭受连续三年的严重经济困难和自然灾害的袭击，造成原材料极度贫乏，产销困难，企业生产难以为继，1962 年省人民政府采取果断措施，执行"关、停、并、转"政策，全省只保留都匀制革厂和贵阳制革厂两个重点企业，并将有限的牛皮集中在都匀制革厂生产。

制革企业千方百计"找米下锅"，开展多种经营以维持生产，为渡过难关，不得不将部分职工调至别的行业工作，以致制革生产出现大幅度下降，产量由 1960 年的 12.4 万张下降至 1963 年的 4 万张，相当于 1960 年的 32.26%。

当国民经济经过调整逐渐好转时，制革企业又开始恢复，但从 1966 年开始的"文化大革命"又再次使贵州制革生产遭受损失。

由于广大干部和制革工人，坚守生产工作岗位，坚持生产，制革工业在产品开发等方面取得了一定成就。主要有 60 年代初中期试制成功并批量投产了猪皮和黄牛皮修饰鞋面革，成为 20 多年来贵州省皮革工业的产要产品，满足了出口鞋生产和纺织、烟草、铁路、汽车配件等部门的需要；1964 年，都匀制革厂的水牛底革在全国质量评比中被评为一类产品第四名，被轻工业部树为全国的标杆产品之一；60 年代中期和 70 年代初期，引进并广泛推广应用了酶法脱毛新工艺；研制并大批量生产了出口山羊皮箱包革、黄牛、水牛及猪皮出口劳保手套革；试验推广应用了底革速鞣新工艺，使鞣制周期由原来的 50—80 天缩短为 2—3 天。

（三）加速技术改造的 10 年

十一届三中全会后，贵州皮革工业加速了技术改造的步伐。自 1980 年开始，投资 234 万元改造了都匀制革厂羊皮车间、投资 535 万元改造了贵阳制革厂猪皮车间、投资 130 万元改造了毕节制革厂新车间和投资 80 万元改造了威宁皮革厂制革车间。对安顺、遵义、凯里、铜仁等制革厂也先后着手进行设备更新、改建扩建。

都匀制革厂仅用了一年五个月的时间，完成了 4052 平方米厂房建筑及 78 台机器设备的选购安装工程，于 1981 年 11 月，年产 30 万张羊皮（折 5 万标准张）的车间投入了生产。

毕节制革厂年生产能力为 5 万标准张的新车间于 1981 年投产后，在科研攻关、产品开发，产品质量等方面，均取得较为显著的成绩；投资 420 万元，年产绵羊皮 30 万张的技改项目，也于 1988 年年初开工。

贵阳制革厂以引进 7 台意大利设备为主，投资 210 万元的牛轻革生产线，在该企业工程技术人员及机修人员的通力合作下，从图纸资料翻译到安装调试完毕，仅用了两个多月的时间，于 1985 年 9 月正式验收投产；年产 40 万张的猪皮（折合 20 万张标准张）车间，也于 1988 年年底验收生产（尚未达到设计能力）。

安顺制革厂新车间 1982 年开始建设，投资 164 万元，建筑面积为 4012 平方米，制革生产能力由原来的 5 万张增加到 10 万张。

威宁制革厂于 1981 年新建，为制革、皮鞋综合企业，投资 120 万元（含皮鞋），已形成年产皮革 1 万张的生产能力。

凯里制革厂通过技术改造，制革生产能力已由原来的 1 万张增加到 5 万张（标准张)。

1980—1988年,制革工业用于技术改造、设备更新的资金总额达2427万元,新增生产能力30万标准张,制革企业在改建、扩建、新建的过程中,重视了废水、废气、废渣的综合利用、循环使用、净化处理工作,如利用皮渣熬制牛胶、利用枯肉渣做农业用肥料、利用猪皮油制作肥皂,将废铬液用于浸酸、预鞣等,都匀、贵阳2家制革厂,还分别投资33.1万元及49.6万元,对粉尘、铬酸气、废水等进行初步处理。其中,都匀制革厂的花岗石水膜除尘器,对消除和降低锅炉煤烟及磨革粉尘,具有较好效果。

1987年,全年投皮量完成48.32万张,较1978年的23.13万张增长了108.91%,年平均增长12.10%。1988年,由于辅料价格急剧上涨(如黄牛皮收购价由1987年平均45元/张,上升为85元/张,水牛皮由27元/张上升为63元/张),企业流动资金短缺,生产下降,全年仅完成投皮量34.12万张。

铜仁皮革厂为了配合行业"八五"规划和地区发展畜牧业的规划,充分利用当地资源优势,提出扩大制革生产能力的技改建议。1991年,贵州省经委、贵州省轻纺工业厅批复了该项目的可行性报告。明确技术改造在厂区内进行,不另征土地。改造后实现制革生产能力20万张(折牛皮)/年。项目总投资为984万元。产品方案以猪轻革为主,牛革、羊革并举。产品档次以高中档产品为主。项目新增设备40台。

二 技术装备

根据1985年工业企业普查资料统计,贵州8家制革企业拥有各种制革专用机器设备492台(套),其中98%为国产设备。属80年代制造出厂的273台,占设备总数的55.5%,属70年代制造出厂的157台,为设备总数的31.9%。其中,转鼓202台、去肉机29台、片皮机22台、削匀机42台、磨革机43台、干燥设备9套、重革打光机12台、烫革机22台。同时,还拥有机床、锅炉、电器、环保、检测及运输车辆等各种通用设备223台(套)。

"六五"期间,贵阳及都匀制革厂引进在70年代末80年代初具有世界先进水平的意大利及联邦德国制革关键设备10台,已于1985—1986年先后投产使用。

三 猪皮制革

牛是农村的畜力,牛皮资源增长缓慢,因之皮革工业的发展有赖于猪皮资源的开发和充分利用。早在1955年全国皮革专业会议上就已明确指出:"利用猪皮制革是我国皮革工业发展的方向"。1958年,中共中央批转了轻工业部党组关于充分利用猪皮制革的报告,极大地推动了全国猪皮制革工作的开展。为鼓励猪皮制革,扶持皮革工业的发展,国家对猪皮制革采取了免税、补贴政策(1965年以前,对猪皮革实行免税政策,1965年以后,除继续执行免税政策外,又增加了补贴政策)。30多年来,猪皮制革发展很快,猪皮已经成为我国制革工业的主要原料。目前,猪皮生产的比重已占全国皮革投皮量的70%以上,猪皮不仅能代替牛皮制作各种皮鞋用革,还能制成服装手套革、软鞋面革、苯胺面革和美术革等国内外市场需要的紧俏高档产品。30余年的实践充分证明:"猪皮制革是发展我国皮革工业的独特道路,也是贵州制革业生产的发展方向。

1953年至1988年,全省共生产猪皮453.69万张(自然张),为同期全省皮革工业投皮总量 697.81 万张（标准张）的 32.51%。

贵州猪皮制革起步较早，但进度不快。究其主要原因，一是在较长时期里肉食供应偏紧，在 60 年代至 70 年代，猪皮开剥以急宰猪和高温猪为主。1975 年 4 月 21 日省商业局和省二轻局《关于下达 1975 年开剥猪皮计划的通知》中第五条是这样要求的："根据我省当前情况，凡是死、病、公母等急宰猪和高温猪（工业用油）一定要剥皮，对于符合标准以上的肥猪，凡是可以剥的也要剥下来，以利剥皮计划的完成"。二是在较长时期里没有专门的机构来对猪皮的开剥、收购、储运、供应等工作进行组织和协调，以致猪皮开剥计划难于兑现。

1984 年 9 月，省二轻公司原皮收购站的建立，对贵州猪皮开剥及猪皮制革的发展起到了促进作用，1986 年贵州猪皮革生产比重已占全省皮革投皮总量的 59.61%（全年投皮量为 46.14 万标准张，猪皮为 55.01 万自然张）。但与全国平均水平相比还有较大差距（全国 1986 年猪皮生产量占 76.13%）。与先进地区相比则差距更大（山东省猪皮生产量占 95.13%、湖南 95.43%、四川 89.06%）。1987 年至 1988 年，由于猪皮收购工作受到一些干扰，以致大量猪皮外流，本省猪皮生产出现滑坡，1988 年猪皮投皮量仅为 1986 年的 56.54%。

贵州开展猪皮制革初期，以生产猪底革及猪正鞋面革为主。1958 年 5 月，全国美化猪革现场会议召开，推动了贵州美化猪革工作的开展，都匀、贵阳、安顺等制革厂在一年多的时间里，分别试制成功了 8—16 个美化猪革品种。1960 年 1 月，在都匀制革厂召开了全省美化猪革现场会。据现场会议及年度总结资料记载，贵阳制革厂试制成功了猪服装手套革、猪球革、猪摩洛哥革等 8 个产品；都匀制革厂试制成功了猪雕白印花革、猪压花套色革、猪静电植绒革、猪磨花革等 16 个产品。

20 世纪 60 年代初期中期，贵阳、都匀 2 家制革厂试制成功了颇受用户欢迎的猪修饰鞋面革、绒面革和油浸革。

70 年代，由于出口需要，试制并批量生产了猪正面及绒面出口劳保手套革。为充分利用二层皮，试制成功了猪二层修饰面革，实现了"一皮多变"。贵阳制革厂的猪二层修饰鞋面还于 1982 年获贵阳市优秀新产品奖，贵州省科技成果四等奖。

贵州猪皮制革积累了一定经验，但生产发展速度偏慢，花色品种较少、产品质量不高，目前仍以猪修面革、猪底革、猪劳保手套革、猪里革等中、低档产品为主，经济效益不高，加之贵州的猪皮原料质量较差，伤残多、部位差大、毛孔粗，也给产品开发及质量提高带来了较大难度。

为发展贵州皮革工业，还需在猪种改良、猪皮开剥、猪皮保藏、猪皮制革工艺技术、产品结构等诸方面继续努力。

四 工艺、技术

（一）改革落后的传统制革工艺

多年来，制革工业一直沿用臭水坑泡皮，工艺落后，皮革质量不高、劳动强度大、操作环境十分恶劣。

1953 年秋，新中国成立后的第一批制革专业大专生一行 6 人，从四川化工学院毕业来到贵州，其中胡学棣、邹淑良、高继梁、李培高 4 人分配到都匀制革厂，秦麟书 1 人分配到贵阳制革生产合作社。面对当时刚由分散的个体手工业作坊转为国营、集体的手工业小型制革厂（社），厂房破旧，既无机器设备，操作又极其原始，这批有文化、有制革科学技术知识的年轻人，没有灰心丧气，决心迎难而上。他们运用在学校所学到的知识，在两三年内，对这种原始而落后的制革工艺进行了一系列的改革。如改"臭水池"为清水池，改米糠、麦夫脱灰软化为硫酸铵、胰酶脱灰软化，改"一槽法"为"三槽法"浸灰，采用浸酸与中和工艺，改揩生油为乳液加脂，等等。不断用科学理论知识武装制革工人，走理论与实践相结合的道路。由于他们的辛勤工作，将全省的制革工艺、技术向前推进了一大步。

1956年5月10日，《贵州省制革、革制品手工业生产合作社小型专业座谈会议总结》中有这样的记载：……制革存在面皮炸裂、松面现象，如毕节、遵义、都匀、安顺、真丰等地制革社，长期未获解决，其主要原因：第一，不是清水泡皮，仍用臭水泡皮，致使生皮受到腐蚀、发生松面。第二，未采用胰酶软化……以致僵硬炸裂。在这次座谈会上，贵阳市制革一、二社的代表介绍了由于采用了清水泡皮、胰酶软化的工艺操作，炸裂现象已由40%降至3%，松面现象由20%降至4%。还介绍了用肥田粉代替米糠脱灰，使脱灰时间由过去3—10天（冬季10天，夏季3天）缩短为3小时……还介绍了合理选料、看皮做皮等先进经验，代表们一致认为新法好，既节约，又能提高质量。

随着生产方式由手工操作转向半机械化生产，制革行业又进行了缩短轻革、重革生产周期的快速生产工艺、技术的试验和运用。使轻革生产周期由30余天缩短至15—20天；重革生产周期也大大缩短。

（二）推广酶法脱毛

较长时期以来，为消除环境污染、减轻制革工程中的脏、臭、累现象，世界各国都进行了大量的试验研究，探索新的脱毛方法，但一直未能寻找出可以取代传统的灰碱脱毛工艺而适应于大生产的新方法。

20世纪60年代，酶法脱毛工艺首先在我国华东地区研制成功并正式推广应用于大生产，它可在一定程度上改善劳动条件，缩短生产周期，消除污染，化害为利。

1960年9—12月，贵州轻工业厅研究所曾采用中国微生物研究所提供3.374号菌种，进行过菌种的培养及酶脱毛试验工作。该所自制酶制剂10多千克在实验室做过三批小块皮的脱毛试验，与贵阳制革厂（当时为省商业厅制革厂）、都匀制革厂、安顺鞋革厂3个单位合作，进行过四批、12张黄牛皮的脱毛试验，据该所1960年12月试验报告载："酶脱毛不仅简化了生产工序，而且缩短了生产周期，现厂内牛皮面革的生产周期一般20多天，而这次试验周期为5天……成品粒面较细，但不饱满，尚需改进。"后因正值经济困难时期，报告写道："目前的方针是保粮保钢，我们所用酶制剂的培养基为农副产品，不能大量供应，必须寻找代用品。"以后终止了这一试验研究工作。贵阳制革厂在同期也以上述近似菌种的自制酶制剂，进行过同样的试验。

1966年，贵阳制革厂根据上海红光制革厂的经验，在猪修面革上进行过酶法脱毛试验，后因"文化大革命"而中断。

1970年，贵阳制革厂再次在水牛底革上进行酶脱毛试验，取得成功，并投入批量生产。接着，开展在猪、马、牛等各种产品上进行酶法脱毛的试验研究工作。

1973年，贵州派员参加了轻工部在浙江海宁制革厂举办的酶法脱毛学习班，丰富了理论和实践。

1974年5—6月，省二轻局在都匀制革厂举办了全省酶法脱毛学习班。都匀、贵阳、安顺、遵义、毕节、铜仁、凯里7家制革企业的30余名工程技术人员及工人参加了学习，既学理论也参加实践，为酶法脱毛工艺在全省范围内推广应用打下了基础。

都匀制革厂于1971年8月开始研究酶法脱毛工艺，首先在水牛底革上取得成功并投入大生产。1972年，该厂酶法脱毛工艺列入州、市重点科研项目，先后对牛、羊、马皮的酶法脱毛进行过试验研究。1973年7月至1975年8月，重点研究了山羊皮的酶法脱毛工艺，在经过了46批次、4796张小型试验及9300张批量试生产之后，提出了别具特色的适合于贵州省山羊皮特点的"浸水酶法脱毛新工艺"，使山羊面革从浸水到鞣制的生产周期由原来的12天缩短为2天，工序由24道减为10道，废水排放量减少76%，减轻了环境污染。对当时正在进行的华东、西南两大区山羊酶法脱毛攻关试验起到了一定的推动作用。这一新工艺，于1975年9月通过省级技术鉴定，1980年获轻工业部重大科技成果三等奖，主持这一科研项目，并在整个研制过程中付出艰辛劳动，有所创新的胡学棣工程师，也荣获1978年贵州省及全国科学大会奖励。

1975年，都匀制革厂还在水牛底革上试验成功并投产了不膨胀酶法脱毛新工艺。

在1980年3月贵州省二轻局关于《贵州省制革酶法脱毛新工艺推广应用概况》中对酶法脱毛工艺推广应用的产品的范围和效果有如下的叙述：酶脱毛新工艺先后在猪、牛、羊、马各品种上做过不少试验，但因种种原因，实际上推广应用的品种为底革（包括水牛内底革及猪内底革），山羊面革和少部分猪手套革、猪正革和猪里革等产品，现简述如下：

底革（以1978年为例）：全年生产总数为444吨，其中酶脱毛数327吨，占总产量73.64%，质量好，一、二级品率高。成本以水牛内底革为例，碱膨胀酶法脱毛工艺比灰碱法提高48%（贵阳制革厂），不膨胀酶脱毛工艺比灰碱法降低6.9%（都匀制革厂）。

山羊面革（以1978年为例）：全年生产总数1.49万平方米，其中酶脱毛数1.13万平方米，占总产量的75.78%，质量好，一、二级品率高。

各种猪皮轻革（以贵阳制革厂1979年为例）：全年生产猪手套革23293张、猪正面革1642张、猪修饰面革384张、猪夹里革15091张，均100%采用酶脱毛工艺。其中手套革的成本比碱—碱法提高34%。

（三）推广重革"无浴"速鞣工艺

长期以来，重革鞣制一直沿用传统的池鞣法或池鼓结合鞣法，鞣制周期长，劳动强度大，废水排放量多。

1974年5月，上海益民制革厂通过对外技术交流，引进了国外于60年代研究成功的"无浴"速鞣工艺，并迅速推向大生产。

1975年年底，贵阳制革厂组织人员赴上海学习，1976年年初首先在水牛底革上进行试验，取得成功后于当年7月推广应用到大生产，至1979年年初，该厂全部重革鞣制都采用了这一新工艺。并对预处理方法做了改进，每年可节约食盐30—35吨。

重革"无浴"速鞣工艺有着许多传统工艺无法比拟的优点，突出的是免去人工翻池、转水、除渣等笨重劳动，使整个植鞣过程在转鼓中一次完成，将鞣制周期由原来的50—80天缩短为2—3天，并能降低鞣料消耗，减少污染。这实质上是植鞣工艺史上的一大变革。

都匀、安顺、铜仁、毕节、凯里等制革企业，在70年代末、80年代初，也先后部分或全部推广应用了这一新工艺，有的企业，为充分利用原有设备及考虑到化工材料的组织供应等因素，采用将池与转鼓结合的半快速鞣系统。

（四）脲环1#合成鞣剂在黄牛油浸革鞣制中的应用

红矾是制革工业的主要化工材料，目前仍以进口为主，为节约外汇减轻铬对环境的污染，制革工业开展了关于节约代用红矾的许多试验研究工作，并取得一定成效。应用合成鞣剂取代部分铬盐鞣革就是其中一种较为有效的途径。

1977年，轻工业部在郑州召开了"脲环1#合成鞣剂制革"经验交流会。1978年，贵阳制革厂采用了这项技术，并成功地将脲环1#合成鞣剂应用于黄牛油浸革鞣制工艺中，该厂1982年3月的技术总结中有这样的记述："由于我们在研制过程中贯彻了学习与创新相结合的原则，经过一年多努力，摸出了自己的经验，试制成功了脲环1#—铬结合鞣油浸革。"1981年11月，通过了市级技术鉴定，并正式投入生产。这项新工艺的主要特点是：

（1）能节约代用红矾50%：将红矾的用量由原工艺的4%降至2%。

（2）能有效地减轻铬污染。

（3）能提高产品质量：成品的一级品率由原工艺的3.42%上升为16.97%，二级产品率由12.7%上升到16.37%，观感性能显著改善。

（4）能降低成本：每100平方尺比原工艺降低成本0.85元。曾于1982年获市科技成果四等奖、市优秀新产品奖。1983年获省轻工厅优秀新产品奖。

（五）稀土盐及铬锆铝多金属络合鞣剂在绵羊服装手套革上的应用

毕节制革厂与成都科技大学合作，承担了贵州省科委于1984年下达的《稀土盐及铬锆铝多金属络合鞣剂在绵羊服装手套革上的应用研究》的科研项目。1984年3月至1985年1月为小型试验阶段，经过对1200张皮的试验研究，成品的理化及观感性能达到一类产品水平，基本上符合服装革"薄、轻、软、滑"的质量要求，于1985年1月通过小型试验省级技术鉴定。鉴定会认为："采用多金属络合鞣剂，充分发挥了铬、锆、铝及稀土鞣剂的优点，解决了云贵路绵羊皮粒面粗、组织结构空松、部位差大的技术难题，填补了贵州省在这方面的空白，有较好的社会效益和经济效益，由于新鞣剂能代替30%以上的红矾，对减少铬污染，保护环境有现实意义。建议转入中型试验"。"该厂于1985年11月完成中试，服装手套革试制品3000余张，经成都、贵阳、浙江绍兴和毕节服装一、二厂等单位试用，均受到好评。1985年12月进行了省级中试鉴定，鉴定结论是：整个工艺成熟合理，技术先进。在稀土盐及铬、锆、铝金属络合鞣剂鞣制云贵路绵羊服装手套革上属国内首创，经济社会效益显著。为充分利用毕节地区丰富的绵羊皮资源，鉴定后应及时转入大生产的可行论证，早日投入大生产"。

经省经委批准，投资420万元，年产绵羊服装手套革30万张（折合5万标准张）的毕节制革厂扩建项目于1988年开始动工新建。

（六）制革关键设备的引进

贵阳制革厂派出工程技术人员，参加1983年省轻工业厅组织的皮革工业赴意大利考察组，对意大利制革设备进行实地考察，并于1984年5月与意大利工厂设备公司签订了引进7台制革设备的正式合同，1984年年底至1986年年初，设备先后到货，为使这批制革设备早日投产产生效益，贵阳制革厂抽调技术、设备、基建等部门的工程技术人员组成承包组，从技术资料翻译到设备安装调试，全部由承包组负责。1985年2月至4月的两个多月时间里，承包组的同志齐心协力，奋力工作，将7台意大利机器设备安装就位、调试合格。陆续交付试生产。1985年9月通过正式验收并投产使用。

1985年9月5日，该厂在《引进意大利制革设备工作总结》中对引进设备的经济效益有这样的记述：这批设备各有其特点，有的是提高得革率，有的是解决革的厚薄均匀度，有的是增加革的面积和革的光泽度。所以，有的有直接经济效益，有的间接产生经济效益。

在提高工效方面与国产同类设备对比：剖层机提高工效1.5倍、削匀机提高3.5—4.3倍、烫革机提高2.5倍、喷浆机提高5倍；提高得革率方面：通过实测，每张猪皮可得二层革2.5平方尺，每张牛皮可得二层革5平方尺，1985年5—7月增加各类二层革4.7万平方尺（入库数），使用引进设备当年新增加利润22万元。为表彰贵阳制革厂所取得的这一成绩，1985年贵阳科委授予该厂"意大利制革生产线关键设备的引进、消化、吸收"项目科技进步三等奖。

五　产品开发

黄牛修饰鞋面革　50年代，鞋用面革以正面革、绒面革及油浸革为主。随着人们生活水平的提高，对正鞋面革的需求量日益增加，然而，由于牛皮的伤残、刺花多，能挑选来做鞋面革原料一般不足牛皮总数的20%，以致牛正鞋面革越来越供不应求，而牛油浸革和牛绒面革则相对过剩。各生产厂家都在寻求提高牛正面革生产比例的途径。

牛修饰鞋面革是将革粒面层的伤残、刺花等磨去之后，以一种有遮盖力的涂饰剂涂饰，经精心加工整饰而成的革，其观感性能与牛正面革相似，能代替牛正面革制作各种光面皮鞋。

1958年，贵州承担了对苏联出口皮鞋的生产任务，为满足出口皮鞋对牛正面革的需求，都匀制革厂曾利用化验室里的简单仪器设备，研制过修饰鞋面革所用涂饰材料，并对牛正修饰鞋面革的生产工艺进行过初步探索。使出口用鞋面革的利用率提高到40%左右。

20世纪60年代初，上海开始批量生产用于修饰面革的聚丙烯树脂改性乳液涂饰剂，从此，制造修面革所需的涂饰材料有了可靠来源。1962年，省手工业管理局组织技术人员赴上海学习牛修饰面革生产技术，并在都匀制革厂进行试点，贵阳制革厂也请进上海技术工人到厂传授技术。1964—1965年，都匀、贵阳两制革厂试制成功并投入大量生产。70年代末，牛修饰面革的生产比重已达牛轻革总数的80%—90%。

各专（州）制革厂，也于70年代中期开始，先后学习、研制黄牛修面革的工艺技术，并在生产中普遍推广应用。

黄牛修饰鞋面革在国际市场上虽属中、低档产品，但20多年来，它在提高原料皮的使用价值、增加正面革的比重、满足广大消费者的需求方面起了重要作用，是贵州制革工业的一项主要产品。

（1）水牛修饰鞋面革。水牛修饰鞋面革是在黄牛修面革生产技术比较成熟的基础上，为充分利用贵州省水牛皮资源，以补充黄牛修饰面革供应不足而开发的一个新产品。

贵阳、都匀2家制革厂对此产品的研制工作开始于70年代中期，由于水牛皮的纤维粗大、编织疏松、粒面粗糙、皱纹多，加工成修面革的难度较大，他们通过一系列措施及大量的试验研究工作，终于总结出了适宜水牛修面革生产的工艺路线和方法。1981—1982年，两厂共生产水牛修面革16.76万平方尺，1983年双双荣获省轻工厅优秀新产品奖。

（2）猪修饰鞋面革。猪修饰鞋面革是为改变猪皮粒面较粗的毛孔花纹，使其与黄牛成革的粒纹相仿，以适应消费者的审美爱好及穿着要求而开发的产品。

早在1958年开展美化猪革期间，都匀制革厂就曾对此产品进行过初步探索，但质量尚处于较低水平。1964年，贵阳制革厂正式接受了省轻工厅下达的猪修面革试制任务，并以此产品参加了1965年西南区"双革"经验交流会。到60年代中期，贵阳、都匀两厂已能制造出质量较好的各色猪修面革。以后又通过企业间相互交流及1981—1982年省轻工局在毕节制革厂和安顺制革厂举办的皮革质量攻关及技术咨询活动，使猪修面革的生产技术传播到全省各制革企业。

（3）马修饰鞋面革。马是农村的役畜，皮面伤残多、前半身皮板薄、纤维编织疏松，而马股部纤维编织特别致密，给加工过程带来一定难度。过去多用以制作鞋里革。

为提高马皮使用价值，充分利用贵州省这一宝贵资源，满足出口需要，早在1965年，贵阳制革厂就开始研制这一产品，次年投入正式生产。弥补了市场对修面革类产品的需求。1982年，都匀制革厂完成出口到中国香港的6.02万双马皮童鞋生产任务，成功地试制并生产了13万平方尺马修面革，受到外商的好评，并创税利6.7万元。安顺制革厂于1984年试制并试生产马修面革2188张，获利7000元，于同年10月通过市级技术鉴定。

（4）猪二层修饰鞋面革。猪二层修饰鞋面革是利用剖层机片下的猪二层皮，经整饰加工所制成的鞋用面革，过去一直将二层皮用来制作鞋里革。为提高其使用价值，增加经济效益，贵阳制革厂于1979年，用生产出口猪劳保手套革所剩下的二层皮试制鞋用面革，经试用及组织试穿证实，其使用性能、耐穿强度、观感及理化指标均达到鞋用面革的质量要求。1981年11月，通过了市级鉴定。这是由"低档变高档"，经济效益较好的一个产品，曾荣获1982年度市优秀新产品奖，省科技成果四等奖。

后来，都匀、安顺、毕节等制革厂，也先后试制成功并批量生产了这一产品。

（5）工业用革。贵州省工业用革的研制工作始于50年代，贵阳制革生产合作社早在1955年就试制成功了黄牛皮护油圈革。都匀制革厂的技术档案中有这样的记载："1956年5月，试制护油圈革，质量不如贵阳合作社的产品，主要缺点是不耐沸油煮"。1957年贵阳制革生产合作社又批量投产了这个产品。

20世纪60年代初，省经委、省科委、省财政厅、省轻工厅等5个部门联合给都匀制革厂下达工业用革试制任务，并拨款5000元作为试制经费。1965年前后，该厂试制成功了纺织用轮带革、皮圈革、皮辊革，麻纺厂用皮板革，铁道部门用皮碗革、汽车配件用护油圈革、烟厂用拉丝革、擦试精密光学仪器及过滤汽油用麂皮油鞣革等8种工业用革。其中部分产品（如轮带革、皮碗革、护油圈革）陆续转入批量生产。1984年，安顺制革厂又研制成功并批量生产了铬植结合鞣水牛（猪）油封圈革及水牛二层油封圈革，获地区科技成果一等奖，获1985年度省轻工厅优秀新产品奖。

（6）劳保手套革。劳保手套革是70年代开发的一大类产品。有黄牛正面出口劳保手套革、黄牛绒面出口劳保手套革、水牛正面出口劳保手套革、马皮出口劳保手套革、猪皮正面出口劳保手套革、猪皮绒面出口劳保手套革及二层出口劳保手套革7个品种。

20 世纪 70 年代，国际市场对工业用劳保手套的需求量增长很快。1970 年，贵州省在秋季广交会上承接了第一批 3000 打出口黄牛劳保手套的生产任务，所需皮革由贵阳、都匀 2 家制革厂承担。按照来样要求，承担此项任务的工程技术人员及工人夜以继日、不辞辛劳地进行试验研究，在短短的数月里，就圆满地完成了出口手套革的试制和生产任务。

20 世纪 70 年代中后期，随着出口任务的增大，出口手套生产逐渐向省内条件较好的安顺、铜仁等专州制革厂扩散。产品品种也不断发展变换，最初以黄牛皮，其后以马皮，再后以水牛皮、猪皮为原料，不仅生产头层正面出口劳保手套革，还生产绒面、二层出口劳保手套革。10 多年来，全省生产各种出口劳保手套革近 1200 万平方尺（约折合 67 万标准张），出口手套 600 万副。

（7）服装手套革。20 世纪 50—70 年代，贵阳及都匀制革厂均曾对服装革进行过试验研究，然而研制成功并正式批量生产却是在 80 年代。

1984 年，都匀制革厂研制成功并批量生产了山羊服装革 6000 余平方尺，用以制成猎装、射击服等各种款式新颖的羊皮服装，在商业部举办的郑州展销会上及上海开发公司试销期间，均受到用户好评。

同年，毕节制革厂与成都科技大学合作，开展稀土盐及多金属铬合鞣剂制绵羊服装手套革的试验研究工作。于 1985 年 1 月通过省级小试鉴定，同年 12 月通过中试鉴定，试制产品 3000 余张（1 万余平方尺），达一类质量水平，经成都、贵阳、毕节、浙江等地皮件厂家试用，受到好评。

（8）牛、猪仿苯胺革。苯胺处理制革，是国家"六五"期间重点科研项目之一。

贵阳制革厂于 1981 年，根据省内牛皮、猪皮原料伤残较多的特点，研制仿苯胺修饰鞋面革，采取轻度磨面、苯胺涂饰。产品色彩艳丽、粒纹清晰、真皮感强、手感丰满柔软，经济效益好。

1981 年生产 69.82 万平方尺，1982 年生产 38.99 万平方尺，分别占当年企业总产值的 23% 及 17%，占当年企业利润的 29.7% 及 14.5%。于 1984 年获贵阳市科技成果四等奖，获省轻工业厅优秀新产品奖。

（9）猪、牛二层压花套色鞋面革。安顺制革厂引用重庆制革厂"猪二层压花套色"技术、试制成功了猪、牛二层美术压花套色鞋面革。产品花纹清晰、色彩鲜艳、立体感强，提高了二层革的使用价值。于 1986 年 10 月通过地区级鉴定，获安顺市轻工局创新奖，并获省经委"六五"技术进步奖。

（10）水牛栲带革。水牛栲带革是贵阳、安顺 2 家制革厂利用省内丰富的水牛皮资源，为满足市场对民用腰带等皮件产品的需求而开发的一个新产品。于 1984 年先后通过市级技术鉴定。贵阳制革厂的这一产品，获 1984 年度省轻工业厅优秀新产品奖。

（11）山羊揭粒面贴金革。少数民族特需品"金边革"，是以从山羊皮上揭下来的粒面层做基底，于其上粘贴金箔所制成。1957 年，贵阳制革生产合作社聘请云南技工传授这一制作技术，并将鸡粪软化改为胰酶软化，改烟熏法为醛鞣等，开发和批量投产了这种产品，填补了贵州省空白，满足了少数民族特需。

（12）兔、狗毛皮。20 世纪六七十年代，贵阳、安顺制革厂，贵阳畜产品厂先后用铬鞣、铝—铬、醛鞣等化学鞣制方法取代古老的硝面鞣法，试制成功并批量投产了各色兔毛皮和狗毛皮产品，以适应内、外销的需要。

六 产品质量

从全国、全省质量评比及用户反映来看,贵州皮革产品质量不够稳定,与先进地区、先进水平相比,差距较大。主要产品黄牛修面革及猪修面革的质量在国内处于中下水平,山羊正面革约居中等水平。

20 世纪 80 年代,皮革市场竞争十分激烈,国内不少企业的产品质量提高很快。以 1979—1984 年贵阳制革厂的黄牛修面革参加全国评比结果为例,四年参评总分上下出入不大,分别为 83.33 分、85.80 分、81.05 分、82.55 分,均属二类产品,而所排名次则一次比一次后退。由 1979 年的第 10 名,居中上水平,降至 1980 年的第 15 名,居中等水平,1982 年及 1984 年又分别降至第 20 名及第 23 名。

多年来,贵阳制革厂和都匀制革厂的产品质量在省内一直处于领先地位,但随着技术改造及咨询工作的开展,企业之间差距在缩小和变化,如毕节制革厂,在 1984 年黄牛修面革及猪修面革的全省质量评比中,曾双双夺魁,取得两个第一名,又于 1985 年连续获得猪修面革的全省第一。凯里制革厂及铜仁制革厂的猪修面革质量也分别获得 1983 年及 1986 年度全省第一名。

第三节 皮鞋

一 发展过程

由于皮鞋工业的主要原料来源于制革工业,所以,它与制革工作有着极其相似的发展历程,贵州省皮鞋工业的发展,也可划分为三个阶段。

(一)高速发展的 11 年

新中国成立前夕,贵州省的皮鞋工业基础十分薄弱,以作坊式的个体手工业经济为主,工人从早到晚辛勤劳动,成天与锥子、榔头、钳子打交道,生活朝不保夕。新中国成立后,为了尽快恢复和发展生产,组织失业工人开展"生产自救",贵州省建立军鞋加工厂,引导皮鞋工业向集体生产的道路发展。

1950 年,省内一些城市,组建起数十乃至数百人的大小军鞋加工厂。如遵义市的平安寺,有一个 200 余人为 16 军加工军鞋的皮鞋厂;安顺市的小巷口,有 70 余名制鞋工人的"适大鞋厂"为 17 军加工军鞋;都匀市有 40 余名制鞋工人的皮鞋厂为 51 师加工军鞋;贵阳市除规模较大的军鞋一厂、二厂外,还有 10 余家鞋厂承接军鞋加工任务。

贵州省皮鞋工业为中国人民解放军及抗美援朝志愿军的装备建设曾做出了一定贡献。

军鞋加工任务结束后,都匀市在独山军分区资助下,建立了"都匀八一制革厂",而贵阳、安顺、遵义等地的军鞋加工企业则面临解散改组、转产、另寻出路的动荡局面。贵阳市的制鞋工人,一部分经过考工,进了私营"中国"及"西南"2 家皮鞋厂,一部分联合起来组建了"工立"及"联工"2 个皮鞋厂,还有一部分到省合作事业管理处,创办了省合管处皮鞋厂;安顺市的军鞋厂解散之后,工人一度失业,有的外出到贵阳等地帮工,留下的 30 余人重新易地组织生产。至 1951 年 11 月,在当地政府扶持下,建起了"安顺专员公署人民鞋革制造厂";遵义市成立了"鞋革失业工人生产社"。

随着国家经济情况的逐步好转，皮鞋工业终于走完了迂回曲折的道路，踏上了发展壮大的坦途。

以皮鞋工业较为集中的贵阳市为例，"工立""联工"及省合管处三家皮鞋厂，在开办时均只有职工10余名，到1954年，当"工立""联工"转为贵阳市第一、第二皮鞋社，省供销合作管理处皮鞋厂更名为省合作社联合社皮鞋厂（以下简称省联社皮鞋厂）时，职工人数已分别增加到170余人、140余人及50余人。在1956年合作化高潮中，贵阳市又建起了第三、第四、童鞋3个皮鞋社。1958年8月，第一、第二、第三、第四、童鞋5个皮鞋社全部合并为一个有职工600余人的南明皮鞋合作工厂。私营"中国"及"西南"2厂，也于1956年合并为公私合营贵阳皮鞋厂，1958年，省联社皮鞋厂并入，上升为国营企业，更名为地方国营贵州商业厅皮革工业公司二厂（贵阳皮鞋厂），时有职工300余人。

皮鞋工业在发展，职工队伍在壮大，对老企业的改建、扩建势在必行。贵阳市南明区于1958年拨款10余万元，为南明皮鞋合作工厂新建了一栋3层楼的生产用房，贵阳皮鞋厂及都匀制革厂的皮鞋车间，也是50年代中期新建的。

到1960年，贵州皮鞋工业已从分散的个体经济发展成为具有一定规模的国营、集体企业。全省皮鞋年产量已由1950年的8.3万双上升到1960年的109万双，十年里增长了12倍。不少企业建立了较为严格的生产技术管理制度，如都匀制革厂，全面推行作业计划，加强车间、班组管理，发挥了职工当家做主的积极性；贵阳皮鞋厂实行了"上不清、下不接"的质量管理制度；南明皮鞋合作工厂建立了半成品质量检验制度，均以对消费者高度负责的精神，把好工序、半成品、成品质量关，从而提高了产品质量。省联社皮鞋厂在产品设计工作中曾总结出三条好经验：一是注重产品质量及原材料的合理利用，二是帮样一定要符合楦型，三是新设计的样品必须交群众讨论研究，以集思广益，避免盲目投产。50年代中后期，皮鞋的花色、品种已由过去清一色和"棺材头"式样发展到款式各异、规格不同的数百个花色品种，并从1958年开始承担了对苏联出口皮鞋的生产任务。

为使皮鞋生产能从多年的繁重手工劳动中解脱出来，通过小改小革及"土法机械化"等活动，先后设计试制成功了皮鞋打磨机、冲沿条机、窝底材、钉跟机、修边机、片帮机、片主跟包头机等10多种小型机器设备，减轻了劳动强度，提高工效1—6倍。

1960年2月，省轻工业厅在南明皮鞋厂召开了皮鞋工业土法机械化现场会，推进了全省皮鞋工业小改小革活动的开展。

（二）曲折缓慢前进的16年

1961—1976年的16年里，皮鞋工业经受了三年严重经济困难的挫折及"文化大革命"的灾难，产量大幅度下降。1962年到1967年，皮鞋产量仅及1960年的50%左右，徘徊于40万—60万双；1970年刚恢复和接近10年前的生产水平，达108万双，但1971年以后，又呈下降趋势，直至1976年，也只有101.15万双，仍低于1960年的皮鞋生产水平。

三年严重经济困难时期，由于原材料不足，不少企业下马或转产，保留下来的部分企业，生产、工作也十分艰难，千方百计"找米下锅"，节约代用、以布代皮、生产皮布结合鞋，多做浅口、矮帮鞋，利用边角碎料拼接鞋帮、鞋跟，等等，将有限的原料通过合理设计、精心制作，以生产出尽可能多一些的皮鞋产品。

国内外的先进科学技术，客观上影响、激励和促进了贵州皮鞋工业的进步。所以，这16年里，皮鞋产量虽然时起时伏、停滞不前，但皮鞋工业的工艺、技术，却不断变革、发展、前进。

多年来，皮鞋生产总离不开钉子、麻线，"无钉、无线皮鞋"的信息，在贵州高原引起了强烈反响，吸引着有志于改革进取的皮鞋技术人员去钻研、探索。经过将近6年的试验研究及学习外地经验，胶粘皮鞋终于于1965年在贵阳皮鞋厂试制成功，并以较为简单的设备开始了批量生产。60年代中后期，海光、南明、太慈桥等皮鞋企业，也先后试制成功了模压、注塑、硫化等制鞋新工艺。这四种新兴的制鞋工艺，均不用钉子、麻线，无疑是对传统工艺的一大变革，既能减轻劳动强度，又可提高工效，深受皮鞋业的欢迎。在省内传播推广极快，1969—1970年，硫化、模压皮鞋的比重已占全省皮鞋总产量的50%。

由于硫化皮鞋的透气性能较差，模压皮鞋的花色品种变换比较困难、投资大，注塑皮鞋的底滑、易折断等原因，在时兴一时之后，产量逐渐下降；独有胶粘皮鞋越来越显露出它特有的优越性及生命力，不仅保持了皮鞋的本色，且造型美观、轻便舒适、花色品种变换快。胶粘方法既可以手工操作，也可以在机械化的配底流水生产线上应用。所以胶粘工艺发展很快，胶粘皮鞋产量逐渐成为全省皮鞋的主要产品。

20世纪60年代末期，在轻工业部所属中国皮革工业总公司的统一安排部署下，贵州组织脚型调查测量工作队，历时6个月，奔赴贵阳、遵义、安顺、毕节等专县对5000余人的脚型进行了测量、登记，并分类汇总上报。为我国脚型普查、统一鞋号及有关标准提供了有价值的参考资料。

（三）不断前进的10年

十一届三中全会以后，皮鞋工业快步前进。10年里，皮鞋产量增长了1.65倍，由1976年的101.65万双发展到1986年的269.69万双。这期间的显著特点是：加速机械改造，逐步以机械化、半机械化的生产流水线取代传统的作坊式的手工操作；创优质名牌，开发新产品，在强手如林、百花争艳，以及多种经济成分的激烈竞争中，不断发展壮大。

改革、开放、搞活政策，给皮鞋工业带来了繁荣，街道、乡镇的集体及个体皮鞋企业如雨后春笋般的在全省城乡的大街小巷，各个角落迅速兴起，一批有皮鞋设计、制帮、配底等技术专长的皮鞋技术人员及技术工人，有的自己办厂，有的以较为优厚的待遇受聘于这些新兴企业。往日的"臭皮匠"，成了争相聘用的"俏皮匠"。街道、乡镇企业以其"船小好掉头"、花色品种变换快、成本低的优势，逐步占领市场。（如发展较快的贵阳市春城皮鞋厂、中中皮鞋厂等）。它们既是国营经济的极好补充，又是对已具有一定规模的国营企业、集体企业的一种挑战。老企业在激烈的竞争面前，充分发挥自己固有的技术优势，改善经营管理，发展横向联合，加强技术改造，改进产品设计，增加花色品种，打破"十年一贯制"的老格局，变品种单一的大批量生产为"小批量、多品种"生产；引进先进技术设备，变手工操作为半机械化、机械化的生产流水线，以物美价廉、款式新颖的皮鞋产品取信于民，不断获取和扩大省内外市场。

1983年后，贵阳、南明、海光等皮鞋企业，在互利互惠的基础上，先后与街道、乡镇企业开展横向经济联合，派遣皮鞋技术人员及技术工人去传授生产技术经验，扩散皮鞋零部件、半成品及成品的加工业务，推进了皮鞋工业的发展。

皮鞋工业多年来从正反两方面的经验教训中清醒地认识到产品质量是企业的生命线，

不开发新产品企业就没有出路。为此，省二轻厅皮革处、省二轻工业公司及省皮革学会自1981年以后，先后举办皮鞋培训班五期，开展技术咨询服务，为全省各皮鞋企业培训了技术骨干及设计人员200余人，对全行业技术、质量水平的提高、花色品种的增加大有裨益。80年代后，各重点皮鞋企业每年都有数10个新产品及新花色品种投放市场，其中一部分荣获省、地、市优秀新产品奖，如都匀制革厂出口的马皮童鞋，南明皮鞋厂的猪皮驼绒里胶粘男棉靴、合成革仿皮底胶粘中跟女鞋、牛修面深跟男鞋；海光皮鞋厂男中跟装配鞋、8118#旅游男鞋、7902#牛面成型胶底男鞋，贵阳皮鞋厂的牛面成型胶底出口小童鞋、猪皮包木跟女跑鞋等。获省优质产品称号的有海光皮鞋厂的男三接头胶粘皮鞋及太慈桥皮鞋厂的男三接头线缝皮鞋。

二　技术改造

贵州皮鞋工业，虽早在20世纪50年代就已由分散的个体手工业作坊逐步发展为集体及国营工厂，规模有所扩大，生产不断发展。然而，多数企业的生产方式仍然是落后的，除鞋帮缝制用缝纫机外，其余各工序多以手工操作为主，生产的发展，主要靠补充劳动力来实现。80年代崛起的遍及城乡的街道、乡镇企业，则更是以手工制作为主。

为了摆脱繁重的手工操作，部分企业通过小改小革及历年的技术改造，在片帮、底料裁、内线、外线、胶粘压合、修砂打蜡、整饰喷涂等工序，已成功地用机器部分或全部取代了手工操作（如贵阳、南明、海光、都匀、太慈桥等皮鞋企业），特别是80年代后引进了国内外先进制鞋机器设备及生产流水线，皮鞋的制帮、配底、涂饰包装等操作均可在机械化的生产流水线上完成，贵州皮鞋工业开始了现代化生产的里程。

海光皮鞋厂于1983年年底投资85万元，向意大利工厂设备公司引进了绷尖机、绷跟机、拉帮机、钉内底机、帮脚拉毛机、钉跟机等13台具有70年代末、80年代初国际先进水平的皮鞋配底流水线上的主要设备。1985年年底正式验收投产后，有效地减轻了劳动强度，使多年来工人坐在小板凳上将鞋帮、木楦用钉子、钳子在双膝上边拉帮、边敲打钉牢的笨重手工钳帮操作，为现代化的绷楦机组所代替，有效并提高了工作效率。随后，该厂又建成投产了一条有60工位的制帮生产线及一条喷涂包装流水线，对加强管理、提高质量、缩短生产周期、改善车间环境、减少污染，均有显著效果。并将皮鞋生产量由1985年的23.47万双提高到1988年的41.11万双，增长75.16%。

南明鞋厂继1985年国产配底流水线投产之后，于1986年开始易地改造，投资420万元，新建七层楼厂房，引进两条捷克皮鞋配底流水线上的主要设备，建成投产后，年生产能力达70万—80万双。

都匀制革厂制鞋车间的技改工程，于1985年7月破土动工，历时一年半，建成框架结构的七层制鞋大楼4520平方米，以及以引进捷克斯洛伐克、联邦德国、意大利设备32台（套）为主的2条胶粘工艺生产线及1条注射工艺生产线。投产后，皮鞋生产能力将由15万双提高到110万双（皮鞋80万双、旅游鞋30万双）。

1978年后，各地、州、市、县的大小皮鞋企业，都先后进行了不同程度的技术改造，10年间累计投资2300余万元。到90年代初，这些拥有先进技术和装备的皮鞋企业陆续投产。

根据工业企业普查资料显示，1985年贵州省45家皮鞋企业拥有各种制鞋专用设备

1322台，其中各式缝纫机741台，占设备总台数的56%，外线机18台、内线机3台、裁料机69台、绷楦机15台（套）、高速压合机23台、主跟成型机3台、钉鞋眼机8台、钉跟机5台、刻楦机5台。

三 工艺改革

20世纪六七十年代，胶粘、模压、硫化、注塑四种新兴制鞋工艺先后在省内崛起，逐渐取代传统的手工上线工艺。目前，胶粘工艺在皮鞋生产中已居领先地位，线缝工艺的比重逐渐下降至10%左右。

用线缝工艺生产的皮鞋，虽然有牢固耐穿、不易变型走样等优点，但在皮鞋加工过程中，劳动强度大、工效低，特别是手工缝纫制皮鞋，更是费工费时。早在50年代末，贵州省的皮鞋技术人员就开始了探索"无钉无线皮鞋"的奥秘。国内外的先进技术经验与改革探索者的智慧相结合，推进了皮鞋工业的工艺改革。

（1）胶粘工艺。贵阳皮鞋厂以推广应用胶粘工艺为主。该厂1964年以氯丁胶做粘合剂，小批量生产胶粘鞋。该工艺的要点是将鞋帮、鞋底涂上黏合剂后，稍事放置，再将帮、底合拢置于用空压机充气的橡胶皮胎上，进行定时加压粘合。与手工方法对比，提高工效2倍。1965年该厂引进了联邦德国高速压合机和绷楦机。70年代，我国自制压合机问世，才为胶粘工艺的广泛应用铺平了道路。

（2）模压工艺。海光皮鞋厂于1964年投资10余万元。购置模压机及铝楦等设备，试制成功了模压皮鞋。

模压工艺是将鞋帮套在铝楦上，于加热的金属模中加入胶料，利用热压使鞋底成型并与鞋帮粘合。胶底在热模中也同时硫化。这种工艺的效率高，台时产量为5—6双，当时海光皮鞋厂共有6台模压机，能生产33—38码6种规格尺码的女式模压皮鞋，这6台模压机只需1人操作管理，所以，生产能力可达240—280双/天每人。

（3）硫化工艺。硫化工艺是将鞋帮套上铝楦，配粘好胶底之后，放入硫化罐中，在130℃左右的温度下进行硫化，鞋帮和鞋底就紧密地结合在一起。

太慈桥皮鞋厂于1967年引入硫化工艺，试制成功了硫化皮鞋。由于这种工艺方法较简便，且劳动生产率高，产品成本低，企业效益好。加之当时人们的购置力及消费水平都不高，故十分喜欢这种价格低廉的皮鞋，一度畅销省内外，生产发展很快，该厂硫化皮鞋的年产量由1967年的数万双迅速增至1969年的47万余双，相当于全省当年皮鞋总产量的51.6%（1969年全省皮鞋产量为91万双）。

20世纪70年代初，贵定、都匀等皮鞋企业也采用了这一工艺。

（4）注塑工艺。注塑工艺是将鞋帮套上铝楦之后，合入带有注射口的底模上，通过加热将树脂或胶料熔化之后，由挤出机从注射口注入底模，在外底成型的同时，底和帮也就连接起来。

南明皮鞋厂学习引用重庆注塑皮鞋生产技术，自制全套注塑设备，于1971年正式投产，该设备的主体部分是圆盘注塑机，共有6个工位，日产量可达300余双（约1分钟出1只鞋）。

注塑皮鞋连续生产了整整10个年头（1971—1980年），最高年产量是1978年的109649双，其中28891双为出口产品。

以上四种新兴工艺的先后试制成功及推广应用，形成了六七十年代贵州省皮鞋工艺改革的高潮。

然而，在经历了数年的生产及消费实践之后，四种新兴工艺及其产品的优缺点逐渐为生产者及广大消费者充分认识和了解，加上市场消费结构的急剧变化，人们已不再满足于仅仅有一双皮鞋就行了，还要求鞋的色泽、款式能与服饰配套，既轻便舒适，又新颖美观。而用硫化工艺制成的皮鞋，其吸湿透气性能较差，脚汗不易排出，鞋帮又多为绒面，属于低档皮鞋；模压皮鞋也属低档产品，且在变更规格尺码、增加花色品种时需重新制作模具，以致投资大、成本高，而售价低、企业效益差；注塑工艺虽是一种能够成大规模自动化生产的较好工艺，但对注射所用底料的耐油及耐寒性能要求较高，否则鞋底易断裂。为适应消费结构的变化，满足市场需要，也为了企业自身的生存和发展，不得不先后放弃了以上三种工艺，停止了模压、硫化、注塑皮鞋的生产。唯有粘胶工艺日益显示出其优越性和生命力，既可用手工操作，又可以机器生产，还能在半自动、自动化的生产流水线上大显身手。用胶粘工艺生产的产品，造型美观、轻便舒适、花色品种可以任意变换，且劳动生产率高。所以，已占全省皮鞋总产量的90%左右，其中部分皮鞋达到了高档产品水平。

四　产品开发

皮鞋是鞋类中的佼佼者，不仅对脚有保护作用，还能美化人们生活。一双适脚、美观、得体的皮鞋，能够给人增添几分精神和光彩。所以，随着人类物质文化生活水平的提高，对皮鞋的款式、色泽、结构等不断地提出了新的、更高的要求。开发新产品、增加花色品种势在必行。

新中国成立初期，贵州省以黑色的"棺材头"式皮鞋为主，这种鞋虽然结实耐穿，但较为笨重。50年代中后期，开始改进式样，花色品种不断增加，1957年全省皮革技术座谈会议总结中有这样的记述：1956年，都匀制革厂全面改进'棺材头'式样，全年新花色品种达300余种；省联社皮鞍厂新增花色品种119种。1958年，又开发了对苏联出口皮鞋；60年代，各皮鞋企业先后建立了产品设计室，从研究人的脚型结构入手，以设计出符合生理卫生要求的楦型及与之相适应的鞋底、鞋帮式样，使皮鞋造型结构逐渐趋于科学、合理。1967年以后，开辟了远洋出口业务，每年都有10余个新款式的皮鞋出口到欧美、中国港澳及新加坡等地，赢得了国外客商的赞誉。贵州皮鞋不仅已成为全省城乡各族人民喜爱的产品，还为外省消费者所赏识，不少来黔出差及旅游的人员，都因贵州皮鞋"物美价廉"而不辞辛劳地长途批量携带，作为馈赠亲友的礼品。

20世纪80年代，全省具有代表性的优质产品及优秀新产品主要有如下几类。

（1）牛面三接头胶粘男鞋。海光皮鞋厂于1983年设计试制成功，1984年在全国皮鞋质量评比中获一类产品第九名（全国参加同类皮鞋评比的企业共36家），同年11月，荣获贵州省优质产品称号。其造型美观、轻便舒适，深受消费者青睐。

（2）公安武警皮鞋。1983年，太慈桥皮鞋厂的牛面三接线上男皮鞋，经公安部审定为公安武警用皮鞋。由于产品质量优良、规格尺码齐全，曾得到25个省、市、自治区的公安、司法、武警等使用单位的赞扬，在1985年全省皮鞋质量评比中，该产品名列榜首，于同年荣获贵州省优质产品称号。

太慈桥皮鞋厂对产品不断进行更新换代,改进后的第三代公安武警用鞋,以其款式新颖、穿脱方便等优点,在全国公安皮鞋订货会上受到好评。1986年,公安部给该厂投资142万元。以改造厂房、增添设备,为发展公安武警皮鞋生产创造更加优越的条件。

(3) 出口马皮童鞋。1984年,获贵州省轻纺系统优秀新产品奖。都匀制革厂于1982年设计试制成功,产品头型美观,款式新颖,在国际市场上十分畅销。出口产品有四个品种,18个花色,共生产出口了6.02万双,主要销往欧美、东南亚及中国香港市场。

(4) 8118#旅游男鞋。海光皮鞋厂于1983年设计试制成功,1984年通过市级技术鉴定,获贵州省轻纺系统优秀新产品奖。该产品在楦体造型、鞋帮及大底结构方面有所创新。具有轻便舒适、跟脚起步、款式新颖等特点,又名健步鞋。

1987年4月于北京举办的全国鞋帽展销会上,该产品在男鞋类选评中荣获第一名。

(5) 男中跟装配鞋。海光皮鞋厂于1982年设计试制成功,1984年通过市级技术鉴定,获贵州省轻纺系统1984年度优秀新产品奖。该产品参照科学原理,将鞋跟高度设计为40毫米,穿上后能挺胸直腰,还可缓冲人在行走时对颅脑产生的震荡。由于产品美观大方,式样新颖别致,为众多的年青人所喜爱。

(6) 牛修面深跟男鞋。牛修面深跟男鞋是南明皮鞋厂于20世纪80年代初研制开发的一个新产品,获贵州省轻纺工业厅1984年度优秀产品设计奖。它冲破了多年来男式皮鞋均为平跟的传统习俗。适应了广大青年求新求美的思潮,十分畅销。

(7) 牛面成型胶底出边出口小童鞋。贵阳皮鞋厂于1978年设计试制成功,获贵阳市1983年度优秀新产品奖。1978—1983年共生产出口了229938双。该产品款式新颖大方、用料考究、做工认真、质量好,成为国际市场的畅销品。

(8) 猪皮包木跟女中跟跑鞋。贵阳皮鞋厂于1982年设计试制成功,获贵阳市1983年度优秀新产品奖。产品造型美观、色泽鲜艳、价格便宜,是广大女青年所喜爱的一个产品。

(9) 7902#牛面成型底出口男鞋。系海光皮鞋厂按照外商来样所复制的一个产品,由于款式新颖、造型美观大方、穿着轻便舒适、质量好,在国内外均很流行畅销,于1983年获贵州省轻纺工业系统优秀新产品及贵阳市优秀新产品奖。1980—1983年共生产18.03万双,创税利27.67万元。

(10) 猪皮胶粘男棉靴。南明皮鞋厂于1982年设计试制成功,批量生产了11551双投放市场。获1983年度"贵州省轻纺工业优秀新产品"及"贵阳市优秀新产品"奖。由于该产品物美价廉,防寒保暖性能好,成为冬季畅销产品。

荣获省市优秀新产品奖的还有南明皮鞋厂的合成革仿皮底胶粘中跟女鞋,获省轻纺工业1984年度优秀新产品奖;海光皮鞋厂的木跟成型底女中跟及南明皮鞋厂的合成革胶粘男睡装鞋,获贵阳市1983年度优秀新产品奖。

五 产品质量

贵州皮鞋虽久负"价廉物美"的盛名,但产品质量与上海、北京、青岛、武汉等国内先进水平相比,无论是在楦型及帮样设计方面,还是在帮工、底工修饰的精细方面,都有较大差距。

从当时全国及全省质量评比结果来看,贵州省皮鞋一、二类产品少,三类产品多,次品还占有相当比重（见表8-68）。

表8-68　　　　贵州省皮鞋产品参加1984—1986年度全国质量鉴定评比结果

年份	企业名称	产品品种	工艺	总评分数	产品类别	名次	质量评语
1984	海光皮鞋厂	牛面三接头男皮鞋	胶粘	90.82	一类	第九名	造型较好，用料合理、绑线较好，修饰差、底工问题多，跷度不当鞋楦不合格
1984	贵阳皮鞋厂	牛面三接头男皮鞋	缝制	80.9	二类	第二十二名	用料一般，帮工、底工及修饰均粗糙，口线及机构不合理，鞋楦不合格
1986	海光皮鞋厂	牛面三接头男皮鞋	胶粘	88.07	二类	第十六名	前高、绑底结构不合理，面料伤残使用不当，邦工底工及整饰差，问题较多，鞋楦合格
1986	南明皮鞋厂	牛面花浅口胶底女皮鞋	胶粘	72.42	三类	第五十六名	造型差邦部件比例不协调，前跷与跟型配合不当，邦工底工及整饰粗糙，问题多，较严重，楦底长，前掌凸度大
1986	太慈桥皮鞋厂	牛面三接头男皮鞋	缝制	82.24	二类	第三十一名	用料较好，造型差，邦底部件结构不合理，邦工、底工及整饰问题多，楦底长

再从各个年度的产品质量水平看，1983年、1984年、1985年三年略高于1982年及1986年，这三年里，一、二类产品所占比重分别为36.36%、50%、32%。海光及太慈桥皮鞋厂的胶粘及线缝三接头皮鞋分别创省优；而1982年及1986年的一、二类产品只有3.03%及17.9%，三类产品却占63%、64%及56%、52%，次品率竟高达33.33%及26.09%，也就是说，1986年的产品质量有所下降。

20世纪80年代，质量较好的皮鞋产品有如下几类。

（1）海光皮鞋厂的牛面三接头胶粘男鞋在1984年至1986年全省皮鞋质量评比中，连续三年获得一类产品第一名；在1984年度全国皮鞋质量评比中，获一类产品第九名，并荣获1984年度贵州省优质产品称号。

（2）太慈桥皮鞋厂牛面三接头线上男鞋在1985年全省皮鞋质量评比中，获一类产品第一名，同年，荣获贵州省优质产品称号。

（3）贵阳皮鞋厂的牛面三接头线上男鞋在1983年及1984年度全省皮鞋质量评比中，获一类产品第一名。

（4）海光皮鞋厂的牛面睡装胶粘男鞋在1983年度全省皮鞋质量评比中，获一类产品第一名。

（5）贵阳皮鞋厂的牛面青年式胶粘男鞋在 1984 年度全省皮鞋质量评比中，获一类产品第一名。

（6）太慈桥皮鞋厂的牛深跟胶粘男鞋在 1985 年度全省皮鞋质量评比中，获一类产品第一名。

（7）铜仁皮鞋厂的圆口一代女中跟胶粘皮鞋在 1983 年度全省皮鞋质量评比中，获一类产品第一名。

六　出口产品

贵州出口皮鞋生产始于 1958 年。1958 年至 1961 年，生产对苏联出口皮鞋，其间共完成各式男、女、童皮鞋 265000 双。

1966 年以后，开辟了远洋出口业务，主要销往中国香港及东南亚地区，少部分进入欧洲及美国市场。1966 年至 1986 年共完成出口皮鞋 1866365 双，换取外汇 800 余万美元（以 1985 年及 1986 年换取外汇 4.64 和 4.42 美元/双折算）。

全省生产出口皮鞋产品的主要厂家是海光皮鞋厂、贵阳皮鞋厂、南明皮鞋厂及都匀制革厂，他们通过与国外客商频繁的业务洽谈及技术交流，开扩了视野，吸取了国外先进制鞋技术经验，对改进产品设计、提高企业技术水平等均有所裨益。

第四节　皮件

皮件主要包括皮箱、皮衣、皮手套、皮包、皮带、票夹、钱包、小皮件及工业皮件、车马挽具等。近 20 多年来，由于社会对各种皮件的需求量不断增长，而皮革资源不足，所以，不少皮件产品已逐渐为人造革、合成革及帆布制品所代替。

新中国成立前夕，贵州省皮件业多为军需装备服务，主要生产马鞍、枪套、枪带、刀带、枪插、图囊等产品，而皮箱、皮包、钱包、皮腰带等民用产品则次之。

20 世纪 50 年代初，各地的皮件制品手工业作坊先后实现合作化，有的成立皮件厂（社），有的则为制革或皮鞋厂的一个车间。以生产车马鞍具为主，部分专县企业，也生产箱包、手套、腰带等产品。

贵州省皮件企业少而小，品种单调，稍具规模的企业是贵阳皮件厂及海光皮鞋厂皮件车间和都匀制革厂的皮件车间。

第五节　毛皮制品

贵州毛皮及其制品工业的主要生产基地是贵阳畜产品厂的毛皮车间。

贵阳畜产品厂建立于 1950 年，原名"贵阳猪鬃厂"，是贵阳市对外贸易局的直属企业。1958 年，省土畜产进出口公司的毛皮加工组并入该厂，开始了毛皮生产，主要产品有猪鬃、肠衣及裘皮。

1985 年年末，贵阳畜产品厂毛皮车间有职工 90 人（全厂 531 人），全年完成工业总产值 66.3 万元（全厂 304 万元），制成狸、猞、猸、狐、狗等各种毛皮 15 万张，缝制毛皮服装 3450 件、皮褥子 1338 条、皮帽 44 顶、毛皮衣筒 810 件。

自 20 世纪 70 年代中后期开始，企业不断对古老而落后的传统毛皮鞣制工艺——硝面鞣法进行改革，在历时数年，经过数 10 批次，近万张的小中型及生产性试验之后，新工艺于 1978 年年底获得成功，并迅速全面推广应用于大生产。新工艺的主要特点是：有效地改善了生产环境；将生产周期由原来的 16—20 天缩短为 6—8 天，使皮毛的年产能力由 7 万—9 万张提高到 14 万—16 万张；产品质量明显提高，克服了原旧工艺无法避免的灰、霉、臭、硬等质量缺陷。卷缩温度由 78℃ 提高到 95℃—97℃，经轻工业部皮毛制革研究所分析鉴定："皮板柔软、无灰、无臭，毛被灵活；缺点是猾子皮脖头硬、绵羊皮等油脂含量较大"。由于新工艺不需用粮食，每年可节约大米 5 万千克左右。

为进一步解决猾子皮脖头硬、柔软度差的质量难题，贵阳畜产品厂于 1984 年 7 月成立了攻关组，仅用了三个月的时间，通过采用几种不同的工艺方法，对 3040 张毛皮进行 26 批次的对比试验之后，确定了最佳工艺方案，使猾子皮的质量达到了国内同类产品的先进水平，可与江西省九江畜产品厂的猾子皮相媲美。

优良的产品质量，赢得了广阔的国内外市场，该厂生产的猾、狸、猞、猫、狐、狗等皮张及其制成品——皮褥子、裘皮服装除销往上海、东北等地外，部分进入了国际市场，在企业总结资料中有这样的记述："用酶软化工艺硝制的狸子皮，1985—1987 年完成出口合同 16 个，共 6.5 万张，创汇 100 多万美元。"

该厂取得的科研成果还有：

（1）对"皮张炭疽菌环氧乙烷消毒工艺"的研究，消毒合格率达到 100%。该项目荣获贵阳市科技成果三等奖，1986 年度省科技进步四等奖。

（2）建氧化塘一座，日处理污水 120 吨。经市环保局监测，净化后的废水，达到了国家工业废水排放标准。于 1987 年 1 月 31 日通过省级鉴定，被评为贵州省畜产污水净化成功的范例。

第二十四章　云南省

第一节　历史沿革

1368年，由于"靴灯事件"，一大批明王朝御用皮匠被流放云南，后为木氏土司延纳安置在丽江束河，从此在边陲繁衍生息，创办皮业，并跟随马帮与茶马古道沿途人民交往融合、相依相存，将精湛手艺一路传播，皮革制品远销至西藏、印度、尼泊尔。清中叶，束河引进了米浆硝制法加工裘皮；清末民初，一批生产规模较大的皮革作坊相继开业，大量生产皮袍、皮袄、领挂、皮绳、皮口袋、圆口皮鞋、藏式高筒鞋、藏式腰带、钱包等各类民生皮具。至民国初年最鼎盛时期，束河皮匠达300余户，成为远近闻名的皮匠村。

皮革工业是云南省创办较早的轻工业之一，包括制革、毛皮、皮鞋、皮件4个自然行业。1902年云贵总督开办陆军制革厂。1917年由滇黔绥靖公署拨出公款，并招募商股扩建，定名为滇黔绥靖公署云南制革厂。1936年由留学德国云南籍学生苗天宝任厂长，利用铬鞣法制革，设备有西门子马达7台，共54马力，推皮机、打光机、摩擦机、喷气机各1台，鼓形滚桶5个，缝皮机13台，泡皮池40余个，除泡皮池系木质自制外，缝纫机购自美国，其余设备均来自德国。主要产品有各种皮靴、皮鞋、马鞍、底皮等。1937年产销量为30万张（自然张）。

除云南制革厂外，有分散的个体手工业小作坊，土法制革，生产地区分布在昆明、大理、保山等地。昆明手工制革户多集中于东门外金牛寺街与木行街两处，共约百余家，皆为小本营生，甚少有牌号名称，由业主自己操作自己售卖，雇工人或学徒2—3人一起加工。

1949年，全省制革工业共有工人377人，其中昆明制革厂职工有100余人。年产皮革8.3万张、皮鞋3.7万双。经过经济恢复，到1953年，全省皮革及毛皮工业共有38户，全部人员987人，产值2629万元。其中，国营企业3户，产值113.2万元；私营企业35户，产值149.7万元。

20世纪60年代和70年代，皮革行业主要工作是搞好对重点骨干企业的技术改造，并大力开发皮源、提高产品质量、增加花色品种，到1985年，全省有皮革工业企业71个，职工8558人，固定资产4471.8万元，皮革产量59.81万张（折牛皮），其中猪皮革70.77万张（自然张）。皮鞋产量279.36万双，工业总产值6966.8万元，实现税利854.2万元。重点骨干企业有昆明、大姚、大理、丽江、保山、潞西、玉溪、蒙自、丘北、曲靖、陆良、昭通12个制革厂。制革用原皮，原来是以牛皮、羊皮为主，猪皮用量较少，60年代猪皮制革数量保持在2万张（自然张）左右。经推广猪皮制革，1979年增加到30万张，1981年最高峰时发展到96.5万张，猪皮革在省内制革业中占据了十分重要的位置。

云南省皮革工业在1978年时，全行业的固定资产合计为895万元，制革设备有鞣池211个，2743立方米，年生产能力13.7万张；转鼓66个，303立方米，生产能力42.1万张；片皮机13台，生产能力60.2万张；去肉机16台，生产能力68.4万张；磨革机87台，生产能力14.9万张；熨革机9台，生产能力14.4万张。制鞋设备主要有硫化罐3台，生产能力72.86万双；缝外线机34台，生产能力67.1万双；模压机10台，生产能力6.1万双。1978年皮革产量（折牛皮）34.4万张、皮鞋106.2万双。

由于开剥猪皮工作的展开，原料皮逐年增加，要求扩大制革能力。猪皮量1974—1977年平均每年为3.5万张，1978年增至15.9万张，1979年为30.5万张，1980年达到92.9万张。为了适应原皮供应量的增长，在全省范围内，投资扩建了一批皮革企业，皮革、皮鞋的生产能力和产量由此都有了相应提高。

1953—1977年，全省皮革行业投资总额233.41万元，不包括集体所有制企业自筹资金投资数。

1978—1985年，皮革工业的投资总额为1379万元，不包括集体企业自筹资金。

1985年，云南省皮革工业共有企业71个，其中制革业8个，皮鞋制造业47个，毛皮制品业5个，全部职工8558人，其中工程技术人员41人，年末固定资产原值4421.8万元，实现利润总额508.1万元。1990年，云南省皮革工业共有企业73个，其中制革业8个、皮鞋制造业52个、毛皮业1个，全部职工9200人，实现工业总产值14592万元，制品业5个。1995年，云南省皮革工业共有企业73个，其中制革业9个、皮鞋制造业39个、毛皮业1个，实现工业总产值13854万元。

1990年后，随着市场经济的不断发展，皮革工业的布局发生了很大变化，出现了产业在沿海省市积聚的趋势，处于内陆的云南的皮革工业逐渐衰退。2000年，云南省皮革工业只有皮鞋制造企业7个，实现工业总产值13501万元。

第二节 生产

一 制革

1954年全省皮革业10人以上的制革厂有云南制革厂（后改名为昆明制革厂）、华强制革工业社、荣和祥制革工业社、保山新华工厂、腾冲新华工厂等。

1954年拥有设备压光机1台、削皮机1台、打光机2台、砂里机1台、碾胶机5台。1956年制革企业16户，全部人员1060人，其中工程技术人员6人，完成工业总产值352.4万元。其中，昆明市制革厂人员为142人、工程技术人员6人，完成工业总产值197.9万元。保山新华工厂人员为276人，完成工业总产值77.3万元。腾冲县新华工厂人员为141人，完成工业总产值28.2万元。集体所有制手工业厂、社13户，人员合计501人，完成工业总产值49万元。

1962年7月，国务院关于加强牛皮和甘油统一管理的紧急通知下发后，云南省制革行业，决定保留昆明、保山两个全民所有制制革厂和大理、丽江、昭通3个集体所有制合作社，其余制革企业即停止生产。

经过 10 多年的调整和发展，到 1980 年，全省重点制革企业有 11 家，80 年代，云南制革行业有了进一步发展。1985 年全省制革产量（折牛皮）61.51 万张。其中，猪皮（自然张）70.9 万张、轻革 90.71 万平方米、重革 890 吨，生产能力（折牛皮）90.09 万张。拥有制革设备 895 台，其中去肉机 53 台、片皮机 50 台、削匀机 65 台、磨革机 59 台、熨平机 34 台、鞣池 139 个、转鼓 328 个。

昆明制革厂是云南省制革行业的重点厂，该厂拥有制革设备 123 台，其中去肉机 9 台、片皮机 6 台、削匀机 18 台、磨平机 9 台、熨平机 7 台。1985 年制革产量 25.07 万张（其中猪皮自然张 44.13 万张，折合牛皮 22.06 万张）。

陆良县皮革厂系云南省主产山羊皮革专业厂，在原来手工业社基础上于 1981 年组建陆良皮革总厂，下设皮革、制鞋、制件（皮服装）3 个分厂。有职工 137 人，固定资产 78 万元。1982 年，云南省投资 200 万元，拥有制革设备 61 台，生产能力为年加工 40 万张羊皮和 10 万张杂皮。1981 年，引进天津市皮革公司（天津制革厂、津京制革厂为具体协作单位）制作服装革的工艺技术。1985 年，工业总产值完成 320.2 万元，制革产量 3.3 万张。1990 年，制革产量完成 68.02 万张（折合牛皮），其中牛皮 29.15 万张（自然张）、猪皮 50.74 万张（自然张）、羊皮 25.68 万张（自然张），实现工业总产值 4173 万元。

二　皮鞋

1954 年前，省内皮鞋企业生产方式落后，制鞋设备除缝纫机 31 台外，无其他设备，基本上靠人工操作。经过第一个五年计划，1958 年，皮鞋业从业人员 332 人，年产皮鞋 5.5 万双，主要产地在昆明、昭通、大理。设备除鞋帮缝纫机外，仍全为手工操作。

经过 20 世纪六七十年代的调整、整顿，皮鞋制造业有了较大发展，并形成了一批骨干企业。1979 年，皮鞋全年产量达 123.41 万双。其中，昆明市 68.75 万双、保山地区 14.94 万双、昭通地区 7.87 万双、大理州 11.46 万双、曲靖 3.0 万双、丽江 2.01 万双、玉溪 2.21 万双、红河州 2.1 万双、楚雄州 3.6 万双、文山州 1.37 万双、德宏州 0.22 万双。

昆明市皮鞋业建成了一厂、二厂、三厂、四厂、五厂，为扩大生产，各厂先后分别组织了厂外加工点，1964 年昆明市皮鞋厂首先在金碧路组织街道加工点，1966 年因生产不正常而中断。1970 年后，各厂先后在昆明市城乡建立了 22 个加工点。工厂出技术和设备，设备包括一些必要的缝帮机、砂底机、空压机和冲子、锥子、钳子等制鞋工具，每个加工点都由厂方派 1—2 名老师傅做技术指导，培训技术力量，并提供一切原辅料，社队和街道加工点出厂房、劳动力，专门为工厂加工，工厂付加工费。每年签订生产合同，加工点按合同组织生产。22 个加工点，共计参加人员有 1051 人。其中，社队加工点 14 个、737 人，街道加工点 8 个、320 人。以 1979 年为例，22 个生产点年加工能力为 40 万双鞋帮，配底 30 万双，鞋帮的加工量占各厂年产量的 57.14%，配底的加工量占 42.86%。外加工点的生产量，约占昆明市皮鞋企业产量的一半。

皮鞋的造型，主要由帮样设计和楦型设计所决定。1975 年以前，云南省皮鞋帮样设计依靠经验，采用比楦设计和贴楦设计，设计靠经验的积累，技术传授困难。1975 年后推广皮鞋帮样的平面设计，为帮样设计提供了理论依据。1975 年云南省推广全国新鞋号，采用公分尺寸系列，废除了采用多年的"码"的称谓。在楦型上分为一型、一型半、二型、二型半、三型5个肥瘦型号。经过2—3年的改楦改型，全省统一了皮鞋公分尺寸系列，为皮鞋生产过程中实现部件标准化和生产装配化创造了条件。

到1985年年底，云南省皮鞋业拥有制鞋设备1599台。其中，皮鞋缝外线机43台、皮鞋内线机4台、绷楦机组17台。年生产能力370万双。1985年实际产量为336.19万双。其中，牛皮鞋106.94万双、猪皮鞋222.38万双。按品种分，男皮鞋146.88万双、女皮鞋93.41万双、儿童皮鞋14.94万双。在总产量中，昆明市生产144.44万双，占42.96%。其他重点产区是玉溪地区25.14万双、昭通地区19.49万双、保山地区18.26万双、大理州17.81万双、红河州16.17万双。1990年，生产皮鞋363.2万双，其中，牛皮鞋160.55万双、猪皮鞋142.61万双。1995年，云南省生产皮鞋564万双。2000年，生产皮鞋55万双。

三　皮件

云南省皮件制造专业生产厂最早的是陆军制革厂，主要产品是皮靴、皮鞋、皮大衣、皮包、皮箱、马鞍和马笼头等，产品主要供军队使用。1936年，昆明市手工业皮箱业有35户，从业人数138人。皮箱的结构以木箱为内胎，外面包上本色羊皮。另一种产品是在本色羊皮上涂朱红色、紫红色等油漆。1949年，昆明有十二三家专业生产和销售皮箱的厂家，生产人员四五十人，年产量约为1600只。

1954年，昆明市有皮件业39户，从业人员107人，生产麂皮领褂1235件、羊皮手套15000副、皮箱14171只、马笼头1006个。

1956年，昆明市正式成立昆明市皮件社（后改名为皮件厂），这是云南省最早成立的专业皮件生产企业。其他地区的皮件生产，大部分是制革厂、皮鞋厂兼产皮箱、皮包。1956年全省共产各式皮箱69667只，到60年代，木胎羊皮皮箱逐渐被人造革箱和帆布箱代替。到1981年，全省共产各式皮箱4.5万只，其中昆明市皮件厂完成3.2万只、曲靖皮革厂完成0.27万只。

云南皮件业大宗产品之一是三球（篮球、足球、排球）。位于文山州丘北县的云南制球厂建于1956年，1957年省轻工局定为全省唯一的一家生产三球的定点生产企业。1985年有职工144人，资金152万元，1975—1985年共生产三球15.11万只，实现利润26.5万元。

皮衣生产的重点骨干企业是陆良皮革总厂，该厂从1979年开始生产皮服装，当时产量甚微。1984年扩建皮服装生产车间，同天津市皮革工业公司进行技术协作，改进羊皮服装革质量。1985年，同上海市皮革公司签订技术协作合同，改进皮服装的缝制工艺和款式，上海市皮革服装厂派出两名技师到厂帮助工作，使产品的质量得到了提高，在市场上受到消费者的欢迎。1985年生产羊皮服装14810件。1988年达到40038件，产品除畅销省内市场外，还销往沈阳、天津、重庆、北京等地。此外昭通皮革厂、丽江皮革厂、昆明市皮革厂也生产皮服装，产量较小。

1990年，云南省生产革皮箱15.65万只、皮手套100.42万副、皮包30.70万个。

四　毛皮

云南省毛皮制品的主要原料有绵羊皮、狗皮、狸皮、青猛皮、黄猛皮、猾子皮、松鼠皮、兔皮等品种。1980年以后年产量在100万张左右（自然张），毛皮生产主要集中在丽江皮毛皮革厂、会泽毛皮厂、大理市皮革厂、昭通毛皮厂4个企业。

毛皮的鞣制长期沿用半面鞣法，以糯米为原料磨成浆经发酵后对毛皮进行鞣制。1972年，采用酶软化、甲醛鞣工艺，鞣制的皮板洁白、无灰、无臭，遇水不变硬，抗温可达80℃以上。会泽毛皮厂1982年采用新工艺后，产品质量达到出口要求，1983年获外贸部颁发的荣誉证书。丽江皮毛皮革厂1984年开始掌握了加工翻毛皮衣服的裁制技术，开创了云南省翻毛皮衣生产先河。

1981年，云南省全省完成裘皮32万张（自然张），其中大理州5.3万张、曲靖8.2万张、丽江5万张、昭通0.1万张。

1985年，全省毛皮（折羊皮）产量81034张，其中曲靖17345张、大理6004张、丽江56851张、怒江696张。1990年，毛皮（折羊皮）产量2.68万张。

第三节　工艺技术

一　制革工艺

1902年，云南陆军制革厂开始利用涩水制革，即植物鞣法，皮要浸泡2—3个月，用鸟粪液做软化剂，全为手工操作，技术落后。1936年留学德国学习制革的苗天宝（云南省江川人）任云南制革厂厂长，在厂内首创铬鞣制革，除采用铬鞣（以红矾钾或红矾钠为原料，配制成鞣液鞣制）外，还采用了硫化碱脱毛、牛胰软化、染色、涂饰等制革技术，购进了转鼓、削匀机、磨革机、重革打光机等制革专用设备。

1938年以后至抗日战争期间，江苏、浙江两省的同业迁至昆明不少，云南省皮革业发展较快。制革业发展到100户左右，全业职工达500余人。大理、下关、保山、蒙自、通海、玉溪等地制革厂家也相继开业。工艺上除沿用烟熏制革外，部分厂家改制铬鞣羊皮、牛皮。品种有轻重装具革、帮面皮、服装革等。

1949年中华人民共和国成立后，制革工艺围绕缩短生产周期、消除或减少污染、提高产品质量、改善劳动环境等方面逐步革新。

云南省制革的生产品种，1956年制成了浅灰、深灰、棕色、墨绿、蛋黄、大红、深蓝、肉色、翠绿、桃红、天蓝、浅绿、乳白、米黄等色。1959年制成了猪皮绒面革、牛皮磨面革、猪皮铬植鞣修面革。60年代制成了猪皮手套革、猪皮服装革，70年代制成了猪皮劳保革、猪皮箱包革、水牛皮鞋面革、牛皮修面革、猪皮修面革。80年代制成了牛苯胺革和半苯胺革、猪苯胺革和半苯胺革、水牛皮修面革等产品。

20世纪50年代后，特别是70年代和80年代，制革工业不断对传统制革工艺设备进行革新改造。

（一）准备工序

以转鼓取代水池、灰池，消除了人工翻皮的笨重体力劳动。1972年昆明制革厂学习上海红光制革厂使用转鼓快速浸水，盐碱法脱毛，黄牛皮鞋面革浸水由原来的3—4天缩短到24小时以内完成。原工艺池浸灰需6—9天，改为盐碱法只需18—26小时。

（二）快速铬鞣工艺

传统的铬鞣工艺是在浸酸液中进行，由低碱度开始，鞣制时间较长，红矾消耗高，废液浓度大。1978年昆明市制革厂试验成功猪皮鞋面革少浴快速鞣制法，将皮张浸酸后控干废酸液，开始即以高碱度鞣液鞣制，以苯二甲酸钠控制铬鞣剂的吸收。在黄牛鞋面革的快速铬鞣中采用油预鞣，使鞣制时间由过去的12—13小时缩短到5—6小时，红矾耗用量减少25%—30%，鞣制后期废液三氧化二铬浓度由4克/吨以上降到1克/吨左右。

（三）自动提碱技术简化铬鞣操作

传统的铬鞣工艺是以纯碱或小苏打提高鞣液的碱度，以提高鞣制效果，由于作用比较强烈，操作时须分多次缓慢加入，操作十分烦琐，且易造成糙面。1978年，昆明市制革厂以碳酸钙代替小苏打，可一次加入达到自动提碱的目的，操作简便易行，成本也有所降低。1978年，大理皮革厂试验以大理石粉为自动提碱剂，也同样获得成功。这两项技术一直沿用到1985年。

（四）重革快速鞣

传统的重革植鞣以池鞣裸皮低浓度鞣液向高浓度移动，鞣制后期要进行很长时间的腌鞣，整个鞣期需要3个月甚至半年以上。在鞣池中的皮张，要经常翻动，劳动强度大。昆明市制革厂1975年采用重革快速鞣，其工艺是裸皮经预处理后用粉状烤胶在转鼓中鞣制，转鼓转速每分钟4—5转，鞣期48小时即可完成。

（五）磨面涂饰技术

传统的鞋面革利用原料皮的天然粒面经鞣制、染色、涂饰加工而成。云南产的牛皮主要来自役用牛，饲养期长、伤残多，可用于加工成正面革的仅占10%—20%。1978年，昆明制革厂到大连学习猪皮磨面涂饰技术，生产鞋面革，其工艺是对粒面较差的原皮经磨面后喷涂丙烯酸树脂成膜层，压制牛皮花纹后便可提高修饰效果。昆明市制革厂的牛皮修面革和猪皮修面革均获云南省优质产品称号。

（六）采用新型皮革化工材料

丙烯酸树脂：1973年采用，粘着力及成膜性能优于干铬素。填充树脂：1974年上海皮化厂到云南推广，使用填充树脂能有效改善面革松面，有干填充和湿填充两种型号及加工工艺。加脂剂：1975年在各厂广泛利用合成加脂剂，其优点是渗透性好，吸收快，使皮革柔软丰满，具有固色、防霉作用。渗透剂：可用于干浸水、染色、填充各工序。为推动皮革技术进步，曾邀请联邦德国BASF公司和荷兰斯塔尔公司先后于1981年、1982年到昆明交流皮革化工材料的应用，并进行了实际操作表演。

（七）猪皮酶脱毛修面革工艺

酶制剂脱毛制革工艺是利用酶制剂达到制革脱毛的目的，把过去的手工操作改为机器操作，对于缩短生产周期、简化工序、改善劳动条件、消除污染各方面都有显著效果，同时使用酶制剂后的废水还是很好的有机肥料，生产1万张猪皮的废水可供约300亩地施肥，可增产粮食12吨。

1958年，云南省初步试验用酶脱毛工艺用于猪皮制革，1970年，在重点制革厂推广酶法工艺。1977—1978年两年间，昆明市制革厂结合云南省猪皮伤残多、毛孔粗、厚薄不均、生猪饲养周期长的特点，采用两次重碱重酶处理，少浴快鞣工艺。1981年猪皮酶脱毛工艺列入省科委科技成果推广项目，同年7月，在昆明市制革厂组织"堆置酶脱毛法生产猪修面革"试验。随后，昭通、蒙自皮革厂也试验成功。蒙自皮革厂于 1982 年 3 月召开了评议会，昭通于 1982 年 4 月召开了评议会。

保山新华制革厂 1982 年 5 月采用"五干操作法"，即干脱脂、干脱毛、干脱灰、干软化、干铬鞣。每百张皮污水可减少 2 立方米。不采用硫化钠脱毛，可消除硫离子的污染；红矾用量和染料用量可减少 1/3，污染源大为减少。

酶脱毛所有的酶制剂品种有陆良酶剂厂生产的 1398、3942、209、166 等蛋白酶。蒙自县皮革厂用酶法生产软修面革，用蛋白酶代替硫化碱脱毛，以三价铬为鞣剂，以丙烯树脂为成膜剂，经过压花纹及压平，修饰成具有牛皮花纹或其他花纹的修饰面革。

（八）薯莨用于制革的试验

1950 年时，云南制革厂曾把薯莨用于制革。薯莨（俗称山羊头、羊头芋）系野生藤科植物，生长在亚热带的山林中，繁殖迅速，在红河沿岸如屏边、金平等地随处可见，云南制革厂于 1950—1955 年做过小规模的试验，原意想采用低价的鞣料，以降低成本。薯莨淀粉含量甚多，鞣酸在 10% 左右，皮浸此鞣液中约 20 天，即产生臭味，用亚硫酸氢钠防腐，成绩尚佳。制轻革，本色赭红鲜明，皮质柔软，但纤维膨胀，不甚坚牢，渗透力甚强。后又以铬鞣革浸此液中，成熟甚易，可缩短植物鞣制的时间。薯莨加工简单，只须切片晒干，捣碎即得。

采用薯莨制革，由于生产周期长、占用场地大等缺点，未能长期采用，1956 年后随即中断。

此外，陆良县皮革总厂 1981 年引进天津皮革工业公司山羊正面服装革工艺，改进了产品质量。

二 制鞋工艺

1902 年，云南省在云南陆军制革厂内即设有靴鞋科，但无生产工艺的记载。1930 年时，有鞋帮与鞋底缝绱的皮鞋，采用木楦钳帮，弯锥起沿条。到 1940 年抗日战争时期，外地皮鞋师傅大量来云南开业，昆明的皮鞋店上百家。工艺都是线缝皮鞋，配底方法分为起沿条和单底两大类，沿条又分全沿条、半沿条、翻沿条、压沿条（压边）；单底又分不出边、小出边、圆边、单底内开槽等。女鞋跟的高跟有木跟、全皮跟。皮鞋师傅分为男鞋师傅和女鞋师傅，技术各有特长。操作除缝制鞋帮用缝纫机外，其余都为手工操作。

1949 年中华人民共和国成立以后，制鞋工艺仍以手工缝绱，1956 年手工业合作化期间，通过技术革新，采用砂底机，替代手工配底中的削、锉、刮、砂（磨）4 道工序。1957 年从上海购进片帮机，制帮开始以机器片帮代替手工片帮，1957 年还革新制作了鞋楦机，代替手工制作木楦。1960 年进口联邦德国鞋楦机 1 套和皮鞋外线机 1 台，使线缝皮鞋的重要工序缝外底实现了机械化。1964 年，保山、昭通、大理等皮革厂也购置了国产的外线机、片帮机。

1966 年以后，云南省的皮鞋生产工艺增加了模压鞋工艺、硫化鞋工艺、胶粘鞋工艺。

1966 年模压鞋在昆明市皮鞋厂投产，其工艺是将皮鞋钳帮以后，帮面固定在铝合金鞋模上，将混炼后的生胶压入底模框内，然后帮面与模底合笼，挂模底电热丝加温，使生胶硫化成型，然后脱模、整理即成胶底皮鞋，其特点是简化了配底工序。

1969 年硫化皮鞋在昆明市皮鞋厂投产，其工艺是先将帮面与内膛底（铬鞣革）用缝纫机缝合在一起，套入铝楦，将混炼后的生胶，根据不同规格冲压成型，再粘贴在鞋帮上，然后在硫化罐内通过蒸汽硫化成型。1972年昆明市皮鞋厂实现了装配流水线，日产量为1000双左右。单工配底日产量15万双。保山新华工厂、大理市皮鞋厂在1973年前后也相继将硫化皮鞋投产。硫化皮鞋的特点是产品轻便、生产工效高、价格低廉。1972年时七八元人民币就可购买1双，曾一度很受欢迎。1976年前后，硫化皮鞋因帮面易变型、穿着湿脚等缺点，市场销量渐减，各厂先后停止生产。

1967年昆明市皮鞋厂试制胶粘皮鞋，因胶料等辅助材料掌握不好，经常出现脱胶现象，被迫中断了1年多。1971年到上海学习，以氯丁胶为黏合剂，内底外底均用粘合剂黏合，配底单工日产可达5—6双，一般可达2—3双，工效较高。胶粘皮鞋仍采用钳帮成型，其外型工整，适宜生产中、高档皮鞋。胶粘工艺取消了内线、缝沿条、缝外线等技术要求较高的工序，大大简化了加工技术。胶粘皮鞋1972年后很快在全省各制鞋厂采用。1976年以后，皮鞋制作工艺，除劳保皮鞋和少量男鞋采用线缝工艺外，胶粘工艺已成为皮鞋生产的主要工艺，1985年粘胶皮鞋占全省皮鞋总产量的80.9%。

马龙县皮革厂从北京市购置注胶皮鞋生产线，其工艺是将帮面内底配合后，套入铝模内，经注胶机注入生胶，单只进行硫化成型。其产量不大，年产仅万双。

截至1985年，云南省拥有钳帮机组3套，安装在昆明市皮鞋一厂、皮鞋三厂和大理市皮革厂。但都是断断续续地使用，不是很正常。1980年以后，市场上皮鞋款式变化快，皮鞋产量要求品种多、花样新、批量小，使用机器钳帮，经常要调整设备的加工尺寸，造成次品增多和工时上的浪费，3个厂都中断用机器钳帮，仍都采用手工钳帮。

1975年，云南省制鞋行业推广鞋帮平面设计，改变原有的眼看手比的制鞋打样（设计）过程，使制鞋设计有了科学的依据，加快了产品开发和款式更新的进程。

第四节　供销

一　原皮供应

制革用的原皮主要有牛皮、羊皮、猪皮、驴皮、马皮、麂皮等品种。1960年以前，牛皮、羊皮为大宗，辅以驴皮、马皮等杂皮。1979年后，猪皮开剥利用工作有了新的进展，制革原皮逐步转向以猪皮和牛皮为主，辅以羊皮、骡皮和马皮。

1949年前后，制革业多数是一家一户独立经营的手工作坊，原料都系直接向农畜户收购，有的是把血皮送交皮作坊。一般是一手交货，一手交钱。

1952年10月底，国家颁布牛皮集中管理办法，大宗的牛皮、羊皮由省外贸畜产公司收购。1953年5月8日，云南省加强牛皮市场管理，对牛皮实行统购，即统一由省畜产公司收购，没有畜产公司的地区，由畜产公司委托有关单位收购，不论公私营工厂、商场不得自行收购8市斤以上的生牛皮（指干板皮）。制革加工生产力过剩、皮源不足的企业转业一部分。1956年经省畜产公司供应的皮革资源有牛皮154454张，其中黄牛皮121368张、水牛皮33086张；羊皮115345张，其中山羊皮35679张、绵羊皮79666张；麂皮21050张。

1957年，云南省原皮使用控制数为16万张（折牛皮），其中黄牛皮12.5万张、羊皮

16万张、麂皮3万张。

1970—1980年，云南省皮源大体保持在每年收购牛皮20余万张、山羊皮70余万张、绵羊皮20余万张、麂皮近20万张、各种杂皮50万—60万张的水平。牛皮除小量根据计划调一部分供军需和上海市，羊皮（生板皮）少量出口外，绝大部分供省内制革厂使用。

1984年年底，牛皮、羊皮市场开放，制革单位所需牛皮、羊皮均到市场自行采购。

皮张市场放开后，省外来云南从事生皮收购人员增加，皮张价格大幅度上涨。昆明牛皮（干板）头路皮价1984年10月前为每千克5.20元，10月后上涨到6.40元。1985年实行统价，昆明一季度平均每千克5.78元，二季度6.94元，三、四季度7.34元。

二　化工原料供应

制革企业所需的化工原料，大宗的烧碱、纯碱由当地物资部门供应，或企业自行采购。制革行业所需的制革专用的栲胶由林业部、物资部、轻工部门的供销机构分配指标，云南省轻工供销部门订货组织供应。省外产的栲胶有黑龙江牙克石栲胶，60年代轻工业部曾分配过进口的栲胶（印度产）。70年代后省内建立了开远栲胶厂后，制革行业使用的栲胶主要依靠省内生产供应。专用的皮革化工辅料，品种繁多，有三大来源，一是上海皮革化工厂，二是四川泸州皮革化工厂，三是少量地进口。进口的辅料中以荷兰斯塔尔公司的产品效果最佳。红矾钠的供应，70年代后一直比较紧张，主要由轻工业部统一进口后，再由省轻工供销部门按生产计划供应到厂，不足部分申请省地方进行外汇进口。

三　产品销售

制革业向市场销售的产品以皮鞋、皮箱、皮服装为大宗。1970年以前，主要由商业部门收购，1980年以后产品由商业部门选购，以企业自销为主。1985年时，皮鞋全年销售量为241万双、企业自销量为225万双，占93%。

皮革，大多数企业自产自用，没有制革的专业皮鞋厂，其所需的皮革，70年代以前是计划调拨，80年代后，取消了计划分配，由皮鞋厂向制革厂直接采购。

产品销售价格，在70年代以前，由物价部门统一定价。云南省物价局1981年8月2日曾对全省熟革制品及皮鞋的价格做过一次统一调整。昆明生产的牛皮革出厂价格，四级黄牛光面革每平方米由13.02元调整为18.24元，黄牛底革每千克由6.66元调为7.73元，皮鞋的出厂价、批发价、零售价一般也调高20%—25%。

1985年7月，牛皮、羊皮收购放开后，价格随之有所上升，皮革、皮鞋、革制品价格也随着上升。

1981年10月，云南省首次组织了全省皮革塑料制品展销会，参加展销会的皮革企业有各地（州）市、县32个单位。其中昆明14个、地（州）县18个，计112人。展销皮鞋40个品种，其中新产品19种，34712双，毛皮大衣57件、羊皮夹克134件、狗皮褥子100床、其他皮杂件1264件。展销期间销售皮鞋11843双，金额184474元，毛皮大衣29件，以及其他皮杂件共计金额2824元，皮夹克123件，金额7282元，狗皮褥子25床，金额677元，合计零售金额195257元。正式签订合同4个，金额95258元。总共销售金额为290515元。

1980年和1985年全省皮革行业产品销售情况是：

1980年销售收入3742.5万元,利润总额245.7万元。

1985年销售收入7177.1万元,利润总额508.1万元。

1985年全省皮鞋销售量241.2万双,价值3594.6万元。其中自销量225.1万双,3376.1万元,自销量占全部销量93.3%。

1985年全省革皮箱销售量72610件,价值144.9万元,其中自销量64322件,价值124.1万元,自销量占销售总量的88.5%。

1985年云南制球厂篮球销售量4144只,全部自销。

四 革制品出口

1958年开始向苏联出口皮鞋,出口皮鞋的加工点有昆明市、保山、下关,年加工出口量3万双左右。

到1978年,出口皮鞋4.18万双、皮箱(人造革箱、帆布箱)2.23万只、手套2.8万副。

1979年,完成出口皮鞋76771双,以猪皮鞋出口为主,每双皮鞋折美元2.53元;猪皮工作手套281361副。

1980年,开始对中东及北美出口少量皮鞋,每年3万双左右。

1985年,出口鞋生产地区扩大到昆明、下关、保山等地,出口量约10万双,主要出口到美国。

第五节 猪皮开剥利用

云南省猪皮制革是从1953年开始的,昆明市制革厂当年提出以猪皮代替牛皮制革的方案,并开始试制工作。1954年丽江县皮革厂(1985年改名为丽江县皮毛皮革厂)加工成猪皮革276张,平均每张猪皮重量为15市斤。

1955年,猪皮开剥与制革工作在昆明、保山、大理、丽江4个地区开展,都取得了成功。当年开剥猪皮数为1.1万张。昆明市制革厂利用猪革制作了男、女皮鞋,篮球,皮箱等多种花色品种的产品。

1965年,开剥猪皮的地区又扩大到玉溪、昭通。云南省手工业管理局、商业厅联合印制了彩色宣传画,宣传开剥猪皮制革的好处,还邀请了山东省剥猪皮的技术能手,到昆明、个旧、大理传授剥皮技术。1966年猪皮开剥量达到了9.5万张。以后,因肥猪出栏率下降,为保肉食供应,减少了剥皮量。开剥猪皮的资源仅限于死猪、病猪、公猪、母猪、急宰猪。1971年剥皮数降到2.2万张。主要集中在昆明,开剥了19408张。此外有下关、文山、昭通等地少量开剥,其余地区都停止了剥皮工作。

猪皮的作价办法。云南省1955年鲜猪皮价格按猪皮批发价减税,剥皮工资不加入成本的办法计算。昆明市每千克猪肉价为1.30元,鲜猪皮统货价每千克为0.95元。

1973年1月,云南省为充分利用猪皮资源,增加制革厂的原皮供应,改变了1955年时的猪皮作价办法,实行对制革企业收购猪皮价差补贴的办法。国营屠宰厂所剥猪皮价格按每市斤0.75元的统货价执行。收购猪皮补贴由制革厂报省轻工局,每市斤补贴0.30元,由省轻工局统一向财政结算。价差补贴的办法,促进了猪皮的开剥。

1979年8月，云南省采取新的措施促进猪皮开剥工作。决定猪皮收购和制革工作，由省轻工局统一领导，统一管理。猪皮实行计划开剥、计划收购、计划分配。商业负责开剥，工业负责收购，全省猪皮的平衡调拨，统一由省轻工局负责。鲜猪皮由轻工皮革厂向商业食品部门直接收购。农村零散猪皮由皮革厂收购。并提出了皮肉并重的方针。鲜猪皮的收购价格，实行优质优价，分等论价，城乡价格有别。昆明市一级鲜猪皮每市斤1.30元，其中制革厂负担0.50元、省财政补贴0.80元。

猪皮补贴办法。各皮革厂收购的鲜猪皮补贴款，按月向省轻工局申请，申请报出日期为下月的5日前，经同级财政部门审核盖章后报出，地、县轻工，财政部门及时审批上报。再由省财政将补贴款下拨。

为奖励多剥优质猪皮，实行优质奖。剥皮工人每剥1张一级猪皮，奖人民币0.07—0.10元，二级皮奖0.04—0.06元，三级皮不奖，人为造成等外皮，每张罚款0.10元。奖金从猪皮收入款中开支。

在采取了皮肉并重方针及上述具体办法后，云南省猪皮开剥工作，一改过去消极被动的局面。1980年猪皮开剥量达到929323张，超过上年度的2倍。开剥地区也扩大到省内各重点制革厂的所在地、县。1981年开剥量达到云南省开剥数的最高纪录，全年开剥965403张。总计重量1701万市斤，每张平均重量17.623市斤，平均每市斤补贴0.7749元，每张平均补贴13.655元，全年财政补贴剥猪皮的总金额为1318万元。

1983年猪皮制品滞销，生产数较低，猪皮开剥也一度减少。补贴办法，由原来省财政统一补贴改为"划分收支，分级包干"，猪皮补贴由各地、州、市财政补贴。1985年的猪皮开剥收购量大体上都保持在1983年的基础上。

第六节　制革污水处理

制革的污水有害成分比较复杂，吨皮耗化工原料的数量是：硫化钠48千克、盐414千克、红矾钠20千克、生化需氧量55千克、化学耗氧量（COD）21千克、悬浮物124千克、污水60吨。其中，含硫、铬、氯还有氨基酸的蛋白质等有机物极易腐蚀发臭，并产生大量硫化氢气体。生产重革还要用烤胶，其废水颜色深，纤维素多。

昆明制革厂对废铬液，采用加减沉淀的工艺进行处理。1983年昆明制革厂年产轻重革（标准张）40万张，皮明胶200吨，耗水排水量约每日1600立方米，平均小时流量66.7立方米。该厂治理项目有：第一，牛皮浸碱脱毛废水射流曝气催化氧化法脱硫；第二，铬鞣含铬废水铬回收；第三，直鞣栲胶废水重复使用。

昆明市制革厂污水处理工程，1974年投资50万元，1984年又投资160万元。其中110万元属拨款，50万元为厂内自筹资金。1987年三季度竣工运转，取得了较好效果。

丽江县皮毛皮革厂于1983—1984年11月承担"猪皮烫煺脱毛法制革技术研究"项目，由省科委下达研究课题，丽江地区科委组织指导，拨科研费1万元。课题探索不采用硫化物进行猪皮脱毛然后制革的生产工艺，免除制革过程中硫化碱对水环境的污染。由皮毛皮革厂技术人员在县食品公司屠宰场实施。共烫煺开剥猪皮126张，分3批做猪皮煺脱毛法制革实验，所加工的猪皮烫煺脱毛法制造鞋面革，理化指标与感观指标合格，质量基本上达到部颁标准。这项工艺生产成本比硫化物脱毛制革降低7.5%，皮张利用率比硫化物脱毛制革提高 11.5%。具有一定的采用价值。1986 年 4 月 10 日丽江地区科委通过了技术鉴定。但烫退脱毛后剥皮操作比不脱毛剥皮困难，皮张需大批量连续投入，原料皮难以组织供应，推广受限制。

1985 年，蒙自皮革厂采用武汉市皮革技术研究所推出的无污染制革新工艺。采取循环使用生产废液添加原料制革，废水可反复使用。制革材料硫化物的液相、气相污染基本被消除，固相中的硫化物采用漂白粉或次氯酸钠予以去除，三价铬和硫化钠的污染完全解决，生产工艺的用水量由原来生产 1 吨皮耗 133 吨下降到 38.6 吨以下。

陆良县皮革总厂下设皮革分厂的污水处理，使用具城郊改建南盘江而废弃的一段河道，改建为污水净化池。1982 年由天津市皮革工业公司设计污水治理方案，处理能力为羊皮革 40 万张、杂皮 10 万张、处理污水 500 吨，投资 32 万元，工程于 1984 年 10 月竣工，1985 年年初投入使用。污水处理系采用清浊分流，多级沉淀净化曝晒处理。

1986 年 6 月经陆良县环保监测站，在净化池取样实测，有较好的净化效果。

曲靖制革厂、玉溪制革厂对污水也做了不同程度的处理，主要采用曝气催化氧化法。

第二十五章　西藏自治区

第一节　历史沿革

在辽阔美丽的世界屋脊上，生长着西藏珍贵独特的动物——牦牛，它们的皮是西藏传统手工皮革制品的重要原料，过去千百年来，用它制作出来的各种皮革制品，是西藏人民日常生活中不可或缺的重要用品，人们用皮革缝制出了各式各样的生活用具，有茶盐袋、糌粑袋、酒壶、服饰、面具，等等。其中皮制的各种餐具和碗套，最具特点，不仅美观耐用，而且具有浓郁的高原特色，在一些比较高档的皮具表面，还刻有吉祥八宝等各种装饰纹饰，这些涵盖了服饰、饮食、居家、节日娱乐等各个方面的皮革制品，充分展示了藏族人民独特的民俗风情，是研究西藏文化、生活、习俗变迁发展的重要历史见证。

第二节　拉萨皮革厂

拉萨皮革厂的前身为青海省格尔木昆仑皮革厂，创始人是尤忠，他从兰州的六零五厂和六零四厂招来了技术娴熟的制革工人，生产出了质地精良的皮鞋和皮夹克。

1959年，青海省格尔木昆仑皮革厂搬迁到西藏拉萨市西郊拉贡路东嘎桥2号，距离拉萨市中心约15千米，县级建制，隶属西藏军区404部队（生产部）。1960年4月正式投产后，生产出轻革、重革等30余种产品，填补了西藏高原上无皮革产品的历史空白。

1960年4月8日至1970年12月，拉萨皮革厂由中国人民解放军西藏军区404部队（生产部）主管，1971年1月更名为中国人民解放军军区生产建设部。1966年5月设立有皮鞋皮件、制革硝皮、毛皮扦毡、缝纫割制、机修5个车间，职能科室有生产科、财供科、行政科。1968年9月5日成立皮革厂革命委员会，由5个车间改为4个车间，即制皮车间、皮鞋车间、缝纫车间和机修车间。厂革委会职能机构设立政工组和生产组。1970年，恢复各级党组织，设立制皮车间、皮鞋车间、缝制车间和机修车间，机关职能部门设立司令部、政治处。

1976年10月至1978年12月，拉萨皮革厂归属西藏军区生产建设师委员会领导。1976年"文化大革命"结束后，生产工作秩序转为正常。1979年年初，由过去的西藏军区生产建设师管理，业务上受地方业务主管部门指挥的双重管理体制转变为由自治区农垦局管理。1979年6月，农垦局更名为农垦厅后，厂里也进行了管理体制改革，将原司令部、政治处、后勤处建制改设为党委办、财务办、生产办3个办公室，下设4个车间，即制革毛皮、皮鞋皮件、缝制、机修。1980年10月30日，将3个办公室合并成立党办和厂办，1981年11月将两办改设为党办、保卫科、行政科、生产技术科、财务供销科。1984年12月，厂内进行了一次较大的机构调整，机关设党办、厂办、经销办、保卫科、行政科，一、二、三车间改名为分厂，机修车间（四车间）不变。1985年3月，原经销办改为厂劳动服务公司。同年11月，体制又进行变动，成立党办、生产经营办、财务劳资办、行政科、保卫科、技术设备科共三室三科。1986年年底，自治区机构改革后，管理关系进一步理顺，1987年2月至1994年12月拉萨皮革厂属西藏自治区工业电力厅领导管理。

20世纪80年代初，国家对西藏进行了三次人员的大批内调，皮革厂也相继调走了180余名专业技术人员，致使生产技术管理人员严重不足。1984年，中央召开了第二次西藏工作座谈会，指出千方百计地把经济搞上去，企业由"生产型"向"生产经营型"转轨。在企业的转轨过程中，面临着专业技术人员的严重缺乏，各种原材料价格大幅度上涨，设备陈旧、老化，产品单一，无法适应市场需求等一系列困难。在这时期，皮革厂的广大干部职工紧密地团结在厂党委的周围，决定对皮革厂进行一次整体技术改造，该项工作得到了自治区人民政府、区计经委、农垦厅、工业电力厅等有关部门的大力支持。在技术改造工作即将实施的时候，得到了德国政府的无偿援助。此项目与皮革厂的整体改造项目同步进行，使皮革厂设备、技术达到80年代国内先进水平。

1989年，德国总理科尔访华时，对皮革厂的工艺、设备状况、机构设置、生产能力、产品成本等进行了详细而全面的考察，将拉萨制革厂选为对华援助项目之一，投入资金1400万马克进行设备和技术的改造，以及污水处理系统，先后共新增设备119台，还专门从德国、波兰等国家聘请专家对皮革厂的工人进行技术培训，改进生产技术，提高生产效率。另外，对个别工艺改进了工艺流程，更新了生产工艺，从而降低了企业生产成本。派管理人员到国内、国外进行培训，提高管理队伍的综合水平。还有在区内各地区增设产品直销店，建立区内市场营销渠道，提高产品市场的份额，并通过德国援助方的各种社会关系帮助企业拓展国外市场，与德国APC公司建立商务合作，提高皮革厂亚绊品牌在国外的认知度，至今该厂与APC公司仍有商务往来。

拉萨皮革厂产品原料主要来自于牦牛皮，通过先进的设备和工艺技术精制加工，严格的质量控制，皮革抗拉强度、割裂强度等物理指标已达到轻工业部的标准，产品全真牛皮，皮质优良，保留了西藏皮质的天然特性，保暖、透气性能等均居上乘，具有美观大方、结实耐用、种类众多特点。

经过40多年的发展，拉萨皮革厂已成为能生产重革、轻革、裘皮、皮衣、皮杂件等90多个花色品种的全能皮革企业（见表8-69）。其生产的"YAK"牌皮革系列产品现远销德国、奥地利、中国香港等国家和地区。1993年到1999年，先后取得了出口商品质量许可证书、进出口经营权并被批准使用真皮标志。2003年被列入全区龙头企业。

拉萨皮革厂占地面积27万平方米，拥有各种机械设备420台，固定资产2370.7万元，职工180人。退休职工232人，藏族职工占总数的90%、是西藏唯一的皮革综合生产厂家。

表8-69　　　　　　　　拉萨皮革厂1999—2009年产品产量和产值

年份	皮革（张）	皮鞋（双）	皮衣（件）	皮杂（件）	产值（万元）
1999	14987.5	29936	1933	2208	824

续表

年份	皮革（张）	皮鞋（双）	皮衣（件）	皮杂（件）	产值（万元）
2000	12877.5	23836	767	3858	608
2001		25137	147	2568	341
2002	6843.5	26534	217	3505	529
2003	3667.5	21045	237	5329	403
2004	5052.5	30876	124	6177	505
2005	6308	25465		10194	479
2006	13871.5	25799		12475	575
2007	20092.5	24523		5731	610
2008	5260	26352		4117	525
2009	5351.5	23908		4771	467

第三节　环境保护

目前，制革厂废水排量约为50立方米/天，该皮革厂制革工业水质：pH-7、色度51度、SS87毫克/升、COD1230毫克/升、氨氮6.8毫克/升、总铬4.27毫克/升，经过污水处理站处理后，各污染浓度为色度30度、SS43毫克/升、COD216毫克/升、氨氮23.3毫克/升、动植物油0.149毫克/升。

皮革厂目前生产很不稳定，每年连续生产时间仅为2个月左右，生产期间也无法达到满负荷生产，在长期的废水不稳定冲撞下，导致污水处理系统也不稳定，细菌无法正常生长，对COD、氨氮的处理效果下降，导致排水中COD、氨氮超标。悬浮物第二天数据超标，可能是当天污泥发生少量膨胀事故，造成污泥沉淀不够彻底，悬浮物因而有所超标。

目前，该厂固体废物的产生量约为255吨/年。污泥处理产生的污泥目前堆放在污水处理厂以北的一个干化池内。其他固体物体废物全部回收外售。由于污水预处理产生的污泥可能含有铬，因此，该厂开放式储存方法不妥，应当密封保存。

第二十六章 陕西省

第一节 概况

陕西省皮革工业历史悠久，在《周礼·考工记》中曾有"考皮之工五"的叙述。1974年，临潼秦始皇兵马俑坑中出土的兵俑身着的铠甲分为两类，各着不同色彩的皮甲。据专家考证，这种皮甲就是用染了色的皮革制作的。说明早在2000多年前的秦代，就已掌握了皮革染色技术。到了唐代，朝廷设有右尚书，管理马辔加工以及甲胄御用品，兼管毛皮作坊，当时的皮革生产已有一定规模。明末清初，随着蒙汉贸易的日益频繁，手工业产品畅销，皮革制品中的蒙古靴鞋、车马挽具等更属俏货。榆林等地用硝烟、硝油、硝米、盐米及油脂鞣制皮革已相当盛行，这时的皮革业包括靴鞋业、马鞍业及皮绳业等。清末民初，陕西制革产品多为车马挽具，皮毛业也主要为硝面鞣制，皮件以军用为主。最早采用科学制革是清光绪三十四年（1908年）西安的"陕西制革厂"，当时仅有资本4000元，工人30多名。1911年年末，扩充资本至12万元，购置了机器，主要生产军用皮件，1921年停止。1922年西安又有"新履"及"同合"两家制革厂。安康有前店后厂皮鞋作坊三四家，以生产皮鞋为主，兼搞制革。大荔、肤施（今延安）等地，因有丰富的皮革毛皮资源和适于制革之硝水，而成为当时皮革、毛皮生产中心。1926年，西安市的手工业工人有1万余人，而皮革工人就占近两成。1930年，陕南第一家制革厂——华西制革公司在南郑县成立，厂内设中式科、西式科、制革科及机械科4科。1935年，皮革业得到迅速发展，仅西安市制革业就40多户，全省皮革行业产值达356万元。1940年，西安市从业人员约500多人，其中新法制革者已达30余家，以西北化学制革厂规模最大，每月可加工生皮12000多张、生产皮带20000余条。1941年，在"西北"和"平津"两厂的基础上，成立了西安军需制革厂，并在1942年4月征用了"化学""义记""复兴""同合"4家商办制革厂，承担军需订货，其他制革厂生意日渐萧条。到1949年年底，陕西制革从业人数多达1317人，但皮革、皮鞋产量分别只有1000张和1000双。

1950年6月1日，榆林县政府利用原国民党第三监狱的几间旧房，集资19800元，成立了"陕西榆林新华制革股份有限公司"，于1951年正式投产。1953年，陕西省制革行业从业人数达2132人，年产值360万元。1955—1957年，安康县个体皮坊组成了供销生产组，接着转为合作社；宝鸡市金台区、渭滨区的个体皮坊也组成了两个合作社；西安新履制革有限公司合并了6个制革、皮件厂组成了新履履革厂。此外西安还组成了10多个制鞋生产合作社、4个挽具社和2个挽具组。位于西安市南关、东关和老关庙的个体皮坊组成了西安市第一、第二、第三合作社，不久又合并为国营西安制革厂。1958年，陕西省轻工局做出了新建10个年生产2万—3万标张制革厂的决策。当时咸阳、宝鸡、长安、铜川、延安、大荔、汉中、安康、商洛等地、县积极行动，其中咸阳、兴平、长安3个厂家当年土建工程基本完成，并开始用土法生产皮革。到1960年，全省皮革行业有企业42个，工业总产值达到4295万元，皮革、皮鞋产量分别达到19.1万标张和72万双。1961年，皮革及其制品成本提高，销售不畅，许多企业解散，有的厂不得不裁减工人，年底全省皮革工业总产值仅有223万元，企业数减为22个。到1965年，全省皮革行业企业数发展到44个，但产值只有856万元，年产皮革、皮鞋分别为7.26万标张和18.14万双。1966—1976年11年间，陕西省皮革工业产值累计为18823万元，其中1976年工业总产值为2573万元，皮革、皮鞋产量分别为20.5万标张和63.31万双。

1970年北京轻工业学院迁至陕西咸阳，改名为西北轻工业学院，1978年被国务院确定为全国88所重点院校之一，1998年学校划转到陕西省实行中央与地方共建，以地方管理为主的体制。2002年经教育部批准更名为陕西科技大学，2006年整体迁入西安，是西部地区唯一以轻工为特色的高等院校。该校皮革工程学院现设有皮革工艺、皮革分析、服装、皮革制品、染整工程和环境工程6个教研室和皮革工程中心。40多年来，共培养各类专业人才近6000人，他们中大多数已成为行业的骨干和中坚，为中国的皮革工业做出了重大贡献。

1980年，陕西省皮革工业公司成立，加强了陕西皮革工业的管理职能，当年陕西省皮革工业总产值达5195万元，皮革、皮鞋产量分别达到53.78万标张和106万双，猪皮收购量达110.5万自然张，年生产量为80.89万自然张；1981年收购量增至149.5万自然张，生产量达到107.7万自然张。但是，由于当时生产的主要劳保手套革，1983年猪皮劳保手套出口不畅，而国内销售价又高，致使各制革厂、皮件厂产品积压，生产陷入困境。部分制革厂及时调整产品结构，停止了劳保手套革生产，转而生产猪修面革、猪底革及牛修饰面革等中、高档产品。但猪皮革产量还是由1982年的84.12万自然张跌至21.76万张。直到1985年年底，国家提高鲜猪皮补贴以后，1986年猪皮革生产才基本恢复到1981年水平，达104.12万自然张。这一年皮革工业年产值达到6891万元，皮革、皮鞋产量达66.48万标张和128.89万双，企业57个，从业人数7338人。

改革开放以后，随着社会生产力的解放和市场经济体制的不断完善，国有、民营、乡企、合资企业同时并举，陕西省皮革工业发展成包括制革、皮鞋、毛皮、皮件以及与之配套的皮革机械、皮革化工的综合性行业。1994年陕西省皮革工业协会成立，进一步加快了对陕西皮革工业的发展，1999年全省皮革工业企业已到2000多家。从业人数达2.6万人，工业总产值6.5亿元。全省创办皮革合资企业12个，部分企业引进了片皮机、熨平压花机及配浆干燥机等先进制革设备，使全省的皮革产品，不但销往全国大部分地区，而且还出口到日本、美国、中国香港及西欧等国家和地区。其中西安华联皮革有限公司创出了国内优质品牌，在全国同行业中生产规模、质量、产量均名列前茅。"八五"期间的重点企业榆林制革总厂坚持深化改革，在继续保持传统皮毛生产的过程中，牛皮、羊皮制革及皮衣生产方面也取得了长足的发展。总后3513工厂制革、制鞋除完成军品任务外，在发展民品方面也有突破性的进展。"巡洋舰"品牌荣获"真皮标志"称号。乡镇企业的兴起也为陕西皮革工业增加了新的活力，三原兵马俑制革公司生产的"兵马俑"品牌皮衣在全省同行业和消费者心目中树立了良好的形象。

第二节 制革

陕西省的制革业,在民国以前皆用旧法,称为黑作坊。其工艺大致有生皮浸泡、刮铲、退毛,再进行硝施即为成革。这种革多用来制作车马挽具。新法制革始于民国初年,陕西制革厂采用植鞣法、铬鞣珐琅底皮及羊、马杂皮,兼鞣制鞋手套革、提包革等。其工艺采用以栲胶为主的植物鞣制生产皮革。

1935年以后,陕西省各地相继办起了制革厂。1938年宝鸡市从事皮革的户数由原来的4户增至26户,其中资本较多、影响较大的有马玉顺、马成革、法贵生、马忠文、海清村等户。1940年,西安小型制革厂已增至60多户,日产皮革1.5万张。比较大的有西北化学制革厂、新履制革股份有限公司、西北制革厂、同合硝皮厂以及鸿顺兴、永兴、华兴等厂、店。

1938年8月,陕甘宁边区政府以3000元救济金在保安县(今志丹县)筹办难民硝皮厂。建厂初期有19人,20多口缸,几个水池子。1939年年初开始硝皮生产。用传统的盐、芒硝和黄米面硝制羊皮,全部为手工操作。不久使用新法制革,开始自己制作硫化油,生产出了黑黄棕色的皮革。1955—1956年,西安、安康、延安等地的个体皮坊及小型制革厂纷纷实行合作化。宝鸡市30户皮坊组织成立了第一、第二皮革生产合作社,1958年又合并成立"宝鸡市制革合作工厂",有职工46人,当年政府拨款10万元,1959年改名为宝鸡市皮革厂。西安市新履制革有限公司合并了同兴轮带厂、房山制革厂、协同皮件厂等6家企业,组成了新履制革厂。1958年,由西安市第一、第二、第三皮革生产合作社合并组成的西安制革厂迁入新履制革厂,1966年两厂正式合并成立"西安市人民制革厂",皮件车间后改名为"西安工业皮件厂",主要产品有工业皮件、皮手套、皮衣等。

1959年年底,陕西省共有大小制革厂16个,生产工人800余名,完成制革23.7万标张。其中猪皮8.81万自然张,主要产品除修饰鞋面革外,还有服装革、手套革等。

1960年,皮革及其制品销路不畅,许多企业合并或下马,全省皮革生产仅19.1万标张,1961年下降至12万标张,1962年下降至8.2万标张,1963年开始回升。1965年,为解决制革原料皮严重不足的问题,国家计委、国务院财贸办公室批准了财政部、商业部、外贸部、轻工业部《关于大力开剥猪皮、利用猪皮制革》的报告。决定从1966年1月1日起,对猪皮制革实行财政补贴政策,即每市斤鲜猪皮补贴0.30元,补贴款从第二轻工业部收入中退库解决。使陕西省的猪皮制革从1965年的2.2万自然张上升到1966年的1461万自然张。

1969年,为减少脱毛过程中硫化物对环境的污染,西安市人民制革厂在全省率先进行脱毛工艺的研究和试验,并于1972年研制成功猪皮产品酶法脱毛新工艺,1974年完成牛皮轻革酶法脱毛工艺,1975年5月又将羊皮产品的酶法脱毛新工艺研制成功。即以2709蛋白酶作为脱毛剂对黄牛修面革,采用"浸水适当、碱液膨胀、低温脱毛、滚灰片皮、油预处理、铬铝鞣制、铬复鞣、多种填充、精工整理"的工艺办法。宝鸡市皮革厂从1975年6月份开始,将酶脱毛工艺用于猪底革脱毛,鞣料全部选用国产栲胶,操作由池吊鞣的四进四出改为转鼓中一次完成,使工艺过程简化,工人劳动强度减轻,污水减少，栲胶利用率提高，同时鞣制时间也由原来的 15 天缩短为 2 天。

1979 年以后，除在商县、大荔、汉中、安康、长安等地新建或扩建了制革厂外，还对西安市人民制革厂、宝鸡市皮革厂、榆林县制革厂、咸阳市制革厂等企业进行了技术改造，扩建了厂房，增添了设备，引进了片皮机、磨革机、熨革机、挤水伸展机、喷浆干燥机等国外先进制革设备。1981 年全省皮革产量达 186.1 万标张，其中猪皮革产量达 107.7 万自然张。主要产品为猪皮劳保手套。

1983 年下半年，国家将牛皮、羊皮由二类物资下放为三类物资，由于市场上求大于供，使得原皮及成革价格大幅度上涨。到 1984 年，陕西省内牛皮价格由 5 元/千克上涨到 6.6 元/千克、牛修面革价格则由 3.8 元/平方尺上升到 4.8 元/平方尺、山羊板皮价格也由 2—3 元/张涨到 18—25 元/张。后来国家虽然对山羊板皮收购执行最高限价政策，但收效不大。1983 年全省完成制革 50.75 万标张，其中猪皮革完成 23.95 万自然张。

1985 年 12 月，陕西省财政厅、商业厅、二轻工业厅根据国发［1985］75 号文件精神，以陕工轻皮字第 183 号《关于提高鲜猪皮补贴标准的通知》决定，1985 年 12 月 1 日起，等内鲜猪皮每市斤由原来补贴 0.66 元提高到 0.86 元，等外鲜猪皮每市斤由原来补贴 0.50 元提高到 0.70 元，使 1986 年全省制革产量达到 66.45 万标张。

1988 年 8 月，陕西省财政厅以陕财企（1988）121 号文下发《关于取消猪皮制革价格补贴的通知》，决定从 1988 年 8 月 1 日起取消财政对鲜猪皮价格的补贴，猪皮革生产由 1987 年的 80.3 万自然张降至 1989 年的 9.34 万自然张。咸阳制革厂停产，汉中制革厂、延安市制革厂、大荔县制革厂、凤翔县制革厂处于半停产状态。1989 年，陕西省共有制革厂 12 个，从业人员 2374 人，固定资产原值 3756.5 万元，生产能力 120 万标张，实际完成 35.08 万标张。三个产品累计 11 次在全国皮革产品质量评比中荣获一类产品，并有 2 个产品挤进前五名，即宝鸡市皮革厂的猪皮修饰鞋面革和榆林市皮革厂的山羊正面服装革。有 2 个企业被省政府授予省级先进企业称号，即宝鸡市皮革厂和榆林市皮革厂。有 4 个产品荣获省优质产品称号，即宝鸡市皮革厂的猪皮修饰鞋面革、西安市人民制革厂、榆林市皮革厂的黄牛修饰鞋面革和安康县制革厂的黄牛正鞋面革。

第三节 皮革制品

一 皮鞋

明末清初，榆林就有生产靴鞋及蒙古靴的店铺，较有名的有粟华靴铺、云成斋靴铺、得生瑞生靴铺等。1929 年，榆林工业技术学校从北京请来皮鞋技师张活聊，开始现代皮鞋的生产。1930 年，西安竹笆市也有了专做皮鞋的"三胜"鞋店，布鞋、皮鞋兼做的南院门"鸿章鞋店"，张祖芬开的"鸿安祥"鞋店等。1939 年宝鸡有皮鞋、布鞋兼做的"美最时制鞋店"。1937 年，沿海、华北皮鞋匠相继涌入陕西省，比较有影响的有赵世忠、王炳恭、信宝顺、王福纯等。"美丽鑫""保兴泰""美坚"皮鞋店等相继在西安开业，宝鸡市也增加了维新、文记等 6 户皮鞋店。1938 年，路易·艾黎创立了"中国工业合作协会"，在宝鸡成立了"工合实千工业制鞋社"。同期在榆林有柴振春开的"振记"、黄生华办的"茂华斋"等 15 家皮鞋作坊开业。当时全是线缝皮鞋，生产条件极为恶劣，"面朝地,背朝天,一叠三道弯,锥子、梆头、拉刀钳,大腿当锤垫",就形象地说明了当时皮鞋生产的现状。1949年全省皮鞋产量仅有1000多双。

1950年,西安市成立了"工合""协合"2个皮鞋厂,有工人500余人。当时"工合"以信宝顺为主,"协合"以马金福为主,协同305厂生产军用棉鞋供给中国人民志愿军,年产约20万双。"工合""协合"厂于1952—1954年,在西安、宝鸡等地先后成立了许多制鞋社,使全省皮鞋产量由1949年的0.1万双增至2.97万双。1954年,西安市第九制鞋社改名为西安市友谊皮鞋厂,1964年又改名为西安市塑料制品厂。西安市第四制鞋社与第六、第十制鞋社合并成立西安市第二制鞋合作社。1957年转为地方国营西安市兴华皮鞋厂,有职工150人,1962年转为大集体,隶属西安市第二轻工业局。该厂1965年从四川购回一套皮鞋模压机,陕西开始生产模压皮鞋。1958年,西安市第一制鞋生产合作社与第十四制鞋社合并成立地方国营西安市红旗皮鞋厂,有职工300余人,1962年转为大集体,隶属西安市二轻工局。该厂1970年从河南开封皮鞋厂引进硫化皮鞋生产技术。同年,宝鸡市3个制鞋合作社合并成立宝鸡市鞋帽厂。至此,陕西省皮鞋生产由个体手工业走向了大集体生产。

1980年10月21日,陕西省二轻工业局决定将轻工业局所属知青皮鞋厂改名为"陕西省皮革工业公司时履皮鞋厂",属科级企业,大集体性质。宝鸡皮革厂皮鞋车间同宝鸡市制鞋厂皮鞋小组在原宝鸡市铁锨厂的基础上,成立了宝鸡市皮鞋厂。同年,全省皮鞋首次参加全国同行业评比,西安市兴华皮鞋厂参评的牛三节头胶粘男皮鞋和牛素头胶粘男皮鞋参评,在72个厂家中分别获第五十四名和第五十八名,列为二类产品。

1982年4月14日—18日,在西安举办了全省第一次皮鞋质量鉴定评比会议,共有17个厂家10个品种29个花色的92双皮鞋参会。

1986年,是陕西省参加全国皮鞋评比产品最多的一年。其中,西安市红旗皮鞋厂牛三节头胶粘男皮鞋和兴华皮鞋厂牛素头胶粘男皮鞋,在54个评比产品中分别取得第十九名、第二十九名;红旗厂牛圆口女皮鞋、兴华厂牛浅帮女皮鞋在63个评比产品中分别获第三十四名、第三十五名;汉中皮鞋厂猪皮浅口女皮鞋在16个产品中列第九名、牛三节胶底线缝皮鞋在46个产品中列第三十名。以上产品均为二类产品。宝鸡市皮鞋厂的猪皮三节胶粘男皮鞋在9个产品中列第六名,属三类产品。另外,榆林市皮革厂和汉中市江南皮鞋厂的5个产品因封样不合要求未列名次。

1987年,全省皮鞋评比会于5月16日在西安召开,有13家企业的33个样品参加。其中,男胶粘8个、女胶粘18个、男线缝7个。

1988年6月15日,全省皮鞋评比工作会在西安举行,榆林市皮革总厂套式穿花仿革底胶粘男皮鞋、宝鸡市皮鞋厂牛皮海口仿底中跟胶粘女皮鞋、汉中市皮鞋厂牛皮三节胶底平跟线缝男皮鞋分别被评为同类产品第一名。在全国性评比中,陕西省皮鞋首次进入一类产品行列。

1989年5月23日,全省皮鞋评比工作会在陕西省南郑县举行,共有8个企业的21个产品参加了评比。同年10月,西安市兴华皮鞋厂牛皮大舌胶粘中跟男鞋、榆林市皮革总厂牛皮三节中跟缝制男皮鞋、延安市制革厂牛皮两眼胶粘中跟女皮鞋被省政府命名为省优质产品。

二 皮件

随着制革业的兴起、发展，陕西省也相继出现了皮件制作。1900年，已能制作简单的皮撅子、自行车座等。清光绪三十四年（1908年），陕西第一牧场有限公司经理高幼尼及协理华县人郑吉安，因牧场出产牛羊，提议在西安创办制革厂。后更名为陕西制革厂，出品的革制品多为军用皮件。1923年，新履同合制革厂创立后，开始由土法转为化学制革，皮件也有了新的起点。当时新履公司内就专设有球科，专门管理球类皮革的生产。

1949年，皮件生产有103户，从业人员214人。当时较大的城东、同兴、享得厚、庆隆、协同、建业、华昌等10多家皮件厂，均为前店后厂，规模不大，纯手工操作。

1950年，由天津中浴皮件厂的陈西林带2人和1台机器来西安与同兴合并，并带来了从日本学习的新技术，开创了西北地区生产纺织皮件的历史。

同年，陕西省的皮件业得到迅速发展。1954年由个体衣箱户14人成立了第一布箱加工组，生产外加工棕箱，年产3500个，产值1万元，布箱500个。1956年又吸收社会上的个体户加入，人员增至56人，组成了西安市新城区第一布箱生产合作社，年生产布箱10000个，产值13万元。1958年改为西安市莲湖区红星制箱合作工厂，职工增至103人，品种增加，年生产布箱6000个、皮箱2000个、皮件类10000个、布手套1000打。1966年，更名为西安市红星制箱厂，1971年又改名为西安市红星皮件厂。主要产品有旅行衣箱、软箱、书童箱、手套、皮肤装6大系列、48个品种136个规格，产品畅销国内外。

1955年3月17日，由单干户人组成西安市手工业布皮箱供销生产合作小组，隶属西安市碑林区手工业联社。当时条件十分简陋，有厂房6间共102平方米，资金1000元，工具只有榔头、剪子、刀子等，主要生产布皮箱，年加工布箱5000—6000个。当时，省内皮件厂还有宝鸡市渭滨皮件厂、榆林制革总厂皮件分厂、汉中市皮件篷布厂、渭南皮件厂、沪县秦华皮件厂。宝鸡市渭滨皮件厂建于1958年，主要生产皮挎包、皮手套、皮带、皮箱等产品，有工人30人，1958年升级为地方国营，1963年调整退为集体企业，1980年转产人造革手提包和皮箱等产品，1985年产量达17万件，增加皮手套、车棚等产品，花色51种，是宝鸡市产品历史较长、质量较好的一家皮件厂。

此外，延安制革厂曾生产过皮件，年生产能力可达10万件。安康制革厂生产过皮夹克、猪皮出口劳保手套。凤翔县制革厂、大荔县制革厂均加工过猪皮出口劳保手套，汉中市制革厂也生产过皮件。

30多年来，陕西省皮件生产企业，开发的新产品达50多种，全部投入市场，每年生产的箱和包占据西北地区各大商店，在广大消费者中取得良好信誉。西安市华西皮件厂，1984年开始生产的人造革拉链箱获轻工部优秀设计奖，仿羊革折叠包获轻工部优秀设计奖、轻工部优秀新产品奖。儿童运动折叠包获全国儿童生活用品金鹿奖。镶拼公文箱在1987年被轻工部评为优秀新产品；竹胎衣箱获1987年陕西省优秀新产品奖。1985年人造革拉链箱获陕西省优质产品奖，1986年PU革折叠包获工艺品百花奖，并获陕西省优质产品奖和西安市优质产品奖。1987年镶拼公文箱获西安市优质产品，1988年旅行软箱获西安市优质产品。竹胎衣箱获陕西省优质产品。1989年，系列旅行软箱获省优质产品，镶拼公文箱获全国轻工产品展评会工业设计优秀奖。出口产品劳保手套达到外贸免检。西安市红星皮件厂，1987年生产的旅行箱在全国行业评比中进入一类第八名。1988年在全国衣箱评比中纸胎衣箱获一类第三名、竹胎衣箱获一类第二名。1988年在全国轻工业出口产品展览会上，183#线呢箱、186#格布旅行衣箱、劳保手套均获出口产品金龙腾飞奖，1988年旅行衣箱获部优秀产品称号。

三　车马挽具

据资料介绍，清同治二年（1863年）党士元在凤翔开永兴和皮坊，生产车马挽具、拥脖等，生意兴隆，产品远销上海、北京、汉口等地。1870年，西安东关的老吴家皮坊成立，从业人员达30余人，主要产品也为车马挽具。清末民初，仅凤翔一县，从事车马挽具生产的手工业作坊已达30多户。榆林的马鞍挽具业始于清代，最早的作坊为元顺皮坊，是由河北邯郸、邢台等地的人来榆林开设的。山西人王国良、王振朝在宝鸡市汉中路的和顺皮坊，生产车马挽具有独到之处，在四川、陕西、青海驮脚户中享有盛名，制成拥脖绵软舒适有"行程千里不打肩"之特色。

1940年前后，西安旧式皮坊已增至100多户，多集中于东大街、北大街和糖坊街一带，操作纯系手工，原料皮多采自河南郑州、洛阳一带，出品以皮绳、皮笼头、鞭梃、鞭梢、旧式马鞍等为主，比较出名的有糖坊街18号的全德盛的皮弦、皮梁，东关宝林祥的皮条，以及荣其旺的鞭梢等。

1941年，为了冲破国民党反动派对陕甘宁边区的经济封锁，夺取抗日战争的最后胜利，延安军民根据毛主席提出的"自力更生，艰苦奋斗"精神。创办了延安县新德皮坊（1952年改名为"延新皮坊"），生产车马挽具（如大、小拥脖，搭腰，鞘鞴，鞭梃，闸绳等）。

1949年新中国成立后，特别是经过1950年土地改革，挽具业再次兴旺起来。西安市桶子皮制成的自然皮张产量1954年比1952年增加一倍。

1955年至1956年，在合作化浪潮中，一些失业的皮匠及个体作坊重新组织起来，成立了挽具生产合作社（组）。如西安市东大街、北大街、糖坊街、大麦市街的个体皮坊，先后组成了西安市第一、第二、第三、第四挽具生产合作社，郝家巷的个体皮坊则组成了挽具组，从事挽具生产。这"四社一组"于1958年合并组成了西安市工农挽具合作工厂，共有职工200多名，在大兴路小白杨一带建起了新厂。直到1971年前后，生意一直不错，是全省最大的挽具专业生产厂。1974年开始，逐步走下坡路。1975年，该厂购进了鞋楦机，从事鞋楦生产，改名为"西安市鞋楦厂"，挽具的比重逐步减少并于1985年停止挽具生产。

此外，凤翔、汉中制革厂、宝鸡市皮革厂在建厂初期也生产车马挽具，到1983年，计划内原皮中还有车马挽具用皮。从1984年开始，车马挽具在陕西省已基本停产。

第四节　毛皮及制品

陕西省毛皮生产历史较久，特别是陕北各县，由于气候寒冷及盛产羊、狐、兔、狼、獾、松鼠等野生兽皮，自古就有皮毛手工业，其一般工匠常受雇为人加工皮毛。资本较多的则自设皮坊，招工带徒，收购原料，生产、出售成品。清末，仅神木县城内就有皮坊20余家，其中规模大的有工徒100余人。他们用米粉沤皮法鞣制皮张，皮张以脱脂、脱水处理后，柔软轻巧、毛色鲜亮、纹理顺当、经久不衰，然后经巧裁细缝，制成各种裘皮服装，畅销于本县及内蒙古、山西、河北等地。华贵的狐皮大衣、二毛羊皮衣，远销长江流域。陕西省渭北平原的蒲城、大荔县一带，由于有适于硝制毛皮之洛水，故毛皮作坊多集于此，民国十六年（1927年）前有百余家之多。1945—1949年，皮毛业也趋于低潮，不少皮匠艺人歇业。

1950年，全省各地毛皮匠人纷纷走上合作化的道路。

1989年年底，全省二轻系统共有县以上皮毛厂5个，分布于定边、榆林、宝鸡、彬县、西安。共有职工364人，产值385万元。鞣制工艺全部采用化学鞣制，主要产品有绵羊皮衣筒、奶山羊褥子、兔皮、狗皮褥子、染色羊剪绒及服装、染色兔皮及服装、沙狐皮、仿貂皮围脖等。其中有3个产品在全国同行业质量评比中荣获一类产品奖，2个产品被评为省优产品，1个产品评为市优质产品。专用设备主要有刮肉机、铲皮机、缝皮机、粗剪机、精剪机、熨毛机及打灰机等。

陕西毛皮行业具有代表性的产品为：

（1）奶山羊褥子：奶山羊褥子是宝鸡市金台皮毛综合加工厂于1974年最先开始生产的。采用奶山羊皮为原料，甲醛鞣制工艺。具有表面光滑、朴素大方、光洁无味、毛被平整、洁白柔软等特点。是省毛皮主要出口产品之一，曾远销中国香港、西欧等地。1980年，宝鸡市金台皮毛综合加工厂生产的奶山羊褥子在全国质量评比中被评为一类产品第五名，次年获省优质产品称号。

（2）染色羊剪绒：染色羊剪绒是榆林市皮毛厂最先生产的。以三代以上改良羊皮为原料，先醛鞣、再铬鞣、再多次剪熨而成，多用于制作高档服装、、衣领帽子及艺术挂毯等。

（3）兔皮翻穿大衣：兔皮翻穿大衣系彬县毛皮厂于1985年开发的裘皮制品，其原料采用染色兔皮或本色青紫蓝兔皮，经精心裁制而成，具有物美价廉、美观大方，适合一般消费者购买的特点。

第二十七章　甘肃省

第一节　概述

一　古代皮革业的沿革与变迁

甘肃位于黄河上游，是中华民族的发祥地之一，历史悠久，幅员辽阔，矿藏丰富，民族众多，位于我国的腹心地带。万里长城西起于此，中西交通古道横贯东西，是中原联系西北乃至中西亚的咽喉和纽带，自古陆路交通贸易十分发达，境内有许多中原与边疆少数民族的茶马古市，在政治、军事、经济地理上占有非常重要的地位。甘肃是全国五大牧区之一，以其发达的畜牧业和丰富的皮革、毛皮资源闻名中外，尤其以羊皮和野生皮最为显著。

甘肃钟灵毓秀、人才荟萃。秦砖汉瓦，遗迹斑斑，志士仁人迭起，能工巧匠辈出，作为甘肃轻工业支柱产业的皮革行业历史悠久，相传人类始祖伏羲"制嫁娶，以俪皮为礼"。甘肃永昌县三角城与蛤蟆墩沙井文化遗址中，就发现半熟和全熟的牛皮、马皮、羊皮、护手物、刀鞘及腰带等皮革制品。

古人云："食其肉，寝其皮，乘肥马，衣轻裘。"

秦汉之际，甘肃境内以游牧为生、衣戎为革的羌人，就已经掌握了鞣皮技术；西夏和元代时期，河西地区畜牧业兴旺，皮毛资源丰富，盛产硝皮，各族人民使用土法手艺熟制皮革、毛皮，制作御寒的皮衣、皮裤等衣物。明代，兰州家庭皮革手工业作坊兴盛，主要制作衣、帽、鞋、袋、马鞍、刀鞘、水囊、牛羊皮筏子等。清代，甘肃少数民族回族、藏族、东乡族、裕固族、蒙古族、哈萨克族、土族、撒拉族、保安族等素有捻毛为线，手工熟皮的传统，并成为居民的家庭手工业。当时甘肃皮毛资源丰富，销量也著称西北，历史上就已形成了张家川回族自治县、临夏回族自治州河滩关及广河县三甲集和等牲畜、皮毛交易市场。

二　近代皮革发展概况

（一）制革

光绪三十二年（1906年），兰州道台彭英甲于甘肃举院创办劝工厂，内设制革部，开甘肃制革工业之先河。

民国元年（1912年），征收皮毛产场税年约100万两白银，可见皮毛产量之大，当时皮张、毛类、药材、食盐、水烟、砂金并称甘肃六大特产。

民国五年（1916年），陇南镇守使孔繁锦创办甘肃省陇南第一工艺厂，厂址在天水瑞莲寺，设有多科，其中就有制革。

民国十年（1921年），孔氏又在天水筹办官商合股经营的和丰制革织呢有限公司，专门生产军用、民用皮件和革制品。同年4月，在兰州建成鸿泰制革厂，注册资本24500元（法币），生产设施和工具有灰池、药池、木案、应用尺和铲刀等。主要生产各种皮件、皮箱、皮带和军用皮具。

民国十二年（1923年），成立省立工业学校附设工厂，采用手工制革。

民国十四年（1925年），天水开办天陇制革厂，生产皮革和皮件。同年，天津商人在兰州成立鸿泰皮革公司，用手工和简易机器生产军用皮件。

民国十七年（1928年），原天水工艺厂制革部迁入兰州西关贡院，第二年改建为甘肃制革厂，隶属于甘肃省政府建设厅，设制革、皮件、皮包、靴鞋、铜器5部。同年，甘肃第一民生工厂第二分厂在兰州举院成立，生产新式皮箱、皮包、皮带、皮鞋和军用皮件。

民国二十六年（1937年），成立甘肃省制造局化学工厂，次年制造局改组为甘肃省制造厂，下辖造纸、营造、机械和化学用品4个工厂，其中化学用品工厂主要生产烛皂和皮革制品。至民国二十九年（1940年），甘肃省制造厂结束，化学用品厂更名为甘肃省建设厅化学用品制造厂，设皮鞋、皮件、制革、油脂4部。民国三十年（1941年），甘肃省建设厅化学用品制造厂分设两厂，皮革三部归甘肃省水利林牧公司，成立兰州制革厂。同年，军阀马步芳在武威大街建成河西制革厂，主要生产皮衣、皮件、皮鞋。

截至1948年10月，甘肃规模较大的制革厂有甘肃水利林牧公司兰州制革厂、乾和制革厂、振华制革厂、大中华制革厂、协力制革厂、新西北制革厂、复兴制革厂、全泰制革厂、天水利华制革厂、联勤总部天水制革厂和武威制革厂等26家。此外，尚有若干较小的家庭作坊式的制革加工企业。全省年生产能力25万张，从业人数200多人，产品主要包括马鞍、皮箱、鞋靴和日用品。制革工业成为当时甘肃四大民生工业（纺织、制糖、造纸、制革）之一。

（二）毛皮

甘肃省利用毛皮制裘兴盛于明末清初。至清代末年，天水地区张家川县已成为驰名西北的皮毛集散地。民国时期，张家川年产绵羊皮、羔羊皮及各类野生皮制裘皮衣多达2000—3000件，远销上海、天津、成都、武汉等地。制作方式为手工线缝，土法泡制。临夏回族自治州广河县毛皮加工也有上百年的历史，为传统家庭副业。

甘肃省开业最早的毛皮作坊是景泰县庆馀锡作坊，建于清光绪年间，年生产黑、白羊皮3500件。当时，甘肃省毛皮种类以颜色分黑皮、白皮、黄皮、花麻皮4种；以品种分沙毛皮、猾子皮、老羊皮、二毛羔羊皮、小毛羔皮和胎羊皮6种。这些裘皮全省年产量327万张，其中沙毛皮11万张、猾子皮13万张、老羊皮140万张、二毛羊羔皮19万张、小毛羊羔皮17万张、胎羊皮3万张，熟制原料有芒硝和糜子粉，方法有干晾法和热晾法两种。

抗日战争以前，甘肃省内各地皮毛商行，常年在兰州、武威、平凉、夏河、张家川等地派驻人员直接收购生皮，然后转运到北京、天津等地熟制，很少在当地熟制。抗日战争以后，皮毛成为国际贸易商品，1944年以前由富华公司统购统销，此后由复兴公司接办。

1948年，毛皮业作坊遍布甘肃全省。按区域划分：平凉县有皮货店30家，主要从事皮衣生产，每年出售白二毛皮20万张、白小毛羔羊皮10万张、黑猾子皮30万张、狐皮

5000 张。大多制成皮衣,年产约 3 万件,销往陕西、河南、四川和甘肃本地;武威毛皮业有 40 余家,产品以老羊皮为主,二毛皮次之,年产约 25 万件,销售当地及兰州;兰州有皮货店 24 家,其中 16 家兼营皮衣制造,年产皮衣约 15000 件。

(三) 皮鞋及皮件

安西县和敦煌市交界处的悬泉置遗址出土遗物有皮鞋,说明西汉魏晋时期,甘肃已开始皮鞋制作和穿用。

民国三十二年 (1943 年),甘肃第一民生工厂第二分厂开始生产现代皮鞋。全省皮鞋生产厂和私人作坊有金城工业社、荣盛斋、益民制革纺织工厂、裕华制革厂等。工厂规模不大,产品有皮鞋、皮靴、反绱便鞋等,年产量最高时为 1000 双左右。以线缝、锥扎、榔头砸进行生产,方法原始,劳动强度大。

民国二十九年 (1940 年),甘肃省就有手工皮箱、皮包和军用皮件制品的加工作坊,产品有车马挽具、刺刀套、枪皮带、皮结、皮带、皮圈、保险安全带等。

三 新中国成立后皮革行业的发展历程

中华人民共和国成立后,甘肃皮革工业发展较快,1949 年全省皮革工业企业 49 个,其中集体所有制企业 5 个、私营企业 44 个,工业总产值 636 万元,皮革总产量 350 吨 (包括重轻革),皮鞋 0.28 万双。1951 年,中国人民解放军西北军区后勤军牧部兰州皮革厂建成投产。1952 年全省皮革工业企业 59 个,其中全民 2 个、集体 5 个、私营 52 个,工业总产值 899.62 万元,皮革产量 798 吨,皮鞋 0.35 万双。1955 年全省皮鞋工业企业 28 个,产值 423.7 万元,皮革产量 0.89 万张,皮鞋 3.7 万双。1956 年上海第六、第十四、第十九 3 个合作社 80 余人迁到兰州,成立中百公司皮鞋厂。此后,上海美高皮鞋店、震旦皮鞋厂、健康皮件厂、建华皮鞋厂、沪东皮鞋厂等相继迁兰。这些厂家带来先进的生产技术工艺,推动了甘肃皮革及其制品工业的发展。1964 年为加强皮革行业专业化管理,成立甘肃省皮革工业公司,公司下属兰州皮革厂、天水皮革厂、平凉皮革厂 3 个企业。1965 年全省皮革工业企业 46 个,从业人员 1343 人,产值 516.98 万元 (按 1957 年不变价格计算),其中制革企业 1 个、日用皮革制品企业 7 个、皮鞋企业 4 个、软皮货企业 1 个、车马挽具企业 33 个,重革产量 67.11 吨,轻革产量 52120 平方米,皮鞋 8.79 万双,车马挽具 47 万件。

"三五"时期 (1966—1970 年),甘肃省皮革产量年均增长 19.54%,皮鞋年均增长 14.86%。1969 年甘肃省皮革工业公司撤销并入兰州皮革厂。1970 年全省皮革工业企业 36 个,产值 876.1 万元,皮革生产能力 11.94 万张 (折牛皮),其中猪皮 0.01 万张。皮革产量 11.13 万张,皮鞋 17.57 万双。

"四五"时期 (1971—1975 年),全省皮革产量年均增长 10.21%,皮鞋年均增长 14.55%。

"五五"时期 (1976—1980 年),全省皮革产量年均增长 16.56%,皮鞋年均增长 23.5%。1978 年在制革工业中全面推广酶法新工艺。1980 年成立甘肃省皮革塑料工业公司。是年,全省皮革工业企业 45 个,职工 5400 人,产值 6303 万元,固定资产原值 4772 万元。皮革生产能力 39 万张,皮鞋生产能力 114.2 万双;皮革产量 39 万张,皮鞋产量 99.69 万双。出口皮鞋 2 万双、皮手套 43.71 万副、皮制三球 (篮球、排球、足球) 3.26

万个。

1981年甘肃省成立皮革塑料工业公司，1982年兰州市成立皮革工业公司。1983年全省有皮革生产企业73个，制革能力80万张，皮鞋加工能力165万双，年制革41.9万张，生产皮鞋123万双，工业生产总值7000多万元，仅次于食品、缝纫、塑料等行业。1985年，全省共有皮革生产企业68个，职工1.26万人，其中工程技术人员128人。产值9748万元，比1984年的7940万元增长22.77%，比1980年增长54.66%；固定资产原值8445万元，比1980年增长76.97%。年鞣制皮革57.54万张，生产皮鞋156.97万双。同年，全省乡镇皮革毛皮及其制品企业73个，年产皮件制品15.2万件、皮鞋33.68万双，皮鞋产量占全省皮鞋总产量的21.48%。1985年天水市皮革工业公司成立，公司下属于天水市皮革厂、天水市皮鞋厂和天水市皮件厂3个企业。

1949年至1985年，甘肃省皮革、毛皮及其制品业全民所有制工业企业固定资产投资额累计9015万元，占全省全民所有制工业企业固定资产投资的0.4%。皮革、毛皮及其制品业形成制革、皮鞋、皮件、皮毛4个主导行业和皮革化工、皮革五金、鞋楦、鞋用材料4个配套行业。

1986年甘肃有皮革、毛皮及其制品企业91个，工业总产值10500万元，鞣制皮革61.1万张，生产皮鞋210.78万双。1987年全省有皮革、毛皮及其制品企业107个，工业总产值12552万元，形成年生产能力制革89.22万张、皮鞋212.94万双。

截至1988年，全省共有皮革、毛皮及其制品企业115个，工业总产值13573万元，职工总人数12913人（历史最高）。鞣制皮革89.56万张，生产皮鞋190.09万双，其中兰州市27个，工业总产值6401万元；天水市19个，工业总产值1601万元；庆阳地区13个，工业总产值625万元；平凉地区13个，工业总产值990万元；武威地区9个，工业总产值747万元；临夏回族自治州9个，工业总产值476万元；张掖地区8个，工业总产值318万元；定西地区5个，工业总产值1229万元；甘南藏族自治州5个，工业总产值931万元；白银市2个，工业总产值85万元；金昌市、嘉峪关市、陇南地区各1个，工业总产值分别为47万元、75万元、12万元；酒泉地区2个，工业总产值27万元。

1990年至2000年，全省皮革、毛皮及其制品企业从115个锐减至15个，其中国有和集体所有制企业全部倒闭，造成大量职工下岗，制革、毛皮工程师和技术工人大部分流失到广东、福建和浙江等制革发达省份。据1998年的统计资料显示，制革生产仅完成11万标张，为历史最低水平。

2000年至2008年，全省皮革、毛皮及其制品企业有所恢复，但也仅维持在30多家企业，制革和毛皮基本上仍处于20世纪90年代水平。制鞋企业发展较快，截至2008年年底，全省制鞋产量达到200多万双，为历史新高。

1952年至1988年，甘肃省皮革产量年平均增长速度11.75%，皮鞋年平均增长速度17.17%；1988年到1999年皮革产量年平均递减12.3%；1999年至2008年皮革产量年平均增长2.4%。

甘肃省自产的皮革产品销往全国各地，并有部分出口。50年代至70年代，牛皮、羊皮、毛皮、野杂皮、皮鞋等产品出口苏联；80年代，皮鞋、童鞋、劳保手套、凉鞋、皮箱等产品出口苏联、美国、澳大利亚、伊拉克、中国香港等国家和地区。1985年全省轻工系统共出口猪革劳保手套2万打，创汇16万美元；皮鞋0.24万双，创汇1.92万美元。

1988年，出口革皮手套17万副，出口交货值84.84万元。1988年至1999年每年有约30万元的出口额，2000年后再无出口记录。

第二节 制革

一 发展概况

中华人民共和国成立后，制革工业发展较快。1949年全省皮革总产量0.05万张（折牛皮）。1950年，甘肃省土法硝制皮衣2万余件。兰州市有制革厂15个，职工3107人，每月最高产量牛皮革1800张，最低产量670张；羊皮革最高为2300张，最低1800张。私营制革业72个，职工152人，月产牛皮革19.55斤，其中制革组21个，职工82人；硝皮组36个，职工52人；鞍辔组15个，职工18人。1951年，中国人民解放军西北军区后勤军牧部兰州皮革厂建成投产。1953年建成地方国营张掖皮革厂。社会主义改造时期，皮革行业成立生产合作社组，这些社组又先后合并成国营皮革厂。"一五"时期，全省皮革产量年均增长34.1%。

"大跃进"时期，全省各地采用"土法上马"办法，相继办起20个小型皮革厂。1960年全省皮革产量26.1万张。1965年甘肃开始利用猪皮制革。同年，全省轻工系统生产皮革3.66万张（折牛皮），其中牛皮1.92万张、猪皮0.78万张（折牛皮）、羊皮0.86万张、杂皮0.1万张。皮革年生产能力9.2万张，其中重革177.72吨、轻革10.65万平方米。重革产量67.11吨、轻革产量5.2万平方米。1970年全省轻工系统有国营制革企业4个。1977年，甘肃省轻工业局在庆阳地区召开全省皮革产品质量评比和新产品、新工艺现场会议。为使制革和革制品企业向专业化发展，确定兰州、天水、平凉等皮革厂以牛皮、羊皮、猪皮为制革的主要原料，以生产高档产品为主；庆阳地区皮革厂以猪皮、羊皮为原料，生产服装革和鞋用革为主；河西三地区皮革厂以猪皮为主，牛羊皮革为辅；夏河毛革厂主要生产民族用革。

1980年，全省轻工系统有制革企业8个，职工1100人，工业总产值1210.36万元，年产重革490吨、轻革52万平方米。1985年，全省轻工系统有兰州皮革厂、甘肃省陇西皮革厂、武威制革厂、天水市皮革厂、甘肃省庆阳地区皮革厂、甘肃省平凉地区制革厂6个制革企业，职工1234人，工业总产值1603万元，制革能力81.62万张。年产重革590吨、轻革113.66万平方米。

1987年全省有制革企业14个，其中轻革11个、重革1个、其他制革企业2个。1988年，全省有制革企业16个，鞣制皮革89.56万张，其中轻革204.95万平方米、重革0.06万吨。1979年至1988年皮革产量年均增长10.56%。

截至2008年，全省制革生产企业有6家，年鞣制皮革47.8万标张，产值约2.39亿元。

二 生产设备及工艺

新中国成立初期，甘肃省的制革业主要以木桶、水缸、木案、灰池、鞣池和刀尺等为生产工具，比较先进的设备有抽水机和线缝机。制革采用古老的烟熏法和硝米面法鞣制。

制革原料有牛、羊、马皮；鞣剂有五倍子、橡壳子、柯子、青冈树、桦树皮等。制革仍是"缸泡、脚踩、刀刮"工艺。

1965年，全省制革设备有鞣池96个、转鼓13个、片皮机2台、去肉机2台、磨革机5台。至70年代又增加了拉软机、削匀机、压花机、熨平机等专用设备。

1980年后，全省先后有6家制革厂引进国外先进技术和设备，即有液压片皮机、双真空干燥机、挤水伸展机、立式实验转鼓、通过式熨革压花机、双喷室喷浆机等14台（套）。1985年制革业实现机械化生产，相继建成多条牛皮、羊皮、猪皮制革生产线。1988年制革生产设备增至鞣池96个、转鼓173台、去肉机35台、磨革机36台、熨革机22台。1990年后制革生产急剧下降，至1999年年底，原国有企业的所有生产设备全部变卖；2000年以后逐步恢复，至2008年，全省制革设备仅为1988年的1/3。

手工业作坊时期，牛羊皮鞣制工艺分为二步：第一步为清洁工作，除去皮上血、肉、骨头；第二步为去毛，将刮净之皮，投入石灰水桶内去毛，然后清洗干净，浸入麦麸水中，最后将皮浸于单宁酸或明矾溶液中，经一定的时间，生皮就可制成熟皮。随着生产设备的更新，制革工艺技术也相应提高。1960年以前采用古老的三槽法工艺生产，1960年以后采用灰碱法工艺生产；1980年后采用盐碱法生产一直延续至今。

三　产品品种和质量

皮革是生产皮革制品的主要原材料。按动物种类分，有牛皮革、猪皮革、羊皮革和野杂皮革等；按用途分，有民用革、工业用革和军用革；按张幅和重量分，有轻革、重革。轻革主要有鞋面革、服装革、手套革、鞋里革等；重革主要有底革、轮带革、皮结革等。

20世纪50年代以前，甘肃省制革业以牛皮革为主，主要生产军用革和重革。70年代生产鞋面革、手套革。1980年以后生产牛修面革、猪修面革、羊皮服装革牛底革、猪底革等50多个品种，还开发出金银革、闪光革、萤光革、美术革、薄型服装革、香味服装革和牛、猪服装革等。其中萤光革、金属闪光革，属国内新产品。在品种增加的同时，质量也有提高。1982年兰州皮革厂的牛面革、猪面革、羊服装革均获全省质量评比第一名。1985年该厂生产的"雪丽"牌彩色山羊服装革获甘肃省优质产品称号。1987年平凉地区制革厂生产的铬鞣猪皮苯胺鞋面革获甘肃省优质产品称号，同年，甘肃省陇西皮革厂生产的铬鞣牛修面革获甘肃省优质产品称号。1988年全省轻工系统重革合格率99.6%、轻革合格率73.9%。1990年至2008年，全省制革产品结构变化不大，只是生产方式由传统的做成品再销售转变为以订单量的大小安排生产。

第三节　毛皮

一　发展概况

国民经济恢复时期（1950—1952年），全省的皮毛手工业作坊逐步组成生产合作社（组）。天水有手工皮毛加工业129户，从业人员195人。60年代全省轻工系统有皮毛加工企业7个，其中国营企业3个、集体企业4个。

1960年，甘肃省轻工业科学研究所进行皮革加工及应用研究。1963年年底正式成立皮革研究室。1978年，该所"毛牛皮组织结构"研究项目获国家科学技术大会重大科技成果奖。

1980年，全省有皮毛企业15个，其中6个属省外贸系统、1个属省供销社、4个属轻工系统。企业普遍设备陈旧，工艺落后，技术水平低，产品质量差。主要生产出口山羊皮褥子，皮毛生产能力92万张（折羊皮），产值7200万元。

1985年，全省轻工系统皮毛加工企业6个，职工307人，工业总产值186万元，实现总额27万元。主要生产企业有肃南县皮毛加工厂、天水皮毛加工厂、天祝县皮毛加工厂、景泰县皮毛加工厂、秦安县工商皮毛加工公司和永昌县皮毛厂。张家川回族自治县有皮毛加工专业户1.2万家、皮毛加工企业21个、皮毛货栈60个，年产皮毛制品20多种数10万件。广河县有皮毛加工专业户5000多家。平凉市有甘肃省外贸皮毛加工厂1个，皮毛加工点36个。

1988年，全省毛皮鞣制及制品企业37个，轻工系统年生产毛皮（折羊皮）7.28万张，其中绵羊皮（自然张）4.68万张。毛皮服装1.33万件，其中翻毛皮服装0.58万件，毛皮帽子0.02万顶。

至1993年，除总后勤部3512工厂以外，全省毛皮企业全部关停并转或倒闭。

二　毛皮制品

毛皮制品的种类按其用途可分为民用、工业用、军用三大类。主要产品是本色猞猁皮、水貂皮、狐狸皮长短大衣等裘皮服装、毛革两用皮各式服装、手套、皮筒、皮帽、皮褥、干衣筒、皮背心、野生裘皮帽等，花色品种200余种。兰州、天水、平凉、甘南、临夏、张家川、武威、庆阳等地县毛皮企业均能生产。1980年，中国人民解放军第3512工厂生产的铬鞣猫皮，获中国人民解放军总后勤部优质产品称号。该厂从1980年以后生产的优质细毛羊皮一直保持总后勤部优质产品称号。1985年，肃南县皮毛厂生产地裕固族皮大衣在全国少数民族用品供应会上被评为轻工业部优秀产品。1988年，中国人民解放军第3512工厂生产的羊剪绒防寒服获甘肃省优秀新产品科技成果三等奖。

第四节　制鞋

一　发展概况

1950年，全省皮鞋手工业小作坊逐渐合并为合作社（组）。生产由手工操作逐步改革成半机械化。1956年至1961年，先后从上海迁到兰州3个皮鞋厂（店），使得全省的皮鞋式样得到更新，产量增加。1965年，全省轻工系统有皮鞋生产企业4个，职工518人，工业总产值191万元，皮鞋产量8.78万双，皮鞋生产设备有内线机7台、外线机7台、大轴缝纫机37台。1970年后，随着猪皮资源的开发利用和制鞋材料的增加，皮鞋产量持续上升，1975年产量34.66万双，1979年产量82.97万双。

1980年，全省皮鞋生产企业16个，工业总产值1213.4万元，生产设备有硫化罐1台、外线机28台。1985年，全省皮鞋生产企业20个，职工4875人，工业总产值2756万元，实现利税总额477万元。比较大的生产企业有兰州美高皮鞋厂，年产量39.8万双；

兰州皮鞋厂，年产量20.6万双；天水市皮鞋厂，年产量13.08万双；平凉地区皮鞋厂，年产量10万双。

"六五"期间（1981—1985年），甘肃制鞋企业开始引进国外先进技术和设备。1982年，甘肃省陇西皮革厂从捷克引进一条年产30万双皮鞋生产线。制鞋行业开始打破传统的针缝线绱手工生产方式，同时生产鞋用材料和鞋楦。1985年，全省共生产牛面皮鞋80万双、猪面皮鞋59.53万双、合成革鞋1.96万双。1986年，全省共生产皮鞋210.8万双，创历史最高水平。1987年，皮鞋生产企业44个，生产能力达212.94万双，产量184.19万双。1988年皮鞋产量190.09万双。同年，兰州美高皮鞋厂也从捷克引进一条年产30万双的胶粘皮鞋生产线。

二 制鞋工艺

20世纪50年代以前，甘肃制鞋业以手工线缝为主，60年代以后逐步采用硫化、模压、胶粘等工艺。

（1）胶粘工艺。胶粘工艺在制鞋四大类（胶粘、硫化、模压、线缝）工艺中居主导地位。1962年兰州皮革厂开始采用，年产胶粘皮鞋2万双左右，此后该工艺成为全省皮鞋生产的主要工艺，被大多数厂家采用。1985年全省生产胶粘皮鞋95.93万双。

（2）硫化工艺。1972年兰州皮革厂采用，年产硫化鞋2.5万双，后因硫化工艺生产的皮鞋透气性能差，1974年该工艺被淘汰。

（3）模压工艺。1976年在兰州皮革厂应用，年产皮鞋3万双左右。1985年全省生产模压皮鞋1.41万双。此外，甘肃省制鞋业还保留传统线缝皮鞋工艺。

三 主要产品

皮鞋按用途可分为日用鞋、运动鞋和劳保鞋；按生产工艺分为线缝鞋、胶粘鞋、硫化鞋和模压鞋。

1980年以后，由于制鞋工艺改进和生产设备更新，甘肃皮鞋产品品种不断增加。"六五"期间（1980—1985年），全省皮鞋有1000多种，2500多个花色。同时开发出马靴、压花网眼鞋、卷跟鞋、软跟鞋、软底鞋等新产品23个，每年约3000种新花色品种投产。1988年，开发牛面仿革木跟棉马靴、男线缝编织皮鞋、男狗皮网眼革底粘缝结合鞋、男牛绒革劳保钢头包头鞋和旅游鞋等新产品。

与此同时，产品质量不断提高。1980年天水市皮鞋厂"金鹿"牌出口童一鞋获甘肃省优质产品称号。1984年兰州美高皮鞋厂"雁湖"牌胶粘男式木跟皮鞋获甘肃省优质产品称号，并获甘肃省省级优秀新产品科技奖。1985年夏河县皮革厂生产的男式马靴在全国少数民族用品供应会上被评为轻工业部优秀产品。1986年兰州皮鞋厂生产的双八牛光面全胶底内八皮鞋获甘肃省优质产品称号。1987年平凉地区皮鞋厂"东宝"牌胶粘女鞋获甘肃省优质产品称号。

皮鞋产品大多内销。50年代开始出口苏联，以童鞋、凉鞋、劳保鞋为主。80年代出口美国、澳大利亚、中国香港等十几个国家和地区。1980年至1985年共出口皮鞋1.32万双，出口交货值5.36万美元。

2000年以后，民营制鞋企业逐步恢复，以生产人造革、合成革和PU革为面料的皮鞋为主，2008年革鞋生产超过200万双，主要销往新疆、青海等地。

第五节　皮箱、皮件及其他制品

1950年，全省主要生产军用皮件和工业皮件，产品有车马挽具、刺刀套、枪皮带、皮结、皮带、皮圈、保险安全带、矿工带等。1960年，上海健康皮件厂迁到兰州，主要生产皮带和部分工业皮件。1970年以后，产品品种增加，主要有皮带、皮手套、牛皮箱、工业皮件等。兰州震旦皮件厂生产的皮手套有民用、劳保10几个品种，部分皮件、皮箱出口。

1980年，全省轻工系统有皮件生产企业2个，职工150人，工业总产值66万元；其他制品生产企业9个，职工442人，工业总产值189万元。此后皮革服装发展较快，生产企业有兰州震旦皮件厂、甘南民族毛革厂、平凉地区皮鞋厂、中国人民解放军第3512工厂等。1981年，全省皮件年生产能力30余万件，出口皮件83.2万元。

1985年，全省轻工系统内皮衣生产企业2个，生产能力10万件，皮衣产量4.4万件，实现利税131万元；全省有皮箱、皮包生产企业2个，生产能力1.3万件，产量1.06万件，实现利税7万元；全省有其他皮革制品企业2个，职工38人，工业总产值32万元，实现利税2万元。皮衣、皮箱、皮包制品主要生产企业有兰州震旦皮件厂、甘南民族毛革厂、平凉市皮件厂、天水市皮件厂、高台县皮革厂、宁县皮件厂等。"六五"期间（1980—1985年），人造革皮箱、模压旅行箱等产品，能生产各种皮革服装、皮带、手套、皮箱、皮包，各种劳保皮件、军用皮件、工业皮件等上千种产品。1986年，兰州震旦皮件厂生产的"金芽"牌羊皮服装获甘肃省优质产品称号。1987年，兰州震旦皮件厂开发具有时代感的系列新型皮裤和弓形手套新产品，平凉地区皮鞋厂生产的人造革皮箱获甘肃省优质产品称号，甘肃省陇西皮革厂生产的羊皮手套获甘肃省优质产品称号。

1988年，全省有皮箱、皮包制造企业2个、皮衣制造企业8个、其他皮革制品企业6个。皮箱产量4.75万只，革皮手套34.54万副，其中羊皮手套17万副，出口皮件制品84.84万元（见表8-70）。

1993年之后，全省所有皮件生产企业全部关停并转或倒闭。

表8-70　甘肃省1988—2008年皮革、毛皮及其制品业部分情况汇总

年份	企业数（个）	亏损企业数（个）	从业人员年平均数（人）	工业总产值（万元）（当年价）	固定资产（万元）	利润总额（万元）	利税总额（万元）
1988	132		18342	8526	6347		
1989	146		21856	10236			
1990	121	20	16589	9623			
1991	89	31	5983	11256			
1999	35	4	—	20597	14754	131	871
2000	34	5	3791	29509	13172	-975	-128
2001	33	3	4173	44215	13638	—	—

续表

年份	企业数（个）	亏损企业数（个）	从业人员年平均数（人）	工业总产值（万元）（当年价）	固定资产（万元）	利润总额（万元）	利税总额（万元）
2002	33	2	4349	57023	21456	—	—
2003	29	4	4872	68863	27543	—	—
2004	25	18	3906	110185	41363	4333	6948
2005	16	5	3055	105463			
2006	11	1	2985	83637	—	1862	3740
2007	11	2	2684	81215	—	2803	4565
2008	11	3	2430	68593		1648	3357

注：缺少1992—1998年的情况。

第六节 皮革资源

一 产量与销量

甘肃是全国五大牧区之一，历史上就有发达的畜牧业和丰富的皮革资源，尤以羊皮及野生皮最著。

民国元年（1912年）9月，马安良建议赵惟熙征收甘肃皮毛产场税，每年约100万两白银，可见甘肃皮毛产量之大。

中华人民共和国成立前，皮张、毛类、药材、食盐、水烟、砂金并称甘肃六大特产。翁文灏视察甘肃后曾诙谐地说："西北的皮毛不皮毛，而是西北的精华"，从其价值分析，皮张居第一位，毛类居第二位，皮张中尤以羊皮产量最丰。据1948年统计，年产牛皮10万张（自然张，下同），羊皮100余万张。

1951年，甘肃牛皮产量18.98万张、羊皮100万张、羔皮20万张、山羊板皮12万张、猾子皮8.71万张、马皮2万张、狗皮8.25万张、哈皮15.25万张、狐皮2万张、猞猁皮1263张。1958年，牧场由原来的3个发展到13个，占地面积487.93万多亩。全省的绵羊、山羊、猪、牛总数达926.68万头。当年收购各种生皮266.75万张。除供应本省和毗邻省份外，还出口牛皮、羊皮、野杂皮等各类皮张共34种。1959年，全省除山丹军马场外，共有国营牧场21个。当年大牲畜（包括牛、马、驴、骡、骆驼）存栏数299.92万头，猪存栏数118.64万头，羊存栏数723.18万只。1965年全省大牲畜存栏数304万头、猪存栏数224.3万头、羊存栏数924.5万只。1970年，全省大牲畜存栏数348.8万头、生猪存栏数294.71万头、羊存栏数920.76万只。1977年，全省有国营牧场110个，牧地369.67万亩，年产皮张5736张（折牛皮）。

从1949年到1978年的30年中，全省大牲畜增长50.51%、猪增长4.6倍、绵羊增长1.47倍、山羊增长1.5倍。1980年，全省大牲畜存栏数392.38万头、生猪423.94万头、羊存栏1187万只，创历史最高水平。1985年，全省大牲畜存栏数507.88万头、生猪

546.51万头、羊912.76万只。1988年,全省大牲畜年末存栏数569.35万头、生猪年末存栏数548.93万头、羊年末存栏数1096.08万只。

甘肃皮毛资源丰富,销量也著称西北,历史上形成张家川回族自治县张家川镇、临夏回族自治州广河县三甲集和平凉三大皮毛专业市场。张家川是历史悠久的皮毛集散地,远在明末清初,张家川商贾即开始做皮毛生意。清乾隆年间,每集上市皮毛成交额即在10万元(银圆)以上。抗日战争以前,张川镇有皮毛行18家,来自天津、北京、河北、河南等地客商云集于此,坐庄收购,运销全国各地。当时设有天津人与美国人合办的"羔记洋行",绍兴人与英国人合办的"久记洋行"。1939年,皮毛作坊发展到58家。中华人民共和国成立后,张家川县皮毛业一度繁荣。"文化大革命"期间,自由市场被取缔,皮毛交易随之萧条。1979年集市贸易恢复后,张家川县的皮毛市场很快发展。到1986年,张川镇、龙山镇两个皮毛市场占地面积由1500平方米增至5630平方米,皮毛货栈由11家发展到49家,从业人员500余人,皮毛贩运户由40户64人,发展到5400户1.3万人。每年上市皮张300万张左右,成交量240万张,成交额1320万元。上市产品除生皮外,尚有部分皮毛加工成品。皮毛产品销往西北5省区和云南、内蒙古等地。临夏州畜产品市场每年上市的皮张200万张左右,这些皮张多数来自新疆、青海、内蒙古、宁夏、四川及甘肃河西地区,销往兰州和外地省市,其中临夏市河滩关集皮毛市场为全州最大的皮张集散地,日成交各类皮2万多自然张。平凉市皮毛市场有各种皮毛商行39家、皮毛加工点36个,从业2200余人,年经销、储运、加工各种皮张230万张。

2009年,全省三大皮毛交易市场皮张流通量,牛皮(黄牛、牦牛)240万张、绵羊皮500万张、山羊皮100万张、羔羊皮等其他细杂皮80万张。

二 猪皮资源的开发

中华人民共和国成立后,国家开始利用猪皮做制革原料。1950年12月,中国人民解放军后勤部军需部和中华人民共和国轻工业部联合召开全国第一次制革工业会议,确定利用猪皮,开辟制革新资源。1951年,北京开始剥皮制革试验。1952年,西北军政委员会工业部决定,在西安、兰州两市重点推行猪皮制革。同年,甘肃省人民政府工业厅首先在兰州工业试验所开始剥皮制革试验。1955年猪皮革手提包、医药箱、夹克衣等产品问世。1956年国家开始免征猪皮革商品流通税,同时提高牛皮革的税率。1958年全省生猪总数207万多头,收购猪皮2万多张。

1965年对利用猪皮制革的企业,国家财政开始补贴,猪皮开剥正式列入生产,当年全省开剥1万张。同年,由甘肃省计委牵头,甘肃省轻工业局和甘肃省商业局联合成立甘肃省猪皮开剥办公室。1965年至1973年,全省猪皮年开剥量一直徘徊在1万张左右。1973年,轻工业部、商业部提出皮革工业要实现"五变"(生皮变熟皮、原料变成品、粗皮变细皮、一皮变多皮、低档变高档),要求大力开剥猪皮,甘肃省开始推广猪皮酶法脱毛新工艺。1974年猪皮开剥量上升到7.5万张,比1973年增长4.3倍,全省有猪皮开剥点28个,遍布12个地、州、市的肉联厂,1975年开剥量达10.07万张。

1976年,甘肃省计委将猪皮开剥列入计划,同时拨款88万元给7个重点肉联厂安装剥皮机,实现机械化开剥。当年开剥猪皮17.47万张,比上年增长73.49%,日开剥量由30张左右,提高到50张左右,有肉联厂高达120张。1977年,全省又投资127万元,购置和安装剥皮设备，兰州、天水、平凉 3 地、市达到开剥 22.87 万张的生产能力。

1978 年，开剥量增至 36.4 万张，比上年增长 59%。1979 年，开剥猪皮 36.5 万张，开剥量占生猪收购数量 140 万头的 25%。1980 年，全省开剥量增至 69.2 万张，相当于 34.6 万张牛皮，占同年全省皮革产量的 68%。

1981 年全省共开剥猪皮 83.3 万张，创历史最高水平，相当于 41.5 万张牛皮，占同年全省皮革产量的 71%。1982 年以后，因原材料涨价，对猪皮开剥制革的财政补贴减少，猪皮开剥量下降。1983 年下降到 30.7 万张，1984 年又降至 25.36 万张，1985 年全省开剥猪皮 44.7 万张。1987 年实际开剥猪皮 70.58 万张（自然张），生产猪皮鞋 53.49 万双，占皮鞋总产量的 29%。1988 年开剥量降至 37.24 万张。

1990 年起，由原国家财政部和国家商业部联合下文取消猪皮补贴，甘肃省的猪皮开剥也就此结束。

三　特色皮革资源

长期以来，在甘肃省自然生态环境条件下，经过自然选择或针对牲畜某种特性通过有目的的人工选择，逐步形成了适应当地自然条件并具有某种特殊经济或性能的牲畜品种。其中著名地方品种有兰州大尾羊、岷县黑裘皮羊、甘肃藏羊、蒙古羊、滩羊、沙毛山羊、河西绒毛山羊、陇东黑山羊、甘肃高山细毛羊、安西牛、甘南牦牛、天祝白牦牛、早胜牛、甘肃黑白花奶牛、凉州驴、岔口驿马、河曲马、八眉猪、河西猪、合作角麻猪、双峰驼、马鹿、白唇鹿、中国家兔等共几十个品种。

1. 兰州大尾羊

兰州大尾羊是甘肃著名地方品种，主要产于兰州市的城关、七里河两个区，榆中、安宁、西固等县区也有少量分布。据 2000 年调查统计约有 1 万只，兰州大尾羊是百年前引用陕西肉羊与当地蒙古羊杂交，后代在当地自然环境并经长期人工选育而成的肉脂型地方良种。以舍饲为主，具有性情温驯、生长速度快、耐粗饲、抓膘快、体格大、肥大脂尾能储存大量脂肪、产肉多、油多、肉质细嫩、味道鲜美且少膻味等特点。成年公羊平均体重 57.89 千克，母羊 44.35 千克，其皮张幅不是很大，但皮质紧密，部位差小，毛质匀度较好，是生产服装革的最佳原料。

2. 岷县黑裘皮羊

岷县黑裘皮羊是甘肃著名地方品种，属中国绵羊中的一个独特著名的黑色二毛裘皮地方良种，产于洮河中游一带，主要在岷县。该品种属山谷型藏羊的一个类型，是在当地特殊的生产条件下，经过长期的自然和人工选择选育而形成的。羔羊出生后 45—60 天宰杀剥取的二毛裘皮是岷县黑裘皮羊的主要产品，具有花穗美观、吸热保暖、经济耐脏等特点，是毛皮市场的传统产品，属中高档裘皮原料。

3. 滩羊

滩羊是甘肃著名地方品种，来源于蒙古羊，是中国珍贵的裘皮用绵羊品种。主要分布于兰州、白银等地干旱荒漠地带，以景泰、靖远品质最优，据 2000 年调查统计约有 100 万只。羔羊出生后一月龄左右剥取的二毛皮是其代表性产品，有很高的经济价值。滩羊体制结实，被毛大多数头部为黑褐花色，体躯白色，为混弯形，毛股自然长 7—8 厘米，具有波浪形的弯曲，毛股弯曲数 4—5 个，最多达 7 个，毛色洁白，光泽悦目，俗称九道弯。

成年的羊皮分二毛皮及滩羊皮两种，毛色纯白，花案清晰美观，皮板面积平均约 2000 平方厘米，主要制作高档裘皮披肩、高档服饰的镶边等。

4. 蒙古羊

蒙古羊是甘肃著名地方品种，是甘肃最古老的粗毛羊种。适应性强，耐粗放饲养管理，属晚熟种，约占全省绵羊总数的 65%。分布在农区和半农区牧区，包括陇东、中部地区、陇南山区和河西一带。产肉性能较好，毛被粗大，皮板细腻，且纹路清晰，是制作服装革和鞋面革的上佳原料。

5. 甘肃藏羊

甘肃藏羊是甘肃著名地方品种，俗称蕃皮。全省约有 142 万只，占全省绵羊总数的 20.5%，其中 80% 分布于甘南藏族自治州各县和天、肃南、武都、宕昌、岷县、漳县等地，适应海拔 3000 米以上的高寒牧区。不同产区的藏羊表现出明显的地域性差异，据此又分为甘加型、欧拉型、乔科型 3 个不同的地方类型。藏羊是甘肃草原畜牧业的重要组成部分，是适应特定自然条件生产肉、毛、皮，是其他羊种难以相比的羊种。在西北三大粗毛羊（青海大白毛、新疆哈萨皮、甘肃蕃皮）中其皮板最好，残伤最小，是上等的服装革原料。

6. 甘南牦牛

甘南牦牛是甘肃著名地方品种，来源于青藏高原的牦牛，是在甘南州长期自群繁殖育成的地方类群。主要分布于甘南州、天祝、肃南等高寒牧区，据 2007 年调查统计全省约有 150 万头。甘南牦牛体质结实、被毛密长、毛色较杂、以黑色居多。牛尾是制作假发和戏须的最佳原料，经济价值很高；所产的牛绒是制作高档牛绒衫的原料；皮板上多有牤眼、牤底和刺刮伤，在制革中只能做修面革和服装革。

7. 安西牛

安西牛是甘肃著名地方品种，是甘肃省宝贵的牛种资源，产于安西县，以踏实、桥子和布隆吉德牛最好，主要产区有 8.61 万头，分布在玉门、敦煌、金塔等县，是重要役畜。是蒙古牛长期在当地繁衍、终年放牧条件下，经群众精心选育而成。该牛以具有独特的体质、被毛、生理指标、抗病能力和役用性能而闻名省内外。且特别耐热、耐寒、耐粗饲、抗病的特性，对荒漠、半荒漠和干旱环境有突出的适应能力。所产皮张幅大板厚，且纹路清晰得革率高，是仅次于南阳黄牛的国产高档牛皮原料。

8. 凉州驴

凉州驴是甘肃著名地方品种，也是甘肃最古老的原始品种。是适应干旱荒漠气候和饲草条件较差的饲养管理条件下，经过长期的自然和人工选择，培养形成的小型驴种。中心产区在河西的威武、张掖、酒泉 3 地区，约有 25 万头。其中以武威（古凉州）产的数量多，质量好，故称"凉州驴"。分布于省内各地，甘肃省内的驴 90% 为小型驴。凉州驴具有体格小、四肢端正有力、骨细、关节明显、性情温驯、能适应粗放饲养管理、不苛求饲料等特点。其皮质是制作上等阿胶的主要原料。

9. 河曲马

河曲马是甘肃著名地方品种，产于甘南藏族自治州的玛曲、碌曲、夏河 3 县，以州河曲马场及曼尔玛乡所产最为有名。甘南藏族自治州约有 10 万余匹。唐代末年，居住在青海、甘南的吐蕃、羌、吐谷浑等民族把河西大量马匹赶到甘南河曲一带草原上，长期生活在海拔3500米上下、水草肥美的特殊生态环境中,在与外地隔离的情况下,经过自然选择和人工选育而成。因主产于黄河第一弯曲广阔草原而得名。所产皮张臀部有马股,张幅约20平方尺,可用于制作鞋面革或服装革。

甘肃省制革毛皮资源分布如图8-32所示。

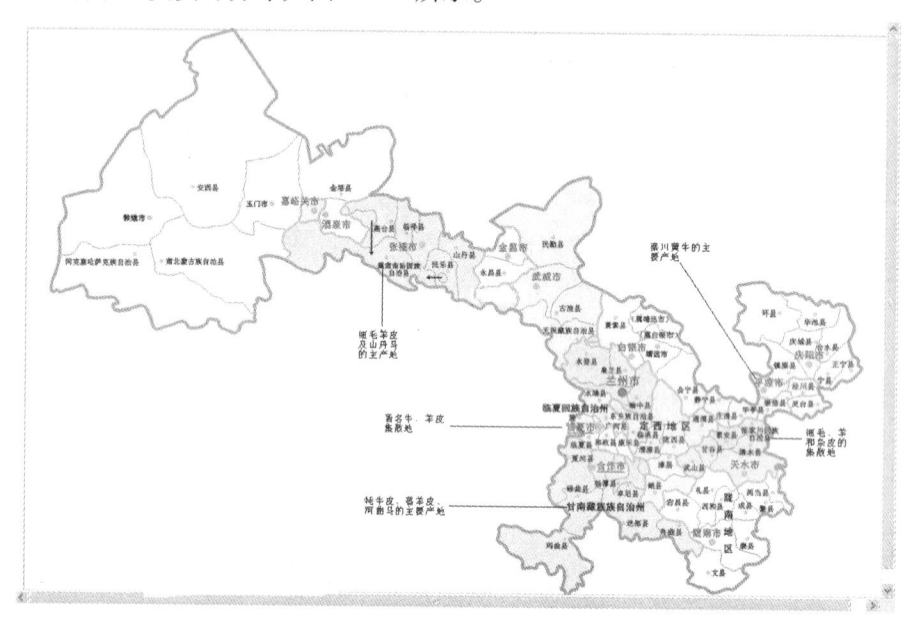

图8-32 甘肃省制革毛皮资源分布

第七节 行业管理

甘肃省皮革塑料工业公司是甘肃省二轻工业行业主管部门之一,成立于1980年9月,隶属甘肃省二轻工业总公司。主要负责全省皮革、皮革制品和塑料制品的统一规划、指导和发展。该公司与甘肃省皮革塑料研究所合署办公,一套班子、两块牌子,集科研与行业管理于一体。内设办公室、财务科、研究室、测试室、情报室、科研管理科、经营科、皮革科、塑料科、行政科,下属塑料和皮件2个试验工厂,挂靠单位有甘肃省皮革塑料质量监督检验站。甘肃省皮革塑料工业公司原有职工48人,其中高中级职称20人、初级职称12人。曾组织行业质量评比和科技攻关,并取得了省部级多项科研成果和皮革新产品,部分产品还被评为部优、省优,为甘肃皮革塑料行业的发展做出了突出贡献。1990年,国家取消了猪皮财政补贴后,公司无法正常运行,行业管理工作几乎陷入停顿状态,1995年后,人员归并到甘肃省皮革塑料研究所。

2004年6月,依托于甘肃省皮革塑料研究所,甘肃省皮革行业协会正式成立,承担起政府加强行业管理的部分职能。

第二十八章 青海省

第一节 历史沿革

　　青海具有丰富的皮毛资源，早在新石器时代晚期，青海就有用兽皮制作的鞋和马鞴（马挽具），皮革皮毛作为商品生产，也有二三百年的历史。进入 20 世纪以后，皮革、毛皮及其制品在工业、农业、国防、科研及人民生活领域里被广泛应用，在国民经济建设、对外贸易和人民日常生活中占有重要的地位。

　　史书记载，清代时，在今湟源地区即有用动物皮毛制作衣、鞋等物品。皮靴是用硝熟牛皮鞣制而成，染成黑色，给牧区的藏族、蒙族群众穿用。还有用牦牛皮、鹿皮、山羊皮做的皮鞋、暖靴、暖鞋等，售于包括西宁在内的附近地区。

　　青海的皮革皮毛行业，大部分集中在西宁，以绵羊皮、羔皮、二毛皮为主。民国七年（1918 年），杨忠福从陕西迁来西宁，在石坡街开设忠兴皮货店。1927 年，傅顺山从兰州迁来西宁，在观门街开设了西宁第一家手工业皮革作坊，以牦牛皮为原料，鞣制牛面革、带革、底革（俗称药功皮），制作皮带、枪套、皮鞋等产品。1932 年，马步芳在西宁水城门外开设义源工厂，内设皮革部，制革为军用。至 1938 年，西宁地区的皮货业作坊多达 150 余家，皮货远销上海、武汉、天津、成都等地。1939 年，青海省政府在西宁李家墩修建水利皮革厂，生产牛革鞋底、牛面革、羊革等产品供其军用。1944 年，马步芳将"八大工厂"中的第六厂建成皮革厂，有工人 70 余人，生产皮革。1948 年，马步芳又投资 5 万多银圆，聘请德国皮革专家，强征民间木工、泥瓦工无偿服劳役，还调派军队和学生进行劳动，在 8 个月内建成青海水利皮革厂，将小桥皮革厂和义源工厂皮革部并入其中。至 1949 年 8 月西宁解放前夕，从事皮货行业的个体户还有 12 户、皮革业 10 户，从业人员 43 人。1949 年青海解放后，水利皮革厂由西宁市军管会接管，更名为青海人民皮革厂，当年恢复生产；1951 年并入青海人民化工厂，设皮革部，1953 年停产。中华人民共和国成立以后，西宁地区皮革皮毛行业大有发展，州县也设立一些小型皮革皮毛厂集体企业。1953 年时，西宁有制革手工作坊 38 家，从业人员 62 人，到 1955 年组建成西宁市鞍鞴生产合作社。1958 年鞍鞴车间分出，另成立西宁市鞍鞴生产合作社（后更名为西宁明胶厂），生产硝牛革，制作车马挽具。另将西宁第一、第二、第三制鞋社合并，更名为西宁市皮革制件厂（后更名为青海第一制革厂）。1978 年该厂引进德国产 537 型片皮机 1 台，可将 1 张牛皮分成两层用，到 1985 年该厂达到年生产牛革 20 万张的能力。

　　随着制革工业的发展，青海各地认真贯彻皮革"五变"精神，即原料变成品、生皮变熟皮、一皮变多皮、低档变高档、粗皮变细皮，为逐步发展制革工业打下了基础。

　　据统计，1985 年全省有各类牲畜 1918 万头（年末存栏数，下同）。最多年份为 1978

年，达到 2214 万头。1983 年收购各类皮张 236.67 万张，其中牛皮 35 万张、羊皮 135 万张，各类皮张收购最多的年份是 1979 年，收购牛皮 40 万张、羊皮 156 万张。

为了扩大皮革来源，省财政厅于 1980 年拨款 36 万元作为技术改造费，由西宁市屠宰厂和西宁皮革制件厂添置开剥猪皮设备及制革设备，1980—1982 年，猪皮制革 42 万张，弥补了牛皮资源的不足。后来由于市场经济的发展，牛皮来源缓和，且猪的资源较少，皮张小、毛孔粗、生产数量少，成本高，经济效益差，1983 年停止开剥猪皮和猪皮制革。

中央领导胡耀邦、郝建秀同志 1983 年先后到青海视察时，都曾过问皮革生产，并给予指示。为了加快皮革工业的发展，省政府于 1979 年 10 月 23 日批准成立"青海省皮革皮毛工业公司"，同时批示省轻工研究所要充实力量主要从事皮革和皮毛加工生产的研究工作，尽快提高原皮利用率。为了提高皮革、皮毛产品的质量，1979 年 6 月 7 日成立了"青海省皮毛制革学会"，组织科技人员积极参加皮革皮毛开发的研究工作，把皮革皮毛制品的质量品种提上去。

1985 年，全省有皮革工厂 26 个，职工 4273 人。其中全民企业 6 个，职工 1004 人；集体企业 20 个，职工 3269 人。在 26 个企业中，皮革综合性企业 6 个、皮鞋企业 10 个、皮毛企业 8 个、其他 2 个。1984 年前，皮张供应由国家统一收购、统一分配。1984 年，国务院 96 号文件，对牛皮、羊皮实行市场开放政策，自由购销后，各企业所需皮张自由收购，1980 年前，产品销售由商业包销，到 1980 年后，实行企业自销。

1990 年，全省有皮革工厂 25 个，其中制革企业 4 个、皮鞋企业 12 个、毛皮企业 5 个。实现工业总产值 6571 万元。1990 年后，随着市场经济的不断发展，皮革工业的布局发生了很大变化，出现了产业在沿海省市集聚的趋势，处于内陆的青海的皮革工业逐渐衰退。1995 年，青海省有皮革企业 20 个，完成工业总产值 3860 万元；2000 年，青海省皮革企业仅有 3 个。

第二节　皮鞋、皮件

皮鞋、皮件行业是随着皮革鞣制技术的提高，在 20 世纪 60 年代才发展起来的。新中国成立前，青海不能生产现代式样的皮鞋。新中国成立初期，开始用手工制作皮鞋，生产工具主要是锥、刀、锤、钳等，工艺简单，产品粗笨。1958 年增添了简单的制鞋机械，进入 60 年代，制鞋工业才有所发展，采用铣刀机削边，砂轮机磨边、起毛，裁断机下料等工艺。到 70 年代，胶粘工艺的崛起，大大加快了皮鞋生产效率，这种工艺工序少，适用于天然的、合成的、代用的各种原材料。工时产量全员日平均达到 3—3.1 双，比线缝工艺全员日平均生产 1—1.2 双提高了 1.5 倍。随后又发展了硫化、模压、注塑、胶粘四大技术，花色品种由单一的线缝发展到 25 个品种，160 多个花色。至 1985 年，皮鞋年产量达 72.08 万双，为 1957 年 3.2 万双的 22 倍，为 1975 年 8.06 万双的 89 倍。1990 年，生产皮鞋 77.31 万双；1995 年，生产皮鞋 50.33 万双；2000 年仅生产 0.21 万双，皮鞋生产企业由于种种原因基本全部关停了。

皮鞋、皮件生产企业大多数在西宁市，全属集体企业。刚察县、果洛州等地有几家国营企业，但产量不多，西宁市制作皮鞋的专业厂家共 7 家，即西宁皮鞋厂，西宁第一、第二、第四、第五皮鞋厂，西宁童皮鞋厂，青海民族靴鞋厂等。

西宁皮鞋厂是青海省最大的皮鞋生产企业，是由西宁市第一、第二、第三制鞋合作社及几个小厂合并组建而成，1980年定名为"西宁皮鞋厂"。该厂集合了西宁市的制鞋老工人和新培养起来的技术骨干。1981年又引进捷克具有世界先进水平的专用制鞋设备，1982年又建成远红外制鞋流水线一条，在设备和技术上跨入省内第一流水平，成为青海省皮鞋行业中具有代表性的专业厂家，为省、市皮鞋生产的重点企业。所产男、女单、棉皮鞋、皮靴等产品，不仅在西北地区赢得信誉，还打入东北、华北地区和京津市场。该厂生产的"金杯"牌运动鞋、训练鞋远销欧美、日本、东南亚、非洲等20多个国家和地区，在国际上也享有声誉。1983年，因国际市场发生变化，出口鞋暂停生产，但该厂生产的"雪豹"牌牛面皮鞋仍以货真价实、做工精细、款式新颖、结构合理、穿着舒适、美观大方、价格合理等特点，为国内用户所称道。1981年和1982年，该厂生产的女毛口中跟棉皮鞋被评为省优产品。花色品种已由1980年的16种，增加到160种，1985年皮鞋总产量为25万双，占省皮鞋产量的40%，产值407万元，成为青海省皮鞋行业的骨干企业，在全省皮鞋工业的发展中具有举足轻重的地位。

制件方面主要有西宁皮革制件厂，1955年合作社时期，先后从兰州、上海、西安等地，请进技术师傅，引进先进工艺，制件制品由公文包、钱包、劳保手套、钱夹、皮带、枪套等，增加到皮卡衣、羊革服装等40多种，皮件制品供民用、军需，供不应求。1973年以后，皮件制品远销欧美等十几个国家和地区，并享有一定的声誉。1985年，共产轻革255万平方米，产值533.20万元。

第三节　毛皮制品

20世纪50年代，青海省牛皮、羊皮收购量为22.39万张，60年代为52.37万张，70年代牛皮为11.43万张、羊皮为92.39万张。80年代牛皮收购约30万张、羊皮约120万—150万张，除调拨军用和支援兄弟省市外，供省内制革牛皮约17万张、羊皮约100万张左右，旱獭年捕获量约30万只，1983年最高捕获量达50万只。

青海1949年前出产的裘皮货称"西口货"。主要是由黑白羔皮、狐皮制成的，不挂布面的皮衣，名叫"筒子"，或拼缝成布匹一样的长幅，运销天津、上海、汉口等地。用"狐嗉"（狐狸项下的皮）拼缝的裘衣，每件值银圆600元左右，用藏系黑色绵羊羔皮缝制成的皮筒称为"紫羔"，是青海驰名产品。较大的皮货厂家大多集中在西宁，州县只有少量手工作坊，产量少、质量差。西宁地区解放前共有皮货手工业30家，从业人员44人。

新中国成立后，毛皮制品业随着青海畜牧业的发展逐年有所发展，各类皮筒子产量：1957年为0.94万件，1970年为7.24万件，但1965年至1970年，因皮源紧张，毛皮加工业发展缓慢，绝大部分皮筒子只能供应有关单位制作劳保用品。1975年以后，在轻工业部毛皮制革研究所的帮助下，青海轻工业研究所组织科技人员进行毛皮酶软化和化学鞣制的攻关，推广铝铬鞣、甲醛鞣、醛铝结合鞣制的新工艺，皮毛质量提高，经过新工艺鞣制的裘皮皮板柔软、洁净，羊皮纯洁无异味，还节约了大量面粉。而后开始试制和生产出口羔皮、兔皮、旱獭皮褥子、羊皮染色和剪绒制品及座垫、皮帽子等产品。通过天津等口岸销往西欧、日本、东南亚和我国港、澳地区。1983年，根据皮毛制品消费已由单纯御寒转变为实用、装饰并重的新情况，又采用提高产品质量和商品档次的立毛美化技术新工艺，试制和生产了旱獭皮翻毛大衣、卡衣、狐狸皮翻毛大衣、兔皮翻毛大衣和羊革服装。皮毛、皮筒生产的较大企业为西宁皮毛厂，该厂从建厂起只生产绵羊皮、二毛、羔皮大衣、卡衣、背心、女袄、制服等皮筒及少量野生动物如狐狸、猞猁、豹、狗的皮筒子。1973年通过天津、北京联系订货生产出口羔皮、兔皮、旱獭、猾子等皮褥子，又增加了羊皮染色剪绒产品，如儿童服装、染色羊剪绒挂毯、座垫、皮领、皮帽等，远销欧美、日本、东南亚及我国港、澳地区。从1983年起，国际市场发生变化，出口下降，国内人民生活水平不断提高，追求高档服装的人日渐增多，羊皮产品日益萧条。西宁皮毛厂又根据市场信息，生产出旱獭皮卡衣、大衣、帽子等，取得较好效益。1981年生产了绵羊革服装，1985年增加了旱獭皮硬壳警式帽、革面毛里手套，由于该厂产品质量不断提高，1978年在全国皮毛制品鉴定评比会上，羔皮和兔皮褥子被评为一类产品，1983年，国家经委在北京举办的全国毛皮产品质量评比活动中，旱獭皮裘皮服装荣获优质产品"金龙奖"。同年，该厂生产的绵羊皮筒子，在青海省皮毛行业的质量评比中，评为一类产品。1985年产毛皮30705张，制成服装9896件，产值409万元。1990年，生产毛皮2.04万张（折羊皮），制成服装800件，实现产值860万元。1995年时毛皮鞣制量下降为1.16万张（折羊皮）。

第二十九章　宁夏回族自治区

宁夏畜牧业享有盛名，早在商周时期，今六盘山一带就是西戎各族游牧地区，他们"所居无常，依随水草，地少五谷，以牧为业"，"畜牧为天下食"（《史记·货殖列传》卷一二九）。畜牧业为毛皮、皮革工业的产生和发展提供了可靠的资源条件。

享誉全国的宁夏二毛皮，就是将羔龄仅一个月的滩羊宰杀剥皮，采用化学制剂和先进工艺精制而成的毛皮，是制作裘皮的精良材质。现如今，滩羊二毛皮成为宁夏毛皮工业支柱产业的主要资源，是"宁夏三宝"之一的"白宝"。滩羊二毛皮的生产加工是宁夏工业中独具特色的传统产业。滩羊二毛皮毛质细润轻柔、洁白如雪、光泽如玉，毛穗自然弯曲，有的多达九道，故有"九道弯"之称。若轻轻一抖犹如风摆花穗，又好似水纹波浪，有"轻裘"之称。用二毛皮制作的男女冬装，既轻柔暖和，又美观大方，具有很好的装饰效果。以二毛皮为原材料生产出的褥子、靠坐垫、毛领条、披肩、围巾、服装、床罩等系列裘皮产品，销往北京、浙江、江苏、上海、青岛等地区，并大部分出口到欧洲、亚洲等国家。

第一节　古代皮革概况（1840年以前）

隋唐时期，固原、吴忠地区就有工匠从事毛皮加工，其产品被列为贡品。西夏时期的手工业比较发达，尤以毛皮加工为主，设有皮营作坊，有技术高超的工匠。

宋、元、明、清历代宁夏的毛皮皮革加工实际上是以白皮加工为主的作坊式小手工业，零星分散于各地的民间皮匠，采用古老的黄米熟皮工艺依靠简单的刀、剪、针等工业缝制皮货。

清代，银川手工业逐步得到发展。据宁夏县（县治设在府城、即今银川市兴庆区）1725年工业产品调查记载，时有羔羊皮袄制造户15个，工匠780人，年产皮衣1000件；老羊皮袄制造户15个，工匠50人，年产皮袄700件。

第二节　近代皮革业（1841—1949年）

据史料记载，1879年，英国在天津的洋行买办葛秃子首次到石嘴山"探险"，看到当地人将羊毛沤为粪土，感到十分可惜，于是赊购羊毛4万余斤运往天津销售而大发其财。随后，他又多次来宁夏贩运羊毛和皮毛，并且在宁夏开办洋行。据统计，19世纪后半叶，仅宁夏石嘴山地区英国、德国商人开办的洋行就有10家之多，如瑞记洋行、兴隆洋行、平和洋行、高林洋行、聚立洋行、隆茂洋行、仁记洋行、明义洋行、新泰兴洋行等。分别经营羊毛、驼毛、牛皮和羊皮生意，凭借免税特权，每年收皮100多万张，垄断了宁夏的毛皮市场，石嘴山成了宁夏通往各地的毛皮集散地。宁夏当时常见于市面的毛皮皮革产品有二毛皮筒、皮背心、老羊皮袄、皮裤以及车马挽具等初级产品。

民国时期，私人经营的毛皮皮革作坊遍布宁夏各地，1933年马鸿逵创办宁夏富有被服厂，内设制革组。1940年该厂改由军队管理，内设皮革厂，生产军用皮带、枪挎、靴鞋、车马挽具等。民国十四年（1925年）焦生华在吴忠堡开设"一心诚"制革作坊，将生皮用土硝加水泡柔制成熟革。

辛亥革命胜利至抗日战争初期，银川城内有皮毛业生产9户，每户占有资本10000—50000元（法币）。

1940年以后，吴忠堡先后增加马福寿开设的"福寿长"、刘志敏开设的"敏兴和"等制革作坊14家，金积有刘举、马有苏制革作坊2家，从业人员40余人。中华人民共和国成立前夕，吴忠有裘皮作坊16家，从业人员76人；制革作坊16家，从业人员30人；金积堡有裘皮作坊2家，从业人员6人。

1944年，盐池县属陕甘宁边区管辖时有皮坊81家，从业者146人，据县城内14家统计，有工人74人，共用原皮8007张，制作老羊皮110件、二毛皮衣655件，还有白胎皮衣、狐皮衣、皮领等。

民国时期，宁夏熟皮采用古老的传统方法——米面鞣制工艺。鞣皮生产工具只有1把刀、1口缸、1根棒。铲皮用刀，鞣皮用缸，翻皮用棒，洗皮用脚踩。民国三十六年（1947年）编辑的《宁夏省区志略》在论述有关皮毛加工中写道："将剥下之羊皮置于湖水中，用木棒击之，去其油脂、泥土及尘芥，然后再将洗净浸软之羊皮，再浸于盛硝及黄米粉之水缸中，约一月而止。"用米面工艺熟的毛皮毛色洁白、有光泽、皮板柔软而丰满、延伸率较大。缺点是消耗粮食、有臭味、易脱硝、耐温差、费工、操作难于控制。由于生产工艺落后，工人劳动强度大，工作条件差，产品质量低、数量少。

第三节 新中国成立三十年发展（1949—1977年）

一 恢复改造期间（1949—1957年）

中华人民共和国成立后，在社会主义改造过程中，1956年将小作坊改组成生产合作社，全宁夏建立了6个白皮和黑皮生产合作社，分别从事毛皮和皮革的来料加工。由商业供销部门提供原料，回销产品，生产企业收取加工费。

1951年，吴忠镇有黑皮（制革）作坊15家，从业者24人；白板（裘皮衣）作坊29家，从业者200余人。是年，白皮加工业组成7个生产合作小组，为畜产公司加工白皮衣7220件。黑皮加工业亦为畜产公司加工皮张4.15万张。1956年，先后分别成立黑皮、白皮生产合作社。同年底，白皮社更名为白皮加工厂，职工94人，产值40万元；制革生产合作社职工29人，产值8.3万元。是年，加工各种裘皮衣1.05万件，制作皮制品421件、轻革0.07万平方米、重革2256千克、车马挽具1.95万件。

20世纪50年代初，熟皮仍用米面鞣制工艺。1956年，银川白皮社武尊吾试用石膏代替黄米熟皮获得成功，节省了粮食。

1952年6月，省皮革厂管玉泉试用"铁鞣法"制革成功，所用原料黑矾、红矾、冰碱等均为国产，价格便宜，可节省材料费约90%，且制革时间短、质量好。

二 "大跃进"、三年自然灾害期间（1958—1962年）

1. 宁夏成立第一个正规化综合性毛皮皮革生产企业

1958年，白皮加工厂与制革生产合作社合并成立地方国营白皮制革厂；1962年恢复集体所有制，分别成立白皮生产合作社和制革生产合作社；年底，又分别更名为皮毛加工厂和制革厂。

1958年，由天津回民皮革社、包头皮革厂迁来部分技术工人，和银川市黑皮社、白皮社合并组织建成银川皮革厂，该厂是宁夏第一个正规化综合性毛皮皮革生产企业。制革设计能力3.4万张标准皮。1959年又建成毛皮和皮鞋车间。制革1.3万标准张，鞣制毛皮16.7万张，生产皮鞋1300双，工业产值160.3万元。1959年宁夏皮革工业总产值557万元，为1949年的26.8倍。1963年宁夏开始出口山羊皮栲里革和山羊皮褥子以及少量二毛裘皮等传统产品。

2. 毛皮行业技术革新

1959年，银川皮革厂魏昭麟用硫酸铝（铝明矾）代替石膏熟皮，定名为"硝铝鞣"。此法的优点是抗水性、耐温性好，脱硝较慢，鞣制周期短，操作较简便，易于化学控制，成本低，还可减少异味和粉尘。缺点是色泽和皮板柔软度较差，延伸率较低。

20世纪50年代末期和60年代，各毛皮厂开展技术革新和技术革命，创制各种毛皮加工机械。1959年，同心县毛皮厂王志道等人试验成功磨里机（用于兔皮、狐皮）、铲干皮机、铲水皮机、敲灰机、梳毛机等，提高工效2—4倍。1960年7月，自治区商业厅、轻工业局联合在该厂召开现场会，推广他们技术革新的经验。

1960年，银川皮革厂魏昭麟等人将铬鞣后的家兔皮用酸性染料进行染色试验取得成功。并把染色成功的毛皮加工成帽子投入市场。

3. 制革行业的发展

烟熏、铬鞣、植鞣是宁夏制革的传统工艺。50年代以前，宁夏制革行业一直沿用烟熏工艺制革，即用铁（木）棒将原皮支起，下面用柴禾燃烧使其产生烟气，利用烟气同皮板蛋白质结合，使皮板变软，这种工艺生产效率低、劳动强度大、产品质量差。

1958年，银川皮革厂对猪、牛、羊鞋面革、服装革均采用铬鞣（又名矿物鞣）。主要原料是红矾钾、红矾钠，利用葡萄糖还原成三价铬，使皮板具有鞣性。60年代前，铬鞣采用一浴法，即将红矾钾、红矾钠还原后配成生产用的铬鞣液，一次性完成鞣制工序。60年代后，服装革采用二浴法，即在鞣制过程中，加一定数量的红矾钾、红矾钠和还原剂，变更铬的价数，使鞣剂和皮板蛋白质逐渐结合，皮板更加柔软。

植鞣主要用于底革和带革生产，所用原料栲胶从国外进口。1959年，银川皮革厂经多次试验，用国产栲胶代替进口栲胶，节约了外汇，提高了经济效益。60年代初，利用鞣池，采用吊鞣和卧鞣，生产周期长、劳动强度大。通过试验改用鼓鞣和鼓池结合工艺，不仅大大提高了工效，而且改善了操作条件。

20世纪50年代前，宁夏制革的主要生产工具是锅、缸、木桶，操作均为手工。银川皮革厂改用转鼓鞣制，但去肉、刨皮仍然是手工操作。其后，该厂对生产工具进行小改小革，仿制了活动划槽、半机械化的挤水机，利用转鼓代替池子快速植鞣。1962年引进国产片皮机，1965年引进国产去肉机。其后银川皮革厂和固原制革厂又陆续引进削匀机、挤水伸展机、棚板干燥机、行车、熨皮机、鞣打光机、电子量革机、拉软机、印花机等，使主要生产工序基本实现机械化和半机械化。

三 三年调整期间（1963—1965年）

1960—1978年，由于受三年自然灾害和"文化大革命"的干扰影响，生产和发展极其缓慢，但在科研方面柳暗花明。1961—1964年，银川皮革厂魏昭麟等人革新和仿制了生皮打灰机、梳毛机、铲皮机、去肉机、转鼓、划槽、出灰笼、布袋除尘器等设备，大大提高了工效。

四 "文化大革命"期间（1966—1977年）

1. 毛皮行业发展

1970年，吴忠毛皮厂王少武等人采用酸性染料成功地将猾皮、改良羊皮染成棕色和黑色。并把染色毛皮加工成帽子供应市场。

1972年，吴忠毛皮厂李晓扬从张家口引进熟皮技术——铬鞣。同年，银川皮革厂王应浦等人试验成功醛鞣。这两种工艺的特点是利用三氧化二铬和甲醛同蛋白质的官能基相结合，产生一种缝合作用，增强了皮板对水和热作用的稳定性。它们的共同优点是消除臭味、减少粉尘、提高抗温和防潮能力。缺点是皮板的柔软度和出皮率稍差。

1972年，银川皮革厂王应浦、魏昭麟等5人试验小组经过近三年的反复试验，于1975年3月试验成功酶软化工艺。这种新工艺是利用酶的催化作用，使之达到皮板柔软，提高延伸率的目的。用这种工艺鞣制的各种毛皮皮板柔软，延伸率好，无异味，抗温、防潮、耐水洗。实行酶软化工艺是宁夏毛皮行业的一次大工艺改革。1975年6月，宁夏轻工业局主持召开毛皮酶软化新工艺技术经验交流会，同时举办技术培训班。此后，宁夏主要毛皮厂都采用这一新工艺。

1976年12月至1977年，银川皮革厂魏昭麟等3人酶制剂试制小组，土法生产酸性酶制剂，每克活力由3000多个单位提高到7188个单位，应用于毛皮酶软化，效果良好。试制小组于1977年10月被评为先进集体，出席了自治区工业学大庆先进代表会议。

2. 制革行业的发展

1973年，银川皮革厂张恩生等人学习徐州淮海制革厂的经验，应用六偏磷酸钠速鞣底革获得成功。先后试验6批150张，理化指标达到部颁标准。鞣期由牛大底革64天、膛底革37天降为20天，笨重的转池劳动减少69%。由于生产周期缩短，减少溶液氧化沉淀损失，节省栲胶用量。产品质量明显提高，突出的是吸水性降低，抗张强度增强，革身丰满有弹性，革面细致、光滑、平整、色浅。

为了解决羊皮脱毛技术难题，轻工业部建议华北、西北皮革厂进行技术协作，成立羊皮酶脱毛技术攻关小组。西北小组于1974年在银川市成立，参加单位有银川皮革厂（组长单位）、兰州皮革厂（副组长单位）、榆林皮革厂、乌鲁木齐皮革厂、伊犁皮革厂、西宁皮革厂、宣化皮革厂、包头制革厂、宁夏轻工业设计研究所。攻关试验历时10个月，第一阶段投皮13批234张，采用宁夏轻工业设计研究所研制的289碱性蛋白酶，重点解决手套革、服装革脱毛和革身丰满问题；第二阶段投皮21批803张，其中18批289张采用172酶脱毛生产栲里革、里子革、手套服装革，重点解决羊皮滚球和羊毛回收问题。酶脱毛新工艺比采用石灰和硫化钠为辅料的灰碱法，缩短生产周期12天，并有不污染环境等优点。

第四节 改革开放初期（1978—1988年）

1979年我国实行改革开改以后，宁夏毛皮皮革工业得到比较大的发展。1980—1987年的7年内，新建或改建毛皮皮革厂27个，企业数达到40个，总产值达到3406万元，比1979年增长1.4倍。皮鞋产量达到63.57万双，比1979年增长4.9倍。不少企业经过多次设备更新，提高机械化程度，不断改进生产工艺产品品种增加，质量不断提高，可以生产铬鞣牛、猪正鞋面革，修饰鞋面革，山羊、绵羊服装革，牦牛正修面革，植皮鞣底革，山羊皮苯胺革等新产品。

1982年10月成立宁夏毛皮革工业公司，内设生产技术科，负责毛皮皮革行业的技术管理工作。1984年2月建立毛皮皮革工业技术研究室，负责全自治区毛皮皮革行业科研和技术咨询服务工作。

到1985年年底，全自治区有毛皮皮革工业企业23个，职工2270人，有工程技术人员42人，占职工总数的1.85%。

1988年获得自治区优质产品称号的毛皮皮革产品有：

（1）银川毛皮厂："飞雪"牌宁夏滩羊二毛皮褥子（除自治区优外，并获得部优）；
（2）银川毛皮厂：滩羊二毛衣（除自治区优外，并获得部优）；
（3）银川毛皮厂：滩羊二毛皮翻毛裘皮成衣；
（4）石嘴山市皮革制品厂：步乐牌男式胶粘皮鞋；
（5）石嘴山市制鞋厂：注塑冲呢镶巾皮鞋；
（6）平罗县鞋厂："三犇"牌男、女胶单、棉皮鞋。

一 制革

1982年6月，银川皮革厂白子亭等人，在铬鞣后应用苯胺染料染色试制苯胺革成功。同年8月，自治区第二轻工业局组织的鉴定会认为工艺基本合理，产品的理化指标达到或超过福建省同类产品标准，花纹清晰，涂层均匀，革身丰满，富有弹性，色泽较正，真皮感较强，达到苯胺革的要求。缺点是原皮挑选率低，仅6.9%。此项目于1982年在太原市召开的第六届华北、西北皮革技术协作会上进行了交流，并由银川皮革厂撰写《山羊苯胺革试验》一文（载《中国皮革科技》1983年第四期）。

二 制鞋

宁夏生产皮鞋虽然历史悠久，但生产工艺极为落后。1949年前，宁夏仅有一个军队皮革厂，为马鸿逵军队手工生产马靴。1949年至1958年，也只能手工制作翻毛线缝劳保鞋。1963年，银川皮革厂派人前往上海学习皮鞋生产技术，并先后购进外线机、内线机、下料机、片帮机和远红外干燥设备，建成注胶、模压、胶粘工艺生产流水线，从而用机械代替了手工操作，提高了工效，增加了产品的花色品种。1971年，银川皮革厂魏昭麟等人试制成功圆盘油压皮鞋注胶机；1972年，银川皮革厂郑兆林等人又试制成功模压机，从此，宁夏开始生产模压皮鞋。1978年，宁夏根据轻工业部、燃料化学工业部、商业部的统一部署，推广使用全国统一新鞋号新楦型，银川皮革厂开始生产"双新"皮鞋。1978年，银川皮革厂周鲁迅等人在学习杭州等地技术后，试验成功冷粘皮鞋。从此，宁夏皮革鞋生产线缝、硫化、模压、胶粘四种工艺齐全。1980年以后，根据市场的需要和工艺的发展，采取保留线缝，淘汰硫化和模压，发展胶粘的皮鞋生产工艺路线。平罗、中卫、固原等县皮鞋厂均以胶粘生产工艺为主，线缝为辅。胶粘工艺的特点是：劳动生产率提高、花色品种易变、投资少、收效快。据统计，1986年宁夏生产各种皮鞋近百种，其中线缝15种，胶粘85种皮件。

三 毛皮

在毛皮鞣制技术方面，研制成"781"合成鞣剂鞣制。1981年，轻工业部毛皮皮革研究所陈明伦和宁夏毛皮皮革工业公司王应浦等人组成的试验研究小组，用"781"合成鞣剂鞣制滩羊二毛皮试验获得成功。经34批、7673张毛皮的大、中、小试验，证明这种工艺与原甲醛鞣制工艺比较，产品质量明显提高，皮板总灰量由12%左右降到3.27%；抗张强度1.27千克/平方毫米，提高28.30%；收缩温度79℃，提高10.5℃；伸张率64.65%，提高59.62%，45℃热水洗不退鞣，裘皮达到软、薄、轻的要求。此工艺的特点是："781"合成鞣剂是用玉米蕊提取木糖醇后的母液，用甲醇缩合的产品，用它代替甲醛鞣制毛皮，工人操作时可减轻刺激性；不用滑石灰，减少了环境污染；加强了浸水的机械作用；用浸酸后酶软化改为酶软浸酸一道工序完成，缩短了生产周期。此项目1983年获轻工业部科技成果四等奖。

1978—1979年，吴忠毛皮厂的潘怀俊等人试制成功多功能运行式0.75米出皮机，提高工效6倍。该项成果1981年获自治区科技成果四等奖。到1985年年底，银川、吴忠、盐池、固原等地重点企业鞣制毛皮的几道主要工序均使用机械，做到铲皮不用刀，搅皮不用撬，出皮不用捞，减轻了劳动强度，提高了工效，改善了工作条件，同时也提高了产品质量。

毛皮染色、漂白技术：1983年12月至1984年3月，刘继增（自治区农副产品进出口公司）、王应浦（自治区毛皮皮革工业公司）、李晓杨（吴忠毛皮厂）、黄奇鹏、张志忠（盐池毛皮厂）5人赴澳门、香港学习滩羊皮鞣制、漂白、染色及翻毛裘皮成装技术，应用于生产。1985年1月，自治区科学技术委员会向盐池毛皮厂下达"宁夏滩羊皮鞣制、漂白、染色及成装引进、消化、吸收项目"。盐池毛皮厂先后对滩羊二毛皮、羔皮、绵羊皮、猾皮、珍珠羔皮、改良羊皮6个品种，共5万多张原皮，进行了317批（次）的大、中、小试验。于1985年11月获得成功。产品经自治区产品质量监督所检测结果：二毛皮的皂化牢度、水洗牢度、磨擦牢度均高于标准，原样变化高于标准1—1.5级，干、湿、磨擦牢度高于标准二级。经过鞣制、漂白、染色以及精加工处理后的滩羊皮成装，皮板柔软，毛被松散，光泽洁净。盐池毛皮厂设计制作的翻毛裘皮服装、挂面成装、背心、马挂、帽子、领子、手套等50多种5000余件，在北京、广州等地展销很受欢迎，综合经济效益提高30.6%。银川毛皮厂按同一技术生产的"飞雪"牌二毛皮褥子，1981年被评为自治区和轻工业部优质产品。二毛皮筒子获国家民委民族特需用品优秀产品称号。1985

年银川毛皮厂和盐池毛皮厂漂白和染色毛皮产品在土耳其举办的第五十四届伊兹密尔国际博览会上展出。《爱琴电视报》以醒目的标题专版报道：这个博览会最吸引女士们的是中国馆的"宁夏滩羊皮"，"宁夏滩羊皮鞣制、漂白、染色及成装的研制"项目获 1986 年自治区科技进步三等奖，由王应浦等人撰写该项技术论文发表于《中国皮革科技》1986 年第七期。

1988 年出口毛皮褥子 8202 条。

四 皮件

1949 年前，宁夏军队皮革厂手工生产车马挽具。60 年代初，银川皮革厂皮件组生产过医药包、帆布箱、钱包、工业、民用皮带、钳子套、枪套、皮挽、手提包、劳保手套等。1978 年，吴忠制革厂郑纪仁等人学习北京生产技术，试制成功人造革包 5 种、手提箱 3 种、手套 2 种。1982 年，永宁皮件厂建成，开始生产民用手套，逐步建立起手套生产线。1985 年，永宁皮件厂同上海皮件厂联营。引进上海市硬箱生产技术，生产各种款式规格的"双喜"牌人造革硬箱。1986 年，引进国外 ABS 塑料硬箱生产线。生产旅行箱和手提箱，产量曾达到 3 万只，产值 1000 万元，是二轻行业中产品畅销、生产快速发展的行业。

银川制革厂和固原制革厂利用本厂生产的山羊服装革加工成款式多样的皮夹克。

第五节 全面繁荣时期（1998—2008 年）

2000 年，全自治区原羊皮产量 184 万张，其中二毛皮 29 万张、牛皮 17 万张，分别占全国产量的 2% 和 0.4%。全自治区毛皮皮革及制品加工企业 51 家，从业人员 3600 人，主要产品有毛革两用皮、羊剪绒、二毛皮、毛革两用二毛皮、皮鞋。以经销二毛皮、狐皮、羊剪绒为特色的毛皮店在银川有 50 多家，年销售量 5 万件，营业额约 1000 万元。

到 2008 年，全自治区原羊皮产量已达到 520 万张，其中二毛皮 360 万张、牛皮 80 万张。全自治区已有宁夏金海皮业有限公司、宁夏吴忠市精艺裘皮制品有限公司、宁夏雄鹰皮草集团有限公司、青铜峡市祥云皮草有限责任公司、宁夏成丰工贸有限公司、宁夏西部皮草有限公司、盐池县忠信畜产品开发有限公司、同心县羊把式民族皮草加工专业合作社 8 家规模以上从事毛皮皮革及制品加工的企业，采用无醛滩羊二毛皮鞣制加工技术，主要产品有毛革两用皮、二毛皮、毛革等。产品销往俄罗斯、日本、意大利、法国、德国、土耳其、中国香港等国家和地区。出口交货值 1216.3 万元。

目前，宁夏几家规模大的企业以境内丰富的滩羊二毛皮资源为依托，秉承传统工艺，融入现代科技，采用无醛滩羊二毛皮鞣制加工技术，生产出二毛披肩、围巾、床罩、皮褥子、毛革两用皮张、服装服饰、旅游纪念品及床上用品等农副产品。产品销往俄罗斯、日本、意大利、法国、德国、土耳其、中国香港等国家和地区。

在毛皮皮革农副产品深加工方面，宁夏西部皮草有限公司、盐池县忠信畜产品开发有限公司、宁夏雄鹰皮草集团有限公司、同心县羊把式民族皮草加工专业合作社等企业做得比较突出，筹措建设或已投入建设滩羊皮毛深加工技改项目。深加工项目完全投产后，可使宁夏裘皮产品加工技术跨入国内同行先进水平，提高产品档次，达到生态鞣制，环保生产的目的。符合欧盟出口标准，以适应国际市场的需求，提高国际市场竞争力，提高企业经济效益和社会效益，增加就业岗位。

宁夏的毛皮皮革行业缺乏强势品牌和龙头企业，抗风险能力以及市场竞争能力较弱。专业技术人才匮乏，创新能力差，毛皮加工停留在粗加工层面，生产规模及产品档次亟待提高。

宁夏政府通过政策扶持，招商引资借助外来资金等多项措施，加强对毛皮原材料的充分合理运用。开发高档裘皮产品，提高毛皮皮革产品的"精""深"加工，以提高产品附加值。在欧美、加拿大、日本、韩国等宁夏二毛皮制品的传统销售市场基础之上，大力扩大销售网络，增强二毛皮产品的市场竞争力，逐渐创建品牌，打出宁夏特色，走向高端市场。

第三十章　新疆维吾尔自治区

第一节　发展概况

新疆水草资源丰富，是我国"四大牧区"之一，历史上一直是我国畜牧业基地，皮革毛皮及制品的生产历史悠久，深受新疆各族人民的喜爱。伊犁、和田、库车、拜城、巴里坤的皮革、皮靴、皮筒、套具等手工产品，清代即远近驰名。早在1885年，新疆阿图什维吾尔族人木沙巴耶夫就创办了远近闻名的皮革厂（后改名为伊犁州制革厂），开新疆制革业先河。1909年扩大规模，投资30多万两白银，占地面积约3万平方米，有工人100多人，成为当时新疆为数极少的地方民族企业之一。1915年前后，沙雅、奇台、塔城等县都创办了官商合办的毛皮公司，据民国三十五年（1946年）《国民政府年鉴》载，新疆制革业在迪化（乌鲁木齐）、伊犁、塔城等市县有计100余户，每年制造各种皮革5万余张。

民国时期，新疆制革业仍繁盛不衰。据民国时期出版的《中国经营西域史》记载："阿克苏、喀什皮匠善制帽，回民风俗，男女冠履，皆以皮制，故长于制革业。和阗所制皮箱尤佳。"但生产工艺落后，产量甚少。据1949年统计，全疆共生产皮革11.8万张、皮鞋31.3万双，其中马靴30.5万双，总产值不足50万元。

20世纪中叶，南疆手工业制革、毛皮分布于喀什、阿克苏各地，北疆集中于伊犁、迪化、塔城3地。1940年，由国民党"新疆边防督办署粮服处"在乌鲁木齐开办了一家皮革厂（新疆卡子湾皮革厂前身）。占地约4000平方米，当时该厂生产能力制革3万张、毛皮18万张、缝制军用光板毛皮大衣3万件。1949年，伊宁市组织个体手工业者百余户为"三区革命"民族军做皮袄。1950年，迪化市制革业共34户，工人94名，均系手工业者，产品为牛羊皮、靴鞋、皮箱等。

新中国成立后，新疆皮革得到迅速恢复和发展。"一五"期间，完成皮革个体手工业和私营企业的改造，同时从内地省区抽调大批科技人员、技术工人支援边疆建设，在天山南北建成一批皮革毛皮生产企业。自20世纪60年代起，新疆的皮革工业发展很快，截至1985年，全疆有皮革、毛皮加工企业110个，完成工业总产值9796万元。皮革产业逐步成为新疆轻工业的支柱产业之一。在轻工部组织的全国皮革行业质量评比中，新疆的"瑶池"牌皮衣多次荣获部优产品称号，"阿山"牌绵羊毛革两用服装荣获"中国十大真皮衣王"称号。

1952年，新疆的制革业出现了一次高潮。1952年全疆制革业有600户，从业人员1000人，年产皮革25.2万张。

1955年，全疆制革业发展1616户，从业人员3316人，年产皮革33.3万张。

1985年，新疆皮革毛皮及制品行业企业增至110家，职工发展到13804人，生产皮革78.22万张。

1986年，新疆皮革、毛皮和皮革制品加工业，通过兼并重组和引进国内、外先进的生产设备和化工材料，使新疆皮革及皮革制品的质量和新产品开发的水平有了明显提高。

1989年，新疆皮革发展达到鼎盛时期，当年全疆皮革、毛皮革和皮革制品加工企业年加工能力已达生产皮革181万标准张。各类皮靴、鞋380万双、皮革及裘皮服装50万件、毛皮350万张。年工业总产值1.72亿元。较1985年增长75.5%。与此同时，由于皮（毛）革及制品加工业的快速发展，也促进和带动了自治区畜牧业的发展，牲畜存（出）栏数逐年提高。

20世纪末，新疆皮革（毛）和皮革制品企业的生产加工开始逐步减少。在市场的激烈竞争中，新疆皮革、毛皮及制品不能适应市场的需求。同时，新疆皮革毛革及制品加工企业多为国有企业，其管理体制、运营机制不能适应市场竞争的需求。使新疆皮革、毛皮及制品加工企业步入了比较艰难的发展时期。新疆皮革、毛皮及制品加工企业，逐步关、停、并、转或完全退出皮革行业。到1998年，新疆主要皮革皮毛及制品企业能维持正常运转已不足10家，大部分企业亏损严重，生产处于停产、半停产状态。当年全区皮革产量仅有20.78万张（折标准张），生产皮靴、皮鞋102.44万双，只分别与1965年和1977年的产量相当，下降幅度非常之大，新疆皮革工业陷入了困境。

2000年时，新疆的皮革产业已基本消亡。21世纪后，新疆的皮革工业又有所发展，主要以民营企业为主体。至2008年，新疆共有皮革生产企业21家，其中制革、制裘企业13家，皮革制品企业8家，全部是民营股份制中小型企业，从业人员约2200人。其中制革、制裘年总产能1992万张，生产设备属国内中等水平，主要产品为牛、羊蓝湿革。进口皮张加工占全疆生产能力的83.2%。以地产加工占全疆生产能力的14.7%。皮鞋年产能约200万双，皮革服装年产能10万件以内。以劳保用品为主（见表8-71）。

表8-71　　　　　　　新疆皮革、毛皮工业历年产值产量（折牛皮）

年份	产值（万元）	产品产量			
^	^	皮革（轻革）（万张）	皮靴鞋（万双）	毛皮（万张）	服装（万件）
1949	43.9	11.8	31.4		
1952	148.3	26.2	103.5		
1957	859.3	54.3	52.0		7.8（毛皮）
1962	2263.36	26.0	73.1		13.41（毛皮）
1965	2656.00	20.7	57.7		
1970	3103.00	19.9	69.2		
1975	3890.26	31.66	81.73	16.98	12.17（毛皮）
1976	4268.55	32.18	81.91		
1977	5180.38	34.95	102.88	102.02	20.00（毛皮）

续表

年份	产值（万元）	产品产量			
		皮革（轻革）（万张）	皮靴鞋（万双）	毛皮（万张）	服装（万件）
1978	5527.41	40.82	110.14	94.93	14.85（毛皮）
1979	5624.28	38.90	121.92	123.09	15.50（毛皮）
1980	5226.54	37.35	138.64	120.90	14.43（毛皮）
1981	5776	38.3	151.7	131.8	15.52（毛皮）
1982	6579	47.3	164.0	124.89	26.11（毛皮）
1983	6874	57.7	160.9	138.54	34.41（毛皮）
1984	7934	65.7	170.3	178.68	15.04（毛皮）
1985	9769	78.2	185.5	173.11	12.97（毛皮）
1991		107.8	210.6	65.9	12.00（毛皮）
1992		64.2	217.6	56.8	11.9（毛皮）
1993		66.5	110.6	36.8	0.8（毛皮）
1994		60.4	99.95	54.62	18.3（革皮）
1995		58.8	122	74.4	13（革皮）
1996	75953	56.4	101.5	79.0	13.45（革皮）
1997	23751	30.95	78.96（380）	85.5	10.8（革皮）
1998		20.78	102.44		
1999		19.3	73.77		4.3
2001		72.6	72.11		4.6
2002		44.1	44		3.2
2003		202	45		3.7
2004		147.8	30.2		2.7
2005		283.4	31		3.0
2006		210.9	35		2.8
2007		184	47		2.7
2008		177.4	131		9.4

第二节 原料

一 原料皮资源

新疆是畜牧大省，皮张资源十分丰富，是我国皮革行业原料皮供应基地之一。1949年，全自治区有牲畜1182.82万头，1959年，增至2089.71万头，1985年年末存栏数达3016万头。2008年，新疆牲畜牛的期末存栏数达336万头、羊的期末存栏数达3025.7万只，比2000年的2455.99万头（只）增加了38%。主要牲畜存栏数中牛的存栏占9.5%，绵羊、山羊存栏占80%。每年经由新疆供应内地的皮张约4000万张。

新疆除了人工饲养的牛、马、羊、骡、猪、骆驼等外，还有许多珍贵的野生动物，如旱獭、麝鼠、狐狸、野兔、马鹿、猞猁等。其中旱獭、麝鼠、灰鼠、狐狸等皮毛色泽美观，是制作高档裘皮的主要原料。

二 主要生产用皮

新疆皮革工业生产用皮主要以牛皮、绵羊皮、山羊皮三类为大宗。1985年，其用量占当年全疆各类皮张收购总量1090万张的65%。2008年全疆地产皮的加工量占原料皮总量的7.5%。

（一）牛皮

牛皮为制革主要原料之一。其来源主要集中在伊犁州、南疆喀什河阿克苏地区。

（二）绵羊皮

绵羊皮主要用于制革、制裘。新疆的绵羊皮种类多，皮张质量好，其常用品种有如下三类。

（1）新疆细毛羊是我国育成的第一个细毛羊品种。新疆细毛羊羊毛精细，为毛纺工业主要原料。其三代、四代毛皮可制作剪绒皮、毛革两用皮，是生产大衣、毛革皮两用服装及坐垫产品的好原料。

（2）新疆哈萨克绵羊，又称土种羊，多产于北疆地区，由于气候寒冷，皮张大、毛孔细、伤残少，是制作革皮服装的优质原料，新疆多年出口国外几十个国家和地区的皮革产品，都是以这种原料皮为主要材料。

（3）新疆羔羊皮是1959年以库车羊为母本，从苏联引进著名裘皮羊种卡拉库尔为父本，采用级进杂交方法育成。这种羔皮羊的羔皮以卧蚕形、肋形和列形等花卷类型为主，毛色油亮发黑，图案清晰美观，毛卷紧实，丝光感好，羔皮面积大，板质结实，是制裘的高档原料。

新疆羔羊皮另一品种为策勒黑羊，是策勒县的地方品种。这种羊毛以黑色为主，羔皮花型以螺旋形卷、环形卷、豌豆形卷和半环形卷为主，还分为大花、中花、小花三种，当地维吾尔族妇女喜欢用这种羔皮来装饰小帽或皮毛。

三 其他生产用皮

新疆马、骡、驴、猪、骆驼等皮的产量也不少，但工业加工使用只占很小比列。

在新疆野生皮源中，以旱獭、麝鼠皮为主。旱獭在新疆各地均有分布，以伊犁各县为最多。旱獭皮分为春獭皮和秋獭皮，以秋獭皮品质较高，且绒多，色彩光泽好。麝鼠毛呈深灰色或红褐色，针毛油润发亮，绒毛丰满柔软，具有保温与防水性能。麝鼠巢穴多在水边，新疆博斯腾湖水草丰茂，水位稳定，是麝鼠生长的良好场所。20世纪计划经济年代，这里每年收购的麝鼠皮可达10万—20万张。

第三节　工艺技术及装备

一　工艺技术

（一）制革工艺

制革分为轻革和重革。轻革包括鞋面革、服装革、手套革、里革；重革则包括轮带革、鞋底革、套具革、马鞍等。20世纪50年代以前，新疆制革工艺十分落后，均采用烟熏火燎法。生产周期长，质量不稳定。

1955年，新疆制革企业首次分配进了制革专业大学毕业生，给新疆制革业带来化学鞣制法，主要流程：转鼓清水—灰碱脱毛—浴法鞣制—甲醛固定。大大缩短了生产周期。

20世纪60年代开始，新疆的皮革技术人员开始试验酶脱毛、复灰和采用变形二浴法等生产工艺，使新疆的制革质量水平有了很大提高。

制革生产工艺流程如下。

1. 重革

（1）准备。选料分类—浸水—脱脂—浸灰脱毛或酶脱毛—片皮—脱灰—软化—浸酸

（2）鞣制。植物鞣—退鞣—漂洗—加油

（3）整理。干燥—回潮—压光—成品

2. 轻革

（1）准备。选料分类—浸水—脱脂—浸灰脱毛或酶脱毛—片皮—脱灰—软化—浸酸

（2）鞣制。铬鞣—削匀—中和—染色—加脂

（3）整理。干燥—拉软—涂饰—熨平—成品

（二）毛皮工艺

1949年前，毛皮鞣制工艺一直沿用硝面鞣法，多为手工操作，质量低劣。50年代末，新疆就开始试验采用铬铝鞣制毛皮新工艺，60年代即在全国推广。同时使用"醛铝鞣"毛皮工艺，产品性能有大的改进。70年代是新疆毛皮工艺发展的突出时期，1974年新疆皮革公司研试出酸性蛋白酶软化技术。各毛皮厂还采用酸性染料染色工艺，开拓花色领域，使新疆细毛羊剪绒和麝鼠、旱獭皮等产品跨入国内领先地位。80年代开始，新疆传统毛皮产品逐渐滞销，为改变产品结构，1984年，新疆皮革毛皮公司研制成绵羊毛革两用工艺。至1996年，新疆的毛革两用工艺和细杂皮精加工生产工艺达到国内先进水平。

（三）靴鞋工艺

20世纪50年代前，新疆的靴鞋工艺基本以手工缝制为主，60年代后逐步采用了模压、硫化、注塑、胶粘等生产工艺。

1. 缝制鞋工艺

1972年以前，缝制鞋多用手工生产，靠剪、尺、缝纫机操作，劳动生产率低下，不能满足市场需求，在生产上已有其他生产工艺取代，但高档皮靴鞋手工缝制工艺在生产中占有一定位置。

2. 模压鞋工艺

1965年，新疆首先推行模压鞋生产工艺，次年批量生产模压鞋。模压鞋工艺虽有功

效快的优点，但其产品有不透气、皮底重的缺点、，属于低档产品。1980年以后，这一工艺采用很少。1985年则基本停止使用。

3. 硫化鞋工艺

1969年，新疆开始采用硫化工艺，同模压工艺一样，这项工艺生产出的靴鞋产品透气性差，属于低档产品，1984年以后此工艺也停止使用。

4. 胶粘鞋工艺

1975年起，新疆开始采用胶粘工艺，到1985年，新疆的胶粘鞋生产能力达到240万双，使该工艺成为新疆皮靴鞋业的主要生产工艺。

5. 注塑鞋工艺

1980年，新疆引入注塑鞋工艺。由于新疆冬季气候寒冷路滑，这种鞋底不适合高寒地区穿着，1982年停产。

二 装备

1952年以前，新疆的皮革厂只有伊犁制革厂部分使用机器设备，其余均系手工生产。

1952年以后，随着一些制革厂的兴建，制革设备略有增加。1960年开始，全疆的制革设备逐年增加更新。从1970年起，各企业在更新制革设备同时也开始引进制鞋设备。

"六五"期间是新疆皮革毛皮及其制品行业大发展时期，特点是制革机器和毛皮设备增长迅速，不但有国产设备，也开始引进国外皮革设备。皮靴鞋设备也有较大增长。

1985年，全疆制革业的有片皮机40台、去肉机180台、磨革机38台、熨皮机38台、鞣池总数457座（3600平方米）、转鼓317台，新增削匀机78台、干燥机32台、轻革打光机20台，引进20台国外皮革设备。同时有剪毛机147台、烫毛机153台、梳毛机9台、毛皮拼缝机283台、毛皮刷酸机2台、毛皮削匀机19台、毛皮干燥机11台。新增中速缝纫机266台、高速缝纫机5台、高速单针织机1台。制鞋设备新增78台，并新增6条胶粘鞋生产线。

到"七五"期间，新疆的皮革产业极度萎缩，国营企业几近消亡。21世纪后民营企业有所发展，但以生产蓝湿皮为主。制革设备主要以片皮机、去肉机和转鼓为主。

第四节 产品品种

一 皮革

新疆皮革主要有牛皮革、马皮革及羊皮革。20世纪70年代以前，制革加工工艺落后，产品属于二三类。后经过多年努力，产品质量不断提高，1973年，新疆兵团乌鲁木齐皮革厂（新疆皮革工业公司前身）生产的牛修饰鞋面革，在全疆质量鉴定评比中首次达到一类品。1980年，全疆重革合格率为98.5%、轻革合格率为91.6%。"六五"期间，自治区皮革工业公司于1984年研试出山羊平纹服装革、山羊正面鞋面革，并获自治区轻工科技三等奖。同时这家公司直属第二制革厂生产的绵羊平纹服装革评为全国同类产品第一名。20世纪末开始，新疆的皮革产品主要为蓝湿皮。

二　靴鞋

新疆生产的靴鞋以牛皮革为主，也有少量的羊皮革和合成革。20世纪五六十年代，以手工缝制居多。产品有马靴、男女皮鞋、皮靴、劳保鞋等数10种，质次价高，品种单一。

随着生活条件的改善，人们对皮靴鞋的需求水平趋向中高档，1975年新疆开始生产胶粘鞋。1983年，全疆胶粘鞋产量总计43.36万双。"六五"期间，皮靴鞋生产以年均6%的增度发展。1985年，胶粘鞋产量达到185.50万双。合格率上升到99.64%。花色品种增多。其后靴鞋产量逐年下降，从20世纪末开始，靴鞋产品主要以劳保鞋为主。

三　皮件

1. 箱包、手套、三球（篮球、排球、足球）

（1）箱包。民国三十二年（1943年）新疆和田地区成立一家手工业箱包工厂，每月生产200只，年产量2400只。新中国成立前就已停业。20世纪50年代新疆开始生产人造革箱。后因市场需求下降，产量逐年减少。至80年代末，人造革箱退出市场。

（2）手套。1966年新疆开始生产皮手套，当年产量5826副，1972年产量增加到3.9万副。1980年代皮手套需求量增加，1985年产量为5.77万副。从20世纪末起，新疆几乎没有生产手套的专业厂。

（3）三球。新疆从20世纪60年代末开始试生产三球产品。1972年生产0.31万个，1977年产量为1.6万个，以后由于疆外生产的橡胶球价格低廉，逐步占领市场，皮制球产量下降，1980年仅生产1568个，以后未再生产。

2. 皮革服装

20世纪五六十年代，新疆生产的皮革服装曾出口苏联，后因中苏关系恶化而中断。70年代末新疆的乌鲁木齐、阿勒泰、喀什和塔城地区皮革企业开始恢复生产皮革服装。1984年，随着山羊、绵羊平纹服装的开发，皮革服装质量大为提高，当年产量达到7.05万件，比上年增长66.3%。1985年皮服装产量达到16.87万件。随后新疆的皮革服装开始走下坡路。

3. 马鞍、套具

马鞍和套具是新疆的传统手工业品。马鞍系用底革制成皮垫套于鞍板，起耐磨、平稳作用。套具品种较多，主要有马拥、秋伴、挂木绳、皮条等。马拥多用牛硝皮制成，拉力强、面皮干硬、不裂开。秋伴、挂木绳、皮条等均系用山羊皮制成，合成股，不易分股或变质，坚固耐用，对各种马车、打场、马拉犁、磨地、磨面等都很适用。20世纪60年代，全疆套具产量为10万件，1972年上升到52.33万件，以后农村用于交通运输的马车逐渐减少，1981年车马套具生产降至15.58万件，1985年仅生产3.9万件。

四　毛皮及其制品

1. 毛皮

新疆毛皮加工始自20世纪初，但产品一直十分粗劣，1949年后才有正规企业生产。1973年全疆毛皮产量为21.27万张。从1977年开始，毛皮生产迅速发展，1980年为120.9万张。"六五"期间，毛皮生产持续增长，1985年提高到173万张，年增长率

7.4%，产品主要是绵羊皮，还有少量的旱獭皮、麝鼠皮等高档野生皮。1995年，新疆阿勒泰地区皮革厂引进西班牙全套毛革皮生产设备和技术。1996年该厂引进联邦德国设备，使年生产毛革皮的能力增加到50万张。至2000年，加工毛革皮加工能力达到200万张。进入21世纪，新疆的毛皮加工业几乎绝迹。

2. 毛皮制品

（1）毛皮服装。20世纪50年代前，新疆只有皮袄一种产品，南北疆都有制作，但以伊犁地区最为集中。1941年，国民党军队进入伊犁后，当时有150多名手工业者为其做皮袄。新中国成立后，伊犁、喀什、阿克苏、巴州等地都组织成立毛皮生产合作社，主要生产劳保大衣。1957年生产7.8万件，1960年产量为14.74万件。1961年后产量逐年下降，1963年只生产2.63万件。1975年恢复到12.17万件，1980年达14.43万件，1983年生产34.41万件，创最高纪录。1984年后，由于商业部门停止传统皮大衣的包销，产量减少。同时一批新疆的皮革毛皮企业根据市场需求开始生产高档风雪大衣、剪绒印花翻毛大衣以及毛革两用服装等产品。1985年全疆生产毛皮服装12.97万件。1995—2000年，随着皮革服装的流行，毛革服装的年产量已低于20万件。进入21世纪，新疆的毛皮服装几乎没有批量生产。

（2）皮帽。皮帽是新疆各族人民冬季必备用品，早期由手工业者制作，皮帽生产发展缓慢。民国时期，伊宁有两户制帽作坊，专做高顶皮帽出售。1954年，伊宁市有14家作坊，从业人员19人。1955年伊犁、喀什、乌鲁木齐、阿克苏等地先后组织合作社，到1963年产量为10.9万顶，此后生产不断增长。1972年生产合作社发展到8家，并有一个皮帽生产专业厂——乌鲁木齐新光帽子厂。1978年，全疆产量总计48.9万顶。由于城市冬季戴皮帽的人减少，产量有所下降，年平均在28.1万顶。1985年产量为31万顶。以后产量逐年递减，21世纪后，新疆已没有制帽的专业厂家。

五　优质产品

"六五"期间，新疆皮革毛皮行业先后有多家企业的产品荣获部优、区优产品称号（见表8-72—表8-74）。

表8-72　　　　　　　新疆皮革制品参加全国评比荣获一类产品名单

	商标名称	品种	使用厂家	获奖时间（年）
1	阿山	毛革两用绵羊服装革	阿勒泰皮革集团	1989
2	昆仑	牛面仿皮底女线鞋	乌鲁木齐第一皮鞋厂	1989
3	新疆羊	羊剪绒皮	乌鲁木齐第一毛皮厂	1989
4	昆仑	铬鞣黄牛鞋面革	乌鲁木齐第一制革厂	1989
5	博峰	旱獭皮	乌鲁木齐第一毛皮厂	1989
6	昆仑	牛面胶粘男线缝鞋	乌鲁木齐第一皮鞋厂	1990
7	环游	仿皮底胶粘女式线鞋	五家渠皮革厂	1990

续表

商标名称		品种	使用厂家	获奖时间（年）
8	天鹿	皮卡衣	五家渠皮革厂	1990
9	双虎	铬鞣山羊服装革	五家渠华新皮革公司	1990
10	昌丽	铬鞣黄牛修饰鞋面革	昌吉州皮革厂	1990
11	瑶池	革皮服装	乌鲁木齐皮件厂	1991
12	昆仑	牛面橡胶底女胶粘鞋	乌鲁木齐第一皮鞋厂	1991
13	雪莲	牛面女式胶底胶粘鞋	新疆昌华皮鞋厂	1991
14	天雪	金牛皮男线缝三接头皮鞋面	乌鲁木齐先锋皮鞋厂	1991
15	沙枣花	铬鞣黄牛修饰鞋面革	五家渠皮革厂	1991

表 8-73　　　　　1986—1990 年荣获部优产品称号的新疆皮革制品

	产品名称	获奖单位	授奖时间与部门
瑶池	绵羊正面服装革	乌鲁木齐第一制革厂	1986 年轻工业部授予
瑶池	绵羊革皮服装	乌鲁木齐皮件厂	1986 年轻工业部授予
瑶池	羊剪绒皮	乌鲁木齐毛皮厂	1988 年轻工业部授予
双虎	铬鞣绵羊正面皮服装	五家渠华新皮革公司	1989 年农业部授予
双虎	铬鞣绵羊正面皮服装	五家渠华新皮革公司	1990 年轻工业部授予

表 8-74　　　　　　　新疆皮革行业历年获区优产品名称

商标	产品名称	企业名称	时间（年）
金叶	7215、217 男式革皮服装	乌鲁木齐皮件厂	1984
	9257 女式革皮服装		
博峰	色羊绒革顶大众帽	乌鲁木齐毛皮厂	1984
	醛鞣麝鼠皮		
瑶池	4138 男式革皮服装	乌鲁木齐皮件厂	1985
	8405 女式革皮服装		
	革皮警式短大衣		
	绵羊平纹服装革		
瑶池	8475 革皮女上衣	乌鲁木齐皮件厂	1986
	八袋革皮男上衣		

续表

商标	产品名称	企业名称	时间（年）
阿山	8212南双排扣皮卡衣	阿勒泰地区皮革厂	1987
天雪	线缝男三接头皮鞋	乌鲁木齐先锋皮革厂	
雪莲	4-087女中跟牛面仿皮底冲花小舌底	昌华皮鞋厂	
昆仑	牛面仿皮底胶粘女鞋	乌鲁木齐第一皮鞋厂	
双虎	铬鞣山羊服装革	五家渠华新皮革公司	1988
阿山	871女式皮卡衣	阿勒泰地区皮革厂	
昆仑	牛面仿皮底胶粘女凉鞋	乌鲁木齐第一皮鞋厂	
雪莲	牛面女式胶粘浅口鞋	昌华皮鞋厂	1989
	牛面男式胶粘单皮鞋		
阿山	绵羊革皮男式绵服装	阿勒泰地区皮革厂	1989

第五节　外贸出口

新疆皮革毛皮制品的对外出口始于20世纪50年代末。兵团乌鲁木齐皮革厂（后为新疆皮革毛皮工业公司）1959年开始对苏联出口革顶旱獭帽、皮大衣、皮夹克，数量各在5000顶（件）以上。同时出口男士皮靴鞋1.62万双，总值86.64万元。这期间，乌鲁木齐外贸皮革厂、塔城皮革厂、伊犁皮革厂先后开始生产出口产品，一直持续到1962年。1965年开始向我国港澳、欧洲、美国、日本等国家和地区出口，产品包括细毛剪绒皮、绵羊半硝革、皮服装革和山羊箱包革等。1974年起增加了皮帽、皮鞋、皮包以及皮手套、小钱包等。1985年出口皮衣0.76万件、裘皮服装0.82万件、手套1.15万副、皮帽5万顶、皮褥2.18万条。

20世纪80年代，新疆轻工业除恢复对苏联出口外，还逐渐扩大对欧洲、美国、日本等国家出口，建立起全方位的出口体系。

20世纪末，随着国有皮革企业的平稳退出，新疆皮革毛皮制品的出口也基本终止。

第六节　专业市场

一　原料皮交易市场

在计划经济年代，新疆的原料皮主要通过自治区茶畜公司统一调拨。

自改革开放以后，乌昌地区、伊犁地区和喀什地区成为新疆主要畜牧原料皮的产地、交易地和集散地。每年在这三个地区交易的原料皮占全区当年原料皮产量的90%以上。其中50%以上在乌鲁木齐米东畜产品交易市场，其原料皮主要来自乌鲁木齐市和北疆各地州及南疆巴州地区，以羊皮交易为主，牛皮为辅；喀什畜产品交易市场的原料皮主要来源于当地、和田和克州等地区，部分来自伊犁地区。全疆生皮每年的交易量在3000万—4000万张。

二 制品交易市场

新疆的皮革制品交易近几年主要集中在下列几个市场。

（1）乌鲁木齐边疆宾馆：国家二类口岸，在此通过边境贸易出口皮革制品，占新疆出口的皮革制品90%左右。边疆宾馆近10年来出口货值累计达400多亿元人民币。

（2）新疆轻工商场：商业面积6000平方米，具有一定规模的商户50余家，年销售额约2亿元人民币。目前主要是中亚各国旅游者采购。

（3）西域轻工基地：地处乌鲁木齐市大湾北路876号，总占地面积205500平方米，是集生产、加工、仓储、物流、配套海关、商检于一体的专业性外贸加工、展示、交易市场，国家二类口岸。已经集中了一批皮革制品（皮鞋、皮衣、箱包等）出口商。

（4）仓房沟鞋料市场：位于乌鲁木齐市仓房沟路593号，是新疆目前唯一的皮革鞋料专业市场。建筑面积1万平方米，有商铺217间。现有商户42家，从业人员100余人，70%以上的商户来自福建省，本地商户只有2家，其余来自江浙等地。年货物交易量1万吨左右，交易额约为2300万元，货物主要销往南北疆地区。

第三十一章　香港特别行政区

有人类生存的痕迹，就有制革的存在，香港在数千年前已有先民存活的历史，因地势近水，运输便捷，估计已有制革活动，考古发掘出来的石器工具，也可用以切刮生皮。

皮革的应用，不独于衣、鞋、包等日常用具，也常用于其他工具的缠、套、垫、封等。如金属或石头工具的手柄、刀套，原始机械的牵拉，水管帮浦的封接，渔具农具的固定缠绕等实用途径。

香港初存的先民从事渔耕、牧猎。甚至各类手工作坊，都需要以皮革材料为工具辅助，由此推断制革的前史也不为过。

但香港正式见诸可考资料的皮革业，可追溯到开埠初期的19世纪70年代间，至今已逾一个半世纪，皮革业历史，粗略可分7个年代。

始发年代（1875—1910年）期间，制革工人效仿广东南海传入的烟鞣皮法以草烟熏制保存，"开青皮"用以制造箱杠之用，三数家作坊分散于溪水边，现址九龙的土瓜湾区也曾有1间。

基础年代（1910—1942年），由泰国华侨引入栲胶丹宁，以此泡浸生皮，是为"红底皮"即植鞣老池革，质量略为改进，也多用于粗笨的皮具。此时的制革厂超过10家，甚至发展至长洲岛、南丫岛等离岛。也开始了进口质量更佳的外国皮革。如澳大利亚和加拿大的白皮即矾鞣革。此时本地的制革也是以手工操作，利用周边原材料，过程简陋，成品粗糙，远不敌进口货品，但也因此而发展出皮革贸易商。

沦陷年代（1942—1945年），日本占领香港时期，皮革为军需品，受到管制，材料都要封存仓库，由军方监管，颇多业内人士逃移内地，至广东北部或广西，艰苦经营，而留存本港的更陷入半停顿状态，苟延残喘。

复兴年代（1945—1965年），战后百业待兴，皮革业因应供求环境的逆转而渐趋繁盛。业内人士回归，皮革业商会也于此时正式成立，团结同业，互通信息。

20世纪50年代的香港，因周边地区及世界大气候变动影响，如中国内地的解放战争、朝鲜战争、越南战争，因而大量流入资金及人才，加上战后各国重建，物资需求大增，百业渐旺，香港可自由进出材料成品，也促成转口及制造业兴盛，皮革业因此受益。此段期间，涌现了30家制革厂，50家贸易商行及门市店，比战前不止翻倍。

制革厂散落于离岛、新界上水、元朗、荃湾等地，商行及门市分布于港岛中上环，尤其是摩罗街，后期更延伸至九龙的深水埗，甚至旺角。

制革技术更大为进步，除了引入日本的铬鞣工艺，其他欧洲的化工原料及制革机械相继引入，无论效率、产量、质量、市场都大大提升，生皮的进口，由东南亚至美洲、澳大利亚皆有。成品除满足本地日益兴盛的革制品厂外，更远销东南亚。而皮革贸易行商，除进口各地生熟皮革外，更作为转口角色，将内地的猪、羊、兔等畜产材料转运到世界各地,为国家创汇。

据当时统计,本港制革厂总资本值超过200多万港元,而一年的进出口贸易总额达3000余万港元。

20世纪60年代,皮革业发展良好,与香港当时冒起或强化的鞋履业、箱包制造、带业等并进,投资者除原来传统的南海人外,更有邻近东莞、深圳、澳门甚至东南亚华侨,涂饰等工序也开始引入,令成革花式繁多,因而更扩大需求市场。

成长年代(1965—1985年),香港的百业在这个年代迎来了黄金期,皮革行业同样得益。

20世纪60年代末至70年代初,香港革制品业除了原来的固有品种持续强大外,新加入的还有小件革品,如收音机套、公文包、女装包等。后来更添加皮革服饰及劳工手套。

20世纪70年代欧美市场因生活水平提高,工人保障意识强烈,皮革制品不再是小众的奢侈品,香港当时因劳动力充足,进出口自由,商人头脑灵活,便紧跟潮流,因而得益。

制袋、制衣及手套业入行门槛较低,规模具有伸缩性,加以市场空间广大,当时发展得十分理想。

香港制革可利用较廉价及充裕的进口材料,而手套革对机械技术的要求也不高,形成该行业在七八十年代快速增长,以价格、数量、速度取胜,其间有几年处于香港出口前三甲位置。粗略统计,当时制革厂大大小小超过百家,商行200余家。从业人员逾4000,平均皮革进出口年总值港币15亿元,皮革制品出口年总值港币18亿元。

20世纪80年代,中国开始改革开放,面向国内的皮革贸易往来,更加频密,外商也以香港为进入中国市场的跳板,此时在香港设办事处和参与展销会的与行业有关外商,纷至沓来,各类皮革材料云集,各方信息畅通,同业中不论商行、批发或制造厂,都蓬勃发展,制革行业更多样化,经营品种、工艺技巧都各有所专,百花齐放,百家争鸣,各自精彩。

20世纪80年代前的制革厂,虽然技术设备用料成品都居于很高水平,但厂房多设在农地上的寮棚,风侵雨蚀,而污水未经处理,直接排放,其蓬勃发展也引起政府的关注。

转移年代(1985—2005年),香港皮业贸易,依靠国家的快速发展,生意依然十分兴旺,大部分商行更因本身对外国接触密切,声誉殷实可靠的特色本钱,面向内地,发挥优势,除了作为中国代理得益外,也有部分投资内地,建立更佳前景,初段尚可延续余威。

但本地制革业因政府的土地规划,环保法规及工业政策,发展不但受限,更要迁移集中于葵涌醉酒湾特殊工业区,建正规多层厂房,增污水处理系统,申领牌照,集中监管。

20世纪80年代醉酒湾制革区始创时,即有超过20余家制革厂投资,自此之后,香港其他地区也不再容许开设制革厂。

当年制革厂的经营面临不少困难,除了醉酒湾工厂大厦的严格规管外,还要面对厂房面积不足、日益短缺的工人、增长快速的生产成本、远迁国内的革制品业顾客等因素而经营不易。

20世纪80年代中期开始,香港大部分制革厂,都迁移至广东省地区,寻找更有利的经营环境,统计当时移离的有三四十家,但生产基地依然在国内,办事处根基还在香港,他们大都以一来三补等形式运作。

20世纪90年代在国内经营的制革厂，因地区、投资规模以及运作方式的不同而荣辱互见，各有兴衰。在国内经营皮革业，好处是土地、人力等资源充足，接近客户生产基地，而且中国地大物博，市场广阔，有发展空间。但是地方政策不稳定，环保、工商、税务、海关、地政等条例繁复，未能长远规划。

与此同时，香港尚存三五皮革厂，小规模经营，也利用了本地屠宰的生牛皮，满足了尚存香港革料市场的需要。

随着回归祖国后，两地之皮革工业更加密切，香港皮革商人设厂，已不限于广东省，更延至其他省份，也不只限于来料加工，也有发展至合资及内销，除了制造业、批发零售、代理分销等形式，渐成气候，香港之皮革业，与中国大陆成为不可分割的一部分，两个经济圈基本融为一体，两地商人与商人、企业与企业、业内组织之间也往来频繁，合作无间，本港更发挥其窗口角色，让世界各地商贸技术由此引入祖国，而同时也为祖国皮革及皮革制品提供输往世界各地渠道。

守成年代（2005—2010年），进入21新世纪，在国内发展的港资制革行业及皮业经营商，只期待能平稳存在，秉承故业。所面对的困难，一是世界经济增长缓滞，商机困顿，二是国内本地同业，已高速前进，超越港资，三是生产成本增长强势，法规更加严苛。因此经营艰辛，而作为中间商，也因国内企业外展频繁，外商也多直接交易，重要性日减，尚能恃的大概只有长久的关系及较佳的信用而已。留守香港的本业人士从数量到交易额也收缩了不少。单赖累积声誉与客缘，去维持运作。

近几年间，从日本、中国台湾传入了革手工艺，爱好者自选革料。以手工制作随身用品装饰物或摆设艺术品，用以自娱、送礼或甚创业传艺图利，此风方兴未艾，也帮助了本港皮革行业的经营。

第三十二章　台湾地区

第一节　制鞋工业发展历程

一　制鞋初始期（　—1963年）

1963年前，正是台湾地区编帽业之兴旺时期，编帽所用之拉菲亚草、越南草、银丝草等，均优质地非常良好之天然草与人造纤维，为编织穿戴物品之最佳原料，当时即有少数业者具有远大眼光，产生了利用这些原料试制鞋面的动机，于是，就用该等草类，开始编成（鞋面）或结成（襻带），配上塑胶底，做成简单的（拖、凉）鞋，推向国外市场，试销结果，反应尚不太差，因而激发了部分业者的兴趣，随之跟进，不久之间就形成了一个小小的行业。

二　萌芽及成长期（1964年—1975年）

1964—1965年间，台湾地区的石化工业已相当发达，可以作为鞋面、鞋底的塑胶皮、布也已达到很好的水准，供应制造塑胶鞋类的初级品，已无问题，在料源之外必须积极谋求解决者，这是产业技术的引进以及外销市场的取得无可否认的。亚洲地区的工业先进国家是日本，制鞋工业的先进国家也是日本，早期（1914—1965年）的鞋类产制是日本领先，国外市场则完全在日本（大商社）的掌控之中，台湾业者欲求发展，最初就是在这种受制于人的情况下，一步一步地向前推动，经过三四年的时间，在制作技术方面，已有显著的改善，品种方面也逐渐增多，对于国外市场的了解已日渐深入较为充实，推销方法也有很多的进步。到了此时，美国的部分进口商与台湾业者，才直接地做了小规模的接触，为制鞋业界带来了一线曙光，提高了业者的信心，加以劳动力供应充沛，材料来源丰富，各种条件的适当配合，才使得产销形态，步上正轨，此一小型行业，至此才稍稍地稳定下来。

1. 组织同业公会

1967年，鞋类制造业者属于塑胶鞋类者，已有30余家，产品范围仍旧限于塑胶、纤维皮布等材料制作的拖鞋、凉鞋类，厂家虽然不多，但竞争都甚激烈，似此各自为政、杀价竞销的现象，如不加以遏止，很难再有发展的希望。当时业界的重要人士陈进生、张志华、傅长荣三位先生，有鉴于此，遂依照政府有关法令，联名发起筹组同业公会，以谋求业界的团结。

1968年1月16日，台湾区塑胶拖鞋输出业同业公会正式成立。陈进生先生当选理事长、王有培先生当选常务监事，并经理事会一致决议聘请帽业公会总干事张钟瑶先生兼任总干事。

为求公会组织更为符合业界实际情况，旋即奉准改组为"塑胶鞋类输出业同业公会"。1976年，又经改组为"台湾区塑胶鞋类工业同业公会"。1978年，奉准扩大改组为"台湾区制鞋工业同业公会"。

1968年，塑胶鞋类输出业同业公会成立之后，同业间的联系合作事项虽已加强，但各厂间的个别竞争及以自我为本位的态势，仍难完全消除，为有效遏制此种不利现象，乃由理事长陈进生与总干事张钟瑶呈请经济部，准许本业自行制定出口最低价格，由公会初审同意核章后，始能申报签证出口。1969年初完成签署协议书工作，嗣经申请经济部国际贸易局核准，由本会初审核章后始能签证出口。从此，国外市场情况渐趋稳定，外来客户也信心大增，交易结构日见顺畅，从而奠定了台湾地区制鞋工业的密切团结共同奋斗的基础，在国际间博得了"制鞋王国"的美誉。

制鞋工业产品，在初期（1962—1968年）以拖鞋、凉鞋为主。中期（1968—1973年）已发展至淑女鞋、绅士鞋、包子鞋、高跟鞋、便鞋、长筒靴、足球鞋、棒球鞋、高尔夫球鞋、网球鞋、护士鞋、童鞋、海滩鞋等。近期（1973—1978年）更发展至溜冰鞋、冰刀鞋、登山鞋、钓鱼鞋、工作鞋、安全鞋、滑雪鞋、狩猎鞋、月球鞋、雪鞋等。

制鞋工业所使用之原材料概为天然皮（真皮）、各种规格之人造皮（塑胶皮、橡胶皮）及其他各项配料。

制鞋工业的产制技术，由于不断引进欧美先进国家之新技新知，并随时对从业人员，施以职前培养及在职训练，目前技术水平已达国际标准，可媲美于制鞋先进国家，高级品则偏重手工制作，以表现具有"工艺美感"，大量生产则配合新式制鞋机器，半自动化，部分厂商已进入全自动化的阶段，整个业界，实已具备了现代化的规模，随着"科技"的快速进步，时时刻刻均在向更高境界谋求发展之中。

2. 国际间保护贸易主张抬头，设限压力日益增加

（1）台湾鞋类外销由于成长快速，以及受到国际间保护贸易主张的影响，自1970年以后，美国、加拿大等国制鞋业者即一再向其政府要求，对进口台湾鞋类，制定增加关税或者限制数量之措施，予以抵制。幸赖美国鞋类进口商团体，能与台湾业者站在同一立场极力反对设限之议，台湾政府也一再协助业者予以力争，在各方合作努力之下，始暂时平息设限之浪潮。

（2）1977年，美国政府在制鞋业者及部分国会议员的压力下，又复燃起设限的热潮，美国前任总统卡特虽将强制设限提案予以批驳，但为缓和情势期间，乃决定采取与台湾及韩国进口商签订有秩序市场行销协定（Orderly Marketing Agreement），即由鞋类出口国家或地区，依照协定原则自动设限。

台湾地区塑胶鞋类工业公会为因应美国对台输美非橡胶鞋类自动设限事，于1976年5月11日邀请台湾地区进出口商业同业公会、台湾地区橡胶工业公会、台湾地区皮革制品工业公会、高雄加工出口区皮革公会、高雄加工出口区化学公会、台北市进出口商业同业公会等单位，举行座谈会，会中决议：第一，限额如有分配问题，请国际贸易局指示，以便作业。第二，各公会通知所属会员，提报1974年至1976年输美实际以凭统计。填报者同时兼为两个以上公会会员时，不得重复填报，填报只限制造业者，贸易商不包括在内。第三，如何划分鞋子种类由塑胶鞋类工业公会另行通知有关公会。第四，有关配额等

重要事项，随时由各有关公会协商办理。第五，向国际贸易局请示函件，由塑胶鞋工业公会具名发出。

经与美国鞋类谈判代表团谈判之后，获致协议如下：第一，台湾地区与美国间在未来4年内，对非橡胶鞋类输美，采行一定的限额。第二，排除若干项目不在设限之内。第三，设限非橡胶鞋类分为三类：一是皮鞋，二是塑胶鞋类，三是其他鞋类。第四，台湾地区与美国双方如发现在未来4年内，市场有变化或台美在履行协议中，认为有必要时，可互相要求提出协商。第五，设限实施日期以出口日为准，即从本年（1977年）6月28日开始。第六，成长率尚未具体决定，视美国鞋业于设限制后恢复的情况，由台美双方另行咨商。第七，不设价格分类。

台美非橡胶鞋自动设限协议，自1977年6月28日起生效，规定台湾在4年期间，可供输美的非橡胶鞋总额为5.06亿双。第一年（1977年）为1.22亿双。第二年（1978年）51.25亿双。第三年（1979年）为1.28亿双。第四年（1980年）为1.31亿双。三种鞋类分配基准，系按1976年台湾输美鞋类比例而定。皮鞋占8.02%、塑胶鞋占87.78%、其他占6.20%。三类配额可互相换类，皮鞋、塑胶鞋可各拨出60%，其他类可提拨15%。

1977年6月23日输美非橡胶鞋七公会，正式组成台湾地区输美非橡胶鞋类联合委员会，推举陈理事长晋升为主任委员。委员会成立之后即开始办理七公会所属会员申报之输美实际审核，并遵照国际贸易之指示，依据美国海关税则所设定之"设限类别号码"办理分类工作，涉及业务至为繁重，委员会迄至塑胶鞋工业公会扩大改组为制鞋工业公会，将所有业务移交该公会之后，始予结束。

3. 制鞋工业的经营形态、外销市场、销售通路

（1）经营形态：制鞋工业在初期（1962—1967年）阶段，多系小型工厂，加工程序偏重手工技艺，除一部分较具规模之工厂，在营运、管理、财务、人事等方面建有完善制度外，其他概为家族营业，对于科学化的企业管理方法，则不甚重视。及至发展到中期阶段（1968—1973年），由于台湾相关工业的快速发展（如制鞋机械、各种原材料及配件等），并同时受到各先进国家制鞋技术不断进步的刺激，遂相率增添机器设备、扩建厂房、延聘人才，引进日本、欧美等先进国家的新技术、新知识，组织形态虽仍处于劳力密集状况，但大部分已迈向科学化。发展到了近期（1974—1977年），制鞋工业已发达至相当兴盛的阶段，除特殊高级含有艺术品位的鞋类，须偏重手工作业外，大部分工厂已进入半自动化的阶段，具备了现代化的规模，随着科技的快速发展，时时刻刻均在追求进步，迈向更高境界。

（2）外销市场：制鞋工业的产品外销，自始即以美国地区为主，最初外销美国市场的产品，约占台湾鞋类出口总额的80%，嗣后渐渐减少，在设限前一年（1976年）已降至65%左右，欧洲地区14%、澳大利亚3%、加拿大4%、其他地区14%。对美国的依赖性依然过高，业者已共同体认，必须扩大贸易领域，分散市场，向日本、中南美洲、中东等地区，加强开拓，介入世界市场，始能立于不败之地，以保持"制鞋王国"的美誉。

（3）鞋类产品的销售管道：鞋类产品的外销，系经由各地鞋类进口商大批订货，多属大量生产，甚少接受小额订单，进口商采购产品，按季节进口之后，再透过批发商、连锁店、百货业零售商等通路，销售到消费者的手中。

三 壮大发展期（1976年—1984年）

（一）活力涌现

台湾制鞋工业在前述有利因素配合下迅速成长，及至20世纪70年代中期，不仅荣膺"塑胶鞋王国"之美誉，并跻登全球鞋类最大供应地区宝座，而且在一般新兴制鞋国家中塑造了领袖形象，也带动了台湾鞋机工业的勃兴与鞋材工业的蓬勃发展，奠定了制鞋工业最完善的环境，使鞋类的发展更充满了活力。

在此期间，众多开发中国家如韩国、巴西、马来西亚、中国香港及若干东南亚国家皆积极发展制鞋工业，凭借其劳力充沛、工资低廉，以及橡胶、皮革等主要鞋材成本低廉的优势，参与国际市场竞争，且皆以台湾为主要竞争对象。此时台湾制鞋工业为国际竞争情势所迫，遂积极提升生产技术层次与品质管制水准，从而争取国际间名牌运动鞋在台委托制造（OEM），并积极转向生产技术层次较高的工作鞋、便鞋、包子鞋、长中短靴，拖凉鞋的产量逐年降低，借以保持对新兴制鞋国家在技术与品质的领先差距，维持国际市场的竞争优势。

台湾制鞋工业的突飞猛进，同时促使关联工业如鞋机、鞋材工业蓬勃发展，从而相得益彰互利互助，迄20世纪70年代中期台湾鞋业已在国际间名列前茅。

鞋机工业方面：早在纯以手工制鞋专供内销期间，仅生产简单手工制鞋用工具及削皮机、高头针车等简单机具。台湾外销制鞋工业萌芽初期，鞋厂所使用的鞋机完全仰赖进口，当时以向意大利及日本采购者居多。而后台湾制鞋工业快速成长，鞋机需要量逐年剧增，及至70年代末期，台湾鞋机工业始逐渐兴起，为了满足台湾市场的需求，在研究发展上不遗余力，不仅自制裁断机、压底机、钳帮机、冷却定型机、各种针车、输送带等相继问世且不断推陈出新提高品质。迨进入80年代，自制射出成型机、自动上胶机、前后帮机、电脑针车等相继发展成功。除充分供应台湾市场外，也大量外销亚洲各地。就以往成长之快速以及目前外销之畅旺而言，较制鞋工业尤有过之。

在鞋材工业方面：台湾石化工业早在制鞋工业萌芽前已有相当坚实基础，因而台湾地区外销鞋类自始即以塑胶鞋为大宗。最初以PVC为主，及至1970年，南亚塑胶公司新推出合成皮（PU）上市，其品质与杜邦公司之产品不同，既无毛细孔，且质软量轻，与天然皮的优点相接近，成为塑胶鞋材中最高级者，对制鞋工业之发展厥功至伟，故本业用量逐年上升，目前的用量已与PVC相接近。由于台湾制鞋工业的快速成长，也促使石化工业同步发展，目前台湾PVC、PU等年产量高居世界首位，也为亚洲地区的最大供应地区。

至于台湾制革工业，早在台湾光复之初即开始发展。由于受生产量甚微的限制，一向极为脆弱，工厂规模较小，设备简陋，不仅产量少且品质也欠佳。至60年代由于塑胶工业兴起，皮革业的发展颇受影响，其间虽然业界也努力改善生产设备引进新式机器及改进制革技术，但直到70年代末期，台湾成皮品质在国际间仍属中级水准。由于台湾外销鞋业兴起初期，至于其主要原材料以塑胶、橡胶为主，真皮鞋类产量甚微，故对制革业虽有激发作用，但并不显著。及至1977年台美实施《有秩序行销协定》（OMA）后，迫使制鞋业者趋向两个发展方向，其一，积极拓展欧洲、日本市场，其二，发展高级鞋及高附加价值鞋。在这两项新发展之下，皮革用量逐年提高，据统计，真皮鞋占当年外销总量百分比如下：1980年以前概为5%、1981年6.4%、1982年12.6%、1983年17.1%、1984年

15.6%、1985年15.4%、1986年15.8%、1987年16.4%。激发了台湾制革业迅速发展，同时引进国外制革技术或自行强化研究开发，无论在产量上或品质上皆已大有进步。不过，与先进制革国家技术与品质比较，仍有相当之差距。因为多年来少数生产较高级真皮鞋的工厂，仍自国外进口高级面皮，其进口量占台湾总需求量的10%左右。由于近几年来台湾真皮鞋类外销量增加，带动对皮革需求上升，引起台湾外制革厂前来投资设厂的兴趣。计有意大利的NOBEL皮革公司与台湾泰岫等6家制鞋公司合资设立"富都皮革工业公司"，生产高级羊皮、小牛皮及中牛皮。德国BABER皮革公司与台湾宝成、华冈制鞋公司合资设立"倍利皮革公司"，生产运动鞋用面皮。因为市场需求量大，尚有供不应求之势。此外如橡胶、EVA塑胶等鞋材，除天然橡胶全部由东南亚进口外，至于合成橡胶及EVA塑胶，台湾供应量已逐年提升。同时由于若干东南亚工资低廉的国家如中国大陆、泰国、菲律宾、印度尼西亚等，积极发展橡胶鞋及EVA鞋底的鞋类参与国际竞争。台湾自1981年后禁止塑胶废料进口，副料每千克课征新台币4元的附加税；政府又自1984年起将天然橡胶进口互惠税率由原10%降为5%后取消退税，大幅削弱了使用此两类材料的竞争力。最近由于新台币已大幅升值，台湾工资大幅上升，业者积极向高级鞋品发展，故已逐渐放弃此类鞋的生产。

（二）成为世界鞋类最大供应地区

台湾制鞋业者一向秉持"以量取胜"的经营观念，过分重视扩大产能，重视量的成长。此一现象，在前15年的发展过程中特别显著，平均年成长率高达50%以上，成为台湾制鞋业迅速成长壮大的主因。不过，也因而导致国际鞋类贸易保护主义抬头，并有愈演愈烈的趋势。

1976年是台湾制鞋业最值得纪念的一年，这一年台湾鞋类在外销量上创造了另一个奇迹，登上"世界鞋类最大供应地区"宝座。在1973年至1975年，全球鞋类主要供应国外销量排行榜前七名，意大利一向位居榜首，其他依次为中国台湾、韩国、西班牙、中国香港、法国、巴西。依据英国鞋类贸易研究协会于1987年12月编印的全球鞋类统计报告指出，1976年上述主要鞋类供应国（地区）外销量如下：中国台湾330百万双（依台湾统计为375百万双）、意大利265百万双、韩国167百万双、西班牙91百万双、中国香港89百万双、法国54百万双、巴西32百万双。台湾外销量首次超过意大利跃居首位。此后，除1979年意大利以374百万双超过台湾347百万双外，直至1987年止台湾均保持全球领先地位（见表8-75）。

表8-75　　　　　　　台湾地区制鞋业1969—1978年出口量及出口值

年份	出口量（双）	出口值（美元）
1969	20676825	19623813
1970	64662600	40351864
1971	101649026	69481980
1972	113619856	80621140
1973	201060341	186071322
1974	157063561	190335708

续表

年份	出口量（双）	出口值（美元）
1975	215447481	257915297
1976	375716700	542014490
1977	352382300	615781191
1978	346346294	772659930

（三）台湾制鞋工业名副其实

台湾制鞋业在发展初期，依据旧分业标准，将皮鞋制造业者纳入台湾地区皮革制品工业同业公会，橡胶鞋制造业者纳入台湾地区橡胶工业同业公会，塑胶鞋制造业者纳入台湾地区塑胶制品工业同业公会。各公会各自为政。根本谈不上整体发展策略，谋划整体利益，共同一致适应国际贸易等问题。尤其是皮鞋与橡胶鞋，由于其所属的公会，会员所经营的产品种类繁多，内、外销比例迥异，因而会员所遭遇的状况，所面临的问题也各不相同。内在者如发展策略、经营理念、管理制度、人才培育、品管检验、市场拓展、原物料供应、税务问题等；外在者如国际设限、反倾销案、完税价格、商业专利纠纷、国际商情资讯等。名义上虽然有一个共同的公会，但实际上各该公会往往限于人力、财力之不足，不克善尽完善的服务。唯赖业者本身自力施为。

在台湾制鞋工业发展历程中，1978年是划时代的一年，台湾地区制鞋工业同业公会就在这一年诞生，500多家产制各种材质、鞋型的外销鞋厂组成了真正属于自己的团体，也使得"制鞋工业"一词在台湾名副其实。进一步剖析这一革新创举，台湾地区和美国非橡胶鞋《有秩序行销协定》（OMA）是其主要的催生符。该协定为期4年，于1977年6月底开始实施，设限项目包括皮鞋、塑胶鞋及其他材料鞋。由于当时制鞋业仍分别归属于三个公会，故配额也涉及数个不同的公会，致使配额的处理无法统一，主管机关在不得已的情形下，遂临时组成各公会联合办公处负责办理。况且美国只是鞋类贸易保护主义之始作俑者，其他市场的保护浪潮也日益高涨，台湾当局于此时始察觉到分业标准的缺失，那就是将不同材质之制鞋业者分别归属于不同公会，也已无法适应当前的环境，乃决定修正分业标准增订"制鞋工业"，并成立台湾区制鞋工业同业公会。内政部于1976年10月7日以台内社字第762962号函示，略以由台湾区塑胶鞋类工业同业公会扩大改组为"台湾区制鞋工业同业公会"，原有会员悉为制鞋公会会员，并接受原台湾区皮革制品工业、橡胶工业同业公会中有制鞋业务之会员加入，历经半年期间之筹备与协调，迄1978年四月正式成立，肩负起台湾整体制鞋工业行销策略、拓展市场、研究发展、提供资讯、人才培育、提升设计与产制技术、品管检查、因应保护主义、排除贸易障碍等要务。

（四）福兮祸之所伏

台湾制鞋业的快速发展，也曾面临着各种困难。

1. 国际设限纷至沓来

1977年，美国卡特政府认为进口鞋类已危及其国内鞋业，授权特别贸易谈判代表（STR）与输美成长最高且占美国进口鞋类一半的中国台湾、韩国谈判，要求中国台湾、韩国对输美非橡胶鞋自动设限，于同年5月先后与中国台湾、韩国签订为期4年的输美非橡胶鞋《有秩序行销协定》（OMA），并于同年6月28日开始实施。

美国首开国际鞋类贸易与保护之后，此一浪潮迅速弥漫到世界其他主要市场，最敏感者是欧洲共同市场（EEC），认为台湾鞋类在美国采取设限之后，势将转向欧洲地区倾销，当时法国积极要求EEC对台湾采取设限措施，意大利也随声附和，唯联邦德国极力反对保护主义，其会员国呈现意见分歧。EEC决定自1978年5月1日起至同年10月31日止，对台湾输入鞋类采取进口监视，须先取得输入许可证始得进口。期满后，又决定自1978年11月1日起至1979年年底止采取回溯管制办法，规定各会员国在每月终了后三十日内向EEC委员会呈报该月份进口海关税则6401—6404鞋类数量及进口金额。至于EEC会员国个别采取对台湾设限措施，分别胪述于后。

（1）爱尔兰：于1976年11月19日宣布自1977年起对台湾地区海关税则6401及6402B鞋类输入实施进口配额，进口商须持有该国工商部核发之输入许可证始准进口。

（2）英国：继爱尔兰之后，于1977年8月18日宣布，自次日起至1978年年底止对台湾海关税则6401及6402B非皮鞋类实施设限。而后继续要求台湾对输英鞋类实施自我节制出口，于1980年11月12日签订首次协议。

（3）法国：继英国之后，也要求台湾输法鞋类实施自我节制出口，最初协议因故尚在交涉期间，法方突然于1981年8月27日单方宣布改为管制进口，迄1982年6月2日由台法业界签订首次设限协议。

（4）意大利：继英法之后积极要求台湾实施自我节制出口，为台湾坚拒，遂径向欧市要求采取进口救济措施，经欧市与台湾驻外单位达成协议自1988年3月1日起对台湾输意鞋类实施双边管制。

此外，加拿大自1977年11月起对鞋类进口实施全球设限，至1981年11月一度取消，嗣后在其国内鞋业的强烈要求下复于1982年7月恢复设限，迄1988年年底取消。澳大利亚于1980年8月开始实施全球性配额限制。

2. 鞋厂急速膨胀导致恶性竞争

台湾地区制鞋工厂虽然绝大多数加入专业公会，但仍有极少数鞋厂由于厂址位于非工业用地内，无法申请工厂设立登记，因而不克加入公会，以致政府及有关公会无法掌握完整之统计资料。再者，在台湾区制鞋工业同业公会成立之前，生产各种不同材质鞋类之鞋厂分别加入各有关公会，且有生产两种以上材质鞋类之鞋厂同时加入两个以上公会者，致使厂数之统计也有出入。基于上述原因，仅能依据台湾区制鞋工业同业公会成立之后的会员厂增加数及增加比例加以分析。

1978年4月台湾区制鞋工业同业公会成立之初，计有会员厂503家，另有位于台湾加工出口区内之鞋厂12家，分别加入该区皮革、化学工业同业公会。在美国实施设限前一年（1976年），外销总量3.75亿双，自美国于1977年7月起对台、韩实施为期4年的非橡胶鞋设限，爱尔兰、英国、加拿大、澳大利亚等国也相继采行鞋类进口配额。迄美国对台、韩非橡胶鞋设限4年届满后，台湾"经济部"又订颁《七十年度输美非橡胶鞋处理办法》实施一年，同时又逢第二次石油危机引发的世界经济衰退，国际鞋类市场萧条，美元升值导致欧、日各国进口成本增加，鞋类需求量减退，综合以上各因素之交互影响，致使台湾鞋类外销量的成长受抑制，自1977年至1982年期间外销总量盘桓在3.52亿至4.28亿双之间。影响所及，国内对鞋业投资意愿低落，新厂增加率显著降低。据统计，自1978年4月至1981年3月4年期间,新入会者共计206家,因停业歇业退会或取消会籍114家,平均年成增率4.4%,台湾加工出口区内鞋厂无变动。

自1981年6月底,台美非橡胶鞋有秩序销售协定废止,1982年六月底台湾《七十年度输美非橡胶鞋处理办法》终止后,台湾业者及投资人士鉴于美国市场完全开放,以及美国设限期间鞋厂获利率逐年上升,遂诱发了空前的投资狂热,除了原有鞋厂肆意扩充生产设备外,新厂有如雨后春笋。依本会统计,自1981年4月至1986年3月期间,新入会者883家,因停业歇业退会者273家,平均年增率20%。至于原有鞋厂之扩充,虽因缺乏具体资料可资依据,无法正确研判其产能提升程度,唯已有相当大幅度提升的事实毋庸置疑。但在外销成长方面,不仅未能同步上升,反而呈现显著落后,依海关统计:1983年5.13亿双,成长率12.8%;1984年6.05亿双,成长率19.82%;1985年6.01亿双,负成长0.66%,在供需日益失衡下,导致业者步向杀价抢单恶性竞争局面,此外,在此期间内,台湾实施5年内取消退税政策,橡胶、皮革等主要鞋材率先实施,工资、鞋材上涨,施行劳基法等,致使生产成本大幅上升。在国际市场上,新兴制鞋国凭借其工资与皮革、橡胶鞋材低廉之优势积极参与强烈竞争,使得1981年至1985年5年间国际鞋价一直持平,更迫使台湾鞋业恶性竞争愈演愈烈,一般业者税前纯益降至2%—3%之空前低谷,更有不少业者为了维持营运以低于生产成本价格流血输出,兹列举有关数据以为佐证:1981年至1985年期间,国内工资上涨35%,主要鞋材皮革及橡胶上涨35%,PVC皮上涨20%,PU皮上涨12%。而外销平均单价仍概略持平:1981年3.62美元、1982年3.45美元、1983年3.54美元、1984年3.62美元、1985年3.68美元。

业者经过长期熬煎后,都认如不及早消除恶性竞争,台湾鞋业势将堕落不归谷,遂有人倡议采行自我节制出口措施,经过一段漫长的酝酿期,终于形成多数业者的共识。

3. "七三"风暴

1984年是台湾鞋业发展历程中最不平凡的一年,在这一年中业者尝尽了甘与苦,也真正体认到市场过渡集中于美国的严重后果。台湾鞋类外销一向集中于美国市场,在美国对台、韩实施非橡胶鞋设限以前,销美国数量所占外销总量一直维持在64%以上,美国设限期间最低降至51%,而后复逐年上升,1984年升至59%。因而美国市场上任何风吹草动,皆足以影响台湾鞋业的景况。

1984年世界经济低迷,其时新台币盯住美元对欧日主要货币升值,致使分散美国市场更加困难,故对美国市场的依赖程度日益增高,同年在美国市场,由于厂商觊觎配额利益,市场需求估计错误,导致市场供需严重失衡,最后台湾若干财务结构不健全的鞋厂,无力承受此重大灾祸,纷纷停工倒闭,终于暴发了所谓的"七三风暴"。

1984年上半年,一方面鞋类进口商及台湾制鞋工厂双双预期美国政府将对进口非橡胶鞋采取设限,为获取设限后最大配额利益遂尽力创造输美实绩,进口商无视市场未纳而超量下单,鞋厂也毫无顾忌地积极扩充设备增雇员工承接订单,另一方面进口商鉴于国际奥运会将于当年秋季在洛杉矶举行,运动鞋需求量势将大幅增加,故运动鞋订单亦大量下达。导致台湾鞋业输美空前畅旺,据统计,1984年上半年与1983年同期比较,从量成长率高达49.7%,其中运动鞋也成长23.3%,但平均单价值仅上升4%,尚不足以弥补橡胶皮革取消退税后之税负负担与实施劳基法所增加的劳动成本。再从前述自进入80年代后,台湾业界恶性竞争愈演愈烈,新兴制鞋国家在国际市场上的竞争日益激烈,致使台湾业者获利率已降至谷底。综观上述，显见1984年上半年输美数量的高度成长，使得台湾业者只是普遍扩充设备增加员工忙忙碌碌赶工出货而已，实质上并未获致利润提升。及至进入下半年，美国国际贸易委员会（ITC）否决了对非橡胶鞋进口设限，觊觎获致配额利益之憧憬破灭，进口商普遍陷于超量库存困境，洛杉矶奥运运动鞋的消费量并未达到预期的高度成长，也导致运动鞋库存量剧增，进口商为了消化其超量库存，遂使下半年的订单大量削减。与上半年比较从量负成长15%，其中运动鞋亦呈现14%负成长。这一意外的变化，使得在上半年期间大量扩充生产设备及劳工的工厂，在订单锐减的状况下，立即呈现难以继续维持营运的危机。凡平日财务结构不健全者，多被迫停工倒闭，半年期间停工倒闭者已超过一百家，此一风暴的余波，一直延续到次年秋季始渐平息。

历经此次风暴，获致以下教训：其一，外销市场过度集中于美国，无异将业界整体生命线受制于人，苟遇美国实施设限，或经济景气衰退，或发生意外贸易障碍时，势将严重影响我国鞋业整体生存发展，基于业界共同利益，分散美国市场的工作亟须定为当前的首要目标，痛改过去只是坐而言的陋习，立即实践力行，务期于最近几年内彻底实现。其二，业者长期在OEM方式下接单产制，工厂本身的年度营运计划不切实际完全在贸易商控制之下进行生产，因而没有自主的行销能力。新款式设计能力不足，不克自创品牌，获利率过度偏低，虽然在1984年上半年期间输美订单大批涌到，所有鞋厂均在空前忙碌加班的情形下赶制，但仍有不少厂家所获致的利润，不足以支持度过下半年的风暴来袭。其三，业者在历经长期激烈竞争中，杀价抢单的情况愈演愈烈，利润日益下降，不仅已无余力从事更新生产设备以及改善管理制度以提升生产效率等研究发展工作，甚至对于因实施劳基法所增加的劳动成本也难以支应，衍生而后越来越多的劳工问题。

四　转型期（1985年—　）

1984年的风暴延续至1985年秋季，虽然同年第四季鞋类外销转趋畅旺，但由于前三季显著衰退，致使全年外销量负成长0.58%，金额成长3.33%，平均单价上升1.65%。但由于政府订于自1984年起开始实施5年内取消退税方案，1984年首先将橡胶列入，次年又将皮革列入，因而该年平均单价的提升幅度，尚不足以弥补其税负负担。

台湾外销鞋类向以塑胶鞋为大宗，真皮鞋所占外销量的比例甚低，其主要原因，乃在台湾本身生皮产量甚微，以及制革技术逊于先进国家。自从1977年下半年起美国对中国台湾、韩国实施为期4年的《有秩序销售协定》后，英、法等国亦相继效尤，诱发国际间设限气焰高涨。台业者有鉴及此，业已从以往重量不重质的睡梦中惊醒，逐渐趋向提高真皮鞋类方向努力。最初几年具有显著绩效，唯自1985年政府将皮革列入取消退税项目起即陷于停滞状态，及至新台币兑美元汇率大幅升值后始恢复成长。

就1986年而言，是台湾制鞋业有史以来最突出的一年，据同业公会统计，台湾地区全年外销总量高达842772千双，其中含鞋面49777千双，总金额为3229379千美元，与上一年度比较从量成长33.76%、从值成长39.03%。又依据经济部同年九月中旬发布的外销订单统计速报指出，台湾外销前五项主要货品中，该年1—8月份金额累计与上一年同期比较，以鞋类成长45%居首，为当年台湾成长最高的产业。分析促使是年台湾鞋类外销出奇畅旺的原因，最主要者，为1985年9月22日五大工业国家财长会议决定共同压低美元价位之初，日本及西欧主要国家货币迅速升值且升幅较大，欧洲两大鞋类供应国意大利与西班牙货币也被迫跟进，而台湾新台币及韩元虽相继升值，但其升值速度缓慢，升幅亦小，同时正值国际市场鞋类接单期，致使原向欧洲采购的订单大批转向中国台湾、韩国下达。截至1986年年底，意大利及西班牙两国货币分别对美元升值约36%及23%，同期新台币对美元升值12%，韩元兑美元仅升值约4%，故1986全年中国台湾、韩国订单均极充裕。此外由于同年国际油价大幅下跌，工业国家生产成本降低，促使国际经济景气强劲复苏，各国鞋类进口需求增加。在台湾方面，业者鉴于新台币对美元持续升值的趋势极为显明，为减少汇率损失纷纷加班赶制提前出口，亦为促成该年外销高度成长的原因之一。

1987年可说是台湾地区经济发展史上的重要的转折点，在国际上尤其是美国的强大压力下，政府为了削减对美贸易顺差，遂将一向以外销为主导向的贸易政策，转变为以内需为主导向的政策。因而所有外销行业均面临空前困境，尤以制鞋业为最。业者为了因应众多新的冲击，势必转变经营策略调整产业结构，从此进入了转型期。过去数年，台湾制鞋业发展所受的压力，是来自税负增加、劳动成本上升、原材料上涨。唯自1987年以降，新台币兑美元持续升值、劳工缺乏、劳工意识高涨等新生的强烈冲击，部分业者进行对外投资，致使竞争力显著降低，全年外销数量较上一年减少5.5%，外销金额增加9.7%，唯外销量的衰退幅度尚不大。

由于上述1987年新发生的冲击，进入1988年后越来越严重，业者对外投资情形显著增加，尤以至中国大陆间接投资者最多，据1989年1月初经济日报报道约280家。1987年至1988年两年内共有347家鞋厂倒闭，71家停工，遂导致外销量大幅衰退，依据出口核章统计，全年外销数量负成长16.49%，外销金额成长0.30%。

上述最近两年鞋类外销量的衰退扩大，产业内部已有明显变化，不少制造技术层次低生产过程简单的凉鞋、射出成型鞋、劳力比重高的包子鞋与各型靴的订单，已经转往泰国及中国大陆，部分真皮鞋订单分别转往巴西与韩国，一般生产低附加价值鞋厂，多数正陷入严重困境，以致倒闭停工。

（一）导致鞋业经营艰困的因素

1. 台湾方面

（1）取消退税：早期基于保护台湾产业之目的，除订定高进口关税外，尚有若干其他税捐。政府为鼓励产品外销，特参照有关税法之规定，订定外销品冲退原料税捐办法，由行政院于1977年7月26日以台（66）财字第6225号函发布施行后，外销鞋类所使用之原材料进口税捐可获得全部冲退，对降低生产成本增强外销竞争力大有助益。迄进入1981年代后，政府鉴于对外贸易顺差逐年增大，外销产业竞争力增强，而且基于开放台湾市场增加税收，以及消除政府日益繁重的办理冲退税负荷，遂决定于五年内取消退税，并自1984年起开始实施。

由于制鞋用进口原材料项目繁多，不克一一记述其影响程度，仅就橡胶、皮革两主要原材料取消退税对鞋业的影响加以分析。

一是橡胶：财政部将橡胶（含天然橡胶与合成橡胶）列入第一年度（1984年）降低进口税率取消退税项目，由于税率定得过分偏高，仅就所定第二栏（互惠税率）而言，天然橡胶定为5%，商港建设费2%，实质税负为7%；合成橡胶定为10%，商港建设费2%，实质税负为12%。橡胶鞋在国际间激烈竞争下，获利率原本偏低，一般在3%—5%

之谱，而今突然增加7%—12%的税负，致使橡胶鞋竞争力尽失。在取消橡胶外销退税以前，台湾地区橡胶鞋在美国与日本两大市场均占其进口量的首位，自从1984年橡胶鞋取消退税后，美国市场即为中国大陆所取代，而日本市场也为韩国与中国大陆所瓜分。而后财政部虽逐年降低橡胶进口税率，讫1988年二月已将第二栏税率降至1%，事实上外销市场一旦丧失，再图恢复谈何容易。综观上述，由于取消退税之初所订橡胶税率过分偏高，从此台湾橡胶鞋在国际市场上即一蹶不振。

二是皮革：财政部于1985年起将皮革列入降低进口税率后取消退税项目，最初将第二栏税率定为7.5%，显然过分偏高，经本会专案陈情，复于同年7月起机动降4%。另加商港建设费2%，实质税负为6%，仍嫌偏高。虽然财政部于1988年二月再将皮革进口税率降为3.5%，但这一与橡胶降低税率取消退税的相同做法，使皮鞋竞争力大为削弱，最明显的反应，那就是自从1981年代之初，皮鞋逐年的适度成长突然中止，迄1988年始再度恢复成长。面对国际上最强烈的竞争对手韩国而言，台湾制鞋业在皮鞋发展上已瞠乎其后，就本业发展高级鞋促进品级升级的努力也遭受重大挫折。

（2）恶性竞争：台湾制鞋工业自进入20世纪70年代后，由于快速成长以及市场过分集中于美国市场，遂逐渐诱发恶性竞争，致使业界获利率普遍大幅下降。同时在政府将鞋业列入重要外销工业积极鼓励出口，因而投资本业的厂商增多，依据1977年台湾区塑胶鞋工业同业公会统计，整个台湾地区已加入有关公会者计有503家，而由于不合入会条件或无意加入公会者亦不在少数。1977年下半年美国与台湾签订《输美非橡胶鞋有秩序行销协定》（OMA），为期4年，在此期间，输美鞋类年成长率受到严格限制，此后，英国、法国两国亦相继效尤，分别在随后数年间对台湾省鞋类输入实施设限措施，加拿大、澳大利亚、爱尔兰等国亦相继采行进口鞋类全球性配额措施，其他国际新市场的开发也非易事，一般投资大众有鉴于此，遂不敢贸然投资此项工业，新厂增加率显著降低，依据本会统计自1977年七月至1981年六月4年期间新入会者167家，退会者121家，会员成长率每年仅2.3%。恶性竞争现象也不复存在。

自1981年7月"OMA"废止后，除原有鞋厂积极扩充产能外，新厂丛生如雨后春笋。于是恶性竞争再度爆发，而且日益加剧，兹就外销全球平均单价不但未升反而下降的情形，证实业界恶性竞争的剧烈程度。依本会出口核章统计，1981年外销全球平均单价为3.62美元，而1984年为3.58美元，在此4年期间工资上涨25.27%，主要鞋用原材料上涨幅度破以往纪录，如生皮涨35%、熟皮涨26%、生橡胶涨35%，全部由业者自行吸收，一般鞋厂获利率已降至谷底，不少业者在亏损状况下勉力维持营运。1985年以后，新厂增加率大幅降低，虽然自1985年至1987年，每年平均仍有新入会者约110家之谱，但竭业者每年平均约90家，恶性竞争情势亦大为缓和，及至1987年新台币兑美元已大幅升值后，恶性竞争现象亦大致消除。

（3）新台币升值：自1985年9月22日五国财长集会决议压低美元价位后，初期新台币升值徐缓而且幅度也小，截至1986年12月初，日本与西欧通货兑美元升值幅度较大，例如日元升值50%，联邦德国马克升值30%，而新台币仅升值12%，因而新台币兑日元及西欧通货呈现相当幅度的贬值，一方面使台湾省鞋类对日本与西欧市场出口增加，另一方面以往向西欧地区采购的订单大量转来台湾地区及韩国。此外，业者在长期新台币持续缓慢升值的状况下，采取预售外汇，提前出货，预估交货期升值幅度洽接订单等方法，以规避汇率风险，以至是年订单充裕，外销量创下空前纪录，一般业者尚未尝到新台币升值的苦果。

自1986年年底起，在美国的强大压力下，新台币开始加速升值每日升值亦扩大，1987年6月起，中央银行为防杜热钱流入，突然采行《冻结外汇银行台湾外资产》与《外汇银行远期外汇交易向央行抛补成数由九成降为四成》两项新措施，各外汇银行拒绝厂商预售远期外汇，致使本业厂商最有效规避汇率风险的途径断绝。迄同年年底止新台币兑美元已升值40%，而上中游业者非但未将新台币升值适度反映其进口成本将供应价格降低，从而发扬同舟共济精神，协助本业渡过难关，反而有部分鞋材如PVC、鞋盒等调高售价，新台币升幅完全由本业自行吸收，是年本业业者受尽了新台币升值炼狱的苦难。

（4）劳动成本上涨：本业产品约90%外销，劳动成本的高低对竞争力具有重大影响。就台湾制鞋工业主要外销鞋品而言，西欧、意大利、西班牙、法国、联邦德国等国制鞋业，皆以真皮高级鞋为主要外销产品，在国际市场上对台湾地区并不构成同一竞争层面，多年来在国际市场上成为强烈竞争对手者厥唯韩国与巴西。兹就此三者劳动成本概况加以分析，以观察其对竞争力的影响。根据美国国际贸易委员会（ITC）的调查资料，台湾制鞋工业的工资水准已高于鞋类主要竞争对手国韩国与巴西，而较泰国、墨西哥、菲律宾、中国大陆等为更高。该会的调查资料显示，1980年各国的平均工资（每小时）水准概为台湾1.11美元，韩国0.87美元、巴西1.08美元；1985年概为台湾1.7美元、韩国1.35美元、巴西1.2美元，平均年增长率概为台湾12%、韩国9.6%，巴西由于自1983年起采取货币贬值以促进外销之政策，故其工资水准折合美元计算反呈现下降趋势，该国1981年为1.37美元、1982年为1.57美元、1983年为1.07美元。

至于1985年以后三年期间，因缺乏正确的资料依据，无法提出明确的数据，如依1980年至1985年上涨率推算，应较韩国高出1/4，再就台湾自1984年起实施《劳基法》后，在员工福利方面所增加的劳动成本加以预估，目前台湾制鞋业的劳动成本应较韩国高出1/3、较巴西高出1/2，相较之下，台湾制鞋业竞争力势将逐年下降。

（5）劳力不足：最近两年来台湾地区普遍呈现劳力不足现象，且有越来越严重的趋势，虽然使各行各业皆受到影响，但以劳力密集的制鞋业所受影响最为严重，就目前一般鞋厂的反映，劳工不足比例在1/5—1/4之谱，鞋厂常年将诚征作业员的布告张贴在外，但新进人员仅及短缺数之1/5。多年来台湾制鞋业以准期交货享誉世界，但由于近几年来劳工缺乏现象日益严重，竟不时出现不能准期交货之情事，招致贸易商不满。

（6）劳工意识抬头：台湾劳工意识抬头，乃始自《劳基法》实施之后，唯自政府于前年宣布接触戒严后，日益高涨，本业属于劳力密集型工业，所需劳工人数偏高，劳资问题当然比其他行业为多，不过，由于近几年来鞋厂的艰苦实况，员工均已深入了解。一般说来，盈余越高的工业，劳资纠纷必然越多，获利率偏低甚至面临亏损情形的工业，劳资纠纷反而减少，目前本业厂商所发生的劳资纠纷尚不多，唯劳工普遍对加班意愿日渐低落，致使平日即劳工短缺，每逢赶工交货时经营者及有关主管无不大费周章。

2. 国际方面

（1）新兴制鞋国竞争激烈：根据联合国1983年贸易统计资料，自由世界25个鞋类主要产销国，鞋类贸易总值达180亿美元，其中进出口值各约90亿美元，进口鞋品国家，以美国居首，年进口值达30亿美元，其次为联邦德国，进口值18亿美元，再次为英国、荷兰、进口值为 7.5 亿美元及 4.9 亿美元。由于全世界各国鞋类进口资料难以全部取得，且美国为世界最大鞋类进口国，兹将美国有关鞋类进口统计分析，项目包括各主要鞋类出口国在美国市场总出口量、值、平均单价变动情形；各国在美国市场出口占有率变动情形，从而观察新兴制鞋国的竞争概况。

全世界鞋类出口国概可分为三群：第一群为已开发国家，包括加拿大、法国、联邦德国、西班牙、意大利、日本等；第二群为开发程度较高之开发中国家或地区，包括中国台湾、韩国、中国香港等；第三群为开发程度较低之国家，包括巴西、泰国、印度尼西亚、菲律宾、中国大陆等。第一群的国家以产制真皮高级鞋类出口为主，目前台湾外销鞋类仍以塑胶制中低级鞋品为主，真皮鞋类仅占外销总量的 18% 左右。况且在第一群国家中，工资水准远高于台湾，近几年来其货币兑美元大幅升值，就台湾目前工资水准而言，对第一群国家竞争仍居于优势，此乃我发展高品级鞋类仍有光明远景，唯这些国家都长于款式设计，台湾必须在设计技术上迎头赶上，以及鞋材品质水准上加速提升。在第二群国家中，也是台湾当前最主要的竞争对手，尤其是韩国，目前除积极发展高级鞋类外，其工资水准及韩元升值幅度也远低于台湾，相较之下，在美国市场的竞争力持续强劲。在第三群国家中，巴西是以真皮鞋类为出口大宗，工资水准尚低于中国台湾、韩国，且其经济政策偏重于借货币贬值以促进外销，故在美国市场的竞争力颇强，构成台湾真皮鞋类的主要竞争对手。在第三群的其他国家中，都属于低工资以及采取盯住美元的汇率政策，对台湾的竞争占有绝对优势。再者，如巴西本身生产生皮，印度尼西亚生产橡胶，足以增强其竞争力，本业目前对第三群国家中唯有产制技术与相关工业的配合尚保有领先地位。

目前在第三群国家中，无不积极发展制鞋工业，尤以中国大陆、泰国为最。近几年来由于台湾新台币大幅升值，劳资纠纷日益上升，劳工缺乏问题也越来越严重，迫使众多鞋厂赴大陆、泰国投资，而鞋机鞋材业也正跃跃欲试。目前中国大陆及泰国等仍以低级鞋类为主要外销鞋品，已对台湾构成严重威胁，而今台湾业者前往投资导致之技术输出，以及鞋机鞋材业前往投资倘若成为事实，则在近几年内台湾中级鞋品也将难以保持，此为本业最大的隐忧。

（2）保护主义猖獗：台湾地区鞋类在美国市场自 1971 年以来，一直高居各国之冠，导致美国制鞋业吁请其政府采取设限措施，1977 年美国卡特政府经过多次谈判后，与台湾及韩国分别签订为期四年的《有秩序行销协定》（OMA）。此后英国、法国，以及意大利、希腊也相继效尤，而加拿大、澳大利亚等国也先后采行全球性鞋类进口配额措施。加拿大虽终止此项措施，而美国于 1981 年 6 月由里根政府终止与中国台湾、韩国所签订的"OMA"不再延续，但近几年来美国仍一再酝酿对进口鞋类采取贸易保护设限制法案。在西欧方面，欧洲共同市场多数会员国也渐倾向于共同对进口鞋类设限的意向。导致国际主要市场对鞋类贸易保护主义抬头的始作俑者，厥唯美国。

综上所述，由于近几年来，台湾经济情势丕变，导致制鞋业经营越来越难，本业面对上述强大压力和种种冲击，必须改变经营策略，进行结构性调整，即所谓的工业转型。

（二）转型的具体做法

1. 制鞋工业

（1）经营理念方面

第一，确立"以质胜量"的经营理念，积极发展高品级高附加价值鞋品。近几年来台湾制鞋工业面对新台币大幅升值订单锐减、工资与原料上涨、劳工短缺等冲击，一般经营者咸认如再秉持以往"以量取胜"的经营理念，承接中低价位利润微薄的鞋类，势难以继续经营下去，遂体认到经营理念必须彻底转变，那就是确立以质胜量的经营理念，积极向高价位的高品级高附加价值鞋类品发展，从而适应台湾现实环境，并摆脱新兴制鞋国的正面竞争。所谓高品级鞋，目前乃以真皮鞋类为代表，当前台湾业者除提升牛、羊、猪一般面皮产量外，更进而发展稀有动物皮，如蜥蜴皮、鸵鸟皮、鳄鱼皮、蛇皮等鞋品。唯仍有若干限制与困难有赖鞋材业界设法克服，例如，台湾生皮产量甚微，仰赖向国外采购；又因稀有动物皮受国际稀有动物保护协会每年有一定捕杀量的限制，皮料获得不易。就高附加价值鞋而言，其生产过程复杂，所需材料种类多，有的尚具有特别功能，因而必须具有较高层次的产制技术方能生产。目前台湾在产制技术上领先新兴制鞋国泰国、中国大陆等低工资国家。

第二，坚持合理利润，摒除恶性竞争。在20世纪80年代上半期，本业恶性竞争已达到空前的激烈程度。究其主要原因，当时新厂激增固然是主要原因之一；此外，台湾人普遍认同"薄利多销"的传统经营理念；台湾地区业者在OEM产销方式下，一向不重视产品设计与产品行销等于零研究发展，也是导致恶性竞争的主要原因。近几年来，由于新台币大幅升值，劳动成本上升等因素，以致订单锐减；再由于劳工不足致使产能减低；积极发展高级鞋需要增加研究开发费用等。因此恶性竞争之势亦逐渐减缓。一般经营者多从往日恶性竞争的恶梦中惊醒，扬弃"薄利多销"的传统理念，确立"合理利润"的新经营理念。这一经营理念的革新，对本业今后的发展具有莫大的助益。

第三，建立自有品牌，加强行销能力。依台湾工资水准衡量，台湾鞋厂在OEM接单生产的塑胶及橡胶鞋，每单位劳动生产值已有偏低现象，以致过去出口单价的成长幅度常低于工资之涨幅。同时由于厂商们技术相近及产品同质性较高，故常削价竞争导致利润偏低。再者，鞋厂在OEM形态下，自行行销受束缚，根本谈不上行销能力。

建立自有品牌首应具备款式设计及行销能力，因而需要庞大费用，非一般中小企业所能负荷，较为可行的做法，是政府制订协助厂商建立自有品牌融资办法，或由数家厂商共同建立一个品牌。建立品牌形象后，产品在国际市场的需求弹性可能变小，故比较容易因应工资上涨压力，而进一步提高单价与利润，也可有效消除恶性竞争。

（2）工厂设计方面

第一，小型精致化。基于发展高品级鞋、稀有动物皮鞋，以及因应目前与近几年来鞋类订单少量多样的实况，一般鞋厂在工厂设计上应力求小型精致化。业务人员素质要提升，打破家族企业以家人亲戚为主的用人观念，以具有专业学养与发展潜力为首要条件，劳工则以技术娴熟富有敬业精神为主，经营者应有决心更新机器设备，从而提升生产效率。

第二，生产自动化。由于鞋类的制程复杂，鞋机的发展尚有一段距离，故目前畅谈一贯作业全部自动化的目标尚无法实现。但是，经营者应存心逐步向生产自动化目标迈进，换言之，尽快淘汰功能效率低品质稳定性不良的机械及耗费人力多的生产线，从而提高生产效率降低劳动成本。至于自动化生产机械设备的研究开发，乃鞋机业的努力目标。

（3）管理制度方面

一是欲提升品质，适应少量多样的订单生产，需要建立更健全的制程管理制度。

二是建立健全采购制度，适时、适量、适质、适价的购入所需物料。

三是强化品质管制，建立适当的管制及检验分析能力。

四是在人事管理方面应着重奖工制度、人性管理，从而提升员工士气及生产效力。

五是利用电脑促进管理绩效。

六是领导者应充实领导才能，讲求领导技术，从而鼓舞员工士气，促进劳资和谐，提升生产效率，降低生产成本。

（4）研究开发方面

目前台湾制鞋工业在制造技术上已接近西欧先进制鞋国家的水准，但在新款式设计技术上落后甚远。大体上说，构成鞋类产品产生差别性的主要手段为设计技术。当制造技术相近而产品缺乏设计特性时，则其同质性便很高，在售价上难以提高，如果设计能力提升后，不仅售价可提升，且可摆脱OEM生产形态，适于承接小量多样订单，并且致力于向自创品牌的目标迈进。基此，提升款式设计能力，实为鞋业商在转型期的当务之急，至于制造技术的再精进，实为保持当前技术领先新兴制鞋国有力条件，也为我业者研究发展的重要工作。

（5）人才培育（包括设计、生产、管理、行销）

一是正规教育。

（甲）将制鞋业所需专业人才纳入正规教育体系中培育。

（乙）由政府或鼓励民间创设制鞋学校。

二是职业训练（含进修训练）。

（甲）政府各职业训练单位开办制鞋有关技术与专业训练。

（乙）由鞋业同业公会及民间财团法人举办有关技术与专业训练。

三是在职训练：由本会及民间财团法人办理。

四是职前训练：由各鞋业厂商自行办理。

五是出国进修：由本会配合主管机关赓续实施。

2. 关联工业

制鞋工业转型之成败，实有赖于相关工业的密切配合与支援，兹将最主要的关联工业中鞋机工业与鞋材工业的努力重点胪述于后。

（1）鞋机工业。

一是改良电脑针车，使其多功能化。在使用方面，以降低人工需求，提高生产效率为主要着眼点。

二是开发多种可适合弹性生产的鞋机，协助制鞋业走向自动化的制鞋生产线之建立。使制鞋业脱离劳力密集工业形态，免受劳力不足的困境，减低劳动成本，提升竞争力。

三是协助开发鞋底用射出成型机，以减少人工，改变制程，提高效率，尤其是PU-RIM设备及模具之开发，可协助制鞋业建立弹性制造系统（FMS）。

四是电脑化制造设备之开发，以及CAD/CAE/CAM系统之使用，从而提高制鞋之精密度，减少物料损耗，提升设计开发能力。

五是雷射及水力裁断机的开发及推广应用。

（2）鞋材工业。

一是开发安全舒适质轻之鞋底材料：鞋是足的保护与支撑工具，随着人类科技文明的发达，对生活用品越来越讲求舒适、轻便及美观。承载人体重量及穿着质感的部分，必须仰赖鞋底负担，故鞋底之安全舒适、轻便的要求，随着鞋型的变化而严苛，制鞋业在转型期积极发展高级鞋品，就必须同时致力于鞋底材料之开发。目前较具发展性的鞋底材料为PU-RIM 直接射出成型底，唯 PU 底有不耐磨及易水解的缺点，必须由配方方面研究改善。

另外鞋底结构为符合软、轻、弹性的要求，渐有走向多种材料复合的构造趋势，其设计大部以 PU 鞋底为基材，利用置入多种不同材质，如高弹性橡胶、空气室、尼龙织物，趁 PU 配料未硬化前定位，俟硬化后即可结为一体，此种鞋底之结构设计及材料选用，皆值得研究发展。

二是制革技术的提升：包括水场鞣制设备自动化，药剂的选用，以及协助业界建立制革废液回收技术，以减少污染与降低成本。若能先建立制革药剂之分析技术，再据以研究废液再利用技术，根据回收方法进行制革设备的选用及更换，必能提高制革业制作水准。制革业除提升一般常用牛面皮、羊面皮、猪面皮制作技术外，尚应积极发展稀有动物皮制革技术，以支援制鞋业值此转型期逐渐增加稀有动物皮革用量。

三是开发透气性鞋材：目前发展的透气性鞋材，包括鞋面用人工皮革、透气性内衬，以及连续发泡之中底、鞋垫等，皆有极大市场潜力。尤以国外新开发的超细纤维制人工皮革，无论在表面触感、透光性、柔软性、外观上，均与真皮无异。只可惜目前人工皮革，不仅生产厂家少，供应量不足，且其价格犹高于真皮。若能在台湾开发成功，进而改进其生产技术，降低生产成本，致售价降至真皮价格以下。对缺皮革来源的台湾制鞋业发展高级鞋必然大有助益。

四是扩大生皮及皮革的掌握：鼓励国内制革业联合采购，并扩大对生皮资源的掌握，以源源供应制鞋业的需求，并相对削弱竞争国之原料取得。

3. 政府暨公会

（1）协调制鞋业上、中游业建立共存共荣同舟共济的共识，在今后新台币再度升值时，依比例降低供应价格，协助制鞋业因应汇率冲击。

（2）将制鞋业所需专业人才纳入正规教育体系中培育，并参照欧洲制鞋先进国家创设制鞋专业训练学校或大规模训练中心。

（3）由政府斥资设立大规模制鞋工业研究发展中心，负责鞋型设计与制造技术之研究，以及新颖鞋机、鞋材之开发，将研究开发成果转移有关业界利用。

（4）尽速研拟有效措施，及早解决台湾普遍面临劳工短缺问题。

（5）协调台湾制鞋业绩、鞋机业、鞋材业采取有秩序之对外技术、设备、鞋材盲目输出，延缓落后国家的成长速度，以便台湾业界获致充裕的转型时间。

第二节　制鞋工厂

台湾地区制鞋工业经过 20 余年的发展，工厂数已超过 2000 家，但是，产业基础并不稳固，也造成了停工歇业频仍的现象，据统计，从 1988 年 1 月 1 日到 1988 年 12 月 7 日，停工歇业的鞋厂高达 778 家，即占全部鞋厂数 2079 家的 36%。兹将制鞋工厂一般特质及其概况胪述于后。

一 一般特质

（一）以中小企业为主体：小厂林立，竞争激烈

1986年，根据鞋业公会统计，制鞋工厂资本额在新台币4000万以上者只有34家，只占3.8%，500万以下者占了53%，100万以下者19%；以员工人数分析，人数不足50人的厂家即占了34%，150人以下的占了七成以上，而超过500人者，只占3.41%，这足以显示台湾制鞋工业大多为中小规模的企业组织形态。

（二）员工素质偏低，管理升级费劲

台湾制鞋工业发展初期，多仰赖资深师傅，以其多年经验与技术奠定基础，加上各级学校并无制鞋科系之设立，导致一般从业人员之素质普遍偏低，根据制鞋公会调查统计，大学以上学历的从业人员仅占1.1%，即使包含专科学历也只有3.6%，而国中以下的员工，则高达71.5%。因为基层员工素质偏低，鞋厂在推动管理合理化活动时，常遭遇相当大之阻力，也因而造成产业升级的阻碍。

（三）劳力密集的轻工业

鞋类制造，从裁断、针车到成型，每一制程均仰赖大量人工。近年来，鞋面设计益趋复杂，更加重对人力的依赖。过去，制鞋工业的蓬勃发展，大多依靠台湾廉价的大量劳工，充分发挥国际贸易上比较利益的功能。

（四）靠OEM生产起家，极少自创品牌

台湾制鞋工业萌芽初期，外销途径系以日商居间的形态为主，嗣后随着本业快速成长，在国际市场上声望的建立，美商逐渐在台寻找代理或设立分公司，专司在台制造及出货事宜，有关开发及行销工作，则掌握在外商手中，鞋厂除做"复制"样品之外，也就专事于生产的工作，在双方利益均沾的基础上，制鞋业者少有自创品牌，自行建立行销通路的。近年来，有些厂商在政府大力推动台湾自创品牌的呼吁下，曾尝试摆脱OEM的阴影，可惜稍有成就者并不多见。

（五）积极改变经营体质，力求永续生存

制鞋业者在发展初期，概以低工资为竞争优势的经营策略，到成熟期则以充分的劳力、原物料、生产机器设备之供给优势，夺取国际鞋类市场，目前则转向以设计及制造技术创新，配以新颖行销观念，积极改变经营体质，力求永续生存。

二 工厂概况

（一）工厂数及分布状况

根据台湾区制鞋工业同业公会统计，目前制鞋工厂有2079家，其中778家已停工或歇业（自1983年1月1日起累计），品管甲等厂130家、乙等厂684家、无等级487家。

在地区分布方面，中部4县市（台中县、彰化县、台中市及南投县）最多，是制鞋业的大本营，因其得力于原料、人工及技术人员之供应充足。而丰原市则为加硫橡胶鞋的发源地，其鞋厂密度也居全省之冠。近年来，已有不少橡胶鞋厂受到其他新兴鞋类供应国家之影响，而逐步改换生产设备，产制塑胶鞋、尼龙运动鞋或皮运动鞋。

北部地区（苗栗以北）之鞋厂占全国厂数之35%，主要产品为包子鞋、工作鞋及安全鞋，部分台北县地区小型鞋厂则以小组式生产女鞋及男鞋。

南部地区鞋厂较少，分步也较零散，产品多以运动鞋及男鞋为主，虽然厂数少，但规模在二条线以上者居多。

（二）行销状况

台湾鞋类产品外销，大多经由外商在台分公司及台湾岛内外贸易商接单，根据本会调查，鞋厂之产品50%以上透过贸易商接洽出口的即占鞋厂总数的72%，产品50%以上透过外商分公司接洽的工厂占18%，而产品50%以上由工厂自行与国外客户接洽的只有7%。这种以OEM为主的经营形态，固然是推动台湾制鞋工业蓬勃发展的重要因素之一，然而也因为这个缘故，厂家在短期有利可图的情形下，忙于接单生产，根本疏于做长程之打算，尤其台湾鞋厂规模小，缺乏雄厚财力从事建立自我品牌之行销工作，几家大厂甚至被某一品牌以包厂方式生产，即明确规定不得再生产其他品牌的鞋子，这种经营方式，在台湾仍见竞争优势的情形下，的确是订单稳定、风险最低的，然而却长期受制于人。

不采包厂方式生产的鞋厂，顾客在下订单前，通常早把成本算得清清楚楚，加上同业为争取订单，不惜杀价竞争，经过这一番厮杀，业者所能获得的，只是微薄的加工利润而已，长此以往，当然没有多余的力量，从事研究开发，设计能力无从养成，更谈不上自创品牌了。

近几年来，由于业者接连遭逢经营冲击，从政府取消退税、实施劳基法，乃至于台币汇率升值，劳工严重缺乏，等等，都使制鞋业者雪上加霜。可是也有部分业者在突破困境的经营策略上做重大改变，如改制高单位高附加价值之稀有动物皮类产品，创立自我品牌形象，提升品质水准，及直接参加国外拓展活动，使产业升级稍具雏形，当然，要真正得到长存久安，得有一段很长的路要走。

（三）生产制造情况

台湾制鞋之生产制造形态，可概分为重型制造厂、量产制造厂及小型制造厂三大类，其技术及设备情况各有不同，兹简述如下。

（1）重型制造厂：以生产工作鞋、军鞋、安全鞋、机车鞋、长筒靴、滑雪靴等重型鞋类为主，其结构多属固特异做法，因制程需要，使用大量机械化设备，如钢丝机、沿条机、削边机等，投资额大，产品单价高，附加价值高。近年来，也有部分业者引进鞋底直接射出成型或硫化成型之机械，可大幅减少人工依赖，提高生产效率。

（2）量产制鞋厂：指具有多条生产线，配以各种流程上加工之设备，员工人数在200人以上，以大量生产的生产方式作为竞争的条件。这些鞋厂在管理及制程技术上，皆有相当程度的进展，也较原配合量产时生产线平衡之需要，引进新型设备及技术。这种生产形态的工厂，在近年来新兴制鞋国家的冲击下，已逐渐引进弹性制造系统，以适应少量多样的订单生产。

（3）小型鞋厂：这类型的鞋厂最多，起伏变化也最快，这些小型制造厂，多半资本额很低，利用少数加工设备，配以大量之人工生产，由于员工依赖度高，流动率大，生产技术无法生根，品质水准不稳定。为了降低成本，几乎没有健全的管理制度，优秀人才也不易留住，恶性循环的结果，使得竞争能力减低，经营体质羸弱。唯近年来，有些业者参照意大利高级鞋之生产方式，引进小型精致的经营形态，产制高级皮革鞋类，在产业升级的呼声中，另辟一片天空。

（四）产品状况

台湾鞋类产品种类繁多，仅就鞋面材质、鞋底材质、鞋型略述如下。

（1）依鞋面材质可概分为塑胶面鞋类、纺织面鞋类、皮革面鞋类及橡胶鞋类。塑胶鞋面主要材料为 PVC 皮及 PU 合成皮，舒美绒、珊瑚绒、山梨绒概为 PVC 皮系列，而 PU 皮则有干式及湿式两种；皮革鞋面包括牛皮、羊皮、猪皮、蛇皮、蜥蜴皮、鳄鱼皮、纺织鞋面以尼龙布占最大宗，帆布用于加硫橡胶鞋数量也相当可观，其他多属牛仔布、麻布及混纺布类等。

（2）依鞋底材质可分为橡胶底、塑胶底、木底、皮底等鞋类。PVC、PU、TPR、EMP、ABS、EVA、尼龙、耐磨能等均属塑胶底材料，橡胶有天然橡胶及合成橡胶，木底鞋曾于1979年前后大量流行，皮底则在最近产品高级化以后，使用量逐渐增加。

（3）以鞋型区分，可分为运动鞋、拖鞋、凉鞋、包子鞋、绅士鞋、室内鞋、高跟鞋、便鞋、马靴、童鞋、婴儿鞋、溜冰鞋、工作鞋、安全鞋、军鞋等，可说应有尽有，其中运动鞋为各鞋型之冠，而皮制运动鞋更曾高居台湾出口单项产品之首位。

（五）员工状况

1986年，根据鞋业公会调查874家鞋厂之统计，从业员工共11.7万人，其中男性3.8万人，占33.5%，女性7.9万人，占66.5%，男性员工约为女性员工之一半。在上述统计人数中，具有大学以上学历者只有1334人，占全部从业人数的1.1%，专科毕业者有2946人，占2.5%，高中（职）毕业者有28996人，占24.7%，国中以下程度者共83788人，占71.5%。从本项学历分析显示，台湾制鞋工厂之从业人员教育水准偏低，这也是台湾鞋业无法在短期内赶上先进国家的主要原因。

由于台湾鞋厂众多，又属于人力密集的产业，所需的专业技术与管理人才也特别多。根据调查显示，制鞋业每年需要之生产制造管理人员、品质管制人员、市场拓销人员、经营企划人员、物料管理人员、人事管理人员、制鞋机器维修人员、会计人员及鞋样设计制作人员等高达1.1万人以上，这也是本会积极推动教育训练工作的原因。

（六）原物料之使用情况

台湾鞋类产品种类繁多，所使用之材料多不胜数，使用量也相当大，根据本会1986年产业调查统计估算，PVC塑胶皮年使用量8900万码，舒美绒也在1000万码以上，湿式PU合成皮更高达3500万码。

在皮革方面，由于高级鞋类的发展，羊皮及蛇皮使用量大幅增长，分别达373万平方尺及432万张。

（七）成本结构

制鞋工业为劳力密集工业，因此直接人工成本占总成本之比率多在20%以上，根据公会调查统计，各鞋型平均主料成本占43.17%、副料占8.16%、物料占8.18%、直接人工占21.27%、折旧占2.32%、电费占2.42%、其他制造费用占5.39%、销管费用占8.08%。

（八）管理制度

台湾区制鞋工厂之管理制度，随着生产技术的演进而逐渐改变，早期以简单凉拖鞋为产品的鞋厂，较不重视管理组织系统的建立，加以家族企业的经营形态，更无完善的管理规章可供遵行。当产品逐渐复杂化，现代化生产设备及生产线引进之后，对于人机配置平衡的观念渐渐引进，由于大量生产及物料多元化，各项生产管理、品质管理、物料管理，乃至于人事管理的制度，都陆续建立了，也因而奠定"制鞋王国"的根基。

最近几年，部分业者为了突破经营困境，开始运用电脑于订单处理、生产管理、物料管理及人事薪资管理，并且建立管理资讯系统，整合企业内各项资讯，供做管理决策之参考。

三 制鞋技术演进与现况

台湾制鞋工业以生产橡胶鞋为发轫，以编制凉拖鞋开始拓展外销市场，以塑胶鞋建立"制鞋王国"的美誉，近几年则以皮运动鞋及高级皮男鞋、女鞋为主继续维持畅旺的出口实绩。

随着产品的转型，制造技术也不断精进，裁断机由传统的前后移动式，改进为龙门式油压裁断机及摇臂式裁断机。压底机则淘汰固定式改用自动调整式，以增强压著效果。为了确保定型效果，高温及冷却定型机已经被广泛使用。自动切线针车、电脑针车也相当普遍。

在输送设备方面，除小组式台车外，平面输送带、立体输送带已成鞋厂必要之设备，甚至部分业者为因应多样少量的订单生产，斥资引进国外新式弹性制造系统。

成型配备方面，钳帮机代替了传统鸟嘴钳手钳帮，自动上胶钳帮机正逐渐推广中，相信在改善劳工工作环境的要求下，而后以热熔胶代替现行粘剂的趋势将无法避免。

为了解决粘著式制法对大量人工的依赖，业者逐渐采用直接射出成型、拉帮鞋底射出成型、灌注成型或低压射出成型的制造方法，一般由国外引进的射出设备多为 PU 鞋底射出成型机，台湾则以 PVC 射出成型为主。公会为激发同业、相关业者暨学术界人士之研究设计风尚，从事新鞋样、新鞋材之开发创新，借以提升台湾产鞋类品质及风格，从 1983 年起开始办理"台湾优良鞋样设计选拔"，第一、二届只限产品作品，第三届增加了平面设计组。

第三节 制革

一 制革工业起始

说起台湾皮革业的发展历史，可追溯到 60 多年以前。日本占据台湾以后，出于军备需要，开始在台湾建立制革厂。日本人选择了在台湾的台北、台中、台南三个区域设立了制革厂，至今已经有 64 年的历史。当时的制革厂以生产军需产品为主，民间被禁止贩卖皮制品。那时的主要工艺是以手工作业，利用池浸泡植物单宁鞣制来生产。

国民党迁往台湾之初，戈福江先生于 1947 年出面集合三家公营制革厂及民间皮带厂及加工厂筹组台湾区制革工业同业公会，于 1948 年 10 月成立，创始时加入的会员仅有 8 家。

1948 年，大陆"协源昌制革厂"委派马承槐先生到台湾筹设桃园县新源昌制革厂，1949 年开工，生产植物鞣革。此后，其他制革厂，如大中华制革厂、新永和制皮厂、锦成皮革厂、南海制革厂、三元制革厂等相继在台湾成立。

二 创业发展初期（1950—1970 年）

1950 年至 1970 年，可以说是台湾皮革制造业的草创时期。当时是通过手工操作，使用简易、原始的天然鞣剂、油脂生产。尹仲容协调军鞋面皮，台湾采购进口原皮，湿盐腌渍皮需要用药水消毒。

三 较快发展时期（1970—1990 年）

1970 年至 1990 年，台湾的制革业得到了较快的发展：
（1）1965 年，取消美国、加拿大、澳大利亚和日本地区药水消毒；
（2）1972 年，取消货物税（验厂查证）；
（3）猪皮剥皮；
（4）1981 年，项目进口融资；
（5）此期间工业局辅导，健全管理制度，提升生产技术；
（6）此期间还引进了西欧的机械设备，欧美、澳大利亚的生皮及欧美的化工材料；
（7）此期间的产值达约 267 亿新台币，约合 9.8 亿美元（1∶27）；
（8）此期间发展了 120 余家制革厂。

各项数据统计具体见表 8－76—表 8－80。

表 8－76　　　　　　　　1972—1980 年台湾生熟皮供应数量统计

年份	进口生皮在台鞣制熟皮 生皮数量 公吨	鞣制熟皮 数量（公吨）	占比（%）	台湾生皮在台鞣制熟皮 生皮数量 公吨	鞣制熟皮 数量（公吨）	占比（%）	合计 生皮数量 公吨	熟皮数量 公吨	指数	环比指数
1972	15940	7245	84.61	2897	1317	15.38	18837	8562	100.00	
1973	15068	6849	78.71	4076	1853	21.29	19144	8702	101.63	101.63
1974	21656	9844	92.06	1866	848	7.93	23522	10692	124.87	122.86
1975	30440	13836	97.08	912	415	2.91	31352	14251	166.44	133.28
1976	32536	14789	88.01	4432	2014	11.98	36968	16803	196.25	117.90
1977	40568	18440	88.70	5167	2349	11.29	45735	20789	242.80	123.72
1978	50154	22797	93.34	3352	1624	6.65	53506	24421	285.22	117.47
1979	50718	23054	91.95	4437	2017	8.04	55155	25071	292.81	102.66
1980	69141	31428	95.61	3132	1424	4.33	72273	32852	383.69	131.03
平均	36247	16476	91.45	3363	1540	8.54	39610	18016		

注：平均每年熟皮产量成长 18.8%，生皮与熟皮比率以 1∶0.455 估计。
资料来源：生皮数量依据《海关进出口贸易月报》和《台湾农业年报记载》

表 8-77　　1972—1980 年台湾皮革毛皮及其制品出口及金额统计

币值单位：新台币万元

年份	1972	1973	1974	1975	1976	1977	1978	1979	1980
金额（万元）	66267	350707	500614	541360	593837	662232	769551	1020232	122100
指数	100.00	529.23	755.455	816.93	896.12	999.33	1161.28	1539.57	1842.5
环比指数		529.23	142.74	103.14	109.69	111.52	116.21	132.58	119.6

资料来源：台湾财政部统计处。

表 8-78　　1971—1978 年台湾皮革及皮鞋产量统计

年份	面皮 数量（千平方公尺）	面皮 指数	面皮 增长率（%）	底革 数量（公吨）	底革 指数	底革 增长率（%）	皮鞋 数量（千双）	皮鞋 指数	皮鞋 增长率（%）
1971	1016	80.63	—	1272	93.53	—	4259	85.25	—
1972	1260	100.00	24.02	1360	100.00	6.92	4996	100.00	17.30
1973	1750	138.97	38.97	1527	112.28	12.28	5533	110.75	10.75
1974	1326	105.24	24.27	1400	102.92	-8.32	3511	70.28	-63.46
1975	1905	151.19	43.66	1920	141.18	37.14	4213	84.33	19.99
1976	2442	193.81	28.13	2342	172.21	21.98	6053	121.16	43.67
1977	4221	335	72.85	3150	231.62	34.50	6360	127.30	5.07
1978	8170	648.41	93.56	3175	233.46	0.79	7465	149.42	17.37
1979	12591	999.29	54.11	5019	369.04	58.08	9767	195.50	30.84
1980	12334	978.89	-2.04	5020	369.12	0.02	9880	197.16	1.16

资料来源：自由中国之工业。

表 8-79　　1995—2000 年台湾皮革及其相关产业产值　　单位：新台币百万元

年份	皮革、毛皮整制业	皮鞋业	其他皮革、毛皮制品业	皮革及其相关产业总产值
1995	28981	17618	4359	50958
1996	30225	13848	4037	48110
1997	32533	10778	4103	47414
1998	33670	10450	3975	48095
1999	30192	8553	5057	43801
2000	28560	7603	5774	41937

资料来源：工业生产统计。

表 8-80　　　　　　　　1999—2008 年台湾皮革及其相关产业产值　　　　　　单位：千元

产品 年度	牛皮面	猪皮面	椰皮	皮制鞋靴	皮带	其他皮革制品
1999	20160624	2037904	4343303	7930584	307990	9665829
2000	19029986	1652673	3326557	6870992	518388	10186185
2001	17017796	1349765	3125913	6608192	227819	6948622
2002	17833263	1227682	3394808	7007082	245119	7181426
2003	16880684	1542721	3879075	6880370	235905	7339130
2004	16224801	1919366	3858292	6600895	173862	8083686
2005	15109076	2138079	3383003	6324637	211681	8821566
2006	14812225	1654139	3264931	5558199	157094	7514797
2007	15389534	1483673	2799295	5459551	185998	5615374
2008	13670935	1173748	2405471	5092794	171851	5044581

资料来源：台湾经济部统计处。

四　海外发展情况（1990—2008 年）

1990 年至 2008 年，台湾皮革厂开始进入海外发展时期。由于台湾岛内劳工短缺造成的劳动力成本上涨，加上土地上涨、环保条件日趋严格、品牌外移、鞋厂开始随之转移等多种因素，台湾的皮革业也陆续跟着下游工厂和客户向外转移，寻求海外发展。台湾皮革厂在海外的发展主要集中在中东、南亚和中国大陆地区。

台湾皮厂在东南亚的发展经历了如下变迁。

（1）致和皮厂的林庆福先生于 1986 年最早设厂泰和皮革公司，月产量 80 万尺。

（2）台湾文华皮厂和德懋公司于 1987 年设立文华皮革厂，而于 1991 年结束营业关厂做收。

（3）联大皮厂结合汇侨贸易和泰国当地陈振成皮厂于 1988 年成立 CPL 公司（C 代表陈振成，P 代表汇侨，L 代表联大）。月牛皮产量 230 万尺，现已在泰国股票上市。

（4）又泰庆及尚多公司结合泰国曼谷鞋业集团，于 1991 年成立泰国尚多，却于 1997 年关厂。

由于泰国的劳动力成本/工资及工作效率比不上中国大陆有优势，台湾鞋厂大部分从泰国转移到大陆，所以泰国的皮厂也因此关厂达 1/3 以上。90% 以上的泰国皮厂是由大陆华侨的第二代在经营。

由于中国大陆劳动力资源丰富且生产成本相对较低，目前已发展成为世界性的制造业基地，越来越多的制革下游产业陆续转移到了中国大陆。为了把握住市场，许多台湾制革企业也随之转移到了中国大陆来经营和发展。台资皮革厂的到来不但带来了很多的就业机会，而且还带来了先进的制革技术和管理经验。恰逢当时大陆民营皮革厂正处于成立初期（1993 年前后），因此，台湾皮革产业的到来使大陆民营皮革厂在化料的使用、先进的制革技术的学习，以及管理等方面均受益匪浅，开始逐渐兴起。

20 世纪 90 年代，是中国大陆民营制革厂开始兴起的时代。这些厂所经历的发展过程，与台湾制革厂1970—1990年的发展非常相似。两者同样是利用家族企业的力量，通过使用进口化料及依靠国外化料供货商提供的先进制革技术和制革工艺进行生产。多种利好条件使大陆的民营制革厂开始逐渐能够供应、满足国内市场的需求。而多数台资制革厂则凭借自身完善的经营管理模式及先进的生产技术，逐步发展成为过去20多年中国境内制革业的主要生产力，不但带动了大陆制革业的快速发展，而且与国际接轨，其使用的原料90%都是从国外进口，而其90%的产品都是直接出口或间接出口，主要是供货给国外的品牌贸易商，也因此吸引了不少世界下游品牌进驻中国，促进了当地经济的发展。

多年来，大陆、台湾两地的皮革厂各行其道，和谐共处，各自供货给不同的客户群体。具体来看台湾皮革厂在大陆的发展历程，可追溯到1988年大陆向台湾开放探亲谈起。当时台湾皮革业还是一片欣欣向荣的光景。在此时期，台湾皮革业陆续前往大陆发展，表8-81是大陆台商皮革厂的发展历程。

表8-81　　　　　　　　　　　　　大陆台商皮革厂的发展历程

年份	记　事
1988	普腾公司蔡芳祥董事长至江苏省徐州市鹰球皮革厂开始发展，当时由朱凤华先生一人负责工厂技术及厂务工作 文华皮革厂与香港瑞华皮革厂合作做国内生皮至蓝湿皮设厂于广东坪地，1988年年底南艺皮革厂成立。当时南艺皮革厂所生产之压花皮在广东省及温州市场占有一席之地
1989	杰出皮革厂购地于广东茶山，首先购皮胚做涂饰。1994年在广东石湾设立水场从生皮做至皮胚，后送至茶山做涂饰，以Nappa为主
1990	施荣川董事长至广西北海设立东红皮革厂，以榔皮为主。东红皮革厂又于2004年至越南再设新厂，是台商现今产量最大的榔皮厂
1992	兆福皮革厂设立，该厂有自己的鞋厂，故自产自用，配套一条龙的生产线 丰美皮革厂于广东四会成立皮革厂，由叶家几位兄弟一同经营
1993	泰庆皮革厂至温州开始勘查设厂地点，经一年环境评估后，于1993年年底决定正式设厂1997年开始生产，由生皮做至成品革。2009年在福建省又设立一新厂，以运动鞋及沙发皮为主 国元皮革厂成立于广东黄江，主要以PU二层皮为主。于2008年在越南设立新厂，供应越南的客户
1994	台湾德昌皮革至广东望牛墩设立昌润皮革厂，由涂饰做起。而后2003年在珠海设立华贸皮革厂，该厂由蓝湿皮做至成品革，并供应昌润皮胚生产 宾华皮革厂成立于博罗，以二层反毛皮为主要产品 鼎盛皮厂在上海设立，后因上海发展太快，故于2000年转至广东省江门设厂 纬达皮革厂，成立于广东红梅，主要以二层反毛皮为主。于2006年在越南另设新厂，供应越南客户
1995	乔祥皮革厂成立广东石湾，以生产二层反毛皮为主 华洋皮革厂成立于广州，以国内中小牛为主。当时盛行一时的国王皮、皇后皮在广东地区造成轰动

续表

年份	记事
1997	台湾中楠皮革厂于1997年至上海设立中庚皮革厂，后因上海发展太快，于2002年转移至广东台山设立中惠皮革厂，又于2007年至越南设立工厂，主要生产生皮和蓝湿皮 台湾宝成集团至黄江设立宝泰皮革厂，最高月产量1200万尺，当时以运动鞋为主；2002年又到越南设厂，主要以运动鞋为主，而大陆宝泰皮革厂改以生产Brown Leather为主，产量降至500万—600万尺
1998	弘洋皮革厂成立于广东坑梓镇，因深圳全面清理皮革厂，故于2004年转至江门设立皮革厂
1999	松源皮革厂成立于广东省珠海市，主要以生产二层反毛皮为主 台湾尚多皮革厂在广东博罗设立大陆尚多皮革厂，主要以生产面皮为主，从生皮做至成品革 皇城皮革厂成立于广东四会，先以二层反毛榔皮生产为主，后又增加面皮之生产
2000	宏福皮革厂，设立于广东省博罗县，主要以二层PU及反毛榔皮为主要产品
2001	长青皮革厂在江门成立，主要以代工生皮和蓝湿皮为主 太阳皮革厂成立，该厂是由泰国CPL皮革厂转投资至大陆设厂，该厂设立于广东省三角镇
2003	新永和在山东省临朐县设立皮革厂，以汽车沙发皮为主要产品，供应TOYOTA汽车之皮椅
2004	鼎丰皮革厂设立于广东珠海，以做二层反毛皮为主 兴昂皮革厂设立于广东博罗，该厂主由兴昂鞋厂投资成立
2006	广扬皮革厂设立于广东台山，主要生产猪皮为主

5年前，凤山猪皮厂因排放许可被取消，以至于不能做前段而只能做再鞣，故前段到处找厂代。

2008年5月，仁利猪皮厂到泰国做前段WET BULE（蓝湿皮）运回台湾。

2008年7月，复兴猪皮厂到泰国租厂，生产到成品。连顺猪皮厂在筹备中。

随着全球经济一体化的到来，人们对皮革制品的要求也会越来越严格。无论是国内市场还是海外市场，各品牌对皮革制品的质量、环保规定、禁用物质、有害物质的标准等也会逐步统一。两地的制革企业都将会朝着同一方向发展，遵循相同的产品标准来生产经营。届时，不论是国内市场还是海外市场，都将成为一个统一的大市场。而无论是大陆制革厂还是台资制革厂，都将是这个大市场里面的皮革产品供应商。大陆与台湾两地的制革企业都将在"同一世界，同一标准"的理念引导下，按照相同的标准去生产和经营。

随着中国经济的发展，中国大陆的GDP和人均收入将呈现不断增长的态势，几年后大陆的人均鞋消费量每年可能会达到3双，届时拥有13亿人口的中国将会成为世界上最大的鞋产品消费市场，对鞋子的需求还会不断扩大，由此将会带动制革业的发展。从这点上来看，制革业在中国的发展潜力是巨大的，其发展前景非常乐观。不过，要让这种乐观的局面变成现实，前提条件是在中国经营的皮革厂都必须符合社会的发展和达到品牌对环保、清洁化生产、人权、工业安全等方面的要求，只有这样皮革业才能沿着一个良性的、可持续发展的方向前进。

五 台湾地区外建厂情况

1. 在大陆设厂

台湾地区皮革厂在大陆设厂，经历了 20 多年的光景。期间起起落落，有的台资皮革厂日渐茁壮，在 20 多年间不断扩大生产规模，成为实力雄厚的规模型企业及行业内的领头羊；有的皮厂则在"优胜劣汰"的社会发展当中，由于企业自身的管理不善及不够努力，达不到相关的标准和要求而被淘汰出局。期间在经营的台资皮革厂当中，约有 70% 的皮厂都能获利。但是，近年来由于国际原料/能源成本上涨、存货周转库存要求较高、资金调度困难，加上中国大陆调整了关税政策及竞争激烈等诸多因素的影响，台商皮革厂的利润空间大幅度下滑，导致很多企业的利润微薄。为了解决困境，目前台商皮革厂正在积极寻求解决之道，希望通过转型和引入新的管理模式，借由改革谋求持续发展和永续经营。

2. 越南建厂

制革厂在海外的发展除了在大陆的发展以外，台商皮革厂在亚洲的另一主要发展区域是越南。台湾制革厂在越南的生产涵盖了做二层榔皮、面皮和蓝湿皮的厂家。

（1）二层榔皮厂：共计有三家（国元、纬达、东红）。

东红：进入越南市场较早，因此很多当地所需二层反绒皮或 PU 榔皮的生意都被其吸收，而该公司一向采取较低单价策略，因此掌握更多更稳之生意。

国元：水场生产在浩洋第四厂，2007 年 11 月因受房东废水处理问题停工，但农历年前已开始生产，同样的也是低单价 PU 榔皮国元越南厂 3 月份订单已超过 350 万尺，完全不受景气影响。

纬达：因进入越南市场较晚，而都采取高质量高单价，因此订单流失严重。

（2）面皮厂：泰成（宝成）、荣兴（营兴）。

泰成：主要生产运动鞋皮，2008 年受到景气影响产量也下降到约近 300 万尺，其高获利除了地缘因素与工资与废水处理成本较低，最主要是去年巴西蓝湿皮价格极低，同时美国母牛价格也下跌很多；这点是我们台商须多研究不采用生皮去获取较高之利润。

荣兴：自进入越南后一直没有大量生产，而且以后似乎须更努力以赴才能改善。

（3）蓝皮制造厂：

浩洋：共有瑞华、中楠、杜东岳，过去两年曾经创造了产量焦点。但是因房东为省废水处理费用，遭到取缔而关厂，一般预期可数月后即可复工。

铨瑞展：已于 2007 年年底开始代工生产蓝湿皮，但景气不佳因此生产量仍很少。

经过 20 多年的发展，目前台湾只有 10 家猪皮制革厂，30 家牛皮（头层、二层）制革厂，而大陆则有 30 多家各种规模的台资制革厂，越南有 7 家，泰国有 5 家。生产的产品有鞋面革、汽车座垫革、沙发皮、榔皮、服装革、皮件等诸多领域。

（制鞋部分成稿于 1988 年）

第九篇　特色区域篇

皮革特色区域系指以 1—2 个皮革产品为龙头，企业高度聚集，形成上、中、下游产品相互配套，专业化分工明确，特色鲜明突出，能拉动当地经济的产业集群地区（有时也称为皮革生产基地，或产业集群）。

中国皮革特色区域肇始于 20 世纪 90 年代初，当时，我国一些地区出现了专业化分工明确的皮革企业高度聚集的发展趋势，中国皮革协会因势利导，开始培育具有集群生产的皮革特色区域，并于 2001 年在轻工行业中率先推出了《关于授予中国皮革行业特色区域荣誉称号的行业规范》，开始对符合条件的生产区域授予荣誉称号。在不断总结经验的基础上，2007 年下半年开始，中国皮革协会变以往企业的创建模式为中国皮革协会和地方人民政府共建模式，省、市行业协会参与共建，共同打造皮革特色区域。

截至 2010 年年底，共有 21 个皮革特色区域被授予了荣誉称号。这些特色区域成为了行业发展的中流砥柱，在引领行业结构调整、品牌建设方面起到了重要作用。

现将 21 个特色区域的发展历程及经验展示给大家，以为未来皮革特色区域的培育和发展提供可资借鉴的经验。

特色区域以授名时间先后为序。

中国鞋都·温州

温州是中国鞋革业的发祥地之一，远在南宋，就有皮鞋业的"专业户"；明成化年间，温州鞋靴以做工精巧列为贡品。20世纪20年代，温州鞋革业已相当发达，出现了制革街、皮鞋街和皮件街，形成了手工鞋革业的完整体系。

改革开放以后，温州鞋业迎来了发展的春天。经历了"四把火"的发展历程，从伪劣到品牌、从假冒到被假冒、从国产到国际、从诚信到辉煌的精彩蜕变，温州鞋业脱胎换骨、涅槃重生。

经过30多年的励精图治，温州鞋业发展成为产业规模宏大、专业配套完善、营销网络健全、品牌集聚领先、特色文化驱动的区域产业集群，成为中国最具竞争力的鞋革生产、出口基地之一。2001年，被中国轻工业联合会及中国皮革工业协会命名为"中国鞋都"，成为温州市第一个区域产业经济品牌；2006年，"浙江省制鞋专业商标品牌基地"落户温州；2008年，获得浙江省政府颁发的"浙江区域名牌"，成为温州市首个获得区域名牌称号的特色产业。此外,温州鞋革行业还拥有"中国皮都""中国休闲鞋生产基地""中国胶鞋名城""中国鞋都女鞋基地""中国合成革之都"等区域品牌美誉,占有量居全国同行之首。目前全行业拥有中国名牌产品7个、中国出口名牌3个、中国驰名商标76枚,还有浙江名牌45个、浙江出口名牌9个、温州品牌52个、中国出口商品免验2个。获全国质量奖的行业企业有三家。

温州鞋业的健康成长,造就了一批企业家。他们先后荣膺全国"五一"劳动奖章、中国青年"五四奖章""中国十大杰出青年""中国公益事业卓越贡献奖""民营工业行业领袖""优秀创业企业家"等国家级荣誉称号。

温州鞋业的快速崛起,受到了党和国家领导人的关注。不少企业家受到党和国家领导人的亲切接见。江泽民、朱镕基、温家宝、贾庆林、李克强等近百位中央领导人,曾先后莅临企业视察指导。

一 温州鞋业"四把火"发展历程

(一)第一把火:武林门火烧温州鞋

关键词:挫折,从伪劣到品牌。时间:1987—1999年

1987年8月8日,杭州市下城区工商局工作人员,在武林门广场烧毁5000多双劣质温州鞋。自此武汉、重庆、大连等地开始"围剿"温州鞋,全国几十个大中城市、各大商场相继拒绝销售温州鞋。一时间,温州鞋成为当时假冒伪劣的代名词。这把火烧醒了温州政府,也烧醒了温州鞋业的老板们,更烧醒了温州人的质量意识、品牌意识,也正式掀开了温州鞋质量立市、诚信立市、品牌经营的序幕。这把火也烧出了温州鞋发展史上第一个鞋革行业协会。

1988年6月,中国皮鞋行业第一个行业协会"温州市鹿城鞋业协会"成立。吉尔达鞋业有限公司创办人余阿寿担任协会第一届会长。

1990年,长城鞋业(康奈集团前身)创始人郑秀康买进温州制鞋史上第一条绷帮流水线。

1994年10月,温州市政府颁布了中国第一部质量立市的地方性法规《温州市质量立市实施办法》。

1995年,东艺等13个温州皮鞋品牌在全国优质轻工产品成都交易博览会上获得金奖。

1998年3月,康奈、奥康、吉尔达被评为"中国十大真皮鞋王"。

1999年,康奈被国家工商总局评为浙江省鞋革行业第一个"中国驰名商标"。

(二)第二把火:火烧假冒温州鞋

关键词:崛起。从假冒到被假冒。时间:1999—2004年

1999年12月15日,时任温州市副市长冒康夫、奥康集团董事长王振滔等在杭州市郊中村点燃了一把大火,将2000多双假冒奥康鞋和数万枚商标烧为灰烬。新华社《人民日报》《浙江日报》《温州日报》等中央、省市数十家媒体纷纷报道了这一"为温州鞋正名"的历史事件。

2001年3月,温州的康奈、奥康、吉尔达、红蜻蜓等品牌被国家质量技术监督局评为中国皮鞋类首批"国家免检产品"。

2001年9月，中国轻工业联合会发函授予温州"中国鞋都"荣誉称号。

2002年，森达、康奈两个品牌被中国皮革协会评为中国的"中国真皮领先鞋王"。

2003年3月，温州市政府举行"质量立市，名牌兴业"表彰大会，康奈、奥康等获得表彰。

2003年9月，奥康集团在重庆壁山投资10亿元的"中国西部鞋都"奠基。

（三）第三把火：西班牙火烧温州鞋

关键词：蜕变，从国产到国际。时间：2004—2007年

2004年9月17日凌晨，西班牙发生了有史以来最严重的针对华商事件。温州鞋出口西班牙，导致当地部分鞋企倒闭，工人失业。西班牙埃尔切市数百名当地鞋厂失业工人，走上街头纵火焚烧了16个温州鞋集装箱，令温州鞋企损失800多万元。这是温州鞋遭遇国际竞争的起点。

2004年下半年，哈杉鞋业、双合盛鞋业等先后在尼日利亚投资建厂。

2004年11月，东艺、吉尔达、泰马等12家温州出口鞋企自发成立温州市鞋革行业协会鞋类出口委员会。

2005年3月，俄罗斯官方以灰色清关为名，在莫斯科市南区强行查扣价值8000多万元人民币的温州鞋。

2006年7月，康奈在巴黎开设首家海外旗舰店。

2006年10月，温州、广东和泉州三地鞋革协会组建"欧盟反倾销应对联盟"，奥康集团、泰马鞋业相继积极应诉。

（四）第四把火：点温州鞋诚信品牌之火

关键词：飞跃，从诚信到辉煌。时间：2007—2011年

2007年8月8日晚上8点，温州市政府领导和温州知名品牌企业代表，在杭州武林门广场一起点燃"信用温州、品牌强市"之火。

2009年4月，温州首个对俄贸易服务平台开始运营，成为温州鞋出口俄罗斯的一条绿色通关通道。

2009年5月，意大利（中国）鞋业商会在罗马成立，并设立温州鞋业应对欧盟反倾销联络点和对外贸易预警联络点。

2009年9月，谢榕芳与康奈郑莱莉、东艺黄小萍、荣光李美芳一同被评为"2009年中国皮革行业十大巾帼标兵"。

2010年2月，温州市鞋革行业协会被民政部评为"全国先进社会组织"。

2011年3月17日，温州获授"中国鞋类出口基地"。金帝、巨一、康奈、奥康等60家企业被授予"中国鞋类出口基地龙头企业"称号。

2011年3月31日，欧盟正式停征对华皮鞋反倾销税。

2011年5月，西班牙埃尔切市地方法院就2004年的"烧鞋事件"做出终审判决，28名肇事者被判有罪。官司历时7年最终获胜。

2011年12月13日，温州鞋类基地入选首批国家外贸转型专业型示范基地。

2011年7月，康奈、奥康荣获由中国检验检疫协会颁发的"中国质量诚信奖"。浙江奥康鞋业股份有限公司荣获第十一届全国质量奖。之前，温州制鞋业已有康奈、红蜻蜓两家企业获此殊荣。

2011年8月21日,国内制鞋行业首家企业院士工作站正式落户红蜻蜓。

2011年9月,温州市蒙拉妮鞋业有限公司承担的"基于圆盘注塑系统的自动化制鞋配套设备研发"块状经济转型升级项目被列入2011年度浙江省重大科技专项计划,并获得省科技经费分期补助120万元,成为温州市唯一列入此次省级块状经济转型升级的项目。

2011年12月8日,温州市鞋革行业协会六届一次会员大会暨成立二十周年庆典在温州王朝大酒店隆重举行。

二 中国鞋都特点及优势

（一）产业实力突出,由数量扩张向做大做强跨越

温州鞋业在集聚整合、结构优化中发展。温州拥有全国最大,占地6.5平方千米的鞋都工业园,入园企业200多家。2011年,温州市鞋革行业2616家制鞋企业共完成工业总产值830.8亿元,同比增长6.51%,显示了中国鞋都产业优势。2011年581家规模以上制鞋企业完成工业总产值528.99亿元,比上年同期上升8.04%；实现国税销售收入481.64亿元,同比上升31.78%；地税入库税收15.46亿元；国税入库税收16.69亿元,同比上升17.25%,占16个特色行业的17.6%,在16个特色行业中稳居第二位。

近三年来,温州鞋类出口值每年递增近10亿美元,且居温州市出口商品首位。2011年,温州鞋类出口值为47.2351亿美元,同比上升26.3%,占温州外贸出口总值的26.01%。

（二）产业协作体系完善,由产业链向服务配套发展

鞋业的发展,拉长了产业链,形成了由制鞋、制革、皮件三个主体产业和合成革、鞋材、鞋机、鞋楦、鞋模、鞋饰、皮化等配套的工业生产体系,以及相关的专业市场,发挥出极强的集聚效应,境内外众多鞋革配套企业在温州设点或开设窗口。华峰集团生产的聚氨酯被温州鞋业广泛应用,提高了产品的竞争力和市场占有率。

产业链的发展,催生了"中国合成革之都""中国休闲鞋生产基地""中国胶鞋名城""中国鞋都女鞋基地""中国皮都"5大国字号产业基地。随着中国鞋都的建立,鞋类质量监督检测中心、东艺公共保税仓库、轻工产品舒适度研究中心、皮革研究所、鞋都图书馆、博物馆、信息中心、技术学院、文化广场、展览公司和设计等服务体系应运而生。全国制鞋标准化技术委员会皮鞋分技术委员会落户温州。历经16届的温州国际皮革展越办越红火,2011年,有来自超过28个国家和地区的600多家企业参展,1300多个展位为鞋革企业搭建了商贸便捷平台。

（三）营销网络健全,由单一市场向内外市场并重发展

温州鞋业以极具特色的连锁专卖、专业网点、特色市场为主线,借助加工贸易和跨国零售商的销售渠道,构筑了遍布国内外市场的营销网络。同时,一批知名企业以统一标识、统一形象、统一价格的连锁店形式,推出各具特色的营销手段,如康奈的亮丽工程、奥康的第一品牌工程、红蜻蜓的鞋文化展、圣帝罗兰的雕玉工程、麦高的千店成就工程、杰豪的中国红工程、兽霸的蓝海工程等,大大提升了温州鞋的美誉度和知名度。

康奈集团率先在全国建立专卖网络,在国内外设立14家销售分公司、28个营销办事处、2800多家专卖店,出口美国、德国、日本、印度等30多个国家和地区,并在美国、

法国、英国、意大利、荷兰、越南、老挝等十几个国家和地区开设了230多家专卖店。奥康集团不断创新营销模式，从连锁专卖到多品牌经营，在全国设立30多个省级公司、3300多家连锁专卖店、800多处店中店；在意大利、西班牙、美国、日本设立了国外分公司；同时，在温州、广州及米兰设立三个鞋样设计中心，每年开发出3000多个新品种，保持奥康集团产品始终走在潮流的前列。吉尔达鞋业在国内设立了28个省级分公司和1700多家专卖店，并在境外建立10多个自营分公司，掌握了外贸经营的主动权。

2011年，很多企业实行"网店＋实体店"的虚实结合模式，探索选择新的发展模式。"杰豪鞋业""基梵·至喜"都摸索出了自己的网店经营模式。据介绍，目前温州百多家开淘宝网店的企业，基本上都成立了专门的网管部。网管部组成人员跟实体店一样，有店长、导购、客服等。另外，还有专门的实物拍摄、图片制作等人员。网管部的工作人员有一半工作时间可以在家办公。

（四）品牌战略成效显著，由热衷贴牌向争创品牌转变

温州鞋业在全国行业中较早实施名牌战略，从家庭作坊到"贴牌生产"再到自主创牌，从质量兴业到品牌兴业再至品牌延伸，成为本行业自主品牌集中度最高的区域群体。品牌数量占中国鞋业的半壁江山。

（五）科技创新成主流，由成本优势向技术质量优势发展

各企业在打造先进制造基地、引进先进生产流水线和成套设备的同时，重视建立技术中心、研发中心、科学实验室，在产品开发上，注重自主创新，将研发与市场对接，把引进与创新结合，不断推陈出新。全行业拥有国家知识产权专利289个。6家企业入选首批"中国皮革和制鞋行业科技示范企业"，占入选总数的46%。

康奈集团率先引进机械化流水线和先进装备，成为国内设备与技术最先进的制鞋企业。成功开发出高档欧版和固特异皮鞋，引导市场的发展潮流。其研发的拥有三项国际最新技术的舒适鞋系列被SATRA认定达到国际先进水平。

奥康集团投入2亿多元引进30条国际一流的生产流水线，在温州、广州、意大利设立三个鞋样设计中心。集团与浙江大学联合研制出了中国第一个具有自主知识产权的量脚定鞋机。

红蜻蜓集团与意大利LARIO、陕西科技大学合作建立鞋科技实验室，自主研发了缓步减震鞋、司机鞋等系列功能鞋，申请国家专利30多项。

研制成功国内领先、具有28项国家专利的纳米功能空调鞋的吉尔达鞋业，已推出第五代产品，成为中国鞋业技术研发应用的领军型企业之一。

澳伦集团研制成功的PU雪地高筒防滑靴，填补了国内生产空白。奥古斯都鞋业与中科院理化研究所研制成功的"抗菌"皮鞋，已成为中国鞋业唯一获得"抗菌标志认定"的皮鞋。雅浪鞋业开发的"保健"皮鞋，获得了15项具有自主知识产权的专利，获国家环保局颁发的"中国环境标志优秀奖"，企业被评为浙江省高新技术科技创新企业。

2011年，国内制鞋行业首家企业院士工作站正式落户红蜻蜓。红蜻蜓院士工作站将在制鞋行业产业链的清洁生产技术、鞋的舒适性、制鞋的工艺自动化及流程优化等方面开展工作，为制鞋行业的转型升级提供技术支持和服务。

2011年9月，由温州市蒙拉妮鞋业有限公司承担的"基于圆盘注塑系统的自动化制鞋配套设备研发"块状经济转型升级项目，经浙江省科技厅审批，被列入2011年度浙江

省重大科技专项计划，并获得省科技经费分期补助120万元，成为温州市唯一列入此次省级块状经济转型升级的项目。同月，温州鞋类实验室参加由中国皮革和制鞋工业研究院负责实施的"CNAS T0588皮鞋勾心纵向刚度试验"能力验证获得满意结果。这是该实验室组建以来第二次通过CNAS组织的能力验证，从而进一步加强了其技术实力。

（六）"走出去"战略不断深化，由区域集群向国际产业链和谐融合

勇于开拓国际市场，善于配置国际资源，不断创新"走出去"形式，温州鞋业力图与全球经济接轨，推进品牌国际化。

一是跨国投资，将"中国制造"提升为"世界制造"。康奈集团领办商务部首批重点推出的总投资20亿元的俄罗斯经贸合作区建设，进展顺利，2011年，合作区已进驻的企业达25家，完成投资3.5亿元人民币，创产值3亿美元，纳税2000万美元，已成为俄罗斯乌苏里斯克市第一纳税大户。哈杉鞋业在尼日利亚投资办厂，成为西非第一大制鞋品牌。荣光集团与埃及知名鞋企"成功企业"联合办厂。东艺品牌皮鞋已在俄罗斯走下生产线，成为当地热销产品。在乌兹别克斯坦，瓯海南龙制革厂等5家温州鞋企抱团投资3000万美元建设的"中亚鞋都"，以成品鞋的研发和生产为主，瞄准中亚新兴市场。待2012年整个工程投用后，园区将拥有年制鞋400万双的生产能力。

二是建立国际战略合作。温州鞋业早在1991年就与国际零售业巨头合作，作为其全球采购的重要基地。奥康集团与意大利鞋业第一品牌GEOX合作，双向借道，网络共享；2007年年底，奥康又与国际著名品牌万利威德合作。康奈集团加入世界权威鞋类研究机构SATRA，参与国际标准的制定，并与意大利KKGG公司旗下的"老爷车"联姻。奥古斯都鞋业与日本鞋类进口商联合开发抗菌鞋。红蜻蜓集团与比利时著名鞋设计公司爱思康公司合作，致力于运动皮鞋的研发和生产。蜘蛛王集团与意大利景泰国际集团合作，生产安全系列鞋。巨一集团通过与德国DHM公司的合作，实现了民外合璧，借梯登高。

三是收购境外企业。哈杉鞋业收购了意大利威尔逊制鞋公司。

四是开设境外专卖网络。康奈已在欧美10多个国家开设230多家专卖店，并在巴黎黄金地段开设旗舰店，标志着中国鞋业品牌已融入境外主流商圈。

五是出国参展，培育和宣传自主品牌。以温州鞋类出口委员会成员为主，近50家企业参加历年国际鞋展。

六是加强与境外同行业交流。采取"走出去"与"请进来"的办法，与西班牙埃尔切市鞋业协会坦诚对话，共同签署以和谐共赢为主旨的《温州宣言》。

（七）走和谐发展之路，由注重企业发展向同时主动承担社会责任转变

全行业在追求企业发展的同时，积极承担创建和谐社会的责任。奥康集团以构建新型劳动关系被授予"2007年全国五一奖状"，东艺鞋业获首批"全国和谐劳动关系模范企业"称号，红蜻蜓集团获"中华慈善奖"，奥康集团王振滔总裁获"2006CCTV年度三农人物公益大奖""中国公益事业卓越贡献奖""中国慈善特别贡献奖"等称号。

以人为本，关爱员工，已成为企业的共识。包飞机送员工回乡过年，举办中国农民工春节晚会，提供心理咨询，免费提供早餐、体检，配置小灵通和宿舍空调，发放食品津贴，等等，这些都是企业为构建更加和谐、融洽氛围所做的努力。巨一集团率先在全省民营企业中通过了SA8000社会责任国际标准体系认证，使企业的用工环境、劳动权益保障、产品环保等均达到国际相关标准。

各企业积极参加扶贫、救灾、助学、拥军、慈善捐献等活动。据对30多个企业不完全统计,仅2001年至今,共向公益事业捐赠2亿多元。2008年,各企业在几天内,向遭受地震重创的四川灾区捐赠3000多万元的赈灾款和物资。

不少企业以关注弱势群体为己任,斥巨资设立慈善资金。力西特集团建立2000万元"慈善冠名资金",杰豪集团创立1000万元"希望工程爱心基金",华峰集团设立1000万元"华峰诚志助学基金",荣光集团设立500万元"公益慈善基金",红蜻蜓集团钱金波总裁向教育事业捐赠2360万元,巨一集团捐款1000万元设立慈善基金。奥康集团已向社会捐助7000余万元,2007年,又启动创始基金为2000万元的"王振滔慈善基金会"爱心接力计划;集团在西部建都、中部建城,既是谋求发展之策,也是响应国家开发西部的号召,承担社会责任的体现。由郑胜涛、谢榕芳、郑晨爱等20位温州商界人士共同捐资发起的华福慈善基金会把助学、助残、助医、助老、助灾列为5大援助计划,和温州医学院附属视光医院联合启动成立中国首个眼角膜复明基金,开展大型白内障"明眸工程",让温州人善行天下。

全行业环保意识逐步提高,积极采用新技术、新工艺改造传统生产方式。在原辅材料的选购上,坚持按绿色环保产品的标准,规范生产。远东皮革获"全国真皮标志生态皮革企业"。澳伦鞋业配置国内先进的高效节能多功能焚烧炉,使制鞋废料全部得到无害化处理,同时该设备还具备聚热、制热的功能。

(八)注重员工个性需求,文化建设更显企业魅力

2011年10月,红蜻蜓在温州举办"蜻赢16年"时尚盛典以及2012春夏流行趋势发布会。与此同时,红蜻蜓文化时尚之旅暨中国鞋文化博物馆、品牌馆和科技馆隆重揭幕。

2011年7月,康奈集团党委还获得了"全国先进基层党组织"与"浙江省百佳双强党组织"光荣称号。11月,中央组织部发出工作简报,就康奈集团党建先进经验向全国进行通报。中组部有关领导到康奈考察后多次表示,康奈党建经验值得推广。

另外,行业企业还建"职工影院",满足员工的文化生活需求。新雅、巨一、金州、华峰、奥康等一批温州鞋企纷纷把"80后""90后"送进职工影院,为他们留存自己的"青春影像记忆"。巨一集团投资3500万元,打造2000余平方米员工活动中心,设立员工电影院;金州集团兴办占地1200平方米职工俱乐部,设有多媒体放映厅;华峰集团开设"周末影院";奥康生活园区开设了小型影院;等等。据温州职工文化乐园考评组相关人员证实,正在创建职工文化乐园的50家示范单位,多数都有职工影院或多媒体放映厅。除关爱员工外,企业将爱心延伸至员工家庭,为员工子女健康成长护航。奥康、东艺、金帝、巨一等企业纷纷开办员工子女暑期托管班,为员工解决后顾之忧。

随着国家文化复兴战略的逐步实施,中国文化的回归,将为中国本土的企业品牌认同带来机遇,中国鞋都企业重视企业文化建设,红蜻蜓、意尔康还专门建设了鞋文化馆。

三 以服务为宗旨的行业协会

成立于1991年8月的温州市鞋革行业协会,是以制鞋、制革行业为主,结合皮件、箱包、皮革机械、皮革化工、鞋机、鞋楦、鞋料、鞋饰、鞋样设计、专业市场等,跨行业、跨所有制的全市性行业组织。至今已召开六届理事大会。协会现拥有以康奈、奥康、红蜻蜓、巨一、金帝、东艺、吉尔达等一批龙头企业为主的团体会员300多家;2003年

11月，被中国工业经济联合会授予"先进地方行业协会"。连年被市经贸委评为市工商领域行业协会先进单位。

作为政府与会员的桥梁，协会坚持以"组织、服务、协调"为宗旨，当好政府的参谋与助手，促进全行业的健康发展，主要在协助政府制订行业规划、推动实施名牌战略和开拓国际市场、维护企业的合法权益、培育专业市场、开展人才培训、推动科技进步、提供信息服务、发展同国外相关行业组织的联系等方面发挥作用。

2009年6月，温州市鞋革协会建立的鞋类外贸预警点工作取得新的进展。温州鞋类公平贸易信息工作站在罗马意大利（中国）鞋业商会举行揭牌仪式。这一"海外触角"，将充分依托海外发达的民间温州人商会、协会的资源优势，以及重点出口企业、对外投资企业驻外办事处的渠道优势，建立专门的信息收集和发布平台，动态监测贸易摩擦动向，提前掌握该目标市场可能设置贸易壁垒的"征兆"和"苗头"，防患于未然。

协会积极组织并鼓励鞋类企业在家门口进行权威检测，方便高效拿到通往市场的"通行证"。温州市质检院与国际权威检测机构TUV南德意志集团签约合作，将被南德意志集团授权为签约实验室，帮助温州鞋类出口企业拓展前景广阔的国际市场。合作之后，双方将联合向温州市鞋企提供"一测双证"服务，使得企业产品经过一次检测后，可以拿到中文的国家中心和英文的TUV两份权威报告，在国内外市场上畅通无阻。

协会通过与社会资源联合的方式，先后创办了中国鞋都图书馆、中国鞋都信息中心、中国鞋都博物馆、中国鞋都技术学院、中国鞋都编辑部等机构，设立了鞋样设计、鞋楦、童鞋、鞋模和鞋类出口等5个专业委员会。

特别是近几年，在温州市政府大力支持下，协会围绕行业转型升级为工作重点，努力打造中国鞋类出口基地、浙江省首批产业集群区域国际品牌示范区以及国家级外贸转型示范基地等三个基地，建立以下9个服务平台，引领行业企业立足实际，转型发展。

（1）国家检测中心平台；（2）浙江区域名牌。协会组织人员深入企业进行动员和指导申证工作，并对联盟标准进行现场宣贯，至今共走访企业300余家（次），使企业对推广使用浙江区域名牌的意义有了进一步的认识。（3）国际研发中心（与企业合作）；（4）电子商务平台；（5）人才培训中心；（6）预警示范点平台（目前在代表性国家建有6个外贸预警示范点）；（7）温州国际皮革、鞋材展览会（每年主办一次）；（8）物流中心（保税仓库）；（9）绿色制革生产基地（正在积极筹建）。

转型升级既是鞋业的主趋势，也是必然趋势。未来几年，是实施"十二五"规划的重要时期，也是温州从"中国鞋都"成长为"国际鞋都"奠定坚实基础的关键时期。温州鞋革企业一定能发扬温州实业精神，奋发图强，科学发展，实现产业转型升级，为争创世界名牌、推动和实现我国从制鞋大国迈向世界制鞋强国的宏伟目标贡献力量。

中国鞋都·晋江

晋江市地处福建省东南沿海，三面临海，东濒台湾海峡，南与金门隔海相望。是全国著名侨乡，祖籍晋江的华侨、华人和港澳台同胞200多万人。改革开放以来，特别是1992年撤县设市后，晋江的社会经济发展取得了令人瞩目的成就，县域经济基本竞争力列全国百强县（市）前列，9个镇入选全国千强镇，经济实力连续16年保持"福建省十强县（市）"首位。

近年来，晋江牢固树立和落实科学发展观，按照"实现又好又快发展，支撑带动海西建设"的要求，推进经济社会持续健康快速发展。传统产业持续向好，产业龙头企业支撑带动作用增强。产业集群整体素质不断提升。品牌建设突飞猛进，现有中国驰名商标81个、中国名牌产品24项、中国出口名牌2项，同时还有中国鞋都等区域品牌14项。

作为晋江的重要产业，近年来，晋江鞋业产业水平急剧提升、市场份额迅速膨胀、创新成果不断涌现、区域影响迅猛扩张，在制定行业标准等方面均走在了全国前列。

一　晋江鞋业发展的基本情况

2001年3月，中国皮革与制鞋工业研究院、中国皮革工业信息中心、全国制鞋工业信息中心、(全国)制鞋行业生产力促进中心共同授予晋江市"中国鞋都"荣誉称号。2008年12月,中国轻工业联合会和中国皮革协会对"中国鞋都"进行了复评,继续授予"中国鞋都·晋江"称号。自"中国鞋都"授牌后,通过政企协力,晋江率先启动品牌经营和资本运营"两翼齐飞"战略,制鞋业及相关产业发展有激情、有活力、有后劲,使晋江鞋业成为产业规模优势更加突出、产业链配套更加完善、品牌集聚效应更加显现、市场营销渠道更加成熟、鞋文化底蕴更加深厚的大型产业集群,成为中国最大的旅游、运动鞋生产基地、世界运动鞋的重要生产基地和国内鞋业原辅材料的主要集散地。"产业兴则展会旺",依托中国鞋都——晋江的产业优势,被业界誉为"中国十大魅力展会"之一的中国(晋江)国际鞋业博览会在晋江已成功举办十届,展出总面积33.1万平方米,到会客流量36.7万人次,参会客商遍及国内上百个城市和70多个国家和地区,合同交易总额达344.6亿元,成为晋江市扩张产业优势、拉动区域经济、促进海西发展的重要平台,成为国内外最具影响力的鞋业展会之一。

(一)行业经济规模呈跨越增长之势

目前,晋江鞋业企业3500多家,从业人员超过35万人,2007年鞋类行业总产值341.2亿元,占同期全部工业总产值的25.8%。其中,规模以上鞋企278家,比2002年增长2.8倍;规模以上企业从业人员16万多人,比2002年增长近3倍;年产鞋15亿双,比2002年增长2.75倍,自主品牌年出口创汇13.6亿美元,比2002年翻了两番,其中运动鞋、旅游鞋占全国产量近一半,占世界运动鞋、旅游鞋生产量的1/5,成为全国三大制鞋基地之一。目前,全市制鞋企业共拥有中国名牌产品8项、中国驰名商标31个、国家免检产品24项,占全国运动鞋行业的一半以上。同时,全行业拥有上市公司4家、拟上市企业23家,这标志着晋江鞋业由品牌时代迈向了品牌与资本"两翼齐飞"的时代。

(二)产业配套能力呈迅速扩张之势

目前,全市专门为成品鞋从事配套生产的鞋底、鞋面、皮革、五金制品等专业厂家已达1500多家,其中鞋企研发中心23家(省级21家、国家级2家)。形成陈埭鞋材市场、中国鞋都、晋江市鞋业品牌一条街等区域配套市场。陈埭鞋材市场长达数千米,集鞋业原辅材料批发、零售、储运、鞋机展销于一体,年交易额达80亿元,是目前国内规模最大的鞋材市场之一。"中国鞋都"于2006年建成投用,市场占地200亩,拥有独立店面2162间,同时配套建设有2.8万平方米大型百货大楼、7000余平方米的商务酒店、1.2万平方米的物资仓库,商场规模和品位在国内首屈一指。值得一提的是,以4·18鞋博会为契机,常年均举办有海峡两岸大学生运动鞋设计大赛、鞋业竞技比赛、鞋业发展电视论坛、鞋履文化展示、鞋模表演专区等配套活动,在丰富鞋博会办展内涵的同时,极大地丰富了晋江鞋业文化底蕴。

二 主要经验

(一)扬品牌化战略,产业影响不断扩大

质量、品牌是晋江制鞋业的制胜法宝。2000年以来,晋江启动实施了"质量立市""品牌立市"和"资本上市"战略,出台了《打造品牌之都若干优惠政策》《大力推进企业改制上市工作的通知》等鼓励扶持政策,投入7400多万元资金建立品牌、质量培育激励机制,重奖获得省级以上品牌的企业,扶持企业开展专业认证,提升管理水平,并着重从土地、税收、技改、融资等环节对品牌企业进行倾斜，有效地激发了企业改进产品质量、重视品牌培育的自觉性，全市制鞋企业重质量、创名牌意识积极性空前高涨，主要表现为质量意识和质量管理水平明显提升、品牌群体规模及影响力持续扩张、核心竞争力持续增强。

（二）走市场化路子，营销领域日益拓宽

20 世纪 90 年代以来，晋江鞋业始终坚持两个市场、两条腿走路。一方面通过在国内布设营销网点，走品牌发展路子；另一方面开始走出国门，通过参展、外贸代理等形式，大力开拓鞋类国际市场，力促晋江鞋业融入全球鞋业发展潮流。据不完全统计，2008 年，晋江知名鞋企已在国内建立了 2 万多个营销网点，部分企业把营销触角伸向了区域农村市场，全市旅游、运动鞋类 2—3 级市场占有率居全国首位。同时，有 117 家企业在 158 个国家和地区设立了 300 多个专卖点和分支机构。2002 年，安踏、寰球、爱乐等知名品牌企业联合进驻匈牙利布达佩斯最大的物流中心——"亚洲中心"，创建了"中国鞋都晋江街"，2004 年，安踏公司成为中国第一家在台湾金门地区开设专卖店的企业，2007 年，诚和公司联合俄罗斯闽南商会在俄远东地区创办了晋江加工区，这标志着晋江鞋业在国际化进程中又迈出了重大的一步。

（三）树和谐化理念，鞋业发展与环保建设和谐共进

晋江市鞋业尤其是皮革行业在加快发展的同时，坚持牢固树立和谐化理念，加强生态环境保护工作，有力推动了晋江制鞋及相关产业发展与区域环境保护建设和谐共进。主要采取措施有如下两个方面。

一是加强环境保护宏观引导。组织修编《市域、市区水环境功能区划》《晋江市生态环境功能区划》和《晋江市水环境综合整治规划》，明确工业污水的排放范围以及市区各主要河流、河段的水质要求，促进水污染防治工作的有序进行。

二是加大科研环保投入。近年来，晋江鞋革企业年均投入技改资金达 10 亿多元，其中仅 2006 年，安踏、寰球、宏玮三家鞋类企业实施的福建省新重点科技项目三项就完成投资 3.5 亿元。目前，晋江可慕集控区的 63 家皮革企业排污已全部达标。通过加大科研环保投入，晋江鞋革业率先走出了一条节能减排、绿色环保的可持续发展道路。

三 国际金融危机影响及对策

（一）影响

2008 年发生的美国金融危机给我国制鞋业带来了前所未有的挑战，但作为民营经济发达地区，作为中国鞋都，晋江鞋业凭借着土生土长的抗风险能力，以及众多本土的品牌企业、配套完善的产业链、纵横交错的营销网络、经验丰富的人才队伍等多方面优势，在此次金融危机浪潮中依然保持着稳健有力的发展势头。

从相关数组看：2008 年 1—5 月，晋江制鞋业工业产值 132.77 亿元，比上年同期增长 20%，规模工业产值 119.49 亿元，比去年同期增长 47.6%，鞋产业首次超过纺织服装业，成为全市第一大产业。这表明晋江鞋业及相关产业正由低价数量扩张型向高价质量效益型逐步转轨。因此，此次金融危机对晋江鞋业来说既是危机，更是机遇。

（二）对策

政企合力、攻坚克难，坚定信心、迎难而上。

企业方面：通过创新发展提升品牌竞争力，提升风险抵御力。

积极规避国际金融风险，通过扬差异化市场营销战略，走差异化产品开发路子，在企业技术优化、管理优异、产品优质等方面做足文章，有效提升品牌含金量和附加值，进一步增强企业核心竞争力。同时，充分利用中央扩大内需等利好政策，及时调整出口产品结构，开拓多元市场，不断提高产品的市场占有率。

政府方面：通过多种渠道扶助企业渡过经济"寒冬"。

通过多种渠道协助中小鞋业企业寻求外部资金支持，减轻鞋业中小企业资金压力。

（1）加大融资担保机构建设。努力促使更多的行业性担保机构开业运营、为鞋业中小企业提供融资担保服务。用足用活上级鼓励创业投资的优惠政策，积极引导上市公司、龙头企业组建创业投资公司，参与鞋业中小企业的收购、兼并和重组。

（2）搭设中小企业发展载体。积极争取在晋江周边土地资源相对丰富区域设立"晋江鞋业产业转移投资园"，引导有产能扩张需求的鞋业中小企业有序转移。鼓励鞋业集中镇、村集体顺应鞋业中小企业发展需求，投建标准厂房、员工公寓，搭设鞋业中小企业发展空间载体。

（3）引导鞋业中小企业规避市场风险。提出鼓励扶持政策，适时召开鞋业品牌加工链供需对接会，引导品牌鞋业企业在晋江区域内就近外派订单，鼓励更多中小外贸企业转换角色，为本地品牌企业从事贴牌生产。

四 晋江鞋业存在的问题

近年来，晋江鞋业虽然取得了长足的进步，但也存在着一些问题，制约着晋江鞋业向更高层次发展。一是产业发展空间不足。由于产业整体规划和布局缺乏，晋江鞋业载体建设显得相对滞后，许多企业在快速发展中普遍受到用地、用工不足等问题的困扰。二是产品研发投入不足。一些中小型鞋类企业尤其是生产配套型企业的基础性研发投入较少，产品附加值和科技含量偏低。此外，支撑鞋业规模发展的技术中介服务机构和具有行业技术权威的产品质量检测中心仍有待进一步健全完善等。

五 晋江鞋业的发展思路

针对上述问题，晋江鞋业及相关产业要在今后激烈的国内外市场竞争中保持优势，进一步巩固和提升"中国鞋都"称誉的含金量，必须着力在产能载体建设、产品研发投入、产业升级优化等方面下足功夫、做足文章。为此，下一阶段的目标和任务有如下几个方面。

（1）充分发挥"中国鞋都"的区域品牌优势，进一步丰富鞋都内涵，进一步延长产业链、做大做强鞋产业，建立符合国际标准的质量保证体系，努力把晋江建设成为国际鞋业名都。

（2）以"一市（陈埭鞋材市场）、一楼（在建的晋江鞋业大厦）、一街（晋江市鞋业品牌一条街）、一会［中国（晋江）国际鞋业博览会］"为载体，全力打造晋江鞋业对外展示平台。

（3）科学规划产业布局，优化产业发展空间，重点发展鞋业机械装备、人造合成革、鞋用化工材料等生产性项目，填补鞋业产业链空白点，提升鞋业产业集约化水平。

（4）大力培养和造就专业人才与产业工人队伍，加强劳动力市场建设和管理，规范企业用工，加强各类人才的软环境建设。

（5）加强鞋业检测、专业研发机构建设，发展鞋样设计、鞋材研发、形象策划等公共服务机构，深度开发功能型、专业型、时尚型鞋类产品，挖掘产品层级和升值潜力空间。

（6）推行虚拟经营、定单外包和配套外派，提高专业分工和社会化协作水平。

（7）鼓励自营出口，发展国外直销基地、展示中心，抢占国外产品终端市场，进一步巩固和提高晋江在国际鞋业价值链中的分工地位。

中国皮革之都·海宁

皮革业是海宁的一个传统产业，已有80多年历史。

地处杭嘉湖平原的海宁，历史上是重要的湖羊繁育基地，优质的羊皮为海宁的制革业提供了丰富的原料。1926年创建的海宁制革厂，是海宁皮革业发展史上第一家具有现代工业意义的制革企业，奠定了海宁皮革业的基础。其生产的"蝴蝶"牌猪皮服装革产品两次荣获国家银质奖，独特的酶法脱毛技术曾获得全国科技大会奖，在国内制革行业处于领先地位。1952年建办的海宁皮件厂，是计划经济时期的国营企业，80年代初成为全国最大的专业皮衣出口企业。改革开放以后，海宁皮革业进入了快速发展阶段。在全行业从业人员的奋力拼搏与历届市政府的大力扶持下，皮革业传统优势得到了充分发挥。企业个体规模逐步壮大，一批骨干企业上规模、上水平，向集团化方向发展。行业整体规模不断扩张，各种经济成分也纷纷加入皮革行业，形成了大力发展皮革业的集群化氛围，促成了皮革业在海宁经济中的支柱地位。

2001年，经中国轻工业联合会、中国皮革协会考核通过，授予海宁"中国皮革之都"荣誉称号。近年来，海宁市积极推进皮革产业走集群化道路，加快皮革行业的二次创业，着力建设皮革先进制造业基地。

一 皮革业概况

（1）2008年，海宁市拥有皮革工业企业2062家，从业人员约73348人，全年实现现价产值177.61亿元、产品销售收入172.82亿元。皮革产业的规模效益进一步显现。2008年，销售收入500万元以上规模皮革企业有134家，实现现价工业产值157.02亿元，同比下降11.6%，占全市产值21.75%，实现销售收145.97亿元，实现利税7.51亿元，其中利润2.23亿元。全市年产皮革服装2813万件（套）、鞣制皮革（折合牛皮）1260万张、皮革沙发套530万套。2008年，以皮革服装、皮革沙发套为主的皮革制品产品覆盖全国，并出口五大洲110个国家的和地区，出口额6.21亿美元，其中，皮革服装出口额1.5亿美元、皮沙发套出口额1.48亿美元、票夹箱包出口额4549万美元、成品沙发出口额2.56亿美元。就全国而言，海宁的皮革业，无论是产品产量还是出口创汇额，均名列全国同行之首。

（2）皮革市场购销两旺。海宁中国皮革城是国内皮革界公认的龙头专业市场，老皮革城始建于1994年，新皮革城于2005年10月中旬全新开张，拥有15.6万平方米建筑面积，比老城足足大了三倍，拥有大开间的店铺1200多个，高峰时能容纳5万多人。海宁中国皮革城自1994年开业以来，经过10多年的培育管理，市场成交额从1994年的5.8亿元增长到2008年的近百亿元，市场经营产品从原来单一的皮革服装发展到现在的皮革服装、裘皮服装、箱包皮具、皮鞋、皮革原辅料等多门类的皮革产品，成为了长三角地区的特色旅游购物中心。

海宁中国皮革城经过10多年的精心培育和发展，已确立了其在全国皮革专业市场中的龙头地位，先后被国家和省命名为"全国文明市场""国家级皮革服装中心批发市场"和"浙江省重点市场"，2007年又被国家旅游局评定为国家4A级旅游景区。海宁中国皮革城的影响逐年扩大，目前还与长三角地区及其他省市的500多家旅行社合作推出休闲购物游。2006年，皮革城接待游客超过246.5万人次，比上年增长65%，其中近一半是回头客，皮革城已培育出了一个相对稳定且不断增长的客源群体。

海宁中国皮革城二期工程规划用地150亩，建筑面积26万平方米，包括中国牛仔城、原辅料市场、鞋业广场，以及23层皮革城大酒店B座、精品展示厅、餐饮服务一条街、休闲广场、大型地下停车场等配套设施，是海宁市区专业市场群中一个主要组成部分。

（3）产业集群效应凸显。海宁市政府在产业集群中起到了至关重要的主导作用，非常注重保护和发展本地经济的积极性，专门出台了一系列鼓励产业集群发展的政策，对产业集群的发展起了重大引导作用。海宁市"1232"产业工程把皮革业作为全市经济发展的第一支柱产业、发展战略的重中之重来加以定位。在政策的扶持和引导下，已形成了中国皮革科技工业园、皮革城的出口加工区、周王庙"皮革之乡"工业园区、尖山高点沙发加工区等皮革产业集群区域。这些园区都是集生产加工、设计开发、产品展示、外贸服务等功能于一体的现代化、数字化、绿色环保型的工业园，入区企业突出出口商品的生产功能，主导产品为皮革服装、沙发、箱包及相关皮革制品。目前，这些皮革集群专业区已完成投资20亿元以上，产业专业化程度进一步提高，较好地发挥出产业集群效应。皮革特色区域的建设，进一步加快了产业的有效集聚，促进了皮革产业的提升和发展，从而为中小皮革企业提供了低成本扩张的平台。2007年，全市销售超亿元的皮革企业达10多家，销售超千万元的达70多家。

（4）区域品牌不断提升。近年来，海宁市加快了区域品牌的培育扶持步伐，研究出台了名牌带动战略的实施意见，对获得中国名牌或驰名商标的品牌奖励100万元，获得省级名牌或省级著名商标的品牌奖励10万元。海宁中国皮革城则对企业自主品牌建设给予扶持，在租金收入中留出10%作为自有品牌奖励费，凡在皮革城商铺招牌上突出自有品牌宣传达到要求，且经销自有品牌皮装比例超过50%的商家，将在考核合格后返还租金的10%。在皮革博览会上，海宁市成功举办了企业品牌战略讲座，特邀品牌界内的两位资深专家——中国名牌战略推进委员会常务副秘书长荣剑英教授和中华商标协会专家委员会主任董葆霖教授，为海宁皮革企业举办了企业品牌战略专场讲座，拓宽了企业品牌化经营思路。

通过政府的引导和激励，皮革企业的品牌意识逐步增强，越来越重视品牌培育，产品的设计开发水平也不断提高。在中国皮革协会主办的历届"全国皮革服装设计大奖赛"中，海宁市多次荣获各类大奖。2004年，雪豹集团、蒙努集团双双荣获中国名牌战略推进委员会授予的"中国名牌"称号和国家质检总局公布的"国家免检产品"称号。目前，海宁市皮革产品共有2个中国名牌、6个浙江省名牌、7个嘉兴市名牌、1个中国驰名商标、7个浙江省著名商标、12个嘉兴市著名商标和4个国家免检产品。皮革业品牌群体的兴起，为海宁皮革业整体实力的提高创造了良好条件。

（5）专业展会影响扩大。从2000年起，全国皮革服装展销会升格为海宁中国皮革博览会，成为国内层次最高、影响最广、规模最大的皮革博览会之一。今天，海宁中国皮革博览会已成功举办了15届，届时，CCTV中国服装流行趋势发布会同时举行。海宁中国皮革博览会已经成为国内皮革界十分重要的信息发布中心，在推动国内外皮革界互动交流、共荣发展方面起到了积极作用。

（6）环境保护得到重视。制革企业属重污染企业，为了搞好制革企业的环境治理，海宁市鼓励发展有条件治理的大企业，压缩无能力治理的小企业。通过整治，全市制革企业从原来的17家小企业，培育成达到治污能力的16家上规模的企业。企业严格遵守《皮革工业环境保护行业政策、技术政策和污染防治对策》，环保设施齐全、责任落实到位，制革企业严格做到治理达标排放，然后统一进城市污水管网再治理。其中富邦公司污水治理项目被列为联合国工发组织的样板项目。卡森集团提出并在试行淤泥、污水综合治理项目。市环保部门对皮革产业的环境污染做到"以防为主、防治结合"，新上项目严格做到"三同时"，并有相应的环保规划、措施及扶持政策。

（7）坚持以人为本，加快科技创新，缩小了与发达国家技术上的差距。近年来，海宁市结合产业特点，加强了人才引进和人才培育力度，皮革业的人才优势不断得到强化。规模以上企业均有产品设计、工艺设计、质量管理的专职管理部门或专业技术管理人员，有许多企业"借外脑""聘人才"，与国外专家、国内名师和大专院校等研究机构进行技术合作和产品开发。皮革企业十分注重对员工的培训，不断提高员工的专业操作技能，使企业在产品设计、工艺技术、生产经营、质量管理等方面均处于全国同行业前列。

同时，皮革企业在技术改造方面投入了大量财力、物力，制革设备、成衣设备和整体装备处于全国领先水平。有20多家企业成立了技术研究中心，具有相当的科技开发、设计制造和工艺创新能力。蒙努集团建立了全省首家皮革业省级技术开发中心；卡森集团不但有技术开发中心，还引进意大利先进设备，采用法国技术生产的牛皮沙发套、汽车座垫革新产品通过了英国B.L.C测试中心认证，成为美商免检产品；富邦集团裘革两用国家"双加"工程项目，其他企业的猪绒服装革、仿绵羊皮、超薄型丝绸山羊革、优质绵羊皮、沙发革等产品的质量，已达到或接近国际先进水平。

二　延长产业链，不断培育新的产业增长点

延长产业链，不断培育新的产业增长点是海宁市进一步提升皮革行业的重要措施。2004年度，海宁市经贸局提出了"依托市场、发挥优势，大力发展海宁市皮具业"的建议，市委、市府非常重视，确定由一名副市长牵头，经贸局长亲自抓，以确保整个方案的顺利推进。

随着出口快速增长，旅游业、汽车业、教育业等热点产业的升温以及办公自动化给皮具行业带来了新的发展机遇。据中国皮革协会统计资料分析，近年来，皮具行业销售收入和利税平均增长都达到了二位数。皮具产业出口占年销售量的70%，出口金额在皮革行业中居第二位，皮具业已经成为中国皮革出口的主力商品。但是，皮具业一直是海宁市皮革产业发展的一条短腿，同时也是海宁做强做优皮革产业的潜力所在。加快发展皮具产业，是发展壮大海宁市皮革产业的现实选择，也是发挥海宁市皮革产业综合优势，实施乘势而上、顺势而为的发展策略的必然选择。

海宁中国皮革城是迄今中国规模最大的皮革专业市场，作为皮革服装及其制品的集散中心，它影响着中国皮革服装的走向，引导着中国皮革服装的时尚潮流，也是皮革价格信息、市场行销、流行趋势的发布中心，为皮具业发展创造了良好的市场环境。2008年，海宁中国皮革城市场交易额达到了70多亿元，其中皮具制品销售额占总销售额的30%以上。所以，海宁市抓住了中国皮革城实施扩建的机遇，坚持海宁市皮革业发展的一条成功经验："以工兴贸、以贸促工、工贸互动、适时调整"的培育、引导之路。第一，搭建平台：建设箱包生产加工区，建设标准厂房，为加快箱包业发展提供产业平台。第二，制定政策：制定相对独立的鼓励扶持优惠政策，为招商引资，吸引市内外皮具企业进区创业创造良好的政策环境。第三，招商引资：在确立建设规划平台和明确招商优惠政策的前提下，组织开展招商活动，招商中特别注重品牌企业的引进。第四，市场配套：在新皮革市场的规划建设中，将皮具辅料配件交易区作为新市场的建设规划区域之一。

三　未来发展规划

皮革工业是轻工业的重要行业，无论在衣着、装饰等诸多领域都不可或缺，在国内外有着广阔的发展前景和市场空间。随着世界经济结构的调整和我国经济的高速发展，给海宁皮革工业发展带来了历史性的机遇。为此，海宁市委、市政府决心把皮革工业这个支柱产业作为建设"海宁经济强市""旅游文化名市"的重要工作来抓，认真贯彻党的十七大精神，落实科学发展观，力争使皮革产业再上新台阶。

建设大基地，培育大产业。围绕我国由皮革大国向皮革强国转移的远大目标，坚持以市场为导向，以科技为依托，继续发展多种经济类型的皮革企业，尤其是"外向型"企业，并进一步推进皮革企业走集群化道路，努力把海宁建设成为四大基地。

（1）制革基地。以"卡森""富邦"等集团的制革企业和海宁农业对外综合开发区为基础，通过实施"兴海工程""专项重点工程"等项目，加大资金投入，加快技术改造，加强污水治理力度，把集团型企业建设成基地型企业，巩固和扩大制革水平在全国的领先地位，并向国际先进水平迈进。

（2）制衣基地。以"中国十大衣王"的"蒙努""雪豹"等集团的皮革企业为基础，引导小型皮革服装企业向基地型生产发展，改进装备，不断提高制作水平，以当代消费者的需求为导向，积极开展以产品（款式）创新、市场创新为主要内容的技术创新活动，巩固提高全国皮革（裘皮）服装流行趋势发布中心的地位。

（3）制鞋基地。海宁的皮鞋产业与国内同行比，相对比较薄弱，要虚心向先进地区学习，加强领导，坚持起点高、品种多、规模合理的发展原则，通过奋发努力，使制鞋业成为海宁继皮革服装业之后的又一重要的皮革制品。

（4）箱包皮具制造基地。海宁的箱包皮具业在全国的地位已经显现。"长虹箱包（袋）"在国内外颇具魅力，而"卡森"等企业生产的牛皮沙发（套）和汽车座垫套更是声名远扬。要再接再厉，戒骄戒躁，加大扶持力度，以现有企业为基点，扩大企业规模，增加产品技术含量和附加值，充分发挥在全国的独特优势，牢牢把握国内"龙头"地位，进一步提高国际知名度。

发展大市场，建设大项目。把海宁中国皮革城的建设和发展作为拉动海宁皮革工业发展的龙头工程来抓。在总建筑面积为26万平方米的二期工程（包括原辅料市场、鞋业广场、中国牛仔城、商务楼、精品展厅、餐饮服务一条街、休闲广场等）竣工并已投入使用的基础上，继续抓好三期工程建设。三期工程（总部商务区）吸收了国际先进理念，以带动海宁皮革产业和皮革城升级为主要目标导向，依托皮革城既有的优势，按照现代总部商务的要求进行规划、设计和建设，打造花园式商务环境，计划投资6亿元，建筑面积20多万平方米。该项目集皮革产品展示、设计研发、品牌营销和商务办公于一体，建成后将是区块环境幽雅，建筑风格现代时尚，商务办公功能齐全的现代化皮革行业总部商务区，是国内外大中型皮革生产企业投资创业和开展商务活动的理想之选，故对海宁皮革产业集群升级和提升皮革城的市场品位，对海宁市经济社会的发展，具有极其重要的现实意义和深远的战略意义。

中国皮革皮衣之都·辛集

一 辛集市基本概况

辛集市原为束鹿县，1986年撤县建市，位于河北省省会石家庄东70千米，北距北京、天津均为250千米，石德铁路、307国道、石黄高速公路横贯东西，安辛公路、天王公路纵穿南北，总面积960平方千米，辖七乡八镇，人口61万人。其中，城市建成区面积25.71平方千米，人口20余万人。2010年，地区生产总值完成248.16亿元、财政收入11亿元、全社会消费品零售总额135.45亿元、存款余额达到186.83亿元，其中城乡居民储蓄余额156.59亿元。

辛集工业基础雄厚，形成了皮革、化工、钢铁机械、农产品加工4大支柱产业。化工业现有企业105家，主要生产钡锶盐、农药、化肥、橡胶制品、塑料、润滑油等产品，是原化工部确定的全国16个精细化工基地之一。钢铁机械业现有企业110家，主要生产高速线材、农业机械、汽车配件、民用炊具等产品。

辛集商贸流通繁荣，明清以来就是华北的商埠重镇，"河北一集"久负盛名。现拥有皮革商业城、辛集国际皮革城、河北一集市场、机械配件市场、禽蛋市场等大型专业市场18个，年成交额75亿元。其中，机械配件市场连续五年被国家评为"全国十大农机交易市场"，是中国北方最大的农机配件集散地。

辛集农业资源丰富，是国家命名的"全国粮食生产先进市""中国梨果之乡"。全市共有耕地104万亩，盛产优质专用麦、优质棉、无公害蔬菜等。梨果业是辛集市一大富民产业，优新梨果面积达35万亩，全部通过无公害环评认证，在河北省位居首位，产品畅销20多个国家和地区，并于1997年在全国率先打入美国市场，年创汇1500万美元。

辛集文化底蕴深厚，素有"诗洋画海金束鹿"的美誉。近代涌现出了公木、方纪、赵望云、任率英等一批文化名人，连续被国家评为文化、教育、科技工作先进市。教育事业发达，高考成绩连续20多年位居河北省前列。文化事业繁荣，是国家命名的"中国现代民间绘画画乡"，辛集农民画连续三年荣获全国农民画大赛金奖，被列为河北省非物质文化遗产。科技力量比较雄厚，拥有各类科研机构26所，各类技术人才4.97万人，占全市总人口的8.17%，为经济发展提供了充足的智力资源。

皮革业是辛集市传统优势产业，素有"辛集皮毛甲天下"之美誉。1993年以来，通过建市场、建园区、扩规模、调结构、拓市场、创品牌，产业规模、效益和档次实现了快速发展，成为中国最大的制革制衣生产基地和交易中心之一。2001年，辛集市被中国轻工业联合会、中国皮革工业协会授予"中国皮革皮衣之都"荣誉称号。2010年，辛集拥有皮革企业1356家，自营出口权企业410家，规模以上皮革企业239家，从业人员8万多人，拥有各类技术研发设计人员1200多名。全行业实现销售收入120亿元，出口创汇4.2亿美元，上缴税金2亿元。

二 辛集皮毛皮革行业发展历史

（一）七七事变前的辛集皮毛业

1. 皮毛集散中心的形成

据明清两代的《保定郡志》《保定府志》和清代《束鹿县志》记载，辛集皮革的发祥地是明代中叶的木丘村，如今尚存"回龙镇皮毛街遗址"。回龙镇为汉朝以前的古村镇名称。民间谚语"比干制革广川郡，回龙镇上买轻裘"说明了回龙镇远在殷商时代即有了毛皮业。由于滹沱河水患冲毁回龙镇，皮毛业逐渐北移廉官店。据有关文献记载，辛集镇在明朝以前称为廉官店。在那时，毛皮业已很有名。新疆有一条谚语："不知束鹿县，知道廉官店"。这证明，新疆的皮毛商人远在明代以前即来廉官店进行皮毛交易。新疆皮毛商人在廉官店设有办事处，直至1937年七七事变以前才被撤走，历时四五百年。

明代时，廉官店与附近的彭家庄、辘轳把、李家庄、齐家堂、王家庄合并，易名为"新集"，取"新的集市"之意。清乾隆年间（1736—1796年）改"新"为"辛"，始称"辛集"。明清以来，河北是京畿重地，京广驿道穿过辛集镇，而辛集镇位置适中，为东、西、南各省进京必经之路，加之滹沱河流经镇北，有水运之便，更为皮毛集散地提供了交通条件，于是辛集镇的皮毛加工业和皮毛商业迅速发展起来。清代中叶，辛集镇已经发展成为我国著名的毛皮集散中心。因皮货云集，商贾熙攘，繁盛过于县城，与山东省的周村、河南省的驻马店镇齐名，故在全国有"山东一村，河北一集，河南一店"之美誉。

据清《乾隆束鹿县志》记载，辛集镇在乾隆二十七年（1762年）已经相当繁荣。

"称绵亘往来五六里，货广人稠，坐贾行商，往来如织，虽居偏壤，不减通都。"《束鹿县志》载："辛集一区，工厂如林，皮毛各行，每厂不下数十人，远近诸村，多依此为生活。"《畿辅通志》也记载，明清时期的束鹿毛、皮、毡作为贡品和税赋上解京城。1732年，山西商人在此集资修建了"山西会馆"，以此为办公场所。此时辛集镇集散的货物即占6种，有毡、织绒、氆氇、鞍笼、皮、羊毛。可见这时，皮毛类货物在辛集镇集散的货物中已占主导地位。

从清光绪六年（1880年）至民国二十六年（1937年），辛集毛皮加工业，特别是皮毛商业，一直保持着前进的态势，是辛集皮毛业发展的鼎盛时期。"辛集一区，素号商埠，皮毛二行，南北互易，远至数千里"。这一时期，辛集镇以贩卖生毛皮为主，皮毛加工业技术水平也显著提高，逐步形成了完整的生产交易体系，皮毛皮革行别种类迅速增加，皮毛皮革制品产量大大增加，集散范围和数量更加扩大，出现了一批大皮庄、大皮店。民国初年，辛集镇更垄断了全国皮毛交易额的70%，因而获得了"辛集皮毛甲天下"的美誉。

据民国《河北通志稿·食货志》记载，民国初年（1912年），辛集镇仍然有大量的皮毛皮革制品占领市场。年制羔羊皮袄、皮裤19760件，皮褥子1253条，硝皮6843张，皮绳、皮条、皮鞭等共计21635件，毛毡、毛片、毡鞋等12454件。当年出口皮袄、皮裤、皮褥子17853件，价值大洋108476元。

据1927年《河北省工商纪要》、1928年《河北省省政统计概要》和1930年《河北省财政年鉴》的记载，当时河北省9类出口产品中皮毛制品占7类，辛集皮毛制品出口量名列榜首，成为河北省的一大经济支柱。据1936年统计，当时辛集镇有皮毛制革业10个行业361户，从业人员11640人，占工商业人口的2/3。辛集镇拥有大皮店、大皮庄80家，另外周围的20多个村庄的皮毛业户1500多个，从业人员共计有4.8万人。

2. 鼎盛时期的重要特点

第一，在辛集皮毛业发展的过程中，皮毛商业一直占主导地位。在皮毛业各行别中，毛皮商业中的皮庄、皮店居举足轻重的地位。据统计，至1937年前，辛集镇有专营生皮毛转运批发的皮庄、皮店123家。80%的生皮毛经过整理分类后直接转销全国各地或出口国外。每天来自生毛皮产区的马帮、骆驼队、车队络绎不绝，源源不断地把生毛皮运进辛集，在镇周围堆积的生毛皮像一座座小山。

第二，皮毛行别和产品种类繁多。繁盛时期的辛集镇有皮店、毛店、大皮庄、牛皮庄以及白皮、黑股子皮、绿股子皮、底皮、面皮、毡毯、水胶等作坊1500多家。主要产品有白皮、杂皮、羔子皮、山羊皮、绵羊皮、黑斜皮、绿斜皮、地毯、毛线、毛绒、马褂、马鞍子、皮包、钱包、大毡鞋、坤毡鞋、绒片大毡、皮袄、皮裤、皮褥子、水胶、明胶、鞭鞘、鞭头、鞭把、对口皮条、大皮条、套马杆绳以及车马挽具等几百种。

第三，皮毛加工技术精湛。制作工具有弯刀、刨子、模具、玻璃刀、毛刷、铁锅等。鞣制材料有石灰、食盐、栲胶、硫酸、红矾等。制作流程有浸水、浸灰、浸酸、去毛、整理、加脂、刷浆等。其中辛集首创的驴皮加工工艺复杂，产品质地坚韧柔软，尤为畅销国内外。裘皮产品也是强项，种类有皮袄、皮裤、皮褥子、皮帽、皮手套等。原料为羊、兔、虎、狐等皮张。鞣制原料有皂角、芒硝、黄米面。制作工具有大缸、大铲、裁刀、爪子、剪刀、尺杆等。制作流程有选皮、爪皮、剪毛、泡皮、去油、沙土埋、晾干、铲皮、熟制、去灰爪梳、剪平、着水、整理等。

第四，皮毛货源遍及全国皮毛产区。山东省的济南、济宁、临清、德州、阳谷、范县，河南省的郑州、许昌、洛阳、开封，陕西省的榆林、咸阳、西安，山西省的榆次、太谷、交城、绛州、寿阳、太原、大同，安徽省的蚌埠、亳州、南宿，绥远省的包头，察哈尔省的张家口、多伦，内蒙古的呼和浩特，宁夏的银川，甘肃省的兰州、天水，新疆的乌鲁木齐、伊犁，河北省的顺德、大名和辛集镇附近的各州县，都有大批皮毛商人向辛集镇贩运皮毛原料。据不完全统计，1933年辛集镇的皮毛原料品种和数量为牛皮13.3万张、牛犊皮7.5万张、细毛皮35万张、山羊皮10万张、粗毛羊皮30万张、骡马驴皮26.5万张、水牛皮1.5万张、山羊板皮15.5万张、滩羊皮3000张。

第五，皮毛皮革制品产量大。从清代中叶开始，辛集镇的皮毛皮革制造业如毡业、白皮业、硝皮业、车马挽具业等加工技术不断提高，产量逐年增加。据1937年前统计，年产绒片大毡6万条、毛绒3000斤、毡鞋35万双、黑斜皮8000张、绿斜皮2000张、鞭鞘4万把、鞭头48万个、鞭把7.2万根、对口皮条1.8万千克、大皮条33.6万条、搭腰后秋革6万件。

第六，生毛皮和皮毛皮革制品畅销国内外。由于辛集镇皮毛皮革制品精良，生皮毛经过整理分类后使用方向更明确，不仅国内畅销，而且是国际市场上的热门货。当时的北平、天津、香港、武汉、上海、奉天、长春、哈尔滨、青岛、大连、济南、南京、杭州、苏州、广州、太原、兰州、西安、大同、乌鲁木齐、包头、呼和浩特、张家口等地均为辛集的主销地区。清光绪二十六年（1900年）后，欧洲、美洲、亚洲的一些国家和地区的商人蜂拥而来，在辛集镇设立洋庄24座（其中，德国洋庄6座、英国洋庄4座、日本洋庄6座、荷兰洋庄3座、比利时洋庄1座、法国洋庄1座），他们坐地大量收买生毛皮和皮毛革制品，成批地运往国外。"夜不闭城，日进斗金"是当时的写照。据统计，当时辛集镇80%的皮毛皮革制品运销出口。

3. 高度发展的皮毛资本家

皮毛业经营获利甚厚，在皮毛业的经营角逐中，辛集皮毛资本家获得了高度的发展。在辛集镇70多家皮庄中，规模最大的"全聚皮庄""袁记皮庄"和"聚泰皮庄"三家即垄断了皮毛商业的60%。据了解，1926年，这三家皮庄拥有的店员都在1000人以上。"全聚皮庄""聚泰皮庄"的活动资本50万元至100万元，"袁记皮庄"资本最雄厚，它们在全国各大城市都有很大的影响。

那时，"聚泰皮庄"和"袁记皮庄"在外面都有70个附属皮庄。东面沿津浦铁路从德州到徐州，西面沿京汉铁路从邢台到武昌，每个车站都住着这两个皮庄的收购和推销人员。北平、天津、上海、武汉、大连、哈尔滨等大城市都有分号。他们在内蒙古、宁夏、青海、新疆、甘肃、山西、陕西、吉林、辽宁、黑龙江等地都设有派出机构，建有仓库，储存生毛皮、皮毛和皮革制品，随时可运往各地进行销售。

"全聚皮庄"掌柜杨瑞庭是有名的"皮毛通"，他信息最灵通，行情掌握得最准确，他要求各分号的业务员每天都给他写一封信，详细报告那里的有关皮毛业的行情和本皮庄分号的业务情况，进行一番分析后，决定第二天的价格。他所确定的价格恰当地反映了市场的实际情况，不仅影响了辛集的行情，而且影响了全国的行情。"聚泰皮庄"掌柜李长谦，因为善于经营，善于外交，曾7次赴日本东京、大阪推销生皮毛和皮毛皮革制品，与外商签订了大批合同，因而他连年坐上席，成为辛集镇上红极一时的"李东洋"。

那时，为辛集皮毛业服务的当地银号有 27 家之多，在北平、天津、上海、大连、奉天、哈尔滨、汉口等大城市，有上百家银号为辛集服务。1933 年，北平"中国银行"在辛集镇设立了分号。1935 年，辛集"聚泰皮庄"把一批巨款存进"北平中国银行"，约定农历七月十五左右取款。农历六月中国银行的几个职员路过聚泰皮庄北平分号，脱口骂出"这些皮猴子真脏"，激怒了掌柜李长谦。李掌柜立即打电话给中国银行要求兑现存款，因无法凑足巨款，行长亲自登门赔礼道歉，并在万国饭店请客。此事在北平曾风传一时，说辛集镇的"聚泰皮庄"李掌柜晃动了中国银行。

（二）抗日战争时期的辛集皮毛业

1937 年，日本帝国主义发动了卢沟桥事变，开始了全面侵华战争。辛集镇皮毛资本家纷纷关闭了皮庄，逃往各大城市。"全聚皮庄"留下很少一点资本，分为"岳记皮庄"和"崇礼皮庄"两柜经营，其他 22 家小皮庄都处于半停产状态，全镇皮毛工人不过四五十人。

1939 年 2 月，日军水源旅团一部，在上尉连长金村义丙率领下，由晋县侵入束鹿县，此后在辛集镇建立了中心据点，常驻日军 1—2 个中队（100—200 人），伪军一个联队（1000 人）。占领辛集以后，将毛皮列为军用物资，禁止私人经营，指定大仓洋行、满蒙洋行、蒙疆洋行为指定商行，成立顺德府皮毛株式会社进行垄断。在日军的摧残下，辛集镇由七七事变前的 5 万多人降至不足 1 万人，工商业几乎完全垮台了，辛集皮革皮毛业遭受重创。至 1945 年 9 月抗日战争胜利前，全镇只剩下 4 个打油户、9 个鞋帽户、商号 147 户。

1938 年冀中根据地建立后，辛集镇许多年轻的皮毛工人毅然参加了吕正操领导的八路军。为了支援抗日战争，满足八路军、游击队军事装备的需要，一些皮毛工人冒着被杀头的危险，在地道内、夹壁墙内搞起了地下毛皮加工，制作马鞍子、手枪套、马靴、马鞭等产品，及时送到八路军和游击队手中，为抗日战争的胜利做出了贡献。

（三）解放战争时期的辛集皮毛业

抗日战争胜利后，商业又活跃起来，皮毛业又翻了身。据 1946 年 4 月 10 日《冀中导报》刊载的由翟抗写的《辛集皮毛业飞快发展，山东河南等地大批皮毛运辛》一文说："在我政府发展工商业以皮毛业为中心的号召下，辛集皮毛业飞速发展。自解放后到 1945 年旧历底，皮毛业户由 6 家增加到 41 家，今年 2 个多月又增加到 65 家，工人增加到 290 余名，商号增加到 297 家，采购皮毛的小行商人，已有百余个往来运输。红黑皮已大量运往石门（石家庄）、北平（北京）、天津，白皮作坊大量集中羊皮准备开工复业，市面上的大车小辆络绎不绝，每天到石门（石家庄）的大车总有 30 多辆。" 1946 年起，又办起了大众、裕大、利华三家银号，为辛集毛皮业提供金融服务。

1946 年，冀中军区十一军分区生产管理处在胡合营村建立了国营万聚白皮厂。1947 年 10 月 30 日，朱德总司令到辛集视察工业发展情况时，特别强调要发展辛集的皮毛业，并到辛集工人合作社的兴隆毡厂进行视察。到 1948 年年底，辛集皮毛业拥有制革作坊 80 户，从业人员 364 人；皮件作坊 19 户，从业人员 84 人；车马挽具作坊 39 户，从业人员 149 人；制毡作坊 23 户，从业人员 200 人。出现了 800 多个贩运生毛皮和皮件的小商贩。每天运输牛皮 70 余张、羊皮 800 余张、杂皮 2000 余张。

(四) 国营辛集皮毛制革厂

1959年，辛集白皮厂、束鹿县纤维皮毛厂、万聚白皮厂合并成立束鹿县综合皮毛厂，为国营工业企业单位。综合皮毛厂以手工操作为主，辅以简单的大缸、大铲等设备，加工羊皮、牛皮、骡子皮、驴皮，兼制皮衣、皮鞋、皮帽、皮带等日用皮件，时有职工550名。

1966年更名为束鹿县皮毛制革厂，时有职工1052人，厂占地面积14.9万平方米，建筑面积37318平方米，固定资产967.9万元，其中机械设备554.2万元，李东资金300万元。分制革、毛皮、皮件、机修、腌制5个车间。产品分革皮、毛皮和皮件三大类，140多个品种。制革产品主要有猪皮修面革、正面革、服装革、手套革、二层革、兰里革、猪底革、带子革、鞋面革等；毛皮产品有改良羊剪绒服装、领子、奶山羊染色裘服、兔皮服装等；皮件产品有各种男女皮夹克、皮钱夹、劳保手套、皮腰带、工业轮胎等。产品畅销全国各省市自治区，并远销美国、日本、英国、法国、加拿大、南斯拉夫、印尼、新加坡、马来西亚、缅甸等30多个国家和地区。

国营皮毛制革厂一直是全国制革行业的重点企业，研究成果众多。1970年，以铬鞣、醛铝鞣取代了沿用四五百年的硝面鞣制毛皮工艺，产品不怕潮湿，能抗75℃高温，不着虫，不冒硝，无臭味，质量上了一个大台阶。1978年7月，又研制成功了尿醛树脂合成鞣剂，取代了甲醛鞣制旧工艺，填补了省内空白。1980年，完成了轻工部下达的"绵羊皮大油板脱脂研究"重点科研项目。先后自制了超声波控制喷浆干燥机、绷板干燥机组、液压去油机、电子量革机、液压程控可倾斜螺旋转股、熨皮机等皮毛皮革生产专用设备，大大提高了机械化水平。同时，从联邦德国、意大利进口了具有国际先进水平的片皮机、干燥机、拉软机、打光机等16台设备。

国营皮毛制革厂，在辛集皮毛皮革业发展中起着承前启后、继往开来的龙头作用。首先，它保存和培养了一大批皮毛皮革技师，使辛集皮毛业后继有人，为重铸辛集皮毛业的辉煌发挥了重要作用。其次，在皮毛业传统手工业向现代化机械生产的转变起到了带头作用。再次是创造了一批名牌产品。1978年，在全国皮毛皮革产品质量评比中，绵羊皮、兔皮、狗皮3个品种名列全国一类产品第一名；1981年猪皮修面革被评为全国一类产品第二名。

(五) 十一届三中全会后的恢复和发展

十一届三中全会后（1978年到1991年），辛集皮毛业迎来了再造辉煌的机遇。特别是1982年，实行家庭承包责任制后，农村中分离出大批剩余劳动力，一批过去从事皮革业的农民重操就业，一些有皮革经营传统的乡村，相继办起了皮革厂、店，组建了统一购销、分户生产的皮革公司。到1983年年末，辛集皮革皮毛业有了一定程度的复苏。但由于长期受"左"的思想影响，不少人头脑中存在种种顾虑。针对这些问题，市委、市政府积极引导，并采取了一系列举措。一是国有、集体、联户、个体一起上，走四轮驱动的路子，要求乡乡、村村、户户上皮革，搞加工，全面开花。二是放宽政策，在人才流动、技术服务、贷款发放、企业登记、土地使用等方面同等对待。三是典型引路，大张旗鼓地宣传表彰皮革专业村以及率先致富的皮革专业户，带动全市发展。四是着力发展专业群体。辛集皮革业再次进入高速发展期，形成了一批皮革生产专业群体。

1991年年底，全市皮毛皮革业加工企业发展到2042个，其中乡办厂16个、村办厂

53个、联户办厂244个、个体办厂2104个。加工企业遍布全市10多个乡镇的160多个街村，产品有革皮、裘皮、革制品、毛毡制品、车马挽具5大类，200多个品种，1100多种规格，皮毛皮革业实现产值23329万元，占全市乡镇工业总产值的18.5%；利润2667万元，占全市乡镇工业总利润的25.14%。7家企业产值超过100万元，形成了20多个皮毛皮革生产专业村，形成了小规模、大群体的生产格局。

（六）皮革商业城和制衣工业区

1992年，为扩大产业优势，解决皮革业户家庭生产、分散经营、有市无场的问题，辛集市委、市政府按照"依托产业建市场，建好市场带产业"的发展思路，采取"政府启动、业户出资、统一建设、统一管理"的模式，规划建设突出皮革特色，集加工、贸易、信息、科研、娱乐、旅游于一体的"中国辛集皮革商业城"。中国辛集皮革商业城是"八五"期间建设的十大国家级初级市场之一。遵循国内贸易部提出的"立足北方，辐射全国"和"边建设，边开业，滚动发展，逐步繁荣"的方针，皮革商业城一年一期工程，当年建设，当年竣工，当年开业，当年见效。

为加快商业城建设，增强综合开发功能，辛集于1992年6月7日，成立了中国辛集皮革商业城建设指挥部。在指挥部一次会议上，市长边春友传达了市委常委扩大会议关于建设"中国辛集皮革商业城"的决定，并对建设皮革城的意义、可行性以及规划设想发表了重要意见。商业城建设指挥部先后由副市长于宝珊、刘存柱任总指挥。1993年3月6日召开了"中国辛集皮革商业城"建设誓师动员大会，皮革商业城全面开工。

1995年8月16日，中国辛集皮革商业城管理委员会成立。管委会主任至今先后由刘运铎、霍彦波、梁建词担任。商业城管委会本着"管而不死，活而不乱"的原则，实行"一业为主，放开经营"，业户不受专营专卖限制，可批零兼营、工贸合营、产供销配套经营，进行自由贸易。皮革商业城管委会"集中职能，封闭管理"，杜绝城内收费、检查、评比等现象发生，给企业创造良好的经营环境。同时，建立保安组织，规范市场经营秩序，保护经营者人身、财产安全以及各种合法权益。由于政策优惠、环境优越、效益显著，商业城的规模迅速壮大，日益繁荣。每年冬季皮货销售高峰期间，有商家1000多家，摊位1400多个，日成交额600万元，日客流量五六万人，来自国内十几个省市的购货汽车2000多辆，周日达到3500多辆。皮革商业城的建设和繁荣，不仅促进了全市皮毛皮革业的迅猛发展，还促进了金融、交通、商业、邮电、文化、教育、卫生、城市建设等相关行业的大发展，成为全市经济社会发展的助推器。

进入21世纪，随着生产规模的扩大和市场结构的调整，皮革商业城逐步由市场向工业区转变。2005年，报经国家发改委批准，将中国辛集皮革商业城设立为国家级开发区。同时，将皮革商业城管委会更名为"辛集皮革城制衣工业区管理委员会"。皮革商业城以及制衣工业区，现占地2417亩，建筑面积260万平方米，固定资产34亿元，进区企业489家。2010年生产皮革服装480万件，皮具3100万件，从业人员6.5万人。主要生产经营皮革服装、裘皮、手套等5大类1000多个品种。辛集皮革城已发展成为全国规模最大的皮装生产基地和交易中心，被河北省政府评为"十大专业市场"和"发展特色产业知名市场"，被农业部命名为"全国乡镇企业示范区"。

（七）规划建设制革工业区

随着商业城的建设和繁荣，辛集制革业也都得到了快速发展。到1996年，全市拥有制革企业近900家，分布在18个乡镇，20多个专业村，拥有转鼓2000余台，从业人员1.1万人，年产皮革3000万平方尺，产值3.5亿元。但是，这些制革企业规模小，生产分散，设备简陋，产品质量较差且不稳定，制革污染得不到有效治理。辛集市委、市政府从保护皮革产业和人民的切身利益出发，从提高皮革产品质量，实现规模化、集约化经营的角度出发，根据本市的自然地理特征和制革企业的分布情况，于1994年做出了建立制革工业区的决定。明确规定到1997年年底，全市所有制革企业一律进区生产。

1994年7月12日，市委书记连春友、市政协主席杨广达、市委副书记李敬臻、副市长刘计良和市皮革协会、土地局、工业局、城西办事处等部门主要领导，到试炮营村就建立制革区问题进行现场办公，解决实际问题。1994年下半年，试炮营制革工业区开始动工，并同时建设了治污设施。试炮营制革区于1998年10月通过了省环保部门组织的专家团验收，投入正式运行。试炮营制革工业区现占地318亩，总投资8000万元，拥有制革企业41家，年加工各类服装革、鞋面革400万张，年实现税收1100多万元。

1997年3月，经省环保局批准，建设了市制革工业区。同年，借助国家清理"十五小"的有利政策环境，组织环保等有关部门组成联合执法队，对全市制革企业进行清理整顿，关停了分布在乡村的全部制革企业，督促企业进入市制革工业区发展，同时依法取缔了区外所有制革企业。制革工业区成立管委会，负责区内规划、征地、水、电、路、热等服务设施的建设、供应、污水集中治理以及日常管理事务。管委会主任先后由谢平信、王占英、马新禄三位同志担任。制革区实行"统一规划、统一治污、统一供水电热、统一管理"的模式，保证了高起点规划，高标准建设，促进了企业发展。10余年来，市制革工业区规模不断扩大。现占地2200亩，建筑面积90万平方米，固定资产24亿元，进区企业90家。2010年生产革皮5000万羊皮标准张、毛革一体鞋500万双。主要生产牛皮沙发革、服装革、绵羊皮服装革、鞋面革、毛革一体革和皮革服装。辛集市制革区已发展成为全国规模最大、质量最优、品种最全、污染治理最好的制革基地。2000年被河北省评为"乡镇企业示范区"和"十大工业园区"，2002年被农业部评为国家级"乡镇企业科技园区"。

（八）建设绿色环保基地

在制革区建设过程中，辛集市始终把污染治理工作谋划在先，坚持园区与污水处理设施同时设计、同时施工、同时投入运行，从建设开始就严格控制在环保要求范围内。根据污水排放情况，先后配套建设了4座污水处理厂，总投资6800万元，污水处理能力达到4.5万吨/日。2000年，投资1.38亿元，在制革区内建设了日处理污水10万吨的城市污水处理厂，对制革区处理后的污水进行再处理，形成了配套、科学的企业、园区、城市三级治污体系，出水水质稳定，达到国家1级A排放标准。

为保证达到环保要求，制革区规定企业建厂时，要分别设置综合污水、铬液排放口，建设综合污水预沉池，实行综合污水、铬液分流排放。企业竣工投产前，必须经过环保部门组织的联合验收方可投入生产。对环保设施、环保制度、环保措施不符合要求的，一律不予接通供、排水管道，不允许开工生产。制革区污水处理厂实行企业化管理，成立了污水处理公司，独立核算、自负盈亏。制革企业严格按照排放权生产，按时向处理厂根据排放量缴纳污水处理费用。污水处理厂建有完备的化验室，配备了专职化验人员，安装了超声波、电磁流量计和COD在线监测仪，每天对污水处理厂的运行情况进行监测记录。成立了市环保局制革区分局，随时监测企业的污水排放数量、水质，每4小时监测一次污水处理厂的出水水质，发现问题，及时处理。

在加强治污的同时，为从源头上控制污染物排放量，东明牛皮制革公司采取了铬液、碱液循环使用技术，应用了超载转鼓，实现铬液、碱液零排放，减轻了污水中的污泥含量，每年节约用水50%、铬鞣剂43%、灰碱30%，成为我国制革行业环保建设的一个示范项目。制革区管委会在制革企业推行了无铬鞣制生产工艺，无铬鞣皮占到85%以上。制革区管委会还依托四川大学国家清洁生产实验室，实施国家清洁生产循环经济示范项目，将强制推广少灰浸灰、无氨脱灰等13项重大清洁生产工艺。届时，制革耗水比过去节约1/3以上，污泥比过去减少80%，铬液、碱液排放量减少70%，成为名副其实的"绿色皮革"。

（九）规划建设辛集国际皮革城

建设辛集国际皮革城是辛集市委、市政府发展产业集群、推动转型升级、做大做强皮革业的战略举措，是辛集市的"一号工程"，是2009年河北省重点项目，是2011河北省旅游业"十二五"重点项目。辛集国际皮革城总占地2100亩，总投资66.6亿元。其中到2014年年底，完成五个中心，占地1500亩，建筑面积136万平方米，投资46.6亿元。辛集国际皮革城由八大中心组成。

第一个中心是"皮革精品贸易中心"。皮革精品贸易中心一、二期总建筑面积36万平方米，投资12.6亿元。一层至三层主要经营中高档皮衣、裘皮、皮具等内销精品；四层设立餐饮和外贸产品展示专区，为雅宝璐、边贸口岸及俄罗斯、欧美等国家和地区的外商提供洽谈交易平台。一期工程已于2010年9月开业，入驻企业650家，国内外知名品牌130个。

第二个中心是"原辅材料交易中心"。原辅材料交易中心建筑面积26万平方米，投资8.8亿元。前部分为交易大厅，一层至三层以毛皮展示、交易为主，四层设皮毛拍卖行。后部分为多层单体式门店，设立毛皮、革皮、面料、辅料4个批发交易区。

第三个中心是"品牌产品制造中心"。品牌产品制造中心建筑面积36万平米，投资9亿元，可容纳108家名优企业入驻，主要生产引领潮流的皮衣、裘皮、尼克服、皮具等高端产品。

第四个中心是"营销策划研发设计中心"。由EOD企业总部和6栋写字楼组成，建筑面积14万平方米，投资6亿元，主要引进国内外知名企业总部、营销总部、创意机构、研发设计机构入驻。

第五个中心是"酒店商务中心"。酒店商务中心建筑面积24万平方米，投资9.6亿元，主要包括1座四星级酒店、1座五星级酒店和配套公寓等服务设施。

以上五个中心均已规划完成，预计2014年年底全部完工。

第六个中心是"国际会展中心"。选址在辛集国际皮革城对面，占地约160亩，预计建筑面积约20万平方米，投资在12亿元左右（其中包括一个皮革博物馆）。其主要目的一是定期举办辛集国际专业皮革展，二是集中常年展销辛集的外贸产品。

第七个中心是"国际物流配送中心"。规划占地240亩，投资6亿元，以便将来源于全国各地、世界各地的原材料拉回辛集，又将各类皮革产品发送到全国各地、世界各地，实现"买中国卖中国、买世界卖世界"的目标。恢复辛集在清末民初时皮革业在全国，乃至全世界集散地的地位，成为名副其实的"中国皮革皮衣之都"。

第八个中心是"生皮交易中心"。规划占地200亩，投资2亿元，主要经营未熟制的貂皮、狐狸皮、貉子皮、兔皮等各种精细皮及细杂皮，使辛集皮革业在国内外市场更具竞争力。

（十）辛集销售网络

为不断提高辛集皮革的影响力，辛集市积极组织企业走出去参观参展。1994年9月，市皮革协会组织50多个规模企业先后参加了在北京民族文化宫、北京展览馆举办的两次大型展销活动，还在北京、天津、辽宁等地举办了六次展销活动。自1995年起，每年连续组织企业到香港亚太皮革展、上海中国国际皮革展、广交会、北京服装服饰展参展，扩大辛集产品的知名度和影响力。同时，还组织企业参加美国拉斯维加斯皮革展、德国杜塞尔多夫皮革展、英国米兰时装展、土耳其皮革展等。

辛集市组织企业在国内外广泛设点经营，开拓市场。1994年，组织企业在天津市黄河道百货商场设立辛集皮货直销市场；1995年，组织40多家企业在北京崇文门花市大街开设了"辛集真皮服装专卖城"，又组织30多家猪皮服装企业考察俄罗斯市场，其中有17家企业在莫斯科兵营市场设立直销处。2000年，组织企业成功占领了莫斯科集装箱市场；2002年，组织西曼、物发、菁华、大众、佰立特、亿特亚等8家企业联合开发美国、加拿大等国际市场，从而使羊皮服装生产企业在欧美市场占有一席之地。

辛集市连续举办中国（辛集）皮革展会。自1993年以来，辛集已经连续成功举办了十九届中国（辛集）皮革博览会，在促进销售、拓展市场、扩大交流、加强合作等方面发挥了重要作用。历届展会，都组织企业开展产品展销和多项经贸交流宣传活动，既展示了企业风采，也签订了一批贸易合同和合作意向，增强了企业持续发展能力和产品市场占有率。辛集皮革展会已经成为宣传辛集和辛集皮革的重要窗口，极大地提高了当地皮革企业的知名度和影响力。

在国际市场方面，330家企业在俄罗斯及东欧直销，135家企业在绥芬河、黑河等口岸设立直销点。8家企业在美国、加拿大注册了营销公司，200多家企业的产品已打入欧美和东亚市场。出口国家和地区扩大到74个，逐渐形成了以俄罗斯市场为主体，欧盟、东亚、中亚等新兴市场逐步扩大，边贸市场为补充的市场销售格局。

在国内市场方面，制衣产品覆盖东北、华北、西北地区，占国内市场销售总额的35%。在北京、天津、哈尔滨、西安、成都、济南等30多个大中城市设立销售分公司、办事处、专卖店、加盟店等400多个，45家企业在雅宝路市场建立直销窗口。正泰、大众、梦泰泽、巴迈隆、洋帆、东明制衣等20多家企业，为国内外100多个知名品牌进行贴牌加工。辛集皮革业已经形成了以大中城市为重点，辐射周边区域的销售网络格局。

（十一）品牌建设

为保证皮革产业质量，扩大品牌知名度，辛集市始终坚持实施质量兴业、品牌兴业、科技兴业战略。1994年，辛集市参考国内外皮革产品标准，制定了《辛集市皮革制品企业标准》，要求企业按标准组织生产和检验。同时，在行业内开展创优评优活动，推出了市十大名牌产品，组织企业参加国内贸易部举办的"首届中国皮革商品博览会"，在会上辛集市2个产品获得十大名牌产品称号、15个产品被评为金奖产品、5个产品被评为银奖产品，通过这些活动增强了企业的品牌意识、宣传意识和竞争意识。自1995年以来，在全市推行和实施真皮标志和生态皮革，促进了企业的销售，提高了产品质量档次。

为加大科技投入，推进科技进步，先后投资2730万元组建了河北省皮革工程技术研究中心、中国皮革研究院河北分院、辛集皮革生产力促进中心，开展革皮、裘皮全部工艺试验研究，2010年研发投入总计在3亿元以上。东明、正泰、周氏世家、佰立特等11家皮革企业聘请国内外80多名专家担任技术顾问，在北京设立了"皮装设计工作室"。西曼、正泰、东明等30多家皮革企业与清华大学、北京服装学院、四川大学、陕西科技大学、山东轻院等开展重点技术课题研发合作，加快皮革业的技术创新，引进行业最新的研发成果，在皮革服装设计、革皮新品开发、人才培养、学生实习等方面开展广泛合作。现拥有各类公共服务平台16个，其中技术研发2个、公共测试平台2个、电子商务平台2个、产业服务平台6个，服务功能日臻完善。

由于大力实施质量、品牌、科技兴业战略，近年来，辛集皮革企业成功开发了尼克服、羊皮反穿、裘皮服装、服装面料四大类1000多个皮衣新品种，以及毛革一体、牛皮沙发革、汽车座垫革、羊皮鞋面革、水洗革、缩纹革、摔纹革等革皮新产品。辛集制革业达到国际先进水平，制衣业处于全国领先地位。巨龙皮机公司获国家知识产权局授权发明专利1项、实用新型专利12项。

辛集拥有3个"中国名牌"、1个"中国驰名商标"、8个"河北省名牌"、7个"河北省著名商标"、2个"河北省出口名牌"和5个"河北省优质产品"，皮革类国家和省级名牌拥有量在河北省位居首位；5个品牌革皮获准佩挂"中国真皮标志生态皮革"；36个品牌皮装获准佩挂"中国真皮标志"；31家企业通过ISO 9000质量管理体系认证。

（十二）优越的发展环境

建立了统一领导机制。完善了对园区实行集中职能，封闭管理，赋予管委会协调工商、税务、物价、公安、卫生、动检等部门分支机构的管理职能，未经管委会许可，任何部门和单位不得进区收费、检查、评比。1994年4月25日，市委、市政府正式批准成立辛集市皮革协会、辛集市皮革工业公司，实行两块牌子一套人马，为事业单位。会长先后由市政协主席杨广达，副市长刘计良、张书凯、王铁仁担任，秘书长先后由谢忠生、刘运铎、张国强兼任，副秘书长先后由张彦杰、许岷担任。2002年5月16日，成立了皮革业发展委员会，全权负责皮革行业的发展，统一制订行业发展规划，统一协调行业税费征管，统一负责重大项目建设。主任先后由副市长刘计良、张书凯、王铁仁兼任，常务副主任先后由刘运铎、张国强担任。

强化了部门服务措施。建立了行政"直通车"服务制度，市级领导、职能部门分包企业，及时协调解决项目建设、企业发展中遇到的问题。组建了皮革业服务中心，与市行政服务中心合署办公，34个具有审批职能的部门进驻，对项目审批实行"一门受理"、"一站式"审批、"一条龙"服务。成立了皮革协会、驻俄办事处和皮革商会，并设立了绥芬河分会和俄罗斯分会，在对外贸易、市场营销等方面提供全方位服务。石家庄海关、河北省出入境检验检疫局在辛集设立了办事机构，成为河北省唯一功能齐全的县级外贸口岸。

实施了倾斜支持政策。为加快项目建设，吸引国内外客商到辛集投资创业，在占地、用电、税费减免、设施配套等方面，制定出台了一系列优惠政策。主要包括对客商投资兴办符合条件的项目用地，保证在约定时间内办好有关征地手续，并发放土地证，特别是对投资规模大、收益率高的项目，一事一议，特事特办；对新建、扩建项目实行"一费制"，除上缴上级部分外，辛集市所有行政事业性收费，一次性按低限收取，重大项目可进一步减、免、缓，并对项目投产后的各项行政性收费，第一年免收，第二年减半征收，第三年低限征收。

中国皮具之都·花都狮岭

花都区狮岭镇是一个位于广州市北部的美丽城镇，目前镇域总面积160平方千米，辖25个村（居）委，建成区面积23平方千米，总人口超过30万人，其中户籍人口7.5万人。

优越的区位优势和四通八达的交通网络为狮岭发展提供了便利的条件。狮岭镇距广州市中心34千米，位于珠三角一小时经济圈范围内，距新白云国际机场、花都港均15千米，京珠高速、广清高速、107国道、京广铁路纵横交错，武广铁路穿镇而过，珠三角北二环、北三环高速公路与京珠高速、广清高速、机场高速密切相连，水、陆、空立体交通网络使狮岭通达世界各地。

皮革皮具产业是狮岭镇的特色经济、支柱产业、富民产业。近年来，狮岭镇紧紧抓住国际皮革皮具产业转移，国内皮革皮具产业集聚的战略机遇，以市场为导向，以开放为动力，以民营为主体，以专业市场和工业园区为载体，以创建区域品牌、提高自主创新能力为目标，实现了产业跨越式发展，在实践中成功走出一条市场培育引领，产业集聚带动，农民就地就业创业，政府有为引导，区域创新发展的富民强镇新路。

一 狮岭镇皮革皮具产业发展概况

皮革皮具是狮岭走向世界的一张烫金名片。自改革开放初期开始，吃苦耐劳、精明坚韧、敢为人先的狮岭人开始了艰苦的创业历程。

(一) 改造贫穷山村的渴望缔造了一段创业传奇

狮岭皮革皮具产业始于义山村。30年前，义山村还是一个群山环绕、地瘠人贫的穷山村。没有工厂，没有致富资源，没有像样的道路，祖祖辈辈过着面朝黄土背朝天的苦日子。然而，困难并没有压垮吃苦耐劳的义山人，改革开放的春风更是唤起了义山人发财致富、改造命运的渴望。第一家以手工裁缝为班底成立的生产车缝皮革提包的"手袋厂"就这样应运而生，从此拉开了狮岭人打造"中国皮具之都"的艰难历程。从"环球牌"火爆南方大厦、东山百货公司等几家大商场，"铁道游击队"活跃京广线，"手袋贩"省城练摊，到激活梓元岗皮具市场；从皮革商江湖"淘皮"、村领导冒险组织货源，到"皮革街"落户军田、狮岭（国际）皮革皮具城的成功建设；从皮革业的兴旺，到五金、饰品配件、印花、绣花、织带等行业的兴起；从产业的繁荣，到人才的集聚，培训市场、劳务市场的火爆……狮岭人用自己勤劳智慧的双手创造着一个又一个奇迹，缔造了一段又一段传奇。

(二) 产业的形成和逐步发展形成一方创业乐土

在20世纪90年代狮岭皮革皮具产业发展如火如荼的时候，正值全国性劳务大市场的形成和不断完善，狮岭也成了全国各地人才创业的乐土，凭借着吃苦耐劳、踏实肯干的精神和坚韧不拔的毅力，一大批外来人员在狮岭闯出了一片天地，从普通工人到工厂的管理人员，进而自己开办工厂，成长为著名的企业家，斐高箱包有限公司、极地背囊等这样成功的例子在狮岭不胜枚举，每一段创业史都可以编成一部传奇故事。同样被狮岭这块热土深深吸引的还有一批在法国、意大利等世界时尚潮流的圣地闯荡的海外游子，像刘若登、叶锡蛟等返回祖国创业，为狮岭皮革皮具产业的发展开辟了走向国际市场的道路。随之而来的是"梦特娇""登喜路""金利来""皇冠""保兰德""意尔康"等国内外知名品牌大量进驻、"斐高""天宝""托斯苟""毕斯曼""奥王""智多尼"等本地品牌不断成长，形成了本土品牌和国际品牌相互竞争、相互促进、相互兼容的格局，使狮岭成为了全国皮革皮具行业品牌最荟萃的地区。

(三) 产业集群日渐成熟，荣获"中国皮具之都"荣誉称号

近年来，在国家、省、市、区各级领导的大力支持下，狮岭皮革皮具产业不断发展壮大，成为花都区的四大支柱产业之一，也是花都区发展最早、产业链最为完善的支柱产业。目前，狮岭已经成为具有较高知名度、较大生产规模、较高生产水平、较完善产业配套能力的皮革皮具专业镇，聚集了7200多家皮具生产企业和17300多家经营性商户，从业人员超过30万人，每年创造200亿元产值，产品远销世界136个国家和地区，产品份额占广东市场的60%、全国市场的30%以上，皮具、皮革交易总量全国第一。十届全国人大常委、中国轻工业联合会陈士能会长盛赞狮岭皮具产业："世界皮具产业看中国 中国皮具产业看花都狮岭"，"狮岭皮具、后起之秀、后来居上、后劲十足"。2002年9月，狮岭镇被中国轻工业联合会和中国皮革协会联合授予"中国皮具之都·狮岭"荣誉称号。此后，狮岭镇皮革皮具产业集群相继被列入广东省产业集群升级示范区，荣获"中国品

牌标准示范镇""中国皮具名镇""中国专业市场示范镇""中国 RFID 产业联盟应用试点单位"、广东省首批"外贸转型升级专业型示范基地"和"广东皮具原辅料国际采购中心"等多项国家、省级荣誉称号。

二 产业集群特色鲜明，竞争优势日益增强

（一）皮具生产基地日益完善，生产实力雄厚

一直以来，狮岭镇紧紧依托中心镇建设，按照"突出优势，强化可持续发展，优化发展空间"的理念，编制了产业基地总体规划，明确功能分区，注重环境保护，优化资源配置，促进特色区域经济协调发展。坚持规划一片，建设一片，搞活一片的方针，加强基地的基础设施建设，完善了生产基地的水电、消防、道路、排水、绿化、电信等基础设施。先后规划建设了金狮工业区，岭南工业园，南方工业城，欧洲工业园，狮岭第一、第二工业区，芙蓉新庄工业区，芙蓉第一工业区，擎天高科技产业园八大工业园区。积极招商选资，吸引保兰德集团、意尔康等皮具及皮具相关生产企业落户进驻，集聚了梦特娇、威王、保兰德、蒙娜丽莎、天宝、极地、塞飞洛、毕斯曼等知名品牌，较好地凸显出特色鲜明的产业基地优势。仅 2011 年，工业园区新入驻企业 571 家，同比增长 21.49%。实现了大市场带动大商贸，大商贸促进大发展。

（二）专业市场成为产业发展的助推器

狮岭已经发展成为全国最大的皮革皮具原辅材料的交易集散地之一，拥有广州狮岭（国际）皮革皮具城、广州狮岭（全球）皮革五金龙头市场、岭南皮革五金市场、宝峰皮具材料城、喜龙—国际皮具材料采购中心、纳海饰博园 6 大皮革皮具原辅材料专业市场，总建筑面积超过 160 万平方米，人造革和合成革的年交易额超过 200 亿元。2012 年被广东省经信委授予"广东皮具原辅料国际采购中心"的荣誉称号，广东省皮革皮具方面仅狮岭一家。

6 大专业市场中，以狮岭（国际）皮革皮具城最具代表性，被认定为广州地区四大专业市场之一、广东省五大龙头专业市场之一和全国重点扶持培育的专业市场之一，总用地规模 820 亩，目前已建成五期工程，建筑面积达 80 万平方米，建有商铺 4200 多间，其中，第一、第二、经四、第五期主要经营皮革、五金等原辅材料，第三期主要经营皮具和缝制设备，城内配套有银行、客运车站、大型仓储配送广场、电子交易中心、电子结算中心、会展中心、大型电子屏幕、餐饮等设施，吸引了近 4000 多家批发商进驻经营，城内从业人员约 20 万人，每年交易额超 100 多亿元。针对成品市场的短板，打造皮具箱包产业总部经济基地，即将开工建设广州国际名店城、广东圣地集团海布商贸中心等专业市场。

（三）以节为媒，大力发展会展经济

以节办展，造势拓市。通过举办国际性的皮革皮具行业盛会——一年一度的中国（狮岭）皮革皮具节，为皮具生产商、配件商和经销商搭建了交易平台，同时也为企业搭建了展示、宣传产品的平台，实现了国内外市场的对接。每年吸引大概 15 万个各路采购商、生产商、供应商等参与，成就了无数日后交流、合作的空间与机会。皮革皮具节宣传、推介了狮岭皮革皮具，唱响了"狮岭制造"主弦律，提升了狮岭皮革皮具在国内外市场的知名度。每年的中国（狮岭）皮革皮具节已成为全球皮革皮具业的年度盛会，"狮

岭"已成为各国皮革皮具商的"世界语"。如今皮革皮具节已成功举办了十一届。以节为媒,提供贸易便利。帮助企业开拓海外市场,组团参加国际性展会,扩增国际市场占有率,如一年两次的广交会,亚太皮革展和意大利米兰国际皮具和箱包展等。

（四）加强品牌及技术创新建设,推进产业优化升级

近年来,狮岭镇在实践中走出了一条由集体—个体,数量—质量,区域品牌—国内外名牌的创新之路,形成了产品品牌、企业品牌、区域品牌交相辉映、相互助推的良好氛围。

狮岭镇通过搞活"一城"（皮革皮具城）、办好"一节"（皮革皮具节）、建立"一网"（中国皮具之都网）等,全方位、多角度宣传和推介狮岭,擦亮"中国皮具之都"区域品牌。

狮岭镇通过一系列措施积极推进企业自主品牌创建工作。积极引导企业规范经营,帮助申报各级著名商标和名牌产品。成立专门的品牌建设部门,通过电话咨询、上门服务等途径,在区工商局、区质监局的帮助下,帮助企业在商标注册、商标使用、商标运营维护等方面规范运营。截至目前,全镇共获得省名牌产品1个、省著名商标1件、市著名商标6件,6家企业准备申请"省、市著名商标",30家企业获得35张管理体系证书,成功注册了"狮岭皮具"集体商标,启动"一村一品牌"工程,注册了"百舸""合宝""群达"等村域集体皮具商标。

狮岭镇从技术、品牌培育、创意、人才培训、电子商务、交易结算和知识产权保护等方面为企业提供全方位的服务,搭建国家皮革制品质量监督检验中心、皮革皮具产业博士后科研工作站、中国（广州）皮革皮具产业TBT研究基地、国家教育部和广东省产学研结合示范基地的公共技术服务平台,创意一条街、皮具创意精英协会和中国皮具之都图书馆等创意设计平台和狮岭国际皮革皮具交易中心、狮岭国际结算中心和中国RFID产业联盟应用试点单位的现代化电子交易物流管理平台,提高企业自主创新能力和产业竞争力,促进狮岭产业转型升级。

（五）各类人才汇聚,成为产业人才聚集高地

建立和完善科学有效的行业人才梯队培育机制,积极培养优秀经营管理人才和中高级技工人才,包括科研、创意、设计、品牌营销、标准、外贸等方面专业人才。一方面,制定完善的人才引进政策,给优秀人才以创业就业的发展空间。同时,给狮岭本地的企业家以及现有的企业管理人员以各种专业培训,并鼓励他们开展在职深造,提升狮岭皮革皮具产业人才素质。另一方面,高度重视创意人才的培养和引进,以提升狮岭皮革皮具产业整体设计水平和创意水平。三是开展劳动力技能培训,培训生产一线的车位熟手、设计、出格等方面的人才。据不完全统计,狮岭镇出格培训学校每年招生2000人以上,各类专业培训机构每年为狮岭培训人数超过15000人。

（六）产业集群日趋完善,优势日益凸显

经过多年发展,狮岭皮革皮具产业现已逐步形成了自己独特的优势。

（1）市场培育充分。狮岭皮革皮具产业在企业数量、生产规模、产业集群的集聚方面都达到了一定的规模,在产业集聚度方面具有很强的典型性,具有较高的国际知名度。

（2）产业链较为完整。狮岭皮革皮具产业现拥有集皮具设计、生产、销售、运输、信息交流和检测认证等一系列完善的相配套的产业体系,包括皮具制造企业的上、中、下游企业以及配套的服务企业都在狮岭得以快速发展。

（3）原辅材料交易高度发达。6大原辅材料专业市场，涵盖了国内外生产真皮、人造革、皮革辅料和五金配件等品牌、种类齐全的众多商户，为皮具企业生产提供了短距离、快速配套的购买网络；企业能够做到在中午接订单，一至两小时内完成配料单，下午完成采购投入生产，如此强大的配套能力是其他同类产业区域无法与之相比的。

（4）区域品牌知名度高，影响力广泛。"中国皮具之都"和"狮岭制造"不仅在国内产生了巨大影响，而且在皮具业发展处在全球顶尖地位的法国、意大利、美国等欧美国家也有较高的知名度，每年都会吸引来大量采购商和品牌厂家进行商贸洽谈。

（5）生产基地与专业市场相互促进，协调发展。狮岭皮具产业将生产基地与专业市场紧密结合，使生产基地以更低的采购成本和制造成本、更快的产品制造和流转速度、更完整的原辅材料配套，促进生产企业不断做强做大，同时生产企业的发展也促进了专业市场的持续繁荣。

（6）政府扶持高效有力。狮岭皮革皮具产业得到了省区市各级政府的重视和支持，并作为花都区四大支柱产业之一进行重点扶持，这是狮岭皮革皮具产业高速发展的重要推动力。

（7）行业协会和业界的认同。通过连续成功举办十一届的中国（狮岭）皮革皮具节，使狮岭皮革皮具业的发展得到了国内外行业协会和业界人士的广泛认同。

（8）营造良好发展环境。坚持政府推动、社会参与，形成"三打两建"工作的强大合力，以全面整治出租屋等重点场所为突破口，进行拉网式清查，鼓励群众积极举报，加强市场监管各个环节的建章立制，进一步完善市场经济体系，健全长效管控机制，不断加强知识产权保护力度，规范市场管理秩序。

三 政府加强引导，多措并举，推动产业升级

在狮岭皮革皮具产业的发展过程中，镇党委政府的大力扶持和引导起到了关键的作用。狮岭镇党委政府已经把自己的命运同皮革皮具产业紧密联系在一起，共存共荣，在包括大阳、大运摩托以及电器科学研究院等企业和机构进驻狮岭的情况下，镇政府依然把皮革皮具产业放在第一的位置，事实也证明政府决策的正确性，皮革皮具产业成为了真正富民强镇的产业，成为区域经济的支柱。

在经历了产业的形成、发展、成熟阶段，面临转型升级的关键时期，政府的作用就更加突出。尤其是在国际金融危机的影响下，世界性的经济衰退对我国制造业产生了巨大的冲击，狮岭镇政府积极采取各种措施，就地实现产业提升，保证皮革皮具产业在危机过后依然在狮岭聚集，并取得更大发展。

（一）建立政府领导与企业的联系制度，做企业的"定海神针"

做好产业发展规划，把握产业发展方向，为企业树立发展信心，加大政府服务力度，全面推行镇领导挂钩企业制度，深入企业并及时为企业排忧解难。本着求真务实的精神为企业发展排忧解难，增强抵御风险能力。针对广东省的"双转移"战略，结合皮具产业的特点，制定"就地提升"战略。皮具是兼具消费和时尚价值的产品，不是夕阳产业，因此在发展策略上就是推动产业向更高层次演进，而不是一股脑地向外转移。

（二）搭建公共技术服务平台，成立镇科技办，做好技术支撑服务

搭建国家皮革制品质量监督检验中心、皮革皮具产业博士后科研工作站、中国（广州）皮革皮具产业 TBT 研究基地及教育部和广东省产学研结合示范基地的公共技术服务平台，为企业提供质量检测、科技创新、准入标准和产学研结合等几方面技术服务，并专门成立镇科技办，提供技术研发、技术信息、技术咨询和技术转让服务，指导企业实施各类科技计划项目和各类科研成果、新产品的申报、评审与鉴定。镇政府也从 2008 年开始加大科技投入，并逐年提升，2011 年镇政府的科技投入上升至 642 万元，同时全镇的专利申请数量也有了较大提升，据国家知识产权局网站已公开的专利统计数据显示，2010 年和 2011 年两年累计为 581 项（发明专利 16 项、实用新型专利 243 项、外观设计专利 322 项）。

（1）质量检测。积极引进外源，与广州市质量技术监督局合作，建立华南地区唯一的国家皮革制品质量监督检验中心（广州），为企业提供皮革制品质量检测、国际认证检验、验货检验、技术咨询和研发等相关服务。

（2）科技创新。聘请我国皮革行业工程院院士石碧教授等一批国内知名专家学者作为合作导师，指导在站博士开展新环保技术、高附加值原辅材料、新型化学品的开发。已完成环保博后课题《狮岭箱包产业环境污染问题的调研与治理》的研发工作，开发了两种以环境友好的胶原纤维为基础材料的新型催化剂材料，已发表学术论文 20 篇，其中 SCI、EI 收录 3 篇，得到国家环保部领导的高度认可。

（3）产学研结合。着重加强与四川大学、陕西科技大学、山东轻工业学院、华南理工大学、清华大学服装学院等专业高校的合作，将专业高校的智力资源引进产业内部。开展《生物过滤方法去除合成革厂 VOCs 的技术研究与开发》和《新型皮具用 EVA-g-PU/OMMT/SBR 复合材料的研究及应用》等 6 项科技成果的研发和产业化工作，申请发明专利 8 件，已授权国家发明专利 5 件，发表论文 10 篇。与四川大学合作的产学研项目"皮革皮具研究与应用技术平台建设"，获 2011 年度中国轻工业联合会科技进步二等奖。

（4）准入标准。国内：作为全国皮革工业标准化技术委员会箱包分技术委员会副秘书长单位，鼓励和引导骨干企业参与皮革皮具国家标准和行业标准的制定。已参与和制定了国家环保部标准 2 项、轻工行业标准 10 项、市地方技术规范 1 项。国外：为企业进行通报预警，法规解答和质量问询 20 余次，开展法规专项培训 1 次，开展国外通报评议 2 次，《欧盟市场准入指南》等专项研究 2 项，以帮助指导企业如何运用标准组织生产，用标准控制质量，用标准维护权利。

（三）大力发展创意产业

通过创意一条街、皮具创意精英协会和中国皮具之都图书馆等创意设计平台，开展皮具创意设计、创意产品展示、创意人才培训和创意信息咨询等方面的综合服务，挖掘箱包的设计文化和创意内涵，并且不定期地开展"狮岭皮具设计原创作品秀""流行趋势发布会""新品发布会""箱包设计大赛"等相关活动，促进设计师创意交流，提升箱包的自主创新能力。

（四）加强人才培训，提升专业人才资源素质

狮岭镇与高校、国内外专业技术机构和政府职能部门保持联系，多次邀请各方面的专家开展各类培训工作。与 ARS ARPEL 集团合作，至今已开展六期"意大利 ARS ARPEL

集团广州狮岭箱包设计师培训班"，已为狮岭企业免费培训300多名骨干企业设计师，以提升狮岭皮革皮具产业整体设计水平和创意水平。同时不定期地开展"品牌之路培训班"、企业品牌营销培训班、皮业总裁培训班、标准法规培训班、知识产权培训等系列培训，培训超过1000人次。

（五）拓宽交易渠道，加快电子商务和电子交易平台建设

在帮助企业通过世界各大会展接单的同时，积极拓展电子商务和电子交易等虚拟市场，拓宽交易渠道。目前狮岭已有上千家企业通过阿里巴巴网、淘宝网、中国皮具之都网、企业官方网站等渠道在网上展示商品，实现在线支付和在线交易功能，新兴的麦包包、亮包包、麦考林、梦芭莎、凡客诚品、京东商城等大型电子商务平台和北京的优购物、湖南的快乐购等20多家电视购物台等都与狮岭的企业有合作关系。电子交易：狮岭国际皮革皮具电子交易中心是集交易、信息、融资等多功能为一体的平台。目前已投资2000万元搭建电子交易平台，计划对狮岭（国际）皮革城内4000多家皮革皮具原辅材料进行电子交易，搭建电子商贸平台。该平台目前正处于试运行调试阶段。

（六）提供投融资便利，扶持企业开拓市场。

针对当前中小企业抗风险能力弱、融资难等实际，在搭建银企平台，鼓励银行放水养鱼、输血救命的基础上，与花都万穗小额贷款公司签订战略合作协议；以工商联为依托，成立了狮丰投资公司。同时，狮岭村镇银行、工行"狮岭皮贸通"，为广大狮岭中小企业的融资提供了巨大的便利。

（七）加强知识产权保护和行业整治力度，规范市场环境

专门成立了广东省保护知识产权协会皮革皮具专业委员会、花都区皮革皮具知识产权保护协会、狮岭皮具产业法律服务中心和镇整规打假办，出台《狮岭镇开展打击皮革皮具商标侵权行为专项行动方案》等文件，加大司法打击力度，保持严打高压态势，不断加强知识产权保护力度，规范市场管理秩序。

（八）加快成品市场筹建

积极推进广州国际名店城首期成品市场建设和总建筑面积70万平方米的圣地集团成品交易市场"海布圣地城"，承接和引进珠江三角洲皮具成品市场的转移，补足狮岭成品市场的短板，进一步完善和壮大狮岭皮革皮具产业链，努力打造名副其实的中国皮具商贸之都。

（九）大力开展品牌建设工程，引导企业创品牌、创名牌，提升区域品牌价值

采取各种措施，引进国际和国内的各大皮具品牌的总部落户狮岭，鼓励带动狮岭本地皮具企业创品牌，有意识、有目的地引导狮岭镇皮革皮具企业增强品牌意识，注重有形资产和无形资产的双重积累，以专利技术和优质产品为支撑，加快从无牌和贴牌加工向自主品牌生产再到知名品牌创建的转变。引导已经获得知名品牌的皮革皮具企业加强品牌的宣传和推广，向知名品牌要效益，要市场份额。通过举办中国（狮岭）皮革皮具节这个大型展示平台，推广"狮岭品牌"区域品牌，同时在国内外大型展会展现狮岭各大品牌，如广交会、亚太皮革展等，进一步推进狮岭皮革皮具的区域品牌创建工作。

四 展望：坚定信心，稳步发展

皮革皮具产品兼具消费与时尚的特征，因此皮革皮具产业既属于传统产业，又是朝阳

产业，是一个投资少、生产周期短、市场持久，是一个既传统又常新，十分有发展潜力的行业。皮革皮具产业是狮岭的主导产业，近些年来，取得了飞速的发展，实现了富民强镇。随着产业集群的不断演进，狮岭皮革皮具产业正面临转型升级的关口，狮岭镇政府在各级政府的支持下、在各级协会的协助下，积极采取多项措施，推动产业升级。

今后，狮岭镇将抢抓机遇，围绕"转型升级"的中长期发展战略，以完善基础设施建设为保障、以延伸产业链条为抓手、以品牌与创意为核心、以电子商务和物联网为引擎、以培养和积蓄专业人才为助力、以加强和创新社会管理为后盾，在不断夯实产业发展根基的基础上，完善高端产业链条，搭建创新服务平台，加快产业提升发展的步伐，以实现"中国皮具之都"向时尚创意之都、品牌之都的转变。

中国皮草名镇·崇福[①]

桐乡市崇福镇位于浙江省东北部，是长江三角洲地区杭嘉湖平原的腹心地带，沪杭高速、320国道和京杭大运河横贯全境，是一个具有1100多年建镇史的江南历史文化名镇。改革开放以来，崇福的经济建设和社会各项事业迅猛发展，特别是皮草产业，已发展成为崇福的一大特色支柱产业。

崇福皮草，历史悠久，据史料记载，早在南宋时期，就产生了把羊皮加工成衣料的手工业。1841年，出现了家庭硝皮作坊。新中国成立后，皮草生产的传统工艺被继承下来并不断发扬光大。在2000年以后得到迅速发展，初步实现了从简单的家庭作坊式操作向规模化、产业化、专业化的重大跨越，基本形成了以小型企业为基础、规模企业为骨干、亿元企业为龙头、以皮毛市场为导向的皮草生产、加工集散中心。

2005年9月，崇福镇被中国轻工业联合会和中国皮革协会授于"中国皮草名镇·崇福"荣誉称号，成为浙江省继温州"中国鞋都"、海宁"中国皮革之都"后的第三个皮革行业特色区域。六年来，崇福皮草业得到了快速发展，不仅扩大了产业规模，提升了产业集聚层次，而且加快了市场建设步伐和品牌战略，促进了可持续发展，真正实现了崇福皮草产业新的飞跃。

[①] 2012年4月，通过中国轻工业联合会和中国皮革协会的复评后，"中国皮草名镇·崇福"调整为"中国皮草名城·崇福"。

一 崇福皮草产业发展现状

(一) 工业总量持续增长

2011年，崇福全镇共拥有皮草企业1552余家，其中亿元企业6家，规模以上企业27家，拥有个私经营户2000余户，从业人员2万人，形成了一个以亿元企业为龙头、规模企业为骨干、小型企业为基础的产业集群。崇福皮草工业总产值从2005年的38.87亿元增至2011年的114.83亿元，提高了195.42%。占全镇全年工业总产值的41.6%，已成为崇福镇的支柱产业和桐乡市的重点特色块状经济。

(二) 品牌创建方兴未艾

崇福皮草行业发展至今已形成一批知名的自主品牌，拥有银杉、依奴伽、金鑫、雪雄等多个知名品牌，享誉国内外。崇福皮草行业已拥有注册商标100多件，其中中国驰名商标2件、中国名牌产品企业2家、中国真皮标志裘皮衣王企业2家、中国名牌2个、中国真皮标志裘皮名装1家、中国真皮标志佩挂企业9家、毛皮协会集体商标1个。由桐乡市银杉皮草有限公司、浙江中辉皮草有限公司、桐乡市鑫诺皮草有限公司、桐乡市仙丝娜毛皮服饰有限公司、嘉兴市皮毛和制鞋工业研究所、中国皮革和制鞋工业研究院、桐乡市浙豪裘革服饰有限公司、桐乡市中天皮草有限公司、浙江雪球皮草制品有限公司参与制定了《貂子毛皮》《毛皮验收、标志、包装、运输和贮存》《毛皮缺陷的测量和计算》《毛皮物理和机械试验试样的准备和调节》《毛皮化学、物理和机械、色牢度试验取样部位》《毛皮物理和机械试验收缩温度的测定》《毛皮化学试验样品的准备》《毛皮化学试验挥发物的测定》《毛皮化学试验总灰分的测定》《毛皮化学试验氧化铬的测定》《毛皮化学试验四氯化碳萃取物的测定》《毛革》《毛皮服装》《毛革服装》《毛皮围巾、毛皮披肩》《毛皮领子》《三北羔皮》《滩二毛皮、滩羔皮》18个行业标准，"企业创、政府帮、协会推"的联动创牌机制已初步形成。

(三) 市场建设成效显著

崇福皮毛市场经过近11年的发展，已成为国内较大的毛皮集散地和具有较强特色的工贸型专业市场。2010年7月12日，皮毛市场第二交易区开业，市场占地面积8.6万平方米，共有商铺910间，出租率达100%。主要经销兔皮、湖羊皮、狐狸皮、水貂皮、貂子皮、毛皮毯子等原皮及辅料，2011年成交各类原皮2689.5万张，销售额32.1亿元，是浙江省区域性重点市场、浙江省三星级市场。崇福皮草大世界于2006年年初竣工开业，是一个现代化的裘皮服装、服饰制品批发零售及旅游购物的专业商城，其建筑风格具有香港时代广场和置地广场的格局特点，并伴有大中厅围廊式组合，建筑面积达45873平方米，有专业经营裘皮服装服饰、毛皮制品、皮具箱包类商铺646间。2011年，崇福皮草大世界成交额达34.18亿元，2009年被桐乡市旅游局评为优秀景区，2010年被浙江省旅游标准化评审委员会评为四星级旅游商品购物市场，2008年、2009年、2010年连续三年被桐乡市委平安办和市经贸局命名为"平安市场"，2011年1月15日被全球中小企业联盟GASME授牌为"全球皮草贸易基地"。

(四) 形成合力集聚发展

崇福毛皮工业园区紧邻毛皮市场，占地面积250亩，雪球、中天、浦氏、金狐狸等规模以上的毛皮企业全部入驻园区，其他企业以此为中心，呈星罗状向四周蔓延，体现了较强的产业集聚效应。随着园区基础设施建设步伐的加快、综合功能的增强、产业层次的提升，具备一定实力的小型毛皮企业向园区聚集，提高了产品加工能力，加速了崇福皮草产业的整体发展。

（五）政府支持搭建平台

崇福皮草产业的发展离不开政府的支持。2006年6月，桐乡市崇福毛皮市场管理委员会成立。作为桐乡市政府的派出机构，管委会主要行使市场和毛皮产业园区的规划、建设、管理、协调、监督等职能，同时加强对毛皮行业中介组织的指导和服务。管委会以"提升产业、领引市场"为宗旨，按照市场与产业互动、以产业发展巩固市场、以市场建设促产业发展的思路，整合力量，规范管理，提升拓展，做大做强毛皮产业。在政府的组织、市场的积极配合及企业的参与下，从2005年成功举办首届皮草博览会以来，又成功举办了2006年、2008年、2009年、2011年博览会及多次服装服饰订货会。博览会的成功举办，不仅为企业发展搭建了有效平台，同时打响了崇福皮草的区域品牌，提升了在国内乃至世界的知名度和影响力。由管委会主办的《中国皮草报》和"皮草·中国"行业网站自2007年8月创办以来，有效地发挥了对外宣传、信息发布、服务企业等作用，得到了广泛好评。为更好地开展技术创新和为中小企业搭建公共技术服务平台，嘉兴市皮毛和制鞋工业研究所、皮毛检测中心相继挂牌成立。为适应产业发展需求，改变长期以来皮草、皮革类服饰在设计、研发等方面的相对滞后的局面，2010年年初，由管委会牵头成立了崇福皮草创意中心。平台的建设，必将推动崇福镇皮毛特色产业健康、科学的发展。

二 崇福皮草产业的发展经验

（一）加强环境保护，实现可持续发展

近年来，崇福镇全面落实科学发展观，以政策扶持、深度治理、技术改造为重点，引导皮草企业走绿色环保发展之路。首先，政府出台了一系列鼓励企业调整产品结构和经营方式的政策，加大了对投资环保设备的扶持力度，引导产业向高效、环保、节能方向发展。其次，对皮草企业的污水排放标准做了明确限定，一些不规范的小企业已经被取缔，全镇规模以上皮草企业均建有较完善的污水处理设施，实现了污水入网处理全覆盖。在政府走环境友好型社会之路时，企业也积极寻求环境与经济利益双赢。例如，中辉皮草提出并实施"年产300万张毛皮主要工序废水循环使用集成技术应用示范"项目，投入了先进的清洁生产和节水的新型毛皮加工设备，建设铬鞣预处理系统、浸酸液回用系统、综合污水处理系统改造、深度处理系统等。该项目被工信部、财政部确定为2011年度清洁生产示范项目，这也是2011年度皮革行业唯一一个国家级清洁生产应用示范项目。目前，全镇已有中辉、金鑫两家企业通过了国家环保部的环保核查，被列为符合环保规定的制革（硝染）企业。

（二）强化基础设施建设，搭建好产业发展的集聚平台

崇福皮草行业集群的公共服务体系建设，以"聚才、创新、奉献"为理念，集成社会资源，整合优势。一是通过搭建嘉兴市皮毛和制鞋工业研究所、崇福皮草创意中心、电子商务平台等多层次的公共服务平台建设，提高了区域经济竞争力，为完善产业集群的公共服务起到了带动、示范和借鉴作用。如嘉兴市皮毛和制鞋工业研究所现有实验室、办公室用房共1000平方米，国家一级恒温恒湿实验室70平方米，检测科研设备80余台，设

备设施总投入500余万元。该研究所目前已获得认可、认证检测能力148项，检测项目覆盖了毛皮、皮革、皮鞋生产加工过程中所涉及的原料、成品等，为企业搭建了一个集检测、研究、信息、评定等功能于一体的，具有开放性、共享性、服务性的联盟式公共检测技术服务平台。二是引进大院名校，深化产学研合作。与四川大学、陕西科技大学等多家高校合作，为行业发展提供理论、技术指导；与中国皮革和制鞋工业研究院合作，设立两个国家级检验中心——国家皮革制品质量监督检验中心桐乡所和国家鞋类质量监督检验桐乡所。

（三）提升产业档次，强化品牌意识

近年来，崇福镇积极联合工商部门做好商标管理宣传、服务工作，在规范经营中积极引导企业实施商标品牌战略，全方位、多角度帮助企业提升市场竞争力。一是广泛开展鼓励企业"品牌兴业"活动，利用各种会议加大推动力度，从思想上增强企业自主品牌意识。二是工商部门上门服务，全程帮助和指导企业做好商标的设计、注册等各项工作，给企业创牌提供方便。三是采用"请进来、走出去"等方式，大力宣传崇福皮草行业品牌基地建设情况。成功举办过的皮草博览会，展会规模一届比一届大，参会人员一年比一年多，影响力一届比一届强，已经成为全国皮草行业的一个知名的行业展会。

通过多渠道宣传，增强企业创牌意识，引导企业自主创新，踊跃开展商标注册活动，打造企业自身的品牌和崇福皮草的品牌。目前，崇福皮草行业已拥有注册商标100多件，其中中国驰名商标2件、中国名牌产品企业2家、中国真皮标志裘皮衣王企业2家、中国名牌2个、中国真皮标志裘皮名装1家、中国真皮标志佩挂企业9家、皮毛协会集体商标1个。

（四）加大扶持力度，夯实企业发展后劲

围绕如何"做大、做强、做优"皮毛产业，加强考察培训力度，重视科技创新，鼓励规模企业建立产品开发研究中心，引进外地甚至国外先进皮毛加工企业并与之合资。同时，建立起皮毛特色产业科技进步特殊鼓励政策，大规模引进技术和专业技术人员。2011年4月桐乡市委、市政府出台了《关于推进2011年全市经济转型升级创新发展的若干政策意见》，建立了行业扶持政策体系，从资金、项目、审批等方面强化对产业结构调整升级的导向，推动经济从要素驱动的粗放型经济向创新驱动的集约型经济转变。为进一步贯彻落实市政府转型升级的文件精神，努力争创发展优势，6月崇福镇政府、崇福经济区管委会联合出台了《关于推进全镇经济转型升级创新发展的若干政策意见》，扶持崇福皮草行业持续、健康发展。

（五）制订产业发展规划，完善行业组织

2011年年初，从崇福皮毛产业的实际出发，充分考虑现有资源和市场需求等综合因素，从整体和长远发展考虑，强化规划的科学性、指导性和可行性，充分借鉴其他地区的先进做法，聘请专业人士制订了《崇福镇皮草产业五年（2011—2015年）发展规划》（征求意见稿），统筹兼顾，形成了稳步、科学、有序的发展思路。

进一步发挥好皮毛行业协会的作用，通过中介组织的作用，实现同行联合、同行合议、同行自律，规范市场整个秩序，加强与政府部门的沟通和与国际皮毛同行的合作交流，在整个皮毛业形成守法、诚信、公平的竞争氛围，带动皮毛产业整体健康有序发展，从而不断提高企业在国内的知名度和信誉度。

三 崇福皮草产业未来发展战略

下阶段，随着全球经济一体化进程的加速，皮草服饰的流行变换节奏日趋加快，国内外皮草行业的竞争压力越来越大。崇福将紧紧围绕"建设中国皮草行业设计研发的高地，生产出口的基地和展示展览的中心"的总体目标，着重做好以下几方面的工作。

（一）发挥政府职能，优化发展环境

一是规划建设崇福皮草产业园区。根据市委、市政府大力发展产业园区、实施工业强市的战略要求，充分发挥崇福镇原料、品牌、技术、市场等优势，加速形成产业聚集。计划建成面积 1000 亩的崇福皮草产业园区，淘汰落后产能，加快产业转型升级。

二是为企业提供人力资源和技术创新保障。充分利用毗邻上海、杭州的区位优势，全面展开与沪杭的人才合作，以项目方式引进掌握核心技术、具有持续研发能力、能够实施重要项目的科研人才。加强皮草创意中心建设，为企业产品开发、技术创新提供技术和智力支撑。

三是为企业提供高效金融服务。积极联系相关金融机构，做好银企对接工作，确保企业创新发展的资金需求，降低企业的经营风险，帮助中小企业发展自己的核心竞争力。

（二）拓展国内外市场，优化营销渠道

拓展国内外市场，扩建和优化营销渠道对产业集群竞争力的提升尤为关键。一是通过政策带动，鼓励企业到异地设立门市部和鼓励企业开设品牌专卖店，引导企业在外抱团发展。二是建立市场营销网络。通过电子商务平台，引导企业进一步加强产品和营销模式创新，加大营销网络建设力度，积极扩大市场覆盖面和占有率。鼓励企业加强合作，依托商会、行业协会等抱团竞争、共拓市场。着力改版"皮草·中国"网站，提高网站知名度。

（三）发挥中介作用，加强行业自律

毛皮协会要适时为集群提供包括市场行情咨询、行业经济运行、展览与国际交流、专业技能培训、课题研究和信息发布等各项服务。同时充分发挥调解、协调、沟通的中介作用，尽量避免地区内同行企业争夺客源、压价竞争的不良现象。协会要经常与国内外有关标准化咨询、认证机构合作，推动企业贯彻 ISO 9000、ISO 14000 等国际通行的质量、环境、安全标准，帮助企业跨越贸易壁垒，打造国际竞争优势。

我们将重点在发展理念、创新能力、市场开拓能力、品牌竞争优势等方面予以帮扶，实现皮草加工贸易由一般加工向高端制造转变、由产品竞争向品牌竞争转变，计划到 2013 年崇福镇皮草行业产值超过 150 亿元，亿元规模企业超过 15 家，出口年增长 20%。真正成为全国最大的裘皮加工基地、裘皮服装交易中心，以及国内外知名的"皮草时尚之都"崇福皮草产业经过多年的蓬勃发展已具有很强的适应性和生命力，现阶段正处在一个力争上游谋发展的关键时期。面对当前出口退税下调、国际贸易保护主义升级、人民币升值、劳动力成本上升等一系列压力和挑战及工业化、全球化发展的大趋势，崇福要充分认识当前形势，要在困境中求生存，在压力中求提升。崇福有信心、有决心通过实施品牌、科技、环保、竞争合作、制度创新等战略来提高市场竞争力，进一步扩大国际国内知名度和影响力，通过打造中国皮草名镇，奏响"皮草时尚，崇福领航"的主旋律，真正实现崇福皮草产业又好又快发展。

中国裘皮之都·肃宁

肃宁县隶属河北省沧州市，地处北京、天津、石家庄三大城市和沧州、保定、衡水三个地级市的中心位置，距京、津、石170千米左右，距沧、保、衡各不足100千米，东距黄骅大港150千米。境内公路四通八达，京九、朔黄两条铁路交叉过境并分别设站，大广（大庆—广州）高速和保沧高速均过境肃宁，使肃宁成为中国北方一个十分重要的交通枢纽站。

毛皮产业是肃宁的特色主导产业，先后被国家标准委确定为"国家级标准化特种动物养殖示范区"，被河北省政府认定为"省级裘皮服装加工出口基地"。2005年10月，被中国轻工业联合会、中国皮革协会正式授予"中国裘皮之都·肃宁"称号。2010年5月，中国·尚村国际皮草交易会被中国市场学会商品批发市场发展委员会评为全国十大影响力博览会，2011年9月，河北省旅游局确定肃宁裘都商城为国家3A级旅游景区。

毛皮业在肃宁县域经济发展中占有举足轻重的地位，是肃宁县的传统产业和特色产业，产业链条完整，已形成了珍稀毛皮动物养殖、市场集散、原皮硝染、裘皮服装加工、研发设计、出口贸易的龙型产业格局，而且随着皮毛主业的发展，又衍生出了辅料、丝线、纽扣加工购销、饲料加工等相关辅助配套产业。

2011年全县毛皮业完成产值81.2亿元，实现税收10400万元，占全县税收总额的8%，出口创汇16000万美元，毛皮动物养殖量达到346万只。

一 毛皮产业发展历史、现状及特点

（一）发展历史

肃宁毛皮业起源于明末清初，作为农民糊口的手段，一些手工作坊制作出鞭头、鞭梢、车马挽具四处销售，逐渐形成了历代沿袭的传统工艺和购销渠道。购销范围涉及河北、山东、内蒙古、东北三省等地。

改革开放以后，肃宁毛皮业迅速发展，大致经历了三个阶段。第一阶段是20世纪80年代的"原皮购销阶段"，经销品种由牛、羊、猪等粗皮拓展到貂、狐、貉、兔等细皮，毛皮交易市场规模逐渐扩大，辐射范围由国内拓展到国外，成为华北重要的毛皮集散地。第二阶段为90年代前半期的"市场流通+初加工"阶段，这一时期全县相继出现皮革加工企业80多家，其中规模企业12家。当时也出现了一部分制裘企业。但由于产业产品结构单一，无论是与河北的辛集、留史，还是浙江的海宁等以制革为主的毛皮集中地相比，基本无优势可言。为此，肃宁县委、县政府进行了认真调查和科学论证，认为肃宁毛皮业要实现跨跃式发展，就必须选准自己的优势，搞好产业定位、产品定位，走自己的特色路，打自己的特色牌，在国际国内大的经济发展环境中审视和确定产业发展的机遇所在，并立足肃宁从事国际毛皮生意人员多、尚村是毛皮集散地等特有优势，扬长避短，提出了以发展裘皮产业为重点的创业目标。第三个发展阶为90年代后期的"市场流通+裘皮加工"阶段。经过几年的调整、发展及龙头企业和市场的带动，实现了"两个转变"：产业由制革向制裘转变，产品由半成品向成品转变。裘皮业现已成为肃宁有别于其他毛皮加工地的新发优势和最大亮点。

（二）现状及特点

目前，肃宁毛皮业已形成了珍稀毛皮动物养殖、市场集散、原皮鞣制染色、裘皮加工、制衣制件、出口贸易一条完整的产业链，成为全国的裘皮原料交易中心、裘皮产品生产中心、裘皮服装贸易中心、裘皮产品研发中心、裘皮产业信息中心和裘皮产品质检中心，并呈现出以下几个特点。

1. 毛皮动物标准化养殖规模不断壮大

为深入推广毛皮动物标准养殖，提高养殖水平和效益，2003年肃宁县畜牧局、质量技术监督局联合制定了《狐狸饲养管理技术》等养殖标准，并被沧州市定为地方标准。2005年6月又制定了《貉饲养管理技术》《貂饲养管理技术》等养殖标准，并通过河北省组织的专家论证会讨论通过，确定为省级养殖标准，并由省质监局在全省推广。《貉饲养管理技术》、《貂饲养管理技术》两个养殖标准，对场区建设、饲料配比、饲养管理、疫病防治等都做了明确规定，填补了国家空白。截至目前，全县建有12个改良站，40多个畜牧兽医诊疗点，负责常见病诊疗、饲养技术咨询和疫病预防。为普及养殖知识，多次聘请专家和技术人员深入到乡、村、农户，举办养殖管理技术讲座，进行现场指导。建立了两个民间养殖技术协会组织，在各村建立了养殖分会，全县60%以上的养殖户已成为协会会员。目前，全县有年出栏千只以上的毛皮动物养殖场

22家，其中年出栏万只以上的较大规模养殖场13家，养殖专业村达到了38个，2011年出栏貂、狐、貉、獭兔等珍稀毛皮动物346万只。全县规模养殖场都建设了自己的标准化屠宰室，在重点养殖区域建设了12个标准化屠宰点和84支屠宰服务队，对从事屠宰的人员全部进行了专业培训，在全县推广了电击或药物注射等标准化屠宰方法屠宰。初步建立了县、乡、村、场和民间组织相结合的监管体系，建立了由畜牧、林业、技术监督等部门人员组成的毛皮动物标准化屠宰执法队，乡镇成立了标准化屠宰监管队，强化监督检查，确保所有动物都按标准进行规范屠宰和取皮。目前全县所有的养殖场、户都全面采用了标准规定的规范屠宰方式。

2. 活体交易市场进一步规范

为了实现活体交易市场的规范可持续发展，保障珍稀毛皮动物的人性化屠宰，肃宁县建设了活体交易市场。该市场位于原皮市场东侧，占地148亩，总投资1500万元，建设有屠宰、电击等标准车间。该市场与原皮交易市场、成衣市场一起构成集活体交易、原皮交易、半成品及成衣交易于一体的大型综合毛皮交易市场，进一步巩固了肃宁中国裘皮之都的地位。

3. 裘皮原料集散中心地位更加巩固

尚村原皮交易市场占地187亩，建筑面积计划11万平方米，总投资1.25亿元，建有商住楼328余套，市场内露天交易场所占地4万平方米，5个露天交易大棚共4500平方米，已建成商铺328间，入驻率达100%。毛皮交易市场作为全国最大的裘皮集散地，是目前国内规模最大、现代化水平最高的裘皮服装原料交易市场。毛皮市场交易分两种情况：一是市场露天交易，此种交易以集市为主，10天6个集市，每逢农历的1日、2日、4日、6日、7日、9日为交易日，交易品种以貂、貉、狐狸、獭兔、黄狼等珍稀动物皮张为主，全年成交皮张10000万张以上，裘皮年交易量占全国的70%以上。獭兔皮交易量占全国交易量90%以上。二是市场门店交易，此类交易全天候进行，入住商户来自香港、深圳、东北、广东及河北等地，以裘皮原料的购销为主，一般都有固定的客户群。为了适应行业的发展需要，在现有毛皮市场基础上，2012年投资3.5亿元，建设占地11万平方米的原皮市场东扩项目，进一步提升市场功能，扩大原皮及半成品交易品种及交易规模，力争在"十二五"末市场交易额突破150亿元。2011年市场实现交易额120亿元。除了日常交易外，市场还具有信息服务、物流配送、银信服务、法律援助等功能，此外，市场还设有市场管理委员会（该单位隶属于县毛皮管委会），下设治安办和物业公司等机构，为客户提供了优质的服务，为了扩大市场规模，占地160亩的市场东扩项目正在施工。

4. 鞣制染色行业发展逐步规范

为了促进该行业的健康有序发展，肃宁县规划建设了鞣制染色园区，该园区位于小白河东侧，规划占地面积400亩，规模鞣制企业22家。鞣制行业的健康发展，促进了整个毛皮产业链的完整，同时也为原皮交易和成衣加工提供了可靠保障。

5. 裘皮产品加工中心基本形成

只有形成自己的裘皮服装加工基地，才能带动成衣市场的长期繁荣。目前，全县共有毛皮规模加工企业1202家，其中年产值超千万元的105家，拥有华斯、天龙、库氏、肃昂、博丹、兴艺、鹏宇、龙洋、华泰、华润等一批知名加工企业，年产各类裘皮服装服饰280万件、半成品80万件、革皮服装159万件，产品畅销俄罗斯、美国、德国、日本、韩国、中国香港等 30 多个国家和地区。

6. 裘皮研发中心初具规模

以企业为主体，依托中国美术研究院，在北京设立了研发中心。同时，聘请知名专家，在尚村组建了 2 个裘皮研究所，使全县的原皮硝染、成衣制作水平产生了质的飞跃。"怡嘉琦""蓓得尔""肃昂"等品牌产品均获准佩挂"真皮标志"，畅销欧美、日本、俄罗斯等 30 多个国家和地区。尤其是华斯集团"怡嘉琦"商标获得"中国名牌产品""中国驰名商标"称号，其设计的裘皮服装已达到国际领先水平，并成为世界名牌裘皮服装生产企业的加工基地。

7. 裘皮服装交易中心初步奠基

基于背靠京津，并有京九、朔黄两条铁路交叉过境，大广、沧保两条高速均在肃宁有出口的交通区位优势和裘皮服装加工出口、市场集散的产业优势，肃宁正被国内外裘皮客商所看好。由浙江客商投资 1.5 亿元，建设一个面积 12.8 万平方米的现代化、高档次、与国际接轨的专业裘皮市场，主要经营裘皮服装、服饰。该市场占地 92 亩，其中一期工程总建筑面积 3.5 万平方米，总投资 6500 万元，分为 8 个开放式商铺区和中央精品商场。其中开放式商铺区共 358 间，已经建成并投入使用，2011 年，裘皮服装交易市场销售额达到 15 亿元，交易各种裘皮服装服饰 25 万件，10 万平方米的二期工程正在建设。

8. 裘皮产品质检中心和裘皮产品信息中心地位初步显现

肃宁设立的毛皮产品检测机构，被确定为省重点支持项目，它将成为国内裘皮行业的质量检验的权威机构，肃宁的裘皮产品质检中心地位初步显现。2007 年，中国毛皮信息中心正式落户肃宁，构筑严密的网络体系，提供最完整、最快捷的毛皮业市场行情及政策信息，及时了解国际国内毛皮产业动态，成为世界裘皮市场的"晴雨表"。

二　毛皮产业发展的工作措施

在毛皮业发展上，肃宁县县委、县政府科学分析，立足基础，把握特色，发挥优势，采取了一系列措施，卓有成效地推进各项工作开展，倾全县之力把毛皮产业做大、做优、做强。

（一）科学定位，明确产业发展思路

毛皮产业是一个外向度较高的产业。近年来，随着国际市场的进一步开放，为这一产业带来了难得的发展机遇，肃宁县认识到县域经济要实现跨跃式发展，就必须以特色产业为突破口，必须把特色产业发展成开放型的产业，因此必须把肃宁的毛皮产业放在世界毛皮产业发展中进行定位。在对国内外毛皮产业发展进行认真分析后，决定把毛皮产业确定为第一立县主导产业，把毛皮产业作为实现县域经济跨越式发展的突破口，举全县之力抓好毛皮产业。为进一步明确产业发展方向，指导产业健康发展，制订了《肃宁县毛皮产业十二五发展规划》，具体确定了产业、产品、布局三定位。明确了"立足于打造优势增强产业竞争力，立足于扩大开放增强产业吸引力，趋利避害，扬长避短，切实营造生产成本最低、交易最便捷、商家最赚钱的发展环境"的产业发展思路，之所以这样定位主要是基于以下三方面：一是裘皮产业正面临着国际产业转移机遇期。在世界产业结构调整中，裘皮业受成本、资源、政策的影响，在经历了 20

世纪80年代由欧美国家向香港转移之后,香港成为了世界皮草加工基地,目前香港地区也出现了上述三个问题,出现了向内地转移的趋势。二是裘皮产品消费市场蕴藏着巨大商机。除美国、意大利等传统的裘皮产品消费市场外,中国、俄罗斯也正逐渐成为巨大的裘皮产品消费国。同时,裘皮制品的应用范围随着社会发展和科技的进步也在不断扩大,也存在着广阔的发展空间。三是肃宁毛皮业具有劳动力成本低、原料充足且价格低廉、能更充分地享受国家税收优惠政策、产业链条完整专业协作便利、从根本上解决了环保的制约、交通便捷等六大优势。

(二)转变政府职能,营造毛皮业发展的最优环境

在毛皮产业发展过程中,肃宁县始终坚持"政府抓环境,企业抓发展"的工作思路。把政府工作的着力点放在办好企业一家一户办不了、办不好、不想办而又必须办的事情上,努力为产业发展营造生产成本最低、交易最便捷、商家最赚钱的发展环境,以增强产业的吸引力和凝聚力,从而达到把当地企业扶起来,把外地企业引进来,使毛皮产业迅速发展起来的目的。

在硬环境建设上:肃宁县将尚村镇纳入县城总体规划,新建、扩建了镇区道路,规划建设了8平方千米的裘皮服装加工基地,投资1300万元新修了县城通往尚村皮毛市场的专用公路,投资1.2亿元新建了尚村皮毛交易市场,完善了尚村皮毛市场的信息服务、商贸流通、仓储、企业窗口、外贸出口代理、国际国内货物托运、银行结算、电子商务等多种功能。同时,在市场附近建设了多个餐饮、服务场所,开通了尚村到留史、大营、海宁等毛皮业集中地的长途客车,为客商提供全方位服务。为改进交易方式,实现与国际接轨,投资300万元,在尚村开发了地热,投资1.2亿元建成了裘皮服装成衣交易市场;投资建设了日处理能力2万吨的污水处理厂,实现对硝染企业的统一集中治污。

在软环境建设上:一是加大政策支持力度。修订完善了《皮毛产业发展优惠办法》《皮毛市场内的优惠政策及管理办法》《皮草加工出口基地投资优惠办法》等一系列政策措施,并以县委、县政府名义下发了《关于全方位优化经济发展环境的若干规定》,明确了对各职能部门的具体要求和处罚规定,进一步增强了对毛皮业的政策扶持力度。二是全面优化毛皮业发展的社会治安环境。利用各种形式加强诚信建设,全力打造诚信肃宁,使广大毛皮客商到肃宁发展放心,到肃宁创业顺心。组建了尚村镇区治安巡逻队和毛皮市场管委会,充实了公安、工商力量,从根本上杜绝了欺生排外、强买强卖等行为,规范了市场交易秩序,并建立健全了公安、社会、专业联防组织三位一体的治安防范管理体系,优化了社会治安环境。三是严格治理三乱五乱。在毛皮业的养殖、加工、交易、运输等各个环节严控各项检查和收费,各项检查收费活动实行许可制度,对未经许可进行检查收费的责任人及部门领导严惩。同时,开辟了"绿色通道",对从事毛皮运销的车辆严禁检查。四是建立健全服务体系。组建了2个裘皮研究所,与12家科研单位联合开展技术攻关活动,聘请多名专家学者定期到肃宁对毛皮企业进行技术指导;筹建了2所毛皮技工学校,为毛皮企业培养技术工人;建成了中国尚村裘革网站,创办了《尚村裘革报》,对产业进行集中宣传,提高了产业的知名度。另外,肃宁县专门成立了毛皮业开发区管委会、毛皮产业局,对毛皮企业在发展中遇到的各种问题实行统一管理,归口解决,做到了毛皮企业办事有人主动管、有困难有人主动帮、有问题有人主动解决。

（三）大力实施"走出去和引进来"战略，"打原料牌、唱招商戏"

肃宁县采取"小团队、多批次"的招商模式，开展了多次毛皮业专题招商活动。先后组织企业到深圳、香港、温州、上海、重庆、攀枝花、崇福等地举办专题招商活动40余次，北京小交会、香港裘皮博览会等各类专业展销会更是每次必到。通过连续三年开展对香港、深圳等地区招商活动，提高了肃宁毛皮产业知名度，彰显了肃宁裘皮原材料优势，使了解肃宁的香港、深圳地区的毛皮客商由过去的10%提高到70%以上。同时，连续成功举办了12届"中国尚村国际皮草交易会"，会议规模越来越大，规格越来越高，内容越来越丰富，特色越来越突出。《人民日报》《经济日报》《消费时报》《中国皮革杂志》《北京皮革杂志》《香港文汇报》以及凤凰卫视、新华社、中央电视台等多家新闻媒体都多次对肃宁的皮草交易会进行过全方位多层次报道。

（四）促进产业核心竞争力提升

为促进产业持续健康发展，提升产业核心竞争力，肃宁县主要采取了三项措施：一是鼓励企业开展技术创新，产品创新，加大新产品开发力度，在技术上盯住国际顶尖水平，从国外聘请高级技师，引进先进设备，提高裘皮产品加工制作技术和水平。目前肃宁已有多家企业与意大利、德国、中国香港订立了技术支持协议，开发出了国内领先、不同档次、品种多样的貂、貉、獭兔、灰鼠等裘皮服装及各种裘皮编织服装服饰。二是引导企业实施品牌战略。企业要想长远发展，品牌是根本，没有品牌的企业，不可能做大做强。肃宁县多次聘请专家和成功企业老总举办"品牌兴企""品牌发展战略"等专题讲座，努力提高企业品牌意识。同时，出台了鼓励企业创名牌的奖励措施，有效激发了企业树品牌、创名牌的主动性和积极性。三是加强企业内部管理，实施质量体系认证，已有40多家企业通过了ISO 9000质量标准体系认证，有60多家正在申报认证。

三 产业发展规划

针对毛皮产业的发展现状及优势，肃宁县确立了毛皮业"十二五"总体发展思路："抢抓机遇，发挥优势，打造毛皮业发展软硬环境，使肃宁成为国内外毛皮资本、人才聚集洼地，建设形成产业关联度高、分工明确、辅助配套行业齐全的毛皮产业集群"。同时以市场建设为依托，全力打造裘皮产业六个中心。

第一，全力打造裘皮原料交易中心：在现有毛皮市场基础上，投资3.5亿元，建设占地11万平方米的原皮市场东扩项目，进一步提升市场功能，扩大原皮及半成品交易品种及交易规模，力争在"十二五"末市场交易额突破150亿元。同时在工业区，建立了海关的保税仓库，将给进口企业提供服务及资金支持。

第二，全力打造裘皮产品生产中心：加快占地1000亩的华斯工业园项目建设，加快毛皮加工企业的聚集，扩大生产企业群体规模。

第三，全力打造裘皮产品研发中心。目前肃宁县已有省级研发中心2个，华斯公司正在筹建国家级研发中心，中心建成后，在毛皮鞣制上将改进生产工艺，研发新技术，突破欧盟相关标准，达到国际先进水平，在裘皮服装的设计加工上，围绕品牌化、时装化、标准化、系列化，改进工艺，提高产品的质量和档次。

第四，全力打造服装交易中心：在现有服装市场的基础上，投资4.5亿元，西扩8万平方米，在大广高速口建设服装市场二期工程，使成衣市场规模达到13万平方米，成为京津最大的裘皮服装交易市场。

第五，全力打造裘皮质检中心，升级裘皮质检中心1家。"十二五"期间将把它建成国家级中心，并与检疫、海关等部门互认（目前已有保税仓库一家）。

第六，全力打造裘皮信息中心，利用现有的皮毛信息网及农产品特养协会价格指数发布系统为皮毛客户提供服务。

中国女鞋之都·武侯

成都市制鞋业历史悠久，文化底蕴深厚，武侯区作为成都鞋业产业的集中地，省市区历届领导均予以高度重视，经过20余年的发展，武侯鞋业产业已成为成都市十大重点产业集群之一，武侯区工业经济发展的支柱产业。随着社会的高速发展和成都市城乡一体化进程的快速推进，武侯鞋业加快产业转型升级、实施产业倍增成为当前产业发展的关键。

一　武侯鞋业发展情况

（一）发展背景

武侯鞋业的制鞋工业属典型的传统加工业，其发展源于当时全国闻名的成都市武侯区"浆洗皮革一条街"，"浆洗皮革一条街"起源于清代中叶的制革作坊。从清代到20世纪80年代末，浆洗街一直是成都鞋业乃至四川鞋业的皮革原材料基地，并逐步发展成为大型皮鞋原材料专业市场。

随着国家改革开放和经济体制改革的不断深入，全省国有制鞋企业解体，退出市场。原成都进军皮鞋厂、华胜皮鞋厂、成都皮鞋厂和雅安皮鞋厂等大型国有皮鞋厂的大批技术人员和专业人员流向市场，纷纷成为制鞋个体私营业主。在浆洗街附近的武侯永丰乡出现了大量的个体私营鞋业加工作坊，制鞋业成为当地农民致富的有效途径。武侯区高度重视制鞋传统产业的发展，在永丰乡建立了四川省个体私营皮鞋加工贸易示范区，出台了优惠的扶持政策，武侯鞋业由此迅速兴起。

(二) 发展历程

20世纪80年代末，武侯区浆洗街的皮鞋原材料专业市场的形成与永丰乡制鞋产业的兴起，奠定了武侯制鞋工业的产业基础。按照市政建设要求，浆洗街制鞋原材料专业市场被搬迁至武侯双楠、万隆两地，永丰乡的制鞋生产基地被搬迁至金花、簇桥、机投等几个乡镇。由于永丰乡鞋业发展的成功实践和武侯区扶持鞋业发展的优惠政策，极大地吸引了武侯周边的区县和重庆等地的鞋业生产、经营业主来到武侯发展。从而武侯制鞋生产企业迅速增加，企业生产规模不断扩大。同时，除鞋用皮革原料以外的鞋底、鞋材、鞋机和五金配件等制鞋生产配套产品加工业应运而生，鞋业产业链基本形成，武侯鞋业产品市场的中心地位初步显现。

四川省委、省政府对武侯区发展制鞋业给予了肯定，支持武侯区建设西部鞋都工业园。2002年，西部鞋都工业园项目经省计委批准立项，并列为四川省重点工程项目。2005年，武侯区被中国轻工业联合会和中国皮革协会授予"中国女鞋之都·武侯"荣誉称号。武侯区作为成都鞋业的集中地，与温州、广州、泉州被业界并称为"三州一都"。

二 发展现状

经过多年的发展，武侯区鞋业产业已形成了配套完善、产销一体化、年产皮鞋过亿双的规模。近年来，按照成都市制鞋产业集群发展规划和"一都两园"的产业布局，武侯区从2007年5月起按照"以块为主，部门配合，源头治理，疏堵并举"的原则，鼓励各鞋业企业向崇州、金堂两工业园区转移，现已累计转移企业200余家。截至目前，全区共有鞋类生产企业550余家，鞋材、鞋机配套生产企业130家，从业人员8万余人，年产鞋1.3亿双，产值150亿元，拥有鞋类产品自主品牌300余个、国家免检产品2个、中国真皮标志产品17个、国家鞋业优等品称号15个、四川省著名商标7个、四川省名牌产品称号3个，获得国家出口免验产品2个，中国真皮鞋王称号2个。成都武侯女鞋产品销售遍及全国各地并出口到100多个国家和地区，其中以欧洲、美国市场为主。2011年，武侯区鞋业企业实现产值132.68亿元，出口额约2.23亿美元。

近年来，在国际金融危机和产业结构调整的大环境下，武侯区委、区政府克服困难，通过实施"稳定外销、发展内销"战略，全力助推鞋业产业转型升级，通过政策扶持，参展、办展等一系列推广活动，引导中小鞋业企业在转型过程中探索出适合企业自身发展的新路子，涌现了一批注重技术、注重创新、注重设计的品牌生产和营销鞋业企业。武侯鞋业已从单一的外销贴牌型逐步转化成开拓国内外市场型、为国际知名品牌贴牌加工型、专注内销打造自主品牌型三种模式配套发展的新局面。武侯区鞋业企业的内外销比例，已从1∶9逐渐演变为4∶6，品牌知名度也逐年提高，鞋业企业的效益也逐年提升。

三 产业布局

按照成都市委、市政府建设"世界生态田园城市"、武侯区委区政府建设"商务高地·宜居武侯"的战略部署,围绕推进武侯鞋业产业高端化发展这一总体思路,根据成都市制鞋产业集群发展规划和武侯区关于鞋业产业"一基地五中心"建设规划布局,通过政府投入和吸引企业参与相结合,狠抓品牌基地项目建设,着力打造品牌生产基地,较好地推进了品牌展示中心、贸易中心、研发设计及检测中心、人才培训中心以及信息中介服务中心建设。

(一)合理规划布局,完善"一基地五中心"建设

一是品牌生产基础项目建设成效明显。截至目前,在"中国女鞋之都"1.7平方千米的规划区域内,已成功引进鞋业生产品牌企业23家,其中,竣工投产项目14个,建成面积63.6万平方米;在建项目6个,建设面积25.1万平方米;已签约待开工建设项目3个,建设面积16.7万平方米。

二是品牌展示中心建设进展顺利。成功打造了建筑面积约4.2万平方米的武侯直销鞋城,集中展示"女鞋之都"鞋业品牌。自2009年10月直销鞋城正式营业以来,已正式签约入驻鞋业厂商150家,各类品牌170余个。伴随着武侯直销鞋城的运营发展,鞋城产品结构日渐丰富,品牌种类不断多元化,星期六、哈森等国内一线品牌均已入驻武侯直销鞋城。

三是贸易中心建设形成规模。总建筑面积7.3万平方米的武侯皮革城由原鞋材市场改造而成,于2011年9月26日正式营业,市场经营以皮衣、皮草以及箱包、皮具为主的皮革制品,目前入驻箱包皮具、皮衣皮草商家200余家,国内外知名品牌300余个;总建筑面积约1万平方米的物流配套区已成功引进28家贸易物流企业;融办公、居住多功能于一体,建筑面积约3.5万平方米的商务配套公寓,商户入住率达98%;建筑面积约4.9万平方米的鞋王大厦(写字楼)可容纳200家以上国内外知名鞋业企业、贸易公司,目前,已成功招商100余家;建筑面积约7.5万平方米的四川外销鞋城,致力于打造鞋业产业高端的综合性服务平台,目前项目已竣工,预计2013年4月正式营业;建筑面积约2.6万平方米、定位为准四星级的鞋都大酒店将正式投入运营。

四是研发设计与检测中心开局良好。2009年,武侯区政府投入200万元扶持资金,支持卡美多鞋业、美丽点鞋业建成2个鞋业产业研发基地。2011年,积极向商务部申报建设"成都出口产品设计与贸易促进中心",现已着手开展"成都出口产品设计与贸易促进中心"前期招商准备工作,力争引进优势设计企业,带动武侯鞋业研发设计水平的提高。

五是培训中心建设初见成效。成功引进四川大学皮革系在"中国女鞋之都"建立鞋业专业人才培训学校。2009年至2011年,连续三年邀请法国青年设计师协会会长、青年女设计师奥赫丽女士对本地鞋业企业设计师、技师进行针对性专题培训,并就其在"女鞋之都"设立工作室初步达成合作意向。

六是信息中介服务中心投入运营。建立了鞋业信息网、鞋都网等网络信息和交易平台,并正式投入运营;鼓励和支持成都制鞋企业突破原始的营销方式,与淘宝商城网、乐淘网等知名电子商务网站合作,增加成都女鞋产品销售快捷渠道。

(二)创新营销模式,强化品牌运营

一是成功举办国际采购节。2006年至2011年,在中国轻工业联合会和中国皮革协会的大力支持下,采取政府主导、市场运作模式,连续六年成功举办了六届"中国女鞋之

都国际采购节"。2011年9月,以"展示美丽成都风采 共创皮革商贸之都"为主题的"2011第六届中国女鞋之都国际采购节暨文化旅游节"圆满举行。采购节期间,参展企业304家,吸引国内外专业采购商2500余名,展会现场人流量超过50万人次,中国女鞋之都·武侯直销鞋城现场销售额突破3500万元,中国女鞋之都·武侯皮革城现场销售额突破2000万元。

二是组团参加国际国内专业展会。通过政府扶持,以"中国女鞋之都"整体形象组团参展模式,组织武侯鞋企参加"德国杜塞尔多夫国际鞋展""越南鞋类、皮革及工业设备展"以及"中国国际鞋类展""中国鞋业·皮具商品博览会暨'名品名店'对接展会"等国际国内专业展会,帮助鞋业企业拓展内外销市场,为进一步扩大"中国女鞋之都"的品牌影响力,推动武侯鞋业转型升级,实现跨越式发展创造了积极条件。

三是积极推进内销品牌连锁。大力促进企业内销,相继出台了一系列扶持鞋业发展的优惠政策,先后共投入扶持鞋业内销专项资金近1000万元,鼓励武侯鞋业企业开设品牌连锁店、工厂直销中心和进驻大型商场。截至2011年,成都女鞋品牌进商场数量已近300家。

四是大力开发工业旅游项目。依托中国女鞋之都"前店后厂"的工业旅游概念,发展工业旅游,实现成都旅游资源与武侯女鞋发展的对接。2010年10月,中国女鞋之都旅游景区已正式通过国家3A级旅游景区评审。2011年10月,中国女鞋之都工业旅游体验行启动仪式正式启动,通过进一步深化3A级旅游景区建设,提升"中国女鞋之都"区域品牌影响力。

五是组织开展系列推广活动。在每年组织一次"成都鞋业技能大赛"的基础上,联合《成都日报》推出系列宣传,组织开展了"国际小姐美丽闪耀鞋都""百家媒体走进中国女鞋之都""成都名优产品巡回展暨成都女鞋节"等推广活动,不断提升中国女鞋之都的影响力。

(三)引进知名品牌,助推产业高端聚集

近年来,通过大力引进国际、国内知名鞋业企业总部(或区域总部)、贸易企业、研发设计企业、培训企业等高端产业,有效地促进了知名品牌企业与成都鞋业企业的合作,扩大了"中国女鞋之都"特色产业聚集区域的知名度和影响力。百丽和蜘蛛王西南总部项目已成功入驻园区,法国卡亨等国际知名品牌也落户中国女鞋之都,集30余个意大利知名品牌于一体的全国首家意大利品牌联盟——"意尚名品"入驻了武侯直销鞋城,派诺蒙、吉姆拉等国际知名采购商和贸易商与武侯鞋企的联系日趋紧密。

四 武侯鞋业的发展方向

(一)"十二五"规划目标任务

按照武侯区"十二五"规划目标,鞋业产业已纳入产业结构高端化、产业发展聚集化、产业竞争力国际化的"5大主导+1特色"的现代产业体系。下一步,武侯区将继续依托"中国女鞋之都"区域品牌,不断加大对鞋业产业的扶持力度,力争到2015年,鞋业高端产业实现主营业务收入达到117亿元,培育"中国驰名商标"5—8个,培育主营业务收入超过20亿元、10亿元的企业分别达到1—2户、4—5户,逐步形成以鞋业的设计、检测、展示、贸易、培训和信息服务功能等高端环节为主的发展态势,积极创建国家级出口产品设计与贸易基地,力争将"中国女鞋之都"打造升级成为"国际鞋都"。通过大力发展鞋业总部、打造总部经济高地、推动专业市场提档升级、打造辐射西部的高端市场、完善"五中心"建设,夯实鞋业发展基础,助推鞋业产业发展。

(二)下一步工作措施

1. 保持武侯鞋业发展扶持政策的连续性

为进一步推动武侯鞋业企业加快发展,鼓励企业扩规模、创品牌、促转型,武侯区委、区政府先后出台多项促进鞋业产业发展配套扶持政策,效果显著。下一步,将保持鞋业发展扶持政策的连续性,推动鞋业产业又好又快发展。

2. 继续加强武侯鞋业的品牌建设

进一步加大"中国女鞋之都"区域品牌、企业品牌与产品品牌的宣传力度,不断提高"中国女鞋之都"区域品牌、企业品牌和产品品牌在国内、国际市场的知名度和竞争力。集中力量帮助培育、发展、扶持、宣传和保护卡美多、艾民儿等本土优势品牌企业,制定品牌发展目标,开拓内销市场,鼓励企业开设全国市场的专卖店,进入国内各大知名商场;加强电子商务信息服务,建立"中国女鞋之都"门户网站。

3. 提高武侯鞋业科技创新和产品设计、研发水平

围绕"成都出口产品设计与贸易促进中心"载体资源,建立展览中心、信息中心、培训中心、创业发展中心。引进优势设计类企业;加强院校合作,通过园区优势载体资源与优惠政策,力争引进大学科技、研发人才,并将部分鞋业研发项目引进中心。

4. 加大人才培养

鼓励企业加强自身人才培养,为企业搭建培训、交流平台;引进意大利、西班牙、法国等国家的制鞋设计专业人才。

5. 强化品牌宣传

通过与各大主流媒体直接建立合作关系,从而进一步加强"中国女鞋之都"区域品牌和园区优势女鞋品牌在四川乃至全国的宣传力度。

近年来,武侯女鞋产业特色日益突出,区域品牌辐射力逐步增强,下一步,武侯将大力引进高端品牌,提高研发设计能力,促进行业交流,推动成都鞋业产业倍增,为全国鞋业产业发展做出新的贡献!

中国西部鞋都·璧山

2003年年初，璧山县人民政府引进奥康集团共同打造中国西部鞋都，经过近五年时间的大力发展，中国西部鞋都一飞冲天，在业内具有较高的知名度和美誉度。目前，中国西部鞋都正朝"建设二期、完善一期、谋划三期、推进河西、提升园区"总的发展目标而努力，以乘风破浪之势扬帆启航。

一　中国西部鞋都基本情况

中国西部鞋都工业园位于重庆直辖市近郊的璧山县新城区，是川渝合作共同打造中国第四经济增长极重庆向西辐射的第一站。璧山县是重庆西部新城的重要组成部分，是重庆市"一小时经济圈"的核心区域，全县面积915平方千米，总人口61万人。县城距重庆大学城4千米、离主城37千米、火车站30千米、港口40千米、国际机场50千米，地理位置优越，成渝高速公路、渝遂高速公路、规划建设中的成渝城际铁路，成渝高速公路复线、重庆轻轨一号线穿越县境，交通运输便捷。

在加快全县经济社会发展的进程中，璧山县县委、县政府积极响应中央西部大开发和全国皮革行业二次创业的号召，审时度势，因势利导，高起点地实施了创建中国西部鞋都的战略部署。全县各级各部门以发展璧山鞋业为己任，以"执政为民，服务发展"作为工作重点，始终把制鞋产业作为工业强县和推进新型工业化的一项重要内容来打造，把鞋业作为支柱产业、富民产业进行重点培育。

——2001年，县委、县政府实施了创建中国西部鞋都的战略部署，制订了产业发展规划，出台了优惠政策和扶持措施，并开展了一系列旨在推动鞋业产业上档升级、打造璧山皮鞋整体品牌的重大活动。

——2002年、2004年、2006年、2008年5月，相继成功承办了四届由中国轻工业联合会、中国皮革协会、重庆市人民政府主办的中国西部国际鞋业博览会，同期分别举办了中国鞋业走向世界论坛、全国佩挂真皮标志企业工作会、西部大开发区域特色经济发展论坛和欧盟反倾销六方会谈，取得了丰硕的成果。

——2003年，经过较长时间的接触，双向考察、多方沟通，璧山县与著名鞋业企业奥康集团有限公司正式签约，共同开发建设中国西部鞋都工业园区，翻开了东西合作、共谋产业发展的新篇章。

——2005年，在奥康集团重庆红火鸟鞋业有限公司、西部鞋都交易城（原西南鞋材交易中心）、金都鞋业孵化区三大主体工程项目竣工投运之际，举办了中国西部鞋都工业园区一期主体工程全面运行典礼，同时举办了中国西部鞋都区域经济论坛。

——2002年至2008年，每年均组团参加上海国际鞋类展和国际皮革展，并组织参加广交会和行业各项国内外的重大展会活动。

大量鞋业会展和重大活动的举办和参加，帮助广大鞋业业主开阔了视野，启迪了发展意识，更新了发展观念，进而不断提升了产业发展的规模和水平，璧山作为国内制鞋业重要基地的知名度和美誉度也不断攀升。2005年12月，根据《关于授予中国皮革行业特色区域荣誉称号的行业规范》，经过专家组的严格考评，中国轻工业联合会、中国皮革协会授予璧山县"中国西部鞋都"荣誉称号，并于2006年2月在北京人民大会堂隆重举行了授牌仪式。

迄今，中国西部鞋都·璧山以独特的产业优势吸引了红火鸟、金田、砂之船、卓雅、长庆、红土地等名牌鞋业生产及配套的大批国内外企业入驻，1300多家生产企业和经营户遍及璧城、七塘、八塘、大路等鞋业生产基地。到2011年年末，年产量达到8000万双，年产值实现80亿元，全县鞋业企业已有808个注册商标，其中27家企业被中国皮革协会批准佩挂真皮标志，创重庆市名牌产品8个、重庆市著名商标6个、重庆市知名产品4个。先后涌现出"红火鸟""米棋""百折不挠""景渝""红土地""尼斯·雪豹"等知名品牌。

为加快全县经济社会发展的进程，促进产业集聚，璧山县县委、县政府高起点地实施了建设中国西部鞋都工业园区的战略部署。通过对西部鞋都工业园的规划建设，一是企业竞争力明显增强。坚持以奥康集团为龙头，园区为载体，建设产业孵化区，鞋业企业发展规模有较大提升。二是品牌影响力明显增强。三是配套能力明显增强，形成以鞋业生产为中心，原辅材料、鞋机设备、技术研发的产业集群。四是带动能力明显增强。璧山鞋业的快速发展带动了重庆市及周边区县制鞋产业的发展。

二 中国西部鞋都工业园区规划建设情况

中国西部鞋都工业园是中国西部鞋都的核心区域，是重庆市十佳特色工业园区——璧山工业园区的启动区。园区总占地 2600 亩，其中一期 1000 亩、二期 1600 亩。现已建成了西南西部鞋都交易城（6.4 万平方米）、奥康出口生产基地（5 万平方米）和金都鞋业孵化区（3 万平方米）三大主体工程并全面投运。建成了配套项目仓储物流中心（4 万平方米）、梦园休闲广场（2 万平方米）、包括约 100 家制鞋生产企业，鞋机、鞋底、包装等其他配套生产企业，以及配套住宅小区等。另外还部分开展了鞋样设计、电子商务等配套服务。

正在建设的有西部鞋都交易城二期工程、西部皮革城（中国西部鞋玛特）、现代物流中心、国家级皮革制品质检中心、产品研发中心，以及各类皮革、鞋机、楦头、鞋辅料、鞋五金饰品、鞋化工产品生产经营等，除 50 户二期入园企业正在建设外，建设之中的配套项目还有近万平方米的园区标准厂房，近 100 万平方米的配套住宅小区等。

璧山县先后承办了四届"中国西部国际鞋业博览会"，举办了全国鞋业的"欧盟反倾销论坛""西部开发与区域经济发展""全国真皮标志会议""西部皮革发展论坛"等重大活动，100 多家全国和地方主流媒体进行了现场聚焦，集中报道，扩大了重庆鞋业以及重庆璧山的影响力、知名度和美誉度，极大地促进了鞋都建设和发展。鞋都建设得到了中国轻工业联合会、中国皮革协会、重庆市委市府等有关领导的高度重视和亲切关怀。全国人大常委、十届中国轻工业联合会会长陈世能亲笔题写"中国西部鞋都""千里之行 始于足下"，肯定了鞋都的业绩和潜力，勉励鞋都做大做强，在承接全国鞋业战略调整和产业转移中发挥主力军作用。

原市长王鸿举亲临园区检查指导工作，激励和鞭策中国西部鞋都承担起振兴重庆制鞋产业、实现鞋业集群发展的历史性重任。市长黄奇帆明确指示，要进一步完善中国西部鞋都功能，建设"中国西部鞋玛特"，加速布局中国西部皮制品超级市场，以形成中国西部鞋业产业高地。

中国西部鞋都工业园区正日益呈现出"工商互动、产业联动、示范带动"的鲜明特色。通过市场对企业生产要素的有效配置，通过成品交易市场对企业终端产品销售渠道的搭建，使得鞋都整个产业链、产品线得到最有效的丰富、完善和延伸。通过引进品牌鞋材商家的示范经营激活了市场交易，通过培育品牌制鞋企业带活了园区生产，促进了鞋都制鞋产业生机勃发，持续繁荣。

三 中国西部鞋都发展的战略措施

璧山鞋业的发展始终坚持在"拓市场、调结构、上档次、创品牌"方面下功夫。以园区建设为重点，加快培育物流业态，不断拓展市场规模，完善营销网络，加快技术创新和人才培训力度，提高产品设计水平和生产能力，促进璧山鞋业上档升级，努力把璧山打造成为西部地区鞋业生产基地和鞋产品集散地。

1. 以优化发展环境为重点，探索政企合作新模式

璧山鞋业的快速发展，得益于政府的大力扶持。随着市场化改革的不断深入，如何进一步理顺政企关系，创新政企合作新模式，是璧山鞋业发展必须解决的重大课题。

探索和创新政企合作模式。进一步转变政府职能，理顺政企关系，遵循市场经济原则，充分发挥市场对资源配置的作用，完善"政府主导、企业运作，优势互补、实现双赢"的模式。政府增强服务意识，把工作重心放在服务发展上来，进一步制定和完善相关政策，扶持鞋业的发展，为鞋业的发展创造良好的环境。进一步强化县鞋业办公室的管理职责和职权，加强引导、调研和协调，及时发现、研究鞋业企业发展遇到的困难和问题，为企业提供指导；积极协调相关部门，为企业发展排忧解难。

建立和健全金融税收支持机制。加强宣传，营造加快鞋业发展的良好氛围，建立融资服务机构，创新信用担保体系，提高企业融资能力。规范税收征管行为，落实有关税收优惠政策，为鞋业企业发展创造良好的税收环境。

营造良好的鞋业发展环境。坚持与时俱进，把握好鞋业发展的总体趋势，利用好国家实施西部大开发的优惠政策，主动承接全国制鞋产业的梯度转移，适时完善鞋业产业发展政策，积极落实县里已出台的优惠政策，在资金、土地、人才、项目储备等方面及时给企业提供前瞻性指导。努力营造更加开放、公平竞争的市场环境，提供好公共服务，为企业发展提供良好的软环境。

2. 以园区建设为抓手，夯实鞋业发展基础

充分发挥市场机制和政府宏观调控的重要作用，加快中国西部鞋都工业园的建设。坚持科学引导，重点扶持，优化资源配置，促进鞋业企业向园区集中。以高起点、高标准、高质量为原则，把鞋都工业园建设成为布局合理、功能完善、环境优美、服务一流的鞋业生态工业园区。

完善鞋都工业园建设规划。鞋都工业园建设是一项庞大的、长期的、复杂的工程，涉及基础设施、生产设施、管理设施、发展战略以及配套政策等各方面的因素。因此，必须要规划先行，要充分发挥园区产业规划的作用，进一步厘清发展思路，理顺管理体制，调整完善规划，促进资源集聚，加快璧山鞋业转型升级。

加快园区"一基地、八中心"的建设。按照"一个产业、一个园区、一个龙头、一批名牌"的发展思路，加快中国西部鞋都工业园建设。重点建设生产加工基地、交易展示中心、物流储运中心、质量检测中心、资讯信息中心、人才培训中心、研发设计中心、精品展销中心。通过各项功能中心建设，将中国西部鞋都建设成为集鞋业研发、生产制造、交易展示、人才培训、仓储物流、信息网络、检验检测于一体的产业集群区域。

以园区为载体，外引内联，促进鞋业产业集中。充分发挥鞋都工业园对各种生产要素的集聚与承载功能，引导企业向园区集中。在鞋都工业园建设上，按照定位明确、特色明显、功能齐全、设施配套的要求，加强交通、供水、供电、供气、通信等配套建设，提高资源的利用率和共享度，形成环境优美、配套齐全的现代化工业区。以园区为载体，加大招商引资力度，促进地区制鞋企业和外地特别是东部沿海强势品牌制鞋企业入园，促进鞋业产业向园区集中，提升璧山鞋业的整体水平。

3. 以建设为重点，培育与拓展鞋业市场

加快建设西部鞋都交易中心和西部皮革城。以西部鞋都交易城一期的发展为基础，加快建设西部鞋都交易中心二期和西部皮革城。形成集鞋材、鞋机、成品皮鞋以及其他皮制品的批发零售、交易展示、信息发布等多种功能于一体的市场。

加快培育鞋业物流。通过整合资源，引导扶持，培育和建设有较强储运能力的经营机

构，从事鞋业原材料、设备和鞋产品等的运输代理服务，开拓以公路运输为主，铁路、水运、航空运输相配套的立体化运输网络。加快鞋都工业园物流中心的建设，增强鞋业的储运能力，促进物流服务的完善。

组建以大型企业为龙头的销售联合体。改变销售网络不健全、市场流通不畅的状态，遵循优势互补、互利共赢的原则，以资金、技术、产品销售渠道为纽带组建销售联合体，建立和完善全方位的鞋产品销售网络，提高鞋产品的市场占有率。

规范市场秩序，培育中介组织。规范市场秩序，防止恶性竞争和不当竞争；加强市场监管，建立失信企业和劣质产品的市场退出机制；健全行业协会等中介组织，为企业间的自律行为、依法维权和整体协调提供服务。

4. 以培育创新能力为重点，促进鞋业上档升级

国际国内鞋业发展的实践证明：鞋业产业的持续发展关键在于增强鞋业企业自主创新能力。因此，在璧山鞋业的发展过程中，坚持努力培育和增强企业的自主创新能力，力争建立起以企业为主体、市场为导向、产学研相结合的鞋业技术创新体系。不断增强鞋业企业原始创新能力、集成创新能力和引进消化吸收再创新能力。

制定和完善支持鞋业企业自主创新的政策，构建完善的璧山鞋业创新生态。完善的鞋业创新生态应该包括创新政策、创新链、创新人才、创新文化。政府通过制定和完善创新政策，培育创新主体，促进产、学、研有机结合，构建完整的创新生态，形成持续创新的机制和能力。鼓励璧山鞋业企业加强与国内外著名制鞋企业的交流与合作，在交流与合作中通过引进、消化、吸收并进行二次创新的系统工程，迅速提升企业的研发水平和创新能力。

加强技术创新力度，开发和运用先进技术和工艺。璧山鞋业必须加强科技进步和技术创新的力度，不断学习和引进制鞋业的新技术、新材料和新工艺。开发新的工艺与技术，研制高性能材料，不断满足消费者对鞋产品品种、质量和功能的新要求。加强制鞋业信息化进程，推广应用视觉辅助设计和CAD/CAM（计算机辅助设计和计算机辅助生产系统）和PDM（生产数据管理系统），从而全面提升企业的核心竞争力。

改组改造鞋业企业，推进企业管理创新。从建好中国西部鞋都的战略高度出发，对璧山现有鞋业企业进行改组改造，一是加强鞋业企业组织创新，通过并购重组，合资合作，实现企业集约化、集团化和品牌化发展。加大培育鞋业龙头企业和促成鞋业企业集团的组建。二是加强鞋业企业管理方式创新，确立"以人为本"的企业经营理念，塑造有特色的企业文化。三是加强鞋业企业管理方式创新，促进企业流程再造，实行标准化管理。

5. 以培育品牌为重点，树立一批优势龙头企业

品牌是企业竞争力的集中体现，形象是区域整体实力的生命和灵魂。从打造西部鞋业产业集群、建设中国西部鞋都的实际需要出发，启动和实施中国西部鞋都的品牌和形象战略，树立和培育一批国内外知名企业和著名品牌。

制订鞋业品牌发展规划，强化品牌运作和管理。从璧山鞋业品牌实际情况出发，制定璧山鞋业争创名牌产品推荐目录，扶持具有产业特色的产品，努力从标准化、计量、认证等质量管理、技术基础工作及安全文明生产等方面服务企业，努力提高产品质量，为企业创名牌工作夯实基础。争创国家级品牌（中国名牌、中国驰名商标、国家免检产品、中国真皮名鞋等）、市级品牌（重庆名牌、重庆市著名商标、重庆知名产品等），在实施鞋

业品牌战略中,将企业、商标和产品实行统一的认识,增强商标法律意识,不仅重视商标的设计管理、注册、保护等具体工作,还将商标广泛运用于品牌立体化经营之中,培养全方位的品牌经营效应。

搞好璧山鞋业品牌营销,完善品牌服务体系。不断开拓市场,实现由产品营销模式向品牌营销模式的转变,加强品牌营销,利用品牌价值整和社会资源,从而提高企业的经济效益、社会效益以及品牌的价值。在提升企业的品牌过程中,建立完善的品牌服务体系,构筑完善的售前、售中、售后服务体系,增加消费者重复购买力。通过品质赢得顾客,通过服务立足于市场,依靠品牌、依靠服务来带动产品的销售,同时又通过良好的销售为服务提供保障,使品牌建设进入一个良性的发展轨道。

6. 以提升企业管理水平为重点,提高发展质量与效益

璧山鞋业发展必须走内涵式的发展道路,促进增长方式的转变,实现速度、质量和效益的有机统一。

推行全面质量管理。研究表明,由于质量问题引发的各方面成本最高可占到企业成本的1/10,一般情况下,质量问题贯串企业经营的各个环节,因此加强对质量的管理甚为关键。因此,必须推行全面质量管理,促进制鞋企业通过 ISO 9002 质量体系认证,建立注重"全员参与"和"持续改进"的新型质量管理方式,从而提高璧山制鞋企业的质量与效益。

树立成本意识,健全成本管理制度。对于皮鞋行业,生产成本的特征是:研发的速度、效率,表现在产品的生命周期和开发出来的产品的市场潜力,直接影响后来多方面的成本;原材料采购的性价比、速度、质量,表现在由于采购价格过高,或运转速度过慢,或原材料存在质量方面的瑕疵及不稳定性带来的成本问题;生产过程中材料的合理有效利用、工作效率和产品质量零缺陷,表现在生产工艺水平的高低、生产管理是否有计划性等。鞋业企业必须树立全员成本意识,加大研究开发力度,改进供应链管理,形成一套完整的规范化的成本管理模式。

整合营销资源,控制市场营销成本。皮鞋作为大众化消费品,具有地域性强、季节性明显、周期短和竞争激烈等的特性,而由这些特点引发的成本特征通常表现为:物流运作的时间成本过高;市场开拓费用大;市场反应的快慢潜在的成本不同;终端管理和与代理商的"沟通"成本高;还有店面租赁、促销、广告等费用。因此,璧山制鞋企业必须增强成本细分观念,在细分市场的基础上明确品牌定位,建立营销渠道,整合营销资源,强化物流管理。

7. 以人才培训为重点,提升鞋业企业市场竞争力

在市场经济条件下,企业的竞争,归根结底,是知识的竞争、人才的竞争。璧山鞋业实施人才工程,加大制鞋企业人力资源的培育,以缓解制鞋企业人才瓶颈,为璧山鞋业持续发展提供动力之源。

政府启动鞋业人才培训工程。从建设一流水平的中国西部鞋都的战略高度出发,结合璧山鞋业人才需求的实际,协调企业制订人才培训规划,建立和完善人才培训的制度和机制,实施人才大培训战略。建立多渠道、多层次培养人才的机制。政府、教育部门、行业协会、企业、社会、民间不同层次多渠道培训;长期、中期、短训、讲座,各种类型形式全方位培训;充分利用现有的职业中学等教育资源,大规模、专业化地培养中高级管理人

才、技术人才以及技术工人。从而不断提高企业员工的基本素质和技能，增强制鞋企业的市场竞争能力和持续发展能力。

创新鞋业企业员工培训模式。制鞋企业把加强员工队伍建设、强化全员的素质教育和技能培训作为增强企业发展后劲的基础性工程，高度重视，狠抓落实。创新培训模式，坚持全员培训与重点提高相结合，因材施教、讲求实效。以"学习新知识、掌握新技术、增强创新意识、提高创新能力，做知识型员工"为主要内容，采取集中综合培训和单一专业适应性培训相结合的方式，多层次、多类别、有重点地组织职工培训。

制定完善鞋业企业员工培训制度。企业职工培训不仅是企业发展的长期战略、预期战略，更是提高企业竞争力的全员战略。针对璧山鞋业企业员工培训的实际问题，必须建立和完善制鞋企业员工培训的约束制度、激励制度化、评价制度和监督制度，加强检查和监督，促进鞋业企业员工培训的常规化和制度，切实保证培训的良好效果。

西部鞋都的建设任重而道远，我们将坚持以科学发展观为指导，以市场需求为导向，依靠科技进步，进一步优化产业布局，调整产品结构，实施品牌战略，提高产业的规模化、品牌化、信息化水平，建好中国西部鞋都，做强特色优势产业，促进中国皮革行业持续繁荣发展，促进重庆璧山经济协调发展与社会和谐进步！

中国女鞋生产基地·惠东

惠东制鞋业起源于 20 世纪 80 年代初，30 多年来，经历了从无到有、从小到大、从家庭作坊式生产到机械化流水线生产的发展历程。特别是近 10 年来，县委、县政府大力扶持引导制鞋企业不断推进科技创新、产品创新、管理创新和营销创新，坚持不懈地实施名牌战略，现已形成了原料供应、模具加工、成型组装、装潢包装、产品销售"一条龙"的生产格局。2006 年 6 月，惠东制鞋业被中国轻工业联合会、中国皮革协会授予"中国女鞋生产基地·惠东"称号。

一　发展现状

（一）鞋业经济稳步发展

一是产业实力不断增强。目前，全县共有鞋业企业 5112 户，从业人员 26 万人。其中年产值超过 500 万元的规模以上制鞋企业有 600 多家，年产值 1000 万元以上的企业有 200 多家。规模以上制鞋企业年产鞋 2.9 亿双，年销售收入 105 亿元。2011 年产鞋 7.8 亿双，总产值 236 亿元。二是产业创品牌成效明显。全县有 200 多家企业通过了 ISO 9001 质量管理体系认证，150多家企业通过了ISO 14000认证，50多家企业通过了SA8000认证。目前全县共拥有市级以上品牌105个，培育了9个"国家免检产品"、21件"广东省著名商标"、11个"广东省名牌产品"、3个"广东省皮革行业特色品牌"、36件"惠州市知名商标"，以及28个"惠州市名优产品"，逐渐培育形成了具有一定规模的名牌商标群体。三是产业外向特色鲜明。全县有230家鞋业企业取得自营进出口经营权，573家取得一般纳税人资格，建立了132个出口生产基地，有200多家企业采用网上促销，产品远销美国、俄罗斯、日本等80多个国家和国内各大中城市，2011年，鞋产品年出口4.4亿双，出口额19.5亿美元（含县外出口）。四是产业拉动作用明显增强。制鞋产业是我县吸纳劳动力和创业人员最多的产业，也是我县劳村劳动力转移就业和农民增收致富的主要渠道。2011年全县鞋业税收1.9亿元，从业人员26万人，占全县城乡从业人员的30%，有力推动了全县经济社会发展。

（二）鞋业自主创新成效显著

一是研发能力明显提升。800多家制鞋企业建立了产品研发中心，其中，广东天鹅星鞋业、广东信利达鞋业、惠州市智华合成革、惠东县裕顺鞋业等12家制鞋企业建立了市级研发中心，惠州粤通鞋业、惠州中航鞋业等100多家制鞋企业与高等院校、科研院所建立了长期合作关系，自主创新能力明显提升。二是制造水平明显提升。拥有从中国台湾、意大利等地引进的自动化成型生产流水线设备522台（套），机械化生产规模持续扩大。三是管理创新迈出新步伐。大多数企业建立了现代企业管理制度，部分企业通过资源共享、强强联合的方式，组建了鞋业股份有限公司。

（三）鞋业带动效应明显增强

一是带动特色产业快速发展。制鞋产业不断发展壮大的示范效应，增强了全县群众发挥自身优势发展特色产业的热情，在鞋业的带动下，全县特色农业、商贸物流业、滨海旅游业等特色产业迅速发展。发展了13万亩冬种马铃薯产业、"六大海水养殖基地"；全县商贸批发活跃，人流、物流兴旺，社会消费品零售总额、住宿餐饮营业收入等指标一直位居全市各县区前列；有3个旅游景区获评国家4A级景区，大亚湾东岸100多千米海岸线滨海旅游蓬勃发展。二是有力提升了惠东形象。我县获评"中国女鞋生产基地"这一全国性区域品牌后，惠东在国内外的知名度不断提升，前来惠东旅游观光、投资置业的国内外客商不断增加，成为推动我县经济社会发展的有力助推器。

二 存在的问题及原因

一是市场竞争压力明显加大。越南等新兴鞋业基地正在崛起，并以其低廉的劳动力成本对国际鞋产品订单形成了较强吸引力。受美债、欧债危机等因素影响，鞋业的外需拉动将在一定时期内相对疲软，惠东县鞋业发展正面临着严峻的挑战。二是创品牌步伐较为缓慢。全县没有一个"中国驰名商标"和"中国名牌产品"。现有的省著名商标和名牌产品中，绝大部分知名度和市场美誉度不高，企业高层市场经济知识缺乏，规避市场风险能力和防范商业欺诈能力不强，企业遭受经济诈骗事件时有发生，产业整体实力和抗风险能力较弱。贴牌生产比较普遍，所得利润较少。三是经营管理水平有待提高。部分企业仍然是家庭作坊式生产，生产自动化程度不高，产品模仿多，创新少，市场占有率不高。在人事管理、生产流程、销售和经营模式等方面都存在着不少的弊病。不能很好地运用现代先进的信息技术和管理手段进行产品的市场开发和推广。不少企业自主观念保守，满足于每年实现100多万元收入，缺乏增资扩产的决心和强强联合发展企业集团的意识，导致惠东鞋业不能凝聚成强大的灵活市场，容易造成"易攻难守"的局面。四是制鞋专业镇城市化进程缓慢。吉隆、黄埠两个制鞋专业镇常住人口25万人，员工安家住房问题比较突出，企业员工子女上学困难；市容市貌、卫生环境较差。五是制鞋成本增加。制鞋业原材料价格上涨、人民币升值、劳动力成本上升等客观原因，直接导致制鞋成本增加，企业利润空间收窄，对制鞋企业带来较大冲击。

三 发展战略

（一）建设中国女鞋生产基地主题产业园，提升产业发展水平

中国女鞋生产基地是集研发、生产、会展、商住、仓储物流、教育培训于一体的鞋业基地。计划总投资18亿元人民币，规划用地6000亩，计划用4—5年时间建成。项目主要规划建设六大功能区——工业区、物流区、会展区、研发区、教育培训区和商业配套区，包括国际国内知名品牌女鞋生产厂区、本地知名女鞋企业生产厂区和中小型鞋企生产厂区，鞋材、辅料和制鞋设备生产厂区，产品咨询、成品鞋类、鞋材、制鞋设备展销贸易中心和仓储物流区，产学研基地和制鞋技能培训基地，鞋业公共服务综合大楼、鞋业技术研发创意园，集购物、休闲、娱乐、金融、住宅于一体的商业配套区，等等。项目建设主要发挥以下作用：一是承接和引进国内外知名品牌落户基地，强力推动惠东鞋业品牌化发展；二是凸显政府服务功能，将鞋产品质量监督检测站、鞋业科技创新中心、信息中心、博览中心纳入产业园内，为惠东乃至省内外鞋业提供一个高品质、服务齐全、综合功能高的鞋业服务平台；三是全面推进鞋业科技创新和管理创新，不断完善制鞋产业链，加快制鞋产业结构调整，推动制鞋产业转型升级；四是进一步擦亮和提升"中国女鞋生产基地"金字招牌，使之成为全球女鞋制造业的核心地区和具有一定影响力的国际国内知名品牌女鞋研发与生产基地。

（二）成立惠东县鞋革行业总会，促进鞋革行业健康发展

为了发挥政府部门与鞋革行业企业之间的桥梁、纽带作用，推动惠东县鞋革行业持续健康发展。在县委、县政府指导下，惠东县于2010年7月13日成立了惠东县鞋革行业总会。新成立的惠东县鞋革行业总会是代表惠东县鞋革行业企业的共同利益，反映企业的共同要求和愿望，加强政府与企业的沟通、联系，加强行业的内部协作关系，优化鞋革行业的自身管理，促进全行业的共同发展的非营利性社团组织。总会的成立，有助于我县开展行业调查研究、对外交流和合作、加强企业与政府的联系，对规范鞋革行业管理、促进行业发展必将起到积极的作用。

（二）制定技术标准，加强鞋产品的质量检测

一是全面实施技术标准战略，抢占鞋业发展制高点，提升惠东鞋业核心竞争力。组织协调各方力量，尽快在惠东成立"全国时尚女鞋标准化技术委员会"。建立"惠东县实施技术标准战略工作联席会议制度"，在吉隆镇开展实施惠东鞋业技术标准战略试点工作，以点带面推进技术标准战略全面实施。制定"惠东鞋联盟标准"和"惠东鞋材联盟标准"，并将之提升为广东省地方标准。同时建立起惠东县鞋业跟踪国际标准、国外先进标准及WTO/TBT动态信息平台，为惠东鞋业应对和消除贸易技术壁垒提供全方位服务，大

力鼓励和推动惠东鞋企业采用国际标准和国外先进标准。二是建立鞋产品和鞋材质量监督检验中心，为惠东鞋业发展提供强有力的技术支撑。在吉隆建立质监工作站，并争取上级支持，在吉隆成立鞋产品和鞋材质量监督检验中心，以及鞋业研发中心，为鞋产品研发、出厂检验和监督检验提供方便快捷的服务，为全面掌握惠东鞋产品质量状况提供强有力的技术保证。鞋产品质量监督检测中心现已建成，即将开始运作。

（三）实施"两大战略"，增强企业的核心竞争力

一是实施品牌战略。引导广大企业主增强企业品牌意识，抓住惠东县获评"中国女鞋生产基地"的机遇，扎实推进创名牌工作。推选一批有经济实力、有发展潜力、管理水平较高的民营制鞋企业参与名牌评比，及时兑现创品牌奖励措施，在巩固现有品牌成果的基础上，力争在"十二五"期间培育出5个以上国家驰名商标或中国名牌产品，30个以上省著名商标或省名牌产品，形成具有一定规模的名牌商标群体，打响"中国女鞋生产基地"区域品牌。二是实施创新战略。大力推进科技创新，引导企业引进国内外先进的技术和设备，改进现有的生产工艺和生产技术，提高产品质量、生产效率和经济效益。引导企业加强与高等院校、科研院所合作，推进技术创新和产品创新，提高产品科技含量。全面加强质量管理，帮助鞋企业实行ISO质量管理体系。逐步改变贴牌生产、效益低下的经营方式，提高企业的核心竞争力。大力推进管理创新。引导企业逐步改变家族式管理模式，建立现代企业管理制度，引导有条件的企业资源共享、强强联合，组建企业集团，力争今后几年每年组建1家以上鞋业企业集团。

（四）创优发展环境，建立和谐生产关系

一是创优生产环境。引导企业树立以人为本的理念，关心爱护工人，按时足额发放工资，改善员工的居住、饮食和工作条件，致力于抓好安全生产和职业病防治工作，为员工营造良好的务工环境，维护员工合法权益，促进企业健康持续发展。同时，积极建立企业文化，塑造企业形象，努力培育员工的团队精神，建立和谐的劳资关系。引导企业主树立开拓创新、诚信守法和干大事、创大业的意识。大力实施"人才强企"战略，鼓励和引进大中专毕业生到企业工作，邀请高等院校专家教授开设现代企业管理培训班，开展质量培训，加强对企业管理人员在标准、计量、质量管理、特种设备安全和名牌培育等方面知识的培训，增强企业从业人员素质，提高企业管理水平。二是创优社会环境。积极营造尊重创业、尊重人才的良好氛围，对鞋业企业尤其是生产规模大、自主创新能力强、对社会贡献大的企业要高看一眼、厚爱三分，及时为企业排忧解难。重拳打击假冒伪劣产品，保护名优企业和名优产品，建立名优企业投诉受理机制，加快鞋产品加入全国电子监管网步伐，强化质量跟踪，健全企业质量档案，加快建立质量信用管理体系。充分发挥县行政服务中心的作用，推行办事"一站式""服务一条龙"和收费"一窗口"制度，真正实现办事又好又快。加大治安巡逻力度，提高企业周边及城郊部位的见警率，为鞋业发展营造良好的治安环境。加强市容卫生监督管理，营造干净舒适的市容环境。充分发挥民营企业投诉中心的作用，对民营企业投诉的问题件件有着落、事事有回音。三是创优生态环境。高度重视鞋业园区尤其是考洲洋地区生态环境，进一步加大综合治理力度，充分发挥镇环保所、环卫所的作用，加强对吉隆、黄埠、盐洲和吉隆河以及考洲洋地区各大环保指标的监测；加大环保巡查工作力度，及时查处违规排污行为；加快考洲洋污水处理厂建设，加强工业污水处理能力；认真落实上级关于环境保护"三个一律"要求：新建项目中，凡

环保不符合要求的一律不准上马；在建项目中，凡环保设施未经验收合格的一律不准投产；已建项目中，凡经限期治理和改造仍不达标的一律关闭。

（五）解决"四难问题"，突破发展瓶颈

一是解决好企业用地难问题。对具有高成长潜力的制鞋企业，优先在中国女鞋生产基地工业园内安排建设用地指标。二是解决企业用工难问题。坚持开发本地劳动力资源和引进外地劳动力相结合，充分发挥惠东制鞋技术学校等职业培训机构的作用，抓好制鞋技术培训，加大农村劳动力转移就业中短期技能培训力度，培养本地技术工人，为企业输送更多制鞋专业人才。继续加强劳务合作，在与湖南、贵州、海南、云南等省市县劳动保障部门开展劳务合作的基础上，主动联系富余劳动力资源丰富的其他省市县劳动保障部门，定期组织缺工严重的制鞋企业上门招工，切实解决制鞋企业招工难问题。三是解决企业融资难问题。鼓励和引导金融机构转变观念，加大对资质好、机制新、产品创新能力强、发展前景好、行业地位靠前的制鞋企业信贷扶持力度，为企业提供全方位金融服务，促进企业健康发展。加快信用体系建设，抓好企业信用等级评估，引导企业主自觉遵守贷款协议，诚信守法经营，共同维护良好的金融信贷秩序，实现金融业与制鞋业互促共存、双赢发展。四是解决好企业开拓市场难问题。采取"政府搭台、企业唱戏"的形式，办好每两年一届的鞋文化节，努力提升"中国女鞋生产基地"的影响力。积极组织鞋业企业参加（上海）中国国际鞋类展、中小企业博览会、泛珠三角经贸洽谈会、美国拉斯维加斯、GDS等国内外大型展览会，帮助企业拓展销售市场。引导企业大力发展连锁经营，在国内外大中城市建立"惠东鞋连锁经营点"，提高市场占有率。加快鞋业企业信息化建设，充分利用我县"中国女鞋生产基地网""中小企业网"等网站加大对企业的宣传推介力度，促进网上交易。鼓励民营制鞋业申办自营进出口经营权，或与外贸公司合作扩大外贸出口，拓展销售市场。

（六）加快城镇化步伐，提高吉隆、黄埠地区社会管理水平

一是尽快建设考洲洋污水处理厂和鞋料垃圾无害化处理厂。公开招标引进资金，采取BOT、BT等形式，建设考洲洋污水处理厂。同时，结合惠东县鞋料垃圾多、热量高、常规处理难度大的实际，引进资金建设鞋料垃圾无害化处理厂，实现"变废为宝"。二是建设员工廉租房。筹集资金建设以中小户型为主体的廉租房，争取每年增建100套以上，努力帮助员工在吉隆、黄埠地区安家解决"买房贵"和"住房难"问题。三是筹建民办中小学校。采取公助民办的方式引进社会资金建设1所以上中小学校，解决吉隆黄埠地区员工子女上学难问题，消降企业员工的后顾之忧，使他们安心务工。四是办一所制鞋技术学校。由惠东县鞋革行业总会牵头，整合社会资源，在我县办一所制鞋技术学校，提高惠东县鞋业技术和管理水平。

（七）加大"中国女鞋生产基地"的宣传推介，提高惠东鞋业的国际竞争力

在乌塘、白云、白花等高速公路出口处及吉隆、平山竖立大型立柱广告牌，并运用报纸、电视台、电台，《北京皮革》《中国皮革》《中外鞋讯》《中国女鞋生产基地》杂志及"中国皮革网""中国轻工信息网""时尚女鞋网"等媒体，加大对"中国女鞋生产基地"的宣传推介力度，邀请有关专家学者在惠东举办鞋业发展论坛，全方位提升惠东鞋业的知名度和国际竞争力，推动惠东鞋业转型升级。

中国箱包之都·白沟

一 白沟概况

河北白沟新城位于北京、天津、保定三角腹地，处在"京津冀都市圈"与"环首都经济圈"的核心区域，北距北京 102 千米，东至天津 108 千米，南到保定 62 千米，面积 64.03 平方千米，建成区面积 25 平方千米，常住人口 15 万人。白沟新城交通便利，人杰地灵，历史上曾是中国北方著名的水陆码头，"日过千帆，商贾云集，货通大江南北，商流九州东西"是当时的真实写照，并以"燕南大都会"之美誉驰名遐迩。近年来，白沟先后被国家发改委等 11 部委确定为"全国小城镇发展改革试点镇"，被中国世界贸易组织研究会授予"中国商贸名城"和"中国产业集群品牌 50 强"称号，被联合国开发计划署命名为"中国可持续发展小城镇试点镇"，2007 年 4 月，被中国皮革协会授予"中国箱包之都·白沟"荣誉称号，2010 年 4 月被中央编办、中央农办、国家发改委、公安部、民政部、财政部联合批准为河北省唯一的"经济发达镇行政管理体制改革试点镇"，2010 年 8 月被河北省委、省政府批准为副地市级规格，命名为白沟新城，发展定位为保定东部

中心城市。

二 白沟箱包特色产业的发展现状

白沟箱包产业现已形成一个以"白沟市场"为中心，辐射周边6个县（市）、55个乡镇、500多个自然村，从业人员超过100万人的区域特色产业集群。2011年箱包产量达到7.5亿只，工业经济完成总产值120.97亿元，同比增长26.8%；实现箱包行业增加值30.36亿元，同比增长25.3%；利税7.8亿元，同比增长32.5%；完成固定资产投资26.85亿元，同比增长36.4%；直接出口4221万美元，同比增长98.9%，出口交货值26.81亿元，同比增长26.1%。

（一）箱包专业市场欣欣向荣

白沟箱包产业发展得益于"前店后厂"的模式，白沟箱包专业市场包括白沟箱包交易城、国际箱包城和银领国际商务大厦三大箱包交易市场，营业面积累计63.4万平方米，入驻商户合计8775个，2011年箱包产业市场成交总额为138亿元；与箱包产业配套的原辅料市场规模庞大，拥有五金皮革城、服饰辅料城、免费皮革市场三个专业市场，营业面积累计13万平方米，入驻商户合计1092个，主要供应皮革、布料、五金等箱包各环节使用的原辅材料。2011年皮革、五金等原辅料市场成交总额为75亿元；白沟的南北物流中心和联运市场，连接了白沟与全国31个省区市的县级以上城市。以箱包交易城、国际箱包城、银领国际为龙头的箱包营销中心，以五金皮革城、服饰辅料城为核心的原材料供应基地，以联运市场、物流中心为中枢的物流系统的完善产业链已经形成，并日益巩固着白沟箱包在全国同类市场中不可替代的优势和地位。

（二）箱包品牌经营收效明显

2007年以来，白沟政府采取措施促进箱包品牌发展，一是按照《白沟镇人民政府关于中国箱包之都品牌推荐活动的申报、认定、奖励办法》的规定，白沟每年组织一次"中国箱包之都品牌评选"，评出白沟十大知名品牌，作为下一年度的培育重点；二是要举办箱包设计大赛，激励技术创新和产品创新，鼓励企业参与各地举办的中国皮具设计大奖赛。三是强化企业品牌培训，邀请全国著名的品牌策划专家、营销专家、管理专家为白沟箱包企业经营者、管理人员定期授课，讲授品牌管理知识、企业管理知识，开展短期、中期和长期的企业培训工作。通过一系列活动，使白沟的企业经营者深深意识到了技术创新的重要，争先培育箱包自主品牌。2007年以后，箱包产业内累计注册商标1400多个，其中"玉兔""三只鸟"等21个"河北省著名商标"；"柯士比得""福润德"等9个"河北省名牌"；"子豪""鹏杰"等8个"河北省优质产品"；有"帅特利"等2个公司申请佩挂中国皮革协会"真皮标志"；2009年"玉兔"荣获中国皮革协会授予的"中国箱包优秀品牌"称号。

（三）工业聚集区取得长足发展

2007以后，为细化和延伸箱包产业链，一是白沟地方政府成立了"白沟新城招商投资促进机构"，配备了专业的招商队伍，建立了常态化招商机制，科学制订并严格执行工业聚集区招商计划，指导全区招商工作的开展。现在白沟新城工业聚集区内引进北方商贸城、国际运动休闲健康港、白沟泰阁新型建材城项目、白沟海天国际家私城项目、白沟绿色食品城、现代箱包物流仓储项目、白沟腾冠服装产业园项目、年产1000万只拉杆箱项目、工业CT机项目、年产1200万只（杉杉）皮具生产线项目、年产4000万米箱包用基布项目、年产500万只毛绒制品项目、洪峰五金产业园项目等一大批市场前景好、投资规模大的项目，大大壮大了白沟企业队伍，提高了产业综合竞争力；二是加大力度培养原有箱包企业做大做强。自"中国箱包之都"评定以来，白沟企业经营者决心将企业做大做强做规范，纷纷引进标准化企业管理模式，一方面引导企业健全内部门设置，规范企业经营行为，完善企业相关资质，提高从业人员综合业务水平，另一方面加强对箱包质量和价格的管理，严厉打击质量差、价格乱、安全隐患高、严重损害白沟箱包声誉的非法生产和非法经营企业，从而有效抑制不良竞争。通过政府的管理、引导、支持，广顺公司、玉兔公司、鹏杰公司、三只鸟公司、安博公司等众多箱包在生产规模、产品质量、顾客信誉等方面迅速提升；三是白沟金融环境进一步优化，自白沟的行政建制升级后，工商银行、建设银行、农业银行、信用社等金融机构纷纷升格为县级支行，扩大了贷款审批权限，在一定程度上解决了企业"融资难"的问题，为更好地支持白沟企业发展，同时相继成立了符合国家发展政策的融资担保机构和小额贷款公司，为白沟箱包企业发展优化了融资环境。目前白沟产业聚集区内拥有箱包生产规模以上企业350多家、规模以下企业3000多家，主要生产学生包、拉杆箱、休闲包、背提包、摄影包、电脑包、礼品包、各种包装包等100多个大类，上百万个花色品种，销往全国31个省区市的大中小城市，远销俄罗斯、南斯拉夫、法国、澳大利亚等190多个国家和地区。

（四）地方管理政策日趋规范

为企业营造良好的发展环境，白沟新城先后出台了《关于对重点企业发展和扶持的具体办法》《实施阳光税费征收意见》《白沟箱包区域特色产业品牌推荐、评选办法》《突出贡献企业评定和奖励办法》《关于对外地企业、商户实施优惠政策的规定》《优化发展环境十项制度》《白沟镇优化环境"十禁止"》《工业城"五统一"管理细则》等规定和办法。这些政策的出台，坚定了企业发展信心，加快了企业发展步伐；为拉动企业发展，白沟新城统一组织企业每年参加4—6次大型展会。自2007年以来，企业和商户先后参加中国进出口商品交易会、中国国际皮革展、香港亚太皮革展、义乌小商品博览会、迪拜皮革制品博览会、南非国际贸易展览会等国内外专业展会近30次，尤其是在参加第105届、106届、107届、108届、109届、110届广交会和迪拜皮革制品博览会上，以"中国箱包之都·白沟"的形式"抱团"参展，大大扩大了白沟箱包的知名度。为加大白沟贸易促进平台建设的力度，政府牵头搭建研发设计平台，解决白沟企业研发能力弱、设计能力不强的现状问题，并积极推动"产学研"合作模式，引进行业专家和高级技师，指导箱包新产品研发和设计。为保证箱包产品质量，政府投资组建了白沟箱包产品检测中心。为提高利用低成本的电子商务开展国际贸易的能力，引导企业积极搭建电子商务平台。同时每年由政府牵头组织当地企业和商户举办白沟中国箱包节。为加大对出口企业的服务力度，一是积极引导企业开拓国际市场，开展国际贸易，帮助企业申报对外贸易经营者备案登记，不断壮大外贸进出口队伍，激活外贸经营主体，二是每年举办20多次国际贸易业务培训，主要传授国际贸易理论知识、操作技能和实战经验；安排参展前的业务培训，学习报价术语、展会用语、箱包用语、谈判礼仪和一些国家的风俗习惯等知识，努力提高参展企业的业务素质和谈判水平，三是组织企业到河北大学、河北农业大学、保定人才交流中心招聘国际贸易、市场营销、财务管理、电子商务等专业人才，2011年为出口企业累计引进各类专业人才280余人。

（五）白沟箱包声誉海内外闻名

历史上的白沟曾是中国北方著名的水陆码头，当时"日过千帆，商贾云集，货通大江南北，商流九州东西"，以"燕南大都会"之美誉驰名遐迩。如今的中国箱包之都——河北白沟一是加强白沟基础设施建设，按照"亮、绿、净、美、畅"要求，创造优美的人文环境，使来白沟的人们感受到白沟的变化、发展、提高，实现人口碑相传，提高白沟的知名度、美誉度；二是通过定期组织承办"白沟（中国）箱包节"、"白沟杯"中国模特大赛、"白沟杯"中外相声电视大赛、"白沟杯"全国行业歌手大奖赛、旅游行业研讨会等活动，有效提高了白沟及箱包产业的知名度，美誉度；三是用多种方式积极搭建"中国箱包之都网""白沟企业在线""中国箱包批发网""白沟国际贸易网"等专业网站，让人们更直观地了解白沟，提高了白沟的知名度、美誉度；四是借助有组织地参加国内外相关行业展会，尤其是2007年至今，白沟箱包企业以"中国箱包之都"的名义抱团参加上海国际皮革展、香港亚太皮革展、广交会，以及国外的箱包专业展会，白沟以箱包为载体展示在世人面前，大大提高了白沟的知名度、美誉度。2007年以来，白沟箱包产品出口快速增长，远销俄罗斯、中东、东南亚、南美洲、非洲等190多个国家和地区，吸引了海内外客商来白沟市场采购，大大促进了白沟箱包企业的外向型发展。截至2011年底，白沟拥有一般纳税人企业87家，通过ISO 9000国际质量体系认证的企业46家，自营进出口83家，其中有出口实绩的企业36家。2009年首次实现直接出口848万美元，2010年完成2122万美元，2011年完成4221万美元，同比增长分别为150%、98.9%，2011年出口交货值完成26.81亿元，同比增长26.1%。2010年被河北省商务厅认定为"河北省商务厅重点联系的出口聚集区"。

（六）箱包行业组织，服务水平日渐提高

一是白沟箱包产业生产力促进中心肩负了业务培训、信息交流、产品检测等专业服务使命，为对学历要求不高的中小企业老板提供了专业知识和信息交流平台，转变从业人员的思想，建立诚信理念，提高从业人员素质。二是在中国皮革协会的指导和帮助下，箱包企业于2009年成立"白沟箱包皮具协会"，承担了企业间技术合作、经验交流和信息传递的重担，为企业创造良好的创业环境和公平、公正的市场竞争氛围，促进行业健康有序发展，目前会员人数已超过200家。三是白沟人才交流市场，本着把"人才市场建成人才的集散地、人才的输送站"的原则，不断完善招聘大厅配套设施，配备电脑等现代化设备，将用人单位招聘信息、求职人员、专业工人及毕业生的自然情况、求职意向及时发布，大大吸引了高素质从业人员就业。四是引进外脑带动箱包产业发展，按照"产学研"相结合的模式，2011年成立了白沟新城箱包专家会所，研究分析行业发展趋势，创新箱包产业经营模式，预测箱包流行，为白沟箱包产业服务。五是建立从业人员培训机制，白沟政府每年组织清华大学专家教授来白沟为箱包企业主授课，扩大企业主的知识面，转变他们的思想，提高他们的经营能力；与保定市工信局建立长期联合培训机制，组织企业赴保定、北京等地参加培训，提高企业管理水平；利用工业企业对标行动工作的开展，组织企业与企业之间以及企业内部各部门、个人之间开展"对标"行动，促进企业、员工全面进步。

三 促进白沟箱包产业发展的措施

(一) 发展思路

白沟新城管委会坚持科学发展观，始终把白沟放在北方、全国乃至世界的大坐标中，确立了"商业化—工业化—城市化—国际化"这一具有战略意义的"白沟模式"，提出"世界箱包看中国，中国箱包看白沟"的口号，全力打造中国最大的箱包产业集群和"中国箱包之都"。

(二) 主要措施

1. 改变企业小富即安意识，建立行业诚信的理念

制约白沟箱包产业及企业发展的最重要因素是"人"。由于白沟家家户户从事箱包生产，对学历要求不高，这种短视的利益观念给白沟造成了负面影响，使白沟企业始终走不出"加工作坊"的困境。另外，受根深蒂固的码头文化熏陶及怀有小富即安的心理，白沟企业经营者间缺少江浙地区合作意识，白沟境内产业合作比例很少，都在各自经营，单打独斗。为此，白沟新城管委会积极引导从业人员打破小富即安的保守意识，提高自身各方面的素质，并加强企业间合作，建立员工与企业之间、商城业主与企业之间、企业与企业之间的诚信合作关系。

2. 引导企业做大做规范，提升企业管理水平

一是健全企业内部部门设置。白沟箱包企业要向正规化发展，建立健全企业内部各部门的机构，做到权责明确、各司其职。二是鼓励箱包企业规范经营，白沟箱包企业单体规模小，很多企业证照不全，为此管委会指示相关部门积极办理营业执照，组织机构代码证、税务登记证及箱包产业需要的相应业务许可证等证件。三是提升企业综合管理水平。一方面建设服务质量管理体系，提升服务水平，另一方面实施标杆管理，提升企业基础管理水平。四是规范生产经营行为，加强对箱包价格的管理，严厉打击质量差、价格乱、安全隐患高、严重损害白沟箱包声誉的非法生产和非法经营企业，从而有效抑制不良竞争。

3. 加大投入力度，解决箱包产业人才短缺的问题

白沟境内有大大小小企业及作坊上万家，用工难是很多企业最棘手的问题。一是在白沟境内投资建设白沟人才市场办公场地，本着把"人才市场建成人才的集散地、人才的输送站"的原则，不断完善招聘大厅配套设施，配备计算机等现代化设备，将用人单位招聘信息、求职人员、专业工人及毕业生的自然情况、求职意向及时发布。二是建立"白沟人才"网站，拓展企业用工渠道，实行企业招聘会员制度，使企业间互通信息、资源共享，通过互联网系统，让人才与企业实现远程对接。三是针对众多企业对员工工种的需求，建立白沟箱包职业技术学院，培养所需专业人才。

4. 加大箱包产业招商力度，完善箱包产业链条

白沟境内箱包业虽已具备一定的规模，但是按照箱包产业链条上的皮革、五金、配件、织带、拉链拉头、松紧带、线、粘扣带、扣具、标、包装等众多子行业而言，因为白沟不具备生产配件的配套企业，所以加大了箱包产业链上游企业的招商力度，尤其对辅料、配件企业应给予较大的政策倾斜，吸引原辅材料生产商到白沟投资建厂。

5. 组织多种多样的推介活动，力推箱包品牌经营

一是按照《白沟镇人民政府关于中国箱包之都品牌推荐活动的申报、认定、奖励办

法》的规定,组织每年一次的"中国箱包之都品牌评选",评出白沟十大知名品牌,作为下一年度的培育重点;二是要举办箱包设计大赛,激励技术创新和产品创新,鼓励企业参与各地举办的中国皮具设计大奖赛。三是强化企业品牌培训,邀请全国著名的品牌策划专家、营销专家、管理专家为白沟箱包企业经营者、管理人员定期授课,讲授品牌管理知识、企业管理知识,开展短期、中期和长期的企业培训工作。通过一系列活动,使白沟的企业经营者深深意识到了技术创新的重要,争先培育箱包自主品牌。

总之,白沟的箱包产业经过30年的发展,已经具备了从原材料生产到专业分工、成品生产及销售,分工明确、配套齐全、较为完整的产业链;已形成一个以市场为中心,拥有上万家大小企业,从业人员过百万人,在国内外有一定影响力和市场占有率的庞大的产业集群;有了一套分工具体,行业集中,管理规范,配套齐全的产业运营模式;有了一个大小品牌上千个,并在国内外市场拥有一定知名度的品牌集群。白沟箱包产业已经具备了做大做强、持续发展的基本条件。

中国鞋业名城·温岭

一 行业现状

温岭制鞋业起始于20世纪70年代初期，由家庭作坊逐步发展起来，主要集中在泽国、横峰、大溪、城东、城北、温峤等镇（街道），以生产中低档注塑、浇注仿皮鞋为主，产品有皮鞋、旅游鞋、凉鞋、拖鞋、沙滩鞋、童鞋、工艺鞋、劳保鞋、橡胶靴鞋等。产品远销美国、日本、非洲、南美洲、西欧、中东等140多个国家和地区，是全球最大的注塑、浇注皮鞋生产基地之一。几年来，温岭鞋业分别被授予"中国鞋类出口基地""中国注塑鞋之都"。泽国镇被授予"中国民族鞋业之乡"；城北街道被授予"中国鞋类（运动鞋）出口基地""中国童鞋之乡"称号。2008年3月，中国皮革协会授予其"节能减排产业升级鞋业基地——中国鞋业名城·温岭"称号。

目前，温岭市共有制鞋企业近6000家，从业人员达23万人，2010年实现产值270亿元，占全市工业总产值的18%，是温岭市工业经济的主要支柱行业。其中产值超亿元企业18家，规模以上企业404家，有自营出口权的企业147家，出口额10.7亿美元，占全

市出口总额的36%。

统计数字表明温岭鞋业的发展速度是比较快的。全市企业家数从2001年的3000家增加到2010年的近6000家，规模企业从2001年的250家增加到2010年的404家，自营出口企业从2001年72家增加到2010年的147家；产值从2001年的80亿元增加到2010年的270亿元，同比增幅为23.8%。

改革开放的30年，是温岭鞋业高速发展的30年。在市政府提出的"实施品牌战略，建设品牌强市"战略性口号的推动下，全市鞋业产品的质量和款式日新月异，迅速提高，涌现出宝利特、浙诺尔、五洲、喜得宝、奥利莱等一大批明星企业。

综观该市鞋业发展现状，主要呈现以下几个方面特点。

（1）规模优势。市政府对制鞋业实施整合、扶持等一系列扶优扶强的政策措施，企业凭借机制优势，开拓国内外市场，有力地促进了鞋类产业迅速扩张，重点骨干企业、规模企业迅速发展。目前，以宝利特鞋业有限公司、浙诺尔鞋业有限公司等为代表年产值超5000万元以上的骨干企业有30多家，虽在数量上只占制鞋企业总数不到1%，但其产值总量却占制鞋业的30%以上，出口值占60%以上。这些企业的生产规模、产品质量和管理水平等均处于市内同类企业的前列，在行业中发挥着龙头带动作用；年产值在500万—5000万元之间的一般企业数量居中，其产值总量约占鞋业总产值的35%，出口量占35%以上，其经营管理较为规范，具有市场竞争潜力，是行业发展的中坚力量；年产值在500万元以下的小型制鞋企业，拥有量的优势，是该行业发展的基础。

（2）产品优势。近年来，温岭市鞋业企业坚持走科技发展之路，不断加大科研开发力度，在新产品开发、技改项目规模和总量投入上均实现了较大突破。企业注重引进和购买国内外先进设备，陆续引进的聚氨脂注塑鞋、冷粘等流水生产线，极大地提高了企业的生产能力、产品质量和技术水平，与国际先进水平的差距大大缩小。产品以中、低档为主，形成了仿皮鞋、运动鞋、冷粘鞋、休闲鞋、注塑凉鞋、拖鞋、童鞋、沙滩鞋、棉鞋等系列产品。

（3）区域优势。温岭市政府通过制定入园优惠政策，引导大量的中小企业入园，通过入园扶持，形成了比较明显的鞋业区域特征。一是集聚性。主要集聚在泽国和横峰，并逐渐辐射到周边的大溪、温峤及城北等地，集聚地的产值占全市鞋业总产值的90%以上。二是园区性。集聚地企业通过努力，形成了涉及企业多、产业链长、生命周期更长的鞋业企业集群。企业集群中的骨干企业向园区集聚，通过基础设施的共享、共性技术的互动、广告营销的合作，构筑了鞋业区域经济发展新格局。

（4）机制优势。崛起的"温岭注塑鞋产业"的主体是民营企业，创业热情十分高涨，民营企业创新能力强，具有自主经营、自我发展的灵活经营机制。在国际市场竞争中，灵活多变，有很强的活力和竞争力，更有利于其经营机制加快与国际接轨，宝利特、浙诺尔已完成规范的股份制改造，为公司股票发行上市做好了前期准备，这将进一步促进企业在国际竞争中生存、发展和壮大。

（5）市场优势。纵观国内市场，温岭仿皮鞋市场占有率居全国第一位，企业经过长时期的市场磨炼，初步建立了一支具有一定专业知识能力和推销经验的企业及社会营销队伍，并活跃在全国各地，不少企业在全国各大、中城市都设立了专门销售网点，从而形成了庞大的全国销售网络；从外销市场看，近年来外贸步伐不断加快，远远高出其他主导行业发展速度；产品覆盖全国各省、市、自治区，并广泛出口美国、日本、非洲、南美洲、西欧、中东等国家和地区。

（6）能耗优势。鞋业企业进行节能降耗，一方面体现了企业承担的社会责任，更重要的是企业自身发展的需要。因为随着原材料价格的不断上涨、出口退税率的多次下调、招工难导致的人工成本的上升、同业间的价格竞争空前激烈及外地制鞋业的低价优势的冲击，温岭市制鞋业的行业平均利润率已经低到不能再低的地步，企业只有加强内部管理，进一步挖掘潜力才能维持一定的利润水平，因此，节能降耗成为了制鞋企业的最朴素的现实需要。近几年来，温岭市有不少重点制鞋企业采用电子调速电机、伺服电机等替代传统工业缝纫机离合器马达，或对主要耗能设备进行变频改造，取得了明显成效。从2006年下半年开始，温岭市有近20家重点鞋业企业对高耗能工业缝纫机电机改造超过6000台，每年可累计节电400万度。2007年，温岭市制鞋业万元产值综合能耗为0.033吨标煤，比上年下降11.6%。

二 存在的问题

温岭制鞋业虽然形成了相当经济规模和区域优势特色，但要成为真正的"世界制造业"，无论是总体规模、生产能力、产品品种，还是在新产品开发和创新能力上，都还有相当大的差距。

（1）产品档次低，技术基础落后。温岭目前生产的鞋类产品档次不高，大批小企业的产品技术含量低，主要依赖价格和数量取胜，由于同行集中，产品相似，价格竞争空前激烈，加上近年来重庆、河北等地区的制鞋企业以更低的劳动力价格、运输费用等成本优势，对温岭市制鞋业原有的低价优势造成了冲击；同时，绝大多数企业技术工艺设备落后，仍处于手工设计，依赖于传统工艺或借鉴于他人，未能走出以传统产品、粗加工、初级产品为主的发展格局。

（2）品牌意识薄弱，机制有待完善。近6000家温岭制鞋企业中有自己品牌的寥寥无几，大部分企业尚处于仿制阶段，真正有影响力的品牌几乎为零。目前仅有"中国驰名商标"7个，国家免验产品1个，浙江省名牌3个，浙江省著名商标7个，绝大多数鞋企领导无品牌意识或对实施品牌战略认识不到位。企业内部经营机制尚未完善，生产自动化、管理网络化和"制造业信息化"还停留在口头上。仅有行业龙头、重点骨干企业初步建立现代管理制度，相当部分企业未能有效地将资本要素、人才资源、技术要素等加以有效运作。虽然企业通过对外开展贸易、引进国外技术设备等，积累了一些直接参与国际化经营的经验，但处理国际贸易纠纷方面的能力还比较弱，制约了企业参与国际合作中比较优势的发挥。

（3）各类人才缺乏，创新能力不足。温岭制鞋产业中高级专业技术人才、高素质管理人才严重缺乏，能率领企业参与国际竞争的企业家为数不多，特别是复合型和高新技术的管理人才整体性短缺。据初步统计，温岭制鞋企业现有专业技术人员占职工总数不到0.1%，龙头企业专业人员的比例也没有达到1.5%，导致温岭制鞋业的技术创新和新产品开发能力普遍不高，难以提高核心竞争力。

（4）经济要素制约突出，经济效益下滑。近几年来，温岭受到水、电、土地短缺，劳动力成本和原材料价格上涨以及人民币的大幅升值等因素的制约，经济效益下滑严重。

（5）产业链偏短，竞争力薄弱。温岭制鞋业虽然相当发达，但几乎没有上规模的制鞋配套机械制造企业、冷粘鞋流水线制造企业、注塑机制造企业，同时原材料生产企业也过少，主要原材料大多来源于温州、福建等地，一定程度上影响了行业整体技术水平和盈利能力。

（6）环境有待提高，服务亟须加强。温岭市政府为改善服务环境，先后建立了办证中心，直线电话受理中心，软环境监控中心等便民服务中心，取得了比较明显的成效。但还有些社会化服务体制不够完善，政府为企业提供公共服务的方式仍然需要有效的政策协调。

三 发展规划

（一）发展战略

转变原有经济增长模式，着力推进经济增长由生产加工和以量取胜向依靠科技进步、技术研发和以质取胜转变，由主要以生产集聚向以研发、品牌等总部经济转变，由主要依靠增加物质资源消耗向主要依靠科技进步、劳动力素质提高、管理创新转变，通过打造"1223"工程（年产值5亿元以上鞋企1家，3亿元以上2家，1亿元以上20家，5000万元以上30家），将温岭市鞋业发展成为具有特色的鞋业经济，带动鞋业产业集群的发展，实现鞋业转型升级，提升产业集群核心竞争力。

（二）发展目标

至2015年，把温岭市鞋业建设为：

（1）国内一流水准的企业技术中心、产品检测中心、信息化管理中心和加工制造基地；

（2）具备先进物流和购销管理水平的全国有影响的鞋材交易中心；

（3）以女鞋、童鞋和运动鞋为主要特色的国内外中档鞋产品生产基地和贸易中心；

（4）打造创新、创意为主要特色的国内一流的鞋业总部经济；

（5）全国重要的皮鞋（仿皮为主、真皮为辅）生产和出口基地。

（三）战略举措

1. 以创新推动产业升级

面对当前激烈的市场竞争，积极运用高新技术和先进适用技术改造提升制鞋产业，增加科技含量，促进产品更新换代，以增强产业核心竞争力为目标，带动产业结构优化升级。

确立科技兴企意识。鼓励企业加大技术创新投入力度，采用新工艺、新材料、新设备，注重高新技术向鞋业的扩散和渗透。鼓励企业开发新产品、新品种，加大产品开发设计力度，推出有自身特色的产品。大力推进鞋业企业技术创新，加快产业改造和升级，全面提高产业整体素质，鼓励应用新材料，提升产品档次和质量，从生产注塑鞋为主向沾胶、真皮鞋为主转变，从贴牌制造逐渐向自创品牌转变，从低附加值产品向高附加值产品转变，从低、小、散向规模化、集约化生产转变。鼓励企业科技协作，通过与大专院校、科研单位、大中型企业的科技协作，从短期合作、松散合作、紧密合作，积极发展为科技生产联合体企业，充分依靠社会科技力量，提高创新创优和产品开发能力，促进整个产业的不断提升。

2. 以品牌驱动产业升级

鞋业产业的蓬勃壮大，必须依靠品牌的支撑，温岭鞋业要想发展壮大，必须得从跟随和模仿中解脱出来，从"产量大名牌少"的尴尬局面中走出来，最终形成真正的、独创性的特色品牌。

——打造整体品牌。品牌的打造是一条漫长、曲折的道路，鞋是一种小商品，同其他产业相比，同样的投入，产生的品牌效应相对较少。因此，温岭鞋业要创品牌，首先必须依靠自身的整体优势，在打造产业品牌、区域品牌的大旗下，再集中优势创造个体的优秀品牌。创造整体品牌的前提是搞好市场经济秩序整顿，严禁假冒伪劣产品，定期开展打假治劣活动，注重对相关知识产权的保护、公平竞争环境的营造和税收环境的改善，以促进温岭鞋业整体品牌的培育和壮大。

——扩大品牌效应。首先，要引导龙头企业做好专门、具体的品牌规划。学习借鉴外地成功经验，聘请全国乃至世界一流的企划公司，高起点、高层次制定宣传推介战略。其次，充分发挥政府在品牌建设中的引导作用，召开各种形式的产品展示、推介会，组织参与国内外的产品交流等，利用各种媒体，采取多种方式，加大温岭鞋类产品的宣传推介力度，迅速提高品牌的知名度、美誉度。

3. 以龙头带动产业升级

——继续扶优、扶强。精心培育鞋业龙头企业，有计划地帮助龙头企业扩大规模，提高素质，使其成为行业发展领头羊，逐步改变温岭鞋业"小、散、乱"的状况。鼓励和帮助企业在国内外上市，支持企业之间的"强弱兼并"和"强强联合"，实现资产重组，促使有效存量资产的集聚，扩大企业规模。

——发挥规模效应。以鞋业龙头企业为主导，以大量中小企业为基础，形成细密的分工协作网络。一些龙头企业通过并购、参股和贴牌等手段，将一些质量和资信较好的生产型、经销型中小企业纳入旗下，引导面广量大的中、小鞋业企业主动为大企业做配套，转向生产中间产品，逐步纳入专业化分工生产轨道，向"小而专""小而精""小而强"方向发展，共享其品牌资源和营销网络，从而提高整个行业的发展水平，实现共赢。

——拉伸产业链条。积极引导、把握机遇，发挥大企业的带动作用，引进和鼓励资本投入，发展鞋机、鞋样、鞋底、五金配件等鞋业辅助材料生产企业，大力提高主导产业集中度和上下游产品关联度。通过产业链条的拉伸，壮大产业集群规模，在产业链中做大产业群。

4. 以管理促动产业升级

鞋类企业中普遍存在凭经验管理、凭经验决策，管理随意性大、规范性低的缺陷。为此，要引导企业确立现代经营管理理念，积极运用各种手段，实现机制创新、管理创新，从而全面提高产业整体素质和竞争力。通过各种渠道，宣传和推广国内外先进管理经验和成功企业经验，通过多种形式，开展创新管理现场交流。结合企业实际，加快企业管理创新，使企业管理走上制度化、规范化和法制化的轨道。

5. 以外向拉动产业升级

针对不同市场特点，积极引导出口企业采用多种方式开拓国际市场，扩大温岭鞋类产品在国际市场上的份额，不断优化、调整出口鞋类产品结构，进一步拉动鞋类产品出口稳定、持续、健康发展。支持企业参加境外重要展会以及国内广交会等展会，不断拓展外销渠道；组织境外市场开拓活动，鼓励企业参加推荐的其他各类国外展洽会，组织企业赴国外进行出口市场调研和考察活动，加强与当地商会等机构、组织的联系与合作；进一步加快温岭鞋类产品进军国际连锁（盟）步伐，举办国际知名连锁（盟）企业采购洽谈会或研讨会。及时掌握市场动态，了解产品出口信息，为企业营销提供可靠依据。

6. 以人才推动产业升级

坚持"以人为本"，紧紧抓住培养、吸引和使用好人才这三个环节，努力在行业内建设一支业务素质高、系统掌握现代管理知识、经营管理能力强、结构合理的管理人才队伍，建设一支具有创新精神及创业能力、适应国际竞争需要的高层次、复合型的企业家队伍。通过与有关高等院校合作办班的形式，进行案例教学，强化培训工商管理知识，综合提高企业家的务实能力。同时围绕企业改革发展中的热点难点问题，广泛开展工商管理、人力资源管理、金融、科技、财税、法律知识以及企业管理信息化建设、电子商务、网络技术、知识经济等内容的培训。通过多种形式，特别是推广奥利莱与温岭职业技术学校开展的"校企联办"职工培训模式，充分利用现有教育资源，开展职业培训，不断提高工人素质。

7. 以服务助推产业升级

转变政府职能，加强服务体系建设，强调服务意识，转变服务态度，优化服务手段，切实为企业的发展创造一个良好的外部发展环境。

——加大扶持力度。综合运用财政、税收、信贷等手段，鼓励和支持鞋业发展。重点通过政策引导龙头企业和名牌产品的快速发展，促进企业更快、更好地上档次、上水平。严格控制对企业的收费项目和收费总量，努力降低水、电、地等要素成本，构筑自由、宽松、透明度高、生产成本低的投资环境。

——打造特色基地。加快鞋业特色产品区域基地建设，建设高中低档仿皮鞋生产基地、注塑鞋生产基地、运动鞋生产基地、凉鞋生产基地，使之成为全国乃至世界的特色鞋业制造基地；努力打造一流的鞋业物流交易中心，建立鞋类制造业一流的综合性鞋材、鞋料市场，即鞋业物流交易中心。交易中心实施营销创新，采用电子商务技术，增强物流和购销管理水平，形成工贸"一条龙"全方位的专业化、社会化服务市场体系。

——加强行业自律。依据《安全生产法》《环保法》《消防法》《劳动法》等法律法规，加强对行业的监管。同时，充分发挥行业协会作用，通过制定行业规范章程，落实行业管理措施，开展行业内部培训，规范行业竞争行为，不断加强行业自律。针对目前鞋类低质低价、无序竞争的状况，制定鞋类产品行业自律协议，对于销售秩序混乱、增长过快的鞋类产品，采取临时调控总量的行业自律措施，保持销售的适度增长，引导企业严格遵守国家市场经济法律法规，推广ISO系列标准体系，提高产品质量，规范企业经营行为，避免恶性竞争，促进鞋业健康可持续发展。

8. 努力实现全行业节能降耗

做好节能降耗工作，是全面落实科学发展观、建设节约型社会的迫切要求，是缓解能源资源约束矛盾、切实保护生态环境的必然选择，同时，也是一项重要的政治任务。作为支柱行业和重点耗能行业，做好制鞋业的节能降耗工作对推动温岭市的节能降耗具有重要作用。

——以主要耗能设备技术改造为突破口抓好节能降耗。企业进行的技术改造，更新设备，改进工艺，在一定程度上对推动温岭市的节能降耗起到了积极的作用。温岭市的重点制鞋企业已普遍采用电子调速电机、伺服电机等替代传统工业缝纫机离合器马达，或对主要耗能设备进行变频改造，取得了明显成效。下阶段的重点是加强宣传、引导，争取在全行业广泛推广使用。

——以清洁生产为抓手推动节能降耗。清洁生产是实现节能降耗、减污增效的重要手段，也是推动节能降耗的主要抓手。自《中华人民共和国清洁生产促进法》颁布实施后，温岭市认真贯彻落实《清洁生产促进法》和省政府《关于全面推行清洁生产的实施意见》，积极引导企业开展清洁生产工作，已连续四年开展清洁生产审核试点，在清洁生产方面积累了一定的经验，涌现出一批推行清洁生产进展快、效果好的示范企业，取得了明显的环境效益和经济效益，以点带面的工作格局已初步形成。温岭市的宝利特鞋业、奥利莱鞋业、东亚橡塑已完成了清洁生产审核，要以市政府即将出台的《关于全面推行清洁生产的意见》为契机，在本市广大鞋业企业尤其是规模以上鞋业企业强制性地全面推行清洁生产。

——以资源综合利用为重点带动节能降耗。据调研，温岭市年生产各类鞋近10亿双，每双鞋可产生边角料50克左右，全年将产生4万吨的边角料。如果不能及时有效地处理好每天近110吨（按每年300个工作日计算）的鞋边角料，不仅造成资源的极大浪费，更会造成严重的环境污染。一是完善对边脚料的收集，建立"户集、村收、镇运、市集中处理"四级联动的机制，形成长效机制，落实机构、人员和经费保障。二是建立健全回收再利用体系。鞋边角料中有70%以上成分可回收利用，其他30%为真正的废料，只能焚烧或填埋。要采取有效措施鼓励生产企业、再生资源回收公司和其他企业回收再利用。对真正的废料或利用价值不高的鞋边角料要进行无害化焚烧和填埋处理。温岭市垃圾焚烧发电厂已于2009年年底建成投产，这些废料将完全用于发电。

中国毛皮之都·孟州桑坡

一 孟州市情简介

孟州市地处河南省西北部,北依太行山,南临黄河,面积541.6平方千米,辖11个乡镇办事处,274个行政村,38万人。辖区内丘陵、平原、滩地各占1/3,土地肥沃,气候适宜,生物资源丰富,拥有国家级黄河湿地自然保护区、锁蟒湖、古城湖等生态风景区。

孟州历史文化悠久。孟州是"唐宋八大家"之首韩愈的故里,古称孟涂国,秦称河雍县,汉称河阳县,唐武宗会昌三年升河阳为孟州,明洪武十年降州为县,始称孟县,1996年撤县建市。仰韶文化、龙山文化遗迹遍布境内,唐宋以来历史名人层出不穷,韩愈、武松、潘安、韩湘子等"一文一武一美一仙"的动人传说广为流传。

孟州发展势头强劲。2010年,全市地区生产总值达到173.3亿元,同比增长14.8%;全社会固定资产投资达到151.8亿元,同比增长24.1%;地方财政收入达到7.1亿元,同比增长14%;城乡居民储蓄存款余额达到56亿元,同比增长36.2%;城镇居民人均可支配收入15234元，同比增长11.4%；农民人均纯收入7821元，同比增长16.1%。先后荣获"中国全面小康成长型百佳县（市）""国家科技进步示范市""全国文化先进市""中国金融生态市""全国粮食生产先进市""河南省食品工业强市"等国家、省级荣誉200多项。

孟州产业结构合理。以"起步就与世界同步、主导产业领跑行业"的战略构想，建设了汽车零配件、生物化工、毛皮加工、超硬材料专业园区，形成了汽车零部件、生物化工、毛皮加工、新材料加工四大产业集群，打造了中原内配气缸套、广济药业核黄素、隆丰皮草羊剪绒、大地合金超硬材料4个"世界品牌"，培育了上市公司——河南省中原内配股份有限公司。为了加速产业集群发展，规划建设了11.7平方千米的产业集聚区，入驻企业276家，其中限额以上企业61家。

孟州发展活力迸发。发展环境优，坚持"用硬手腕打造软环境，把软环境打造成硬资源"，不断拓展"环境品牌"内涵，连续四年跻身"全国最具投资潜力中小城市百强"和"外商眼中的河南最佳投资城市"。经济外向度高，先后与50多个国家和地区建立了产品资金合作关系，3家世界500强企业、3家中国500强企业、2家中国500强民营企业、3家上市公司投资孟州，"进出口总额、人均创汇、经济外向度"三项指标连续四年居河南省对外开放重点县市首位，连续五年被评为"河南省对外开放工作先进单位"。创新能力强，建成了全省首家县级企业博士后科研工作站、2家博士后研发基地、4家省级工程技术中心；中原内配、隆丰皮草、大地合金、泰利杰4家企业分别牵头制定了国家级行业标准，广济药业核黄素生物发酵工艺被定为"国际首创"，列入国家禁止出口技术目录，科技进步对经济增长贡献率超过65%。

二 毛皮产业发展现状

孟州市毛皮加工产业历史悠久，早在郑和下西洋时，桑坡皮装就漂洋过海，远销异邦。改革开放以来，桑坡村乘党的富民政策东风，由村干部和党员带头建起毛皮加工厂，逐步带动了全市毛皮产业不断发展壮大，成为孟州市的主要支柱产业之一。目前，孟州市毛皮企业已达130多家，其中规模以上企业43家，拥有自营进出口权企业42家，从业人员达到3万余人，主要集聚在孟州市桑坡村以及周边行政村和孟州市产业集聚区皮毛加工产业园。2010年，实际加工羊皮2000万张，实现产值68亿元，外贸出口完成5000万美元，占全市外贸出口的30%，实现工业增加值23亿元，占全市GDP的比重达13.3%。毛皮加工以生产羊剪绒系列产品为主，开发了生活用品、汽车饰品、家居用品、婴童用品、医疗用品五大类共100多种产品。2007年，孟州市的毛皮产业被认定为河南省重点产业集群，先后有20家毛皮企业被河南省皮革协会评为"毛皮制品明星企业"；20家羊剪绒制品被评为"河南省羊剪绒名优产品"；2008年，中国皮革协会授予"环境友好型毛皮基地——中国毛皮之都·孟州桑坡"称号。

三 发展毛皮产业的主要措施

长期以来，为促进全市毛皮加工产业的持续、健康、快速发展，进一步壮大毛皮加工产业，扩大毛皮加工规模，孟州市委、市政府积极引导毛皮加工企业破除思想障碍，解放思想，开阔思路，通过解决技术难题、资金难题、经营难题，使全市毛皮产业走上了一条健康可持续发展的道路。

（一）加强组织领导，优化发展环境

孟州市委、市政府高度重视毛皮产业发展，积极服务、协调解决毛皮业发展中遇到的困难和问题，成立了孟州市毛皮产业管理委员会，对毛皮产业宏观发展及时加以指导。同时，为进一步加强行业自律，规范产业发展，在原毛皮商会的基础上，组建了"孟州市毛皮协会"，进一步完善了机制，明确了职责，加强了管理力量；创办了"孟州市毛皮协会"期刊，架起了企业与政府之间、市场之间、行业之间沟通交流的桥梁，促进了毛皮产业规范、高效、有序运转。

（二）着力扶优扶强，壮大企业规模

针对孟州毛皮企业数量众多、规模大小不一的现状，积极扶持优势企业，壮大企业规模，促进了毛皮产业的集团化、规模化发展。在用地、用电、用水、治污等方面出台了一系列的优惠政策。已形成了隆丰公司、德克斯公司、革乐美公司为主的集团化的发展模式，成功培育了明达公司、信慧公司、西维公司、爱伊兰公司、光宇公司等30多家骨干企业，主导产品实现了由初级加工向制鞋、服装等终端加工的"全覆盖"。其中，隆丰皮草公司于1995年4月引进外资，注册成立中澳合资企业。2002年，隆丰公司搬迁至孟州市产业集聚区后，先后投资20亿元，实施了高档服装革、鞋革皮、高档制鞋、雪地靴等项目，推动企业裂变发展，实现了年加工羊皮2000万张，每年羔羊皮采购量占澳大利亚供应量的60%以上，处于原料垄断地位，分别在澳大利亚墨尔本、美国洛杉矶、比利时布鲁塞尔、西班牙巴塞罗那、新西兰惠灵顿设立了分支机构，业务遍及全球各发达地区，一跃成为世界羊剪绒系列产品产销量最大的企业。

（三）依靠科学技术，促进上档升级

针对全市毛皮企业粗放经营，产品档次较低的现状，积极引导企业加大科技研发投入，促进产品结构上档升级，加快产业转型升级步伐。积极帮助企业引进国内外高层次科技创新人才和紧缺的专业技术人才，加强毛皮企业与高校、科研院所的联合协作，提高了企业自主研发、引进、消化新技术的能力，促进了结构和产品升级。先后开发出了羊剪绒、碳化羊毛等新技术，推出了高档汽车座垫、羊毛被、服装等30多种具有国际先进水平的裘皮系列产品，改变了原有产品结构，逐步提高了毛皮产品科技附加值，增强了市场竞争能力。龙头企业隆丰公司组建了一支由世界级羊裘皮鞣制专家组成的技术团队，拥有世界最先进的"生态鞣制"工艺，是国家羊剪绒行业标准唯一起草单位。产品先后通过"国际羊毛局WOOLMARK"、"Sanltlzed微生物防护"、英国"BLC"、德国莱茵TUV"SG"、Intertek（天祥）等多项国际权威认证，包括高于欧洲标准的宜家第三方"IWAY"认证。是瑞典宜家、美国沃尔玛等世界500强的战略合作伙伴，95%以上产品畅销英国、美国、法国、德国、俄罗斯等20多个国家。

（四）搭建经贸平台，不断开拓市场

为提高孟州毛皮的知名度，开拓国内外市场，以各类经贸洽谈会为载体，大力宣传，积极推介，为全市羊剪绒制品打开了一条通向世界的坦途。近年来，先后成功举办了全国毛皮交易会、首届全国毛皮博览会、中美毛皮技术交流会等活动，极大地提高了孟州毛皮的知名度，促进了外向型经济的发展。除此之外，孟州市委、市政府每次外出招商，都要把毛皮产品当作重点进行宣传推介，不断提高孟州毛皮的知名度。

(五) 重手治理污染，促进持续发展

毛皮加工产业发展壮大的同时，伴随而来的污染问题也越来越严重，环境问题成了摆在毛皮产业不断发展壮大面前的一道生死符。1996年，桑坡村投资600万元建成全国首家村级分散生产、集中治污的污水处理工程，日处理污水3000余吨；2001年又投资1300万元，建成了日处理污水2万吨的二期工程。2006年，投资3800万元完成了桑坡污水处理三期工程。2009年以来，成立孟州市桑坡皮毛群综合整治工作组，对所有皮毛加工企业进行集中整治，实施了污水深度治理四期工程。先后收取工程款2000余万元，污水处理费500余万元。完成了投资3500万元的桑坡污水处理厂内部改造工程，新上了3万立方米应急调解池、污泥浓缩池、浮渣池、脱水机房、中沉池、缺氧池、集水井、鼓风机房、絮凝沉淀池、气浮、污泥压滤机等工程及相关设备，并在厂区内新建了高压线路及配电房。投资800万元建设了总长7600米雨污分流主管网，彻底实现了雨污分流。督促符合生产要求的100家企业进行了内部整治。投资300余万元完成了老蟒河桑坡段1000米河道疏浚硬化。2010年11月15日桑坡皮毛群综合整治工作顺利通过省环保厅验收，为皮毛产业的进一步发展壮大打下了坚实的基础。目前工程已经全面投入运行，日处理污水能力达到了3万吨，成为全国最大的村级污水处理厂，COD排放量控制在100毫克/升的国家一级标准内。作为孟州市毛皮产业龙头企业的隆丰公司，始终把环保放在第一位，公司先后投入2500万元建成的全部三套污水处理工程，目前已成为一个能并联、单个或多个施用的灵活性处理工程，日处理废水能力达到1万吨，完全满足最大生产量的污水处理需要；在厌氧环节，公司高标准建成了沼气回收综合利用装置，平均每天产沼气量3000立方米，解决了员工就餐的能源供应问题，实现了资源循环利用。同时，公司将工业废水排放过程中产生的污泥压缩成固体，向周围村民免费供应生产沼气，并免费提供技术服务，提高了村民使用清洁能源的积极性，既为污泥找到了好出路，又密切了企业与周围乡村的关系；在鞣制、染色每个环节均设有水循环利用系统，经深度处理的中水部分回用到鞣制环节，生产耗水量不到国家标准的2/3，仅此一项，全年节约地下水资源60万吨，节约原料、水资源和电费近300万元。田寺和南庄两个皮毛群2010年分别投资150万元和60万元完成了深度治理。2010年11月28日两个皮毛群深度治理工程顺利通过省环保厅验收。同时，为了进一步优化投资环境，市委市政府投资1.5亿元建设了日处理污水5万吨的产业集聚区污水处理厂，对污水进行集中再处理，为孟州市毛皮产业的健康可持续发展奠定了发展基础。

四　毛皮产业发展中存在的主要问题

（1）经营方式有待提高。多数企业没有采用现代企业管理制度和运行机制，企业还停留在创业初期的以业主个人产权为基础的家庭、家族式管理经营模式。随着企业的发展壮大，这种家族式的管理已难以适应市场发展的需要，对全市毛皮产业的发展有一定的阻碍作用。

（2）产品结构相对单一。多数毛皮企业仍旧以羊剪绒加工为主，产品开发延伸不够，终端产品少，产业链条短，产品附加值较低。

（3）统一规划亟待实施。桑坡村的毛皮加工企业都是从小作坊一步一步发展起来的，长期以来，产业缺乏一个统一的发展规划，致使部分毛皮加工企业和村民生活区混在一起，影响产业的发展壮大，规划新区对桑坡毛皮加工企业进行整合迫在眉睫。

（4）品牌意识需要加强。多年来没有形成在国内外叫得响的名牌产品，许多产品通过中间商对产品包装后才能销售，为他人做嫁衣，使利润大为降低。

（5）市场建设落后。孟州毛皮企业较多，但由于相互之间缺乏统一的协调管理，多数企业还是各自进行市场销售，没有形成统一有序的流通市场。

五　毛皮产业发展规划

坚持创新引领、开放带动、绿色发展的理念，加快现有企业整合，拉长产业链条，促进产业上档升级，充分发挥集约效应，打造"孟州皮毛"国际集群品牌，实现毛皮产业新跨越。到"十二五"末，形成年产毛革1500万张、皮鞋70万套、鞋类产品1000万双、汽车内饰及座椅面料100万辆份的生产规模，销售收入突破260亿元，实现工业增加值80亿元，出口创汇10亿美元，将孟州市打造成为中国羊皮毛、皮具、羊皮工艺品之都。

（一）东部以全国最大的毛皮加工集聚地桑坡村为基地，加快现有企业整合，在桑坡村南规划建设毛皮发展新区

一是统一规划，建设生态型工业新区。目前，省市规划设计院的专家对毛皮产业今后的发展进行了科学规划论证，初步规划建设生活区、工业区、鞣制加工区、精加工区、污水处理区和市场交易区，对每个区实行集中建设、分块管理，逐步将现有的100余家小企业整合成20家左右较大规模的企业，最终使之成为集科研、工业、贸易于一体的生态型工业新区。二是采取政策扶持，吸引企业入住。借鉴外地经验，结合本市实际，制定出灵活、适用、有利于支柱产业形成的政策等，引导企业在毛皮新区投资建厂。三是搞好公共设施建设，为入驻企业提供便利条件。毛皮新区内的水、电、路、通信、有线电视、绿化以及公共服务等基础设施建设由市政府协调相关职能部门统一建设管理，为入驻企业提供必要的创业环境。四是组建管理机构，提高服务质量。管理机构在市毛皮管委会的领导下，集公安、工商、税务、土地、城管、环保、审计、劳动、卫生、检疫等部门的职能于一身，对辖区内企业实行封闭式管理，为企业提供最佳的发展环境和最优质的服务。五是依托新区，努力打造品牌桑坡。利用在桑坡村建设毛皮新区的契机，全面实施"大、宽、精"战略。"大"就是组建规模较大的毛皮公司或集团，实行股份制经营，完善现代企业制度，实行专业化生产、规模化经营；"宽"就是拓宽毛皮产品的领域，拉长产业链条，调整产业结构，走出单一模式；"精"就是运用先进的生产技术，提高产品质量，丰富花色品种，生产出终端的名牌产品，直接进入市场，提高产品附加值。同时，积极引导企业用新技术、新观念来管理企业，避免无序竞争，保持毛皮市场稳定，打造品牌桑坡。

（二）西部以世界最大的羊剪绒加工企业隆丰公司为骨干，促进企业上档升级，进一步壮大企业实力

在隆丰公司原有的基础上扩大生产规模，调整产品结构，提升产品层次，开拓高端市场，在巩固提高一期、二期、三期生产规模的基础上，以隆丰公司总投资10.2亿元的年产1000万张高档服装革项目、10.6亿元的年产1000万双高档制鞋项目、2.5亿元的年产1500万双雪地靴项目、1.8亿元的年产350万张鞋革皮等项目为依托打造孟州皮毛产业园。到"十二五"末实现产值7.8亿美元、利税10.3亿元,产品覆盖整个皮毛产业链,成为世界羊剪绒、高档服装革、高档羊毛鞋等高端产品的最大生产基地。

(三) 组建毛皮研发机构,提高产业核心竞争力

积极争取中国皮革协会、相关科研院所、大专院校的支持,尽快组建成立毛皮研发机构,加快新产品的研发,推广新的鞣制工艺和生产技术,变初加工为精加工,真正把羊剪绒系列产品的巨大市场潜能挖掘出来,进一步做大做强毛皮产业,全面提升孟州毛皮产业在国内外的影响力,提升毛皮产业的国际化水平。

(四) 加快市场建设步伐,促进毛皮流通业发展

按照市场化、现代化、国际化的发展要求,加快毛皮流通方式创新,树立毛皮城品牌形象,加快毛皮市场建设步伐;围绕产业发展需求,运用现代流通方式,完善国内营销网络,积极开拓国际市场;加快建设毛皮产业原辅料市场,不断完善商务、居住、娱乐等配套设施,打造以毛皮城为龙头的专业市场群;进一步确立毛皮城市场建设在全国乃至世界毛皮制品的集散中心地位。

(五) 进一步做好治污工作,发展循环生态产业

严格排放标准,确保毛皮企业外排污水能够稳定达标排放;做好桑坡、田寺、南庄三产业集聚区等污水处理厂市场化运营工作;积极申报实施沼气发电、废渣生产有机肥、中水综合利用等项目,发展循环经济,促进毛皮产业的可持续发展。

(六) 加强毛皮协会建设,促进毛皮产业有序发展

进一步完善以企业家为主体,以市委、市政府有关领导为顾问的毛皮协会,完善章程,加强管理,充分发挥毛皮协会的组织协调作用,规范企业间市场经营秩序,避免无序、恶性竞争;积极组织实行新的生产工艺,引导企业进行技术升级,淘汰落后生产设备和产能;组织成立桑坡毛皮集团公司,申请注册"真皮标志";组织企业参加各类经贸活动,提高孟州毛皮知名度,促进毛皮产业健康发展。

中国皮草科学发展示范基地·枣强[①]

一 枣强县的基本情况

枣强县位于河北省东南部,京九铁路穿境而过。县域面积892平方千米,设6镇5乡553个行政村,人口37.8万人。枣强历史悠久,故称棘津,因枣木强盛而得名。西汉元朔三年(126年)汉武帝始置枣强县,至今已有3000多年的历史。传说商末丞相比干曾在大营一带射狐制裘,被视为营皮鼻祖,秦始皇统一六国后,赐封大营为"天下裘都"。枣强是西汉儒学家董仲舒的故里,也是革命老区,长篇小说《平原枪声》描述的就是枣强县肖张一带的抗日故事。近年来,在上级党委、政府的正确领导下,在各有关部门的支

---

① 2015年11月,经中国轻工业联合会和中国皮革协会复评后,"中国毛皮科学发展示范基地·枣强"调整为"中国裘皮服装服饰名城·枣强"。

持帮助下，枣强县经济建设和社会各项事业都保持了良好的发展态势，全县已经形成以皮毛、玻璃钢两大传统产业为主，以托辊、燃气调压器等新兴产业为辅，多点支撑、梯次发展的产业格局。先后被命名为"中国皮草科学发展示范基地·枣强"、全国对外开放县、全国科技工作先进县、中国玻璃钢工业基地县。

二 毛皮产业发展情况和行业优势

枣强大营是裘皮业的发源地，经过多年的发展，已经成为全国重要的裘皮加工、集散基地。毛皮加工业年产值突破100亿元，上缴税金2.3亿元，占全县工业总产值、财政收入的70%以上。2008年10月，中国皮革协会授予其"中国毛皮科学发展示范基地·枣强"称号。如今，裘皮业不仅成为枣强县经济的支柱，而且也成为全市乃至河北省重要的区域特色产业之一。主要有以下特点和优势。

（1）悠久的历史渊源。裘皮业相传为商朝宰相比干在枣强大营为官时始创，距今已有3000多年的历史。秦始皇曾下旨赐封枣强大营为"天下裘都"。明朝嘉靖年间，营皮被额定为"土贡"，因此名扬天下。郑和下西洋时，营皮以"皮板柔软、毛眼遂适、色泽协调时尚"而进入欧洲上流社会；清道光年间，英国、俄罗斯、日本、荷兰等十多个国家的客商开始在大营设立货栈；到20世纪六七十年代，营皮曾长期作为出口免检产品远销海外。

（2）雄厚的群体基础。全县共有毛皮加工企业摊点1.4万家，覆盖大营、新屯、恩察、嘉会、枣强镇5个乡镇，大营一带"村村干皮毛、户户搞加工、人人懂经营"的局面已经形成。毛皮也以大营为中心，已辐射到周边5市县500多个村庄，从业人员达到30万人，皮毛专业技术人员超过2400人，形成了方圆百里的皮毛经济圈。

（3）颇具实力的骨干企业。经过多年的发展，目前，全县拥有宏巨、凯美隆、诺维拉、大华等一批规模大、效益好的骨干毛皮企业。这些企业，资金力量雄厚，工艺设备先进，销售市场广阔，对枣强乃至全国毛皮业发展起到了积极的推动作用。

（4）颇具规模的加工集散地。全县年可生产裘皮服装60万件、生产皮张上亿张。主要生产经营生皮、熟皮、半成品、裘皮服装、裘皮编织、毛领帽条、裘皮饰品、剪绒、工艺品九大系列2000多个品种。经过多年的发展，实现了生产产品由仿效制作向自行设计的转变、加工销售由挂靠品牌向创建品牌的转变、出口方式由间接贸易向直接贸易的转变、生产工艺由传统手工向现代技术的转变，营皮产品的质量和档次跃上了一个新台阶。枣强大营已经成为国内外同行业品种齐全、样式新颖、潜力充足的毛皮生产、加工、销售集散基地。

（5）优越的发展环境。枣强县秉承"亲商、爱商、富商、安商"的宗旨，突出"一个中心"，健全"两个机制"，优化"三项服务"。一个中心，即完善政务服务中心，为客商提供"一条龙"、一站式服务。"两个机制"，一是服务责任机制，在服务过程中，推行首问负责制，引导办理制和限时办理制；二是工作协调机制，与税务、工商、环保、检疫、消防、国土等部门建立经常性联系制度。三项服务，即为投资落户的客商提供贴身服务，为企业建设提供全方位服务，为企业投产后提供经常性服务。同时，对重点毛皮企业实行挂牌保护制度和"通行绿卡"制度。多措并举，营造出文明和谐的社会环境、透明高效的法制环境、廉洁务实的政务环境、竞争有序的市场环境和生态良好的自然环境。

(6) 高速增长的对外贸易。枣强的毛皮产品原材料来自芬兰、丹麦等国际著名毛皮拍卖行以及世界各地，年进口各类皮张 3000 多万张，产品主要销往俄罗斯、北美、西欧等 40 多个国家和地区，是名副其实的"买世界、卖世界"。近几年出口额连续几年呈几何倍数增长，2005 年毛皮产品出口额近 10 亿美元，占全国毛皮产品总出口额 19 亿美元的 50% 以上。原来营皮产品主要以皮张、褥子等原材料、半成品为主，现在主要以成品服装、流行饰品为主。

(7) 迅速发展的企业品牌。积极引导、扶持企业培育品牌，目前，冰蝴蝶、鑫怡特、金帝英姿等 30 多个服装品牌已经在国际市场享有一定声誉。

(8) 先进的技术装备。目前，全县拥有从西班牙、土耳其等地引进的先进设备 200 多台套，主要分布在竞佳、凤东等实力较强的皮毛企业。

(9) 繁荣的市场交易。大营镇拥有大营国际皮草交易中心、大营国际裘皮城等大型皮毛交易市场，市场总面积近 10 万平方米，经营面积 6 万多平方米，拥有门店 1671 个，上市摊位 5000 个。每天客流量 1.5 万人，高峰时可达 10 万人，日平均成交额 150 万元以上。2006 年 4 月建成使用的中国·大营国际皮草交易中心，总投资 1.5 亿元，建筑面积 7 万平方米。2008 年 5 月，大营国际皮草交易中心被中国商业联合会命名为"中国大营裘皮制品及辅料第一市"。目前，投资 2.6 亿元，建筑面积达 12 万平方米的大营皮草科技园一期、二期、三期工程均已竣工投入使用，尤其是大营裘皮世贸城建设项目正在施工、大营裘皮新城项目开工在即，这些项目建成后，将成为全国一流的毛皮专业交易市场。2008 年 11 月，大营镇被中国商业联合会授予"大营·中国市场名镇"的称号。自 1992 年以来，枣强县已连续 20 次成功举办中国·大营国际皮草交易会，每届皮草会都有近万名中外客商云集大营，交流信息，洽谈贸易。

(10) 完善的环保设施建设。投资 7000 多万元兴建了日处理 3 万吨的大营污水处理厂。坚持"以防为主、防治结合"的原则，对企业排放污水一律集中处理，做到达标排放，为皮毛产业健康、可持续发展提供了良好的环境保障。

(11) 具有现代气息的工业区。坚持高起点规划、高标准建设、高效能管理、高速度招商，规划建设了大营皮毛工业区。目前，完成投资 6 亿多元，建成面积 2500 亩，形成了"两纵五横"格局，实现了水、电、路、信等"六通一平"，进区企业达到 190 家。涌现出了宏巨、凯美隆、兴宏、雪娇尔、大华公司等一批年销售额超亿元的龙头规模企业。

(12) 遍布各地的营销网络。目前，莫斯科裘皮服装市场 80% 以上的裘皮产品都来自枣强大营，枣强在北京雅宝路裘皮服装市场有摊位 80 多个，占全部市场的 60%。浙江桐乡崇福镇皮毛市场的 300 多个经销摊位中，枣强占到 70%。还有一批经销人员活跃在绥芬河、满洲里、广州、义乌、大连等全国各地。

三 皮毛产业发展思路

枣强皮毛业的发展思路是：围绕一个目标，突出两个关键，实施三个突破，实行皮毛产业的快速、健康、可持续发展。

一个目标，即通过三年的努力，实现销售收入超 200 亿元。

两个关键，即开拓市场和环境建设两个关键环节。

(1) 积极开拓国内外市场。瞄准同行业国际、国内的先进水平，采用新工艺、新设备、新技术，加快技术改造，提升装备水平，提高产品档次，实施名牌战略，增强市场竞争力。在引导企业巩固俄罗斯市场的同时，积极开拓欧洲、美国、韩国、日本市场，努力拓展东北、西北市场，尽早实现皮毛业的市场 多元化支撑。

（2）完善营皮发展环境。在软环境方面，认真研究上级有关政策，根据皮毛产业发展实际，进一步完善促进毛皮业发展的政策措施，减负让利、涵养潜能。针对"三乱"问题，坚持标本兼治，强化执法监督和行风评议，为企业发展全力打造宽松的发展环境。加大治安防范力度，完善社会治安防控体系，严厉打击强买强卖、偷盗抢劫等不法行为，全力打造安商、富商的治安环境。在硬环境方面，按照省级环境优美小城镇标准，拉大镇区框架，搞好镇区绿化、美化、硬化，加快城区建设，为毛皮业发展创造优美的环境；继续按照"高起点规模、高水平建设、高速度招商、高效能管理"的思路，把毛皮工业区打造成项目落地、客商入驻的创业宝地；促使中国·大营国际皮草交易中心借鉴国内先进市场的成功经验，进一步搞好市场的运营、管理，发挥好交易中心在国内外著名的皮毛专业市场中的带动效应；发挥大营污水处理厂的治污中心作用，加快镇区内污水改排管网工程建设，努力打造绿色皮毛、生态皮毛，实现皮毛业的可持续发展。

三项突破，即努力在产业规模、产业水平、经营者素质三个方面寻求突破。

（1）实施"营皮北扩"战略，扩大产业规模。皮毛业积极实施"营皮北扩"战略，在县城谋划建设毛皮发展小区，带动毛皮业向北扩展。围绕拉长产业链条，大力发展特种养殖业，促进毛皮业向养殖、销售两头延伸，增强皮毛业抵御风险的能力。

（2）引进新工艺、新技术，提升产业水平，加大新技术、新工艺、新设备的研制、开发和引进力度，开发新产品，增加产品的种类和款式，强化品牌意识、质量意识，扩大市场占有率，培育骨干龙头企业。力争到2014年，纳税超千万元的企业达到10家，超百万的达到50家。培育国家级名牌3个，省级名牌10个。

（3）加强引导、培训，提高经营者素质。引导企业家树立解放思想、与时俱进、开拓创新观念，树立永不自满、敢闯敢试、敢为人先、争先创优的精神。引导企业进一步强化质量管理，重视产品和市场的深度开发，倾力打造知名品牌，提高市场占有率。引导企业聘请高素质的技术、管理人才，整合人力资源，借外脑、外力提升企业的管理水平、技术水平，实现毛皮产业的跨越式发展。

中国皮装裘皮产业基地·佟二堡[①]

2008年，辽宁佟二堡经济特区被中国皮革协会命名为"中国皮装裘皮产业基地"，佟二堡经济特区也借此东风，不断发展壮大皮装裘皮产业。

一 自然情况

佟二堡经济特区于1992年建立，隶属于辽宁省灯塔市，系副县级建制，地处浑太平原，地理位置优越，交通便捷，距沈阳桃仙机场45千米，距沈大高速公路灯塔出口15千米，距京沈高速公路辽中出口30千米，省级公路辽官线与小小线贯串全区境内。辖区面积98.8平方千米，镇区面积4.7平方千米，耕地面积85000亩，下辖18个行政村、1个社区，4.3万人。

[①] 2013年12月，经中国轻工业联合会和中国皮革协会复评，"中国皮装裘皮产业基地·佟二堡"调整为"中国皮草之都·佟二堡"。

二 皮装、裘皮主导产业发展情况

佟二堡皮装产业兴起于20世纪80年代末，到90年代末期发展到顶峰，当时全特区有1.5万人（总人口2.3万人）从事皮装加工生产、销售，有上千家大中小生产企业，年生产销售皮装近500万件，到2000年，由于主客观等多种因素，皮装产业滑入低谷。从2003年开始，佟二堡皮装产业逐渐走出低谷，现在已实现了全面的复苏，达到了历史最好发展水平。

佟二堡裘皮服装产业兴起于20世纪90年代中期，起初仅有几个人在香港、广州等地委托加工。进入到21世纪后，佟二堡裘皮服装产业呈现出迅猛发展态势，无论是加工企业的数量、规模、现代化程度，还是产品的品种、档次和质量，都达到了一个崭新的发展水平。

佟二堡皮装、裘皮服装产业发展呈现出如下特点。

（一）企业数量急剧增加，企业规模不断扩大

2000年，佟二堡裘皮服装企业只有20户，目前达到150户，其中生产水貂裘皮服装的有100户（有固定厂房、机器设备的51户，委托加工的49户），生产獭兔等其他裘皮服装的有50户；裘皮服装生产企业的规模不断扩大，年生产裘皮服装5000件以上的企业达到10余户，年生产裘皮服装3000件以上的企业达到20户。

现在佟二堡皮装生产企业达到650家，其中年加工能力10000件以上的企业有200余家。

（二）产量逐年扩大，产值不断提高

2000年佟二堡裘皮服装产量为2万件，实现产值2亿元，到2007年，裘皮服装产量达到18万件（其中水貂产品15万件，其他裘皮服装产品3万件），产值实现16亿元，2008年佟二堡裘皮服装产量可实现25万件，（其中水貂产品18万件，其他裘皮服装产品7万件），产值实现20亿元。

2005年佟二堡皮装产量实现400万件，产值实现20亿元；2007年佟二堡皮装产量实现500万件，产值实现25亿元；2008年佟二堡皮装产量达到600万件，产值超过30亿元。

（三）产品质量不断提升，产品款式引领时尚

随着产业不断发展，佟二堡皮装、裘皮服装生产企业产品质量意识显著提升。企业不惜重金从香港、广州、南京等地聘请高级设计师、技术人员和管理人员，从德国、英国引进整套先进设备，采用流水线生产。裘皮服装的原料是从美国、丹麦、芬兰、加拿大等国的毛皮拍卖会上直接拍购；皮革原料是从河北、浙江等地的知名皮革厂家购得。佟二堡还与市技术监督局在佟二堡成立皮革、裘皮服装检测中心，大力实行产品质量跟踪检测制度和市场准入制度，从产品生产、销售环节保证了产品质量。

佟二堡企业聘请的高级服装设计师有100余人，这些人都精通业内的设计理念和风格，使得佟二堡生产的皮衣和裘皮服装产品都体现着时代的设计理念，引领着时尚消费潮流。

（四）产品外向化进程加快，出口创汇逐年扩大

佟二堡在建设域内市场的同时，积极推进产品的外向化进程，逐步完善了域外市场的

销售体系，目前在吉林、黑龙江、新疆、内蒙古等省区的大中城市都建立起了销售网络。同时出口创汇额度逐年扩大，2005 年裘皮服装出口 1000 件，出口创汇实现 110 万美元；2006 年出口裘皮服装 2000 件，皮装 1 万件，出口创汇实现 252 万美元；2007 年出口裘皮服装 2000 件，皮装 3 万件，出口创汇实现 352 万美元；截至 2008 年 11 月已经出口裘皮服装 2000 件，出口皮装 4 万件，出口创汇实现 396 万美元。

（五）品牌意识显著增强，品牌逐渐增多

通过市场的打磨，佟二堡企业品牌意识逐步增强，现在佟二堡大多数企业均拥有自己的品牌，还争创名牌，2008 年"亿圣尼"牌裘皮服装获得辽宁省最佳裘皮服装产品，"千顺子"牌皮革服装获得辽宁省最佳皮革服装产品，"盖美祺"牌皮革服装获得辽宁省最佳外销皮革服装产品。"帝谰族""鼎尔帝雅"牌裘皮服装获得了真皮标志产品称号。

（六）产业链条不断延长、完善

2003 年欧亚美制衣有限公司与中国香港和韩国合资组建了辽阳创丰裘革制品有限公司，使裘皮的染色、镭射雕花等多种工艺能在本地完成。现特区有硝染企业 7 家，其中辽阳创丰裘革制品公司、辽阳奥鹏硝染厂、进良印染厂、权利硝染厂已经上了污水治理设备，并且技术先进，工艺水平高，全年可硝染水貂皮 150 余万张，硝染狐狸皮、兔皮等皮毛 50 余万张。自 2005 年佟二堡兴建了占地 23 亩水貂养殖示范场以来，2006 年又在佟二堡村规划出 500 亩地，建成了以养殖狐狸、貉子、水貂为主的特种毛皮动物养殖园区。该园区分三期建设，一期 100 亩已有 7 户养殖场进入园区，皮毛动物存栏量 6 万只。现佟二堡地区饲养业户达 1000 户，年出栏特种毛皮动物 20 万只，佟二堡已基本上形成了集"养殖、硝染、加工、销售"于一体的完整链条，极大地促进了特区皮装、裘皮服装产业的健康快速发展。

（七）产业集群化发展趋势初步形成

以发展皮革特色区域经济为目标，佟二堡特区今年规划了占地面积达 1200 亩的皮装、裘皮服装生产工业集中区，积极鼓励企业"改坊为厂，引厂入区"，并对入区的企业提供完善的服务和有效的监督，增强企业的投资信心和开发能力。目前皮革工业区基础设施配套完备，已有 12 家企业入区生产，年生产皮装 10 万件，裘皮服装 4 万件，产值达 5 亿元。

三 市场的发展情况

（一）基本现状

佟二堡拥有旺鼎皮草皮装城、佟二堡中国皮装裘皮城、亮冠佳绅皮草广场、佟二堡皮装商业厅、百盛裘皮商场、缘达华饰裘皮精品城、富祥裘皮商场、皇都皮草城共 8 家皮装、裘皮专营商场和长达 1 千米的裘皮经营一条街，经营业户近 2000 家，经营高中低档裘皮、皮装、皮具等商品近千种。

旺鼎皮草皮装城建筑面积 22800 平方米，共有经营业户 500 家，其中有经营皮装摊床 226 家、经营箱包等其他皮革制品摊床 42 家、经营皮装精品店 110 家、经营水貂裘皮服装精品店 37 家、经营其他毛皮服装精品店 59 家、经营箱包等其他皮革制品精品店 26 家。

佟二堡中国皮装裘皮城建筑面积 23000 平方米，共有经营业户 608 家，其中有经营皮装摊床 380 家、经营箱包等其他皮革制品摊床 34 家、经营皮装精品店 89 家、经营水貂裘皮服装精品店 24 家、经营其他毛皮服装精品店 54 家、经营箱包等其他皮革制品精品店 27 家。

亮冠佳绅皮草广场建筑面积 15800 平方米，共有经营业户 259 家，其中有经营皮装摊床 98 家、经营箱包等其他皮革制品摊床 22 家、经营皮装精品店 59 家、经营水貂裘皮服装精品店 50 家、经营其他毛皮服装精品店 20 家、经营箱包等其他皮革制品精品店 10 家。

佟二堡皮装商业厅建筑面积 3000 平方米，共有经营业户 300 家，其中有经营皮装摊床 204 家、经营皮装档口 96 家。

百盛裘皮商场建筑面积 2000 平方米，有经营水貂裘皮服装精品店 27 家。

缘达华饰裘皮精品城建筑面积 4000 平方米，有经营水貂裘皮服装精品店 46 家。

富祥裘皮商场建筑面积 900 平方米，有经营水貂裘皮服装精品店 20 家。

皇都皮草城建筑面积 12000 平方米，共有经营业户 122 家，其中有经营皮装精品店 62 家、经营水貂裘皮服装精品店 47 家、经营其他毛皮服装精品店 12 家、经营箱包等其他皮革制品精品店 1 家。

裘皮经营一条街共有经营业户 50 家，其中有经营水貂裘皮服装门市 30 家、经营其他毛皮服装精品店 20 家。

(二) 发展特点

佟二堡皮装、裘皮市场销售旺季时每天参加交易的客商近 5000 人，日交易额可达 2000 万元，2008 年销售各类裘皮、皮装、皮具等商品近 600 万件（套），销售额实现 40 亿元。目前，佟二堡的市场形成了格局优化、环境升级、服务优质、管理科学的良好局面，极具凝聚力、吸引力和竞争力。

(1) 经营格局不断优化。近年来特区政府积极招商引资，优化市场经营格局，通过多方努力吸引了河北、海城等域外客商投入资金逾 2 亿元，盘活了 4 处闲置多年的市场，对 4 处市场进行全方位、大手笔改造装修，建成布局合理、功能齐全、设施完善的皮装、裘皮商场，进一步优化了市场的经营格局。同时，其他商场也转变经营观念，重新定位，在政府的引导下，形成高中低档错位有序发展的市场新格局。如今 7 处近 8 万平方米的皮装、裘皮商场和长达 1 千米的裘皮经营一条街，经营高中低档皮装、裘皮服装和各类皮具商品达上千种，吸引无数消费者纷至沓来，实现了市场的主办者、经营者、消费者的三方共赢。

(2) 经营环境明显提升。近年来，累计投资近 5 亿元，特别是 2008 年以来，7 处专业市场纷纷聘请业内贤人志士，吸取海宁、辛集等国内先进地区市场运营经验，制订高标准改造方案，并对市场重新冠名，使市场集休闲、娱乐、旅游、购物四大特征于一体，更具时尚魅力；同时，加大招商力度，在政府组织领导下，通过开展广告招商、以商招商、展洽会等多种形式，吸引了浙江海宁、河北辛集、天津等地经营业户纷纷前来购店经营。目前，整个佟二堡市场内外地经营者占业户总数的 20% 左右，并带来了先进的经营理念，店铺的重新装修，更加符合产品内涵，极大地提升了产品的档次，也促使本地业户经营环境意识明显提高。

(3) 名品、名店急剧增加。伴随着消费观念的转变，人们日益追求时尚、品牌商品，外地经营者纷纷把外埠著名皮草品牌"柯莱特""蓝威龙"等带入佟二堡，同时本地业户也转变经营理念，代理域内、域外皮革著名品牌，如"凯撒""都彭""华伦天奴"等世界十大皮衣品牌在佟二堡市场内均有直销处，这些大品牌的商品填补了佟二堡市场的空白，与本地品牌"欧亚美""盖美祺"等在一起形成了强有力的竞争，极大地提升了佟二堡市场的档次，极大地推进了产业品牌化进程。

（4）管理服务走向规范化、现代化。特区从规范管理市场入手，成立了市场管委会，切实提升管理服务水平，积极为经营者搭建与国内外交流的平台。一是通过特区实施"民务诚信、商务诚信、政务诚信"三大战略，在市场内实行了先行理赔、市场准入、经营者诚信经营等制度，树立起佟二堡诚信市场新形象。二是通过构建市场信息平台，定期公布市场动态信息，及时为经营者提供准确的经营参考信息。三是通过电台、电视台、报刊等新闻媒体全方位宣传佟二堡市场，大大提高了佟二堡市场的知名度和美誉度，通过举办展销会、交易会等形式的业内会议，展示和宣传佟二堡的市场。四是通过"特色旅游乡镇"的品牌，积极为旅游观光者提供优质服务，为其创造宽松的购物环境，使市场内经营者有更多销售产品的机会。

四　未来发展战略

（一）指导思想

今后佟二堡皮装、裘皮产业的发展指导思想是：以中国皮革行业"十一五"规划为指导，牢牢抓住国家振兴东北老工业基地所带来的机遇，发展绿色环保皮装、裘皮产业。发挥区域经济集群优势，以生产中、高档皮装和高档裘皮制品为方向，加快产业结构调整和产品开发，提高产品质量，推进品牌建设，使佟二堡成为产业集群化、产品系列化、管理现代化的皮革特色产业区域，全力打造"佟二堡中国皮衣、裘皮基地"。

（二）战略措施

1. 扩大区域产业集群，完善生产体系

—— 科学规划皮革、裘皮服装生产工业集中区，大力招商引资，兴建皮装、裘皮服装加工工业地产项目。力争每年引进集中区企业20家，到2010年，园区内规模企业达到50家。

—— 鼓励具有一定基础和规模企业，吸引外资，改造加工工艺，向规模新型企业发展，形成一批以名优产品为龙头的公司集团。并扶持一些具有独特优势的专、精企业，使整个行业形成以大型企业为龙头，中小专、精企业为基础的完整生产体系，并建立现代化企业制度。

2. 强化毛皮工业持续发展基础性工作，完善毛皮产业链条

—— 加快毛皮经济动物的繁育发展，推动动物的养殖基地建设，努力培育貂、狐狸、貉子优良品种，突出抓好水貂良种示范场和佟二堡各村特种毛皮动物养殖园区建设，带动全特区特种毛皮动物养殖业发展，保证特区毛皮加工业的数量及质量要求。

—— 探索毛皮集中加工新模式，加强清洁毛皮加工工艺研究，推进毛皮加工业发展。科学规划毛皮硝染小区，实行污水统一处理排放，实现鞣制硝染小区化管理。

3. 开发新产品，完善产品结构

以皮革服装、裘皮服装产品为主导产品，开发花色品种。同时还兼具以下产品的开发。

—— 开发生产箱包、手套、领带等日用皮制品。

——开发生产皮具、汽车坐垫套等汽车装饰配套皮制品。

——开发生产毛、皮一体产品。

4. 培育多样化专业市场，构建物流中心，完善市场体系

立足扩大内需寻求产业发展增长点，力求产业发展，由依靠内需向内需外需协调转变，力促市场整合划一。

——以现有市场为基础，引导走股份制合作之路。实现统一管理，逐步完成物流中心建设任务，力争到2010年建成占地200亩，建筑面积10万平方米的大型皮革、毛皮制品物流中心。

——构建域外销售网络。

以创新精神，努力拓展国内市场流通的新模式，降低营销成本，促进服务质量，拓展内销市场。

——鼓励企业学习国际贸易规则，以多种形式积极融入到当地营销渠道，创造双赢的贸易合作模式。

5. 实施名牌战略，做好申办真皮标志工作，为创名牌创造条件

——通过真皮标志的推荐，引导企业注重产品的精细工作及功能研究、款式设计，逐渐提高产品综合质量水平。

——构建特区品牌评定模式，为培育名牌提供帮助，推进特区名牌化进程。

6. 科学安排宣传活动，完善宣传体系

——强化外宣职能，科学制订宣传方案。

——抓住各种媒体传播受体，采用科学宣传方式。

——举办、承办大型活动，宣传佟二堡。

7. 政府加大支持力度，完善服务体系

——建立组织，制订年度工作计划，并组织实施。

——保持产业政策连续性。创造条件让毛皮经济动物的养殖与下游毛皮加工业形成有机结合的产业链。

——成立产品研究机构，建立管理者与技术人员定期培训制度，培养自己的产业工人。

——完善市场管理职能，扩大管理权限，强化市场监督。

——加强城区建设，增加城市的基础设施，配套城市功能。

8. 加强商会建设，促进产业发展

——发挥商会在政府与企业间的桥梁、纽带作用。加强行业自律，确保国家、行业、企业的利益不受损害，规范市场制度，营造市场竞争环境。

——推行行业诚信公约自律规范，确保行业可持续发展。

中国旅行箱包之都·平湖

平湖市位于东海之滨，地处浙江省东北部杭嘉湖平原腹地，北接上海市，南濒杭州湾。全市陆地面积537平方千米，海域面积1086平方千米，海岸线长27千米。辖6镇3街道，户籍人口48.7万人，新居民27万人。境内地势平坦、河网密布、四季分明、气候宜人，素有"鱼米之乡、瓜灯之城、文化之邦"的美称。平湖是浙江接轨大上海的第一站，杭州湾大桥的北岸桥头堡，地处上海、杭州、苏州、宁波四大城市的地理中心，距沪、杭、苏、甬各1小时车程，是长三角的交通枢纽城市。平湖在2006年全国最后一届综合实力百强县排名中列第28位，是中国最具投资价值金融生态示范城市和长三角首批最具投资价值县市之一，是浙江省首批扩大经济管理权限的17个强县市之一。箱包产业是平湖市的一大传统特色支柱产业，箱包行业的发展壮大对平湖经济社会全面发展发挥了积极的作用。平湖已成为中国旅行箱包之都、中国箱包产业出口基地、浙江省区域名牌。

一 平湖市箱包产业基础好、成长性强、国内外知名度高

平湖箱包产业起步于20世纪70年代末，最初以生产各类内销手提包、袋为主，进入

90年代以后，随着国内、国际旅游事业的发展和人民生活消费水平的不断提高，平湖的箱包产业也得到了快速发展，企业数量不断增加，生产规模迅速扩大，产品种类日益丰富，产业配套日趋完善。2009年4月，被中国皮革协会授予"产业升级——中国旅行箱包之都·平湖"称号。目前，全市有箱包制造及面料、拉杆、制线、织带、钢丝、钢架、印花、注塑、夹板、拉链、脚轮等箱包配件配套生产企业500多家，从业人员4万余人，年产各类箱包、袋近1.68亿只，年创产值50多亿元，产品种类从手提包、袋发展到各类皮包、袋、软箱、拉杆箱、化妆品箱等上百个品种。平湖的箱包企业在近20年国内、国际市场贸易的激烈竞争中，锻炼造就了一大批生产规模大、管理水平高、设备档次居国际先进水平的骨干企业群体。

近年来，平湖箱包企业注重国内、国外两个市场，坚持内贸外贸一起抓，使箱包产业得以持续快速发展。2011年，全市箱包出口3.6亿美元，增长22.45%，出口市场主要有欧盟以及美国、中东、南非、南美洲、澳大利亚等80多个国家和地区。许多国际著名品牌箱包经营商如SAMSONITE、ANTLER、RONCATO等与平湖箱包企业建立了长期的合作生产和业务关系。平湖许多箱包生产企业已在国内大中城市建立了连锁经销网络或在大型商场、超市设立了店中店、专卖柜，其中南桥箱包厂的"南桥"箱包已打入全球排名第一的美国沃尔玛超市，"四通"箱包也成功打入了麦德龙、农工商、大润发等连锁超市。

二 平湖市政府大力支持箱包产业发展

多年来，平湖市政府对箱包产业发展予以高度重视与支持，在"十五"和"十一五"平湖市国民经济和社会发展规划中，都将箱包产业作为平湖经济鼓励发展主导产业予以规划落实，并制定了一系列经济激励政策，引导箱包企业转变发展方式，鼓励建名企、创名牌、培育行业龙头企业。在市委、市政府《关于激励经济发展的若干政策意见》中，对箱包企业创建研发中心或技术中心并经国家、省认定评估的，分别给予40万元、20万元的补助；对箱包产品获得中国名牌产品（驰名商标）、省名牌产品（著名商标）的企业，分别给予100万元、12万元补助，被认定为国家免检产品的，给予15万元补助；支持箱包等行业公共服务体系建设，每年从工业发展资金中安排8%用于公共平台、区域名牌及行业协会等公共服务体系建设；鼓励箱包企业拓展市场，对箱包企业出国参展给予展位费补助；支持培育出口箱包品牌，对获得商务部"中国出口品牌商品"称号的，给予每个品牌奖励20万元，对获得"浙江省出口品牌商品"称号的，给予每个品牌奖励10万元等。加强对平湖箱包业转型、升级、发展的组织领导，市领导经常就箱包业发展开展专题调研，了解情况，开会座谈，解决难题。近几年来，市政府多次邀请国内知名经济学者和箱包界权威人士到平湖，通过举办平湖箱包发展战略论坛、讲座、研讨会等形式和活动，研究平湖箱包产业发展战略及发展规划、思路和措施，引导箱包企业做大、做优、做强，为箱包企业及时了解箱包行业发展的最新政策和发展动态提供相关信息。

三 平湖市箱包行业发展规范有序

行业整体素质得到明显提高。积极引导企业实施企业管理制度改革，推进家庭式管理向现代企业管理体制转变，现代企业管理体制逐步形成，经营者队伍整体素质显著提高，目前已有多名企业经营者参加MBA等学习深造。积极推行CAD等计算机辅助设计系统运用于企业生产管理，苦练内功，强化管理。行业内绝大多数企业已通过 ISO 9000 系列国际质量标准认证和 ISO 14000 国际环保标准认证。全市箱包企业注册商标已达 150 多件，在欧盟等国外注册的商标也有 50 多件，"四通""银座""新秀"等 10 多个产品已获得省市名牌产品称号，其中"新秀""爱美德"2 个产品于 2007 年 9 月双双获得"中国名牌产品"称号。

行业协会作用发挥明显。平湖市于 1998 年 12 月成立了平湖市箱包行业协会，并于 2006 年 10 月进行了换届选举。几年来，平湖市箱包行业协会在会长的领导下，以"联合创新、共同发展"为宗旨，积极组织开展学习交流、外出参观考察、筹备建立箱包交易城、组织参加各类大型展览会、积极开展企业招工等各项工作，加强和国内其他地区箱包行业协会的联系，为会员企业搭建了一个政府经济发展信息、行业优秀管理模式和先进经营理念、企业工作和市场开拓成功经验相互学习交流借鉴的平台，发挥好了政企互动的纽带桥梁作用。

四 创品牌、拓市场是平湖箱包的发展方向

箱包行业是都市型无污染传统产业，今后几年平湖将以科技进步提高产业层次，以创建名牌提升箱包品位，以市场拓展扩大行业规模，以产业延伸推动行业发展，以管理创新增强行业素质。进一步厘清发展思路，抓住机遇，发挥优势，合力兴业，营造平湖箱包行业的新优势，力争把平湖市建设成中国旅行箱包之都。

（1）加强行业规划，提升产业集聚效应。平湖市箱包企业数量虽多，但区域分布相对集中，主要分布在新埭、钟埭、当湖三个镇、街道，已初步形成一定规模的产业群，为今后发展奠定了良好的基础。在此基础上，平湖注重产业布局规划，加强规模企业建设，发挥新秀、爱美德、中村、南桥、星阁、新宇等骨干生产企业的龙头作用，在巩固现有旅游类拉杆箱包生产的前提下，拓展新、特、优中高档花色箱包生产，逐步发展各式中高档时装包、袋产品。加强与国际大企业、国际品牌的合作、合资，拓展出口市场；建立箱包设计中心、技术检测中心，增品种、上档次、创品牌、拓市场，走可持续发展之路。作为整体箱包行业，针对出口贸易壁垒、产品质量保证等问题，通过行业协会平台，建立相应行业标准，争取形成相应行业技术标准，增强产品品质保证，提高地区产品国际竞争力。

延伸产业链、发展箱包面辅料生产，大力发展箱包、箱包面辅料、零配件、皮革等箱包生产和配套产业。发展箱包面辅料生产，有利于实现产业集聚，降低企业的生产成本，稳定产品质量，提升行业竞争能力。平湖市的箱包面辅料年需求额约为 10 亿元，发展面辅料生产是建设箱包生产基地的重要组成部分。目前平湖市已经形成了一批上规模、上水平的制线、织带、面料、拉杆、钢丝、钢架、印花、注塑、夹板等箱包配件生产企业，对行业生产要素的有效集聚与合理配置，发挥了良好的作用。

（2）注重品牌建设，培育名牌产品。平湖市委、市政府向来注重品牌建设，根据平政发〔2006〕101 号《关于印发〈平湖市品牌培育发展"十一五"规划〉的通知》的要求，认真实施"品牌兴市、名牌兴业"发展战略，引导、鼓励企业争创国家级、省级、嘉兴市级品牌和名牌，推进由"数字经济"向"质量经济""品牌经济"转变，提升优化平湖市经济结构和产业结构，促进平湖市工业经济持续、健康、协调发展。

以新秀箱包、爱美德箱包、中村箱包、南桥箱包、星阁箱包等生产企业为龙头，加强产品

创新，在巩固原有传统型旅游类拉杆箱包生产的同时，为顺应市场要求，满足多元化的消费需求，拓展新、特、优中高档花色箱包，逐步发展各式中高档时装包、袋；着力于技术改造和创新，提高产品的科技含量与附加值，建立箱包设计中心、技术中心，自主培育国内知名品牌。到2015年，争创中国名牌3—4个、浙江省级名牌4—6个、嘉兴市级名牌6—8个。

以新秀箱包、爱美德箱包、银座箱包、四通箱包、星阁箱包、南桥箱包、方盛箱包等拥有自主品牌的箱包生产企业为基础，总结推广成功经验，积极营造箱包行业创牌软环境，重点培育符合条件的企业，为争创著名商标创造必要条件，扶持平湖市箱包商标品牌的发展。到2015年，争创中国驰名商标2—3件、浙江省著名商标3—6件、嘉兴市著名商标12件。

（3）建立箱包市场，拓展发展空间。平湖箱包产业具有较强的生产规模优势和较为完备的管理优势，建立箱包专业市场有助于制造企业培育自主品牌，提高产品档次和产品附加值。在目前日趋紧缩的外贸出口形势下，建立箱包专业市场可以帮助平湖箱包行业加快产业转型和产业提升步伐，努力拓展新的行业发展空间。

平湖·国际箱包城依托平湖市人民政府的大力支持和箱包骨干企业的积极参与，按照总体规划、分期实施、按需调整、留有余地的原则，规划总用地面积240多亩，总建筑面积40多万平方米，其中首期用地100多亩，建筑面积约16万平方米，主要建成箱包成品交易区、箱包原物料交易区和相关配套功能区等。

中国男鞋生产基地·鹤山

一 鹤山市制鞋行业概况

鹤山制鞋业历史悠久，最早可追溯到清代，但真正发展壮大是在改革开放后，鹤山市委、市政府采取有效措施，积极实施一系列投资优惠政策，为鹤山市的制鞋企业健康发展营造良好的发展环境，大力扶持发展了增兆、恒达、必登高、易高、华尔俊豪、富华、华利达、新龙、荣华、名华、永冠、行星、新潮流、洪萍皮业、柏威皮革、新科达、永洋、鑫海、新三峡等一批规模大、实力强、信誉好、后劲足的外资、民营制鞋企业。近年来，鹤山制鞋业更是迅速兴起，蓬勃发展，成为鹤山市工业体系中的重要行业，是鹤山时尚传统优势产业和区域性特色产业。2009年5月，被中国皮革协会授予"产业升级——中国男鞋生产基地·鹤山"荣誉称号。

经过多年的发展，鹤山制鞋业已取得了长足的发展，已成为中外鞋业界闻名的男鞋重要生产基地。业界通过自主发展和政府宏观协调服务相结合，依托特色产业和支柱行业，抓住产业链完善与集散量扩张这个关键，积极实施龙头企业带动战略，把扶优扶强作为产

业支柱重点，形成带动产业发展的核心和龙头，从而促进整个集群的发展和壮大。目前，鹤山市在册鞋类生产和关联企业（鞋底、鞋机、鞋楦、鞋材等）有 1000 多家，其中规模以上企业 110 家、外资企业 9 家、经营鞋的各类贸易企业（含门店）700 多家。年生产各式正装鞋、休闲鞋等约 0.6 亿双，产值过 100 亿元，占全市工业总产值的 15%。从业人员 5 万多人。以专业化分工协作为纽带，促进区域企业的产业链更加完整，产业集群效应更加明显。形成以沙坪街道、雅瑶镇为主的特色产业带。企业拥有先进生产机械设备及成型流水线。从原辅材料、产品研发到生产成型，从机械设备、模具、配件到工艺创新和产品创新，从物流、销售到专业市场、产品展示，从产品质检、检测包装到出口报关等，形成一条较为完整的配套产业链。为鹤山市的制鞋基地建设健康发展提供了良好、坚实的基础。

鹤山市制鞋行业坚持依靠科技进步，加强自主创新体系建设，注重培育和发展高新技术企业、民营科技企业，不断夯实产业基地的技术基础。由政府主导，结合产业发展的公共服务平台，切实为企业技术创新提供服务，突出抓好名牌、品牌、高新技术和民营科技企业的技术创新机构建设，切实为企业提供信息，增强企业技术研发，使企业管理和市场竞争力得到提高，受到同行业的好评，有效地促进了产业的发展和技术、产品的升级换代，使鹤山市男装鞋品牌在省内同行中处于领先地位，吸引众多世界名牌皮鞋到鹤山贴牌生产。

鹤山市大力实施名牌带动战略，加快经济结构调整，提高产业竞争力。积极引导和督促企业建立健全标准化、计量检测和质量管理体系，广泛推行体系认证和产品认证。而且进一步落实有关奖励扶持名牌发展的各项优惠政策，加强名牌产品和著名商标的保护，积极支持和协助企业创名牌产品、著名商标。鹤山市制鞋业获得广东省著名商标的有 2 家企业：鹤山市恒达鞋业有限公司和鹤山市必登高鞋业皮具有限公司；获得广东省名牌产品的企业有 1 家：鹤山市必登高鞋业皮具有限公司；鹤山市必登高鞋业皮具有限公司的"必登高"还被认定为中国驰名商标。沙坪街道办被认定为"广东省制鞋专业镇"。

鹤山鞋业具有基础好、技术强、品牌优、产业集聚等优势，是一个完全可以做大做强的产业，是一个大有希望的产业。"五个有"奠定了鹤山市男装鞋生产基地地位。

一是制鞋有重点。鹤山市鞋业重点以男装皮鞋为主，产品质量较好，档次较高。男装皮鞋代表鹤山鞋业的整体形象，90% 都是中高档产品，市场定位明确，做到了产品质量的细分和设计分割的独特化。

二是在省内有一定的地位。经过多年的不断发展壮大和积极开拓国内外市场，鹤山制鞋业成为鹤山支柱产业和全国重要的鞋业生产基地之一。在 2002 年广东省鞋业十大知名品牌评选中，必登高、蚂蚁皇冠、宾利被评为广东省鞋业十大知名品牌。同时，必登高、蚂蚁皇冠还获得了广东省著名商标称号。2006 年，恒达、必登高、富华、华利达等鞋业进入广东省十强男鞋之列，永诚五金塑胶制品有限公司、新潮流皮革有限公司入选广东省鞋材十强，洪萍皮业有限公司入选广东制革十强企业。2011 年，在广东省皮革鞋业 30 年发展成就优势企业评选活动中，恒达鞋业有限公司、必登高鞋业皮具有限公司、华尔俊豪鞋业有限公司、富华鞋业皮具有限公司、华利达鞋业有限公司等鞋业企业被评为广东男鞋十强，信隆鞋业有限公司评为广东工艺鞋十强，洪萍皮业有限公司获广东制革十强，新科达鞋业有限公司获广东鞋材十强。

三是贴牌生产有市场。鹤山制鞋业做工精细、质量有保证，赢得世界众多鞋业企业的信赖，吸引了金利来、鳄鱼、梦特娇、老人头、沙弛、GEOX 等多个国际上有名的名牌委托鹤山企业贴牌生产，目前产品远销欧美、日本等国际市场，现在企业的订单越来越多，规模越做越大。

四是发展有后劲。鹤山制鞋业抓住产业政策调整机遇，走绿色生态、质量安全和循环经济的新型发展之路。充分利用中国男鞋生产基地的区域品牌，建设鞋业综合市场，搭建制鞋研发平台，创建名牌品牌，完善产业链，提升产业层次。将产品研发与加工生产捆绑，走"制造资本"之路，成为推动当地经济社会发展的重要引擎。

五是行业有自律。鹤山市委、市政府为适应制鞋业蓬勃发展的需要，2001 年 3 月 19 日成立了鹤山市鞋业商会，2007 年 10 月 16 日选举产生了第二届理事会和监事会，2011 年 1 月 18 日又选举产生了第三届理事会。鞋业商会从成立之日起竭诚为企业服务，维护会员合法权益，在推动鹤山鞋业品牌建设、规范行业秩序、加强企业之间的沟通合作、信息交流、加强企业与政府的联系等方面做了大量卓有成效的工作。商会先后组织世界各国驻广州商贸代表到鹤山参观制鞋企业；邀请中国皮革协会、各地兄弟商协会负责人到企业参观、指导；组织鹤山制鞋企业到德国、美国、意大利、越南等国家参展参观世界性鞋展；组团参加中国国际鞋类展、中国国际中小企业博览会；举办中国男鞋生产基地——鹤山发展高峰论坛等。

在推进鹤山男鞋生产基地的发展中，鹤山市鞋业企业依托省、市、镇三级科技部门的大力支持，着力构筑四大体系，打牢男鞋生产基地坚实基础。

一是构筑一体化的完善生产体系。在发展男装鞋产业过程中，第一方面抓好男装鞋及鞋制品的生产，通过调整优化产业结构，大力打造男装鞋产业基地，建设完善的产、供、销一体化的市场网络体系。目前，鹤山市已初步形成生产、配套一体化的男装鞋产业体系，制鞋、鞋材、销售"一条龙"的男装鞋产业链。第二方面是抓好制鞋原料供应链的完善。稳定皮革的市场价格，力促皮革原料行业的发展，确保为鞋业行业提供优质、价格稳定的原料。经过多年发展，在皮鞋生产上，涌现出生产规模在广东省内有名望的洪萍皮业有限公司及新科达鞋业有限公司、昇晖合成皮革（鹤山）有限公司、柏威皮革制品有限公司等企业，以皮革制造的完善配套来促进鞋业的发展。第三方面是引导企业进行技术改造、技术创新，积极组织实施科技含量高，经济效益好的科技项目，强化项目管理，经过充分论证，将科技成果转化为生产力，促进企业产品更新、升级。

二是构筑现代化的鞋材、鞋辅产品市场组织服务体系。由于鹤山市没有专业的鞋材交易市场，鞋材、鞋辅较为分散，给企业生产带来诸多不便。为此，鹤山市政府于 2006 年委托市经贸局对拟建鹤山市鞋材专业市场进行调研、论证。谋划在鹤山建造一个大型鞋材专业市场，为制鞋生产厂家提供便捷服务和降低厂家生产运输成本，提高企业竞争力。2010 年上半年，鹤山市政府组织有关部门专题调研了鹤山鞋业的发展，拟订高起点规划、高标准建设"中国男鞋生产基地"工业园区。通过"政府引导、园区依托、企业运作"，带动鹤山经济发展，促进鹤山鞋企就地转型升级。

三是构筑制鞋产业的技术人才保障体系。为了给制鞋企业提供优质的人才资源，鹤山市鞋业商会、鹤山市职业中学和鹤山市树人学校专门开设了制鞋技术专业培训班，学校开设了设计培训、管理培训、工艺培训等课程，学员大多数是制鞋企业在职人员或待业人员。学校培训了合格设计师、工艺技术员、管理人员一大批，为制鞋企业补充了新生的技术力量。同时，制鞋企业每年到大专院校和外地招收高级技术人才，充实企业技术队伍，提升产品开发能力和产品档次。此外，积极组织各生产企业出省、出国参观考察，吸取国内、国外先进技术、先进工艺和先进经验，加速产品更新换代。

四是构筑专业化的鞋业发展服务体系。为加快鞋业发展，鞋业商会充分发挥自身作用，加强鞋业行业之间的技术、经验交流和信息沟通，为企业创造良好市场氛围，促进行业健康发展。鞋业商会多方协调企业与海关、检验检疫、工商、税务、环保、质监、安监、规划城建、消防、国土等有关职能部门的关系，全方位为企业提供服务，使企业全心全意抓生产、抓发展，促进整个行业的不断发展壮大。

二 发展优势与发展举措

制鞋业是鹤山具有竞争优势的传统产业，建立中国男鞋生产基地是提升鹤山鞋业行业整体素质的契机。为此，鹤山加大投入，致力于解决企业"小富则满"的思想、满足于模仿和贴牌生产、创品牌意识不够强等问题，着力抓好三项措施，努力改变这一现状。一是组织参观学习。由市政府组织较大型企业业主到鞋业经济发展较好的温州、晋江等地参观学习，亲身感受先进地区通过打造品牌做大做强企业和地区制鞋产业的成功做法。二是做过细的思想引导工作。市、镇（街）分管领导和工商、质监、中小企业等管理部门分别深入企业，引导企业高层管理人员认清经济发展形势，深刻认识打造品牌对于企业在新的市场竞争中立于不败之地和鹤山市鞋业做大做强的重要性和紧迫性，动员企业着眼长远，顾全大局，积极投身到打造产品品牌和区域品牌的行列中。"必登高"是中国驰名商标、"宾利""蚂蚁皇冠"被评为"广东省鞋业十大知名品牌"。三是典型引路。扶持"必登高""宾利""蚂蚁皇冠"等品牌产品加大宣传力度、聘请形象代言人、建立销售网点，使该品牌产品的社会知名度、美誉度和市场占有率不断提高，在鞋业企业中树立了较好的榜样，越来越多的企业争相效仿。近年来，全市先后形成了多个鞋产品品牌，注册了多个鞋产品商标，培育了1个中国驰名商标和1个省名牌产品，3个省皮革行业特色品牌，以及4个省著名商标或名优产品。"培育产品品牌，打造区域品牌，才能使鹤山鞋业持续做大做强"已成为全市各级各部门和鞋业商会的共识。

（一）抓质量，推进科技创新培育产业特色

鞋业发展初期，由于设备简陋、鞋业自主品牌意识不强等原因，部分鞋产品倾向于贴牌生产，产品数量多，但没有经营特色，没有自己的品牌，鹤山鞋业未能形成较高的区域竞争力。为此，鹤山市委、市政府坚持走名牌带动战略路、品牌质量、产品特色"两手抓"。一是抓科技创新。引导企业树立"质量就是生命""品牌就是竞争力"的意识，积极增加科技投入，改进生产设备和生产工艺，严把产品质量关。近年来，鞋企舍得投入资金，新上了多条自动化流水生产线，解决了手工操作影响鞋产品质量的工艺问题，鞋产品合格率由90年代初的80%提高到99%。二是抓品牌培育。深化"品牌就是竞争力"的意识，把提高鞋产品质量、培育鞋业经营特色作为鹤山经济长期发展的大事来抓，引导制鞋企业逐步向产业基础和市场前景较好的"中国男装名鞋"生产方向转变，使鹤山市研究开发和生产"中国男装名鞋"的企业逐渐增多。经过多年的引导培育，目前，全市约有90%的企业生产"男装名鞋"，鹤山形成了规模大、质量好、款式新的以"鹤山名鞋"为特色的鞋业产业集群。

(二) 抓管理，创新管理模式提高企业效益

针对大部分企业实行"家族式"管理模式，从业人员文化素质较低，专业人才少，企业经营模式仍然较为粗放的实际，鹤山市大力实施两大战略，努力创新管理模式，提高企业效益。一是实施人才战略。相当部分企业不惜高薪从全国各地引进有技术专长、经营管理经验丰富的人才，提高企业管理水平。二是实施制度创新战略。引导企业建立完善各项制度，规范企业管理，很多企业把质量管理标准及主要考核指标落实到生产班子和个人，层层签订质量管理责任状，采取产品质量与经济收益挂钩的方式加强质量管理，提高产品合格率。引导企业建立现代企业管理制度，目前，全市有50多家制鞋企业先后通过了ISO国际质量管理体系认证，并以每年15%的速度在增长。有数百家企业建立了台账，众多企业取得了一般纳税人资格。同时，引导有条件的企业通过资源共享、优势互补、强强联合的方式组建企业集团。目前，已有"必登高""易高""华利达"等多家较大型企业正在向集团化方向迈进，预计今后几年，鹤山市每年可新增1—2家企业集团。

(三) 抓销售，致力于开拓国内外市场

抢市场，占份额，是促进鞋业发展的坚强后盾。鹤山市委、市政府积极引导企业转变"等客上门"和"坐等订单"的做法，主动出击，走出厂门、市门、省门和国门，不断开拓鞋产品市场。先后组织制鞋企业参加意大利国际米兰鞋展、香港鞋展、广交会、上海中国国际鞋类展以及广东省人民政府在成都、沈阳、郑州、武汉、贵州、重庆、香港等大中城市举办的经贸洽谈会，开拓产品市场。同时加大扶持引导力度，积极帮助企业申办自营进出口经营权，扩大鞋产品出口。目前，全市制鞋企业在北京、上海、深圳、海南、广西等100多个大中城市建立了销售专柜、专卖店等销售网点，一批有实力的企业在成都、江苏等大中城市抱团建立了"鹤山名鞋专卖店"，200多家企业"触电"网上促销，20多家企业获得自营进出口经营权。产品远销美国、俄罗斯、日本等50多个国家和地区。

(四) 抓服务，营造良好发展环境

环境的好坏，决定鞋业经济的兴衰。近年来，鹤山市按照"政治平等、政策公平、法律保护、放手发展"的方针抓好扶持服务，一是优化投资环境。重点抓好了鹤山新天地鞋城的建设、引导企业入鞋城经营，提高名鞋的档次。引导制鞋产业向区域化布局、专业化生产、规模化经营、集群化生产的方向发展。二是优化政务环境。改革行政审批制度，简化办事程序，对所有收费实行最低标准，从严查处"吃、拿、卡、要"等行为，把优化环境作为促进鞋业经济发展的制高点来抓。同时，实行"持牌保护"和"通行绿卡"制度，对生产规模大、企业信誉好、社会贡献大的企业实行挂牌保护，给予重点扶持。三是优化法制环境。成立市中小企业服务中心，对企业落户和建设实行办事"一站式"、收费"一窗口"、服务"一条龙"。建立"首问责任制"和"二问终结制"。设立民营企业投诉中心，及时受理民营企业各类投诉，维护企业合法权益，对有关部门及其工作人员的"不作为"或"乱作为"行为一律严肃处理。四是优化市场环境。开展鞋业经济秩序专项整治行动，及时查处偷税漏税、制假贩假、逃废债务等破坏市场经济秩序的行为。大力整治无证无照鞋业企业，有条件整改的，责令限期整改，不具备整改条件的，及时予以取缔。有效规范了鞋业生产经营秩序，创造了公平有序的市场环境。

（五）抓联动，确保鞋业创品牌工作扎实开展

创品牌工作是一项复杂的系统工程和长期的工作。近年来，鹤山市采取"企业创、商会推、政府扶"的方式着力推进"中国男鞋生产基地"区域品牌的创建工作。一是抓领导。市委、市政府成立了创建"中国男鞋生产基地"领导小组，确保了领导、人员、方案、场所、经费和工作"五到位"。二是抓协调。工商、质监等部门加强鞋产品质量管理，帮助企业开展产品质量管理体系认证，外经、税务等部门帮助企业申请自营进出口经营权。各有关部门齐心协力帮助企业做好创名牌工作。三是抓投入。在财政较困难的情况下，仍然安排资金作为打造"中国男鞋生产基地"经费。另外，对获得国家和省级品牌的，分别给予50万元和100万元的奖励。四是抓参展。分别于2005年和2006年组织企业"特装"参加了中国国际中小企业博览会，展示鹤山制鞋企业的风采。2008年起每年组团参加上海中国国际鞋类展，举办中国男鞋生产基地"鹤山名鞋"走秀专场，通过"以鞋为媒、以文兴商、以节扬名"，强力推介了鹤山市"中国男鞋生产基地"品牌。

（六）抓宣传，树立鹤山鞋业品牌新形象

充分利用各种新闻媒体大肆宣传鹤山市的优势鞋业企业和"中国男鞋生产基地"品牌，还创办了"鹤山鞋业网"和鞋业商会刊物，集中展示和推广鹤山企业品牌和形象。如对"必登高"等品牌在《中国皮革》和《中外鞋讯》《大经贸》等全国性大型宣传媒体进行全面包装推介，在上海中国国际鞋类展、广州中国进出口商品交易会设立"鹤山名鞋专区"，大力宣传鹤山市鞋业品牌。

今后，鹤山市将以成功共建"产业升级——中国男鞋生产基地"为契机，以加快规划建设鹤山新濠畔国际鞋材皮革五金采购中心和中国男鞋生产基地工业园为抓手，以推进科技创新和管理创新为立足点，加大扶持服务力度，打造一批转型升级的标杆企业，引进和培育一批具有独特优势、带动作用强的重大项目，强化产业聚集，努力把鹤山鞋业培育成规模大、实力强、特色明、具有一定辐射带动和影响力的经济产业集群。

中国制革示范基地·阜新

辽宁阜新皮革产业基地坐落于中国的"玉龙故乡""煤电之城""玛瑙之都""篮球之城"阜新。阜新地处东北著名经济城市沈阳和辽阔的内蒙古草原之间，是惊涛拍岸的渤海辽东湾浸润出的一片古老而又丰润的热土，这里交通如织、物产丰饶、畜牧业发达，充满无限活力。全市总面积10355平方千米，下辖2县5区，一个省级经济开发区和一个省级高新技术产业园区，全市总人口193万人，是一个魅力与商机集聚的城市。

承接转移——中国制革示范基地·阜新

阜新作为国家建立的最早以煤电为主导产业的资源型城市，新中国成立以来为国家经济建设做出了突出贡献。但进入20世纪80年代以来，随着煤炭资源的日趋枯竭，主导产业日益萎缩，为此，寻找发展接续替代产业，着重解决就业问题，实现资源型城市经济转型是阜新市委、市政府一直探索和研究的重要课题。与此同时，随着近几年我国沿海和发达地区土地资源紧张、环境承载力不断下降、劳动力资源短缺等因素的制衡，皮革产业转移和技术升级是大势所趋。为抓住这一难得的发展机遇，在中国皮革协会、中国皮革和制鞋工业研究院的帮助下，就阜新承接皮革产业转移的可行性及条件和优势进行了深入细致的研究论证，最终确定将皮革产业作为阜新经济转型的支柱产业。

2009年5月8日，按照省委、省政府实施"突破辽西北"战略和打造产业基地的部署，阜新市委、市政府做出了举全市之力打造皮革产业基地的决定。这项工作得到了中国轻工联合会、中国皮革协会和辽宁省委、省政府的高度重视和大力支持。同年8月31日，中国轻工联合会、中国皮革协会、辽宁省人民政府、阜新市人民政府在上海签订四方共建阜新皮革产业基地协议，共同将基地确定为全国首家"承接转移——中国制革示范基地·阜新"。

一 阜新发展皮革产业优势齐聚

（一）政策全国最优，政府强力推进

阜新是国务院确定的首个资源枯竭型城市经济转型试点市和全国循环经济试点市，是国家和省实施老工业基地改造振兴、沈阳中部城市群、突破辽西北重要区域，享受国家和省诸多优惠政策。辽宁省委、省政府对基地建设高度重视，已将基地批准为省级开发区，并明确为辽宁省发展制革产业的唯一基地，举全省之力，全力抓好基地建设工作。阜新市委、市政府已将皮革产业作为经济转型的支柱产业，制定了皮革行业国内最优的招商引资政策。

（二）政府投资建设，环保综合治理

秉承"基地承载，环保先行"的原则，环保治理按照高起点规划、高标准设计、高质量建设的"三高"要求，由政府投资建设，统一管理，建设国内最优的生态绿色环保基地。污水治理采取由企业、基地、城市三级处理。基地四周和基地内的生产功能区周围营造高标准宽隔离绿化带，绿化率达25％以上。

（三）区域布局空白，市场潜力巨大

综观我国皮革产业布局，目前，东北和内蒙古蒙东地区制革生产基本空白，同时，临近的日本、韩国等国制革生产日趋萎缩，这些区域又是皮革制品的主要消费地区。阜新地处这个区域的中南部，是蒙古族等少数民族集聚区，自古就有制造皮革和喜欢皮装、皮靴的风俗习惯，发展皮革产业在本地有广阔的消费市场。以阜新为基地发展皮革产业可以辐射上述区域，市场潜力巨大，抓住阜新就是抓住了东北亚。

（四）公铁海空交织，交通方便畅达

阜新市位于辽宁省西北部，东邻省会沈阳市，南靠渤海辽东湾，与大连港南北相望，西与锦州港、京津地区襟衣相连，是环渤海经济区的组成部分之一。阜新是辽西、蒙东地区的重要交通枢纽，是连接东北和华北的第二条重要通道。有阜新至北京、沈阳、锦州、承德、四平和正在建设的盘奈高速公路，高速公路清河门出口距阜新皮革产业基地1.5千米；大郑、新义铁路贯穿全境，清河门车站距基地仅1千米，正在建设的京沈高速铁路客运专线通车后阜新到北京的车程只需1小时50分钟，阜新到沈阳只需30分钟；基地距锦州港直线距离69千米、距大连港430千米、距营口港220千米、距天津港604千米；距锦州机场110千米，距沈阳桃仙机场190千米。

（五）原皮资源丰富，原皮品质优良

东北及蒙东地区是我国畜牧业发展的主要集聚区。2010年东北三省及蒙东地区（呼伦贝尔、通辽、赤峰、兴安盟、锡林郭勒盟）猪、牛、羊饲养量分别为4335万头、1725万头、4045万只，出栏量分别为5730万头、908万头、3394万只。与此同时，经过品种改良和饲养方式的改变，上述地区的原皮质量明显提升，完全可以满足基地生产企业的需要。另外，基地企业还可以从锦州、营口、大连、天津港进口原皮。

（六）水力资源丰富，供水能力充裕

基地供水的主要水源是大凌河和白石水库，大凌河年均净流量为 8.82 亿立方米，白石水库目前平均蓄水量为 7.8 亿立方米。为基地供水的大凌河水源目前日供水量为 5.5 万吨，途经基地的"引白水源"每日可为基地供水 5 万吨以上，两个水源完全可以满足基地用水需要。另外，大凌河水系支流的汤头河、细河、清河环绕基地，通过截潜水源井等工程措施，每日可为基地供水 1.5 万吨；"引白"水源二期、三期工程和域内的矿井水源开发利用等可为基地发展提供充裕的备用水源。

（七）能源优势显著，保障生产需求

阜新是以煤电著称的老能源基地，阜新皮革产业基地内有装机容量 60 万千瓦的阜新金山煤矸石热电厂，年发电量为 37 亿度，基地内还有 4 万千瓦的变电所一座。阜新金山煤矸石热电厂为热电联产型电厂，装备的 2 台 15 万千瓦的供热机组，供热能力达到 260 万平方米；装备的 2 台 15 万千瓦的供汽机组每小时可生产压力 0.98 兆帕、温度 500℃的工业蒸汽 135 吨，完全可以满足基地用热用汽的需要。

（八）人力资源充沛，成本相对低廉

阜新市现有人口 193 万人，其中农业人口 106 万人、城镇人口 87 万人。阜新农村目前有剩余劳动力 50 余万人，近几年通过政府实施农村劳动力转移培训"阳光工程"，农村剩余劳动力已经和正在掌握各种技能；城镇有急需就业的下岗职工及其他待业人员近 20 万人。另外，阜新地区劳动力成本相对低廉，与发达地区相比有着明显的优势。

二 阜新皮革产业基地发展前瞻

（一）总体战略

抢抓沿海发达地区皮革产业转移的发展机遇，以资源等优势为依托，以制革为切入点，按照总体规划，分步实施的原则，努力建设国内政策最优、综合成本最低、公共服务平台齐全、基础设施完善、绿色环保、循环经济的新型皮革产业基地，承接皮革产业转移升级。

（二）基地定位

基地总体定位是：以制革为主导、产业链完整的环境友好型、资源节约型皮革产业示范基地。一是以制革为主导，产业链完善的皮革产业基地。即通过优先发展制革工业，逐步延深和完善产业链条，最终形成制革、皮革制品、商贸物流、信息、会展、文化为一体，产业链条配套完善的皮革产业基地。二是绿色环保基地。即广泛采用清洁生产技术，集中生产，污染物统一处理，基地周边和各产业加工区设置绿化林带的绿色环保基地。三是循环经济示范基地。即以节约资源消耗和循环利用为目标，通过减量化、再利用、再循环，实现资源效率最大化和废物排放及环境污染最小化的循环经济示范基地。

（三）面积及功能区设置

基地总体规划面积 10 平方千米，内设制革加工区、革制品加工区、商贸物流区（包括皮革市场、原皮市场、保税物流）、中心商务区、固废及污水处理区、职工公寓区六大功能区。

（四）发展目标

基地 10 平方千米规划投资约 138 亿元，最终形成 3000 万标张及相应革制品产能，生产企业总户数达到约 300 户，年可实现本地贸易及产品销售额 960 亿元，GDP 约 342 亿元，提供税收约 75 亿元，为社会提供 12 万个就业岗位和 300 万吨的年运输量。

（五）发展阶段

基地分为两个阶段建设：

一期工程（2010—2014 年）建设高速公路以南区域，主要包括制革加工区、革制品加工区、商贸物流区、南区污水处理厂、中心商务区、职工公寓区。

二期工程（2015—2018 年）建设高速公路以北区域，主要包括制革加工区和革制品加工区。

三　阜新皮革产业基地与您和商共赢　共创未来

如今的阜新经济实现快速发展，对外开放水平不断提高，土地、政策、资源等优势越发明显，多元化的产业格局已经形成，发展空间广阔，发展正逢其时。除了良好的城市发展背景，中国轻工联合会、中国皮革协会和辽宁省委、省政府也一直对基地建设给予高度重视。中国轻工联合会、中国皮革协会领导多次到阜新皮革基地调研指导工作，及时了解基地进展情况，先后 3 次召开四方共建工作沟通会议，一如既往支持基地建设。中国皮革协会名誉理事长张淑华亲自主持召开了阜新皮革基地产业发展规划论证会、阜新皮革基地污染治理研讨会。省长陈政高先后 4 次到基地考察，多次听取工作汇报，帮助推介客商，在政策、资金等方面给予大力支持。建立以副省长陈海波为组长，由省直 18 个部门组成的的"辽宁（阜新）皮革产业基地建设领导小组"齐抓共管皮革产业基地建设。

在国家、省市区各级政府的大力支持下，阜新皮革产业基地经过四年积极发展，已从阜新市和辽宁省的重点项目上升为国家的重点项目，并取得重大的阶段性成果：招商引资步伐快速。截至目前，阜新皮革产业基地累计签约落地企业已达 50 户，预计总投资 59.64 亿元，企业全部建成投产后可实现产能 1000 万标张。上海富国、山东德裕等 16 户企业已竣工投产；18 户企业正在建设，其中 4 户企业即将投产；拟开工企业 16 户，其中近期开工 10 户。另外，签订意向性投资协议企业 56 户；重点在谈企业 116 户；累计接触客商 1387 户。环保体系不断完善。组建了阜新清润皮革产业基地清洁环保有限公司。基地第一污水处理厂投入试运行。第二水厂前期工作已完成。《阜新皮革产业基地入住企业清洁化生产方案》已通过皮革协会专家组研讨会论证。与辽工大资环学院循环经济技术研究中心签署了污泥造粒项目协议，现已完成厂房建设、设备订购等工作。基础设施建设扎实推进。累计投资 2.6 亿元，完成了清盛街等道路 8 条、总排水工程 9200 米、给水管路及加压泵房工程、热力工程及第一污水处理厂建设，铺设蒸汽主管道 3100 米、通信管道 1200 米，皮革产业基地一期建设达到了"八通一平"。服务平台建设不断完善。总投资 5500 万元的工程技术中心项目完成主体工程，6 月底前即可交付使用；总投资 1.3 亿元的皮革产业基地职工公寓项目完成主体工程建设，预计于 9 月底前交付使用；总投资 4300 万元的原皮交易市场正在稳步建设中；总投资 3 亿元的皮革产业大厦及中心商务区项目正在积极推进，力争于 5 月底前开工建设；总投资 4.1 亿元的大型皮革交易中心正在抓紧用地拆迁，争取上半年开工建设；总投资 1.2 亿元的锦州港物流园区、保税仓库项目已签订框架协议。

中国箱包名城·瑞安

一 箱包生产历史背景

瑞安，面东海而枕括苍，北接甬台、南连八闽；山川茂气流溢，人文景观棋布；利兼山海，物产富庶；地灵人杰，瀚墨如薮。"俯仰两青空，舟行明镜中"。陆游笔下的飞云江，自西向东、穿越腹地。千百年来不仅哺育了永嘉学派集大成者叶适、"南戏鼻祖"高

则诚、经学大师孙诒让、经学史家周予同、"国旗之父"曾联松等历代文化名人；更造就了无以数计的，出类拔萃的能工巧匠。这里，不仅有"东南邹鲁"之誉，更有"百工之乡"的称号，早在公元前11世纪，这里的先民就已能烧制原始黑瓷。就是家居、出行必备的箱包产品的生产，也有着悠久的传统历史。早在明代，瑞安就已有制革和革制品，据有关志籍记载：嘉靖年间，每年麂皮的税银就计一百二十二两七钱五分四厘，嘉靖三十一年（1553年）、杂色毛皮、野猫皮、香狸皮、山羊皮等折银制造胖袄、袴鞋，列为贡品。至民国二年（1913年）瑞安的皮箱业作坊有2家，产品在上海、宁波等地颇负盛名。但到了40年代后期，生产走向低潮，甚不景气。新中国成立后，皮革箱包生产有了转机。五六十年代，瑞安的皮箱生产纳入了国家计划，不仅内销，还出口到国外。特别是改革开

放之后，在飞云江下游南岸的仙降片区，仅仅用了10多年时间，就形成了一个以箱包生产为支柱的产业基地。

二 生产现状

1. 箱包生产基地应运而生

20世纪80年代后期，仙降镇埭头村有个经商的能人，叫徐河，他对市场洞察力强、思维敏捷，随时随地都不会放过任何商机。他发现市场上公文包（经理包）走俏，经常出现排队买箱包的现象，于是就经营起箱包来。并从经营箱包到生产ABS公文包、拉杆箱，一举取得成功。企业从开始的"瑞安市奥田利箱包厂"到"瑞安市华东箱包公司"，再到"浙江华狮箱包公司"，生产连年跳跃式发展。在徐河的影响和带动下，1992年、1993年在仙降这块沃土上，华阳箱包、鸿一箱包、安捷箱包、鸿华箱包、永立箱包、华狮箱包等，如雨后春笋般破土而出，并形成从皮革到扣、锁、链、轮等配件，从原料供应到物流配置，配套成龙的产业集群。

2. 现有企业和产品

全市现有箱包产业企业202家，包括产业链中上游企业及配套辅助件生产企业106家，箱包生产企业98家。其中规模以上企业（年产值500万元以上企业）61家，年产值在5000万元以上企业16家，年产值超亿元企业4家。有4家企业列入瑞安市五十强企业的行列。主要产品从原材料可分为ABS类、PP类、帆布类和皮革类（包括人造革、布皮结合）4大类；按形式与功能可分为拉杆、手提、肩袴、腰包等。主要有拉杆箱、公文箱、化妆箱、旅游箱（大衣箱）、拉杆书包、电脑包、腰包、拎包、西服袋、圆桶袋、手袋等几十个系列，千余个品种。

3. 发展趋势

瑞安箱包除了有悠久的历史外，经过10多年来箱包行业界人士的努力，已经搭建了向更高层次发展的平台。具体表现为以下几个方面。

一是已经形成一个以箱包为终端产品的产业集群，从原料到构件、配件、物流，配套成龙。产业集群中，生产皮件的有温州致富皮业公司、浙江世茂皮业公司；生产拉杆等金属构件的有江南铝型材厂、下林铝材厂等。终端产品箱包年产值在5000万元以上的企业，已经有浙江鸿一、温州永立、浙江华阳、浙江华狮、市鸿华、华顺、起平、阿安等多家公司，并形成了以箱包类产品为主导的产业集群，从单一箱包类产品衡量，无论区域群体规模，还是企业单体数量，在全国范围内（包括广州、泉州、湖州、白沟等）都具相对的优势。其工业产值约占全国箱类产品工业总产值的15%。

二是营销市场已经打开。从内销起家，到内、外销结合，再到以外销为主、内销为辅，经营基调已经形成。规模以上的箱包生产公司，都已经有了出口自营权，并且各企业都有了相对稳定的出口渠道和客户。产品不仅出口中东、非洲，并且在欧美市场上也有一席之地。2011年，全行业实现工业产值约32亿元，出口交货值12亿元。

三是自主创新能力有了提升。10年前，瑞安只能生产ABS公文箱，现在不仅能开发各式高档箱包，"十二五"规划中，还计划创新环保类绿色箱包。目前，仅仙降片区，规模以上企业中，拥有各种专业职称的技术人员就有300多人，其中中级以上的103名，高级以上的有31名。由于专业技术队伍不断扩大，加速了瑞安市箱包产品的全面升级换代。

四是企业管理水平有了提高。规模以上企业通过10多年的不断培训、完善，普遍在企业内部建立健全了各种规章制度。有43家企业已经通过ISO 9000认证，并在企业内部建立了质保体系，箱包产品质量逐年得到提高。现有温州名牌产品4件、瑞安名牌产品6件；在586件箱包注册商标中，获浙江省著名商标的有1件、温州市知名商标2件；瑞安名牌商标6件。"兴田利""金田利"两大系列箱包，被中国中轻产品质量保障中心评为"中国知名箱包产品质量公证十佳品牌"，"鸿一牌"箱包被评为浙江省名牌产品、浙江省著名商标和"中国箱包优秀品牌"荣誉称号。

2007年7月份，"温州市箱包产品质量检测中心"落户瑞安市质量技术监督检测院。不仅为箱包企业产品检验，出厂验货，大大提供了方便。而且为全市箱包行业的产品质量把关，创造了条件。

五是行业协会建设成效显著。箱包行业协会成立于2007年3月。经过不断探索和积极努力，箱包行业协会逐渐发展壮大，从默默无闻的偏居乡间的群团组织，发展为瑞安工业界知名的行业协会。从2009年开始，协会建立健全了会员档案，创办了《箱包行业信息》和瑞安箱包网站。会刊和网站不仅是协会内部传递、交流信息的平台，更是舆论导向的喉舌，对外展示箱包行业风采的窗口。随后，协会又相继建立了"中共瑞安市箱包行业协会支部委员会"和"瑞安市箱包行业工会"。通过党支部和行业工会开展各项活动，使协会的组织更加健全，协会的凝聚力更加增强，箱包行业的团队活力进一步激发，团队精神进一步宏扬。

六是行业的社会地位和社会影响逐年提高。2009年，协会先后多次组织参加全国同行业活动。5月份，鸿一箱包公司参加了全国排头企业评比和箱包设计大奖赛，获得中国皮革协会颁发的"2009中国箱包优秀品牌"称号；8月份，永立箱包公司参加浙江省"爱美德"杯箱包设计大赛活动中，获得银奖。9月份，为了提升瑞安箱包行业知誉度和整体形象，在市政府当时分管领导方晖副市长的带领下，抱团参加了在上海举办的"2009中国国际箱包展"。并且在11月份被中国皮革协会授予"产业升级——中国箱包名城·瑞安"的称号，为瑞安工业界增添了第9张国字号金名片。

继名城申报成功后，瑞安又成功获得"温州市箱包专业品牌基地"和"浙江省箱包专业品牌基地"的荣誉。此后，协会先后组织鸿一、永立、华狮、华阳、申琦5家箱包公司参加了在宁波参加的第十届中国国际消费品展览会，以"中国箱包名城"的身份亮相在消博会，受到海内外客商的关注，并受到温州市孟建新副市长及温州、瑞安两级经贸局领导的充分肯定。同时，协会还应邀参加了平湖·国际箱包城开工庆典、狮岭皮革五金龙头市场开业典礼、第二届中国新干（国际）箱包皮具节等盛大的庆典活动，扩大了协会行业影响力。

在省内行业的舞台上，积极响应省皮协的提议，发起签订与平湖、东阳三地的箱包产业基地携手发展的共赢战略协议。并在东阳召开的大会上，箱包协会许俊益会长宣读了题为《三地联手、从竞争走向竞合》的倡议书，受到省皮协领导和全省同行的好评。

三 "十二五"计划设想

1. 指导思想

全面贯彻落实科学发展观，坚持可持续发展战略，发展绿色箱包产品，走资源节约型、环境友好型的新型箱包产业化发展道路，加快产业结构调整升级，加强自主创新，转变增长方式，使全行业从数量主导型过渡到以质量、品种、出口、效益型为主导的"二次创业"发展新阶段。

2. 总体目标

（1）工业总产值保持稳步增长，鼓励提高产品的附加值，今后4年，平均增长幅度12%，即在2011年32亿元基础上，到2015年达到50亿元。

（2）出口交货要有较快的发展，今后4年平均增幅为15%，即在2011年12亿元基础上，到2015年达到21亿元。

（3）自主创新。总体上积极倡导绿色、环保箱包。因此，在原料选用上，大件箱包面料向PU、纯PC发展，而中小型箱包向真皮、PU、绵麻原料发展；在产品档上，逐步从中、低档层面走向中、高档层面。向着多功能、更方便的方向发展。自主创新的产品平均每年不少于100种，其中申请外观设计专利每年不少于20项。努力提高"中国制造"在国际箱包市场的地位，树立"中国制造"的优良形象。

（4）品牌建设。4年内规模以上企业全部有自己的产品商标，规模以下企业，要积极倡导其申报注册商标。同时，每年有3—5种品牌，成为瑞安市"知名产品""知名商标"，2—3种成为温州市"知名产品""知名商标"。每年有一种成为"浙江省知名产品"，4年内有一种获得全国知名产品称号。

3. 主要措施

（1）充分发挥行业协会的桥梁和纽带作用。协会要积极开展活动，重点研究解决行业中的共性问题，抓住重点和企业运行中的突出问题，协助政府部门帮助企业解决发展中的难点、热点问题，做好综合协调工作，把握行业正确发展方向，为政府决策提供依据，为全市箱包行业的腾飞和发展做出自身应有的贡献。

（2）综合提升，组建企业集团，实施集团战略。参与国际竞争是瑞安企业的必由之路，但凭现有企业的规模，单兵作战，参与国际竞争，显然是缺乏竞争力的。只有联合起来，从竞争到竞合，组成联合体，才有可能扩大国际市场的份额。2010年，瑞安市政府就出台鼓励企业整合提升、优化重组的优惠政策。鼓励企业通过产业链的整合重组，优化资源，推进制度创新，促进企业做强做大做优。并在政策上给予扶持。例如：企业在整合重组时，由于合并、兼并而产生的原企业土地、资产、车船等资产的变更，按非交易性过户处理，免收办理变更、过户手续费。涉及厂房租赁重复征收的房产税按规定报税务部门减免，另外如部分产权证不全但符合具权规定的房产、土地，依法补齐权证后列入资产等，共有14项扶持政策。

（3）发挥基地作用，搞好箱包工业园区建设。加快建设箱包工业园区，在园区内逐步形成围绕箱包的研发、商品展示、物流储运、营销、信息网络等功能的中心，使箱包生产从研发到销售配套成龙。企业进驻园区，形成集聚效应，共同抗御风险，逐步形成箱包生产加工产业群。

（4）加强人力资源管理，树立人才是第一资源的观念，大力推进人才战略。加快建设高素质、高层次经营管理人才、专业技术人才、高技能工人等人才队伍，创新人才管理方式，建立健全人力资源和各类人才数据库的工作。瑞安将完善与推广技术入股、年薪制等多元化分配方式，鼓励高级人才通过兼职、技术入股等方式，不断扩大对人才的吸纳与集聚能力。深化用人制度改革，完善人才的评价、选拔、流动、激励和培育等机制，营造有利于优秀人才创新创业、脱颖而出的环境。同时在普及招收方面,拟与内地定向挂钩,以避免出现"民工荒"的现象,保证企业满员正常生产。

(5) 具体工作重点:一是坚持自主创新,积极调整产品结构。建立以基地或集团为中心的、产学研结合的创新机制,整体推进和完善技术创新体系建设。切实围绕绿色、环保箱包产品为开发对象,努力实现关键技术的集成和突破,保证自主创新目标的实现。二是尽快增强企业的营销能力,特别是扩大出口渠道。除了广州交易会和外贸公司两条渠道外,要加深对全球电子商务的认知,选择B2B网站拓展企业的外贸渠道,通过Internet网络结识买家,并利用这一新型外贸模式,降低出口成本,提高出口营销能力。三是着力打造知名品牌,摆脱贴牌生产、受制于人的局面。要想使箱包产品立足于国际市场,并占有一定份额,必须打造自己的品牌,必须有一批自己拥有的叫得响的品牌。因此,着眼于长远提升原创设计能力,培育信息渠道和品牌价值,以增强抵御国际贸易风险的能力非常重要。瑞安将通过参加中国皮协举办的全国性设计师培训、资格认证和设计师大赛等活动,不断提升自主创新能力。

中国箱包产业基地·东阳

一 东阳概况

东阳历史悠久，迄今已有1800多年的历史，地处浙江省中部，全市总面积1739平方千米，总人口81.26万人，是著名的教育之乡、建筑大市、木雕之都和影视旅游名城，是浙江省17个经济强县（市）之一。东阳区位优势明显，甬金高速和诸永高速公路贯穿全境，市内已形成半小时经济圈。

经过改革开放30余年来的发展，东阳已形成特征鲜明的主导产业和块状经济，工业经济占全市国民经济的比重在50%左右。"十二五"期间，东阳正致力于培育"4334"工业产业体系，即新材料、新能源、生物、节能环保4个新兴战略性产业，装备制造、磁性材料、医药化工3个优势主导产业，纺织服装、工艺美术、食品加工3个优势传统产业、皮具箱包、塑料塑胶、缝配、金银丝4个块状经济。

二 东阳箱包发展的历程

20世纪70年代末，千祥镇三联乡，这座在当时并不起眼的小乡镇悄然启动了日后东阳箱包发展的引擎。1977年，为缓解和补充市场物资短缺，开辟一条新的发展路子，三联乡工业办公室的几位领导经集体研究，决定组建一家社办企业——东阳县三联皮革厂，专门从事童鞋生产，企业成立之初员工仅有七八个人。

进入80年代，改革开放政策极大地推动了东阳箱包行业的发展。为在新的形势下取得进一步的发展，1981年，东阳政府决定在原三联皮革厂的基础上创办东阳皮件厂，产品范围进一步扩大，这也是东阳首家皮件厂。皮件厂从承接二用包仿制加工起步，业务范围迅速扩大到手提包、背包、书包、皮箱、旅行袋等产品。在当时，因皮件厂业务量大、利润高，企业红极一时，职工队伍也扩大到200余名。

1991年，为破除大锅饭制度的弊端，在全国各地遍吹"承包责任制"的形势下，东阳皮件厂也开始将生产车间承包给个人进行管理。后来，车间承包者从便于管理的角度出发，将"生产车间"搬到村里甚至是家里，千祥箱包自此遍地开花，地域的延伸催生"东阳箱包"这一跨世纪名称。虽然东阳皮件厂在此后便自行解体，但皮件厂对东阳箱包产业发展的贡献却不可磨灭。现在东阳许多的"箱包大王"与企业家，都在其中学习成长。90年代是东阳箱包快速崛起、逐步形成块状产业时期，涌现出大量的箱包加工和生产企业。

2000年后，迫于国内外市场的快速变化和外资品牌的大量进入，东阳箱包开始进入品牌化发展阶段。东阳箱包行业的领头人邵朱法，首先意识到品牌对企业长期发展的重要性和紧迫性，并着手实施企业品牌化战略，一方面到香港注册公司推出"劳斯·帅特"新品牌，另一方面稳步推进"金路达"老品牌，这一"双品牌"战略取得了圆满成功。在龙头骨干企业的带动下，东阳箱包知名品牌不断增多，产业集聚度进一步提高，区域品牌影响力不断增强。东阳箱包主产地千祥镇先后荣获"金华市箱包专业商标品牌基地""浙江省箱包专业商标品牌基地"和"浙江省级箱包产业基地"等称号。2010年6月，被中国皮革协会授予"中国箱包产业基地·东阳"荣誉称号，产业发展迈上新台阶。

三 东阳箱包发展的现状

经过30多年的发展，东阳箱包产业影响力与日剧增，主产地千祥镇已成为国内5大箱包生产基地之一，产业规模得到不断发展壮大，已成为东阳市最具特色的块状经济之一。截至2010年年底，全市共有箱包制作及原辅料生产企业1065家，其中主营收入500万元以上企业93家；实现工业总产值49.84亿元，同比增长35.5%，其中主营收入500万元以上企业实现工业总产值26.48亿元，同比增长33.9%。

目前，东阳箱包产业已初步形成集原材料、配件生产、设计研发、加工销售于一体的较为完整的产业链，主要产品涵盖公文包、书包、拉杆包、背包、登山包、休闲包、旅行包、沙滩包、工具包等十大系列30多个品种，90%的产品出口国外东南亚、南美洲、西欧、非洲等地，10%左右的产品依托义乌市场销往全国各地。

东阳重点骨干箱包企业实力不断增强，科技创新能力进一步提升，品牌化战略成效明显，部分工艺技术如印花技术已开始与广州、泉州等国内其他生产基地先进水平持平。定达、祥丰、星晖等企业纷纷投入巨资引进国外电脑电车、绣花机等高档生产设备，祥丰还在广州设立了设计研发中心。全市箱包企业固体废物回收率也达到100%。截至2010年年底，全市已建设箱包类科技研究开发（服务）中心7个；拥有中国名牌产品和国家免检产品各1项、中国驰名商标2项、省著名商标4项、金华市著名商标5项、东阳市知名商标15项。

四　推动发展的工作举措

回顾30多年来东阳箱包的发展，由名不见经传的小镇起步，一跃发展成为全国重要的箱包生产基地之一，其间的历史，是一段负重拼搏、默默打拼、历炼提升的过程，得益于各方的关心支持和箱包企业的不断创新。东阳市在推动箱包产业发展中的工作举措主要有以下几点。

（1）加强组织领导，加大扶持力度。箱包产业作为东阳特色鲜明的块状经济之一，为促进其发展，东阳市加强了组织领导，抓好扶持培育。建立健全市工作领导小组联席工作会议制度，补充完善扶持政策，从市级、机关部门、镇乡街道三级层面建立了联系企业工作制度，优化企业服务，协调解决产业培育发展中的困难和问题，推动企业发展。在龙头骨干企业培育上，东阳市也加大了工作力度，重点扶持成长型、配套型、科技型企业，加快培育产业发展良好梯队。

（2）完善配套服务，夯实发展基础。随着近年来箱包产业的快速发展，制约企业发展的土地、用工、融资等矛盾日渐突出，针对这些问题，东阳市制定实施了一系列政策举措，帮助企业破解要素制约，并取得了良好的成效。在用地指标趋紧的情况下，东阳市于2010年完成了千祥镇规划用地600亩的箱包工业园区选址确定、用地规划修改、项目报批、部分入园企业搬迁集聚等工作，建设完成千祥皮具箱包面料配件市场一期工程，建筑面积8000多平方米，引进入驻30多家塑料厂、拉杆厂、塑料套厂。为稳定员工队伍，千祥镇政府于2009年制定出台统一措施，在全镇箱包企业推广执行。企业员工享受免费吃住，宿舍安装空调，提供冷热水和夫妻房，在外租房的给予租房补贴，设置工龄补贴和年终补贴奖励等多项贴心举措。这一政策的实施，对缓解招工难发挥了很大作用。为帮助企业破解融资难题，除举办政银企对接洽谈会外，东阳市还出台了金融机构支持工业经济发展的专题政策，鼓励金融机构加大对龙头骨干企业和箱包产业的资金支持，加快推动块状经济向产业集群转变。

（3）加快转型升级，提升发展水平。后金融危机时代，箱包产业面临经济复苏的有利机遇，加快传统产业转型升级压力进一步增大，东阳市边摸索、边实践、边推进，多措并举，在促进箱包产业转型升级工作中取得了较好成效。一是加快研发设备投入，提升产品档次。引导龙头骨干企业加大高新技术设备投入，提高自动化水平，提升产品档次水平，推动产业朝生产自动化、营销网络化、产品高档化、环境友好型等方向转型发展。2010年，仅万达皮具有限公司就投资100万元进行设备更新，车间内全部换成电脑缝纫机。螺山休闲用品有限公司通过提升产品档次，于3月份成功进入沃尔玛的全球采购系统。金路达皮具有限公司致力于打造民族品牌，提升品牌价值，成为CCTV新闻频道上榜品牌，是第四届全国体育大会浙江省代表团合作伙伴，品牌建设已成为东阳箱包产业的"领头羊"。二是实施网络化营销，差异化生产。互联网时代，部分箱包企业开始利用网络便捷高效的优势，试水网上生产营销。星晖皮具有限公司投资100多万元注册新公司在淘宝网上进行网络营销，实现了千祥箱包网上销售的新突破。狮子王箱包有限公司加大网上接单力度，避开中间商这一环节，增加了产品利润，2010年与2009年同期相比销售量增加了20%。三是设点省外市内，破解用工瓶颈。针对箱包产业出现的用工瓶颈，东阳市各级政府和箱包企业共同面对，创新生产模式，合力破解用工难题。机关部门加大与劳务合作基地的对接，积极为企业招工提供便捷服务，为外来员工营造良好就业环境，营造良好的社会用工氛围。箱包企业主动"走"出去设点经营，如万达、定达、盛名等箱包企业通过在安徽、江西，以及省内的磐安、武义，市内的东阳江、虎鹿、白云等地设立加工点，有效缓解了"用工荒"的硬约束。四是强化质量体系建设，提升标准化水平。针对箱包企业中存在的质量参差不齐，标准不统一的问题，由皮革行业协会、质监局及重点龙头骨干企业合作，于2010年6月份启动实施东阳箱包产业企业联盟标准制定推进工作，通过在现有国家行业标准的基础上制定《背提拉杆包》联盟标准，着力提高普通产品负重、缝合强度、针脚密度、环保等技术指标，提升产品的质量和档次。

总的来说，东阳箱包经过多年来的发展，特别是成功创建"中国箱包产业基地"这一行业"金名片"后，产业得到进一步发展规范提升。与中国皮革协会、省皮革行业协会及先进县市、企业的联系更加紧密，相互间信息交流的力度不断加大。企业家的品牌质量意识不断提升，发展的信心不断增强，做大做强、提高创新能力成为共识。各机关部门抓好优化服务，企业家抓好经营管理，生产人员抓好质量管理，社会各方力量各司其职，合力推动发展的社会氛围不断浓厚。

五 战略规划

回顾"十一五"的发展历程，东阳箱包产业发展虽然取得了一定的成绩，但是，也应看到，与兄弟先进县市相比，还存在一些问题和不足。产品档次不高、科技研发能力不足、市场竞争力和抗风险能力不强，龙头骨干企业规模不大，带动作用不强，产业集聚度不高，用地、招工等资源要素制约开始显现，人民币加快升值对外贸出口主导型企业的冲击，这些，都将影响产业做大做强。"十二五"期间，东阳市已明确将箱包产业作为全市工业体系的重要组成部分加以发展培育，将坚持以科学发展观为指导，借助于"中国箱包产业基地"这一行业"金名片"，立足拉长产业链、提升价值链、完善供应链和扩大资本链，加快发展整合提升步伐，突出龙头骨干企业培育、平台建设和品牌推进等工作，致力于实现东阳箱包块状产业由低成本竞争优势向具有强势品牌、创新技术和集约生产等特征于一体的产业集群的战略转变，为实现箱包产业新一轮的发展做出努力。

1. 继续加大培育力度，做实产业基础

企业是区域经济发展的基础，是产业建设的主力军。围绕2009年提出的全市"十百千"企业培育计划，完善培育扶持政策，推动规上企业数量快速增长，形成良好的企业发展梯队，特别要重点突出对产值上亿元的龙头骨干企业的扶持培育，着力发挥他们的领军作用。要加强与国家、省皮协等上级部门的沟通联系，深入企业调研，鼓励和支持企业加大投入，加快技术创新步伐，引导企业充分用好用活各项优惠政策，争取上级政策资金支持，对企业发展中的困难和问题，及时协调解决，为企业发展排忧解难，力争企业培育的数量和质量上有新的提升。

2. 推动平台建设，加快集聚发展

要继续加强千祥箱包工业园和箱包配件市场两大产业平台建设，完善基础设施配套，为入驻企业和经营户提供便捷服务，为产业集聚夯实硬件基础。要进一步发挥"千祥箱包网"信息的网络中心平台作用，加快构建箱包产业标准化服务平台和市级箱包技术研发中心，搭建箱包企业交流联系平台，为推动产业提供公共信息服务。要加强市场平台建设，引导企业实施技术创新、提升质量、诚信经营，增强市场竞争力，继续推动行业协会建设，加强行业自律，建立规范有序的市场经营环境。

3. 加快结构调整，促进转型升级

要进一步引导和鼓励箱包企业加大投入，根据节能环保的新要求，以新设备、新技术、新工艺来提升企业制造能力，以先进的技术工艺保证产品质量的提升，以质量求得生存和发展。要紧密联系当今低碳经济发展潮流，提升箱包企业在节能减排、资源综合利用等领域的创新能力，充分利用东阳废塑市场优势，大力推行清洁生产，发展循环经济。要加强产学研合作，引进、消化、吸收一批高新技术和先进实用技术，加快低碳环保产品的开发，实现从数量主导型过渡到以质量、品牌、效益主导型为主的箱包产业发展阶段。

4. 强化品牌支撑，提升产业内涵

继续鼓励和支持箱包企业实施ISO质量管理等认证体系，深化内部管理，促进箱包企业经济效益提升。要鼓励企业以差异化生产、网络化营销求得发展新突破，加大技术创新投入力度，加强与大专院校、科研院所的合作，提升自主研发水平，深入实施ISO质量管理体系认证，以先进的技术设备和严格的质量管理打造企业知名品牌。要重点发挥"金路达""定达"等知名品牌的领军作用，加快企业品牌扶持培育，力争每年争创各级品牌产品5个以上，各级知名商标6件以上。要加强科技专利建设，以专利推动品牌提升。要充分利用各种时机加大对外联系，积极宣传区域品牌特色，积极参加中国皮革协会和省皮革行业协会的各项活动，组织品牌企业抱团参加广交会、义博会及上级协会组织的各类箱包展会活动，以进一步扩大东阳箱包产业知名度。

中国鞋业生产基地·高密

　　山东高密位于山东半岛中东端，西依世界风筝之都潍坊，东与著名海滨城市青岛接壤，版图面积1526平方千米，辖7个镇、3个街道、1个省级开发区，1个物流园区，960个行政村（居），人口85.7万人。高密历史悠久，是春秋名相晏婴、汉代经学大师郑玄、清代大学士刘墉的故里和当代著名作家莫言的家乡。民间四宝：茂腔、扑灰年画、泥塑、剪纸，被列入国家非物质文化遗产保护名录，也被文化部命名为"中国民间艺术之乡"和"中国扑灰年画之乡"。高密市地理位置优越，位于山东半岛蓝色经济区，境内交通发达，是国务院批准的山东半岛沿海开放重点县市之一，也是胶东半岛高端产业集聚区的重点区域和承载地。改革开放以来，在政治、经济、社会文化等各方面都走在全国的前列。在第十届全国县域经济基本竞争力百强县（市）排名中，位居第77位；在"2009年度中国中小城市科学发展百强"和"中国最具投资潜力中小城市百强"中，分别位居82位和47位；被山东省确定为30个中等城市之一。2010年7月，被中国皮革协会授予"中国鞋业生产基地·高密"荣誉称号。此外，近几年，还先后荣获"中国家纺名城""山东省制鞋业基地""山东省纺织服装产业基地""省级区域经济协调发展示范县""省级双拥模范城""平安建设先进县"等荣誉称号。

一 高密市制鞋行业发展历程及基本情况

高密制鞋业有着悠久的历史，最早可追溯到明清时期，改革开放初期布鞋生产已享誉山东半岛，20 世纪 80 年代末，布鞋生产转化为皮鞋生产，花样品种不断翻新。近年来，高密市委、市政府高度重视制鞋产业的发展，积极争取国家、省皮革协会的帮助、指导，积极提升传统产业，精心培育制鞋业，促进了制鞋产业快速发展、快速膨胀和档次提升，已成为促进经济快速发展的重要力量，呈现出发展势头强劲、品牌数量增加、企业规模扩大、产品质量提升的可喜局面，已经逐步形成从生产、经营、鞋样设计到运输、市场销售的完整体系，构建起涵盖制鞋行业上、中、下游企业优势互补、良性发展的完整产业链条，打造了以华东制鞋基地、姜家屯制鞋小区、南外环制鞋长廊为中心的"一基地、一小区、一长廊"，成为胶东半岛地区最大的鞋类和鞋料生产加工基地和集散地。以"碾头鞋城"和"密水商场"为主的"一城一商场"的鞋业市场，先后引进各类客商 400 多家，成为集制鞋机械、鞋料供应为一体的胶东半岛最大的鞋业原材物料基地和物流中心。以"高密双星皮鞋北方生产基地"为依托，建立了一批紧密型和松散型的制鞋企业，并逐步发展起了一大批具有一定带动作用的龙头企业，如海宇鞋业、承诺鞋业、西湖健力达鞋业、凤墩鞋业、泰吉虎鞋业、盛昊鞋业、德兴鞋业、通宇鞋业、奥龙塑胶等骨干企业，年销售收入均在 5000 万元以上。在制鞋企业规模不断增加的同时，相关配套产业协作体系也进一步完善。目前，全市有 60 多家纸箱厂专为制鞋企业配套生产鞋盒、鞋箱，80 多家鞋业物流、22 条专业托运线路提供运输保障，29 家皮鞋制底企业、6 家皮革制品企业提供配套产品，鞋类工艺设计和培训机构高密晅辰鞋类设计学校已初具规模，每年为制鞋企业培训制鞋人员 500 多人。产业集群优势不断增强，凝聚力不断提高，抱团发展意识逐步形成。

目前，高密市制鞋企业（含业户）发展到 1300 多家，其中规模以上企业 42 家，带动从业人员 9 万多人，产品主要包括时装鞋、旅游鞋、休闲鞋、运动鞋、劳保鞋 5 大类 500 多个品种，销往全国各大中城市、乡村以及国外中东、俄罗斯、乌克兰、日本、韩国、美国、欧洲等 30 多个国家和地区。2011 年全市皮革制鞋业实现工业总产值 105 亿元，实现利税 7.6 亿元，37 家出口企业实现出口创汇 8400 万美元。制鞋业的蓬勃发展，不仅创造了大量的财富，为该市的经济发展做出了巨大贡献，也转移了大量农村剩余劳动力，解决了大量闲置人员就业问题。如今，制鞋产业已经成为高密市的富民产业和朝阳产业。

高密市为做大做强制鞋产业，采取了积极的措施。一是充分发挥政府的主导作用，继续落实好支持企业发展的各项政策措施，把推进全市制鞋产业集群发展切实纳入政府工作的重要议事日程。二是积极构筑和完善制鞋产业服务平台。提升现有技术开发中心、研发中心、检测中心的服务质量，扩大服务半径和范围，鼓励、引导有条件的制鞋骨干企业与省内外制鞋科研院校联合，建立鞋业研发中心，实现产学研的有机结合。三是以建设半岛地区鞋材料、鞋机械、鞋化工、鞋成品等集散地为目标，培育建设鞋业专业市场，构筑交易平台。引导社会资本投资建设鞋业物流中心，并相应建立物流配送电子商务服务平台，实现了制鞋业户的产品订单、产品销售、生产的原辅材料、机物料配件等现代化物料配送，推动了制鞋业户全面走向市场。四是加强制鞋产业集群的外部环境优化。针对产业短板、产业链缺失，加大招商引资力度，拉长加粗产业链条；制定产业退城进园、投融资、税收等优惠奖励政策，促进制鞋业快速发展。五是企业内部加强管理，提高产品质量，创新产品品种，突出集聚规模发展和品牌培育。

二 高密市制鞋业有自身的优势

传统产业具有广泛的群众基础。1300 多家制鞋企业中，除 787 家具有较大规模外，还有一些家庭作坊式的制鞋业户。雇工一般在 20 人左右。密水街办碾头居委会几乎家家户户制鞋或从事与制鞋业相关的产业。融资渠道宽泛。政府鼓励支持非公有制经济建立商业性和互助性信用担保机构，以扩大融资范围和融资能力。目前已有直接为制鞋企业融资的银企信用联盟 2 个、互联互保性质的担保公司 5 个，每年可为制鞋企业担保贷款 6 亿元以上。

创新意识、品牌意识不断增强。由于制鞋利润不断降低，企业越来越注重自主研发，创新意识日渐增强，一批科研成果在企业转方式调结构中的作用开始显现。例如，海宇鞋业研发的 HY 系列健康功能鞋和 NM09 系列鞋用纳米改性抗菌除臭胶体两项科研成果，列入省技术创新项目。盛昊鞋业、泰吉虎鞋业、德兴制底等企业均先后根据市场需求开发新产品。以"创品牌"作为新的发展突破口，积极申报和创立名牌名标，不断提高产品的质量和档次，基本实现了从无牌、贴牌到名牌的跨越，大大提高了产品在国内、国际市场的竞争能力。高密市的制鞋产业正由劳动密集型产业向技术密集型的创意产业转移。经过近几年连续不断的蜕变、发展，再蜕变、再发展，全市的制鞋企业已成功走出了一条科技创新之路，他们以订单组织生产，以质量赢得订单。据统计，制鞋产业近年来年均开发新产品在 300 种以上，已有 126 家制鞋企业注册了自己的商标，并开始创造自己的品牌，已有中国驰名商标 1 家、山东省著名商标 7 家、山东省名牌 4 家、山东省轻工名牌 11 件、中国真皮标志产品 7 家。还有一些品牌正在申报中。

人才培养和引进不断加强。近年来，企业越来越注重人的因素，认识到没有人的技能的提高，就没有企业的发展，坚持"以人为本"的原则，抓住培养、吸引和使用好人才这几个环节，采用"请进来""走出去"的方法，培养了大批"下得去、留得住、用得上"的技术实用型人才，为提升企业的科技含量、提高产品的市场占有率起到了积极的推动作用。部分企业与高等院校合作建立了培养人才的机制，实行"订单"培养的新模式，把供需链条紧紧与企业连接在一起，并进行相关实用技术研究、产品开发、成果孵化，使之产生直接的经济效益，着重培养职工的主人翁意识、产品质量意识、信誉意识、效益意识，锻炼和培养企业管理意识。近三年来，高密市制鞋业通过"请进来""走出去"的方法，培养各类专门人才 5000 多人次，使技术人才在职工中的比例达到 45% 以上。高密市政府大力扶持和指导鞋类设计学校的发展，指导成立了"高密市旵辰制鞋研究所"，帮助建立实习基地，培养大批技术实用型人才。高密技工学校和高密职业中学等培训学校，每年专门培养财务、企业管理及机械、电工等技术工人 2000 人以上，为企业发展提供了扎实的后备力量，更为全市制鞋产业的进一步提升起到了积极的推动作用。

环保意识不断加强。高密市政府非常重视环保工作的开展，投巨资新建扩建了三个污水处理厂，日处理污水达到 13.5 万吨。通过财政投入和市场化运作 BOT 等方式相结合的办法，总投资 2.1 亿元铺设污水管网 151 千米。对全市治理水污染、改善人民的生存生活环境起到了重要作用，也为全市生态城市建设和经济可持续健康发展发挥了积极的作用。已有4家皮革生产企业的污水处理设施全部经环保局验收合格，达到国家规定的环保标准，并颁发证书，污水全部达标排放，污水排放都通过污水管道进入了污水处理厂。

行业协会进一步规范。为了规范制鞋行业市场环境，有序竞争，共赢发展，2008年，高密市鞋业协会正式挂牌成立，协会利用自身特点优势，不断提高鞋业行业的凝聚力，通过制定"行规行约"，避免了不正当竞争行为的发生。通过建立公共服务平台，带领会员参加各种鞋业、皮革产品展销会，广泛与全国各地知名企业进行交流合作。通过大力推进行业协会建设，构筑制鞋产业服务平台，充分发挥市鞋业协会的作用，围绕提升产业链组织化程度和协作化水平，在行业协会的专业性、指导性、广泛性、服务性、纵深性和自律性上下功夫，实现协会组织的自我管理，自我约束、自我服务和自我发展。行业协会在增强区域经济整体竞争力，打响擦亮高密鞋业品牌等方面发挥了重要作用：一是通过建立完善规范的约束、管理、互助、奖惩、价格、人才交流协商等一系列管理制度、进一步加强行业自律，杜绝恶性竞争行为，减少内耗。二是经常组织企业走出去，加强会员企业之间的交流，开阔眼界，取长补短；参加国内外的各种展销会，加强与外贸组织的联系合作，拓展产品销售渠道。三是根据行业发展和广大会员关心的热点问题，做好技术交流，信息沟通，国内行业办展、考察等各项服务工作。四是每年举办一次鞋业发展论坛，举办一次鞋业展销会。五是定期或不定期邀请专家、学者来高密授课或者专业辅导。政府政策的积极扶持。市政府积极出台政策，鼓励产业发展。如《关于扶持企业发展的若干政策规定的通知》《高密市中小企业促进办法》和《关于深化企业年、兴办大工业的意见》，从政策上扶持企业发展，为企业发展创造有利条件。设立"山东省皮革行业协会高密办事处""双星集团国家鞋类检测中心高密分中心"和"省级鞋类产品质量监督检验中心"。从软环境上搭建服务平台，推动全市制鞋业的跨越式发展。树立全市一盘棋的思想，科学规划、布局制鞋工业园区，整合资源，优化功能配置，依托现有条件，高标准、高档次规划好园区建设，设立中小企业创业辅导基地，以解决家庭作坊式的制鞋业户生产经营资金不足，或建设厂房周期长、投资大、见效慢等问题。

三 发展目标

"十二五"期间，是高密市制鞋产业实现跨跃式发展的关键时期，随着国际国内鞋业市场竞争的日益加剧，制鞋产业面临着难得的历史机遇和挑战。集中力量做大做强制鞋产业对于促进传统产业结构优化升级，加速推进"中国鞋业生产基地"建设和发展的速度，抢占国际国内市场和产业竞争制高点具有重要意义。以构建半岛地区最大的鞋业基地为核心内容，以拉长产业链条为突破口，通过产业、企业和专业招商，引进和带动鞋材料、鞋机械、鞋化工等相关产业的配套生产。在建设好"双星"皮鞋生产基地、"海宇"鞋业产业园、碾头鞋城等规模化鞋业专业园区的同时，开拓建设新的综合类鞋城。继续发展为制鞋业服务的研发设计、信息咨询、物流配送、专业市场、融资服务等配套行业，形成现代制鞋产业集群。力争到2015年，全市制鞋企业年产鞋3亿双，实现销售收入200亿元，利税25亿元。规模以上企业达到100家，产值过亿元的企业达到20家，从业人员达到13万人。新增"山东省高新技术企业"1家，省级研发中心1处。新增"中国驰名商标"2项，山东省名牌或著名商标6项，"中国真皮标志产品"7项。

第十篇 资料篇

在皮革行业发展历程中，有许多有意义的资料或文件，对行业的发展起到了推动或引领作用，本篇分荣誉、品牌战略及重要文献三章。"荣誉"为行业发展过程中所获得的重要奖励或荣誉称号，这些奖励或称号在推动行业实行科教兴皮战略，培育专业人才方面起到了示范性作用；"品牌战略"主要包括历届中国名牌产品和驰名商标及以"真皮标志"为平台，推出的皮革服装、鞋类、皮具等设计大赛的获奖作品；"重要文献"包括中国皮革行业"二次创业"发展战略及中国皮革协会的部分规范性文件，这些文件对引领行业发展，促进行业和谐、科学发展起了积极作用。

本篇所收录资料在其它篇中也有所提及，但在此篇中详细展开，方便读者查阅了解。

第一章 荣誉

一 中国皮革工业协会奖学金历年获奖名单

1995 年

四川联合大学皮革工程系

优秀学生：
一等奖　　郭伟志　田金平　熊　源
二等奖　　唐丽灵　何有节　崔光寰　郑丽华　赵海龙
三等奖　　张　洋　汪香元　马先友　张旭宁　杨瑞珍　万晓军　荣贯东
优秀学生干部：
王　喆　刘　芳　刘智军　胡　涛

西北轻工业学院皮革工程系

优秀学生：
一等奖：　周天国　丁国荣　刘清洁
二等奖：　何益清　陈体军　周建华　鲁德凤　李先虎
三等奖：　吴淑兵　吴显记　刘喜祖　柴宋军　肖玉康　田　栋　张　玲
优秀学生干部：
陈国平　李秦燕　陈　杰　薛朝华

1996 年

四川联合大学皮革工程系

优秀学生：
一等奖　　王　喆　赵海龙　杨　瑛
二等奖　　张　洋　马先友　赵素芳　宋立江　周恩茹
三等奖　　张旭宁　汪香元　王英梅　方文宇　文德钊　刘　芳　叶永红
优秀学生干部奖：
陈治军　杨　欣　秦立奎　周和安

学习进步奖：
一等奖　徐　伟　陈　敏
二等奖　罗建勋　金文武　夏　刚
三等奖　王　峰　王亚楠　李　辉

西北轻工业学院皮革工程系

优秀学生：
一等奖　王　伟　周建华　毛思良
二等奖　朱玉江　张万华　朱道洲　索育林　曲　艳
三等奖　刘春燕　程巧兰　万立峰　施跃锦　刘昭霞　陈　桓　杨　杰
优秀学生干部奖：
陈代威　王　岚　柴玉叶　肖建国
学习进步奖：
陈　丽　张圣典　曾甫军　刘忠益　郭庆志　崔祥涛　和峰涛　张利颖

1997 年

四川联合大学皮革工程系

优秀学生奖：
一等奖　赵素芳　王群智　熊　源
二等奖　肖志强　万晓军　江金德　陆忠兵　马永奇
三等奖　马志红　邓超刚　黄岳杉　林　亮　邝　勇　熊月华　张春莉
优秀学生干部奖：
欧阳志　陈治军　柳　丽　陈元维
学习进步奖：
一等奖　刘建超　徐海洋
二等奖　魏　冬　钟发军　顾志刚
三等奖　游志强　陈佑新　蔡玲英

西北轻工业学院皮革工程系

优秀学生奖：
一等奖　程巧兰　朱道洲　蔡启祥
二等奖　朱宝霞　万立峰　高志晓　茹启明　周建飞
三等奖　陈丽丽　孙　芸　李　猛　戴　晔　刘健鹏　齐云英　刘桂芬
优秀学生干部奖：
李储金　聂林彬　陈文凤　张　沫

学习进步奖：
一等奖　樊海鸥　邵剑胜　陈晓宾
二等奖　方道文　吴克安
三等奖　李先虎　孙运强

1998 年

四川联合大学皮革工程系

优秀学生奖
一等奖　马志红　宋立江　林　炜
二等奖　刘卫国　范贵军　栾世方　陈发奋　时郑州
三等奖　江金德　彭旷霏　骆永莉　辜海兵　戴金兰　王　选　洪文卿
优秀学生干部奖
林　亮　朱一飞　柳　丽　熊喜竹
学习进步奖
一等奖　胡　浩　何淑凌
二等奖　陈　科　徐茂松　宋双盼
三等奖　武晓龙　张　龙　张伟涛

西北轻工业学院皮革工程系

优秀学生奖
一等奖　朱道洲　茹启明　薛朝华
二等奖　施跃锦　刘　平　戴　晔　李　丽　何晓梅
三等奖　王　旭　兰海华　宋文芳　王　卿　王　昆　马英华　葛伟慧
优秀学生干部奖
孙　娟　石　军　张健康　陈　桓
学业进步奖
一等奖　邹礼群　杜誉隆　唐志平
二等奖　熊国华
三等奖　马细柳　张小平　高海森　付秋英

1999 年

四川大学皮革工程系

一等奖　陈元维　穆畅道　项　超
二等奖　张春利　陈忠兵　马贺伟　兰方阳　吴　强

三等奖　蓝绍营　熊喜竹　彭志佳　王　选　王　方　韩　劲　黄　瓒
优秀学生干部奖
栾世方　胡林　傅轶　周科
学习进步奖
一等奖　黄玉桓　唐洪根
二等奖　王亚娟　周亚琴　王晓明
三等奖　叶永彬　周兴海　刘志刚

西北轻工业学院皮革工程系

一等奖　聂林杉　鲍丽红　陈平方
二等奖　唐志冬　陈新江　刘凌云　马英华　何超平
三等奖　茹启明　兰海华　潘红娟　刘鹏杰　李卫华　吕良固　吴　杰
优秀学生干部奖
韩劼　李丽　马瑞华　姜　楠
学习进步奖
一等奖　杨爱玲　王永红
二等奖　刘福朝　金　花　王饼宝
三等奖　李　斌　杨　惊　李永刚

2000 年

四川大学皮革工程系

一等奖　　　　　穆畅道　杨志华　郭文宇
二等奖　　　　　尹洪雷　王　芳　林　芳　张　敏　宫金龙
三等奖　　　　　金晓芳　蔡国恩　唐　伟　林　海　车丽娟
　　　　　　　　李　华　黄　瓒
优秀学生干部奖　胡淑华　马贺伟　杨　光　姜　伟
学习进步奖一等奖　青　源　张大雷
学习进步奖二等奖　何芝洲　郝林朴　黄余德
学习进步奖三等奖　廖　华　吴军财　黎莫俊
英语六级成绩优秀　载金兰　青　源
英语四级成绩优秀　周　南　李　理　聂　敏　胡宝明
　　　　　　　　载金兰　王　选　张伟才　张大雷
　　　　　　　　金晓芳　唐洪根

西北轻工业学院皮革工程系

一等奖　黄秀娟　郭生伟　张汉波

二等奖　马英华　汤运启　齐　婷　康爱辉　邱白玉
三等奖　杨爱玲　李菊霞　赵海萍　代转花　陈钊钰
　　　　丁武伟　应杨波
优秀学生干部奖　姜　楠　王固霞　李　丽　武学金
学习进步一等奖　周　越
学习进步二等奖　左才平　魏素英　孙继锋　李菊霞　贺旭林
学习进步三等奖　刘琳琳　杨　惊
英语六级成绩优秀奖　刘鹏杰　彭晓凌　刘凌云　吕良固
英语四级成绩优秀奖　何超平　张汉波　王新庆　付少辉
　　　　　　　　　　储　芸　陈友娟　彭彩虹　吴雄虎
　　　　　　　　　　曹　洁　李卫华　姜　楠　汤运启
革设98班　英语四级班级通过率获全院第二名
皮981班　英语四级班级通过率获全院第八名

2001年

四川大学皮革系

一等奖　黄　文　陆忠兵　张　敏
二等奖　张米娜　张晓辉　周　南　史锴岐　左效润
三等奖　陈慧　代丽　赵婷　罗鸣　曹莉　勾景宝　谭利华
优秀学生干部奖　胡宝明　唐　伟　徐家宽　杨璐铭
学习进步奖一等奖　李哲先　任　毅
学习进步奖二等奖　孙　磊　陈　平　朱松涛
学习进步奖三等奖　杜文峰　邹　敏　黄建潼
英语四级成绩优秀奖　冯柳鹰　邹　敏　张忠锴　赵向科
英语六级成绩优秀奖　李　理

西北轻工业学院皮革系

一等奖　侯晓东　王定巧　李金旗
二等奖　齐　亭　陈友娟　李　伟　孔　涛　冯　宇
三等奖　曹强　杨南　程航　罗青　高党鸽　徐威　殷家雄
优秀学生干部　武学金　于　江　王新庆　刘庆兰
学习进步一等奖　赵全永
学习进步二等奖　贺娟娟　耿新柱　王　妮　牛团军　王雅妹
学习进步三等奖　葛小瑞　郭秀荣
英语四级成绩优秀奖　孙玫英　黄秋华　崔小英　傅玉华　杨敏贞　王涛
　　　　　　　　　　张方平　梁小丽　王定巧　王克建　魏蓬勃　吴洁

赵本志　牟世伟　应杨波　王广青　张华丽　李伟
李小辉　赵晓华　邱白玉　陈钊玉　赵会立　杨南
刘海娟　宋淑华　王　妮　邓夏明　宋　娜

先进班级　　革992班

2002年

四川大学皮革工程系

一等奖　李　方　顾红梅　冯国涛
二等奖　任　毅　林　海　罗　石　丁金凤　崔　智
三等奖　缪培凯　唐　伟　杨　玲　张瑞芹　唐雪刚
　　　　段悟吾　甄建茂
优秀学生干部奖　　郭劲松　刘　姝　张　艳　赵升起
学习进步一等奖　　罗　杨　杨卓慧
学习进步二等奖　　胡鸿基　李延丽　于　勇
学习进步三等奖　　张　伟　顾　斌　杨活祥
英语四级成绩优秀奖
黄彦杰　陈代君　刘　嘉　李　铠　景　山　张　艳
曹　莉　刘　姝　程　颖　汤　珩　李　俊　勾景宝
英语六级成绩优秀奖　　张忠楷

陕西科技大学皮革工程系

一等奖　　鲍　艳　郑春燕　戴　晔
二等奖　　陈钊钰　赵海萍　牛文田　灵　胡巧青
三等奖　　安华瑞　王瑞瑞　陈淑如　黄　翠　高党鸽
　　　　　赵　帅　齐　欢
优秀学生干部奖　　邱白玉　顾任飞　王瀛保　戚玉良
英语四级成绩优秀奖
张　哲　赵　星　汪楷琳　袁　恒　李　伟
余　菲　杨　华　苏　希　吕碧潭　于君清
幸　会　罗　燕　贾　晶　胡明亮　孟宗辉
龚孝飞
英语六级成绩优秀奖　　张雅娜　钱亦萍

2003 年

四川大学生物质与皮革工程系

一等奖　何　强　张明辉　张　艳
二等奖　叶易春　兰　繁　黄　欣　罗朝阳　段　磊
三等奖　李　铠　黄建莉　王　川　袁鹏程　李丽英　陈　洁
　　　　宋吉钊
优秀学生干部奖
刘　嘉　李　洋　张　月　陈绍华
学习进步奖
一等奖　李　岩　顾　斌
二等奖　唐志海　刘远红　王　剑
三等奖　郑楚亮　窦永涛　王　强
英语四级成绩奖
一等奖
刘　燕　代春梅
二等奖
杨燕燕　王春秀　丁金凤　曹　海　赵学会　吴礼忠　魏丽敏　李　娟　吕　晖
黎万能　唐学刚　姜　燕　任其勇　马正庆　侯　青　李　洋　黄　欣　肖　尧
英语六级成绩奖　刘　燕　代春梅

陕西科技大学皮革工程系

一等奖　钱亦萍　　胡巧青　　刘凌云
二等奖　董　青　徐　菲　徐敏坚　师筠琴　苏红丽
三等奖　李　静　赵　星　张伟刚　王　琼　张同刚
　　　　刘晓玲　李　玲
优秀学生干部　　易德春　赵碎浪　杨　艳　徐达节
学习进步一等奖　郑　贞
学习进步二等奖　曾　强　贺　靖　王玉民　王　磊　朱利恒
学习进步三等奖　程晓磊　刘义兵

2004 年

四川大学生物质与皮革工程系

一等奖　王应红　张中楷　赵学会
二等奖　夏　娟　刘　燕　任　涛　阮晓白　方泽田

三等奖　文　丹　宋伟鹏　李　东　苏德强　郭　奇　陈　镠　王　旺
优秀学生干部奖
郑楚亮　张　岩　邹　鑫　王秀峰
学习进步奖
一等奖　黄丽娜　张　倩
二等奖　王海山　陈运恒　马孟醒
三等奖　曹　海　王兵兵　朱　刚
集体奖　013090112 班
英语四级成绩奖
一等奖　程　飞　杜翠鸣　陈　意
二等奖　李丽英　张利莉　浦一帆　李　康　龚　英　黄　宇　邹　鑫
英语六级成绩奖　李丽英　魏丽敏

陕西科技大学资源与环境学院

一等奖　胡巧青　屈　飞　孙　明
二等奖
王　琼　吴家强　师筠琴　米　莉　侯晓青
三等奖
贺　婧　王　丹　张高栋　祝东焕　赵娟芝　彭文凤　涂元武
优秀学生干部
贺　毅　齐　欢　魏建平　张尔旭
进步奖
一等奖　毛李蓉
二等奖　孙翊涛　仇向巍　田　迪　年　越
　　　　杨　洁
三等奖　胡隽彦　杨程渊
四六级奖
六级个人奖（3人）
李　玲　刘明芬　代家群
四级个人奖
80 分以上
李　玲　袁绪政　代家群
75 分以上
谭文丽　张　伟　闫雪莉　侯巧里　刘明芬　汤伯虹　赵志刚　张文佳
先进班级四级通过率
轻化 028 班　　　　服装 021 班

2005 年

四川大学生物质与皮革工程系

优秀学生奖
一等奖　陈国和　焦利敏　罗朝阳
二等奖　刘新杰　梁碧娴　刘　倩　王亚楠　谭廷照
三等奖　刘　杰　张　岩　周俊红　申　睿　曾运恒　张秀丽　金建刚
优秀学生干部奖
李　洁　刘公岩　刘国建　唐　睿
学习进步奖
一等奖　黄　宇　陈　镠
二等奖　阳芳标　王兵兵　全卢海
三等奖　申　睿　叶鸿谟　蔡震华

陕西科技大学资源与环境学院

学业优秀奖
一等奖　何正春　文国强　胡　静
二等奖　赵艳萍　林丽芬　姚　清　范潇潇　张瑞祥
三等奖　洪新球　张同刚　刘　燕　朱晶洁　郭佩佩　沈洪果　张琼梅
优秀学生干部
张少杰　韩　雨　蔡耀东　郑　贞
进步奖
一等奖　杨榕杰
二等奖　毛　飞　马　妍　刘新玉　王　强　张新华
三等奖　欧阳文　伍　迪
四六级奖
六级个人奖　王玉珍　王　景　丁　艺　薛佳平
四级个人奖　彭文凤　王玉珍　夏皓帆　刘　燕　孙凌凌　张亚红　丁　艺
　　　　　　田嘉欣　朱晶洁　李　静　谈娟娟　薛佳平　韩　青
先进班级四级通过率
环境032班　　轻化035班

2006 年

四川大学轻纺与食品学院

优秀学生奖

一等奖　郭　奇　赵　帅　杨璐铭
二等奖　郝　霞　成　康　王亚楠　张小燕　李季衡
三等奖　满益朝　贺丽蓉　张秀丽　孙　霞　周俊红　金　硕　欧阳裕文
优秀学生干部奖
王启标　朱　剑　杨　维　胡良豪
学习进步奖
一等奖　龙友渔　金　硕
二等奖　潘科锦　敬　丽　刘　倩
三等奖　陈　诺　温捎雨　白学龙　宋天靖

陕西科技大学资源与环境学院

学业优秀奖（日校生）
一等奖　张英杰　郭佩佩　闫维艳　涂元武　强涛涛
二等奖　王瑞莉　刘　敏　纪春娟　赵国徽　沈洪果　于　静　夏皓帆
三等奖　刘兴萍　王沛懿　赵梦君　李改莉　孙爱萍　杨明洋　毛李蓉
学业优秀奖（脱产班学生）
一等奖　陈红春　李钢强　温　刚
二等奖　赵文强　徐　彭
三等奖　刘　敏　刘琼琼
优秀学生干部
蔡晋君　陈　岗　杨　翼　潘　崟
进步奖
一等奖　楚　珮
二等奖　蒋　辉　张　硕　席建洲　胡婷婷　张晔磊
三等奖　毛　飞　陈　飞　薛少青
四六级奖
六级个人奖　陈　星　刘　敏
四级个人奖（大于70分）
陈　星　曾冬青　杨　萍　刘　媛　罗媛媛　郭佩佩　张　晨　董艳勇
毛　飞　秦强强　李碧源　赵梦君　杨婷娟　邓成志　李春月　朱　峰
李文华　栾新俊　罗　俊　吴其恒　雏　香
四级个人奖（大于75分）
刘　敏　齐何婧　纪春娟　李翠萍　郝引引　陈　琳　万雅娟　王雪娇
韩蓉蓉　韦　敏　徐群娜
优秀班级四级通过率
轻化046班　　轻化047班

2007 年

四川大学轻纺与食品学院

优秀学生奖
一等奖　李书卿（2007 级博士）　陈　意（2006 级硕士）　王亚楠（2004 级本科）
二等奖　赖传杰（2004 级本科）　王琴琴（2004 级本科）　丁　洁（2005 级本科）
　　　　王　玄（2006 级本科）　刘晓星（专科）
三等奖　刘能全（2004 级本科）　代　雪（2004 级本科）　王维娟（2005 级本科）
　　　　宋　丹（2005 级本科）　方　卉（2006 级本科）　赵　倩（2006 级本科）
　　　　廖倩梅（专科）
优秀学生干部奖
龙友渔（2004 级本科）　王良峰（2005 级本科）　顾庆圆（2005 级本科）
何　刚（2006 级本科）
学习进步奖
一等奖　罗　平（2004 级本科）　宋　丹（2005 级本科）
二等奖　赖　明（2004 级本科）　丁　洁（2005 级本科）　石聿金（专科）
三等奖　冯雨果（2004 级本科）　彭　洲（2005 级本科）　郭　韵（2005 级本科）
　　　　吕小亮（专　科）
班级四级通过率集体奖
2005 级轻化二班　2005 级轻化三班　2005 级轻工生物技术
四级奖学金
四级成绩≥568 分
张　超　黄　丽　王　璐　刘　飞　宋　丹　陈可可　成　康
四级成绩＜568 分
魏裔宸　农丽娜　王琴琴　张　楠　全　泉　朱红梅　乔太松
张靖怡　韩姣姣　曾　铮　欧阳裕文　胡　杨
六级奖学金
六级成绩≥568 分
何文艳　陈　科
六级成绩＜568 分
代　雪　金　扬　曾　铮　张　超

陕西科技大学资源与环境学院

学业优秀奖（日校生）
一等奖　2005 级　司美艳　2005 级　王瑞莉　2004 级　刘　敏　2006 级　王兴苗
　　　　（研究生）袁绪政
二等奖　2005 级　王玉环　2005 级　冯小霞　2005 级　刘懿平　2005 级　高丹丹

　　　　　　2005级　张英杰　2006级　刘　奇　2004级　齐何静　2004级　曾冬青
三等奖　2005级　洪　蕾　2005级　潘　召　2005级　王佩懿　2004级　陈　亭
　　　　2004级　赵国徽　2006级　陈　涛　2006级　何晓琳
进步奖
一等奖　2005级　沈杰
二等奖　2005级　曹　杰　2006级　周婷婷　2005级　刘　喜　2005级　孟昭宇
　　　　2005级　何果强
三等奖　2005级　吴翠娥　2005级　郭洪涛　2005级　申佳梅
优秀学生干部
燕　奇　王新强　肖仁波　崔　鉴
学业优秀奖（脱产班学生）
一等奖　陈　平　申　冲　许　彭
二等奖　王　超　常　然
三等奖　王　攀　夏克伟
四六级奖
六级奖　张英杰　徐述芳
四级奖（大于70分）
翟丽媛　张　亭　崔　敏　陈　瑞　郝　锐　童　斌　高丹丹　刘聪盼
朱玲玲　司美艳　罗　敏　燕　奇　向少君　刘俊鹏　张　琳　刘懿平
李　霖　刘晓宁　李春晓　王玉莹　王倩雯
四级奖（大于75分）
潘　召　王瑞莉　张英杰　孙晓龙　辛　哲　刘兴萍　王佩懿　冯小霞
王晓查　徐娜娜
优秀四级通过率班级
轻化055班　　轻化058班

2008 年

四川大学轻纺与食品学院

优秀学生奖
一等奖　李书卿（2007级博士）　黄　鑫（2007级硕士）
　　　　郭　军（2005级本科）
二等奖　许冰斌（2005级本科）　刘　兰（2006级本科）　李萍萍（2006级本科）
　　　　周加境（2007级本科）　席笑博（专　科）
三等奖　丁　洁（2005级本科）　张惟雯（2005级本科）　张靖怡（2006级本科）
　　　　薛　宇（2007级本科）　黄　丽（2007级本科）　郭　松（2007级本科）
　　　　朱宝进（专　科）
优秀学生干部奖

郭　军（2005级本科）　　潘红英（2006级本科）　　方　卉（2006级本科）
戴　睿（2007级本科）
学习进步奖
一等奖　喻伟才（2005级本科）　　王江浩（2006级本科）
二等奖　李　鹏（2005级本科）　　周相君（2006级本科）　　陈世飞（专　科）
三等奖　卢　创（2005级本科）　　郭佩忠（2005级本科）　　蒋　雪（2006级本科）
　　　　魏晓微（专　科）
班级四级通过率集体奖
2006级轻工生物技术　　92.5%
2006级轻化工程四班　　86.48%
2006级轻化工程三班　　85.7%
2006级轻化工程二班　　79.49%
2006级轻化工程一班　　77.5%
2005级轻化工程三班　　93.3%
2005级轻化工程一班　　90.9%
四级奖学金
四级成绩＜568分　刘乃宏　张　霞
六级奖学金
六级成绩≥568分　陈可可　刘　飞　张　超
六级成绩＜568分　肖世维　刘乃宏

陕西科技大学资源与环境学院

学业优秀奖
一等奖　2007级　王静娴　2006级　吴喜元　2006级　孙　森　2005级　刘懿平
　　　　（研究生）赵　宇
二等奖　2007级　王　稳　2007级　庞灵灵　2006级　崔晓兰　2006级　胡香玉
　　　　2006级　刘　奇　2006级　于玉龙　2006级　何晓琳　2005级　冯小霞
三等奖　2007级　朱五一　2007级　谢李昭　2006级　王　萌　2006级　叶宇轩
　　　　2006级　王兴苗　2005级　徐述芳　2005级　孙晓龙
进步奖
一等奖　2006级　周婷婷
二等奖　2006级　寇恒楠　2006级　耿　凡　2006级　陈健康　2005级　翟丽媛
　　　　2005级　奥海荣
三等奖　2006级　雷　波　2006级　蒋　坤　2005级　龚禹琨
优秀学生干部奖
　　　　2006级　吴毅娜　2006级　范　鹤　2005级　陈　飞　2005级　徐　娜
优秀四六级奖
　　六级奖　张斐斐　张　欢

四级奖
一等奖　崔晓兰　赵　闯　孙红梅　张国才　侯雪艳　颜明俊　贺　舜　毛　燕
　　　　刘文俊　秦晓晓
二等奖　薛晓芳　刘　娜　高树仁　魏　芳　周婷婷　李　杰　张文博　党金宁
　　　　王兴苗　寇恒楠　叶宇轩　赵　月　张　虎　曾建兵　王　娇　颜　雁
　　　　邓兴伟　毛永江　陈凯莹　吕　瑞
优秀班级
服装061班　服装062班
优秀学业奖（成教脱产）
一等奖　夏科伟　陈　龙　王　超
二等奖　申　冲　常　然
三等奖　顾　倩　任国琪

山东轻工业学院

奖学金
一等奖　芦保辉　蓝公平　聂守梅
二等奖　李金金　张　琳　金　娟　孙　萍　张砚伟　李雪洁　陈晓倩
三等奖　隋永婷　王旭金　刘海腾　孙志远　郭　彪　李晓丽　刘　尚　林　杰
　　　　姜　鹏　兰建庄　刘光闪　刘冰冰
优秀学生干部
尚　斌　刘仁波　程忠杰　杨　阳

2009年

四川大学轻纺与食品学院

优秀学生奖
一等奖　俞凌云（2008级博士）　曾运航（2008级硕士）
　　　　王艳平（2006级本科）
二等奖　杜金霞（2008级本科）　高明明（2007级本科）　易蛟巧（2006级本科）
　　　　阿作金曲（2006级本科）　刘四华（专科）
三等奖　胡俊飞（2008级本科）　李艳红（2008级本科）　徐　杰（2007级本科）
　　　　杨　娟（2007级本科）　张　琦（2006级本科）　余志敏（2006级本科）
　　　　蒲　爽（专科）
优秀学生干部奖
何建清（2008级本科）　戴　睿（2007级本科）　王帮娇（2007级本科）
李盛红（2006级本科）
学习进步奖

一等奖　陈　旭（2007级本科）　贾　懿（2006级本科）
二等奖　杨艳雪（2007级本科）　吴宇萍（2006级本科）　罗晓莉（专科）
三等奖　王　皓（2007级本科）　程　龙（2006级本科）　周　玲（专科）

班级四级通过率集体奖

2006级皮革商贸班　　　95.3%
2006级轻工生物技术班　92.5%
2006级革制品设计班　　90.6%
2007级轻化一班　　　　100%
2007级轻化二班　　　　86%
2007级轻化三班　　　　90.9%
2007级轻化四班　　　　97%
2007级轻工生物技术　　82.9%

四级奖学金

四级成绩＜568分　刘乃宏

六级奖学金

六级成绩≥568分　陈可可　刘　飞
六级成绩＜568分　韩姣姣

陕西科技大学资源与环境学院

学业优秀奖

一等奖　2008级　田亚林　2007级　张志微　2007级　张　平　2006级　鲁　娟
　　　　（研究生）赵　宇
二等奖　2008级　王　雨　2008级　淡艳妮　2007级　时启臣　2007级　喻佳宇
　　　　2007级　赵　丽　2007级　左　陈　2007级　汪　旺　2006级　王兴苗
三等奖　2008级　校亚斌　2008级　张　敏　2007级　张佳佳　2007级　赵阿婷
　　　　2007级　薛　强　2006级　吴喜元　2006级　赵　月

进步奖

一等奖　2007级　林振坤
二等奖　2007级　李　康　2007级　赵　伟　2007级　史新辉　2006级　李海林
　　　　2006级　张斐斐
三等奖　2007级　张　鑫　2007级　白茂盛　2006级　侯雪艳

优秀学生干部奖

2007级　王　鑫　2007级　邹长煌　2006级　王　帅　2006级　范　鹤

优秀四六级奖

六级奖　周威呐　刘溪坤
四级奖
一等奖　丁秀艳　郑红梅　陈　燕　唐　莎　张　凯　谢李昭　薛　侃　步巧巧
　　　　刘思莉　孙海龙

二等奖　曾　鑫　张绍娥　董智磊　乔　源　张静怡　姚燕娜　吕秀娟　刘　刚
　　　　高　攀　魏盼盼　赵　静　杜　虎　吴芍君　王静娴　吴　梅　何冬冬
　　　　韩静静　顾海景　翟　敬　齐建敏
优秀四级通过率班级
服装071班　环境071班
优秀学业奖（成教脱产）
一等奖　吕小龙　罗　维　黄占璞
二等奖　任飞娟　张巧巧
三等奖　王　朵　顾　倩

山东轻工业学院

奖学金
一等奖　2008级　冷超超　2007级　丁翠翠　2006级　侯若冰
二等奖　2008级　王霏霏　2007级　聂守梅　2006级　张砚伟
三等奖　2008级　张　艳　2007级　陈晓倩　2006级　蓝公平
优秀研究生　田慧琳　刘　洁
优秀学生干部
2008级　林　感　2007级　杨　阳　2006级　王克鑫

2010年

四川大学轻纺与食品学院生物质与皮革工程系

优秀学生奖
一等奖　张　敏（2009博士）　　贺丽蓉（2009硕士）　　何健锋（2007级本科）
二等奖　陈　丽（2009级本科）　卿　松（2008级本科）　薛　宇（2007级本科）
　　　　张　铭（2007级本科）　崔世旗（专科）
三等奖　杨热闹（2009级本科）　梁　如（2009级本科）　潘欣荣（2008级本科）
　　　　张雪青（2008级本科）　屈莎莎（2007级本科）　左旺盛（2007级本科）
　　　　赖盛桃（专科）
优秀学生干部奖
靳培攀（2009级本科）　吕　广（2008级本科）　杨　飞（2008级本科）
石佳博（2007级本科）
学习进步奖
一等奖　郝芙蓉（2008级本科）　沈　妮（2007级本科）
二等奖　陈海燕（2008级本科）　周晴川（2007级本科）　温　毅（专科）
三等奖　谢林利（2008级本科）　于华东（2007级本科）　卜豫婉（专科）
班级四级通过率集体奖

2007级本科轻化一班　　　　　　91%
2007级本科轻化二班　　　　　　94.1%
2007级本科轻化三班　　　　　　100%
2007级本科轻化四班　　　　　　97.57%
2008级本科轻工生物技术　　　　90.24%
2008级本科轻化一班　　　　　　87.18%
2008级本科轻化二班　　　　　　82.05%
2008级本科轻化三班　　　　　　82.05%
2008级本科轻化四班　　　　　　88.88%
六级奖学金
六级成绩<568分
张　霞　564分　　　李艳红　556分

陕西科技大学资源与环境学院

学业优秀奖
一等奖　2009级　王　奔　2008级　章　赛　2008级　高静静　2007级　步巧巧
　　　　（研究生）　冯洪燕
二等奖　2009级　王　宇　2009级　樊　艳　2008级　杜　颖　2008级　任　静
　　　　2008级　黄颖超　2008级　王育玉　2008级　王晓芹　2007级　林　静
三等奖　2009级　范晓乐　2009级　程国华　2008级　邢荣芬　2008级　胡雪丽
　　　　2008级　校亚斌　2007级　赵彩荧　2007级　何冬冬
进步奖
一等奖　2008级　刘韫哲
二等奖　2008级　王　羽　2008级　李益华　2008级　李　琦　2007级　刘　晨
　　　　2007级　石锦鹏
三等奖　2008级　于　青　2008级　丁　杨　2007级　熊浩森
优秀学生干部奖
2008级　薛　婷　2008级　张　敏　2007级　赵　东　2007级　贾晓莉
优秀四六级奖
六级奖　时春华　成雨兴
四级奖
一等奖　邢荣芬　王立娜　向　群　辛　萌　徐　静　孙晓俊　李　杰　张　敏
　　　　武　丹　黄颖超
二等奖　李　琦　杜　颖　王　羽　成咏澜　杨　佩　谢纹君　王　宇　张　丹
　　　　高静静　张永辉　王育玉　邓夏婕　冯　婧　李　妍　章　赛　胡　媛
　　　　张静怡　邱　辉　田亚林　王　茜　孙　帅
优秀四级通过率班级
轻化087班　轻化088班

优秀学业奖（成教脱产）
一等奖　侯亚茹　马岳雷　贾岩岩
二等奖　末延利　徐　娇
三等奖　仇永茂　武　亮

山东轻工业学院

优秀学业奖
一等奖　2007级　丁翠翠　2008级　王霏霏　2009级　徐美娜　2009级　赵　斌
二等奖　2007级　聂守梅　2008级　张　艳　2009级　赵海丽　2009级　马　铃
三等奖　2007级　李成祥　2008级　冷超超　2009级　鲍晨露　2009级　齐峰玉
优秀研究生　刘　洁
优秀学生干部
2007级　赵国栋　2008级　林永芳　2009级　岳孟霞　2009级　刘红艳
英语学习奖
2007级　丁翠翠

二　历届全国先进皮革工业协会和受表彰的皮革行业协会名单

全国先进皮革工业协会

1999年
山东省皮革工业协会　　　　　理事长　王传家　　秘书长　车本生
浙江省皮革工业协会　　　　　理事长　王锡祥　　秘书长　李伟娟
成都市皮革工业协会　　　　　理事长　杨胜洪　　秘书长　陆文炳
2004年
山东省皮革行业协会　　　　　理事长　于永昌　　秘书长　高鲁光
浙江省皮革行业协会　　　　　理事长　王锡祥　　秘书长　李伟娟
河南省皮革行业协会　　　　　理事长　朱　岩　　秘书长　高建义
河北省辛集市皮革协会　　　　理事长　刘运铎　　秘书长　刘运铎
浙江省瑞安市鞋革行业协会　　理事长　陈则姆　　秘书长　陈仲旺
2009年
浙江省皮革行业协会　　　　　理事长　李伟娟　　秘书长　官敏健
山东省皮革行业协会　　　　　理事长　于永昌　　秘书长　高鲁光
河南省皮革行业协会　　　　　理事长　朱　岩　　秘书长　陈东升
辛集市皮革协会　　　　　　　理事长　王铁仁　　秘书长　许　岷
温州市鞋革行业协会　　　　　理事长　郑秀康　　秘书长　谢榕芳
海宁市皮革行业协会　　　　　理事长　任有法　　秘书长　龚慧红

受表彰的皮革行业协会

2004 年

广东省皮革工业协会	理事长	王建新	秘书长	王建新
深圳市皮革行业协会	理事长	盛百椒	秘书长	吴中华
青岛市皮革行业协会	理事长	初　民	秘书长	马立新
温州市鹿城鞋业协会	理事长	郑秀康	秘书长	谢榕芳
海宁市皮革工业协会	理事长	董菊云	秘书长	范克伟
泉州市鞋业商会	理事长	林清水	秘书长	郑天对
晋江市制鞋工业协会	理事长	丁志忠	秘书长	陈清勤
河北省大营毛皮业协会	理事长	张文良	秘书长	孙平华

2009 年

江苏省皮革协会	理事长	董为民	秘书长	高行胜
广东省皮革协会	理事长	王建新	秘书长	何晓茶
广东省皮具行业协会	理事长	黄志生	秘书长	肖家兴
四川省皮革行业协会	理事长	李开华	秘书长	郭绍彪
江都市皮革行业协会	理事长	高世新	秘书长	陈　明
桐乡市崇福皮毛协会	理事长	陆荣坤	秘书长	姚夏其
晋江市制鞋工业协会	理事长	丁志忠	秘书长	陈清勤
泉州市鞋业商会	理事长	丁水波	秘书长	郑天对

三　历届全国皮革行业巾帼标兵和优秀女职工名单（排名不分先后）

巾帼标兵

1999 年

于桂兰　烟台新苗鞋业集团公司总经理
王连金　天津市天津皮件厂厂长
朱艳萍　江苏森达集团公司商检科科长
吴中华　深圳市皮革鞋业商会秘书长
李伟娟　浙江省皮革塑料公司部门经理
陈　奇　长春轻工制鞋厂厂长
李国英　四川大学皮革工程系副教授
李爱莲　温州巨一集团有限公司董事长
杨祥娣　无锡百乐皮件集团公司董事长
周国荣　郑州市双凤皮鞋厂厂长

2004 年

李伟娟　浙江省皮革行业协会秘书长

次仁玉珍	西藏拉萨皮革厂厂长
吴中华	深圳市皮革行业协会秘书长
周国荣	郑州双凤鞋业有限公司总经理
李爱莲	温州巨一集团有限公司董事长
曲文玉	青岛孚德鞋业有限公司总经理
刘琼英	成都艾民儿皮制品有限责任公司董事长
邢艳梅	威海市金猴集团皮具有限公司总经理
蒙慕琼	广东南海中港皮业有限公司厂长
李　琼	四川什邡亭江精细化工有限公司销售管理科长

2009 年

杨祥娣	无锡百特皮件有限公司董事长
任淑芳	江苏菱光鞋业有限公司总经理
李伟娟	浙江省皮革行业协会理事长
谢榕芳	温州市鞋革行业协会常务副理事长
郑莱莉	康奈集团有限公司副总经理
黄小萍	东艺鞋业有限公司总经理
李美芳	荣光集团有限公司总经理
孙春华	威海市金猴集团皮具有限公司总经理
周国荣	郑州市双凤鞋业有限公司总经理
刘琼英	成都艾民儿皮制品有限责任公司董事长

优秀女职工名单

2004 年

李彦春	山东轻工业学院教授
张梓琴	浙江桐乡崇福皮毛协会秘书长
王森声	浙江雪豹集团公司副总经理
仇金梅	江苏森达集团有限公司商检科科长
黄林风	温州多尔康鞋业有限公司生产部经理
孙玉珍	浙江桐乡金鑫皮革有限公司高级工程师
朱秀云	北京通达世嘉皮革制品有限公司经理
常玉华	河北省枣强县竞佳皮革有限公司董事长

2009 年

李　瑛	大营国际皮革交易中心总经理
常玉华	枣强县佳利皮草有限公司董事长
金雪飞	白沟镇人民政府经委主任
方竹英	丹阳市丹森鞋业有限公司总经理
朱玉琴	温州市东方集美鞋业有限公司总经理
柳丽萍	温州市鞋之宝贸易有限公司董事长

吴　霞　　吴霞儿童鞋底世界总经理
龚慧红　　海宁市皮革协会秘书长
李　冰　　广东永金兴集团有限公司总经理
陈　瑶　　什邡市亭江精细化工有限公司副经理

四　中国皮革工业科技先导奖

荣获 1996 年中国皮革工业科技先导奖名单
（排名不分先后）

姓名	单位
何先祺	四川联合大学
潘津生	西北轻工业学院
符之耀	中国轻工总会
蒲敏功	中国皮革工业研究所
马燮芳	中国皮革工业研究所
庆巴图	中国皮革工业研究所
石祥麟	上海皮革工业研究所
魏庆元	上海皮革工业研究所
袁光美	总后军需生产技术研究所
徐明骥	成都制革总厂

荣获 1998 年中国皮革工业科技先导奖名单
（排名不分先后）

姓名	单位
于　义	海宁市于义皮革研究所
马树人	中国新兴集团 3515 厂
田蠹宇	总后军需生产技术研究所
许龙江	中国皮革工业协会
吕绪庸	北京市皮革工业研究所
吴永声	四川联合大学
沈瑞麟	成都制革总厂
张　扬	四川联合大学
金宗党	上海市皮革工业研究所
俞志洪	中国皮革工业研究所

荣获 2009 年中国皮革工业科技先导奖名单
（排名不分先后）

姓名	单位
杨天一	中国皮革和制鞋工业研究院
魏士林	河北省皮革研究院
温祖谋	上海富国皮革有限公司
陆承忠	上海皮鞋厂
魏德卿	中国科学院成都有机化学研究所
李 英	四川大学
常新华	陕西科技大学
杨宗邃	陕西科技大学

五 中国皮革工业协会推动科技进步奖

荣获 1996 年中国皮革工业协会推动科技进步奖名单
（排名不分先后）

项目	完成单位
面粗质次猪皮制革新技术	山东烟台皮革研究所
SCF 结合型皮革加脂剂	中国皮革工业研究所
仿绵羊风格型猪服装革研究	四川联合大学

荣获 1998 年中国皮革工业协会推动科技进步奖名单
（排名不分先后）

项目	完成单位
联合国工发组织援助制革厂污水治理项目	南京制革厂
联合国工发组织援助制革厂污水治理项目	中国新兴集团 3513 厂
HY-99A 高效消光补伤剂系列工业化开发与应用	中外合资广汉恒化工助剂有限公司

六 中国皮革国际合作奖

荣获 1998 年中国皮革国际合作奖名单
（排名不分先后）

姓名	国家（组织）
布林	联合国工发组织项目官员
岗村浩	日本
海德曼	德国
福林斯	德国

七 张铨基金奖

届别	获奖人
第一届（2001年）	俞志洪　魏德卿　许瑞坤　钱金波
第二届（2003年）	吕绪庸　俞从正　黄良莹　王振滔
第三届（2006年）	吴永声　常新华　白　坚　张淑华
第四届（2008年）	暂停
第五届（2010年）	杨承杰　张小林　刘白玲　温祖谋　李开华

八 段镇基科学技术奖

2006年段镇基科学技术奖获奖名单
（同等级获奖项目排名不分先后）

项目	完成人
一等奖	
空缺	
二等奖	
超薄型山羊绒面内衣革	于义、陈娟芬、沈洪泉、沈炳高、徐美凤
皮革学科建设及制革新技术	四川大学生物质与皮革工程系
多功能生态皮革的研究与开发	杨承杰　段力民、刘伟、刘显奎、尹岳涛
三等奖	
手工艺术类皮革的研制与开发	淄博大桓九宝恩制革有限公司
现代胶粘皮鞋工艺	郑秀康、周福民
低NP低NPEs环保型山羊服装（手套）革	许建新、余建明、柯瑞华、潘鸿、倪佳
节水环保型不锈钢全自动Y形分格转鼓	郭立英
用铬革屑和磷渣制备铬、铬-铁鞣剂及应用	程凤侠、孙根行、张汉波、刘亚、曹强
国家精品课程——《皮鞋结构设计》的建设	施凯、石娜、杨昌盛、鹿雷、卢行芳
拉力机测试成鞋帮底粘合强度的标准方法	闵宝乾、柯家骥、陈学灿、张开仓、杨荣鑫

2007年段镇基科学技术奖获奖名单
（同等级获奖项目排名不分先后）

项目	完成人
一等奖	
空缺	
二等奖	
皮革废弃物综合利用技术体系	丁志文 贾继章 于淑贤等
环保型山羊无铬鞣高档服装（手套）革的技术研究	王学川 许建新 强涛涛等
鞋底注塑成型设备 GLOBALBs/150	Mariano Bonato 江开勇 Vitor Antonio 等
三等奖	
黄牛自然摔纹皮	李振义、谢志平、陈国育等
环境友好牛皮特性革	许建新、陈志峰、张援中等
量产特固异工艺线缝高档皮鞋	郑莱毅、沙民生、卞勇
高弹力快干鞋垫及设有高弹力快干鞋垫的鞋	卢行芳
太空防水透气技术	王吉万、单存礼、单玉萍
GGZK1多板低温油循环真空干燥机	徐欣五、吴维联、王学志等
高性能无气孔鞋楦及其制作工艺	金广华、孙毅、王峰
403A气动全自动钉跟机	夏正义

2009年段镇基科学技术奖获奖名单
（同等级获奖项目排名不分先后）

项目	完成人
一等奖	
空缺	
二等奖	
低APEO环保型山羊服装手套革	许建新 陈志峰 柯瑞华等
纳米功能空调鞋	郑育坚 鲁翠强 余进华等
三等奖	
多功能组合鞋楦的研究与开发	金广华 孙毅 张立国等
皮革固体废弃物资源化利用关键技术	付丽红 匡卫 齐永钦等
智能全自动中底包条机	夏正义
双密度多色聚氨酯连帮注射成型机	戴元海
搜巡在线互动DIY设计系统	石树元 魏敏杰
健康儿童产品系列的研究	姚瑛 陈余

2010年段镇基科学技术奖获奖名单
（同等级获奖项目排名不分先后）

项目	完成人
一等奖	
空缺	
二等奖	
以制革废渣制备制革用蛋白酶填料的闭合式循环利用技术	李国英、刘文涛、张新权、王海霞
保毛脱毛及浸灰、铬鞣利用关键技术	杨淑琴、石 碧、耿 伟、董绪伟
皮革中富马酸二甲酯检测方法和储存条件的研究	戚晓霞、赵 洋、闫宏伟、马 琳
三等奖	
与制革清洁技术配套的关键酶制剂产品的开发	彭必雨、严建林、侯爱军、曾晓林、徐冰斌
J2009-NJZ 纳米净化功能的军装皮鞋	谷方国、陈罘杲、林 瀚、晏 军、高 明
全自动多功能 EPR 注塑成型机	张远昌
基于儿童运动鞋健康体系的开发与产业化	方宗阳
天然皮革手绘制品（座椅）	张建东、刘建伟、张俊华

九　中国皮革行业节能减排环保创新奖

第一届中国皮革行业节能减排环保创新奖获奖名单（2008年）

一等奖
成果名称：浸灰废水和铬鞣废水循环利用技术研究
申报单位：河北东明实业集团有限公司
主要完成人：谢少明、谢胜虎、魏世林、刘镇华、李增顺
成果名称：皮毛加工废水深度处理及污泥资源化利用
申报单位：焦作隆丰皮草企业有限公司
主要完成人：甘立尚、刘天星、李亚周、贺桂娟
二等奖
成果名称：人工湿地处理制革废水的技术研究
申报单位：浙江通天星集团股份有限公司
主要完成人：余陆沐、章艺、兰莉
成果名称：环境友好型皮革及其生产工艺技术
申报单位：广州德威皮革制品有限公司
主要完成人：THOMAS SCHNEIDER、CARL FLACH、JUTTA KNODELER

三等奖
成果名称：低耗水少铬鞣生态毛革技术及产业化
申报单位：浙江中辉皮草有限公司
主要完成人：马建标、魏天全、沈跃庭
成果名称：循环经济型制革清洁生产技术的研发
申报单位：兴业皮革科技股份有限公司
主要完成人：胡斌
成果名称：生活废水处理回用中水应用于制革生产技术
申报单位：烟台制革有限责任公司
主要完成人：贺长强、张培军、赵昆鹏、孙殿丽

第二届全国皮革行业节能减排环保创新奖获奖名单（2010年）

一等奖（1个）
成果名称：以制革废渣制备制革用蛋白填料的闭合式循环利用技术
申报单位：佛山南海兆福皮革制品有限公司
主要完成人：李国英、刘文涛、叶来富、姜琳、宫金龙

二等奖（3个）
成果名称：毛皮加工废水循环使用系统集成技术研究与应用
申报单位：浙江中辉皮草有限公司
主要完成人：马建标、魏天全、沈跃庭（中辉）
成果名称：制革整饰废水深度处理回用及雨水收集利用技术
申报单位：兴昂制革（惠州）有限公司
主要完成人：简呈霖、黄坤裕、彭红刚、GEOVANE MIGUEL LERNER
成果名称：消除制鞋生产过程中的VOC（有机挥发物）污染
申报单位：浙江红蜻蜓鞋业股份有限公司
主要完成人：钱秀云、钱金涛、尚愿军、刘昆、刘雪岭

三等奖（2个）
成果名称：采用ABFT工艺处理制革废水氨氮及采用吸附、中和方式有效处理工业生产废气
申报单位：泰庆皮革有限公司
主要完成人：李丁芳、李菊、王其营、姜斌、刘新建
成果名称：新型循环高效节水与清洁化制革关键技术研究与集成示范
申报单位：海宁市富升裘革有限公司
主要完成人：周永根、张建新

十 中国皮革协会获得的主要荣誉

序号	荣誉称号	发证机关	发证时间
1	先进党支部	中共中国轻工业联合会、中华手工业合作总社委员会	2009年7月
2	中国轻工十大品牌展会	中国轻工业联合会	2012年6月
3	先进党支部	中共中国轻工业联合会、中华手工业合作总社委员会	2007年7月
4	二〇〇三年度轻工行业信息报送工作先进单位	中国轻工业联合会	2004年3月
5	保护消费者事业贡献奖	中国保护消费者基金会、中国防伪行业协会	2000年3月
6	99中国轻工业博览会优秀组织奖	中国轻工业局	1999年6月
7	99中国轻工业博览会优秀设计奖	中国轻工业局	1999年6月
8	全国先进工业行业协会	中国工业经济协会	1998年11月
9	一九九五年度先进集体	中国轻工总会	1996年4月
10	全国先进工业行业协会	中国工业经济协会	1994年11月
11	中国轻工业科学技术进步奖三等奖	中国轻工总会	1993年12月

第二章 品牌战略

一 首批佩挂真皮标志企业及产品名单

天津市天津皮件厂	冰宫	皮革服装
上海皮革服装厂	金羊	皮革服装
镇江皮鹿丹时装有限公司	皮鹿丹	皮革服装
浙江帅达尔实业公司	帅达尔	皮革服装
雪豹集团公司	雪豹	皮革服装
浙江翔鹰实业总公司	翔鹰	皮革服装
浙江富邦皮革有限公司	富邦	皮革服装
浙江海宁皮革制衣总厂	蒙努	皮革服装
浙江省海宁制革厂	PAFDA	皮革服装
海宁市狮力制衣实业公司	狮力	皮革服装
浙江豹帝实业发展公司	豹帝	皮革服装
海宁市蒙雪尔皮革制衣厂	蒙雪尔	皮革服装
浙江省桐乡市越丰制革厂	越尔	皮革服装
杭州兽王实业总公司	兽王	皮革服装
浙江虎豪实业有限公司	虎豪	皮革服装
海宁市狼神制衣实业公司	狼神	皮革服装
武汉奔驰革制品公司	奔驰	皮革服装
新疆阿勒泰地区皮革毛皮工业公司	阿山	皮革服装
北京市皮件三厂	红叶	皮件
北京市通利达工贸公司	长城	皮件
上海泰仑箱包有限公司	Juidan	皮件
无锡百乐皮件集团公司	百特	皮件
济南箱包总厂	双利达	皮件
广州美邦皮革制品有限公司上海分公司	MONDINI	皮件
北京百花实业公司	百花	皮鞋

津港（集团）运动鞋分公司	跃羊	皮鞋
山西宏飞鞋业有限公司	云飞	皮鞋
上海宝屐皮鞋厂	宝屐	皮鞋
上海亚洲皮鞋厂	美申	皮鞋
上海兰棠-博步皮鞋公司	兰棠	皮鞋
上海长宁皮鞋厂	星铃	皮鞋
上海汤生鞋业公司	汤生	皮鞋
上海凯凯鞋业公司	KK	皮鞋
江苏盐城森达鞋业公司	森达	皮鞋
南京万里皮鞋总厂	万里	皮鞋
温州市长城鞋业公司	康奈	皮鞋
浙江特丽雅鞋业有限公司	特丽雅	皮鞋
浙江足佳集团公司	足佳	皮鞋
丽水市皮革总厂	蹈燕	皮鞋
威海市皮鞋工业集团公司	金猴	皮鞋
青岛孚德皮鞋总厂	孚德	皮鞋
青岛金羊鞋业总公司	金羊	皮鞋
武汉茂记皮鞋精品制造公司	茂记	皮鞋
深圳珍兴国际股份有限公司	HARSON	皮鞋
上海第一皮鞋厂	登云	皮鞋

二 首批真皮标志生态皮革企业名单

辛集东明皮革有限公司
辛集市佰立特皮业有限公司
辛集市腾跃皮业有限公司
辛集市宏四海皮革有限公司
浙江卡森实业股份有限公司
浙江远东皮革有限公司
浙江金鑫皮革有限公司
山东茂德皮革集团有限公司
烟台制革有限责任公司
河南鞋城皮革（集团）总公司
新乡黑田明亮制革有限公司
河南省方圆有限公司

三 中国名牌产品

2002 年
皮鞋

注册商标	企业名称
森达	江苏森达集团有限公司
富贵鸟	福建石狮福林鞋业有限公司
金猴	威海市金猴集团有限责任公司
奥康	奥康集团有限公司
康奈	康奈集团有限公司
红蜻蜓	红蜻蜓集团有限公司
BELLE	丽港鞋业（深圳）有限公司

旅游鞋

注册商标	企业名称
双星	双星集团有限责任公司
安踏	安踏（福建）鞋业有限公司
特步	泉州市三兴体育用品有限公司
李宁	北京李宁体育用品有限公司
爱乐	爱乐（福建）服装鞋业有限公司
亚礼得	泉州寰球鞋服有限公司

2004 年
皮衣

注册商标	企业名称
应大	天津市应氏服饰有限公司
束兰	河北辛集束兰（集团）有限公司

续表

注册商标	企业名称
凯撒	凯撒（中国）股份有限公司
兽王 SHOUWANG	浙江兽王集团有限公司
雪豹 XUEBAO	雪豹集团公司
蒙努	海宁蒙努集团有限公司

2005 年

皮鞋

注册商标	企业名称
双星	双星集团有限责任公司
吉尔达	温州吉尔达鞋业有限公司
好人缘	江苏森达集团有限公司
亨达	青岛亨达集团有限公司
蜘蛛王	蜘蛛王集团有限公司

旅游鞋

注册商标	企业名称
361°	三六一度（福建）体育用品有限公司
PEAK	福建匹克集团有限公司
乔丹	乔丹（中国）有限公司
沃特 VOIT	福建省莆田市华丰鞋业有限公司
哇喔拉拉	河南骆驼鞋业股份有限公司
贵人鸟	福建贵人鸟体育用品有限公司
鸿星尔克 ERKE	福建鸿星尔克体育用品有限公司
德尔惠	福建晋江德尔惠鞋业有限公司
金苹果图形	爱奇（福建）鞋塑有限公司

皮鞋（复评）

注册商标	企业名称
BELLE 百丽	新百丽鞋业（深圳）有限公司
红蜻蜓	红蜻蜓集团有限公司

续表

注册商标	企业名称
金猴	威海市金猴集团有限责任公司
康奈	康奈集团有限公司
奥康	奥康集团有限公司
富贵鸟	福建石狮福林鞋业有限公司
森达	江苏森达集团有限公司

旅游鞋（复评）

注册商标	企业名称
双星	双星集团有限责任公司
亚礼得	泉州寰球鞋服有限公司
安踏	安踏（中国）有限公司
李宁	北京李宁体育用品有限公司
爱乐	爱乐体育用品（福建）有限公司
特步	泉州市三兴体育用品有限公司

2007 年
箱包

注册商标	企业名称
新秀	嘉兴新秀箱包制造有限公司
保兰德 powerland	福建保兰德箱包皮具有限公司
Travelhouse	浙江爱美德旅游用品有限公司
金猴	威海市金猴集团皮具有限公司
CROWN	中山皇冠皮件有限公司
金路达	浙江金路达皮具有限公司
FEGLAR	山东富豪皮革有限公司

皮衣

注册商标	企业名称
雪豹	雪豹集团公司
DongMing	河北东明实业集团有限公司

续表

注册商标	企业名称
蒙努	海宁蒙努集团有限公司
依鹿奇	辛集市物资开发有限公司
凯撒 kaise	凯撒（中国）股份有限公司
束兰	河北辛集束兰（集团）有限公司
怡嘉琦	河北华斯实业集团有限公司
银杉	银杉皮草有限公司
依奴珈	浙江中辉皮草有限公司
应大	天津应大投资集团
兽王	兽王集团有限公司

四 工商局认定的驰名商标

注册商标	产品	企业名称
森达	皮鞋	江苏森达集团公司
金猴	皮鞋	威海市金猴集团有限责任公司
富贵鸟	皮鞋	福建石狮福林鞋业公司
康奈	皮鞋	温州长城鞋业公司
东艺	皮鞋	温州东艺鞋业有限公司
吉尔达	皮鞋	温州吉尔达鞋业有限公司
安踏	运动鞋	安踏（福建）鞋业有限公司
意尔康 YEARCON	鞋	意尔康鞋业集团有限公司
应大	皮制服装	天津应大皮革时装有限公司
蜘蛛王	皮鞋	蜘蛛王集团有限公司
图	运动鞋	三六一度（福建）体育用品有限公司
百丽 BELLE	鞋、靴	丽华鞋业贸易有限公司
亨达 HENGDA 及图	皮鞋	青岛亨达集团有限公司
图形	运动鞋、运动服装	乔丹（中国）有限公司
Wanlima 及图	手袋、公文包	广东省万里马
哈森 HARSON 及图	皮鞋	昆山珍兴鞋业有限公司

续表

注册商标	产品	企业名称
XTEP	运动鞋	泉州市三兴体育用品有限公司
凯撒	皮衣	凯撒（中国）股份有限公司
金莱克	运动鞋等	福建金莱克体育用品有限公司
木林森 mulinsen	皮鞋等	福建石狮市福盛鞋业有限公司
Athletic	运动鞋	泉州寰球鞋服有限公司
沃特 VOIT	运动鞋	福建省莆田市华丰鞋业有限公司
内联升	鞋	北京内联升鞋业有限公司
威豹 WEIBAO 及图	旅游包、箱等	广东威豹实业有限公司
怡嘉琦	裘皮服装	河北华斯实业集团有限公司
361°	运动鞋等	三六一度（福建）体育用品有限公司
寶利特 Baolite 及图	旅游鞋、皮鞋	台州宝利特鞋业有限公司
红蜻蜓 hong 及图	皮鞋	红蜻蜓集团有限公司
多威 DOWIN	运动鞋等	昆山多威体育用品有限公司
LINING 及图	服装，鞋	李宁体育（上海）有限公司
PEAK 及图	运动鞋	福建泉州匹克体育用品有限公司
强人 QIANGREN 及图	皮鞋	际华三五一五皮革皮鞋有限公司
足友	童鞋	福建省足友体育用品有限公司
蒙努	皮衣	海宁蒙努集团有限公司
erke 及图、鸿星尔克	服装、鞋等	福建鸿星尔克体育用品有限公司
乔丹	足球鞋、爬山鞋等	乔丹（中国）有限公司
DongMing 及图	皮革	河北东明实业集团有限公司
AOKANG	皮鞋、鞋	奥康集团有限公司
保兰德 PowerLand 及图	手提包、旅行包、公文箱	福建保兰德箱包皮具有限公司
3539 及图	鞋	际华三五三九制鞋有限公司（重庆）
康龙 KANGLONG	皮鞋	奥康集团有限公司
梦米兰 Mengmilan	鞋	河北金广源集团有限公司
帮登 BANGDENG 及图	鞋	福建省南安市帮登鞋业有限公司
第 1280938 号图形	运动鞋	泉州寰球鞋服有限公司
高源 HIGHLAND 及图	公文包、旅行包（箱）、书包	骏洋（福清）旅游用品有限公司
牧童及图	童皮鞋	浙江牧童鞋业有限公司
SAINASI	鞋	赛纳集团有限公司
达芙妮 DAPHNE	鞋；女鞋等	祥田贸易有限公司
金猴及图	旅行箱、手提包	威海市金猴集团有限责任公司

五 历届真皮标志排头品牌名单

1996 中国真皮衣王

企业名称	品牌
雪豹集团公司	雪豹
浙江兽王集团公司	兽王
凯撒（汕头）有限公司	凯撒
大连成吉思汗皮装有限公司	成吉思汗
镇江皮鹿丹时装有限公司	皮鹿丹
安徽华贝皮革服饰有限公司	华贝
阿勒泰皮革集团有限公司	阿山
浙江海宁蒙努皮革制衣总厂	蒙努
浙江虎豪事业有限公司	虎豪
天津皮件厂	冰宫

1996 中国真皮鞋王

企业名称	品牌
江苏森达集团公司	森达
上海第二皮鞋厂	远足
中国新兴强人鞋业集团总公司	强人
杭州特丽雅皮鞋公司	特丽雅
温州长城鞋业公司	康奈
上海第一皮鞋厂	登云
深圳珍兴鞋业有限公司	哈森
上海亚洲皮鞋厂	美申
南京万里集团	万里
北京百花集团	百花

1998 中国真皮衣王

企业名称	品牌
雪豹集团公司	雪豹
凯撒（中国）有限公司	凯撒
浙江兽王集团公司	兽王

续表

企业名称	品牌
镇江皮鹿丹时装有限公司	皮鹿丹
云南瑞彪集团有限公司	瑞彪
河北西曼实业集团有限公司	西曼
安徽华贝皮革服饰有限公司	华贝
浙江海宁蒙努皮革制衣总厂	蒙努
浙江虎豪事业有限公司	虎豪
大连成吉思汗皮装有限公司	成吉思汗

1998 中国真皮鞋王

企业名称	品牌
江苏森达集团公司	森达
威海金猴集团公司	金猴
深圳珍兴鞋业有限公司	哈森
福建石狮福林鞋业有限公司	富贵鸟
南京万里集团有限公司	万里
上海第二皮鞋厂	远足
中国新兴强人鞋业集团总公司	强人
温州长城鞋业公司	康奈
奥康集团有限公司	奥康
温州吉尔达鞋业有限公司	吉尔达

2000 中国真皮衣王

企业名称	品牌
凯撒（中国）有限公司	凯撒
杭州兽王集团公司	兽王
浙江海宁蒙努皮革制衣总厂	蒙努
天津应大皮革时装有限公司	应大
河北西曼实业集团有限公司	西曼
河北辛集束兰（集团）有限公司	束兰
北京西比利亚皮货集团	奥妮尔
云南瑞彪集团有限公司	瑞彪
雪豹集团公司	雪豹
镇江皮鹿丹时装有限公司	皮鹿丹

2000 中国真皮鞋王

企业名称	品牌
江苏森达集团公司	森达
威海市金猴集团公司	金猴
温州长城鞋业公司	康奈
奥康集团有限公司	奥康
温州吉尔达鞋业有限公司	吉尔达
深圳珍兴鞋业有限公司	哈森
福建石狮福林鞋业有限公司	富贵鸟
南京万里鞋业集团有限公司	万里
青岛亨达鞋业（集团）有限公司	亨达
河南赛潮集团有限公司	赛潮

2000 中国真皮名装企业

企业名称	品牌
北京庄子工贸有限责任公司	庄子
天津和泰实业发展有限公司	和泰
大连成吉思汗皮装有限公司	成吉思汗
中国新兴强人鞋业（集团）总公司	强人

2000 中国真皮名鞋企业

企业名称	品牌
温州东艺鞋业有限公司	东艺
瑞安多尔康鞋业有限公司	多尔康
丽港鞋业（深圳）有限公司	BELLE
上海第二皮鞋厂	远足

2002 中国真皮领先鞋王

企业名称	品牌
江苏森达集团公司	森达
康奈集团有限公司	康奈

2002 中国真皮衣王

企业名称	品牌
杭州兽王集团公司	兽王
浙江海宁蒙努皮革制衣总厂	蒙努
天津应大皮革时装有限公司	应大
凯撒（中国）有限公司	凯撒
河北辛集束兰（集团）有限公司	束兰
雪豹集团公司	雪豹
北京西比利亚皮货集团	奥妮尔
雪豹集团公司	雪豹
北京庄子工贸有限责任公司	庄子
云南瑞彪集团有限公司	瑞彪

2002 中国真皮鞋王

企业名称	品牌
福建石狮富贵鸟鞋业有限公司	富贵鸟
威海市金猴集团公司	金猴
奥康集团有限公司	奥康
深圳珍兴鞋业有限公司	哈森
温州吉尔达鞋业有限公司	吉尔达
丽港鞋业（深圳）有限公司	百丽
温州东艺鞋业有限公司	东艺
瑞安多尔康鞋业有限公司	多尔康
青岛亨达鞋业（集团）有限公司	亨达
南京万里鞋业集团有限公司	万里

2002 中国真皮名装企业

企业名称	品牌
和泰集团（中国）投资有限公司	和泰
海宁市三星兄弟皮革制衣有限公司	三星
海宁市时丹达皮革实业有限公司	时丹达

2002 中国真皮名鞋企业

企业名称	品牌
红蜻蜓集团有限公司	红蜻蜓
意尔康鞋业集团有限公司	意尔康
飞驼鞋业有限公司	飞驼
重庆科尔士鞋业（集团）有限公司	科尔士
青岛孚德鞋业有限公司	孚德
鹤山市必登高鞋业皮具有限公司	必登高
惠特鞋业有限公司	惠特

2004 中国真皮鞋王

企业名称	品牌
威海市金猴集团有限责任公司	金猴
石狮市富贵鸟集团公司	富贵鸟
奥康集团有限公司	奥康
丽港鞋业（深圳）有限公司	百丽
昆山哈森鞋业有限公司	哈森
温州吉尔达鞋业有限公司	吉尔达
青岛亨达集团有限公司	亨达
多尔康鞋业有限公司	多尔康
东艺鞋业有限公司	东艺
红蜻蜓集团有限公司	红蜻蜓

2004 中国真皮衣王

企业名称	品牌
浙江兽王集团有限公司	兽王
海宁蒙努集团有限公司	蒙努
天津应大皮革时装有限公司	应大
河北辛集束兰（集团）有限公司	束兰
河北西曼实业集团有限公司	西曼
凯撒（中国）股份有限公司	凯撒
雪豹集团公司	雪豹
北京庄子工贸有限责任公司	庄子
云南瑞彪集团有限公司	瑞彪
和泰集团（中国）投资有限公司	和泰

2004 中国真皮名鞋企业

企业名称	品牌
意尔康鞋业集团有限公司	意尔康
飞鸵鞋业有限公司	飞鸵
杰豪鞋业有限公司	杰豪
福建石狮市福盛鞋业有限公司	木林森
青岛孚德鞋业有限公司	孚德
澳伦鞋业有限公司	澳伦
深圳市富利明达鞋业有限公司	富丽达
重庆科而士实业（集团）有限公司	科而士
惠特鞋业有限公司	惠特
郑州市双凤鞋业有限公司	双凤
南京万里集团	万里
浙江邦赛鞋业有限公司	邦赛
成都市艾民儿皮制品有限责任公司	艾民儿
成都市卡美多鞋业有限公司	卡美多

2004 中国真皮名装企业

企业名称	品牌
海宁圣尼时装有限公司	圣尼
北京市西比利亚皮货集团	奥妮尔
海宁市三星兄弟皮革制衣有限责任公司	三星高照

2006 中国真皮领先鞋王

企业名称	品牌
江苏森达集团公司	森达
康奈集团有限公司	康奈
威海市金猴集团有限责任公司	金猴
福建石狮市福林鞋业有限公司	富贵鸟
奥康集团有限公司	奥康
新百丽鞋业（深圳）有限公司	BELLE

2006 中国真皮鞋王

企业名称	品牌
昆山哈森鞋业有限公司	哈森
温州吉尔达鞋业有限公司	吉尔达
青岛亨达集团有限公司	亨达
多尔康鞋业有限公司	多尔康
东艺鞋业有限公司	东艺
红蜻蜓集团有限公司	红蜻蜓
意尔康鞋业集团有限公司	意尔康
福建石狮市福盛鞋业有限公司	木林森

2006 中国真皮衣王

企业名称	品牌
浙江兽王集团有限公司	兽王
海宁蒙努集团有限公司	蒙努
天津应大皮革时装有限公司	应大
河北西曼实业集团有限公司	西曼
凯撒（中国）股份有限公司	K·S
雪豹集团公司	雪豹
北京庄子工贸有限责任公司	庄子
云南瑞彪集团有限公司	瑞彪
和泰集团（中国）投资有限公司	和泰
浙江三星皮业有限公司	三星高照

2006 中国真皮名鞋

企业名称	品牌
飞鸵鞋业有限公司	飞鸵
杰豪鞋业有限公司	杰豪
青岛孚德鞋业有限公司	孚德
澳伦鞋业有限公司	澳伦
深圳市富利明达鞋业有限公司	富丽达
重庆科而士实业（集团）有限公司	科而士
惠特鞋业有限公司	惠特
郑州市双凤鞋业有限公司	双凤

续表

企业名称	品牌
南京万里集团有限公司	万里
浙江邦赛鞋业有限公司	邦赛
成都艾民儿皮制品有限责任公司	艾民儿
成都卡美多鞋业有限公司	卡美多
巨一集团有限公司	巨一
蜘蛛王集团有限公司	蜘蛛王
佛山星期六鞋业有限公司	ST&SAT
日泰鞋业有限公司	日泰
石狮市吉祥鸟鞋业有限公司	吉祥鸟
温州哈杉鞋业有限公司	哈杉
浙江圣帝罗阑鞋业有限公司	圣帝罗阑
东莞市新虎威实业有限公司	TIGER
浙江卡帝奥尼鞋业有限公司	卡帝·奥尼
重庆红草帽鞋业有限公司	红草帽
大事利鞋业有限公司	大事利
香牌鞋业有限公司	香
海弘鞋业有限公司	海弘

2006 中国真皮名装

企业名称	品牌
北京市西比利亚皮货集团	奥妮尔
浙江圣尼皮革时装有限公司	圣尼
河北正泰实业集团有限公司	雪媚
河北肃昂裘革有限公司	肃昂
北京奥豹制衣有限公司	奥豹

2006 中国裘皮衣王

企业名称	品牌
河北辛集束兰（集团）有限公司	束兰
银杉皮草有限公司	银杉
河北华斯实业集团有限公司	怡嘉琦
浙江中辉皮草有限公司	依奴珈

2006 中国箱包十二强

企业名称	品牌
中山皇冠皮件有限公司	皇冠
广东万里马投资实业有限公司	万里马
广东苹果实业有限公司	苹果
威海市金猴集团皮具有限公司	金猴
深圳日月星皮革制品有限公司	COBO
成功皮具厂（深圳）有限公司	XAMAX
广州市斐高箱包有限公司	威王
上海海琛国际贸易有限公司	CONWOOD
福建达派箱包服饰发展有限公司	DAPAI
广州市蒙娜丽莎皮具有限公司	M
泉州子燕轻工有限公司	ZIYAN
广州市花都天宝皮具制品厂	TIANBAO

2009 中国真皮领先鞋王

企业名称	品牌
新百丽鞋业（深圳）有限公司	BELLE
康奈集团有限公司	康奈
威海市金猴集团有限责任公司	金猴
福建石狮市福林鞋业有限公司	富贵鸟
奥康集团有限公司	奥康
青岛亨达集团有限公司	亨达
温州吉尔达鞋业有限公司	吉尔达
昆山哈森鞋业有限公司	哈森

2009 中国真皮鞋王

企业名称	品牌
江苏森达鞋业有限公司	森达
浙江红蜻蜓鞋业股份有限公司	红蜻蜓
意尔康鞋业集团有限公司	意尔康
福建石狮市福盛鞋业有限公司	木林森
东艺鞋业有限公司	东艺
蜘蛛王集团有限公司	蜘蛛王

续表

企业名称	品牌
佛山星期六鞋业股份有限公司	ST&SAT
巨一集团有限公司	巨一
郑州市双凤鞋业有限公司	双凤
成都卡美多鞋业有限公司	卡美多

2009 中国真皮衣王

企业名称	品牌
雪豹集团公司	雪豹
天津应大投资集团	应大
北京庄子工贸有限责任公司	庄子
海宁蒙努集团有限公司	蒙努
凯撒（中国）股份有限公司	K·S
河北西曼实业集团有限公司	西曼
浙江三星皮业有限公司	三星高照
和泰（天津）投资集团有限公司	和泰
浙江圣尼皮革时装有限公司	圣尼
云南瑞彪集团有限公司	瑞彪

2009 中国真皮名鞋

企业名称	品牌
杰豪集团有限公司	杰豪
成都艾民儿皮制品有限责任公司	艾民儿
石狮市吉祥鸟鞋业有限公司	吉祥鸟
青岛孚德鞋业有限公司	孚德
浙江圣帝罗阑鞋业有限公司	圣帝罗阑
日泰集团有限公司	日泰
浙江邦赛鞋业有限公司	邦赛
南京万里集团有限公司	万里
海弘鞋业有限公司	海弘
兽霸鞋业有限公司	兽霸
嘉兴市圣丹丽鞋业有限公司	圣·丹丽
浙江卡帝奥尼鞋业有限公司	卡帝·奥尼

续表

企业名称	品牌
重庆科而士实业（集团）有限公司	科而士
青岛雄虎鞋业有限公司	雄虎
扬州金自豪鞋业有限公司	凯森
浙江路标鞋业有限公司	路标

2009 中国真皮名装

企业名称	品牌
河北东明制衣有限公司	DongMing
北京奥豹国际投资有限公司	奥豹
河北佰立特皮业有限公司	佰立特
北京湫斯迪服饰有限公司	湫斯迪

2009 中国真皮标志裘皮衣王

企业名称	品牌
北京束兰国际服装有限责任公司	束兰
浙江中辉皮草有限公司	依奴珈
银杉皮草有限公司	银杉
河北华斯实业集团有限公司	怡嘉琦
哈尔滨市道里区贵夫人皮草广场	华伦贝尔

2009 中国箱包领先品牌

企业名称	品牌
中山皇冠皮件有限公司	皇冠
安迈特提箱（东莞）有限公司	雅士
福建保兰德箱包皮具有限公司	保兰德
威海市金猴集团皮具有限公司	金猴
嘉兴新秀箱包制造有限公司	新秀
广州市斐高箱包有限公司	威王
广东威豹实业有限公司	威豹
浙江爱美德旅游用品有限公司	Travelhouse

2009 中国箱包优秀品牌

企业名称	品牌
广东苹果实业有限公司	苹果
广州鲨鱼皮具有限公司	VISHARK
东莞市恩典皮具制品有限公司	ED
达派（中国）箱包有限公司	DAPAI
浙江卡拉扬商务休闲用品有限公司	卡拉羊
温州康奈皮件有限公司	康奈
山东富豪菲格尔皮具有限公司	FEGLAR
上海海琛国际贸易有限公司	CONWOOD
上海顶新箱包有限公司	DING XIN
高碑店市玉兔皮具有限公司	玉兔
泉州子燕轻工有限公司	ZIYAN
浙江鸿一箱包皮件有限公司	鸿一

六 历届"真皮标志杯"全国皮革制品设计大奖赛获奖名单

1. 皮革、裘皮服装

1997年"真皮标志杯"全国皮革服装设计大奖赛获奖名单

奖项	单位	作品名称	设计者
特等奖	雪豹集团公司	燃情岁月	集体创作
一等奖	镇江皮鹿丹时装有限公司	蜂窝状皮衣	张丹
	浙江兽王集团有限公司	春之韵	许敏
	奖海宁白领氏皮业有限公司	雪莲花	孙神
二等奖	海宁海峡裘革服装厂	中华魂	吕海
	深圳生华服装实业有限公司	简约-黑白	罗莹 衷小兰
	海宁狮王皮革制衣有限公司	狮王世家	祁刚
	海宁雅兰制衣厂	颖	夏浪
	安徽华贝皮革服饰有限公司	秋冬协奏曲	肖瑞萍
	大连成吉思汗皮装有限公司	激情都市	马桥

续表

奖项	单位	作品名称	设计者
三等奖	海宁三星兄弟制衣公司	昶	金潮
	苏州瑞美制衣有限公司	女式时装套裙	朱惠良
	海宁豹帝实业发展总公司	银装素裹	何斌前
	凯撒（中国）有限公司	都市恋曲	蔡蔷
	海宁蒙努皮革制衣厂	女式大衣	集体创作
	海宁奥德申皮革实业公司	生机	孙德华
	云南瑞彪集团有限公司	城市猎人	冷惠健
	北京超人皮衣有限公司	女套装	俞平
	杭州皮革制品工业公司	绒面男女上装	包斌方芳
优秀奖	浙江虎豪实业有限公司	女式大衣	江桂香
	新疆阿勒泰皮革集团	雪域冬情	金玉 高旭华 张伟
	海宁吉利顺皮业有限公司	金葫芦	任澎
	上海皮革服装厂	女上衣	周华聿
	云南省陆良辰光皮革厂	女上衣	潘建宏
	浙江貂乐实业有限公司	紫墨燃情	戚孟勇 祁刚
	锦州澳美真皮服装制衣厂	西部风情	王立新 邱月 赵敏
	烟台大华皮革制品有限公司	披风及虎皮裙	布瑞特
	新东港裘皮革制品有限公司	都市韵律	杨晓桦
	海宁富邦制衣有限公司	梦中云烟	陆晓明
	天津应大皮革时装有限公司	应大皮衣	冯玉梅

1998"真皮标志杯"全国皮革服装设计大奖赛获奖名单

奖项	获奖企业	作品名称	设计者
特等奖	雪豹集团公司	浓情寒雨	集体创作
一等奖	天津炳恒实业发展有限公司	晚秋回归	纪琳
	凯撒（中国）有限公司	陶、凯赋新语	集体创作
	海宁蒙努皮革制衣厂	冬日情怀	杨淑华
二等奖	海宁三星兄弟皮革制衣有限公司	暖	裘海索
	海宁华利德皮革制衣有限公司	银装素裹	许建超
	云南瑞彪集团有限公司	雪山灵韵	陆大俊
	北京奇秀制衣有限公司	黑之悠扬	集体创作
	浙江兽王集团公司	动感青春	屠敏敏、陈珏
	海宁雷豹皮革制衣有限公司	白色遐想	马龙兴

续表

奖项	获奖企业	作品名称	设计者
三等奖	海宁凯伦皮革制衣有限公司	凯悦	凯伦
	北京西比利亚皮货集团秋时皮货公司	现代	刘英
	北京庄子工贸有限公司	浪漫之旅	祝重禧
	中国皮革工业研究所	夜玫瑰	王钟英
	杭州皮革制品工业公司	和秋天约会	魏瑶瑛
	海宁宏光皮革制衣有限公司	华裘盛世	集体创作
	海宁狮王皮革制衣有限公司	白领贵族	周文静
优秀奖	北京健驰皮革服饰有限公司	失去的颜色	三日
	海宁海峡裘革服装厂	郁金香之夜	凯悦
	安徽华贝集团	冬俏	肖瑞萍、程杰
	新疆华新皮革工业联合公司	浪漫季节	刘军
	海宁虎豹皮革制衣有限公司	秋韵	何斌前
	新疆阿勒泰皮革集团	风霜雪月	金玉、高旭华
	苏州瑞美制衣有限公司	驿动的心	朱惠良、戈绮霞
	海宁钱茂制革厂	假日情怀	杜鹃妹
	北京爱尔达制衣有限公司	虹彩粉黛	杨光弟
	海宁皮革集团宝富达皮件厂	暖冬	翁文颖
	海宁五洲皮革制衣厂	红袖娇颜	王立新
	海宁金星皮革制衣厂	华星	陆建庆
	山东文登皮件厂	白领丽人	刘仁范、蓝涛

1999"真皮标志杯"全国皮革服装设计大奖赛获奖名单

	获奖企业	获奖作品	设计者
特等奖	北京庄子工贸有限公司	第三种女性形态	肖文凌
一等奖	天津应大皮革时装有限公司	暖冬	武学伟
	云南瑞彪集团有限公司	世纪风	陆大俊
	海宁猎豹皮业有限公司	繁简情结	张燕燕

续表

	获奖企业	获奖作品	设计者
二等奖	海宁高臣皮革实业有限公司	游牧绅士	潘
	海宁蒙努皮革制衣厂	冬韵	张荣铭
	凯撒（中国）有限公司	星期五	陆
	海宁白领氏皮装有限公司	白领世纪	戴凌云
	浙江兽王集团公司	域	郑
	天津和泰实业发展有限公司	雪山雪	集
三等奖	大连成吉思汗皮装有限公司	长城魂	宋玉梅
	海宁奥王皮业有限公司	奥王秀族	王立新
	镇江皮鹿丹时装有限公司	概念2000	谢小岚
	杭州皮革制品公司	气息	方芳 楼秀玲 郭春燕
	郑州皮革服装厂	秋水伊人	常静
	新疆阿勒泰皮革集团有限公司	畅想	金玉 高旭华 张伟
	天津阔佬皮业有限公司	曲径通幽	刘经国
	北京东方爱豹工贸有限公司	世纪激情	郭怀荣
	海宁五洲皮革制衣厂	凡人凡心	集体
优秀奖	安徽华贝皮革服饰有限公司	塞北瑞雪	肖瑞萍
	北京西比利亚皮货集团	白领一族	刘
	雪豹集团公司	罔获激情100%	集
	邯郸佐治皮毛制品有限公司	塑	麻忠涛
	海宁九冬皮韭有限公司	革风	集
	海宁丹尔麦斯皮业有限公司		集体
	海宁海成裘皮制衣有限公司	秋忆	汤敏珠

2000"真皮标志杯"全国皮革服装设计大奖赛获奖名单

奖项	获奖企业	获奖作品	设计师
特等奖	北京庄子工贸有限公司	季节的融合-新空间	肖文凌
一等奖	云南瑞彪集团有限公司	梦幻与超越	陆大俊
	海宁凯伦皮革制衣有限公司	凯悦	秦山
	海宁虎豹皮革制衣有限公司	福来	白云

续表

奖项	获奖企业	获奖作品	设计师
二等奖	天津和泰实业发展有限公司	冬韵	章军
	海宁时丹达皮革实业有限公司	没有偏色的桃色	石晓峰
	北京西比利亚皮货集团	黑桃皇后	张爱民
	海宁华利德皮革制品有限公司	无痕	袁利　赵明东
	北京意特利皮革制衣有限公司	秋痕	周莹　范晓虹
	海宁九冬皮业有限公司	幻	何彬前
三等奖	浙江奥德申实业有限公司	金色的假日	谢金来
	雪豹集团公司	笔墨	胡敏敏
	河北西曼集团公司	雅士一派	吴焕明
	海宁雅兰制衣厂	冬韵	黎俊勇
	海宁奔牌皮业有限公司	花语	刘薇
	海宁蒙努皮革制衣有限公司	晚情	集体
	海宁汉森皮革服饰实业公司	粉彩魅力	吴丹
	阿勒泰皮革集团毛皮制衣公司	恋恋北情	高旭华　张伟
	海宁五洲皮革实业有限公司	青春飞扬	黄莉
优秀奖	海宁富杰皮业有限公司	黄与绿的复色	集体
	河北束兰集团公司	冬梅－雪	李献忠
	海宁猎豹皮业有限公司	中国风	集体
	啄木鸟服饰中国总代表	秋风	费建一
	海宁九洲皮革实业有限公司	自然的狂想	程杰
	海宁高臣皮革实业有限公司	浪漫e时代	戴凌云
	镇江皮鹿丹时装有限公司	浮星若梦	张丹
	浙江兽王集团公司	张力	集体
	海宁圣尔嘉皮革制衣有限公司	绚	冯霞琴
	杭州雪沸龙制衣有限公司	国萃－雅风	赵利芬
	天津应大皮革时装有限公司	彩色千禧	武学伟
	上海博圣服饰有限公司	印第安星火	集体
	海宁天成皮业发展有限公司	辣椒红了	钱叶萍
	郑州皮革服装厂	黑色诱惑	张丽娜
	北京多美皮革制衣有限公司	生命无限	集体
	海宁森森皮革制衣厂	潮之华	集体

续表

奖项	获奖企业	获奖作品	设计师
优秀奖	海宁成元皮业有限公司	黑旋风	集体
	海宁亚欣皮业有限公司	皮装丽人	吕云
	海宁三星兄弟皮革制衣有限公司	橙色风暴	陈梁
	海宁金环达皮革制衣有限公司	秋韵	吴海蓉
	海宁佳艾德皮草行	韵	张剑鸣
	海宁凯林皮革制衣厂	倩奴	游增贵
	海宁我得服饰有限公司	我的秋梦	张义

2001"真皮标志杯"全国皮革服装设计大奖赛获奖名单

奖项	获奖企业	获奖作品	设计者
特等奖	北京庄子工贸有限公司	无季	肖文凌
一等奖	海宁蒙努皮革制衣有限公司	流金	集体
	海宁白领氏皮业有限公司	本色2001	戴凌云
	海宁市花得起服饰有限公司	流苏溢彩	周永江
	海宁市龙马皮业有限公司	明天你有个约会	赵萍
二等奖	海宁戴顿制衣有限公司	浪漫一身	陆定波
	海宁时丹达皮革实业有限公司	解构	石进平 刘晓雄
	海宁市澳罗马皮业有限公司	风雪情	姚利强
	海宁雪豹皮件服装有限公司	青紫兰	何斌前
	海宁猎豹服饰有限公司	简约	徐国美
	北京威涛龙皮革制衣有限公司	黑白星影	周莹 范晓虹
优秀奖	海宁圣尼时装有限公司	线（无限）	柴爱慕
	海宁森奴服饰有限公司	初冬畅想	朱楠楠
	辛集菁华皮革制衣有限公司	紫晶城堡	张浩
	海宁市雷豹皮革制衣有限公司	阳光少女	刁梅
	海宁市富尔顺制衣有限公司	蓝调	秦风
	阿勒泰皮革集团毛皮制衣公司	冬季–玫瑰情缘	高旭华等
	海宁三星兄弟皮革制衣有限公司	追——	集体
	河北西曼实业集团有限公司	新人心语	刘薇
	海宁市曼克顿服饰有限公司	蝴蝶花	顾军
	海宁市吉列顺皮业有限公司	图兰朵	集体

续表

奖项	获奖企业	获奖作品	设计者
优秀奖	凯撒（中国）有限公司	线的律动	王钧
	海宁市九冬皮革实业有限公司	永恒	范琳娜
	浙江奥德申实业有限公司	e之魅	吴雁
	海宁敦奴皮革时装有限公司	永恒	郭其华
	海宁凯林皮革制衣厂	倩之媚	游增贵
	海宁太球皮革制衣有限公司	火凤凰	集体
	海宁市狮王皮革制衣有限公司	时尚	彭妙泉
	海宁市范大鞋服有限公司	超越	汤敏珠
	河北束兰集团	韵-皮革之光	林妮南
	海宁市凯伦皮革制衣有限公司	神秘园	徐祥安
	海宁华利德皮革制品有限公司	黑色诱惑	毛国强
	海宁丹尔麦斯皮革制品有限公司	女时装	集体
	北京西比利亚皮货集团	盼	盛维宏
	海宁奥王皮业制衣有限公司	舒适人生	顾伟民
	海宁诺诗皮业有限公司	色彩	陆建平
创意奖	海宁市龙马皮业有限公司	海魂-自由女神	赵萍
面料创新奖	海宁森奴服饰有限公司	初冬畅想	朱楠楠
工艺创新奖	海宁市花得起服饰有限公司	流苏溢彩	周永江

2003"真皮标志杯"中国时尚皮革服装设计大奖赛获奖名单

奖项	单位	设计师
金奖	浙江沃姆斯裘皮有限公司	傅聪
银奖	海宁市太球皮革制衣有限公司	赵萍
	海宁梦纳娇皮革制品厂	史小冬
铜奖	个人	陈月江
	浙江桐乡银杉皮草有限公司 北京艺术设计学院雨诗服装形象设计工作室	隋芳
	海宁市花得起服饰有限公司	胡越

续表

奖项	单位	设计师
优秀奖	浙江沃姆斯裘皮有限公司	覃奋 覃菡
	海宁市富尔顺制衣有限责任公司	高太华
	海宁雪豹皮件服装有限公司	李嫣
	北京艺术设计学院服装系 河北肃宁华斯裘皮制革有限公司	赵亚杰
	上海仙度服饰有限公司	梁燕
	浙江沃姆斯裘皮有限公司	刘云凤
	浙江轻纺职业技术学院	冯越芳
	海宁卡蒂诺皮业有限公司	许才国
	海宁市龙马皮业有限公司	倪要武 顾晓卉
	海宁范大鞋业服饰有限公司	狄铮
	卡丹（国际）皮草时装有限公司	葛宇剑
	海宁高欧制衣有限公司	肖楠
	海宁市太宇皮业服饰有限公司	苏鑫
	香港巴图里集团有限公司	张小琴
	海宁圣尼时装有限公司	黄欢
	海宁冰雪裘皮服饰有限公司	宁芳国
	海宁市欧璐丹服饰有限公司	李敏 石建楼
	海宁蒙努皮业有限公司	周利勤
	海宁市诺之服饰有限公司	戴美萍
	个人	夏云
	上海千玉红人皮装制衣有限公司	何建鹏 路彦红
	海宁市宇杰皮件厂	白丽莎
	山东烟台制革有限公司	韩文艳
	意大利真仕漫服饰（香港）有限公司	杨立洲
	个人	付平 郑君军
	海宁市陆吉皮革制衣有限公司	何建鹏
最具商业价值奖	海宁雪豹皮件服装有限公司	李嫣
最具材料创意奖	海宁蒙努皮业有限公司	周利勤

2004"真皮标志杯"中国皮装、裘皮服装设计大奖赛获奖名单

奖项	企业名称	设计师
女装金奖	海宁市诺之服饰有限公司	陈月江
女装银奖	海宁蒙努皮业有限公司	徐媛媛
女装银奖	海宁市雪豹皮件服装有限公司	倪要武
女装铜奖	河北华斯裘革制品有限公司	李宁
女装铜奖	海宁市范大鞋服有限公司	于静
女装铜奖	海宁圣尼时装有限公司	童慧
女装优秀奖	海宁市三星兄弟皮革制衣有限责任公司	赵萍
女装优秀奖	海宁市王众科驹服饰有限公司	沈家桉
女装优秀奖	武汉科技学院	于媛媛、梅琳
女装优秀奖	海宁市森奴服饰有限公司	陈施祺
女装优秀奖	海宁市丹尔麦斯皮革制品厂	亓萍
女装优秀奖	上海仙度服饰有限公司	黄志华 石英喆
女装优秀奖	海宁市冰雪裘皮服饰有限公司	浮育班
女装优秀奖	海宁卡蒂诺皮业有限公司	黄海燕
女装优秀奖	海宁市宇杰皮件厂	吴毅璇
女装优秀奖	嘉兴市金狐狸皮业服饰有限公司	聂志新 刘长春
女装最具商业价值奖	海宁蓝威龙皮草时装有限公司	张媛媛
女装最具材料创意奖	海宁市龙马皮业有限公司	曹亚箭
男装金奖	海宁市诺之服饰有限公司	陈月江
男装银奖	凯纳帝金狐狸有限公司	徐乐 赵华
男装银奖	海宁市森奴服饰有限公司	梁燕
男装铜奖	海宁市三星兄弟皮革制衣有限责任公司	林俊雁
男装铜奖	海宁市高欧制衣有限公司	宋静燕
男装铜奖	海宁梅氏皮革制衣公司	许才国
男装优秀奖	海宁蒙努皮业有限公司	蓝惠卿
男装优秀奖	海宁市白领氏皮业有限公司	赖兴文
男装优秀奖	大连轻工业学院职业技术学院	张知远 宛强
男装优秀奖	天津和泰服装(集团)有限公司	倪晓春
男装优秀奖	海宁都彭服饰有限公司	高晶
男装优秀奖	大连轻工业学院职业技术学院	张知远 宛强
男装优秀奖	海宁麦克顿服饰有限公司	李栋

2005"真皮标志杯"中国裘皮服装设计大奖赛获奖名单

奖项	企业名称	作品名称
金奖	浙江中辉皮草有限公司	梦幻蓝图
银奖	河北华斯实业集团	率真
银奖	河北肃宁天龙皮草有限公司	T莎
铜奖	浙江汉诺威服饰有限公司	嘎瓦吉祥
铜奖	海宁凯纳帝皮业时装有限公司	放逐
铜奖	高欧制衣有限公司	梦幻海洋
铜奖	海宁市王众科驹服饰有限公司	祈年
最具有市场潜力奖	香港 KAJI 服饰有限公司	骑士之韵
最佳制作工艺奖	浙江圣尼皮革时装有限公司	霓虹灯下
最佳造型奖	香港 长江皮草有限公司	活泼的帅气
优秀奖	河北华斯裘革制品有限公司	彩虹之恋情
优秀奖	浙江三星皮业有限公司	折射
优秀奖	桐乡市北极熊裘皮制品有限公司	雪绒花
优秀奖	海宁市诺之服饰有限公司	黑与白
优秀奖	海宁市丹尔麦斯皮革制品厂	幽雅
优秀奖	海宁市丹巴拉皮革有限公司	情调
优秀奖	海宁市花雨伞服饰有限公司	族
优秀奖	香港第一夫人皮草有限公司	缤纷时尚
优秀奖	崇福雪松皮草有限公司	时尚绽放
优秀奖	海宁市宇杰皮件厂	和谐
优秀奖	海宁雪飞狐皮业有限公司	美丽季节
优秀奖	海宁凯球集团服饰有限公司	流年
优秀奖	海宁市兰纳斯裘皮有限公司	柔韧空间
优秀奖	香港巴图里集团有限公司	心灵唱游

2005年"真皮标志杯"中国皮革 裘皮服装设计效果图大奖赛获奖名单

奖项	作者	单位	作品名称
金奖	杨俊亮/谢芸洁	自由设计师	《时尚绽放》
银奖	廖 俊	东华大学	《解构之梦》
银奖	徐媛媛	海宁蒙努皮业有限公司	《御酷乐》
铜奖	吴 迪	清华大学美术学院	《散落的记忆》

续表

奖项	作者	单位	作品名称
铜奖	陈燕敏/陈燕蔚	西安工程科技学院福州服装学院/福建广播电视大学	《戏梦芭蕾》
铜奖	黄萍萍	江南大学	《D调柠檬》
铜奖	程辉	嘉兴学院服装与艺术设计学院	《和谐》
铜奖	王冠	木卫三工作室	《多元化》
优秀奖	冯伟申	广东省华南农业大学艺术学院	《金色年华》
优秀奖	吴媛	黑龙江大学	《丛林》
优秀奖	肖亚平	天津科技大学	《沉默的精灵》
优秀奖	张竞文/马宏伟	大连艺术职业学院	《神秘微笑》
优秀奖	杜炳根	江西服装学院	《青春年华》
优秀奖	陈圆	河北大学艺术学院	《冲击和谐》
优秀奖	孙宁宁	天津工业大学	《秋日夜雨韵》

2006"真皮标志杯"裘革服装设计大赛获奖名单

企业名称	作品名	设计者	奖项
雪豹集团·浙江雪豹服饰有限公司	飞天映画	赵萍	金奖
海宁市梦纳娇皮革服饰有限公司	原创的源头	张辛可	银奖
浙江圣尼时装有限公司	蝶影	郑龙兴	银奖
河北天龙皮草有限公司	光影反转	贾田甜	铜奖
北京林氏凯东皮草制品有限公司	假面与酒	何水兰	铜奖
河北库氏皮草有限公司	恋海	齐斌 李海亮	铜奖
浙江太球皮业有限公司	粉·黛	蒋利源	优秀奖
海宁市绿宝石裘皮有限公司	第二处爱情	苏程	优秀奖
木卫三设计组	牡丹亭	彭晶 王冠	优秀奖
海宁思凯路服饰有限公司	踏雪	顾晓娟	优秀奖
浙江圣盾皮革时装有限公司	一触进发	张瑞奇	优秀奖
浙江海宁市宇杰皮件厂	绮媚女伶	任劲松	优秀奖
海宁高欧制衣有限公司	花香弥漫	王士林 李博	优秀奖
海宁凯球服饰有限公司	褐舞	王海磊	优秀奖
海宁麦克顿(皮业)服饰有限公司	非客观立体游戏	胡锦超	优秀奖
浙江三星皮业有限公司	梦回藏原	厉莉	优秀奖

续表

企业名称	作品名	设计者	奖项
海宁市雪蓝狐服饰有限公司	揭迷·男爵	程辉	优秀奖
海宁王众科驹服饰有限公司	雪域丽人	王彤 孙德钰	
浙江富尔顺制衣有限公司	男色时代	熊峰 邓洪涛	
海宁市龙马皮业有限公司	PUNK NO·1	白明月	
奥王服饰有限公司	时尚与个性	吴东帅	
海宁盈德利皮革服饰有限公司	芬芳腊月	王晓林 东旭	
桐乡市银杉皮草有限公司	呼吸	彭启 陈闺荆	最佳工艺制作奖
海宁腾霸皮业有限公司	情迷秋色	谢阳振	最佳时尚概念奖
海宁市雷豹皮革制衣有限公司	徜徉在率性年代	涂栋远 白云	最具商业价值奖
海宁市格芬尼时装有限公司	"霞"的回忆	程辉	最具材料创新奖
桐乡海阔皮件时装有限公司	面剧	徐芳	
桐乡市雪松皮草有限公司	重回伊甸园	孟圆	
桐乡海阔皮件时装有限公司	反射光	徐芳	

2007"真皮标志杯"中国时尚皮革、裘皮服装设计大奖赛获奖名单

姓名	作品名称	制作企业名称	奖项
边惠中 张妮	获得	海宁蒙努皮业有限公司	金奖
隋芳	花与夜	雨诗工作室 河北华斯集团实业集团	银奖
王坚 历莉	雨中歌唱	浙江三星皮业有限公司	银奖
韩金男	军装也优雅	江苏悦达纺织集团有限公司	铜奖
张冉	本色	北京工业大学艺术设计学院服装系	铜奖
刘薇	韵律	海宁市花雨伞服饰（皮草）有限公司	铜奖
郭莉丽	旅途解码	大连工业大学艺术与信息工程学院	优秀奖
何朝霞 谢阳振	融合	河北华泰皮毛制品有限公司	优秀奖
邹鸯 黄颖	美之韵味	嘉兴市曙光时装有限公司	最具视觉价值奖
盛秀丽	缬	浙江合丰服装有限公司	最具市场潜力奖
阿茹娜	和谐	海宁市欧帛服饰有限公司	优秀奖
李溁菡	和谐	海宁高欧制衣有限公司	优秀奖
陈磐 陈贤北	魅力先锋	广东惠州学院服装系	优秀奖
江良武	大同世界	海宁市圣丹利服饰有限公司	优秀奖
谢阳振	墨趣	北京服装学院	优秀奖
孟庆伟	女皇	浙江圣尼皮革时装有限公司	优秀奖

续表

姓名	作品名称	制作企业名称	奖项
叶娜	拼接的细节	北京工业大学艺术设计学院服装系	优秀奖
朱百清	别去糟蹋	嘉兴市乔斯特皮革服饰有限公司	优秀奖
代红 李雅坤	源生花	北京市皮革工业学校	优秀奖
刘笑妍	苔	海宁市绿宝石裘皮有限公司	优秀奖
许才国	纹·文	海宁成元皮业 东华大学服装研究中心	
陈淑娟	都市之外	河北东明制衣有限公司	
刘荔兴	盘点潮流	海宁雅迪妃娜服饰有限公司	
吴研	敲开幸福的门	海宁市贵都潮皮革有限公司	
彭颢善 邓洪涛	魂	嘉兴职业技术学院	
陈磐 陈贤北	极简空间	广东惠州学院服装系	

2008"真皮标志杯"中国时尚皮革、裘皮服装设计大奖赛决赛获奖名单

奖项	姓名	作品名称	制作企业名称
金奖	张磊	Memory	海宁欧帛服饰有限公司
银奖	吴研 邹志勇	4.5千米的海洋	海宁蒙努皮业有限公司
	张紫薇	花样年华	雨诗工作室
铜奖	李颖	黑白之道	河北华斯实业集团有限公司
	许尤雪	城市猎人	海宁市幸运路服饰有限公司
	宋静燕	白色混合体	浙江三星皮业有限公司
最具视觉奖	石浏	Contourline	海宁市圣丹利服饰有限公司
最具市场潜力奖	赵萍	今夕行	浙江雪豹服饰有限公司
优秀奖	龙赟 罗杰	几何空间	上海高田服饰有限公司
	季丽萍	尚	海宁市贵都潮皮草有限公司
	刘丹妮	新兴贵族	华泰皮草制品有限公司
	刘博	独断专行	河北东明实业集团有限公司
	何朝霞	听潮	中国香港辛格·维拉服饰有限公司
	许晓丹 赵娟娟	巢	海宁张平服饰有限公司
	俞璐	女权主义	海宁弗奥皮革时装有限公司
	拜云莹	迷失	海宁市威迪制衣（皮装）有限公司
	李萌 刘薇	Cartagena's Night	海宁市凯撒世家服饰有限公司
	孙艳文	舞动	河北华源服装有限公司

续表

奖项	姓名	作品名称	制作企业名称
优秀奖	周方	STAR	东华大学
	魏文才	夜话	深圳龙津服装公司
	孙雪	歌特与摇滚	海宁冬欧时装有限公司
	张梦雅	TO BE……	浙江高臣皮革时装有限公司
	王晓	尚章	阿里莱皮业有限公司
	邹莺	舞·动裘皮时尚	海宁马可波罗皮草时装有限公司
	许才国	怒放	海宁市硖石镇乔治王皮草行
	薛立静	与巴黎的闪亮邂逅	天津和泰服装（集团）有限公司
	彭颢善 余美莲	无界	海宁晨盈服饰有限公司
	谢阳振	圆舞	香港卡恩国际实业有限公司
	赵敏	制服的叛变	海宁卡蒂诺皮业有限公司
	刘诗华	自我潮流	海宁市花雨伞服饰（皮草）有限公司

2009"真皮标志杯"中国时尚皮革、裘皮服装设计大奖赛决赛获奖名单

奖项	作品名称	制作企业	设计者
金奖	尾迹	浙江银杉皮草有限公司	赵叶子/张紫薇
银奖	筑	海宁市颖尚服饰有限公司	贾芳
	关于执着	海宁市蓝羽制衣厂	上官晓娟
铜奖	莺声燕语	华斯农业开发股份有限公司	温砚冰/李颖
	裂变	浙江格莱美服装有限公司	蒋晓俐
	卷土重来	浙江雪豹服饰有限公司	吴研
最具视觉价值奖	针·皮	海宁弗奥皮革时装有限公司	宋华龙/姜秀梅
最具市场潜力奖	满庭芳	海宁欧伦服饰有限公司	赵萍
优秀奖	不羁浪子	浙江耐特利尔皮革时装有限公司	李向卫
	涅槃	海宁市思齐之家皮革时装有限公司	余倩/马骊
	焉附？	青岛培娜服饰有限公司培娜工作室	张娟
	墨攻	海宁时尚夫人皮草有限公司	刘存宇
	N·S极	浙江格莱美服装有限公司	徐成龙/刘永坤
	后味	浙江上格时装有限公司	蔡春兴/王昌权
	同体	海宁市凯撒迪澳服饰有限公司	杨诚

续表

奖项	作品名称	制作企业	设计者
优秀奖	约束	海宁卡多古柏服饰有限公司	程辉
	独断专行	盐城工学院	费庆路
	骑士·传奇	德州学院纺织服装系	朱莉娜/徐静
	天路	浙江纺织服装职业技术学院	卢亦军/张昭
	未来	海宁欧思帝娜服饰有限公司	何钊宇
	绿野寻踪	浙江合丰服装有限公司	刘敏
	〈行〉秀	陈彬个人	夏宇
	《结运》	海宁旺晶皮草有限公司	吴小嫚
	"融"解	海宁市得莉赛服装有限公司	刘秀秀
	明天在路上	海宁市冬欧时装有限公司	杨绍桦
	科技时代	海宁市欧柏尼曼服饰有限公司	徐哲韵

2010"真皮标志杯"中国国际皮革、裘皮服装青年设计师设计大奖赛获奖名单

序号	姓名	作品名称	制作企业名称	奖项
1	宋方友	衍	北京服装学院	金奖
2	温兆阳	骑士的自由	海宁时尚之约时装有限公司	银奖
3	郭萍萍	酷玩涂鸦	海宁市米佰顿皮草服饰有限公司	银奖
4	骆忠	街头骑士	海宁市非凡时尚制衣有限公司	铜奖
5	刘兮林	灯街下的探戈	广西艺术学院设计学院	铜奖
6	随逍笑	Players	海宁曲姿服饰有限公司	铜奖
7	马栎	黑白·灰	海宁韩洋服饰有限公司	单项奖
8	孙浩亮	元素·飞行	海宁庄记皮草有限公司	单项奖
9	李艳娜	傲物者!	香港 KC 皮草有限公司	单项奖
10	黄永翔	风潮	嘉兴市曙光时装有限公司	单项奖
11	华淑芳	Fashion street snap	Swell 海宁斯纬尔皮草广场 111 号	优秀奖
12	胡文邦	蔓延	北京服装学院	优秀奖
13	傅小丹	第三空间	海宁市玖诺服饰有限公司	优秀奖
14	梁一卓	穿越城市雨林	海宁卡瑞尔服饰有限公司	优秀奖
15	刘思思	POISONOUS GAME	清华大学美术学院	优秀奖
16	林敏	感悟	嘉兴职业技术学院	优秀奖
17	冯越芳、李玲	太极风暴	浙江纺织服装职业技术学院	优秀奖
18	舒楠	黑色幽默	海宁市欧柏尼曼服饰有限公司	优秀奖

续表

序号	姓名	作品名称	制作企业名称	奖项
19	上官晓娟	有关远景	米高服饰有限公司	优秀奖
20	李咪娜	偶然	Swell 海宁斯纬尔皮草广场 111 号	优秀奖
21	程辉	瞬间	海宁卡多古柏服饰有限公司	优秀奖
22	邱永凯、徐成龙	西雅图不眠夜	海宁市欧帛服饰有限公司	优秀奖
23	季丽萍	雾里看花	海宁缌蕴服饰有限公司	优秀奖
24	陈嘉华	摄	南海九江琦兴皮艺服装有限公司	优秀奖
25	李向卫	四D空间	浙江耐特利尔皮革时装有限公司	优秀奖
26	黄宝银	暗之未裔	海宁市菲璐时装有限公司	优秀奖
27	钟春美	BALANCE	浙江弗奥时装股份有限公司	优秀奖
28	Ming.Lu 林诗瑶	博物馆里的街头	意大利飒琪（国际）时尚有限公司	优秀奖
29	张雨丝	古堡繁花	海宁市金霏皮革时装有限公司	优秀奖
30	石忠琪	独·行	嘉兴市乔斯特皮革服装有限公司	优秀奖
31	杨晶晶	魅	海宁歌德服饰有限公司	入围奖
32	许金锋	幻影	陕西科技大学	入围奖
33	林思颖、李晓岚、陈瑜	街头游戏	海宁市米佰顿皮草服饰有限公司	入围奖
34	刘其虎	恋枕空间	浙江雪豹服饰有限公司	入围奖
35	江超	幻	海宁市海昌芷萱皮革服装厂	入围奖
36	孙莉萍	脉起来	四川美术学院	入围奖
37	吕鹏	渲·动	浙江凯撒世家服饰有限公司	入围奖
38	代骏頠	futurism	湖北美术学院	入围奖
39	齐虹	空间	四川美术学院	入围奖
40	戴惠棠	乐在"涂"中	广东惠州学院（痕迹）工作室	入围奖
41	赵桂霞	ALWAYS ON THE WAY	扬州大学广陵学院	入围奖
42	龙诗军	影子游戏	浙江耐特利尔皮革时装有限公司	入围奖
43	陈静	都市风采	海宁曲姿服饰有限公司	入围奖
44	Kim Dong-woo	HALLOWEEN DAY PARTY	浙江汉诺威服饰有限公司	入围奖
45	魏宇珩	街头贵族	海宁市中瑞皮草服饰有限公司	入围奖
46	夏鹏	涂鸦游戏	海宁市碳石依格丹蒙制衣厂	入围奖
47	廖湘艳	爱·时尚	杰冬赫皮草	入围奖
48	Diana Auria Harris	街头游戏	海宁市海洲弗列格皮草行	入围奖
49	钟恒平	狂野不羁	海宁市秋忆皮革服饰有限公司	入围奖
50	王丛姗	Simple life	海宁杰克古德服饰有限公司	入围奖

续表

序号	姓名	作品名称	制作企业名称	奖项
51	刘己予	假日阳光	海宁卡蒂诺皮业有限公司	入围奖
52	陆慧尧	色午	博狮尊尼裘皮服饰有限公司	入围奖
53	傅成	街秀	海宁市华雁皮业有限公司	入围奖
54	Kim Ha-nui	freedom on the street	海宁市华雁皮业有限公司	入围奖
55	周旋	古街	扬州大学广陵学院	入围奖
56	周丽晴	彩"编"	海宁市冬欧时装有限公司	入围奖
57	Jang Gyu-yeol	街头游戏	浙江奥特服饰有限公司	入围奖
58	韩吉祥	红秀	海宁市经纬皮革有限公司	入围奖
59	李青波	阳光本色	海宁市丁桥金氏时装厂	入围奖

2. 鞋类设计大赛

1997年"真皮标志杯"全国皮鞋设计大奖赛获奖名单

奖项	单位	设计者
特等奖	江苏森达集团公司	朱亚玲
一等奖	温州长城鞋业公司	郑秀康 沙明生
	上海第二皮鞋厂	张国琴
	威海金猴鞋业集团公司	肖颖
	温州吉尔达鞋业有限公司	周健生 杨玉柱
	奥康集团有限公司	史长庆
	南通菱光鞋业有限公司	林建国
	深圳珍兴鞋业公司	林明正
	南京万里鞋业集团公司	黄成荣
	中外合资耐宝鞋业有限公司	姚文龙
二等奖	瑞安多尔康鞋业有限公司	李若新 洪建如
	温州东艺鞋业有限公司	陈国荣
	南京长城皮鞋厂	丁杨
	北京百花集团有限公司	集体
	成都大荣鞋业有限公司	集体
	青岛孚德鞋业总公司	王磊
	浙江足佳集团公司	姚坤荣
	深圳大津实业有限公司	蔡文明
	上海亚洲皮鞋厂	袁莉敏

续表

奖项	单位	设计者
三等奖	中国赛潮集团	朱学亮
	上海宝屐皮鞋厂	姜进荣
	上海凯凯鞋业公司	刘琴芳
	山东声乐鞋业集团公司	高发范
	上海第一皮鞋厂	集体
	石狮市威敌狼鞋业有限公司	蔡松体
	山东文登皮鞋厂	张立洋
	上海飞鹿鞋革公司	曹征风
	福州第二皮鞋厂	黄文如

1998"真皮标志杯"全国皮鞋旅游鞋设计大奖赛获奖名单

奖项	单位	设计者
特等奖	温州长城鞋业公司	郑秀康 沙民生
一等奖	瑞安多尔康鞋业有限公司	胡启多
	威海金猴集团公司	孙杰
	中国赛潮集团	朱学亮 周文斌
	江苏森达集团公司	集体创作
	温州吉尔达鞋业有限公司	集体创作
	中国奥康集团	集体创作
	石狮福林鞋业有限公司	汪文斌
	深圳珍兴鞋业有限公司	陈文龙
	温州东艺鞋业有限公司	陈国荣
二等奖	青岛孚德鞋业总公司	宫黛黛
	南京万里鞋业集团公司	沙方良
	广州港意鞋业有限公司	集体创作
	北京百花集团公司	集体创作
	浙江霸力鞋业集团公司	集体创作
	云南瑞彪集团公司	鄢金环 伊浩
	南京长城皮鞋厂	程学祥
	温州耐宝鞋业有限公司	姚大龙
	上海第二皮鞋厂	张敏 耿兴春

续表

奖项	单位	设计者
优秀奖	南海里水亿沣鞋厂	蔡文明
	成都大荣实业有限公司	集体创作
	浙江足佳集团公司	姚坤荣
	温州市汇丰鞋样设计室	张光森
	江苏大不同鞋业公司	吴寅
	青岛市金羊鞋业总公司	逄玉宝 张瑞寿 薛巧玲
	山东广饶飞龙鞋业总公司	张红梅
	许昌舒美鞋业总公司	集体创作
	芝山丽诚皮鞋厂	顾鸣凤
	青田意尔康鞋业有限公司	单志敏

1999"真皮标志杯"全国皮鞋设计大奖赛获奖名单

奖项	企业名称	设计师
女鞋特等奖	温州长城鞋业公司	郑秀康、沙民生
男鞋特等奖	江苏森达集团公司	张翠玲
一等奖	青岛亨达鞋业集团有限公司	李敏
	威海金猴集团公司	毕秀香
	瑞安多尔康鞋业有限公司	胡启多
	石狮福林鞋业有限公司	集体
	中国强人集团	汪爱英
	云南瑞彪集团公司	鄢金环
	南京万里鞋业集团公司	沙方良
	中国奥康集团	瞿利强
	温州吉尔达鞋业有限公司	余进华
二等奖	温州东艺鞋业有限公司	陈国荣
	深圳珍兴鞋业有限公司	郭文龙
	南京长城皮鞋厂	丁杨
	温州霸力鞋业有限公司	王跃进
	宜昌万足鞋业有限公司	刘雪梅
	北京百花集团公司	周明建、尹君群
	青岛孚德鞋业总公司	张传萍
	石狮福盛鞋业有限公司	集体
	浙江足佳集团公司	集体

续表

奖项	企业名称	设计师
三等奖	青岛金羊鞋业有限公司	宋维萍
	南通菱光鞋业有限公司	王建中
	温州惠特鞋业有限公司	项进康
	河南赛潮集团公司	张效俊
	红蜻蜓集团有限公司	蔡忠焜
	广州隆圣泽鞋业有限公司	吕洞宾
	温州杰豪鞋业有限公司	戴德金、张光森
	浙江日泰鞋业有限公司	集体
	北京（中外鞋业）杂志社鞋样设计中心	吕涛
优秀奖	上海第二皮鞋厂	张敏
	温州华峰鞋业有限公司	王良西
	广饶飞龙鞋业有限公司	焦来金
	温州永安鞋业有限公司	叶圣茂
	青田意尔康鞋业有限公司	单志敏
	江苏大不同鞋业公司	石大权

2000"真皮标志杯"全国皮鞋设计大奖赛获奖名单

奖项	企业名称	设计师
女鞋特等奖	温州东艺鞋业有限公司	陈国荣等
女鞋一等奖	温州长城鞋业公司	郑秀康等
	中国奥康集团公司	集体
	郑州双凤皮鞋厂	王健华
	威海金猴集团公司	肖颖
	青岛孚德鞋业总公司	袁博闻
	青岛亨达鞋业集团有限公司	李敏
	瑞安多尔康鞋业有限公司	胡启多
	石狮富贵鸟鞋业有限公司	王文龙
	广州龙堡商贸有限公司	李敏

续表

奖项	企业名称	设计师
女鞋二等奖	长沙市荣昌鞋厂	李德炎
	南京万里鞋业集团公司	陈瑞华
	红蜻蜓集团有限公司	陈淑芬
	解放军第3515工厂	集体
	河南赛潮集团公司	吕涛　崔显波
	温州巨一鞋业有限公司	凌建国
	南京长城皮鞋厂	方长宏
	温州奥古斯都鞋业有限公司	陈笑红等
	浙江日泰鞋业有限公司	集体
男鞋特等奖	温州长城鞋业公司	郑秀康等
男鞋一等奖	温州东艺鞋业有限公司	陈国荣
	中国奥康集团公司	集体
	温州市超豪鞋业有限公司	郑育坚
	长沙市荣昌鞋厂	李德炎
	郑州市双凤皮鞋厂	耿兵
	温州吉尔达鞋业有限公司	李国华
	温州霸力鞋业有限公司	王跃进
	瑞安多尔康鞋业有限公司	胡启多
	威海金猴集团公司	宋鸿涛
男鞋二等奖	河南赛潮集团公司	吕涛　崔显波
	南京万里鞋业集团公司	淡恒安
	浙江日泰鞋业有限公司	集体
	石狮富贵鸟鞋业有限公司	汪文彬
	解放军第3515工厂	集体
	石狮福盛鞋业有限公司	集体
	温州市舒美特鞋业有限公司	集体
前卫奖	郑州双凤皮鞋厂	王军
	南京万里鞋业集团公司	沙方良

2001"真皮标志杯"全国皮鞋设计大奖赛获奖名单

奖项	企业名称	设计师
女鞋特等奖	温州东艺鞋业有限公司	陈国荣
女鞋一等奖	康奈集团有限公司	郑秀康
	汇丰鞋业有限公司	冯建刚 黄宏伟
	温州吉尔达鞋业有限公司	余进华 王继承
	威海金猴集团公司	肖颖
	红蜻蜓集团有限公司	钱秀云 陈淑芬
	南京万里鞋业集团公司	黄成荣
女鞋二等奖	浙江日泰鞋业有限公司	集体
	广州龙堡商贸有限公司	李敏
	中国乔耐鞋业有限公司	柯昌盛
	中国飞鸵鞋业有限公司	集体
	石狮富贵鸟集团有限公司	王文龙
	青岛亨达鞋业集团有限公司	集体
女鞋优秀奖	温州杰豪鞋业有限公司	戴德金
	中国奥康集团公司	集体
	温州宏顺鞋业有限公司	柯秀聘
	温州惠特鞋业有限公司	张永邦
	解放军第3515工厂	杨红
	南京美丽华鞋业有限公司	曾玉琴
	青岛孚德鞋业总公司	宫黛黛
	南京长城皮鞋厂	丁杨
	温州巨一鞋业有限公司	陈小侠
	浙江三雄麒鞋业有限公司	集体
	温州奥古斯都鞋业有限公司	李上辉
男鞋特等奖	温州东艺鞋业有限公司	陈国荣
男鞋一等奖	康奈集团有限公司	郑秀康
	红蜻蜓集团有限公司	周志杰
	中国乔耐鞋业有限公司	集体
	威海金猴集团公司	宋鸿涛
	浙江日泰鞋业有限公司	集体
	中国飞鸵鞋业有限公司	集体

续表

奖项	企业名称	设计师
男鞋二等奖	温州市超豪鞋业有限公司	郑育坚
	温州杰豪鞋业有限公司	戴德金
	石狮富贵鸟鞋业有限公司	汪文彬
	温州惠特鞋业有限公司	徐建旭
	中国格瑞斯鞋业有限公司	徐建存 陈永昌
	泉州丰泽豪行鞋业有限公司	王霞伟
男鞋优秀奖	瑞安多尔康鞋业有限公司	胡启多
	中国奥康集团公司	集体
	南京万里鞋业集团公司	谈恒安
	兽霸（青田）皮草有限公司	徐建恩
	温州奥古斯都鞋业有限公司	李上辉
	温州宝利得鞋业有限公司	董亮 钱瑾
	浙江三雄麒鞋业有限公司	集体
童鞋一等奖	南京万里鞋业集团公司	裴忠祥
童鞋二等奖	温州鹿城童泰鞋厂	袁维广
	温州市康门鞋业有限公司	任建
前卫奖	康奈集团有限公司	郑秀康
	红蜻蜓集团有限公司	周志杰

2002"真皮标志杯"全国皮鞋设计大奖赛获奖名单

奖项	单位	设计师
男鞋特等奖	康奈集团有限公司	郑秀康
男鞋一等奖	东艺鞋业有限公司	陈国荣
	红蜻蜓集团有限公司	周志杰
	奥康集团有限公司	王振滔
	日泰鞋业有限公司	金哲夫
	乔耐鞋业有限公司	郑 百
	江苏森达集团有限公司	李 坚
	威海市金猴集团有限责任公司	宋鸿涛
	鹤山市必登高鞋业皮具有限公司	梁远光
	温州超豪鞋业有限公司	郑育坚

续表

奖项	单位	设计师
男鞋二等奖	温州大事利鞋业有限公司	集 体
	杰豪鞋业有限公司	戴德金
	龚银如（个人）	
	浙江蜘蛛王鞋业有限公司	许永建
	飞鸵鞋业有限公司	集 体
	浙江霸力（鞋业）集团有限公司	王跃进等
男鞋优秀奖	钱继伟（个人）	
	佰纳鞋业有限公司	王忠建
	蒙潘峰（个人）	
男鞋优秀奖	鲁翠强（个人）	
	温州市澳利达鞋业有限公司	李克龙
	温州陆陆顺鞋业有限公司	吕国陆　陈世才
	南京万里集团有限公司	郭可强
	周素刚（个人）	
	温州吉尔达鞋业有限公司	集 体
	温州惠特佳鞋业有限公司	邱伟山　项光锋
	浙江欢鸟鞋业有限公司	集 体
	温州市永安鞋业有限公司	集 体
	浙江赛王鞋业有限公司	集 体
	格瑞斯鞋业有限公司	集 体
女鞋特等奖	东艺鞋业有限公司	陈国荣
女鞋一等奖	江苏森达集团有限公司	邱为松
	威海市金猴集团有限责任公司	肖 颖
	奥康集团有限公司	王振滔
	温州吉尔达鞋业有限公司	集 体
	红蜻蜓集团有限公司	周志杰
	南京万里集团有限公司	裴忠祥

续表

奖项	单位	设计师
女鞋二等奖	温州陆陆顺鞋业有限公司	吴广德、吕国陆
	青岛孚德实业有限公司	张韶英
	广州龙堡商贸有限公司	王吉万
	深圳万源泉鞋业有限公司	集体
	浙江赛王鞋业有限公司	集体
	深圳富利明达鞋业有限公司	集体
女鞋优秀奖	日泰鞋业有限公司	金哲夫
	深圳市林氏实业有限公司	集体
	浙江欢鸟鞋业有限公司	集体
	南京美丽华鞋业有限公司	曾玉琴
	鹤山市必登高鞋业皮具有限公司	梁远光
	格瑞斯鞋业有限公司	集体
	深圳市钦佩皮革制品有限公司	集体
	温州大事利鞋业有限公司	集体
	温州市永安鞋业有限公司	集体
女靴一等奖	东艺鞋业有限公司	陈国荣
	温州吉尔达鞋业有限公司	集体
	红蜻蜓集团有限公司	周志杰
	江苏森达集团有限公司	周家东
	多尔康鞋业有限公司	胡启多
	广州龙堡商贸有限公司	王吉万
女靴二等奖	奥康集团有限公司	王振滔
	南京万里集团有限公司	陈培军
	深圳市富丽明达鞋业有限公司	集体
	青岛孚德实业有限公司	宫黛黛
	南京美丽华鞋业有限公司	曾玉琴
	青岛享达集团有限公司	单存礼

续表

奖项	单位	设计师
女靴优秀奖	深圳万源泉鞋业有限公司	集　体
	飞鸵鞋业有限公司	集　体
	深圳市钦佩皮革制品有限公司	集　体
	温州大事利鞋业有限公司	集　体
	威海市金猴集团有限责任公司	肖　颖
女靴优秀奖	鹤山市必登高鞋业皮具有限公司	梁远光
	深圳市林氏实业有限公司	集　体
女凉鞋一等奖	江阴汇丰鞋业有限公司	冯建刚、黄宏伟
	佰纳鞋业有限公司	耿益生
女凉鞋二等奖	日泰鞋业有限公司	金哲夫
	深圳市钦佩皮革制品有限公司	集　体
	深圳市富丽明达鞋业有限公司	集　体
	深圳市林氏实业有限公司	集　体
	深圳万源泉鞋业有限公司	集　体
	温州大事利鞋业有限公司	集　体
女凉鞋优秀奖	个人	刘旭兴
功能鞋一等奖	温州市曾高鞋业连锁有限公司	郑育坚
休闲鞋一等奖	多尔康鞋业有限公司	集　体
	福建福盛鞋业有限公司	集　体
	江苏森达集团有限公司	朱晓娥
童鞋一等奖	青岛孚德实有限公司	赵国强
	上海斯乃纳儿童用品有限公司	朱华、刘晓红
童鞋二等奖	南京万里集团有限公司	李宝顺
	温州市康门鞋业有限公司	付启友
	温州红孩子童鞋有限公司	程建华
	温州市鹿城童泰鞋厂	刘良芳、袁维广
	湖南长沙荣昌鞋厂	李文君

2003"真皮标志杯"全国皮鞋设计大奖赛获奖名单

奖项	单位	设计师
男鞋特等奖	威海市金猴集团有限责任公司	谭旭光

续表

奖项	单位	设计师
男鞋一等奖	红蜻蜓集团有限公司	钱金波 周志杰
	康奈集团有限公司	集体
	奥康集团有限公司	王振滔
	日泰鞋业有限公司	金哲夫
	乔耐鞋业有限公司	集体
	浙江圣帝罗阑鞋业有限公司	尹福荣 肖荣久
男鞋二等奖	南京万里集团有限公司	王金鹤
	杰豪鞋业有限公司	戴德兴
	浙江赛王鞋业有限公司	集体
	浙江德赛帝伦鞋业有限公司	余荣岳 徐海华
	温州鹿城百事达鞋厂	集体
女鞋特等奖	红蜻蜓集团有限公司	钱金波 周志杰
女鞋一等奖	威海市金猴集团有限责任公司	郭夏欢
	南京万里集团有限公司	斐钟祥
	青岛孚德鞋业有限公司	宫黛黛
	奥康集团有限公司	王振滔
	康奈集团有限公司	集体
	江阴汇丰鞋业有限公司	黄宏伟 冯建刚
女鞋二等奖	杰豪鞋业有限公司	戴德兴
	浙江赛王鞋业有限公司	集体
	个人	余建龙
	成都市古奇鞋业有限公司	马燕清
	广州龙堡商贸有限公司	单存礼
	温州奥古斯都鞋业有限公司	陈笑红 王伟 陈燕燕
	深意（潮流）鞋业有限公司	文伟贤
女靴一等奖	南京万里集团有限公司	孙彤
	奥康集团有限公司	王振滔
女靴二等奖	青岛享达集团有限公司	王吉万
	青岛孚德实业有限公司	张韶英
	广州龙堡商贸有限公司	王吉万
	江阴汇丰鞋业有限公司	黄宏伟 冯建刚
	深圳富丽明达鞋业有限公司	集体
	成都卡美多鞋业有限公司	钟兴家

续表

奖项	单位	设计师
女靴优秀奖	余建龙	余建龙
	漯河 3515 皮革皮鞋厂	李鸣 周丽 杨红
	温州奥古斯都鞋业有限公司	陈笑红 王伟 陈燕燕
	成都美丽点鞋业有限公司	郑国彬
	浙江德赛帝伦鞋业有限公司	余荣岳 徐海华
女凉鞋一等奖	江阴汇丰鞋业有限公司	黄宏伟 冯建刚
	南京万里集团有限公司	刘浩
女凉鞋二等奖	山东海宇鞋业有限公司	刘晅辰
	浙江奥古斯都鞋业有限公司	集体
女凉鞋二等奖	李莎	李莎
	刘静	刘静
女凉鞋优秀奖	石晶 毛飞杰	石晶 毛飞杰
	杨媛媛 赵洪雷	杨媛媛 赵洪雷
	鲁亚鹏	鲁亚鹏
功能鞋一等奖	漯河 3515 皮革皮鞋厂	杨红
	重庆明月制鞋厂有限公司	周大江
休闲鞋一等奖	福建福盛鞋业有限公司	集体
	石狮市必胜马鞋业有限公司	徐清苗
休闲鞋优秀奖	鲁翠强	鲁翠强
童鞋一等奖	上海斯乃纳儿童用品有限公司	张颖
	杨永明 端木庆秀	杨永明 端木庆秀
	上海兄妹猫儿童用品有限公司	王士栋
童鞋二等奖	青岛享达集团有限公司	王吉万
	南京万里集团有限公司	李宝顺
最佳工艺奖	康奈集团有限公司	集体
最受欢迎产品奖	青岛享达集团有限公司	王吉万

2003"真皮标志杯"全国旅游鞋设计大奖赛获奖名单

奖项	单位	设计师
特等奖	泉州寰球鞋服有限公司	集体创作
一等奖	别克（福建）鞋业有限公司	集体创作
	安踏（福建）鞋业有限公司	集体创作
	德尔惠鞋业有限公司	集体创作
	福建福时来体育用品有限公司	集体创作
	富士达（福建）鞋塑有限公司	集体创作
	求质（福建）体育用品有限公司	集体创作
二等奖	爱奇（福建）鞋塑有限公司	集体创作
	泉州市三兴体育用品有限公司	集体创作
	赖国宝	赖国宝
	福建鸿星尔克体育用品有限公司	熊朝国
	许锦钿	许锦钿
	晋江雷速体育用品有限公司	集体创作
优秀奖	康奈集团有限公司	集体创作
	威海市金猴集团有限责任公司	都兴忠
	爱乐服装鞋业（福建）有限公司	集体创作
	华珠（泉州）鞋业有限公司	张国忠
	晋江明辉鞋业有限公司	高文
	惠东华达鞋业集团公司	集体创作
	晋江灿煌鞋业有限公司	刘小红
	金戴斯（福建）轻工有限公司	集体创作
	浙江瑞安夏发鞋业有限公司	集体创作
	晋江明伟鞋服有限公司	刘志杰
最佳质量奖	别克（福建）鞋业有限公司	集体创作
最佳创意奖	求质（福建）体育用品有限公司	集体创作
	福建福时来体育用品有限公司	集体创作
最佳流行色彩奖	富士达（福建）鞋塑有限公司	集体创作
最佳材料组合奖	福建鸿星尔克体育用品有限公司	熊朝国
最佳效果图奖	华珠（泉州）鞋业有限公司	集体创作

2004"真皮标志杯"全国旅游鞋设计大奖赛获奖名单

奖项	企业名称	设计师
特等奖	福建安踏体育用品有限公司	安踏设计部
一等奖	富士达（福建）鞋塑有限公司	陈国栋
	泉州寰球鞋服有限公司	丁泽伟
	康奈集团有限公司	康奈设计部
	361度体育用品有限公司	公司开发部
	泉州鸿星尔克体育用品有限公司	公司开发部
	威海市金猴集团有限公司	孙 杰
二等奖	晋江市灿煌鞋服有限公司	刘晓红
	福时来鞋业有限公司	公司设计部
	卢建军	卢建军
	爱奇（福建）鞋塑有限公司	叶文龙
	国辉鞋业有限公司	公司开发部
	晋江市太平洋鞋业有限公司	李雅青
	黄灿鹏	黄灿鹏
	黄志凤	黄志凤
优秀奖	宋惠平	宋惠平
	求质体育用品有限公司	陈 琳
	陈黄杰	陈黄杰
	吴晓蕙	吴晓蕙
	陈柳江	陈柳江
	许锦钿	许锦钿
	游 丽	游 丽
	北京市一飞工贸有限公司	张如意
	杨开兴	杨开兴
	梁瑞汤	梁瑞汤
	河北鑫利来鞋厂	马国运
	河北安新县瀚泽鞋样设计室	集体设计
最佳创意奖	富士达（福建）鞋塑有限公司	陈国栋
	许锦钿	许锦钿
最佳材料组合奖	泉州寰球鞋服有限公司	公司开发部
	国辉鞋业有限公司	公司开发部
最佳质量奖	康奈集团有限公司	康奈设计部
结构创新奖	黄灿鹏	黄灿鹏

2004 "真皮标志杯·金猴" 中国概念鞋类设计大奖赛获奖名单

奖项	院校	设计者
女鞋金奖	北京服装学院	李雪梅
女鞋银奖	北京服装学院	陈文婷
女鞋铜奖	邢台军需学院	崔士友、徐茂松
男鞋金奖	浙江工贸学院	周小燕
男鞋银奖	北京服装学院	梁田、高峰
男鞋铜奖	北京服装学院	李余
童鞋金奖	南京万里集团有限公司	李宝顺
童鞋银奖	北京服装学院	王春兰
童鞋铜奖	北京服装学院	李国丽
最佳创意奖	北京皮革工业学校	李旭峰
最佳创意奖	温州师范学院	胡毓娥
最佳制作奖	浙江工贸学院	刘克杰
最佳效果图奖	邢台军需学院	周鹤
最佳材料奖	石狮市福盛鞋业公司	邰鸿平、庄朝生
最佳流行色奖	浙江工贸学院	蔡雯婷
伯乐奖	北京皮革工业学校	
伯乐奖	北京服装学院	

2006 "真皮标志杯" 中国鞋类设计大奖赛获奖名单

奖项	企业名称	作品名称	设计者
男鞋一等奖	康奈集团有限公司	传承腾飞	设计中心
男鞋一等奖	东艺鞋业有限公司	足之脱变	陈国荣
男鞋一等奖	温州吉尔达鞋业有限公司	啡色咏叹调	李国华 郑育坚
男鞋一等奖	奥康集团有限公司	伯爵绅士	集体
男鞋一等奖	威海市金猴集团有限公司	龙图腾	集体
男鞋一等奖	浙江圣帝罗阑鞋业有限公司	斑马线	尹福荣 肖荣久
男鞋二等奖	温州澳杰鞋业有限公司	绅士豪情	集体
男鞋二等奖	日泰集团有限公司	潜龙在渊	金哲夫
男鞋二等奖	海弘鞋业有限公司	至尊金钻	秦宗好
男鞋优秀奖	曾海龙	细节之美—五	曾海龙
男鞋优秀奖	惠州市振鹏鞋厂	男鞋	陈油
男鞋优秀奖	广州一日千里鞋业公司	男鞋	设计室

续表

奖项	企业名称	作品名称	设计者
女鞋特等奖	威海市金猴集团有限公司	远古韵律	集体
女鞋一等奖	东艺鞋业有限公司	色之高雅	陈国荣
	番禺高创鞋业有限公司	嬉笑嫣然	吴丽娟
	奥康集团有限公司	魅影精灵	集体
	康奈集团有限公司	海洋之星	设计中心
	青岛亨达集团有限公司	鱼美人	单玉香、朱念智
	日泰集团有限公司	凤凰来仪	金哲夫
女鞋二等奖	南京万里集团	星光灿烂	谈恒安
	佛山星期六鞋业有限公司	花之颂	许晓娟
	惠东县裕顺鞋业有限公司	女鞋	李美顺
	重庆红草帽鞋业有限公司	特	汪代军 彭才红
女鞋优秀奖	王河	白色金莲	王河
	康汉坚、李娟	细节之美—二	康汉坚、李娟
	广州爱达丽鞋业公司	女鞋	设计室
女靴一等奖	温州康思特鞋业有限公司	彩绘	刘小标
	威海市金猴集团有限公司	东方神韵	集体
女靴二等奖	奥康集团有限公司	女武士	集体
	巨一集团有限公司	爱如潮水	蔡及庆
	南京万里集团	花韵	孙彤
	青岛亨达集团有限公司	飘逸的诱惑	单存礼 刘泽顺
	重庆红草帽鞋业有限公司	颂	汪代军 杨谨慎
女靴优秀奖	章杰峰、陈康琴	细节之美—一	章杰峰、陈康琴
	陈朝霞	融的轨迹	陈朝霞
	广州爱达丽鞋业公司	女靴	设计室
	广州一日千里鞋业公司	女靴	设计室
女凉鞋一等奖	青岛亨达集团有限公司	埃及艳后	单存礼 朱念智
	巨一集团有限公司	追忆	李使林
女凉鞋二等奖	佛山市星期六鞋业有限公司	天路.宝石	徐婕舒
	番禺高创鞋业有限公司	埃及艳后	钟瑜南
	河南省漯河市3515皮革皮鞋厂	一帘幽梦	苏巧云

续表

奖项	企业名称	作品名称	设计者
女凉鞋优秀奖	钟标、李林	细节之美—三	钟标、李林
	广州卡佛儿有限公司	女凉鞋	集体
	杨娅婷	鱼美人	杨娅婷
休闲鞋一等奖	海弘鞋业有限公司	快乐之旅	郭胡南
	王河	中性主义	王河
休闲鞋二等奖	青岛亨达集团有限公司	春之感	单玉香、王海燕
	温州澳杰鞋业有限公司	都市风采	集体
	惠州市振鹏鞋厂	男休闲鞋	陈油
休闲鞋优秀奖	广州一日千里鞋业公司	男休闲鞋	设计室
童鞋一等奖	海弘鞋业有限公司	天使之作	吴裕龙
	南京万里集团	草原天使	李宝顺
童鞋二等奖	上海兄妹猫儿童用品有限公司	休闲·运动	吕国荣
童鞋优秀奖	广州一日千里鞋业有限公司	童布鞋	设计室
最佳制作奖	康奈集团有限公司		
最佳效果图奖	东艺鞋业有限公司		

2008"真皮标志杯·巨一"中国概念鞋设计大赛决赛名单

奖项	个数	作品编号	作品名称	院校	设计者
女鞋					
金奖	2		飞天印象		蔡继庆
银奖	38	W191	吉祥如意	扬州大学广陵学院	管图浩
	52	W78	花嫁系列	北京服装学院	于振军
铜奖	20	W316	概念女鞋	四川大学轻纺与食品学院	余文琳
	45	W69	梳	北京服装学院	郭思静
男鞋					
金奖	4	M8	机械时代	北京服装学院	李英杰
银奖	5	M11	简	北京服装学院	姜宁
铜奖	7	M21	战国策	温州大学美术与设计学院	董善学
童鞋					
金奖	13	C34	等待着……	东华理工大学	黄清
银奖	17	C52	向日葵	四川大学轻纺与食品学院	郭韵
铜奖	18	C9	暖暖	北京服装学院	李珉玥

续表

			单项奖		
创意	12	T38	速	广州市番禺职业技术学院	廖柿
	1		飞越		李传林

			鼓励奖		
鼓励奖	6	M41	追溯	广州市番禺职业技术学院	黄德艺
	10	T23	龙行天下	福建省厦门工艺美术学院	黄灿鹏
	22	W269	e度空间	东华理工大学	喻文珍
	23	W209	盛世之巢	海南大学 中南林业科技大学	张小聃 陈俐
	26	W336	如意	四川大学轻纺与食品学院	李宁 孙明智
	28	W232	飞	北京皮革学校	王玗
	33	W139	圆梦	浙江纺织服装职业技术学院	徐春亚
	43	W367	电生活	广州市番禺职业技术学院	廖柿
	44	W77	丝巢之闪耀	北京服装学院	舒展
	53		唐韵		李传林

2009"真皮标志杯"中国鞋类设计大赛获奖名单

奖项	作品编号	作品名称	院校/企业	设计者
个人组			女 鞋	
金奖	SW25	月轨	北京服装学院	蒋跃 蒋卓
银奖	SW9	鱼跃龙门	温州大学美术与设计学院	胡李秀
铜奖	SW20	上水若善	北京服装学院	周晓童
			男 鞋	
金奖	SM1	犀式	浙江理工大学服装国际学院	诸董杰 谢强
银奖	SM8	金戈铁马	东华理工大学职业技术学院	曾建波
铜奖	SM7	蓬	北京服装学院	孙健
			童 鞋	
金奖	SC6	谜底	北京服装学院	李英杰
银奖	SC1	海底总动员	温州大学美术与设计学院	胡李秀
铜奖	SC9	谁摘了花瓣	扬州大学广陵学院	陈佳佳
			运动休闲鞋	
铜奖	ST7	无阻	广州市番禺职业技术学院	黄胄

续表

专业组	作品编号	作品名称	院校/企业	设计者
			女鞋	
金奖	W12	神秘恋人	皮匠世家	邓帅
银奖	W26	钻石彩虹	嘉豪运鞋业（深圳）有限公司	陈小鸣
铜奖	W19	渔舟唱晚	巨一集团	蔡继庆
			男鞋	
金奖	M3	羽击长空	奥康集团	王振滔
银奖	M5	龙腾盛世	金猴集团	毕秀香
铜奖	M7	男装靴子	南海长城鞋业有限公司	凌生苗
			童鞋	
金奖	C6	未来	东莞市巴巴儿童用品有限公司	巴巴儿童用品工作室
银奖	C1	花花童年	广州市醒目仔商贸有限公司	郑健民
铜奖	C7	游（TO WALK）	晋江明伟鞋服有限公司	明伟设计工作室
			运动休闲鞋	
金奖	T10	凤凰	安踏	安踏鞋商品中心设计部
银奖	T1	心"驰"神往	奥康集团	王振滔
铜奖	T9	出路	高明港星鞋业有限公司	小灵猪工作室
			综合奖项	
单项奖	SW24	空中阁楼	四川大学	李艳华
	W20	龙履	巨一集团	李传林
	M9	盛夏·伯爵	恒裕鞋业有限公司	刘敬贤

2010"真皮标志·致富杯"中国鞋类设计大赛获奖名单

个人组

男鞋

奖项	作品编号	作品名称	选送单位	设计者
金奖	M20	恒动	北京服装学院 制作单位：红蜻蜓集团有限公司	王贝叶
银奖	M13	刚强傈悍	东华理工大学职业技术学院 制作单位：东莞市印第安鞋样设计有限公司	吴小建
铜奖	M4	冠礼	江西服装职业技术学院	肖由国

续表

个人组				
女鞋				
金奖	W203	迷迭香	北京服装学院 制作单位：广州天创鞋业有限公司	周晓童
银奖	W215	唇语	北京服装学院 制作单位：新百丽鞋业（深圳）有限公司	姜四美
铜奖	W159	鼓舞	东华理工大学职业技术学院 制作单位：东莞市印第安鞋样设计有限公司	施伟兰
童鞋				
金奖	C1	木鱼记	江西服装职业技术学院	邓大喜
银奖	C44	小战士	北京服装学院	孙舒颖
铜奖	C10	小蜗牛	泉州师范学院 制作单位：特步（中国）有限公司	王水长
运动鞋				
金奖	T25	大黄蜂	泉州师范学院 制作单位：特步（中国）有限公司	蔡超群
银奖	T60	帆	北京服装学院	潘科
铜奖	T15	霸王枨	福州大学工艺美术学院	张宗海
专业组				
男鞋				
金奖	SM8	凤凰涅槃	康奈集团有限公司	郑海斌
银奖	SM6	飞越梦想	金猴集团有限公司	毕秀香
铜奖	SM1	月夜	温州吉尔达鞋业有限公司	商品部
女鞋				
金奖	SW8	红赋	广州天创鞋业有限公司	庄桃
银奖	SW4	海之灵	温州吉尔达鞋业有限公司	林元丰
铜奖	SW10	芭蕾风情·舞动梦想	浙江奥康鞋业股份有限公司	历达祥
单项奖				
最佳年度专业奖	SM3	蒋五虎	浙江奥康鞋业股份有限公司	蒋伍虎
	SW12	凤舞霓裳	金猴集团有限公司	谭红霞

续表

中国元素演绎奖	W101	繁复古都	四川大学轻纺与食品学院	王晶/巫远业
	W199	花开时结	扬州大学广陵学院	张艳
	SW3	凤朝皇	美丽华企业（南京）有限公司	设计部
	SW6	为爱绽放	嘉豪运鞋业（深圳）有限公司	叶政
	M8	锐霸	东华理工大学职业技术学院 制作单位：东莞市印第安鞋样设计有限公司	郭晶晶
	W250	青花瓷	北京市环境与艺术学校	江良果
	W263	衣动凤情	广东白云学院 广州天创鞋业有限公司	朱谢
DIY制作奖	C63	杂粮宝宝	浙江工贸职业技术学院	王柳君
	C19	天神下凡	四川大学轻纺与食品学院	骆隽东
	W53	田园·伊人	浙江工贸职业技术学院	朱建龙
市场潜力奖	W208	合	北京服装学院 制作单位：广州天创鞋业有限公司	孙胜男
	W8	马踏飞燕	福建省三明学院 制作单位：美丽华企业（南京）有限公司	黄振宁
	SW1	黑珍珠	广东永金兴集团有限公司	李锡宏
	M19	金刚履	北京服装学院 制作单位：红蜻蜓集团有限公司	王颖颖
	M1	朋力量	广州番禺职业技术学院	张慧燕

荣誉奖项	院校/企业
最佳组织奖	北京服装学院艺术设计学院
	东华理工学院
	扬州大学广陵学院
	泉州师范学院艺术学院
	江西服装学院鞋类设计系
	四川大学皮革工程系
	广州番禺职业技术学院
最佳合作企业	广州天创鞋业有限公司
	新百丽鞋业（深圳）有限公司
	红蜻蜓集团有限公司
	特步（中国）有限公司
	东莞市印第安鞋样设计有限公司

3. 皮具设计大赛

2001"真皮标志杯"全国皮具设计大奖赛获奖名单

奖项	单位	作品名称
特等奖	狮岭凌云皮具制品有限公司	白领丽人（时装女包）
一等奖6名	中山展兴皮具制品有限公司	华裳丽影（时装女包）
	花都荣惠工艺厂	未来（学生书包）
	广州市浪臣皮具有限公司	金领（公文包）
	威海金猴集团皮具有限公司	韵律（时装女包）
	花都辉隆撼皮具有限公司	典范（防盗公事包）
	温州长城鞋业公司	红衣女郎（时装女包）
二等奖12名	广州市花都华尼有限公司	黑珍珠（时装女包）
	花都蓝宝皮具有限公司	灰姑娘（时装女包）
	花都蒙娜丽莎皮具有限公司	飞跃（时装女包）
	花都吉象手袋厂	金色年华（时装女包）
	温州市达得利箱包有限公司	环保旅行箱
	花都信宝皮具有限公司	快乐童年（学生书包）
	欧琪皮革企业有限公司	精巧（首饰盒）
	广州骏祥皮具贸易公司	成功人士（男士公文包）
	广州上海鸿达皮件公司	小屋（票夹）
	奇乐皮具有限公司	潇洒（男士公文包）
	广州永骏经济发展有限公司	现代随身小银行（银包）
	无锡百特皮件有限公司	回归自然（票夹）
优秀奖15名	北京通达利工贸有限公司	温雅（男士公文包）
	林氏利嘉实业有限公司	红牡丹（时装女包）
	米莉沙（中国）有限公司	沙皮仕之二（票夹）
	广州市汇通皮具手袋厂	纹晰（时装女包）
	无锡百乐皮件有限公司	超越时空（票夹）
	广州市骏鸣皮具手袋厂	规范生活（时装女包）
	花都区金宝皮具有限公司	辛迪007（男士公文包）
	广州圣万莉皮具有限公司	绅士（男士公文包）
	荣发皮具制品厂	成君（男士公文包）
	花都区叶氏皮具企业公司	世纪之窗（时装女包）
	广州华伦苹果发展有限公司	花蝴蝶（时装女包）
	广州市上企皮具有限公司	恒星（时装女包）
	广州市汇丰皮具制品厂	玫瑰花（时装女包）
	天宝皮具制品厂	运动之友（运动背包）
	花都狮岭汇龙皮件厂	超市小精灵（购物车）

2002"真皮标志杯"全国皮具设计大奖赛获奖名单

奖项	单位	作品名称
男女正装包		
特等奖	狮岭凌云皮具制品有限公司	休闲白鸽
一等奖6名	康奈集团有限公司	贵族时尚
	深圳成功皮具有限公司	革命中的形态美
	鹤绅皮具有限公司	锦上添花
	广州市金兔皮件有限公司	女背包
	广州市雅立贸易发展公司	对话1920
	威海市金猴集团皮具有限公司	异国风情
二等奖8名	万利来皮具有限公司	红宝石
	广州市浪臣皮具有限公司	神采飞扬
	杰尼亚皮具有限公司	淑女风范系列
	蒙娜丽莎皮具有限公司	净土之春
	广荣皮革有限公司森楠皮具厂	南国丽人
	深圳卡兰皮具有限公司	梦迥
	花都狮岭汇龙皮具有限公司	优贵伶
	北京畿湖皮革制品有限公司	格纹魅力系列
鼓励奖10名	永嘉利皮具有限公司	真情晚宴
	天宝皮具制品厂	天宝系列
	广州科皮尼皮具厂	时尚女孩系列
	辉隆撼皮具有限公司	安全使者
	北京卡巴奇五金制品有限公司	秋色
	鹤山市必登高鞋业皮具有限公司	气宇轩昂
	广州市华尼皮具有限公司	挑战
	广州市摩登皮具有限公司	和谐美
	广州骏鸣皮具手袋厂	春天的遐想
	广州红辣椒皮具有限公司	女背包
银夹类		
一等奖2名	广州壮志工贸有限公司	朝花夕拾
	无锡百乐集团股份有限公司	女钱夹

奖项	单位	作品名称
二等奖4名	鹤山市必登高鞋业皮具有限公司	高贵典雅
	法亚皮塑有限公司	霞光中的形态
	康奈集团有限公司	时尚伴侣
	广州市雅立贸易发展公司	西部牛仔系列
背包类		
一等奖2名	广州市荣汉工贸有限公司	科技之光
	威海市金猴集团皮具有限公司	宽带航母
二等奖4名	北京市皮件厂	跟上时代的步伐
	斐高皮具有限公司	跳动的音符之一
	济南双利达集团有限公司	伴君走天下之三
	广州万信达皮具有限公司	静夜思
鼓励奖2名	广州市欧琪皮具有限公司	女背包
	信宝皮具有限公司	调皮的精灵
旅行箱包类		
一等奖2名	北京市皮件厂	走遍天下
	济南双利达集团有限公司	伴君走天下之一
二等奖1名	斐高皮具有限公司	跳动的音符之二

2003"真皮标志杯"全国皮具设计大奖赛获奖名单

分类	企业名称	作品名称	设计者
男女包类			
特等奖	凌云皮具制品有限公司	我行我素	黄俊强
一等奖	成功皮具厂（深圳）有限公司	前卫中的经典	设计室
	汇龙皮具有限公司	达芬奇之恋	陈子栋
	鹤绅皮具有限公司	鹤舞星空	设计室
	广州森楠皮具厂	大地情深	谭慧开
	康奈集团有限公司	商务伴侣	周哲
	科皮妮皮具厂	伊人风尚	设计室

续表

分类	企业名称	作品名称	设计者
二等奖	天宝皮具制品厂	贵族风情	设计室
	北京卡巴奇五金制品有限公司	红色恋人	刘同飞、杨建
	辛集名花皮具有限公司	古朴	封永仁
	广州雅立皮具有限公司	总裁系列	谢坤河
	万利来皮具有限公司	风帆、神采、洒脱	郭东明
	威海市金猴集团皮具有限公司	蝶之恋	张美毅
	创兴皮具厂有限公司	复古情怀	苏静
	广州金兔皮具厂	秋季	设计师
优秀奖	其兴皮具厂	返朴归真	刘详金
	永嘉利皮具有限公司	爱力无限	设计室
	北京服装学院	原色	杨永明
	蒙娜丽莎皮具有限公司	梦中情人	谢雄
	香港必发贸易公司	大都会的咖啡和奶茶	黄华亨
	威尼皮具有限公司	魅力无限	邓忠山
	摩登皮具有限公司	野美人	设计室
	广州圣万莉皮具厂	桂花情怀	陈富荣
	广州浪臣皮具有限公司	情侣	李贵华
	广州骏鸣皮具有限公司	浪漫源由	徐倩红
	万信达皮具有限公司	青春如歌	设计室
	杰尼亚皮具有限公司	时代象征	设计室
银夹类			
一等奖	康奈集团有限公司	时代先锋	周哲
	壮志工贸有限公司	玛雅之旅	陈洋
二等奖	中山东区英杰皮具厂	世纪风情	刘志颖
	广州雅立皮具有限公司	建筑风	谢坤河
	北京恒通亚太皮革制品厂	秋意	冯永德、周超
	北京服装学院	苹果的味道	陈占利、赵青、鲁亚鹏
	无锡百乐集团有限公司	枫叶情	百乐设计师
旅行箱包类			
一等奖	威海市金猴集团皮具有限公司	动感地带	王黎明、郭志琦
	斐高箱包有限公司	红色恋人	莫齐明

分类	企业名称	作品名称	设计者
二等奖	北京皮件厂	红轮绿释	设计室
背包类			
一等奖	泉州子燕轻工有限公司	动感男孩	张贯林
	信宝皮具有限公司	希望	江怡
二等奖	斐高箱包有限公司	天之骄子	莫齐明
	荣汉工贸有限公司	安全天使	余汉林、邓新、银永红
	伟士杰箱包制品有限公司	儿童书包	姚宏春
皮带类			
一等奖	北京服装学院	一脉相承	王风强、贤军、宁志莹
	壮志工贸有限公司	自然之风	陈洋
	广州雅立皮具有限公司	腰间的彩虹	谢坤河

2004年"真皮标志杯"全国皮具（箱包类）设计大奖赛获奖名单

分类	企业名称	作品名称	设计者
男女包类			
特等奖	蒙娜丽莎皮具有限公司	秀我本色	集体设计
一等奖	康奈集团皮具有限公司	商务助理	设计室
	广州鹤绅皮具有限公司	阳光海魂	谭千堂
	广州天宝皮具有限公司	媚惑一族	设计室
	深圳成功皮具厂有限公司	中国情	设计室
二等奖	辛集名花皮具有限公司	分明	封永仁
	广州万里马投资有限公司	春夏眷恋	林大权
	广州雅立贸易有限公司	红粉天使	谢坤河
	广州华尼皮具有限公司	曙光	设计室
	广州科皮妮皮具公司	秋日风情	设计室
	广州杰尼琼斯皮具公司	婉装	项志祥

续表

分类	企业名称	作品名称	设计者
优秀奖	红蜻蜓集团皮具有限公司	爵士骑	设计室
	广州森楠皮具厂	世纪风	设计室
	广州荣惠工艺品公司	防盗公文包	余滨　余康
	广州叶氏皮具有限公司	心心相印	毛龙生
	广州市花都逸然皮具厂	秋韵	钟杰培
	陈升华	玫红秀	陈升华
	广州市狮岭金晖皮具厂	时尚包包	陈松锡
	广州宏润袋类制品公司	战魂	朱耀波
	威海市金猴集团皮具有限公司	异域奇芭	张美毅　黄爱丽　王耀华
	广州永嘉利皮具公司	金秋盛典	设计室
	叶年晶	黑白的经典	叶年晶
	摩登皮具有限公司	清茶谈写	设计室
	诺曼皮具厂		设计室
	辉隆撼皮具有限公司		设计室
	杰尼亚箱包有限公司	诱惑	设计室
	广州汇龙皮具有限公司		设计室
银夹类			
一等奖	广州万里马投资有限公司	都市艳丽	许武操
	中山英杰皮具厂	开拓者	公司设计部
二等奖	广州雅立贸易有限公司	简约盛行	谢坤河
	康奈集团皮具有限公司	窗外	周哲
	蒙娜丽莎有限公司	风韵	林建敏
	无锡百乐集团有限公司	爵士系列	公司设计部
旅行箱包类			
一等奖	广州市万信达企业集团	新潮电脑CD袋	黄河
	威海金猴集团皮具有限公司	风行天下	张美毅　黄爱丽　王耀华
二等奖	广州斐高箱包有限公司	商机无限	陈运祥
	广州雅立贸易有限公司	时常旅途	谢坤河
背包类			
一等奖	广州斐高箱包有限公司	黑色贵族	陈运祥
	飞龙皮具厂有限公司	童趣	设计室

分类	企业名称	作品名称	设计者
二等奖	泉州子燕皮具有限公司	童年	张贯林
	花都信宝皮具有限公司	体贴孩子	江怡
	广州登极旅行用品有限公司	休闲系列	设计室
	广州奥王达皮具有限公司	休闲精品	周小青
	广州荣惠工艺品公司	梦想成真系列	余滨
皮带类			
一等奖	康奈集团皮具有限公司	金星路系列	周哲
	广州雅立贸易有限公司	时尚情缘	谢坤河

2005"真皮标志杯"全国皮具设计大奖赛获奖名单

分类	企业名称
男女正装包类	
特等奖	万里马投资公司
一等奖	奥康集团有限公司
一等奖	蒙娜丽莎皮具有限公司
一等奖	康奈集团有限公司
一等奖	天宝皮具有限公司
一等奖	辛集名花皮具有限公司
一等奖	红蜻蜓集团有限公司
二等奖	源泰隆皮具有限公司
二等奖	深圳成功皮具厂
二等奖	广州旭升皮具厂
二等奖	广州花都区珉铭皮具
二等奖	广州花都逸然皮具厂
二等奖	雅立贸易有限公司
优秀奖	鹤绅皮具有限公司
优秀奖	金猴集团皮具公司
优秀奖	华尼皮具有限公司
优秀奖	叶氏皮具有限公司
优秀奖	广州科皮妮皮具公司
优秀奖	广州狮岭金晖皮具厂
优秀奖	广东苹果实业有限公司

续表

分类	企业名称
优秀奖	陈升华
优秀奖	深圳蜜丝罗妮鞋业有限公司
优秀奖	钟建军
优秀奖	摩登皮具有限公司
优秀奖	诺曼皮具厂
优秀奖	福润德皮具公司
旅行箱包类	
一等奖	广顺箱包工业公司
一等奖	广州万信达企业集团
二等奖	金猴集团皮具公司
二等奖	飞龙皮具厂
优秀奖	斐高箱包有限公司
优秀奖	奥王达皮具有限公司
优秀奖	毕小诗
背包类	
一等奖	斐高箱包有限公司
一等奖	信宝皮具有限公司
二等奖	广州斐高箱包有限公司
	广州雅立贸易有限公司
背包类	
一等奖	广州斐高箱包有限公司
	飞龙皮具厂有限公司
二等奖	奥王达皮具有限公司
二等奖	飞龙皮具厂
票夹类	
一等奖	蒙娜丽莎皮具公司
一等奖	无锡百乐集团公司
二等奖	康奈集团有限公司
二等奖	奥康集团有限公司
二等奖	中山东区英杰皮具
二等奖	马球协会
最佳设计奖	丛者鹏
最佳创意奖	康奈集团有限公司
最佳效果图	汇龙皮具有限公司

2006"真皮标志杯"中国皮具设计大奖赛获奖名单

男女正装包

奖项	企业名	作品名	设计者
特等奖	志豪皮具厂	浪漫巴黎	郑建新
一等奖	威海市金猴集团皮具有限公司	休闲时光	
	奥康集团有限公司	春华	
	汇龙皮具有限公司	流金岁月	寇小玲
	天宝皮具有限公司	名流一派	钟翠碧
	红蜻蜓集团	耕·织	陈子彤
二等奖	广州市镕海璐皮具公司	富贵人生	设计部
	米青林	希望之树	
	广州市珉铭皮具有限公司	靓丽永恒	珉铭皮具设计室
	上海国际皮具箱包展示交易中心有限公司培训中心	征服大西洋	陈式平
	美国登喜·米兰皮具有限公司	粉色佳人	曾庆喜
	得亿皮具公司	印度风格	设计部
优秀奖	广州科皮妮皮具公司	花花世界	李翠媛
	蒙娜丽莎皮具公司	红色诱惑	蒙娜丽莎设计室
	叶氏皮具有限公司	领航者	曾小晖
	广东苹果实业有限公司	冬日恋曲	吴建洪
	钟建军	索爱	
	毕小诗	索派	
	高碑店市斯特利皮业皮具厂	帅特利公文包	邱伟明
	广州雅立贸易公司	简约盛行	谢坤河
	辛集名花皮业有限公司	休闲粗旷	封永仁
	摩登皮具有限公司	摩登时代	设计部
	花都逸然皮具厂	简约	版房
	帅特狼皮具有限公司	帅特狼	设计部
	民容安王手袋厂	纯洁之星	设计部
	诺曼皮具公司	异国风情	设计部
	高碑店市源泰隆商业有限公司	玉兔	设计部

续表

旅行箱包类

奖项	企业名	作品名	设计者
一等奖	中山皇冠皮件有限公司	纯色诱惑—0557系列	
	斐高箱包有限公司	生命之旅	唐富华
二等奖	万信达皮具有限公司	活力都市	刘日昌
	广州市永利皮具有限公司	旅行者	李太平

背包类

奖项	企业名	作品名	设计者
一等奖	高碑店市广顺箱包工业有限责任公司	摄影包	张灵
	斐高箱包有限公司	大漠春色背包	孙禹
二等奖	信宝皮具有限公司	快乐小精灵	江怡
	广州英其皮具有限公司	时代娇子	刘远

票夹类

奖项	企业名	作品名	设计者
一等奖	中山英杰皮具制品厂	迸发的艺术	
	康奈集团有限公司	彩蝶飞舞	周哲
	蒙娜丽莎皮具公司	紫色神秘	
二等奖	广州雅立贸易公司	我爱巧克力	谢坤河
	广州市白云区宝圣皮具厂	国际银行中心	陈式平
	新天地皮具厂	绚丽色彩	设计部

皮带类

奖项	企业名	作品名	设计者
一等奖	广州市玛斯特皮具有限公司	秋日传奇	赵干
最佳创意奖	广州传奇皮艺公司	江湖	
最佳效果图奖	北京皮革工业学校	午夜的圣洁	
最佳工艺奖	康奈集团有限公司	商韵	
功能创意奖	刘健	可拉伸旅行箱	

2007"真皮标志杯"中国皮具（箱包类）设计大奖赛获奖名单

奖项	企业名称
\multicolumn{2}{c}{男女正装包}
特等奖	奥康皮具有限公司
一等奖	保兰德集团皮具事业部
	威海市金猴集团皮具有限公司
	山东富豪皮革有限公司
	高碑店市玉兔皮具有限责任公司
	广州志豪皮具有限公司
	叶氏皮具有限公司
二等奖	红蜻蜓集团皮具公司
	广州传琪皮艺公司
	世忠手袋培训班
	高碑店市露易豪丹皮具厂
	广东苹果实业有限公司
	广州市珉铭皮具有限公司
	广州宏叶皮具有限公司
	广州市花都区狮岭镇天宝皮具制品厂
优秀奖	汇龙皮具有限公司
	广州市白云区宝圣皮具厂
	高碑店斯特利皮具有限公司
	华尼有限公司
	广州市镕海璐皮具有限公司
	广州正昊皮具有限公司
	广州可可服饰发展有限公司
	高碑店市祥萍皮具厂
	广州科皮妮皮具公司
	蒙娜丽莎皮具公司
	广州市逸然皮具厂
	摩登皮具有限公司
	钟建军
	高碑店市红彤彤皮具厂
	佛山市登喜·米兰皮具有限公司
	得亿皮具公司
	民容安王手袋厂

续表

奖项	企业名称
箱包类	
一等奖	浙江爱美德旅游用品有限公司
	斐高箱包有限公司
二等奖	刘健
	嘉兴新秀箱包制造有限公司
优秀奖	圣飞马王箱包有限公司
	浙江爱美德旅游用品有限公司
	高碑店市白沟鹏杰皮具厂
	高碑店市美意达皮具厂
	广州永利箱包厂
背包类	
一等奖	汇龙皮具有限公司
	浙江卡拉扬商务休闲用品有限公司
二等奖	高碑店市广顺箱包工业有限责任公司
	万信达企业集团
优秀奖	广州兄联手袋（实业）有限公司
	奥王达皮具有限公司
	斐高箱包有限公司
	广州市花都信宝皮具有限公司
	广州英其皮具有限公司
	高碑店市金川乐器箱包制造有限责任公司
	高碑店市鑫瑞申旅游制品有限公司
票夹类	
一等奖	浙江工贸学院轻工系
	广东啄木鸟皮具有限公司
二等奖	新天地皮具厂
	广州市镕海璐皮具有限公司
优秀奖	奥康皮具有限公司
	华尼有限公司
	北京畿湖皮革制品有限公司

续表

奖项	企业名称
皮带类	
一等奖	浙江理工大学服装（国际）学院
二等奖	广州市玛斯特皮具有限公司
	广州市镕海璐皮具有限公司
院校	
创意奖	北京服装学院
	北京服装学院
	东华大学
优秀效果图奖	浙江科技学院艺术学院服装设计系
	浙江科技学院艺术学院服装设计系
优秀奖	北京服装学院
	浙江理工大学服装（国际）学院
	北京服装学院
	北京服装学院
	浙江理工大学服装（国际）学院
	浙江理工大学服装（国际）学院
	浙江理工大学服装（国际）学院
	浙江理工大学服装（国际）学院
	浙江科技学院艺术学院服装设计系
	浙江科技学院艺术学院服装设计系
	浙江科技学院艺术学院服装设计系
	浙江科技学院艺术学院服装设计系
	浙江科技学院艺术学院服装设计系
	四川大学轻纺学院04级本科
	四川大学轻纺学院05级本科
	四川大学皮革工程系
	四川大学轻化工程皮革系
	四川大学轻纺与食品学院04级本科
	四川大学皮革工程系
最佳效果图奖	汇龙皮具有限公司
最佳工艺奖	高碑店市白沟鹏杰皮具厂
最佳材料组合奖	高碑店市祥萍皮具厂
最佳创意奖	高碑店市鑫瑞申旅游制品有限公司

2008"真皮标志杯"中国皮具(箱包类)设计大奖赛获奖名单

	奖项	企业名称	作品名称	设计者
设计男女正装包	特等奖	广州市 花都恩 博士皮革皮具设计研究所	伊米尔	林国礼
	一等奖	红蜻蜓皮具有限公司	盛开(BLOOM)	董忠武
		广州天宝皮具制品厂	淑女派	袁千平
		康奈集团	融合·跨越	周哲
		玉兔皮具有限公司	致命诱惑	张金英
	二等奖	珉铭皮具有限公司	炫丽多姿	项志电
		开拓者手袋厂	银典	黄继祥
		广州嬉皮氏皮具有限公司	嬉皮氏	刘传
		华尼有限公司	jx中国情	邓忠山
		祥萍皮具厂	情系长城	周福生
		广州可可服饰发展有限公司	可可辣妹	徐利达
箱包类	一等奖	嘉兴新秀箱包制造有限公司	商旅至尊	高平华
		广州工商职业技术学院	子夜珠水	贺锋林 李改民
	二等奖	浙江卡拉扬商务休闲用品有限公司	龙影随行	严峻
		帅特狼皮具厂	狼图腾	肖世付
		高碑店龙源旅游品有限公司	我爱旅游	罗瑛
背包类	一等奖	泉州子燕轻工有限公司	带你飞跃	许建华
		斐高箱包有限公司	刀马旦	石磊
	二等奖	万信达企业集团	数码情怀	吴斌
		广顺箱包工业有限责任公司	极速奔跑	于震
		北京服装学院	盈舞	王耀华
皮带票夹类	一等奖	华尼有限公司	俏丽女神	邓忠山
		制袋乐园	金戈铁甲	谢丽娥
	二等奖	康奈集团	舞蝶	周哲
		广州盾牌皮具有限公司	简·睿	唐茂财
		广州市白云区丹豹皮具制品厂	青春激情	程碧川
个人组	最佳效果图奖	红蜻蜓皮具有限公司	盛开(BLOOM)	董忠武
	最佳制作奖	广州叶氏皮具有限公司	爱女人	唐志旺
	最佳设计奖	汇龙皮具	一个都不能少	王斐 刘怀
	最佳创意奖	奥王达皮具有限公司	大奥	项积勇

续表

	奖项	企业名称	作品名称	设计者
院校类	优秀效果图奖	东华大学	深海	马毅然
		陕西科技大学	游离	陈露丹
		陕西科技大学	剪红	王荣
		四川大学轻纺与食品学院	古韵	吴子晋
		陕西科技大学	魅源	朱玉培
		四川大学轻纺与食品学院	雅·鱼	孙明智 李宁
		广州番禺职业技术学院	心灵之美	廖柿
		广东白云学院	唯一	凌晓霞
		浙江省温州大学	弦外之音	胡李秀
		浙江科技学院	沙滩之旅	姜向云

2009"真皮标志杯"中国皮具（箱包类）设计大赛获奖名单

奖项	作品名称	参赛企业/院校	设计师
特等奖	蛇纹女包 伊杜波西—西西里经典故事	广州市花都恩博士皮革皮具设计研究所	陈静
男包类			
金奖	X档案	广州工商职业技术学院	郝孝华
银奖	练达	山东富豪菲格尔皮具有限公司	黄凌风
铜奖	盛世传奇之万世王朝	花都区狮岭世忠手袋培训学校	洪伟忠
女包类			
金奖	素名	玉兔皮具有限责任公司	张金英
	编织梦想	广州市花都区狮岭鼎锋皮具厂	谢丽娥
银奖	幻彩2009	广州天宝皮具制品厂	袁干平
	龙腾·云涌	红蜻蜓集团皮具事业部	李春晓 吴振江
	满载而归	完美骏制袋有限公司	邓亚明
	Q系列	猛犸皮具有限公司	苏立新
	雅	珉铭皮具有限公司	项志电

续表

奖项	作品名称	参赛企业/院校	设计师
铜奖	墨绿	叶金平	叶金平
	悦己女人	广州保兰德箱包皮具有限公司	魏喜
	满天星	广州永恒皮具有限公司	刘晓军
	花样年华	汇龙皮具	万全峰
	京华烟云	广州可可服饰发展有限公司	徐利达
	蛇纹元素包包	得亿皮具有限公司	张翔容
	现代诱惑	摩登皮具有限公司	李燕娟
	牛仔女郎（嬉皮士）	广州嬉皮氏皮具有限公司	刘传
背包类			
金奖	七里香	浙江卡拉扬商务休闲用品有限公司	王卉
铜奖	万信达	万信达企业集团有限公司	肖晓民
银奖	京艺	达派（中国）箱包有限公司	陈勇 梁文选
旅行箱包类			
金奖	随变	嘉兴新秀箱包制造有限公司	高平华
银奖	华鼎	广州市斐高箱包有限公司	石磊
铜奖	白领丽人	安迈特提箱（东莞）有限公司	刘松清
票夹皮带类			
金奖	城市中的牛仔	广州市花都区新天地皮具制品厂	金春义
银奖	情系红尘	华尼有限公司	邓忠山
铜奖	本命年	广州工商职业技术学院	贺锋林
专业箱包类			
推荐奖	王者之风	金川乐器箱包制造有限责任公司	吴小军
	感动常在	广顺箱包工业有限责任公司	于震
	军品天下	宇彤箱包有限公司	卢群胜
环保袋类			
推荐奖	精品蛋糕	广州市花都区狮岭鼎锋皮具厂	谢丽娥
	醒悟	广州工商职业技术学院	李艳梅
	花花世界	广州工商职业技术学院	张晓丰

续表

奖项	作品名称	参赛企业/院校	设计师
个人组			
最佳创意效果图	玻璃时代	东华大学	刘文竹
	悉尼歌剧院	陕西科技大学	敖玉桃 李儒广
	回归自然之野餐包	青岛瑞恩国际有限公司	刘晓源
	黑白之间	江南大学	吴小艺
	碰撞	广州工商职业技术学院	陈苑苑

2010"真皮标志杯"中国皮具（箱包类）设计大赛获奖名单

类别	作品名称	参赛企业/设计师	设计师
男包类			
特等奖	流年传奇	威海金猴皮具有限公司	王海军、王晓丽
金奖	商务之王	康奈集团有限公司皮具部	黄胜卓
银奖	菲门町	富贵车皮具	周海林
铜奖	未来炫蓝	广东尚品服饰实业有限公司	陈洁燕
女包类			
特等奖	千丝万缕	广州市珉铭皮具有限公司	项志电
金奖	诡秘的年华	浙江奥康鞋业股份有限公司	奥康皮具事业部
	飞天系列	广州红谷皮具有限公司	罗朝美
	流动	广州工商职业技术学院	贺锋林、李改民
	毕加索巅峰之作	广州市花都恩博士皮革皮具产业研究院	黄国任
	时尚-Excess	广州市宏叶皮业有限公司	叶素
	蔚蓝彼岸	广州市登喜米兰皮具有限公司	聂青梅
银奖	唐韵	浙江卡拉扬商务休闲用品有限公司	王卉
	异度花瓣	广州市摩登皮具有限公司	朱兴伟
	魅力自然	广州市花都区爱博皮具厂	腾召明
	风雨同路	广州市永恒皮具有限公司	刘晓军
	越来越野	广州市嬉皮氏皮具有限公司	刘志平

续表

类别	作品名称	参赛企业/设计师	设计师
铜奖	普罗旺斯	广东尚品服饰实业有限公司	李春晓
	暖冬	广州市花都区狮岭鼎锋皮具厂	谢丽娥
	女人国	个人	陈红映
	夏娃与苹果	广东苹果实业有限公司	曾红武、赖良超
	三国演义	广州市花都区欧派皮具厂	徐汉武
	无限生机	广州市花都区狮岭汇龙皮件厂	应小明
	"锁"到时间	广州得亿皮具有限公司	娄永辉
	制造柔情	红苹果皮具设计资讯服务平台	郑曙光
背包类			
金奖	热带雨林系列	浙江卡拉扬商务休闲用品有限公司	陈于飞
银奖	天使之翼	广顺箱包工业有限责任公司	于震
铜奖	绿林	广州市威诺皮具有限公司	郭沛 白寅
旅行箱包类			
金奖	合携	新秀集团有限公司	高平华
银奖	大地	广州市进宝得箱包皮具技术学院	李金明
铜奖	包魅裹色	东华大学	田玉晶
票夹皮带类			
金奖	昭君出塞	广州红谷皮具有限公司	贺国
银奖	编织梦想	广州完美骏制袋有限公司	辛其弟
铜奖	璀璨的烟花	广州市威尼皮具有限公司	邓忠山
环保袋类			
推荐奖	布格	个人	任兴华
	我爱生活	个人	邓映仪
	绿色-生命之源	广州工商职业技术学院	张俊婷
个人组			
最佳创意效果图奖	牛仔很忙	东华大学	徐遥
	黎明	番禺职业技术学院	陈贤霖
	折纸叶	北京服装学院	孙舒颖
	壳的遐想	东华大学	郭锦娜
	海心亚运	番禺理工学院	何文吉

续表

类别	作品名称	参赛企业/设计师	设计师
入围奖	古韵	陕西科技大学	胡媛
	戈壁残梦	陕西科技大学	花国锦
	斑斓之声	陕西科技大学	白亦鸣，孙婷
	月海	陕西科技大学	贾国秀
	千里之行始于足下	东华大学	张心怡
	织道	北京服装学院	李艳伟
	梯度阳光	北京服装学院	孙胜男
	竹泪	广州工商职业技术学院	黄瑾琼
	编织新时代	番禺职业技术学院	林汉群
	水立方	番禺理工学院	谢仕校
DIY制作奖	古情牛仔	温州职业技术学院	李娇娇、程新
	掌上明珠	北京服装学院	刘玉卓
	趣味钓鱼	广州工商职业技术学院	陈洁雯

第三章 重要文献

第一节 中国皮革工业发展规划

皮革工业"八五"发展计划和十年规划
中国皮革工业协会
1991年4月

一 七五期间发展基本情况

1. 基本情况

我国皮革工业是由制革、制鞋、皮毛、皮件四个主体行业和皮革化工材料、专用设备、鞋用材料、五金配件等配套行业所组成。经过七个"五年计划"建设发展，我国皮革工业从生产到科研、设计、专用材料和设备制造及专业人才培养已形成完整的体系，为今后的发展建立了基础。皮革工业中乡镇企业的发展已成为一支重要的生产力，无论在内销市场，还是出口创汇都发挥着日益明显的作用。目前全国共有企业9000多家，职工100万人，总产值125亿元元（90年不变价200亿）。1989年轻工业部系统共有皮革工业企业3211个（不包括社队企业），其中制革企业471个，皮鞋企业1624个，毛皮企业303个，皮革制品企业813个；职工总数59.2万人，其中制革业12.1万人，皮鞋制造业29.3万人，毛皮业6.1万人，皮革制品业11.73万人；工业总产值77.63亿（90年不变价110亿），其中制革业22.49亿元，皮鞋业29.05亿元，毛皮业5.9亿元，皮革制品业20.19亿元。全员劳动生产率13110元，1979年至1988年皮革工业有8个产品获国家金质奖，27个产品获国家银质奖；245个产品获轻工业优质产品称号。

2. "七五"计划执行情况

"七五"前三年生产有较大发展，1990年工业总产值85.14亿元，为"七五"计划80亿元的106.4%。特别是产品出口创汇发展迅速，1989年达16.5亿美元，较1985年的3.5亿美元增长3.7倍。主要产品产量计划预计完成如下：

产品名称	单位	"七五"计划	1990年实际	为计划的%
皮革（折牛皮）	万张	5410	5152.5	95.2
其中猪皮革（自然张）	万张		6737.3	
皮鞋	亿双	3	4.38	146

皮鞋虽面临内销市场疲软，生产增长仍很快，1988 年已完成"七五"计划产量指标，但皮革生产却同"六五"期间一样，正经历较大起伏变化。"六五"的 1985 年皮革产量为 4164 万张，实际上低于 1981 年的 4615 万张水平，进入"七五"的 1986 年，皮革生产开始回升，1987 年达 5668 万张，创历史最高水平。1988 年生产又开始下降，1990 年皮革产量比"七五"计划基数增长 23.7%。

二 当前存在的主要问题

3. 国内市场销售不畅。据调查统计有 49% 的企业产品有不同程度的积压，有 10% 的企业困产品销售困难而停产，积压的多为低档质次价高的产品，面高档，对路的产品十分走俏。

4. 原料皮供应不足，价格大幅度上涨。我国牛皮资源只有 900 万张左右，不能满足制革需要，每年进口 10036 万张左右牛皮和相当数量的牛皮革。近年来牛皮出口数量猛增。1985 年出口 24.4 万张，1990 年达 263 万张，占国内牛皮资源的 30%，出口一张黄牛皮平均换汇 28 美元，进口一张黄牛皮平均 44 美元，真是得不偿失，山羊皮出口也与牛皮出口存在同样情况。据调查统计目前有 40% 的企业受原料皮不足的制约。1990 年开始财政部取消猪皮政策性价格补贴，制革企业猪皮成本价格平均由 12 元/张，上涨到 20 元/张，据调查猪皮制革企业约有半数生产难以为继。

5. 重复建厂、盲目发展。由于制革用牛、羊皮进入集市贸易，近些年来盲目发展了一大批小皮革厂宏观失去控制，加上牛羊皮市场放开自由购销后应运而生的皮贩子，连发生牛、羊皮争购大战，造成皮革资源使用不合理，浪费严重，污染也急剧扩散。生产条件好、产品质量高的位于大中小城市的企业生产能力是得不到充分发挥。

6. 产品结构不合理，高档产品比重小，大量是中低档产品。例如皮革产量中高质量全粒面革仅占 5% 左右，面半硝革、劳保手套革等粗制品竟占 40%。另外，大量的是修饰面革，它虽属于中档产品，由于质量差越来越不受消费者欢迎，皮鞋不仅高档产品少，而且单纯追求样式，不重视内在质量比较普遍，外观貌似时髦，一经穿用就环的鞋时有发生。

7. 企业生产面貌仍较落后。目前皮革工业大中型企业只有 56 个，大量的是中小型企业，虽然有一批企业经过技术改造，生产有明显变化，但多为局部改造，仍需加以配套完善。还有相当数量企业是半机械半手工生产方式，由于受厂房条件限制，机器设备短缺，加上缺少优质化工材料，以致影响产品质量及新产品开发。制革后整饰和皮鞋机械化生产是两个普遍存在的薄弱环节。

8. 企业经济效益下降。1989 年比 1985 多年皮革工业总产值增长 36.6%，利润税金下降 34.3%，其中利润下降 58.5%。1990 年取消猪皮补贴后，据调查多数企业要求产品价格上调，平均 40%—50%，否则制革面临全行业亏损。

三 "八五"计划和十年规划的基本思路

9. "八五"计划和十年规划目标。"八五"期间在治理整顿、深化改革中，贯彻国家产业政策，以经济效益为中心调整企业结构和产品结构，有计划的改造一批企业，推进企业技术进步，以增加国内市场有效供给水平，为扩大出口增加后劲。发展专用材料生产提高配套水平,在政策上扶持猪皮制革企业,十年之内,完善皮革工业生产体系,提高企业自我改造能力,进入良性循环,持续、稳定、协调发展。

10. 开拓国内国际两个市场。皮革工业产品多为生活消费品,我国人口众多,目前皮革产品生产水平不高,人均得量大大低于世界平均水平,以皮鞋为例,目前人均得量只有0.3双/年,世界人均得量为1双/年,到2000年实现6亿双皮鞋产量,人均得量0.5双/年,达到每人每年一双皮鞋,也仅及世界平均水平的一半,其它各种皮革裘皮制品也是同样情况。目前大城市皮鞋实际消费接近1双/年,而广大农村皮鞋消费尚处于低水平,就是大中城市也缺乏适合中老年和儿童穿用的皮鞋。显然,从国情出发生产适合不同年龄、性别、职业、消费层次的皮革产品,开拓国内市场,是一项基本任务。

世界各国对皮鞋工业产品都有层次不同的需求,一般公认皮革工业是最具有国际性的何贸易最活跃的产业之一。近10年来,不仅国际贸易不断增长,而且生产和贸易的格局发生了很大变化,主要特点是,发展中国家的皮革工业取得了引人注目的成就,而发达国家的皮革工业却相对降,正在逐步衰退。导致这种变化的一个重要原因是工资成本问题。只要皮革工业还是一种劳动密靠型产业,只要各国的劳动工资存在着很大的差别,经济发达国家的皮革工业必然会把一部分生产能力移置到低工资的国家中,而其本国所需皮革工业产品日益依靠进口,就连南朝鲜、台湾省也已经步入此路。因此许多发展中国家如巴西、泰国、马来西亚、印尼等,都把皮革工业做为高创汇产业对待,近年来向该工业投入大量资金和设备,培训技术人员,加紧迎接这一格局变化。

为了不失掉格局变化带来的机遇,在八十年代中期实施的"三为主"计划中,改造了一批制革、毛皮和革制品企业,提高了产品在国际市场的竞争力,已收到明显效果,产品出口换汇由1985年的3.5亿美元,增加到1989年的13.5亿美元。目前国际市场皮革工业产品出口总值约150亿美元,我出口总值占11%。在世界皮革工业生产和贸易格局变化中,要不失时机扩大出口,在以中低档产品出口为主的同对,努力发展高附加值产品出口,减少粗制品比重。为了增加扩大产品的后劲,需有计划不间断地对出口企业进行技术改造。

11. 调整企业结构,组建大型企业集团。以现有皮革工业公司为核心,组建大型企业集团,全国有30多个省、区、市、计划单列市皮革-业公司,这些公司都有20—30多年能历史,经过转轨变型都已经是经济实体,具有一定的生产经营经验和实力,有的公司如

北京、厦门等公司批准有进出口经营权,这些公司所属或所在城市都有制革、皮鞋、皮件、皮毛及配套材料企业,组建大型企业集团已具备条件。沿海地区应组建成外向型企业集团,形成与出口创汇相适应的产业组织新格局,使出口产品的生产组织、资金投放及政策调控等,集中化、对象化、重点化,尽快地改变出口产品结构的落后状况,使企业集团成为出口创汇的主导力量,在国际上树立优势产品,名牌产品,确立自己的竞争优势。西部地区建立皮革工业大型企业集团,一方面把企业组织起来,提高配套协作和新产品开展能力,一方面发挥皮革资源优势与沿海企业集团固定协作关系,互相支持共同发展。

12. 推广科技攻关成果,诵整产品结构,提高产品质量。产品结构调整要从革制品,皮革及配套材料整体考虑。例如皮鞋目前不仅高档产品少,低档产品多,而且大量的是一般穿用皮鞋,具有时代感的户外型皮鞋、休闲型皮鞋、娱乐型皮鞋、轻便型皮鞋以及运动型皮鞋等都有待进一步开发,这些不同各类型各具特色的皮鞋,需要不同种类的皮革和鞋

底等材料为之配套,因此皮革产品要增如全粒面革、软面革、易保养革等的比重;其它革制品向高档发展,除提高设计造型水平外,也需要皮革产品开发印花革、磨绒压花革、压褶革、立体皱纹革、仿爬行动物皮革等。

国家在"六五"——"七五"期间安排的科技攻关项目都已取得成果,应有计划地加以推广,使科研成果尽快转化为生产力。提高皮革工业技术水平和经济效益,"八五"期间仍需由国家安排科技攻关项目,使我国皮革工业生产技术和产品质量达到国际水平。企业要结合科技攻关成果采用进行技术改造,国家在投资贷款上给予优惠。

13. 加快企业技术改造步伐。要以皮革、皮毛制成品为龙头,进行制革、皮鞋及革制品、配套材料的整体技术改造,要以发挥大型企业集的各自优势进行技术改造。

(1) 制革在"八五"改造 90 个重点企业,2000 年前再改造 100 个。技术改造重点是在实现机械化生产基础上采用先进技术装备,改变整饰加工落后面貌,以提高产品质量增加花色品种。八五"需投资 7.2 亿元,外汇 3000 万美元。

(2) 皮鞋技术改造重点是实现机械化装配化生产。"八五"组织 100 条皮鞋生产线,安排改造 50 个企业。需投资 5 亿元,外汇 3500 万美元。

(3) 箱包、皮件品种繁多,企业改造重点是尽量采用专用机器,提高机械化程度,提高劳动生产率,发展新型产品。"八五"安排改造 50 个企业,需投资 2 亿元,外汇 1500 万美元。

(4) 毛皮企业改造要采用新技术、新型高效机器,改变脱脂、鞣制染色、整理加工及制品加工中的薄弱环节。"八五"安排改造 10 个企业需投资 0.5 亿元,外汇 200 万美元。

(5) 皮革化工材料要改变品种少、质量差的状况,加强统一规划, 防止盲目发展,加快开发新产品步伐,引进技术软件,生产高性能产品,为此"八五"安排改造 5 个企业,需投资 0.3 亿元,外汇 300 万美元。

14. 几项政策问题。从 1991 年至 1995 年的五年是皮革工业发展的关键时期,生产要走出低谷,防止像"六五"、"七五"那样的生产起伏变化再次发生,而猪皮价格补贴已从 1990 年开始全都取消,生产企业经济负担大大加重,将近使制革原料皮构成发生变化,猪皮比重下降,牛羊皮比重增加,因此需要有配套的政策,对皮革工业发展给以支持。

(1) 牛皮原料从鼓励出口改为限制出口,我国牛皮资源只有 900 万张左右,不能满足生产需要,每年进口 100 万张左右牛皮和相当数量的牛皮革,解放后我国不出口牛皮。1985 年以来由于牛皮出口免征出口税,以致出口数量猛增,由 1985 年出口 24.5 万张,增加到 1990 年的 263 万张,出口的多为质量好的牛皮,每张换汇为 23 美元,而进口一张牛皮需 45 美元,为了保护民族工业,国家在政策、法规上应限制牛皮出口(包括兰湿牛皮)。开始征收牛皮出口税,税率应不低 50%。

(2) 在政策上鼓励出羊皮变原料皮出口为制成品出口。目前年产山羊皮 3000 多万张,生皮出口 1000 多万张,出口一张山羊皮换汇 3.5—4 美元,而将一张山羊革制皮鞋出口可换汇 10 美元左右,世界各山羊皮出产国家早已向出口制成品方向发展,我国已具备条件,为了有计划地逐步实现这一转变,将山羊皮出口税率由目前 20% 提高到 50%。并将提高税率后增收的 15% 做为鼓励制成品出口奖励基金。

(3) 猪皮价格补贴取消后要有相应的配套政策。由于补贴取消造成猪皮收购资金短缺,需由财政部门相应核拨一定数量的流动资金,以利猪皮收购;利用税收杠杆,降低剥皮肉税率，增加带皮肉税率，以鼓励多剥猪皮，拉开皮肉差价，改变"斤皮斤肉"的不合理比价，专项安排制革企业技术改造，增强消化新增如经济负担的能力，提高企业市场变化的能力。

（4）在技术改造资金方面给以优惠。由于取消猪皮补贴，而猪皮原料又占制革的70%，企业经济效益严重下降，无力进行自我改造。"八五"皮革工业技改总投资共计需15亿元，外汇8500万美元，要求安排贴息贷款和平价外汇。

皮革工业"九五"计划和2010年长远规划
中国皮革工业协会
1994年7月

我国皮革工业是由制革、制鞋，毛皮、皮件四个主体行业和皮革化工材料、专用设备、鞋用材料、五金配件等配套行业所组成。经过八个"五年计划"的建设发展，我国皮革工业从生产到科研、设计、专门材料和设备制造及专业人才培养已形成完整的体系，为今后的发展建立了基础；无论在内销市场，还是出口创汇都发挥着日益明显的作用。皮革产品是大宗出口商品，93年创汇58亿美元，皮革工业是一个具有发展潜力的出口创汇型产业。

一 行业现状及存在问题

（一）行业现状

皮革工业是以生皮为主要原料进行系列加工的轻工业。全国现有企业2万家（不含乡以下企业），职工160多万人，工业总产值600多亿元。1992年，轻工系统皮革工业企业有2911家，职工60.22万人，工业总产值161.89亿元，利税总额5.8亿元。其中制革厂465家，皮鞋厂1406家，制革品厂783家，毛皮厂256家。全行业大中型企业有100家，专业研究院、所10家，3所大专院校设有制革、皮鞋、皮件专业。1992年全行业主要产品产量：皮革5823.67万张（折牛皮），皮鞋77067.51万双，皮衣3723.76万件，皮箱包6508.7万件，毛皮458.26万张（折羊皮）。出口创汇47亿美元（据海关统计）。

我国皮革资源比较丰富，目前用于制革的原料皮（按折合牛皮计）是：猪皮占62%，牛皮占23%，羊皮占10%，其他杂皮占5%我国猪皮产量不仅居世界首位，而且目前剥皮只占21%，可见猪皮资源有着巨大的潜力。羊皮年产量4000多万张，是世界产量最多的国家之一。近年来牛皮产量增加较快，年产量900万张左右。蛇皮、鱼皮、家禽皮等资源也开始利用。

（二）行业发展的主要成就

改革开放15年来，为皮革工业的发展创造了良好条件，使其在新的起点上获得的更快发展。

1. 皮革工业整体配套水平有较大提高，产品质量上了一个新台阶。随着"六五"、"七五"、"八五"三个五年计划技改项目及科技攻关项目的完成，使皮革行业趋于门类较齐全、完整的工业体系。行业骨干企业厂房、设备得以改造，皮革化工、皮革机械、产品品种性能有较大提高。科技攻关项目使我国优质及劣质原料都得到充分利用。制革、皮鞋、制品加工技术有较大提高，特别是猪皮制革技术水平已达到世界同类产品水平，产品质量上了一个新台阶。

2. 15年来产品产量增长迅速。皮革产量由1981年的4600方张（折牛皮）发展到1992年的5800万张，增长26%；皮鞋产量由1981年2亿双，增加到1992年的7.7亿双，增长2.9倍。

3. 皮革产品创汇有较大突破，成为轻工产品出口主力军。1985年全行业创汇仅有3.5亿美元，1991年一跃为23.4亿美元，1992年突破47亿美元，1993年58亿美元，跃居轻工业出口创汇首位，占轻工业出口创汇总额的五分之一。仅其中皮鞋出口创汇额位居全国出口产品第三位。

（三）存在的主要问题和差距

1. 存在的主要问题

（1）原料皮供应不足，质量明显下降，价格大幅度上涨。目前，我国畜牧业大部分仍处于原始饲养、放牧，原料皮本身质量较差，皮张增长速度也较慢，已适应不了皮革工业发展的需要。85年皮张进入集市贸易，由于国家缺乏有效的宏观调控手段，在原料皮流通环节中，拉伸皮张牟取暴利，致使原料皮质量明显下降，而价格却大幅度上涨。

（2）重复建厂，盲目发展。近些年来盲目发展了一大批小皮革厂、皮件厂、皮鞋厂，致使行业组织结构不合理，出现高档产品生产能力不足，中低档产品生产能力过剩的局面。例如，1992年制革生产能力达到1.075亿张（折牛皮），较1987年增长39%，而生产能力利用率在这五年之间却由73.7%，下降到54.2%。1992年皮鞋生产能力为11.78亿双，生产能力利用率为68%，而1091年皮鞋生产能力利用率还为86.4%，说明盲目发展局面仍在加剧。由于盲目发展不仅造成许多浪费，而且带来制革污染扩散的严重后果。

（3）企业经济效益下降，国营大中型企业尤为严重，产生原因是企业经营机制还不能适应市场经济的要求，原材料大幅度涨价，猪皮政策性价格补贴，猪皮革政策性免税相继取消，税负加重，退休人员增加，都造成间接成本上升，企业经济效益下降。1992年据轻工系统统计亏损企业占37.7%，全行业盈亏相抵亏损0.96亿元。其中国营大中型企业尤为严重。

（4）大部分企业尚未建立适应市场经济发展的经营机制，应变能力差，技术、管理、经贸，外语人才奇缺。

2. 主要差距

（1）皮革及其制品做工粗糙，质量不稳定，产品品种少，更新慢；高档产品比重小，大量是中低档产品。例如：半硝革、劳保手套等粗制品竟占40%；皮鞋只单纯追求样式，不注意内在质量的提高。出口换汇较低，皮革服装出口换汇额仅为国际市场平均价格的四分之一。

（2）我国制革工艺技术已达一定水平，但后整饰技术较差。皮革化工材料品种少，还不是国外品种的十分之一，性能差，质量不稳定。国产皮革机械设备精度差，效率低，故障率高。皮革五金配件及各种配套产品仍处在起步阶段。

（3）专业化协作程度差，未形成合理的组织结构，"小而全"、"大而全"的企业仍占主导地位，缺乏有效的分工合作。在局部地区如温州、蠡县等形成的较原始的专业化协作体系,由于缺乏引导,进展较慢。我国皮革行业的企业素质较低,全员劳动生产率大大低于国际水平。如皮鞋国外较先进国家平均实际劳动生产率为 8—10 双,而我国也只有 3—4 双。

(4) 制革污水治理和综合利用开发不力。尤其是新建小制革企业排放的污水没有得到应有治理,严重影响生态环境,边角废料的综合利用很少。

二 市场分析及行业发展趋势

(一) 国际市场预测和分析

1. 世界皮革工业面临着一个新的发展时期,九十年代将迎来世界性的皮革制品销售高潮。

目前,世界皮革及制品的年国际贸易额已近 400 亿美元,出口值增长率分别为 12% 和 16%。预测到 2000 年世界皮革消耗量将达到 20 亿 m^2/年,比 1991 年的 15 亿 m^2/年,提高了 33%;皮鞋消耗量将增至 110 亿双/年,比目前 80 亿双提高了 37.5%。预计到 2000 年皮革消费量仍以发达国家为主,将占全球消费量的百分之六十,但从需求增长率方面,发展中国家将要大于发达国家。产品结构仍以皮鞋为主,但所占比例要下降,而服装革、家具革等终端产品的需求将继续增加。

2. 随着世界产业结构的调整,皮革工业已由发达国家向发展中国家转移,由西方向东方转移。皮革工业属劳动密集型行业,我国不仅有较廉价的劳动力,同时还具有较丰富的原料资源,足够的加工能力和一定的技术水平,同时还占有世界上五分之一的大市场。这使我国具备了成为世界皮革业关注的加工中心和销售中心的条件,也将为我国皮革工业的发展和扩大出口带来难得机遇。预测我国产品出口区域仍以日本及东南亚为最大市场,其次是美国、欧洲。

(二) "九五"和 2010 年国内市场预测和分析

1. 国内市场预测及分析

中国是国际皮革市场的重要组成部分,预计我国国内市场也将进入一个新的皮革制品销售高潮。

改革开放以来,我国皮革、皮鞋消费水平有了很大提高。人均消费皮革由 1987 年的 0.06 平方米提高到 1991 年的 0.13 平方米。世界人均水平是为 0.25 平方米/年。人均消费皮鞋由 1987 年的 0.1 双/年,提高到 1991 年的 0.38 双/年,仍低于世界人均消费水平 1 双/年。2000 年计划生产皮鞋 14 亿双,人均消费水平为 1 双/年方能接近目前世界人均消费水平。随着经济的发展,农村消费出现城市化倾向,对革制品的需求量将不断增加,形成很大的消费领域,可见国内皮革市场大有潜力。从国情出发生产适合不同年龄、性别、职业、消费层次的皮革产品,开拓国内市场,是一项基本任务。

2. 我国"复关"后将进一步促进皮革工业的发展和出口

皮革工业含制革、制鞋、皮件、毛皮四个自然行业,均为劳动密集型行业,"复关"后,虽然有一部分皮革及制品要打入中国市场,但由于其价格因素影响,对皮革行业不会形成太大的冲击,相反会促进其发展。(1) 由于国外皮革制品的进入,使国内企业能及时了解,掌握国际皮革市场的技术、经济信息。(2) "复关"后,随着皮革化工、皮革机械、皮革五金等配套材料进入中国市场,为先进的皮革及其制品加工企业进一步完善，提高其配套设施和辅料创造了条件。（3）"复关"后将享有出口到100多个国家的仇惠待遇，改善出口环境，扩大国际市场，实现皮革产品出口地区的多元化。"复关"后，对皮革机械，皮革化工、皮革五金等配套行业，在短期内会有一定冲击压力，和但从长远发展看，会促进我国皮革配套行业的发展，有利于皮革工业整体配套水平的完善和提高。

（三）行业发展的趋势

根据国际上皮革工业发展的趋势，结合我国的国情，今后我国皮革工业总体发展趋势如下：

1. 皮革行业将从数量主导型过渡到以质量、品种、出口、效益为主导的发展阶段。初步实现从传统经营向集约化经营的转变。

2. 在"九五"以至2010年畜牧、皮革行业联合发展的时机已成熟。畜牧业的发展将大大促进皮革工业质量上等级，产量上台阶。

3. 根据工业基础、地理环境、自然资源的不同，我国皮革工业可能形成东部沿海地区、中部和西部地区三个区域，它们将分层次相互协调发展。

4. 农村经济的不断增长和乡镇企业的迅速发展，将对皮革行业产生结构性影响，其湿加工生产将逐步向原料皮集中的农村和小城镇转移，而大、中城市将以干操作为主。

5. 以提高产品附加值，减少环境污染为目的的各种新工艺、新材料和新的整饰手段将大量出现。

三　行业规划的基本思路及发展重点

（一）指导思想

抓住行业发展的有利时机，调整和优化结构，使皮工业从数量主导型过渡到以质量、品种、出口、效益为主导型的发展阶段。以市场为导向，推动全国畜牧、皮革行业联合发展，建立优质原料皮基地。以剖革为基础，皮革及制品为龙头，依靠技术进步，不断提高产品整体质量水平。发展优质化工材料和新型配套材料生产。引进外资和先进技术，加快企业技术改造，逐步实现生产现代化。转换企业经营机制，注重人才培养，提高行业整体素质，不断提高经济效益，扩大出口创汇。

（二）行业发展重点

1. 以市场最终消费为导向，调整产品结构

（1）制革、毛皮

——制革原料以猪皮为基础，猪、牛、羊并举

——提高头层革的高档革比例，充分开发利用二层革，不断开发利用新的原料皮资源

——以鞋面革为主导产品，提倡发展服装革、包袋革、家具革

——大力发展以饲养为主的毛皮动物皮加工业，提高大宗产品的染整技术，粗皮细作。进一步提高高档原料皮加工技术，增加产品附加值。

（2）皮鞋及皮革毛皮制品

——"九五"期间，进一步调整产品结构比例，高档产品占15%，中档产品占50%，保持一定比例的低档产品，以适应不同消费层次的需要。

——重视制品的工业设计,提高制品艺术含量和附加值。产品要加速反映国内外市场不断变化的需求。

2. 吸引外资加速老企业技术引进及技术改造,推进企业的专业化、现代化生产,调整企业的组织结构。

——鼓励具备一定基础和规模的企业,吸引外资加速技术引进及技术改造,向规模效益型发展,逐步组建以名优产品为龙头的公司集团。引导中小企业,乡镇企业向专业协作型发展,积极扶持一批具有独特优势的"小而专"、"小而精"的企业,使整个行业形成大小规模并举的完整的生产体系。引导企业转换经营机制,建立现代企业制度。

——逐步探索使制革湿加工与干操作两地分段生产的新形式,即原料皮产地生产蓝湿皮,大中城市进行干操作加工,有利于"三废"治理和产品的升级换代。

——制革生产要相对集中有利"三废"治理,乡镇企业可就近组织制革主要工序、单工序专业化生产,互相配套成龙形成一定规模生产,有利于充分利用机械设备,降低成本,提高产品质量。

——制鞋要实现专业化,装配化生产,区域布局要相对集中,便于建立制鞋生产基地。

——提倡皮革服装厂、皮件厂引进国外先进机械设备,逐渐实现专业化、装配化生产,尽快改变手工操作为主的落后局面。皮革服装厂、皮件厂生产规模不宜过大,布局也不宜过于集中。

——鼓励制球企业引进生产国外先进的绕线机、贴皮机、真空包装机等关键设备,实现专业化、机械化生产。

3. 因地制宜,调整区域结构。引导我国皮革工业布局分为东部沿海、中部和西部三个发展区域互相协调发展。东部尤其是沿海地区将重点发展附加值产品,提高中高档特别是高档产品的比例,增加出口创汇;中部地区将发挥"承东启西"的作用,一方面注意吸纳东部的技术,一方面发挥现有皮革工业基础,提高皮革工业综合水平;西部地区将从现有基础出发,循序渐进,立足本地资源,发展传统的制革加工技术,促进三个区域扬长避短相互协调合作,共同发展。

4. 依靠技术进步,不断提高产品整体质量水平。吸引外资,引进技术,高起点发展优质皮革化工、皮革五金和新型配套材料生产。

——依靠技术进步,进一步提高皮革产品质量,增加皮革防水、防污、易保养功能;进一步提高皮鞋制品的设计水平,增加产品的艺术含量。

——大力研究开发生产优质产品需要的皮化材料,皮化产品要向多品种、多性能、系列化方向发展。优先对具备条件的骨干企业进行重点技术改造,引进消化吸收国外先进技术和设备。吸引外资建立转移印花纸和浆料、二层革用贴膜和粘合剂专业化生产线;组织鞋用胶粘剂专业生产。

——鞋用材料及部件、皮革五金要向多品种、优质化发展。在皮革工业集中生产的地区对现有的鞋用材料厂、皮革五金厂进行重点技术改造,引进国外先进技术及设备。吸引外资在国内组建具有先进水平的皮革模具厂及鞋用部件专业化生产厂。

四 主要措施与建议

"九五"是皮革工业发展的关键时期。为了使皮革工业在"九五"期间有较大突破，政府要针对皮革工业存在的重大问题对行业加以扶植。

（一）为了充分发挥我国的资源优势，建议由有关部门牵头，采取措施促进畜牧、养殖、皮革联合发展。搞好牛、羊、猪基地建设，做到良种优化，皮肉兼顾，剥好皮，用好皮，为发展我国畜牧、皮革业打下良好基础。

（二）在政策上要鼓励皮革制成品出口，限制生皮、蓝湿皮出口。凡生皮、蓝湿皮出口均应加征出口税30%。

（三）完善原料皮市场经营机制，加强对市场的管理和引导，保证生皮质量，稳定生皮价格。

（四）为了进一步促进猪皮资源的开发及利用，建议国家要采取如下措施：（1）对猪皮质量较好地区，加征猪皮资源税（即对不剥皮出售肉者要征税）以提高猪皮开剥率，解决目前猪皮原料不足的问题。（2）对猪皮制革要采取扶植政策，继续执行减免产品增值税制度。

（五）严格执行国家环保法规，大力加强环保监督检测，促进皮革行业顺利、健康发展。

中国皮革工业"二次创业"发展战略

中国皮革工业协会

1998年11月21日

中国皮革工业由制革、皮鞋（含旅游鞋）、皮件（含皮服）、毛皮四个主体行业和皮革化工、皮革机械、皮革五金、鞋用材料等配套行业组成。经过近50年的不断建设与发展，已形成从生产、科研到人才培养的完整体系。

一 皮革行业的现状

（一）基本情况

皮革加工是我国传统行业，也是出口创汇型行业。根据1995年工业普查统计，全国皮革企业约1.6万个（不含年销售收入在100万元以下的村办、合作经营、个体等企业），从业人员200多万人。其中：乡及乡以上企业9500多个，占全行业三分之二，为行业的主体。年销售收入在100万元以上的村办、合作经营、个体企业（简称村办企业）近6000个，占全行业的三分之一，是行业发展的生力军。

在全行业企业中，有制革企业2300个，制鞋企业7200多个，皮衣企业1700多个，毛皮及制品企业1200多个，皮箱企业523个，皮包企业1501个。

皮革行业1997年全行业工业总产值（当年价新规定）1400多亿元，年销售收入总额1190多亿元，全行业实交税金30多亿元，年实现利润约21亿元。

1997年全行业产量：制革10014万张（折牛皮标张），其中：牛皮革3000多万张、羊皮革5000多万张、猪皮革9000多万张，皮鞋24.7亿双，皮衣7938万件。

1997年全行业创汇总金额99.5亿美元，名列轻工行业首位。在1997年按金额排序的前100位单项出口商品中，皮革产品占有六个，其中：皮鞋居第三位，皮衣居第六位。

（二）行业基本特点

（1）企业规模：以小型企业为主，占全行业97%以上。

（2）企业的分布：遍及全国各地，近几年，开始从大中城市向小城市、乡镇转移，其中以乡镇最为兴旺。从大区分布上看，70%的企业集中在华东及中南经济繁荣地区。

（3）企业的经济类型：以公有制为主体，而三资企业、民营企业是不可忽视的新生力量。在乡及乡以上企业中，集体企业占62%，三资企业占24%，国有企业占7%，其他所有制企业占7%。

在乡及乡以上企业中，有三资企业2000多个，占乡及乡以上企业数的24%，三资企业年销售收入占乡及乡以上企业的53%。

（4）上规模企业较少，生产集中度比较低。制革、毛皮及制品、制鞋、皮衣等七大类主要产品销售收入前十名企业共70个，其企业数量占全国企业总数的0.45%，而其年销售收入合计占全国年销售收入的11%。

综上所述，皮革工业是以小型的集体企业为主体的传统行业，大规模企业少，生产集中度比较低。因此，具有进入市场早，市场调节比重大，适应能力强的优势，同时，也具有小生产、小农经济观念影响较深、生产分散、管理粗放，技术落后的劣势。

二　发展皮革工业的优势及存在的问题

进入20世纪90年代，世界皮革工业迎来了新的发展时期。随着世界产业结构的调整，作为劳动密集型的皮革工业，已由发达国家向发展中国家转移，亚洲已成为全球经济贸易最具活力的地区，中国也已成为世界关注的皮革加工中心及销售中心，预计从本世纪末到下世纪初，仍是我国皮革工业发展的良好时机。我国皮革工业随着改革开放政策的深入发展，迎来了难得的发展机遇，但同时，也面临着国内外市场严峻的挑战。皮革工业必须抓住机遇，迎接挑战，探讨二次创业的新思路，以崭新的面貌进入21世纪。

（一）发展我国皮革工业具有资源、市场优势，并有一定基础

1. 发展皮革工业的资源优势。

我国原料皮资源丰富并有很大的潜力，据统计，1996年我国猪存栏4.6亿头、羊存栏2.9亿多头、牛存栏1.3亿多头，每年分别提供猪皮8000万张、羊皮4000多万张、牛皮2000多万张，我国猪皮占原料皮资源的50%以上，猪皮革产量居世界首位。目前，我国畜牧业的集约经营、科学饲养已进入起步阶段，随着我国农牧业的商品化、专业化、现代化程度的提高，将为皮革工业提供更多、更好的原料皮资源。

2. 发展皮革工业的市场优势。

（1）天然皮革特具的卫生性能，使皮革工业成为传统的长青行业。近百年来，虽然代用材料不断面世，但人们仍普遍认为天然皮革制品是珍贵的高档产品，在国内外都有为数不少的消费群，这是皮革行业成为长青工业的最根本的条件。

（2）皮革工业的技术进步，使皮革应用范围不断扩大，从而进一步拓宽了皮革市场。由于市场竞争的激烈、天然皮革与代用材料的较量，皮革的加工技术得到了空前的发展。在80年代以前，皮革主要用于制鞋，进入90年代以后，服装用革大幅度上升，目前包

袋、家具、汽车用革的需求量也日益增加。

（3）世界性的物质生活的提高，使皮革制品走入千家万户，俄罗斯、东欧市场的复苏，以及第三世界，特别是中国等国家生活水平的提高，进一步扩大了皮革需求量。中国占有世界五分之一的人口，市场很大，这是皮革工业作为长青行业的保证。

皮革工业的国内外市场是十分有潜力的，据有关方面预测：到2000年，世界皮革消耗量将达到20亿平方米/年，比1991年的15亿平方米/年，将提高33%。皮鞋消耗量将从80亿/年双增长到110亿双/年，将提高37%，预计到2000年皮革消费量仍以发达国家为主，将占全球消费量的60%，但在需求增长率方面，发展中国家将要大于发达国家。我国目前出口产品占国际出口总额百分比分别为：成品革占2%，各类皮革制品占9%，皮鞋占15%。由此可见，皮革产品出口还是大有潜力的。

3. 已具一定规模的我国皮革工业是皮革工业"二次创业"的基础。

我国皮革工业经过近半个世纪的努力及建设，经历了皮革工业自我发展的初期建设时期（1949—1978年）、一次创业时期（1979—1997年），特别是经过近五年的快速发展，目前已完成了一次创业的任务，我国皮革工业已形成了从生产、科研到人才培养的完整体系，进入了持续稳定发展阶段，具备了二次创业的条件（1998—2010年）。

（1）近几年皮革工业快速稳定发展，1997年与1988年相比，主要产品产量有大幅度增长，成品革增长92%、皮鞋增长60.5%、皮衣增长72.8%，出口创汇增长了81.2%。

（2）皮革化工材料、机械设备、原辅材料等基本上可立足国内自我配套，产品品种基本解决了有和无的问题，缩小了与国外的差距。

（3）产品质量有较大提高。

——猪皮革生产有很大发展，猪皮加工占整个制革原料的50%以上（据1995年统计），猪皮制革技术居世界前列。

——山羊、绵羊服装革的产品质量大幅度提高，部分绵羊服装革产品已达到国际先进水平。

——牛皮革产品风格已开始与国际市场接轨，水牛皮、牦牛皮制革技术已得到开发，并已用于生产。

——二层革的开发利用已得到普遍重视。

——皮鞋、皮革及毛皮制品的加工技术，产品质量和花色品种均有较大幅度提高和增加，计算机辅助设计已进入古老的传统行业。

综上所述，我国皮革工业有资源、有市场、有基础，具备"二次创业"条件。

（二）存在的主要问题

1. 结构性矛盾突出，皮革工业属于劳动密集型行业，多数企业是从手工业发展起来的。结构性矛盾突出主要表现在区域结构、行业结构、企业结构、产品结构等的不合理。

——作为劳动密集型行业，却有70%的企业集中在经济繁荣的华东及中南地区。

——皮鞋、制革等主要产品中，低档产品生产能力过剩，高档产品生产能力不足。鞋用及制品配套材料仍未形成专业化、规模化生产。

——企业开工率不足，而生产能力继续扩大，目前制革企业开工率不足50%、制鞋企业开工率不足66%，而1997年制革生产能力比上年增长86%、制鞋增长42%。

——"小而全""大而全"的企业仍为行业的主体，由于受计划经济思维方式的影响，这类企业占颇大比重。

——皮革行业经过一次创业后，产品质量有了大幅度提高，全行业企业间的差距缩小，趋向产品品种雷同，质量相近，形成了在同水平上的相互重复。

2. 科技进步处于较低水平，科技进步贡献率仅为35%，科技、设计、管理人才匮乏。

——科技投入少。据有关资料统计，工业发达国家每年用于皮革的科研经费，按该国皮革总值计：法国为0.6%，德国和英国为0.3%，估计我国不足0.03%。

——同水平"并联式"的科研运作模式，即水平大致接近的同一科研课题，重复立项，不但造成时间、人力、财力等方面的浪费，成果水平也难以提高。近几年，在开发新工艺、新材料、新技术、环保治理技术等方面出现了"吃老本"的现象，突破不大。

——消化、吸收、应用、推广国外新技术、新材料、新成果，成功率较低。

——行业技术市场出现了可行技术供不应求，不可行技术供大于求的不协调局面。

3. 产品质量较差，品牌、名牌意识淡薄。

——做工粗糙仍是影响产品质量提高的主要因素，皮鞋、皮衣及其他皮革制品的设计体系，基本处于传统的设计方式，尚未形成现代化、市场化的设计体系。

——各类产品在提高产品质量方面，只注重外观形式模仿，不重视内在质量提高，在皮鞋款式及色彩上与国外差距日益缩小，但在穿着舒适、功能等方面差距较大。

——出口产品多为中低档产品，皮鞋出口平均单价一直在5—10美元徘徊，皮衣出口平均单价也只有30—40美元。

——全国皮鞋、皮衣产品初步形成各自行业的十大名牌产品，但制革行业、皮件行业等名牌产品阵容不明，品牌意识不强。全行业尚无国际名牌产品。

4. 国内皮革市场活跃，经销方式各种各样，仍处于无序竞争状态。

——以产地为主的皮革专业市场（又称皮革城）在全国有40多个，遍地开花，有增无减，这类市场一般以制品为龙头，形成了皮料、制革、化工、辅料的生产集中区。这类市场引导得当将成为行业发展的中流砥柱。但目前，全国不少地区均根据当地的资源及近期的市场，大办皮革城，自成体系，重复建设。

——全国皮革专业展览会（订货会），每年多达30多个，由于展览规模较小，不易形成国际知名大展，影响了皮革行业国内外的交流。

——皮革行业虽然进入市场较早，但经济运行质量较差，不适应市场经济的要求。在产品营销方面中间环节较多，销售费用占产品成本较高。

——猪皮革占我国皮革产量50%以上，其主要用于加工出口产品，内销却无市场，这是行业潜在的不可忽视的危机，必须引起全行业关注。

5. 作为皮革工业基础的制革行业，尚存在原料皮质量差、数量不足、环保治理任务繁重等问题，影响皮革工业可持续发展。

——我国畜牧业大部分仍处于自然放养状态，牲畜生长期长、原料皮部位差大、伤残多、粒面粗，严重地影响了成品革的质量。我国牛皮资源不足，每年要进口1000多万张生皮及成品革。

——制革环保治理费用投入大，目前尚缺乏技术成熟、成本低廉的污水治理工艺。此外，废弃物综合利用工艺也不成熟，制革污泥的处理尚处在探索阶段。

三 皮革工业跨世纪的发展战略

(一) "二次创业"发展战略的指导思想

遵循邓小平建设有中国特色社会主义理论和坚持党的基本路线，以党的十五大精神为指针，紧紧围绕"两个根本转变"调整和优化结构，使皮革工业从数量主导型过渡到以质量、品种、出口、效益型为主导的二次创业发展阶段（1998—2010年）。

——以制革为基础，促进全国畜牧业、皮革业联合发展，建立优质原料皮基地。

——以市场为导向，以皮鞋及皮制品为龙头，以技术进步为先导，加强管理，不断提高产品整体质量水平。

——发展优质、低污染新型化工材料的生产，引进外资和先进技术，加快企业技术改造。

——转换企业经营机制，注重人才培养，提高行业整体素质。

——以效益为导向，注重资产重组，用活资产，提高行业整体效益。

(二) 战略目标（争取达到以下目标）

主要产品产量年递增5%，产品销售收入、出口创汇年递增7%。

科学技术贡献率1995年为35%，到2010年达到60%。

到2010年我国皮革工业争取在国际上有3—5个知名国际品牌产品。

1995年皮革行业大中型企业数仅占3%，其销售收入占全国皮革行业销售收入15%，2010年大中型企业数占全行业10%，销售收入占全行业销售收入45%。适当提高上规模企业比重，使其成为皮革工业持续稳定发展的中流砥柱。

(三) 主要对策

1. 宏观政策要为传统工业提供可持续发展的基本条件。

——充分发挥我国原料皮资源优势，引导推进牧畜业、皮革业联合发展的进程，办好猪、牛、羊基地建设，做到优化良种，皮肉兼顾。

——提高生皮开剥、加工、保存技术，提高原料皮质量，规范、完善原料皮市场运营机制，创造平等竞争条件。还要加大对猪皮开剥利用的力度。

——皮革加工业是对畜牧业副产品（皮张）的开发利用，在税制改革中应考虑其特点，从政策上给予鼓励，特别是对猪皮制革，要有政策扶持。

——制革环保治理是企业应尽的公益性的义务，政府应予政策支持，应加强对皮革环保治理科技资金的投入，对用于环保治理的资金应给予优惠政策，以保证环保工作的顺利开展。

2. 优化调整结构，加快皮革工业二次创业的进程。

(1) 引导我国东部沿海、中西部和东北部三个皮革发展区域互相协调发展。逐步将大城市建成技术开发和设计中心、信息中心和营销中心，向全国周边地区，合理辐射。

——东部沿海地区，将重点发展高附加值产品，提高中高档、特别是高档产品的比例，增加出口创汇；中部地区将发挥"承东启西"的作用，一方面注意吸纳东部的技术，一方面发挥现有皮革工业基础，提高现有皮革工业综合水平；西部、东北部地区将根据皮革资源丰富的特点，以市场为导向，发展具有地区特色的皮革加工技术。促进三个区域扬长避短相互协调，共同发展。

——加快"携手工程"的推进工作。引导东部沿海名牌产品和优势企业向西部、东北部和内地转移，充分利用西部、东北部和内地现有生产能力和资源，扩大生产和销售，实现低成本扩张。

（2）吸引外资，加速全行业技术引进及改造，深化企业改革，调整企业结构。

——鼓励具备一定基础和规模的企业，吸引外资，加速技术引进及技术改造，向规模效益型企业发展，逐步组建以名优产品为龙头的公司集团。引导中小企业、乡镇企业向专业协作型企业发展，积极扶持一批具有独特优势的"小而专""小而精"的企业，使整个行业形成以大型企业为龙头、中小企业为基础的大小规模并举的完整的生产体系。引导企业转换经营机制，建立现代化企业制度。

——逐步探索使制革湿加工与干操作两地分段生产的新形式。

（3）以市场最终消费为导向，调整产品结构。

制革、毛皮：

——制革原料以猪皮为基础，猪、牛、羊皮并举。

——提高头层革的高档革比例，充分开发利用二层革，不断开发利用新的原料皮资源。

——以鞋面革为主导产品，提倡发展服装革、包袋革、家具革和汽车座垫革等。特别提倡开发优质猪皮服装革、包袋革、沙发革以及鞋里革等。

——大力发展以饲养为主的动物毛皮加工业，提高大宗产品（山羊、绵羊、狗、兔皮等）的染整技术，粗皮细作，进一步提高高档原料皮（水貂、蓝狐、貉等）加工技术，增加产品附加值。

皮鞋及皮革毛皮制品：

——进一步调整产品结构比例，高档产品占15%，中档产品占50%，保持一定比例的低档产品，以适应不同消费层次的需要。

——强化行业的品牌意识，扶优限劣，进一步调整出口产品结构，改变我国皮革及制品以低档产品出口为主的局面。

——鼓励、扶持皮革化工、皮革机械等产品开拓国外市场，以保配套行业持续稳定发展。

3. 依靠科技进步，加强皮革制品生产清洁工艺研究，不断提高产品整体质量水平，高起点发展优质皮革化工、皮革五金件和新型配套材料生产。

——依靠技术进步，注重人才培养，进一步提高皮革产品质量及花色品种，提倡清洁工艺，大力发展制革环保型工艺。进一步提高皮鞋和各类皮革制品的设计水平，增加产品的艺术含量。

——大力研究开发生产优质产品需要的皮化材料，皮化产品向低污染、多品种、多性能、系列化方向发展。根据国内外市场的需要，加强对皮革机械设备的研究与开发，以适应市场变化的需要。引导具备条件的骨干企业进行重点技术改造，引进、消化、吸收国外先进技术和设备。

——鞋用材料及部件和皮革五金要向多品种、优质化发展。在皮革工业集中生产地区，对现有的鞋用材料厂、皮革五金厂进行重点扶持，引进国外先进技术及设备，鼓励行业内企业合理分工，逐步形成标准化、装配化生产。在国内有条件的地区组建具有先进水平的模具厂及鞋用部件专业生产厂。

4. 加快科技体制改革，改变皮革技术信息市场供不应求的局面。

——科研单位要主动积极进入市场，以企业需要的实用技术为研究重点，鼓励科研单位与生产企业相结合，大力提倡科技成果直接转化生产力，鼓励不同经济成分的研究单位协调发展。

——国家要对皮革工业基础科学研究工作给予扶持政策。

——通过不同途径加强皮革技术、设计、管理人才的培养，提高全行业整体素质。

——培育扶持皮革工业的设计体系及信息中心。

5. 实施名牌战略，做好真皮标志工作，为争创国际名牌创造平等竞争条件。

——真皮标志作为证明商标，受国家法律保护，是我国名优产品的优秀群体，真皮标志工作为名优产品平等竞争创造条件。在加强真皮标志工作的基础上，培育主要产品前十名企业，争创国际名牌。

——通过真皮标志的推荐，优秀设计产品评优以及市场竞争的优胜劣汰，引导企业注重产品的精工细作及功能研究、款式设计，逐渐提高出口及内销产品的综合质量水平。

——鼓励企业学习、掌握并通过 ISO 9000 标准认证，逐渐提高企业的管理水平。

6. 培育国内外专业市场，为皮革工业二次创业打下基础。

——选择国际上有影响的皮革专业展览，组建具有规模的中国馆，发挥中国馆的群体优势，扩大对外影响，进一步拓宽国外市场。

——在国内举办的国际皮革展览要逐渐规范化，明确分工，各有侧重，优胜劣汰。逐步培育现有规模大、有发展前途的传统专业展览成为国际知名专业大展，促进国内外技贸交流。

——选择有条件的以产地为主的专业批发市场（皮革城）4—5个，加强培育引导，促进快速发展，使之成为行业发展的火车头和促进皮革工业长远发展的基地。

——在实践中逐渐健全具有中国特色的皮革产品营销方式、降低成本、扩大销售。扩宽皮革制品市场，特别要引导、拓展猪皮制品在国内市场的销售，以保证猪皮制革工业的持续发展。

7. 加强行业协会建设。

加强行业协会自身基础建设，提高人员素质和服务管理工作实效，逐步建立健全行规行约，加强国家与地方协会的协调合作，树立国家及地方协会在国际、国内同行中的形象。

背景资料：

我国皮革行业自 1990 年进入了逐年增长的态势，到 1993 年趋向快速增长，1995 年后增长速度又跨入一个新的高潮。中国皮革工业协会作为全行业协调管理部门，对这种迅猛发展的态势十分关注，在充满喜悦之情的同时，也意识到，当行业发展迟到一定高度时，必须要有一个新的增长点，一个新的目标，才能引导行业及时进入高层次的发展，于是就提出了迎接下一世纪挑战的"二次创业"发展战略方案。

中国皮革工业协会以 1995 年工业普查资料为基础，又于 1997 年有计划地与地方协会配合，对一些地区开展了多种形式的深入调研，在此基础上提出了《"二次创业"发展战略》的基本构想。

1997年7月在南京召开的中国皮革工业协会制革皮革化工专业委员会上，协会就基本构想内容与会议代表进行了探讨，听取了大家的反映，并得到了大家的支持与赞同。在此基础上提出了中国皮革工业"二次创业"发展战略的思路及目标并在当年中国皮革工业协会理事会上，由理事长在大会上作了《加快实现中国皮革工业的"二次创业"》的发言，以便更广泛地听取大家？的意见。《"二次创业"发展战略》的构思再次得到与会代表的一致肯定。会后，中国皮革工业协会根据大家提出的修改意见编写了《中国皮革工业"二次创业"发展战略》讨论稿。1998年初，将讨论稿分别寄给全国一百多位常务理事以上单位，用信函方式征求意见。同时在北京组织了有关部委及在京理事单位的代表进行座谈讨论。随后又于1998年5月，在青岛召开的全国地方协会工作会议上再次听取了各地代表的意见。1998年下半年在中国皮革工业协会科技委员会主任会议上又对讨论稿进行了论证，听取各方意见后，归纳出修改建议五十七条，中国皮革工业协会秘书处根据这些意见，对讨论稿进行最后的修改、定稿。

《"二次创业"发展战略》不同于国家"九五"计划，它属于行业自律性指导文件，属于行业组织预测性建议方案。一方面用于行业发展，一方面供政府制定方针政策参考。

中国皮革工业"十五"计划和 2015 年长远规划

中国皮革工业协会

2000 年 10 月

中国皮革工业由制革、皮鞋（含旅游鞋）、皮件（含皮服）、毛皮四个主体行业和皮革化工、皮革机械、皮革五金、鞋用材料等配套行业组成。经过近五十年的不断建设与发展，已形成从生产、科研、经营到人才培养的完整体系。中国皮革工业无论从出口创汇，为国家增加积累，繁荣轻工市场，解决劳动就业等方面都作出了较大贡献。

一　皮革行业的现状

（一）基本情况

皮革加工是我国传统行业，也是出口创汇型行业。根据1995年工业普查统计，全国皮革企业约1.6万个（不含年销售收入在100万元以下的村办、合作经营、个体等企业），从业人员200多万人。其中：乡及乡以上企业9500多个，占全行业三分之二，为行业的主体。年销售收入在100万元以上的村办、合作经营、个体企业（简称村办企业）近6000个，占全行业的三分之一，是行业发展的新生力量。

在全行业企业中，有制革企业2300个，制鞋企业7200多个，皮衣企业1700多个，毛皮及制品企业1200多个，皮箱企业500多个，皮包企业1500多个。

皮革行业（年销售收入在100万元以上的乡及乡以上企业）1997年全行业总产值（当年价新规定）1400多亿元，年销售收入总额1190多亿元，全行业实交税金30多亿元，年实现利润约21亿元。

1997年全行业产量：制革10014万张（折牛皮标张），其中：牛皮革3000万多张、羊皮革5000多万张、猪皮革9000多万张（其中：轻革产量23994万平方米，重革1.751

万吨），皮鞋 24.7 亿双，皮衣 7938 万件。

1997 年全行业创汇总金额 99.5 亿美元，名列轻工行业首位。在 1997 年按金额排序的前 100 位单项出口商品中，皮革产品占有六个，其中：皮鞋居第三位，皮衣居第六位。

1999 年全部国有企业及年销售收入在 500 万元以上的非国有皮革及皮革制品企业，企业数量为 2883 家，同比下降 3.5%，其中制革企业 548 家，同比下降 8.1%；毛皮及其制品企业 219 家，同比下降 9.1%；皮鞋企业 997 家，同比下降 2.4%；皮革服装企业 346 家，同比下降 7.2%；皮箱企业 119 家，同比下降 9.8%；皮包企业 396 家，同比增长 5.3%。

1999 年全部国有企业及年销售收入在 500 万元以上的非国有皮革及制品企业，总产值（当年价新规定）1082 亿元，年销售收入 993 亿元，利税总额 44 亿元。

1999 年全部国有企业及年销售收入在 500 万元以上的非国有皮革及制品企业，轻革产量 2.88 亿平方米，同比增长 16；皮鞋 10.1 亿双，同比下降 9%；皮革服装 4373 万件，同比下降 20%。

1999 年皮革行业出口创汇 143.5 亿美元，同比增长 2%，名列轻工行业首位。在 1999 年按出口金额排序的前 100 位单项出口商品中，皮革商品占 6 个，即居第三位的以皮革作鞋面的鞋靴、第六位的非皮面提箱及小手袋、第十四位的皮革服装等。

（二）行业基本特点：

1. 企业规模：以小型企业为主，占全行业 97% 以上。

2. 企业的分布：遍及全国各地，近几年，开始从大中城市向小城市、乡镇转移，其中以乡镇最为兴旺。从大区分布上看，70% 的企业集中在华东及中南经济繁荣地区。

3. 企业的经济类型：以公有制为主体，而三资企业、民营企业是不可忽视的新生力量。在乡及乡以上企业中，集体企业占 62%，三资企业占 24%，国有企业占 7%，其他所有制企业占 7%。

在乡及乡以上企业中，有三资企业 2000 多个，占乡及乡以上企业总数的 24%，三资企业年销售收入占乡及乡以上企业的 53%。

4. 上规模的大型企业较少，生产集中度较低。制革、毛皮及制品、制鞋、皮衣等七大类主要产品销售收入前十名企业共 70 个，其企业数量，占全国企业总数的 0.45%，而其年销售收入合计占全国年销售收入的 11%。

综上所述，皮革工业是以小型的集体企业为主体的传统行业，缺少上规模大型企业。因此，具有进入市场早，市场调节比重大，适应能力强的优势，同时，也具有小生产、小农经济观念影响较深，生产分散、管理粗放、技术落后的劣势。

（三）行业调整和发展的主要成就

我国皮革工业经过近半个世纪的建设及努力，经历了皮革工业自我发展的初期建设时期（1949 年—1978 年）、一次创业时期（1978 年—1997 年），特别是经过"八五"、"九五"快速发展，目前已完成了一次创业的任务，我国皮革工业已形成了从生产、经营、科研到人才培养的完整体系，进入了持续稳定发展阶段，具备了二次创业的条件。为"十五"计划实施奠定了坚实的基础。

1. 近几年皮革工业快速稳定发展，1997 年与 1990 年相比，主要产品产量有大幅度增长，成品革增长 94%、皮鞋增长 464%、皮衣增长 443%，1997 年出口创汇增长了 499%。

2. 皮革化工材料、机械设备、原辅材料等基本上可立足国内自我配套、产品品种基本解决了有和无的问题，缩小了与国外的差距。

3. 产品质量有较大提高。

——猪皮革生产有很大发展，猪皮加工占整个制革原料的50%以上，（据1995年统计）猪皮制革技术居世界前列。

——山羊、绵羊服装革的产品质量大幅度提高，部分绵羊服装革产品已达到国际先进水平。

——牛皮革产品风格已开始与国际市场接轨，水牛皮、牦牛皮制革技术已得到开发，并已用于生产。

——二层革的开发利用已得到普遍重视。

——皮鞋、皮革及毛皮制品的加工技术，产品质量和花色品种均有较大幅度提高和增加，计算机辅助设计已进入古老的传统行业。

综上所述，我国皮革工业有资源、有市场、有基础，为"十五"计划的实施创造了良好条件。

（四）存在的主要问题

1. 结构性矛盾突出，皮革工业属于劳动密集型行业，多数企业是从手工业发展起来的。结构性矛盾突出主要表现在区域结构、行业结构、企业结构、产品结构等的不合理。

——作为劳动密集型行业，却有百分之七十的企业集中在经济繁荣的华东及中南地区。

——企业开工率不足，而生产能力继续扩大，目前制革企业开工率不足50%、制鞋企业开工率不足66%，而1997年制革生产能力比上年增长86%、制鞋增长42%。

——"小而全"、"大而全"的企业仍为行业的主体，由于受计划经济思维方式的影响，这类企业占颇大比重。

——皮革行业经过一次创业后，产品质量有了大幅度提高，全行业企业间的差距缩小，趋向产品品种雷同，质量相近，形成了在同水平线上的相互重复。

——猪皮革占全国皮革产量50%以上，国内却无市场，主要依赖出口拉动，猪皮制革发展有极大的潜在危机。

——原料皮市场交易行为尚未规范，价格无序竞争现象突出。

——皮鞋、制革等主要产品低档产品生产能力过剩，高档产品生产能力不足。鞋用及制品配套材料仍未形成专业化、规模化生产。

2. 科技进步处于较低水平，科学技术贡献率仅为35%，科技、设计、管理人才匮乏。

——科技投入少。据有关资料统计，工业发达国家每年用于皮革的科研经费，按该国皮革总产值计：法国为0.6%，德国和英国为0.3%，而我国不足0.03%。

——"并联式"的科研模式，使行业在同水平上重复运作，即同一课题，水平大致接近，互相重复立项科研，造成时间、人力、财力等方面的浪费，成果水平难以提高。近几年，在开发新工艺、新材料、新技术、环保治理技术等方面出现了"吃老本"的现象，互相重复，突破不大。

——消化、吸收、应用、推广国外新技术、新材料、新成果成功率较低。

——行业技术市场出现了可行技术供不应求，不可行技术供大于求的不协调局面。

——行业缺乏高级技术、设计、管理、营销人才，大专院校皮革专业毕业生真正在企业中从事专业技术工作的为数不多。提高全行业的科技、文化水平，以适应新形势发展的需要，已成为当务之急。

3. 产品质量较差，品牌、名牌意识淡薄。

——做工粗糙仍是影响产品质量提高的主要因素，皮鞋、皮衣及其他皮革制品的设计体系，基本处于传统的设计阶段，尚未形成现代化、市场化的设计体系。

——各类产品在提高产品质量方面，只注重外观形式模仿，不重视内在质量的提高，在皮鞋款式及色彩上与国外差距较小，但从穿着舒适、功能等方面差距较大。

——出口产品多为中低档产品，皮鞋出口平均单价一直在 5—10 美元徘徊；皮衣出口平均单价也只有 30—40 美元。

——全国皮鞋、皮衣产品初步形成各自行业的十大名牌产品，但是，制革行业、皮件行业等名牌产品阵容不明，品牌意识不强。全行业尚无国际名牌产品。

4. 国内皮革市场活跃，经销方式各种各样，尚处于无序竞争状态。

——以产地为主的皮革专业市场（又称皮革城）在全国有 40 多个，遍地开花，有增无减，这类市场一般以制品为龙头，形成了皮料、制革、化工、辅料的生产集中区。这类市场引导得当将成为行业发展的中流砥柱。但目前，全国不少地区均根据当地的资源及近期的市场，大办皮革城，自成体系，重复建设。

——全国皮革专业展览会（订货会），每年多达 30 多个，由于展览规模较小，不易形成国际知名大展，影响了皮革行业国内外的交流。

——皮革行业虽然进入市场较早，但经济运行质量较差，不适应市场经济的要求。在产品营销方面中间环节较多，销售费用占产品成本较高。

5. 作为皮革工业基础的制革行业，尚存在原料皮质量差且数量不足，环保治理任务繁重等问题，影响皮革工业可持续发展。

——我国畜牧业大部分仍处于自然放养状态，牲畜生长期长、原料皮部位差大、伤残多、粒面粗，严重地影响了成品革的质量。我国牛皮资源不足，每年要进口 1000 多万张生皮及成品革。

——制革环保治理费用投入大，目前尚缺乏技术成熟、成本低廉的污水治理工艺。此外，废弃物综合利用工艺也不成熟，制革污泥的处理尚处在探索阶段。

二　国内外市场预测及行业发展趋势

进入九十年代，世界皮革工业迎来了新的发展时期。随着世界产业结构的调整，皮革工业作为劳动密集型的行业，已由发达国家向发展中国家转移，亚洲已成为全球经济贸易最具活力的地区，中国也已成为世界关注的皮革加工中心及销售中心，预计从本世纪末到下世纪初，仍是我国皮革工业发展的良好时机。我国皮革工业随着改革开放政策的深入发展，迎来了难得的发展机遇，但同时也面临着国内外市场严峻的挑战。

（一）发展我国皮革工业具有资源、市场优势，并有一定基础

1. 发展皮革工业的资源优势。

我国原料皮资源丰富并有很大的潜力，据统计，1996 年我国猪存栏 4.6 亿头、羊存栏 2.9 亿多头、牛存栏 1.3 亿多头，每年分别提供原料皮资源：猪皮 8000 万张、羊皮近

亿张、牛皮2000多万张，我国猪皮占原料皮资源的50%以上，猪皮革产量居世界首位。目前，我国畜牧业的集约经营、科学饲养已进入起步阶段，随着我国农牧业的商品化、专业化、现代化程度的提高，将为皮革工业提供更多、更好的原料皮资源。

2. 发展皮革工业的市场优势。

（1）天然皮革具有独特的卫生性能，近百年来，虽然代用材料不断面世，但人们仍普遍认为天然皮革制品是珍贵的高档产品，在国内外都有为数不少的消费群，这是皮革行业成为长青工业的最根本的条件。

（2）皮革工业的技术进步，使皮革应用范围不断扩大，从而进一步拓宽了皮革市场。由于市场竞争的激烈，天然皮革与代用材料的较量，皮革的加工技术得到了空前的发展。在八十年代以前，皮革主要用于制鞋，进入九十年代以后，服装用革大幅度上升，目前包袋、家俱、汽车用革的需求量也日益增加。

（3）世界性物质生活的提高，使皮革制品进入千家万户，俄罗斯、东欧市场的复苏，以及第三世界，特别是中国等国家生活水平的提高，进一步扩大了皮革需求量。中国占有世界五分之一的人口，是皮革工业潜在的大市场。

综上所述，我国皮革工业有广阔的国内外市场优势

（二）国际市场分析预测

随着全球经济一体化进程的加速，进入九十年代以来，亚洲，特别是中国已成为世界关注的皮革生产加工及销售中心。据有关资料统计：八十年代初，发达国家牛轻革产量和羊轻革产量分别占世界总产量的61%和55.2%。到了九十年代中期，这两个比例分别下降了17个百分点和21个百分点。再看皮鞋产品：八十年代初，发达国家的产量占世界总产量的64.7%，而到九十年代中期，其产量仅占世界总产量的29%，而发展中国家的皮鞋产量的比重却从35.3%上升到71%。由此可见，世界的制革和制鞋工业重心正在向发展中国家转移。

从全球皮革出口贸易额来看，八十年代初期，发达国家皮革出口贸易额占到全球总额的80.6%，到九十年代中期，仅占到59.1%；而发展中国家的皮革出口贸易额占全球出口贸易额的比重由19.4%上升至40.9%。随着世界经济一体化进程的加速，这种转移还会加快。我国是世界瞩目的皮革生产加工中心和销售中心，是世界公认的皮革生产大国。作为世界贸易商品中的大宗商品——皮革及其制品的各类贸易，九十年代分别以2%—9%的年平均速度增长。1996年世界皮革及其制品的年进出口贸易总额已近1000亿美元，占全球进出口总额的1.7%。预计下一世纪，世界皮革工业最低的增长速度也将保持在1.5%以上。牛羊轻革仍是世界皮革消耗的主流。预测到2005年，世界皮革的消耗量将达到17亿平方米，比1991年的实际消耗量12.5亿平方米，提高36%。到2015年，世界皮革的消耗量将达到21亿平方米左右。皮革制品的产品结构仍以皮鞋为主，但所占比率将有所下降，皮革服装 皮革家具等终端产品的需求量将继续增加。皮革及其制品的消费仍以发达国家为主，将占全球消费量的50%，但从需求的增长率方面来看，发展中国家将大于发达国家。

综上所述，下一世纪头十五年，特别是头五年，我国作为世界皮革加工中心和销售中心的地位更加突出，有较大的潜在市场等待我们去开拓。

(三) 国内市场分析预测

国内皮革市场的繁荣仍是皮革工业稳步发展的保证。据有关资料显示，1995年我国居民人均消费水平为2186元，比1990年的人均896元增长了1.44倍。城乡居民对皮革制品的消费已有了很大提高，人均消耗皮革（以面积计）由1991年的0.13平方米提高到1996年的0.19平方米，（世界人均水平为0.25平方米）；据最近几年我国城镇居民家庭人均购买皮鞋数量统计：1993年人均占有量为0.75双/人，1997年为0.83双/人，年增长0.08双/人；八亿农民的人均皮鞋消耗也从0.64双/人增加到0.74双/人，年人均增长0.1双。若按年人均消耗量增加0.1双计算，每年需求增加量约为1.3亿双，更何况到2015年我国人口将达到16亿。此外，随着农村居民消费逐渐城市化的趋势，皮革制品的潜在购买增长力也是相当可观的。由此可见，我国国内皮革制品市场需求潜力很大。

(四) 我国加入WTO组织后对皮革行业发展的影响

我国加入WTO后，对全皮革工业总体而言利大于弊，但不同行业将苦乐不均。对制革、皮鞋、皮衣等行业是利大于弊，但对配套行业如皮革化工、皮革机械，则是喜忧参半，忧字当先。

皮革工业是出口创汇型行业，出口产值占全行业产值50％以上，因此皮革行业的外贸依存度较高。我国加入WTO以后，皮革行业会分享经济一体化所带来的好处，最直接的好处是有利于扩大出口。由于加入WTO后，可以享受多边性、永久性的最惠国待遇，取消对华单边配额限额，全方位扩大出口。但是，加入WTO后国家对许多行业的保护将减弱，最明显的是我国进口的皮革及制品、化工材料、机械等的关税将大幅降低，对皮革工业将产生冲击。

我国加入WTO，对皮鞋及皮革制品行业受益最大。有利的方面是：①由于进口关税的降低企业可以根据生产需要，依据质量、价格平等地在国内外选购最需要的最好的原料、辅料、化料、机械设备等，这将有利于降低成本，提高产品质量，从而具备了与世界同行进行平等竞争的条件。②产品可以大幅度扩大出口，因加入WTO后可以享受出口产品的所有优惠待遇，有利于全方位拓展产品的国际市场。③由于进口产品的增多，合资、独资企业的增加，虽然要让出一部份市场份额，但也带来了新的活力。高质量的产品，先进的技术、管理以及理念，在给企业增加压力的同时，也带来动力，将促进企业经营理念的转变以及机制的转换。不利的方面是：进口皮鞋及皮革制品的增加，会对我皮革制品企业有一定的冲击，但进口的皮鞋及皮革制品多为高档产品，让出部分高档产品市场份额对我国生产企业不会形成大的压力。

(五) 行业发展趋势

根据国际皮革工业发展趋势，结合我国国情，今后我国皮革工业总体发展趋势如下：

1. 随着国民经济稳定增长和结构性的大调整，我国皮革工业也将由数量主导型过渡到以质量、品种、出口、效益为主导的发展阶段。加速行业结构调整，进一步实现企业向"规模化"、"集团化"和"国际化"的转变。

2. 在"十五"以至2015年间，畜牧业、皮革业联合发展的趋势将进一步深入。以科技为先导，发展畜牧业（优化良种，皮肉兼顾）、制革业一条龙生产，以促进皮革及其他工业产品质量上等级、效益上台阶。

3. 积极采用当今世界电子、生物、环保（清洁生产、三废治理）及新型皮化材料等高新技术改造行业，提高行业生产的机械化、自动化水平；实现清洁生产，消除污染；提高皮革及皮革制品的技术含量、档次和附加值，是皮革科技的发展方向。

三 基本思路和发展目标

（一）指导思想和原则

遵循邓小平建设有中国特色社会主义理论和党的基本路线，以党的十五大精神为指针，紧紧围绕"两个根本转变"，调整和优化结构，使皮革工业从数量主导型过渡到以质量、品种、出口、效益型为主导的新的发展时期（2000—2015年）。

——以制革为基础，促进全国畜牧业、皮革业联合发展，建立优质原料皮基地。

——以市场为导向，以皮鞋及皮制品为龙头，以技术进步为先导，加强管理，不断提高产品整体质量水平。

——发展优质、低污染新型化工材料的生产，引进外资和先进技术，加快企业技术改造。

——转换企业经营机制，注重人才培养，提高行业整体素质。

——以效益为导向，注重资产重组，用活资产，提高行业整体效益。

——加强环境保护，严格环境管理，走可持续发展之路。

（二）规划预期目标

争取在2015年使我国进入世界皮革强国行列，具体目标如下：

1. "十五"期间主要产品产量年递增5%，产品销售收入、出口创汇年递增7%。2005—2015年年产量递增3%，产品销售收入、出口创汇年递增5%。

2. 科学技术贡献率1995年为35%，"十五"期间达到50%，到2015年达到60%。

3. 到2015年我国皮革工业在国际上争取有3—5个知名国际品牌产品。

4. 1995年皮革行业大中型企业数仅占3%，其销售收入占全国皮革行业销售收入15%，2015年大中型企业数占全行业10%，销售收入占全国销售收入45%。适当提高上规模的企业比重，使其成为皮革工业持续稳定发展的中流砥柱。

（三）行业调整和发展重点

1. 优化调整结构

（1）引导我国东部沿海、中西部和东北部三个皮革发展区域互相协调发展。逐步将大城市建成技术开发中心、设计中心、信息中心和营销中心，向全国周边地区合理辐射。

——东部沿海地区，将重点发展高附加值产品，提高中高档、特别是高档产品的比例，增加出口创汇；中部地区将发挥"承东启西"的作用，一方面注意吸纳东部的技术，另一方面发挥自身现有皮革工业基础，提高皮革工业综合水平；西部、东北部地区将根据皮革资源丰富的特点，以市场为导向，发展具有地区特色的皮革加工技术，促进三个区域扬长避短相互协调合作，共同发展。

——加快"携手工程"的推进工作。引导东部沿海名牌产品和优势企业向西部、东北部和内地转移，充分利用西部、东北部和内地现有生产能力和资源，扩大生产和销售，实现低成本扩张。

——在具备条件的地区，可以培育以皮革制品为龙头的皮革生产加工基地（皮革城），但要严格控制加工基地的数量及布局。

（2）吸引外资，加速全行业技术引进及改造，深化企业改革，调整企业结构。

——鼓励具备一定基础和规模的企业，吸引外资，加速技术引进及技术改造，向规模效益型发展，逐步组建以名优产品为龙头的公司集团。引导中小企业，乡镇企业向专业协作型企业发展，积极扶持一批具有独特优势的"小而专"、"小而精"的企业，使整个行业形成以大型企业为龙头，中小企业为基础的大小规模并举的完整的生产体系。引导企业转换经营机制，建立现代企业制度。

——逐步探索使制革湿加工与干操作两地分段生产的新型式。

——制鞋要实现专业化、装配化生产，区域布局要相对集中、合理，便于建立制鞋生产基地和销售网络。制鞋企业规模以中型为好，适当发展若干个大型生产企业，以降低生产成本。

——提倡皮革服装厂、皮件厂引进国外先进设备，逐步实现专业化、装配化生产。皮件企业规模以中型为好。

（3）以市场最终消费为导向，调整产品结构。

制革、毛皮：

——制革原料猪、牛、羊皮并举。

——提高头层革的高档革比例，充分开发利用二层革，不断开发利用新的原料皮资源。

——以鞋面革为主导产品，提倡发展服装革、包袋革、家具革和汽车座垫革等。特别提倡开发优质猪皮服装革、包袋革、沙发革以及鞋里革等。

——大力发展以饲养为主的毛皮动物皮加工业，提高大宗产品（山羊、绵羊、狗、兔皮等）的整染技术，粗皮细作，进一步提高高档原料皮（水貂、兰狐、貉等）加工技术，增加产品附加值。

皮鞋及皮革毛皮制品：

——进一步调整产品结构比例，高档产品占15%，中档产品占50%，保持一定比例的低档产品，以适应不同消费层次的需要。

——提倡鞋内底用猪皮革制作，改善穿着的舒适性和卫生性能，提高产品附加值。

——强化行业的品牌意识，扶优限劣，进一步调整出口产品结构，改变我国皮革及制品以低档产品出口为主的局面。

——鼓励、扶持皮革化工、皮革机械等产品开拓国外市场，以保配套行业持续稳定发展。

2. 依靠科技进步和技术创新，加强皮革及其制品生产和清洁工艺研究，不断提高产品整体质量水平，高起点发展优质皮革化工、皮革五金件和新型配套材料生产。

——依靠技术进步，注重人才培养。进一步提高皮革产品质量及花色品种，提倡清洁生产，大力发展制革环保型工艺。进一步提高皮鞋和各类皮革制品的设计水平，增加产品的艺术含量。

——大力研究开发生产优质皮革产品需要的皮化材料，皮化产品向低污染、多品种、多性能、系列化方向发展。根据国内外市场的需要，加强对皮革机械设备的研究与开发，以适应市场变化的需要。引导具备条件的骨干企业进行重点技术改造，引进、消化、吸收国外先进技术和设备。

——鞋用材料及部件和皮革五金要向多品种、优质化发展。在皮革工业集中生产地区，对现有的鞋用材料厂、皮革五金厂进行重点扶持，引进国外先进技术及设备，鼓励行业内企业合理分工，逐步形成标准化、装配化生产。在国内有条件的地区组建具有先进水平的模具厂及鞋用部件专业生产厂。

——重视制品的工业设计，提高皮革制品艺术含量及附加值；产品要快速反映国内外市场不断变化的需求。

3. 坚持"四个结合"，加快科技体制改革；依靠国际互连网优势，改变皮革技术信息市场供不应求的局面。

——科研单位要主动积极进入市场，以企业需要的实用技术为研究重点，鼓励科研单位与生产企业相结合，大力提倡科技成果直接转化为生产力，鼓励不同经济成分的研究单位协调发展，引导建立以企业为主体的产、学、研结合的技术创新机制。

——建立"串联式"科研模式，避免科研课题的重复立项和重复操作，集中优势力量，提高创新能力和科技成果水平。

——加快国际互连网在行业中的普及和应用，充分利用网络优势，为企业获取信息、开展贸易、拓展海外市场创造条件。

——培育扶持皮革工业的设计体系及信息中心。

4. 加大人才培养力度，提高行业整体素质

——通过不同途径加强皮革技术、设计、管理人才的培养和操作工人的岗位培训，建立有利于人才成长及作用发挥的激励机制。

——发挥高等院校、职业学校的人才培养作用，积极探索网络远程教育，提高全行业整体素质。

5. 实施名牌战略，培育国内外市场。

——选择国际上有影响的皮革专业展览，组建具有规模的中国馆，发挥中国馆的群体优势，扩大对外影响，进一步拓宽国外市场。

——逐渐规范国内举办的国际皮革展览会，明确分工，各有侧重，优胜劣汰。逐步培育现有规模大、有发展前途的传统专业展览会成为国际承认的知名专业大展，促进国内外技贸交流。

——选择有条件的以产地为主的专业批发市场（皮革城）4—5个，加强培育，快速发展，使之成为行业发展的火车头和促进皮革工业长远发展的基地。

——在实践中逐渐健全具有中国特色的皮革产品营销方式、降低成本、扩大销售。扩展皮革制品市场，特别要引导、拓展猪皮制品在国内市场的销售，以保证猪皮制革工业的持续发展。

——实施名牌战略，做好真皮标志工作，加强行业质量自律，为争创

国际名牌，调整出口产品结构创造条件。

5. 加强环境保护，确保皮革工业可持续发展

"十五"期间，皮革工业要认真贯彻国家有关环境保护政策和《"九五"和2010年行业发展和污染防治规划》，加强污染治理，大力开发综合利用，实施清洁工艺，减少环境污染。

——新建制革厂年生产能力不得低于10万张（折牛皮）。

——对年生产能力在 10 万张（折牛皮）以上的企业，应在厂内自建污水处理场。

——现有年生产能力在 10 万张（折牛皮）以下，3 万张以上（含 3 万张）的企业，可相对集中，进行集中治理。

——对生产 3 万张（折牛皮）以下的制革厂，责令关闭或停产。

——鼓励制革企业开展能耗、物耗小，污染物产生量少的清洁工艺的研究和生产；鼓励企业采取措施降低吨皮耗水量；提倡制革污水处理后循环使用。

——大力发展绿色技术和绿色皮革化学品，鼓励企业成分利用制革废弃物，走废弃物资源化之路。

五　主要措施与建议

宏观政策要为传统工业提供可持续发展的基本条件。

——充分发挥我国原料皮资源优势，引导推进牧畜业、皮革业联合发展的进程，办好猪、牛、羊基地建设，做到优化良种，皮肉兼顾。

——提高生皮开剥、加工、保存技术，提高原料皮质量，规范、完善原料皮市场运营机制，创造平等竞争条件。

——皮革加工业是对畜牧业副产品（皮张）的开发利用，在税制改革中应考虑其特点，从政策上给予鼓励，特别是对猪皮制革要有政策扶持。

——制革环保治理是企业应尽的公益性义务，政府应予政策支持，应加强皮革环保治理科技资金的投入，对用于环保治理的资金应给予优惠政策，以保证环保工作的顺利开展。

——国家要对皮革工业基础科学研究给予政策扶持，确保皮革工业可持续发展，赶超国际先进水平。

——建议制订出口企业优先进口制度；进一步完善出口退税制度，以鼓励企业多出口、多创汇。

——扶持行业组织，加强行业自律，充分发挥行业组织的桥梁与纽带作用，促进行业发展。

中国皮革行业"十一五"发展规划
（2006—2010）
中国皮革协会
前　言

"十一五"时期在我国全面建设小康社会的进程中具有承前启后的历史地位。中国皮革行业是轻工业的重要组成部分，在新的历史时期将继续承担着丰富轻工市场、扩大内需、增加积累、出口创汇、吸纳城乡劳动力，以及促进农牧业持续稳定发展和构建和谐社会的重要任务。

为深入贯彻党的十六大及十六届三中、四中、五中全会精神，全面落实科学发展观和国家"十一五"规划纲要，积极推动皮革工业科技进步和自主创新，转变增长方式，促进产业升级和结构调整，推进皮革工业全面、协调、可持续发展，为实现我国皮革行业

"二次创业"目标由皮革大国迈向皮革强国奠定基础,中国皮革协会牵头编制了《中国皮革行业"十一五"发展规划》。

一 "十五"时期皮革行业的回顾

(一)"十五"时期皮革行业发展取得显著成绩

1. 皮革行业发展迅速,进一步确立了世界皮革生产大国的位置

皮革行业是市场化程度极高的行业,改革开放以来取得了长足的发展。我国皮革行业涵盖制革、制鞋、皮革服装、皮件、毛皮及制品等主体行业,以及皮革机械、皮革化工、皮革五金、辅料等配套行业。产业链完整,上下游产品关联度高,是集创汇、富民、就业为一体,具有较强国际竞争力的优势产业。

2005年我国皮革行业规模以上企业(全部国有企业及年销售收入500万元以上的非国有企业)实现工业总产值3185亿元,比"九五"末期增长166.1%,"十五"期间年均增长21.6%;利税202亿元,比"九五"末期增长241.8%,"十五"期间年均增长27.9%。(关于"十五"时期皮革行业各主体产业主要经济指标数据见《附录》)

从全行业产品产量分析,2005年轻革(猪牛羊革)产量为6亿多平方米(不含剖层革),折合牛皮2亿标准张,占世界产量的20%以上,居世界第一位;鞋类产品(皮鞋、旅游鞋、布鞋、胶鞋等)产量为90亿双,占世界总产量的50%以上;皮件、皮革服装、毛皮及制品均名列世界产量首位。"十五"期间的快速发展,进一步确立了我国作为皮革生产大国的位置。

2. 皮革行业出口创汇大幅增长,为我国跨入世界皮革强国之列奠定了基础

2005年皮革、毛皮及制品行业进出口总值368亿美元,其中:出口额达327亿美元,比"九五"末期增长97.7%,"十五"期间年平均增长14.6%,出口金额占全国外贸出口总额的4.2%;进口总值41亿美元,比"九五"末期增长60.9%,"十五"期间年平均增长9.9%。皮革行业实现贸易顺差286亿美元。"十五"期间,皮革行业主要产品出口均呈较快增长态势,出口创汇年平均增长大大超过了7%的规划目标。(关于"十五"时期皮革行业各主体产业出口数据见《附录》)

3. 皮革行业提供大量城乡劳动就业岗位,为构建和谐社会做出了贡献

据统计,2005年全国皮革主体行业规模以上企业直接从业人员达500多万人,全行业连同配套行业从业人员达1100万人,每年提供新的就业岗位达四、五十万个。皮革行业的从业人员,主要来自我国中西部经济相对落后的地区,解决了大量农村劳动力的就业问题,维护了社会的稳定,同时也带动了农村畜牧养殖业的发展,对建设社会主义新农村和构建和谐社会发挥着重要的作用。

4. 皮革行业结构调整加快,特色区域建设成绩显著

据全国基本单位普查资料显示,中国皮革、毛皮及其制品行业有加工企业2万余家,其中:制革企业2900多家、皮鞋企业9300多家、皮衣企业2200多家、皮具企业5900多家、毛皮及制品企业1200多家。在"十五"期间,皮革行业呈现出以区域经济为格局的产业集群,这些产业集群已形成了从原料、加工,到销售、服务一条龙的生产体系,成为皮革行业"十五"期间发展的中流砥柱,同时也拉动了当地经济的发展。目前,全国初步形成了浙江温州、四川成都武侯、重庆璧山和广东、福建的制鞋,浙江海宁皮革和皮革

服装、河北辛集皮革服装,广州花都区狮岭镇、福建泉州、河北白沟的皮具,浙江桐乡、河北肃宁、河北大营、河南桑坡毛皮原料加工和等特色经济区域。这些特色区域的形成,促进了产业结构的调整和增长方式的转变。

5. 实施质量和品牌战略,注重可持续发展

十多年来,在实施证明商标"真皮标志"和"真皮标志生态皮革"品牌战略基础上,我国皮革产品技术水平迅速提升,制成品的加工水平有了质的飞跃。全行业涌现出了35个中国名牌、25个中国驰名商标、6个中国真皮领先鞋王、8个中国真皮鞋王、10个中国真皮衣王和4个中国真皮标志裘皮衣王、"中国箱包十二强"等知名品牌,以及真皮标志企业400多个,成为全行业优秀产品的核心。目前,中国猪皮制革技术堪称世界之首,绵羊皮服装革产品质量接近国际先进水平,皮鞋、皮革服装、箱包生产技术和产品质量已达到国际中档以上水平。许多大中型企业的品牌、管理和市场意识不断提升,一批知名品牌企业以不同的方式开拓国际市场,争创国际名牌,取得了良好的效果。

皮革企业环保意识有很大提高。制革、毛皮规模以上企业均建有完善的污水处理设施,不断采用新技术、新工艺提升和改造传统生产方式,生产中的污染已经得到有效治理。

6. 运用高新技术改造传统产业成效显著,技术装备及配套产业水平大幅提高

皮革机械、皮革化工、皮革五金、辅料等配套行业有力地促进了主体行业的持续发展。如,当前皮革机械的品种和质量已达到或接近国际先进水平,在国内皮革和机械市场的占有率达到70%以上,并有部分产品出口到海外市场,开始参与国际竞争。此外,皮革化工、合成材料、五金配件、鞋楦等也得到快速发展,为主体行业整体发展水平的提高做出了贡献。

7. 民营经济得到快速发展,整体竞争力显著提升

在"十五"期间,皮革行业基本完成了全行业的转制,已形成了以民营企业为主导,多种经济成份共存的发展格局。据统计,2005年规模以上皮革、毛皮及制品企业中,私营企业占42.8%,三资企业占40.8%,集体企业占2.9%,国有企业占1.2%,其他企业占12.3%。通过改革、改组、改造使产业集中度增加,企业规模扩大,规模效益明显,各主体产业均涌现出一批龙头企业,行业整体竞争能力得到提升。

8. 竞争意识增强,行业自律进一步规范

面对中国加入WTO后日益激烈的国际市场竞争,皮革行业不断提高竞争意识,积极加强行业自律。1994年"真皮标志"作为中国首例证明商标的试点在全国推出,成为中国皮革、毛皮及制品行业质量自律、构建品牌的平台。在十多年的发展中,形成了一套比较完善的管理体制和监督机制,树立了优秀企业群体形象。2003年开始在制革行业中实施"真皮标志生态皮革",积极倡导绿色、环保制革。1999年推出了皮革行业也是轻工行业首例规范——《关于授予皮革行业特色区域荣誉称号的行业规范》,促进了皮革行业特色区域的持续、协调、错落发展。2002年和2006年先后推出了皮革行业的道德规范《中国皮革行业诚信公约》、《中国皮革行业品牌宣言》和《中国皮革行业社会责任指南》,用诚信回报社会,用诚信树立品牌。在行业道德规范的倡导和约束下,皮革行业自律得到了进一步加强。

(二)"十五"末期皮革行业发展遇到的主要问题

1. 粗放的增长方式及低水平扩张的倾向影响了行业的核心竞争力

由于皮革行业门槛相对较低,投资规模较小,使得社会资本大举涌入,而新进入的企业大多生产低端产品,由此造成了低档产品过剩,资源浪费。在市场竞争中主要以价格和数量取胜,极易引发国际贸易纠纷,严重影响了我国出口产品的竞争力。

2. 行业自主创新能力较弱,质量、品牌建设有待加强

"十五"期间,皮革行业完成全行业转制,在这个变革时期,一方面国家对行业基础研究投入不足,一批老的科研机构也弱化了行业基础性研究;另一方面处于粗放发展的大部分企业不重视研发及技术创新。因此,企业各方面人才普遍匮乏,企业职工素质偏低,缺乏创新的基础。由于企业在自主创新方面缺乏投入且采取贴牌加工方式较多,使得产品设计开发、品牌与世界先进国家尚有较大差距。

3. 制革作为皮革产业的基础,尚存在原料皮质量差、数量不足,环保治理任务繁重等问题

目前,我国制革原料皮缺口近50%,远远不能满足制革原料的需求,而且猪、牛、羊革的开剥率很低。另外,我国畜牧业仍以粗放经营为主,原皮部位差大、伤残多、粒面粗,在很大程度上影响了成品革质量。同时由于我国进口生皮关税较高,使制革业与国外同行业竞争中处于劣势状态。

我国原料皮加工及营销均处在低级水平。生皮及生毛皮无论从原料皮加工、储存、运输,还是流通方面均与国际先进水平有较大差距,如除定点的肉联厂外,大量皮张由私人无序经营,一方面影响原皮的质量,另一方面造成原皮价格波动大;不仅造成质量不稳定,也增加了企业的负担。

制革业存在污染,其污水排放仅占全国污水排放总量的0.47%,污水治理技术成熟,制革行业规模以上的企业均有完善的污水治理设施。由于我国各地区环保治理监管力度不一,特别是部分小企业污水排放不达标,严重影响了制革行业的整体声誉,而且这也造成了制革企业事实上的不平等竞争。此外,国家对环保治理方面缺乏资金支持及引导,使我国的制革污水治理效果和废物综合利用水平都低于国际先进水平。

4. 皮革行业在"十五"期间发展速度过快,出口依存度偏高,加大了行业的经营风险

"十五"期间,我国皮革行业主要产品产量增长较快,如皮鞋、毛皮服装分别比"九五"末期增长了72%、315.3%,主要产品的出口依存度偏高。我国大部分皮革制品,无论是出口数量占总产量,还是出口金额占总销售收入,均达到50%左右。产品产量增长过快,出口依存度偏高,极易引发贸易摩擦,此外一旦国际市场有大的变化,将给行业发展带来较大风险。

二 "十一五"时期皮革行业发展面临的新形势

(一)机遇

1. 国际产业转移给我国皮革行业带来了持续发展的机会

众所周知,劳动密集型行业生产和贸易格局始终遵循着从劳动力成本高的地区向成本低的地区转移的客观规律,这个规律在世界及中国境内都是不可逆转的。上世纪八、九十

年代，世界皮革产业加工中心进入中国，使我国获得了快速发展的大好机遇，在上世纪末成为世界公认的皮革生产大国。由于我国地域辽阔、原料资源较充足、加工能力强、劳动力便宜，以及具备完整的产业链，此外还拥有 13 亿人口的巨大市场，更重要的是十六大提出本世纪头二十年全面建设小康社会的目标，这一切都为我国皮革产业在本世纪头 20 年发展提供了大好时机。

随着我国西部大开发、东北老工业基地的振兴和中部的崛起，皮革产业也会遵循产业发展转移的规律，由东南沿海逐步向内地转移，为这些地区经济、社会的发展做出新的贡献。

2. 中国是世界上最大的市场，内销市场潜力巨大

据专家预测，"十一五"期间我国经济将进入一个长期较快平稳发展的阶段。"十一五"期间，中国 GDP 年平均增长率保持 8% 左右，国内生产总值比 2000 年翻一番，人均国民生产总值达到 1600 美元以上。城镇化进程保持较快速度，城镇化水平达到 47%，人民生活质量得到明显改善。

据国家统计局"2005 年全国 1% 人口抽样调查主要数据公报"显示，截止 2005 年 11 月 1 日全国城镇人口为 5.6 亿人，农村人口为 7.4 亿人。随着国家"三农"政策的落实，和谐社会的构建，人民消费水平的提高，国内将提供广阔的市场空间。

（二）挑战

1. 贸易摩擦及技术壁垒的挑战

"十一五"期间，我国正处在加入 WTO 的后过渡期，由于中国与世界各国在竞争产业上存在结构性的矛盾，因此这个时期将进入贸易摩擦高发期，且呈常态化发展。

2005 年，欧盟先后对中国劳保鞋和部分皮面皮鞋展开了反倾销调查；尼日利亚、土耳其、巴西等对中国皮革产品实施了贸易保护措施或进行反倾销调查；国际动物保护组织对中国毛皮动物养殖业发起动物福利贸易壁垒；"灰色清关"使皮革产品出口俄罗斯市场不畅，等等。这些都开始影响着到中国皮革制品的出口。

近年来，由于国外消费者绿色消费意识日益加深，某些国家针对皮革及皮革制品中的一些化学物质提出了限制性指令，此外，某些大的国际买家为了避免因为皮革制品中的某些化学物质对人体健康可能引起负面影响而进行赔偿的风险，他们从发展中国家进口皮革时往往对皮革中的一些特殊化学物质附加严格限量规定，这种倾向已成为我国皮革和皮革制品进入国际市场的技术性贸易壁垒。

2. 受资源约束，产品成本不断提高

随着我国经济社会的不断发展，皮革行业面临着资源短缺、招工难、原辅料价格上涨，以及环保、社会责任要求严格等压力，使得皮革企业的产品成本不断提高。企业必须在新材料、新技术应用和产品设计、品牌建设等方面有所突破，才能适应市场的需求。

3. 国家宏观调控政策的影响

为贯彻落实科学发展观，国家陆续出台相应的宏观调控政策，对行业发展带来较大的影响。如，根据国家控制高耗能、高污染、资源性产品出口的规划，2006 年 1 月 1 日开始执行禁止生皮加工贸易政策。此外，政府有关部门将出台更加严格的政策，以及人民币的升值等等，这些都将使企业面临着较大的压力。

总之，中国经济处在新一轮较快成长期的大趋势没有改变，经济增长的内在活力仍较

强劲,发展趋势的特点是城镇化、新型工业化、国际化及居民的消费水平不断提高。我国皮革行业发展的重点是转变增长方式,加快产业结构调整和升级的步伐。

三 "十一五"时期皮革行业的发展战略

（一）指导思想

"十一五"时期我国皮革行业发展的指导思想是:全面贯彻落实科学发展观,坚持可持续发展战略,发展绿色皮革产业,走资源节约型、环境友好型的新型工业化发展道路,加快产业结构调整和升级,加强自主创新,转变增长方式,使全行业从数量主导型过渡到以质量、品牌、环保、出口、效益型为主导的"二次创业"发展新阶段。

（二）发展目标

——控制产量增长,鼓励提高产品附加值,保持行业总产值（或销售收入）年均增长10%;

——控制出口数量增长,鼓励出口价格提高,保持行业出口创汇年均增长10%;

——提高资源利用率,单位生产总值能源消耗比"十五"末期降低20%;

——更加有效控制环境污染,实现增产不增污;

——倡导自主品牌,到2010年或更长一点时间争创3—5个世界知名品牌,为从皮革生产大国跨入皮革强国行列打好基础。

（三）战略措施

1. 为皮革、毛皮工业可持续发展做好基础性工作

原料皮的数量及质量保证是皮革产业可持续发展的基础。"十一五"期间,皮革、毛皮工业所需的原料皮仍将立足国内,但尚需继续进口部分原料皮,才能保证皮革工业的平稳较快发展。

——充分发挥我国原料皮资源优势,推动畜牧养殖业、制革、毛皮及其加工业联合发展的进程。促进猪、牛、羊养殖基地建设国际化,做到优化良种,皮肉兼顾,不断提高存栏量,从管理及市场方面引导逐年提高出栏开剥率,逐年改善原料皮资源不足及质量差的现状。

——加快毛皮经济动物的繁育发展,推动毛皮经济动物的养殖基地建设,努力培育中国的貂、狐、貉优良品种,保证毛皮加工业的数量及质量需求。

——建立完善原料皮收购、防腐、销售的原料皮经销队伍,倡导貂、狐、貉等细杂皮在销售中引入拍卖机制,进一步规范原料皮市场运营机制。

——提高生皮开剥、加工、防腐技术,确保开剥、保存、运输中不损害原料皮质量,推进我国原料皮市场国际化。

——配合政府主管部门进一步完善包括经济动物福利、饲养技术管理等标准和法规,促进我国畜牧养殖业与国际接轨。

2. 合理布局,调整结构,走可持续发展道路

合理布局,调整结构,促进产业升级,形成东中西部优势互补、良性互动的区域协调发展格局。

（1）引导我国东部沿海、中西部和东北部三个皮革生产区域互相协调发展。逐步将有产业基础的地区建成技术研发和设计中心、信息中心、营销中心,并向周边地区合理

辐射。

——在东部沿海地区将重点发展高附加值产品，提高高档产品的比例，增加出口创汇；在中部地区将发挥"承东启西"的作用，一方面注意吸纳东部的技术，一方面发挥现有皮革工业基础，提高现有皮革工业综合水平；在西部、东北部地区将根据皮革资源丰富的特点，以市场为导向，发展具有地区特色的皮革加工技术。促进三个区域扬长避短，相互协调，共同发展。

——加快"携手工程"的推进工作。引导东部沿海名牌产品和优势企业向西部、东北部和内地梯度转移，充分利用这些地区现有的生产能力和资源，提高生产水平，扩大营销网络。

（2）积极吸引外资，加速技术引进、消化吸收再创新，调整和优化产品结构。

——鼓励具备一定基础和规模的企业，吸引外资，加速技术引进及技术改造，向规模效益型企业发展，形成一批以名优产品为龙头的公司集团。积极扶持一批具有独特优势的"小而专"、"小而精"的企业，使整个行业形成以大型企业为龙头，中小企业为基础的大小规模并举的完整的生产体系。引导企业转换经营机制，建立现代化企业制度。

（3）以市场最终消费为导向，引导企业调整产品结构。

制革、毛皮：

——制革原料以市场为导向，猪、牛、羊革并举，不断开发利用新的原料皮资源和新材料。

——提高高档头层革的比例，充分开发利用二层革、三层革。

——以鞋面革、服装革为主导产品，不断增加包袋革、家具革和汽车座垫革的比重，提高皮革的技术附加值，丰富皮革的花色品种。

——大力发展毛皮加工业，提高大宗产品（山羊、绵羊、狗、兔皮等）的染整技术，粗皮细做，增加市场需求的花色品种，进一步提高高档原料皮（水貂、蓝狐、貉等）加工技术，增加产品附加值。

鞋类及皮革毛皮制品：

——进一步调整产品结构比例，高档产品占15%，中档产品占50%，保持一定比例的低档产品，适应不同消费层次的需要。

——强化行业的品牌意识，扶优限劣，进一步调整出口产品结构，改变我国皮革及制品以低档产品出口为主的局面，逐步转变依靠出口拉动行业发展的增长模式。

配套行业：

——鼓励、扶持皮革机械、皮革化工和皮革五金等产品开拓国外市场，确保配套行业持续、稳定发展。

3. 建立自主创新机制，加大科技投入，实施科教兴皮战略

把增强自主创新能力作为产业发展的战略基点和调整产业结构、转变增长方式的中心环节。必须建立以企业为主体、市场为导向、产学研相结合的技术创新体系，形成自主创新的基本体制架构。

——依靠技术进步，不断提高皮革产品质量及花色品种，加大清洁化制革的研发和推广力度，全面提高制革行业整体水平。

——以皮鞋、皮革服装、箱包等皮革制品为龙头，进一步研究皮革制品计算机辅助设

计和制造，大力推动产业信息化建设，全面提高设计水平。

——大力研究开发生产优质皮革需要的皮化材料，皮化产品向低污染、多品种、多性能、系列化方向发展。加强对皮革机械设备的研究与开发，引导具备条件的骨干企业进行重点技术改造，引进、消化、吸收国外先进技术和设备。

——鞋用材料及部件和皮革五金要向多品种、优质化发展。在皮革工业集中生产地区，对现有的鞋用材料厂、皮革五金厂进行重点扶持，引进国外先进技术及设备，鼓励企业合理分工，逐步形成标准化、配套化生产。在国内有条件的地区组建具有先进水平的模具厂及鞋用部件专业生产厂。

——建立产品标准体系，制定和修订行业有关标准，促进标准工作与国际接轨，为企业参与国际竞争打好基础。

——引导企业提高专利和知识产权保护意识，加大知识产权保护力度，不断增加产品附加值。

——国家要对皮革工业基础科学研究工作给予政策支持。

——培育扶持皮革工业的设计体系及信息中心、研发中心。

——通过不同途径和多种形式，加强对皮革技术、设计、管理人才的培养，以及对技术工人的技能培训，不断提高全行业整体素质。

4. 实施名牌战略，做好真皮标志工作，为争创国际名牌创造条件

发展自主品牌是调整产业结构、转变增长方式的先导，真皮标志和生态皮革是培育行业品牌的平台，也是行业质量自律的载体。企业应成为打造自主品牌和落实走出去方针的主体。

——真皮标志（含生态皮革）作为证明商标，受国家法律保护，是我国皮革产品的优秀群体，为优质产品平等竞争创造了条件。在加强真皮标志工作的基础上，培育主要产品的排头企业，争创国际知名品牌。

——通过真皮标志的推荐，优秀设计产品评选以及市场竞争的优胜劣汰，引导企业注重产品的精工细做及功能研究、款式设计，逐渐提高出口及内销产品的综合质量水平。

——以真皮标志为培育行业品牌的平台，继续培育自主品牌及行业名牌（中国真皮鞋王、衣王等）、中国名牌、中国驰名商标、国家免检产品，为争创世界名牌打好基础。

——以真皮标志为先导，推动创建皮革特色区域名牌工作，促进产业结构调整和升级。

5. 以皮革特色区域为基础，促进产业结构调整和增长方式转变

鼓励有条件的地区从自身实际出发，以优势企业为龙头，影响和带动其他企业合作配套，共同发展，发挥产业的集聚效应，形成皮革特色产业区域。皮革特色区域是产业调整结构、转变增长方式的主力军和主战场。

——规范培育皮革特色区域的发展，促进皮革特色区域之间良性互动、错落有序、协调发展。

——引领皮革特色区域以科学发展观统领经济发展，走新型工业化道路，成为行业调整结构，转变增长方式的中流砥柱。

——全行业要认真执行《关于授予中国皮革行业特色区域荣誉称号行业规范》，作为对皮革特色区域扶优限劣的行业规范。

6. 推进节能降耗，强化环保，探索制革、毛皮集中加工新模式

致力于建立环境友好型、资源节约型皮革产业，走循环经济的发展道路，把促进产业增长方式根本转变作为着力点。

——大力推进节能降耗，提高资源利用率，节约水资源。

——依靠科技进步，加强清洁制革和毛皮加工工艺研究，不断推进绿色产业的步伐。

——编制《制革及毛皮加工工业污染物排放标准》和《皮革制品工业污染物排放标准》，有效规范和指导污染治理工作。

——政府要加强对皮革产业环境治理的监察力度，对于环保治理资金应给予扶持政策。

——大力提倡、宣传真皮标志生态皮革，引导行业走循环经济的发展道路。

——政府、行业协会、企业应共同促进皮革产业的持续发展，选择2—3个区域建立我国的绿色制革生产基地，推动资源节约型、环境友好型皮革绿色产业的形成和发展。

7. 培育国内外多元化专业市场，为跨入世界皮革强国行列打好基础

立足扩大内需寻求皮革产业发展的新增长点，力求产业发展由依靠出口拉动向内需与外需协调带动转变。

——全行业要积极调整依赖出口拉动产业发展的增长方式，调整出口产品结构，扩大在中高档市场的占有份额；努力拓展多元化国际市场，避免出口地区过于集中，减少出口贸易风险。

——积极参加国际上有影响的皮革专业展览，扩大对外影响，进一步拓展国外市场。

——在国内举办的国际皮革展览要逐渐规范化，明确分工，各有侧重，优胜劣汰。逐步培育现有规模大、有发展前途的传统专业展览成为国际知名专业大展，促进国内外技贸交流。

——以创新的精神，努力拓展国内市场，鼓励加工企业与现有市场营销企业嫁接，营造市场流通的新模式，加强信息反馈，降低营销成本，提高服务质量，拓展内销市场。

——行业、企业要加强与各大中城市皮革批发专业市场的沟通与互动，使其成为拓展国内市场的重要集散站及信息反馈渠道。

——鼓励企业学习国际贸易规则，尊重所在国文化，以多种形式"走出去"，积极融入当地加工及营销渠道，创造双赢的贸易合作模式。

——完善行业预警机制，维护产业安全。继续以中国皮革协会紧急应对小组牵头，全国各地方协会相配合的预警体系为核心，做好行业预警工作，确保产业安全。

8. 加强国家及地方协会建设，促进国际交流与合作，承担皮革生产大国的权利和义务

不断加强和完善国家及地方协会的自身建设，是增强其协调能力、服务水平的基础和前提，也是促进皮革行业健康发展的重要环节之一。

——国家及地方协会要团结、互动，共同发挥政府与企业间的桥梁、纽带作用。加强行业自律，确保国家、行业、企业的利益不受损害，规范市场秩序，营造公平市场环境，达到多赢和共同发展。

——国家、地方协会要共同推进《中国皮革行业诚信公约》、《中国皮革行业品牌宣

言》、《中国皮革行业社会责任指南》等行业自律规范，确保行业可持续发展。

——国家、地方协会要引领企业共同推进《中国皮革行业"十一五"发展规划》的实施。

9. 政府及有关部门应保持产业政策的连续性，加大支持力度，确保本规划的完成

政府正确履行职责，调控引导社会资源，合理配置公共资源，是确保行业规划目标实现的重要保证。

——我国猪皮资源开发是上世纪60—80年代国家财政补贴的成果，这一成果符合循环经济的发展理念和模式。目前，猪皮市场主要在国外，政府要为猪皮革拓展国际市场给予政策支持。

——政府要主动创造条件，让猪牛羊大牲畜及毛皮经济动物的养殖业与下游皮革、毛皮加工业形成有机互动的产业链，包括政策制订、税收平衡、发展规划等，杜绝上下游割裂发展。

——要充分考虑到我国农牧产品为分散小农经济滞后于工业经济的特点，进一步完善、规范收购原料皮增值税的缴纳办法，做到农牧民卖皮方便，享受国家免征农副产品税政策；也要支持皮货收购商合法收皮，并给予合理的纳税渠道，适当降低税赋，以示支持。此外，也要保证制革、毛皮加工企业增值税抵扣全面到位。

——要实现皮革强国的目标，科技创新是先导，呼吁政府在"十一五"期间加强对皮革行业基础理论研究和工艺技术、设计、环保、新材料等方面的立项，以大专院校及现有科研单位为主体，与品牌企业共同攻关，确保我国皮革科技水平挤入国际先进行列。

——为解决我国原料皮缺口50%的现状，建议在大力发展畜牧业的同时，国家要逐步降低或取消原料皮进口关税，营造我国制革企业与国际同行平等竞争的环境。

——根据皮革行业是出口创汇型行业，国际贸易纠纷常态化的特点，国家主管部门应进一步总结经验，规范商、协会的分工，建立快速、通畅、有效的预警机制，以维护产业安全和利益。

——建议政府要进一步改革、完善现有的品牌评价体系，品牌评价的核心是市场。要加强和深化对品牌在市场环节的考评，引导企业注重营销模式的创新、营销网络的构建和售后服务的完善，以"建百年企业，创世界品牌"为目标制订长远发展规划。

结束语

本规划是中国皮革行业发展进程中的重要规划，系统地总结了"十五"期间的显著成绩和存在问题，并在此基础上清晰勾划了未来五年皮革行业发展的战略目标和措施。在广泛征求意见基础上，认真进行了修订，努力使本规划与1998年制定的《中国皮革工业"二次创业"发展战略（1998—2010）》共同成为全行业统一的行动纲领和指南。号召全行业在本规划的指引下，全面落实科学发展观，振奋精神，扎实工作，锐意进取，开拓创新，为实现皮革行业"十一五"规划和皮革强国的宏伟目标而努力奋斗。

第二节　中国皮革协会章程及规范性管理文件

中国皮革协会章程

2004 年 9 月

第一章　总　则

第一条　为适应我国经济体制改革和社会主义市场经济的需要，加强行业协调与管理，促进皮革产业的发展，特成立中国皮革协会（简称：中国皮协）。英文名称：China Leather Industry Association（缩写：CLIA）。

第二条　本协会的性质是以我国已形成的皮革工业生产、经营体系，包括制革、制鞋、皮衣、箱包、皮件、皮制运动用品、毛皮及其制品，以及皮革化工材料、皮革机械、皮革用五金、鞋用材料等为基础，由企业（生产、经营）、事业（社团、研究院所、院校等）单位自愿组成的非营利性的全国性社会团体，具有法人地位。

第三条　本协会的宗旨是遵守国家宪法、法律、法规和政策，遵守社会道德风尚，积极为政府部门和会员单位服务，为皮革行业服务。

第四条　本协会接受国务院国有资产监督管理委员会和民政部以及中国轻工业联合会的业务指导和监督管理。受政府主管部门委托，做好行业的协调和管理工作。在政府部门指导和企业的支持下，在政府与企业之间发挥桥梁和纽带作用，传达政府有关本行业的方针、政策、法规，反映会员单位愿望和要求，维护行业的利益。

第五条　本协会设在北京市。

第二章　业务范围

第六条　本协会的业务范围：

1. 开展行业调查研究，进行基础资料的收集、统计，研究行业发展方向，提出行业发展规划（包括基本建设、更新改造、生产、出口规划、科技教育发展等）的建议；

2. 协助政府推行经济技术政策，提出行业政策的建议；

3. 推行企业间多种形式的经济联合，协调会员之间材料供应及产品生产、技术、营销等方面的问题，促进行业合作与发展；

4. 实施名牌战略，做好真皮标志工作；

5. 采取多种形式为企业培训人才，提高人员素质，指导、帮助企业提高经营管理水平；

6. 实施"科教兴皮"战略，在部分高校皮革专业和行业中设立"中国皮革协会奖学金""推动科技进步奖""科技先导奖"等奖项；

7. 开展咨询服务，为会员提供国内外经济技术和市场信息，编写行业有关资料，出版协会会刊、办好中国皮革网；

8. 建立行业自律机制，制定行规、行约，推行《中国皮革行业诚信公约》；

9. 密切同国外相关行业组织的联系，开展国际经济、技术、管理等方面的交流与合作；

10. 举办国内外专业展览，为企业拓展市场；

11. 提出行业新技术、新工艺、新产品、新材料开发规划建议；组织重大科技项目攻关和成果鉴定、推广工作；

12. 提出行业引进项目审查意见；

13. 承办政府有关部门和单位委托的事项；

14. 维护会员的合法权益，调解会员纠纷，协调行业关系；

15. 受政府有关部门委托组织制定和实施国家行业标准，对生产企业的产品质量实行监督和检验；

16. 受委托参与接待国际来访团组；

17. 组织开展行业公益事业活动，以及有利于提高企业整体素质的其他活动。

第三章 会 员

第七条 本协会会员分为团体会员和名誉会员：

1. 凡本行业依法取得国家工商营业执照的企业、事业单位和经有关部门批准登记的社会团体，均可申请入会，填写"中国皮革协会会员申请表"，经批准后作为本协会的团体会员。团体会员的代表应是本单位的法定代表人或其委托人；

2. 凡在中国境内合法开办的外商独资企业和代表机构，均可申请入会，填写"中国皮革协会会员申请表"，经批准后作为本协会的名誉会员；

3. 根据工作需要，本协会可聘请有关领导及资深专家担任协会名誉职务或顾问。

第八条 申请加入本协会的团体会员和名誉会员，必须具备下列条件：

1. 拥护本协会《中国皮革协会章程》（以下简称《章程》）；
2. 有加入本协会的意愿；
3. 在本行业领域内具有一定的影响。

第九条 会员入会的程序：

1. 填写"中国皮革协会会员申请表"；
2. 经本协会秘书处审查批准，特殊情况经理事会讨论通过；
3. 由秘书处颁发会员证书。

第十条 会员享有下列权利：

1. 本协会的选举权、被选举权和表决权（第三章第七条2、3款规定的除外）；
2. 参加本协会的有关活动；
3. 获得本协会服务的优先权；
4. 对本协会工作的批评、建议和监督权；
5. 入会自愿，退会自由。

第十一条 会员履行下列义务：

1. 执行本协会的决议；
2. 维护本协会的合法权益；
3. 完成本协会交办的工作；

4. 按规定交纳会费；

5. 向本协会反映情况，提供有关资料。

第十二条　会员退会应书面通知本协会，并交回会员证书。

会员如果 2 年不交纳会费或不参加本协会组织的活动，视为自动退会。

第十三条　会员如有严重违反本《章程》的行为，经理事会或常务理事会表决通过，予以除名。

第四章　组织机构和负责人的产生、罢免

第十四条　本协会的最高权力机构是会员代表大会。会员代表大会的职权是：

1. 制定和修改《章程》；

2. 选举和罢免理事、常务理事、副理事长、理事长；

3. 审议理事会的工作报告和财务报告；

4. 审议和决定其他重大事宜；

5. 决定终止事宜。

第十五条　会员代表大会须有 2/3 以上的会员代表出席方能召开，其决议须经到会会员代表半数以上表决通过方能生效。

第十六条　会员代表大会每届四年。因特殊情况需提前或延期换届的，须由理事会表决通过、报业务主管单位审查并经社团登记管理机关批准同意。但延期换届最长不超过 1 年。

第十七条　理事会是会员代表大会的执行机构，在闭会期间领导本协会开展日常工作，对会员代表大会负责。

第十八条　理事会的职权：

1. 执行会员代表大会的决议；

2. 选举和罢免理事、常务理事、副理事长、理事长；

3. 向会员代表大会报告工作和财务状况；

4. 决定会员的除名；

5. 决定设立办事机构、分支机构和实体机构；

6. 制定内部管理制度；

7. 决定其他重大事项。

第十九条　理事会须有 2/3 以上理事出席方能召开，其决议须经到会理事 2/3 以上表决通过方能生效。

第二十条　理事会每年至少召开一次会议，情况特殊的，也可采用通信形式召开。

第二十一条　本协会设立常务理事会。常务理事会由理事会选举产生，在理事会闭会期间行使第十八条第 1、3、4、5、6、7 项的职权，对理事会负责。

第二十二条　常务理事会须有 2/3 以上常务理事出席方能召开，其决议须经到会常务理事 2/3 以上表决通过方能生效。

第二十三条　常务理事会至少一年召开一次会议，情况特殊的，也可采用通信形式召开。

第二十四条　本协会的理事长、副理事长、秘书长必须具备下列条件：

1. 坚持党的路线、方针、政策，政治素质好；
2. 在本行业领域内有较大影响；
3. 专职理事长、副理事长、秘书长任职年龄按民政部、中国轻工业联合会有关规定执行；
4. 身体健康，能坚持正常工作；
5. 具有较高的文化素质和业务素质；
6. 具有完全民事行为能力。

第二十五条 本协会理事长、副理事长、秘书长如超过最高任职年龄的，须经理事会表决通过，报业务主管单位审查并经社团登记管理机关批准同意后，方可任职。

第二十六条 本协会理事长、副理事长、秘书长任期四年。因特殊情况需延长任期的，须经会员代表大会2/3以上会员代表表决通过，报业务主管单位审查并经社团登记管理机关批准同意方可任职。

第二十七条 本协会理事长为本团体法定代表人（社团法定代表人一般应由理事长担任。如特殊情况需由副理事长或秘书长担任法定代表人，应报业务主管单位审查并经社团登记管理机关批准同意后，方可担任，并在《章程》中写明）。本团体法定代表人不得兼任其他团体的法定代表人。

第二十八条 本协会理事长行使下列职权：
1. 召集和主持理事会（或常务理事会），提名聘任秘书长；
2. 检查会员代表大会、理事会（或常务理事会）决议的落实情况；
3. 代表本协会签署有关重要文件。

第二十九条 本协会秘书长行使下列职权：
1. 主持办事机构开展日常工作，组织实施年度工作计划；
2. 协调各分支机构、代表机构、实体机构开展工作；
3. 提名聘任副秘书长；
4. 决定办事机构、代表机构、实体机构专职工作人员的聘用；
5. 处理其他日常事务。

第五章　资产管理、使用原则

第三十条 本协会经费来源：
1. 会费；
2. 捐赠；
3. 政府资助；
4. 在核准的业务范围内开展活动或服务的收入；
5. 利息；
6. 其他合法收入。

第三十一条 本协会按照国家有关规定收取会员会费。

第三十二条 本协会经费必须用于本《章程》规定的业务范围和事业的发展，不得在会员中分配。

第三十三条 本协会建立严格的财务管理制度，保证会计资料合法、真实、准确、完整。

第三十四条　本协会配备具有专业资格的会计人员。会计不得兼任出纳。会计人员必须进行会计核算，实行会计监督。会计人员调动工作或离职时，必须与接管人员办清交接手续。

第三十五条　本协会的资产管理必须执行国家规定的财务管理制度，接受会员代表大会和财政部门的监督。资产来源属于国家拨款或者社会捐赠、资助的，必须接受审计机关的监督，并将有关情况以适当方式向社会公布。

第三十六条　本协会换届或更换法定代表人之前必须接受社团登记管理机关和业务主管单位的财务审计。

第三十七条　本协会的资产，任何单位、个人不得侵占、私分和挪用。

第三十八条　本协会专职人员的工资和保险、福利待遇，参照国家对事业单位的有关规定执行。

第六章　章程的修改程序

第三十九条　对本团体《章程》的修改，须经理事会表决通过后报会员代表大会审议。

第四十条　本协会对《章程》的修改，须在会员代表大会通过后15个工作日内，经业务主管单位审查同意，并报社团登记管理机构核准后生效。

第七章　终止程序及终止后的财产处理

第四十一条　本协会完成宗旨或自行解散或由于某原因需要注销的，由理事会或常务理事会提出终止动议。

第四十二条　本协会终止动议须经会员代表大会表决通过，并报业务主管单位审查同意。

第四十三条　本协会终止前，须在业务主管单位及有关机构指导下成立清算组织，清理债权债务，处理善后事宜。清算期间，不开展清算以外的活动。

第四十四条　本社团经社团登记管理机关办理注销手续后即为终止。

第四十五条　本协会终止后的剩余财产，在业务主管单位和社团登记管理机关的监督下，按照国家有关规定，用于发展与协会宗旨相关的事业。

第八章　附　则

第四十六条　本《章程》经中国皮革协会第五届理事会第二次扩大会议审议通过。

第四十七条　本《章程》的解释权在本协会的秘书处。

第四十八条　本《章程》自社团登记管理机关核准之日起生效。

关于授予中国皮革行业特色区域荣誉称号的行业规范（试行）

中国皮革工业协会

（2001年）

近年来，我国各地皮革行业特色区域蓬勃发展，为进一步鼓励和规范皮革行业特色区域发展，加强行业自律，为此，中国皮革工业协会特提出《关于授予中国皮革行业特色区域荣誉称号的行业规范（试行）》（以下简称《规范》），望业内各方共同遵守。

一 目的

1. 鼓励和规范皮革行业特色区域的健康发展，推动皮革行业"二次创业"的进程。目前中国已成为世界关注的皮革加工和销售中心，面对中国即将加入WTO的机遇和挑战，依据区域优势，弘扬区域品牌，带动全行业整体水平的提升，这对实施中国皮革行业二次创业的发展战略具有极其重要的意义。皮革行业特色区域品牌的争创是以质量为本、以诚信为基础、以品牌为目标、以发展为动力。其示范作用、龙头效应和辐射功能，对在国内外市场树立中国产品的优良形象，促进全行业的发展具有重要的作用。因此，鼓励和规范皮革行业特色区域荣誉称号的创建，对促进全行业的发展具有积极的现实意义。

2. 营造各地区皮革行业特色区域平等竞争的好环境

一个时期以来，各地在争相发展地方皮革行业特色区域和区域品牌中也存在着某些不规范的状况，为更好培育和壮大各地皮革行业特色区域，规范荣誉称号的产生，增加其权威性及透明度，为各地区皮革行业特色区域营造平等竞争的好环境，这将大大促进各地区皮革行业特色区域协调发展。

3. 提高全行业树立行规行约的意识，迎接加入WTO后的挑战

以规范皮革行业特色区域荣誉称号为试点，引导全行业加强行规行约的意识，加强行业自律与约束，逐渐完善具有公益性的行规行约，迎接加入WTO后的挑战。

二 标准

（一）专业词汇解释

皮革行业特色区域：指以某一皮革产品为龙头形成的上、中、下游产品协调配套集中的地区。

（二）标准制定的原则

在考核和审定中要坚持历史和发展现状结合；区域优势与行业优势结合；经济效益与社会效益结合；社会影响力与公众认知度相结合的原则。

（三）标准内容

1. 具有传统优势，在同行业中处于龙头地位

（1）已形成稳定的专业化生产及销售中心，以某一产品为龙头，形成相关配套产业互相协调发展，并具有五年以上的发展基础。

（2）市场成熟度高，辐射面广，在国内外市场占有较大份额，主导产品产量居全国同行业前三名，该地区皮革主导产品出口居全国同行业前三名。

（3）市场管理规范有序，交易公平信誉高、自律性强、不搞假冒伪劣、不搞地方保护主义，在行业中公认有较好的商誉。

2. 在区域经济发展中具有重要影响，处于龙头地位

（1）年销售收入在500万元以上的企业，其年度销售收入总额不少于该地区年度销售收入总量的25%。

（2）皮革工业总产值地市级地区占本地区工业总产值的10%以上；县级地区占15%以上。

（3）皮革行业生产位居本地区支柱产业前三名，并被列为当地财政重点投入支持发展的产业。

3. 具有知名的品牌群体和突出的龙头企业

（1）该地区要有行业知名品牌2个以上（含2个），或全国行业排头企业2个以上（含2个）。

（2）区域内的企业和产品获得全国性设计、质量、管理等奖项不少于10次。

（3）企业的品牌意识强，品牌营造成效明显。

4. 注重人才培养和科技创新，形成特色产业文化

（1）各类专门人才的培养、培训形成层次规模，在产品设计、工艺技术、生产经营、质量管理等方面均有较强的人才优势。

（2）该地区25%的企业已将人才培训、科研、企业文化、互联网应用纳入企业规范管理工作中。

（3）职工普遍具有熟练的生产操作技能。

（4）企业设备、工艺、技术先进，具有相当的科技开发、设计制造、工艺创新的能力。

（5）围绕特色经济和专业市场，把传统与发展紧密结合，形成特有的产业经济文化。

5. 重视环保工作，确保当地皮革产业可持续发展

（1）当地环保主管部门及皮革企业能严格遵守国家环保政策。

（2）当地政府环保意识强，对当地皮革产业的环境污染能做到"以防为主、防治结合"，并要有相应的环保规划、措施及扶持政策。

（3）当地皮革产业要达到国家规定的环保标准。

6. 有创新精神，对全国皮革行业的发展具有积极的拉动作用

（1）该地区产业基础牢固，比较优势明显，政府部门要有较强的创新意识，并有本世纪前10年的长远发展规划，及近几年的切实可行的实施方案。

（2）有规范的市场管理机构，工商、税收、物价、管理及各种服务监督机构健全，工作有效。

（3）要有业务能力强，且具有自律自治性的行业组织，其工作业绩要位居全国皮革行业地方协会的先进水平。

（4）该地区25%的企业已建立较为完善的质量保证体系。

（5）规模化生产、科技创新、保护知识产权、市场管理、行业自律等方面在行业中

起到导向作用。

三 授名内容

1. 皮革行业特色区域荣誉称号的授名分为"都"、"乡"两类，按行业分目分为：皮革、皮件、毛皮、皮鞋、皮具、皮衣等。
2. 授名数量：要严格控制数量，原则上每个自然行业授名不能超过两个。
3. 荣誉称号冠名前加"中国"字头。授名为"中国"荣誉称号。
4. 举例："中国鞋都"、"中国皮衣之都"。

四 授名程序

1. 申请

以所在县或地级人民政府的名义正式向中国轻工业联合会或中国皮革工业协会提出申请，并按本《规范》的相关标准进行自我评价，说明申请理由。

2. 考评

由中国轻工业联合会授权，由中国皮革工业协会牵头并组织相关专业人员对申请地区进行考评，并提出考评报告和明确建议。

3. 批准

由中国轻工业联合会正式批准，并由中国轻工业联合会和中国皮革工业协会共同授予相应荣誉称号，并颁发荣誉牌及证书。

五 管理

1. 获荣誉称号的皮革行业特色区域的日常管理工作，由所在地人民政府的有关部门负责，并定期向授名部门或组织汇报有关情况。
2. 授名部门委托中国皮革工业协会负责对获得荣誉称号的皮革行业特色区域，依据行规进行监督、服务，以保证荣誉称号的严肃性及规范运作。
3. 获荣誉称号的皮革行业特色区域需每五年进行一次复评，不搞终身制，复评工作由原考评批准单位负责。
4. 为了确保本《规范》的公正性，有关荣誉称号授名考核评审和日常工作的费用由中国皮革工业协会承担，不得向被授名地区收取任何费用。

六 相关说明

1. 本《规范》由中国皮革工业协会秘书处提出，经由常务理事会讨论通过，报有关行业管理部门批准，是全行业的自律规范。业内各方均有责任自觉遵守本《规范》，在执行中认真维护本《规范》的严肃性。
2. 对本《规范》的修改意见可按正常程序提出，但《规范》未经修改前，须认真遵照执行。中国轻工业联合会授权中国皮革工业协会以适当方式维护本《规范》严肃性的权力。
3. 本《规范》的解释权属中国皮革工业协会。在国家对此没有相应法规之前，全行业应认真遵守此行业自律规范。当此《规范》与国家相应法规有矛盾时，即执行国家法规，此《规范》将依照国家法规做出相应修改或取消。

关于授予中国皮革行业特色区域荣誉称号的行业规范

（2008年9月经中国皮革协会六届二次理事扩大会议审议修订）

近年来，我国各地皮革行业特色区域蓬勃发展，为进一步鼓励和规范皮革行业特色区域发展，加强行业自律，为此，中国皮革协会特提出《关于授予中国皮革行业特色区域荣誉称号的行业规范》（以下简称《规范》），望业内各方共同遵守。

一 目的

1. 鼓励和规范皮革行业特色区域的科学发展，推动皮革行业"二次创业"的进程。目前中国已成为世界关注的皮革加工和销售中心，面对新时期的机遇和挑战，依据区域优势，弘扬区域品牌，带动全行业整体水平的提升，这对实施中国皮革行业二次创业的发展战略具有极其重要的意义。皮革行业特色区域品牌的争创是以质量为根本、以诚信为基础、以品牌为目标、以发展为动力。其示范作用、龙头效应和辐射功能，对在国内外市场树立中国产品的优良形象，促进全行业的发展具有重要的作用。因此，鼓励和规范皮革行业特色区域荣誉称号的创建或共建，对促进全行业的发展具有积极的现实意义。

2. 营造各地区皮革行业特色区域平等竞争的良好环境

一个时期以来，各地在争相发展地方皮革行业特色区域和区域品牌中也存在着某些不规范的状况，为更好培育和壮大各地皮革行业特色区域，规范荣誉称号的产生，增加其权威性及透明度，为各地区皮革行业特色区域营造平等竞争的良好环境，这将大大促进各地区皮革行业特色区域协调发展。

3. 提高全行业树立行规行约的意识，应对新的挑战

以规范皮革行业特色区域荣誉称号为试点，引导全行业加强行规行约的意识，加强行业自律与约束，逐渐完善具有公益性的行规行约，应对新的挑战。

二 标准

（一）专业词汇解释

皮革行业特色区域：指以某一皮革产品为龙头形成的上、中、下游企业协调配套集聚的地区。

（二）标准制定的原则

在考核和审定中要坚持产业历史和发展现状结合；区域优势与行业优势结合；经济效益与社会效益结合；社会影响力与公众认知度相结合的原则。

（三）标准内容

1. 具有传统优势，在同行业中处于龙头地位

（1）已形成稳定的专业化生产及销售中心，以某一产品为龙头，形成相关配套产业

互相协调发展，并具有五年以上的产业发展基础。

（2）市场成熟度高，辐射面广，在国内外市场占有较大份额，主导产品产量居全国同行业前三名，该地区皮革主导产品出口居全国同行业前三名。

（3）市场管理规范有序，交易公平信誉高、自律性强、不搞假冒伪劣、不搞地方保护主义，在行业中公认有较好的商誉。

2. 在区域经济发展中具有重要影响，处于龙头地位

（1）年销售收入在500万元以上的企业，其年度销售收入总额不少于该地区年度销售收入总量的25%。

（2）皮革工业总产值地市级地区占本地区工业总产值的10%以上；县级地区占15%以上。

（3）皮革行业生产位居本地区支柱产业前三名，并被列为当地财政重点投入支持发展的产业。

3. 具有知名的品牌群体和突出的龙头企业

（1）该地区要有行业知名品牌2个以上（含2个），或全国行业排头企业2个以上（含2个）。

（2）区域内的企业和产品获得全国性设计、质量、管理等奖项不少于10次。

（3）企业的品牌意识强，品牌营造成效明显。

4. 注重人才培养和科技创新，形成特色产业文化

（1）各类专门人才的培养、培训形成层次规模，在产品设计、工艺技术、生产经营、质量管理等方面均有较强的人才优势。

（2）该地区25%的企业已将人才培训、科研、企业文化、互联网应用纳入企业规范管理工作中。

（3）职工普遍具有熟练的生产操作技能。

（4）企业设备、工艺、技术先进，具有相当的科技开发、设计制造、工艺创新的能力。

（5）围绕特色经济和专业市场，把传统与发展紧密结合，形成特有的产业经济文化。

5. 重视节能减排、环境保护，以"资源节约"、"环境友好"确保当地皮革产业可持续发展

（1）当地环保主管部门及皮革企业能严格遵守国家环保政策。

（2）当地政府环保意识强，对当地皮革产业的环境污染能做到"以防为主、防治结合"，并要有相应的环保规划、措施及扶持政策。

（3）当地皮革产业要达到国家规定的环保标准。

6. 有创新精神，对全国皮革行业的发展具有积极的拉动作用

（1）该地区产业基础牢固，比较优势明显，政府部门要有较强的创新意识，并有十年的长远发展规划，及近几年的切实可行的实施方案。

（2）有规范的市场管理机构，工商、税收、物价、管理及各种服务监督机构健全，工作有效。

（3）要有业务能力强，且具有自律自治性的行业组织，其工作业绩要位居全国皮革行业地方协会的先进水平。

（4）该地区 25% 的企业已建立较为完善的质量保证体系。

（5）规模化生产、科技创新、保护知识产权、市场管理、行业自律等方面在行业中起到导向作用。

三 授名

1. 皮革行业特色区域荣誉称号的授名分为"都"、"乡"、"镇"、"城"、"基地"五种，按行业分目分为：皮革、鞋类、皮衣、皮件、毛皮等。

2. 要严格控制数量。

3. 荣誉称号冠名前加"中国"字头。授名为"中国"荣誉称号。

4. 举例："中国鞋都"、"中国皮衣之都"。

四 程序

1. 申请

以所在县或地级人民政府的名义正式向中国轻工业联合会和中国皮革协会提出创建申请或与中国皮革协会共建申请，并按本《规范》的相关标准进行自我评价，说明申请理由。

2. 考评

由中国轻工业联合会授权，由中国皮革协会牵头或由中国皮革协会组织相关专业人员对申请地区进行考评，并提出考评报告和明确建议。

3. 批准

由中国轻工业联合会正式批准，并由中国轻工业联合会和中国皮革协会共同授予相应荣誉称号，并颁发荣誉牌及证书。依据与时俱进，创新发展需要，中国皮革协会也可直接与皮革特色区域所在人民政府开展共建工作并授予荣誉称号（其共建工作指南由中国皮革协会制定）。

五 管理

1. 获荣誉称号的皮革行业特色区域的日常管理工作，由所在地人民政府的有关部门负责，并定期向授名部门或组织汇报有关情况。

2. 授名部门委托中国皮革协会负责对获得荣誉称号的皮革行业特色区域，依据行规进行监督、服务，以保证荣誉称号的严肃性及规范运作。

3. 获荣誉称号的皮革行业特色区域需每三年进行自我评价，每五年进行一次复评，不搞终身制，复评工作由原考评批准单位负责。

4. 为了确保本《规范》的公正性，有关荣誉称号授名考核评审和日常工作的费用由中国皮革协会承担，不得向被授名地区收取任何费用。

六 相关说明

1. 本《规范》由中国皮革协会秘书处提出，经由理事扩大会讨论通过，报有关行业管理部门备案，是全行业的自律规范。业内各方均有责任自觉遵守本《规范》，在执行中认真维护本《规范》的严肃性。

2. 对本《规范》的修改意见可按正常程序提出，但《规范》未经修改前，须认真遵照执行。中国轻工业联合会授权中国皮革协会以适当方式维护本《规范》严肃性的权力。

3. 本《规范》的解释权属中国皮革协会。在国家对此没有相应法规之前，全行业应认真遵守此行业自律规范。当此《规范》与国家相应法规有矛盾时，即执行国家法规，此《规范》将依照国家法规做出相应修改或取消。

中国皮革行业诚信公约
2002 年

为适应 WTO 竞争规则的要求，提倡诚信经营，树立企业和品牌形象，提高中国皮革企业的良好声誉，提升中国皮革行业的信誉，扩大市场份额，加快实施皮革行业"二次创业"步伐，应行业排头企业的倡导，特制定本公约。

一、遵守国家法律、法规，不违法经营。不参与有损于国家和中国皮革行业的活动。

二、遵守国家公民道德规范，对公司员工进行诚信教育，建立保证体系，确保诚信工作的到位。

三、履行经济合同，不拖欠货款和贷款，不恶意逃废债务，期货贸易中，遵循国际和国内贸易规则，不假借任何借口不履行合同。

四、重视和确保产品质量，不生产假冒产品，杜绝劣质产品出厂，按企业的承诺，有效做好售后服务工作，不做虚假广告。

五、按市场规律进行价格竞争，在市场竞争中按质定价，不以低于成本的价格倾销商品，不恶意压价。

六、不断提高企业科技水平，不窃取他企业商业秘密和技术专利，不侵犯他人的知识产权，不采取非正当手段雇用其他企业人才。

七、提倡企业的设计创新和产品创新，不抄袭他人的设计成果。

八、履行劳动用工合同，不无故拖欠员工工资。

九、倡导"合作+竞争"的精神，采取正当的竞争方式，不诋毁同行企业和企业家的声誉。

十、用诚信回报社会，积极参与社会和行业公益活动。

中国皮革行业社会责任指南
中国皮革协会
2006 年 9 月

为了进一步落实以人为本，坚持全面、协调、可持续的科学发展观，在"十一五"规划开局之年，加快实施"二次创业"的发展战略，构建和谐社会，早日实现由皮革大国向皮革强国跨越，创出3—5个世界知名品牌的目标。根据企业发展要求，中国皮革协会在中国财贸轻纺烟草工会的支持下，在引导行业的发展中，注重企业加强社会责任的建设，拟制定《中国皮革行业社会责任指南》。

加强企业社会责任的建设，旨在使中国皮革行业更好地适应经济全球化的要求，适应

"引进来、走出去"相结合的双向开放的需要，在合作中发展，在发展中提升。企业社会责任的执行，有利于增强企业的核心竞争力，有利于企业更好地融入国际产业链，促进企业健康持续发展，切实保障员工的合法利益，激发员工的生产积极性和创造性。

《中国皮革行业社会责任指南》的主要内容包括：

一、构建和谐劳动关系，保障员工的合法权益。

1. 企业招用员工时，应当订立书面劳动合同。
2. 企业应当遵守国家法律、法规有关工作时间的要求。
3. 企业应当保证按时支付员工工资、福利待遇等费用，其标准不低于国家法律、法规的要求，并且以货币形式支付。
4. 企业应当承认并尊重员工组织和参加工会，以及进行集体谈判的权利。
5. 建立、实施、保持并改进职业健康与安全管理体系，为所有员工提供一个健康和安全的工作环境。
6. 建立员工收入和企业收入同步增长机制，确保企业经济效益和社会效益的同步发展。
7. 严格禁止招用童工；严格禁止企业使用或支持使用强迫或强制劳动；严格禁止因性别、民族、年龄、种族、宗教信仰、残疾、个人特性等原因使员工受到歧视；禁止骚扰、虐待和体罚。

二、构建资源节约型、环境友好型的皮革产业，保障企业效益、社会效益、环境效益统一协调发展。

1. 坚持环境友好型的发展理念，促进行业环保工作健康发展。
2. 严格执行国家有关环境保护的法律、法规，重点做好即将出台的《皮革及毛皮加工工业污染物排放标准》和《皮革制品工业污染物排放标准》的规定工作。
3. 按照"十一五"规划要求，节水、节材、节能，达到指标要求并推动循环经济的发展。

三、企业应当在相关的中国法律和国际公约的基础上，按照本指南的要求，制定、实施和保持并改进企业社会责任管理体系，提出具体的企业社会责任和指标，形成必要的实施文件。

第三节　真皮标志规范性文件

真皮标志章程

1994 年

第一章　总则

第一条　为了维护优质天然皮革产品在国内外市场的信誉，保护消费者及生产企业的合法权益，营造良好的皮革市场环境，根据《中华人民共和国商标法》、《中华人民共和国产品质量法》，特制定本章程。

第二条 真皮标志是经中华人民共和国国家工商行政管理局注册的证明商标，是用于皮革制品的材质、质量、服务方面的标志，受法律保护。

第三条 中国皮革工业协会（以下简称中皮协）是真皮标志的商标注册人，享有真皮标志的商标专有权。

第四条 中皮协以自愿为原则，以产品的材质、质量及售后服务保证体系为依据，接受皮革制品生产、经销企事业单位的申请，经审查符合条件后，签定真皮标志使用协议书，申请单位方可使用真皮标志。

第五条 中皮协接受国家工商行政管理局、国家技术监督局、中国轻工总会的领导与监督。中皮协全面负责真皮标志产品的评审、实施工作。评审、实施工作必须体现第三方公正性。

第二章 真皮标志产品的条件

第六条 真皮标志适用于天然皮革毛皮制作的产品，包括皮鞋、旅游鞋、皮革服装、皮箱、皮包、各种皮件皮具等产品，以上产品统称皮革制品。

第七条 凡是在中华人民共和国境内，依法登记，具有独立承担民事责任，从事皮革制品生产、经销活动的企事业单位均可向中皮协申请使用真皮标志。

第八条 真皮标志是真皮优质产品的标志，应具备以下条件：

1. 真皮标志产品（以下简称真皮产品）所采用的主要面料应为天然皮革和天然毛皮。允许采用部分其他材料，但使用面积不得超过各类真皮标志技术手册的规定。

2. 真皮产品造型款式新颖、时尚，做工考究。

3. 真皮产品应达到有关国家标准、行业标准及真皮标志技术手册的要求，佩挂真皮标志的产品为中、高档产品。

第九条 申请真皮标志产品的单位应具备以下条件：

1. 生产、经销皮革制品的企事业单位，其生产经销史在两周年以上。

2. 生产经销皮革制品企事业单位应按照 GB/T19000（ISO-9000）标准建立质量保证体系。

3. 生产经销皮革制品企事业单位应具备有效的售后服务体系。

4. 生产经销皮革制品企事业单位申请的产品应具有一定的产量。

5. 生产经销皮革制品的企事业单位应具备先进的工艺手段和完备的检测手段。

第十条 真皮产品的使用单位，因故被中皮协注销标志使用权的产品，须经过一年以上的整改期，产品质量稳定并达到本章程的第八条、第九条规定，方可重新申请使用真皮标志，但对同一申请单位同一类产品的申请次数，不得超过两次。

第三章 真皮产品的申报程序

第十一条 申请真皮产品的单位，应按本章程第六条规定分类向中皮协提出申请，填报《真皮标志使用申请表》一式两份。

第十二条 申请真皮产品单位，在递交《真皮标志使用申请表》的同时，应向中皮协提交下列文书和样品：

1. 工商企业登记证书（复印件）一份；
2. 商标注册证书（复印件）一份；
3. 产品质量检验报告（距申请日半年内，复印件）一套；
4. 有关的国内外获奖证书，科技成果证书，专利证书（复印件）各一份；
5. 当地消费者协会或主管部门对产品质量及经济效益证明一份；
6. 申请产品的样品。

第十三条 中皮协真皮标志管理办公室对申请单位提交的文书和样品按本章程第六条至第十二条的规定进行形式审查，凡符合条件者予以受理，并发给《真皮标志受理通知书》。未被受理者，亦书面通知申请单位。

第十四条 申请单位经形式审查未通过者，允许复报一次，复报期限为两个月内，复报未达到以上规定的，一年内不予受理。

第十五条 中皮协自受理之日起，应在三个月内完成以下工作：

1. 技术评审：由真皮标志办公室按产品分类，移交中皮协真皮标志评审委员会，依据有关标准及真皮标志技术手册的规定作出技术评审结论；
2. 实地考核：必要时，真皮标志管理办公室依据本章程第九条规定对企业进行实地考核；
3. 总审评定：凡通过技术评审及实地考核的单位和产品，由真皮标志管理办公室汇总造册，提交中皮协作总审评定；
4. 书面通知：真皮标志管理办公室将评定结论通知申请单位，并通知其办理如下事项：
（1）签订真皮标志使用协议书
（2）领取《真皮标志使用资格证书》
（3）交纳规定的有关费用
（4）取回申请产品的样品
（5）领取真皮标志
5. 发布公告：凡签订真皮标志使用协议书，领取《真皮标志使用资格证书》，并办理了其他手续的单位，由中皮协在新闻媒介公告。

第四章 真皮标志产品的权利

第十六条 真皮产品在销售活动中，可使用真皮标志并受到法律保护。

第十七条 中皮协负责协调、仲裁有关真皮产品技术、质量方面的争议，中皮协也接受真皮产品消费者的投诉。

第十八条 真皮产品可优先参加由中皮协主办或协办的各项国内外经济贸易、技术信息交流活动。

第十九条 真皮标志在国内外经贸技术活动中可作为产品质量水平证明。

第二十条 中皮协优先向真皮标志的使用单位提供有关的产品设计、技术工艺，项目设备等信息和咨询。

第二十一条 真皮产品的质量销售信息，由中皮协汇总分析，反馈给真皮标志的使用单位，并对外发布，以扩大影响。

第五章 真皮标志产品的义务

第二十二条 真皮产品在经销活动中，必须按真皮标志技术手册的统一规定使用真皮标志。

第二十三条 佩挂真皮标志的产品，必须与申请时送交的样品同商标、同工艺。真皮产品的商标、工艺如发生变化，必须按本章程第十一条规定重新办理申请手续。

第二十四条 真皮标志的使用单位，应接受中皮协组织或委托的不定期抽检。包括产品质量、企业质保体系、售后服务体系等项的考核。抽检的费用由中皮协统一支付。

第二十五条 真皮标志的使用单位，还应承担以下责任：

1. 必须按有关的国家标准、行业标准和真皮标志技术手册的规定组织真皮产品的生产与检验；
2. 必须保证真皮产品的批量产品质量不低于申请时的样品质量；
3. 真皮产品的质量控制数据，需建立档案；
4. 真皮产品在生产和经销过程中，发生重大质量事故，需立即报告中皮协，并应立即采取有力措施予以补救；
5. 真皮产品售出以后，由经销单位、生产单位共同负责做好售后服务。

第二十六条 真皮标志的使用单位应设专人负责真皮标志的保管、使用工作，专职人员应报中皮协备案。专职人员受中皮协委托，监督真皮标志的使用，确保真皮标志不失控、不挪用、不流失。

第二十七条 真皮标志的使用单位，不得私自制作真皮标志，也不得对外转让、出售、馈赠真皮标志。

第二十八条 真皮标志的使用单位在经贸技术活动中，必须如实标明真皮产品所采用的天然皮革种类（如猪、牛、羊皮等）。

第六章 真皮标志的管理

第二十九条 中皮协为保证真皮标志工作的正常运行，建立以真皮标志管理办公室、真皮标志评审委员会、真皮标志监督委员会分工协作、相互监督的管理体系，进行对真皮标志的监督和管理工作。

第三十条 中皮协是真皮标志的审定和决策机构。中皮协负责制修订真皮标志章程，制修订各项工作条例，并对申请真皮标志产品进行总审；调查重大假冒真皮标志案件及其他重大问题的决策。

第三十一条 真皮标志管理办公室，是负责管理真皮标志日常工作的常设机构。

真皮标志管理办公室执行中皮协的决策，负责本《章程》的具体实施，承担申请单位形式审查，接待来访，答复咨询管理各项文件、报表以及管理真皮标志的印制、发放和各项费用结算，协调有关振皮产品的争议及其他工作。对真皮产品进行全方位的动态考核管理。

真皮标志管理办公室，可在适当地区设立办事机构。

第三十二条 中皮协真皮标志评审委员会是真皮标志的技术评审和技术咨询机构。

真皮标志评审委员会应依据国家和行业标准以及真皮标志技术手册的规定进行技术评

审、仲裁和咨询。

第三十三条 国家皮革制品质量监督检测中心和国家鞋类质量监督检测中心受中皮协委托，为真皮产品指定的检测机构。

质量监督检测的计划由中皮协统一编制。

第三十四条 中皮协为保证真皮标志实施工作的"科学性、公正性、权威性"，特邀国家机关各有关部门和各社会团体组成"真皮标志监督委员会"，以加强对中皮协真皮标志的社会监督。

中皮协真皮标志管理办公室每年向中皮协汇报工作，接受真皮标志监督委员会的指导。

第七章　真皮标志的保护

第三十五条 真皮标志受有关法律保护，如有假冒等侵权行为发生，中皮协将组织调查、取证和起诉工作，并重奖举报单位和个人。

第三十六条 未经中皮协许可，擅自在皮革制品上使用真皮标志的单位和个人，中皮协将责令其停止侵权、公开道歉、赔偿损失，情节严重构成犯罪的依法追究其刑事责任。

第三十七条 发现任何单位有假冒真皮标志行为，中皮协依照《商标法》规定，报请工商行政管理部门依法惩处，并按《全国人大常委会关于假冒注册商标犯罪的补充规定》向司法部门起诉，追究侵权者的刑事责任。

第三十八条 真皮标志的使用单位如违反《产品质量法》的规定，中皮协终止与该单位的真皮标志使用协议书。

第三十九条 真皮标志的使用单位，如违反本章程第五章规定的，中皮协将采取强化检查、暂停挂牌、解除协议以至诉诸法律等多种方法处理。

第八章　附则

第四十条 真皮标志具体收费标准由中皮协制订，由真皮标志管理办公室实施。

第四十一条 真皮产品的日常考核办法，由中皮协制定，由真皮标志管理办公室实施。

第四十二条 真皮标志的费用专款专用，主要用于印制真皮标志标牌、真皮产品考核、评审、监督、检验、受理真皮标志投诉、真皮标志案件查处及真皮标志宣传推广等实施工作，保障真皮产品的信誉，维护使用单位和消费者的权益。真皮标志的财务收支接受国家财税监督。

第四十三条 皮革毛皮及相关产品可参照本章程使用真皮标志。

第四十四条 本章程由中皮协制定，报同家工商行政管理局批准。

第四十五条 本章程由中国皮革工业协会负责解释。

第四十六条 本章程自公布之日起施行。

真皮标志章程
2006 年

第一章　总则

第一条　为了维护优质天然皮革产品在国内外市场的信誉，保护消费者及生产企业的合法权益，营造良好的皮革市场环境，根据《中华人民共和国商标法》《中华人民共和国产品质量法》《中华人民共和国反不正当竞争法》及《中华人民共和国消费者权益保障法》特制定本章程。

第二条　真皮标志是经中华人民共和国国家工商行政管理总局注册的证明商标，是用于证明皮革制品的材质、质量、服务的标志，受法律保护并经国际注册。

第三条　中国皮革协会（以下简称中国皮协）是真皮标志证明商标的注册人，享有真皮标志的商标专有权。

第四条　以自愿为原则，以产品的材质、质量及售后服务保证体系达标为依据，中国皮协接受生产经营皮革制品企业单位的申请，经审查符合条件，并签订真皮标志使用协议书后，申请单位方有权佩挂真皮标志。

第五条　中国皮协接受国家工商行政管理总局、国家质量技术监督检验检疫总局的领导与监督。中国皮协全面负责真皮标志产品的评审、实施工作，评审、实施工作必须体现第三方公正性。

第二章　真皮标志产品的条件

第六条　真皮标志适用于用天然皮革、毛皮制作的产品，包括皮鞋、旅游鞋、皮革服装、皮箱、皮包、皮沙发等各种皮件皮具，以上产品统称皮革制品。

第七条　凡是在中华人民共和国境内依法登记，具有独立承担民事责任，从事皮革制品生产经营活动的企业均可向中国皮协申请使用真皮标志。

第八条　真皮标志是真皮优质产品的标志，佩挂真皮标志的产品应具备以下条件：

1. 真皮标志产品所采用的主要面料应为天然头层皮革和天然毛皮，允许采用部分其他材料，但使用面积不得超过《真皮标志产品规范》的规定。
2. 真皮标志产品做工考究，为中高档产品。
3. 真皮标志产品质量应达到有关国家标准、行业标准及《真皮标志产品规范》规定的要求。
4. 真皮标志产品所采用的原材料应符合国家有关环保要求。

第九条　申请佩挂真皮标志的皮革制品生产经营企业，应具备以下条件：

1. 应有两年以上的生产经营史。
2. 建立有符合 GB/T 19001—2000（idtISO 9001：2000）标准的、运行有效的质量管理体系。
3. 具备有效的售后服务体系。
4. 申请挂标的产品应具有规定的产量。

5. 应具有先进的生产工艺和完备的检测手段。

6. 严格遵守国家有关法律法规，以保证职工享有国家规定的合法权益、劳动所得、福利待遇和社会保障。具备良好的健康与安全的工作环境。

7. 尊重他人知识产权和消费者权益，以诚信为本，维护公平竞争的市场秩序。

第十条 生产经营佩挂真皮标志产品的企业，其产品若因故被中国皮协注销真皮标志使用权，原则上须经过三年以上的整改期，待产品质量稳定并达到本章程第八条、第九条规定，方可重新申请使用真皮标志，但对同一申请单位、同一类产品，其申请次数不得超过两次。

第三章　产品佩挂真皮标志的申报程序

第十一条 申请佩挂真皮标志的企业，应按本章程第六条规定，向中国皮协提出申请，并填报《真皮标志使用申请表》。

第十二条 申请佩挂真皮标志的单位，在递交《真皮标志使用申请表》的同时，应向中国皮协提交下列文件资料：

1. 真皮标志使用申请表一份；
2. 工商企业登记证书复印件一份；
3. 商标注册证书复印件一份；
4. 产品质量检验报告复印件一套（距申请日半年内有效）；
5. 有关的主要国内外获奖证书、科技成果证书、专利证书复印件各一份；
6. 当地主管或有关部门对企业产品质量及经济效益证明或推荐书一份。

第十三条 中国皮协真皮标志办公室对申请单位提交的文件，按本《章程》第六条到第十二条的规定进行形式审查。

第十四条 申请单位未通过形式审查者，允许自中国皮协通知之日起两个月内进行第二次申报，第二次申报仍未达到规定要求者，一年内不予受理。

第十五条 中国皮协自受理之日起，应在三个月内完成以下工作：

1. 形式审查：由真皮标志办公室完成形式审查。
2. 实地考核：由真皮标志办公室依据本《章程》第九条规定，组织专家或委托有关部门组织专家对企业进行实地考核；
3. 总审评定：凡通过形式审查及实地考核的申请企业，由真皮标志办公室汇总上报中国皮协作总审评定；
4. 书面通知：真皮标志办公室将评审结论通知申请企业，并通知总审评定合格的企业办理如下手续：
（1）签订真皮标志使用协议书；
（2）交纳规定的费用；
（3）领取《真皮标志使用资格证书》；
（4）订购真皮标志标牌。
5. 发布公告：凡已签订《真皮标志使用协议书》，领取《真皮标志使用资格证书》，并办完全部手续的单位，由中国皮协在新闻媒体上发布公告。

第四章 佩挂真皮标志产品的权利

第十六条 真皮标志产品在销售活动中,有权佩挂真皮标志并受到注册国有关法律保护。

第十七条 中国皮协负责协调、仲裁有关佩挂真皮标志的产品在技术、质量方面的争议,中国皮协接受消费者对佩挂真皮标志产品的投诉。

第十八条 佩挂真皮标志的企业可优先参加由中国皮协主办或协办的各项国内外经济贸易、专业展览、技术信息交流和咨询服务活动。

第十九条 真皮标志在国内外经贸技术活动中可作为皮革制品质量水平的证明。

第二十条 佩挂真皮标志的企业有权参与一切冠以"真皮标志"名称的各项行业活动,享受中国皮协对真皮标志产品提供的服务。

第二十一条 有关佩挂真皮标志产品的质量和销售信息,由中国皮协负责汇总分析,按时反馈给真皮标志的使用单位,并统一由中国皮协对外发布,以扩大影响。

第二十二条 佩挂真皮标志产品的外包装上,可以印制真皮标志图案和文字说明。

第五章 佩挂真皮标志产品的义务

第二十三条 佩挂真皮标志的产品,应按《真皮标志产品规范》的统一规定,在经营活动中必须佩挂真皮标志标牌。

第二十四条 佩挂真皮标志的产品,其商标和产品必须与申报批准的商标和产品一致,企业如变更佩挂真皮标志产品的商标,应按本《章程》第十一条规定重新办理申请手续;如欲在本企业生产的其他产品上佩挂真皮标志,必须办理相关扩牌手续,具体办法由中国皮协制定。

第二十五条 佩挂真皮标志的企业,应接受中国皮协组织或委托的不定期抽检,抽检费用由中国皮协统一支付;抽检内容包括产品质量、企业质保体系、售后服务体系等单项或多项内容。

第二十六条 佩挂真皮标志的企业,应保证做到:

1. 按有关的国家标准、行业标准和《真皮标志产品规范》的规定,组织挂标产品的生产与检验。
2. 须建立真皮标志产品的质量控制数据档案。
3. 每年生产的佩挂真皮标志产品的数量不得低于规定最低量。
4. 佩挂真皮标志的企业,须协同经销单位共同做好产品的售后服务工作。
5. 根据已签订的《真皮标志使用协议书》的规定,按计划订购标牌,按要求佩挂标牌。
6. 积极配合中国皮协做好佩挂真皮标志产品的宣传工作,扩大知名度。

第二十七条 真皮标志的使用单位应设专人负责真皮标志标牌的保管、使用工作,专职人员应报中国皮协备案。专职员工受中国皮协委托,负责监督本企业真皮标志的使用情况,确保真皮标志标牌不失控、不挪用、不流失。

第二十八条 真皮标志的使用单位,不得私自制作真皮标志标牌,也不得对外转让、出售、馈赠真皮标志标牌。

第二十九条 真皮标志的使用单位在经贸技术活动中，必须如实标明真皮标志产品所采用的天然皮革种类（如猪、牛、羊皮等）。

第三十条 印有真皮标志图案与文字说明的包装物，只能使用在佩挂真皮标志的产品上，真皮标志标牌是真皮标志产品的唯一凭证。

第六章 真皮标志的管理

第三十一条 中国皮协为保证真皮标志工作的正常运行，建立以真皮标志办公室、真皮标志产品评审委员会、社会监督、分工协作、相互监督的管理体系，对真皮标志工作进行监督和管理。

第三十二条 中国皮协是真皮标志工作的最高审定和决策机构。中国皮协负责制定、修订《真皮标志章程》及各项工作条例，并对申请佩挂真皮标志的产品进行总审，调查重大假冒真皮标志案件及其他重大相关问题的决策。

第三十三条 真皮标志办公室，是负责真皮标志日常工作的常设机构。真皮标志办公室执行中国皮协的决策，负责本《章程》的具体实施，承担申请单位的形式审查，接待来访，答复咨询，管理文件、报表；负责真皮标志标牌的印制、发放、管理和各项费用结算；协调有关真皮标志产品的争议等。组织对真皮标志产品进行全方位的动态考核；建立佩挂真皮标志产品日常考核和年检制度；负责对挂标企业进行三年资格重新确认及每两年推出真皮标志排头企业等工作。

真皮标志办公室，根据需要，有权在适当地区设立办事机构。

第三十四条 中国皮协真皮标志产品评审委员会是真皮标志产品的技术评审仲裁和技术咨询机构。真皮标志产品评审委员会应依据国家和行业有关标准和《真皮标志产品规范》的规定，进行技术评审、仲裁和咨询。地方有关部门受中国皮协委托，组织专家对申请佩挂真皮标志的企业进行实地考核时，必须组织以真皮标志评审委员为主体的考核组，委员的资格确认及培训由中国皮协负责组织实施。

第三十五条 国家皮革制品质量监督检验中心和国家鞋类质量监督检验中心受中国皮协委托，是佩挂真皮标志产品的指定检测机构。佩挂真皮标志产品的质量监督检测计划由中国皮协统一制定。

第三十六条 中国皮协为保证真皮标志实施工作的"科学性、公正性、权威性"，建立全社会各界人士对真皮标志工作监督制度，以加强对真皮标志工作的社会监督。

第七章 真皮标志的保护

第三十七条 真皮标志受有关法律保护，如有假冒等侵权行为发生，中国皮协将组织调查、取证和起诉工作，并重奖举报单位和个人。

第三十八条 发现任何单位有假冒真皮标志行为，中国皮协将依照《商标法》规定，报请工商行政管理部门依法惩处。

第三十九条 真皮标志的使用单位如违反《产品质量法》的规定，中国皮协有权终止与该单位签订的《真皮标志使用协议书》。

第四十条 真皮标志的使用单位，如违反本章程第五章的规定，中国皮协将采取强化检查、暂停挂牌、解除协议以至诉诸法律等多种方法处理。

第八章　附则

第四十一条　真皮标志具体收费标准由中国皮协制定，由真皮标志办公室实施。

第四十二条　真皮标志的费用专款专用，主要用于印制真皮标志标牌，组织对真皮标志产品考核、评审、监督、质量检测，接受消费者对佩挂真皮标志产品的投诉、真皮标志案件查处及真皮标志宣传推广等工作的实施，用于保障真皮标志产品的信誉，维护使用单位和消费者的权益。真皮标志的财务收支接受国家财税机关监督。

第四十三条　对佩挂真皮标志产品的日常考核办法由中国皮协制定，由真皮标志办公室实施。

第四十四条　在真皮标志管理基础上，制定科学的考核标准和程序，扶植佩挂真皮标志骨干企业，实施名牌战略。具体标准和程序，由中国皮协制定，真皮标志办公室负责实施。

第四十五条　皮革、毛皮及相关产品可参照本《章程》使用真皮标志。

第四十六条　本《章程》由中国皮协制定，报国家工商行政管理总局批准。

第四十七条　本《章程》由中国皮革协会负责解释。

真皮标志生态皮革产品规范
2002 年

本规范根据猪、牛、羊等皮革的加工特点，主要从以下几方面对各类真皮标志生态皮革进行了规定。

1. 为促使国内制革工业与国际规则接轨，本标准除了对皮革一般理化指标的规定外，着重对皮革中可能存在的六价铬、禁用偶氮染料、五氯苯酚（PCP）及游离甲醛等进行了限量规定。

2. 一般理化指标要求与检测方法按 QB/T 1872、QB/T 1873、QB/T 3812 等相应的行业标准和国家标准进行，取样按 QB/T 3812 中的规定进行；特殊化学指标的检测方法采用了德国相应标准，取样按本规范中 5.2.1 的规定进行。

1. 主题内容与适用范围

本规范规定了服装、鞋面以及家具用真皮标志生态皮革的产品分类、技术要求、试验方法、检验规则和标志、包装、运输、储存。

本规范可适用于采用各种工艺、各种鞣剂鞣制加工的各类头层服装革、鞋面革、家具装潢革，以及头层手套革、鞋里革、包袋革和汽车坐垫革等。

2. 引用标准

下列文件中的条款通过在本规范中的引用而成为本规范的条款。所引用文件的最新版本均适用于本规范。目前未出台的其他皮革种类的国家或行业产品规范一旦出台，只要此类皮革包含在真皮标志生态皮革的种类范围内，也适用于本规范。

GB/T 4694　　皮革成品的包装、标识、运输和保管
QB/T 3812　　皮革成品物理化学性能实验方法

QB/T 1872　　　　服装用皮革
QB/T 1873　　　　鞋面用皮革
GB/T 16799　　　 家具用皮革
DIN 53313　　　　皮革五氯苯酚的测定
DIN 53314　　　　皮革六价铬的测定
DIN 53315　　　　皮革甲醛的测定
DIN 53316　　　　皮革芳香胺的测定

3. 产品分类

产品分类按照 QB/T 1872、QB/T 1873、GB/T 16799 等行业标准或国家标准的规定进行分类。

4. 技术要求

（1）一般理化指标和感官要求

生态皮革的一般理化指标和感官要求应符合 QB/T 1872、QB/T 1873、GB/T 16799 等行业标准或国家标准的规定。

（2）特殊化学指标应符合表1的要求

表1

项目	最高限量，毫克/千克	
	直接与皮肤接触	一般
甲醛	75	150
铬（CrⅥ）	5	
五氯苯酚（PCP）	5	
禁用偶氮染料（20种芳香胺，见附录表A.1）	30	

5. 试验方法

（1）一般理化指标和外观检验

按 QB/T 3812 的规定进行取样；按 QB/T 1872、QB/T 1873、GB/T 16799 等产品规范的规定进行一般理化指标的测试和外观检验。

（2）特殊化学指标

①取样

在成品皮革的边腹部取 $20 \times 25 \text{cm}^2$ 大小皮样用于特殊化学指标的测试。

②五氯苯酚（PCP）含量的测定

按 DIN 53313 的规定进行。

③六价铬含量的测定

按 DIN 53314 的规定进行。

④甲醛含量的测定

按 DIN 53315 的规定进行。

⑤偶氮染料含量的测定

按 DIN 53316 的规定进行。

6. 检验规则

（1）一般理化指标

按 QB/T 1872、QB/T 1873、GB/T 16799 等行业标准或国家标准的规定进行组批、检验。

（2）特殊化学指标

皮样经过（1）检验合格后，再进行特殊化学指标的检验，如全部符合表 1 的要求，则该批产品具备配挂真皮标志生态皮革标识的资格。

（3）型式检验

①有下列情况之一者，应进行型式检验。

a）工艺、皮化材料、产品结构有重大改变时。

b）产品长期停产后恢复生产时。

c）有关监督机构提出进行型式检验时。

d）生产正常时，每年至少进行一次型式检验。

②抽样数量

每批产品中随机抽取 3 张进行检验。

③合格判定

a. 单张（片）判定原则

首先按 QB/T 1872、QB/T 1873、GB/T 16799 等行业标准或国家标准的规定进行一般理化指标的合格判定；再进行特殊化学指标的合格判定。如一般理化指标合格，而特殊化学指标未达到本规范的要求，应对所存样品进行复检，如结果仍未达到本规范要求或出现影响使用的严重缺陷，判该产品不合格。

b. 整批判定原则

按 QB/T 1872、QB/T 1873、GB/T 16799 等行业标准或国家标准的规定进行一般理化指标的整批合格判定。如一般理化指标合格，而任何 1 张（及以上）的特殊化学指标未达到本规范的要求，加倍抽样 6 张进行复检，复检中 6 张全部合格，则判定该批产品合格。

7. 标志、包装、运输、储存

应符合 GB/T 4694 的规定，此外应在每张符合本规范的皮革臀部右侧肉面加盖真皮标志生态皮革标识。

表 A.1　　　　　　　　　　　　对人体或动物有害的芳香胺

中文名称	英文名称	CA 登录号
4-氨基联苯	4-Aminodiphenyl	92-67-1
联苯胺	Benzidine	92-87-5
4-氯邻甲苯胺	4-Chloro-o-toluidine	95-69-2

续表

中文名称	英文名称	CA 登录号
2 - 萘胺	2-Naphthylamine	91 – 59 – 8
邻氨基偶氮甲苯	o-Amino-azotoluene	97 – 56 – 3
2-氨基-4-硝基甲苯	2-Amino-4-nitrotoluene	99-55-8
4-氯苯胺	p-chloroaniline	106 – 47 – 8
2，4-二氨基苯甲醚	2，4-Diaminoanisole	615 – 05 – 4
4，4'-二氨基二苯甲烷	4，4'-Diaminodiphenylmethane	101 – 77 – 9
3，3'-二氯联苯胺	3，3'-Dichlorobenzidine	91 – 94 – 1
3，3'-二甲氧基联苯胺	3，3'-Dimethoxybenzidine	119 – 90 – 4
3，3'-二甲基联苯胺	3，3'-Dimethylbenzidine	119 – 93 – 7
4，4'-二氨基–3，3'-二甲基二苯甲烷	3，3'-Dimethyl-4，4'-diaminodipheylmethane	838 – 88 – 0
2-甲氧基-5-甲基苯胺	p-Cresidine	120 – 71 – 8
4，4'-二氨基-3，3'-二氯二苯甲烷	4，4'-methylene bis-（2-chloroaniline）	101 – 14 – 4
4，4'-二氨基联苯醚	4，4'-Oxydianiline	101 – 80 – 4
4，4'-二氨基二苯硫醚	4，4'-Thiodianiline	139 – 65 – 1
邻甲苯胺（2-甲基苯胺）	o-Toluidine	95 – 53 – 4
2，4-二氨基甲苯	2，4-Diaminotoluene	95 – 80 – 7
2，4，5-三甲基苯胺	2，4，5-Trimethylaniline	137 – 17 – 7

真皮标志生态皮革实施细则
2002 年

第一章 总 则

第一条 真皮标志是经中华人民共和国国家工商行政管理局注册的证明商标，是用于证明皮革及其制品的材质、质量、服务方面的标志，受法律保护并经国际注册。

第二条 为了维护优质天然成品革产品在国内市场的信誉，保护用户及生产企业的合法权益，提高我国皮革及其制品质量，利于真皮标志产品生产企业选用优质天然成品革，根据国际成品革发展的趋势，依据《真皮标志章程》制定《真皮标志生态皮革实施细则》（以下简称《细则》）。

第二章 条 件

第三条 凡在中华人民共和国境内依法登记，具有独立承担民事责任，从事成品革生产活动的单位均可向中国皮革工业协会（以下简称中国皮协）申请并使用真皮标志生态皮革。

第四条 真皮标志生态皮革应具备以下条件：

1. 由天然动物皮经鞣制加工而成的头层成品革；
2. 质量达到国家标准、行业标准及《真皮标志生态皮革产品规范》（以下简称《规范》）规定的要求；
3. 其生产工艺应符合清洁工艺的要求，产品中的有害成分含量符合《规范》规定的要求。

第五条 申请真皮标志生态皮革的单位应具备以下条件：

1. 生产史在五年以上；
2. 建有参照 GB/T 19000（ISO 9000）或 GB/T 24000（ISO 14000）系列标准的、运行有效的质量、环保管理体系；
3. 有效的销售服务体系；
4. 年销售额不少于 5000 万元；
5. 具备先进的生产工艺和较完备的检测手段，不具备或不完全具备检测手段的企业，需与得到国家认可授权的国家或地方检测机构建有长期稳定的委托检验关系；
6. 企业的环保设施完备、有效，污水排放达标。

第三章 申报程序

第六条 申请真皮标志生态皮革的单位，应向中国皮协提出申请，填报《真皮标志生态皮革使用申请表》一式两份。

第七条 申请真皮标志生态皮革的单位，在递交《真皮标志生态皮革使用申请表》的同时，应向中国皮协提交下列文件资料：

1. 工商企业登记证书复印件一份；
2. 商标注册证书或国家有关部门的商标注册受理通知书复印件一份；
3. 国家认可授权的国家或地方检测机构根据国家或行业标准对产品进行质量检测的检测报告复印件一份（检测日期距申请日半年内有效）；
4. 有关的主要获奖证书、科技成果证书、专利证书复印件各一份；
5. 皮化商或制革厂对铬粉、染料、合成复鞣剂等主要皮革化工材料的检验报告复印件一份（检验日期距申请日半年内有效）；
6. 至少 5 家用户的通信地址以及联系方式；
7. 申请皮革种类的生产工艺说明书、污水处理工艺说明书各一份；
8. 质量或环保管理体系认证证书（如通过认证）复印件一份。

第八条 中国皮协真皮标志管理办公室对申请单位提交的文件，按本《细则》第三条到第七条的规定进行形式审查。

第九条 未通过形式审查的申请单位，允许自中国皮协通知之日起两个月内进行第二次申报，第二次申报仍未达到规定要求者，一年内不予受理。

第十条 因故被中国皮协注销真皮标志生态皮革使用资格的单位，须经过一年以上的整改期，达到本《细则》规定后，方可重新申请真皮标志生态皮革，但一个单位此项申请次数不得超过两次。

第十一条 中国皮协自受理之日起，应在三个月内完成以下工作：

1. 形式审查：真皮标志管理办公室对申请单位提交的文件进行形式审查；
2. 实地考核：真皮标志管理办公室根据本《细则》规定，组织专家或委托有关部门组织专家对企业进行实地考核；
3. 总审评定：通过形式审查及实地考核的申请单位，按照《规范》中的规定对所取样品进行检测以后，由真皮标志管理办公室汇总上报中国皮协作总审评定；
4. 书面通知：真皮标志管理办公室将评审结论书面通知申请单位，并通知总审评定合格单位办理如下手续：

（1）签订《真皮标志生态皮革协议书》、（2）交纳规定的费用、（3）领取真皮标志生态皮革使用资格证书、（4）领取真皮标志生态皮革标识（印章）和荣誉牌；

5. 发布公告：凡已签订《真皮标志生态皮革协议书》，并办理完其他手续的单位，由中国皮协在新闻媒体上发布公告。

第四章 权 利

第十二条 真皮标志生态皮革在销售活动中，有权使用真皮标志生态皮革字样及其标识并受到注册国有关法律的保护。

第十三条 中国皮协负责协调、仲裁有关真皮标志生态皮革在技术、质量方面的争议，中国皮协接受用户对真皮标志生态皮革的投诉。

第十四条 具有真皮标志生态皮革使用资格的单位可优先参加由中国皮协主办或协办的各种国内外经济贸易、专业展览、技术信息交流及咨询服务等活动。

第十五条 真皮标志生态皮革在国内外经贸技术活动中可以作为成品革质量水平的证明。

第十六条 具有真皮标志生态皮革使用资格的单位有权参与一切冠以"真皮标志"名称的各项行业活动，并享受中国皮协对真皮标志企业提供的各种服务。

第十七条 有关真皮标志生态皮革的质量和销售信息，由中国皮协真皮标志管理办公室负责汇总分析，按时反馈给真皮标志生态皮革企业，并统一由中国皮协对外发布，以扩大影响。

第十八条 在真皮标志生态皮革的外包装上，可以印制真皮标志图案、真皮标志生态皮革标识及文字说明。

第十九条 对于完全用真皮标志生态皮革制造的皮革制品，皮革制品厂家可以说明该产品由真皮标志生态皮革制造。

第五章 义 务

第二十条 申请并获得真皮标志生态皮革使用资格的成品革出厂时必须加盖统一规定的真皮标志生态皮革标识。

第二十一条 真皮标志生态皮革，其商标和产品必须与申报批准的商标和产品一致，企业如变更已被批准的真皮标志生态皮革的商标，应按本《细则》第六条规定重新办理申请手续；如欲在本企业生产的其他产品上加盖真皮标志生态皮革标识，必须办理相关扩牌手续，具体办法由中国皮协制定。

第二十二条 具有真皮标志生态皮革使用资格的单位，应该接受中国皮协组织或委托有关单位进行的不定期质量抽检，费用由中国皮协统一支付；抽检内容包括质量、环保措施及运行情况、生产管理及服务体系等单项或多项内容。

第二十三条 具有真皮标志生态皮革使用资格的单位，应保证做到：

1. 按有关的国家标准、行业标准和《规范》的规定组织真皮标志生态皮革的生产和检验；
2. 建立真皮标志生态皮革的质量控制数据档案，接受中国皮协不定期检查；
3. 良好的产品销售服务工作；
4. 积极配合中国皮协做好真皮标志生态皮革的定期检测、监督真皮标志生态皮革使用单位是否按本细则的要求使用和宣传真皮标志生态皮革。

第二十四条 具有真皮标志生态皮革使用资格的单位，应设专人负责真皮标志生态皮革标识的保管、使用，专职人员应报中国皮协备案。专职人员受中国皮协委托负责监督本单位真皮标志生态皮革标识的使用情况，确保真皮标志生态皮革标识不失控、不挪用、不流失。

第二十五条 具有真皮标志生态皮革使用资格的单位，不得私自制作真皮标志生态皮革标识，也不得对外转让、出售、馈赠。

第二十六条 真皮标志生态皮革标识是真皮标志生态皮革产品的唯一凭证。

第二十七条 配合并监督使用真皮标志生态皮革的皮革制品厂家如实反映制品中真皮标志生态皮革的使用情况，不得过分夸大或作虚假宣传。

第六章 管理

第二十八条 中国皮协为保证真皮标志生态皮革工作的正常运行，建立以真皮标志管理办公室、真皮标志产品评审委员会、社会监督的一体化综合管理体系，对真皮标志生态皮革工作进行管理和监督。

第二十九条 中国皮协是真皮标志生态皮革工作的最高审定和决策机构。中国皮协负责制定、修订《规范》《细则》及各项工作条例；对申请真皮标志生态皮革的单位进行总审；调查重大假冒真皮标志生态皮革案件及其他重大相关问题。

第三十条 真皮标志管理办公室是负责真皮标志生态皮革日常工作的常设机构。真皮标志管理办公室执行中国皮协的决策，负责《细则》的具体实施，承担申请单位的形式审查，接待来访，答复咨询，管理文件、报表；负责真皮标志生态皮革标识的刻制、发放、管理和各项费用的结算；协调有关真皮标志生态皮革的争议等。组织对真皮标志生态皮革企业进行全方位的动态考核；建立真皮标志生态皮革日常考核和年检制度；负责对具有真皮标志生态皮革使用资格的单位进行三年资格重新确认以及每两年推出真皮标志生态皮革排头企业等工作。

第三十一条 中国皮协真皮标志产品评审委员会是真皮标志生态皮革的技术评审、仲裁和咨询机构。评审委员会应根据国家和行业有关标准以及《规范》的规定，进行技术评审、仲裁和咨询。

第三十二条 地方有关部门受中国皮协委托，组织专家对申请真皮标志生态皮革的单位进行实地考核时，必须组织以真皮标志评审委员会委员为主体的考核组，委员的资格确认以及培训由中国皮协负责组织实施。

第三十三条 中国皮协委托国内外权威皮革质量检测机构进行真皮标志生态皮革的一般理化指标和特殊化学指标的检测。真皮标志生态皮革的质量监督检验计划由中国皮协统一制订。

第三十四条 中国皮协为保证真皮标志生态皮革实施工作的"科学性、公正性、权威性"，建立全社会各界人士对真皮标志生态皮革工作监督制度。

第七章 保护措施

第三十五条 真皮标志生态皮革受有关法律保护，如有假冒等侵权行为发生，中国皮协将组织调查、取证和起诉工作，并重奖举报单位和个人。

第三十六条 任何单位有假冒真皮标志生态皮革行为，中国皮协将依据《商标法》规定，报请工商行政管理部门依法惩处。

第三十七条 具有真皮标志生态皮革使用资格的单位，如违反《产品质量法》的规定，中国皮协有权终止与该单位签订的《真皮标志生态皮革协议书》，取消该单位真皮标志生态皮革使用资格。

第三十八条 具有真皮标志生态皮革使用资格的单位，如违反本《细则》第五章的规定，中国皮协将采取强制检查、解除协议以至诉诸法律等多种方式处理。

第八章 附则

第三十九条 真皮标志生态皮革的收费标准由中国皮协制定，由真皮标志管理办公室执行。

第四十条 真皮标志生态皮革有关收入专款专用，主要用于组织对真皮标志生态皮革评审、监督、质量检测，受理用户对真皮标志生态皮革的投诉、案件查处以及真皮标志生态皮革宣传推广等工作的实施，用于保护真皮标志生态皮革信誉，维护用户和生产单位的合法权益。真皮标志生态皮革的财务收支接受国家财税机关的监督。

第四十一条 对真皮标志生态皮革的日常考核办法由中国皮协制定，真皮标志管理办公室负责实施。

第四十二条 在本《细则》第六章规定的基础上，中国皮协制定科学的考核标准和程序，扶植真皮标志生态皮革骨干企业，实施名牌战略。该考核标准和程序由真皮标志管理办公室负责实施。

第四十三条 本《细则》由中国皮协制定，报国家工商行政管理局备案。

第四十四条 本《细则》由中国皮协负责解释。

第四十五条 本《细则》自公布之日起实施。

附 录

1. 1994年，中国皮革工业协会在中国工商行政管理总局注册证明商标"真皮标志"时，已使其涵盖了天然皮革、毛皮两类产品，因此这两类产品仍属证明商标"真皮标志"

范畴，并使用"真皮标志"商标。

2. 使用真皮标志的皮革（毛皮）制品分别称作"真皮标志皮鞋""真皮标志皮革服装"等；对于相应的天然皮革（毛皮），除了符合目前相应的国家或行业标准外，还要达到《产品规范》的要求和相关规定，突出了皮革中容易存在的与生态密切相关的四项特殊化学指标，故将此类天然皮革（毛皮）描述为"真皮标志生态皮革（毛皮）"。

3. 《真皮标志章程》明确规定了真皮标志产品包括皮革、毛皮及其制品。根据《真皮标志章程》第四十五条规定，编写了《细则》，对"真皮标志生态皮革"作了具体规定，并将《细则》作为《真皮标志章程》的补充备案。

参考文献

[1] 各省区市轻工业志。
[2] 《中国轻工业年鉴》，中国轻工业出版社 1985—2010 年版。
[3] 轻工业部、中国皮革协会相关文件。
[4] 中国皮革协会领导在历次行业会议上的讲话。
[5] 《轻工军事工业历史资料丛书·皮革》，国防工业出版社 1993 年版。
[6] 轻工业部轻工业局、轻工业科学研究院皮革研究所：《皮革工业生产技术》，中国轻工业出版社 1959 年版。
[7] 上海市轻工业学校：《制革工艺学》，中国财政经济出版社 1961 年版。
[8] 成都工学院：《皮革工艺学》，中国财政经济出版社 1961 年版。
[9] 制革技术革新小组：《制革技术革新》，中国轻工业出版社 1978 年版。
[10] 杨大金：《近代中国实业通志》，钟山书局 1933 年版。
[11] 孟心如：《制革》，中国科学图书仪器公司印行，1947 年。
[12] 陶延桥：《皮革工艺学》，中国科学图书仪器公司印行，1954 年。
[13] 赵顺生、蒲敏功、符之耀：《猪皮制革工艺》，中国轻工业出版社 1956 年版。
[14] 张西林：《皮革的涂饰》，中国轻工业出版社 1959 年版。
[15] 庞贻燮：《我国古代制革与毛皮工业初步探讨》，《皮革科技动态》1977 年第 6 期。
[16] 何先祺、常新华：《制革化学及工艺学》，中国轻工业出版社 1982 年版。
[17] 吴锦枫、张西林：《制革脱毛浅说》，中国轻工业出版社 1981 年版。
[18] 吴兴赤：《制革工艺》，四川科学技术出版社 1985 年版。
[19] 杨泓：《中国古兵器论丛》（增订本），文物出版社 1985 年版。
[20] 诸炳生：《皮革春秋》，中国轻工业出版社 1986 年版。
[21] 戴争：《中国古代服饰简史》，中国轻工业出版社 1988 年版。
[22] 骆崇骐：《中国鞋文化史》，上海科学技术出版社 1990 年版。
[23] 魏世林：《制革工艺学》，中国轻工业出版社 2001 年版。
[24] 李闻欣：《我国古代皮革科学技术的发展》，《西北轻工业学院学报》2002 年第 20 期。
[25] 钟漫天：《隋、唐、五代时期的鞋履》，《中外鞋业》2002 年第 11 期。
[26] 李婕：《足下生辉：鞋子图话》，百花文艺出版社 2004 年版。
[27] 黄能馥：《中国服饰通史》，中国纺织出版社 2007 年版。
[28] 吕绪庸：《中国皮革科技史话》，《西部皮革》2008 年增刊。
[29] 许星：《服饰配件艺术》（第 3 版），中国纺织出版社 2009 年版。

[30] 何露、陈武勇:《中国古代皮革及制品历史沿革》,《西部皮革》2011 年第 33 期。

[31] 石元春:《20 世纪中国知名科学家学术成就概览》,科学出版社 2012 年版。

注:文中注明出处的不再单列。

后　记

　　上世纪九十年代末，很多皮革工作者，特别是老一辈专家、学者相继向中国皮革工业协会建议，撰写一部中国皮革史，以记载和总结我国皮革行业从弱小、落后、低效走向世界皮革大国的丰功伟绩。当时协会也曾组织了一个编写小组，并起草了编写提纲。记得，当时也分别与现四川大学石碧院士、现陕西科技大学马建中副校长、时任北京皮革公司总工程师罗庚慧等人士进行了交流，并得到了他们的支持，马建中还起草了一份"二十世纪皮革工作者对科技进步的贡献"的编写提纲，但鉴于大家均为兼职组稿，本职工作都很忙，一直未能如愿。

　　直到2008年，再次聆听行业的呼声，中国皮革协会六届二次理事扩大会议作出决议，由中国皮革协会牵头正式成立编写工作组，负责《中国皮革史》编写大纲及总体协调工作，同时，应届的45位副理事长为编写工作筹资近百万元。2009年4月29日，《中国皮革史》编写工作组成立，由时任协会理事长的张淑华担任组长，与上海皮革公司温祖谋工程师、辽宁省皮革公司范贵堂工程师、中国皮革协会樊永红共四人组成，正式启动了编写工作。根据编写大纲的需要，陆续又组织了五十余人的兼职编写人员，和二十余人的审稿队伍，这些人员主要是地方皮革协会、高等院校、研究单位、离退休老同志等。《中国皮革史》是我国第一部皮革行业从古到今的历史书籍，承载着厚重的历史责任。本书由于时间跨度大，地域覆盖广，编写人员首要任务就是收集资料。各编写者到档案馆、图书馆查阅文献，深入企业调研、开座谈会，广泛收集资料，做了大量前所未有的甚至是抢救性的资料收集工作。面对丰富而无绪的历史资料，本着宁缺毋滥，又不能丢掉重要历史事件的原则，精心地梳理着厚重纷繁的历史资料，历经八年，终于完成了行业的夙愿，完成了这部填补历史空白的著作。

　　《中国皮革史》上、下两卷，分为十篇，近300万字。从内容层面，主体是皮革行业的发展史，按现代对皮革行业广义的理解：包括制革、毛皮、制鞋、皮衣、皮件、皮革化工、皮革机械、皮革五金鞋材等所形成的产业链。从时间层面，它涵盖中国古代、近代皮革史（第一篇）、现代皮革史（第二篇），以现代皮革史为主（至2010年）；从地域层面，既有不同时代全国皮革行业的论述，又有不同省份各具特色的记载（第八篇、第九篇）；从劳动者的贡献层面，分别叙述了科技教育工作者的成就（第三篇）、行业管理者的贡献（第四篇）、典型企业及代表人物的风采（第五、六篇）；本书也收录了与皮革有关的文化传承（第七篇），可以进一步向读者呈现千百年来皮革产品、皮革文化融入百姓生活的精彩成果和神奇传说，增加了本书的趣味性和可读性；本书最后向读者提供相关文献资料（第十篇）备查。

　　《中国皮革史》以漫长的中国古代、近代、现代的历史发展进程为主线，用洋洋近三百万字记载了我国古老而传奇的皮革行业波澜壮阔的发展史，谱写了在中华大地的皮革业的产生、发展、并创造世界皮革大国的奇迹。让读者从历史、地域、人文的角度去深入了解、学习、欣赏、颂扬中国皮革行业的历史史诗。

《中国皮革史》前后历经八年，终于付梓出版，令人欣慰。本书得以如期出版，首先应感谢中国皮革协会以及各省市皮革协会、各相关大专院校、科研单位、重点企业的大力支持；更要感谢参与组稿及审稿工作的七十余位的编写人员以及众多的编委会成员；还要感谢老一辈皮革工作者，他们默默地关注并积极提供宝贵的历史素材，他们是原北京皮革研究所吕绪庸工程师、原中国皮革协会许龙江工程师、现四川大学张扬教授等。此外，在编写工作中，也部分采用了相关网站及历史书籍的相关资料和图片，在这里一并表示感谢！最后，还要特别感谢中国皮革协会六届理事会的45为副理事长和国际毛皮协会（International Fur Federation）、大陆台商皮革业联谊会为本书的编辑出版提供了资助，历史会记住他们，行业会感谢他们！

《中国皮革史》编写工作历经八年，编写队伍庞大，编写内容时间、地域跨度大，资料流失严重，加之编写人员水平有限，编写难免有遗漏和不当之处。在此，请各界人士不吝批评指正，以便有后来者再续再版时更加全面和完善。

在《中国皮革史》编写工作完成之际，我瞬间感到无比的轻松和欣慰，作为一个从业五十多年的老皮匠，我在离队之际能有幸参与这部著作的编写工作，是我的偏得和幸运。这让我对我所热爱的行业有了更加深入的了解，与此同时，我也有了些新的感悟，愿与大家分享。

我为我们所从事的行业感到骄傲！皮革是人类最早的生产活动的产物，也是人类最古老的行业之一。皮革业的发展和人类社会的发展息息相关，自有人类以来，皮革、毛皮及制品就不断成为人们生活中最早的护体防寒的必需品。皮革、毛皮在人类的应用要远远早于丝、麻、棉等，大大早于具有七千年文明史的纺织业。

众所周知，皮革、毛皮的原料是兽皮，是来自天然的材质，具有任何人造材料不可比拟的优势。兽皮具有其独特而神秘的纤维编织，并具有象征自然图腾花纹的粒面，以及不可复制的针毛及绒毛。随着人类社会的发展和加工技术的提高，人类不断赋予皮革、毛皮耐压、耐热、耐腐、便于保存的良好性能，并具有透水气性。在我们查阅、编选历史资料中，桩桩件件实例告诉我们，皮革、毛皮以它独特的优良品质，在历史发展的长河中，不仅仅用于生活及劳动生产，并成为历朝历代宫廷的重要用品，同时也日益成为历朝历代不可替代的军用物资。这种情况直到民国以及中华人民共和国成立以后。1950年，共和国刚刚成立一年，就召开了全国第一次制革工业会议，会议作了重要决策，快速全面恢复生产，保证基本供给。实现先军需、后工业、再民用的"保障供给"目标。可见皮革、毛皮在当时是多么重要的战略物资，这种情况直到二十世纪末。

历史告诉我们，在20世纪以前，皮革、毛皮以它独特的优良品质，在众多材质中成为"天之骄子"，千百年来，在军事上、在工业生产上不可代替；在生活用品上，成为时尚奢华地位的象征，不可替代。然而，现实也告诉我们，进入21世纪以后，情况发生很大变化，随着社会发展、科技进步，皮革、毛皮与生俱有的天之骄子的地位被撼动了！皮革、毛皮被完全卷入了现代时尚材质大潮的竞争中，逐渐淡出了军事及工业市场，再也不是不可替代的材质了。五光十色各具特色的现代材质层出不穷，很多材质仿制皮革优良性能，亦有成果。此外，由于社会的进步，人类对环境保护提出更严苛的要求，皮革业的发展必须遵循这一道德底线，必须走绿色可持续发展之路，皮革业迎来了自古以来从来没有的挑战。当代皮革工作者必须正视这一现实，这也是当代皮革工作者再创业的起点。当代人不能吃老本！我们必须学习先人们、前辈们的精神，用我们的智慧及实践去挖掘天然兽皮的无穷宝藏，为皮革业创造更广阔、更长远的市场，让她回归天之骄子的尊位，这是当代皮革工作者的历史使命！

我深信皮革业是长青的行业！她必定为实现"两个一百年"奋斗目标、实现中华民族伟大复兴的中国梦作出新的贡献，她必将在皮革业发展的历史长河中续写新的辉煌篇章！

张淑华
2016年5月1日